라틴아메리카
문제와 전망

"이 저서는 2008년 정부(교육과학기술부)의 재원으로 한국연구재단의 지원을 받아

수행된 연구임"(NRF-2008-362-A00003)

라틴아메리카
문제와 전망

잰 니퍼스 블랙 편저
중남미지역원 번역팀 옮김

이담
Books

U.S.

CANADA

UNITED STATES

MEXICO

CUBA

BAHAMAS

HAITI

DOMINICAN REPUBLIC

BELIZE

GUATEMALA

EL SALVADOR

HONDURAS

NICARAGUA

TRINIDAD & TOBAGO

COSTA RICA

PANAMA

VENEZUELA

GUYANA

SURINAM

FRENCH GUIANA

COLOMBIA

ECUADOR

BRAZIL

PERU

BOLIVIA

PARAGUAY

CHILE

ARGENTINA

URUGUAY

FALKLANDS/MALVINAS

아메리카 지도

목차

NICARAGUA

Caribbean Sea

COSTA RICA

CANAL AREA

PANAMA

Caracas

VENEZUELA

GUYANA
Georgetown

SURINAM
Paramaribo

FRENCH GUIANA
Cayenne

Medellin

Bogotá

Cali

COLOMBIA

ATLANTIC OCEAN

Quito ★

ECUADOR

Fortaleza ●

PERU

Lima ★

B R A Z I L

Recife

La Paz

BOLIVIA

★ Sucre

Salvador

★ Brasília

Belo Horizonte
●

PACIFIC OCEAN

PARAGUAY

Asunción ★

São Paulo ●

Rio de Janeiro

Pôrto Alegre

CHILE

Santiago ★

URUGUAY

Buenos Aires ★

Montevideo

ARGENTINA

Falkland Islands
(Islas Malvinas)

남아메리카

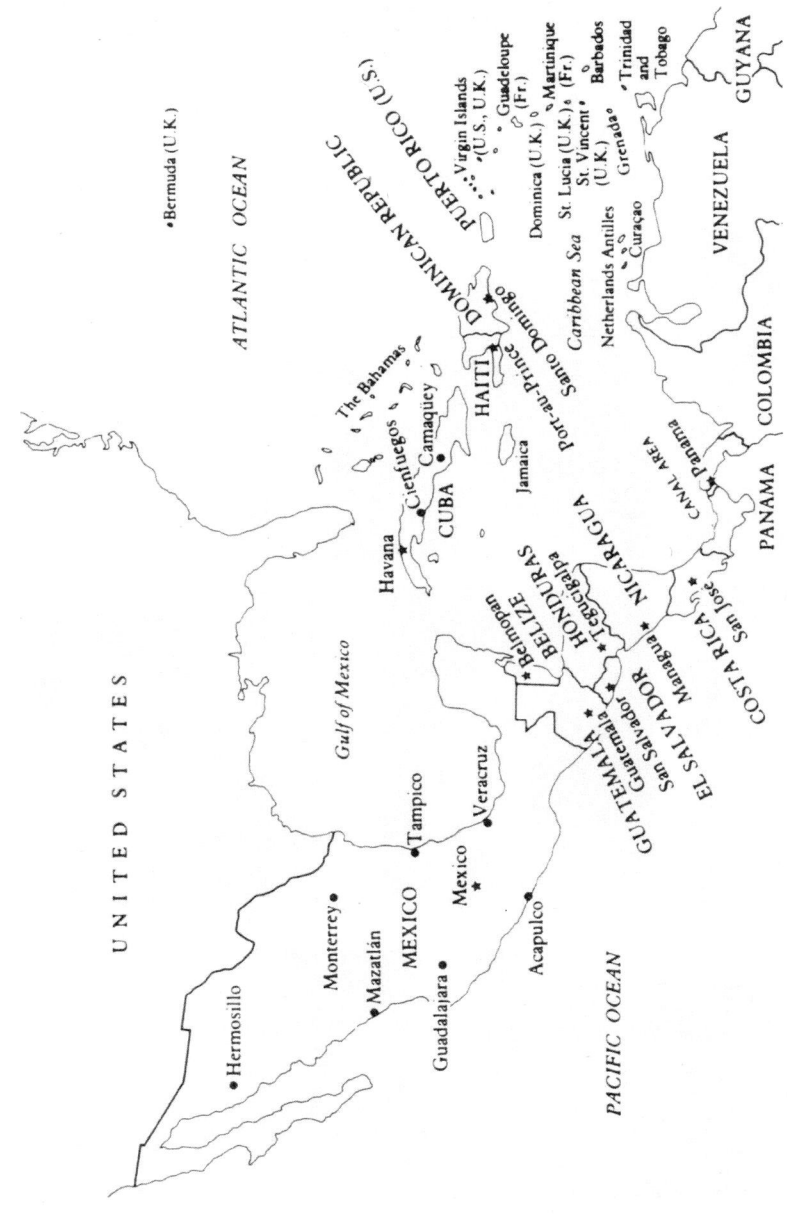

중앙아메리카 그리고 카리브 해

1. 서론: 학습곡선을 리드하는 라틴아메리카

잰 N. 블랙(김우성 옮김)

지난 수십 년 동안 라틴아메리카 사람들과 라틴아메리카 관련 전문가들은 미국이 재채기를 하면 라틴아메리카는 폐렴에 걸린다는 말을 듣는 데 익숙해 있다. 그러나 2008년 가을에는 미국이 심한 폐렴에 걸렸고 라틴아메리카는 재채기를 했다.

지금이 라틴아메리카 관련 전문가가 되기에 적기이다. 내가 평화봉사단 창설 멤버로 라틴아메리카 문제에 관심을 기울이기 시작한 이래 거의 반세기 동안에 지금처럼 라틴아메리카 사람들이-지도자와 대중 할 것 없이-이렇게 낙천적이고, 활동적이며, 자신감과 사회적·지역적 유대감을 보인 것을 느낀 적이 없다. 21세기의 첫 10년이 끝나가는 이 시점에 대부분의 라틴아메리카 국가들은 신뢰할 만한 선거에 대중의 참여가 확대되고, 외교정책은 물론 경제정책 결정 과정에서 국내 상황을 고려하는 것과 관련하여 대중의 강한 주장을 수용하는 방향으로 나아가고 있다. 교역 형태와 대상국이 점차 다변화되고 있고, 2009년 유엔 라틴아메리카 카리브 경제위원회(UNECLAC)의 보고서에 따르면 2006년과 2008년 사이에 멕시코를 제외한 라틴아메리카 전체의 빈곤층이 감소했다. 이 지역은 2009년 미국의 경제위기 후에 실제로 재채기를 했으나, 가장 심한 타격을 받은 이웃국가들도 미국보다 더 강한 회복전망을 보이며 2010년을 맞고 있다.

내가 1960년대 초에 칠레에 도착했을 때 이 지역을 휩쓸었던 희망과 변화에 대한 기대는 먼저 1960년대와 1970년대에 남아메리카에서 그리고 1980년대에 메소아메리카에서 바로 독재와 공포로 바뀌었다. 1984년에 나온 이 책의 초판에서는 해결 전망 없이 지속된 정치·경제적 질곡과 중앙아메리카의 반군활동과 반군진압이라는 패턴으로부터 벗어나려는 투쟁을 설명해야만 했다.

위태위태한 "민주주의 이행"과 간헐적인 "시장경제의 출현"은 일부에게 위안을 가져다주었으나 낙관적인 언론의 보도가 공개 토론장도 없이 레이더 화면 아래에 잠복해 있던 불만이나 절망의 소리를 가렸다. 이렇게 해서 21세기 첫 10년 동안에 침묵 속의 고통이 소리를 얻어 요구가 되고 무질서한 항의가 일관성을 얻고, 결집되어 변화의 추구에 초점을 맞추게 되면서 몇몇 경우에 선거결과와 정책으로 나타나게 됨에 따라 멀리서 라틴아메리카는 깊은 잠에서 깨어나고 있었던 것처럼 보였다.

1960년대 초에 라틴아메리카 문제에서 우선적인 관심사는 한 젊고 카리스마 넘치는 대통령이 라틴아메리카 각국 정부에 압력을 넣어 쿠바와 외교관계를 단절시키도록 할 수 있느냐 하는 것이었다. 2009년 초에 라틴아메리카 정상들이 만났을 때 초미의 관심사는 라틴아메리카 정부들이 하나로 뭉쳐 젊고 카리스마 넘치는 미국 대통령에게 쿠바와 외교관계를 재개하도록 압력을 행사할 수 있느냐 하는 것이었다.

민족주의와 지역주의의 새로운 표현 및 표명과 함께 온 이러한 사태의 반전은 미국의 가장 떠들썩한 전문가에게는 놀랄 만한 일이었다. 미국의 뒷마당으로부터 탈피하기 위한 어떠한 은유적인 움직임도 분명, 모든 것을 규정하는 냉전이 없어진 상황에서는 테러리즘으로 다시 불리는 좌측으로의 이동이다. 보다 냉철한 머리를 가진 사람들은 민족주의적 자기주장이나 미국 정책에 대한 반대를 미국이 라틴아메리카에 충분한 관심을 두지 않은 것을 반증하는 것이라고 본다.

미국의 관심이 자원을 수탈하는 것부터 해병대를 파견하는 것까지를 포함하는 모든 것을 의미하기 때문에 나는 이러한 통상적인 관심은 이미 너무 충분하다고 말하고 싶다. 그러나 우리가 너무나 작은 관심을 보인 면이 하나 있다. 미국의 기관들은 지난 세기에 (일을 올바로 한다는 우리의 방대한 경험을 토대로) 우리가 라틴아메리카에 무엇을 가르칠까를 생각하는 데 익숙해 있다. 그러나 우리는 우리가 라틴아메리카에서 배울 게 너무 많기 때문에 ─ 포고를 잘못 인용하면 "우리는 얼간이들을 만났고, 그 얼간이들이 우리이기" 때문에 우리는 주의를 기울여야 한다.

라틴아메리카에서 배워야 할 교훈(결론에서 상술할 예정)에는 겸손과 아래로부터

본 발전에 있어서의 교훈들이 포함된다(라틴아메리카 사람들은 그것이 가용할 유일한 것이었기 때문에 자조로 돌아섰다). 교훈들 중에는 훌륭한 선거과정과 신뢰할 수 있는 결과에 대한 권리를 주장하지 않고 투표권을 주장하는 것은 부정선거를 음모하는 것과 같다는 것을 이해한 사람들에게서 배운 선거 민주주의에 대한 교훈, 민주화 이행과정, 특히 법치를 다시 세우고 국가 자존감을 회복하기 위해 권리남용과 부정부패의 기소의 중요성에 대한 교훈, 그리고 무장하지 않고 부유하지 않은 사람들의 보호에 대한 교훈을 들 수 있다. 예를 들어 진실, 숫자 그리고 공포에 의한 통제 거부로부터의 안전을 추구하는 것을 말한다.

최전선으로부터 교훈들

유럽 식민주의에 의해 철저하게 종속된 소위 제3세계의 첫 번째 지역이면서 그 종속을 떨쳐 버린 첫 번째 지역으로서 라틴아메리카는 오랫동안 제3세계의 선두주자였다. 공화정 체제를 채택한 첫 번째 지역이었고 말로만 하던 대중 참여를 약간씩 정도와 수단의 차이는 있지만 어느 정도 현실의 장으로 끌어들인 첫 번째 지역이기도 했다.

라틴아메리카는 국민경제주권을 위한 법적, 제도적 그리고 정치적 토대를 마련한 첫 번째 지역이었고 또한 이러한 토대와 헌법이 군부독재에 의해 말살되고 찢겨진 첫 번째 지역이기도 했다. 특히 남미 남부지역의 독재 시절에는 매우 부담스러운 외채, 규제철폐 그리고 종속이 수반된 "자유무역"을 위해 개방을 강요당한 첫 번째 지역이었고 1980년대에는 아프리카와 함께 충격요법과 경제적 붕괴를 경험한 첫 번째 지역이기도 했다.

1990년대에 제한된 재민주화과정과 간헐적인 경제발전을 통해 가졌던 희망은 21세기 초에 물가가 오르고, 임금이 감소해서 소득격차가 벌어짐에 따라 만연된 냉소주의, 분노 그리고 절망으로 바뀌었다. 단기적으로 사회적 불만이 새롭게 분출됨에 따라, 정부는 약해졌고 불안정해졌다. 당시에 시대를 앞서가다 보니 아주 편한 자리는 아니었다. 그러나 1990년대 말에 이러한 상황들은 반작용으로 후에 보다 의미 있는 참여로 이어진 새로운 정당과 새로운 유형의 사회운동을 만들어냈다.

한편, 라틴아메리카에서 명백하게 느껴졌던 변화에 대한 희망이 북미에서도 반향을 일으키기 시작했다. 미국도 좀 늦긴 했지만 2009년에 라틴아메리카와 같은 길에 접어들어 낙관주의와 행동주의라는 새로운 파도를 타고 있었다. 그러나 남반구 전역에서 확대된 정치참여가 납득할 만한 수준의 정부 책임을 이끌어내는 데 실패했다는 것을 알아야 한다. 칠레의 많은 사람들이 1930년대와 1940년대의 그들의 연립정권에 붙였던 "바이올린 정부"라는 꼬리표는－좌파가 잡고(왼손으로 잡고) 우파가 통치한다(오른손으로 켠다)는 데서 이렇게 이름 붙여졌다－21세기 많은 라틴아메리카 지역 정부들을 특징짓는 적당한 말인 것 같다. 그 정부들은 정도의 차이는 있지만 선거에 의해 들어섰고 어느 정도 문민정부의 성격을 가졌다. 그러나 대부분의 국가에서 공공부문은 아직까지도 많이 민간부문－돈의 국제적인 집중과 흐름에 의해 지배받고 있다.

더욱이 몇몇 정부에서는 경제를 회복하고 고용과 임금을 높이는 데 성공했지만 임금의 격차는 거의 모든 곳에서 계속해서 벌어졌다. 그리고 서반구에서의 격차는 계속해서 세계의 다른 지역의 격차를 능가했다. 2008년에 시작된 미국경제의 붕괴가 2009년 중반까지 대부분의 라틴아메리카 경제에도 불황을 가져왔으나 대부분의 국가에서 장기적인 피해가 미국에서만큼 그렇게 광범위할 것으로 예상되지 않았다. 유엔 라틴아메리카 및 카리브 경제위원회(UNECLAC)에 따르면 라틴아메리카의 경제회복은 미국보다 더 강하고 빠를 것으로 예상되었다. 붐이 일고 있는 브라질 경제에서부터 심하게 손상을 입은 멕시코 경제에 이르기까지 2010년에 상당한 경제성장률이 있을 것으로 내다봤다. 그러나 건실하게 회복되어야 할 첫 번째 시장은 금융시장이라는 것을 알아야 한다.

맥락 속의 학자들

미국과 라틴아메리카 정책입안자들이 직면한 동일한 압력과 인식은 학계의 담론을 지배하는 의제와 변수를 설정시켰다. 그래서 다른 사람의 눈과 귀, 가정과 관점 그리고 이론적 · 이념적 여과장치를 통해 라틴아메리카를 연구해야만 하는 학생들에게는 이 분야 전문가들이 걸었던 지적 여정을 좀 아는 것이 유용할 것이다. 그 길은 선회하기도, 막다른 골목에 이르기도 했으며, 그리고 유턴하기도, 합쳐지기도, 갈라지기도 했다. 지금은 항상 그렇듯이 방향 전환을 앞두고 있다. 특히 라틴아메리카와 같이 다양하고 복잡한 지역의 사회관계를 이해하려는 시도는 결코 "팩트"를 배우는 단순한 일이 아닐 수 있다. 논쟁 중인 사실이 많이 있을 것이다. 따라서 해답은 가용한 자료의 성격, 참고한 출처의 이해관계 그리고 질문방식에 따라 달라진다. 여러 저자가 쓴 교재에서는 서로 다른 관점과 동일한 역사적 · 사회적 사실에 대한 서로 다른 해석에 대면해야 하기 때문에 학생들은 라틴아메리카 관련 학자의 한 연구서를 가지고 라틴아메리카에 대한 공부를 시작하는 것이 좋을 것이다.

사회현상에 대한 관심과 해석은 각 학문영역마다 다를 것이다. 예를 들면, 지리학자는 토양의 질, 기후 그리고 지형이 정주패턴과 사회경제적 관계를 결정하고 결국은 정치체제를 형성할 것이라고 생각한다. 인류학자들은 사회적 조화나 사회적 갈등에 대한 설명을 종족 · 문화적 유형에서 찾는다. 경제학자들은 정치적 동향들이 경제적인 것으로부터 나온다고 생각하는 반면에 정치학자들은 권력관계가 가장 중요하다고 본다. 그러나 라틴아메리카 연구에서는 항상 통합적인 주제가 있었다.

라틴아메리카 자체의 창의적이고 학구적인 저자들의 관점은 물론 미국과 유럽의 학자들의 관점에서 보면 라틴아메리카 연구는 하나의 문제 혹은 일련의 문제에 대한 연구로서 접근되었다. 문제들은 저발전과 정치적 불안 혹은 좀 더 간단하게 말하면 빈곤 혹은 불평등 그리고 민주제도 착근의 실패로 요약될 수 있다. 이런 문제들의 뿌리, 이유 그리고 근원에 대한 추적은 다음의 3가지 방향 중의 하나로 귀결된다. 하나는 이베리아반도인들－정복자들과 그들이 신대륙에 가져왔던 제도, 태도 그리고 문화적 특질 이고, 다른 하나는 라틴아메리카 사람 자신들－엘리트들의 탐욕, 중산층의 기업가 정 신 결여 혹은 일반대중의 수동성이며, 아니면 미국과 미국이 주도하고 옹호하는 국제 자본주의 체계이다.

　미국학자들이 라틴아메리카 문제들에 관심을 보이기 오래 전에 이 지역 자체의 지 식인들은 라틴아메리카가 가지고 있는 문제의 근원이 어디에 있는가 하는 문제에 몰두 했다. 국제적인 도시인 부에노스아이레스의 도밍고 파우스티노 사르미엔토(Domingo Faustino Sarmiento)와 다른 19세기 지식인들과 정치지도자들은 라틴아메리카 신생 독립 국들이 겪고 있었던 무정부와 독재의 악순환을 스페인의 영향 탓으로 돌렸다.[1] 사르미 엔토는 말년에 라틴아메리카 자체의 "용광로(인종 간의 혼혈)"에 비난의 화살을 돌렸 다. 사회적 다윈이즘의 영향을 받은 그는 아르헨티나 사회의 퇴폐적인 상태를 스페인 사람, 혼혈인, 원주민 그리고 흑인의 인종구성 요소로부터 기인한 것으로 진단했다.

　20세기 초 형세를 반전시키면서 나타난 우루과이 최고의 문필가인 호세 엔리케 로 도(José Enrique Rodó)는 그의 명작 『아리엘』에서 자신의 조국의 젊은이들에게 미국의 물질주의를 멀리하고 스페인으로부터 물려받은 정신적, 지적 가치들을 고수할 것을 촉 구했다. 20세기 들어 몇십 년이 흐른 후 힘을 받은, 문학은 물론 예술과 음악에서도 나 타난 라틴아메리카 사회사상의 강한 한 조류는 원주민 문화의 장점을 중요시하고 이 지역에 만연한 불안과 사회적 부정의를 스페인 및 미국의 영향 탓이라고 비난했다. 마 찬가지로 카리브지역의 1960년대와 1970년대의 흑인민권운동단체들도 이 지역의 저발 전의 책임이 유럽과 미국에 있다고 비난했다.

　미국에서 학제 간 연구로서 미국 라틴아메리카 연구 그리고 여기서 확대된 라틴아 메리카 사회 및 정치체제 분석이 본격화된 것은 분명히 피델 카스트로가 낳은 사생아 이다. 쿠바혁명 이전에 역사학자, 인류학자 그리고 문학자들은 일반적으로 개별적인 학문 분야에서 라틴아메리카 주제에 대한 연구를 수행했었다. 정치분석은 주로 라틴아 메리카 정권들이 프랑스와 미국에서 차용해서 헌법에 명시한 규범들을 거의 지키지 못한다는 것을 부각시키면서 형식적인 법률 연구에 한정되었다. 이러한 연구에서는 일반적으로 설명 논리를 미국과 사분오열된 라틴아메리카 국가들 특유의 역사·문화적 전통에서 끌어왔고 그렇게 함으로써 양 지역의 정치적 과정의 신비화에 일조를 했다.[2) 봉건주의, 권위주의 그리고 가톨릭과 같은 이베리아반도의 유산은 민주적, 사회·경제적 개혁에 주요 방해요소로 간주되었다.

쿠바혁명과 함께 나타난 미국 정치인들과 새롭게 조성된 정부지원 연구기금과 용역에 의해 힘을 얻은 학자들의 라틴아메리카에 대한 관심의 고조는 다른 곳에서 빠르게 진행된 탈식민화와 일반적으로 경제학과 정치학 같은 편협한 분과학문에 의해 주도된 제3세계에 대한 관심의 확대와 일치한다. 이렇게 해서 제3세계의 다른 지역의 변화과정을 다루기 위해 고안된 발전이론과 근대화이론이 라틴아메리카 연구도 지배하게 되었다. 이러한 부류에 속하는 연구들은 일반적으로 라틴아메리카의 정치 및 경제 체제가 점차 미국의 그것들과 비슷해지거나 그렇지 않으면 이 지역은 폭력 혁명의 소용돌이 속에 휩싸일 것으로 단정했다.

급변하는 사태—특히 민주정부의 몰락과 군부독재로의 대체—의한 많은 발전 및 근대화이론가들이 만든 가설의 효력 상실은 라틴아메리카 이론가들의 연구에 대한 뒤늦은 관심과 이론적인 반격을 불러왔다. 반격은 끈질긴 전통과 근본적으로 보수적인 라틴아메리카 사회의 특성을 다시 한번 주장하는 것으로 표현되었다. 이런 관점은 조합주의 모델을 사용하는 연구에서 이론적으로 그리고 개념적으로 보다 정교해졌다. 조합주의는 근대 제도들의 위계적 조직과 위로부터의 통제의 지속을 강조한다.

스페인 식민지 통치하의 잔혹함과 편협성의 "검은 전설"까지 거슬러 올라가는 방대한 라틴아메리카 문헌들은 민주주의 실패에 대한 역사적 그리고 문화적 설명을 뒷받침한다. 그러나 주요 라틴아메리카 국가들의 사회과학을 지배했던 경향들은 마르크스의 계급투쟁과 제국주의 이론의 변종들이었다. 종속이론으로 알려진 이러한 사상체계는 미국과 유럽의 라틴아메리카 연구자들 간에 주도권을 놓고 발전 및 근대화이론과 경쟁하게 되었다. 종속이론은 라틴아메리카의 저발전이 국제 자본주의 체제의 부산물로서 이해되어야 한다고 주장한다.

냉전의 종식과 함께 국제 자본주의 체제는 이전의 모든 경쟁적인 패러다임을 누를 기세로 반격했다. 일부 라틴아메리카 이론가들은 계속해서 국가와 지역시장, 사회·경제적 민주주의 그리고 새로운 형태의 민족주의에 관심을 가질 것을 촉구했다. 그러나 시장개방, 민영화 그리고 민주주의로서의 선거를 강조했고 사회적 문제를 무자비하게 공격했던 승리의 신자유주의는 20세기 말에 남반구 전체의 엘리트 교육기관을 점령하게 되었다.

이러한 이론적 경향들과 접근방법들은 라틴아메리카 연구의 모든 면에 스며 있다. 왜냐하면 라틴아메리카에서 철학, 문학, 예술 그리고 지식층의 다른 연구는 유럽이나 미국에서보다 훨씬 더 국가 혹은 지역의 관심사를 반영하는 경향이 있다. 그렇게 될 수밖에 없었을 것이다. 반란과 진압, 혁명과 반혁명과 같은 급변하는 사건들은 어느 하나도 다루지 않고는 그냥 넘어가지 못하기 때문이다.

이베리아반도 사람들의 책임: 조합주의와 문화

라틴아메리카와 그 문제 연구에 대한 역사·문화적 접근법은 현대 라틴아메리카에 중세시대의 이베리아반도의 특징이었다고 일컬어지는 태도, 제도 그리고 사회적 관계에 주목했다.[3] 이 관점에 따르면, 스페인 정복자들, 왕실관리 그리고 가톨릭 선교사들은 신대륙에 엘리트주의, 권위주의 그리고 군국주의에 단단한 기반을 둔 사회체계를 이식했다.

포르투갈의 유산은 인종적, 문화적 다양성에 대한 관용이 더 크다는 점에서 스페인의 그것과는 달랐다. 그러나 스페인 사람들처럼 포르투갈 사람들은 그들의 신대륙에 있는 후손들에게 엄격한 사회, 정치, 문화적 위계질서 의식을 주입시켰다. 공중도덕은 정치문화의 필수적 부분이었고, 역시 위계적인 구조, 절대적인 교리, 그리고 권위적인 생활을 가진 가톨릭은 정치적, 도덕적 질서를 유지하기 위해 정부의 기관들과 책임을 분담했다.

식민 초기에는 식자층과 정치 및 종교지도자들 사이에서 원주민이 완전한 사람인지에 대한 대논쟁이 일어났다. 결국 교회의 복음화사업은 원주민의 근본적인 인간 본성을 인정하는 것을 함축한다는 것으로 결론지었다. 그러나 식민제국의 많은 지역에서 원주민의 살육과 노예화가 계속 진행되었다. 그리고 현대의 많은 라틴아메리카 사람들은 분명히 계속해서 원주민들을 인간 이하의 계층에 속하는 것으로 바라본다.

조합주의

원래는 중세 가톨릭 사상에서 나왔고 스페인의 프랑코와 포르투갈의 살라자르 정권에서 어느 정도 보여졌던 조합주의 모델은 개발 및 근대화 이론에서 파생된 일부 모델보다 1950년대의 라틴아메리카 정치에 더 잘 들어맞는 것으로 나타났다. 위아르다(Wiarda), 슈미터(Schmitter), 멀로이(Malloy), 에릭슨(Erickson), 그리고 다른 사람들의 연구에서 정교하게 만들어진 이 모델은 라틴아메리카의 정치 활동 단체에서 나타나는 수평적 조직에 반대되는 수직적 조직 성향에 주목했다.[4] 조합주의 시스템에서 이러한 단체들은 권위주의적인 정부에 의해 통제되고 조종되어 의사소통과 권력이 아래로부터 아니라 위로부터 나온다.

라틴아메리카에는 아직도 중세의 이베리아반도의 흔적이 남아 있다는 의견에 대해 반박할 라틴아메리카 연구자는 거의 없다. 조합주의적인 경향의 존재 여부도 커다란 논란거리가 못 된다. 많은 라틴아메리카 연구자들이 역사·문화적 혹은 조합주의적 접근법을 추구하는 몇몇 학자들의 연구결과로부터 출발한 지점은 엘리트주의와 권위주의의 현대적 표출은 주로 스페인과 포르투갈에 의한 식민지배에 기인한다는 가정이다.

비판자들은 예를 들어 1970년대와 1980년대 지독한 권위주의적인 군부통치를 경험한 일부 국가들은 (예를 들어 칠레와 우루과이) 20세기 대부분 합헌적이고 다소간 민주적인 통치를 향유했다고 말한다. 게다가 남미 남부지역은 (아르헨티나, 우루과이 그리고 칠레) 스페인 식민지배의 영향을 가장 덜 받은 지역이다. 아르헨티나에서는 20세기 초에 대거 밀려왔던 이태리 이민자의 후손들의 수가 현재 스페인 이민자의 후손들의 수를 앞지른다. 20세기 후반에 라틴아메리카에 권위주의가 재등장한 것을 설명하기 위해서는 식민지시대보다 더 최근의 몇몇 공통분모들이 필요하다. 더욱이 전통적인 조합주의와 현대의 관료적─기술관료적 변종 사이의 질적인 차이에 대해서 말하는 경우가 적다. 1980년대 말에 조합주의 패러다임의 인기는 감소하는 것 같았고, 호워드 위아르다(Howard Wiarda)를 포함하는 이 모델을 주장했던 사람들의 일부는 문화적 인과관계를 강조하는 방향으로 나갔다.

문화적 인과관계

1980년대 말에 독립변수로서의 문화가 갖는 설명력에 대한 관심이 되살아났다. 사무엘 헌팅턴(Samuel Huntington)은 발전과 근대화는 서구의 목표일 수 있다는 것을 제안하기 시작했다. 그는 부, 평등, 민주주의, 안정 그리고 자치에 대한 열망은 서구, 특히 북유럽의 경험으로 나왔고, 다른 문화들은 단순함, 내핍, 위계질서, 권위주의, 규율 그리고 군국주의를 선호할 수도 있다고 주장했다.[5] 이러 관점은 한때 서구식 근대화가 저항할 수 없는 것이라 믿었던 이론가에게는 상당한 후퇴를 의미한다. 헌팅턴은 21세기 초에 훨씬 더 후퇴했다. 단독 저서들과 로렌스 해리슨(Lawrence Harrison)과 함께 쓴 『문화가 문제다: 가치들이 어떻게 인간의 발전을 형성하는가(Culture Matters; How Values Shape Human Progress』에서는 늦게 발생한 사르미엔토의 사회 다윈이즘의 메아리가 발견된다.[6]

라틴아메리카 사람들의 책임: 발전 및 근대화이론

전통적인 혹은 역사·문화적 접근법에 기반을 둔 현대 라틴아메리카의 분석들이 정적인 특성을 갖는 경향이 있는 반면에 발전 및 근대화이론은 이 분야에 새로운 활력을 불어넣었다. 이 새로운 접근법은 좋건 나쁘건 사회개혁이 실제로 진행 중에 있고 그 개혁이 선진국, 주로 미국과 서구유럽의 사상과 기술의 제3세계로의 전파에 대응하거나 반작용으로 일어난 것이라는 사실을 강조했다.

발전 및(혹은) 근대화이론으로−이 용어는 종종 서로 바뀌어서 쓰임−알려지게 된 이 사고체계는 1950년대 후반과 1960년대 전반에 주로 미국학자들에 의해 주창되었다. 경제학 분야에서 발전이론은 자본이 유입되고 사업기술이 획득되어 불필요한 곳에 낭비를 할 필요가 없는 이점을 갖는다면, 아직 산업혁명을 겪지 않은 국가들은 서구유럽과 미국이 이미 지나간 길을 따라 빠른 속도로 나아갈 수 있을 것으로 생각했다. 월터 더블류 로스토우(Walter W. Rostow)는 경제발전은 최소한 소위 말하는 "도약단계"만 넘으면 되돌릴 수 없을 것이라고 생각했다.[7]

인류학자와 사회학자들의 관점에서 "근대화"는 일반적으로 서구의 태도적인 특징으로 생각되는 합리주의, 도구주의, 성취동기 등의 흡수를 의미했다. 이러한 접근법은 현대 커뮤니케이션 미디어, 과학과 인문학 교육 그리고 기술이전 확산의 좋은 결과를 강조했고 제3세계 국가들은 개인들을 중산층 혹은 근대산업 분야에 빨리 흡수함으로써 발전될 수 있다고(혹은 되어야 한다고) 제시했다.

정치학자들은 다른 사회과학으로부터 자유로이 차용했는데 그들의 극단적인 설명에서 이런 이론들이 그들 자신의 분과학문의 내용인 권력관계가 결국 실제적으로 부정된다는 것을 알아차리지 못하는 것 같았다. 그러나 정치학자들은 그들 자신이 만든 발전 및(혹은) 현대화 지수를 제공했다. 예를 들어, 가브리엘 알몬드(Gabriel Almond)는 구조적 차이(경제 및 정치적 역할 상술)를 강조한 반면에 사무엘 헌팅턴은 정치적 제도를 강조했다.[8] 다른 학자들은 참여, 평등주의 그리고 정부능력에 초점을 맞추면서 이러한 특성들이 상호 보강된다고 생각했다. 그러나 헌팅턴은 제도화가 부재한 가운데 확대되는 참여를 불안정한 것으로 보고 안정을 우선시했다. 마틴 시 니들러(Martin C. Needler)는 동일한 모순을 인지하고 참여를 우선시했으나 지속적인 성장이 없는 상

태에서는 제한된 민주주의에 불안정한 영향을 끼쳐 권위주의 복귀를 가져올지도 모른다고 언급했다.[9]

　사회과학에서 이러한 경향은 쿠바혁명 그리고 그 후에 나타난 발전을 위한 동맹 그리고 라틴아메리카 지역학에서 학제 간 프로그램의 출현과 일치한다. 발전은 발전을 위한 동맹의 주요 목표 중의 하나가 되었고, 다른 목표는 또 다른 쿠바를 미연에 방지하는 안보문제이었다. 이러한 목표들이 상충될 수도 있다고 주장한 앨버트 오 허시맨(Albert O. Hirschman)과 같은 소수의 비판자들은 전반적으로 무시되었다.[10] "불안"이 발전에 방해요소이었고 강화된 안보에 의해 봉쇄되어야 한다는 지배적인 견해는 연이어 일어났던 군사쿠데타로 인해 이에 대한 재평가가 이루어졌을 때까지 정부는 물론 학계에서도 깊이 뿌리내려 있었다.

　발전 및 근대화이론의 비판자들은 이 이론의 주창자들이 자신들이 보고 싶어 하는 것만을 보려고 하거나 아니면 그들이 본 것은 어떤 것이든 발전이라고 부르려는 성향이 있다는 것을 지적한다. 예를 들면, 경제학자들은 국민총생산 혹은 1인당 국민소득 성장에 대한 총계자료를 사용하여 발전의 정도를 측정하는데, 이 자료에는 소득의 왜곡된 분배가 나타나지 않는다. 1970년에 미국의 경제학자들이 브라질의 "경제기적"에 대한 찬사를 늘어놓았을 때 당시 브라질의 독재자인 에밀리오 가라스타주 메디시(Emilio Garrastazú Médici)는 "경제는 잘 돌아가고 있는데 국민들은 그렇지 못하다"라고 말했다.[11]

　발전 및 근대화이론에 기반한 연구의 대부분에 나타나는 공통적인 경향은 이상화되고 계급적으로 구분된 국가 혹은 북대서양 국가의 자신의 이미지에 기반한 특이한 종류의 종족성이었다. 라틴아메리카의 국가들과 제3세계의 다른 국가들이 발전과 근대화를 이룩하지 못하면 그것은 그들이 근면성이 부족하고 그들 자신의 문제를 우리가 보는 것만큼 명확하게 보지 못했기 때문이라고 생각했다. 사실상 빈곤과 무기력에 대한 책임이 가난한 자와 힘이 없는 국가들에게 돌려졌다.

　이 시기의 학자들은 발전 및 근대화의 지표들 중 어떤 것이 가장 적절하고 유용한 것인지에 대한 합의가 필요 없었다. 그럼에도 불구하고 가치가 개입되지 않은 개념과 가치를 내포하는 개념 사이의 구별은 거의 이루어지지 않았다. 1960년에 생겨나고 있었던 사회과학에서의 행동주의적 경향은 사회과학자들의 성향을 예리하게 해서, "과학적"이 되려고 시도하도록 했으며 기존의 편견들을 무시하도록 했다. 그래서 경제성장과 안정이 발전의 가장 중요한 지표라고 주장한 학자들과 부의 재분배와 정치적 참여의 확대가 보다 중요하다는 학자들은 그들이 가치보다는 사실을 놓고 논쟁하고 있다는 주장을 견지하는 경향이 있었다.

1960년대와 70년대 군사정권들이 민주정부들을 대체하면서 라틴아메리카에 속속 들어섬에 따라, 발전이론은 보다 새로운 이론들, 특히 종속이론에 의해 비판받고 대체되었다. 한때 발전 패러다임에 매료되었던 이론가들의 일부는 종속이론의 논리에 설득되었다. 다른 학자들은 제1세계와 제3세계의 상호의존성을 강조하거나 발전 수준의 차이를 문화적 원인에서 찾게 되었다. 발전이론과 연관된 태도와 가정의 많은 것은 1990년대 신자유주의와 함께 소생했으나 신자유주의는 발전이론과는 뚜렷한 차이를 보였다.

미국 책임론: 종속이론 및 관련된 이론들

종속이론의 주창자 중 한 사람으로서 초창기 사상을 구체화하면서 페르난도 엔리케 카르도주(Fernando Henrique Cardoso)는 "종속이 무엇이냐?"라는 질문에 "포드재단의 연구비를 잃지 않고자 한다면 제국주의라고 해야 할 것이다"라고 대답했다(그는 1994년 브라질의 대통령에 당선되고 나서 종속이론을 그의 업보라고 부르기 시작했다). 보다 정확하게 말하면 수잔 보덴하이머 조나스(Susanne Bodenheimer Jonas)가 말한 대로, 종속은 "아래로"부터의 관점을 말하고, 반면에 마르크스의 제국주의는 "위로"부터의 관점을 나타낸다.[12] 마르크스의 제국주의이론이 지배적인 자본주의 강대국들의 지배계급이 왜 그리고 어떻게 그들의 착취 및 정치적 통제 영역들을 확대해 나가는지를 설명하려고 함에 따라, 종속이론은 이러한 불공정한 협상과 다층적인 착취관계들이 피지배 국가의 피지배 계층에게 의미하는 바를 연구한다.

종속이론은 매우 규범적이어서 1차 상품 생산자들의 교역조건 악화와 같은 문제들을 이해하고 중화시키기 위한, 아르헨티나의 경제학자인 라울 플레비쉬(Raúl Plebisch)가 위원장으로 있었던 1960년대 초반 유엔 라틴아메리카 경제위원회(ECLA)의 시도로부터 주로 추동력을 얻었다. 경제적 착취와 종속에 대한 새로운 자각은 수입대체를 통한 산업화, 라틴아메리카 통합, 그리고 유엔 라틴아메리카 경제위원회가 제시한 해결책에 대한 실망에 뒤따라 나왔다. 이렇게 해서 브라질의 카르도주와 테오티노 도스 산토스(Teotino Dos Santos) 그리고 칠레의 오스발도 선켈(Osvaldo Sunkel)을 포함한 수많은 라틴아메리카 정치학자 및 사회학자들은 사회계급 구조 유형을 설명하고 종속국가의 자본주의 발전과정에 내재한 구조적 변화를 예측하고자 하는 노력을 다시 시작했다.

종속이론을 뒷받침하는 가정들은 다음과 같다. 첫째, 국내 및 국제 관계에서 권력과 위상의 분배는 결국 경제관계에 의해 결정된다. 둘째, 저발전의 원인은 국내체제에만 있는 것이 아니고 지배국가들과 그들의 고객국가들과의 경제적 관계의 유형에서도 찾아야 한다. 고객국가들 내에서의 불평등의 영속화는 공식적인 식민지 기제가 현대에 작동하는 것으로 볼 수 있는 지배계급(매판계급)에 의해 관리된다. 셋째, 국가 내에서건 국가들 사이건 시시장의 무소불위의 힘은 기존의 불평등을 약화시키기보다는 심화시키는 경향이 있다. 다시 말하면, 지배적인 외국세력은 그들의 고객국가들을 희생시켜가면서 이익을 보고, 이들 국가들의 지배계급들은 다른 계급들의 희생 위에 이익을 취한다.

종속이론가들은 더 나아가 발전은 부의 "적하 효과(trickle down)"나 근대적 자세와 현대적 기술의 점진적 확산을 통해 일어나지 않고, 개인들의 현대적 부문으로의 점진적인 편입으로 표현되는 상승이동이 대중의 빈곤화에 해결책이 될 수 없으며, 안정은 불평등이 심한 체제에서 미덕이 아니라고 주장했다. 사실상, 대부분의 종속이론가(스페인어로는 dependentistas)들은 라틴아메리카 국가들이 국제 자본주의 체제에서 탈피하여 사회주의 정권을 세우는 길만이 그들 자신의 의사결정권을 회복하고 선택의 폭을 넓힐 수 있다고 믿었다.[13]

근대화 및 발전 이론이 외국인의 투자와 외국의 원조를 제3세계 발전에 중요한 것으로 생각한 반면에, 종속이론가들은 이러한 투자와 원조를 고객국가들로부터 자본을 수탈하기 위한 수단으로 보았다. 종속이론가들은 아마도 원조는 부자 나라들의 가난한 사람들이 가난한 나라들의 부자들에게 기부하는 수단이라고 했던 댄트 파셀(Dante Fascell) 미국 하원의원(플로리다 지역구 민주당 의원)의 발언에 동의했을 것이다.

안드레 군트 프랭크(Andre Gunt Frank)는 제1차 세계대전과 1930년대의 대공황 시기의 라틴아메리카 국가들의 경험과 이들 국가들과 서방 선진국들과의 관계가 보다 긴밀했을 때의 경험들을 비교한 후, 1970년에 주변국가 혹은 고객국가들은 그들과 선진국들과의 관계가 가장 약했을 때 가장 산업발전을 많이 했다고 결론 내렸다.[14] 다른 학자들은 1960년대 말과 1970년대 초의 브라질 경제발전의 예를 들면서, 빠른 산업발전은 종속의 상황에서도 일어날 수 있다고 주장한다. 그러나 종속의 상황하에서도 경제성장은 일어나지만 고객국가들 내에서 계층 간 그리고 지역 간에 존재하는 불평들을 심화시키는 것은 바로 왜곡된 성장패턴이라는 데는 일반적으로 동의한다.

발전이론처럼 종속이론도 부가적 데이터와 내적 동력 혹은 관계를 고려치 않고 국가들을 블랙박스처럼 다루는 "블랙박스" 이론에 과도하게 의존함으로써 한계를 보였다. 이러한 접근법은 국가 간의 불평등한 관계의 결과를 다루기는 하나 종속관계가 영속화되는 정치적 기제에 대한 설명은 못한다. 더욱이 종속이론가들은 경제관계에 중요성을 부여하면서 지배국가와 고객국가 사이 그리고 고객국가 내에서 정치적 행위자들 간에 지대한 영향을 미칠 수 있는 제도적 혹은 관료적 이해의 추구와 같은 다른 요인들을 소홀히 하는 경향이 있다.

침투이론과 관료적 권위주의

　종속이론의 가정들을 많은 부분 공유하고 종속국가들의 정치에 대한 우리의 이해를 정교하게 하거나 세련되게 하는 데 도움이 되는 다른 접근법들에는 침투이론과 관료적 권위주의 모델이 있다. 침투이론은 지배적인 강대국이 외교적 압력을 통해 고객국가에 직접적으로 영향력을 행사하는 것뿐만 아니라 고객국가 내에서 정치적 경쟁의 조작을 통한 간접적으로 영향력을 미치는 수단들을 찾아내는 것이다.[15] 관료적 권위주의는 아르헨티나 정치학자인 기예르모 오도넬(Guillermo O'Donnell)이 만든 용어인데, 그에 따르면 이는 지체되고 혹은 종속적인 발전의 맥락에서 사회·경제적 근대화 과정에서 나올 수 있는 결과이다. 이러한 비개인적이고 제도적인 독재는 스페인이나 포르투갈에서 나타났던 봉건주의적인 통치의 모습이 아니고 자본주의 체제에 대한 감지된 위협에 대한 반응이다. 오도넬에 따르면 시행된 독재정치와 경제정책의 수준은 감지된 위협의 정도에 따라 달라진다.[16]

중심부 – 주변부 모델

　종속이론가들이 가설로 세웠거나 설명한 관계는 노르웨이 학자인 요한 갈퉁(Johan Galtung)에 의해 단순 명료한 모델에서 구체화되었다.[17] 중심부 – 주변부 모델에 따르면 중심부 혹은 본국의 지배층들은 그들 자신의 국가체제의 주변부로부터(예를 들어 세금을 통해) 이익을 얻으며 그들은 이것을 고객 혹은 주변부 국가의 친중심부 국가적 성향을 가진 엘리트의 교육과 지원에 사용한다. 한편 주변부 국가 엘리트들은 그들이 자신들의 국가의 일반 대중들을 착취하고 억압하는 데 중심부 국가의 엘리트들의 지원을 받기 때문에 중심부 국가 엘리트들이 주변부 국가들의 대중들의 생산품이나 착취에 참여하거나 공유하는 것을 허용하지 않을 수 없다.

세계체제이론

임마누엘 월러스타인(Immanuel Wallerstein)이 주창한 세계체제이론도 세계경제를 중심부와 주변부로 나누어 생각한다.[18] 그러나 정부의 상호작용에 초점을 맞추는 대신에 이 접근법은 비국가적 행위자들, 특히 다국적 기업과 은행의 거래상의 상호작용에 주의를 환기시킨다. 국제경제는 특히 그들의 정부가 자신들의 명령에 따라 움직이는 선진 자본주의 국가의 엘리트들의 이니셔티브에 의해 움직인다고 말한다. 그리고 이 경우 세계경제를 통제하는 것은 정치적 자본이라기보다는 금융자본이다. 이러한 중심부에서 멀면 멀수록 부의 적하효과는 더 작아진다.

종속이론가들의 생각을 세계체제이론 관점 안에 들어온다고 생각한 월러스타인은 보다 전통적인 마르크스주의자들이나 자유주의자들에게 똑같이 그들의 경직된 발전론적인 접근법을 문제 삼았다. 다시 말하면 양 학파는 각 국민국가가 동일한 순서로 동일한 일련의 단계 혹은 잉여추출 양식을 통과해야만 한다고 가정한다. 그의 견해에 따르면, 이전 시기의 경제 엘리트들의 편리를 위해 태동된 국민국가 체제는 세계경제의 필수적인 제도적 토대로 그 기능을 다했다. 그래서 현대의 투쟁은 빈국과 부국 사이의 투쟁이 아니라 국제사회에서 부유층과 빈곤층의 투쟁이다.

이론적 차이의 근저에서의 이해관계

앞서 본 접근법들 간의 근본적인 차이는 분석보다는 이해관계와 관련 있고, 이런 점에서 이분법적으로 문제를 제기하는 것이 좋을 수도 있을 것이다. 예를 들어, 일부는 제1세계와 제3세계 사이의 이해관계의 구분을 생각할 수 있을 것이다. 그러나 이는 제3세계의 엘리트들은 개인적 이해는 물론 계급의 이해를 추구하지만 종종 제1세계의 관점을 취한다는 사실을 설명하지 못한다. 제1세계 학자들과 인도주의자들은 종종 제3세계의 사회적 약자들에게 동질감을 느낀다. 엘리트주의 대 평등주의 혹은 집중 대 재분배의 이분법은 영토적·문화적 함의를 피할 수 있을 것이고 보다 쉽게 이해될 수 있을 것이다. 그러나 이는 널리 인정되지 않는 가치를 귀속시킨다.

그러나 널리 받아들여지지 않는 가치의 귀속을 피하면서 이분법을 다룰 수 있는 명쾌한 방법이 있다. 이는 선호도 그리고 수단의 효율성에 대한 인식으로 표현되는 이분법이다. 다시 말하면, 이 두 개의 접근법은 종국적으로 모두를 위한 진보 혹은 발전이라는 공통 목표를 가지고 있다고 주장하지만 그 목표를 달성하는 데 적합한 수단에 있어서는 차이를 보인다. 한 접근법은 부국과 빈국 그리고 국민들의 물질적 이해관계들이 조화를 이루고 단일전략을 잘 받아들이는 것으로 본다. 다른 접근법은 그러한 이해관계들이 제로섬 게임에서처럼 서로 충돌하는 것으로 본다.

여러 상황에 광범위하게 적용되는 전략이 그 상황이 무엇인지를 결정할 위치에 있는 국가 혹은 계층에 의해 사용되는 경향이 있다는 것은 놀랄 일이 아니다. 예를 들어 식민지 그리고 신식민지 강국들과 고객국가의 그들의 엘리트 협력자들은 그들의 이익에 부합하는 정책과 사업들이 역시 피정복 국가와 식민지의 이익에도 부합하는 것으로 볼 수 있을 것이다. 그러나 이러한 이해의 조화에 대한 가정은 피정복 국가 및 식민지가 받아들일 가능성이 없다. 이들 국가들은 정복 국가와 피정복 국가의 이해관계는 서로 조화되지 않는다고 볼 가능성이 높다. 이러한 이분법은 냉전의 이념적 프레임워크의 해체에 뒤이어 나온 이론적 양극화에 앞서 등장한 이론적 독점에서 보다 분명하게 나타날 것이다.

공통된 의견의 추구

이분법과 칭찬받지 못한 이해관계에도 불구하고 라틴아메리카 연구에 적용된 접근법, 모델 그리고 이론들은 어느 것도 다른 것을 전적으로 배제하지 않는다. 이들 사이의 차이는 주로 관점, 강조점 그리고 가치판단의 차이이다. 발전 및 근대화이론의 지지자들은 역사−문화적 접근법의 지지자들처럼 개인의 태도와 기관(제도)의 행위에 초점을 맞추는 경향이 있으나 전자는 변화의 지수에 신경을 쓰는 반면에 후자는 지속성을 강조하는 경우가 더 많다. 두 접근법 모두 근대화된 서구의 성취에 찬사를 보내고 이베리아반도의 비민주적 전통의 영향을 개탄한다. 그러나 발전 및 근대화 이론가들은 역사—문화적 분석가들보다 더 적극적으로 서구식 모델을 따르는 것이 가능한 해결책이라고 생각한다.

마르크스주의 개념을 명시적으로 이용하여, 종속이론은 교역, 원조의 국제적 유형 그리고 국내 수준의 정치과정의 설명을 위해 정치적 통제는 물론 물질적인 이해관계와 계급투쟁을 고려한다. 그래서 학파가 다른 학자들이 발생한 일에 대해 의견의 일치를 볼 수 있는 순간에서조차도 그들은 그 일이 왜 일어났는지에 대해 의견의 일치를 이루지 못할 가능성이 있다. 예를 들어 발전 및 근대화 이론가들은 일반적으로 공적 및 사적으로 미국이 영향을 미치는 수단을 민주화 및 사회적 개혁을 위한 힘으로 보고 있으나 종속이론가들은 이를 비민주적이고 반평등적인 힘으로 간주한다.

1980년대 말에 많은 학자들이 공통 의견을 찾음으로써 발전이론가들과 종속이론가들 사이의 논쟁을 해결하거나 일련의 다른 질문을 던져서 그 논쟁을 대체하려고 했다. 그 결과 중의 하나가 "상호의존"에 새로운 주안점을 두는 것이다. 다른 하나는 분과학문을 뛰어넘어 광범위한 시각으로 보는 것으로, 특히 국가와 민간분야, 국내분야와 해외분야의 관계를 알아보기 위해 산업화의 역사를 천착한다. 이러한 접근법은 신국제정치경제라고 명명되었다.

상호의존

선진국과 제3세계 관계를 다루는 학자들은 1960년에 이러한 관계에서 제3세계가 받는 이득에, 1970년대에는 이러한 관계에서 제3세계가 받는 손해에 초점을 맞추는 경향이 있었으나 1980년대의 많은 학자들은 그 대신에 보완적 필요성과 공통 문제에 초점을 맞추기 시작했다. 예를 들어 일부 학자들은 제3세계 경제문제와 관련한 선진국들의 점증하는 취약성에 대해 언급했다. 1980년대에 제1세계, 특히 미국의 고금리는 라틴아메리카 경제에 굉장한 충격을 주었다. 그리고 뒤이은 라틴아메리카 외채위기는 미국은행의 지급능력을 위협했으며 미국의 제품의 수출 길을 막았다.

국제경치경제

국제정치경제(IPE) 아젠다는 현대의 정책이슈를 다루기 위해 19세기 사회적 관심의 영역을 되살렸다. 그래서 국제정치경제 이론가들의 가정들과 연구 성과는 발전이론와 종속이론의 논쟁에 영향을 주고 아마도 이를 확산하는 경향이 있다. 제3세계 문제를 다루는 데 있어서 국제정치경제 이론가들은 종속이론가들처럼 태도에 대한 가정보다는 계급갈등을 가지고 발전 수단과 수준을 설명하려고 한다. 그러나 발전 및 근대화 이론가들처럼 그들은 일반적으로 발전과 민주주의 사이에는 긍정적 관계가 있는 것으로 봤다. 그들은 제3세계 국가들이 국제경제에 참여함으로써 손해를 봐왔다는 종속이론가들의 주장을 어느 정도 인정하나 제3세계 국가 정부가 참여조건을 협상할 능력이 있는 곳에서는 긍정적인 결과가 있었다고 주장한다.

세계체제 학파처럼 국제정치경제 학파도 미리 정해진 발전단계를 알지 못한다. 그러나 이들은 세계체제이론이 경제적인 성과를 결정하는 데 국가의 역할을 과소평가한다고 비판한다. 국제정치경제이론가들은 무소불위의 시장을 선호하는 자유주의와 경제정책 의사결정 과정에서 국가의 주도를 선택한 마르크스주의를 거부하고, 국가와 시장은 둘 다 해야 할 중요한 역할이 있고 때때로 서로를 강화시키기도 한다고 주장한다. 사실상 시장의 효과적인 기능은 필요한 곳에 개입할 준비가 되어 있는 강력한 국가의 감시에 따라 달라질 수 있다.

종속이론가들처럼 국제정치경제이론의 지지자들은 국가권력의 영토적인 성격과 경제권력의 초국가적 성격 사이의 모순에 관심을 갖는다. 그러나 국제정치경제이론가들은 외국자본의 침투가 반드시 국가의 경제적 역할을 위축시키는 것은 아니라고 주장한다. 피터 에반스(Peter Evans)의 브라질 석유화학 및 철강산업 연구, 프랭클린 터그웰 (Franklin Tugwell)의 베네수엘라 석유산업 연구 그리고 테오도르 모란(Theodore Moran)의 칠레 구리산업 연구는 외국인 소유의 채굴산업분야가 국가의 기업 활동을 촉진시킬 수 있다는 것을 보여준다. 그렇다고 이것만으로 생활수준이 향상되거나 다른 발전지수가 높아지는 것은 아니다.[19]

냉전 후 패러다임의 변동

비록 냉전이 용두사미로 끝나기는 했어도 전후 기간은 다른 전쟁들의 여파와 많은 공통점이 있다(국경과 교역패턴의 변동, 새로운 유형의 난민들과 궁핍한 자들). 그러나 이 경우에 승자는 한 국가나 일련의 국가가 아니고 경제체제였다. 그 체제는 꼭 자본주의는 아니었고 후기근대주의 기술로 무장한 사회적으로 전근대적인 버전의 자본주의였다.

의기양양하게 나타난 스펜서 자본주의는 극단적인 사회주의뿐만 아니라 국가 계획과 규제, 국영기업과 국내산업 보호, 그리고 복지급여에 있어서 많은 실험들을 포기할 것을 요구했다. 이러한 실험들은 수십 년간의 정치적 발전과 경제민족주의의 유물이었다. 이러한 경제력과 계획의 세계화는 또한 아마도 교부철학 이래 유래가 없는 사상의 영역에서 패권의 수준을 의미했다. 이는 의견의 차이나 반대론이 없었다는 것을 말하는 것이 아니다. 가진 자들의 이해에 부합한 경향과 정책들이 못 가진 자들의 이해에도 부합했다고 주장하는 가진 자들의 대변인이 있는 한, "그렇지 않다"고 말할 용기가 있는 못 가진 자들을 변호할 사람들이 있어 왔다. 그러나 못 가진 자들이 이런 시대에 가지지 못한 것 중의 하나는 토론의 장이다.

진앙지에서 냉전의 마지막 지각 대변동에 이어서 나왔던 일종의 경제적 초토화는 라틴아메리카에서는 이미 오래전에 시작되었다. 1980년대 초의 외채위기는 라틴아메리카 지도자들을 채권자와 환투기꾼들에게 휘둘리도록 했다. 주권을 가진 국민의 대표자로서 국가 자체가 너무 약해서 경제적 민족주의 냄새를 풍기는 단 하나의 정책이나 언사가 나와도 자본유출의 사태가 일어날 것처럼 위험하게 보였다.

경제정책 입안의 포기는 선택의 문제가 아닌 것처럼 보였으나 국내의 유권자들은 설명과 타당한 이유를 댈 것을 요구했다. 이러한 설명과 이유는 신자유주의적인 조건에 맞게 이루어졌다. 종속이론가들은 이러한 사태의 반전이 문제에 대한 그들의 분석이 유효했다고 주장할지 모르나 세계화된 경제에서 — 다시 말하면, 대안적인 시장이나 채권 제공국이 없는 — 그들은 정치적으로 실현 가능한 해결책을 갖지 못했다.

자유주의와 신자유주의

사람과 장소 그리고 종교처럼 유명한 — 그래서 권력자들에게 유용성을 — 인정받은 이론들은 자신들 혹은 원본을 희화화한다. 자유주의도 예외가 아니다. 1776년에 아담 스미스(Adam Smith)에 의해 만들어진 자유주의는 중상주의 체제 아래서 무역을 독점한 부유한 궁정과 식민지들로부터 부와 기회를, 경쟁에 의해 이해와 권력의 접근에 제약을 받았던 신흥 상인과 기업가들에게 재분배하기 위해 고안된 진보적인 제안이었다. 그러나 아담 스미스는 독점의 위험성을 인지하고 이를 방지하기 위해 엄격한 정부 통제를 옹호했다.

자유주의가 19세기에 팽창주의적인 영국에 의해 그리고 20세기에 미국에 의해 지지를 받게 되자, 자유주의에 제한을 가하는 요소들은 퇴색되었고 진보적인 특징들은 변형되었다. 이 이론에서 끝까지 살아남은 핵심내용은 국가는 재화, 서비스 그리고 자본이 국경을 넘어 자유롭게 이동하는 데 공통적인 관심을 가졌다는 것이다. 스미스의 자유방임주의는 데이비드 리카르도(David Ricardo)의 비교우위론에 의해 강화된다. 이 이론은 국가가 다른 국가들이 우위를 갖는 상품에 대해서는 교역을 하고 자신이 가장 효율적으로 생산할 수 있는 상품들을 특화하기 위해 원자재, 낮은 임금, 기술 혹은 다른 강점들을 활용해야 한다고 상정했다. 식민지 및 신식민지 체제에서는 비교우위가 물론 식민지가 아닌 모국에 축적된다.

발전 및 근대화이론은 자유주의의 적자이고 그의 조상처럼 최고 전성기의 한 제국의 무한한 것 같은 기회와 책임을 설명하는 데 도움이 되었다. 또한 자유주의처럼 엘리트와 패권적 경제 이해당사자들이 정한 범위 내에서 경쟁 혹은 고객 국가의 사회·정치적 변화를 추진하기도 했다.

비록 권력 중심이 한 국가에 있지 않지만, 신자유주의는 그의 조상들의 상황과 속성을 공유한다. 그러나 발전이론이 국가제도를 강화시키려고 한 반면에 정책으로 나타난 신자유주의는 이를 약화시키려는 경향이 있다. 일반적으로 정부는 낭비적이고 부패한 것으로 보이고. 정부의 인플레 적자와 예산은 다른 곳에 사용되었으면 채무를 갚고 외자를 유치하는 데 투입될 수 있는 자원에 대한 낭비로 생각된다. 그리고 이익을 낼 수 있는 국영기업과 서비스의 민영화는 공통적으로 외채상환 연장을 위한 조건이었다.

뭉뚱그려서 "구조조정"이라고 알려지게 된 이런저런 대책들은 신자유주의의 정책 처방은 물론 경제성장과 안정 혹은 이에 대한 부재를 설명하고 예측하는 요인들의 배경 내에 있다. 또한 처방에 따른 경제구조조정은 선거민주주의가 원활하게 작동하기 위한 선행조건이라고 여겨진다. 일반적으로 라틴아메리카 경제의 개방이 민주제도의 복귀보다는 1979년대 민주제도의 정지와 일치한다는 사실이 편리하게 잊혀져 왔다.

좌파란 무엇인가? 비판자와 이단자

냉전의 종식과 함께 우파는 자신의 원래 의도를 잃었으나 좌파는 얻기가 더 힘든 것을 잃었다. 다시 말하면 꿈을 잃었다.

이론과 정책으로서 신자유주의에 대한 비판은 낭만주의나 급진주의 방식으로도 많은 것을 보여 주지 못했다. 1990년대 좌파로부터 나왔던 정치적 전략과 정책적 대안들이 신중하고 온건했던 것은 라틴아메리카의 문제와 사적 이익이 공적 이익에 대해 행사했던 압력의 거대함 때문이 아니라 바로 사적 이익 때문이었다.

종속이론 학파는 일부 사람들의 주장대로—까르도주가 다시 태어난 신자유주의자로 브라질 대통령에 당선된 이후—은폐 상태에 들어갔다고 할 수 있을지 몰라도 없어지지는 않았다. 오스왈도 선켈은 그의 영향력 있는 저서 『내부로부터의 발전』[20]에서 수출진흥 전략은 피할 수 없을지라도, 세계시장의 변동성 효과에 저항력이 있는 건강한 경제는 국내시장의 발전에 최우선적인 관심을 요구한다고 주장했다. 세계체제 학자들과 함께 역사의 장기지속 연구에 참여했던 고 안드레 군더 프랭크(Andre Gunder Frank)는 1990년대 초에 라틴아메리카가 세계무역체제로부터 점차적으로 소외되고 있음을 알았다. 보다 더 중요한 것은 21세기에 교역이 다시 한번 동양, 특히 중국으로 집중되고 있다는 것을 보았다.

멕시코의 학자이자 정치 칼럼니스트인 호르헤 까스타녜다(Jorge Castañeda)는 『비무장 유토피아(Utopia Unarmed)』[21]에서 1990년대에 전체적인 정치적 지형이 뚜렷하게 우파 쪽으로 이동했다고 말했다. 그런 맥락에서 좌파는 건재했고 중도 혹은 예전에 중도라고 하는 데서 생존해 있었다고 생각했다. 그러나 그는 이러한 변신을 항복이나 전쟁 피로증이라고 보지 않았다. 오히려 쓰라진 경험을 통해 정치를 가능성의 예술로 보는 것을 배운 결과라고 생각했다. 까스타녜다는 초국가적 연합을 촉진하고 역내 경제통합을 추진하기 위해 새로운 민족주의의 부활을 촉구했다.

거리로부터의 메시지

21세기 초에 학계, 정치 그리고 전문가 집단의 좌파가 건재하여 중도에서 살아 있었던 반면에, 그들이 대변하고자 했던 소외계층의 사람들은 길거리로 나갔다. 그리고 그들의 메시지를 만들고 전달하는 추진력은 사회활동가들이나 사회운동과 같은 거리차원으로 이동했다.

멕시코에서 아르헨티나까지 라틴아메리카 전역에서 자산, 생계 그리고 안전망이 신자유주의적 세계화와 동일시된 얼굴 없는 기업 그리고 제도적인 약탈자에 의해 빼앗긴 사람들은 자신들을 조직하고 목소리를 낼 새로운 수단을 발견했다. 멕시코 치아파스 주의 사파티스타 혁명군들은 그들의 혁명의 가상적인 버전이 시나 인터넷을 통해 전파됨에 따라 세계 전역으로부터 지지를 이끌어냈다. 콜롬비아의 "평화 공동체"는 게릴라와 정부의 지원을 받는 민병대에 똑같이 비무장 저항을 했다. 에콰도르와 볼리비아의 원주민 공동체들은 연대하여 엘리트가 기반이 된 정부를 무너뜨렸다. 아르헨티나의 물물교환 모임, 협동조합 공장 그리고 주민지원 그룹은 정부가 무너졌을 때 무정부상태를 극복했다. 그리고 브라질의 총 백만이 넘는 무토지 노동자들은 진정한 노동자당의 지도자가 대통령이 되는 데 일조했다.

거리, 농촌 그리고 숲에서 일어난 이러한 모든 효과적인 소동은 라틴아메리카 연구자들에게 새로운 관점을 제공했다. 소니아 알바레스(Sonia Alvarez)는 라틴아메리카의 대중적, 풀뿌리 운동의 잠재력에 주의를 환기시킨 첫 번째 사람 중의 하나이다.[22] 라틴아메리카와 그 밖의 지역의 이러한 운동은 지역에서부터 세계적인 차원까지 모든 차원에서 활동하는 다양한 종류의 비정부 단체의 업적으로부터 많은 도움을 받았다. 헨리 벨트마이어(Henry Veltmeyer), 제임스 페트라스(James Petras) 그리고 크리스토발 케이(Cristobal Kay)는 이러한 중요한 발전을 다룬 라틴아메리카 연구자들이다.[23]

활동가들의 대안적인 시각들

20세기의 마지막 10년과 21세기의 첫 10년 동안에 사실상 신자유주의가 제시한 것과는 반대되는 요구나 이해에 관련된 대규모의 학문적 그리고 일반적 문헌의 집적이 이루어졌다. 그러나 특히 환경보호론자, 여권운동가 그리고 풀뿌리 공동체 발전 옹호론자들에 의한 이러한 지적인 활성화는 많은 토론을 이끌어내는 데 속도가 느렸다. 그 주된 원인은 최근까지 이론적인 합법화 작업에서 도전받지 않은 학문적 우선권을 누린 경제학자들이 일반적으로 이를 무시했기 때문이다.

이러한 관심들과 지금까지 제시된 신자유주의 사이에는 공통점이 거의 없다. 환경

보호론적 관점에서 보면 지구촌은 규제완화와 시장의 새로운 개방에 의해 촉발되고, 경화 외채원리금 상환 조건에 의해 속도가 붙은 무자비한 공격으로 인해 자원이 고갈되고 있다. 지구촌을 누비는 투자자들은 자원을 고갈시키고 황폐화시켜 공동체와 에코시스템을 황폐화시켜 놓고 떠난다.

마찬가지로 연대기 작가들과 국제여성운동 지지자들과 함께 성 분석을 하는 학자들은 현재 지구촌을 휩쓸고 있는 경제구조조정의 최전선의 희생자는 여성들이라고 말한다. 공공부문의 축소로 인해 여성들은 그들의 최고의 전문적인 직업을 잃었으며 동시에 가족복지, 연금 그리고 수당의 상실로 인해 그들의 책임은 더욱 늘어났다. 여성들이 정치적 역할에서 많은 진전을 이루었음에도 불구하고 임금이 좋은 정규직에서 퇴출되어 보다 많은 여성들이 착취적인 비정규직으로 내몰리고 있다. 제인 자켓트(Jane Jaquette)는 사회·경제적 위기를 대처하기 위한 여성들의 이동에 관한 독창적인 연구를 했다.[24] 말라 흐툰(Mala Htun)은 정치계의 여성들뿐만 아니라 성 문제 정치에 초점을 맞추는 새로운 세대의 여성들을 대표한다.[25]

정부가 우선 멀리 있는 채권자들에게 묶여서 국민들에게 자신의 의무를 게을리함에 따라, 새로운 소외자들과 가난한 사람들은 장기간 고통을 당한 사람들이 항상 알고 있는 사실─안전의 마지막 보루는 포괄적인 책임과 상호부조의 필요성을 인식하고 조직된 공동체라는 사실을 인식하고 있었다. 풀뿌리 발전의 이론가들은 이러한 인식과 책임은 신자유주의적인 개인주의가 제시한 먹히느냐 혹은 먹느냐의 선택에 반한다. 더욱이 세계화는─우선순위와 생계에 관한 의사결정에서 소외되거나 아니면 거리를 두기─개인적 그리고 집단적 자족 혹은 공동체 발전의 철학적 토대가 되는 "권리강화"에 심대한 위협을 제기한다.

세계화된 정의

1999년 시애틀에서 있었던 세계무역기구(WTO)에 대한 첫 번째 주요 반대시위 이후 신자유주의 세계화에 대한 반대론자들은 점점 더 효과적으로 지지세력을 확대하고 다양한 집단과 명분들을 결합해서 자신들의 목소리를 내기 시작했다. 시애틀 집회 이후 대규모 시위들은 규칙적으로 국제금융기구 및 다른 국제금융업자들의 숙의내용에 비판을 가했으며, 몇 년 동안의 취재 후에 나온 언론의 분석들은 그 이유에 대해 질문을 던지기 시작했다. 2003년 깐꾼(Cancún)에서 최초로 NGO단체들이 거리를 벗어나 제3세계 국가의 대표단들과 직접 협의를 하게 되었을 때 새로운 전기가 마련되었다. 브라질 주도하에 아르헨티나와 다른 라틴아메리카 국가들은 물론 중국과 인도를 포함한 연합체가 세계무역기구가 제안한 개혁을 논의하기 위한 다음 회의를 봉쇄했으며, 최소한 잠정적으로나마 제안된 미주자유무역협정(FTAA)을 무산시켰다. 그래서 이래로부터의 이니셔티브에 의해 촉발된 일련의 사태는 결국 신자유주의의 전형적인 독점체제를 깨트리는 것처럼 보였다. 신자유주의의 옹호론자들과 비판자들은 직설적인 토론이나 이론적인 종합을 위해 서로 맞붙은 경우가 거의 없었으나, 신자유주의적인 세계화에 대안적이거나 비판적인 시각들이 언론이나 학계에서—심지어 노벨 경제학 수상자들 사이에서도—관심이 증가하고 있으며 민주주의와 발전의 토대에 관한 활발한 대화를 위한 기초 작업을 하고 있는 중이다.[26]

세계화의 어두운 면에 관심을 갖는 많은 사람들은 문제는 세계화—세계적 상호작용 혹은 연대감—그 자체가 아니라 오히려 세계화되어지는 것이 무엇이냐 하는 것이라고 지적한다. 그들은 자신들의 지적인 비판자와 정치적 반대자들과 달리 사회정의, 생물 및 문화적 다양성 그리고 인권에 대한 존중에 대한 세계화를 주창한다고 말한다. 사실상, 반테러리즘이 강대국의 다목적 전가의 보도로서 반공주의를 대체함에 따라 라틴아메리카 연구자들은 다시 한번 사회비판의 최선봉에 서 있다. 다른 방법이 있을 수 없을 것이다. 부시 행정부에 의해 선포된 새로운 아메리카 세기는 라틴아메리카 사람들과 라틴아메리카 연구자들에게 우리가 이미 너무 익숙한 세기처럼 들린다.[27] 아마도 이 새로운 세기의 두 번째 10년은 우리에게 새로운 비전을 제시하고 다른 방향으로 새롭게 출발하도록 해줄 것이다.

새로운 토대 위의 학문적 통합

신자유주의적 세계화가 캐나다에서 남미 남부까지 서반구 대부분의 생활수준에 미친 영향이 부정적이었다는 것을 틀림없다. 그러나 세계화가 대규모 약탈이 아닌 다른 방식으로 표현되고 느껴지기도 했다. 그리고 학문적 추구라는 관점에서 보면 극과 극을 달리는 학자들의 협력과 노력의 통합 혹은 재통합을 추진했거나 증가할 수 있도록 했다. 성, 환경 그리고 인권에 대한 집중은 아직도 강하고, 라틴과 앵글로 아메리카 똑같이 농촌의 빈곤과 원주민, 이민과 의료문제, 치안유지 활동의 군사화와 거리 우범자들의 통제를 포함한 젊은이들이 직면한 문제들, 일자리 창출이 없는 경제성장 그리고 다시 한번 경제통합과 관련해서 북미식 접근법보다는 남미식 그것에 보다 많은 관심을 보이고 있다.28)

이 중 많은 부분은 디아스포라 커뮤니티에 의해 주도되었거나 영감을 받았다. 1970년대와 1980년대에 라틴아메리카로부터의 망명을 잘 받아준 캐나다 및 유럽 대학들과 사회운동단체들은 라틴아메리카의 신진 학자들과 재건 중인 학문체계로 하여금 공식적인 역사를 벗어나 그들 자신들의 경험으로부터 배우고 가르치는 것을 도와줄 좋은 위치에 있었다. 미국은 이 점에서는 뒤떨어졌으나, 미국에 기반을 둔 학자들은 우리 정부와 교육기관에 압력을 행사한 서반구 다른 곳에 있는 우리의 동료들의 지원과 학습 경험으로부터 혜택을 받고 있다. 우리가 초청한 쿠바의 동료들이 매년 국경으로 발걸음을 되돌려야 했던 것을 보고 실망한 라틴아메리카연구학회는 미국 정부가 출신국가나 거주 국가에 상관없이 우리의 회원들을 받아들이는 것이 적합하다고 생각할 때까지 미국에서 다시 학회를 하지 않을 것을 결의했다. 이 단체는 1960년대에 미국에서 태동했으나 현재에는 약 600명의 회원을 거느린 국제학회가 되었다. 좋은 이웃이 된다는 의미를 다시 배우는 것에서 나올 수 있는 좋은 일들이 아직도 많이 있다.

미주

1) 사르미엔또의 가장 유명한 작품은 Facundo이다. 영역본: *Civilization and Barbarism: The Life of Juan Facundo Quiroga*(New York: Collier, 1961)

2) 이 저자는 라틴아메리카의 정치가 미국사람들에 의해 잘못 이해된 이유 중의 하나는 미국정치가 또한 그들에 의해 잘못 이해되었기 때문이라고 말했다.

3) 연구가 이러한 방향인 라틴아메리카연구자들로는 Frederick Pike, John Mander, Charles Wagley, Claudio Veliz, Ronald Newton, William S. Stokes 그리고 William Lyle Schurz이다.

4) 조합주의를 강조하거나 조합주의적 모델을 사용한 연구로는 Howard J. Wiarda, *Corporatism and Development: The Portuguese Experience*(Amherst: University od Massachusetts Press, 1977); Howard J. Wiarda, ed., *Politics and Social Change in Latin America: The Distinct Tradition*(Amherst: University od Massachusetts Press, 1974); Philippe C. Schmitter, *Interest Conflict and Political Change in Brazil*(Stanford, Calif.: Stanford University Press, 1971); James M. Malloy, ed., *Authoritarianism and Corporativism in Latin America*(Pittsburgh: University of Pittsburgh Press, 1977); Kenneth Paul Erickson, *The Brazilian Corporative State: Working Class Politics*(Berkeley: University of California Press, 1977)이 있다.

5) Samuel Huntington and Myron Weiner, eds., *Understanding Political Development*(Boston: Little, Brown, 1987), pp. 21 – 28.

6) Basic Books, 2000.

7) Walt W. Rostow, *The Stages of Economic Growth*(London: Cambridge University Press, 1960).

8) Gabriel Almond and G. Bingham Powell, *Comparative Politics: A Developmental Approach*(Boston: Little, Brown, 1966); and Samuel Huntington, *Political Order in Changing Societies*(New Heaven, Conn: Yale University Press, 1968)

9) Martin C. Needler, *Political Development in Latin America: Instability, Violence and Evolutionary Change*(New York: Random House, 1968). 발전이론을 라틴아메리카 연구에 적용한 다른 연구로는 Charles W. Anderson, *Politics and Economic Change in Latin America*(Princeton: Van Nostrand, 1967); Edward J. Williams and Freeman Wright, *Latin American Politics: Developmental Approach*(Palo Alto, Calif.: Mayfield, 1975).

10) Albert O. Hirschman, *Journey Toward Progress: Studies of Economics Policy making in Latin America*(New york: Twentieth Century Fund, 1963).

11) Dan Griffin, "The Boom in Brazil: An Awful Lot of Everything", *Washington Post*, May 27, 1973에서 인용.

12) Susanne Bodenheimer Jonas, "Dependency and Imperialism: The Roots of Latin American Development", *Politics and Society*, May 1977, pp. 327 – 357.

13) Richard Fagan, "Studying Latin American Politics: Some Implications of a Dependency Approach", *Latin American Research Review* 12, no. 2 (1977): 3 – 26.

14) Andre Gunder Frank, *Development and Underdevelopment in Latin America*(New York: Monthly Review Press, 1968).

15) 침투이론의 상술과 적용은 Jan knippers Black, *United States Penetration of Brazil*(Philadelphia: University of Pennsylvania Press, 1977)을 보라. 이 책의 포르투갈어판이 Fundacao Joaquim Nabuco, Editora Massangana, Recife에서 나올 예정임.

16) Guillermo O'Donnell, *Modernization and Bureaucratic – Authoritarianism: Studies in South American Politics*, Politics of Modernization Series, no. 9(Berkeley: Institute of International Studies, University of California, 1973).

17) Johan Galtung, "A Structural Theory of Imperialism", *Journal of Peace Research* 8, no. 2(1972), pp. 81 – 117.

18) Immanuel Wallerstein, *The Modern World – System: Capitalist Agriculture and the Origins of the European World – Economy in the Sixteenth Century*(New York: Avademic Press, 1974).

19) Peter Evans, *Development: The Alliance of Multinational, State, and Local Capital in Brazil*(Princeton:

Princeton University Press, 1979); Franklin Tugwell, *The Politics of Oil in Venezuela*(Stanford, Calif.: Stanford University Press, 1975); Theodore H. Moran, *Multinational Corporations and the Politics of Dependence: Copper in Chile*(Princeton: Princeton University Press, 1975)를 보라.

20) Osvaldo Sunkel, ed., *Development from Within: Toward a Neostructuralist Approach for Latin America*(Boulder, Colo.: Lynne Rienner, 1993).

21) Jorge B. Castañeda, *Utopia Unarmed: The Latin American Left After the Cold War*(New York: Knopf, 1993).

22) Alvarez and Aeturo Escobar, eds., *The Making of Social Movements in Latin America: Identity, Strategy, and Democracy*(Boulder: Westview, 1992)를 보라.

23) Henry Veltmeyer, *On the Move: The Politics of Social Change in Latin America*(New York: Broadway Press, 2007); James Petras and Henry Veltmeyer, *What's Left in Latin America? Regime Change in New Times*(UK: Ashgate, 2009); Cristobal Kay and A. Haroon Akram–Lodhi, *Peasants and Globalization*(New York: Routleedge, 2008).

24) Jane S. Jaquette, *The Woman's Movement in Latin America*(Boston: Unwin Hyman, 1989).

25) Mala Htun, *Sex and the State: Abortion, Divorce, and the Family Under Latin American Dictatorship and Democracies*(Cambridge: Cambridge University Press, 2003).

26) 예를 들어 René Armand Dreifuss, *A Epoca Das Perplexidades*(Petripolis: Editora Voces, 1996); William Robinson, *Transnational Conflicts: Cenral America, Social Change, and Globalization*(London: Verso, 2003); 그리고 Jan Black, *Inequity in the Global Village: Recycled Rhetoric and Disposable People*(Westport, Conn.: Kumarian, 1999)를 보라.

27) Virginia Bouvier, ed., *The Globalization of US–Latin American Relations: Democracy, Intervention, and Huaman Rights*(Westport, Conn.: Praeger, 2002)를 보라.

28) William Robinson, *Latin America and Global Capitalism*(Baltimore: Johns Hopkins Press, 2008); Joseph Nevins, *Operation Gatekeeper*(New York: Routlrdge, 2002); 그리고 Jan Knippers Black, *The Politics of Human Rights Protection*(Boulder: Rowman & Littlefield, 2009)을 보라.
Richard Fagan, "Studying Latin American Politics: Some Implicaions of a Dependency Approach", *Latin American Research Review* 12, no. 2 (1977): 3–26.

제1부
땅 그리고 사람

2. 자연과 주거형태

알폰소 곤살레스(정혜주 옮김)

라틴아메리카는 세계에서 가장 넓은 단일 문화지역이다. 20.5백만km²(7.9백만 제곱마일)의 넓이로 미국의 두 배에 달한다. 북위 32도에서부터 남위 56도에 걸쳐 위도상으로 세계에서 가장 넓게 분포한다. 멕시코 북서부에서부터 남아메리카 북부까지가 거의 5,000km(3000마일 이상)이고, 거기서부터 케이프 혼까지 이르는 대륙의 지표상의 거리는 7,500km(4,600마일 이상)에 이른다. 따라서 라틴아메리카는 생태적으로 매우 다양하다. 열대적인 생태가 우세하지만, 중위도의 환경에서는 여러 다른 지형, 날씨, 식생, 토양 및 광물들을 만날 수 있다.

뚜렷한 형태적 특징

라틴아메리카는 형태적으로 독특한 특징이 있다. 한 예로 산맥으로 이어진 벽을 이루는 안데스는 길이가 7,000km(4,400마일)가 넘는다. 이는 중앙아시아를 빼고 가장 높은 산맥을 잇는 것으로, 적어도 36개의 봉우리가 아메리카대륙에서 가장 높은 맥킨리(6,194미터; 20,320피트) 봉보다 더 높다. 사실상, 세계에서 가장 높거나 거의 가장 높은 봉우리들이 연속된다(정상은 빼고). 가장 높은 곳에 위치한 주거지, 수도, 철도, 고속도로, 광산지, 상업적인 공항, 화산, 항해할 수 있는 호수, 설선 등이 있다. 게다가 콜롬비아에는 가장 가파른 해안 단구가 곳곳에 나타난다.

아마존은 형태적으로 세계에서 가장 큰 강이다. 길이는 나일에 이어 두 번째 이지만, 강물의 양과 배수지의 크기가 세계 최고이며, 배가 다닐 수 있는 강의 길이는 세계의 어느 곳보다 길다. 가장 높고 웅장한 폭포들도 남아메리카에 있다. 세계에서 가장 높은 폭포의 2~3개는 기아나 고지에, 세계에서 수량이 가장 많은 폭포 일곱 개 중에 다섯 개가 브라질 고원에 있다. 잠재적인 수력발전 능력은 아시아가 더 크지만 세계 수력발전의 5분의 1은 라틴아메리카에 있다.

라틴아메리카는 독특한 동물의 세계를 보여 주는데, 바하마, 멕시코 북쪽과 중앙고원 지대만 빼면, 전체가 새로운 열대 동물의 왕국이다. 포유동물 생태의 다양성에서는 아프리카가 조금 앞서지만, 세계의 어느 곳도 이렇게 다양한 포유동물의 종이 살고 있지는 않다. 또한 라틴아메리카는 세계에서 새의 종류를 가장 많이 볼 수 있는 곳이며, 거기에 하위분류의 동물 종들이 살고 있다.

라틴아메리카 대륙은 숲의 비율(거의 50%)이 세계에서 가장 높다. 아마존과 기아나의 고지는 지구상에서 가장 넓게 이어지는 열대우림 지역이다. 라틴아메리카는 세계 절대 녹지의 25%를 갖고 있고, 1인당 숲의 비율도 가장 높다. 그렇지만 숲의 3분의 1만이 접근이 용이하고 경제적으로 채산성이 있다. 그래서 불행하게도 라틴아메리카는 나무로 된 공산품의 순수입국이다. 현재 그 어느 때보다 빠른 속도로 숲이 줄어들고 있다. 1990년대에 400,000km²(제곱킬로미터)의 멕시코와 남미의 숲이 없어졌다. 이는 세계 전체에서 없어진 숲의 50% 정도가 된다.

라틴아메리카에서는 날씨도 지역에 따라 매우 다르다. 해안의 저지대와 섬에서는 최고온과 최저온의 차이가 섭씨 13도(화씨 23도)나 된다. 건조한 지역은 페루의 아따까마 사막인데, 특히 칠레 북부 쪽이 가장 심하다. 그 반면에 칠레의 남쪽은 세계에서 가장 비가 많은 지역 중의 하나이다. 일 년에 325일간 비가 온다. 콜롬비아의 안데스 서부지역은 일 년의 강우량이 8.5미터(335인치)로, 서반구에서 가장 습한 지역이다.

라틴아메리카에는 주기적으로 자연재해가 일어나 인명과 재산에 피해를 입힌다. 세계에서 가장 자연재해가 많은 동양에 이어 두 번째이다. 서쪽 고원지대에는 지진이 흔한데, 1868년과 1970년에 50,000명에서 70,000명의 인명피해를 낸 지진이 페루에서 일어났었다. 1972년에는 니카라구아의 마나구아, 1975년에는 과테말라 중앙, 1985년에는 멕시코시티에서 일어났다. 이 지역에는 50개 이상의 활화산이 있다(세계 전체의 약 25%에 달한다). 1902년에 있었던 뻴레 산(마르티니크)의 폭발로 30,000명 이상이 죽었으며, 1985년에는 네바도 데 루이스(콜롬비아)의 폭발 때에는 22,000명이 죽었다. 현대에 있었던 화산폭발 중에서 가장 인명피해가 컸다. 카리브 해안 지대에 흔한 허리케인도 때때로 천여 명의 목숨을 앗아가는 자연재해이다. 아마도 세계에서 가장 큰 산사태도 페루의 안데스 산지에서 있었을 것이다.

뚜렷한 인구와 주거지의 특징

라틴아메리카의 인구와 주거지 유형은 뚜렷하게 구별된다. 2009년의 인구는 대략 5억 7천만이었다. 세계인구의 약 8%가 라틴아메리카에 살고 있는데, 이는 식민지 시대보다 2% 정도 더 많은 것이다. 18세기 중반에서부터 지속적으로 세계의 평균 인구증가율보다 높았다. 1970년대에 중동과 사하라 남쪽의 아프리카에게 뒤졌을 뿐, 제1차 세계대전 후에는 가장 빠른 속도로 발전하는 곳이다.

1960년대 이후로 라틴아메리카의 인구증가 비율은 둔화되고 있고, 최근에는 더욱 둔화되었다. 그럼에도 불구하고 매년 800만 명 이상 늘고 있다. 제2차 세계대전 이후에는 매년 2.7%에서 2.9%의 성장률을 보였다. 현재는 매년 2% 내로 줄었다. 가장 많이 증가하는 곳은 중앙아메리카 북부와 남아메리카의 안데스 지역이다. 전통적으로 가장 느리게 증가하는 곳은 아르헨티나와 우루과이였는데, 최근에는 칠레, 안틸레스의 대부분, 브라질과 몇몇의 작은 나라들이 합세하였다. 미래에 더 많이 인구가 늘어날 가능성이 있는 곳은 현재 사망률이 상대적으로 높은 곳으로, 아이티가 가장 높다. 가족계획은 1960년대 말에 비로소 주목을 하였다.

발전이 덜 된 지역의 인구분포 특징은 젊은이들의 비율이 높고(15세 이하가 32%이다) 노인의 비율이 낮다(65세 이상은 6%). 의존비율(생산인구에 의존하는 어린이와 노인의 비율)은 다소 높아 경제에 부담을 준다. 이 통계에 의하면 인구의 40%만이 경제

활동을 하고 있다(발전된 지역은 50%가 경제활동 인구이다). 사망률이 낮아짐에 따라 직업, 교육, 의료 서비스, 집을 필요로 하는 노동인구는 해마다 3백만씩 늘고 있다.

라틴아메리카는 저개발 지역 중에서는 유아 사망률이 가장 낮고, 평균수명은 가장 높다. 동아시아가 최근에 라틴아메리카와 비슷해졌다. 그렇지만 라틴아메리카의 사망률은 아직도 선진국 및 중진국보다 높다.

라틴아메리카의 인구밀도는 1제곱킬로미터에 26명으로(1제곱마일당 67명), 세계의 평균보다 조금 더 많고, 다른 몇몇 지역과는 비교할 만하다. 라틴아메리카 대부분의 나라는 인구밀도가 평균보다 낮지만 안틸레스, 엘살바도르, 과테말라, 코스타리카는 예외이다. 최근에는 온두라스와 멕시코도 예외에 포함되었다. 경작지가 상대적으로 줄었기 때문에, 경작이 가능한 지역의 인구 압력은 발전된 지역보다 부분적으로 높지만, 저개발지역의 어느 곳보다도 낮다.

라틴아메리카의 인구분포는 주변지역에 집중되어 있는데, 특히 남아메리카와 중앙아메리카의 태평양연안이다. 열대지방에는 인구가 고지대에 집중되어, 인구의 3분의 1에서 반 정도가 산다. 예외는 안틸레스, 니카라구아, 파나마, 벨리즈와 기아나이다. 라틴아메리카는 세계의 어느 곳보다도 고지대에 사는 사람의 숫자가 많다.

각 지역에는 인구가 집중된 유형의 거주지로 외떨어진 단지와 나라의 인구 중심지가 있다. 인구가 증가하고 이동 수단이 용이해지자, 그 현상은 줄었지만 인구가 집중된 지역은 뚝뚝 떨어져 있다. 라틴아메리카에는 일반적으로 10~25%의 국토에서 반 이상의 국민들이 살고 있다. 결과적으로, 거주 지역이 드문드문 떨어져 있는 큰 나라에서도, 라틴아메리카의 50%가 넘는 땅에 5%의 인구가 살고 있다. 인구분포 유형에 의하면, 대부분의 나라에서 거주에 효과적인 지역은 국토의 작은 부분에 불과하다. 그리고 몇 군데의 외곽지대에서는 전체의 발전 비율보다 훨씬 빠르게 인구가 증가하고 있다.

라틴아메리카의 또 다른 특징은 신속한 도시화이다. 특히 제2차 세계대전 이후에 저개발지역이 매우 빠르게 도시로 바뀌었다. 1965년에는 거주지역의 반이 도시화되었고, 지금은 3분의 2에 도달했다. 인구의 자연적 증가(사망보다 출생이 높은)와 함께 최근에

3~4백만 명이 도시로 이동하였기 때문이다. 도시가 신속하게 발전하게 된 것은 가난에 허덕이는 농촌의 사람들이 도시로 밀려왔기 때문이었다. 농촌지역의 높은 자연증가율, 전통적인 주거지역의 경작지 부족, 넓은 땅을 차지하는 라티푼디아(latifundia)와 여러 개의 작은 농장을 지배하는 미니푼디아(Minifundia)의 땅의 소유조직의 문제, 제한된 구직 기회와 적은 월급이 원인이었다. 사회적 서비스를 제공할 수 있는 지역 역시 제한되었기 때문에 대부분의 농촌 지역에서는 원하지 않는 곳에 거주지가 형성되었다. 도시의 매력(직장, 높은 임금, 사회적 서비스)으로 해서 도시가 이루어지게 되었는데, 특히 수도 주위에 사는 농촌주민들의 마음을 끌었다.

각 나라의 가장 큰 도시(대부분이 각 나라의 수도이나, 브라질, 에콰도르, 벨리즈, 그리고 볼리비아는 예외이다)는 일반적으로 두 번째의 도시보다 엄청나게 더 크고, 지방의 삶을 지배하는 경향이 있다. 이 경향은 세계 어느 곳보다 라틴아메리카에서 심하다. 남아메리카 남쪽 끝의 나라들과 베네수엘라는 극도로 도시화된 반면에 중앙아메리카, 아이티와 기아나는 아직 대부분이 농촌 지역으로 남아 있다.

자연적인 지역

라틴아메리카는 13개의 자연지역으로 나누어졌다(<그림 2.1>). 외형적인 특징에 기초를 두고는 있지만, 날씨, 자연 식생과 흙의 특징도 포함한다. 이런 자연 조건들이 주거지와 경제의 발전에 각각 다른 문제를 일으키기 때문에, 지역적으로 달라지는 자연 조건에 따라 삶의 유형이 다르게 나타났다. 대략적인 지역, 인구 그리고 라틴아메리카의 자연 밀도는 <표 2.1>에 제시하였다.

1. 카리브만의 해안 저지대
2. 안틸레스(서쪽: 인디스)
3. 태평양해안지대 해안평야와 계곡들
4. 꼬르디예안 산맥 산 사이의 분비와 정상
5. 평원
6. 기아나 고지대(& 연결된 해안저지대)
7. 아마존
8. 브라질 고지대(& 연결된 해안저지대)
9. 페루-아따까마 사막
10. 칠레 중부
11. 칠레 남부
12. 파타고니아 & 아르헨티나 북서부
13. 라 쁠라따-빠라나 분지

〈그림 2.1〉 라틴아메리카: 자연 지역

	지역 (1,000 km²)	인구 (1,000 2002)	% (매년 증가율)	밀도 (km²)	% 전 지역	% 전체인구
멕시코 만-카리브 해안 저지대	763	35134	2.94	38.6	3.7	6.7
태평양 해안	487	24102	1.32	49.5	2.4	4.6
고산지대	3234	167173	1.42	51.7	15.7	31.7
안틸레스	234	37393	0.81	159.6	1.1	7.1
야노스(오리노코)	641	5985	3.71	9.3	3.1	1.1
기아나 고지대	1103	2889	1.89	2.6	5.4	0.5
아마존	4596	16630	3.19	3.4	24.1	3.2
브라질 고원지대	4335	160363	1.51	37.0	21.1	30.5
페루-아따까마사막	402	14546	2.67	36.2	2.0	2.8
칠레 중부	255	13640	0.78	53.5	1.2	2.6
칠레 남부	241	239	−0.03	1.0	1.2	0.05
라 플라타-파라나 유역	2356	40441	1.46	17.2	11.5	7.7
아르헨티나 북서쪽-파타고니아	1538	8099	1.51	5.3	7.5	1.5
라틴아메리카 전체	20544	526634	2.51	25.6	100.0	100.0

주의: 경계와 대략의 수치가 바뀜에 따라 위의 대략과 전체는 라틴아메리카의 다른 자료와 안 맞을 수도 있다.

멕시코 만-카리브 해안에 이르는 저지대

리오그란데(리오브라보에서 멕시코까지) 남쪽의 해안부터는 좁아지고 끊기는 곳도 있지만, 멕시코만-카리브 해안 저지대는 미국의 동부해안의 연장이다. 북쪽 끝 부분인, 멕시코의 따마울리빠스(Tamaulipas)는 습도가 매우 높다(저위도 지역의 스텝기후). 이 지역에는 상대적으로 사람들이 적게 산다. 그렇지만 리오그란데 계곡의 낮은 부분은 농업과 새로운 경작지로 인해 인구밀도가 높다. 따마울리빠스(Tamaulipas)의 남쪽에 위치한 해안 저지대의 식생과 토양은 열대기후의 특성을 보인다.

해안의 평지는 베라꾸르스에 이르면 매우 좁아져서 중앙아메리카까지 이어진다. 해안 평지는 유까딴에서 매우 넓어지고 니카라구아, 온두라스와 코스타리카에서는 그런대로 넓다. 해안저지대는 대부분의 지역이 배수가 나빠 수렁과 늪을 이룬다. 특히 더운 계절에 집중되는 비는 일 년 내내 내려서 태평양해안 지대의 두 배에 이르는 경우가 많다. 해안 지대는 열대 태풍의 영향권에 들어 있어서 8월에서 11월 사이에 허리케인이 불면 때때로 인명과 재산에 크게 피해를 준다.

같은 땅에 계속적으로 경작을 하면 흙의 생산력이 떨어진다. 그래서 전통적으로 해안의 저지대에는 주거지가 드문드문하게 흩어져 있는데, 주민들은 고기잡이, 벌목, 또는 바나나를 상업적으로 재배하는 상업적인 대농장과 연결되어 산다. 최근 몇십 년 사이에는 이 저지대에도 인구가 많이 유입되었다.

석회암지대인 유까딴 반도는 건조한 렌지나(rendzina) 흙이 얇게 덮고 있다. 따라서 우물(cenote)이 많고 지표면을 흐르는 개천은 거의 없다. 반도의 남동쪽 지역과 벨리즈, 과테말라 북쪽은 해안의 저지대 중에서도 가장 드문드문하게 주거지가 있는 곳이다. 그럼에도 불구하고 선-콜롬부스 시기에는 이 지역이 초기 마야문명의 발상지였고, 인구비율도 현재보다는 훨씬 높았다.

더 오래된 지반인 멕시코의 석유지대는 베라꾸르스 북쪽으로 집중되어 있다. 낮은 생산량의 경작지는 땀삐꼬(Tampico), 뚝스빤(Tuxpan), 뽀사리까(Poza Rica) 근처까지 계속되어 1970년대에 개발된 베라꾸르스 남쪽, 따바스꼬, 깜뻬체 근처와 그 앞 바다의 둑으로 이어지는 거대한 석유와 천연가스 지역과 연결되어 있었다. 경작이 이 지역까지 확대된 것은 바로 석유와 천연가스 산업의 발전을 예고한 것이었다.

멕시코 만-카리브 해안 저지대는 콜롬비아와 남미의 베네수엘라까지 연장된다. 거기서 라틴아메리카의 가장 큰 호수가 있는 콜롬비아의 아뜨라또(Atrato)와 마그달레나(Magdalena) 계곡과 베네수엘라의 마라까이보(Maracaibo) 저지대를 주로 이룬다. 이 지역은 콜롬비아의 바나나 및 다른 열대과일 생산과 베네수엘라의 마라까이보 지역의 거대한 석유 생산 때문에 전통적인 인구밀집지역인 고지대보다 인구가 훨씬 많이 유입되었다.

안틸레스(서인도)

안틸레스제도는 세계에서 가장 중요한 군도 중의 하나이다. 섬들의 총 면적은 238,000km²에 이르러 미국의 오리건 주와 비슷한 크기이다. 쿠바가 면적의 반을 차지하고 대 안틸레스—히스빠뇰라, 자메이카, 푸에르토리코—가 나머지 부분을 이룬다. 이 섬들은 세계에서 가장 큰 바다 중의 하나인 카리브 해가 북쪽과 동쪽을 가로막고 있다.

대 안틸레스(The Grester Antilles)는 검은 단층 산이 접혀진 구조로 대부분은 물에 잠겨 있다. 그것은 깊게 뻗은 두 개의 능선으로 나뉘어져 있다. 소 안틸레스(Lesser Antilles)는 날카로운 모습의 작은 섬으로 이루어졌는데, 푸에르토리코의 동쪽에서부터 남아메리카 해안의 네덜란드 안틸레스에서 끝난다. 대서양쪽으로는 움푹 파인 모습이고, 구조적으로는 베네수엘라의 고지대와 연결되어 있다. 북쪽 부분을 이루는 리워드 섬(Leeward Islands)은 버진아일랜드에서부터 과달루뻬 북쪽 또는 마르티니크까지 연장된다. 남쪽의 섬들은 바람 방향으로 있다. 소 안틸레스의 총면적은 13,000m²보다도 적다. 멕시코와 중앙아메리카의 북부와 마찬가지로 안틸레스 제도 역시 허리케인에 노출되어 있다. 안틸레스 제도의 날씨에 따라 열대비나 열대사바나가 일어난다.

바하마, 턱스와 카이코스(Turks and Caicos)를 제외하면 안틸레스에는 라틴아메리카의 평균보다 더 많이 사람들이 살고 있다. 인종은 아프리카의 후손들이 대부분이다. 지리학적으로 날씨의 변동이 적고 기름진 흙 덕분에 안틸레스에서 가장 먼저 신세계의 장원 경제가 시작되었다. 장원 경제는 처음에는 사탕수수, 그다음에는 바나나, 커피와 다른 농작물을 경작하는 것에 바탕을 두었다.

이 지역에는 광물의 중요성이 미미하나 쿠바 동쪽, 자메이카와 트리니다드에서는 중요하다. 장원경제는 최근에야, 특히 작은 섬에서 기울어졌다. 그러나 다른 경제활동, 즉 관광, 생계 농업(subsistence), 상업 등은 집중된 인구밀도를 감당할 수 없다는 것이 증명되었다. 그리하여 제2차 세계대전 후에 사회경제 발전이 답보된 상태에서 인구가 빠르게 증가하자 많은 사람들이 미국, 영국, 프랑스, 네덜란드와 캐나다로 빠져나갔다.

태평양 연안: 해안 평야와 계곡

중미와 남미 북부의 태평양 쪽은 자연 풍광은 다양하지만 해안이 좁은 지역으로 이루어졌다. 멕시코의 바하캘리포니아(Baja california) 반도는 북아메리카의 산맥의 연장으로, 캘리포니아 만의 동쪽으로 가파른 절벽을 끼며 태평양 연안으로 언덕을 길게 형성하며 이어진다. 유까딴 반도의 일부와 함께 이 건조하고 잡목이 덮인 지역은 멕시코에서 가장 사람이 적게 사는 지역이다. 바하캘리포니아 반도에는 1972년에 거의 1900km 길이의 고속도로가 놓였다.

캘리포니아 만을 가로질러 비슷하게 건조한 소노라(Sonora) 사막이 펼쳐진다. 이는 미국의 분지-산맥 지형이 남쪽으로 이어진 것이다. 인구는 습윤한 남쪽으로 퍼져 있다. 특히 소노라(Sonora) 남부와 시날로아(Sinaloa) 북부에 걸친 강의 계곡에는 인구가 밀집해 있고, 이 지역에서는 혁명 후부터 발전된 관개시설을 활용하여 농지를 집약적으로 사용하고 있다.

대략 마사뜰란(Mazatlan)부터 남쪽으로 멕시코의 해안, 중앙아메리카, 콜롬비아, 에콰도르까지 좁은 평지가 이어진다. 어떤 구간에서는 높은 지대가 해안까지 이어져서 평지가 아예 사라진다. 이 해안지대의 멕시코 구간에서는 인구가 매우 희박하지만 점차로 늘고 있다. 일반적으로 중앙아메리카의 태평양 해안지대는 카리브 해안지대보다 사람이 많이 살고 있다. 온두라스는 예외이다. 그러나 양쪽의 해안 지대에는 인구가 급속히 늘고 있다. 파나마 인구의 대부분은 태평양 저지대에 살고 있다. 니카라과에 있는 호수 주위의 저지대도 태평양에 가까이 위치한다.

콜롬비아의 태평양 해안은 극도로 습윤하여 사는 사람이 매우 적고 나라의 핵심지역과는 분리되어 있다. 그러나 부엔아벤뚜라(Buenaventura) 항구의 상업적 중요성이 커지면서 이 빽빽한 밀림 지역으로 인구를 빨아들이고 있다. 에콰도르에서는 인구의 약 반 정도가 발전으로 인하여 확장되는 지역으로 이루어진 해안지역과 구아야(Guaya) 저지대에 살고 있다. 제2차 세계대전 이후에 열대작물, 특히 바나나의 재배가 이 지역의 인구를 늘이는 데 한몫하며 여러 항구들과 최대의 도시 구아야낄(Guayaquil)이 세워지게 되었다.

꼬르디예란(Cordilleran) 산계: 산 사이의 분지와 고원지대들

아메리카의 척추인 대산맥은 태평양 해안을 따라 라틴아메리카까지 이어진다. 이는 자연적으로 가장 넓은 지형인데, 직선거리로 12,000km가 넘고, 또한 가장 인구가 조밀한 지역 중의 하나로 약 1억 7천 만 명이 산다. 멕시코로부터 볼리비아에 이르는 고지대에 각 나라의 반 또는 4분의 3이 넘는 인구가 산다. 벨리즈, 니카라과, 파나마만 예외이다.

지질학적으로 아직 젊은 이 산맥은 다양한 면모와 암석 유형, 지질적 구조를 지니고 있는 복잡한 산들의 복합체이다. 정상의 높이는 약 7,000m에 이른다. 칠레와 아르헨티나의 국경, 바로 산띠아고의 북쪽에 있는 아꼰까구아(Aconcagua) 산의 높이는 6,960m로 아시아 밖에서는 세계에서 가장 높다. 산맥이 지나가는 멕시코 높은 지대와 남아메리카의 모든 나라에 만년설이 덮인 봉우리가 있다.

산맥은 멕시코 북쪽(1,000km)과 볼리비아(800km)에서 가장 넓게 펼쳐지고, 중앙아메리카 남쪽에서 좁아지다가, 다시 넓어진 후 칠레에서 좁아진다. 산맥은 지형적으로 네 번 끊어져서 1) 멕시코의 떼우안떼뻭(Tehuantepec) 지협, 2) 니카라과의 그라벤(Graben) 저지대, 이 지대는 카리브 해안의 산후안(San Juan) 강 지역에서부터 호수 지대 북쪽을 지나 폰세까(Fonseca) 만까지 이어진다(지난 세기에는 이 통로의 일부분에 운하를 세울 생각도 있었다). 3) 현재 운하가 있는 파나마 지협, 4) 콜롬비아 북서쪽을 가로지르는 아뜨라또(Atrato)−산후안 강 계곡으로 나뉜다.

산의 구조는 수많은 산 사이의 분지, 고원을 포함하는데, 가장 큰 것은 멕시코의 중앙 및 북부와 페루와 볼리비아의 고원이다. 이 고원 지역 중에도 멕시코와 볼리비아에서 인구가 가장 조밀하다. 이 구조에는 5개의 화산이 다섯 지역에 집중되어 있다. 1) 멕시코 고원의 남쪽을 따라 형성된 멕시코의 화산 축, 2) 중앙아메리카 태평양 화산 벨트, 멕시코 국경 바로 안쪽에서부터 코스타리카까지, 3) 갈라빠고스(Galapágos Islands) 섬들을 포함한 콜롬비아와 에콰도르 남부, 4) 중앙과 남부 페루, 5) 세계에서 가장 높은 활화산 두 개가 발견된 칠레이다. 멕시코 북부를 제외하면, 꼬르디예란 시스템(Cordilleran System)은 세계에서 화산활동이 활발한 지역 중의 하나다. 라틴아메리카에서 꼬르디예란 시스템에 속하지 않지만 화산활동이 3번이나 일어난 곳은 소 안틸레스이다. 그리고 정기적으로 일어나는 강력한 지진 때문에 많은 사람들이 목숨을 잃고 있다.

서쪽 꼬르디예란(Cordilleran) 고지대에서는 대부분의 인구가 열대지역이나 그 주위에 산다. 기후가 적합하기 때문이다. 날씨와 식생은 날씨와 높이에 따라 매우 다양하다. 날씨의 높이 경계는 고도, 바람이 부는 방향의 위치, 노출된 정도, 비의 양과 습도에 따라 달라진다. 인접해 있는 저지대에 비해 고지대에서는 하루의 변화가 큰데 특히 건조한 계절에는 심하다. <표 2.2>에는 라틴아메리카의 중요한 높은 지역들을 전체적으로 보여 준다.

꼬르디예란 고지대 전체로 보면 생산적인 분지에는 매우 인구밀도가 높은 마을들이 여럿 세워졌다. 그러나 인구 압력이 커지자 농지 임대 제도로 인하여 거주민들은 지방에서 도시로 밀려 나가고, 그보다는 비율이 낮지만 흩어진 저지대로 농업식민을 부추겼다.

더 높은 지역에는, 특히 과테말라와 안데스 지역 중앙의 나라들에, 아메리카 원주민이 사는 비율이 상당히 높다. 아프리카에서 온 이주민의 후예들은 날씨가 뜨거운 지역에 집중하여 살고 있다. 특히 중앙아메리카의 카리브, 콜롬비아의 저지대에 많고 베네수엘라와 에콰도르의 해안 저지대에도 꽤 많이 살고 있다.

오리노코 평원(Orinoco Llanos)

베네수엘라-콜롬비아 안데스와 기아나 고지대(Guiana highlands) 사이의 평원에는 오리노코 강을 따라 물이 흐른다. 베네수엘라와 콜롬비아로 나누어졌는데 이 평원은 라틴아메리카에서 세 번째로 큰 지역으로 강의 유량도 세 번째이다. 평원의 크기는 거의 텍사스 주 정도이며, 라틴아메리카에서 가장 인구가 희박한 지역 중의 하나이다.

한때는 석유와 철을 채취했었지만, 베네수엘라의 동쪽 평원에서 가장 일반적인 일은 목축(목장 경영)이다. 최근 몇십 년간 양쪽의 나라에서 인구가 조밀한 고지대에서부터 숲이 있는 주변으로, 그리고 다시 이 넓은 초원으로 인구가 이동하였다. 이동하여 정착한 사람들은 이 지역에 사는 소수의 아메리카원주민계 유목민들의 저항을 받았다는 기록이 있다.

〈표 2.2〉 라틴아메리카 기후의 고도분포

높이의 하한선	지역	평균기온(달)	주요 농작물
4,500m	영구 동토지대	0°C	
3,000m	알파인 초원	6°~10°C	가축들을 키움(특히 양과 염소, 중앙안데스에서는 야마와 알파카도) (나무 및 일반 작물의 경작선 위)
2,000m	온화(추운 땅)	10°~17°C	온대지역 작물: 밀, 보리, 흰 감자, 사과 다른 낙엽성의 과일
600m	반열대(온화한 땅)	17°~24°C	커피, 옥수수, 면화, 쌀, 감귤류, 사탕수수
해수면	열대(뜨거운 땅)	24°~28°C	바나나, 카카오, 고무, 야자(코코넛, 기름), 파인애플, 망고(커피 외의 반열대의 작물들)

주의: 영국식 피트법에서 환산했으므로 높이의 미터가 약간 다를 수 있음.

기아나 고지대(Guiana Highlands)

연결된 해안의 저지대를 포함한 기아나 고지대는 야노(Llano)보다 약 60%가 더 넓지만 인구는 더 적다. 기아나(Guiana), 아마존(Amazonia), 그리고 칠레 남부는 라틴아메리카에서 사람들이 가장 희박하게 거주하는 지역이다. 기아나 고지대를 따라 형성된 좁은 해안지대와 기아나 고지대와 오리노코 강 사이의 좁은 하안 저지대에 이들 나라 인구의 90%가 산다. 베네수엘라의 기아나 고지대는 전체 국토의 절반 가까이 되는데, 이

곳에 경제 활동과 인구가 밀집되어 있다.

지대가 높은 지역이지만 강들이 지표면을 흐르고, 베네수엘라—기아나(Guiana)의 국경 사이에는 세계에서 가장 높은 곳에 위치한 폭포가 있다. 기아나와 브라질의 고지대는 아메리카 대륙에서 가장 오래된 지질층이다. 현무암의 기반에 단단한 퇴적암 층이 쌓였다. 이곳에 매장되어 있는 가장 중요한 광물은 보크사이트, 철, 망간이고, 다이아몬드와 금도 있다.

아마존 지역(Amazonia)

아마존 유역은 라틴아메리카의 가장 넓은 자연적인 지대이며, 가장 일률적인 곳이기도 하다. 분지의 3분의 2 정도는 브라질에 속하고, 일부는 페루, 볼리비아, 콜롬비아와 에콰도르까지 뻗어 있다. 강 주위에 발달한 유역이 거대함에도 불구하고 사는 사람들은 거의 없다. 라틴아메리카 인구의 3% 정도가 이 넓은 강 유역에 산다.

아마존은 세계에서 가장 넓은 강이다. 길이는 가장 긴 나일 강보다 조금 짧고. 강수량은 세계의 모든 강물이 바다로 흘러드는 총 수량의 5분의 1가량 된다. 강 하류의 넓이는 300km가 넘고, 뉴잉글랜드의 남부만 한 크기의 섬이 있다. 그리고 지구상에서 가장 항해할 만한 강이다. 그렇지만 하류의 어느 곳에도 아마존 강을 가로지르는 다리는 없다. 강이 토해내는 거대한 양의 점토에도 불구하고 해류의 흐름과 해안 형태 때문에 델타는 그리 발달되어 있지 않다. 그러나 그 안에 사는 생물들의 다양성을 비교할 만한 곳은 지구상에 흔치 않다.

아마존 유역은 일반적으로 두 지대로 나누는데, 하류에 위치한 저지대의 충적지 또는 범람지와 상류의 평지이다. 범람지는 넓이가 다양하고 유역의 약 10분의 1을 이룬다. 범람지에는 나뭇잎들이 쌓인 넓은 늪이 연달아 있는데, 서로 연결은 되어 있지 않다. 이곳의 상당 부분이 일 년에도 몇 번씩 범람하여 강물이 실어온 점토가 퇴적하여 비옥한 땅을 형성하고 있다. 따라서 농업하기에 좋은 곳이 되어 많은 사람들이 살고 있다. 상류의 평지는 상시 범람지의 약간 위쪽에 있으며 영양이 상당히 빠져나간 흙이 열대의 자연환경에 노출되어 있다. 이 지역에는 인구가 극히 적다. 최근에 삼림파괴가 진행되어 농업과 가축업에 종사하던 사람들을 놀라게 하고 있다. 고속도로망은 1970년대부터 시작하여 수력에너지 댐을 따라 건설하고 있다. 상당량의 광물자원이 매장되어 있는 것이 알려지자 철, 철의 합금, 보크사이트, 금과 석유를 집중적으로 채광하고 있다. 이로 인하여 원주민들의 거주지역이 심각하게 파괴되었다. 토양의 황폐, 야생동물과 식물의 감소와, 지역적 또는 세계적인 날씨의 변화 역시 세계적인 관심의 대상이다.

브라질 고원(Brazilian Highlands)

여러 갈래로 갈라진 브라질 고원과 해안의 저지대는 라틴아메리카에서 두 번째로 큰 자연환경지대를 이루고 있다. 또한 꼬르디예란 고지대와 함께 가장 인구가 밀집한 지역이다. 라틴아메리카 인구의 거의 3분의 1이 이 자연지대에 산다. 이 지대는 브라질 땅의 절반 정도 되며 대부분의 브라질 사람들은 이곳에 산다.

브라질 고원은 다양한 지질지대로 이루어졌다. 1) 남쪽 지역의 세하 두 마르(Serra Do Mar)는 바다를 향해 우뚝 솟은 경사지이다. 이는 브라질 내부의 땅으로 가는 데에 커다란 장벽이 되어 교통을 불편하게 한다. 2) 구르며 갈라진 이 안쪽의 고원지대는 해안지대에서 반대쪽으로 기울어져 있어 모든 배수는 안쪽으로 흘렀다가 다시 바다로 나가는 구조이다. 3) 오래되어 풍화된 둥근 산비탈은 위쪽으로 여러 지대에서 발견된다. 이 브라질의 방패는 동쪽 편에 있는데, 특히 미나스 제라이스(Minas Gerais) 주에 철, 철합금, 다이아몬드와 금이 풍부하게 매장되어 있다.

연결되지 않는 좁은 해안 평지는 브라질의 5~10%를 차지하지만 약 3분의 1의 브라질 인구가 살고 있으며 5개의 주요 도시, 리오 데 자네이로(Rio de Janeiro), 레시페(Recife), 살바도르(Salvador), 포르탈레자(Fortaleza)와 포르투 알레그리(Porto Alegre)가 위치한다. 해안의 저지대에는 열대우림이 있고, 또는 몬순 기후의 잎이 넓은 상록수가 있다.

열대의 사바나는 북동쪽 해안과 북쪽과 동쪽의 내륙 고원지대에 나타난다. 그러나 북동쪽의 안쪽 부분은 상대적으로 습윤한 지역이다. 나라 전체인구의 30% 정도가 살고 있는데 주기적으로 한발이 나서 브라질에서 가장 가난한 9개의 주를 형성하고 있다. 그리하여 주민들은 해안의 플란테이션 지역 및 공업과 상업이 발달된 남쪽과 남동쪽으로 빠져나가고 있다.

파라나 고원이 있는 남쪽의 고원지대는 습윤한 아열대 기후와 땅이 커피 재배에 적합하다. 상파울로는 동부지역에 비하여 인구가 빠르게 늘고 있는데, 인구의 5분의 2를 포함하는 남쪽의 3개 주로부터 사람들이 몰려오기 때문이다. 내륙의 고원에는, 아직도 사람이 적게 살고 있으나, 계속적으로 인구가 늘면서 빠르게 발전하고 있다.

페루의 아따까마 사막(Peruvian Atacama desert)

페루-아따까마 사막은 에콰도르와 페루의 국경에서부터 칠레의 꼬낌보(Coquimbo)까지 이어지는 3,000~3,500km의 좁은 해안으로 이루어진 지역이다. 해안 평지는 극도로 좁거나 거의 없다. 해안에는 둘러싸인 지역이나 보호되는 항구가 없다. 이 지역의 특징은 뚝뚝 떨어진 암석이과 낮은 해안 언덕들이다. 이 언덕들은 낮지만 가파른 경사면이 형성되어 있다. 남쪽으로는 일 년 내내 흐르는 강이 몇 개 있다.

태평양의 역선풍(고기압)과 차가운 훔볼트 해류, 그리고 해안과 평행해서 부는 바람 때문에 이 지역은 세계에서 가장 건조한 지역이 되었다. 페루와 국경을 이루는 칠레의 아리까(Arica)는 일 년에 0.5mm의 비가 내리는, 지구에서 연평균 강우량이 가장 적은 곳이다. 남쪽으로 약 200km 떨어진 이끼께(Iquique)에는 지난 14년간 거의 비가 내리지 않았다. 그러나 엘니뇨(El niño) 현상으로 때때로 엄청난 비가 내려 홍수를 일으킨다. 대기와 해양의 불안정으로 인하여 차가운 훔볼트 해류는 해안에서 점점 더 멀리 떨어지고, 대신에 에콰도르에서부터 오는 따뜻한 바닷물이 내려온다. 그리하여 물고기와 바닷새가 줄어든 것은 또 다른 자연재앙의 결과이다.

칠레의 북쪽 지역은 건조함에도 불구하고 처음에는 질산염 때문에, 이제는 구리 덕분에 발전하고 있다. 그러나 이 나라의 3분의 1을 차지하는 이 땅에는 겨우 십분의 일의 인구가 살고 있다. 페루 남부와 아따까마의 남쪽 끝부분에 해당하는 칠레에는 철광석이 풍부하다. 칠레와 마찬가지로 페루에도 태평양 해안을 따라서는 식물도 없고 사람들도 거의 살지 않는다. 다만 계곡이 해안까지 이어져 관개가 이루어진 곳은 예외로 사람들이 모여 산다. 리마에서 북쪽으로 이어진 해안에는 이런 곳이 많다.

칠레 중부(Middle Chile)

칠레 땅의 3분의 1이 되는 꼬낌보(Coquimbo)와 몽뜨 항구(Puerto Montt) 사이의 비교적 작은 지역에 인구 전체의 거의 10분의 9가 살고 있다. 이곳에는 광물도 풍부하고 농사를 짓는 땅과 공업 생산물이 많다.

이 지역의 북쪽 끝은 사막 또는 아따까마 사막으로 이어지는 스텝이다. 그렇지만 북부 칠레의 중앙부의 대부분은 지중해성 기후를 보인다. 여름에는 건조하고, 주로 겨울에 비가 온다. 따라서 여름에 관개가 필요한 지역이 몇몇 있다. 수도인 산띠아고(Santiago)를 포함하는 이 지역에 인구의 약 70%가 살고 있다. 칠레 중부의 나머지 지역, 꼰셉시온(Concepción) 남쪽은 인구가 덜 조밀하다. 이 지역에는 일 년 내내 비가 많이 온다. 중부 칠레의 남쪽은 이 나라의 가장 중요한 삼림지대이다. 중요한 광물은 구리이다.

칠레 남부(South Chile)

또 다른 작은 자연지대를 이루는 칠레 남부에는 사람이 매우 적게 산다. 해안의 능선은 군도를 향하여 바다로 빠졌는데, 세로로 늘어선 계곡의 대부분은 물에 잠겼다. 만년설로 덮인 안데스는 이 지역에서는 해수면까지 이어져서 지구상의 4개의 주요한 피오르 해안의 하나를 이룬다. 이 지역은 굴곡이 심하고 단절되어 있으며, 춥고, 비가 오고, 음울하다. 몬뜨 항구 남쪽에는 도로도 기찻길도 없다.

칠레 인구의 2% 정도가 이 세 번째 지역에 산다. 대부분의 사람들이 상대적으로 숲과 흙이 비옥한 치롤에(Chiloé) 섬이 있는 북부와 대서양 쪽에 집중되어 산다. 마젤란 해협을 따라 안데스 산맥의 낮은 부분, 즉 비가 오는 지역에서 양의 축산업, 임업, 석탄과 석유의 생산 등의 경제 활동이 활발하기 때문이다.

아르헨티나의 북서쪽과 파타고니아

파타고니아와 아르헨티나의 북서쪽은 라틴아메리카의 가장 큰 자연지대 중의 하나이며 모두 아르헨티나에 속한다. 북서쪽에는 파타고니아보다 사람들이 많이 살고 있다. 나라 전체의 반 정도를 이루는 이 두 지역에 인구의 4분의 1 정도가 살고 있다. 이 지역은 건조하고 높은 지대를 이루어 주거지가 띄엄띄엄 있는 것이 특징이다.

아르헨티나 북서쪽은 선-꼬르디예란((pre-Cordilleran) 산계와 남위 30~35도에 이르는 넓은 지역을 차지하고 산 루이스(San Luis) 지방과 꼬르도바(Córdoba)의 서쪽까지 펼쳐지는 팜파로 특징짓는다. 대부분의 주거지와 농업 관개가 이루어지는 곳은 산 아래의 오아시스 분지이다.

파타고니아의 사막과 스텝은 남아메리카 중위도 지역 동부 해안지대에서 유일한 건조지역이다. 멕시코의 북쪽 건조지대처럼, 파타고니아와 띠에라푸에고(Tierra Fuego)의 일부 지역은 관개가 이루어지면 매우 생산적인 전형적 열대 건조기후의 흙으로 덮여 있다. 그리하여 관개시설이 집중된 오아시스에서 조밀하게 몰려 사는 사람들이 농업을 하는데, 특히 과일을 많이 산출한다. 아르헨티나의 북서쪽에는 광산 마을이 조금 있다. 그리고 석유가 파타고니아 해안과 북서쪽의 안데스 산맥 아래쪽에서 생산된다. 사람들은 드문드문 살고 가축 목장이 주업이다.

라 쁠라따 - 빠라나(La Plata - Parana) 유역

아마존과 미시시피 강에 이어 세계에서 세 번째로 큰 라쁠라따-빠라나 유역은 라 쁠라따의 드넓은 하구 및 라쁠라따 본류와 파라과이와 우루과이의 지류들을 모두 아우른다. 강 유역은 대부분이 아르헨티나의 북동쪽에 위치하지만, 파라과이와 우루과이 전체, 그리고 볼리비아 남동쪽의 일부도 이에 포함된다(브라질 고원 자연지대의 상당 부분에도 이 강의 물이 흘러들어간다). 라쁠라따-빠라나 유역은 가장 인구가 조밀한 자연 지역 중의 하나이며 아르헨티나의 핵심적인 주거 지역이 이곳에 있다.

이 자연 지역은 그란 차꼬(the Gran Chaco, 빠라나와 파라과이 강의 서쪽, 남위 29에서 30도 사이, 북쪽으로는 볼리비아), 파라과이 동부(파라과이 강의 동부), 메소포타미아(빠라나-알또 빠라나와 우루과이 강들 사이의 아르헨티나), 팜파(부에노스아이레스 주위 반경 600km 이상의 목초지)와 우루과이의 하부지역(subregions)으로 나누어진다. 이 지역의 흙은 대부분 유기물과 광물이 풍부한 검은 몰리솔(mollisol)이다. 이 흙은 중위도 지역의 습윤하고 건조한 날씨의 경계지대에서 형성된다. 이 흙은 라틴아메리카에서 가장 비옥하며 세계적으로도 으뜸이다. 팜파는 라틴아메리카의 주요 농산물 산지이다. 그러나 흙의 비옥도는 건조한 북서쪽과 파타고니아 쪽으로 가면서 떨어진다. 특히 북쪽 방향의 습기 찬 열대로 들어가면서 대부분의 지역은, 미국의 남동쪽과 비교하면, 덥고 비오는 여름과 따뜻한 겨울이 특징인 습기 찬 아열대 기후이다.

결론

다양한 자연환경을 지닌 라틴아메리카에는 주거 집중과 발전의 정도가 다른 양상을 보인다. 세 개의 가장 큰 지역이-아마존, 브라질 고원, 꼬르디예란 산계-라틴아메리카 전체 땅의 3분의 2를 차지한다. 꼬르디예란 고지대는 습곡이 심하여 농사와 교통에 문제가 많지만, 선-콜롬비아[1] 시대부터 전통적으로 거주하던 땅으로 대부분의 나라

가 이 지역에 위치한다. 꼬르디예란과 브라질의 고원지대에 라틴아메리카 인구의 65%
가 살고 있다. 대조적으로 아마존, 기아나 고지대, 아르헨티나 북서쪽과 파타고니아, 야
노스, 칠레 남부의 다섯 지역은 라틴아메리카의 40%를 차지하지만 인구는 6% 정도가
살고 있다. 땅과 자원의 존재 때문에 전통적인 거주지로부터 인구가 희박한 내륙으로
이민이 꽤 빨리 진행되었다. 그럼에도 불구하고, 라틴아메리카의 인구이동은 지방으로
부터 몇몇 중요한 대 도시로의 이동이 집중되고 있다. 대부분의 경우에 지방에서 도시
로 이동하며, 인구가 희박한 지역으로 이동하는 사람들의 수는 적다.

추천도서

자연 지리

Blouet, Brian W. "The Environment." In Brian W. Blouet and Olwyn M. Blouet, eds., Latin
    America and the Caribbean: A Systematic and Regional Survey. 4th ed. Wiley, 2002.
    Chapter 2.
Clawson, David L. Latin America and the Caribbean: Lands and Peoples. 3rd ed. McGraw—Hill,
    2004. Chapters 2~4.
Handbook of Middle American Indians. Vol. 1, Natural Environment and Early Cultures.
Edited by Robert C. West. University of Texas Press, 1964. 중미의 형질적인 자연환경의 여
    러 면에 대해 자세한 연구를 8장에 걸쳐 기술하였다. 아마도 라틴아메리카의
    형질적 지리에 대한 가장 우수한 책일 것이다.
Handbook of South American Indians. Vol. 6, 남아메리카의 원주민의 형질 인류학, 언어학,
    문화 지리에 대한 책. 재인쇄. Cooper Square, 1963. The section by Carl O. Sauer가
    쓴 "Geography of South America"(pp. 319~44)에는 대륙의 형질적 풍경을 포함하
    여 (비록 자세하지는 못하지만) 라틴아메리카 전체를 포함할 수 있도록
    Handbook of Middle American Indians의 동반서적으로 사용할 수 있다.
Kendrew, Wilfrid George. The Climates of the Continents. 5th ed. Clarendon, 1961. Part6,
    "South America, Central America, Mexico, the West Indies," pp. 464-27. 아주 자세
    하지는 못하지만, 아마도 라틴아메리카의 기상과 기후 조건에 대해 가장 좋은
    책 중의 하나일 것이다.
Robinson, H. Latin America. 4th ed. MacDonald & Evans, 1977. Chapter 1.

Verdoorn, Frans, ed. Plants and Plant Science in Latin America. Ronald Press, 1945. 이 오래된 책은 여전히 형질적 자연환경의 양상과 함께 식물지리 및 지역적 농업에 대한 중요한 정보를 제공하는 자료서이다.

인구

Blouet, Brian W. "Population: Growth, Distribution, and Migration." In Brian W. Blouet and Olwyn M. Blouet, eds., Latin America and the Caribbean: A Systematic and Regional Survey. 4th ed. Wiley, 2002. Chapter 5.

Gonzalez, Alfonso. "Latin America: Population and Settlement." In Richard G. Boehmand Sent Visser, eds., Latin America: Case Studies. Kendall Hunt, 1984. Chapter 6.

Merrick, Thos. W., et al. "Population Pressures in Latin America." Population Bulletin 41, no. 3(1986).

Sanchez—Albornoz, Nicolas. Population of Latin America: A History. University of California Press, 1974. 이 책은 라틴아메리카 인구의 증가 및 발전(1장)과 최근의 경향과 예측(6장)에 대하여 전면적인 연구를 제시한다.

Sargent, Charles S. "The Latin American City." In Brian W. Blouet and Olwyn M. Blouet, eds., Latin America and the Caribbean: A Systematic and Regional Survey. 4th ed. Wiley, 2002. Chapter 6.

미주

1) 역자주: 콜럼버스가 아메리카에 들어오기 이전의 시대, 즉 스페인이 중남미를 정복하기 전의 시대를 말한다.

3. 라틴아메리카의 원주민

칼 H. 슈웨린(박종욱 옮김)

라틴아메리카의 원주민 인구 분포와 현대적 특성을 이해하기 위해서는 유럽인의 발견 당시 토착사회가 가졌던 특성에 관해 알아야 할 필요가 있다. 신세계 원주민들은 단순한 수렵과 채집의 무리에서부터 복잡한 글을 읽고 쓸 줄 아는 교육받은 문명에까지 넓은 범위의 문화적 발전에 해당한다. 오늘날의 라틴아메리카의 지역범위 안에서, 대부분의 사람들은 중대한 문화적 성취의 수준에 도달했다. 대다수의 사회는 식량 생산자였으며, 여러 측면에서 멕시코 중부에서 남부에 이르는 지역은 후에 북부 멕시코, 미국, 캐나다가 되는 지역보다 훨씬 발전했다. 사실, 북아메리카는 대다수의 토착민들이 생존을 위해 수렵과 채집, 어로에 의존했던 유일한 주요지역이다. 그에 반해 남아메리카에는 대부분 농업사회[1]로 정착하였다.

그럼에도 불구하고, 라틴아메리카 지역에는 모든 영역에 걸친 문화적 다양성 또한 있었다. 전문가들은 많은 수의 범주로 구분하기를 원할지도 모르지만, 여기서는 초기 원주민 사회를 세 가지 중 하나의 유형에 속하는 것으로 다루는 것이 보다 교육적일 것으로 보인다. 첫째, 변두리의 사냥꾼들과 채집자들은 아르헨티나와 우루과이 대부분, 브라질 해안의 일부 지방으로 제한되어 있었다. 이들은 또한 북부 멕시코의 건조한 사막지역인 스페인 왕국의 북방경계에서 세력을 떨쳤다. 둘째, 저지대의 조방적 농사꾼들은 보다 넓게 퍼졌는데, 그 영역은 중부 칠레와 브라질 내륙지역 전체를 걸쳐 아마존 유역 전역에 이르렀으며 현재 볼리비아, 페루, 에콰도르, 콜롬비아, 베네수엘라, 기아나의 지역적 경계가 되는 곳까지 포함한다. 이들은 또한 콜롬비아와 베네수엘라의 나머지 지역을 차지했으며, 북쪽으로는 중앙아메리카 전역과 앤틸리스 제도에 이르렀다.

세 번째 주요 유형은 고지대의 집약적 농사꾼들이었는데, 그들 중 대다수는 멕시코, 과테말라, 에콰도르, 페루, 볼리비아의 산지와 고원에서 국가 수준의 사회를 형성하였다.

20세기 후반기 동안, 역사 인구 학자들 사이에서는 유럽 진출기의 아메리카 원주민 인구에 관한 활발한 토론이 일어났고 그 수치는 1,300만 명에서 1억 명 이상에 이르는 것으로 추산되었다. 그러나 라틴아메리카 지역에서는 아마 8천만 명 정도일 것으로 보인다. 이들 중 6천만 명이 중부 아메리카와 중부 안데스 지역의 문명화된 나라에 속해 있었다. 1,800만 명으로 집계되는 나머지 대부분은 남아메리카 내륙지역, 북부 해안지역, 카리브 해, 중앙아메리카의 저지대 농사꾼들이었다. 수렵과 채집에 종사했던 인구는 2백만 명 미만이었으며, 그 수치는 백만 명에 가까웠을 것이다.

유럽인들의 정복은 원시 사회를 근본적으로 흐트러뜨렸다. 아마도 가장 급격한 변화는 현대 연구자들에 의해 '인구학적 재앙'으로 특징지어진 단기간 대규모의 인구 감소일 것이다. 이 재앙의 주원인은 새로운 몇몇 질병의 유입으로, 반복된 전염병의 발발을 통해 원주민 인구를 대폭 감소시켰다. 정복전쟁은 또한 노예와 원주민 노동력의 남용이라는 손실을 가져왔으며, 원시 농업의 계절적 리듬을 방해하고(농사력에서 중요한 시기에 스페인 인들의 요구에 따라 원시 노동력을 제거하였기 때문이다) 가축(원주민과 땅을 경쟁하고, 그들의 농경지를 침범한)을 도입하여 생태학적으로도 영향을 미쳤다.

인구감소율은 다르게 예측되나, 가장 신뢰할 만한 산출에 의하면 130년 동안 평균적으로 95%의 인구가 감소하였으며, 불과 약 4백만 명의 원주민들만이 1650년에 지금의 미국에 해당하는 남쪽으로 이동하였다고 한다. 그러나 이러한 감소에 대해 알려지지 않은 부분은 유럽 혹은 아프리카 아버지와 원주민 어머니들의 자녀들인 메스티소로 나타난다는 것을 반드시 기억해야 한다. 이들은 그들의 부모와 분리된 계층 혹은 계급으로 대우받았으며 종종 높은 신분의 유럽인 범주의 일부가 되려고 하였다.

가장 먼저 정복당한 카리브 해의 주민들은 50년 만에 완전히 사라졌다. 카리브 원주민들을 대신해 아프리카 노예들이 노동력으로 들여오게 되었다. 대부분의 대륙의 사냥꾼들과 채집자들 또한 멸종되었다. 저지대의 농사꾼들은 많은 그룹들이 멸종되면서 급속히 감소하였고 일부 그룹은 지금도 사라지고 있는 중이다. 그러나 나머지는 살아남아서 현재도 그 수를 늘려가고 있다. 고지대 문명 지역 역시 급속한 인구 감소가 나타났지만, 인구수는 1650년경에 300만에서 500만 명 사이로 최저치에 도달했다. 이후 그 수는 19세기 초반까지 천천히 증가하였고, 그때부터 중앙아메리카와 중부 안데스 지역의 원주민 인구는 점점 더 빠른 속도로 증가하고 있다.

정복 이전의 사회

세 가지 문화유형에 따라 점령된 지역에 대한 고찰은 이 지역들이 오늘날에도 아직 특유의 주민들에 의해 그 특성이 규정된다는 점을 제시한다. 엘만 서비스(Elman Service)는 이 지역을 각각 유로-아메리카, 메스티소-아메리카, 인도-아메리카라고 부른다.[2] 왜 원주민 문화 유형의 이러한 차이가 오늘날 주민들 사이의 차이에도 반영되는 것일까? 일반적으로, 이것은 유럽 식민 열강의 행정정책의 차이에서 기인한다고 설명된다. 스페인, 포르투갈, 영국의 정책 차이뿐만 아니라, 식민제국의 다양한 분야에서 정책이 시행된 방식의 차이 때문이기도 하다. 그러므로 식민정책은 앤틸리스제도, 멕시코, 페루에서 보다 엄격하게 시행되었고 이 지역의 식민주민들에게 더 큰 통제가 가해진 점은 빈번하게 일관된다. 이는 식민지들이 보다 가치 있었기 때문이기도 하고, 보다 많은 주민을 포함하고 있었기 때문이다. 반면에 베네수엘라나 부에노스아이레스와 같은 식민지는 큰 관심을 받지 못해서, 결론적으로 왕의 권력이 보다 느슨하게 작용했다.

오늘날의 차이점에 관한 질문에 응답하는 또 다른 방법은, 백인들에 의해 발생한 원주민 문화의 다양성을 살펴보는 것과 유럽인들이 원주민 문화의 근본적인 차이에 따라 다르게 적응하도록 강요받은 것을 인식하는 것으로 시작한다.[3]

유럽인들의 정복 목적은 새로 발견된 지역에서 이익을 얻는 것이었다. 정복자들은 원주민들로부터의 공물을 평가하거나[엔꼬미엔다(Encomienda)와 꼬레히미엔또(Corregimiento)

에 의해] 건설, 광산, 목축, 이후 직물산업과 같은 영리기업에서는[노동력 강제 프로그램 혹은 레빠르띠미엔또(Repartimiento)를 통해] 원주민 노동력을 착취하였다.

멕시코와 과테말라, 중부 안데스 고지대 지역에서 원시 사회는 복잡한 국가조직을 가진 높은 수준의 문화적 발달을 이루었다. 원주민들은 복잡한 경제적, 사회적, 정치적 기관들에 전적으로 속하였으며, 그들의 전통적 삶의 방식을 유지하고자 이 기관들에 의지하였다. 그들은 만일 이러한 국가 수준 기관들에서 차단된다면 생존이 어렵다고 생각했을 것이다. 또한 그들의 대부분은 스페인의 지배를 피해 쉽게 접근할 수 있는 피난처가 없었다. 원주민들이 활동하는 데 익숙하게 잘 정비된 국가기관들의 존재를 본다면, 원주민 엘리트와 마찬가지로 유럽의 정복자들이 이 기관들을 인수해 주민들을 위에서부터 통솔하는 것을 상대적으로 용이하게 하였다. 이러한 방법은 간접적인 행정 시스템 덕분에 더욱 효과적이었다. 단지 사소한 수정만이 대부분 원주민 기구(종교적 기관 제외)에서 이루어 졌는데, 특히 원주민 중재자들은 하부 단계에서 대다수의 주민들을 관리하는 일에 계속적으로 종사하였다.[4]

식민지 기간 동안 상당한 인종적 혼합과 원주민 엘리트들이 점차 우세한 스페인 지배계급으로 흡수되는 현상이 나타났다. 원주민 평민들 사이에서는, 스페인 지배자들과 그들의 아프리카 노예와의 인종적 혼합에도 불구하고 지역공동체와 가족제도가 강하게 남아 있었다. 이 시기까지 많은 원주민 언어들이 이 지역들에서 널리 사용되었고 많은 시골공동체들은 원주민으로서 그들의 정체성을 유지하였으며, 많은 토착적 혹은 민족적으로 뚜렷이 구별되는 풍습은 지역문화의 중심적 특색으로 유지되었다. 서비스는 이 지역을 인도-아메리카라고 특징지었다.[5]

저지대 지역은 대부분 주로 독립적으로 국지화된 부족이나 마을로 조직된 조방적 농사꾼들이 차지했다.[6] 이곳에는 큰 규모로 조직된 공동체나 국가 수준의 기관이 없었다. 이러한 소규모의 독립적인 집단들에서 지배권을 얻는 것은 어려웠기 때문에, 한 집단을 정복하는 것이 그 이웃 집단에 대한 권위까지 포함하는 것은 아니었다. 유럽인들의 전략은 한 가족과 개인을 잡아서 집안의 하인으로 삼거나 농노로 일하게 하는 것이었다. 주인과 하인 혹은 적은 수의 농노 간에 존재했던 친밀함은 원주민 그룹의 급속한 혼혈화를 이끌었다. 메스티소들은 지배계급인 유럽인으로 그들의 정체성을 정의하는 경향이 있었으며, 낮은 지배계층으로 흡수되었다. 그러므로 원주민 집단으로부터 추가로 노예를 얻어야 할 계속적인 필요가 있었다. 상파울로의 반데이란떼(bandeirantes)는 이러한 착취의 가장 잘 알려진 예이다. 그들은 주기적 원정을 통해 내륙 전역에 걸쳐 원주민 노예들을 잡아들였다. 유럽 식민지배자들과 원주민 사회 간의 이러한 착취적 유형의 관계는 보다 접근 가능했던 원주민 공동체들의 파괴를 이끌었다. 많은 경우 노예 상인들의 약탈을 피할 수 있을 것으로 여겨지는 먼 피난지로 달아났다. 일부는 남부 칠레, 아마존 지역의 일부, 베네수엘라 내륙, 중앙아메리카 일부, 극도로 바위투성이이고 고립된 북부 멕시코 지역과 같은 고립된 지역에서 지금까지 살아남았다. 서비스는 이 지역을 메스티소-아메리카로 규정하였다.[7]

플랜테이션 농업은 다수의 노동자를 필요로 한다. 소유주와 노동자 사이의 사회적, 신체적 분리는 일꾼들이 비인간적으로 대접받았다는 것을 의미한다. 원주민 노예들은 환경에 익숙하고 그 속에서 어떻게 살아남아야 하는지 알게 되면서부터 종종 내륙지방으로 도망쳤다. 그들이 원래의 공동체로 돌아오는 것이 불가능해진다 하더라도, 그들은 유사한 원주민 공동체와 사회시스템과 결합할 수 있었다. 도망친 원주민 노예들의 문제는 플랜테이션 소유주들이 보다 다루기 쉬운 아프리카 노예를 들여오도록 만들었다. 아프리카인들은 완전히 낯선, 알지 못하는 동식물들로 가득한 땅에 있게 되었다. 그들은 원주민 언어를 말할 수 없었고, 토착 사회시스템에 어떻게 적응해야 하는지도 알지 못했으며, 그래서 결론적으로 그들은 도망칠 수 없었다.

플랜테이션 농업은 주로 브라질 해안지역, 카리브 해와 페루 해안지역에서 발전하였다. 대부분의 이 지역에서 아프리카 인종 유형은 오늘날까지 우세하게 남아있으며, 그러므로 이들을 아프로-아메리칸으로 특징지을 수 있겠다.

유럽인 침입자들이 원주민들을 관리하거나 노예로 만들 수 없다고 판단된 지역에서, 유럽인들은 원주민들을 멸종시키거나 그들을 정착지로부터 몰아내려고 시도하였다. 사냥꾼들과 채집자들은 단순한 삶을 살고 있었고, 다수의 소유물이나 복잡한 기술에 구애받지 않았다. 그들은 다소 유목민적 기질이 있었고 유럽인들의 지배로부터 쉽게 도망칠 수 있었다. 일부는 유럽인들의 거주지 외곽에서 살아남았고, 소수는 실제로 유럽인 정착민들을 공격하거나 그들에게 부담을 주는 성공적인 적응 전략을 발전시켜 나갔다. 이들은 아르헨티나의 떼우엘체(Tehuelche)와 뿌엘체(Puelche), 칠레의 뻬우엔체(Pehuenche), 아르헨티나의 아라우까니안(Araucanians), 파라과이 그란차코(Gran Chaco)의 아비뽄(Abipón), 음바야(Mbayá)와 다른 과이꾸루안(Guaicuruan) 부족, 우루과이의 차루아(Charrúa) 부족 등이 있다. 뉴멕시코, 텍사스와 같은 북부 멕시코의 스페인 식민지에서 비슷한 집단들이 발전하였다. 아파치(Apache), 우떼(Ute), 코만치(Comanche) 침입자들이 스페인 정착지를 수백 년간 약탈하여, 원주민과 스페인 이주민들 간의 전쟁으로 이어 졌다. 스페인 정착지들은 점점 증가하여 결국 스페인인들은 원주민 침략자들을 몰아 낼 수 있었다. 이 지역들은 원주민들이 거의 완전히 제거된 지역으로 서비스는 이 지역을 유로-아메리카라고 불렀으며, 여기에는 아르헨티나, 우루과이, 코스타리카가 포함된다.[8)]

이번에 논의할 점은 정복자 유럽인과 원주민 사회 간의 서로 다른 관계에 대한 분석에 있어 가치 있게 강조될 부분이다. 유럽 문화는 구조적으로 복잡하고, 국가 단위의 조직으로 나타난다. 그런 점에서 고지대에서 국가적 조직을 이룬 사람들의 문화와 유사하며 저지대의 농사꾼들의 문화, 변두리의 사냥꾼들과 채집자들이 가진 문화와 다르다. 원시 사회의 문화적 복잡도와 유럽의 정복 이후의 생존 사이에는 다소 직접적인 연관 관계가 있다. 그래서 정복자와 피정복자의 특성이 유사할수록 정복을 위한 조정이 쉬웠고, 따라서 조정이 어렵고 파괴적일수록 피정복자들이 살아남아서 적어도 그들의 토착 사회구조와 문화적 형태의 지역적 기반을 보존했다는 것을 보여 준다.

<표 3.1> 라틴아메리카의 아메리카 원주민 인구 c.2000

국가	총인구	원주민 인구	원주민 비율
유로 - 아메리카(약 1%)	44,529,000	511,870	1.1
아르헨티나, 우루과이, 코스타리카			
아프로 - 아메리카((1%)	185,058,000	489,066	0.26
브라질 해안지역	138,914,000	96,780	<0.1
기아나	1,324,000	80,286	6.1
콜롬비아 해안지역	7,095,000	306,700	4.3
앤틸리스 제도	37,725,000	5,300	-
메스티소 - 아메리카((5%)	183,977,634	3,204,679	1.7
멕시코 북부	39,501,629	415,518	0.1
중앙아메리카(코스타리카 제외)	21,229,469	1,063,000	5.0
고지대 및 동부 콜롬비아	35,905,000	431,000	1.2
베네수엘라	23,900,000	382,400	1.6
브라질 아마존 지역	43,119,000	373,587	0.9
파라과이	5,206,101	85,674	1.6
칠레	15,116,435	453,500	3.0
인도 - 아메리카()10%)	108,433,219	27,798,844	25.6
중부 및 남부 멕시코	57,981,783	6,862,484	11.8
벨리즈	232,111	24,501	10.6
과테말라	9,133,000	4,000,000	43.8
에콰도르	10,508,000	3,111,900	29.6
페루	22,304,000	9,100,000	40.8
볼리비아	8,274,325	4,700,000	56.8

현대 라틴아메리카

유로-아메리카와 아프로-아프리카

<표 3.1>은 2000년에서 2007년까지에 거의 완결된 쉽게 이용 가능한 자료에 의거하여 현대 라틴아메리카의 아메리카 원주민 인구분포를 보여 준다.[9] 유로-아메리카와 아프로-아프리카에서, 토착 인구는 일반적으로 전체 인구의 1퍼센트 이하로 집계된다. 유로-아메리카에서는 1퍼센트를 약간 웃돌며, 아프로-아메리카에서는 평균적으로 그보다 낮다.

주 예외는 희박한 인구밀도와 전체 인구수도 낮은 기아나 지역이다. 이는 인구가 제

한되어 있고 정복자 집단들이 해안가를 따라 집중되어 있기 때문에, 토착 집단들은 내륙지방을 차지하여 브라질이나 앤틸리스 제도에서와 같이 직접적인 경쟁에 직면하지 않았기 때문이다. 현재 이러한 상황은 변화되고 있다. 비록 재생 불가능한 자원이 소진됨에 따라 토착인구의 유용성에 관한 인식 또한 동시에 감소될 것으로 예상되나, 독립 이후 기아나는 국가 경제발전을 위해 없어서는 안 될 요소로서 내륙의 발전방안을 모색하고 있다. 가이아나의 경우, 내륙지방의 발전은 이웃한 베네수엘라가 주장하고 있는 영토에 대한 권리를 선언하고 공고하게 하려는 방법이기도 하다.[10]

유로-아메리카 인구는 지난 10년간 토착 인구가 전체 인구 증가율인 4.2%에 비해 약 30%나 늘어난 150,000명 이상 증가하였음에도 천천히 증가하고 있다. 아르헨티나의 토착적 행동주의는 1989년에 합법적으로 인정받게 되었다. 그 후에 원주민들은 땅의 이름을 부여받았고, 고유 권리가 1994년 헌법에 의해 인정되었다.[11] 아프로-아프리카의 원주민 인구는 같은 기간에 300,000명 이상 증가하였으나 아직 전체 인구의 0.4%에 머무르고 있다. 브라질 해안지역(1990년 61,485명에서 2000년 96,780명)과 북부 콜롬비아(1980년 139,596명에서 2005년 596,000명으로 추정됨)에서의 중요한 변화는 아마도 원주민을 계산하는 다른 방법과 마찬가지로 무엇으로 원주민을 구성하는가에 대한 차이점을 정의하는 것을 의미할 것이다. 기아나에서는 작은 변화가 일어났다. 그러나 토착 혈통을 가진 많은 사람들이 인구조사 계산 과정에서 체계적으로 배제되고, 국가적 자부심과 인종차별로 인해 그들을 '진짜 원주민'으로 인정하는 것을 거부한 증거들이 점점 더 많아졌다. 코스타리카에서는 예컨대 자신들을 유럽인들처럼 여겨서 엘살바도르와 과테말라에서 일어났던 특정 민족 집단의 문화파괴 캠페인이 일어나기도 했다. 브라질에서는 원주민의 정체성이 내륙지방의 발전을 방해하는 것처럼 느껴졌다. 앤틸리스 제도와 중앙아메리카에서는 50만 명 혹은 그 이상의 원주민들이 있을 것으로 보인다.[12]

메스티소 – 아메리카

　이 지역에서 살아남은 대부분의 토착민들은 국가적 사회에 통합되지 않은 전통적 공동체의 일원으로서 토착 문화와 정체성을 유지하고 있는 각각의 공동체 내에서 살고 있다. 그들은 현대 국가 내에서 구별된 문화에 소속된 사람으로 계속적으로 기능하고 있으며, 몇몇 권위자들은 이들을 '제4세계' 사회로 규정하기도 한다. 그러나 이 지역 내 다수의 원시집단들은 상당수의 도시 이주민 숫자가 보여주듯 현재 지배적인 국가적 문화로의 문화변용 과정을 겪고 있다.

　약 1억 8천만 명의 전체 인구 중에서 400만 명 정도가 원주민들이다. 이는 지역의 토착민들이 2000년부터 20% 정도 늘어난 수치인 65만 명 정도 증가한 것을 보여 준다는 점에서 주목할 만하다. 전체 인구수는 다소 정체기였던 데 반해, 원주민의 수는 전체의 1.7%에서 2.5%로 증가하였다. 국가별 자료에 근거하면, 원주민들은 전체 인구의 1% 미만에서 6%를 조금 못 미친다(<표 3.1> 참조). 최신 자료에서, 그들의 수는 완만한 성장세를 보여 주고 있다.

　북부 멕시코에서의 주요 집단은 바위투성이 산지인 그들의 고향 전역에 널리 퍼져서 농부로 살고 있는 따라우마라이다. 중앙아메리카, 베네수엘라 내륙지방, 거대한 아마존 유역에서 토착민들은 유럽인과 접촉하던 시기에 안데스 산지 국가들에 비해 덜 모여 살았다. 고도로 분화된 집단들을 겨냥한 질병, 노예, 유럽인과의 전쟁은 많은 지역에서의 토착민 학살과 멸종을 이끌었다. 그럼에도 불구하고, 민족적으로 구분되는 소수의 집단들이 더욱 고립된 지역에서 살고 있거나 선교사들 혹은 정부에 의해 보호받고 있다. 이러한 대부분의 집단들은 저지대 열대 지역에서 발견된다.

　이들 저지대 마을의 경제는 열대작물들을 벌채하여 태우는 농업형태에 기초하고 있다. 가장 중요한 산물은 카사바(카사바 녹말), 바나나, 얌이지만 다양한 종류의 다른 작물로 보충되기도 한다. 베네수엘라의 까린야와 같은 몇몇 집단에서는 아주 많은 종류의 작물들을 기르기도 한다. 낚시 또한 중요한 생존 활동으로, 음식으로 얻는 단백질의 주요 원천을 제공한다. 사냥은 일반적으로 덜 중요하지만, 그럼에도 강가 혹은 수생 생물종(거북, 중남미 악어, 오리, 해우 등)을 사냥하기 위해 종종 행해진다. 히바로와 야노마모와 같이 강가로 접근하기 어려운 집단들은 사냥이 상당한 중요성을 띄게 되었다. 농사, 낚시, 사냥으로 얻어지는 다양한 자원들을 얻음으로써 대부분의 집단들은 영양학적으로 균형 잡힌 식단을 유지해 왔다. 많은 집단에서 훌륭한 바구니와 히바로의 것처럼 잘 알려진 훌륭한 도기류를 만들어 내기도 하지만 그들의 공예품은 일반적으로 단순하다.

마을들은 정치적으로 독립적이고, 민족적 정체성은 공통의 언어, 공통의 풍습과 상호 민족의식을 공유한 결과로 인지할 수 있다. 정착은 대개 주민 300명보다 적은 수로 이루어졌지만, 때때로 그들은 1,000에서 2,000명 정도에 달하기도 했다. 전통적으로 이러한 집단들은 각 정착촌에 하나 혹은 그 이상의 공동 주택에 거주했다. 정치사회적 조직들은 친족관계에 따라 구성되어 있었다. 결혼은 지역 집단 내에서 동족결혼을 하는 경향이 있었다. 수령 혹은 우두머리들의 권한은 그룹 내로 한정되어 있었으며, 그들은 적은 수였으나 특별한 특권을 가지고 있었다. 그의 영향력은 그의 개인적인 신망에 의존하고 있으며 마을을 넘어서 확장되지는 않았다. 노동력의 분화는 엄격하게 나이와 성별에 기초해서 이루어졌다. 샤먼의 경우를 제외하고, 전임으로 특별한 임무를 맡는 경우는 없다. 그러나 최근 연구에서, 거래와 종교의식의 교환을 통해 집단을 연결한 초기 광범위한 다민족 지방 네트워크에 대한 증거들이 드러났다.[13]

전쟁은 자주 격렬하게 일어났으나, 절대로 영토를 정복하거나 엄격하게 공물을 거두려는 의도로 혹독하게 자행되지는 않았다. 대개 이것은 복수를 위해서나 신망을 얻기 위해 혹은 초자연적 힘을 가진 전리품을 얻기 위한 것으로 나타난다. 많은 인류학자들이 이러한 공동체들 사이의 전쟁에 대한 생태학적 설명에 동의하고 있다. 전쟁은 넉넉한 수의 물고기를 가진 강이나 대개 강을 따라 있는 농지, 그리고 야노마모 족에게는 여자들이 그러했던 것처럼 부족한 자원을 얻거나 유지하기 위한 방법으로 여겨진다. 전쟁은 인구를 흩어지게 하여 열대 환경의 제한된 자원을 과도하게 개발하지 않도록 하는 역할도 했을 것이다.

　평범한 일로 간주되는 경향이 있었던 결혼을 제외하고, 삶의 기로에서 제의적 의식은 사람들 사이에서 매우 강조되었다. 샤머니즘은 중요했고 고도로 발달하였다. 샤먼은 병을 치료하고 날씨에 영향을 미쳤으며 전쟁에서의 승리를 확신하게 하는 역할을 했다. 그는 종종 집단의 종교적 축제를 조직하고 춤을 추기도 했다. 그는 일반적으로 공동체의 종교적 전통에서의 안내자 역할을 하였다. 샤먼은 주술과 마법 또한 실행하였는데, 그가 직접적으로 적에 대항하기 위한 것이 아니라면 거의 이러한 것을 행하는 것을 받아들이지 않았다. 샤먼(모든 다른 성인 남자와 마찬가지로)은 치료와 다른 종교적 의식에서 다양한 종류의 마취약을 사용하였다. 하느님이 존재한다는 개념에도 불구하고, 종교적 믿음과 의식은 상대적으로 중요하지 않았다. 대신, 오늘날의 세계를 만든 문화영웅에 대해서나 생존과 관련된, 특히 낚시나 사냥과 밀접하게 관련되어 있는 자연 정령에 관련된 종교시설이 있었다.

　칠레 남부의 마뿌체 족은 국가 사회 내의 특정 범위에서 유럽 작물과 농사법을 도입하고 실행하는 점으로 구별된다. 그들은 지역 시장에 여분의 곡물들을 팔고, 그들의 아이들은 정식 교육을 받으며, 아주 조금이나마 국가 정치, 법률, 사법기관에 참여한다. 그러나 피노체트 정권하에서 그들은 극심한 차별을 겪고 많은 공동체들이 그들의 땅을 잃었다.

　메스티소-아메리카의 모든 집단들은 그들이 차지한 고립된 지역들이 고속도로 공사, 영세 농민들의 자발적 식민지화, 국가 개발 프로그램, 다수의 다국적기업에 의한 자연자원 채취 프로젝트에 의해 개방되면서 국가적 사회로부터 받는 압력이 늘어난 상황에 놓여졌다. 중앙아메리카에서 원시 집단들은 그들의 미래를 걱정하면서도 여태까지는 그들 나름의 방식을 지켜온 것으로 보인다. 니카라과의 혁명적 산디니스타 정부는 카리브 해의 저지대에 거주하는 12만 명의 미스끼또 원주민들이 그들을 국가사회에 편입시키려는 정부의 노력에 저항하는 것을 보고 깜짝 놀랐다. 여러 해 동안의 긴장관계 이후, 모스끼띠아 지역은 공식적으로 니카라과 내의 자치구역으로 인정받았다.

1990년대 동안, 베네수엘라 정부는 합법적 행동을 통해 원주민들의 땅을 보호하려고 시도하였다. 1999년 헌법은 토착 언어와 문화, 조상들이 차지한 땅을 빼앗을 수 없는 권리를 보장하고, 그들의 민족적 정체성과 문화적 전통을 유지하고, 사회문화적 전통에 적합한 교육을 받을 수 있도록 공식적으로 인정하였다.[14) 콜롬비아, 볼리비아, 파라과이 당국은 대개 원주민들의 문제를 무시해왔으나, 콜롬비아에서 토착민들은 치안 부대에 의해 저질러지는 심한 범죄, 마약 불법거래, 좌파 게릴라들, 준군사조직, 극심한 가난에 시달리고 있다. 원주민들에 대한 보다 철저히 온정주의적인 법률을 제정하려는 노력은 실패로 돌아갔다. 대신, 원주민 집단들은 1980년대의 새 헌법 제정을 도와 완전한 권리를 가진 콜롬비아 국민으로서 인정받았다. 원주민 대표자 또한 콜롬비아 의회 의원으로 선출되었다.[15)

브라질은 쫓겨나거나 멸종당하는 원주민을 외면하는 것과, 반면 그들을 보호구역 안에 거주하도록 하는 시도 사이에서 동요했다. 브라질은 지역 내 원주민들에 대한 최악의 인권(탄압) 기록을 유지하고 있는 곳 중 하나이다.[16) 개발논리의 압박이 가해질 때, 책임 공무원들은 대개 보호구역을 조각내거나 그 영역을 깎아내려가도록 허용했다. 예를 들어, 국제적인 항의가 빗발쳤음에도 불구하고 광산개발업자들과 무역업자들은 야노마마의 영역에 침입했다. 1988년의 민주헌법은 500년간의 통합정책을 마무리 짓는, 원주민들과 국가의 관계를 개정한 원주민 관련 장을 포함하고 있다. 그 장은 원주민의 권리를 신장시키고, 그들의 땅과 원주민 공동체에 대한 권리를 인정했다. 하지만 브라질의 실제 행동은 통합주의 방향으로 계속되고 있어, 국가와 지방정부가 헌법상에 보장된 원주민의 권리를 무시하고 있다.

이들 중 대다수의 원주민들이 개별적으로 남아 있지만, 시골에서 도시로의 이주라는 라틴아메리카의 인구학적 경향을 따르는 소규모 공동체와 인구는 점점 늘어나고 있다. 많은 원주민들이 라틴아메리카의 도시 내에 거주하는 것으로 알려져 있으나, 신뢰할 만한 인구 추정치를 얻는 것은 거의 불가능하다. 해당 자료에서 미루어 보건데, 약 200,000명 이상의 원주민들이 메스티소-아메리카에서 도시에 거주하고 있는 것 같다.

이러한 전통적 인구들은 인간으로서 무시될 수 없다. 분명히 그들은 메스티소-아메리카의 국가 내에서 동일성을 가진 다른 집단들과 마찬가지로 중요하다. 그들이 현재 가진 많은 어려움들은 그들의 숫자, 그들이 행하는 경제적 혹은 정체적 영향력으로부터 제기되는 것이며, 그들은 현대 인구 구성에서 매우 작은 부분만을 차지할 뿐이다.

인도-아메리카

국가 사회 내에서의 수적, 거주지 면에서 가장 중요한 토착인구는 대부분의 멕시코, 과테말라, 에콰도르, 페루, 볼리비아와 같은 중부 안데스 산지국가를 포함한 인도-아메리카에서 찾을 수 있는 현대 원주민 유형이다. 위 지역의 고지대 지역에 사는 경향이 있는 이 원주민들은 현대 라틴아메리카를 구성하는 요소로 포함되어야 할 것이다. 그들의 삶의 방식은 그들이 살고 있는 나라의 원주민이 아닌 사람들과는 다르지만, 그들은 주로 유럽에 기원을 둔 많은 양식과 조직을 공유한다. 수적으로 그들은 인구학에서 중요한 비중을 차지하여 거의 모든 국가들에서 10% 이상을 차지한다. 페루, 과테말라, 볼리비아와 같은 나라들에서 그들은 상대적으로 인구의 40~60%를 차지한다(<표 3.1> 참조).

전체적으로 인도-아메리카 지역의 토착인구는 3천만 명이 넘고, 총 인구의 26.7%를 차지한다. 이는 21세기의 첫 10년간 인구가 3백만 명 이상 또는 거의 11% 증가할 것임을 의미한다. 이러한 증가는 일반 대중의 인구가 7백만 명 또는 약 6.5% 늘어나는 것과 비교해볼 수 있다. 토착 인구가 일반 대중 인구에 비해 더 빠르게 성장하는 것이 지속되고 있다는 것은 확실하다.

식민시기 동안, 이 나라들의 원주민들은 가톨릭 이념을 배웠고, 유럽인들에 의해 강요된 유럽형 공동체 형태를 갖춘 스페인 유형의 마을로 집중되었다. 그들은 유럽인들 스스로가 민족적 특징으로 여기는 다양한 측면의 16, 17세기 유럽 문화를 자유롭게 도입했다. 18세기 초기에, 토착적인 것과 식민지 스페인 유형의 혼합은 주민들 사이에서 새로운 문화를 형성했다. 이 문화는 주된 틀을 바꾸지 않은 채 오늘날까지 지속되었고,

이들 고지대 국가들의 국가적 유형의 중요한 변화를 구성했다. 이 문화는 상대적으로 식민시기로부터 변하지 않았기 때문에, 이는 현대의 문화적 유형과 두드러지게 대조되며 때때로 (지금까지) 살아남은 토착 문화행사들을 의미한다고 잘못 믿어져 왔다.

이 국가들의 현대 원주민들은 스페인어를 할 줄 아는 것과 마찬가지로 일반적으로 원주민 언어를 말할 줄 안다. 국가의 침략에도 불구하고 공동체의 결속력은 높은 단계로 요구되는 경향이 있었다. 각각의 공동체의 원주민들은 그들 자신을 민족적 단일체로 여겨, 그들이 거주하는 국가의 원주민이 아닌 국민들, 그리고 다른 원주민 집단들과 구별된다고 생각한다. 그들은 멕시코인, 과테말라인, 페루인이라기보다는 마을주민 혹은 시민이다. 그들은 그들을 특정 푸에블로족의 일원으로 규정해 주는 특유의 의상을 자주 입는다. 그러나 21세기 초반이 되자 원주민이 아닌 사람들과 마찬가지로 원주민들도 나이키, 티셔츠, 청바지라는 세계적인 의상들을 선호한다.

공동체 구조는 밀접하게 협력하는 농업 공동체로 알려진 유형이 특징인데, 명확하게 정의된 사회적 경계를 가진 조직적인 공동체 구조는 누가 공동체에 속하고 속하지 않는지를 명확하게 드러낸다. 공동체들은 일반적으로 국가로 정의되지 않고, 구성원들은 공동체 내에서 개인적, 사회적 만족을 전통적 가치 시스템을 고수하는 데서 찾는다. 협력적 농업 공동체는 가족관계가 아닌 토지 소유에 있어서의 공동소유를 통해 유지된다. 구성원들은 외부인들에게 땅을 팔거나 빌리지 않으며, 이러한 금기사항은 공동체 외부의 요소가 사적 재산구조 혹은 공동체 내 계층차이의 발전구조에 영향을 주는 정도를 엄격히 제한한다. 이것은 커뮤니티의 통합을 유지 증진하는 가장 중요한 방법 중의 하나이다.

특히 중부 안데스 지역에서 잘 나타나는 또 다른 흔한 유형은, 원주민들이 대농장을 기준으로 무리를 이루는 것이다. 그들은 그들의 자산에 대한 보호 권리가 없지만 원주민이 아닌 주인들에게 속한 땅에서 일한다. 노동에 대한 교환으로 그들은 집을 짓고 생존에 필요한 작물들을 기를 수 있는 작은 땅을 받는다. 그들이 적은 월급을 받음에도, 작은 땅이 대부분의 급여 수입을 대신해 지급된다. 대농장 주주들은 공동체 조직과 연대가 노동자와 개인적인 유대를 성립하는 것을 막는데, 그렇게 함으로써 주인은 그가 가진 노동력에 더 큰 지배력을 행사한다. 동시에, 노동자들의 고유 언어와 전통 풍습, 특유의 민속적 정체성을 유지하도록 장려하면서 그들은 노동자 공동체가 보다 큰 사회로부터 고립된 상태를 유지하도록 한다.

이 노동자 공동체들은 그들의 주요 생존수단으로 농업에 의존한다. 그들이 그들을 위해 소유하고 있는 대부분의 땅은 낮은 생산량을 보인다. 이는 (땅이) 계속적인 신체활동과 육체노동을 포함하는 전통적 기술에 의해 개척되기 때문이다. 노동자들은 괭이와 가축에 의해 움직이는 쟁기, 약간의 현대적 기계장치 모두에 의존한다. 그들의 대표작물은 주요 곡류(옥수수, 밀, 보리), 다양한 채소류(콩, 누에콩, 렌즈콩, 병아리콩, 완두콩), 칠리고추를 포함하고 있으며, 중부 안데스 지역에서는 감자를 포함한 다양한 뿌리 작물들이다. 대부분의 농업 종사자들은 몇 년의 농사 후 1년을 쉬는 짧은 휴경주기를 따르고 있다. 농약이 최근 들어 점점 널리 사용되는 것과 달리 비료는 비싸 잘 사용되지 않는다. 몇몇 지역에서는 관개작업이 중요하다.

수공예는 매우 발전되어 있다. 직물, 도기, 바구니, 나무조각품, 보석, 완구 제조는 높은 수준의 미학적 창의성을 자주 구현한다. 폐쇄적인 협력 공동체의 경제는 독특한 종류의 지역 매매 시스템과 밀접하게 연결되어 있다. 다른 마을들은 서로 다른 물품을 전문화하였으며, 물품들은 함께 모여져 시장에서 거래된다. 같은 이유로, 시장은 한 공동체의 상인이 지속적으로 그들의 가게에서 처리할 수 있는 것보다 많은 물품을 공급하였다. 그러므로 각각의 공동체에서 보다 폭넓게 상품에 접근할 수 있었다. 돈이 부족하여 시장에서의 구매 및 판매는 소규모로 행해졌다. 상품들은 전형적으로 적은 돈을 받거나 다른 상품을 구매하기 위해 판매용으로 제공되었다. 최근에 값싼 제조물품의 양이 늘어나 지역 거래 시스템에 들어왔고 때때로 가까이에서 만들어진 수제품과의 경쟁을 불러오기도 했다. 현금으로 들어오는 수입을 얻는 다른 방법은 플랜테이션이나 설탕, 커피, 기타 수출품을 생산하는 대농장에서 일하면서 계절적으로 이주하는 것이다. 전형적으로 이러한 이주는 고지대 농민 공동체들이 저지대로 내려오는 것을 포함한다. 멕시코에서는 토착 농민들이 기업농업, 식량 가공, 직물 관련 혹은 다른 산업체들에 의해 합법적 혹은 밀입국을 통해 북부지방이나 심지어 미국으로 가는 사람이 늘어났다. 이 중 일부는 과테말라나 중앙아메리카 출신이다.

이들 공동체들의 기본적인 사회적 단위는 핵가족이다. 가족은 평균적으로 6명으로 구성되었다. 결혼은 공식적인 종교적 의식을 통해 신성시되었을 것이지만, 많은 결혼이 유괴 혹은 애인과의 도피에 의해 이루어졌다. 결혼은 보통 관계가 없는 사람과 행해졌으나 마을 내에서의 동족결혼이 우선시되었다. 이러한 선호는 지역공동체 통합에 또 다른 방식으로 기여했다. 이들 사이의 임신율은 높았지만 유아사망률도 높았고, 지난 수십 년간 감소한 사망률은 급속한 인구 증가를 이끌었다. 아이의 부모와 대부모 사이에 특별한 관계를 맺게 해준 꼼빠드라소(Compadrazo: 대부모와 친부모 관계: 역자 주)는 사회적 통합과 경제적 지원을 위한 다른 중요한 방식이었다.

정착유형은 상당히 다양했다. 중부 멕시코 혹은 에콰도르 고지대와 같은 몇몇 지역에서는 거주지가 공동체 영역 전체에 흩어져 있었다. 지역공동체 조직 내에서, 전통적인 원주민 관리자들은 국가 관료의 대표자들과 함께 자주 유지되었다. 공동체의 권력시스템은 사회의 남성 구성원들을 포섭했고 개별적으로 이루어진 지위보다는 집단적 결정이 성취를 이뤄냈다. 이러한 권력시스템은 종교적 시스템 또는 일련의 연동된 종교적 시스템과 관련되어 있었다. 전반적으로 정치-종교 시스템은 지역 그룹의 경계를 정의하고, 집단 통합의 상징으로서 역할을 하려는 경향이 있다. 커뮤니티에서의 위신은 주로 시스템 내의 높은 직위로 오르는 것과 관련되어 있었다. 주로 공들여 만든 축제의 축하행사에서 나타나는 과시적 소비는 권력과 종교적 측면에서 공통으로 인정된 시스템으로 맞춰졌고, 이는 공동체 내에서의 부의 차이를 동등하게 만드는 역할을 하였다. 따라서 이러한 시스템은 계급 분화를 막아서 공동체의 협력적 구조를 손상시키지 않을 수 있었을 것이다. 제도화된 선망과 '제한된 선(善)'이라는 개념과 같은 다양한 초자연적 통치 방법 또한 전통적 가치와 삶의 방식을 유지하는 데 도움을 주었다.[17]

현대 원주민들은 명목상으로는 가톨릭교도이지만, 그들의 종교적 활동은 그들의 토착적인 믿음과 통합되어 있다. 게다가 가톨릭의 성인들은 지역적 특성과 힘을 부여받았다. 축제는 수호자 성인과 다른 지역적으로 중요한 성인들, 까르고(특정 지위) 혹은 종교기관들을 기념하기 위해 열렸는데, 이는 또한 마술적 활동이기도 해서 이러한 성인 숭배를 유지하고 발전시키는 것으로 여겨졌다. 전통적 축제들과 연관된 의식과 축하행사들은 전통문화에서 중요한 부분이었으며 특유한 지역적 정체성을 보존하는 데 도움이 되었다. 몇몇 공동체들은 민속신앙의 유지에 기여하고 가톨릭 사제들을 대신해 (때때로 몇 세대 동안) 의식을 행하는 깐또르(가수)와 같은 민속 성직자들을 유지했다. 그러나 지난 20여 년간 특히 멕시코와 과테말라에서 복음주의 신교 분파가 많은 수의 토착 신자들을 성공적으로 입회시켰다. 이는 공동체 내의 전통적 부류와 새 개종자들 사이의 갈등을 일으켰다. 복음주의자들은 전형적으로 술과 춤을 포기하였고 전통적 축제 시스템에 참여하는 것을 거부하였으며 공동체의 관습적 활동에 대한 상호주의로부터 빠져나오는 경향을 나타냈기 때문에, 당파성을 만들어내고 공동체 통합을 과소평가했다. 남부 멕시코에서는 다수의 사파티스타 운동 지지자들이 전통적 공동체를 떠난 신교도들이었으며 이들은 로마 가톨릭의 영향이 남아 있는 채로 이미 자리 잡은 토착적 리더십과 갈등을 빚었다.

병과 질병은 몸 안에서와 음식 소비, 개개인이 마주치게 되는 사물들이 갖는 뜨겁고 찬 기질의 불균형으로 인해 일어난다고 설명된다. 몇몇 심리적 장애들은 또한 놀람 혹은 공포의 결과라고 설명되는데, 이것은 개인이 초자연적인 실체를 마주치게 되어 놀라고, 결론적으로는 영혼을 잃게 되는 것이다. 이러한 무질서의 치료는 뜨거운 것과 찬 것의 불균형을 복구시키고자 토착 정령이나 가톨릭의 성인을 부르거나 약초 처방을 내리려고 시도하는 지역 꾸란데로(민속의사)에게 맡겨진다. 민속지학적 기록들은 꾸란데로들의 많은 경험에 의한 치료가 효과적이었으며 그들의 처방은 대개 성공적이었다는 것을 암시한다. 이러한 것을 할 수 있는 가족구성원은 아마 의사와의 상담을 통해 치료의 성공확률을 높이는 일을 시도했을 것이다.

현존하는 사회에서 전통 문화를 고수하는 것은 구성원의 자격을 인정하는 것이며 공동체에서의 삶에 있어서 참여를 보증하는 수단이다. 전형적인 농부는 원주민 시스템의 이름난 상징을 얻을 수 있는 충분한 양의 부를 쌓을 수 있어서, 개개인이 이 시스템에서 그의 신분을 유지하도록 장려된다. 원주민이 지켜 온 독특한 특성은 그들이 공동체를 유지하는 관계의 균형을 지속하도록 돕는다. 한편으로 원주민이 아닌 사람들은 국가 시스템 안에서 반드시 부를 얻도록 시도해야 하는데 여기서 상위 영역의 이름난 상징에 접근하는 것은 어려울뿐더러, 이를 통해 충분한 부를 쌓는 것은 불가능하다. 원주민이 아닌 농부들은 그러므로 의미 있는 성과를 달성하려는 시도에서 계속 좌절한다.

이들 현대 원주민들은 국가 사회의 중요한 요소들이다. 수치적으로 이들은 전체 인구에서 의미 있는 비중을 차지하고 있다. 그들은 국가의 경제적, 정치적, 종교적 기관에 참여하고 있으며 언제나 비숙련 노동력이 요구될 때 모집할 수 있는 크고 저렴한 인적자산을 대표한다. 원주민 하부문화와 국가의 문화 사이에서 아이디어의 상호 교환은 느리지만 지속적으로 일어나고 있다.

21세기의 첫 10년은 원주민 행동주의와 정치적 참여가 증가하는 시기로 기록되고 있다. 토착 언어와 문화가 재조명되고 있으며, 토착 조직들은 전통적인 땅과 자원에 대한 지배력을 다시 주장하고 유지하고자 방법을 모색하고 있다. 1994년 1월 치아파스에서 일어났던 사파티스타의 반란은 아마도 가장 널리 보도된 사건이었을 것이다. 그것은 땅에 대한 제한된 접근, 북미자유무역협정(NAFTA) 실행으로 경제적 손실이 증가한 데서 오는 위협, 다년간 행해진 지배자 메스티소 거주자들의 토착민 학대, 그리고 이러한 문제에 대한 정부의 무대응 때문에 촉발되었다. 이러한 불만을 해결하기 위한 협상은 오랫동안 지속되어 왔으며, 이 문제에 멕시코 정부가 진정으로 대처할 의지가 있는가에 대해서는 의문이 제기된다.

1970년대와 1980년대 초반 과테말라에서는 마야인들을 파괴하려는 의도로 정부의 집단학살 정책이 시행되었다. 400개가 넘는 마을들이 파괴되었고 거주민들은 학살당했다. 1980년대 후반, 1985년 헌법에 수록된 토착 공동체에 대한 새로운 보호정책과 함께,

거셌던 탄압은 수그러들었다. 아직 이 나라에서 마야와 라디노(원주민이 아닌) 사이의 상당한 긴장은 남아 있다. 마야인 공동체는 계속 쪼개지고 있지만, 새로운 지적 리더십이 나타나고 새로운 형태의 조직이 발전하여, 마야의 도시들은 정부의 학대로부터 그들 스스로를 방어하고 있다. 동시에, 과거와 현재의 학대를 다루는 인권 행동주의자들은 계속 위협받고 있다. 마야인들 스스로가 그들의 정체성을 정의하는 데 능동적인 역할을 맡는 것이 과테말라의 다민족 지역의 발전을 이뤄내는 희망이 될 것이다.

볼리비아에서도 이와 유사한 원주민들의 정치 참여 확대가 발견되었는데, 아이마라의 지도자인 빅또르 우고 까르데나스가 1993년에 부통령으로 선출되었다. 토착 농부들은 오랫동안 미국에 의해 제기된 코카 생산 제한에 반대하는 시위를 벌여왔다. 2003년에는 아메리칸 사(社)에 볼리비아의 가스 자원을 팔겠다는 정부 발표안은 아이마라 연합의 지도자 에보 모랄레스가 이끄는 대규모의 시위를 불러일으켰다. 마침내 정부는 발표안을 철회했고 대통령 곤살로 산체스 데 로사다는 사임했다. 2005년 전국선거에서 에보 모랄레스는 대통령으로 선출되어, 스페인인들의 정복 이후 첫 아이마라인 지도자가 되었다. 그의 통치는 다양한 토착민들의 관심사를 활성화시켰다.

페루는 오랫동안 인구의 40%를 차지하는 토착민에 대한 심한 편견을 갖고 있던 보수적인 안데스 국가였다. 그럼에도 2001년 께추아 족 대변인을 부모로 둔 원주민 혈통의 알레한드로 똘레도가 근소한 차이로 대통령으로 당선되었다. 선거에서의 그의 승리는 상당부분 페루의 원주민 유산을 가진 그의 신분을 공개한 것으로 인해 현실화되었다.

에콰도르에서 원주민 운동은 지금은 국가적 정치활동 무대에서 중요한 활동자가 된 강력한 조직 기반을 만들어냈다. 그들은 토착 공동체들을 조직하고, 두 가지 언어로 이루어지는 교육체계를 세우면서 신자유주의 경제정책에 저항하였다. 또한 토착민들이 단지 주체에 그치는 것이 아니라 능동적인 시민사회의 구성원으로서 기능하는 정치적 의제에 관한 지위를 만들어냈다. 원주민 운동의 문화적 요구는 그들이 에콰도르의 정부와 좌파 모두를 놀라게 한 정치적 능력을 갖게 하였다. 토착민들은 에콰도르 대통령

하밀 마우아드가 2000년에 사임하도록 압력을 가한 주요 구성원들이었다.

근대화와 더불어 교육과 커뮤니케이션, 기타 발전들은 원주민들과 국가적 문화 간의 상호작용을 증가시키고 있다. 전 지구적인 세계화 과정은 비토착민 인구와 같이, 라틴아메리카의 원주민들에게도 깊은 영향을 미치고 있다. 인구증가의 지속과 그 결과로서 땅에 가해지는 압력은 도시로의 대규모 이주를 이끌어내고 있다. 오늘날 약 5백만 명 이상의 원주민들이 인도-아메리카의 도시에 살고 있다. 그들이 일단 도시에 도착한 후 도시적 삶으로의 급속한 문화 변용이 일어난다. 하지만 동시에 그들은 본래 공동체와의 결속관계와 신원을 유지한다. 도시 거주민들은 자주 그들의 친척을 만나기 위해서 혹은 주요 축제들에 참석하기 위해 돌아간다. 또한 늘어난 수입과 확대된 지적 소양 또한 근거가 되어, 이러한 공동체 가운데 많은 곳에서 전통 풍습과 관습은 다시 살아나거나 강화되었다. 그러므로 현대화의 영향에도 불구하고 예상할 수 있는 미래에 대한 조짐, 즉 많은 현대 원주민 공동체들이 그들의 특유의 민족적 하부문화를 계속 유지할 것이며 위에서 언급한 행동주의는 새로운 형태의 전국적인 원시 정체성을 만들 것이라는 점을 시사한다.

추천도서

Allen, Catherine J. The Hold Life Has: Coca and Cultural Identity in an Andean Community. Washington, DC: Smithsonian Institution, 1988. 고지대 사회의 사회적이고 의례적인 삶을 다루고 있으며, 산봉우리의 의례적 중요성과 코카의 사용에 대한 사회적이고 의례적인 의미에 강조를 두고 있다.

Amnesty International. Brazil: "We Are the Land": Indigenous People's Struggle for Human Rights. New York: Amnesty International, 1992. 브라질에서 원주민의 인권 침해 사례를 다룬다.

Barry, Herbert, III. "Regional and Worldwide Variations in Culture." Ethnology 7, no. 2(1968): 207-17. 문화 교류의 통계 분석을 다루고 있으며, the Ethnographic Atlas(Murdock 1967을 볼 것)에 기초하고 있다. 경제생활, 가족의 풍습과 사회적 구조 등에 대

해 대륙별 단위의 시각으로 세계 전반을 다루고 있다.

Brown, Michael F. Tsewa's Gift: Magic and Meaning in an Amazonian Society. Washington, DC: Smithsonian Institution Press, 1985. 아구아라나 족이 사냥과 정원 가꾸기, 감성적 관계를 수립하는 과정에서 어떻게 자연과 관계망을 수립하는지에 주목한다.

Buechler, Hans C., and Judith – Maria Buechler. The Bolivian Aymara. Case Studies in Cultural Anthropology. New York: Holt, Rinehart & Winston, 1971. 아이마라 사회에 관한 몇 안 되는 인종학적 종합 서술서로서 뛰어난 연구 성과를 담고 있다.

Cancian, Frank. Economics and Prestige in a Maya Community: The Religious Cargo System in Zinacantan. Stanford: Stanford University Press, 1965. 전형적인 종교 역할 시스템에 대해 다루고 있으며, 지역사회 안에서 부의 차별적 증가와 인구의 증가의 관계가 어떻게 형성되는지 분석한다.

Chagnon, Napoleon A. Yanomamo: The Fierce People. 5th ed. Case Studies in Cultural Anthropology. New York: Holt, Rinehart & Winston, 1995. 이 책은 아마존 북부 지역에 거주하는 호전적 부족에 관한 고전적 연구서이다.

Davis, Shelton H. Victims of the Miracle: Development and the Indians of Brazil. Cambridge: Cambridge University Press, 1977. 아마존 개발 프로그램이 열대 숲의 토착 민족에 미치는 파괴적인 영향을 문서화하려고 시도한다.

Denevan, William M., ed. The Native Population of the Americas in 1492. Madison: University of Wisconsin Press, 1976. 아메리카의 역사적인 인구 통계학을 다루고 있습니다. 각 장은 신세계 원주민 인구의 상대적인 크기에 대한 기본적인 의견의 일부 측면을 고려한다.

Faron, Louis C. The Mapuche Indians of Chile. Case Studies in Cultural Anthropology. New York: Holt, Rinehart & Winston, 1968. 남부 칠레의 아라우깐 원주민 농민에 대한 훌륭한 연구서이다.

Foster, George M. Tzintzuntzan: Mexican Peasants in a Changing World. Rev. ed. New York: Elsevier, 1979. 라틴 아메리카의 농민 사회와 세계관의 가장 우수한 개론적 접근이다. 대부분의 Tzintzuntzan 주민은 메스티소이지만, 그들은 현대 인도 또는 인도–아메리카의 폐쇄형 농민 공동체와 많은 특성을 공유합니다.

Gregor, Thomas. Mehinaku: The Drama of Daily Life in a Brazilian Indian Village. Chicago: University of Chicago Press, 1977. 아마존 남부 지대에 거주하는 평화적 메이나꾸 (Mehinaku)족은 호전적인 야노마모(Yanomamo) 족과 대조를 이룬다(Chagnon 1968).

Heningsgaard, William, and Jason Clay. "The Upper Mazaruni Dam." Cultural Survival Newsletter 4, no. 3 (1980): 103. 댐 건설 이면의 경제적 · 정치적 요인에 대한 간결한 요약을 다루고 있으며, 어떻게 이 프로젝트가 아까와이오(Akawaio)족을 그들의 땅에서 내쫓고 있는지를 다룬다.

Hill, Jonathan D., ed. Rethinking History and Myth: Indigenous South American Perspectives on the Past. Urbana: University of Illinois Press, 1988. 고원지대이건 저지대이건 남미 원주민들이 식민지와 국가 사회와 과거는 물론 현재까지도 상호작용의 동적 해석을 개발하기 위해 그들의 신화와 역사를 어떻게 이용되었는지를 밝힌다.

Isbell, Billie Jean. To Defend Ourselves: Ecology and Ritual in an Andean Village. Austin: University of Texas, 1978. 이 책은 전통 문화와 국가로의 전화 과정을 맞이하는 전형적인 안데스 공동체에 대한 좋은 해석을 담고 있다.

Murdock, George Peter. "Ethnographic Atlas." Ethnology 6, no. 2 (1967). 머독(Murdock)이 평생에 걸쳐 관심을 두었던 세계의 문화적 특성 발생을 도식화한 내용의 결정판 이다.

Murphy, Yolanda, and Robert F. Murphy. Women of the Forest. New York: Columbia University Press, 1974. 이 책은 아마존 지역 사회가 지닌 여성의 역할과 여성의 시점에 대해 다룬 우수한 결과물이다.

Overing, Joanna, and Alan Passes, eds. The Anthropology of Love and Anger: The Aesthetics of Conviviality in Native Amazonia. London: Routledge, 2001. 남미 원주민들의 인식과 실천이 서구의 그것과 본질적으로 유사하지 않음을 밝힌다. 여흥 혹은 사교성 은 긍정적인 조화와 사회성을 달성하기 위한 공동생활의 부정적 기능과 관련 한 협상을 통해 이뤄진다.

Schwerin, Karl H. "The Anthropological Antecedents: Caciques, Cacicazgos, and Caciquismo." In The Caciques: Oligarchical Politics and the System of Caciquismo in the Luso—Hispano World, ed. Robert Kern and Ronald Dolkart, pp. 5–7. Albuquerque: University of New Mexico Press, 1973. 라틴아메리카의 식민 이전 시대에 있어서 토착 지배자 혹은 까시께 전통의 일반적인 성격을 주요한 사회 문화적 특징들과 특징의 전파와 관련한 주제들을 다룬다.

_____. Oil and Steel: Processes of Karinya Culture Change in Response to Industrial Development. Latin American Studies 4. Los Angeles: UCLA Press, 1966. 20세기에 발생한 문화 변화의 과정에 대한 이론적 분석으로 베네수엘라의 두 원주민 집단의 사회 문화적 특성을 비교한 연구 결과이다.

Service, Elman R. "Indian—European Relations in Colonial Latin America." American Anthropologist 57 (1955): 411-25. 현대 라틴아메리카 국가의 특징은 원주민들의 문화적 형태와 차별되는 것으로서, 생존과 사회정치적 복합성이 유럽으로부터 파생되었음을 밝힌다.

Stephen, Lynn. Zapotec Women. Austin: University of Texas Press, 1991. 수출을 위한 상업적 물결이 어떻게 사포떽(Zapotec) 원주민 여성의 최근 수십 년간의 생활에 변화 를 미쳤는지 밝히며, 특히 지역사회에서 신분과 인종, 젠더 주제에서 여성들의 역할을 다룬다. 자본주의의 확산은 계층 간의 차별성을 야기하였으며, 친척 기반의 지역 인종적 정체성을 강화한다.

Urban, Greg, and Joel Sherzer, eds. Nation—states and Indians in Latin America. Austin: University of Texas Press, 1991. 아메리카 원주민 문화와 유럽 원류에 기반한 아메리카 문화 국가 사이의 상관성에 주목한다.

Van Cott, Donna Lee, ed. Indigenous Peoples and Democracy in Latin America. New York: St. Martin's, 1994. 볼리비아, 콜롬비아, 페루, 에콰도르, 멕시코, 과테말라, 브라질 및 파라과이 등 라틴아메리카 8개국에 있어서 원주민 운동에 대한 광범위한 이론적 틀을 분석한다.

Vogt, Evon Z. The Zinacantecos of Mexico: A Modern Maya Way of Life. Case Studies in Cultural Anthropology. New York: Holt, Rinehart & Winston, 1970. 1955 년부터 보그트(Vogt)는 남부 멕시코 시나깐딴(Zinacantan) 시에서 하버드 치아빠스 (Harvard Chiapas) 프로젝트를 감독했으며, 이 프로젝트는 사회적이고 문화적인 시스템에 있어서 업무의 진행 방향성을 이해하기 위해 동일 지역 사회에서 지속적인 관찰과 연구를 수행하였다.

Warren, Kay B., and Jean E. Jackson, eds. Indigenous Movements, Self—representation, and the State in Latin America. Austin: University of Texas Press, 2002. 라틴아메리카에서 인종적 다양성에 대해 정부가 모호한 태도를 취할 때 어떻게 원주민 운동이 국가 어젠다에 영향을 미칠 수 있는지에 대한 연구이다.

미주

1) Herbert Barry Ⅲ, "Regional and Worldwide Variations in Culture," *Ethnology* 7, no. 2 (1968): 207–17; and George Peter Murdock, "Ethnographic Atlas," *Ethnology* 6, no. 2 (1967).

2) Elman R. Service, "Indian–European Relations in Colonial Latin America," *American Anthropologist* 57 (1955): 411–12.

3) 전개서, p. 411.

4) 전개서, p. 418.

5) 전개서, pp. 411–12.

6) 일부 저지대 사회는 지배자 중심의 밀집 지역(chiefdoms–mall)로 구성되었으며, 독립적인 마을과 강력한 중앙 권력집중 지역 사이의 중간적 형태인 느슨한 중앙집권 사회를 이루었다. 사실상, 이러한 저지대 사회는 종속적인 마을들에 의해 형성되었다. 지배자 중심의 밀집 지역은 안정적이지 못한 특징을 지녔으며, 유럽 정복자들의 지배자 제거는 사회의 해체를 의미했다. 밀집 지역에 종속적인 마을들은 점차 독립적 단위 마을로 전환되었다. Karl H. Schwerin, "The Anthropological Antecedents: Caciques, Cacicazgos, and Caciquismo," in *The Caciques: Oligarchical Politics and the System of Caciquismo in the Luso–Hispano World*, ed. Robert Kern and Ronald Dolkart (Albuquerque: University of New Mexico Press, 1973), pp. 5–7.

7) Service, "Indian–European Relations," pp. 411–12, 418.

8) 전개서, pp. 411–12, 420.

9) 인구 규모는 다소 이질적이다. 몇 나라는 최근에 인구 조사를 실시하지 않았으며, 원주민 인구를 분리하지 않았기 때문이다. 이러한 경우 필자는 전체 인구에 대한 최근 세계은행(World Bank)의 통계를 활용하였고, 2000년 이후 성장의 동일한 속도를 가정하여 원주민 인구를 추산했다. 원주민 인구가 1990년대 후반이나 2000년 이후 측정이 이뤄지지 않은 경우도 포함된다. 많은 경우에 원주민 인구에 대한 최근 인구 조사가 실시되었으며, 인터넷 사이트에서 확인이 가능하다. 다음의 사이트가 좋은 예이다.
http://www.joshuaproject.net/countries.php?rog3=AR
http://www.inegi.gob.mx/est/contenidos/espanol/tematicos/mediano/med.asp?t=mlen01&c=3325
http://abyayala.nativeweb.org/ecuador/pueblos.php
http://www.dgeec.gov.py/Publicaciones/censo_indigena/Paraguay.pdf
http://venezuelanindian.blogspot.com/2006/03/ethnic–groups–in–venezuela–according.html.

10) William Heningsgaard and Jason Clay, "The Upper Mazaruni Dam," *Cultural Survival Newsletter* 4, no. 3 (1980): 103.

11) Gaston Gordillo and Silvia Hirsch, "Indigenous Struggles and Contested Identities in Argentina," *Journal of Latin American Anthropology* 8, no. 3 (2003): 4–30.

12) *Cultural Survival Quarterly* 13, no. 3 (1989); 1980년대 인구통계는 Jan Knippers Black, *Latin America: Its Problems and Its Promise*, 2d ed.(Boulder: Westview, 1991)의 책 〈표 3.1〉을 참조할 것. 1990년대 인구통계는 같은 책 3쇄(1988년본)의 〈표 3.1〉을 참조하며, 2000년대 통계는 2005년도 4쇄의 〈표 3.1〉을 참조할 것.

13) Nelly Arvelo–Jimenez and Horacio Biord Castillo, "The Impact of Conquest on Contemporary Indigenous Peoples of the Guiana Shield: The System of Orinoco Regional Interdependence," in *Amazonian Indians from Prehistory to the Present: Anthropological Perspectives*, ed. Anna Roosevelt (Tucson: University of Arizona Press, 1994), pp. 55–8; Silvia M. Vidal, "Kuwe Duwakalumi: The Arawak Sacred Routes of Migration, Trade, and Resistance," *Ethnohistory* 47, no. 3– (2000): 635–67; Karl H. Schwerin, "Carib Warfare and Slaving," *Antropologica* 99–00 (2003): 45–2.

14) 다음 책을 볼 것. Sánchez P. Domingo, *A New Reality for Venezuela's Indigenous Peoples*, Venezuelan National Foundation for Indigenous Studies, www.centrelink.org/SanchezEnglish.html.

15) Donna Lee Van Cott, ed., *Indigenous Peoples and Democracy in Latin America*(New York: St. Martin's, 1994).

16) Amnesty International, *Brazil: "We Are the Land": Indigenous People's Struggle for Human Rights* (New

York : Amnesty International, 1992).

17) George M. Foster, *Tzintzuntzan: Mexican Peasants in a Changing World*, rev. ed. (New York : Elsevier, 1979), pp. 122-66.

4. 인간과 자연환경의 조화와 부조화

데이비드 스테아 & G. 세인 루이스(구경모 옮김)

특정한 환경 논쟁에 관한 시급성과 공감대는 라틴아메리카를 둘러싸고 다양하고 폭넓게 나타난다. "환경"은 자연적인 측면 외에도 정치와 빈곤, 불안정한 토지 소유, 인권, 젠더 논쟁과 분리될 수 없다. 북미와 중남미는 환경 문제를 야기하는 일부 속설들을 대중적으로 공유하고 있다. 어떤 부분에서는 진실이지만, 대부분은 균형적인 시각이 결여되어 있다. 이 장에서는 그런 속설의 정체를 밝히고자 시도할 것이다. 여기서의 논의는 사례 연구(서아마존의 환경적 논쟁, 파나마 퍼시픽 플랜, 콜롬비아 플랜)를 바탕으로 몇몇 기본적인 쟁점을 다룬 후 이를 해결하기 위한 비판으로 마무리할 것이다. 상대적으로 간략히 다루는 것은 모든 국가에서 나타날 수 있는 환경적 쟁점을 모두 고려할 수 없고, 빈곤과 빈부 격차에 의해 산림파괴와 물 오염, 어장 고갈이 악화되고 있는 카리브 해 섬에 대한 몇 가지 측면만을 다룰 수도 없기 때문이다. 이런 이유로 특별한 부분은 직접적인 인용을 했다.

기본 논쟁

라틴아메리카 환경문제의 기본 쟁점으로서 다른 선진국과 공유하는 것은 소위 지속가능한(sustainable) 개발에 경제적 개발 관계를 포함하는 가이다. 두 개발의 형태는 모두 효율성을 수반한다.[1] 효율은 지속가능성을 포함하는데, 특히 지속가능성은 현재 사용하는 중요한 자원이 미래 세대에도 위험 없이 사용되는 것을 말한다. 위에서 말한 환경 쟁점은 천연자원의 상대적 이용성만이 아니라 경제 발전과 밀접하게 상호 관련이 있는 사회와 문화, 정치적 쟁점, 인간(자원의 관점에서)이 얽혀 있다. 경제 개발은 남쪽(중남미)의 주요 이슈이며, 환경 보존은 북쪽(북미)에서 강조하는 것이다. 1992년 리오 선언(Rio Declaration)에서 다수 참석자들의 상반된 관점(경제와 환경, 사물과 행위)들은 상호 보완되어야한다. 경제 개발(GNP 지표로서 삶의 기준)에 대한 일반적인 척도는 환경을 포함한 삶의 질과 상치될 수 없으며 양적인 지표로 매기기 어렵다. 진정한 지속가능한 발전은 정치적 행위가 촉매 역할을 해서 사회경제적 발전과 환경적 개선이 함께 이루어지지 않으면 어렵다. 그래서 여기서는 "정치 생태학" 혹은 더 포괄적으로 "사회정치 생태학"이 중요하다.

2002년 지속가능한 개발 세계정상회의의 중심은 "세계화"의 이행과 전망이었다. 자료를 통한 세계화의 영향에 관한 많은 의견들은 개발도상국과 가난한 국가의 불균형적인 영향으로 부정적 외부효과가 증가했다는 것(Franko 2003)이다. 라틴아메리카에 영향을 준 자유무역협정의 가장 두드러진 사례는 북미자유무역협정인 나프타(NAFTA)이다. 세 개 국가(캐나다와 멕시코, 미국)의 경제가 포함된 나프타는 노동 상황의 악화(특히 멕시코)와 환경 악화에 기여하였다.

요약하자면, 라틴아메리카의 환경문제는 하나의 요인이 아니다. 오히려 그것은 다양한 환경적 문제이다.

> 지역의 다양한 환경 논쟁은 당신이 누구이며, 당신이 어디에 살며, 당신이 이용할 수 있는 경제적 자원이 무엇인지에 기초하여 중요하게 변화한다. 우선적인 리스트는 당신이 부자인가 혹은 가난한가, 도시에 사는가 혹은 시골에 사는가, 남자인가 혹은 여자인가에 달려 있다. 칠레 산티아고의 중산층은 공기의 질에 대해 불평하는 경향이 있는 반면에 상파울루의 판잣집에 거주하는 사람들은 물의 위생 문제에 가장 많은 영향을 받는다. 고무 채취자는 벌목이 가장 중요한 이슈라고 주장하는 국제적인 열대밀림 활동가와 연대를 하지만, 그 이유는 서로 많은 차이가 난다. 아르헨티나의 해안가에서 어획 비축분을 유지하는 문제는 페루의 알티플라노의 원주민과 동떨어진 것처럼 보일 것이다. 여성은 상하수도의 문제를 극복하기 위한 공동체 투쟁의 방식에 대해 걱정할지 모른다(Franko 2003, 444-445).

사회경제적 수준은 환경의 질적 수준과 직결되어 있다. 빈곤은 환경의 질적 하락 원인과 결과 모두를 가져온다. 토지보유권이 불안정하면, 시골의 가난한 사람들은 합리적으로 행동하게 되는데, 짧은 기간에 가능한 대로 토지에서 많은 것을 얻어내려고 한다. 미초아깐(Michoacán)과 다른 멕시코 주의 모나크 나비 보존지구 사례처럼, 보존관리 지구에서 배제된 시기에는 이웃의 농부들이 보존 구역 가장자리를 차지해도 된다고 이해하였다. 토지보유권은 황량한 언덕 같은 임시 대지를 점유하고 있는 불법 거주자 혹은 무단거주자와 같이 도시 지역에서도 논쟁거리이다. 무단 거주자는 초저비용 가옥과 같은 다루기 어려운 문제에 대한 합리적인 해결을 대변하고 있다. 토지보유권은 단지 개인적인 작은 농지 혹은 도시의 대지가 아니라 공공의 비극을 피하기 위해 어떻게 공공구역을 잘 조정해야 하는가를 말한다.

도시화

미국과 라틴아메리카 국가들과의 도시화 정도는 별다른 차이가 없다. 2000년을 기준으로 미국 인구의 77퍼센트 이상이 도시에 살고 있으며, 라틴아메리카에서는 거의 80퍼센트가 도시에 살고 있다. 라틴아메리카의 5개 국가(아르헨티나와 브라질, 칠레, 우루과이)는 도시화 비율이 81퍼센트 이상이다. 우루과이에서는 91퍼센트 이상의 사람들이 광역 도시권에 살고 있다. 최근의 평가에 의하면 2025년까지 라틴아메리카는 85퍼센트가 도시에 거주할 것으로 보이며 세계에서 가장 높은 도시화가 예상된다. 라틴아메리카와 산업화된 세계와의 환경적 문제의 차이는 도시화 정도와 관계된 것이 아니라 도시화의 본질과 시골 사람들의 삶의 방식과 관련이 있다. 미국 인구의 20퍼센트 이상이 시골에 살고 있지만, 농사짓는 사람은 1퍼센트에 지나지 않는다. 라틴아메리카의 시골 거주자는 거의 대부분이 농부로서 수백 년간 기존의 방식을 유지하며 빈곤하게 살고 있다. 나프타에 의해 증명된 것은 옥수수의 발생지인 멕시코에 교배종 미국 옥수수가 수입되고 국제적인 기업농의 확장으로 인해 멕시코 시골 농부의 시장 경쟁이 불가능해졌다는 것이다.

미국은 1억의 인구가 40개의 도시에 백만 명 혹은 그보다 많은 수가 흩어져 거주하지만, 이와 대조적으로 라틴아메리카의 국가는 한 개의 거대도시와 나머지 작은 도시들로 구성되어있다.[2] 이런 거대도시는 1950년대에 시골지역에서 가난한 사람들이 증가하면서 이주한 결과이다. 많은 사람들이 처음에는 소도시를 거쳐서 종주도시(primate city)로 이동하여, 정부와 교회 소유의 토지에 정착하였다. 아시아나 아프리카의 종주도시의 불법 정착지는 도시인구의 20퍼센트 이상이 되었다. 이곳 주민들의 가장 큰 문제는 물과 위생이었다. 위생시설이 부족하여 대소변이 땅 위에 그대로 노출되었다. 멕시코시티의 경우, 건기가 되면 대소변이 바람을 타고 먼지가 되어 외곽지에서 도시 중심으로 날아갔다.

도시 공간에서 녹지(공원과 광장 등)의 비율은 지난 반세기 동안 놀랄 만큼 줄어들었다. 녹지 공간은 중요하다. 왜냐하면 녹지공간의 부족은 야외 활동의 기회를 줄인다. 또한 나무와 식물은 오염을 감소시킨다. 한때 멕시코시티는 공원으로서 유명하였다. 지금은 흉하게 방치되어 녹지 공간이 가장 부족한 도시가 되었다.

각각의 도시 사회경제집단은 자신의 견해와 타인의 비난, 해결의 차이를 통해 문제를 인식하고 있으며, 이런 경우 대개 정부의 개입을 수동적으로 기다리면서 중재된다. 불법거주자들이 갖는 가장 큰 문제는 영구적으로 살 공간이 없는 것이다. 도시 환경 문제는 마실 수 있는 수도와 하수처리 시설 미비를 통해서 인식된다.

사람들은 그들의 집을 업그레이드할 수 있지만, 그들 자신이 원하는 인프라를 제공받을 수 없다. 그러나 희망의 신호도 있다. 멕시코의 꼴로니아 미겔 이달고(Colonia Miguel Hidalgo)와 베네수엘라의 까살따Ⅱ(Casalta Ⅱ)의 주민들은 많은 불법 거주자와 대다수의 저소득층은 인근 대학교의 학생과 교수와 협력하여 그들 자신의 손으로 환경을 개선하였다. 까살따Ⅱ는 기부받은 컴퓨터로 그들의 일을 조직하였다. 미겔 이달고 콜로니아의 거주자들은 부서진 아스팔트와 인도(人道)로 인해 비만 오면 더러워지는 도로문제를 해결하였다.[3]

도시의 중산층은 공기 오염과 교통지옥이라는 환경적 문제에 가장 많이 압박을 받으며, 해결은 정부에게 맡긴다. 부자들은 유사한 문제에 대해 지각하고 있으나, 보통 빈민들의 무지 탓으로 돌려 버린다. 브라질 꾸리찌바(인구 2백만)의 시장인 하이메 레르너(Jaime Lerner)는 비난을 넘어, 도시의 환경 문제를 해결하기 위해 완벽한 접근을 시도하였다. 그는 빗물을 공원 호수로 흐르게 하여 홍수를 줄이고, 무단 점유지를 위한 교통시스템과 음식쓰레기 처리, 메트로 버스 시스템을 고안하였다. 또한 150km의 자전거도로를 계획하였고 녹지 개발을 위해 세금 우대를 실시하였다. 그 결과로 개인의 자동차 사용이 낮아지고 가스 소비가 30퍼센트 줄어들었다.

벌목과 연관된 논쟁들

진정한 우림으로 간주되는 코스타리카는 벌목의 정점에 있는 브라질과 함께 보존의 사례로서 자주 인용된다. 그러나 실제로는 더 복잡한데, 오늘날 브라질은 정복시기 이전의 손상되지 않은 생태계가 단지 63퍼센트만 남아 있다. 대서양 쪽의 밀림은 93퍼센트가 소실되었으며, 쎄라도(cerrado, 역주: 내륙)는 50퍼센트, 아마존 밀림은 15퍼센트가 사라졌다. 아마존 강의 수량은 전 세계 담수의 20퍼센트를 차지한다. 아마존의 숲에는 전 세계의 50퍼센트 생물종들이 서식하고 있는 것으로 추정되며 25만 명 내지 125만 명의 원주민이 살고 있다. 브라질 아마존의 파괴율은 해마다 0.5퍼센트에서 1.2퍼센트 사이이며 이는 1980년에서 1995년까지 15년 동안 적어도 300만 헥타르가 소실되었다는 것을 의미한다. 토지 전환은 세계은행과 국제기구로부터 받은 차관으로 조성되었다.

아마존이 거대한 밀림 파괴의 표상이 된 동안에 가장 빠르게 밀림이 파괴되고 있는 곳은 중앙아메리카이다. 조그마한 코스타리카는 1980년과 1995년 사이에 매년 50,000 헥타르의 밀림을 소실하였다. 코스타리카는 아마존의 밀림파괴의 60분의 1보다는 적지만, 소실 비율은 같은 15년 동안 브라질 아마존과 비교하면 적어도 2.5배나 높아 라틴아메리카에서 가장 심각한 편이다.

역설적이게도 코스타리카는 중앙아메리카에서 가장 환경적으로 의식 있는 국가이며 지속가능한 발전으로서 생태관광에 대한 관심이 높지만, 삼림벌채 비율이 가장 높은 이유는 무엇인가? 라틴아메리카 산림 벌채의 주요한 요인으로서 중요한 것은 농업을 위한 토지 전환과 상업용도의 통나무와 땔감 수집, 목축이 있다. 목축의 증가는 소위 햄버거 테시스(hambuger tesis) 혹은 햄버거 커넥션(hambuger connection)이라 불리는 미국과 가장 관계가 깊다.

햄버거 테시스는 미국의 패스트푸드 체인에 고기를 공급하기 위한 방목지에 의해 숲이 사라지는 것을 말한다. 그러나 코스타리카 사례는 두 가지 의미에서 단지 부분적인 설명에 불과하다. 첫 번째는 산림의 8퍼센트 정도만 훼손되었으며, 두 번째는 1970년대 중반과 1990년의 통계 때문이다. 코스타리카 소에 대한 미국의 소비는 줄어들고 있는 반면에 코스타리카의 소비는 증가하고 있다. 코스타리카 목축산업은 1980년대 소의 가격이 1950~60년대 수준으로 하락한 반면에 수출관세와 금리가 오르면서 지독한 위기를 경험하였다. 소수의 부유한 목장주들은 더 먼 곳으로 가서 숲을 개척하였다. 특히 퓨마와 같은 야생동물이 가축을 습격하면서 손실이 증가하였다. 목축은 상대적으로 일손이 적은 경제 활동인 것 같았지만, 이런 모든 요소들에 의해 땅의 가치가 떨어졌고 필요한 이익을 얻지 못하게 되었다.

소고기 생산에 관한 수출과 소비는 자국의 요구에 의해서 변화되었다. 미국은 사사우(feedlot cattle)로 요리한 스테이크를 좋아한다. 그래서 풍미가 강하고 질긴 중미의 고기는 단지 햄버거에 적합하다고 생각하였다. 그러나 남미의 까르네 아사다(carne asada, 역주: 숯불구이 고기)에는 방목우 생산이 적절하였고 소비도 적당히 증가하였다. 전통적인 소고기 수출국들인 브라질과 엘살바도르, 과테말라, 니카라과, 파나마는 1980년대 자국의 소비가 수출량보다 더 빠르게 증가하였다.

특히 불행히도 이 시기에는 중미와 브라질, 그 밖의 지역에서 목축생산이 촉진되어 많은 양이 생산되었으나, 자국의 수요는 "햄버거 커넥션"으로 인해 충족하지 못하였다. 고기는 수요에 의한 소득 탄력성에 의해 생산된다는 것이 오랫동안 인정되었다. …… 소득 수준의 소규모 증가는 비례적으로 더 큰 수요를 만든다. …… 인구증가와 도시화로 인한 고기 수요의 증가는 여전히 생산을 가속화하고 있다(Edelman 1995).

『누가 중국을 먹여살릴 것인가?』의 레스터 브라운은 15억 중국 인구에 의해 고기 수요가 불가피하게 증가하여 중국으로 고기 유입이 늘어날 것이라고 말했다.

양적인 조건에서 숲을 농업용으로 전환하는 것은 더욱 중요하다. 농부들은 일부 숲을 제거하였다. 이와 같이 땅을 개척하기 위해 무분별한 정부 보조금이 지급되었다. 브라질에서는 도시에 가난한 사람이 집중되는 것을 감소시키기 위해 아마존에 정착하도록 하였다. 산림벌채로 표토가 깎인 열대우림의 저지대 토양은 일반적으로 비옥하지 않다. 라틴아메리카 다른 지역의 목축 증가는 소규모 농민을 더욱 위태롭게 하고 가파른 언덕과 같은 비옥하지 않는 지역으로 내몰고 있다. 비옥한 토양 유실을 가져오는 숲의 감소와 벌채는 농업 생산력을 약화시켜 농민을 더욱 빈곤하게 한다.

산림벌채에서 가장 중대한 영향을 주는 것은 멜론을 재배하는 온두라스처럼 단일작물을 수출하는 기업농이다. 그런 농업은 집중적인 관개(灌漑)를 하며 많은 양의 제초제와 농약, 화학 비료를 사용한다.[4] 화학 독극물의 사용 영향으로 농업 노동자들이 사망하였다. 특히 멕시코에서 많았다. 게다가 그런 화학독극물은 강과 시내, 심지어 물고기와 가축에서도 발견되었다.

마약 거래의 차단과 산업화된 국가에서 증가하는 질 높은 목재 수요를 강조하는 미국의 관심은 안데스의 코카 재배 영향과 산림벌채에 두고 있다. 국가와 다국적 목재 회사는 거대한 마호가니 나무 둥치를 운반하기 위한 넓은 도로를 밀림 속에 뚫기 위해 중장비를 사용한다. 이런 길은 질 낮은 나무를 가져가는 지역의 목재상에게 통로를 제공하며, 그 후에는 경작을 위해 숲을 파괴하러 들어가는 이주자들에게도 통로를 제공한다. 농부들은 경작을 준비하면서 남아 있는 것을 불태운다. 목장주는 추후에 소가 먹을 풀을 키우기 위해 농업으로 양분을 다 써버린 땅을 태운다. 몇 년 후에는 연기구름이 근처의 도시 덮을 것이며 태양이 거무스레하게 보일 것이다.

또한 오래된 나무운반 도로는 밀림지역에 새로운 밭을 개간하는 코카 농민들에 의해 이용된다. 페루에서는 코카 생산으로 30년 동안 70만 헥타르를 개간하였다. 그리고 1900년대 이후에는 페루 아마존 지역의 10퍼센트가 벌채되었다. 코카는 볼리비아의 차빠레(Capare)와 같이 어떤 지역에서도 잘 적응하는 작물이지만, 몇몇 이유에서는 최적의 농작물이 아니다.

> 코카 잎은 가족노동에 기초한 생산 시스템에서 가장 어려운 작물이다. 왜냐하면 노동력 투입이 다른 작물들에 비해 매우 높다. …… 그래도 그들은 코카를 재배하는데 왜냐하면 …… 농민들은 코카가 바이어들이 원하는 최적의 작물이라는 것을 알고 있기 때문이다(Painter 1995, 156 – 158).

위에서 언급한 합법적인 기업농처럼, 대다수 안데스 지역 코카 농민들의 농약 사용은 이미 산림벌채로 침식을 입은 곳의 수로 오염과 독극물 유입으로 피해를 일으키고 있다.

불완전한 토지 소유는 주인으로서 땅의 관리에 대해 별로 중요하게 생각하지 않는다는 것을 의미한다. 주인이 바뀔지 모르는 땅을 관리하는 데 많은 에너지를 소비하는 것은 경제적으로 합리적이지 않다. 페루의 아마존 유역은 무단 거주자의 산림벌채 비율이 합법적 거주자의 두 배이다. 두 가지 이유 때문인데, 첫 번째로 무단 거주자는 합법적 거주자보다 더 최근에 온 경향이 있어 지역의 생태와 덜 친밀하다. 두 번째로 불완전한 토지소유로 인해 다년생 작물보다 오히려 1년생 작물을 더 선호하게 된다. 이로 인해 국제보존협회뿐만 아니라 세계은행에서 지지하는 것은 아이러니하게도 장기 목재 면허를 주장한다. 그런 면허는 상대적으로 짧은 시간에 발육할 수 있는 나무를 옮겨 심는 것을 장려한다. 그러나 마호가니는 발육하는 데 80년에서 100년이 걸려 그렇게 할 수 없다. 또한 시장의 예측불가능성은 장기 면허를 받아들이는 데 영향을 준다.

에너지, 채굴산업과 환경

라틴아메리카에 커다란 변화를 주고 있는 에너지 자원 채굴과 에너지 자원 소비는 모두 환경에 영향을 미치고 있다. 2000년의 미국의 수준과 비교하여 멕시코의 에너지 소비 수준은 15퍼센트이며, 과테말라는 단지 6퍼센트이다. 에너지 소비 수준의 변화는 다른 모습으로 드러난다. 에너지 소비 비율은 1970년과 2000년 사이 미국에서 7퍼센트 증가하였고, 브라질과 멕시코에서는 두 배 이상 증가하였다. 과테말라는 세 배 이상 증가하였으며, 파라과이는 거의 600퍼센트 증가하였다.

라틴아메리카의 에너지 소비는 다음과 같은 이유 때문에 증가하였다. 도시화와 자동차 사용, 에너지 집약적인 기업농(화학 비료와 중장비)이 늘어나면서 화석 연료의 대체물로 바이오매스 에너지가 증가하였다. 에너지 효율은 형편없이 하락하였다. 2000년에는 1980년대와 같은 수준의 생산 에너지를 만들기 위해 투입 에너지의 7퍼센트가 더 필요하였다.

에너지 소비에 따라 공기 오염도 비례하여 증가하였다. 라틴아메리카에서 이산화탄소 배출은 1980년대보다 2000년에 3배나 더 높아졌으며, 1995년과 2000년까지 5년 동안은 절반이나 늘었다. 라틴아메리카 전체의 온실가스 배출은 세계에서 5퍼센트 넘는 정도이다. 멕시코와 브라질의 이산화탄소 배출은 라틴아메리카 전체의 절반 이상이지만, 이 두 나라의 이산화탄소 배출은 미국의 12퍼센트에 지나지 않는다. 1인당 에너지 소비가 낮은 것은 라틴아메리카 국가들의 소득이 낮다는 것을 반영한다. 소득의 불평등은 1인당 에너지 소비 비율에서 어떤 다른 세계보다 라틴아메리카에서 크게 나타난다. 멕시코와 브라질의 부자들의 소비 비율은 미국의 같은 계층보다 더 높다.

전력은 몇몇 지역에서 화석연료로 생산하며, 다른 지역은 수력을 이용한다. 수력댐은 세계에서 가장 크며 가장 비싼 구조물이다. 건설비용은 세계은행과 같은 초국적은행의 차관으로 충당한다. 1980년대 브라질의 2010년 계획(Brazil's 2010 Plan)에서는 아마존 지류에 8개에 가까운 댐 건설이 제시되었다. 이 중 몇 개는 이미 완성되었고, 다른 것들은 건설 중이다. 이런 기념비적인 프로젝트는 상파울루와 리우데자네이루와 같은 거대도시에 전력을 공급하려고 추진하였다. 이로 인해 농지가 수몰되고, 비옥한 땅이 쓸려가고, 생물종들이 사라지고, 질병이 확산되었다. 게다가 에너지를 생산하는 거대 댐의 수명이 과대평가되었다.

석유는 주요 채굴산업이다. 멕시코 만의 앞바다에 대규모로 매장된 석유를 채굴하기 위한 석유 정제소의 발달은 타바스꼬(Tabasco) 주의 생태계를 변화시켰다. 게다가 석유 산업의 영향은 인구가 희박한 지역에도 영향을 미쳤다. 예를 들어 멕시코 따바스꼬의 꼬아짜꼬알꼬스(Coatzacoalcos) 환경은 석유 산업으로 큰 고통을 겪었으며, 1990년 중반 과달라하라(Guadalajara)의 페멕스(Pemex) 가스 파이프라인의 폭발은 7마일 떨어진 가난한 마을에 살고 있던 250명 주민들의 생명을 앗아갔다.

다른 채굴 산업은 볼리비아의 주석광산과 브라질의 금광을 들 수 있다. 멕시코 구아나후아또(Guanajuato)의 풍부한 은광과 볼리비아의 포토시는 18세기와 19세기 유럽인들의 전쟁자금을 제공하였다. 오랫동안 구아나후아또의 아시엔다 이익(haciendas de bebeficio)을 위해 제련할 때 사용하여 축적된 수은의 영향은 여전히 알 수 없다.

원주민의 영향: 다른 인간적 차원

몇몇 사람들은 원주민의 쫓겨나면서 민족의학 지식이 사라지고 치료재로 쓰인 식물종이 사라지게 한 산림 벌채에 대해 비판한다. 게다가 라틴아메리카 도시 발달에 의한 환경적 영향은 종종 도시 빈민의 균형을 깨뜨리며, 시골 발달의 영향은 시골 빈민을 균형을 깨뜨린다. 이런 사례로는 멕시코의 치아파스를 들 수 있다.

1994년 새해 첫날, 사파티스타 해방군은 주정부와 연방정부에 대항해서 봉기했다. 그 반란으로 과테말라 국경 근처의 치아파스(Chiapas) 동쪽 부분에 위치한 다수의 시와 몇몇 주요 도시들이 점령당하였다. 이 지역은 20세기 초 혁명에서 비롯된 토지 개혁의 손이 미치지 않은 곳이었다. 비록 치아파스의 많은 마야 출신 거주자들은 멕시코의 다른 지역 혹은 과테말라 내전으로 인해 넘어 왔지만, 다른 이들은 수세기 동안 꾸준히 농업을 하였다.

그러나 메스티소 식민주의자들이 지배를 하면서 치아파스 열대의 95퍼센트나 벌채를 했으며, 이로 인해 열대 밀림은 사라졌다. 1978년에 호세 로뻬스 뽀르띠요(José López Portillo)는 라깐돈 밀림(Lacandón forest) 열대 1,250평방마일을 보존하기 위해 몬떼 아술스 생태 보존(Montes Azules Biosphere Reserve) 구역을 만들었다. 이 지역의 거주자들은 보존에 대한 의사 결정에서 배제되어 강제로 쫓아냈다. 보존지역 밖에 있던 그들은 보존구역 지정이 느슨한 것을 알고 아무도 보지 않는 밤에 보존구역 경계를 넘어갔다.

멕시코의 다른 경우로서 이전에, 많은 치아파스 가족의 남성들은 미국에서 노동자로서 매년 보내는 것이 관례화되었다. 다른 마야 농민들은 혁명을 이룬 체제 아래서도 고통을 겪었다. 땅 없는 농민들은 목장의 주인과 토지 소유주의 착취하에서 주변인으로서 그럭저럭 살아갔다. 토지 개혁 후의 인구 압력 및 치아파스에 정착한 과테말라 피난민, 그리고 커피와 옥수수 생산에 영향을 준 나프타는 사파티스타가 봉기한 원인이 되었다.[5]

계급과 젠더, 그리고 초국적인 영향

첫 번째는 젠더 영향에 관한 논쟁이다. "하늘의 절반은 여성"이라고 말한다. 그러나 그들은 지구의 절반보다 더 많은 일을 한다. 또한 여성들은 물과 장작을 구하러 매해 더 먼 곳으로 가면서 일하는 시간이 늘어나고 있다. 점차 빈곤해지면서, 여성은 마을의 농장에 남고, 남성은 임금노동을 위해 도시(혹은 미국)로 간다. 그들은 멀리서 보낸 송금으로 근근이 살아간다. 멕시코의 마낄라도라 산업에서는 최근까지 여성이 주요 노동자로 일했다. 충분하지 못한 임금 속에서도 여성들은 그들이 일할 수 있는 공장 근처에 머물 집을 찾았고 오염과 독성 물질 속에서 일을 하였다.

두 번째, 여성과 아이는 자연적인 위험에 가장 큰 충격을 받는 경향이 있다. 게다가 이런 위험은 종종 가난에 빠지게 한다. 멕시코와 중앙아메리카, 안데스의 국가들은 지진이 많이 일어나는 경향이 있으며, 몇몇 라틴아메리카의 국가들은 이러한 지진을 클라세모또(clasemoto)라고 부른다. 냉담한 당국의 반응은 정부의 대중적 불신을 심화시킨다. 때때로 역설적으로 이것은 공동체 강화라는 결과를 가져온다. 1985년 멕시코시티에서 끔찍한 지진이 났을 때 연방 정부의 지원이 없자, 도시 공동체들은 구조팀을 스스로 만들었다. 이런 재앙으로 인명피해가 발생하는 경우에는 대개 비공식적 집단이 도움을 준다. 멕시코의 뽀뽀까떼뻬뜰(Popocatépetl) 화산은 몇 년 전에 화산 활동이 재개됐을 때 정부가 직접 나섰다. 피난을 갔던 산간지역 농민들은 그들의 텅 빈 집과 꾸려났던 짐을 찾기 위해 돌아왔다. 몇 년 후에 다시 뽀뽀(Popo) 화산 분출을 했을 때, 이들은 대피하는 것을 거부하였다.

세 번째, 환경 재해에 따른 원조 노력은 그들 자신에게 영향을 미친다. 재해 원조를 위한 몇몇 사례는 재해 자체만큼이나 피해를 준다. 외부의 '전문가'들은 때때로 해결보다는 혼란을 야기한다. 해외에서 지진 원조를 요청할 때, 선의의 사람들은 전지분유(이를 위해 물을 공급하는 것은 소를 주는 것보다 더 많은 혼란을 가져올 것이다)와 통조림(그러나 열 수가 없다)을 보내는 경향이 있다. 재정 지원은 희생자의 손이 아닌 부패한 정부 관리의 손에서 끝나 버릴 수 있다.

네 번째, 농업의 환경적 영향에 대한 보완은 바다 식량인 해양 생물을 키우는 해양양식에도 영향을 주었다. 온두라스와 같은 국가들이 수출을 위해 양식하는 새우는 중요한 사례이다. 새우 생산을 늘리기 위한 속성 양식 전략은 해변가의 맹그로브를 대량으로 파괴하였다.[6] 홍수와 오랜 기간 해산물의 감소 등을 야기한 장기적인 환경 악화로 인해 새우의 속성 생산이 일시적으로 증가하였다. 게다가 조개와 물고기의 사육장이며 홍수와 폭풍으로 부터 해안가를 보호하는 맹그로브는 쉽게 회복되지 않았다. 새우 산업의 증대를 위한 다른 접근법으로서, 바다에서 멕시코의 오아사까(Oaxaca) 해안가의 석호로 새우를 이동시킨 계획은 환경적으로 해를 주지 않았다.

마지막으로 몇몇 환경 문제는 국제적으로 연결되어 있다. 라틴아메리카 국가들은 국가 경계와 생태지역이 딱 맞아떨어지지 않는다. 20개 국가의 국경 전쟁은 생태적 재앙을 불러일으키고 있다. 비록 아마존은 브라질 영토로 인식되지만, 실제적으로 브라질의 북쪽과 서쪽으로 많은 국가에 걸쳐 있다. 그래서 아마존의 보호, 혹은 지역의 피해를 해소하기 위해서는 국제적 협력이 문제가 된다. 미국과 멕시코의 국경지역은 리오 그란데 혹은 리오 브라보(역주: 같은 강으로서 전자는 미국에서 사용되며 후자는 멕시코에서 부르는 말)를 따라 3,000킬로미터가 넘는다. 미국의 빅 벤드(Big Bend) 국립공원 주위를 흐른 실개천(리오 그란데)은 미국의 뻬꼬스(Pecos) 강과 멕시코의 꼰초(Concho) 강과 합류한다. 라레도(Laredo) 혹은 누에보 라레도(Nuevo Laredo)에서 발원한 낮은 수위의 리오 그란데는 멕시코만에 도달하기 전에 해변에서 말라 버린다. 멕시코의 강력한 환경법을 느슨하게 적용받는 마낄라도라(maquiladora 역주: 주로 멕시코 국경지대에 위치한 제조업으로 무관세로 원재료를 수입하며 완제품 형태로 파는 노동집약 형태 산업)는 폐기물 하수 처리를 위해 강으로 흘러 보낸다. 이로 인해 강 주변에 사는 빈민들의 건강에 해를 입히고 있다. 국경과 수자원 위원회가 있음에도 불구하고, 오염은 국가 간의 경계를 따지지 않으며 사법 관할의 혼란으로 문제를 악화시킨다.

해결… 혹은 그들은?

환경 스와프(환경 대 채무교환)

보존 조직은 환경 파괴에 대한 부분적인 해결 방안으로 생겼다. 말하자면 해당국가 채무 일부를 인수한 오염자가 국립공원과 같은 환경보존구역 설립을 위해서 인수한 채무를 해당국가의 통화로 바꾸는 식으로 담보를 돌려받는 것을 말한다. 다른 관점은 환경스와프의 영향이 채무든 최소한으로서 자연이든 있다는 것이다. 결국 질문은 누가 이익이며 누가 지불하는가이다.

세계에 20개가 넘는 환경스와프가 있다. 그런 스와프에 라틴아메리카 국가들은 볼리비아와 코스타리카, 에콰도르가 포함되어 있다. 국제보존(Conservation International: 이하 CI)은 1987년에 처음으로 볼리비아와 환경스와프 협정을 맺었다. 협정은 CI도 정부도 탐욕스러운 목재 회사를 정확히 통제할 수 없이 급하게(아마도 CI가 그런 스와프가 처음이라서 너무 서두른 것 같다) 이루어졌다.

> 보존을 위한 대가로서 채무면제의 논리는 볼리비아에서 무너졌다. 이것은 왜냐하면 정치·경제적 엘리트가 아닌 가난한 사람이 채무의 짐을 견뎌야 하기 때문이다. 엘리트는 단지 경제적 위협으로서 "채무"는 없다고 느낀다. 그들에게는 환경스와프가 단지 국제적 체면과 돈의 교환으로만 가치가 있는 것이다(Jones 1995, p.202).

코스타리카의 세계 야생동물 재단(World Wildlife Fund)과 에콰도르의 나뚜라 재단(Fundación Natura)의 경험은 유사하다. 후자는 안데스와 에콰도르 아마존, 갈라파고스 섬 지역을 충분히 획득할 수 있었으나 밀렵꾼과 불법 벌목꾼으로부터 이 지역을 보호하지 못했다.

생태관광(ecotourism)

생태관광은 "환경을 보호하고 지역민들이 지속적으로 잘살 수 있도록 자연 구역에서 책임 있는 여행"(Anonymous 2003)을 하는 것으로 정의할 수 있다. 생태관광은 관광의 영향을 줄이고 관광의 대안적인 형태로 라틴아메리카를 포함한 경제가 발전한 세계의 많은 지역에서 나타나고 있다. 생태관광은 가난한 마을과 생태적으로 혹은 문화적으로 민감한 지역에 직업과 돈을 가져다줄 것으로 기대하고 있으며 관광객을 끌어들여 자원을 보호하는 데 도움을 주면서 지역 거주자들의 경제적 발전에 기여하는 것을 당연하게 여기고 있다.

국가와 지역의 관광 기관은 관광객이 모든 문제를 해결할 것이라고 보는 경향이 있다. 환경 보호기관은 민감한 지역에 인력을 더 추가하고 보잘것없을 수 있는 지역에 대한 보호를 강화하여 그들의 관점을 지켜야 한다. 대안 관광 개발의 문제는 지속가능한 개발이라는 노력에서 드러난 광범위한 충돌과 모순 사례로서 쓸모가 있다. 다른 집단의 이익과 지출은 균형 - 그러나 거의 그렇지 않다. - 을 맞춰야 한다.

소규모의 고립된 공동체도 개발의 방법으로서 생태관광과 대안관광을 시작하였다. 지난 십 년간 자연보호구역의 실무자들은 지역의 자원을 이용하기 위해 더 많은 투자를 하기 시작했다. 이것은 아직 비판적 단계인데, 왜냐하면 미국의 기준과 달리 라틴아메리카의 많은 자연보호구역은 이미 오랫동안 거주 공동체와 분리되어 형성되었다. 문화 변동은 생태관광을 목적으로 자연구역을 만들도록 하였다. 그런 산업이 공동체에 어떤 이익을 주는가에 대한 합의와 평가 없이 상기의 변화는 불가능할 것이다. 국가와 지역 정부는 어쩌다가 지역의 요구와 가치가 충돌할 때 공원지역을 제한하거나 정치적으로 해결한다. 멕시코의 주 따마우리빠스(Tamaulipas)의 하늘생태보호구역(El Cielo Biosphere Reserve)은 이와 관련된 긍정적인 사례라 볼 수 있다. 그곳의 여성들은 생태관광을 준비하고 돕기 위해서 협동조합을 설립하였다(Lewitsky 2002).

생태관광의 이점은 그들 선조의 땅에 남아 있는 사람들에게 고용 기회를 줄 수 있다는 것과 자연지구로 보존되어 도시에 양질의 물을 계속 공급할 수 있다는 것을 포함한다. 라틴아메리카 시골지역에 사는 주민은 도로 포장과 상하수 처리, 전기와 같이 정부 서비스 확충을 가져오는 수단으로서 관광을 이해한다. 이런 몇 가지의 서비스들은 지역에 사람들을 끌어올 수 있는 수용력을 증가시킨다. 생태관광은 토지 관리를 위해 더 나은 방향으로 지역 조직에 도움을 줄 수 있다. 예를 들면 생태관광이라는 경제적 이득을 위해 지역에 쓰레기를 버리지 않는 것 등이 있다.

생태관광의 도전과 불이익에는 밀렵과 화재, 이국적인 꽃, 식물의 관리, 식물 전염병 등 공원과 보존구역을 만든 다음의 부수적인 문제들을 포함한다. 실행을 위한 자원의 부족은 화재 및 시설과 야생동물에 대한 절도 문제를 야기한다. 야생보호지는 모두 만성적인 재원 부족에 시달리고 있어 관리 책임 지역이 겹치거나 빈틈이 생겨 관할구역이 제대로 정리되지 않는 상태에서 관리된다.

보호구역의 거주자들이 만약 보호구역 관리에 포함되지 않는다면, 전통적인 농업과 삶을 방해하며 "자유롭게 돌아다니는" 관광객들과 마찰을 빚을지도 모른다. 관광객과 같은 사람의 왕래는 자연환경을 손상시키며 침식을 야기하는데, 특히 민감한 사막 생태계가 그러하다. 생태관광 위원회는 가능한 생태계의 퇴행을 막기 위해 야생의 생계 주기를 고려한다. 그러나 미국의 주에 의해 공표된 생태 관련 범죄 경고는 경제적으로 전체 지역에 영향을 줄 수 있다.

동시대의 위협과 도전

석유와 서부 아마존

브라질 아마존의 열대우림 유실에 관한 논쟁은 상대적으로 잘 알려진 반면에 서부 아마존인 에콰도르와 페루, 콜롬비아, 볼리비아, 베네수엘라는 최근까지도 주목받지 못하였다. 대부분은 원주민이 사는 환경에서 석유를 탐사하고 추출하면서 생긴 부정적인 영향이 포함된다.

화석연료의 탐사와 드릴링, 수송은 미국 석유 수입의 거의 세 번째 공급원인 라틴아메리카의 주요 석유 생산국과 관련이 있다(Kurlanzick 2008). 석유 탐사는 멕시코의 페멕스(Pemex)와 에콰도르의 페트로에콰도르(Petroecuador)와 같은 국영기업 혹은 텍사코(Texaco)와 코노코(Conoco)와 같은 다국적 기업에 의해 수행되지만 환경에 대해서 거의 관심을 두지 않고 진행하였다. 석유 누출에 대한 감시 소홀은 에콰도르와 페루의 강과 하천에 심각한 오염을 초래하였다. 비소와 납, 석유, 황산염이 포함된 유독 폐기물을 수로에 버려 그것을 마신 물고기와 가축이 죽었다.

원주민의 추방과 환경오염으로 페루와 에콰도르에서는 시골 지역에서 폭동이 일어났으나, 두 정부는 다른 방식으로 대응하였다. 에콰도르의 자유주의 대통령인 라파엘 꼬레아(Rafael Correa)는 2001년에 법정에서 원래의 범죄자인 텍사코를 이어받은 세브론(Chevron)에 맞선 원주민의 편에 섰다. 그러나 2009년 6월 5일 바구아 그란데(Bagua Grande)와 바구아 치까(Bagua Chica) 도시 근처에서 부족민과 경찰이 충돌했을 때, 보수주의자인 알란 가르시아(Alan García) 페루 대통령은 오로지 원주민 학살 결과만을 비난하였다. 샘이 없는 마을은 오염된 강물을 마셔야 했다. 다른 국가에서는 원주민 땅을 통해 가는 아르헨티나의 플러스 페트롤(Pluspetrol)과 같은 회사의 송유관을 끊을 계획도 세웠다. 아마존의 부족들과 유엔군의 충돌로 인한 2009년 6월 17일의 폭력사태로 에우데 시몬(Yehude Simón) 페루 수상은 사임을 표했다(Carroll 2009).

에콰도르에서 원고(원주민)의 변호사들은 텍사코가 버린 유독성 물질이 1989년 엑손 발데스 참사보다 더 많다고 주장하였다(Llana 2009). 페트로 에콰도르는 1992년에 앞서 쉐브론이 하던 텍사코의 작업을 떠맡았으나 손해가 있었다. 텍사코는 180억 갤런의 유독 폐기물을 버렸으며 맹독성 폐수와 함께 많은 양의 석유찌꺼기를 방출하였다. 쉐브론은 텍사코가 저지른 오염물질을 제거했다고 주장하였다. 그러나 생태적 피해는 복구되기 어렵다고 이야기하면서 원고들은 1,000명이 암으로 죽었다고 주장하였다. 반론자들은 그 원인으로 암이 유발될 수 없다고 대답하였다(Llana 2009; Vidal 2009)

콜롬비아 계획

콜롬비아 계획은 미국이 콜롬비아와 다른 안데스 국가에 제초제를 살포하여 마리화나와 코카, 양귀비를 제거하기 위해 30억불을 지원한 프로그램이다. 사실 제초제 살포는 1970년 이후부터 했으나 마약 생산 식물 근절을 넘어 환경과 사회, 경제적인 손실이 있었다. 콜롬비아 농촌의 기본적인 영양 공급원인 옥수수가 대부분 망가졌다. 농약의 과다 사용으로 콩도 피해를 입었다(Ballve 2009).

콜롬비아에서 사용된 제초제로 인해 에콰도르 아마존에서는 가치 있는 나무와 마니옥이 죽었으며, 많은 아마존 원주민이 병에 걸리거나 죽었다("Justica or Extortion?", 2009). 콜롬비아 군인은 워싱턴(미국)에 의해 시들음 병균 혹은 유전자 변형 세균과 같은 화학무기를 사용한다. 세계의 과학자들과 환경학자들은 화학무기가 아마존 지역 생물 다양성에 해를 가할 수 있다고 비난하였다. 세균은 돌연변이와 분산시키는 능력이 있어 연안 작물인 커피와 감귤류에 영향을 줄 수 있다. 생화학과 독성 무기 협약에서는 환경을 되돌릴 수 없으며 그 영향을 예측할 수 없는 "생화학전"의 물질로 유전자 변형

세균을 지목하였다. 이런 영향은 콜롬비아에서 에콰도르와 페루, 브라질까지 확대되었다. 현재 콜롬비아에서는 정부군과 게릴라, 민병대 사이의 갈등으로 인해 맹독성 소독약을 에콰도르 국경지대에 쏟아 부을지도 모른다.

뿌에블라 파나마 계획

메소아메리카 통합과 발전 계획 혹은 메소아메리카 계획으로 잘 알려진 뿌에블라 파나마 계획(Plan Puebla Panamá: 이하 PPP)은 2001년 멕시코 대통령 비센테 폭스(Vicente Fox)에 의해 발표되었다. 이것은 멕시코부터 중앙아메리카의 9개 국가를 지나 콜롬비아까지 잇는 지역통합 계획이었다. 재원의 85퍼센트 이상은 수송과 운송 인프라에 투입되었다. 이에 대한 저항은 공항계획에 반대하는 농민과 사파티스타의 부사령관인 마르코에 의해 확산되었다. 사파티스타는 그들의 지배 아래에 있는 지역에서 PPP가 실행되는 것을 반대하였다. 이러한 갈등은 재정 마련 문제로 악화되었으며, 모라토리엄의 압박을 받았다. PPP는 2004년 초까지 다시 재개되지 못하였다(Pickard 2004).

두 번째로 가장 알려진 PPP 프로젝트는 중미의 전력통합 시스템이다. 이 전기의 대부분은 미국과 메소아메리카 수송 통합 이니셔티브(Mesoamerican Transport Integration Initiative)를 대상으로 생산하였다. PPP는 나프타와 같은 라틴아메리카 자유무역협정 모델을 따르며, 토지와 물, 공공서비스를 사유화하는 목적을 포함한다. 그것은 신자유주의 발전 모델에 근거하여 인프라 구축과 천연자원 이용으로 환경파괴 가능성에도 불구하고 다국적 기업의 이익을 추구한다.

수송 이니셔티브는 미국과 남미를 잇는 메소아메리카 고속도로와 철도 시스템, 트랜스 텍사스 꼬리도르(trans-Texas corrior)를 포함한다. 이는 발전을 위해 거대한 지역의 규제완화와 환경적 영향이 예상된다. 또한 중국과의 무역을 위해 바닷길을 연결하는 철도 노선을 캔자스시티에서 멕시코 항구인 미초아칸의 라사로 카르데나스까지 연결할 것이다. 또한 원시 해변 근처의 3,000명 미만의 주민이 있는 에히도(ejido)가 위치한 바하 캘리포니아(Baja California)의 태평양 연안의 뿐또 꼴로넷(Punto Colonet)까지 확장을 계획하고 있다. 거대한 항구는 미국 국경과 함께 300km의 철도로 연결되며, 50억불을 투자해서 완공할 것이다. 이 항구는 현재 한계에 도달한 롱비치와 로스앤젤레스 항구의 대안으로서 미국과 아시아의 교역이 용이하도록 디자인되었다.

결론

　　최근 라틴아메리카 환경 보존의 향상은 밀림 보존을 위한 대중운동과 대안적 에너지의 사용과 관련이 있다. 대학들은 환경공학 프로그램을 선도하고 있으며, 초등학교는 아이들에게 환경교육을 하고 있다. 환경공학은 예방행위보다 오히려 치료에 초점을 두고 있으며, 반면에 어른들이 아이들에게 가르치는 환경교육프로그램은 사회문화적 고려가 결여되어 있다.

　　그것에는 많은 요인들이 있다. 외부적 압력은 세계은행과 지역개발은행, 다국적 협력 행위, 산업화된 국가들이 이익을 포함한다. 초거대 개발 계획(막대한 국채의 증가)을 위한 은행의 배려와 신자유주의적 구조 조정 프로그램, GNP와 기술적 발달은 경제 발전과 환경 사이의 충돌을 가져온다. 다른 요소들은 라틴아메리카 국국가들 내부의 불협화음을 들 수 있다. 그것에는 극단적인 부와 빈곤 사이의 괴리, 백인과 메스티소, 다른 한편으로 원주민 도시의 근대성과 시골의 전통주의, 그리고 비굴한 여성과 남성 헤게모니 등이 있다. 최근 몇몇 라틴아메리카 국가에서 선출된 민주적 정치 체제는 다수의 영역에 가능성을 제공하였다. 이러한 국가들에서는 사회적 그리고 물리적 측면의 환경보존에 대한 희망이 있다.[7]

추천도서

Cummings, B. J. Dam the Rivers, Damn the People: Development and Resistance in Amazonian Brazil. London: Earthscan, 1990.

Dogse, P., and B. van Droste. Debt—for—Nature Exchanges and Biosphere Reserves: Experiences and Potential. Paris: UNESCO, 1990.

Ganster, P. The U.S.-exico Border Environment: A Road Map to a Sustainable 2020. San Diego: San Diego State University Press, 2000.

Johnston, B. R., ed. Who Pays the Price? The Sociocultural Context of Environmental Crisis. Washington, D.C.: Island Press, 1994.

Johnston, B. R. Life and Death Matters: Human Rights and the Environment at the End of the Millennium. Walnut Creek, CA.: Altamira, 1997.

"Justice or Extortion?" The Economist 391, no. 8632 (2009): 42.

Painter, M., and W. H. Durham, eds. The Social Causes of Environmental Destruction in Latin America. Ann Arbor: University of Michigan Press, 1995.

Pickard, M. The Plan Puebla—Panama Revived: Looking Back to See What's Ahead. Interhemispheric Resource Center, 2004.

Punta, Colonet. "Tenders Called." Railway Gazette International, September 9, 2008.

Roberts, Bryan R. "Urbanization and the Environment in Developing Countries: Latin America in Comparative Perspective." In L. Arizpe, M. P. Stone, and D. C. Major, eds., Population and Environment: Rethinking the Debate (Boulder: Westview, 1994).

Simon, Joel. Endangered Mexico: An Environment on the Edge. San Francisco: Sierra Book Club, 1997.

Westerhoff, P. The U.S.-exican Border Environment: Water Issues Along the U.S.-exican Border. San Diego: San Diego State University Press, 2000.

참고문헌

Adams, G. "Images Reveal True Horror of Amazon's Tiananmen." Independent, June 19, 2009.

Ballve, T. "The Dark Side of Plan Colombia." Nation, May 27, 2009.

Bedoya Garland, E. "The Social and Economic Causes of Deforestation in the Peruvian Amazon Basin: Natives and Colonists." In M. Painter and W. H. Durham, eds., The Social Causes of Environmental Destruction in Latin America. Ann Arbor: University of Michigan Press, 1995.

Brown, L. R. Who Will Feed China? Wake−up Call for a Small Planet. New York: Norton, 1995.

Carroll, R. "Peru's Prime Minister to Step Down." Guardian, June 17, 2009.

Cronon, W. Changes in the Land. New York: Hill & Wang, 1983.

Clark, J. G. "Economic Development Versus Sustainable Societies: Reflections on the Players in a Crucial Context." Annual Review of Ecology and Systematics 26 (1995): 225−248.

Cunningham, A. B. "Indigenous Knowledge and Biodiversity." In S. E. Place, ed., Tropical Rainforests: Latin American Nature and Society in Transition. Wilmington: Scholarly Resources, 1993.

Collett, M. "Bolivia Blazes Trail ⋯ to Where?" Christian Science Monitor, July 10, 1989.

Czitrom Baus, S. Sistema de Bombeo por Energia de Oleaje. Mexico, D.F.: Videoservicios Profesionales, 2000. Video.

Diaz Romero, P. Huicholes y pesticidas. Mexico, D.F.: Red de Accion sobre Plaguicidas y Alternativas en Mexico, 1994. Video.

Dourojeanni, M. "Impactos ambientales de la coca y la produccion de cocaina en la amazonia peruana." In F. Leonard and R. Castro, eds., Pasta Basica de Cocaina, pp. 281−299. Lima, Peru: Centro de Informacion y Educacion del Abuso de Drogas, 1989.

Edelman, M. "Rethinking the Hamburger Thesis: Deforestation and the Crisis of Central Americas's Beef." In M. Painter and W. H. Durham, eds., The Social Causes of Environmental Destruction in Latin America. Ann Arbor: University of Michigan Press, 1995.

Elguea Vejar, S. La etica ecologica desde una perspectiva ecofeminista. Master's thesis, Universidad Nacional Autonoma de Mexico, 2001.

_____. "Revision sobre algunos aspectos que involucran sustancias toxicas." Sociotam 10, no. 1(2000): 165−174.

Franko, P. The Puzzle of Latin American Economic Development. New York: Rowman & Littlefield, 2003.

Gebara, I. "Ecofeminism: A Latin American Perspective." Crosscurrents, Spring 2003, 93−103.

Gedicks, A. Resource Rebels: Native Challenges to Mining and Oil Corporations. Cambridge, MA: South End, 2001.

Guillet, D. "Toward a Cultural Ecology of Mountains: The Central Andes and the Himalayas Compared." Current Anthropology 24, no. 5 (1983): 561–574.

Hardin, G. "The Tragedy of the Commons." Science 16, no. 2 (1968): 1242–1248.

Harrington, T. "Tourism Damages Amazon Region." In S. E. Place, ed., Tropical Rainforests: Latin American Nature and Society in Transition, pp. 185–193. Wilmington: Scholarly Resources, 1993.

Hawken, P. The Ecology of Commerce. New York: HarperCollins, 1993.

Holl, K. D., G. C. Daily, and P. R. Ehrlich. "Knowledge and Perceptions in Costa Rica Regarding Environment, Population, and Biodiversity Issues." Conservation Biology 9, no. 6(1995): 1548–1558.

International Boundary and Water Commission. Regional Assessment of Water Quality in the Rio Grande Basin. IBWC, 2003.

Jarvis, L. S. Livestock Development in Latin America. Washington, D.C.: World Bank, 1986.

Jones, J. C. "Environmental Destruction, Ethnic Discrimination, and International Aid in Bolivia." In M. Painter and W. H. Durham, eds., The Social Causes of Environmental Destruction in Latin America. Ann Arbor: University of Michigan Press, 1995.

"Justice or Extortion?" The Economist 391, no. 8632 (2009): 42

Kenworthy, E. "Nature in Latin America: Images and Issues." In J. K. Black, ed., Latin America: Its Problems and Its Promises. 3rd ed. Boulder: Westview.

Kurlantzick, J. "Put a Tyrant in Your Tank." Mother Jones, May–June 2008, 38–42.

Landa, R., J. Meave, and J. Carabias. "Environmental Deterioration in Rural Mexico: An Examination of the Concept." Ecological Applications, February 1997, 316–329.

Lewitsky, M. "Characteristics of a Successful Community Cooperative: A Case Study in the Community of Alta Cimas, El Cielo Biosphere, Tamaulipas, Mexico." Master's thesis, Southwest Texas State University, 2002.

Llana, S. M. "Chevron Fights Massive Lawsuit in Ecuador." Christian Science Monitor, May 29, 2009.

Lopez, R. "The Policy Roots of Socioeconomic Stagnation and Environmental Implosion: Latin America, 1950–2000." World Development 31, no. 2 (2003): 259–280.

Mahoney, R. "Debt–for–Nature Swaps: Who Really Benefits?" In S. E. Place, ed., Tropical Rainforests: Latin American Nature and Society in Transition, pp. 185–193. Wilmington: Scholarly Resources, 1993.

Meadows, D. "The City of First Priorities." Whole Earth Review, Spring 1995.

Painter, M. "Anthropological Perspectives on Environmental Destruction." In M. Painter and W.

H. Durham, eds., The Social Causes of Environmental Destruction in Latin America. Ann Arbor: University of Michigan Press, 1995.

_____. "Upland—Lowland Production Linkages and Land Degradation in Bolivia." In M. Painter and W. H. Durham, eds., The Social Causes of Environmental Destruction in Latin America. Ann Arbor: University of Michigan Press, 1995.

Pastor, R. "NAFTA's Green Opportunity." Issues in Science and Technology, Summer 1993, 47–54.

Pickard, M. The Plan Puebla—Panama Revived: Looking Back to See What's Ahead. Interhemispheric Resource Center, 2004.

Price, D. Before the Bulldozer. Washington, D.C.: Seven Locks, 1989.

Punta, Colonet. "Tenders Called." Railway Gazette International, September 9, 2008.

Rabinovitch, J., and J. Leitman. "Urban Planning in Curitiba." Scientific American, March 1996.

Sanchez, E., K. Cronick, and E. Wiesenfeld. "Psychological Variables in Participation: A Case Study." In D. Canter, M. Krampen, and D. Stea, eds., New Directions in Environmenal Participation. Aldershot, UK: Gower, 1988.

Sanderson, S. E. "Mexico's Environmental Future." Current History, February 1993.

Schumacher, E. F. Small Is Beautiful: Economics as if People Mattered. New York: Harper & Row, 1973.

Schwartz, N. B. "Colonization, Development, and Deforestation in Peten, Northern Guatemala." In M. Painter and W. H. Durham, eds., The Social Causes of Environmental Destruction in Latin America. Ann Arbor: University of Michigan Press, 1995.

Snell, M. B. "A Fine Balance: Cultivating Smaller Families and Healthier Farms in Ecuador's Highlands." Sierra, January—February 2004, 27–29.

Stanley, D. "Demystifying the Tragedy of the Commons: The Resin Tappers of Honduras." In S. E. Place, ed., Tropical Rainforests: Latin American Nature and Society in Transition, pp. 185–193. Wilmington: Scholarly Resources, 1993.

Stea, D. "Debunking the Myths: Indigenous Settlements in Tropical Forests." In Proceedings of the Seventh Annual Peter van Dresser Workshop on Village Development. Albuquerque Public Service Co. of New Mexico, 1994.

_____. "Human and Cultural Resources in the New World Tropics." Proceedings, New Jersey Academy of Sciences. New Brunswick: Rutgers University, 1993.

Stea, D., and V. Coreno. "Accion comunitaria, participacion publica, y planificacion ambiental en una colonia mexicana." In D. M. Connor, ed., Participacion Publica: Un Manual. Victoria, B.C.: CDS, 1997.

Stea, D., S. Elguea, and C. Perez Bustillo. "Environment, Development, and Indigenous Revolution in Chiapas." In B. R. Johnston, ed., Life and Death Matters: Human Rights and the Environment at the End of the Millennium, pp. 213–237. Walnut Creek, CA: Altamira, 1997.

Stone, D., and C. Major, eds. Population and Environment: Rethinking the Debate. Boulder: Westview, 1994.

Stonich, S. "Producing Food for Export: Environmental Quality and Social Justice Implications of Shrimp Mariculture in Honduras." In B. R. Johnston, ed., Who Pays the Price? The Sociocultural Context of Environmental Crisis. Washington, D.C.: Island Press, 1994.

Stonich, S. C. "Development, Rural Impoverishment, and Environmental Destruction in Honduras." In M. Painter and W. H. Durham, eds., The Social Causes of Environmental Destruction in Latin America. Ann Arbor: University of Michigan Press, 1995.

Swinton, S., G. Escobar, and T. Reardon. "Poverty and Environment in Latin America." World Development 31, no. 11 (2003): 1865–1872.

Tropical Forest Management Trust. Promising Approaches to Natural Forest Management in Latin America. Gainesville, FL: Tropical Forest Management Trust, 1991. Video.

Vidal, J. "We Are Fighting for Our Lives and Our Dignity." The Guardian, June 13, 2009.

Wasserman, E. "Environment, Health, and Gender in Latin America: Trends and Research Issues." Environmental Research Section 8 (1999): 253–73.

Williams, M. "Land Invasions Rising in Brazil." Austin American—Statesman, November 15, 2003, A21–A22.

World Bank. Energy Efficiency and Conservation in the Developing World: The World Bank's Role. Washington, D.C.: World Bank, 1993.

미주

1) 이 글에서 사용한 "효율"은 규모를 함축하고 있지 않다. 효율에는 규모의 경제만큼이나 규모의 비경제도 많이 있다(Schumacher 1973; Hawken 1993).

2) 유일한 예외는 브라질인데. 세계에서 가장 인구가 많은 상파울루와 리우데자네이루라는 두 개의 거대한 도시가 있다. 에콰도르의 끼또와 과자낄은 규모에서 엇비슷하다.

3) 이것은 전통적으로 커뮤니티 발전에 대한 약속을 빌미로 유권자와 표를 조작했던 여당인 PRI를 위협하였다.

4) 라틴아메리카의 화학비료 사용 증가비율은 1980년과 1989년 사이보다 1990년과 1999년 사이에 8배나 증가하였다.

5) 1992년에, 토지개혁정책이 끝난 1917년의 멕시코 헌법 27항에 대한 개혁을 공표한 것은 75년 만에 정부와 농민의 관계를 정립한 것이었다.

6) 그러한 해안지역은 아무것도 할 수 없는 "늪"이 아니라 가치 있는 "습지"라고 일컫는다.

7) 실비아 엘게아의 의견과 제안에 진심으로 감사를 표한다. 본 글의 사실이나 해석에 대한 실수는 전적으로 저자의 책임이다.

제2부
역사적 조립

5. 식민지 시대의 라틴아메리카

피터 베이크웰(정혜주 옮김)

라틴아메리카의 식민지 시대는 300년이 넘는 기간이다. 아무리 간단히 쓴다고 해도 몇 장의 기술로는 불가능하다. 그래서 이 장에서 식민지 시대에 일어났던 일들을 요약하지는 않을 것이다. 대신, 두 개의 대략적인 주제를 시험하는 데에 목적을 두었다. 1) 1500년대, 1600년대, 1700년대에서 라틴아메리카의 '식민성'이란 무엇인가? 2) 오늘날의 라틴아메리카를 이루는 데 영향을 준 식민지 시대의 양상은 무엇일까?

정복과 정착

기초 자료와 지리학적인 자료로 시작해 보자. 라틴아메리카의 식민지 시대는 1492년 콜럼버스가 스페인에서부터 대서양을 건너가서 닿은 땅을 스페인령으로 주장하면서 시작되었다. 1492~1493년의 첫 여행에서는 쿠바 섬과 스페인 사람들이 부르는 바에 의하면, 스페인 섬(현재는 아이티와 도미니카공화국으로 나뉘어졌다)을 발견하였다. 콜럼버스가 아메리카를 발견했다는 것은 옳지 않다. 왜냐면 발견한다고 하는 것은 처음으로 들어가서 그곳에 정착한 사람들이어야 하기 때문이다. 아시아 사람들은 콜럼버스가 도착하기 10,000년 전에 그 일을 하였다. 세월이 흘러서 이제 그 사람들을 아메리카 원주민이라 일컫는다. 그러나 스페인과 유럽 사람들의 입장에서는 콜럼버스가 발견한 것이다. 더욱 중요한 것은 그의 발견이 양 대륙을 영원히 연결시키는 고리가 되었다는 점이다. 그것은 1000년에 노스(Norse)가 그린란드를 떠나서 북아메리카까지 탐사를 하였지만 이루지 못했던 일이다.

콜럼버스가 쿠바와 스페인 섬들의 존재를 보고하자마자 스페인 왕가는 그 땅에 정착하고 지배할 권리를 주장하였다. 더 나아가 배가 앞으로 전진을 계속한다면 발견될 수 있을 땅에 대한 권리까지 덧붙였다. 스페인 출신인 당시의 교황 알렉산더 6세는 그 주장을 인정하였다. 그는 기독교가 지배하는 세상에서는 최고의 권력이었다. 교황이 인정한 것은 스페인의 주장을 정당화할 수 있는 좋은 이유가 되었다. 다른 이유는, 아마도 포르투갈을 빼고는, 당시 유럽의 어느 나라도 콜럼버스가 발견한 땅의 소유와 지배에 대해 반대를 할 만큼 강하지 못했다.

포르투갈은 1492년 이전부터 대서양의 서쪽과 남쪽을 탐사했으므로, 대서양의 서쪽 편의 모든 땅들을 소유하겠다는 스페인의 주장을 이해는 하지만 못마땅하였다. 그러나 1494년에 이루어진 또르데시야스 조약(Treaty of Tordesillas)에 의해 충돌은 피했다. 이 조약이 이루어진 후 세계의 탐사와 분배는 두 나라에 의해 이루어지게 되었다. 대서양의 북-남을 가로지르는 가상의 선을 중심으로 서쪽은 스페인이 탐사 및 정착할 권리를 갖고, 동쪽으로는 포르투갈이 갖는 것이다. 당시에는 예상하지 못했지만 그 조약으로 포르투갈은 남아메리카의 동부를 많이 차지하게 되었다. 이 가상의 선은 아마존의 입구를 지나가는 남위 30도쯤에서는 더 이상 해안이 아니었던 것이다. 1500년경에 발견한 이 남아메리카의 튀어나온 부분은 포르투갈의 땅이 되고 현대 브라질의 기초를 이루게 되었다.

스페인-아메리카의 식민지 역사는 1492년 콜럼버스로부터 시작하여 중남미 대부분의 나라가 독립하는 1810~1825년까지다. 1898년이 될 때까지 독립을 하지 못한 쿠바와 푸에르토리코는 예외이다. 브라질은 1822년에 포르투갈과 깨어졌다. 스페인과 포르투갈은 식민지 시대는 중남미의 독립 후 현재까지의 기간보다 훨씬 긴 시간이었다.

스페인-아메리카는 포르투갈-아메리카보다 훨씬 넓었다. 포르투갈이 또르데시야스의 조약의 경계보다 약간 더 차지하였지만, 여전히 스페인의 땅은 남아메리카의 끝에서 현재 미국의 끝까지 연결되었다. 1700년대에 스페인은 캘리포니아의 샌프란시스코, 애리조나 남부, 대부분의 뉴멕시코, 상당 부분의 텍사스, 그리고 플로리다의 중요

지역까지 차지하고 있었다. 브라질을 빼고는 대륙의 북쪽 국경에서부터 남쪽 끝까지, 그리고 카리브 해의 크고 작은 섬들까지 모두 스페인령이었다. 스페인 사람들이 '인디아스(Las Indias)'라 부른 아메리카의 제국은 북에서 남까지의 거리가 14,000km인 거대한 땅이었다.

식민지 지배와 경제

무엇이 이 큰 지역을 스페인과 포르투갈의 식민지로 만들었는가? 첫째로, 이 두 모국은 확실히 식민지를 지배했다는 것이다. 라틴아메리카 식민지 역사에 있어서 주목해야 할 점은 어려움에도 불구하고 정부가 세워졌고, 그리고 실제적으로 일하였다는 점이다. 어려운 점의 하나는 아메리카 내부 및 아메리카와 유럽을 잇는 이동 거리가 엄청나게 먼 것이었다. 식민지 시대는 느리고, 안전하지 못한 범선의 시대였다(시간이 흐름에 따라 기술적으로 배가 발달하였다. 그러나 1700년대까지는 케이프혼을 돌아서 남아메리카의 서해안까지 정기적으로 운행할 정도는 아니었다. 그 전에는, 스페인으로부터 온 여행자는 대서양을 건너서 파나마 지협에 닿으면 밑이 평평한 짐배나 노새를 타고 태평양 연안에 도착하여 다시 배를 타고 연안의 여러 항구에 도착하였다). 식민지 내의 여행은 산, 사막, 숲 그리고 극한의 온도 때문에 어려움이 많았다. 그리하여 정부를 효과적으로 운영하기 위하여 필요한 기초적인 소통조차 잘 이루어지지 않았다. 그럼에도 불구하고 정부는 세워졌고, 그들의 권위는 아주 뚝 떨어진 외진 곳까지 뻗어갔다.

식민지 정부의 스페인 사람들에게 가장 큰 문제는 식민지의 크기와 스페인으로부터의 거리였다(브라질은 포르투갈로부터 바다를 건너 도착하기가 쉬웠다). 식민지의 크기를 인식하자 일일이 본국에서 결정할 수가 없다는 것을 알았다. 스페인 본국에서는 식민지의 행정을 위해 책임 있는 대리인이 필요하다고 생각했다. 그래서 왕 대신에 일할 수 있는 권한이 있는 자리를 두 개 만들었다. 멕시코시티와 리마에서 사는 부왕이 그들이었다. 이 자리에 모두 경험이 많은 스페인의 귀족 출신을 임명하였다(말 그대로

'부왕(viceroy)'이었다). 그들은 그가 관리하는 지역 안에서 일어나는 모든 일에 대하여 최종적인 책임을 지는 사람으로, 모든 일을 최종적으로 결정하는 권한을 갖고 있었다. 1535년에 첫 부왕이 멕시코시티에 도착했다. 스페인이 탐사한 지역이 넓어질수록 부왕이 관리하는 지역은 카리브 해의 스페인 섬들에서 멕시코로, 그리고 중앙아메리카로 넓어졌다. 이 관할지역(area of jurisdiction)은 새로운 스페인의 부왕령(viceroyalty)이라고 알려졌다. 남아메리카의 첫 부왕이 리마에 도착한 것은 1544년이다. 이 지역은, 포르투갈의 땅은 빼고, 북쪽의 파나마에서부터 남쪽으로는 띠에라 데 푸에고(Tierra de Fuego)까지 뻗는다. '페루 부왕령'이라 불렸고 중심은 리마였다. 1700년대에는 좀 더 세밀하게 관리하기 위해 남아메리카에 두 개의 부왕령이 더 세워졌다. 1739년에 새 그라나다(Nueva Granada, 현재의 콜롬비아의 대부분)에 그리고 1776년에 플라따 강(Rio Plata, 현재의 아르헨티나의 대부분)에 세워졌다.

이 광활한 부왕령을 직접 참여하지 않고 몇몇 개인이 운영한다는 것은 불가능했다. 그리하여 1500년대에 본국의 스페인 정부는 부왕을 돕고 그들의 권위를 당시의 수도에서 멀리 떨어진 곳까지 가져갈 몇몇의 위원회를 만들었다. 이 위원회는 아우디엔시아스(audiencias)라고 불렀다. 부왕을 도울 뿐만이 아니라 자신들이 실질적으로 결정을 한 이 위원회는 지방의 재판소(regional court of appeal)로서 역할을 하였다. 1570년에는 10개의 아우디엔시아가 있었고, 각각 넓은 관할지역(subarea)을 갖고 있었다. 아우디엔시아스보다 낮은 행정조직은 '지역지배자'(local governor)였다. 어떤 것은 넓은 국경지대나 그 주위를, 좀 더 낮은 단위로는 군(town)과 면(village)이 있었다.

현대의 행정 기준에서 보면, 이 조직은 부실하고 부패하였다. 한 예로, 많은 공직자들이 왕의 법을 시행하기보다는 자신들의 힘의 행사에 방해가 될 것 같은 다른 공직자들을 사전에 막는 것에 더 신경을 썼다. 당시 유럽의 관행이었던 것처럼 거의 대부분의 공직자들이 자신들의 지위를 봉급을 훨씬 넘는 부를 축적할 수 있는 도구로 생각했다. 어려움이란 관점으로 보면, 어쨌든 이 조직이 실제로 일을 하였다는 것 자체가 거의 기적이었다. 또한 그 조직을 아주 빠르게 심은 것도 놀라운 일이었다. 일반적으로 말하면,

법을 강요하고, 세금을 거두고, 본국으로 보고서를 보내는 일을 한 정복당한 지역에서는 몇 년 이내에 '왕족 관리자"가 있었다. 스페인-아메리카가 거대했음에도 불구하고, 왕의 사람들은 대부분의 지역에서 자신들의 존재감을 일깨웠고, 또 존경할 것을 요구했다.

포르투갈도 바히아(Bahia)에 중심을 둔 브라질에 비슷한 조직을 세웠으나 스페인이 자신의 식민지에서 이룬 것과 같은 성공은 얻지 못했다. 다른 점에는 몇몇의 이유가 있었다. 간단히 말하면 포르투갈은 스페인이 라틴아메리카에 세운 것 같은 권한이 있는 행정기구를 세울 돈이나 노동력이 없었다. 브라질에 기초를 세우고 난 후 몇십 년이 지나서 포르투갈은 수확할 것이 별로 없는 브라질의 해안보다 향료가 풍부한 극동의 식민지에 더 관심을 기울였기 때문이었다.

식민화에서 첫째로 두드러지는 양상은 지배(government)이다. 두 번째는 아메리카의 부를 착취하는 것이다. 스페인 사람들은 금과 신을 위해서 아메리카를 점령했다는 것을 자유롭게 받아들였다. 식민정부의 가장 중요한 임무 중의 하나는 스페인과 포르투갈이 식민지로부터 될 수 있는 한 많이 수입을 얻는 것이었다. 스페인이 식민지로부터 받는 부의 형태는 주로 은이었다. 우리들은 플로리다 해변에 가라앉은 범선에 있을 스페인의 황금을 떠올리는 경향이 있지만, 정복자들은 그리 많은 황금을 발견하지 못했다. 그러나 은이 필요를 채우기 위해 충분하다고 생각한 양보다 더 많다는 것을 알았다. 스페인이 아메리카를 매우 빠르게 탐사하고 정착한 이유는 정복자들이 멀리, 넓게 광산을 찾아 돌아다녔기 때문이었다. 놀라울 정도로 많은 광산을 발견하였는데, 특히 멕시코 고원과 현재의 볼리비아에서였다. 이 광산들은 식민기간 내내 세계에서 가장 큰 은 생산지였고 유럽의 이웃들은 스페인을 부러워하였다. 아메리카에서 스페인이 가져가서 이윤을 남긴 또 다른 산물들은 붉고 푸른 염료와 초콜릿 콩, 설탕, 가죽, 향신료 등이었다.

포르투갈 사람들도 자신들의 식민지인 브라질에서 성과를 거두었다. 1560년 전 또는 그즈음의 주된 수출 품목은 붉은 염료를 생산하는 나무였다. 그 이후부터 1700년까지는 넓은 장원에서 식민자들이 생산하는 설탕을 주로 수출하였는데, 이윤은 염료보다 더 높았다. 그로부터 50년 후에는 금과 다이아몬드가 브라질 경제의 가장 스펙터클한 생산품이었다. 그리하여 처음으로 내륙에 사는 실질 거주민들을 자극하여 포르투갈로부터 이민이 늘었다. 마지막으로, 식민지 시대의 마지막 50여 년 동안은 설탕무역이 회복되고, 다른 작물, 즉 초콜릿, 쌀 등이 재배되었다.

"착취"라는 용어는 스페인과 포르투갈이 그들의 아메리카 식민지로부터 부를 빼어내는 것을 의미할 때 자주 이용하였다. 그것은 식민 세력이 라틴아메리카에 대해 공정하지 못하고 탐욕스러웠던 것을 의미한다. 다른 여러 이유들이 있지만, 독립 후 라틴아메리카의 여러 나라들이 세계의 다른 나라들보다 매우 가난한 것은 착취의 결과이다. 그러나 스페인과 포르투갈의 착취에 대한 비난은 적절하지도 않고, 확신하기에는 너무 어설프다. 몇몇의 경우에는, 값비싼 수출 품목은 식민자들이 아메리카로 들여온 것이다. 한 예로, 브라질 설탕의 경우나 스페인 사람들이 멕시코로 들여온 소가죽의 경우이다. 또 아메리카에 이미 있었던 것들이 수출되어 부가 된 것도 있다. 즉, 은, 그 부는 땅 위에 떨어져서 스페인 사람들이 주워서 유럽으로 가져가기를 기다리고 있었던 것은 아니다. 모든 경우에, 특히 광산의 경우에 생산물의 성공적인 추출은 새로운 기술을 사용한 결과이며, 자본을 투자했고, 스페인이나 포르투갈이 아메리카에 오기 전에는 알지 못했던 화물운송 방법을 썼기 때문이었다. 아메리카의 부는 엄청났지만 아무리 위대한 정복자나 가장 운이 좋았던 정착자라고 할지라도 맨손으로 가져갈 수는 없었다.

노동의 착취

"착취"는 스페인과 포르투갈의 사람들이 아메리카 원주민의 노동력을 어떻게 사용하였는지 묘사할 때 쓰는 용어라는 것을 부정하지 않는다. 정복된 지 몇 년이 안 되어, 이 생각은 유럽에서 와서 정착한 사람들에게 뿌리 깊이 박혔다. 그리고 몇몇의 신학자와 통치자들도 아메리카의 원주민은 유럽 사람들에 비하여 태어나면서부터 열등하다고 생각하였다. 그리하여 식민자들과 통치자들에게는 한번 정복된 원주민들이 정복자들을 위해 일하는 것이 당연하다고 보였다. 계몽된 스페인 사람들과 포르투갈 사람들은 여기에 반대했지만, 그들의 관점은 이베리아반도의 대중의 의견과는 거리가 있었다. 따라서 아메리카 원주민은 어떤 방법으로든 식민자들을 위해 일하도록 강제되었다. 심지어는 노예가 되는 경우도 있었다. 이와 같은 일은 정복 이후부터 1500년대 중반까지 스페인-아메리카와 포르투갈-아메리카, 양쪽에서 매우 일반적이었다. 1500년대에는, 많은 원주민들이 '엔꼬미엔다(encomienda)'[1]라는 조직에 의해서 스페인 식민자들에게 나누어졌다. 나누어져 식민자들에게 '맡겨진' 사람들은 기독교와 스페인식 생활방법을 가르쳐주는 대가로 식민자들을 위해 일을 하거나 물건이나 현금을 공물로 바쳤다. 식민자들은 자신들에게 '맡겨진 사람'들을 적으로부터 보호했다. 서류에 의하면 엔꼬미엔다는 괜찮은 제도였다. 원주민들은 식민자들의 노예가 아니고 자유인이었다. 원주민들은 식민자들에게 한 서비스의 대가로 신체적인 안전과 스페인 사람들이 생각하기에는 가장 높은 정신적 선물인 '기독교'를 얻었다. 그러나 실제로는 아주 적은 수의 스페인 사람들만 계약에 의한 자신들의 의무를 했을 뿐이고 '엔꼬미엔다'는 흔히 식민자들이 원주민들을 강제로 노동을 시키는 도구가 되었다.

그러나 원주민의 공물과 부역이 오히려 해를 입히거나, 정복자 및 초기의 정착자와 나중에 온 이민자들과 균형이 맞지 않는 경향이 있어서 '엔꼬미엔다'는 곧 사라지고 본국의 통치자들은 식민자들과 원주민 노동력을 공급하는 계약을 선호하였다. 1540년대에는 본국에서 '엔꼬미엔다'를 공개적으로 반대했고, '신탁한' 정착자[2]들로부터 원주민들을 빼내려고 하였다. 특히 정착자들이 원주민들을 과도하게 처벌하는 것을 없애려고 하였다. 1550년부터는 많은 곳에서 파견노동을 실시하였다. 각각의 원주민 마을에서 원주민 남자 성인의 일부분이 매년 일정 기간 동안─일반적으로 한 주에서 한 달 사이─스페인 고용주와 계약한다. 이 계약은 스페인 공무원이 만들어 원칙적으로 노동자들은 주요한 경제활동인 농업, 길과 다리 놓기, 광업 등의 공공근로에 파견되었다.

'선발 노동(draft labor)'이라는 제도도 시작했을 때에는 원주민들에게 '엔꼬미엔다'보다는 부담이 적었다. 동시에 원주민 노동력을 좀 더 효과적으로 이용할 수 있었다. 스페인 고용주들이 노동자들을 균등하게 선발할 수 있었기 때문이다. 그러나 1500년대의 중반기 이후에는 원주민 노동자의 인구는 줄어드는 반면에 정착자들이 필요한 노동자의 수는 늘었다. 그러자 원주민들에게는 선발이 커다란 부담으로 바뀌었다. 결국 원주민들은 선발을 피해 스페인 정착자 개개인에게 자신들을 고용하도록 하였다. 많은 고용주들이 노동자들을 필요로 하였으므로, 원주민 지원자들은 선발 노동보다는 훨씬 좋은 임금을 받을 수 있었다. 노동자들에게 임금을 지급하는 것은 노동력이 부족하고 현금을 갖고 있는 사람들이, 예를 들어 은광에서, 먼저 시작하였다. 1600년에는 멕시코 광산 노동자들의 3분의 2가 높은 임금을 찾아서 온 원주민 지원자들이었다. 1600년대 이후에는 스페인-아메리카에서 임금 노동은 여러 직업에서 보편적으로 이루어졌다. 간단히 말하면, 이전의 노동 계약보다 노동자에게 좀 더 자유가 보장되었고 조건도 나았다. 이와 같이 보면 스페인 사람들에 의하여 원주민들이 가장 착취당했던 시절은 1500년대인 것이 사실이다.

유럽 사람들을 위하여 일하는 원주민 인구가 줄자, 아프리카에서부터 흑인들이 수입되었다. 식민지 기간 동안 정확히 몇 명의 노예가 대서양을 건너 라틴아메리카로 왔는지는 모른다. 그러나 브라질과 카리브 도서지방을 포함하여 300만 명 이상이었다는 것은 분명하다. 흑인이 매우 많이 수입되었던 브라질과 카리브 도서지역에서는 사탕수수 대농장들이 있었다. 아메리카 원주민들보다 흑인이 더 잘 견뎌내며 설탕을 생산하였다. 박해, 노예화, 무엇보다도 병으로 해서 스페인령 카리브 해의 큰 섬에서 원주민들은 16세기 중에 거의 사라졌다. 브라질에서는 원주민이 상당히 살아남았지만 그들은 대농장 노동에 적응하지 못했다. 식민지 시대에 흑인을 수입해오는 서아프리카 해안에 상대적으로 가까웠던 브라질은 흑인을 수입하는 것이 간편하고 싸게 들었다. 게다가 포르투갈은 해안에 노예무역을 하는 식민지와 기지를 대 여섯 개나 갖고 있었다.

스페인과 포르투갈이 아메리카를 점령한 후 원주민의 인구가 급격하게 줄었기 때문에 흑인노예의 수입은 늘어갔다. 급격히 인구가 준 것에는 이유가 있었다. 어느 정도는 정복전쟁 과정의 싸움에서 죽었지만, 대부분은 정복 후에 일어난 사회변화 때문에 죽었다. 유럽 사람들이 좋은 경작지를 차지하였고, 노동 부과의 결과로 원주민의 가족질서가 붕괴되었고, 원주민들은 영양상태가 불량해졌고, 사회적으로는 불안정해지고, 자신들에 대한 낙담, 자신들의 신과 믿음이 너무 쉽게 무너진 것 등이다.

무엇보다도 원주민 인구의 감소에 결정적으로 악영향을 준 것은 유럽 사람들이 갖고 온 질병들이었다. 유럽, 아프리카, 아시아에는 흔하였지만, 지리적으로 분리되어 있었던 아메리카에는 없었던 병들이었다. 결과적으로 감기 또는 이질같이 흔한 병들로 원주민들은 고통을 많이 받았다. 정복과 함께 들어온 병으로서 지금도 위력을 떨치고 있는 것은 천연두이다. 이 병으로 해서 정복된 지역의 원주민 인구는 1500년대에 현격하게 줄었다. 1500년대 말에는 스페인이 정착한 지역의 원주민 인구가 10분의 1 이하로 줄었고 브라질은 그 이하로 줄었다. 많은 원주민들이 숲속 깊숙이 도망갔다. 얼마나 많이 도망쳤고, 얼마나 많이 죽었는지는 정확하게 모른다.

원주민 인구의 끔찍한 감소는 식민지 라틴아메리카 사회－역사의 가장 두드러지는 현상이었고 그 효과 또한 놀라웠다. 흑인노예가 엄청나게 수입되었고, 살아남은 원주민들은 죽은 자들 몫의 일까지 하도록 강제되었다(그들이 임금 노동자가 되기를 택하면 몇몇의 살아남은 노동자들은 높은 임금을 받았다). 그리고 원주민과 백인들의 인구수의 격차가 줄고, 백인과 원주민의 혼혈을 가속화하였다. 결과적으로 라틴아메리카의 피부색은 두드러지게 희게 되었고, 문화적으로는 원래의 원주민의 숫자가 유지되었을 경우보다 훨씬 유럽적이 되었다.

로마가톨릭의 복음화

정복자들이 원주민들에게 강제한 노동과 학대의 관점에서 보면 라틴아메리카를 정복하고 정착하는 두 가지 이유 중의 하나인 로마가톨릭의 복음화의 정신과는 반대되는 것이었다. 사실상 그랬고, 특히 스페인 사람들에게는 사실이었다. 콜럼버스가 대서양을 건넜을 때 스페인은 가장 강력한 가톨릭 국가였고, 그것이 수세기 동안 계속되었다. 스페인 사람들은 여러 가지 이유로 콜럼버스로 인하여 유럽과 아메리카가 연관된 것은 우연이 아니었다고 확신했다. 그들은 당시에 가톨릭 국가들을 이끄는 나라로서 스페인이 그리스도 신앙(물론 그들에게는 유일하고 진정한 믿음이었다)을 전파하기 위하여 아메리카를 정복하고 정착하도록 하나님께 선발되었다고 느꼈다. 스페인 사람들의 몇몇은 전 세계가 복음화하면 예수가 재림하여서 정의와 행복이 천년 동안 계속되는 세계가 올 것이라는 성경의 예언을 믿었다. 분명히 아메리카는 지구의 큰 부분을 차지하였고, 그들이 기독교로 개종하지 않는 한 천년지복은 시작되지 않을 것이다. 아메리카의 복음화는 스페인이 세계 역사에서 중심적 역할을 하도록 하나님이 준 것이다. 스페인이 믿음을 널리 퍼뜨리는 것은 예수 재림을 위해 직접적으로 공헌한 것이다. 그러나 이것을 믿은 스페인 사람들은 적은 수에 불과했고 주로 프란시스코 파의 신부들이었다. 그렇지만 불과 몇 명의 사제들이었다고 하더라도 아메리카 선교에 그와 같은 우주적 의미를 부여하는 것은 당시 스페인의 종교적 열정을 보여 준다.

이 열심으로 정복 후 50여 년간 아메리카의 원주민을 개종하였고, 이후에도 아메리카의 여러 지역을 개종하였다. 주로 프란시스코파, 도미니크파, 아구스틴파에 속한 강인하고 머리 좋은 많은 선교사들이 스페인의 식민지 확장과정에서 일하였다. 그들은 특히 멕시코에서 활발히 활동한 것을 1500년대부터 보존된 교회의 건물에서 볼 수 있다. 몇 백만의 원주민들이 세례를 받았던 것이다. 원주민들의 대부분은 기독교를 이해하지 못했고 자신들의 종교와 기독교의 요소를 섞는 것으로 끝났다. 수사들은 완벽하게 이해하는 소수보다 일부분만 이해하더라도 많은 사람들이 개종하는 것이 좋다고 보았다.

1500년대 중반이 지나면서 스페인의 선교 열정은 여러 이유로 사그라졌다. 하나는 선교사들이 여러 해의 노력과 새로운 도전 끝에 피로해진 것이다. 다른 하나는 그 결과로 스페인이 정착한 중심지에서는 대부분의 사람들이 개종하여서 각각 교구 신부의 품에서 살게 되었기 때문이었다. 선교활동은 아직도 개종하지 않은 먼 곳으로 계속하였다. 이들 중에 가장 잘 알려진 것은 뉴멕시코의 프란시스코 파와 파라과이의 예수회였다.

포르투갈 사람들은 원주민을 기독교로 개종시키는 데에 스페인 사람들보다 훨씬 덜 적극적이었다. 포르투갈 사람들은 처음부터 스페인 사람들보다 종교적으로 덜 열정적 이었고, 식민지를 아프리카와 아시아 그리고 아메리카까지 넓히다 보니 그들의 노력은 깊이보다는 넓게 펼치는 데에 그쳤다. 정확히 말하면, 이렇게 흥미가 적었기 때문에 1550년 이후에 예수회가 브라질로 선교활동 영역을 넓힐 수 있었다. 그들은 스페인-아메리카의 어느 교파보다 훨씬 깊이 식민지 브라질의 종교역사를 지배하였다. 예수회가 선교지를 내륙으로 넓혀간 것이 포르투갈이 1600~1700년대에 또르데시야스(Tordesillas) 협약으로 그은 선보다 더 서쪽으로 진출하는 수단이 되기도 하였다.

결론

스페인과 포르투갈의 아메리카 식민화의 주요 양상에는 신속한 탐사와 정착(특히 스페인 사람에 의한), 신속한 정부 수립(이 점에서도 스페인이 포르투갈보다 훨씬 빨랐다), 정착한 땅의 경제적 고용(개인 식민자뿐만이 아니라 본국을 위하여), 원주민의 노동 착취, 흑인노예의 수입과 기독교의 보급이 포함된다. 몇 과정은 오로지 1500년대에만 이루어졌으나 그 결과는 식민지시대 내내 영향을 끼쳤다. 다른 것들, 즉 땅의 이용과 원자재들, 그리고 원주민과 흑인의 착취는 식민시대 내내 이루어졌다. 이러한 것들은 형태를 바꾸면서 계속되었다. 예를 들어, 노예에서 '엔꼬미엔다(encomienda)'로 그리고 '선발 노동(draft labor)'으로, 마침내 '임금노동(wage labor)'으로 바뀌었다.

시간이 흐름에 따라 식민정부의 강도도 바뀌었다. 스페인-아메리카 행정기구의 형성은 1500년대에 일찍이 이루어진 불굴의 사업이었고, 조직은 한번 세워지자 좀 느슨해졌다. 1500년대 말에 스페인은 유럽에서 문제가 일어나자 상대적으로 본국의 식민지에 대한 관심이 줄었다. 결과적으로 1600년대의 식민 정부는 그 전 시대에 비해 덜 효율적이었고 기강도 무너졌다. 700년대에는 스페인이 다시 힘을 내어 이를 시정하였다. 두 개의 부왕령[1739년 새로운 그라나다(Nueva Granada)와 1776년 쁠라따 강(Rio Plata)]을 추가하였고 여러 면으로 행정을 개혁하였다. 그 결과, 이전 어느 때보다도 스페인 정부의 힘이 강력해졌고, 식민지로부터 들어오는 수입이 그 전의 대여섯 배로 높아졌다. 그러나 1700년대 말이 되자 식민자들은 정부의 압력과 세금부담이 커지는 것에 대해 분개하였다. 이에 따라 그들의 생각은 '자주적인 결정'으로 기울어지다가 마침내는 스페인으로부터 독립하고자 하는 뜻을 밝혔다.

추천도서

Bakewell, Peter. A History of Latin America. 2nd ed. Oxford: Blackwell, 2003.

Bethell, Leslie. The Cambridge History of Latin America. Vols. 1-.2. Cambridge: Cambridge University Press, 1984.

Chevalier, Francois. Land and Society in Colonial Mexico. Berkeley: University of California Press, 1963.

Gibson, Charles. The Aztecs Under Spanish Rule: A History of the Indians of the Valley of Mexico. Stanford: Stanford University Press, 1964.

Haring, Clarence H. The Spanish Empire in America. New York: Oxford University Press,1947.

Hemming, John. The Conquest of the Incas. New York: Harcourt, Brace, Jovanovich, 1970

Lockhart, James, and Enrique Otte, eds. Letters and People of the Spanish Indies: The Sixteenth Century. Cambridge: Cambridge University Press, 1976.

Lockhart, James, and Stuart B. Schwartz. Early Latin America: A History of Colonial Spanish America and Brazil. Cambridge: Cambridge University Press, 1983.

Lynch, John. Spain Under the Hapsburgs. 2 vols. Oxford: Oxford University Press,1964-.1969.

_____. The Spanish—American Revolutions, 1808-.1826. New York: Norton, 1973.

Maclachlan, Colin M., and Jaime E. Rodriguez. The Forging of the Cosmic Race: A Reinterpretation of Colonial Mexico. Berkeley: University of California Press, 1980.

Parry, John H. The Spanish Seaborne Empire. New York: Knopf, 1966.

Phelan, John L. The Kingdom of Quito in the Seventeenth Century: Bureaucratic Politics in

_____. the Spanish Empire. Madison: University of Wisconsin Press, 1967.

Schwartz, Stuart B. Sovereignty and Society in Colonial Brazil: The High Court of Bahia and Its Judges, 1609-.1745. Berkeley: University of California Press, 1973.

_____. Sugar Plantations in the Formation of Brazilian Society: Bahia, 1550-.1835. Cambridge: Cambridge University Press, 1985.

미주

1) 역자주: '맡겨지다'라는 의미의 스페인어이다.

2) 역자주: 초기에 온 스페인 사람들은 '식민자'로, 이들이 정착하여 계속 아메리카에 살게 되자 후대의 사람들은 '정착자'로 필자는 쓰고 있다.

6. 독립 이후의 라틴아메리카

마이클 I. 코니프(박종욱 옮김)

지난 두 세기 동안, 우리가 라틴아메리카로 알고 있는 지역은 일반적으로, 나머지 서양을 거울 삼아 엄청난 변화를 경험했다. 이러한 변화는 식민 상태로부터 독립으로, 군주주의에서 민주주의로, 농업과 목축·채광 경제로부터 산업경제로, 단순한 사회로부터 복합적 사회로의 변화를 포함하고 있다. 역사학자들은 대개 지난 오랜 세월의 연속성을 강조하지만, 현대 라틴아메리카의 경우 변화는 오랜 시간이 걸려야 생성되는 과거로부터의 유산을 분명하게 압도했다.

이 변화는 아주 특별한데 구성원, 지리, 자연자원, 식민 시기로부터 내려온 지역 지배구조 등이 엄청나게 다양하기 때문이다. 이 지역의 새로운 국가들의 창시자들은 그들의 상대인 북아메리카와 유럽에 비해 조직, 시민, 국가적 정체성을 형성하는 데 더 큰 어려움에 직면해 있었다. 이동은 어렵고 돈이 많이 들었다. 많은 수의, 대개 다수의 사람들이 모국어를 말할 줄 몰랐으며 그들의 지도자를 (그들과) 동일시하지 못했다. 몇몇 경제의 많은 부분이 해외로부터 수입된 노동력, 주로 아프리카 노예뿐 아니라 세계의 다른 지역에서 강제로 끌려 온 노동자들의 노동력에 의존하고 있었다. 독립 이후에 나타난 국가들은 민족적, 종교적, 문화적으로 분화되었고 심지어는 해체되기도 하였다.

오늘날 라틴아메리카는 브라질과 관련된 강국들에서부터 카리브 해의 작은 섬에 이르는 30개국 이상의 국가와 약 5억 명의 사람들로 구성되어 있다. 소수의 네덜란드, 프랑스 영토가 식민지로 남아 있지만 이들은 단지 아득한 과거를 떠올리게 할 뿐이다. 대부분의 라틴아메리카 국가들은 민주주의 국가이며, 주로 대통령제를 채택하고 있지만 일부 과거 영국에 의존했던 지역에서 의회제를 시행하고 있다. 개략적인 기록에서 지난 2002년 이래 약 2억 명의 사람들이 선거에 참여하고 있으며, 투표율은 미국이나 여러 서유럽 국가들을 능가한다. 게다가 넓은 영토를 가진 국가들의 경제는 점차 산업화되고 고도화되어 노동인구는 강력한 연대나 연합으로 조직되고 있다. 19세기에 예외적으로 지도자 역할을 하기도 했던 라틴아메리카의 여성들은 21세기에 정치적, 경제적, 문화적, 사회적 영역에서 높이 평가되는 주체가 되고 있다.

일반적으로 라틴아메리카의 '서구화'라고 일컬어지는 이러한 추세는, 이 지역 사람들이 경제거래, 이주 흐름, 세력 진영 및 중심, 기후 및 기상학적 진로, 문화적 변화의 전 세계적 시스템으로 자신들을 휩쓸고 가는 세계적인 힘에 자리를 내주기 시작한 것으로 보인다. 그러나 라틴아메리카는 그들의 정체성을 위협하고 운명을 스스로 조절할 수 있는 능력을 과소평가할지도 모르는 이러한 세계화를 거부하려는 사인을 보내고 있다.

정치 세대

이해가 분명한 것은 아니지만, 라틴아메리카의 리더십은 지난 200년 동안의 세대 속에서 반복되었다. 유사한 국내 상황, 외부 압력, 외국 모델, 지정학적 결정자, 확대된 경제주기, 그리고 기타 요인들이 아마도 이러한 양식화된 진전을 초래했을 것이다.

현대 라틴아메리카의 인식 가능한 첫 번째 지도자 세대는 독립의 선구자로 구성된, 아메리카에서 유럽인들의 법에 맞서 저항한 사람이고 식민주의에 의해 지위가 박탈당했던 사람들이었다. 대부분은 신대륙에서 태어나거나 끄레올 혼혈이었음에도 사회적으로 유복했고 대부분 좋은 교육을 받았다. 대부분은 그들의 삶을 지배하는 식민당국과 멀리 떨어진 군주국에 대항하여 정치적뿐만 아니라 개인적 불만도 가지고 있었다. 이러한 유형의 지도자들에는 콜롬비아의 선동자 안또니아 나리노(Antonio Nariño), 브라질 혁명의 띠라덴띠스(Tiradentes), 베네수엘라인 모험가 프란시스꼬 미란다(Francisco Miranda), 오늘날의 아이티가 된 상 도밍게(St. Domingue)의 프랑스 노동자 정권을 뒤엎어 버린 아프리카인 군주 투생 루베르뛰르(Toussaint L'Ouverture) 등을 포함한다. 이 선구자들은 물질적인 풍요, 결국에는 그들의 삶을 위해 독립을 위한 순교자가 되었다.

다음 세대는 1810~1820년대에 아메리카에서 유럽인들의 지배를 전복시킨 독립영웅들을 포함하고 있다. 그들은 대부분 1780년대에 태어나 계몽주의적 이상과 함께 자라났다. 그들은 부유한 가문 출신인 경향이 있었고, 그들의 관심사는 식민 정권의 관심사를 벗어났다. 가장 으뜸가는 독립영웅은 호세 데 산 마르띤(San Martín)의 뒤를 잇는 남아메리카의 해방자로 알려진 시몬 볼리바르(Simón Bolívar)로, 그는 아르헨티나의 독립을 공고히 하면서 스페인 인들을 칠레와 페루의 일부 지방에서 몰아냈다. 칠레의 베르나르도 오이긴스(Bernardo O'Higgins) 역시 여기에 속하는 인물이다.

영웅을 사칭하는 몇몇 사람들이 독립 시기에 나타났는데, 이들은 타인의 투쟁을 이용하였지만 진짜 영웅들의 용기와 헌신 없이 유럽으로부터의 분리를 선언했다. 이 집단은 멕시코의 아구스띤 이뚜르비데(Agustín Iturbide) 장군, 브라질의 뻬드루(Pedro) 1세, 콜롬비아의 프란시스코 데 빠울라 산딴데르(Francisco de Paula Santander) 대통령 등을 포함한다.

독립전쟁의 종결은 유럽의 침체가 시작된 것과 맞물려 있었으며 일정 기간 동안 전 세계적인 거래, 가격, 수입의 감소를 야기했다. 라틴아메리카는 대출에 대한 채무 불이행 상태에 빠졌으며 국내 생산자들에 대한 보호주의를 통해 이 상황에서 벗어나려 했다. 다음 세대의 지도자들인 군사 독재자(caudillos)들은 이러한 배경에서 권력을 잡았다. 이들 지도자들은 19세기 중반까지 지위를 차지하고 있었으며 위험한 시기 동안 그들의 신생 국가들을 이끌어 나갔다. 독재자들 중의 선구자로는 멕시코의 호세 안또니오 데 산따 아나, 아르헨티나의 후안 마누엘 데 로사스, 칠레의 디에고 뽀르딸레스, 베네수엘라의 호세 안또니오 빠에스가 있다. 군사 독재자들은 강력한 국민적 지도자로 언급되지만, 실제로는 군대를 지휘하는 동안 올라선 것이다. 그들의 강성함과 권위는 또한 공정성, 지성, 용기, 청렴, 위계에 대한 존중과 같은 개인적 자질에서 비롯된 것이다. 그들은 추종자들과 그들에게 충성을 바치는 군대를 모았으며 헌법이 존재함에도 불구하고 그들의 합법성을 굳게 믿었다. 그들은 법이 아닌 명령과 지휘에 의해 다루어졌다. 독재자들은 나라들을 뭉치게 하고 전쟁을 피하며 범죄를 줄이고 경제활동에서의 최저생계수준을 보호했음에도 불구하고 외부 세계에 이 지역에 대한 부정적 인상을 심어 주었다.

19세기 중반, 지역 전체에서 유럽에서와 마찬가지로 자유주의가 약속한 것들에 영향을 받은 더 많은 원칙주의적 지도자들이 세력을 얻었다. 이러한 독재적 현대화의 기수들은 입법부와 헌법에 주의를 기울여서 국민들에게 보다 많은 자유와 평등을 주는 법을 제정하고 군대, 교회, 지주들과 같은 전통적 기관의 특권들을 줄였다. 그들이 시행한 대부분의 개혁은 땅과 노동력의 경제적 가능성을 일으키는 것을 목표로 하여 외국의 투자와 기술들을 매혹시켰다. 이러한 독재적인 현대화 기수의 가장 대표적인 예는 브라질의 뻬드루 2세, 멕시코의 베니또 후아레스, 아르헨티나의 바르똘로메 미뜨레가 있다. 얼마 후에 과테말라의 후스또 루피노 바리오스, 아르헨티나의 훌리오 로까, 멕시코의 뽀르피리오 디아스, 베네수엘라의 안또니오 구스만 블랑꼬로 대표할 수 있는 두 번째 세대들이 떠올랐다. 이 두 세대들에 의해 제공된 안정과 혜택은 철도와 항만설비의 건설, 도시의 근대화, 공유지의 분배, 광산, 농장, 농업, 산업에서의 효율성 증대, 수출 거래의 붐을 이끌었다. 이러한 이유로 19세기 후반기는 흔히 수출경제 시기라고 일컬어진다.

20세기 초, 남아메리카에 새로운 바람이 불어 초기 민중주의자라는 다른 종류의 지도자들을 깨웠다. 이 세대들 역시 원칙주의적이었으나 그들의 목표는 경제 발전에서 정치적 발전으로 옮겨졌다. 그들의 경제는 활성화되었으나 국민들은 고통받고 있었다. 선거와 대표자에 대한 헌법조항들은 그 힘을 잃고 허덕였다. 그리고 보호조치의 부족과 노동자 정권이 사라짐으로 인해 노동자와 농부들, 남성과 여성의 행복은 감소하였다. 초기 민중주의자들 중 눈에 띄는 세 인물은 우루과이의 호세 바뜰레 이 오르도녜스, 아르헨티나의 이뽀리또 이리고옌, 칠레의 아르뚜로 알레산드리이다. 이 지도자들은 근로자들의 권리, 사적 특권에 앞서는 공적 이익, 외국 자본에 대한 규제, 투명하고 깨끗한 선거를 옹호했다. 그리고 대부분의 초기 민중주의자들은 상당히 정직하고 그들의 캠페인 공약을 성공적으로 이루어냈다. 이 세대들의 등장은 이 지역에서의 민주주의의 시작으로 기록된다.

이 시기 다른 세대들도 등장했는데, 이들은 카리브 해 연안의 독재자들이었다. 그들은 원칙보다는 탐욕과 방종을 일삼았다. 부패한 군부로부터 보장받은 권력으로, 독재자들은 국가적 사업(공공사업과 설비 신축, 외국 법인의 유치, 국내 기업의 확장, 세금 징수)에 착수했지만 결코 서민들을 살피지 않았으며 일반 복지와 관련한 어떤 관심도 기울이지 않았다. 그들은 가당찮게 공공지출을 통해 자신들의 재산을 살찌웠다. 이 세대들의 대표적인 예로는 과테말라의 마누엘 에스뜨라다 까브레라, 쿠바의 마리오 가르시아 메노깔과 헤라르도 마차도가 있다. 그들의 경제가 과도하게 미국시장과 월 스트리트의 은행들에 의존하면서부터, 독재자들은 워싱턴(미국 정부)과 가까운 관계를 유지해 나갔다. 그들은 그와 그의 가족들이 즐길 수 있는 지위와 부를 지키기 위해 필요할 때에는 소름끼치는 폭력과 억압을 사용할 수 있었다.

모든 리더들이 필요한 개혁을 이루기 위해 선거를 통해 권력을 얻은 것은 아니었다. 거의 동시다발적으로 혁명 세대들이 일어나 독재자와 정부 이권단체에 대항하는 반란군을 이끌었다. 1910~1920년의 멕시코 혁명은 가장 잘 알려진 경우로, 빤초 비야와 에밀리아노 사빠따와 같은 악명 높은 게릴라들이 이끌었으나, 이 시기에 다른 집단들도 많았다. 브라질의 루이스 까를로스 쁘레스떼스는 1922년에 처음 저항한 몇천 명의 저항군 장교와 군인들과 협력하여 그의 나라의 오지를 도는 거대한 행진을 이끌었다. 그리고 니카라과에서는 아우구스또 산디노가 자신을 붙잡으러 온 미 해군뿐 아니라 자국 군대에 대항해 게릴라 행동을 시작했다. 이들 혁명가 중 소수만이 권력을 가지고 그들의 프로그램을 실행했으나, 그들의 용기와 전술은 이후에 더욱 성공적인 혁명 세대들에게 영감을 주었다.

카리브 해 연안의 고전적인 독재자 세대는 1930년대의 대공황 이후 기간에 나타났다. 그들의 전임자들과 마찬가지로 공허하고 부패했으며 권력에 목마르고 돈에 좌우되었던 이 세대는 미국에 대한 의존과 그 관계에서 의견을 달리했다. 프랭클린 루즈벨트 대통령 재임기간 동안 정책이 바뀌었기 때문에 미국은 라틴아메리카 국가들에 대한 군사적 침입을 피했다. 그러나 쿠바, 니카라과, 도미니카 공화국과 몇몇 나라들의 경우, 이들 국가의 불안정은 미국이 자국의 이익을 보호하고 질서를 유지할 수 있는 효율적인 방위군 형성을 지속하도록 만들었다. 카리브 해 연안의 고전적 독재자 세대의 가장 잘 알려진 예는 니카라과의 아나스따시오 소모사, 쿠바의 풀헨시오 바띠스따, 도미니카 공화국의 라파엘 뜨루히요가 있다. 그들은 수십 년 동안 지배하거나 그들의 자녀 혹은 친구들에게 권력을 넘겨주었다.

제2차 세계대전이 끝난 후에, 새로운 민중주의 세대가 남쪽의 원뿔 지역(브라질, 파라과이, 우루과이, 아르헨티나, 칠레를 포함한 지역)에 국한되지 않고 라틴아메리카 전체에 나타났다. 다시 찾아온 평화와 서구 민주주의의 승리는 이 지역에서의 선거를 통해 뽑힌 정부에 대한 내외부적 요구를 강화시켰다. 미국은 정식으로 선출된 대표자들을 지지하며 독재자들이 물러나도록 압력을 넣었다. 20세기 중반에 고전적 민중주의자라고 불리던 이들은 정치 캠페인, 선거, 미디어, 행동을 혁명적으로 변화시켰다. 대표적인 인물은 아르헨티나의 후안과 에비따 뻬론, 브라질의 헤뚤리오 바르가스(1945년 이후), 에콰도르의 호세 마리아 벨라스꼬 이바라, 베네수엘라 로물로 베딴꼬르트이다. 고전적 민중주의자들은 자신들을 국민의 사람, 가난한 이들의 보호자, 국가의 방어자, 전통적인 부패한 정치인들의 적으로 규정하였다. 그리고 이를 넘어서서 대중문화에 호소하고 인쇄매체와 전자매체를 능숙하게 이용했다. 그들은 노동자들과 농부들에게는 더 나은 삶을, 여성들에게는 원조와 투표권을, 기업가들에게는 번영 등 거의 모든 사람들에게 무언가를 약속했다. 또한 그들은 자동차, 버스, 기차, 비행기, 심지어 말을 이용해 폭넓게 여행함으로써 가능한 모든 선거구를 방문했다. 그들은 지치지 않는 운동가들이었으며, 피곤해하지 않는 연설가들이었다. 그들은 각각의 모든 유권자들과 개인적인 유대감을 가진 인상을 심어 주려고 힘썼다.

고전적 민중주의자들은 다양한 배경을 가지고 있으며 이데올로기에 따른 손쉬운 구분에 대항했다. 이 세대는 그들이 어떤 것을 했는가보다는 경쟁적 선거에서 어떻게 권력을 얻었는지에 따라 더 많이 정의된다. 몇몇은 사회의 주요 구조적 변화에 관심을 가졌고, 다른 사람들은 계획 없이 표류했다. 몇몇은 중요한 성과들로 기억되고, 다른 사람들은 무능력과 부패함으로 제거되었다. 그러나 그들이 시행한 전면적인 변화 중 하나는 고위직을 얻기 위한 하나의 방법이 될 수 있는, 가능한 한 넓은 참여를 바탕으로 한 직접적이고 깨끗한 선거에 대한 요구였다. 제2차 세계대전부터 21세기 초까지, 유권자들의 참여는 2천만 명 이하에서 2억 명 이상으로 늘어났다. 그동안 민중주의자들과 다른 이들은 대부분의 국가에서 여성, 문맹자, 이민자, 16세 소년, 군인들(의 권리)에게 선거권을 확대했다. 대중 정치의 도래는 세기 중반의 민중주의자들의 대두로부터 시작되었다.

혁명가들의 새로운 세대는 마찬가지로 20세기 중반에 나타났는데, 도시와 시골 모두의 다른 지도자들에게 영향을 주었다. 이러한 지도자들은 쿠바의 피델 까스뜨로와 에르네스또 '체' 게바라, 니카라과의 다니엘 오르떼가로 대표되며 현대적인 조건하에서 도시 빈민층이나 농업지역 사이에서 구식 전쟁형태를 수행하였다. 중요한 것은 그들이 미국과 소련 사이의 냉전구도 속에서 혁명적 체제를 수립했다는 것이며, 그로 인해 전임자들의 안전을 위협하는 위치에 놓였다. 라틴아메리카는 까스뜨로의 성공 이후 갑자기 국제관계에서 더 위험하고 복잡한 지역이 되었다.

새로운 혁명가들은 올바른 전략을 가진 소규모의 게릴라전이 광대하고 큰 무장군인들을 패배시킬 수 있다는 것을 보여 주었다. 그들은 선전과 심리적 전술이 혁명적 투쟁에서 중요한 역할을 한다는 것 또한 보여 주었다. 마침내 그들은 상대적으로 작은 나라가 미국에 맞서 살아남을 수 있다는 것을 입증했다. 정권을 잡고 있을 때, 혁명가들은 사회주의자로서의 본성에 중요한 구조적 변화를 가하고 세습 가문과 소유권에 대한 엄청난 대이동을 이끌었다. 그들은 대부분의 주요 기업들을 국영화하였으며 자본주의 세계로부터의 무역과 투자, 대부분의 국제 금융기관들로부터 그들 스스로를 고립시켰다. 지역 전체에서 젊은 지도자들이 오늘날 세계의 마지막 공산주의 영웅 중 하나로 남은 쿠바의 피델 까스뜨로가 이룬 성취를 되풀이하기를 열망했다.

1960년대 잇따라 일어난 우익 주도의 쿠데타는 군 최고사령부 세대들에게 전례 없는 주목과 권력을 가져다주었다. 한때 남아메리카인의 대부분은 이러한 군부체제하에 있었다. 다른 초기 독재자들과 달리, 그들 중 일부는 군인이면서도 개인적으로 권력을 차지했고 이 세대의 관리들은 그들의 국가를 지키고 정치와 경제를 정화하는 기관의 지도자 역할로서 통제를 가했다. 때때로 국가적 안보 상태로 간주된 그들 정권은 전임 지도자들-민중주의자 혹은 다른 무능력자-에게 권력을 맡길 수 없었다는 것을 전제로 행동하였다. 그들은 국가를 좌익 선동과, 적어도 붕괴와 무질서의 상황으로 몰고 갔다. 어느 경우나 군 지도자들은 공산주의 혁명과 같은 사회적 질서의 붕괴를 막는 것을 그들의 임무로 보았다. 이러한 지도자들로는 아르헨티나의 호르헤 비델라, 브라질의 움베르또 가스뗄로 브랑꼬, 칠레의 아우구스또 삐노체뜨가 있으며, 그들은 내부 결속과 군대의 능력이 그들의 나라를 구하고, 경제 발전을 일으키며 국제관계와 국민적 연대를 강화시킬 수 있으리라고 믿었다. 물론 그들은 필요한 경우에 국가 내외적 전투 또한 치렀다.

1970년대와 1980년대가 지날수록, 군사정권의 많은 목표와 공약의 실현이 실패하면서 그들은 점점 인기가 떨어졌고, 때때로 재앙 직전의 상황까지 이르렀다. 군부 지도자들은 그들 스스로 정부를 해산시키기 위해 때때로 점진적이거나 갑작스럽게 일반인들에게 권력을 돌려주는 방법을 취하기도 하였다. 처음에는 '개시', 나중에는 '과도기'와 이후 '민주화'로 불린 이 과정은 1980년대 여러 차례 일어났다. 삐노체뜨는 권력을 내놓은 마지막 인물로, 공교롭게도 국민투표에서의 패배 이후 1990년 자리에서 물러났다.

군부에서 출발하여 통치를 행했던 지도자 세대는 이질적인 것으로 드러났다. 페루의 페르난도 벨라운데 떼리, 아르헨티나의 라울 알폰신, 브라질의 주제 사르니와 같은 노련한 정치인들은 대개 그들의 행정부와 합의를 이끌어내는 데 실패했다. 일반화된 경기불황과 마찬가지로 해결 불가능한 경제적·사회적 문제들이 그들에게 달라붙었다. 누구도 생존 가능한 집권당을 만들어내지 못했다.

현대 라틴아메리카에서 마지막으로 정의될 수 있는 세대는 1990년대부터 나타난 신민중주의자들로 구성되어 있다. 그들의 전임자들과 마찬가지로, 그들도 일반 국민들의 발전을 약속하면서 국가주의를 홍보하여 지지자들 사이에서 선거 참여와 충성을 만들어내기 위해 노력했다. 그들은 그 어떤 세대보다 미디어, 공적 관계, 투표도구를 다루는 데 능숙했다. 이전 민중주의자들과 이 세대 간의 가장 큰 차이점은 그들이 경제적 국가주의를 버리고 관세인하, 사유화, 친비즈니스적 자세와 같은 신자유주의적인 개혁에 호의적인 친노동정책을 행한 데 있다. 가장 두드러진 신 민중주의자들은 브라질의 페르난도 꼬요르 데 멜루, 페루의 알베르또 후지모리, 아르헨티나의 까를로스 메넴이다. 꼬요르는 재직 중에 심하게 휘청거려 탄핵당했지만, 후지모리와 메넴은 성공적으로 임기를 마치고 재선되었다.

앞서 살펴본 라틴아메리카에서의 여러 지도자 세대들은 모든 국가를 포함하고 있지는 않지만 대신 이 지역을 아우르는 정치적 경향을 폭넓게 보여 준다. 멕시코는 1910~1920 혁명 이래 이러한 진행을 따르고 있지 않은데, 멕시코인들 삶의 거의 모든 측면에 영향을 미친 사건으로 인한 엄청난 충격 때문이다. 하나는, 특히 알바로 오브레곤, 쁠루따르꼬 엘리아스 까예스, 라사로 까르데나스와 같이 20년간 정치를 장악했던 군인 장군들이 정당에서 떠났으며, 이후 70년간 혁명제도당이 나라를 다스렸다. 1946년에 선출된 미겔 알레만으로 시작된 법을 훈련받은 당수들의 오랜 계승은 대통령직을 차지하였다.

그러나 1982년에 세계적 경제 불황으로 인한 경제적 위기에 부분적으로 대응하기 위해 혁명제도당은 경제학자인 미겔 데 마드리드를 대통령으로 선택하였다. 이후의 두 대통령도 마찬가지로 경제학자였다는 것은 혁명제도당이 국민소득과 일자리 증가에 높은 관심을 두고 있었음을 보여 준다. 1994년에 경제학자 대통령들은 북미자유무역협정(NAFTA) 내에서 미국, 캐나다와 함께 참여하는 거대한 도박을 걸었다. 1990년대 멕시코 경제는 주로 그들의 북쪽에 있는 무역 상대들의 경제적 부 때문에 안정되었다. 하지만 NAFTA의 결과는 정당에 대한 멕시코인들의 충성을 지속할 수 있을 만큼 충분히 긍정적이지는 못했다. 2000년에 그들은 반란을 일으키고 반대파인 국민행동당(PAN)의 비센떼 폭스를 대통령으로 선출하는, 진정으로 정치적인 지각변동을 일으켰다. 전직 사업가이자 주지사였던 폭스는 북부에서 불법으로 거주하고 있는 수백만의 멕시코인의 지위를 정식화하기 위해 경제를 강조하면서 미국과 친밀한 관계를 맺으려는 노력을 계속하였다. 그의 노력은 적은 결실을 맺었으나 2001년 9월 11일 테러리스트들의 공격으로 인해 미국은 국경 수비를 강화하면서 멕시코와의 건설적인 관계를 외면하였다.

2006년 대통령선거에서 대중은 잘 알려지지 않은 PAN 지도자인 펠리뻬 깔데론과 맹렬하게 움직이지만 결함을 가진 혁명제도당 후보, 그리고 좌파 민주혁명당(PRD) 출신의 화려한 민중주의자인 안드레스 마누엘 로뻬스 오브라도르 사이에서 극적인 선택을 하였다. 선거는 깔데론과 로뻬스 오브라도르 사이에서 일어난 사실상의 연대로 선거 개표는 일주일이나 시간을 끌었다. 선거법원(선거관리위원회)은 여러 달 동안의 항의를 이끌어낸 결과로 마침내 깔데론에게 유리한 판결을 내렸다. 이것이 논쟁의 여지가 되었던 만큼, 멕시코의 정치 시스템이 상대적으로 단기간 동안 경쟁적이고 예측할 수 없게 발전해왔음을 보여 주었다.

경제 주기

정치 분야에서의 세대계승과 유사하게, 라틴아메리카의 경제사도 밀려드는 기술, 이민, 경제이론과 함께 일련의 전 세계적인 비즈니스 주기를 따라갔다. 주된 확장기는 1816~1828, 1840~1869, 1880~1891, 1898~1914, 1920~1929, 1946~1972, 1990~2000년 동안 나타났다. 마찬가지로, 주된 불경기나 공황은 1830년대, 1870년대, 1890년대, 1930년대, 1980년대와 21세기 초반에 나타났다. 이 확장기와 불황기들은 삶의 질과 사람들 사이의 사회경제적 상호작용에 영향을 주었다.

라틴아메리카 최초의 경제적 호황기는 독립을 위해 싸우던 마지막 시기와 동시에 일어났으며, 남반구 전체에서 균일하게 경험되지는 않았다. 멕시코와 볼리비아같이 은 수출에 의존하는 국가들은 큰 혼란을 겪으며 초기 독립국가 시기 생존을 위해 몸부림 쳤다. 전투가 덜 극심하게 일어나고 생산이 다시 살아날 수 있었던 국가들은 1820년대 의 시장이 원자재를 매우 선호한다는 것을 경험했다. 이것은 특히 브라질의 설탕, 면화, 커피, 가죽 수출에 해당했다. 호황은 영국 은행들로부터의 대출과 이 지역에 파견된 유 럽과 미국 무역사절단의 활발한 활동에 의해 뒷받침되었다. 이 주기는 1830년대 북대 서양 지역의 공황으로 인해 끝났다.

1840년대에 멕시코의 은 생산은 증가하기 시작했고, 브라질의 새로운 작물이었던 커피와 카카오는 (이것들을) 갈망하는 유럽과 미국시장을 찾아냈다. 베네수엘라, 콜롬 비아, 코스타리카는 그들의 커피 생산을 확장했고 베네수엘라와 에콰도르는 카카오 수 출을 늘렸다. 아르헨티나는 이주민 양치기들을 활용해 생산해낸 양모를 포함하여 그들 의 수출품들을 다양화하기 시작했다. 아직 스페인의 식민지였음에도 쿠바는 라틴아메 리카에서 처음으로 산업혁명에 일꾼들을 고용한 국가가 되어 철도, 증기기관, 제철장 비를 만들었다. 슬프게도, 이 10년간 기록적인 수의 아프리카 노예들이 쿠바와 브라질 로 수입되어 왔다. 이 부당한 거래는 1860년대까지 완전히 끝나지 않았다.

1850년대에 부상한 독재적 개혁자들은 기업 관련법을 개선하고 외국 투자자들을 유 치했으며, 이주자들을 받아들이고, 운송 기반시설에 보조금을 주는 등의 방법으로 이 러한 확장을 강화하였다. 캘리포니아에 새로운 시장의 도래와 세기 중반 이후 구리 가 격의 회복과 함께 칠레의 수출이 증가했다. 상당한 정도의 이러한 경제성장은 유럽 산 업화에서의 제2의 물결과 수백만의 이민자들이 미국 중서부를 차지한 데에서부터 그 힘을 얻었다. 설탕, 커피, 코코아, 럼 주, 곡물, 육포와 같은 주요 작물들은 세기 말까지 지속적으로 높은 가격을 유지했다. 페루에서 생산된 엄청난 양의 인조 질소비료와 칠 레의 질산비료는 유럽과 미국 동부 해안의 농장들을 비옥하게 하였다. 반면 북부의 산 업은 점점 많은 양의 활엽수, 비귀금속, 면화, 가죽, 질산칼륨을 소비하였다.

대서양 경제의 침체는 1870년대, 그리고 1890년대에 한 번 더 라틴아메리카 상품에 대한 수요를 막았지만, 전체적인 추세는 급격히 상향선을 그렸다. 아르헨티나와 우루과이는 대초원 지역에서 정육공장, 곡물수출, 양모생산과 더불어 진정한 혁명을 경험했다. 증기 탈곡기와 수확기기는 경작되는 땅을 배로 늘게 했다. 브라질이 북쪽으로 커피농사를 아무리 빨리 확장해 나간다 해도 1890년대까지 세계적인 수요를 충족시킬 수가 없었다. 유럽 기업들은 남아메리카를 가로지르는 철도를 건설했고 미국은 멕시코에 철도를 건설했다. 항만시설은 철제 선체를 가진 대서양 횡단 증기선들을 수용하기 위해 개선되었다. 수백만의 유럽인들이 농업혁명에 참여하기 위해 남아메리카, 특히 아르헨티나와 브라질로 떼 지어 몰려왔다. 그래서 침체기에도 불구하고, 라틴아메리카 수출경제의 황금기는 1920년대까지는 실제로 끝난 것이 아니었다.

원자재와 식료품 수출이 이 시기 동안 라틴아메리카 경제를 지배했지만, 중요한 산업적 확장 또한 일어났다. 식품과 음료 가공이 의류, 직물, 건축재, 소비재의 뒤를 이어 확장을 이끌었다. 이러한 많은 제조회사들은 제휴나 결혼을 통해 국가적 엘리트로 합류한 유럽인들과 미국 이민자들의 소유였다. 멕시코, 브라질, 특히 아르헨티나와 같은 몇몇 선진 경제체제들에서 수요와 가격 감소를 막기 위한 방법으로서 자본이 점점 1차적 생산에서 산업으로 옮겨갔다. 게다가, 몇몇 정제설탕, 보존 처리된 담뱃잎, 럼주, 섬유, 반가공된 철광석, 말려서 보존 처리한 카카오, 질산칼륨과 같은 1차적 수출품들은 운송 이전에 가공되었다.

새롭고 특이한 산물들은 20세기에도 쇄도하는 수출량을 유지했다. 자메이카와 중앙아메리카 후방에서 재배된 바나나들은 외국에서 익도록 하기 위해 냉동 처리되어 운송되었다. 아마존에서 채취한 고무는 전기기기, 자전거, 자동차의 시기에 만능 재료가 되었다. 열대 해안가의 코코넛 농장에서 재배된 코프라는 북쪽의 식품산업을 위해 먹을 수 있는 기름으로 바뀌었다. 남부 멕시코의 치클은 씹는 껌이 되었다. 열대 지역의 허브, 향신료, 양념들은 북쪽의 소비자들의 미각을 만족시켰다.

1920년대 대부분의 라틴아메리카는 전 세계적 무역과 생산 시스템에 전적으로 통합되어 있었다. 유럽과 미국 투자자들은 토착 자본이 경공업에 투자하는 동안 중공업 성장에 더 많은 지불을 승인하였다. 기술과 이민자들 역시 해외에서 유입되었다. 1880년에서 1930년 사이에 약 2천만 명의 외국인들이 라틴아메리카로 이주하였으며, 문자 그대로 도시와 지역 전체의 성격을 바꾸어놓았다.

제1차 세계대전은 라틴아메리카를 잠정적으로 자본과 시장으로부터 떼어놓았으며, 대공황은 이를 더 명백하게 만들었다. 1945년까지 지역경제는 두 번의 세계대전과 현대의 가장 극심했던 공황 때문에 두드러지게 변화하였다. 은행업과 재정은 적절하게 발전하여, 경제는 더 이상 전처럼 외국 투자금에 의존하지 않았다. 1860년대와 1870년대 초창기의 노력에서부터, 원주민들과 이주민 가정들은 지역 산업을 경영할 수 있는 은행과 보험사들을 발전시켰다. 큰 나라들에서는 제조업자들이 대부분의 소비재와 상당한 양의 필요한 자본재를 공급했다. 어떤 경우, 이민자들은 실제로 그들의 가게와 연구실에서 새로운 기술을 개발하였다. 아마도 가장 두드러지게, 유럽에서 건너온 전통 경제이론을 믿고자 하는 라틴아메리카의 의지는 사실상 끝이 났다.

19세기 전반에 걸쳐 두 가지 이론이 우세한 경제적 행동을 이끌었는데, 하나는 전통 스페인 자본주의였고 다른 하나는 데이비드 리까르도와 아담 스미스와 같은 계몽주의 작가들로부터 유래한 고전 자유주의였다. 전자는 토지, 기계, 동물, 건물, 현금 형태의 자본이 노동력의 활용을 통해 상품을 만들어낼 수 있게끔 할 수 있다고 평가하였다. 고정자산을 소유하고 노동력을 강요할 수 있는 능력은 전통적 경제에서 중요했다. 그래서 자본을 보호하고 법률을 만들어내며, 시장을 보호하고 사업을 위한 규율을 마련하기 위해 필요 이상의 권력이 들어갔다. 19세기에 성공적인 사업들의 대부분은 이러한 전통적인 가족기반 유형을 따랐다.

자유주의의 새로운 생각들은 진보적인 선구자 세대들로부터 그들의 추종자를 찾았고, 독재적 현대화의 기수들에 이르러 그들로부터 널리 받아들여졌다. 이러한 관점에서 생산(기술과 함께 오는 토지, 노동력, 자본) 요소들은 수익성 있는 사업을 위해 독창적인 방식으로 합쳐져야 했다. 정부들은 국민들의 사업적 노력을 가능한 한 적게 제한해야 했고, 자유방임주의로 알려진 정책을 시행했다. 자유주의는 각각의 국가가 세계

시장에서 그들의 경쟁우위를 추구해야 한다는 입장을 견지하였는데 이는 소위 노동력의 국제적 분화라고 일컬어졌다. 만일 유럽이 값싸고 믿을 만한 제품을 만들어낸다면, 라틴아메리카는 열대농업과 광산업에 집중해야만 한다는 것이었다. 이러한 무역조건은 그들의 거래에서 양쪽 모두의 이익을 가져다주었다.

만약 일부 힘 있는 가문이나 조직이 땅을 독점했다면, 노동자와 정권, 대부분의 사람들은 생산적인 국민이 되는 것을 결코 바라지 않았을 것이다. 라틴아메리카의 경우, 자유주의자들은 경제성장의 장애물로 국유지의 확대, 아메리카 인디언 보호지, 교회, 아프리카인과 아메리카 인디언들을 상대로 한 강제노동의 확대, 높은 관세, 이민에 대한 사회 종교적 장벽, 천연자원 개발 제한을 꼽았다. 이러한 장애물 제거를 옹호하는 사람들은, 특히 군과 교회같이 그 힘을 잃게 될 집단들의 격노를 불러일으킬 만한 거대한 개혁 프로그램을 시작했다. 베니또 후아레스는 '혁명'으로 통칭되는 대담한 개혁을 실행하였으며, 과테말라의 마리아노 갈베스, 베네수엘라의 리베랄 올리가르치, 콜롬비아의 호세 일라리오 로뻬스 장군 등도 마찬가지였다. 이러한 프로그램들은 반대와 심지어는 멕시코에서 개혁전쟁으로 알려진 내란을 불러일으켰고, 자유주의자들의 우세에 종지부를 찍었다. 이러한 개혁이 없었다면 이후의 경제호황은 일어나지 않았을 것이다.

1870년대 이후 우세해진 자유주의 이론들은 교리화되어 대공황 이전까지 군림하였다. 이 이론들은 낮은 관세, 공공기관의 사유화, 노동력의 국제적 분화, 재산 소유권의 보호, 통화안정(금과 연관된), 외국 이민자와 투자에 대한 개방, 미온한 노동자조합을 강조하였다. 위에서 언급했듯이 이러한 것들은 관세보호 혹은 비싼 국제 화물운송비용과 함께, 라틴아메리카에 중요한 산업이 설립되는 것을 막지 않았다. 멕시코와 브라질에서는 정부 지도자들은 자주 자유주의 이상을 향해 입에 발린 말을 하는 국내 생산자에게 편애를 보였다. 그들은 운송시스템 보조금, 상품가격지원, 세제혜택, 낮은 이자, 보호관세를 통해 이를 행하였다.

제1차 세계대전 동안 북대서양 경제로부터 나온 라틴아메리카의 고립과 전쟁으로 인한 죽음과 파괴에 대한 공포는 유럽 철학과 모델에 대한 라틴아메리카의 믿음을 뒤흔들었다. 실제로, 1920년대에 많은 나라들이 전통적 상대들과 종래의 상품을 거래하는 것으로 되돌아섰지만, 최근 미국은 라틴아메리카의 경제적 리더십에 도전하고 있다. 통신, 선적, 금융도 미국으로 옮겨지는 경향이다.

대공황은 19세기의 자유주의적 모델에 대한 믿음을 더욱 부식시켰다. 거래는 무너졌으며, 국가는 대출금에 대한 채무불이행 상태에 빠졌고, 사업은 망하고, 통화는 폭락했으며 전체 경제시스템은 산산조각 난 것처럼 보였다. 국가지도자들은 거래를 위해 상품에 대한 교환이나 카르텔화와 같은 새로운 방법을 찾았다. 어느 날의 작은 실수가 다시 세계전쟁으로 확대될 것처럼 여겨질 만큼 치열하게 다투는 양상이었다. 존 매이너드 키니스는 이미 대공황으로 인한 파괴에서의 회복을 약속하는, 고전 자유주의에 대한 개정안을 제시했었다. 프랭클린 루즈벨트는 미국의 정책(기조)을 근본적으로 바꾸었으며 공공사업과 대외원조에 연방정부의 돈을 사용하였으며, 일자리 창출과 경기 회복을 촉진할 수 있도록 양자 무역회담을 개최했다.

라틴아메리카 지도자들은 그들 나라에 닥친 대공황의 충격을 완화시키기 위해 특이하고 때때로 독창적인 조치를 취했다. 멕시코는 공유지 혹은 '에히도'라는 적어도 생존이 가능한 지역에서 인디언들과 농부들의 재정착을 촉진시켰다. 브라질은 알코올 연료 엔진을 시험하고 세계 시장에 커피 제공을 보류했다. 아르헨티나는 영국과 무역특혜조치를 통해 거래했다. 칠레는 경제발전을 촉진하기 위해 국영 투자은행을 만들었다. 라틴아메리카 전역에서 국내 제조업자들은 이전에 수입품들이 그 역할을 했던 것처럼 대담하게 소비시장으로 이동했다. 이로써 한 시대가 저물었다.

전쟁 이후 라틴아메리카인들은 주요한 국내외적 영향으로 점점 대안 경제이론을 받아들였다. 이 이론은 칠레 산티아고에서 새로 만들어진 라틴아메리카 UN 경제위원회의 조사로부터 나왔다. 이 기관의 근본적인 주의(主義)는 20세기 초반 이후 1차 산품들의 거래가 제조업 상품에 비교해서 하락세를 겪고 있다는 것이었다. 이것은 라틴아메리카가 유럽이나 미국과 같은 수준의 수입액을 유지하려면 더 많은 양의 상품을 보내야 한다는 것을 의미했다. 게다가 그들은 경제규모, 제조수요에 대한 유연성, 과점적 가격 책정과 기술 우위에 따라 얻어지는 생산성 때문에 거래에서의 불리한 조건에 있음을 주장했다. 라틴아메리카가 따라잡을 수 있는 유일한 길은 그들 또한 산업화하는 것이었다.

라틴아메리카 UN 경제위원회는 수입대체산업화라고 불리는 전략을 제안했다. 이 모델에서, 국가는 수입국과 경쟁할 만한 수준이 될 때까지 새로운 산업을 보호하기 위해 관세를 매길 수 있었다. 결국 그들은 그들의 경쟁자들만큼 능률적이고자 했다. 둘째로, 라틴아메리카 UN 경제위원회는 지역에서 가장 가치 있는 자산인 토지, 노동력, 자본, 천연자원이 비생산적 제도와 관련되어 있다고 주장했는데, 이 중 대부분은 19세기 중반에 자유주의자들이 주장했던 것이었다. 토지개혁, 주거, 노동자 교육, 세제개혁, 보건 향상 등의 구조적 개혁은 그들의 가능성을 촉발시키기 위해 필요했다. 마지막으로, 라틴아메리카 UN 경제위원회는 경제성장에 자금을 조달하기 위해 적자 지출과 시장 확대를 위한 관세동맹을 통한 비정통적인 방법을 제안했다. 이 새로운 이론은 두드러지게 그들 스스로에게 정통적 방법이 되었으며 심지어는 1960년대에는 존 케네디의 '발전을 위한 동맹(관계)'에 영감을 주는 역할을 하기도 하였다.

제2차 세계대전 이후의 민중주의자 세대의 대부분은 산업화와 함께 산업화된 세계로부터 경제적 독립의 지위를 얻기 위해 라틴아메리카 UN 경제위원회 전략을 따랐다. 그들은 ISI를 받아들여서 토지와 세금개혁을 시행하고, 읽기/쓰기 교육과 공중보건을 위한 프로그램을 시작하고, 모든 계층에 대한 교육에 투자하였다. 적자 지출은 너무 과하게 진행되어 종종 장기간에 걸친 인플레이션을 유도하기도 하였다. 한동안 관세동맹 (예를 들어 중앙아메리카 공동시장, 라틴아메리카 자유무역지대, 안데스 협정, 카리브해 CARICOM)이 진행되었으나 장기적으로 그들이 이룬 성과는 적었다.

1960~1980년대의 군사 체제는 민중주의자 시대의 과도함을 청산하기 위해 신자유주의 정책을 받아들였다. 그러나 상황은 호락호락하지 않았다. 오직 칠레만 노골적으로 시카고 학파의 경제학자들에 의한 자유방임적 접근을 시행했다. 브라질, 아르헨티

나, 우루과이에서는 성장을 촉진하고 지불위기의 균형과 화폐를 강화하고 매년 현장으로 배출되는 젊은이들에게 일자리를 마련해 주기 위해 광포하게 시도된 초기 신자유주의적 실험이 실패로 돌아갔다. 신자유주의는 그야말로 결과를 창출하는 데 너무 오랜 시간이 걸렸다. 이단 혹은 마구 뒤섞인 정책이라 불리며 부상한 이 정책은 이 시기의 문제를 해결할 수 있다고 여겨졌다. 어디에서도 재정장관 델핌 네토의 지배권 아래의 브라질만큼 이단이 선언된 곳이 없었다. 마침내, 경제 운영의 실패는 군부가 권력을 내놓도록 한 결정을 내리는 데 중대한 원인이 되었다.

1980년대에는 라틴아메리카의 대부분에서 이러한 재정문제가 있었으며, 그래서 이는 종종 '잃어버린 10년'으로 불린다. 스태그플레이션과 초인플레이션, 에너지 위기, 실업, 채무불이행과 연속적 상환 연장, 실패한 보호주의, 자본 도피와 잘못된 경영이 이 지역에 유착해 있었다. 멕시코, 베네수엘라, 에콰도르와 같은 석유부국들은 그들 스스로 그들의 자원을 효율적으로 사용할 수 없다는 것을 깨달았다. 석유가 없자 그들은 알코올 연료, 핵발전소, 석탄, 거대한 수력발전 프로젝트와 같은 극단적인 방법에 의지했다. 결국 이 지역은 대서양 경제가 1990년대 초반에 회복되기 시작할 때까지 침체기에서 탈출하지 못했다.

이 시기부터, 신자유주의적 정책들이 대부분의 지역에서 새로운 정설이 되었다. 칠레는 1980년대 수출 중심의 성장을 위한 모델로 이를 받아들였다. 미국에서 교육받은 경제학자인 멕시코 대통령과 비센떼 폭스는 확실히 이 길을 따랐고, 아르헨티나, 브라질, 페루의 재정장관들도 그러했다. 한동안 아르헨티나와 브라질은 가격 안정을 위해 미국 달러화에 대한 그들의 통화를 고정시켰다. 엘살바도르와 에콰도르는 실제로 미국 달러화를 통화로 받아들였으며 파나마도 여기에 동참했다. 소련이 붕괴하면서 보조금을 상실하게 된 쿠바조차 미국 달러화와 투자를 유도하는 쪽으로 방향을 전환하였다. 관세 인하, 외국의 직접투자, 보조금 철폐, 가격조정, 사유화, 적자 지출 종료, 공공 근로자들에 대한 지나치게 후한 이익을 억제하는 등의 나머지 신자유주의적 처방은 대부분의 나라에서 실시되어 왔다. 라틴아메리카에서 자유무역지대를 만들려는 미국의 움직임에 제동을 건 브라질에 이끌린 몇몇 나라들에 의해 신자유주의화의 속도는 2000년대 초반 늦춰졌다. 점점 더 많은 라틴아메리카 지도자들이 낡은 신자유주의 모델을 따르는 것을 거부하는 목소리를 내고 있지만, 무엇이 그것을 대체할 수 있을까에 대해서는 의견이 분분하다.

결론

라틴아메리카는 더 이상 준거 틀로 자국 혹은 서구사회를 이용하는 것이 아니라, 전 세계적인 도전에 직면하면서 21세기로 들어섰다. 이 도전은 아시아의 맹렬한 경쟁자들과—처음에는 아시아의 네 마리 호랑이 그리고 현재는 중국—의 무역 경쟁을 포함한다. 이는 또한 제3세계 개발의 필요성을 수용하는 동시에 제1세계(비공산 선진 공업국들)의 수요 아래 신음하고 있는 에너지 시스템을 포함하고 있다. 초강대국 미국이 전 세계에 걸쳐 사업을 수행하고 있기에, 라틴아메리카는 그 규모에 맞설 개발을 유의해야 한다. 국제적인 테러리즘, 세계적 범죄, 마약 네트워크, 전쟁, 전염병들, 피할 수 없는 경제위기로부터의 위협은 라틴아메리카의 지도자들에 의해 매일 관찰되어야만 한다. OAS, the School of the Americas(현재 WHINSEC으로 명칭 변경), Inter—American Defense Board, Pan American Health Organization과 같은 반구(半球)상의 조직들은 오늘날에는 대개 쓸모없게 되었다. 라틴아메리카는 유엔(UN), 세계은행(World Bank), 국제통화기금(IMF), 세계무역기구(WTO), 기타 세계적 자주독립체들과 보다 유기적인 분위기를 형성해 가야 한다.

이런 정치적이고 안보적인 문제와 별도로, 라틴아메리카는 해가 갈수록 점점 통합되어 갈 다극화 세계에서 경제적으로 살아남아야 한다. 이 지역의 가장 바람직하고 긍정적인 성향은 세계경제로의 통합과 석유, 항공, 광산업, 제조업, 오락업, 식품업, 정보통신 및 기타 서비스와 같은 분야에서 세계에서 가장 큰 기업을 운영하고 다국적 기업경영의 확산에 모험을 거는 것이다. 어떻게 개별 노동자들과 농부들이 이러한 세계가 움직이는 방식에 맞게 활동해 나갈 수 있을 것인가? 이 질문에 대한 해답이 통합 절차의 성공과 실패를 좌우하게 될 것이다.

덜 극적이지만 아마도 장기적인 안목에서 보면 이러한 위협은 세계적 미디어의 맹공격하에서 문화적 침식과 사회적 결속의 상실에 관한 도전이 될 것이다. 현재 미디어는 다른 나라에 영화, 드라마, 음악, 게임, 스포츠, 뉴스와 같은 레저 프로그램을 보여주는 미국, 유럽, 일본 기업들이 지배하고 있다. 라틴아메리카가 이러한 프로그램을 메스티소화하거나 라틴화할 수 있는가에 대해서는 아직 지켜보아야 한다. 마찬가지로 주로 미국에서 처음 나타났으나 멕시코, 브라질, 스페인에서도 생겨난 스페인, 포르투갈어 미디어가 미국 시장에서 증가하고 있다. 예술, 가정생활, 정신적 예배, 여가활동, 개인과 집단의 창의성, 라틴아메리카다움의 정수의 미래는 이러한 문화와의 정면대결에 성패가 달려 있다.

참고문헌

Bulmer—Thomas, Victor. The Economic History of Latin America Since Independence. Cambridge: Cambridge University Press, 1994.

Bushnell, David, and Neill Macaulay. The Emergence of Latin America in the nineteenth Century. New York: Oxford University Press, 1988.

Clayton, Lawrence, and Michael L. Conniff. A History of Modern Latin America. 2nd ed. Florence, KY: Thompson—Wadsworth, 2004.

Conniff, Michael L., ed. Populism in Latin America. Tuscaloosa: University of Alabama Press, 1999.

Haber, Stephen, ed. How Latin America Fell Behind. Stanford: Stanford University Press, 1997.

제3부

경제적 그리고
사회적 구축물

7. 라틴아메리카의 경제 재구조조정

윌리엄 P. 글레이드(이상현 옮김)

　최근 라틴아메리카 경제 구조조정에 대한 새로운 관심이 일고 있다. 하지만 라틴아메리카 경제가 지니는 복잡성과 다양성이라는 특성을 고려해볼 때 최근의 이러한 라틴아메리카 경제 구조조정의 의미를 쉽고 간단하게 설명하는 것은 불가능하다. 라틴아메리카 경제는 최근 역동적인 경제로, 브릭스(BRIC: 브라질, 러시아, 인도, 중국을 일컫는 실제적 측면에서의 신흥경제대국)의 한 국가로 확고히 위상을 굳힌 브라질부터 세계 최빈국의 하나로, 극도로 궁핍한 소국 아이티에 이르는 넓은 스펙트럼을 보여 주고 있다. 또한 이 사이에는 지리와 기후 조건의 복잡한 구성과 함께 규모, 소득수준 그리고 국내생산구조 간의 거의 모든 종류의 조합을 발견할 수 있다. 그럼에도 불구하고, 아이티, 온두라스 그리고 니카라과를 제외하면 지역 대부분의 국가들은 세계은행의 4단계 분류체계에 따를 때 최소한 최빈국의 범주에서는 벗어나 중하위권 소득 또는 중상위권 소득 범주에 걸쳐 있다.[1]

　라틴아메리카 경제의 성과는 다양했지만 1970년대 이후 모든 라틴아메리카 국가들은 아시아의 오래된 "호랑이들"과 새로운 "호랑이들" 모두에 의해 추월당했다. 라틴아메리카의 발전과 후진성에 대한 오래된 서술들이 다섯 번에 걸친 시스템 재정비의 과정에서 나타난 제도적 수정이 축적된 결과물이기에, 수세기에 걸쳐 라틴아메리카의 경제에 일어난 일들을 조망해보는 것은 오늘날 이 지역이 겪고 있는 문제를 더욱 잘 이해하기 위하여 중요하다. 나아가 경제사를 살펴봄으로써 우리는 지금 우리가 겪고 있는 예기치 못한 심각한 세계 경제의 환경에서, 1980년대와 1990년대 실시된 급진적인 구조조정의 정책기조가 라틴아메리카에서 영구적으로 정착될 것인지 아니면 또 다른

급진적인 거시 시스템의 변화를 추동해낼 것인지를 알 수 있을 것이다.[2]

　미주개발은행(Inter－American Development Bank)이 경제정책에 있어서의 '조용한 혁명'이라고 적절하게 명명한 1980년대에 시작된 일련의 정책들은 콜럼버스와 그의 선원들이 이 지역에 도착한 이후 실시된 다섯 차례의 구조조정 중 하나에 불과하다. 이 다섯 차례의 구조조정은 각각 오늘날 라틴아메리카의 경제에 무언가를 남겼고, 두 번째 구조조정 이후로 구조조정을 주장하는 이들은 이전 경제정책에서 무엇이 문제였기 때문에 구조조정이 필요하다는 사려 깊은 진단을 내놓았다. 이러한 진단들을 종합해서 고찰하는 것은 오늘날 라틴아메리카의 경제가 어떻게 오늘의 모습을 갖추게 되었는지를 이해하는 데에 매우 중요한 단서를 제공한다.

　앞으로 라틴아메리카 경제의 미래는 오래전 이미 그 효력을 상실한 경제적 포퓰리즘(populism)이 아르헨티나, 볼리비아, 베네수엘라, 에콰도르 그리고 니카라과에서 부활한 것과 쿠바의 노쇠한 사회주의의 지연된 죽음의 가능성으로 인해 어두워졌다. 하지만 무엇보다도 라틴아메리카 경제정책의 미래는 2008년 인정사정없이 몰아닥친 세계 금융시스템의 위기 덕분에 더욱 깊은 미궁 속으로 빠져들었다.

　라틴아메리카가 지금 겪고 있는 위기상황은 매우 아이러니하다. 우리가 앞으로 살펴볼 바와 같이 다섯 번째 구조조정을 통해 라틴아메리카는 경제운용을 더욱 투명하게 하고 규제를 완화했으나, 몇몇 경우에는 새로운 규제를 만들고, 그중에서도 외견상으로 거의 해결이 불가능해 보이는 소득분배의 불평등 해소를 주문받았다. 또한 라틴아메리카 국가들은 세계시장에 더욱 적극적이고 광범위하게 참여할 것을 요청받았다. 그러나 현재 라틴아메리카 국가들이 겪고 있는 경제위기는 위기의 근원인 미국과 가까운 나라에서 더 심각하게 나타나고 있다. 미국의 소득불평등은 1929년 이후 유례없는 수준에 도달했다. 이 세계 자본주의 중심인 미국의 자본시장은 너무나 불투명하여 주요 금융기관들조차 2008년 금융위기를 알지도 준비지도 못했을 정도였다. 더욱이 라틴아메리카 국가들에게 경제규제 시스템을 정교화하라고 주장했던 미국이 정작 부적절한 규제 시스템과 주요 부문에서의 규제완화로 현 경제위기를 자초했다는 사실은 뼈아픈 진실이다. 라틴아메리카는 이제 "의사여, 당신 스스로를 치료하라"라고 말할 모든 이유를 얻게 되었다.

구조조정의 퍼레이드

최초의 "구조조정"은 스페인이 다양한 원주민 경제시스템을 제국주의적인 구미에 맞는 유럽식 경제시스템으로 전환시킨 것이다.[3] 그 영향과 규모의 방대함으로 인해 첫 번째 구조조정은 이후 발생한 다른 모든 구조조정보다 그 파급효과가 컸다. 제도, 기술 그리고 라틴아메리카와 세계시장의 관계뿐 아니라 라틴아메리카 내 지역 간의 관계마저 돌이킬 수 없을 정도로 심각하게 변화하였다. 진정한 혁명은 교통수단, 농업, 목축업 그리고 광업 부문에서 일어났고, 화폐경제가 도입되었으며, 유럽과 제한적이긴 하지만 아시아와도 정부가 주도하는 경제교류가 시작되었다. 스페인의 지배하에 있는 식민지들 간의 무역도 유례없이 활성화되었다. 이 시기 출현한 경제는 왕정의 지휘 아래 새로운 지역경제 간의 조화로운 활동을 가능케 한 관료주의에 의해 운영되고 복잡하게 규제된 경제시스템이었으며, 이는 어떤 다른 유럽의 왕정도 통치해보지 못한 광대한 영토를 대상으로 했다. 이는 사실상 최근까지 라틴아메리카에서 있었던 어떠한 경제협력 혹은 조합의 형태보다도 광범위한 무역 범주를 의미한다. 브라질의 경우 브라질 지역의 경제시스템이 포르투갈인들이 도착하기 전에는 원시적이었다는 점을 감안한다면 식민지가 된 이후 브라질이 경험한 경제도약은 대단한 것이다. 브라질의 광활한 영토는 노예제도에 기반을 둔 포르투갈을 위한 수출 기지로 변하였는데, 초기에는 사탕수수 생산이 집중적으로 이루어졌으나 18세기에 들어서 귀금속을 비롯한 광업이 발전하며 노예노동의 중요성은 낮아졌다.

한편 농업에 기반을 둔 스페인 점령하의 아메리카 지역은 증가하는 대농장(latifundism)을 중심으로 발전하였다. 대농장들은 스페인 왕조의 명백한 목적에 저항했으며 인구학적 요인과 그 밖의 요인들로 인해 빠르게 확장되었다. 예를 들어 원주민 인구의 급감은 유럽에서 들여온 각종 질병이 그 원인이었는데, 이로 인해 전통적으로 원주민들이 거주했던 지역이 빈 땅이 되어 버렸다. 원주민들은 또한 용이한 통치와 문화동화를 위해서 거주지를 옮기게 되었는데, 역시 이들이 살던 땅들이 비워지는 결과를 낳았다. 식민지 이전 시대의 토지소유의 개념과 유럽의 토지소유 관습은 양립하기 어려울 정도로 서로 달랐다. 스페인에서 온 정착민들은 식량을 키우고 운송수단으로 사용된 동물들을 먹이기 위하여 상당한 농토가 필요했다. 따라서 스페인 정착민들은 스페인 국왕의 소유였지만 왕정의 허술한 관리체계하에 있던 땅들을 끊임없이 차지하려고 노력하였다. 결국 대규모 사유지에서 이루어지는 농업이 스페인 국왕에 의해 부여받은 농경지를 공동으로 경작하는 원주민들의 농업형태를 압도하였다. 몇 세기에 걸쳐 교회 또한 상당한 토지를 소유하게 되었는데, 특히 교회가 소유한 토지는 식민영토 중 가장 비옥한 토지인 경우가 많았다. 토지는 농업경제의 근간이 되는 생산요소였을 뿐 아니라 당시 노동인구의 대부분이 종사하는 삶의 터전이었기 때문에 이러한 형태의 농지소유시스템은 이후 오늘날까지 라틴아메리카에 잔존하는 구조적 불평등의 원인이 되었다.[4]

스페인 해외 식민지의 거대도시들 간의, 그리고 스페인과 식민지 간의 무역은 공공재정의 기초가 되는 세금 징수를 위하여 왕정에 의해 면밀히 관리되었다. 원주민 및 스페인의 제조기술을 바탕으로 상당한 수의 소규모 수공업자들이 성장하였다. 하지만 그들도 왕정 혹은 지방도시의 법령에 의한 규제의 대상이었고, 특히 원주민이 아닌 소규모 수공업자들은 오브라헤스(Obrajes)라고 불리던 대규모 공작소에 소속되어 있지 않은 경우에는 길드의 규제를 받았다. 정착 및 기타 목적을 위한 자본 수급은 공공부문, 상업금융제도, 그리고 무엇보다도 상대적으로 낮은 이자율을 부과하는 모기지론을 제공하던 교회가 담당하였다. 제국이 관리하는 생산시스템을 보유하고 있었던 농업, 광업 및 제조업의 낙후된 기술은 왜소한 금융시스템과 쌍을 이루었는데 그 당시 스페인의 식민지가 갖고 있던 금융기관들은 지금 현재 유럽의 그것과는 비교도 할 수 없을 정도로 낙후된 것이었다. 그 결과, 스페인 제국이 멸망한 이후 라틴아메리카는 경쟁력 있는 자본주의 경제시스템을 구성하기에 너무도 불충분한 제도적 기반을 갖게 된다.

야심적인 제국주의 사업은 스페인의 왕정과 다른 유럽 왕조들 간의 계속된 전쟁비용을 충당해 준 주요한 광업 센터의 발전으로 특정지어진다. 광업의 발달은 신세계로 사치품을 수출하는 유럽의 공급자들에게 엄청난 금액의 이익을 남겨주었을 뿐 아니라 크고 정교한 광업 관련 행정구조의 탄생을 가져왔다. 신세계 경제가 창출하는 자원들은 계속해서 도시와 도시들을 잇는 값비싼 운송체계를 건설하는 데에 사용되었고, 이를 통해 분석적인 측면에서는 공공재를 생산하는 것으로 간주되는 스페인 정부, 사회, 문화는 라틴아메리카 속에서 뿌리를 내리고 번창할 수 있었다.

식민시기로부터 네 가지의 유산이 라틴아메리카에 남겨졌다. 지역의 정치 조직은 스페인의 관료적 중앙집권주의에 의해 억제되었고, 스페인 점령을 종결시킨 반란군들은 새로운 공화국을 창설하는 데 필요한 자치의 경험이 부재하였다. 기술의 낙후가 만연하였는데, 이는 유럽의 현대 경제를 근대화시킨 상품, 서비스 및 기술의 교환으로부터 라틴아메리카가 차단당했었기 때문이다. 상업혁명이 유럽과 미국의 제도적인 구성을 재편했던 시기인 16세기부터 17세기에 이르기까지 라틴아메리카의 조직 및 사회 자본은 거의 변하지 못하였다. 무엇보다도 식민시기를 통해 겪은 가장 사악한 결과물 중 하나는 라틴아메리카가 식민 이전 시기부터 갖고 있었던 불평등 시스템이 유럽의 통치와 함께 변형되어 유지되었다는 점이다. 그 결과, 부와 소득의 분배 그리고 기회에 대한 접근성의 측면에서 뿌리 깊은 불평등은 역사 이래 라틴아메리카 사회의 주요 특징으로 자리 잡았다. 분명한 것은, 최근 연구에 따르면, 당시 라틴아메리카의 불평등은 심지어는 19세기 상반기까지도 그 당시 다른 지역에 비해 특별한 수준이 아니었다는 것이다.[5] 하지만 문화 간 단절, 사회 및 인적 자본의 측면에서 보이는 인종 간 편차, 그리고 토지와 공공정책에서 목소리를 낼 수 있는 능력을 포함하여 기타 자원에 대한 권력에 접근할 수 있는 기회의 상당한 차이는 이후 수출의 증대와 해외 자본의 유입을 통해 경제가 발전하면서 실질적 정치권력뿐 아니라 소득과 부가 불평등하게 분배되는 제도적 배경이 되었다.

두 번째 구조조정은 18세기 부르봉 왕조(Bourbons)에 의해서 시작되었다. 부르봉 왕조는 점진적인 무역 개방, 광업 부문을 중심으로 한 미주 생산 시스템의 재활성화, 몇 가지 재정개혁, 그리고 제국기업 운영에 있어서의 효율성 향상 등 오늘날 구조조정의 목표들과 크게 다르지 않은 목표를 위해 구조조정을 시도하였다. 공식적인 혹은 법적인 무역 시스템은 적당히 자유화되었으며 밀수와 밀무역 등 비공식적인 또는 실질적인 무역 흐름 역시 상당히 증가하였다. 무엇보다도 흥미로운 것은 두 번째 구조조정은 당시 스페인이 해외에 세운 제국들에 만연했던 조건들을 분석하여 그 문제점을 지적하고 해결책을 제시하려는 노력의 결과물이었다는 점이다. 실제로, 스페인 중상주의자들의 경제 관련 글과 알렉산더 폰 훔볼트(Alexander von Humboldt)의 잘 알려진 여행과 같은 특별 정찰 업무 후 작성된 보고서들을 통해 식민 경제가 안고 있는 취약점들을 극복하기 위해 무엇이 이루어져야 할 것인가에 대한 가벼운 관찰 이상의 사실을 알아낼 수 있다.[6] 제2차 구조조정은 오직 부분적으로만 적용되었으나 상당히 긍정적인 효과를 가져왔는데, 이러한 긍정적인 효과는 18세기 말까지의 경제활동이 활발해졌다는 점을 통해 증명된다. 하지만 제1차 구조조정 때 도입되었던 경제 제도들은 계속 유지되었는데, 독립과 함께 정치구조만 변했을 뿐이다. 아쉽게도 제2차 구조조정을 통해 얻어낸 긍정적인 효과들은 독립 이후 반세기 동안 계속된 정치 및 행정적 무질서 속에서 소실되었다. 오직 브라질, 칠레 그리고 여전히 스페인의 지배하에 있었던 쿠바만이 이 오랜 경제 혼란으로부터 자유로울 수 있었다.

브라질이 걸었던 남다른 경제 발전의 노선은 그저 단순한 흥밋거리 이상이다. 브라질은 애초에 아프리카 및 아시아 지역을 순항할 수 있는 무역의 기회가 열린 포르투갈에게 이들 무역을 보완하는 상업적인 모험 정도로만 여겨졌었다. 하지만 무역을 할 만한 뚜렷한 상품이 발견되지 않았고, 결국 포르투갈은 상업적 목적으로 대서양 동쪽 섬들에서 경영하던 사탕수수 농장의 기술을 브라질의 북동쪽으로 옮겨왔다. 멕시코, 과테말라 그리고 안데스 고산지대와는 달리 브라질의 원주민 인구는 매우 분산되어 있었기 때문에 원주민 노동력이 충분치 않다는 것을 깨닫자, 브라질은 아프리카로부터 흑인들을 수입하여 사탕수수 농장을 경영하였다. 흑인을 수입하는 엄청난 초기자본의 투입은 노동력에 대한 투자로 이익을 얻기 위해 농장주들로 하여금 유럽 시장을 겨냥하여 이익을 창출하도록 하였다. 식민 수도가 위치했던 브라질 북동부를 제외한 다른 지역은 대농장 시스템을 지탱하기 위하여 몇몇 상품을 생산하는 지역에 지나지 않았다. 18세기에 불어닥친 광업 붐으로 인해 브라질의 동부와 중부지역이 발전하기 시작했고, 이는 남쪽으로의 인구이동을 가져왔다. 이를 통해 그 전에는 소외된 지역이었던 브라질의 중부 및 동부가 발전하기 시작했고, 리우데자네이루가 주요 항구로 성장하는가 하면, 노동력 구조도 노예 노동에서 새로운 형태로 변화하였다. 광업 붐은 브라질의 수출중심 경제구조를 다시 한번 강화시켰고, 포르투갈이 유럽에 구축한 상업 네트워크, 특히 빠르게 성장하는 시장인 영국을 포함한 무역 네트워크가 공고화되었다.

두 번째 구조조정보다 더욱 야심찼던 세 번째 구조조정은 독립 이후 지역을 강타한 경제의 혼란이 일어난 후 반세기 만에 이루어졌다. 위에서 지적한 바처럼, 브라질, 칠레 그리고 쿠바는 기본적으로 예외였다. 독립의 여파는 상당한 경제 파괴를 포함하였다. 대부분의 수공업품들은 유럽의 값싼 공장제 수입품으로 대체되었고, 사회기반시설에 대한 공공투자는 중단되었다. 공공 및 민간 외채에 대한 지불중지 선언이 계속되었고, 취약해질 대로 취약해진 재정구조는 투기꾼 같은 정치인들로 인해 약탈당했으며, 원주민에 대한 착취에 반대하던 최소한의 방어선이었던 교회와 왕정의 규제는 제거되었다. 공공부문은 약탈의 대상이 되었으며, 정책프레임은 사회 불안정으로 몸살을 앓았다. 독립 운동가들이 스페인 관료들을 쫓아내면서 머릿속에 그렸던 것과는 사뭇 다른 시나리오가 전개되었다. 공공 재정 부문은 폐허가 되었고, 높은 위험률로 인해 라틴아메리카에 대한 투자는 위축되었다. 갈수록 급변하는 세계 경제 속에서 라틴아메리카는 기초적인 은행 시스템도 구비하지 못한 채 유럽으로부터 빠른 속도로 퍼져나가는 통화주의 자본주의 시스템에서 재원을 끌어 모아 투자를 해야만 했다. 어떤 의미에서 세 번째 구조조정은 정치적으로 약간의 안정을 이룬 후 지난 반세기 동안의 실패를 만회하고자 한 상당히 과감한 시도였다.

19세기의 중반의 몇십 년은 브라질과 칠레에게 매우 우호적으로 돌아갔다. 브라질과 칠레는 당시 라틴아메리카에서 지역별로 불균등하지만 유행처럼 퍼져나가던 새로운 경제 시스템을 싹 틔울 수 있는 우호적인 환경에 놓여 있었다. 칠레는 상당한 정치적 안정을 이루었는데, 이는 국내뿐 아니라 해외 투자자들의 투자를 유치할 수 있는 우호적인 환경을 조성하였으며, 이를 통해 빠른 속도로 수출 중심의 경제성장을 이룰 수 있었다. 유럽의 상황으로 인해 포르투갈의 궁정은 브라질로 옮겨갔고, 마침내 다시 궁정이 리스본으로 옮길 때에도 황제는 영국의 도움으로 궁정이 처음으로 피신했던 브라질의 리우에 남아서 독립한 브라질을 통치하였다. 산업혁명의 중심인 영국과의 긴밀한 경제 및 정치적 관계와 비교적 손쉬웠던 독립의 과정 덕분에 브라질은 미주대륙의 다른 지역에서 독립의 값비싼 대가로서 치러야 했던 혼란을 피해갈 수 있었다. 정치적 격변에 의해 경제의 근대화가 중단되지 않았기 때문에 브라질은 세 번째의 극적인 수출 붐을 경험할 수 있었다.[7] 이번 수출 붐을 이끈 상품은 커피였으며 중심지역은 브라질의 남부였다. 이로 인해 커피경작은 상파울루 주변 브라질인들의 커피대농장으로 퍼져갔고, 이는 이 전에 변경지역에 불과했던 이 지역에 폭발적인 경제 발전을 가져왔다. 커피농업은 노예 노동이 아닌 자유민의 노동에 기반을 두었으며, 유럽으로부터 상당한 자본 및 인구의 유입을 가져왔고, 남부 지역의 자본주의 발전을 추동하였다.

1870년 무렵부터 1930년까지 수출경제의 발전을 중심으로 행해진 세 번째 구조조정은 스페인어권 아메리카 지역에도 도달했고, 1492년 이후 생겨난 불평등 시스템에 발목이 잡혀있지 않은 이들에게는 상당한 혜택을 주었다. 19세기 동안 브라질에서 일어났듯이, 갈수록 다양해지는 원자재의 생산과 세계시장으로의 수출 그리고 수출생산 시스템을 가능케 했던 외국 자본의 투입이라는 두 개의 성장엔진은 라틴아메리카 경제를 근대적으로 변모시켰고, 지역 경제의 동력을 변화시켰다. 세 번째 구조조정은 두 번째 구조조정보다 더 소위 워싱턴 컨센서스의 주요 특징들을 예상케 하는 것들이었는데, 하지만 분명한 차이점은 세 번째 구조조정에서는 재정적자를 양산하는 공공기업의 민영화 요구는 없었다는 것이다.[8] 무역자유화와 국내 및 해외 투자를 활성화하기 위한 우호적인 투자 환경의 조성이 새로운 경제 질서의 핵심이었으나 여전히 이곳저곳에서 국내의 초기 제조업 발전을 위한 국가개입적인 조치들도 나타났다.

세 번째 구조조정은 제도를 구축했던 시기로 상당히 탁월한 성과를 나타냈는데, 특히 이 시기 동안 주요 도시 지역에서 근대 자본주의의 조직들이 자리를 잡았으며, 몇몇 중심지에서는 근대 교통 시스템 및 통신 시스템도 구축되었다. 상업은행, 배송회사, 회계법인, 공업회사, 항구, 새로운 철도, 도시 전차로, 통신회사, 제련소, 자본화된 광산회사, 보험회사, 협궤철도와 증기 정제소를 이용하는 대농장, 그리고 그 밖의 수많은 기업들은 라틴아메리카가 늦었지만 서양의 근대 경제 시스템에 합류할 수 있는 사회 및 조직 자본을 제공하였고, 이러한 발전이 계속 유지될 수 있도록 하는 인적 자원의 유입을 가능케 했다. 공장생산의 새 시대가 도래했다는 조짐은 여기저기에서 포착되었고, 이는 수출 중심의 시장과 새로운 생산구조를 위해 필요한 일이었다. 거의 모든 새로운 제조업체들은 소비재를 생산했으나 주조공장, 제련소, 그리고 기계 공장들은 산업의 고도화 가능성을 보여 주는 사례가 되었고, 19세기 말 멕시코 몬테레이에는 최초의 총합 제철시설이 조성되었다.

라틴아메리카 지역 대부분에서 이러한 새로운 경제 발전은 산발적으로 일어났고 성장은 매우 불균등하였다. 지역 간 격차는 어느 때보다 심각했으며, 이는 오늘날 라틴아메리카를 규정하는 악명 높은 불균등 발전의 모태가 되었다. 라틴아메리카의 많은 지역과 인구는 근대화된 세계 자본주의 및 국내 자본가에 비하여 뒤처졌는데, 특히 자급자족농업에 종사하던 인구는 이러한 발전을 경험하지 못하였다.[9] 원주민들은 공동체 토지를 잃어버리고 동시에 끝없이 팽창하는 거대 지주들에 의해 프롤레타리아로 전락하여 대부분의 정부가 추진하는 자유주의 프로젝트 속에서 문화적으로 소멸될 것처럼 보였다.[10] 라틴아메리카의 북부, 멕시코에서는 이러한 모순들이 특히 두드러졌으며, 모든 라틴아메리카 국가들이 그 정도의 차이는 있었으나 이러한 모순을 경험하였다. 하지만 브라질의 남부와 플라타강(Rio de la Plata) 지역에서는 식민시대의 유산이나 대규모 원주민 인구의 저항 없이 새로운 경제의 여파가 퍼져나갔으며, 이 지역은 남미(그리고 Mercosur, 남미공동시장)의 경제적 중심지로 변모하였다. 심지어 아르헨티나는 19세기 말 세계에서 가장 번영한 경제 중 하나로 발돋움했으며, 그 부를 상징하듯이 "아르헨티나인처럼 부자다"라는 말이 생길 지경이었다.[11] 브라질과 아르헨티나 사이에 위치한 정치적으로 매우 진보적인 우루과이는 라틴아메리카의 스위스라고 불리게 된다.

두 번째 구조조정처럼 세 번째 구조조정도 많은 연구를 불러일으켰다. 이번에는 특히 정치경제의 고전주의 혹은 신고전주의 학파와 실증주의자들이 계속된 발전 혹은 진보를 위해 당시의 정부가 추진했던 정책들의 주요 요소들을 살펴보고 그 처방이 지니는 가치를 확인하기 위해 당시의 경제정책들을 고찰하였다. 그 당시를 무제한적인 자유방임경제의 시기라고 말하는 것은 과장된 것이겠으나 당시의 화두가 자본주의적인 언어와 정서로 가득 차 있었다는 것은 사실이다.

하지만 플라타강과 칠레, 그리고 브라질의 중부와 남부를 넘어서면, 산발적인 경제변혁은 불평등의 강화와 구조적 그리고 문화적 차별의 만연을 가져왔는데, 이러한 불평등과 사회 모순의 극대화는 당시 마르크스주의자들의 가슴을 뛰도록 하기에 충분했다. 멕시코에서는 이미 지적했던 것처럼 이러한 불평등이 특히나 심각하게 발현되었고, 20세기에 들어서자마자 오래된 시스템이 사라지고 새 시스템이 도래하였고, 동시에 또 다른 구조조정의 기운이 느껴졌는데, 이는 산업화 과정을 가속화하기 위해 경제적 국가주의를 이용하는 것이었다. 멕시코에서는 1950년대 볼리비아 혁명이 일어나기까지 거의 유일하게 농지개혁이 지배적이고 우선적인 산업정책이었다. 그러나 네 번째 구조조정이 시작된 1930년대와 1940년대에 들어서는 제조업이 목소리를 내기 시작하였다.

ISI(수입대체산업화): 네 번째 구조조정

19세기 말 동안 라틴아메리카의 여기저기에서 첫 번째 근대식 공장들이 들어섰다. 아르헨티나, 칠레, 브라질 그리고 멕시코에서 지어졌으며, 다른 지역에서도 산발적으로 공장들이 세워졌다. 인구 증가, 완만한 도시화, 자영업자 및 숙련노동자들 중심으로 일어난 라틴아메리카로의 이민을 통한 인적자원의 성장, 수입의 증가와 통합된 철도 및 통신체계의 발달은 점차 국내 시장을 확대시켰으며, 국내시장의 확대로 인해 지역의 제조업 단지도 조성되기 시작했다. 21세기에 들어서면서 시장에 기반을 둔 이러한 경향은 산업 기반을 더욱 확장시켰으며, 제1차 세계대전 기간 동안 유럽의 제품에 대한 수입이 잠시 어려웠던 시점을 틈타 더욱 활발하게 발달하였다. 최근 몇십 년간의 경제를 분석함에 있어서 우리가 기억해야 할 점은 인구 증가, 급속도로 진행된 도시화, 국가 사회기반 시설의 발달 및 일인당 국민소득의 향상과 같은 몇몇 요인들이 정부 정책의 효과와는 무관하게 산업 구조를 확장시키고 심화시키는 주요한 요인이었다는 점이다.

세계 대공황으로 라틴아메리카의 수출소득이 크게 감소하고 라틴아메리카 통화의 가치가 절하되어 수입이 불가능해지자, 값비싼 외국제품을 대체하는 국내 산업에게 우호적인 조건이 마련되었다. 동시에 그 당시 재정수입을 확보하기 위해 사용되었던 무역 관세는 점점 인상되어 국내 시장과 산업을 보호할 수 있는 수준까지 올라갔다. 그리고 경기침체로 인해 수출 주도의 경제 확장기의 강점들 중 하나가 사라져 버리기는 했으나, 세 번째 구조조정을 통해 얻은 성장의 원동력이었던 또 다른 요인, 즉 해외투자는 자본주의 중심부의 자본시장 붕괴로 인해 변함없이 유지될 수 있었다.[12] 상품과 자본의 수입은 제2차 세계대전이 발발하자 다시 한번 방해를 받게 되었고, 국내 제조업이 국내 총 수요와 수입 간의 간극을 메울 정도로 성장하자, 각국 정부는 점점 더 해외 부문에 의존하는 경제운용에 대해 회의하기 시작했다. 이러한 상황은 전후 복구 사업으로 인해 유럽으로부터의 수입이 계속해서 제한되면서 지속되었다. 유럽은 생산할 수 있는, 그리고 미국은 수출할 수 있는 대부분의 자본을 전후 복구 노력에 투입하였다.

이러한 상황으로부터 국가 주도의 산업발전 촉진을 체계적으로 유도할 수 있는 논리를 세우는 것이 칠레의 산티아고에 새로 생긴 유엔 산하 라틴아메리카 경제위원회 (ECLA, Economic Commission for Latin America)에 맡겨진 임무였다.[13] 따라서 1930년대와

1940년대의 상황을 극복하기 위해 도입된 정책들은 다양한 개입주의적 조치들과 산업화의 추동력을 유지하기 위해 지역통합을 요구하는 상당히 잘 정비된 발전프로그램으로 정리될 수 있으며, 이들 프로그램은 1982년 외채위기가 일어나기까지 유지되었다. 보호무역관세, 재정적 인센티브, 환율 통제, 국영 금융 및 산업 기구 등 다양한 정책들이 산업발전을 촉진시키기 위하여 도입되었으며 1960년대 초부터는 중미공동시장(the Central American Common Market), 더 규모가 큰 라틴아메리카 자유무역 지대(Latin American Free Trade Area), 그리고 소규모의 카리브 자유 무역지대와 같은 경제의 틀들이 추진되었다. 또한 이후에는 안데안 조약(Andean Pact)과 카리브지역공동시장 등이 추가되었다. 이러한 지역적 결합체들은 대부분의 경우 역내 무역의 증진을 가져왔으며, 무엇보다도 무역전환효과를 가져왔으나, 그 어떤 것도 초기에 기대에는 미치지 못했다.

이러한 변화와 함께 라틴아메리카와 미국 간의 무역관계에서도 두드러진 변화가 포착되었다. 1930년대 미국과 라틴아메리카 간의 무역 관련 특혜를 확대시키기 위한 상호호환적인 무역협정들이 체결되었고, 수출입 은행의 설립을 통한 정부의 금융지원이 미국과 라틴아메리카의 경제 관계에 영향을 끼치기 시작하였다. 기술지원 및 자본 프로젝트를 위한 부차적인 역내 재정지원이 제2차 세계 대전 중에 이루어졌는데, 이는 미국이 라틴아메리카 생산력의 향상을 필요로 하던 시기였다. 이런 종류의 경제 지원은 소규모이지만 지속되었는데, 특히 기술지원은 1950년대까지 유지되었으며, 이 시기 세계은행은 개발지원을 위한 주요한 외부 원천으로 발전했고, 미주기구(the Organization of American States)는 미주보건기구(the Pan American Health Organization) 등의 기구를 통해 기술지원과 경제적 조언을 제공하는 기관으로 성장하였다.[14] 지역통합운동이 절정에 치닫던 시기에 미주개발은행(the Inter-American Development Bank)은 1950년대 말 개발에 대한 경제적 지원 및 기술 자문을 지역에 제공하는 다자간 기구로 설립되었다. 때때로 마샬플랜과 비슷한 프로그램으로 오인되는 진보를 위한 동맹(the Alliance for Progress) 사업 직후, 이 지역 전반의 발전을 추진하기 위한 종합적인 노력을 위해 공공

자원을 동원하려는 노력이 경주되었다.[15] 하지만 1970년대에 들어 이러한 노력들은 고갈된다.

"수입대체 산업화전략(ISI)"이라고 명명된 이 발전전략은 부주의하게 운영되었고, 거시 포퓰리즘이라고 정의될 수 있는 포퓰리스트 정책과 이해집단의 지대추구로 인해 라틴아메리카 경제위원회(ECLA)의 초기 비전은 왜곡되고 말았다.[16] 도시민들을 달래기 위한 근대 복지정책의 덫에 둘러싸였고, 공공부문은 거대한 피냐타(piñata)로 변해 버렸다. 인플레이션은 만연했고, 국제수지 위기는 반복되었으며, 농업 및 전통적인 수출 부문은 약화되었고, 그 당시 정책 환경은 해외 직접 투자에 대해 지나치리만큼 적대적이었다.[17] 이 당시 라틴아메리카 경제가 직면한 문제들을 손꼽아 보자면, 라틴아메리카의 수출 시장은 다른 제3세계 수출국들에 의해 잠식당했고, 재정낭비와 과도한 관료화는 해외 직접 투자를 감소시켰으며, 커져가는 무역수지 적자를 감당하기 위해서 정부는 점점 더 국제상업은행들로부터의 상업대출에 의존하게 되었다. 한편, 적대적인 정책으로 인해 국내 저축률은 감소하였고, 자본의 해외도피 또한 예기치 않은 증가세를 보였다. 수입을 대체하기 위해 실시된 산업정책은 라틴아메리카를 그 어떤 때보다 더욱 수입에 의존하도록 만들었다.

1970년 오일 쇼크의 효과가 라틴아메리카에서도 나타나기 시작하자, 잔치는 끝나 버렸다. 그리고 모든 대외부문의 구조조정에 덧붙여 산업화된 국가들은 거의 동시에 인플레이션 촉진 정책들을 중단했고, 이로 인해 수출가격과 이익은 가파르게 하락했다. 그 후폭풍은 라틴아메리카에 외채위기를 가져왔고, 1980년대 초 콜롬비아를 제외한 거의 모든 라틴아메리카 국가들이 외채위기를 겪어야 했다. 그리고 이를 통해 지난 반세기 동안 가파른 산업화와 이를 육성하던 정책들은 종말을 맞이하게 되었다.[18] 위기의 장기적인 효과는 이후 점차적으로 라틴아메리카 대륙 전반으로 퍼져 나간 또 다른 경제정책으로의 대규모 전환을 가져왔다.[19]

다섯 번째 구조조정과 구조조정이 알려준 진실

칠레, 멕시코, 아르헨티나 그리고 최근 페루까지를 새로운 정책의 선구자들이라고 할 수 있다. 여기서 새로운 정책은 거시경제의 안정화, 이자율을 시장이 정한 레벨로 자유화시키는 정책과 같이 금융시장에 대한 통제 중단, 그리고 환율에 대한 통제를 사실상 중단하여 시장에서 수요와 공급에 의해 환율이 조절되도록 하는 정책들을 일컫는 말이다. 다른 가격들에 대한 통제 완화 및 국가보조금의 철폐는 경제적 의사 결정과정을 더욱 시장화하는 결과를 가져왔다. 무역자유화를 통해 경쟁 가능한 시장이 늘어났을 뿐 아니라 경쟁 자체도 첨예해졌고, 생산성 및 자원배분의 효율성도 증대하였다. 뿐만 아니라 국내의 가격체제도 국제시장의 변동에 영향을 받게 되었다. 크고 작은 부분에서 규제완화는 국내 및 해외 자본형성에 좀 더 우호적인 환경을 조성하였다.

가장 큰 논란을 불러일으킨 민영화의 경우 다음과 같은 목적을 달성하기 위해 추진되었다. 1) 공공자산에서 적자를 양산하는 공기업을 제거하고, 공기업 판매 대금을 외채 상환에 사용함으로써 국가 재정을 건강하게 만들 것, 2) 국내 생산 설비를 세계화된 생산, 금융 및 마케팅 네트워크에 강력하게 결합시킬 것, 3) 민간부문에 보다 폭넓은 자본 공급을 가능하게 할 것, 4) 꾸준한 기술 향상이 가능한 조건을 만들 것. 그리고 부차적인 목표로는 주식의 소유를 확대하고, 투자자들의 자산을 다변화할 수 있는 선택권을 확대함으로써 잉여 노동력을 감축하고, 국내 자본시장을 더욱 활성화하는 것이었다.

1994~1995년의 페소 위기와 그에 따른 악영향을 차치하고, 구조조정의 혜택은 예상했던 것보다 빠르게 나타났다. 특히 너무나 많은 경제원칙들을 무시했던 지난 경제정책들이 가져온 왜곡과 한계들을 고려한다면 구조조정의 효과는 탁월했다. 지난 경제정책이 기본적인 경제원리마저 위반했기 때문에 외채위기가 도래했을 때 많은 이들은 그러한 각성의 기회가 당연하다고까지 평가하였다. 이러한 각성의 기회를 통해 지난 수십 년 동안 추진된 경제 정책이 누락시키거나 혹은 부각시켰던 다양한 악행들이 그 값

을 치르게 되었다는 것이다. 하지만 지난 세 번의 구조조정이 구조조정을 가져온 라틴아메리카 경제의 취약성을 돌아보는 계기를 마련했다면, 이번 위기 역시 20세기의 전통이 라틴아메리카 경제에 남긴 교훈을 되돌아 볼 수 있는 훌륭한 관점을 제공한다. 결론적으로 말해서 비평가들이 위대한 자본주의의 회복이라고 부르는 신자유주의적 정책들을 분석할 뿐 아니라 최근 두 시기가 라틴아메리카에게 가져온 이익과 손실을 잘 따져볼 수 있다는 것이다. 분명히 1870년부터 1930년 사이에 성장의 기반이 마련되었다. 이 시기 동안 라틴아메리카의 상당 부분이 근대화에 동참하였고, 식민시대가 남기고 간 제도의 부재와 독립 이후 발생한 폐해들이 극복되었다. 새로운 조직 인프라를 통해 라틴아메리카는 세계시장에 긴밀히 편입되었으며, 1930년대 이후 지역의 경제 지도를 다시 그릴 수 있는 주요한 변화의 조짐이 된 초기 산업화가 이루어졌다. 세계 대공황과 제2차 세계대전 이후 추진된 ISI 정책의 분명한 문제점에도 불구하고, 다양한 생산 옵션들이 생겨나고, 1929년 지역에서 보였던 생산의 유연성이 더욱 확대됨으로써 이 시기에 상당한 경제적 능력이 지역 자원 기반에 더해졌다. 생산구조는 완벽하게 변화하였고, 그와 함께 노동력의 분배구조 또한 변화하였다. 하지만 수출 중심의 경제성장 말기의 라틴아메리카 지역이 보여준 경제력과 비교해볼 때, 1997년 라틴아메리카는 인적자원, 조직 및 사회자본의 측면에서 어떤 분석가가 보더라도 더 부유하다. 1930년 이후의 라틴아메리카를 규정하는 열정적인 제도 형성의 노력은 오류투성이의 과정이었고, 무계획적으로 이루어졌다. 방탕한 보호무역주의는 경제부분 혹은 산업 간 자원의 분배를 왜곡시켰고, 미시부문에서의 효율성을 저하시켰다. 이로 인해 지대추구는 만연하게 되었고, 사회를 썩게 만드는 부패가 창궐하게 되었다. 이 두 요소는 의심할 여지없이 라틴아메리카의 악명 높은 불균등한 부의 분배에 기여하였다.

하지만 실질요소생산성은 대부분의 지역에서 놀랄 만큼 성장하였으며, 공공부문 및 민간부문에서의 시행착오를 통해 상당히 많은 교훈을 얻을 수 있었다. 이 모든 문제와 실패에도 불구하고, 뚜렷한 인구의 증가를 고려한다면 일인당 소득은 시장중심의 산업화 전략을 채택하던 시절보다 정책을 통한 산업화를 추진하던 시기에 훨씬 크게 성장하였다.

라틴아메리카 국가들은 차례로 천연자원에 기반을 둔 비교우위보다는 조직적 성장과 인적자원의 축적에 기반을 둔 비교우위를 확보하였다. 일례로, 1960년대 중반까지도 커피에 대하여 지나친 수출의존도를 보였던 브라질의 경우 1960년대 말부터 추진된 새로운 정책의 결과로 제조업에 기반을 둔 수출국으로 변화하였는데, TV드라마, 유전 서비스, 자동차 및 항공기와 같이 매우 경쟁이 심한 첨단 부문에서의 수출도 증가하였으며, 원자재 수출도 다변화되었다. 또 다른 커피 수출국인 콜롬비아의 경우도 석탄, 석유, 화훼뿐 아니라 다양한 상품을 수출할 수 있다는 것을 깨달았다. 칠레는 구리에만 의존하던 수출국에서 다양한 고부가가치 상품을 생산하는 국가로 변모하였고, 멕시코의 경우 공산품들이 1970년대 이후 석유수출품이 지니던 독보적 지위를 위협하고 있다.[20)

칠레의 경우는 특히 교훈적이다. 1970년대 초 아옌데 정권과 이후 피노체트 정권에 의한 급작스러운 정책 변화들을 고려한다면, 칠레의 산업부문은 급작스러운 무역자유화와 고의적인 통화의 평가절상으로 거의 사라질 수도 있었다. 이러한 정책들은 아옌데에 의해 붕괴된 은행 시스템이 구조조정 도중에 두 번째로 붕괴되었을 때 이를 바로잡기 위해 도입된 또 다른 구조조정의 핵심적인 정책이었다. 하지만 제조업 분야는 살아남았고, 조직의 역량 및 효율의 측면에서 대규모는 아닐지라도 꾸준히 성장하였다. 그 결과 칠레 경제 전체는 매년 훌륭한 성과를 나타내게 된다.

앞서 언급한 내용 모두를 요약하자면, 외채 및 페소 위기 그리고 모든 구조조정 논란과 관련한 질풍노도 이후 우리가 깨달을 수 있는 분명한 사실은 1870년대 시작된 지난 세 경제정책 체제들은 모두 지금의 구조조정이 성공적으로 실행될 수 있는 토대를 만들었다는 것이다. 새로운 경제 환경은 남미공동시장(Mercosur), 북미자유무역협정(NAFTA) 및 일반적인 경제 개방을 경제의 활성화와 갱신에 필요한 촉매제로 만들었다. 여기서 우리는 최근 새롭게 떠오르는 지역통합 운동이 1960년대 시도되었던 실험과 얼마나 큰 차이를 보이는지를 알 수 있다. 중미공동시장(CACM, the Central American

Common Market), 라틴아메리카 자유무역지대(LAFTA, Latin American Free Trade Agreement), 카리브 자유무역협정(CARIFTA, the Caribbean Free Trade Agreement) 및 안데안 협정(the Andean Pact)은 모두 초기의 의지를 발현하지 못한 채 용두사미로 끝났는데, 그 이유는 바로 경제적 민족주의, 모순된 정책, 쓸모없는 관료 그리고 잘못된 디자인 탓이었다. 오늘날 브라질, 아르헨티나, 우루과이 그리고 파라과이가 속한 남미공동시장은 제3세계에서 가장 성공적이고 거대한 지역통합의 예로 떠오르고 있으며, 유럽연합이 통합한 경제들보다도 더욱 다양한 경제를 통합하려는 시도라고 할 수 있다.[21]

하지만 분명한 것은 아직도 국가의 장부에는 빨리 지불해야 할 문제가 될 만한 요소가 남아 있다는 것이다. 이는 바로 "사회적 적자"이다. 라틴아메리카 거의 전 지역의 환경은 악화되어 왔고, 도시는 그 사회기반시설이 감당할 수 없는 수준으로 성장하여 부자를 포함한 도시민들 전체의 삶의 질은 낮아지고 있다. 높은 벽을 자랑하는 시설들에서는 끊임없이 오염물질이 대기로 뿜어져 나오고, 때때로 부자들은 악화되는 교통체증과 사회불안을 피해 도시를 빠져나가야 한다.[22]

많은 사람들, 특히 농촌에 거주하는 인구들은 이러한 전면적인 혁신의 노력으로부터 대부분이 소외되었으며 지역 및 계급 간 불평등은 사상 최악을 기록하고 있다.[23] 고도성장의 아시아 경제와 비교해보면, 아시아에서 나타나는 가장 불평등한 소득 분배가 라틴아메리카의 가장 평등한 소득 분배보다 평등하다. 콜럼버스가 항해 끝에 만났던 이들, 즉 원주민들은 여전히 경제 및 문화적 거식증 상태에 놓여 있으며, 그들은 구매력도 자산도 상실된 채 경제적으로뿐 아니라 정치적으로도 힘이 없는 상태이다.[24]

현재 진행 중인 국가 프로젝트를 광범위한 진보를 위한 교두보로 만들기 위해서 해야 할 일들은 아직도 많이 남아 있다.[25] 하지만 수많은 문제점에도 불구하고 라틴아메리카는 현재 필요한 사회정화와 개혁을 할 수 있는 자원을 역사상 어느 때보다도 많이 확보하고 있다. 이러한 사회 변혁의 노력은 더 이상 지체될 수 없으며, 사회적인 역량 및 조직의 효율성 또한 증진시켜야 한다. 이러한 자산들도 발전의 결과물인데, 물론 여기에는 국가재정상 측정하기 어려운 공공재 또한 포함되어 있다. 이러한 자산들이 장래의 국가 능력의 향상에 기여한다는 점을 고려한다면, 우리는 지난 세기 동안 이루어 낸 성장의 기록들이 사실상 사회변혁의 정도를 과소평가한 것이라는 것을 쉽게 알 수 있다. 물론 이러한 기록적인 성장의 진정한 효과를 가늠하기 위해서 우리는 사회적인 비용 또한 철저히 계산해봐야 할 것이다. 아르헨티나에게 전통을 상실한 비용은 정치 적으로 상당한 것으로 보이며, 이는 다른 포퓰리스트 국가들에서도 마찬가지이다. 멕 시코는 역사상 가장 높은 생산력을 자랑하지만 미국의 경제침체의 악영향으로부터 자 유롭지 못하며 동시에 불법 마약 산업과 여기서 파생된 폭력의 정치 및 사회적 비용을 감당해내고 있다. 전자의 문제는 미국의 경기회복으로 해결되겠으나 후자, 즉 불법 마 약 산업으로 인한 폭력의 문제는 그 해결책이 쉽게 떠오르지 않으며, 사회적 비용은 계 속 증가할 것으로 보인다. 라틴아메리카의 어떤 나라도 질시의 대상이 될 정도로 훌륭 한 브라질의 상황을 공유하지 않는다. 브라질의 정책 입안 및 집행에서 보이는 능수능 란함, 그리고 계속 성장하는 자원 기반은 앞으로 브라질이 계속 성장할 뿐 아니라 사회 불평등도 해결할 수 있을 것으로 예상케 한다. 아마도 우리가 비교적 정확하게 현 세기 의 라틴아메리카 지역 전체를 평가할 수 있는 바탕은 순자산이나 이 지역의 부채상황 일 것이다. 여섯 번째 구조조정이 필요할 것인가 혹은 현 구조조정을 수정하는 것으로 충분할 것인가의 문제가 가까운 장래에 우리 앞에 펼쳐질 경제 드라마의 테마가 될 것 이다.

추천도서

Agosin, Manuel R., ed. Foreign Direct Investment in Latin America. Washington, DC: Inter-American Development Bank, 1995. 구조조정이 일어난 지역으로의 자본유입 재개를 중심으로 살펴본 이 책은 동일한 출판사에서 출간된 다른 연구서인 Jose Antonio Ocampo and Roberto Steiner, eds., Foreign Capital in Latin America(1994)와 좋은 짝을 이루고 있다. 두 책 모두 기술적으로 훌륭하다.

Baer, Werner. The Brazilian Economy: Growth and Development. 6th ed. New York: Praeger, 2001. 라틴아메리카 최대 경제국을 분석한 이 훌륭한 책이 왜 그토록 많은 개정판을 냈는지 이유를 아는 것은 어렵지 않다.

Bethell, Leslie, ed. The Cambridge History of Latin America. New York: Cambridge University Press, 1984. 이 기념비적인 저작은 경제적 측면에 관한 부분들이 여러 권에 걸쳐 흩어져 있다.

Bresser Pereira, Luiz Carlos. Economic Crisis and State Reform in Brazil: Toward a New Interpretation of Latin America. Boulder: Lynne Rienner, 1996. 수입대체산업화 시기를 겪으며 전문가로 성장한 저자가 여러 측면에서 그 성과가 아직 미흡하기는 하지만 브라질이 겪은 구조조정개혁에 관한 그의 경험을 밝히고 있다.

Glade, William. The Latin American Economies: A Study of Their Institutional Evolution. New York: American Book Company, 1969.

Gordon, Wendell. The Political Economy of Latin America. New York: Columbia University Press, 1966. 1960년대와 1970년대에 출판된 라틴아메리카 발전에 관한 최고의 교과서 중 하나이다.

Hachette, Dominique, and Rolf Luders-Schwarzenberg. Privatization in Chile: An Economic Appraisal. San Francisco: ICS Publishers, 1993. 라틴아메리카에서 선구자적인 나라에서 일어난 이 논쟁적인 정책에 대한 권위 있는 연구이다.

Huber, Evelyn, and Frank Safford, eds. Agrarian Structure and Political Power: Landlord and Peasant in the Making of Latin America. Pittsburgh: University of Pittsburgh Press, 1995.

Inter-American Development Bank. Economic and Social Progress in Latin America. 연차보고서이다. 여러 나라의 현재 경제 정보, 유용한 시계열 데이터들 그리고 재정분권화, 연금개혁, 제조업 수출 등과 같이 라틴아메리카 발전과 관련된 여러 특정 주제에 대한 심층적 분석을 포함하고 있다. 초기에 발간된 것들은 나중에 발간된 것과 제목이 약간 다르다.

Maddison, Angus, et al. The Political Economy of Poverty, Equity, and Growth: Brazil and Mexico. New York: Oxford University Press, 1992. 세계은행 전문가들에 의한 두

나라 비교시리즈 중의 하나이다. 이 책은 그들의 역사적 차이점에도 불구하고 최근에는 동일한 발전정책들을 구사하고 있는 라틴아메리카 경제에서 가장 중요한 두 나라에 대한 심층적 분석을 다루고 있다.

Almeida, Ozorio de, Anna Luiza, and Joao S. Campari. Sustainable Settlement in the Brazilian Amazon. New York: Oxford University Press, 1995. 단지 브라질에만 국한되지 않으며 라틴아메리카 발전 분야에서 논쟁적인 주제에 대하여 논리적이고 치밀한 자료에 기반한 분석이다. 또한 환경악화에서 인구학적인 요인을 다룬 권위 있는 연구를 위해서는 Charles H. Wood and Marianne Schmink, Contested Frontiers in Amazonia(New York: Columbia University Press, 1992)를 참조할 것.

Prebisch, Raul. Change and Development: Latin America's Great Task. New York: Praeger, 1971. 그 누구보다 전후 라틴아메리카 경제정책 형성에 큰 역할을 한 라울 프레비쉬의 저술로 외채 붐과 오일 쇼크 직전의 라틴아메리카의 어려움을 재조명한다. 라틴아메리카의 조건과 정책과 관련하여 라틴아메리카에서 지배적인 진단에 대한 고전적 의견들은 ECLA, The Economic Development of Latin America and Its Principal Problems (Santiago: United Nations Economic Commission for Latin America, 1950)에서 찾을 수 있다. ECLA, Development Problems of Latin America (Austin: University of Texas Press, 1970)은 수입대체산업화 정책들을 선도적으로 정의한 UN 경제위원회의 연구물들을 묶은 것이다.

Story, Dale. Industry, the State, and Public Policy in Mexico. Austin: University of Texas Press, 1986. 멕시코를 위해서는 Roderic Ai Camp, Entrepreneurs and Politics in Twentieth -Century Mexico(New York: Oxford University Press, 1989)를 볼 것. 또한 브라질에서 동일한 정책의 과정을 알기 위해서는 Ben Ross Schneider, Politics Within the State: Elite Bureaucrats and Industrial Policy in Authoritarian Brazil (Pittsburgh: University of Pittsburgh Press, 1991)를 참고할 것. 이 세 저작들은 Maddison과 그의 동료들이 분석한 경제적 결과들을 발생시킨 동력을 알 수 있게 해 주었다. 비록 신자유주의 모델이 이 세 연구가 실시한 제도적 요인들을 일정 수준 변화시킨 면이 있지만 정책결정 과정에서 옛 질서들이 모두 사라졌다고 단정하는 것은 성급한 결정이 될 것이다. 미국에서와 같이 라틴아메리카에서도 정책결정자들은 선별적으로 따른다.

Thiesenhusen, William C. Broken Promises: Agrarian Reform and the Latin American Campesino. Boulder: Westview, 1995. 오랜 기간 동안 농업정책의 변화와 결과를 연구한 저자의 중요한 회고적 평가이다.

Tokman, Victor. Beyond Regulation: The Informal Economy in Latin America. Boulder: Lynne Rienner, 1992. 소위 말하는 비공식 부문은 세계노동기구(ILO) 연구자에 의하여 아프리카에서 처음 공식화되었다. 이러한 비공식 부문은 라틴아메리카 지역을 대상으로 많은 연구들을 촉발하였다. 이 중 대표할 만한 저작으로는,

Hernando de Soto, The Other Path: The Invisible Revolution in the Third World(New York: Harper & Row, 1989)을 꼽을 수 있다. 특히 이 책의 초기 스페인어판은 라틴아메리카의 비공식 부문 현상 연구를 위한 연구비 증액에 큰 기여를 하였다. 한편 1960년대 초 빈민가의 주택문제를 다른 연구들이 아마도 비공식 부문 또는 지하경제를 주목한 최초의 연구들이라 할 수 있을 것이다.

Urrutia, Miguel, ed. Long-term Trends in Latin American Economic Development. Washington, DC: Inter-American Development Bank, 1991. 특히 1장과 2장에 주목할 것.

Weeks, John. The Economies of Central America. New York: Holmes & Meier, 1985. 이 문제 많은 지역이 잠잠해지기 시작하기 전에 출판된 저작임에도 불구하고 민주 정부들이 오늘날 다룰 것들이 무엇인지를 이해하는 데 유용하다.

미주

1) 세계은행은 경제를 네 단계로 구분하였다. 저소득 국가 그룹은 가장 많은 세계 인구가 속해 있는 대부분이 아프리카와 아시아 국가들로 이루어져 있다. 대부분의 라틴아메리카 국가들은 경제적 성취가 높은 몇몇 아시아 국가들을 포함하여 터키, 중부 및 동부 유럽국가들 그리고 구소련 연방 공화국들이 속해 있는 중하위권 소득 또는 중상위권 소득 범주에 속해 있다.

2) 라틴아메리카의 경제사와 관련된 문헌은 방대하다. 라틴아메리카의 경제사에 관심이 있는 독자들은 Leslie Bethel이 편집한 *The Cambridge History of Latin America*(New York: Cambridge University Press , 1984)의 관련 있는 권(volume)을 읽도록 권한다. 혹은 William Glade의 *The Latin American Economies: A Study of Their Institutional Revolution*(New York: American Book Company, 1969) 또한 권할 만하다. 또한 B. R. Mitchell의 *International Historical Statistics: the Americas and Australasia, 1750-1988*(Detroit: Gale, 1983) 또한 도움이 될 것이다.

3) 멕시코의 아즈텍과 페루, 에콰도르 그리고 볼리비아에 걸쳐 있던 잉카에 의한 거대한 도시국가형 제국은 스페인의 정복이 이뤄진 당시 농업에 기반을 두고 있었으며 활발한 역내 무역활동을 하고 있었다. 역내 무역은 제국이 조세를 걷기 위한 것이었고, 동시에 점령당한 부족으로부터 제물로 바쳐질 인질들을 잡아들이기 위한 것이었다. 마야는 이미 그 시기 상당한 쇠퇴를 경험하고 있었다. 콜롬비아의 칩차(Chibcha)문명을 제외하고는 대부분의 중남미 원주민 그룹들은 여전히 수렵채집의 단계에 있었으며, 소규모의 농업에 종사하였다. 장거리 운송은 인부들이 걸어서 하는 운송이 주를 이루었고, 수레나 운송수단으로 동물을 이용하지 않았으며, 야마가 짐을 나르는 동물로 사용되었다. 따라서 유럽의 라틴아메리카 식민화는 두 가지의 중대한 전환을 필요로 하였다. 농경지가 짐을 나르거나 인간을 수송하는 수단으로서의 동물을 먹일 상당한 목초지로 바뀌었고, 도로와 다리를 건설하기 위해 엄청난 자원이 투자되어야 했다. 중남미 대륙의 거대한 지형과 거리를 고려한다면 이는 상당히 어려운 작업이었다.

4) 점령한 식민지에 거대한 대농장을 만드는 것은 스페인 왕정이 원래 목표한 바는 아니었다. 스페인 왕정은 원칙적으로는 원주민을 보호하려고 하였다. 스페인 왕국의 관료들이 만들고 성직자들에 의해 감독되었던 수많은 칙령들은 제국의 이론적 건설의 청사진이 되었다. 하지만 스페인 왕정의 만성적인 재정적자를 메우기 위해 각종 편법들이 난무하게 되었는데, 토지에 대한 소유권(불법적인 것까지 포함하여)을 인정받기위하여 말단의 관료들에게 돈을 지불하는 경우도 허다했으며, 의사소통의 문제와 관리감독의 문제는 행정의 효율성과 청렴성을 훼손하였다. 따라서 본국이 제안하는바, 식민지의 현실은 충돌하였고, 결국 예상치 못한 방향으로 사회관계를 형성시켰으며, 이러한 사회관계는 오늘날까지도 지속되며 중남미의 사회를 규정하고 있다. 하지만 브라질의 경우는 이와는 반대로 처음부터 분명하게 대규모의 수출중심 농업에 기반을 두고 있었으며, 처음부터 대규모로 수입된 노예들의 노동력에 바탕을 둔 농업을 경영하였기 때문에 그 행정체계는 스페인이 점령한 아메리카보다는 훨씬 단순하였다.

5) Jeffrey G. William, *Five Centuries of Latin American Inequality*, NBER Working Paper 15305, August 2009.

6) 이들 경제학자들이 프랑스나 영국에서 태어났더라면 그들은 과학으로서의 경제학의 태동에 기여했다는 평가를 받았을 것이다. 하지만 이후 전개된 자유주의적 근대화운동인 계몽주의가 규정하는 지식의 경계 밖에 존재하던 스페인에서 태어난 이들은 당시의 인용지수에 포함되지 못했다.

7) belle époque(1890~1914)에 일어난 왕정에서 공화정으로의 변화와 노예제도의 폐지도 브라질에서 갈등 상황을 만들어내진 않았다.

8) 워싱턴 컨센서스라는 용어는 IMF와 세계은행이 경제 소생이 필요한 국가들에 권고한 표준화된 경제정책 패키지를 일컫는 말이다. 그 내용으로는 거시 경제 안정화 프로그램, 무역자유화, 가격(이자율) 및 기업 활동(해외 투자 포함)에 대한 규제 완화, 시장에 따른 환률 정책, 그리고 민영화 등이 있다.

9) 농업 발전에 대한 더 수많은 연구를 접하려면 Robert G. Keith의 *Haciendas and Plantations in Latin American History*(New York: Homes & Meier, 1977)를 참고할 것.

10) 식민시기 말보다도 더욱 심각한 대토지소유(latifundism)의 확장은 정치적 그리고 기술적인 요인들로 인해 가능했다. 정치적으로는 정부가 토지 소유권을 극대화시키고자 하는 세력에 의해 지배되고 있었다는 점, 자유주의 이념은 자기 확장을 위한 정당화의 기제를 제공하였다는 점을 들 수 있다. 기술적으로는 철도와 통신기술의 발전으로 원주민들 외에는 아무도 관심이 없었던 공유지의 가치마저도 상승했다는 것을 들 수 있다.

11) 이 지역은 상대적으로 완만한 지형과 온화한 기후 덕분에 농업과 축산업이 발전하였고, 저렴한 도로 및 철도 그리고 내륙 수로의 건설로 경제는 발전하였고, 유럽으로부터 유입된 대규모 이주민들로 인한 엄청난 양의 인적자본은 생산성 향상에 기여하였다.

12) 이 시기에 대한 훌륭한 연구로는 Rosemary Thorp, ed. *Latin America in the 1930s: The Role of the Periphery in World Crisis*(New York: St. Martin's, 1984)가 있다.

13) ECLA는 이후 실질적으로 라틴아메리카의 새로운 경제학자들을 양성하는 대학원이 되었고, 국가 주도의 산업 정책주의의 원천이자 프로젝트 혹은 프로그램 설계를 위한 기술 지원의 조달처로 성장하였다. 이후 다른 저개발국가에서도 널리 차용한 체계적인 발전 전략의 창시자가 되었다. 수입대체산업화 전략 시기에 대한 비판적인 분석을 참고하고 싶다면 Sebastian Edwards의 *Forty Years of Latin America's Economic Development: From the Alliance for Progress to the Washington Consensus*, NBER Working Paper 15190, July 2009. 이 글을 통해 병적인 인플레이션과 외채 지불의 문제라는 두 가지 대표적인 수입대체산업화 정책의 모순이 이러한 산업화를 실패로 이끌었는지를 알 수 있다.

14) 세계노동기구(ILO, the International Labor Organization), 국제식량농업기구(FAO, the Food and Agriculture Organization) 및 다양한 유엔 산하 기구들이 이 시기 라틴아메리카에서 활동하기 시작하였다.

15) 작지만 매우 의미 있는 노력이 특히 제도 형성 부문에서 평화봉사단(the Peace Corp)과 미주개발재단(Inter–American Development Foundation), 그리고 켈로그(Kellogg), 록펠러(Rockefeller), 포드(Ford) 재단과 같은 민간 재단에 의해서 이루어졌다. 하지만 민간 재단들은 1960년대 이전까지는 라틴아메리카에서 다양한 프로그램들을 운영하였으나 1960년대 이후 미국 내 국내 문제에 더욱 투자하였다. 라틴아메리카의 지식 자본을 창출하는 데에 팅커(Tinker) 재단, 미국 대학에서의 라틴아메리카 장학금, 미국 국제 개발처(the US Agency for International Development) 및 다양한 종교재단에서 제공하는 장학금, 그리고 풀브라이트(Fullbright) 장학금이 크게 기여하였다.

16) 그 당시 이뤄진 정책 약화에 대한 효과적인 분석은 Rudiger Dornbusch와 Sebastian Edwards의 *The Macroeconomics of Populism in Latin America*(Chicago, University of Chicago Press, 1991).

17) 해외 직접 투자에 대한 과잉 규제는 끊임없이 계속되었으며 기술이전에 대한 통제도 일어났다. 이러한 종류의 규제는 해외투자를 제거하기 위한 안데스 국가 협약(the Andean Pact)을 기점으로 그 절정에 달했다.

18) 1973년 칠레의 경제위기는 이와는 다른 이유로 일어났다. 1970년대 중반 칠레에서는 다섯 번째 구조조정이 다른 국가들보다 무려 10년이나 일찍 시작되었고, 이런 이유로 칠레를 구조조정의 선구자라고 부른다. 칠레의 사례를 좀 더 자세히 알고 싶다면, Dominique Hachette과 Rolf Luders–Schwarzenburg의 *Privatization in Chile: An Economic Appraisal*(San Francisco: ICSS Press 1993)과 Barry Bosworth, Rudiger Dornbush 그리고 Raúl Laban이 편집한 *The Chilean Economy: Policy Lessons and Challenges*(Washington, DC: Brookings Institution, 1994)를 참조할 것. 외채위기에 관해서는 S. Griffith–Jones와 Osvaldo Sunkel의 *Debt and Development Crises in Latin America: The End of an Illusion*(New York: Oxford University Press, 1986)과 Robert Devlin의 *Debt and Crisis in Latin America: The Supply Side of the Story*(Princeton: Princeton University Press, 1994)를 참조할 것.

19) Sebastian Edwards, *Crisis and Reform in Latin America: From Despair to Hope*(New York: Oxford University Press, 1995)는 개혁조치와 그 효과에 대한 전문가적인 고찰을 보여 준다.

20) 더 자세한 내용을 위해서는 Montague Lord의 "Manufacturing Exports", in *Economic and Social Progress in Latin America, 1992*(Washington, DC: Inter–American Development Bank, 1992)를 참조할 것.

21) 유럽연합의 가장 가난한 두 회원국인 그리스와 포르투갈은 멕시코의 경제규모보다도 훨씬 작은 경제를 갖고 있으나 1인당 국민소득은 거의 유럽연합의 평균 수준에 가깝다. 따라서 유럽연합에 흡수될 수 있는 수준이다. 북미자유무역협정과 같은 조합을 유럽연합이 가지려면 터키를 유럽연합에 포함시키는 것일 텐데 아직까지 유럽은 자랑스럽게 이를 거부하고 있다.

22) Gordon J. MacDonald, Daniel L. Nielson, and Marc A. Stern이 편집한 *Latin American Environmental Policy in International Perspective*(Boulder; Westview, 1997)와 Michael Painter and William H. Durham이 편집한 *The Social Causes of Environmental Destruction in Latin America*(Ann Arbor: University of Michigan Press, 1995)를 참조할 것.

23) Samuel A. Moreley, *Poverty and Inequality in Latin America*(Baltimore: Johns Hopkins University Press, 1995)와 William Thiesenhusen의 *Broken Promises: Agrarian Reform and the Latin American Campesino*

(Boulder; Westview, 1995)를 참조할 것.

24) George Pzacharaopoulos와 Harry A. Patrinos가 편집한 *Indigenous People and Poverty in Latin America* (Washington, DC: World Bank, 1994)와 Donna Lee Van Cott이 편집한 *Indigenous Peoples and Democracy in Latin America*(New York: St. Martin's, 1994)를 참고할 것.

25) Dagmar Raczynski가 편집한 *Strategies to Combat Poverty in Latin America*(Washington, DC: Inter-American Development Bank, 1996)를 참조할 것.

8. 라틴아메리카의 사회구조와 변화

헨리 벨트마이어 & 제임스 페트라스(안태환 옮김)

약 30년 동안 1950년대부터 1970년대 말까지, 라틴아메리카는 역사적으로 겪어 보지 못한 총량으로 대략 5% 정도, 그리고 1인당 소득 기준으로 2.5%의 높은 경제성장률을 경험했다. 이 같은 성장은 경제에 대한 정부의 개입으로 특징지어지는 국가 주도 발전모델에 기초하였다. 사기업활동의 규제와 외국인투자자에 대한 제한을 포함한다. 세계시장보다 국내시장을 위한 생산을 하는 대내 지향적 모델이다. 수입을 대체하고 국내산업의 성장을 보호 장려하고 생산수단(토지, 자본, 기술)의 소규모 생산자의 진입을 쉽게 하기 위한 사회 개혁과 국가수입의 노동자계급 가족의 몫을 증진하는 형평성 있는 발전을 지향하였다.

1970년대에 이 같은 발전과정은 칠레와 아르헨티나에서 정부에 의해 체포되고 전복되었다. 두 곳 모두 경제적으로 지배계급의 이익을 지키려는 군부독재에 의해서였다. 이들 지배계급은 농지 없는 농민과 고집 센 노동자계급에 의해 이루어진 점증하는 요구에 대해 그들의 재산을 지키기 위해 깊이 걱정하고 있었다. 1980년대에 라틴아메리카 지역에 널리 퍼진 외채 위기와 민주화 과정의 조건하에서(국가권력이 법치와 선출된 정부에 귀환한), 위기에 대한 해결책은 강력해진 노동자 계급과 넓게 확산된 경제적 불균형에로 향해졌다. 이 당시 불려졌던 소위 구조조정 프로그램(SAP)은 신자유주의적 세계화의 새로운 세계질서를 가져올 필요가 있는 정책구상에 맞춰 워싱턴 컨센서스에 기초하여 세계은행의 경제학자들에 의해 디자인된 일련의 경제안정화와 구조개혁 조치로 이루어졌다. 세계화는 복지 발전국가모델의 규제적 족쇄로부터 해방될 "자유의 힘"을 중시하며 전 지구적으로 자유시장 자본주의 발전을 증진하게 된다.[1]

칠레의 아우구스토 피노체트하의 군부체제가 시동을 걸고 곧 지역 내의 다른 정부들에도 결국 채택되거나 또는 부과된 구조조정 프로그램은 국가의 질환을 고치기 위한 스탠더드 처방전을 제공하게 된다. 1) 화폐의 안정(예를 들어 평가절하를 통한 "실제" 환율의 채택), 2) 무역장벽과 국내자본의 우대조치를 제거 또는 감소시키면서 무역과 자본거래의 자유화, 3) 세계시장을 향한 생산의 재조정과 외국과의 경쟁에 대해 경제를 개방시킴, 4) 사적 활동의 규제 완화, 5) 공공기업과 사회적 생산의 모든 수단의 민영화, 6) 가격통제와 보조금 철폐 등 국가의 시장개입의 규모와 범위를 줄이는 국가기능의 다운사이징, 7) 재정긴축―균형예산과 재정규율의 정책 등, 경제발전의 신자유주의 모델에 기초하여[2] 그러한 정책들이 약 25년 동안 집행된 뒤에, 라틴아메리카는 오늘날 1970년대와 그 후의 달라질 수 있는 모습과는 매우 달라졌다. 그 과정을 통해 혁명이―아니 차라리 반혁명이―라틴아메리카 사회의 사회구조와 사회적 생산물의 배분에 있어 만들어졌다.

이 같은 사회적 구조의 성격을 이해하는 것은 매우 중요하다. 예를 들어, 이런 구조를 변화시키고 그리하여 그들의 사회적 생존의 조건들을 개선할 수 있는 사람들의 능력은 상당한 정도까지 이 문제의 이해에 달려 있다. 또 다른 예로, 이런 발전이 함축하는 사회구조에 대한 단단한 이해 없이 중요한 차원(경제, 사회, 정치적)에서의 라틴아메리카 사회의 발전을 이해하는 것은 불가능하다.

라틴아메리카의 사회구조

사회분석을 위해서는 세 개의 기초적 수준이 있다. 하나는 주민의 사회적 특성의 구성 또는 배분의 조건에 있다. 이 수준에서, 우리는 젠더, 연령, 인종/종족성 등과 같은 몇몇의 사회적으로 구성된 요소들 또는 요인들과 교육수준과 같은 성취된 특성을 식별할 수 있다. 두 번째 분석형식은 사람들 그룹에 의해 점유된 일련의 지위와 이들 지위와 연관된 사회, 경제적 조건들을 식별함으로써 앞서와 다른 구조적 수준에서 이루어진다. 이 수준이 이론적 추상화와 경험적 분석의 결합을 요구하는 등 사회분석의 가장 중요한 수준임을 주장할 수 있다. 세 번째의 사회분석의 형식은 그들의 사회적 인식과 그들의 분배된 지위와 관련이 있는 행동의 형식들을 식별하면서 사람들의 행동과 경험의 주관적, 정치적 조건들에 기초한다. 실제로, 문제는 적절한 또는 필요한 연결을 확보하기 위해 어떻게 그리고 어디서 이 같은 세 가지 사회분석의 형식들을 결합시키는가에 있다.

구조적 수준에서, 몇몇 중요한 요소들과 정의를 내릴 수 있는 특성들이 식별될 수 있다. 하나는 공간적 배분과 장소이다. 이런 의미에서, <표 8.1>은 두 그룹의 주민들을 구별하고 있다. 하나는 지역의 도시 중심부와 다른 하나는 시골, 더 작은 공동체와 농촌사회의 농장에 위치한다. 이 표는 또한 1970년대 이래 노동력의 성별 구성과 도시와 농촌의 주민 배분의 아주 큰 변화를 가리키고 있다.

<표 8.1>은 주민의 도시−농촌 배분에 대해 의미가 있는 국가별 차이를 보여 준다.

〈표 8.1〉 라틴아메리카의 인구: 1975~2008 사이의 선별된 나라들의 기초자료

	인구(2010)a 백만	도시비율(%)b		노동참여율c		
		75년	2000	여성/남성 75년	여성/남성 06/07년	여성/남성(%) 06/0
아르헨티나	40.5	78	90	30/69	50/75	47
볼리비아	10.4	41	65	62/82	48/68	58
브라질	199.9	56	80	36/76	58/80	52
칠레	17.1	75	86	43/73	38/66	49
콜롬비아	47.9	57	75	29/64	52/80	61
에콰도르	14.2	45	63	21/70	54/81	39
멕시코	110.1	59	75	26/71	48/82	48
우루과이	3.4	82	93	25/67	54/75	67
베네수엘라	28.8	72	87	25/67	50/79	54
중미/쿠바	56.8	42	56			
카리브(영어)	42.3	49	67			
라틴아메리카	593.7					

자료: (a−b) ECLAC, 2002년 통계연감; ECLAC, 인구조사, no.69, 라틴아메리카와 카리브 예상인구, 2002.

지난 25년 동안의 이 배분의 구조의 커다란 변화를 주목한다. 이것에 대해서는 많은 경제학자와 사회학자들이 "위대한 변혁"이라고 이름 붙였다. 전통적, 농업의 전자본주의적 사회와 경제 형태에서부터 근대적 산업화의 자본주의 체제로의 변혁이었다. 이같은 변혁 뒤에는(변화의 동력을 몰고 온) 자본주의적 발전과 프롤레타리아화(생산수단과 직접 생산자의 분리와 소규모 농업생산자의 프롤레타리아트로의 변모의 과정)가 있다. 하지만 많은 분석가들이 관심을 가진 구조적 변화의 손에 잡히는 모습은 도시화이다. 농촌지역에서 도시와 도심으로의 "경제적으로 활발한 인구"(경제학자들이 자주 쓰는 표현)의 이동 말이다. 정말로 <표 8.2>가 확인시키듯이, 라틴아메리카는 자본주의 발전의 30년 동안에 아주 빠른 도시화의 과정을 목격했다. 비록 이 발전이 주류 이론에 의해 이루어진 것은 아니었지만-농촌의 가난한 사람들의 시골로부터의 이주로부터 풀어진 잉여 노동력은 임금노동과 사회적 이동을 위한 넓은 기회를 제공하면서 현대의 자본주의 공업에 의해 흡수될 것이다.[3] 그 대신에 발전한 것은 행상을 하는 거대한 하위 또는 반프롤레타리아트의 성장이었다. 그리고 마이크 데이비스(2006)가 지적한 대로 도시의 불규칙한 배열의 "슬럼화의 도시"가 나타났다.

<표 8.2>는 대부분 경우에 도시로의 인구의 이동 비율은 적어도 10%의 변화를 보여 준다. 또한 <표 8.2>는 노동력의 여성화를 보여 준다. 1975년에서 2005년까지의 노동력 참여에의 여성과 남성의 상대적 이동을 보여주는데 이런 경향은 약 30년간의 자본주의의 발전 기간 동안 강화되었다. 도시 노동력의 여성 참여율이 아직도 남성의 그것에 비해 낮고 전 세계의 다른 지역의 여성 참여율에 비해서도 낮지만, 더욱 중요한 것은 일반적으로 남성에 비해 여성들이 성적 차별과 더 높은 착취의 조건하에서 도시 경제에 편입된다는 점이다. 이것은 그동안 약 20년 동안의 대부분의 고용성장이 낮은 임금, 열악한 노동환경, 불규칙성으로 특징지어지는 분야에서 이루어졌다는 사실에 반영되고 있다. 이런 노동조건과 고용형태의 일에 여성들이 압도적으로 많이 취업되어 있다. 노동력에 대한 성적 차별의 다른 지표는 도시 노동력의 직업별 평균 소득의 남성/여성 비율 조사에서 확인할 수 있는데 그 비율은 볼리비아, 칠레, 멕시코, 베네수엘라에 따라 .38에

서 .45까지 다양하다(UNDP 2003, <표 23>). 세계의 많은 지역에서 지난 20년 동안 여성의 참여율은 남성의 그것에 다가가기 시작했고 소득에 있어서의 젠더의 비율은 .65에서 .70으로 증가했다. 분명히 여성은 아직도 평등성을 향한 긴 투쟁에서 가야 할 길이 남아 있다는 것이다. 그러나 많은 라틴아메리카 사회와 경제에서는 이 투쟁의 길이 더욱 험난하다. 넓은 의미의 계급투쟁의 일부이기도 하다.

그리고 예비적이고 제한된 인구조사 분석도 사회경제적 노동의 조건에서의 차이가 보다 넓은 사회구조에서의 차이와 일치하는 것을 보여 준다. 어느 정도는 이것은 경제 활동의 배분과 같은 구조의 다른 요소와(<표 8.2>) 소득배분의 연관된 형식(<표 8.3>)에 반영된다. 이 같은 형식에 대한 치밀한 검토는 관련된 "구조들"(제도화된 형식들 또는 사물 처리의 방식들)이 서로 연결되어 있고 체계를 구성함을 가리킨다. 개인의 경제 활동과 사회의 생산적 자원 또는 부의 몫은 소유권으로부터 오는 소득 또는 부에 대한 접근과 함께 사회구조 안에서의 그의(그녀의) 위치에 직접적으로 연관되어 있다.

라틴아메리카를 통해 경제적, 사회적 체계 안에서 소득은 개인과 각 가정의 "삶의 기회"(막스 베버의 용어를 빌리자면)의 아주 중요한 변수가 된다. 대부분의 사람들은 그들의 기초적 욕구를 충족시키기 위해 돈 또는 소득을 필요로 한다. 그리고 이 소득의 주요한 원천은 임금 또는 월급, 또는 그 자신의 노동(자기-고용) 또는 상품 생산(판매를 목적으로 한 상품과 서비스의 생산)이거나 노동이다. 쿠바를 제외한 라틴아메리카 사회는 사회적 생산 수단을 가진 재산권으로부터 오는 이윤 또는 렌트의 형식으로 소득을 받는 개인들의 계급을 가진다. 하지만 대부분의 사람들은 생존을 위해 노동을 하지 않으면 안 된다. 그들은 노동계급의 일부이고 토지 또는 다른 생산수단을 가지고 있지 않아 오직 그들의 노동을 팔지 않으면 안 된다. <표 8.4>는 라틴아메리카 사회의 계급 구조와 이 구조 안에서의 노동자 부문의 노동자와 생산자의 위치의 재현을 비록 이론적이지만 도표로 보여 준다.

라틴아메리카인의 사회구조

　　1980년대에 도입된 신자유주의(시장우선주의) 경제개혁에의 저항 또는 지지의 정치
사회적 동력을 측정하기 위하여 저변에 흐르는 사회구조를 분석하는 것이 중요하다.
지난 20년 동안의 정책개혁과 변화를 일으킨 동력의 구조변화는 정치를 변화시키는 데
중요한 충격을 주어왔다. 즉, 신자유주의 모델에 대해 반대 또는 지지의 움직임을 보여
온 동력에 충격을 준 것이다. 워싱턴 컨센서스에 기초한 신자유주의 개혁은 민중부문
의 변화와 저항의 사회적 힘을 움직이게 하면서 계급관계와 연관된 사회적 조건에 또
한 변화를 주어 왔다.

〈표 8.2〉 경제활동 구조: 2000～2007 1인당 GDP 역순 선별 국가들

	일인당 GDPa ($ US 2006/2007)	총생산의 할당%(2005)b		
		농업	공업	서비스
볼리비아	1,090	22	28	68
에콰도르	1,628	11	15	63
페루	2,751	8	27	65
콜롬비아	2,861	13	30	57
브라질	4,183	8	36	56
베네수엘라	5,787	5	50	45
칠레	6,127	11	34	56
멕시코	7,094	4	27	69
우루과이	7,255	6	27	67
아르헨티나	9,397	5	28	68

자료: (a) ECLAC, 2008년 라틴아메리카와 카리브 통계연감, A.1. (b) 세계은행, 세계개발보고서(2006), pp. 238 - 39.

〈표 8.3〉 가장 가난한 그룹과 가장 부유한 그룹의 국민소득 분할: 가난한 가계%: 2007년, 인간개발 지수로 선별 국가들

인간개발 순위1	가장 가난한 40%	가장 부유한 10%		가난한 가계%(2006/7)
34 아르헨티나	15.4	34.1	23.7	21.0
40 우루과이	21.1	27.5	17.9	18.1
43 칠레	14.6	37.2	38.5	13.9
55 멕시코	16.9	32.9	42.1	26.8
64 콜롬비아	12.2	41.0	52.7	45.4
65 브라질	12.7	42.1	41.2	26.9
69 베네수엘라	18.4	25.7	38.6	—
97 에콰도르	15.4	35.5	62.1	38.8
114 볼리비아	11.2	35.5	52.6	42.4

자료: 세계은행, 세계개발 보고서 2003, ECLAC, 라틴아메리카와 카리브 통계연감, 2008, A.6.
1. UNDP는 2002년 연도 보고서에서 '인간개발'의 수준에 맞춰 175개 국가의 서열을 매기고 있다. 인간개발지
수는 공식환율보다는 구매력 지수(PPP)로 측정한 1인당 GDP와 기대수명으로 측정한 수명, 자신의 삶에서 선택
의 능력의 지수인 교육의 질과 수준을 가지고 각국의 가중치를 계산한 것임.

〈표 8.4〉 라틴아메리카 계급구조(사회계급에 의한 예상 인구배분)

	도시	농촌
자본가 계급	4	2
중간계급		
경영/전문직(중상)	5	2
관리/소상인(중간)	10	4
서비스, 기술자 등	11	7
가족농(중간규모)(중간)	10	
노동자 계급		
공식노동자(공장, 사무실, 광산)	21	10
비공식노동자/반프롤레타리아트(길거리, 토지)	49	35
농업생산자(대중부문)		
소농 생산자		10
농부		20

자료: 2008년 ECLAC의 통계연감과 같은 해의 라틴아메리카 사회 파노라마 통계부록에 기초한 라틴아메리카의 계급
별 인구분포를 개략적으로 산출한 것임. 또한 2006년 국제노동기구의 세계고용 보고서를 참고하시오. 계급구조
를 정확하게 계산하는 것은 불가능함. 공식 노동력 데이터는 공업 및 직업별 구분에 기초하여 인구를 구분하므로
계급관계의 구조를 드러내는 것은 아니기 때문임. 위의 도표는 전체 인구의 90% 이상을 차지하는 이 지역의 8
개의 인구가 많은 나라들의 통계를 단순히 평균 낸 것임. 예를 들어 비공식부문의 도시 노동자들의 49%는 페루
의 65%, 볼리비아의 65%, 칠레의 31%, 아르헨티나의 42%, 브라질의 49% 등으로 편차가 심하므로 남미의 8
개국의 가중치 없는 평균을 드러낼 뿐임.

라틴아메리카 사회의 사회구조의 중심 요소는 노동에 대한 자본의 관계이다. 그 관계는 오직 임금을 위해 교환해야만 할 노동력만을 남긴 채 생산수단을 소유한 사람들과 아무 생산수단도 가지지 못한 사람들 모두를 포위한다. 이 같은 기본적인 두 개의 계급 외에, 임금-노동관계의 구조 밖에 위치하거나 경계에 머무는 어정쩡한 위치를 가지는 개인들의 일부 계급이 있다. 이 모든 것 중 가장 중요한 것은 육체적·물질적 또는 정신적 무형의 것이더라도 약간의 생산수단을 가지고 있고, 그러나 직접 노동력을 구매할 수 있는 위치에 있지 않은 개인들로 구성된다. 이들 개인들은 지식인, 전문직 그리고 공기업 또는 사기업의 낮은 위치의 관리직 등을 포함하여 전통적으로 중류계급으로 분류된다.

자본가 계급

자본가계급의 구성원들은 쉽게 그들 자본의 크기(대, 중, 소)와 기능적 기준(기업, 상업, 금융, 임대업)에 의해 또한 부와 권력 등의 그들의 지위의 특권에 의해 구별된다. 경제활동 인구 중에서 볼리비아 같은 경우는 자본가계급의 비율이 3%대이고 아르헨티나, 브라질, 칠레, 멕시코 등은 5~6%이고 전체 지역 평균은 5% 미만이다. <표 8.4>에서 보이는 고용주 카테고리는 대략적으로 이 계급의 분포를 보여 주는데 자본가계급은 모든 고용주의 2/3가 되며 대부분의 고용주는 자본이 매우 취약하다. 현재 국면에서 자본가계급의 핵심은 대부분 투자소득으로 유지된다. 인구조사에 의하면, 전체 국민의 1%도 되지 않고 금융업자로 분류된다.

이 계급의 핵심은 "거대 경제그룹", 즉, 은행, 산업, 농업수출 부문의 거대 족벌과 연결되어 있는 사람들로 구성된다. 각 나라마다 1980년대 이후 이식된 소수의 거대 족벌 외에 자유시장 개혁으로 형성된 많은 수의 신흥 부르주아 그룹이 추가되었다. 각 나라마다 자본의 원천과 규모의 시각에서 지배적 자본가 계급 내에서 다양한 분파와 그룹을 구별할 수 있다. 예를 들어, 멕시코에서 그리고 다른 나라에서는 그보다 작은 규모로 다수의 정치적으로 중요한 관료계급이 있다. 국가재원과 규제적 권력에의 특권적 접근에 의해 형성된 멕시코의 이런 종류의 부르주아는 내부적으로 분파로 나뉘어져 있고 산업, 금융, 은행 자본가계급과 공통의 이익을 바탕으로 긴밀하게 연결되어 있다. 이 외에 각국에서 활동하는 다국적기업의 CEO와 IMF 같은 기관에서 일하는 개인들의 그룹이 있다. 이들 모두는 전체로서 국내적 계급투쟁의 정치적 동학에서 중요한 역할을 하는 자산과 네트워크를 가지는 자본가 계급의 강력한 블록을 형성한다. 1980년대에 제도화된 정책들은 지배적 자본가계급의 다른 구성 요소들을 만들어냈다. 특히 중요한 것은 많은 국가들에서 시행된 공기업의 대규모 민영화이다. 멕시코의 경우, 1989년부터 1994년까지 카를로스 살리나스 정권에서 시행된 천여 개 이상의 공기업의 민영화는 엄청난 민간자본을 만들어냈다. 이 사실은 1993년의 『포브스』지 발표로 확인되는 바, 멕시코의 24명의 억만장자들은 2년 전에 조사된 라틴아메리카 전체의 억만장자 숫자보다 많은 것이다. 『포브스』지에 의해 세계에서 제일의 부자로 인정된 카를로스 슬림을 포함하여 이들 억만장자들은 신자유주의 경제개혁과정에서 산출된 수천 명의 백만장자들과 함께 라틴아메리카의 새로운 부르주아의 핵을 이룬다. 글로벌 경제를 지배하는 다국적 기업과 국제금융기구와 각국의 정치적 기득권층과 잘 연결된 재산가, 기업가 계급을 형성한 것이다. 이들은 사회학자 레슬리 스클레어(1997)가 "초국적 자본가계급"으로 명명했고 본인들이 "글로벌 지배계급"으로 명명한 계급의 일부를 구성한다.

중간계급

중간계급의 중요한 구성원은 농업생산을 위한 자기 땅을 가지고 있거나 주로 도시에서 소기업을 운영하는 사람들로 이루어진다. 이들 구성원은 나라에 따라 매우 다른 편차를 보이고 그들의 숫자를 줄이는 경향의 힘들에 의해 영향을 받았지만 아직도 대부분의 나라에서 숫자로나 정치적으로 중요하다. 기업자본의 확장은 독립적인 소규모 토지소유자와 도시 중심의 비즈니스 사업자의 생존 조건에 부정적 영향을 끼쳤다. 그들의 기업 활동에 대한 정부 경제정책의 구체적인 충격은 측정하기가 더욱 힘들다. 모든 나라마다 다수의 소규모 사업자와 토지소유자들은—많은 경우 50% 이상으로—영세 활동을 하는 소기업을 포함하는데 그들의 소유자들은 소위 비공식부문에서 간신히 생존할 정도이다. 이런 의미에서 공식적인 소부르주아(전통적인 중간계급)와 비공식 소부르주아(대부분 빚을 많이 진 가족농)를 구별하는 것이 가능한데 후자는 지역의 경제활동인구(EAP)의 약 10%를 차지한다.

중간계급의 또 다른 중심요소는 자주 전문직으로 불리는 사람들이다. 교사, 기술자, 사회활동가, 공무원, 회사원 등의 반 전문적인 서비스직종으로부터 보수가 높은 봉급생활자(정부부문과 회사의) 집단에 의한 고급 수준의 경영과 비즈니스 부문까지의 넓은 범위의 지적 서비스를 공급하는 개인들을 의미한다. 일부의 사회학자들은 이들 기업과 공기업의 고급 관료 및 관리자들을 특별한 계급(전문경영직)으로 간주한다. 이들은 대부분의 나라에서 경제활동인구의 약 4~5%를 구성한다. 이들을 고액의 월급을 받는 관리자들로만 국한하고 두 개의 다른 많은 수의 주요 중간계급－소규모 사업자(독립사업자 및 생산자)와 낮은 임금의 관리직(공기업, 사기업의 월급수령자들, 반 전문직, 지식인)과 구별한다면 아마도 공정한 평가가 될 것이다.

서로 다른 사회의 이들 사회적 카테고리(중간계급)의 규모는 주로 계급구조에서 그들의 위치의 애매성 때문에 측정하기가 힘들다. 아르헨티나와 같은 나라에서는 그 규모가 매우 크다.－아마도 경제활동인구의 약 30%를 차지할 것이다. 볼리비아와 에콰도르 같은 다른 나라에서는 상당수의 다인종 또는 복수종족의 구성 때문에 그 규모가 훨씬 작다. 봉급생활자들로서 그들도 또한 노동계급의 일부로 간주될 수 있다.(정신적 또는 비육체적 노동을 하는 화이트칼라 노동자로서.) 하여튼, 중간계급의 일부이건 노동계급의 일부이건 간에 이들은 대략 경제활동인구의 10~15%를 구성한다. <표 8.4>는 정규 노동계급으로 분류되고 있다. 계층의 서로 다른 분류 또는 정치적 구분 등의 차이는－육체/정신노동, 임금/월급, 도시/시골, 사기업/공기업, 남성/여성, 조직/비조직－무시한 것이다.

이들 분류가 정치적 성향 또는 반응에서의 차이와 관련되는지의 여부는 말하기가 어렵고 경험적 분석의 대상이다. 1980년대와 90년대에 시행된 신자유주의 경제정책에 대한 정치적 반응을 파악하면 교육계와 공기업, 관료그룹 사이에 아주 강한 저항과 반대의 요소가 있음을 알 수 있다. 그 이유는 이들 공공부문의 개인과 그룹이 민영화 정책과 국가 기구의 구조조정의 영향을 많이 받았기 때문이다. 나라마다 상당히 서로 다른 차이가 있지만, 신자유주의 정책은 이들 계급의 분화를 만들어냈다. 일부는 신자유주의 어젠다에 잘 적응하고 편안해하는가 하면 다른 일부는 힘들어하고 저항을 시도하기도 한다. 아르헨티나와 멕시코와 같은 맥락에서는 이 계급은 사회변화의 동력에서 결정적이지는 않더라도 중요한 요소를 이룬다.

노동자계급

노동자계급은 대다수의 주민을 포용하는데 다양한 형태로 나타난다. 많은 나라들에서, SAP와 연관하여 정책이 유도한 경제, 정치적 조건의 결과로 노동자계급은 실질적으로 재구성되었다. 오늘날의 노동자계급은 1980년대의 그것과 다르다. 그 당시는 대부분의 노동자들이 자본주의의 민간부문과 소규모 비즈니스와 공공부문에서―공장, 공단, 광산과 회사―일했다. 하지만 오늘날은 많은 나라의 대부분의 노동자들이 "자신의 사업으로" 또는 사회보장의 혜택도 없이 아주 열악한 조건하에서 보잘것없는 임금을 받거나 하면서 길거리에서 또는 서비스, 소매부문에서 일한다. 농촌사회에서 대부분의 노동자들은 계절적으로 낮은 임금을 받거나 농업 외 노동임금을 받고 생계유지형 농업을 영위한다. 그리하여, 공업 프롤레타리아트와 전통적 임금 노동자(오늘날은 일부의 노동계급만이 그러한데)와 길거리에서 일하거나 자신의 사업으로 일하거나 임금 없이(가정주부와 임금 없는 가족 구성원) 일하는 노동자들 사이에 날카로운 구별이 지어져야만 한다. 1980년대 이래, 개발의 맥락에서 후자는 모든 나라에서 노동자계급의 상당한 포션을 차지한다(<표 8.3>을 보라).

(i) 공식부문

상층부 부르주아, 소부르주아와 함께, 이들 노동자들은 소위 근대적 또는 자본주의 경제부문을 구성하며 지역 내 경제활동인구의 약 30%를 차지한다. 이들 계급의 규모는 크게 다양하지만 본질적으로 3개의 범주로 나눌 수 있다. 꼬노 수르지역(아르헨티나, 칠레, 우루과이)에서는 정규 프롤레타리아트가 경제활동인구의 상당부분을 차지한다. 그리고 중간규모의 나라들(브라질, 코스타리카, 파나마, 페루)에서는 경제활동인구의 약 25%를 차지한다. 그리고 나머지 라틴아메리카 국가들에서는 겨우 10%를 차지한다.

1960년대와 70년대를 통해, 이들 노동자들은 조직노동의 사회적 기초-노동운동-를 이루면서 각 나라마다 더 나은 임금과 노동조건을 위해 자본에 대항하여 투쟁해왔다. 그런데 1970년대에 지역 전체에 걸친(아니 전 세계에 걸친) 자본의 역공의 맥락에서 이들 노동자계급은 전체 라틴아메리카 지역의 국가 권력을 잡은 국가안보 군부체제에 의해 수행된 국가 억압과 저항세력에 대한 '더러운 전쟁'의 주요한 표적이었다. 1980년대의 지역의 외채위기의 맥락에서 시장친화적 개혁의 제도화와 민주화 과정 안에서 정규노동자계급은 또한 경제와 사회의 구조조정을 위한 노력의 예봉을 견뎌야 했다. 이 같은 과정에서, 노동운동의 중추인 민간부문의 산업 노동자들은 엄청나게 축소되고 일부의 경우에는 10분의 1로 줄었다. 1988년부터 1992년까지 산업부문의 노동자들 130만 명이 일자리를 잃었고 이런 과정은 1990년대를 거치면서 계속되었다. 이런 진행의 결과, 산업노동자들은 과거에 그랬던 그림자로 축소되었다. 숫자도 줄고 조직적으로 약화되고 어디서든지 방어적이 되고 분열시키고 노사참여적인 합의에 따르는 순응의 약한 리더십이 나오므로 자본에 맞서 중요한 노동의 잠재적 정치역량을 동원하거나 효과적인 캠페인을 벌이는 것이 불가능하게 되었다.

1980년대 말에, 공공부문의 직원과 노동자들이 노동운동과 노동자계급 양쪽의 중요한 일부를 구성했다. 이것은 석유와 같은 전략 산업부문의 기업의 국유화뿐 아니라 인프라와 사회 서비스부문의 몇십 년에 걸친 오랜 국가 주도의 개발과정의 결과였다. 하지만 단일의 글로벌 경제(세계화)의 요구에 맞추는 구조조정의 새로운 경제모델의 핵심요소는 공기업을 민간부문(이익 창출)에로 인계하는(복귀시키는) 민영화 정책이었다. 1988년부터 1994년까지의 멕시코 대통령인 까를로스 살리나스 데 고르타리 대통령은 1천1백 개의 공기업을 민간부분에 인계하였다. 실제로 경제의 주요부문의 모든 공기업을 민영화시켰다. 오직 전기발전과 원유 추출, 가공부문을 제외하고. 1990년대에 지역의 다른 정치체제에서 지역강국인 특히 브라질과 아르헨티나에서(이들 나라와 멕시코를 합해 전체 지역의 총생산의 75% 이상을 차지함) 같은 과정이 있었다. 1990년대 후반까지 민영화 어젠다는 공공부문의 노동운동을 숫자로나 정치적으로 약화시켰다.

(ii) 비공식 부문

많은 나라에서 노동력의 절반 이상 또는 노동자의 65%까지도(볼리비아, 페루의 경우) 차지하는 노동자계급의 가장 큰 구성요소인 비공식노동자들은 생산관계의 다양한 혼합체로 특징지어지는데, 소규모의 불안정한 기업의 불규칙적이고 비규범적인 임금노동, 법적계약의 보호가 없는 파트타임 또는 임시노동, 하청 임금노동, 자기-고용(비정규적 영세기업 생산 또는 상품 및 서비스를 가정, 작업공간, 길거리에서 판매하는), 중산층과 부르주아 가정의 가정 내 노동, 그리고 다수의 불법적 활동들, 예를 들어, 소규모 절도, 강도, 마약의 제조, 배급, 판매의 하부조직 등이라고 할 수 있다. 아무튼 영세기업부문과 결합된 이 비공식 계급은 지속적으로 증가해왔다. 1980년대 초의 1/3의 수준에서 1990년대 말에는 취업 노동력의 절반을 넘는 정도로 경제활동인구 중의 몫이 늘어났다. 알레한드로 포르테스 등의 연구(1989)와 ILO의 연구에 의하면 일부 나라에서 비공식부문은 그동안 약 15년의 기간 동안 고용증가의 90%까지 달했다.

농민과 농촌 프롤레타리아트

라틴아메리카의 지역 전체는 생산력이 있는 토지 등을 가지지 못한 많은 개인들을 흡수할 만한 공업력과 비교해볼 때 과잉도시화되어 있다. 결국 급격히 도시지역으로 시골사람들이 이주해왔다. 전후 기간 동안 많은 수의 농촌인구는 도시로 편입되어 도시 프롤레타리아트가 되었다. 이 과정은 또한 거대한 규모의 비공식 기업과 활동의 형성을 이끌었다. 몇몇 도시에서는 예를 들어 (볼리비아의 수도인 라파스의 외곽지역의 주변부 도시인 El Alto는 주로 농촌이주민인 원주민의 구성이 압도적이다) 이곳에 사는 대부분의 노동자들은 주중에는 도시에서 거주하며 일하고 주말에는 농촌으로 돌아가서 농업활동(생계유지를 위한)을 하는 비공식적(구조화되지 못한)노동관계의 도시 – 농촌의 병존적 삶을 살게 된다. 이로 인해 통계전문가들이 이들을 도시 또는 농촌 주민, 어디로 분류할지 힘들어한다. 농촌에서는 더욱 복잡하게 경제활동과 생산관계의 구조가 변화했다. 다양한 종류의 생산자와 노동자를 포함한다. 중간계급과 농장과 비즈니스의 자본주의 경영자들을 포함하여 임금노동자로 구성된 농촌의 프롤레타리아, 다수의 다양한 생존관계하의 노동 또는 농업에 종사하는 개인과 가계로 이루어진 소규모 자영업자들, 예를 들어 독립적인 상품생산 수확 기타 형태(예를 들어 볼리비아, 에콰도르, 과테말라, 멕시코의 원주민 공동체의 경우), 대부분 나라에서 직접생산의 다수를 이루는 세미 프롤레타리아, 그리고 많은 수의 토지 없는 또는 거의 없는 것이나 마찬가지의 농촌 노동자들, 브라질의 경우 이들이 수백만 가구를 구성한다. 비록 경제활동인구의 개념이 많은 수의 노동연령에 미만인 어린이들, 노인들, 퇴직자들, 장애인과 기타 피보호자들을 포함하지 않지만 대부분 여성들로 가정과 사회의 생산에 기여하지만 그들의 노동이 보상받지 못하고 따라서 계정에 잡히지 않는 많은 수의 개인들을 포함한다. 농촌가계의 대부분은 적어도 한 명을 위의 조건에 맞는 개인을 가지고 있으며 그 수는 농촌인구의 약 25%라는 상당한 숫자에 이른다.

농촌에 대한 자본주의의 확장은 이 같은 계급구조에 다양성을 가져왔다. 게다가, 농업 소유의 아시엔다 체계의 자본주의적 농업 비즈니스로의 변화－미주개발은행은 이를 상업분야의 기업부문으로 정의한다－임시직, 파트타임, 계절적 임금노동 형태의 발전, 농촌임금 노동의 여성화와 도시화 등, 이 구조에 다양한 변화의 과정을 가져왔다.

신자유주의 개혁의 사회적 충격

1982년 여름 멕시코 정부는 국제금융시장에 충격파를 던지면서 누적된 외채의 이자 지급이 불가능하다고 선언했다. 엄청난 고율의 이자와 주저앉는 수출상품 가격의 지속된 구조와 조건 아래 멕시코는 글로벌 자본의 전체구조를 위협하며 결코 혼자가 아니었다. 하지만 국제금융기관은 IMF의 감독하에 시스템 방어를 위해 나섰다. 지역 내의 나라마다 채택되거나 또는 강요된 해결책은(차관, 원조 또는 투자의 형태로 신규자본이 투여되거나 외채 재협상의 조건으로 흔하게 제안된) 시장－친화적 경제개혁 또는 구조조정의 프로그램이었다.

이 프로그램의 명시적 목적은 성장과 거시경제의 균형이었다(균형예산의 조건하에 상품과 서비스의 총 산출의 성장의 복귀, 가격 인플레의 억제). 하지만 이 같은 개혁의 암묵적 주요 목적은 역내 국가들의 외채 서비스 (지불이 가능한) 능력을 확보하려는 것이었다. 그러나 더 중요한 국내적 구조조정의 목적은 특히 국가소득 중에서 노동의 몫과 관련하여 노동의 구조조정과 유연성의 증가였다. 국가소득 중 노동의 몫과 관련하여(상품과 서비스가 소비되거나 구매되기보다 투자되는, 즉, 자본으로 향하는 몫과 반대로) 지역 내 대부분의 국가는 30% 또는 그 이상(몇몇 경우 40% 이상)에서 20% 이하로 엄청난 축소를 경험했다. 국가소득에서의 노동 몫의 감소는 자본이 차지하는 몫이 증가했음을 의미한다. 국가투자율을 증가시키는 전략으로 경제적 활성화의 과정에서 가장 중요한 요인이 되었다. 이 같은 구조조정 과정의 사회적 비용은 가난의 심화와 확산이었다. 가난의 조건은 주로 노동계급에 의해 부담되었다(실업, 노동관계와 조건의 비정규직화, 경제적 불안, 임금하락, 저소득, 홈리스, 영양결핍, 질병, 문맹). 노동계급의 상당부분은 이 과정에서 더욱 가난하게 되었고 중간계급의 일부도 그렇게 되었다. 게다가, 가난과 구조 조정의 다른 조건의 형성에는 계급과 종족적 차원 외에 젠더의 의미도 크다. 사회발전의 기초적 지표의 관점에서 볼 때 자본주의보다는 사회주의의 경로를 따른 유일의 라틴아메리카 국가인 쿠바는 교육, 건강, 복지의 수준에서 세계에서 가장 산업이 발전한 국가들의 그것과 비교될 정도의 놀라운 모습을 드러낸다. 2003년과 2006년의 유엔개발계획(UNDP)의 '인간 개발 레포트'는 이 점에 대한 분명한 증언을 보여 준다.

1980년대 초까지, 약 35년의 지속적인 경제, 사회발전의 결과로 라틴아메리카의 대부분의 주민을 위한 사회적 생존의 물질적 조건은 현저하게 개선되었다. 하지만 1980년대에 외채위기와 구조조정의 폭넓은 전개하에서, 이 같은 소득은 물거품이 되었다. 1980년대의 몇 년 동안에 구매력 기준으로 또는 임금의 실질소득으로 보아 약 60%까지 감소되어 지역 내의 대부분의 사람들의 생활은 심각하게 악화되었다.

휩쓰는 경제 개혁의 10년이 지난 뒤에 약간의 취약한 회복이 있었지만 많은 나라들에서 1990년대의 생활수준과 소득의 평균은 1970년의 그것보다 더 낮았다. 실업, 노동의 비공식화, 임금의 실질가치의 감소, 사회정책에 대한 정부 서비스의 삭감, 구조조정 과정 등의 조건하에서 지역 내 경제는 이미 전 세계에서 가장 불평등하고 형평성이 적은 경제에서 부와 소득의 분배가 더욱 악화되는 길로 이끌었다. 가장 부유한 가계와 가장 가난한 가계 사이의 소득 격차는 더 넓고 깊어졌으며 몇몇 경우에는 극단적으로 벌어졌다. 오늘날 라틴아메리카의 모든 나라에서 상위 10%의 소득 계층은 국가 소득의 30% 이상을 벌고 있으며 브라질의 경우는 48% 이상을 차지한다. 브라질은 세계은행에 의하면 세계에서 소득 불평등도가 가장 심한 나라로 알려져 있다. 세계적으로 오직 시에라 레온만이 브라질보다 소득불평등도가 더 나쁜 나라이다. 더 이상 워싱턴 컨센서스에 입각한 정부정책을 추진할 수 없다. 또한 수년 동안 국가소득에서의 노동의 몫과 노동자 임금의 구매력의 축소는 대부분 나라에서 고용기회의 상실과 함께 소득과 계급 구조의 피라미드의 아래에 있는 사람들에게 아주 강한 충격을 주었다. 결론적으로 지역 내 대부분의 나라에서 소득 불평등도가 심하게 증가하는 결과를 낳았다. 이런 불평등은 주민의 서로 다른 계급과 그룹에게 사회적 상황의 격심한 차이를 불러왔다. 한쪽 극단에서는 그들의 부가 국민의 절반의 그것보다 더 많은 극소수의 억만장자를 낳았으며 그들의 사회적 존재의 조건은 거의 상상을 불허하고 음란하기까지 하다. 한편 다른 한쪽에서는 부와 소득의 엄청난 불평등이 넓고 깊은 가난에 반영되고 있다. 1980년대 동안 실질적 가난에 사는 인구가 증가했다. 비록 1990년대 초에 약간 감소되었다가 1995년 현재 가파르게 상승하고 있다. 결국 또 다른 '잃어버린 10년'이 되고 있다. 1990년대 말에 일부 연구(<표 8.3>) 의하면 전체 가구의 1/3 이상(에콰도르의 경우 58%)이 그들의 기초적 생활비에 맞출 수 없도록 가난해졌다. 이들 가구의 대부분은 도시에 있다. 비록 가난이 농촌지역에서 더 높지만, 예를 들어 토지가 없거나 거의 없는 수준이거나 소외된 대중의 소규모 농지 소유자와 생산자들, 그리고 지역 내 인구의 약 10%를 형성하는 원주민들이 있지만(에콰도르, 볼리비아, 과테말라 같은 나라에서는 50% 이상을 차지한다). 전형적으로 이들 원주민들은 가장 심한 착취와 억압 그리고 비참한 가난을 겪고 있다.

공식통계(CEPAL 2008)에 의하면, 라틴아메리카의 가난의 비율은, 적어도 현재의 글로벌 금융위기 전까지는 감소해왔다. 이 금융위기는 많은 사회들, 특히 멕시코의 실질경제에 심각한 영향을 끼치고 있다. 멕시코의 경제는 이미 위기의 근원이 되고 있는 미국경제에 너무 많이 통합되어 있기 때문이다. 현재 추산으로는 멕시코의 2009년 국내총생산은 10%까지 축소될 것이고 적어도 75만 명의 일자리가 사라지고 가난에 시달리는 사람들이 증가할 것이다. 공식통계에 의하면, 빈곤율, 특히 극빈층이 라틴아메리카 전체 지역에 걸쳐 지난 10년 동안에 약 25~30% 감소한 것으로 되어 있다. 하지만 그 설명이 명료하지 않다. 예를 들어, 2015년까지 극빈율을 반으로 줄이겠다는 새 천년계획의 첫 번째 목표의 일부의 성공은 통계의 재단 결과 ─ 가난을 정의하는 방식 ─ 인 것 같다. 또한 극빈 완화의 상대적 성공의 대부분이 가난한 사람들의 구체적 행동 때문임은 확실하다. 즉, 정부의 정책보다는 가난한 사람들이 이주하여 번 돈을 그들의 고향의 가족에게 보내는 송금 때문이었다. 정책 기획과 재정 지출과 가난구제의 프로그램들이 요소가 된 칠레와 브라질의 경우에는 정부에 대한 대중의 압력과 신자유주의의 형태를 더 사회적으로 포용적인 형태로 가져갈 필요에 기초하여 워싱턴 컨센서스 후기의 프레임이 주어진 것이다.

계급투쟁의 동학: 신자유주의 개혁과 위기에 대한 정치적 대응

수년에 걸쳐, 라틴아메리카의 변화를 이끈 사회운동의 정치적 동학과 사회적 기초에 대한 계속적인 논쟁이 있어 왔다. 하지만 구조조정의 정책과 조건은 관련된 문제들을, 특히 시민사회의 민중부문과 연관 지어 재조형시켰다. 그러나 두 가지 중요한 문제가 남아 있다. 하나는 투쟁, 저항, 항의의 객관적·주관적 조건이 구조적인지 아닌지, 그리고 계급에 기초한 것인지 또는 장소적 투쟁에 기초한 것인지 그리고 젠더, 종족성, 기타 문화적으로 특정의 투쟁에 의해 정의된 정체성의 정치에 기초한 것인지를 묻는 것이다. 두 번째는 사회적 항의와 저항의 정치와 사회운동을 일으킨 조건들의 특정 구조적 원천과 연관된 영역에 대한 것이다. 착취와 사회적 배제의 관계가 어떻게 라틴아메리카 사회들의 사회적 구조에 영향을 주었는지를 결정하는 문제를 제쳐두고 이 관계들의 정치적 조건들—발동된 사회적·정치적 힘들—은 아직 분명하지 않다. 대중의 저항과 정치적 항의와 그것들을 불러온 조건들의 형식들은 더 많은 연구가 필요하다. 일종의 예비적 연구의 결과를 아래에 요약할 수 있다.

슬럼가에 살고 길거리에서 자신의 능력으로 일하다

비공식부문의 엄청난 증가는 저소득층의 가구들이(대부분 농촌에서 이주해온) 소득이 제대로 있는 고용을 찾는 것에 실패한 뒤 따른 결정임을 드러낸다. 이 같은 "결정들"은 일반적으로 그들의 행정당국이 아무 역할을 못했고 대안적 선택이 없는 조건들에 의해 형성되었음을 알 수 있다. 다른 말로 하자면, 이 같은 결정과 행동에는 연관된 당국이 있음을 지적할 수 있다. 그리고 기초적 필요를 충당할 수 없는 가난의 경제적·사회적 조건들에 대한 방어적 반응이라는 생존전략을 표현한다. 그리하여 이들은 가구 구성원들의 자기-착취의 형태를 띨 수밖에 없다. 이들은 일반적으로 노동력을 제공하거나 또는 그들의 노동이 부여된 제품을 그들의 가치보다 더 낮은 소득의 수준에서 공급하거나 한다. 이 가구들의 여성의 경우, 그들의 착취율은 남자의 그것보다 훨씬 더 높은 경향을 가진다. 왜냐하면 가계에 대한 책임과 재생산의 노동 때문에 그렇다. 이런 요인은 그들의 사회적 생산 활동에 더해 자주 근무시간이 매일 12시간에서 16시간씩 또는 주당 70~80시간의 노동으로 이끈다. 하지만 전 가족이 움직이는 자기-착취적 비공식적 경제활동을 함에도 불구하고 가족들의 기초적 요구, 즉 음식, 영양, 주거, 의복, 교육과 인간개발(선택기회의 확장) 등을 충족시킬 수 없었다. 그 결과로, 경제위기와 구조조정이 더욱 심화되면서 1980년대에 이들 소득이 낮은 도시의 가구들의 여성 가구주들이 그들의 기본적 요구를 위해 그들의 제한된 자원을 가지고 협동하는 방식을 찾기 시작했다. 이 같은 가구들 사이의 협력과 연합의 형식들은 리마, 멕시코시티, 상파울루, 리우데자네이루, 산티아고, 과야킬 등의 도시의 대부분의 빈민촌에서 발견할 수 있다. 몇몇 이론가들에 의하면, 이들 가구들은 새로운 형태의 경제형식-"사회경제"-을 만들어냈다고 하였다. 이 사회경제는 돈에 의지하는 것이 아니라 물물교환, 공짜 노동, 연대의 관계에 의존한다.

대중경제: 공동체에 기초한 협력과 로컬 개발

1979년 초에 페루의 리마에서 몇몇의 대중식당이 저소득층의 가구들의 약 50명의 여성들의 그룹에 의해 협동적으로 운영되기 시작했다. 1982년까지에는 이미 이런 조직이 약 1,500개 이상이 생겨나게 되었다. 그리고 약 10만 가구에 서비스하는 약 6,500개 이상의 "우유잔" 위원회(조합)가 생겨났다. 칠레의 산티아고에서는 비슷한 대중경제조직(PEO)인 Ollas Comunales(국그릇 공동체)와 공동체 부엌이 도시 주변의 가난한 사람들이 사는 동네인 라스 뽀블라시오네스(las poblaciones)에 여성들에 의한 협동조직이 형성되었다. 각 나라마다 가난한 동네를 부르는 이름이 서로 다르다(란초스, 파벨라스, 비야스 데 미세리아 등). 그러한 조직이 칠레에서는 1970년대 초부터 있었다. 그런데 피노체트 체제의 극단적인 자유 시장 개혁과 라틴아메리카의 최대의 경제위기 탓에 더욱 늘어나게 되었다. 1982년에 또 다른 경제위기가 찾아왔을 때 산티아고에 34개의 국그릇 공동체가 생겨났다. 피노체트 집권 후 15년 뒤인 1988년에는 이미 232개가 생겼다. 1980년대 말에, 여성들에 의한 조합형식의 그러한 대중조직의 네트워크는 전국적으로 빈민가를 중심으로 형성되었다. 국그릇 공동체 외에 그들은 자율적으로 서로 돕는 그룹과 소공장을(3명에서 15명 정도의 소규모로 빵, 의복, 세탁, 목공 등의 일을 하는), 그리고 실업자들을 위한 조직, 주택위원회, 홈리스 위원회, 물과 전기에 관한 주택문제위원회 등을 만들기 시작했다. 도시빈곤 가정의 유사한 여성조직들은 브라질, 멕시코와 그 밖의 나라에서도 경제위기와 구조조정 또는 긴축정책 같은 조건하에서 형성되어 갔다. 이와 같은 변화를 이끌면서 가난한 노동자 계급 가구들의 여성들은 그들의 집단적 이익을 위해 행동할 수 있다는 자신감이 생기면서 더욱 강해진 것을 스스로 느끼게 되었다. 많은 경우에, 초기의 시민사회조직(CSO)들도 또한 1970년대의 군사정부의 억압적 정책들과 긴축 그리고 1980년대와 1990년대의 많은 신자유주의 정부들의 똑같이 억압적인 경제 정책들에 맞서 저항을 조직할 수 있는 풀뿌리 기초를 공급했다. 이런 맥락에서 이들 시민사회조직들은 도시의 가난한 사람들의 조직이 공동체의 행동에서부터 집단적 항의로 나가는 연대조직을 통해 과도적인 역할을 수행했다. 하지만 그들은 또한 집단적 항의와 사회운동의 형성에 대한 대안을 위한 사회적 기초를 형성했다. 그리고 해외의 개발 협력(ODA)과 정부들에 의한 도움을[4] 가난한 사람들에게 제시하는 것을 가능하게 만들었다. 대안은 로컬 개발의 형태로 이루어지는 참여적 발전-대중조직을 대결적 정치로부터 새로운 공공정책에의 대화, 상담, 참여로 유도하는 목적으로 비정부기구들의 점증하는 힘에 의한 공동체 이행 프로젝트들-을 중시하는 것이었다.

공동체 개발로부터 거리의 항의로

공동체에 기초한 협력적 행동의 형식들과 저항의 집단적 형식들 사이를 구별하고 전자가 어디서 끝나고 후자가 어디서 시작하는지를 아는 것은 힘들다. 하지만 개혁이 펼쳐지고 사회경제적 조건이 악화되고 군사 통치는 지속되는 맥락에서 도시의 가난한 사람들은 길거리로 나와 공동체적 집단행동으로부터 시위와 폭동을 포함한 집단적 항의의 형식들로 나아갔다. 이들 집단적 항의의 행동이 효율성과 정치적 충격을 주었음은 의심의 여지가 없다. 1983년부터 1986년까지 정치적 항의의 폭발 속에서 도시의 가난한 사람들은 중심세력이었고 일하는 여성들은 퇴영적이고 억압적인 자유시장 정책을 항의하는 최전선에 있었다. 이와 대조적으로 노조가입 노동자들은 행동이 굼뗬고 도시의 가난한 사람들로부터 한수 배우고 있었다. 그리고 지식인들과 전통적 정당에 연계된 정치인들은 더 느리게 반응했고 자율적으로 움직이는 도시의 가난한 사람들을 지도하려는 비효율적인 시도만 하고 있었다. 이들 도시의 가난한 사람들의 투쟁에 특정의 국면에서 노조 노동자들, 학생들, 교사들, 공무원들, 상점 경영자들, 중간계급의 다양한 세력들이 합류했다.

경제안정과 구조조정의 신자유주의 정책에 대한 공공연한 저항과 항의의 가장 넓게 사용된 형식은 폭동 ─ 식품, 가솔린, 등유, 교통비 등의 가격인상을 반대하기 위해 거리에서의 충동적인 폭발 ─ 이다. 외채와 구조조정의 현대적 맥락에서 첫 번째로 벌어진 거리 시위는 1976년에 페루에서 벌어졌다. 뒤이어 1982년에서 1983년에 아르헨티나, 볼리비아, 브라질, 칠레, 에콰도르, 파나마에서 간헐적으로 거리 시위의 폭발이 있었다. 이 시기의 49번의 거리시위(도미니카 공화국에서 1984년에 벌어진 시위를 더하면 52번이 됨)는 당시의 전 세계의 모든 기록된 거리시위의 1/3 이상을 차지한다. 1985~1986년 사이에 라틴아메리카에는 두 번째의 일련의 거리시위의 폭발이 찾아온다. 그리고 베네수엘라에서는 1989년에 300명 이상의 희생자를 낸 격렬한 거리시위가 일어난다. 이 도시의 가난한 사람들의 시위는 그 후 라틴아메리카의 지속된 신자유주의 체제에 대항하여 일어난 4개의 대규모 저항의 첫 번째를 기록한다. 두 번째는 볼리비아의 고원지대에서 가솔린 전쟁을 포함한 격렬한 시위는 2000년에 시작되어 5년간 혁명적 반란상태에 들어가며 약 80명의 원주민의 희생과 에보 모랄레스의 코카 잎 재배 원주민 농민들의 사회운동의 지도자로 부상이 있게 된다. 원주민들이 저항한 세 번째 격렬한 시위는 1997년의 압달라 부카람 대통령의 추방과 2000년의 하밀 마우앗 신자유주의 체제의 대통령 축출로 이어진 에콰도르에서 있었다. 네 번째의 격렬한 시위는 2001년 12월 심각한 경제위기에 처해 있던 아르헨티나에서 있었다. 이 경우의 시위의 주체는 피케테로스로 불리는 도시의 실업자들의 사회운동이었다. 이들은 자동차 도로를 점거하고 피켓을 들고 있었기 때문이다. 이런 시위방식은 원주민 농민들에 의해 1990년대에 일어난 대중운동 방식이다. 1980년대 후반과 90년대 그리고 새 천년 들어 일어난 이들 시위와 소요의 직접적 원인에 대해서는 논쟁을 넘어선다. IMF에 의해 취해진 정책적 조치들에 대한 대답이었다. 항의의 직접적 타깃이 아닐지라도 자주 상징적 의미를 가졌다. 이런 의미에서, 시위자들과 항의자들은 복지 보조금을 삭감하고 가격을 통제하고 기타 긴축정책을 통해 물가를 안정시키려는 라틴아메리카 정부들의 관심에 노골적으로 불만을 나타냈다. 에콰도르(2001년 1월)와 아르헨티나(2001년 12월) 같은 나라들에서는 그 같은 정책들에 대한 시위와 항의는 정부의 실각을 가져왔다. 다른 나라의 정부들도 신자유주의 어젠다를 후퇴시키지 않을 수 없었다. 예를 들어, 긴축정책(보조금 삭감, 사회정책의 후퇴), 무역의 자유화(해외의 경쟁자에게 국내시장을 개방하는), 공기업의 민영화 등의 추진을 막은 것이다.

폭동은 긴축정책에 대한 거리 항의의 행동과 저항의 정치적으로 공공연한 방식들의 여러 개의 하나일 뿐이다. 폭동은 자주 다른 전술과 함께 동시에 결합된다. 예를 들어, 대중 시위, 공공건물에의 행진, 농성, 토지 점유, 도로 점거, 단식, 보이콧, 태업, 직장 또는 학교의 불출석, 노동 파업(조직노조의 전통적 방식), CIVIC STRIKE 등이다. 볼리비아와 에콰도르의 원주민 농민들 그리고 아르헨티나의 실업자들이 쓰던 가장 효율적인 전술은 도로의 점거였다. 고속도로를 막고 바리케이드를 치고 경제활동에 중요한 수송수단을 막는 것이었다. 이들 저항과 항의의 행동은 민중 부문의 다양한 그룹과 계급을 하나로 합치고 협력적 행동으로 이끌었다. 예를 들어, 1994년의 에콰도르에서 도시 여성들의 조직과 전국노조 조직, 그리고 원주민 전국연합 등은 거리를 점거하고 잘 조직되고 조율된 방식으로 행진, 대중시위, 파업 등을 이끌었다. 다른 나라들에서도 이와 유사한 연합적 전략이 구사되었다. 예를 들어, 1994년 12월에 페소화가 평가 절하되었을 때 1,200번 이상의 시위와 550번의 행진 - 일일 평균 5회 - 이 일 년 동안에 멕시코시티에서 조직되었다. 하루 동안에도(1995.3.10) 100번 이상의 서로 다른 항의 행동이 있었다. 이 같은 거리 항의의 파도는 농민, 농업노동자, 독립적 자영업자, 노동자, 시민단체 등의 다양한 사회운동의 거대한 조직의 형성을 가능하게 만들었다. 이들 모두는 정부의 경제 모델을 거부하는 데 힘을 합쳤다. 이 모델은 오직 가난과 실업을 만들어냈기 때문이다. 지난 5년 동안 아르헨티나에서는 민중들이 사는 동네의 거리는 문자 그대로 항의의 본부나 마찬가지였다. 그곳에는 실업자 가족들 외에 다른 정규직 노동자들과 단체들이 함께하여 그들을 억압하는 원천 - 대부분 세계화의 구조조정의 신자유주의 정책들 - 에 대항하여 공동의 전선을 구축했다.

항의와 저항의 일터

경제적 구조조정의 폭넓은 전개의 맥락에서, 라틴아메리카의 노동자 계급은 이미 과거의 그것이 아니다. 전통적인 풀타임 노동자들의 계층은 아직 몇몇의 확장적인 산업에 전략적으로 제자리를 지키고 있고, 집단적 이익을 지키기 위해 조직되어 있고, 자본주의 기업들의 경영자들과 단체협약을 협상할 수 있고, 효율적인 직장 내 파업행동에 들어가기도 한다. 하지만 1990년대에 그런 노동자들은 이미 소수가 되었다. 그들은 방어적 경향이 강해졌다. 적대적이지는 않더라도 별로 호의적이지 않은 분위기에서 재계와 정부와의 삼각협정에 개입할 준비가 되어 있는 순응적이고 타협적인 노조 지도부를 가지고 그들의 집단행동의 능력도 약화되었다. 이 같은 조건하에서, 자본주의 기업, 공공기관, 남아 있는 공기업의 공식 부문의 노동자들의 저항의 정치는 과거와는 다른 형식을 취하게 된다. 계급투쟁은 아직 파업과 선거활동을 포함한다. 그러나 구조조정을 추진하는 정부정책에 대한 저항과 항의는 흔히 거리시위, 정부청사로의 대중 행진과 집회, 또는 공장 점거의 형식을 취하기 쉽게 되었다. 최근에 아르헨티나의 공업도시에서는 약 200개의 공장이 점거되었고 노동자들에 의해 인수되었다. 많은 노동자들이 신자유주의 어젠다에 반대했다. 그것은 1990년대를 통해 라틴아메리카 전 지역에서 있었던 노동자들의 집단행동을 통해 분명하게 표출되었다. 볼리비아에서는 1995년 이후 거의 매년 공공부문의 노동자들과 강력한 노조 조직인 볼리비아 노동자 연맹(COB)은 코카 잎 재배 농민들과 다른 원주민 농민조직과 함께 민영화 어젠다를 추진하는 정치권의 노력에 반대하며 주요한 대규모 대중 동원을 통해 총파업 선언을 포함한 다양한 대중 행동을 주도했다. 상기 노동자 연맹의 상층부와 정부 사이에 1995년에 합의가 이루어져 50일간의 교사들의 파업을 종식시키는 결과를 낳았음에도 불구하고, 연맹에 소속된 노동자들의 조직들은 신자유주의 정책에 대한 투쟁을 계속하겠음을 주장했다. 같은 해에, 정부의 신자유주의 프로그램과 부가세의 50% 인상과 함께 정부의 민영화정책에 반대하는 대규모 대중 시위가 노동절 날에 멕시코시티에서 약 15만 명 이상의 노동자들에 의해 이루어졌다. 아무튼, 수년간에 걸쳐 볼리비아, 에콰도르, 멕시코와 그 밖의 지역에서 다양한 분야의 노동자들과 직접적 생산자들에 의한 항의 행동은 강도의 측면이 아니라도 숫자에 있어 증가했다. 에콰도르의 원주민 종족 연맹(CONAIE)은 2004년 1월에 정부의 신자유주의 정책에 맞서 가장 다양한 사회적, 정치적 저항 세력의 대규모 동원을 이루어냈다. 조직노동부문의 핵심적 부문들도 이 같은 대중민주주의의 실천에 참여했다.

　1990년대의 아르헨티나의 카를로스 메넴 정권만큼 신자유주의 정책 개혁 프로그램을 강렬하게 채택한 정부는 라틴아메리카 역내에 없었다. 하지만 세계은행에 의해 라틴아메리카 지역에서 다른 나라들이 따라야 할 모델로 간주되었던 메넴의 정책들은 1998년까지 엄청난 규모의 경제위기를 불러왔다. 1990년대 초에 7%였던 공식 실업률이 2002년에는 20% 이상으로 증가했고 일부 지역에서는 60%까지 증가했다. 아르헨티나 경제 위기의 또 다른 결과는 노동자계급만이 아니라 라틴아메리카에서 가장 강력한 중간계급을 가졌던 나라에서 그 계급의 약 절반이 "새로운 가난한 사람들"로 편입되었다는 것이다. 2001년 12월 19일과 20일 계속 커 가고 있던 경제위기는 폭발한다. 실업자와 냄비를 두드리는 가난해진 중간계급 회사원들, 서비스직 종사자들, 유사 전문직들, 자영업자들의 운동이 함께 한다. 몇 주 사이에 4개의 정부가 들어왔다 물러나는 일이 발생한다. 노동자들은 수백 개의 공장을 점거하고 실업자들과 가족들은 정부로 하여금 단기의 일터 프로젝트를 추진하고 엄청나게 커진 저항세력의 힘을 통해 다양한 대중의 요구를 협상할 목적으로 정부를 압박하기 위해 주요 고속도로의 수송루트를 막으면서 도로 점거의 페이스를 강화시킨다. 나라 전체가 커다란 혁명전야에 돌입했다. 아르헨티나 역사상 최악의 불황과 실업자들에 의한 공동체의 연대에 기초한 새로운 운동의 활성화를 통한 경제 성장사이의 갈림길이 된 것이다.

농촌에서의 항의와 저항

농촌지역에의 자본주의의 침투는 다양한 개발을 함께 가져왔다. 예를 들어, 반노예적 노동력을 소유한 아시엔다 시스템의 임금노동에 기초한 농업-수출 생산 시스템으로의 변혁, 공동체적 농지소유에 입각한 가족 농의 위기, 토지로부터 프롤레타리화된 생산자들의 추방, 농촌으로부터 도시로의 대량이주, 농업분야에의 임시직·계절직 임금노동의 뚜렷한 증가, 그리고 이 모든 것은 중요한 젠더의 차원을 가진다.

이런 다양한 개발은 농촌의 노동자들과 생산자들의 정치적 능력과 그들의 조직적 저항 형식에 결정적인 충격을 주었다. 예를 들어, 고용 관행이 더욱 우연적·임시적·여성화된 형식의 "유연화"된 노동력으로 바뀌었다. 이 같은 변화는 자본의 통제능력을 증가시켰고 고용주 대 노동의 협상력을 강화하였다. 다른 예는, 농촌 노동의 임시화는 잘 조직되고 전투적인 농민 운동의 파편화에 기여했다. 비록 계절적, 임시적 노동은 아주 전투적일 수 있더라도, 그들이 조직을 만들기는 너무나 어렵다. 일부의 이유는 그들이 혼성적 구성을 가지고 있고 거주가 안정적이지 않기 때문이다. 많이 발생한 농지 없는 노동자들에 대해서는 이주해야 할 필요성과 압력으로 인해 그들의 농촌에서의 투쟁, 조직 능력을 저해했다.

　농촌지역을 통해, 자본축적과 구조조정의 정책의 조건은 저항과 정치적 항의의 목표를 가진 노동자들과 생산자들의 수많은 연대 조직들이 번창하게 만들었다. 이들 조직들의 중심 이슈는 그들의 조건에 맞고 계급을 뛰어넘는 지지와 자원을 불러올 수 있는 투쟁 형식에 동의하는 것이었다. 이 문제에 대한 오랜 시간의 논쟁은 멕시코의 치아파스에서 1994년 1월 무장반란이 터지기 전까지는 상대적으로 비효율적이었다. 멕시코의 중부고원지대에 사는 사람들에게 이 반란은 낯선 것이 아니었다. 이런 것은 1980년대 초부터 일터에서 있어왔다. 치아파스에서 1994년 1월 1일 몇 개의 서로 다른 그러나 서로 연결된 과정들이 사파티스타 민족 해방군의 결성을 이끌었다.

　이 나라의 원주민들의 역사에 깊이 뿌리내린 경제적, 정치적 구조에 의해 만들어진 조건들에 대한 사파티스타들의 요구는 비밀 혁명 원주민 회의 공식 대변인인 마르코스 부사령관의 선언에서 신자유주의의 반인간적 그리고 정의롭지 못한 정책들에 대한 반란의 권리를 지적하고 있다. 이 선언에서 사파티스타들은 비슷하게 볼리비아와 에콰도르의 원주민들이 그랬던 것같이 멕시코시티로의 행진을 위협했다. 볼리비아에서 1993년과 1995년에 있었던 라파스의 대중행진과 고속도로 차단 등은 조직된 도시 노동자 연맹의 투쟁지원 요청에 대한 응답으로 나온 것이었다. 하지만 멕시코에서는 에콰도르와 마찬가지로 그런 요청이 없었다. 여기에서는 원주민들의 행동이 도시 노동자들의 응답을 유도한 경우였다. 치아파스의 사파티스타 투쟁과 그 밖의 농민, 원주민들에 의해 주도된 유사한 투쟁과 광범하게 연대하여 사회운동을 조직하고 창설하는 데로 나아갔다. 2001년 1월의 에콰도르에서의 원주민들의 시위는 정부의 퇴진을 가져왔을 뿐 아니라 저항하는 원주민, 농민, 군부와 국영석유회사 노동자들에 이끌어진 조직노동자와 사회단체들의 삼각 연합에 의해 거의 국가권력을 지배, 접수하게 되었다. 물론 이 민중 지배의 정부는 몇 시간밖에 유지하지 못했다. 그러나 해방, 민주주의, 국가권력을 향한 민중부문의 노동자들과 농민들의 길고 긴 대 행군을 통한 강력한 메시지가 라틴아메리카를 가로지르며 정치권을 흔들어 놓았다.

위기에 대한 민중부문의 전략적, 정치적 대응

　　자본주의는 위기를 향해 달리는 고유한 성향을 가지고 있다. 이 사실은 이 지역에서 여러 해에 걸쳐서 금융, 산업 위기의 반복적 패턴을 보아도 분명히 알 수 있다. 이 위기는 다양한 형식을 가지고 있고 자본 자체의 파괴를 포함하여(예를 들어, 2008년 위기 이후 미국 중심부로부터 전파된 지속적인 위기로 인해 금융자본의 40%에 이르는 액수가 문자 그대로 사라졌다), 창조적 파괴의 과정을 보여 준다. 그 과정에서 다양한 계급과 그룹 사이의 생산관계와 경제, 사회적 관계의 기존구조를 흔들었고 자본축적을 재활성화시키기 위해 기획된 구조조정의 길로 유도한다. (신자유주의와 제국주의적 세계질서의 옹호자인) 권력층은 생산에 대한 기여를 전혀 하지 못하면서 거대한 재산을 축적하는 난폭한 투기세력에 대한 통제를 강화하고 있다. 그리고 생산적 기능이 없고 빠른 이익을 쫓는 투기자들만을 배불리는 금융자본의 지나치게 높은 이동성과 투기적 행태에 대해 규제적 통제(글로벌 거버넌스)의 일부를 복구하면서 위기에 대응했다.

　　라틴아메리카의 대부분의 정부들은 현재의 위기를 본질적으로 금융적인 성격으로 파악하고 사용 가능한 재정, 화폐적 정책들을 사용하면서 경기 대응적 조치들과 통제수단을 활용하는 정책방향을 따랐다. 하지만 민중부문에서는 특히 사회운동의 시각에서는 현재의 위기는 단순히 금융적 위기가 아니므로 정책적 조정으로 해결할 수 없다는 것이 시간이 갈수록 분명해지고 있다. 현재의 위기는 구조적인 것이다. 정책을 펼치기 위해 대부분의 정부들에 의해 사용되는 신자유주의 모델의 위기이다. 따라서 민중부문의(좌파의) 사회운동이 요구하는 것은 구조의 변화이다. 즉, 신자유주의적 정책들의 포기이다. 이것은 좌파(또는 정확히 말하면 중도좌파)가 집권한 또는 국가권력에 접근한 아르헨티나, 브라질, 칠레 등의 나라에서도 정치계급에 의해 제안된 온건한 개혁과 증상 완화적 조치들을 뛰어넘는 것을 의미한다.[5]

결론

라틴아메리카 사회의 사회구조는 주로 노동자계급을 무겁게 짓누르는 문제들로 가득하다. 이 문제들의 성격은 이 지역의 정부들이 자본의 이익을 위해, 즉 미국이 주도하는 제국적, 초국적 자본가계급을 위해 제도화시켜 놓은 경제정책들의 관점에서 보면 아주 잘 이해할 수 있다. 구조조정 프로그램으로 포장되고 제출되는 이 정책들은 유일의 글로벌 자본주의 경제를 설립하고 세계를 관통하여 나라들을 통합시키기 위한 이 계급의 어젠다와 깊이 관련되어있다. 지난 25년간 이 어젠다가 넓게 확산되면서 노동의 분야에서 과거에 가졌던 라틴아메리카와는 급진적으로 다른 라틴아메리카를 불러왔다. 그 결과, 사회는 정치적・경제적 양쪽의 시각에서 분석이 필요한 계급분할로 특징지어진다. 경제적 관점에서 우리는 대부분의 주민들의 삶의 기회를 심각하게 후퇴하게 만든 사회적 배제와 경제적 억압의 조건들을 확인할 수 있다. 삶의 기회라는 차원에서 중요한 이슈는 가난의 증대와 사회적 생산자원에의 접근과 이 자원에 의해 발생하는 소득의 분배에 있어 사회적 불평등성이 심화된 것이다. 하지만 이 같은 조건을 만들어낸 과정이 또한 지배계급의 어젠다에 대해 반대하고 저항하는 힘을 만들어냈다. 정치적 관점에서 저항과 반대의 세력을 동원하기 위해 기획된 사회운동의 출현을 이해하는 것이 가능하다. 이 사회운동은 다양한 형식을 가지고 있고 또한 더 많은 연구가 필요하다. 하지만 그들의 정치적 동력이 계급관계의 조건으로부터 온 것이지 일부에서 주장하듯이 종족적 정체성, 젠더의 국지적 정치로부터 온 것이 아님은 분명하다. 라틴아메리카의 대부분의 나라에서 보여지는 이런 조건의 맥락에서 구조조정의 사회적 비용과 관련하여 넓게 확산되어 있는 다양한 형식의 항의의 정치와 저항과 반대의 사회운동이 나타나고 있다. 구조조정의 조건은 대부분의 노동자들에게 아주 파탄적이었다. 이 점은 매우 분명하다. 하지만 이런 조건에 대해 반대하는 정치적 동력-계급투쟁의 동력-에 대해서는 더 많은 연구가 필요하다. 이 부분을 사회학이 담당하러 와야 할 것이다.

참고문헌

ECLA, 2008. Statistical Yearbook of Latin America and the Carribbean. Santiago.

Petras, James and Henry Veltmeyer. 2001. Globalization Unmasked: Imperialism in the 21st Century. London: Zed.

_____, 2009. What's Left in Latin America. UK: Ashgate.

Portes, Alejandro, et al., eds. 1989. The Informal Economy: Studies in Advanced and Less Developed Countries, Baltimore: John Hopkins University Press.

UNDP. 2006. Human Development Report. New York: Oxford University Press.

Veltmeyer, Henry. 2009. "The World Bank on Agriculture for Development: A Failure of Imagination or the Power of Ideology?". Journal of Peasant Studies 36, no. 2: 393 − 410.

Veltmeyer, Henry and James Petras. 2000. The Dynamics of Social Change in Latin America. London: Macmillan.

World Bank. 2008. World Development Report: Agriculture for Development. New York: Oxford University Press.

미주

1) 이 발전의 정책과 정치적 동력에 대해서는, 즉, 새로우면서도 그러나 이미(25년 뒤에) 몰락하고 있는 신자유주의 세계질서에 대해서는 페트라스와 벨트마이어의 2001년도 책을 참고하시오.

2) 이 발전에 대해서는 페트라스와 벨트마이어의 2001년 책과 2000년 책을 참고하시오.

3) 이 이론의 최근의 재언급은 세계은행의 2008년도 세계개발 리포트인 「발전을 위한 농업」에서 찾아볼 수 있다. 이 이론에 대한 비판은 벨트마이어의 2009년 책을 참고하시오.

4) 이것에 대해서는 페트라스와 벨트마이어의 2001년 책의 8장 「제국주의에 봉사하는 NGO들」을 참고하시오.

5) 이 정치적 발전에 대해서는 페트라스와 벨트마이어의 2009년 책을 참고하시오.

9. 라틴아메리카 행동주의의 전략과 경향들

웬디 뮤즈 시네크(안태환 옮김)

라틴아메리카는 자주 역동적인 풀뿌리 운동의 장소였다. 그리고 이 사실은 특히 최근의 여러 해에 걸쳐 더욱 분명하게 되었다. 2000년부터, 브라질과 베네수엘라의 사회운동은 좌파 대통령을 선출하는 데 도구가 되었다. 한편, 페루, 에콰도르, 아르헨티나와 볼리비아에서는 대통령들이 대중의 불만의 폭발로 인해 실각되었다. 하지만 증가된 행동주의에도 불구하고 대부분 노조와 노동자들에 기초한 정당의 정치적 참여를 가능하게 하는 전통적 구조들은 최근 수십 년 동안 약화되었다. 몇몇 분석가들은 이 같은 후퇴가 평범한 대중이 정치적 과정으로부터 소외된 것을 드러낸다고 주장한다. 다른 분석가들은 정치의 장에서 동네 공동체와 사회운동이 중요한 행위자로 되고 있다고 주장하면서 다른 의견을 취한다. 이 장에서는 후자의 시각을 취하면서 독자에게 2000년부터 2010년까지의 라틴아메리카 행동주의의 몇 가지 출현하는 경향들을 소개하려고 한다. 사회운동의 활동과 더 넓은 형태의 집단행동을 짧게 구별한 뒤에, 이 장은 지역의 경제적 모델의 변화가 어떻게 이익 중재의 전통적 구조들을 약화시켰는지를 논의할 것이다. 이 같은 동력이 일부 풀뿌리 운동이 채우기를 시도한 정치적 공간을 만들었다. 네 가지 이슈가-실업, 주택을 가질 권리, 행정서비스를 받을 권리, 도시폭력-자세히 다뤄질 것이다. 끝으로, 이 장은 운동조직이 발전하면서 맞닥뜨리는 일부 전략적 문제들을 제시하고 미래의 정치적 참여를 위한 그것의 암묵적 연관을 논의할 것이다.

사회운동은 무엇인가?

집단행동은 여러 가지 형태로 나타난다. 항의와 피켓라인에서부터 파업 및 순식간의 대중시위까지 집단행동은 사람들이 함께 모여 무엇인가를 할 때마다 존재한다. 사회운동은 특정한 집단행동의 양식을 구성한다. 태로우의 1998년의 정의에 따르면, 사회운동은 평범한 사람들의 그룹으로 아마도 더 영향력이 있는 시민들에 의해 합류된다. 그리고 이들은 사회적 변화를 이룰 목적으로 당국과의 지속적인 대결에 들어간다. 사회운동은 조직은 되지만 제도화되지는 않는다. 시민사회의 다른 그룹들, 예를 들어 NGO들, 이익단체들, 정당과 비교되어질 때, 사회운동은 가장 덜 조직화된 집단이다. 그들은 자주 공식적 규약도 없고 회원자격 규정도 없다. 그리고 중앙 집중적이지 않은 성향을 가진다. 의사결정 과정은 존재할 수 있다. 그러나 풀뿌리 조직원들은 정당이나 이해집단에서보다 더 큰 목소리를 가지는 경향이 있다. 결정이 실제 현실의 기초 위에서 이루어지는 것이 이상하지 않다. 특히 항의가 돌발적일 때 더욱 그렇다. 비슷하게 운동은 리더십에 관해 다양한 모습을 띤다. 일부는 능력 있는 정치적 전문가에 의해 지도되고 다른 경우는 자원봉사자들에 의해 이끌린다. 일부는 전적으로 리더를 인정하는 것을 거부한다. 하지만 최소의 조직적 수준이 있기는 하다.

시위와 같은 고립되고 즉흥적인 행동이 사회운동의 일부를 이루거나 사회운동이 출현하도록 충격을 줄 수 있다. 그러나 그 자신이 홀로 사회운동을 구성하는 것은 아니다. 동시에 행동의 일부는 탈제도적일 수밖에 없을 것이다. 모든 단체 행동이 직접적으로 NGO 또는 정당에 의해 지도된다 해도 이 집단적 행동이 아직 사회운동은 아니다. 적어도 일부 행동이 기존의 제도적 틀 밖에서 일어나야만 한다. 동시에 사회운동은 시간을 넘어 확산되는 집단적 노력이다. 만약 많은 사람들이 같은 행동에 돌입하기로 결정하지만 그들이 누군가에 의해 조정되지 않는다면 거기서 나오는 효과는 사회적 경향이긴 하지만 사회운동이 아니다. 같은 길을 따라 사회운동은 진행 중인 활동에 개입한다. 행동의 시간은 짧을 수 있다. 그러나 일시적 이벤트를 넘어 확산되어야만 한다. 끝으로 사회운동은 권력의 주류채널에 접근할 수 없는 사람들로 구성된다. 그렇다고 참여자가 꼭 가난하거나 하층계급이어야만 한다는 의미는 아니다. 비록 자주 그렇지만. 예를 들어, 라틴아메리카에서 권위주의 통치에 저항해서 일어난 사회운동은 자주 중간계급의 사람들로 구성되었다. 그 시기에 경제적 여유는 있지만 정치적 영향력의 채널에서 접근이 안 되는 사람들이 참여한 것이다.

경제적 변화와 풀뿌리 운동의 저항

사회운동은 권력에 대한 주류적 접근을 가진 사람들에 의해 아직 점유되지 못한 이슈들을 둘러싸고 형성된다. 운동의 구성원들은 공공적 어젠다의 관심 속으로 이들 이슈들을 배치하기 위해 집단적으로 행동한다. 라틴아메리카에서 많은 사회운동의 출현은 경제 발전과정에서 찾게 된다. 20세기에 라틴아메리카에서 새로운 노동자계급이 정치적 공간에서 그들의 목소리가 들리도록 애를 쓰면서 인민의 대의의 문제가 발생했다. 그리하여 노동을 정치 시스템 안으로 편입시키기 위한 수단으로 새로운 두 개의 제도가 만들어졌다. 노조와 노조와 연계된 포퓰리즘 정당들이다.[1] 불완전하게나마 노동자계급은 그들의 요구를 이 구조를 통해 표현할 수 있었다.

하지만 라틴아메리카의 경제적 맥락은 1970년대 이래 뚜렷하게 바뀌었다. 그리하여 정치적, 사회적으로 아주 깊은 변화를 겪게 된다. 이 책은 이런 결과들에 대해 다루고 있다. 여기서, 나는 라틴아메리카에서 사회운동의 변화가 가지는 의미를 추적했다. 주로 노조, 대중정당과 하층계급 사이의 연결이 정치적 공간 안에서 그들의 이익을 대표하는 데 익숙했던 전의 방식이 더 이상 기능을 하지 못하게 되었다. 2차 대전 이후 라틴아메리카의 많은 나라들은 수입대체 산업화 모델(ISI)을 추구했다. 외국에의 수입의 존도를 줄이기 위해 국내시장을 위한 상품을 생산하는 경제였다. 이 모델에서는 경제 성장을 창출하는 것과 노동의 요구를 충족시키는 것 사이에 갈등이 일어나지 않았다. 왜냐면 노동자들이 또한 소비자들이었기 때문이다. 그러므로 임금을 올리는 것이 경영자와 노동자 모두에게 이익이었다. 그 결과, 계급 간 타협의 공간이 있었다. 노동자에 기초한 정당들과 기업가의 이익을 위한 타협이 국가로부터 정치, 경제적 양보를 얻어내는 데 성공했다. 하지만 외채위기와 함께 이 생산모델이 가지는 내재적 문제들로 인하여 이 모델이 지속되는 것이 어렵게 되었다. 1973년에 OPEC국가들은 원유가를 4배로 대폭 올렸고 원유수출 외환 대금을 서구의 은행에 예치했다. 이에 따라, 서구의 은행들은 아주 낮은 금리로 개발도상국들, 특히 라틴아메리카에 많은 대출을 해주었다. 라틴아메리카는 장래의 성장 가능성이 큰 데 비해 낮은 투자위험이 있는 곳으로 평가했기 때문이다. 한편 라틴아메리카 국가들은 국내 개발 프로젝트에 투자할 뿐 아니라 수입대체 산업화 모델의 투자를 위해서도 아주 많이 대출을 얻어 왔다. 1980년대에 OPEC이 다시 원유가를 올렸을 때 이들 국가들은 더 많이 대출을 얻었다. 왜냐면 이 나라들은 원유구입 외에도 그들의 외채 이자를 갚기 위해서였다. 그러나 이렇게 대출이 증가하면서 대부은행들은 더 조심스럽게 되었다. 그리고 은행들은 단기 차관을 고율의 이자로 빌려주기 시작했다. 1982년까지 이 같은 외채 사이클은 눈덩이처럼 커져 위기 상황으로 들어가게 된다. 이 당시 멕시코는 라틴아메리카 전역에 영향을 끼치면서 8월에 외채 이자 상환이 불능임을 공표하고 지불정지를 선언하게 된다. 이같이 개발도상국들이 외채 부담으로 힘들어하게 되자 국제 대출 기관들은 자유주의적 경제 개혁을 요구하게 된다. 예를 들어, 시장개방, 수출증대, 외채의 구조조정의 대가로 민영화를 요구한다. 라틴아메리카에서의 이 같은 경제 개혁은 일부 긍정적 결과를 가져왔다. 단기 외자의 유입이 증가했고 경쟁력이 강화되었고 생산과 소비가 더 효율적이게 되었다. 동시에, 소득의 부가가치가 증가했다. 이 지역에서 가난을 줄이기 위한 노력이 최근 성과를 거두었다. 2002년부터 2008년까지 빈곤선 이하에 사는 주민들의 비율이 약 10% 줄어들었다.[2] 하지만 부가 넓게 분배되지 못했다. 전반적으로 라틴아메리카는 세계에서 부와 소득이 가장 불평등하게 분배된 지역으로 꼽힌다. 상위 10%가 평균적으로 하위 40%보다 약 17배 더 많은 소득을 올린다. 브라질과 콜롬비아와 같은 몇몇 나라에서는 그 격차가 약 25대1에 이른다. 더군다나, 전반적으로 빈곤은 감소했지만 극빈자들은 증가했다. 경제성장이 새로운 일자리를 만들어내고 있지만 대부분은 비공식부문에 속한다. 그러므로 연금이나 건강보험 같은 사회적 혜택을 누릴 수 없다. 마지막으로 국제노동기구는 2008년 금융위기와 전 세계적 경제적 불황이 라틴아메리카에서 고용의 성장을 멈추게 하고 실업은 상당히 증가할 것으로 예견하고 있다.

이 같은 경제적 변혁의 결과 중의 하나는 포퓰리즘적인 동맹의 균열과 노동조합의 영향력 감소였다. 한 나라의 소비자들이 국내시장 대신에 국제시장에 노출되면 국가는 이미 더 이상 경제성장을 원활하게 하기 위해 국내 소비자 기반을 강화할 필요가 없게 된다. 더군다나, 국제 금융기관은 각국에 사회적 지출예산을 삭감하기 위해 재정적인 책임을 지도록 유도한다. 이 결과는 국내적 이익을 수행하고 확장시키는 국가의 능력을 감소시킨다. 이로써 국가는 이미 노동계급의 이익을 위한 양보를 할 수 있는 재정적 능력을 전과 같은 인센티브로 유지하지 못하게 된다. 노조로서는 생산효율을 증가시키는 부수 효과로 말미암아 정규직 노동부문 안에서 노동자의 숫자가 줄어들게 되었다. 잠재적인 노조 가입 인력이 줄어듦에 따라, 노동계급의 이익을 대표하는 데 제한적이 되었다.

라틴아메리카에서 출현하는 논쟁적 이슈들

라틴아메리카는 최근 역사에서 아주 강력한 사회운동이 일어난 곳이었다. 19세기에 전 세계에 걸쳐 노동운동이 출현했을 때 라틴아메리카에서도 그 모습을 드러낸바 있고 페미니스트, 흑인운동, 동성애 운동 등도 또한 그러했다. 토지를 향한 농민투쟁도 문화적 자율성을 향한 원주민 운동도 또한 정치적 영역에서 중요한 행위자가 되었다. 이들 운동은 다른 많은 시민운동과 함께 많은 라틴아메리카 국가들에서 민주주의로의 최근의 이행을 전진시키는 데 중요한 도구였다. 그리고 과거의 인권탄압에 대한 책임을 정부에 묻는 일을 계속하고 있다.

각각의 사회운동은 탐구할 가치가 있는 풍부한 역사를 가지고 있다. 더 자세한 것은 독자들께서 '부가 자료' 부분을 참조하시면 될 것이다. 이 장의 초점은 라틴아메리카의 집단행동의 새로운 경향에 대한 것이다. 위에서도 언급했듯이, 최근의 경제적 변화는 특수한 사회적 일탈을 일으켰다. 노동계급에 기초한 정당과 노조가 노동자들의 이해관계 조정자로서 효율적일 수 없게 되었다. 라틴아메리카에서 대중의 이익을 전통적으로 지켜주던 조직들이 오늘날 작은 영향력을 가지게 되었고 소외된 그룹들이 직접 그들의 관심사에 목소리를 낼 수 있기를 원하고 있다. 노동자계급, 실업자, 가난한 대중은 전보다 훨씬 더 큰 불만을 가지고 있다. 그들은 그들의 삶에 악영향을 끼치는 경제, 사회적 정책들에 대해 영향력을 행사하기를 원한다. 일부는 그런 문제들을 직접 다루게 되고 그 결과 집단적 행동이 나타나게 되었다. 이 장은 새롭게 출현한 실업, 주택문제, 시와 읍의 공공서비스, 도시 폭력에 관한 네 가지의 풀뿌리 행동에 대한 전반적 해석을 제공할 것이다.

실업

라틴아메리카에서 정규직 노동이 위축됨에 따라, 지속적으로 실업문제는 많은 사람들의 삶에 영향을 끼쳤다. 아르헨티나는 이 같은 경향의 주 타깃으로서 고통을 당했고 피케테로스(피켓을 든 실직 노동자)는 계속해서 정치적 목소리를 내는 강력한 사회운동으로 점점 변해 갔다. 아르헨티나의 경제가 20세기 들어 상대적으로 다른 나라에 비해 안정되었지만(연간 실업률이 거의 4%를 넘지 않았다) 1990년대 동안 실질적 구조조정을 심하게 겪었다.[3] 제조업의 몰락이 정규직 노동자들의 숫자를 뚜렷하게 감소시켰고 실업률은 1990년대 중반까지 18.5%로 증가했다. 동시에 아르헨티나는 실직자들을 위한 "사회적 안전망"이 부족했고 정부 지원의 교육, 의료, 연금지원 등이 감소했으며 비정규직과 가난한 사람들이 급증했다.

이들은 노조의 지원에 기댈 수 없어 그들의 이익을 지키기 위해 동네평의회를 조직했다. 그리고 실직자들의 운동이 지방에서부터 시작되었다. 첫 번째 노동자들의 행동이 네우켄 지방에서 일어났다. 1991년에 민영화된 원유생산 기업으로 대량해고가 있었던 고립된 지역이었다. 7,000명 이상의 실직자들이 막대기를 가지고 도로를 점거했고 그 지역의 차량통행을 막았다. 경찰이 도로점거를 해산시키려고 했으나 실직자들은 그 대로 자리를 지켰다. 결국 분쟁은 주지사가 항의하는 노동자들에게 '노동계획'을 통해 일자리를 제공하겠다는 제안을 받고서야 해결되었다. 그 후 몇 달 동안 실직자들은 전 국에 걸쳐 다양한 공동체를 조직하기 시작했는데, 특히 부에노스아이레스 광역시, 마 르델플라타, 코르도바에서 이루어졌다.

그들은 피케테로스로 불리게 되었다. 그들의 요구를 압박하기 위해 도로 점거의 전 술을 썼기 때문이다. 그들은 고용만을 요구한 것이 아니다. 지방에서의 가난과 고통을 강조하면서 전국적 차원의 광범한 개혁을 요구하였다. 이리하여 아르헨티나에서 가난 에 대한 집단행동은 과거의 전통적인 직장 중심의 노조 대신에 지역 내 공동체에 기초 한 조직 중심으로 중심이 바뀌었다. 이런 감정은 피케테로스 운동의 주요 슬로건 중의 하나에 잘 표현되어 있다. "새로운 공장은 영토이다." 실직자로 하여금 그들 자신의 동 네 속으로 들어갈 것을 요구하는 것이다. 그들이 공장 안에서 했던 방식대로 사회적 연 계를 만들고 두드러진 정치적 행위자가 될 것을 요구한다. 비록 실업과 가난이 중요한 문제로 남아 있지만 피케테로스 운동은 많은 노력 끝에 성공을 거두었다. 새로운 노동 프로그램 창설의 스파크를 일으켰고 또한 그들의 결과적인 후퇴를 예방했다. 더욱 놀 라운 것은 실업자가 오늘의 아르헨티나에서 중요한 정치적 행위자로 인정받는다는 사 실이다. 지역 공동체는 대중들이 조직을 만들고 그들의 이익을 지켜낼 수 있는 공간이 되었다. 그리고 일을 하기를 원하는 사람은 누구나 직장을 제공하는 문제가 국가적 어 젠다로 올려졌다.

홈리스와 주거권

집단행동은 또한 기본적 주거권을 둘러싸고 전개되고 있다. 농촌지역으로부터 도시 로의 대량이주 움직임은 그들의 정주를 책임질 수 없는 도시로 하여금 수많은 사람들 이 도시 주변의 변두리에 빈민촌을 형성하게 만들었다. 동시에, 정부들은 차관을 제공하는 금융기관의 재정적 요구에 맞추기 위해 국내 지출을 축소하도록 자주 설득되어졌다. 이 같은 문제에 대해, 풀뿌리 운동 활동가들은 도시민들의 삶의 질을 높이기 위해 모든 수준에서 정부를 압박했다. 이 문제를 다룬 사회운동 단체가 브라질의 "집 없는 노동자운동(MTST)"이다. 회원은 약 30만 명의 도시의 가난한 노동자와 그 가족들인데 계속 성장 중이다. 이 단체의 웹사이트에는 "그들은 실직자이고 집이 없고 배고프다. 그러나 무엇보다도 우리는 우리의 삶의 코스를 정하는 정치적 결정으로부터 배제되어 있다"고 되어 있다. 또한 이 단체의 주장에 의하면 전체 인구의 약 43%인 7천4백만의 브라질인들이 집이 없거나 또는 물, 전기, 위생시설이 없는 빌딩에서 살고 있다고 한다. 하지만 브라질 국립 지리통계국에 의하면 상파울루 광역시에만도 54만 개의 비어 있는 아파트가 있다. 이 건물들은 부동산 투기와 지나치게 높은 임대료 때문에 비어 있다. 그리고 이것은 집 없는 사람들과 MTST가 요구하는 잠재적 주택문제 해결 사이의 어긋남을 의미한다.

정상적인 주택과 도시 서비스를 위한 요구를 시위하기 위해, MTST는 이들 버려진 빌딩을 점유한다. 2003년 여름 동안, MTST는 전국에 걸쳐서 건물을 점유했다. 레시페에서는 예전의 아동병원이 80가족을 위한 임시변통의 거처로 바뀌었다. 그리고 상파울루 주에서는 3,500명이 폴스바겐 소유의 버려진 땅에 빈민촌을 지었다.[4] 시위 진압경찰과 헬리콥터에서 저격병이 공격하여 홈리스들을 쫓아내려고 했지만, 국제적 미디어의 주목이 독일에서 분노를 불러일으켰고 MTST가 국제적 어젠다로 부상했다. 이 단체는 2년 뒤에, 상파울루의 타보아 다 세라의 토지를 점유했다. 그 토지는 약 25년 이상 빈 땅이었다. 8개월의 투쟁 뒤에, 주지사는 600가족에게 주택자재를 공급하는 것에 동의했다. 이 단체는 계속해서 정상적인 공공주택의 요구를 지속했다. 그리고 활동가들은 브라질 정부와 연방차원에서 도시 홈리스 문제를 해결하기 위한 협상에 정식으로 초대받았다.

페루에서도 비슷한 운동이 있고 약간 정도는 약하지만 에콰도르와 베네수엘라에도 있다. 그들은 MTST와 같은 공식적 기구를 조직하는 것은 못하지만, 안데안 지역의 많은 가난한 가족들은 1950년대부터 대도시의 주변에 불법으로 토지를 점유해왔다. 수많은 사람들이 한밤중에 토지를 점유한다. 양철, 나무, 카드보드 등으로 집을 만들고 "빈민촌" 공동체를 만든다. 며칠 뒤에는 지방 관청이 거주지를 불도저로 자주 밀어버리고 빈민촌을 없앤다. 그러나 결단력이 강한 가족들은 지방정부가 양보할 때까지 며칠 밤을 새면서 농성을 계속한다. 시간이 지나면서 거주자들은 그들의 주택을 개선하고 여러 가지 전략을 강구하여 지방정부가 물, 청소, 전기 등을 그들의 공동체에 제공하도록 도시 서비스 공급을 하도록 압력을 가한다. 폴 도쉬(2010)는 페루 대중 통합전선(FUPP)의 성공사례를 설명한다. 남부 리마의 빈민촌 거주자들은 물, 전기 등의 기본적 도시 서비스를 그들에게 제공하지 않는 시 정부의 무능력에 절망하고 있었다. 거주자들은 그 문제들을 그들 스스로 해결했다. 그러나 그 결과 많은 가족들이 빚더미에 앉게 되었다. 국가가 시민들에게 해야 할 의무를 실행하지 못했음을 인정하고 페루 정부는 그들의 빚을 탕감해주었다. 하지만 그 후의 정부들이 약속을 이행할 것을 거부했을 때 주민들은 FUPP를 설립했다. 현재로서는 주민들은 그들 대출의 20년치 상당의 이자를 이미 지불했지만 부채의 원금을 줄이는 것은 별 진전이 없었다. 그리고 만약에 그들이 지불을 할 수 없다면 저당권을 유실할지도 모른다. FUPP는 리마 전역에 걸쳐 15개 구에서 회원을 모집하고 리마의 가난한 사람들의 주택권과 공공서비스를 위한 요구를 지속했다.

기본적인 공공서비스

위와 비슷한 방식으로, 대규모 시민들의 항의가 공공서비스가 비싼 것에 대해 폭발했다. 라틴아메리카 국가들은 재정적으로 책임 있는 정책을 유지하는 데 전력을 기울이고 있다. 그러나 이 같은 긴축이 공공서비스의 운용에 영향을 끼치고 있다. 많은 라틴아메리카 도시들에서, 상수도 공급이 불규칙하고 하수 시설도 없는 경우가 많고 도로도 엉망이다. 공공 의료서비스에 대한 접근도 매우 제한되어 있다. 어떤 경우에는, 국가가 공공서비스를 민영화했다. 그 결과 비용의 증가는 너무 참혹하여 대중의 저항을 불러왔다. 가장 드라마틱한 예들 중의 하나가 볼리비아에서 일어났다. 외채를 줄이기 위한 조건으로, IMF는 시의 상수도 사업을 민영화시킬 것을 요구했다. 그리하여 벡텔 사가 상수도 사업을 독점했다. 몇 주 안에 소비자 물 가격이 세 배로 올랐다. 2000년 1월에 코차밤바 시는 도시 기능이 마비되었다. 학교와 상점은 문을 닫았고 시민들은 주요 도로를 점거하고 항의했고 공항을 폐쇄시켰고 모든 교통수단을 정지시켰다. 주민들은 주요 광장을 점거했고 조직을 확대하였고 다음과 같은 배너를 걸었다. "물은 우리의 것이다, 제기랄." 넉 달 이상 전국에 걸쳐 항의가 진행되었다. 정부는 벡텔 사와의 계약을 재검토할 것을 약속했고 그러나 그 약속은 이행되지 않았다. 사람들은 수돗물 값을 지불하기를 거부했다. 그리고 벡텔 사는 수돗물 공급을 중단할 것을 위협했다. 벡텔 사와의 계약내용이 공개되자 시위자들에 대한 대중의 지지는 증가했다. 시위 대중에 공감하는 의회의원들이 시위자들에게 계약내용을 흘렸고 벡텔 사는 볼리비아에서 선행투자를 하지 않고 적어도 이윤이 16% 이상이 되는 내용이었다. 이 같은 새로운 정보는 사람들로 하여금 정부가 수도요금을 내리도록 요구하고 수도에 대한 통제를 다시 국가가 되찾을 것을 요구했다. 집단행동이 4개월 이상 계속된 뒤에 특히 무제한 파업과 고속도로 점거 이후에 볼리비아 정부는 결국 2000년 4월에 벡텔 사와의 계약을 취소했다. 그 후 약간의 도전이 있었지만, 예를 들어, 계약 파기에 대해 약 5천만 불의 소송이 있고 했지만 "물 전사" 운동은 볼리비아에서 아주 강한 사회운동세력으로 남게 된다.[5]

폭력과 경찰의 난폭성

공공안전은 라틴아메리카에서 중요한 관심사다. UNDP는 2008년에 중미가 세계에서 비정치적인 이유로 가장 폭력적인 곳이라고 보고했다. 살인율이 세계 평균의 약 3배에 달하고 불법 수입된 무기들이 유통되고 있다. 2009년 초의 데이터는 베네수엘라, 콜롬비아, 아르헨티나, 브라질에서 폭력범죄가 증가하고 있다고 보고한다. 리우데자네이루는 도시 폭력에 의해 가장 피해를 입는 도시로 지적된다. 연평균 살인율은 십만 명당 50명으로 중미 평균의 두 배이다. 일부 브라질의 NGO들은 이 문제를 이슈화시키려고 한다. 예를 들어, Viva Rio는 소형무기 거래와 싸웠고 리우의 주민들의 도시생활을 개선시켰다. 2003년 8월에 Viva Rio회원들은 범죄자로부터 압수한 4천 정의 무기를 공개적으로 파괴시키는 일을 조직했다. 일부는 스팀 롤러에 넣어 파괴시켰고 일부는 불태웠다. 이 행사의 이름을 "평화의 불꽃"이라고 불렀다. 이 행동은 2개월 더 지속되었고 수많은 사람들이 브라질의 대도시에서 무기 소유에 대한 강한 규제를 만들기 위한 전국적인 무장해제 법규의 제정을 지지하기 위한 시위를 벌였다. 2003년 12월에 관련 법안이 브라질 의회에서 통과되었다.

도시 폭력에 대한 가장 효율적인 통제는 경찰폭력에 의해 직접 영향받은 사람들에 의해 조직된 사회운동으로부터 나왔다. 홀리아나 파리아스(2005)는 "내가 나 자신을 식별할 수 있나?"라는 운동의 출현을 설명한다. 2003년 4월 17일 네 명의 젊은 사람들이 리우데자네이루 북쪽 근처의 동네인 보렐에서 전투경찰의 총에 맞아 죽었다. 경찰 주장은 그들이 마약 거래자들이었고 그 지역을 경찰은 마약단 소탕을 위해 침입했다고 했다. 하지만 공식 검시결과 그들 희생자들은 머리 뒤에 총을 맞았고 그로 인해 경찰이 주장하듯이 정당방위가 아니었다고 판명되었다. 더군다나 네 명의 그들 젊은이들은 전혀 마약 거래와 연루되어 있지 않았다. 한 명은 택시운전사였고 하나는 학생, 하나는 페인트공이었고 다른 하나는 기능공이었다. 경찰이 침입했을 때 그들은 이발소 밖에 기다리고 있었다. 그리고 처음에 그들은 경찰에게 자기들이 범죄자가 아니라는 것을 증명하기 위해 신원을 밝히고 싶어 했다. 하지만 경찰은 그들의 신분증을 보는 것을 거절하고 공격태세를 갖추고 그들 젊은이들은 즉각 사살되었다. "보렐의 살인자들"에 응답하여 가족들과 이웃들은 조직을 만들기 시작했다. 지속적인 공공 시위를 통해, 그들은 시정부에게 살인사건을 조사할 것을 요구하였다. 리우의 부유층이 사는 거리를 행진하면서 피살자들의 어머니들은 그들의 아들의 사진을 들고 "내가 나 자신을 식별할 수 있나?"라는 플랜카드를 들고 행진했다. 경찰에게 그들 젊은이들이 자신들의 신원을 증명할 기회도 갖지 못하고 죄도 없이 죽었다는 사실에 사람들의 관심을 끌도록 했다.

이 같은 슬로건은 보렐 주민들의 정의를 위한 캠페인에 불을 붙였고 국제앰네스티의 관심을 끌게 되어 국제앰네스티는 이 사건을 본격적으로 다루게 된다. 약 일 년이 지난 뒤에 리우의 시정부는 사건의 조사를 약속했다. 사건의 조사가 이루어졌을 때는 이미 사건의 수사는 완료되었지만 5명의 경찰이 기소되고 그중 2명은 살인죄가 적용되었다. 하지만 캠페인은 거기서 끝나지 않았다. 리우데자네이루 근처에서 경찰에 의한 폭력사건이 일어났으므로 보렐의 주민들은 피해자들의 친척이 있는 다른 지역까지 연대하며 정의를 위한 투쟁을 벌였다. 오늘 그 운동은 "폭력에 반대하는 공동체 운동 네트워크"로 불린다. 이 같은 풀뿌리 사회운동은 리우의 가난한 사람들로 하여금 폭력과 인권침해가 일어나는 곳이면 어디든지 고발할 수 있는 힘을 넣어주었다.

공동의 문제: 성공을 위한 전략적 선택들

네 개의 영역—실업, 주택 거주권, 공공서비스, 도시 폭력—이 라틴아메리카에서 일어난 집단행동이 주로 다룬 핵심적 이슈들이다. 사건이 전개됨에 따라, 그 운동이 불러일으킨 반작용에 대해 이들 사회운동은 어떻게 대처할 것인가? 각각의 운동은 고유의 개성을 가지고 있다. 그리고 독특한 방식으로 변화를 겪게 될 것이다. 그럼에도 불구하고 사회운동조직의 일반적 동력을 고려하고 공동의 패턴을 식별해보면 우리는 운동 지도자들과 활동가들에 의해 수행되는 결정을 투시할 수 있다. 라이프 사이클에 따라, 사회운동 경험은 그 목적을 달성하기 위하여 특정의 선택을 해야 할 순간을 결정한다. 이 같은 "공동의 문제"는 "우리는 누구인가? 우리는 무엇을 원하는가? 어떻게 그것을 얻을 수 있는가?" 등의 기본적 질문과 의사결정영역의 세트를 대표한다.

우리는 누구인가? 운동의 회원을 선발하기

보통 사회운동은 동시에 각각의 문제를 마주하지는 않는다. 어떤 것이 중요한 의미를 가지는 특정의 순간들이 있다. 새롭게 출현하는 사회운동의 첫 번째 선택 중의 하나는 회원자격에 관한 것이다. 누가 회원자격을 가질 수 있나 결정하는 것이다. 이 결정의 차원은 어떻게 작은 언술이 조직을 확대할 수 있느냐는 것에 결정적 노력을 기울이는 것을 의미한다. 만약 그 운동이 그 그룹의 목적에 공감하는 모든 사람에게 개방되어 있다면 그들이 직접적으로 운동의 수혜자의 일부가 되지 않더라도 조직을 확대하는 데 성공할 것이다. 이것의 장점은 분명하다. 추가 회원은 대중의 지지를 확대할 뿐 아니라 그들의 관심사를 표현하는 데 더 많은 능력을 보일 수 있다. 이와 달리 특정의 제한된 개인 또는 그룹을 회원으로 하며 목적을 달성할 수도 있다. 폴 도쉬(2010)는 이 같은 공동의 문제의 두드러진 사례를 설명한다. 1995년에 300명의 에콰도르의 가족들은 산환 보스코 조합을 만들어 키토시의 이침비아 공원을 불법적으로 토지를 점유했다. 그 공원은 사람들이 싫어하는 쓰레기터였다.[6] 그 조합은 그들 자신을 환경적 차원에서 자각하여 단지 그 공원에 거주하는 것을 넘어 생태적 감시자로 행동하였다. 하지만 3,000명의 추가적인 빈민들이 한밤중에 다시 그곳에 도착했을 때 그 조합은 새로운 사람들을 합류시켜 숫자를 늘려 정치적 힘을 키울 것인지 아니면 환경을 보호하는 동기에 적극적으로 참여한 사람들만 회원자격을 부여하기 위해 그들을 거절할 것인지 선택을 해야만 했다. 그 조합은 후자를 선택했다. 2004년 1월까지 산환 보스코 거주자들은 합법적으로 고급의 콘도를 짓고 공원 감시의 임무를 수행하기 시작했다. 회원문제를 정리하고 지도부는 회원자격을 정체성에 둘 것인지 목표 위주로 할 것인지를 두고 고민하기 시작했다. 다시 말해, 지지자들은 공동의 목표 외에 공동의 정체성을 가져야 하는지에 대해 고민했다. 운동이 오직 정체성에만 기준을 두지 않으면 일반적으로 정도의 차이는 있지만 실질적 이슈에 집중할 수 있다. 회원 자격을 규정하는 것은 그 운동이 그 자신을 바라보는 방식과 다른 사람들이 어떻게 보기를 원하는지를 드러내므로 목표를 위해 무슨 일을 할 것인지에 영향을 끼친다. 예를 들어, 범-마야 원주민 운동과 같이, 어떤 운동이 특정의 문화적 정체성과 그 독특함의 보존을 위한 인정을 얻기를 목적으로 한다면, 정체성을 함께하는 사람들로만 회원 자격을 제한하는 것이 좋을 것이다. 하지만 운동이 에콰도르의 원주민들의 이중 언어 교육의 확장을 위한 노력에서처럼 특정의 정체성의 권리를 획득하는 것을 강조한다면 그 그룹의 정체성에 함께 하지는 못하더라도 합류하고자 하는 모든 이데올로기적 동조자들을 회원으로 폭넓게 허락하여 힘을 강화시켜야 할 것이다.

우리는 무엇을 할 것인가? 운동의 목표를 결정하는 것

사회운동은 집단행동을 통해 그들이 무엇을 이루려고 하는지를 결정할 과제에 직면한다. 이것이 중요한 포인트이다. 그리고 이것은 사회운동의 초기 형성단계에서 계속 일어나는 문제이고 제한된 목표만 노리든지 또는 더 확장된 목표를 이루기에 너무 힘들든지 하면 이 문제가 다시 반복해서 일어난다. 먼저 운동의 범위를 명확히 해야 한다. 즉, 좁은 어젠다 또는 넓은 어젠다 중 어느 것을 선택할지를 결정해야 한다. 만약 소수의 이슈에만 집중하기로 결정한다면, 공동의 비전을 가지고 내부적 갈등을 최소화시키는 지지자들의 통합적 기초를 다지는 것이 성공할 수 있다. 하지만 제한된 목표는 잠재적 참여자들의 범위를 또한 좁힐 수도 있다. 그리고 운동의 목표를 너무 세부적으로 정의해서 운동의 어젠다의 일부 측면들이 아예 발언되지도 못하게 만드는 위험이 있다. 거꾸로, 너무 목표를 넓게 잡는 "모든 사람을 위한" 운동도 있을 수 있다. 그리고 이 같은 다양성은 폭넓은 지지자를 끌어 모으는 가능성이 있다. 그러나 다양한 어젠다는 다양한 회원들 사이에 우선순위를 놓고 충돌하는 경우도 생긴다. 그리고 합의를 얻는 데 어려울 수도 있다. 그리고 운동이 서로 모순적인 파벌로 분열될 수도 있다. 브라질의 "토지 없는 농민운동(MST)"은 현재 이 문제를 겪으면서 분쟁 중에 있다. 1990년대 동안, 이 운동은 광범한 사회적·경제적 이슈들을 포함하며 목표가 확장되었다. 예를 들어, 유전자 조작 식품에 반대하는 국제적 캠페인을 벌이거나 미주 지역 무역 자유화 협정에 반대하였다. 하지만 이들 이데올로기적 목표와 로컬의 풀뿌리 활동가들―특히 자신들과 자신의 가족들을 위한 토지를 얻는 데 열심인 새로운 도시의 가입자들의―목표 사이에는 어긋남이 조금 존재한다. 운동의 지도자들은 현재의 어젠다를 좁히고 싶어 하지 않았으므로 새로운 회원들에게 이들 넓은 주제의 중요성을 인식시키도록 하는 데 애를 쓰고 있다. 운동의 목표를 결정하는 두 번째 측면은 운동이 전반적으로 체계 자체의 변화를 추구하는지 또는 제한된 변화를 추구하는지를 분명히 하는 것을 포함한다. 운동은 만약 현재의 체계 안에서 특정의 법률, 절차, 정책의 변화를 추구한다면 제한된 접근을 선택할 수 있다. 스펙트럼의 반대쪽에서 만약 통합적인 체계의 변화를 찾는다면 운동은 전반적으로 기존의 제도적 구조를 철저히 변화시키는 것을 선택할 수 있다. 제한된 변화를 향한 행동은 더 많은 대중의 지지를 얻을 수 있고 사회적 갈등을 상대적으로 적게 만들 수 있다. 하지만 이 경우 운동은 운동의 어젠다를 이행하는 데 이 구조가 잘 맞든 안 맞든 간에 기존의 제도적 구조 안에서 움직여야만 한다.

다른 한편, 성공적인 체계의 변화는 제도들이 그 그룹의 목표를 장기적으로 맞출 수 있는 방식으로 주조되게 한다. 하지만 체계의 변화를 성취하는 것은 자주 위험과 사회적 혼란을 불러온다. 왜냐하면 변혁시키려는 노력들이 자주 침해된 제도를 지지하는 기존 세력의 아주 큰 저항을 만나기 때문이다. 제한된 변화 또는 체계적 변화를 향한 결정은 좁고 넓은 목표 사이의 구별과 긴밀하게 연결되어 있다. 좁은 목표는 자주 기존 체계의 일부 부분들을 바꾸는 것으로 달성될 수 있다. 반면에, 광범한 목표는 사회, 정치, 경제적 제도를 변혁시킬 것이 요구될 것이다. 토지 재분배 또는 임금인상 등의 좁은 목표는 체계 안에서 이익이 침해되는 강력한 세력을 위협할 수 있다. 그러므로 체계 자체의 변화가 일어나지 않는 한, 실제로 이행될 가능성은 매우 희박하다. 반대로, 원주민 권리의 사회적 인정과 같은 넓은 목표는 헌법 개정의 입법화를 통해 현재 시스템의 범주 안에서 이행될 수 있다. 끝으로 운동은 그들의 목표가 일단 달성되면 집단화 또는 개인화될지를 결정할 필요가 있다. 획득된 이익이 사회의 모든 사람에게 적용될 것인지 또는 어떤 방식으로든 일부에만 적용될 것인지를 결정할 필요가 있다. 만약 이익이 모든 사람들에게 적용된다면 맨쿠르 올슨(1965)이 지적한대로, 무임승차자의 문제를 야기할 것이다. 이익이 참여의 정도에 따라 차등되지 않는다면 개인들이 운동의 목표를 위해 일할 인센티브가 적어질 것이다. 집단적 행동의 문제에 대한 올슨의 해결책은 운동에의 참여의 정도에 인센티브를 선택적으로 연결시키는 것이다. 이 전략은 많은 조직에 의해 성공적으로 적용되었다. 예를 들어, MST가 빠르게 성장하게 만든 중요한 요소라고 주장된다. 1984년에 이 단체가 공식적으로 구성된 지 얼마 안 되어서 에르발 세코에 캠프를 치고 항의를 시작한 일단의 토지 없는 가족들이 상당기간이 지난 뒤에 정부로부터 결국 가까이 있는 정부 소유의 농지를 정식으로 인도받을 수 있었다. 그러나 처음에 캠프를 치고 점유하는 데는 참여했으나 나중에 그 자리를 떠난 다른 가족들은 아무것도 받지 못했다. 끝까지 참아냈던 가족들은 자신들의 토지를 획득한 것이다. 이것이 개인적으로 토지 없는 노동자들이 MST에 참여하고 몇 년씩 고통을 당하는 캠프생활에 남게 만드는 강력한 인센티브가 되었다. 그 후 몇 년 동안 브라질 전체에서 토지점유의 규모나 횟수가 크게 증가했다. 동시에 선택적 인센티브가 항상 높은 수준의 참여에 꼭 필요한 것은 아니다. 동료와 함께 참여하고 부정의를 고치고 집단적 목표를 향해 어려움을 이겨내려는 욕망이 개인적 참여가 쉽지 않을 것 같을 때도 집단적 노력에 많은 개인들이 참여하게 되는 모티브 중의 하나이다. 또한 운동의 목표를 사적 이익으로 전환하는 것이 어려울 수도 있다. 정치적·사회적 권리를 확장시키는 것과 같이 눈에 잘 안 보이는 권리는 사유화시키는 것이 거의 불가능하다. 더구나, 독점적 이익이 자주 운동의 중요한 이데올로기적 프레임에 반대된다. 앞서 언급한 헌법 개정을 통해, 원주민 권리를 인정받으려는 다양한 운동들을 보라. 원주민 운동에 참여하지 않은 원주민들도 그들이 획득한 권리의 향유에 똑같이 대우하지 않는다면 운동의 목적과 모순되고 비현실적인 일일 것이다. 참여자에게 사적 이익을 제공하는 것은 예를 들어 실행하기가 힘든 접근일 때 회원들을 모으고 유지하는 데 강력한 수단이 될 수 있다. 하지만 운동의 참여자를 끌어들이는 데 필요하지 않을 수도 있다.

어떻게 그것을 이룰 것인가? 운동의 전략을 선택하기

운동이 회원의 자격을 결정하고 목표의 성격을 분명히 하였다면 남은 전략의 문제는 이것이다. 그 목표를 이루기 위해 실제로 운동이 무엇을 해야 하는지? 중요하게 고려할 전략적 차원은 연대의 전략이다. 즉, 다른 조직과의 동맹을 추진할지 아니면 자신만의 길을 갈지를 결정하는 것이다. 자주 대 동맹의 문제는 사회운동이 그들의 라이프 사이클을 통틀어 직면하는 장기적으로 반복해서 나타나는 문제이다. 동맹에 기초한 연대의 전략은 자원, 지식, 능력을 조합하기 위해 외부의 행위자를 사회운동이 찾을 때 일어난다.

동맹은 재정적 그리고 조직적 자원의 수혈을 공급한다. 그리고 이것은 운동의 형성 과정에서 특히 환영받는다. 주로 가난한 노동자계급 개인들로 이루어진 풀뿌리 운동은 자주 동맹의 파트너에 의해 공급되는 리더십과 재정적 도움의 네트워크를 찾는다. 그리하여 운동이 더 효율적으로 목표에 다가가게 만들 수 있다. 하지만 외부 조직은 자주 그들의 이익과 어젠다를 마음속에 가지게 된다. 자원을 기여한 그룹들은 그렇게 함으로써 그들에게 로컬 운동의 이데올로기적 전술적 어젠다를 이끌고 갈 권위를 주는 것으로 믿을 수도 있다. 만약 운동의 목표와 동맹세력의 어젠다 사이의 차이의 정도가 작다면 중요한 후퇴의 원인이 되지는 않는다. 하지만 커다란 차이가 있을 때는 풀뿌리 운동 멤버들은 리더십과 의사결정 역할에 못 낄 수도 있다. 반대로 자주의 길을 걷는 운동은 그들의 어젠다 선정에 외부 영향 없이 자유로울 수 있다. 중요한 것은 자주적 운동단체가 집단행동을 조직하고 이행하기 위해 전적으로 자신의 힘에 의존한다는 사실이다. 아르헨티나의 피케테로스 운동은 최근 이런 문제에 직면했다. 델라 마타(2003)는 1999년 이래 운동세력과 정당 사이의 연고주의적 연대가 침식되었다고 주장한다. 정부 보조금이 지역정당의 보스 대신에 실업자 개인에게 직접 갔기 때문이다. 이 같은 새로운 자율성이 운동으로 하여금 더 직접적으로 구성원들의 요구에 응답하고 지도자들에게 그들 자신의 전략을 선택할 자유를 주었다. 하지만 2000년 초까지 연합정부는 노동자지원 프로그램이 끝나고 새로운 제안들에 대한 연방정부의 지원을 축소시켰다. 가라이(2007)는 이 같은 새로운 정책 방향이 극단적인 빈곤의 증가와 함께 피케테로스들과 아르헨티나의 주요 노동연맹인 CTA와 사이에 동맹을 강화시켰다고 주장한다. 그 결과 피케테로스 운동은 지리적으로 확대되고 그들의 중앙정부에의 요구는 힘을 얻었다. 2003년의 좌파 대통령 네스토르 키치너의 당선은 추가적인 정치적 기회를 부여했다.

그리하여 피케테로스 운동은 정부와 동맹을 강화했다. 운동은 키치너의 정책을 지지했고 그 대신 피케테로스는 정책결정에 대해 레버리지를 획득했다. 현재 이 실업자 운동은 연대의 선택을 지속하기로 했다. 운동은 정부와의 동맹을 통해 정책적 목표를 이루고 있다. 그러나 그 결과 그 자율성 유지는 도전받고 있다. 다른 전략적 차원은 운동이 합법적 또는 비합법적 수단을 통해 목표를 추구할 것인지를 결정하는 데 있다. 이 문제는 다른 것보다 덜 자주 일어난다. 그러나 그 문제가 일어날 때는 심각해질 수 있다. 대부분의 운동은 제한된 변화의 맥락 안에서 좁게 지정된 목표를 추구할 때는 합법적 수단을 흔히 이용한다. 하지만 합법적 전략이 아무 성공 없이 오랜 시간을 허비하게 되면 운동은 그들의 목표달성을 위해 비합법적 수단에 호소할 수 있다. 이 방법은 기존 법률에의 순응을 거부하면서 비폭력적 수동적 저항전략을 이용할 수 있다. 농성, 시위행진, 보이콧 등 시민 불복종행동뿐 아니라 다른 수준에서는 운동 참여자들이 그들의 요구가 들려지도록 파업, 도로 점거, 빌딩 점거, 토지 침입 등을 실천한다면 폭력이 있을 수도 있고 없을 수도 있다. 극단적 경우에, 비합법수단은 대중소요와 무장반란 등 폭력에 중심을 둔 전략을 포함할 수 있다. 멕시코의 사파티스타 운동은 이 같은 전략적 선택의 고전적 사례를 제공한다. 치아파스의 현대 원주민 운동은 1970, 80년대 동안 창설된 여러 개의 농민조합에 뿌리를 두고 있다. 이들 조직들은 전통적 토지 소유 시스템인 에히도(Ejido)를 없애는 것, 공무원의 부정부패, 전반적인 농촌의 빈곤, 원주민의 정치적 대표성의 부족 등을 항의했다. 그러나 멕시코 당국은 이들 요구들을 묵살했다. 몇몇의 경우에는 개혁을 약속했다. 그러나 실행은 최소에 그쳤다. 결국 평화적 항의에 폭력적 억압으로 응대하자 많은 원주민 운동의 활동가들은 무기를 들었다. 1994년 1월 1일 사파티스타들은 7곳의 도시에서 시청건물과 주요 건물을 점거했다. 죄수들을 석방시켰고 그들의 메시지를 사람들에게 전하기 위해 라디오 방송국을 접수했다. 이 행동들을 하나의 공동성명이 설명했다. "우리는 정부가 우리에게 남긴 마지막 방법인 무장투쟁을 통해 우리의 가장 기초적인 권리를 위해 싸울 우리의 결정을 전 세계에 알릴 것이다."7) 하지만 사파티스타들은 1996년까지, 즉 초기 반란이 일어난 지 2년 후까지 합법적 수단으로 돌아가길 열망했다. 라깡동 정글의 네 번째 선언문은 전국적 풀뿌리 재야 운동으로 변신하기 위한 13가지의 계획을 강조했다. 이 운동은 "정치권력을 얻기 위해 투쟁하는 것이 아니라 통치하는 사람들이 민중에게 순응하면서 통치하는 민주주의를 위한 것이다."[8] 10년 뒤에 사파티스타들은 "다른 캠페인"을 통해 전국을 순회하는 공동체 회의를 열면서 이 계획을 이행시켰다. 사파티스타 지도자들은 농민 지지자들만 만난 것이 아니라 공장 노동자, 학생, 동성애 그룹, 지식인 환경운동가를 만났다. 그들의 목표는 멕시코 헌법을 사회주의적 노선으로 바꾸기 위한 제헌 의회를 위한 대중의 지지를 북돋기 위한 것이다. 이 행동은 사파티스타의 전략이 시스템 안에서 움직이고 있다는 것을 가리킨다. 체제를 전복시키려 시도하는 대신 그들은 합법적 수단을 통해 헌법을 바꾸려고 한다. 그들이 비록 의회정치에 참여할 것을 거부하고 있지만 사파티스타들은 비합법적 방법을 분명히 거부했고 평화적 저항에 강한 의욕을 보이고 있다.

라틴아메리카 사회운동의 미래의 방향

지역을 통틀어 경제적 변혁이 일어나면서 정당과 노조가 덜 효율적이 됨에 따라 노동자 계급과 대중이 정치적 영역 내에서 그들의 이익을 표현하기 위해 풀뿌리 운동과 사회운동에로 향하게 되었다. 라틴아메리카에서 집단행동은 새로운 현상이 아니다. 그러나 중요한 연구들은 현재의 행동이 과거의 항의와 여러 점에서 방식이 다름을 가리키고 있다. 마지막 부분은 이 차이로부터 미래의 정치적 참여를 위한 몇 가지 암시를 뽑아낼 것이다.

복수의 중복되는 목표들

먼저 라틴아메리카의 사회운동은 점점 복수의 중복되는 목표들을 향한다. 멕시코에서 경제정책에 대한 항의는 민주적이고 정직한 통치에 대한 요구로 시작되었다(와다,

2005). 볼리비아의 '물 전쟁'은 자연자원의 민영화에 저항할 뿐 아니라 종족적, 원주민의 일반적 인권 보호를 주장한다(슐츠, 2005). 브라질에서의 토지 개혁을 위한 투쟁은 지금 주택에 대한 도시의 요구와 결합되고 어느 정도는 여성운동과 아마존 지역의 원주민 권리와 연결된다(월포드, 2003). 새로 출현하는 사회운동은 목표를 넓게 잡는 데 대해 수용능력이 뛰어나다. 2009년 9월에 MTST는 도시 주택에 대한 요구를 넘어서서 상파울루의 '빠르케 돔 뻬드로' 쇼핑몰을 점거하면서 브라질의 사회경제적 불평등에 대해 항의를 했다. 브라질인들 중 아주 소수의 사람들만이 판매 중인 고가의 상품을 살 수 있다. 그리고 무장한 경비들이 입구에 버티고 서서 "원하지 않는 사람들"을 못 들어오게 하고 있다. 브라질의 독립기념일에 2만 명 이상이 MTST의 시위행진에 참여했다. 쇼핑몰 안의 시위로 절정을 이룬 것이다. 한 명의 운동 지도자가 "브라질의 최저임금은 한 가족이 생존하기에 필요한 돈보다 세 배나 부족하다. 그리고 부패한 정치가들은 커피 한 잔에 20불을 쓰면서 높은 봉급을 받고 있다. 도대체 이런 독립이 무슨 의미가 있는가? 우리는 일반 시민들을 위해 일하고 우리의 이익을 지키도록 우리가 선출한 리더들을 소환할 수 있다"[9]라고 언급했다. 이런 방식으로 MTST는 개인적 구성원의 이익을 얻는 것 너머로 그들의 목표를 확장한 운동의 사례가 되고 있다. 라틴아메리카의 활동가들은 실업, 홈리스, 도시 폭력 등 경제적·문화적 원인들이 밑에 깔려있는 공공의 문제에 중점을 두기 위해 그들의 논쟁적 행동의 경계를 지속적으로 지우고 있다.

초국가적 투쟁

증가하는 글로벌 통합과 정보 기술의 발달은 논쟁적 정치가 국경 안에 갇혀 있지 못하도록 이끌고 있다. 라틴아메리카에서 활동가 그룹들은 정보, 전략과 전술을 서로 나누기 위해 국경을 넘어 연대하고 있다. 대표적인 사례는 농업개혁을 위한 운동이다. 많은 농민조직들이 두 개의 국제적 그룹에 가입하고 있다. 하나는 라틴아메리카 농민조직 조정기구(CLOC)이고 다른 하나는 비아 깜페시나이다. 이들 조직들은 활동가들이 생각을 교환하고 활동을 조정하는 구조를 가지고 있다. 예를 들면, UN은 10월 16일을 세계 식품의 날로 선언했다. 2009년에 비아 깜페시나는 전 세계에 걸쳐 유전자 조작 식품에 항의하는 시위를 이날 조직하였다. 라틴아메리카의 농민들과 원주민들은 인도, 유럽, 미국의 환경운동가들과 함께 미국의 몬산토와 그 밖의 다른 다국적 기업의 본사 앞에서 시위를 조직하기 위해 일했다. 더구나, 초국적 투쟁은 물 계약의 취소로 인한 벡텔 사의 법적 소송에 저항하기 위한 볼리비아의 "물 전사들"의 능력에 결정적인 도움을 주었다고 주장되고 있다. 볼리비아 운동세력은 국내의 NGO 지지세력인 '민주주의 센터'와 협력하였고 이 센터는 이 문제를 알리기 위해 전 세계의 미디어 캠페인을 조직하며 도왔다. 미국 내의 환경운동가와 지지 세력은 벡텔 사 본사의 로비를 항의의 뜻으로 점거했다. 그리고 40여 개 국가 이상에서 볼리비아인들과 연대하는 온라인 청원에 시민들이 대거 서명하였다. 지속적인 네거티브 홍보 속에서 벡텔 사는 결국 2006년 1월 상징적인 액수인 30센트만 받고 소송을 정리했다. 항의가 국경을 넘어 전개되는 것이 얼마나 효율적인 방식이 되는지를 잘 보여 주는 사례이다.

관심 있는 행동

마지막으로 일부 라틴아메리카 지역에서 집단행동의 대상은 항상 정치적 행위자가 되는 것은 아니다. 전통적으로 사회운동은 어떻게 하면 그들의 이익을 밝히기 위해 정부를 압박하는지를 놓고 그들의 목표, 전략, 전술을 발전시켜 왔다. 우리가 알다시피, 많은 조직들이 이렇게 하고 있다. 그리고 맞다. 이상적으로는 라틴아메리카 국가들은 모든 시민에게 교육, 의료, 안전, 기본적 공공서비스를 제공할 것이다. 하지만 오도넬 (1993)이 주장하듯이, 라틴아메리카의 일부지역에서 국가는 이를 행동에 옮길 능력을 낮게 가지고 있다. 풀뿌리운동은 관심을 가지고 있다. 그러나 만약에 국가가 그들의 요구를 들어줄 능력이 안 된다면 국가가 공급할 수 없는 서비스를 국가에 기대는 것은 의미가 별로 없다. 다른 경우에, 국가는 높은 능력을 가지고 있다. 그러나 정치인들이 소외된 공동체의 요구를 들어줄 동기를 거의 가지고 있지 못하다. 예를 들어, 브라질 리우데자네이루의 시는 1천2백만의 주민을 대표하는 50명의 시의원을 가지고 있다. 하지만 이 도시는 선거구로 나뉘어져 있지 못하고 따라서 후보들은 특정의 지리적 구역에 묶여 있지 않다. 이것은 정치가들이 어떤 특정의 그룹의 요구에 응답할 동기를 갖고 있지 못함을 의미한다. 어느 후보자가 일정한 도시 지역의 개선을 약속할 수 있다. 그러나 그가 선출되지 못하면 그가 다음에 자기를 위해 투표해 달라고 그 지역의 주민들을 설득할 필요가 없다. 그는 연금수혜자들, 청년들 또는 다른 주민들로부터 표를 얻을 수 있다. 실제로 이 같은 동력은 정치후보생들로 하여금 많은 도시 지역을 무시하고 계속 선출되도록 만들고 있다. 이런 경우에, 정치가들이 응답을 하지 않거나 또는 대의 채널이 막혀 있다면 사람들은 자신들 스스로 그들의 요구를 위해 조직한다. 그들은 풀뿌리 운동을 중개하기 위해서가 아니라 행동을 위해 조직한다. 이들 조직이 선택하는 전략은 콜리어와 핸들린(2009)이 설명한 "자기-공급"의 전략과 비슷하다. 그들의 내부적 기술과 자원을 동원하여 그들 자신의 해결 방법을 찾아낸다. 하지만 초기 증거는 일부 조직이 그들의 공동체를 변혁하기 위한 그들의 노력으로 보이는 물질적 '조달'을 넘어서는 경우가 있는 것을 보여 준다. 예를 들어, 리우의 가장 큰 도시 슬럼가로 알려진 로싱하에서 풀뿌리 그룹 비라문도는 주민들의 중요한 문제들인 쥐 전염병, 결핵의 유포, 증가하는 10대의 임신율에 대해 단편영화를 제작했다. 그들이 의도한 청중은 주로 그들의 친구들과 이웃이었고 그들의 건강을 정부지원에 상관없이 지키기 위해 주민들이 할 수 있는 것이 무엇인지를 강조했다. 영화와 관련 사진은 공동체 외에 이웃지역, 즉, 브라질과 외국대학에, 그리고 2009년 세계사회포럼에도 보였다. 하지만 공동체의 공공 건강을 개선하는 데 초점을 둔 비라문도의 작업은 이 같은 즉각적 로컬의 목표를 넘어서고 있었다. 음악과 사회적 이벤트를 통해 이들 창작집단은 중상층의 주민들에게도 편견을 버리고 공공건강의 문제에 대해 가난한 도시지역 주민들과 협력하도록 이끌었다. 리우의 북부지역에 위치한 또 다른 가난한 도시 공동체에서 부모들은 아이들에게 방과 후의 교육적 활동을 제공하기 위해 "공동체의 아동 및 청소년을 위한 통합 센타"(CIACAC)를 설립했다. 각각의 활동은 학습능력 강화 서비스의 제공과 함께 동시에 협동, 자기존중, 자기의 권리를 말하는 방법 등을 가르치기 위한 이중 목적을 가지고 있다. CIACAC은 또한 그들의 공동체 안과 밖의 연결을 만든다. 정기적으로 출석한 아이들은 선발되어 박물관, 음악회, 놀이, 기타 리우 시내 중심부의 다양한 이벤트를 방문하는 야외수업에 참여시킨다. 이 단체는 매 여행마다 기금을 모으고 후원자를 찾고 수송을 준비하고 협조 플랜을 기획하기 위해 부모들, 이웃들과 협력한다. 이런 방식으로 부모들은 연대와 공동체에의 협력을 강화시키며 아이들의 삶과 동네의 일에 깊이 관련한다. 끝으로 2000년에 리우의 공동체 활동가들이 서로 돕기 위한 촉매적 공동체 (CATCOMM)가 창설되었다. 위에서 언급한 일들, 즉 해결책, 정보, 최선의 실천을 나누기 위한 방식으로 사회적 프로젝트를 혁신하기 위해 세워진 것이다. 이 같은 간단한 생각으로부터 이 프로젝트는 공동체 문제 해결 데이터베이스를 발전시켰다. 이 데이터베이스는 21개의 나라들의 250개의 풀뿌리 공동체 프로젝트의 노력들을 저장해 놓았다. 이들 조직들은 주요 목표로 직접적인 정치적 행동은 가지고 있지 않다. 그러나 동시에 이들은 지역 내 공동체의 물질적 이익을 충족시키는 데만 관심이 있는 것은 아니다. 각각의 프로젝트는 로컬의 미션 내에서 광범한 인권에 기초한 목표를 가지고 있고 필요하면 어느 곳이든지 ─ 부유한 이웃동네 또는 세계를 넘어 ─ 동맹자와 연결하려고 애를 쓴다. 이들 조직이 정치적 활동을 하려고 계획하고 만들어진 것은 아니지만 그들은 기회를 찾기 위해 정치가들과 대결하는 데 이상적으로 훈련되어있다. 동네 주민들은 함께 일하고 사회계급을 가로질러 협력하고 국제적 협력자들과 연결할 기술을 사용하는 데 익숙해져 있다. 문제가 생길 때마다, 이 기술들은 정치적 행동을 수행하는 데 긴요하다. 예를 들어, 2009년 10월 리우데자네이루는 2016년 올림픽 경기장으로 선정되었다. 발표가 난 지 몇 주 안에 시 공무원들은 미래의 올림픽촌에 위치한 가난한 도시 공동체를 허물 계획을 제안했다. 하지만 이 지역은 리우에서 마약거래에 연루되어 있지 않은 몇 개안 되는 지역들 중의 하나였다. 그리고 시의회는 주민들에게 공공적 발언을 할 기회도 주지 않았다. 이에 공동체 지도자들은 그들의 평화적이고 합법적인 이웃을 제거하려는 계획에 대해 반대하기 위해 조직하기 시작했다. 도시를 넘어 사회적 프로젝트들이 CATCOMM을 통해 몇 년간 소통할 수 있었으므로 2009년 11월에 그들은 로컬 지도자들에게 정치적 목적을 위한 소셜미디어의 창의적 이용을 훈련시키기 위해 ROAR(리우 올림픽 타당성 리포터) 프로젝트를 발전시켰다. 이 훈련 프로그램을 위한 기금은 국내적, 국제적으로 페이스북과 같은 사회적 네트워킹 사이트를 통해 모금되었다. 이 조직들은 사회운동의 전통적 정의에 부합되지 않을 수 있지만 그들은 분명히 정치적 잠재력을 가지고 있다. 그들의 즉각적인 활동은 중요한 시민적 기술을 만들고 공동체는 정치적 장에서 그들의 이익을 지켜낼 기술에 대해 레버리지를 행사할 수 있다. 또한 그들의 요구에 국제적 관심을 끌어올 수 있다.

결론

라틴아메리카에서 개인들이 풀뿌리 수준에서 새로워진 생동감을 가지고 집단행동을 만들어내고 있다. 그리하여 이 장에서는 그들의 요구를 채널화시키고 있는 출현하는 조직들의 일부를 소개했다. 지역을 관통하는 경제적 변혁이 노동자계급에게 정당과 노조가 그들의 이익을 지켜내는데 덜 효율적이 됨에 따라 사회운동과 로컬의 동네조직이 보통사람들이 정치적 공간에서 그들의 이익을 표현할 수 있는 보조장치가 되었다. 여기에 덧붙여 일부 풀뿌리 조직이 정치적 행동에 중심을 가지지 못하는 반면에 여러 증거가─적어도 리우의 경우에─그들이 장려하는 시민의 기술이 미래의 정치적 개입에 대한 가치 있는 자원이 될 수 있음을 보여 주고 있다. 정당과 노조가 정확하게 대중의 의지를 표현하는 능력에 있어 미미한 모습을 보이는 한 라틴아메리카인들은 집단행동을 통해 그들의 관심사를 계속해서 말할 것이라고 기대하는 것은 합리적이다.

참고문헌

Collier, Ruth Berins. 2002. "Political Participation in the Age of Neoliberalism." Center for Latin American Studies Newsletter. Winter.

Collier, Ruth Berins, and David Collier. 1991. Shaping the Political Arena. Princeton: Princeton University Press.

Dominguez, Jorge I., ed. 1994. Social Movements in Latin America: The Experience of Peasants, Workers, Women, the Urban Poor, and the Middle Sectors. New York: Garland.

Dosh, Paul. 2010. Demanding the Land: Urban Popular Movements in Peru and Ecuador, 1990 − 2005. University Park: Pennsylvania State University Press.

Eckstein, Susan Eva, and Timothy P. Wickham−Crowley, eds. 2003. Struggles for Social Rights in Latin America. New York: Routledge.

_____, eds. 2003. What Justice? Whose Justice? Fighting for Fairness in Latin America. Berkeley: University of California Press.

Farias Mello, Juliana. 2005. "Movimiento 'Posso me Identificar?" De objetos da violencia a sujeitos da politica. Thesis, UERJ.

Garay, Candelaria. 2007. "Social Policy and Collective Action: Unemployed Workers, Community Associations, and Protest in Argentina." Politics and Society 35, no.2: 301−328.

Gonzalez, Victoria, and Karen Kampwirth, eds. 2001. Radical Women in Latin America: Left and Right. University Park: Pennsylvania State University Press.

Harvey, Neil. 1998. The Chiapas Rebellion: The Struggle for Land and Democracy. Durham, NC: Duke University Press.

Kapiszewski, Diana. 2009. "Targeting State and Society: The Strategic Repertoires of Associations." In Ruth Berins Collier and Samuel P. Handlin, eds., Reorganizing Popular Politics: Participation and the New Interest Regime in Latin America. State College: Pennsylvania State University Press.

Keck, Margaret E., and Kathryn Sikkink. 1998. Activists Beyond Borders: Advocacy Networks in International Politics. Ithaca, NY: Cornell University Press.

O'Donnell, Guillermo. 1993. "On the State, Democratization, and Some Conceptual Problems: A Latin American View with Glances at Some Postcommunist Countries." World Development 21, no. 8.

Schultz, Jim, and Melissa Crane Draper, eds. 2009. Dignity and Defiance: Stories from Bolivia's Challenge to Globalization. Berkeley: University of California Press.

Sinclair, Minor, ed. 1995. The New Politics of Survival: Grassroots Movements in Central America. Washington, DC: EPICA/Monthly Review Press.

Smith, Jackie, Charles Chatfield, and Ron Pagnucco, eds. 1997. Transnational Social Movements and Global Politics: Solidarity Beyond the State. Syracuse, NY: Syracuse University Press.

Tarrow, Sidney. 1998. Power in Movement: Social Movements and Contentious Politics. New York: Cambridge University Press.

Warren, Kay B., and Jean E. Jackson, eds. 2002. Indigenous Movements, Self−Representation, and the State in Latin America. Austin: University of Texas Press.

Wright, Angus, and Wendy Wolford. 2003. To Inherit the Earth: The Landless Movement and the Struggle for a New Brazil. Oakland, CA: Food First Books.

인터넷 사이트 참고자료

CIACAC(Intergrated Community Center Supporting Children and Adolescents)

www.ciacac.org

리우데자네이루의 도시빈민 공동체의 하나의 삶과 사회적 프로젝트에 대한 사진, 비디오, 정보를 가지고 있다. 이 사이트는 포르투갈어로 되어 있으나 2010년에는 영어로 번역되어 있을 것이다. CIACAC는 또한 페이스북(www.facebook.com/group.php?v=info&ref=ts&gid=115659635258)에 영어로 된 정보가 있다.

"내가 나를 식별할 수 있을까?" 폭력에 반대하는 공동체 네트워크

www.redecontraviolencia.org/Home

도시 폭력에 반대하는 사회운동에 대한 뉴스와 정보. 현재는 포르투갈어로 되어 있으나 2010년에는 영어로 번역될 것이다.

Catalytic Communities

www.catcomm.org/en

이 사이트는 리우데자네이루에서의 조직 운동에 대해 영어로 된 정보를 올려놓고 있다. ROAR 프로젝트와 전 세계의 성공적인 동네 평의회 운동에 대한 데이터를 포함한 공동체 해결 데이터베이스가 있다.

The Democracy Center

http://democracyctr.org

볼리비아의 코차밤바와 캘리포니아의 샌프란시스코에 본부가 있다. 이 센터는 특히 세

계화의 경제적 효과에 초점을 맞추어 전 세계에 걸쳐 일어나는 사회정의에 대한 문제를 제기하고 있다.

Food First: Institute for Food and Development Policy
www.foodfirst.org/index.html
이 단체는 비영리 싱크탱크로서 전 세계의 기아와 가난에 대한 해결책을 연구하고 인간의 기본권으로 생존권을 수립하기 위해 애를 쓰고 있다.

Homeless Workers Movement (Movimento dos Trabalhadores Sem Teto, MTST)
www.mtst.org.br
MTST의 공식 사이트로서 대부분 포르투갈어로 되어 있고 일부 자료는 영어로 되어 있다.

Landless Workers Movement(Movimento do Trabalhadores Rurais Sem Terra, MST)
www.mst.org.br
MST의 공식사이트로서 포르투갈어로 거의 매일의 이 단체의 활동에 대한 정보가 있으며 많은 자료가 영어로 번역되어 있다.

Viramundo
http://web.me.com/viramundo/ViranmundoEnglish/Home.html
이 사이트는 영어로 비라문도의 프로젝트에 대한 광범한 정보가 사진과 필름을 포함해서 올라 있다. 이 장에서 언급한 비디오는 다음에 있다.
http://web.me.com/viramundo/ViramundoEnglish/Photogalleries/Photogalleries.html

Viva Rio
www.vivario.org.br
비바 리오의 공식사이트로서 매주 포르투갈어로 업데이트되는데 많은 부분이 영어로 되어 있다.

미주

1) Ruth Berins Collier와 David Collier의 *Shaping the Political Arena*(Princeton: Princeton University Press, 1991) 을 참고하시오.

2) ECLAC, *Social Panorama of Latin America* 2008, December 10, 2008.

3) 이 논쟁은 주로 가브리엘라 델라마타의 「광역 부에노스아이레스의 실직 노동자의 조직: 연고주의적 관행의 위축」이라는 2003년 10월 캘리포니아 주립대 버클리 캠퍼스의 라틴아메리카 연구소에 제출한 연구보고서와 칸델라리아 가라이의 「아르헨티나의 사회정책과 집단행동: 실직 노동자, 공동체 협의회, 항의」라는 논문[Politics and Society 제35권 제2호(2007), pp. 301–328]에서 뽑아낸 것임.

4) O Globo, 2003년 8월 8일, Correio da Bahia, 2003년 8월 9일, O Pais, 2003년 8월 10일 기사임.

5) 2006년 1월에 부정적 여론의 결과로 벡텔 사는 볼리비아 인민에 대한 상징적 액수인 30센트만으로 법적 소송을 완결지은 것으로 추정된다. 더 자세한 것은 Jim Schultz와 Melissa Crane Draper편저, *Dignity and Defense: Stories from Bolivia's Challenge to Globalization*(Berkeley : University of California Press, 2009)을 참고하시오.

6) Paul Dosh, *Demanding the Land: Urban Popular Movements in Peru and Ecuador, 1990–2005* (University Park: Pennsylvania State University Press, 2010).

7) Fiona Jeffries, "Zapatismo and the Intergalactic Age", in *Globalization and Postmodern Politics*, ed. Roger Burbach (London: Pluto, 2001).

8) EZLN, *Fourth Declaration of the Lacandon Jungle*, Jan. 1, 1996.
http:flag.blackened.net/revolt/mexico/ezln/jung4.html.

9) "Contra a farsa na politica e por nossos direitos!", MTST update, Sep. 9, 2009.
http://www.mtst.info/?q=node/992.

제4부

정치과정과 정치 동향

10. 참여와 정치과정, 붕괴될 수 있는 피라미드 구조

잰 N. 블랙(조영실 옮김)

모든 정치시스템은 제한적 참여 시스템이다. 우리가 원시적이라고 부르는 사회들－ 핵심적인 업무와 보상을 가족성원들 사이에 비교적 동등하게 나누는 사회－도 일반적 으로 성별과 연령에 따라 참여를 제한한다. 여성과 어린아이들은 배제된다는 말이다. 배제된 자들조차 그 시스템을 '적법'하게 받아들이고 수긍하기도 하지만, 궁극적으로 이는 물리적인 우위를 바탕으로 하는 시스템이다. 근대 국민국가와 같이 좀 더 복합적 인 사회에서는 일반적으로 계층에 따라 배제가 정해지며, 가끔은 인종적 혹은 종족적 구분에 의해 더 강화되기도 한다. 정치적 이데올로기에 바탕을 두고 배제가 결정될 때 도 있다.

예를 들어 미국에서 참정권은 1830년대까지 부를 소유한 백인 남성들에 국한되어 있었다. 그러다가 앤드류 잭슨이 주도한 포퓰리즘 운동이 일면서 부를 소유해야 한다 는 필요조건이 사라지게 되었다. 1920년대에는 여성참정권론자들의 몇 년에 걸친 투쟁 끝에 비로소 여성에게도 참정권이 확대되었다. 남부의 흑인 참정권은 1960년대 초 마 틴 루터 킹 목사가 주도한 민권 운동에 의해 촉진되기 전까지 효력이 없었다. 선거 연 령이 21세에서 18세로 낮아진 것은 대학생들의 베트남 전 반대 시위가 벌어지고 난 뒤 의 일이었다. 미국 일부 지역에서는 여전히 이런저런 책략을 통해 가난한 흑인이나 히 스패닉계의 투표권이 거부당하고 있다.

게다가 투표는 여러 정치참여 형태의 하나였는데, 참정권이 확대되면서 미국 선거 제도에서 금전의 역할이 우세해지자 이제 투표권의 가치도 떨어졌다. 선거전이 터무니 없이 많은 돈이 들어가는 미디어 이벤트로 변해가자 후보나 당선 공무원은 무정형 유권자들의 바람보다는 중요한 선거자금 기부자들의 기대에 훨씬 더 주의를 기울이게 되었다. 미국의 투표율 감소가 의미하는 바는 수많은 유권자들이 선거 공약을 공약(空約)으로 보게 되었고 그에 따라 선거에서의 선택이 의미가 없다고 여기게 되었다는 뜻이다.

라틴아메리카에서도 정치참여는 다양한 형태를 띠고 있으며, 실질적인 참여가 자동적으로 성취된 적은 결코 없었다. 최고 부유층을 제외하면 참여는 대부분 오랜 투쟁과 엄청난 희생을 통해서 달성된다.

불평등과 정치참여를 위한 노력

대부분의 복합적이고 고도로 서열화된 사회정치 시스템은 무력에 의한 정복에서 그 기원을 찾을 수 있으며, 알다시피 오늘날 라틴아메리카의 국가시스템도 예외가 아니다. 현대 라틴아메리카 사회의 불평등은 스페인과 포르투갈, 그 밖의 유럽인들에 의한 아메리카 원주민들의 정복 및 노예화뿐만 아니라, 유럽의 인간 무역상들이 아프리카인들을 납치해 아메리카 대륙의 노예로 삼은 것에 기초하고 있다.

정복자들이 땅과 노예, 농노를 취하고 그것을 자신들의 합법적인 자손에게 넘겨줌으로써 힘의 우위가 부의 축적으로 이어졌다. 이 착취 시스템은 시간이 지남에 따라 정복자들이 부과한 종교 시스템에 의해 조절되고 용인되면서 적법한 수단들을 획득해 나갔다. 다른 지역들도 그렇지만 라틴아메리카에서도 피정복자들의 후손이 대대로 이어지는 동안 불평등 시스템의 폭력적인 뿌리가 점차 모호해졌다. 그리고 차별적인 상과 벌의 부여, 부와 권력에 대한 제한적인 접근 등은 신의 섭리나 개인의 재능에 달려 있다는 신화가 정립되었다. 사회현실에 대한 그런 방식의 해석에 도전하는 자들은 전복적이라고 낙인찍혔고, 그에 합당한 처벌을 받았다.

혼혈, 이민, 다양한 노동 영역의 증가 등을 통해 사회적, 경제적 중간층—주인과 노예 사이에 위치하는 계층—이 생겨났다. 사회 및 정치 시스템이 더 복잡해지면서 개인들은 사회적 신화를 받아들이고 지배 집단의 가치에 순응함으로써 자신의 출신 계층을 벗어나 신분 상승을 이루는 것이 제법 가능해졌다. 그러나 주인들은 사회 피라미드 구조상의 하위 계층과 자발적으로 권력을 나눠 갖는 법은 없었다. 사회계층을 가로지르는 권력의 공유는 하위 계층이 조직을 구성하여 힘을 행사함으로써 주인들이 부와 권력을 공유하지 않으면 모두 잃어버릴 위험을 감수해야 한다는 결론에 도달하고 나서야 가능해졌다.

적어도 아리스토텔레스 이후 위대한 정치이론가들은 정치 시스템과, 부와 기회의 분배 사이에 상호연관성이 있다고 보았다. 정치적 과정을 가장 넓은 의미로 이해하는 데 핵심적인 것은 칼 마르크스가 도입한 사회계급 및 계급투쟁의 개념이다. 그러나 이 개념들은 추상적인 관념이다. 사회계급은 그런 식으로 경쟁하지를 않는다. 집단을 통해 또는 집단을 대변해 정치권력을 얻고자 하는 개별 지원자들은 보통 어느 정도 제한적인 사회계급을 대표한다. 그들은 하나 또는 둘 이상의 계급을 대변해서 행동할 수도 있고, 한 계급 안의 일부 세력을 대변할 수도 있다. 한 시기에는 이 계급을 대변했다가 나중에는 다른 계급을 대변하게 될 수도 있다. 그들은 협의적 의미의 조직이나 기구의 이익을 대변할 때도 있는데, 이는 계급투쟁에 대해 간접적으로만 영향을 미친다. 그들은 자기가 속한 사회와 본질적으로 무관한 이익을 대표할 때도 있다. 혹은 자국의 이익과 외국의 이익, 계급적 이익과 제도적 이익을 혼합하여 대표할 때도 있다.

정당은 정치에서 수많은 집단 행위자 중의 한 카테고리에 불과하다. 특정 국가의 시스템에서 정치 경쟁에 참여하거나 혹은 참여하고자 하는 집단이 정렬되는 방식은 차별성의 정도, 사회경제 시스템의 복잡성 등에 크게 달려 있다. 현저한 불평등에 기초한 시스템에서는 어디나 권력자들이 군사조직(감시대, 경찰 그리고/혹은 군대)을 유지함으로써 무산자들이 유산자의 소유물을 빼앗지 못하도록 막고, 노동 계층이 할당된 노동을 수행하도록 하는 데 총력을 기울인다.

그러나 지배계급은 폭력의 사용이나 무력의 의한 위협만으로는 영구적으로 자신의 위치를 유지하는 게 불가능하다. 따라서 지배계급은 기존 질서를 승인하는 종교나 이데올로기를 선전함으로써 지위를 공고히 한다. 무력(군대)과 정통성(교회)은 지배 권력의 위치를 유지하는 데 필수적이다. 그래서 이를 제공하는 집단이나 기관들은 머지않아 그들 스스로 권력 수단을 차지하게 된다. 사실 어떤 발전 단계에 있는 사회든 지배 엘리트는 정통성의 제공자들에게 맞서 집행자, 즉 힘을 행사하는 자들을 조율함으로써 자신의 권력 지위를 안정화시켜야 한다.

식민주의나 헤게모니(외세의 힘에 의한 지배)로 특징지어지는 세계 시스템에서 어떤 식민지나 종속국의 지배계급은 외세의 힘에 상당히 종속적이다. 대부분의 라틴아메리카에서 정복자 계급은 스페인이나 포르투갈인으로 국한되었다. 그들은 약 300년 동안 스페인과 포르투갈의 군대 및 성직자들의 비호를 받으며 정통성을 부여받았다.

라틴아메리카에서는 일반적으로 독립혁명기에 정치 시스템에 참가한 자는 대농장주(아센다도), 지주, 군인, 로마가톨릭교회의 구성원이었다. 식민지 시기에는 스페인과 포르투갈이 헤게모니를 행사했고, 머지않아 그 헤게모니는 멕시코와 중미, 카리브 해 지역에서는 미국으로, 남미에서는 영국으로 대체되었다. 다른 유럽국의 개입은 상대적으로 적었다. 미국은 20세기 전반기에는 영국 및 다른 유럽열강들과 남미에서 강력한 경쟁을 벌이다가 2차 세계대전이 끝날 무렵 라틴아메리카 전역에 걸쳐 지배력을 공고히 했다.

새로운 그룹과 계층이 정치 참여에 유입되는 양상이나 순서는 나라마다 달랐다. 남미의 코노수르(Cono Sur) 지역이 가장 급속하게 진행되었고, 안데스 지역과 중미 고지대는 가장 서서히 진행되었다. 일반적으로 무역을 담당하는 상업계층은 19세기 후반 정치 참여에 가담했고, 산업 엘리트와 중산층은 20세기 초 수십 년에 걸쳐 참여하기 시작했다. 노동 계층은 1920, 30년대에 힘을 조직하기 시작했으나, 1940, 50년대까지 이들이 정치 참여에 유입된 나라는 별로 없었다. 농민의 정치 참여는 비혁명적인 방법을 통해 이루어졌는데, 1960년대까지도 쟁점이 된 경우조차 드물었다. 에콰도르는 1979년, 페루는 1980년이 되어서야 처음으로 새로운 헌법을 통해 문맹자들, 곧 원주민농민들에게 참정권을 부여했다. 농민의 정치 참여는 드물거나 거의 미미했다. 그나마 농민이 달성한 성과도 조직화된 노동계층이 얻은 성과와 마찬가지로 1960, 70년대에 일어난 반혁명으로 인해 여러 나라에서 후퇴하는 양상을 보였다. 정치에는 '최종 분석'이란 게 없다. 우리가 아는 한, 참여 및 참여를 통한 특권은 획득했다가도 상실할 수 있고 다시 획득하는 식으로 무한히 반복된다.

정치 주체들과 정치의 장

정치 시스템에 들어가거나 장악하고자 할 때 사용되는 수단은 참여 집단의 힘이나 정치 주체, 시스템의 개방성에 좌우된다. 그러나 일반적으로 정치 참여에서 배제된 집단이 선거나 다른 민주적인 시스템의 절차에 접근할 수 있는 경우는, 그룹을 조직화한 후 시스템을 교란하고 권력엘리트들의 이익을 위협할 만한 능력을 불법적, 비합법적인 수단을 통해 증명한 다음에서야 가능하다. 게다가 찰스 앤더슨(Charles W. Anderson)도 지적하고 있지만, 모든 참여자들이 선거 결과를 신성시하는 것은 결코 아니다. 선거는 권력을 취하고 권력을 드러내기 위한 여러 수단들의 하나일 뿐이다.[1]

앤더슨은 '권력 능력'이라는 특정한 자원이 존재하는데 이것이 없으면 정부의 기능이 어렵거나 거의 불가능하다고 지적했다. 예를 들면 단합된 노동집단, 농업 생산 및 산업 생산, 군에 대한 통제력, 도덕적 제재, 대중의 지지, 힘센 외세의 지지 등이 권력 능력이다. 정치 집단, 즉 권력을 얻고자 하는 집단은 정치과정에 참여하거나 통치를 확고히 하려면 권력 능력에 대한 통제권이 있음을 증명해 보여야 한다.

대부분의 현대 라틴아메리카 국가에서 권력 경쟁자는 지주, 산업 및 상업 엘리트, 종교 지도자, 군인 파벌, 노동조합, 정당, 학생들, 지식인 리더, 외국 기업, 외국 정부들의 대리기관들이다. 앤더슨은 권력 경쟁자와 권력 능력을 구별한다. 즉, 군대 시스템, 기업체, 노동 운동, 심지어 가톨릭교회 안에도 자신이 속한 제도나 공동체를 대변하고자 하는 다양한 파벌이 존재한다는 것이다. 미국 정부의 여러 대리인들조차 다양한 북소리에 맞춰서 행진을 해왔다. 그래서 여러 국가의 민간 정치인들은 미국 대사의 지지가 곧 펜타곤과 CIA의 지지를 보장하는 게 아니라는 사실에 당혹한 경험이 많다. 새로운 권력 경쟁자들은 이미 시스템에 참여하고 있는 그룹에게 고려 대상이 되기 위해서는 탄력적인 근육을 가져야만 한다. 말하자면 군벌은 총 한 발 쏘지 않고도 몇 개의 핵심 부대의 충성도를 확보함으로써 권력 능력을 통제할 수 있다는 것을 보여줘야만 한다. 노동조합이라면 성공적으로 총파업을 일으킴으로써 그런 통제권을 증명해야 한다. 농민 집단은 상당한 정도의 토지를 장악함으로써, 학생 집단은 대규모 시위대를 구성함으로써, 그리고 정당은 다수투표를 획득함으로써 권력 능력 통제력을 증명해야 한다. 위협을 느낀 전통적인 정치 참여자들은 그들대로 자신들의 능력을 보여 주고자 할 것이다. 경제 엘리트들이 위협에 대응하는 방법은 투자 중단과 자본 유출이 대표적이다.

권력 엘리트는 새로운 권력 경쟁자가 자신의 능력을 보여 줄 때 새 집단의 시스템 참여를 허용할 경우와 억압할 경우 어느 쪽이 더 큰 위협이 될지 결정을 내려야 한다. 새로운 그룹을 억압하는 경우가 인정하는 경우 못지않게 리스크가 크다면, 그리고 기존에 참여하고 있는 그룹들이 볼 때 새로운 그룹들이 게임의 법칙을 지킬 것이라고 믿어지면, 다시 말해 다른 참여자들의 특권을 존중할 것이라고 믿어지면 새 그룹은 수용된다. 그러므로 새로운 권력 경쟁자들이 시스템 안으로 들어가게 되더라도 기존의 권력자들이 제거되지는 않는다. 앤더슨은 이를 라틴아메리카 정치 변화의 보편적 룰이라고 불렀고, 필자는 이를 '진화 과정의 결정 원리'라고 부르겠다.

마틴 C. 니들러(Martin C. Needler)가 지적한 것처럼 정치적 갈등은 다양한 '장(arena)'에서 동시적으로 일어난다. 그것은 사회 집단들에 대한 접근성, 경쟁의 방법이나 '무기', 그리고 대중들에게 보이는 가시성 등에서 정도의 차이가 있다.[2] 가장 덜 발달된 정치 시스템에서 지배적인 장은 사적인 장이다. 여기에서는 가족들의 압력, 개인적인 인맥, 뇌물, 협박, 직권 남용으로 인한 이득이 정치적 갈등의 결과를 결정한다. 가장 고도로 발달한 정치에서는 대중 선거, 의회 논쟁, 법정 판결에 의해 결정이 이루어진다. 갈등에 대한 법정 음모와 헌법에 의한 중재 중간에 존재하는 갈등 양상은 거리의 벌어지는 갈등이다. 거리의 갈등은 시위, 파업, 폭동을 통해 결과가 결정된다.

니들러와 앤더슨의 모델을 합치면, 정치 엘리트들은 시스템의 새로운 참여자들을 인정하기를 거리끼지만 이들을 완전히 제압할 능력이 없을 경우 '거리의 장'이 영향력을 갖게 된다고 할 수 있다. 상승하는 비엘리트 계층뿐만 아니라 자신이 하향세에 있다고 믿는 엘리트도 거리의 장을 이용한다. 더 고도로 발달된 헌정 시스템에서 엘리트들은 자신의 이익이 선거나 다른 합헌적인 절차들에 의해 위협을 받는다고 느끼기 시작하면 다른 장들에게 반혁명을 위한 방법을 모색하지만 거리의 장도 이용하게 된다. 즉, 직접적으로 눈에 보이는 '불안정성'을 야기하는 것이다.

사회 변화와 정치과정

그렇다면 라틴아메리카 사회의 다양한 그룹들과 계층들이 언제, 어떻게 정치 참여에서 승리하는지 또는 패하는지를 결정하는 요인들은 무엇인가? 사회 변화의 압박을 가하는 많은 요인들은 칼 도이치(Karl Deutsch)가 '사회적 동원(social mobilization)'이라고 분류한 카테고리로 나뉜다. 여기에는 도시화, 교육, 매스커뮤니케이션, 그리고 이 요소들로 인한 '상승 기대치의 급변'이 있다.[3] 가령 트랜지스터라디오는 20세기 변화의 가장 강력한 힘으로 불려왔다.

다른 사회에서 수입된 새로운 사상이나 이데올로기(가령 19세기 초의 자유주의, 20세기 초의 마르크시즘), 또는 스페인 정복 이전이나 독립국가 건설기의 경험들에서 되살린 사상이나 이데올로기(가령 멕시코와 안데스의 인디헤니스모나 '토착주의', 혹은 니카라과의 산디노주의)의 보급과 유통은 돌발적이거나 일시적인 소요사태에 그칠 수도 있는 사건들에게 일종의 모멘텀이 되고 방향감각을 제공해 준다. 또 새로운 변화의 주체들이 출현함으로써 희망이 생기고 조직이 고무되기도 한다. 변화의 주체는 새로운 사상과 야심을 가진 외국인일 수도 있다. 가령 20세기 초 유럽에서 이주해 온 노동운동 지도자들이나, 1960년대부터 라틴아메리카에 정착한 외국 개발회사나 국제 개발회사의 대표들이 그 예이다. 새로운 기관들에 연계되거나 새로운 역할들을 맡고 있는 구 기관들에 연계되어 있는 라틴아메리카 인도 변화의 주체가 될 수 있다. 예를 들어 20세기 초 국립대학들이 생겨나기 시작한 이후에는 학생들이 변화의 주체가 되었고, 1970년대와 80년대에는 해방신학에 영향을 받은 가톨릭 성직자들과 수녀들이 강력한 변화의 주체가 되었다. 변화에 대한 압력은 지진 같은 자연재해나 전쟁 같은 인재로 인해 생기기도 한다. 갑작스러운 경제 위기나, 지나치게 탐욕스럽고 잔혹한 지배층 통치－예를 들어 마이너적인 저항이나 불복종에 대한 광적인 대응－도 변화에 대한 압력을 불러일으킨다.

그러나 사회 변화에 압력을 가하게 되는 요인 자체로는 과연 어떤 특성의 변화가 야기될는지 미리 장담할 수 없다. 사회적 동원에 대응해서 생겨난 변화의 결과들은 변화의 힘과 저항의 힘 사이의 상호작용의 결과물이다. 만일 정치 엘리트가 새 집단들을 정치 속으로 받아들여 권력을 공유하려는 의지가 있고 공유할 능력이 있다면 변화는 점진적인 패턴을 따를 것이다. 만일 권력을 공유하기를 원하지 않고 새로 들어오려는 자들을 억압하고자 한다면 변화는 혁명의 형태나 반혁명의 형태를 띨 것이다. 또는 현상유지 형태(반란과 억압의 불확실한 되풀이)가 될 것인데, 필자는 이 마지막 경우를 "바운더리 유지"라고 부르고자 한다. 이와 같이 압력에 따른 변화의 결과는 주로 충돌하는 두 세력의 상대적인 힘, 단결력, 투지에 달려 있다.

그래서 사회 변화로부터, 또는 추가적인 사회 변화를 요구하는 압력으로부터 유래되는 주요 정치과정들에 대해 일명 "붕괴 가능한 피라미드" 모델에 따라 진화(evolution), 혁명(revolution), 반혁명(counterrevolution)라는 이름을 붙일 수 있다(<그림 10.1>). 정치적 '진화'는 이전에는 재현되지 않던 사회계층을 대표하는 새로운 정치 주체들이 받아들여지기는 하되, 시스템의 기존 참여자들이 대체되지 않은 채 그대로 유지되는 경우를 말한다. '혁명'은 하나 또는 그 이상의 계층을 대변하는 집단을 사회 피라미드의 상층부로부터 몰아내거나 대체하는 경우를 말한다. '반혁명'에 대한 필자의 정의는 혁명의 정의에 암시되어 있다. 즉, 반혁명은 사회 피라미드의 토대 계층을 대표하는 집단을 하층부로부터 몰아내거나 실직적인 참여를 하지 못하도록 제거하는 것이다.

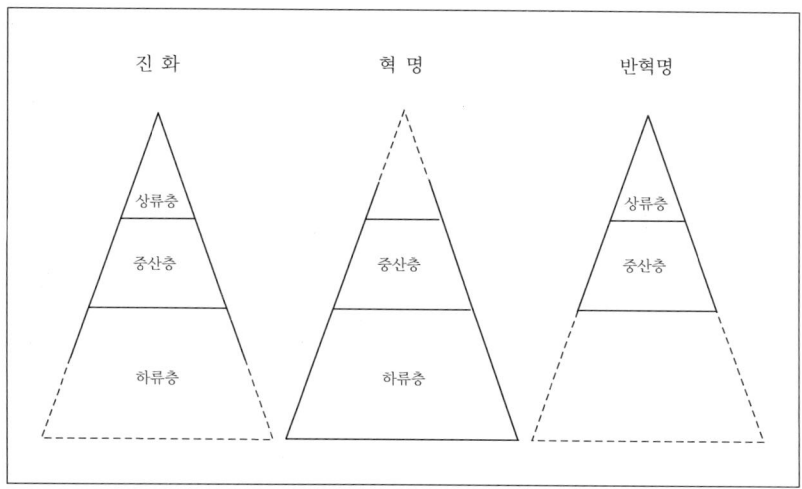

〈그림 10.1〉 사회계층에 따른 정치 참여: 붕괴 가능한 피라미드

진화

라틴아메리카 국가들의 경험을 보면, 종속국이 지배 외세와 유대관계에 있다는 한계와 이들이 서로 인종적·종족적 동질성을 갖고 있다는 점이 진화 패턴의 사회 변화를 유발하는 요인이라는 사실을 알 수 있다. 이 두 요인은 서로 독립적인 설명력을 갖고 있지만 라틴아메리카의 경우에는 이 두 요인이 역사적으로 서로 결합되어 있다.

식민지 또는 신식민지 통치에 제약이 되는 요소들은 무엇보다도 물리적인 거리, 유력한 헤게모니 세력들 사이의 경쟁, 전략적·물질적 자산의 상대적인 결핍 등이다. 그러한 한계의 정치적 중요성은 지배 외세의 비호에 의지할 수 없는 정치 엘리트들이 정치에 참여하려는 새로운 그룹들과 타협할 필요성을 느끼게 된다는 데 있다. 라틴아메리카에서 중산층과 미약하나마 노동자 계층이 최초로 정치적인 힘을 얻게 된 나라는 코노수르 국가들—아르헨티나, 우루과이, 그리고 얼마 후의 칠레—이었다. 이 지역은 금은도 없는 데다 안데스 지역과 중미 고지대와 같은 착취할 만한 원주민 문명도 없던 곳이어서 스페인 왕실의 관심이 거의 미치지 않았다. 그래서 라플라타 강 유역은 아메리카 대륙에서 유럽인이 가장 늦게 정착한 지역이자 동시에 가장 먼저 독립을 쟁취하고 선언한 곳이 되었다.

코노수르 지역은 멕시코나 페루, 그 밖에 스페인 왕실의 지배를 받던 식민 중심지들의 엄격하게 서열화한 체제와 비교하면 사회 시스템이 느슨하게 계층화되어 있었고, 정치 시스템도 유동적이었다. 팜파의 유목민 원주민들은 점점 소멸되어 갔다. 안데스 산맥 너머 칠레의 원주민들도 보호구역에서만 살았고, 19세기 말에는 채 10만 명도 남아 있지 않았다. 라플라타 유역에 유입된 아프리카 포로 노예들은 대부분 나중에는 선박에 실려 플랜테이션이 우세한 대륙 북쪽으로 이송되었다. 독립혁명기의 아르헨티나와 우루과이의 주민은 메스티소가 대부분이었지만, 19세기 말의 대규모 이민의 결과 유럽인이 압도적인 상황이 되었다. 칠레는 대다수 메스티소 인구로 비교적 균질적이었다. 그래서 이런 나라들은 원주민 인구가 지배적인 나라들이나 극소수의 스페인계 엘리트가 주도하는 나라들에 비하면 새로운 그룹들이 정치에 참여하기 위해 극복해야 할 사회적 간극이 그다지 크지 않았다.

식민기 말부터 제2차 세계대전이 끝날 때까지 코노수르 국가들은 헤게모니 다툼을 겪었다. 영국은 이 지역에서 독립혁명 투쟁이 시작되기 전부터 교역 지배권을 둘러싸고 스페인과의 경쟁에서 매우 성공적인 상태였다. 그 결과 2차 세계대전까지 영국은 코노수르 지역에서 지배적인 외세의 위치를 유지했다. 물론 도전 세력이 없었던 것은 아니다. 중산층이 부상하고 노동조직이 생성되고 난 훨씬 이후에는 미국이 그 지역의 패권을 차지하게 되었다.

진화를 경험한 또 다른 지역들은 몇 가지 동일한 특징을 보여 준다. 예를 들어 베네수엘라와 코스타리카는 원주민 인구가 희박했고, 스페인의 관심도 별로 끌지 못했다. 이 두 나라는 주민이 비교적 동질적이었다. 또 유럽인이 가장 늦게 정착한 곳이기도 하다. 베네수엘라는 아르헨티나와 더불어 영국과 중요한 교역 관계를 확립한 전초기지이고, 스페인에 맞서 반기를 든 최초의 국가에 속한다. 코스타리카는 1880년대 이후 배제의 정치보다는 대의제 통치방식을 취해 왔다. 그리고 1948년 군을 폐지함으로써 정치 참여에 대한 중대한 위협을 제거했다.[4]

중산층의 정치 참여 시도는 일반적으로 도시화의 진행, 국가제도 및 공직의 확장과 맞물려 나타났다. 상인, 관료 혹은 학생들과 지식인이 주도한 중산층 운동들은 종종 새로운 정당의 창설로 이어져, 사회개혁을 지지하고 노동단체들의 결성을 유발하게 된다. 그러나 선거에서의 승리는 중산층 상승의 수단이라기보다는 그 증명이라고 할 수 있다. 운동세력이나 정당의 힘은 먼저 거리의 장에서 증명되어야 했고, 초기 단계에서 권력 쟁취는 종종 군 내부의 '젊은 개혁세력'의 지지를 받기도 했다.

중산층 정당이 전통 정치 엘리트에 맞서기 위해서는 대개 조직화된 노동자들과 미약하나마 농민의 지지를 필요로 한다. 따라서 중산층 정당이 권력을 잡는다는 것은 적어도 제한적이지만 노동자 계층의 참여도 이루어진다는 의미이다. 투표를 통한 참여와 단체교섭권으로 표현되는 참여를 말한다. 노동자 단체는 혼란을 야기할 만한 능력이 제대로 발전하기 전에 정치 시스템 안으로 수용된다. 정치 엘리트 안에서도 자기 세력의 위상을 다른 세력보다 높이려는 이들이 이 수용을 주도할 때도 있고, 권력자가 노동 계층 역량의 발전을 일정 정도 통제하고 싶을 때 이들의 정치 참여를 수용하기도 한다. 브라질의 군사독재자 제툴리오 바르가스는 노동자들을 경제 엘리트에 맞서는 힘으로 키우면서도 이들을 노동부의 엄격한 관리하에 두었다. 콜롬비아에서는 예방 차원에서 노동자 조직을 수용하여 전통적인 정당 피라미드 구조 안으로 끌어들임으로써, 이들이 계급 이익의 지평선을 따라 움직이는 상황을 지연시켰다.

진화가 권력의 재분배를 의미한다고 할 때 이는 새로운 참여 그룹에 대한 재화와 서비스의 재분배에 장기적으로 반영되어야 한다. 그러나 이 경우 재분배가 반드시 모든 약자 계층에 대한 재분배를 의미하는 것은 아니다. 예를 들어, 조직화되지 않은 농민, 실업자 조직, 불완전한 고용의 도시노동자의 상황은 악화되는 반면, 정치에 참여하는 노동 조직의 경제 위치는 강화될 수도 있다. 베네수엘라에서 중산층 정당은 노동 조직의 힘을 정당 안으로 끌어들임으로써 정치 시스템에 들어갈 수 있었다. 그러나 조직화된 노동계층이 정치 참여의 이익을 수확하는 동안 조직되지 못한 대규모 빈민층이 늘어났고, 그로 인한 인플레이션은 상황을 더 악화시킬 뿐이었다.

라틴아메리카에서도 정치적 진화 과정을 통해 실질적인 노동계층의 참여와 철저한 재분배가 일어난 것으로 알려져 있다. 20세기 초 우루과이는 사회 혁명으로 인한 파괴를 겪지 않은 채, 세계적으로 가장 완전한 민주주의 시스템이자 가장 발달된 복지국가의 하나가 되었다. 그러나 1973년 우루과이의 이러한 사회적 · 정치적 강점들은 1984년까지 이어진 군부 집권을 야기한 잔혹한 반혁명에 의해 지워져 버렸다.

경제가 팽창함에 따라 전통 엘리트와 중산층의 특혜에 대한 지나친 위협이 되지 않고도 도시 노동자처럼 새로이 정치에 참여하는 사회계층의 요구가 충족될 수 있었다. 이는 20세기 초에서 중반까지 우루과이에서 일어난 현상이다. 즉, 어느 압력단체를 인정하는 것이 반드시 다른 압력단체를 희생하는 것은 아니었다. 게다가 경제적 팽창이라는 기대는 인플레이션이나 외화차입 같은 인위적인 수단을 통해 한동안은 유지될 수 있다. 그러나 경제가 기울기 시작하면 상류층과 중산층은 자신들의 희생이 있어야만 노동자 계층에 대한 혜택이 가능해지지 않을까 두려워하게 된다. 또한 라틴아메리카와 같이 매우 종속적인 경제에서는 위협을 느낀 외국 기업들이 자기 정부나 공적 · 사적 대출기관에게 요청하여 대출을 동결하고 무역을 봉쇄하는 등의 조치를 취할 수도 있는데, 이러한 조치는 종속국의 모든 경제적 이해관계에 해를 끼치게 된다.

따라서 외국과 국내의 경제 엘리트들은 지배 외세의 지지와 군의 보호, 그리고 중산층의 확고한 지지를 통해 하층민의 요구를 묵살하고 부와 권력의 재배치 과정에 대한 통제력을 회수하고자 하게 된다. 브라질을 비롯한 코노수르 국가들의 운명이 그러했다.

코스타리카와 베네수엘라는 1970년대까지 점진적인 변화 시스템을 가장 성공적으로 유지해온 나라였고, 상대적으로 건전한 경제를 누렸다. 그러나 커피가격 하락으로 불능상태가 된 코스타리카의 경제는 1980년대 초 급격히 악화되었다. 비전문 민병대를 전문 군대로 바꾸려는 레이건 행정부의 시도로 코스타리카의 민주주의 시스템은 더욱 취약해졌고, 1990년대에는 채권자들의 요구조건에 맞추느라 국가의 복지시스템도 허약해졌다.

베네수엘라의 경우 정부는 석유달러 덕분에 부자들에게 과중한 세금을 부과하지 않은 채 하층민과 중산층의 가장 급박한 요구사항을 들어줄 수 있었다. 그러나 석유자원은 석유로 인한 인플레이션 효과를 줄이고 부유층과 빈곤층의 갭을 줄이기에 충분할 정도로 신속히 농업발전이나 산업 다양화로 이어지지는 못했다. 오히려 1990년대 베네수엘라의 사회 복지시스템은 채권자들의 조건을 맞추느라 취약해졌다. 석유 특수는 대부분 관료주의의 기형적인 팽창이라는 결과를 초래했다. 1980년대 세계적인 석유공급 과잉은 채권자들이 강제한 긴축 정책 및 외채와 짝을 이루어 사회적 긴장들이 표면화되는 결과를 낳았다. 이 사회적 긴장은 1989년 초 300명이 넘는 사망자를 남긴 대중 폭동으로 터져 나와 베네수엘라 민주주의의 허약함을 드러내 보였다.

혁명

혁명을 통한 사회계층의 이동이라고 해서 반드시 개인들을 물리적으로 제거하거나 개인으로 정치시스템에 참여하는 것을 저지한다는 뜻은 아니다. 오히려 개인들이 하나의 계층으로서 권력을 행사할 수 있게 하는 물적, 제도적 자원들을 제거한다는 뜻으로 볼 수 있다.

혁명 과정에서는 반란과 진압의 초기 단계와 반란 그룹 사이의 투쟁이라는 두 번째 단계에서 폭력이 개입할 여지가 크다. 만일 재분배 단계가 늦어지면 이 단계도 새로운 폭력이 동원될 수 있다. 그러나 정치란 권력관계가 형성되는 과정이므로 모든 정치 과정에 폭력 또는 폭력의 위협이 내포되어 있다. 혁명에 동반되는 폭력이라고 해서 다른 정치 과정들에 동반되는 폭력보다 필히 더 큰 것은 아니다.

쿠바 혁명으로 수천 명의 사람들이 죽었다고 하지만 이는 1만 명에서 3만 명이 죽은 아르헨티나의 반혁명에 비하면 상당히 작은 숫자다. 니카라과 혁명 과정에서는 약 5만

명이 사망했고, 미국이 지원한 콘트라 반군에 대항한 혁명 후의 투쟁에서는 3만가량이 사망했다. 과테말라에서는 '바운더리 유지' 노력, 즉, 핵심을 말하자면 원주민을 그들의 원래 구역 안에 묶어두기 위한 노력에서 훨씬 더 많은 수의 국민이 주로 경비대와 국가안보군에 의해 죽어갔다. '바운더리 유지' 시도는 1954년부터 적어도 1997년까지 과테말라 정치의 특징이었다. 콜롬비아의 '비올렌시아(Violencia)'는 비엘리트 계층이 서로 싸우는 동안 엘리트층이 자신의 지위를 유지한 방식이었는데, 10년(주로 1948~1958년)도 넘는 간헐적이고 무목적적인 이 싸움에서 20만 명 이상이 죽었다. 혁명은 폭력적인 충돌의 여러 가능한 결과 중의 하나일 뿐이다. 어쩌면 최소한의 결과일 수도 있다.

혁명이라는 용어는 특히 1959년 쿠바 혁명이 성공하자 관점에 따라 희망이나 공포가 아메리카 대륙 전역에 걸쳐 유포되면서 매우 느슨한 의미로 사용되어 왔다. 그것은 폭력, 사회 변화, 혹은 체제 변화와 동의어로 사용되어 왔다. 심지어 우익 군사독재자들도 혁명이라는 용어를 사용했다. 1964년 브라질 정부를 장악해 자신들의 반혁명을 정당화하려다 실패한 군부 독재자들의 경우가 그렇다. 그러나 사실 성공한 혁명은 극히 드물다.

아이티는 식민 권력을 축출하는 과정에서 지배층 전체(프랑스 농장주들)를 해체시켜 버린 유일한 라틴아메리카 국가다. 이 나라는 독립을 획득하고(1804년) 성공적인 혁명을 이끈 최초의 라틴아메리카 국가일 뿐만 아니라, 근대 세계에서 노예 반란을 통해 탄생한 최초의 국가였다.

라틴아메리카에서 성공적인 혁명을 경험한 또 다른 나라는 멕시코(1911), 볼리비아(1952), 쿠바(1959) 그리고 니카라과(1979)이다. 1980년대 엘살바도르의 봉기는 매우 강력한 힘을 보여 주었다. 과테말라의 경우는 매우 끈질기고 강인한 봉기였으나, 충돌이 강해지고 약해지기를 반복하며 해결점을 찾지 못하자 미국을 등에 업은 반혁명의 힘도 여전히 강력하게 유지되었다(16장 참조).

용이하게 하는 요인들

라틴아메리카에서 일어난 혁명의 원인들에 대해서는 수없이 다루어져 왔다. 거론된 요인들의 대부분은 필자가 '사회적 동원'이라고 규정한 카테고리에 포함된다. 이 요인들을 정치 변화를 야기하는 압력으로 보는 것은 옳지만, 그 요인들 자체로 폭력적 혁명을 일으키지는 못한다. 폭력 혁명의 필요조건이기는 하나 충분조건은 아닌 원인은 비폭력적인 변화 추구에 대한 폭력적인 제동, 즉 진화 과정의 차단이다.

점진적인 변화의 영구적 차단 및 낮은 수준의 정치참여 유지에 기여하거나 이를 용이하게 하는 요인으로는 엘리트와 대중 사이의 엄청난 사회적 거리, 그리고 헤게모니 권력에 대한 접근가능성의 차이를 들 수 있다. 사회적 거리 요인의 중요성은 부분적으로는 편집증 때문이다. 이방인의 문화를 통해 다른 인종집단을 지배해온 유럽 기원의 소 엘리트들은 스스로를 허약하다고 느끼고, 전통적인 권위주의 시스템에 미세한 균열이 생겨 수 세기 동안 누적된 분노가 터질까 두려워한다. 엘리트들은 중개자 역할을 할 갓 형성된 중산층의 성장을 환영하고 '기존의 상황대로 흘러가도록' 허용하는 주변적인 정치 변화들을 수용하기보다는, 장차 정치 중개자가 될 이들을 조직적으로 근절하고 정치적 중심을 진공상태로 유지하고자 노력한다. 이런 패턴은 엘살바도르와 과테말라에서 특히 최근 십수 년간 두드러졌다.

지배국과 종속국 사이의 밀접한 유대의 중요성은 다양한 측면이 있다. 식민 과두계층이나 종속국의 과두계층은 식민 권력 혹은 헤게모니 권력의 보호를 받기 때문에 중산층이나 하층민에 대한 점진적인 권력 양도의 압력을 거의 느끼지 않는다. 그러나 이미 지적했듯이 사회적 거리와 외부의 통제라는 요인 사이에는 역사적 연관성 또한 존재한다. 아메리카 대륙의 유럽 문명은 말 그대로 원주민 문명이 파괴된 잔해 위에 건설되었다. 비유적으로 말하면 원주민과 이식된 아프리카인의 등을 밟고 건설되었다. 그래서 식민 권력이 가장 일찍 가장 깊이 관통한 지역은 인종적 동질성이 제일 적고 사회적 거리가 가장 큰 지역이기도 한 점은 우연은 아니다. 이들은 오랜 기간 동안 식민 군대와 종교적 권위, 관료적 권위의 지지를 받은 지주 귀족정치가 가장 확고히 정착된 지역이기도 하다.

심지어 스페인인을 패주시킨 뒤 중미와 카리브 지역의 이론상 자유국가가 된 나라에서 외세는 전혀 힘을 잃지 않았다. 멕시코 영토의 반을 장악한 뒤 자국의 내전으로 초토화된 미국은 19세기 후반에 멕시코에서는 프랑스와 경쟁하고 중미에서는 영국과 경쟁해야 했다. 그러나 20세기가 되자 이 지역에 대한 미국의 지배는 사실상 완벽해졌다. 아이티가 노예반란에 성공하고 이어서 산토도밍고 섬(히스파니올라 섬)의 끝자락을 점령하자 겁에 질린 도미니카공화국의 스페인계 엘리트들은 서둘러 국가의 주권을 몇몇 강대국의 보호하의 안전과 맞바꾸었다. 이들은 스페인 사람들에게 다시 돌아와 한동안 머물러 달라고 설득하는 데 성공했다. 쿠바는 미서전쟁 이후 주인이 다른 외국인으로 바뀌었을 뿐이다.

그러니 개혁적인 사상을 지지하는 중산층 정치 참여자들이 지배 귀족층에게 실질적인 위협이 되었던 시기는 없는 셈이었다. 미국의 메이저 회사들은 라틴아메리카 권력 엘리트의 일부분이 되었고, 미국 정부는 이 지역의 굶주린 국민들의 탐욕과 약탈로부터 경제 질서를 보호하기 위해 필요하다면 군사 개입도 할 수 있다는 신호를 보냈다. 실제로 미국은 이 지역에 광범위하게 군사적으로 개입했고, 여러 나라에 경찰력을 설치해 권력의 정점에 있던 원래의 지주 과두계층을 점차 대체해 나갔다.

마지막으로 외세의 정치적·경제적 지배나 침투가 크면 클수록 구체제에서 주요한 지분을 가진 자국민은 더 줄어든다. 20세기 중반 중미와 카리브 해 지역에서 미국이 차지한 경제적인 지분이 컸다는 사실과, 지배 경찰력이 그 어떤 자국민 집단을 위해서보다 미국에게 더 부응했다는 사실은 상대적으로 극소수의 가문이 광범위한 경제 이익을 소유했고, 정치적 지분을 가진 사람들 또한 여전히 소수였다는 것을 의미했다. 나아가 조악한 미국 권력으로 인해 통합의 주제로서의 민족주의의 중요성이 강화되었다. 이러한 모든 요인들은 특히 쿠바와 니카라과에서, 그리고 다양한 수준으로 멕시코, 과테말라, 도미니카 공화국에서 지배 계층에 대항하는 다양한 계층의 연대를 용이하게 했다. 과테말라와 도미니카 공화국에서는 개혁적이고 잠재적으로는 혁명적인 성향의 운동들이 1954년과 1965년 두 차례에 미군의 개입으로 압살되었다.

라틴아메리카에서 봉기 및 성공적인 혁명－경우에 따라－과 상관성이 있는 또 다른 사회 현상은 피지배 주민에 대한 물리적 축출이다. 볼리비아와 파라과이 사이에 있었던 차코 전쟁에서 국경지대에 거주하던 양국의 농민은 전쟁에 동원되었다가 전쟁이 끝난 시점에 군대를 떠나 돌아갈 준비가 되어 있지 않았다. 파라과이에서는 이들이 새로운 정당을 세우는 데 기여했고 1936년 그 정당이 정권을 잡았다. 볼리비아의 국경 농민들은 다른 원주민 농민들을 조직화했다. 그 결과 농민들이 땅을 획득하여 스페인계 지주 귀족층의 특권을 빼앗았다.

19세기 말 20세기 초 중미 전역의 원주민들은 스페인계 농장주에 의해, 또는 곡물 수출, 특히 커피 수출을 위한 시장 확장에 따라 땅을 사들이는 미국 회사들에 의해 공동체 단위로 소유하고 있던 전통적인 땅에서 쫓겨났다. 멕시코의 사파타가 주도한 봉기를 포함하여 당시의 많은 농민 봉기는 빼앗긴 땅을 되찾으려는 노력의 반영이었다.

중미에서는 플랜테이션 잠식, 농민 봉기, 정부 보복이라는 사이클이 현재까지도 지속되고 있다. 예를 들면 1932년에 일어난 엘살바도르에서 악명 높은 마딴사(Matanza)가 그 경우이다. 마딴사는 약 3만 명에 달하는 원주민 농민의 대학살이었다. 엘살바도르인들의 점진적인 거주지 이동은 1969년 온두라스 대항 축구전쟁과 더불어 더욱 심각해졌다. 인구가 희박한 온두라스 국경지대에 정착해 살던 약 30만 명의 엘살바도르인은 이 전쟁 때문에 주거를 옮겨야만 했다. 이들은 농촌사회로 떠밀려가야 했는데, 농촌은 이미 대다수 농민들이 무토지 이주자가 되어 극히 적은 임금을 받으며 계절노동을 둘러싼 절망적인 경쟁을 벌이고 있었다. 과테말라 북부지역에서는 1970년대에 석유가 나오자 비원주민들이 원주민 땅을 장악하는 일이 가속되었다.

혁명의 단계들

반혁명의 제물이 되지 않은 성공적인 혁명의 단계는 1) 권력 이동, 2) 재분배, 3) 제도화, 4) 재집중으로 표현될 수 있을 것이다.

1) 권력 이동

정치적 이동 단계 혹은 권력이동 단계는 문제적인 체제의 전복과 새로운 권력구조의 공고화라는 두 개의 단계로 이루어진다. 혁명의 첫 단계는 구체제를 몰아내는 것으로, 독립적이든 연합의 형태든 여러 사회 수준에 걸쳐 반란의 움직임이 시작되는 것이 필요하다. 엘리트 내부의 정치 갈등은 그 자체로 혁명은 아니다. 한편 노동자와 농민 봉기는 중산층이 소외감을 강하게 느끼거나 지배계층이 첨예하게 분열되어 있지 않는한 성공으로 이어질 가능성이 희박하다.

그러나 권력을 빼앗는 것은 정치권력 재배치의 시작일 뿐이다. 가진 자와 못 가진자는 어떤 종류의 정부를 원하지 않는지에 있어서는 의견일치가 있을 수 있지만, 어떤 종류의 정부를 세워야 할지에 대해 일치하기란 기대하기 힘들다. 그러면 제휴를한 상태에서 투쟁이 지속된다. 종종 지적했던 것처럼 혁명은 상당수의 주동자를 희생시킨다.

1911년 포르피리오 디아스 독재정부가 무너진 후 멕시코에서는 10년 동안 무장투쟁이 끊이지 않았다. 주로 중산층의 이익을 대변하는 중산층 성향의 정당을 통해 권력이 공고화되기까지는 다시 10년이 흘러야 했다. 볼리비아에서는 1952년 중산층 당인 민족혁명운동당(MNR)이 정권을 잡았으며, 원주민농민 봉기를 억누르기보다는 껴안는 선택을 했다. 그러나 볼리비아 혁명은 지속 기간이 짧았다. 그것은 혁명의 삼두마차-MNR, 광부, 농민-의 이해관계가 엇갈려 결코 합의에 도달하지 못했고, 세 세력 중 누구도 다른 세력들에 대한 지배권을 달성하지 못했다는 데 부분적으로 그 이유가 있다.

쿠바의 경우 카스트로와 특히 농촌 빈민을 지지하던 반란군 권력이 공고해진 것은 중산층과 상류층이 미국으로 대거 빠져나감으로써 상황이 용이해졌기 때문이다. 니카라과에서는 1979년 소모사가 국가 재산을 들고 도주하자 여러 계층의 제휴가 이루어졌으나 해가 바뀌기 전에 해체되기 시작했다. 반 소모사 기업인들은 산디니스타를 지지해 결집한 노동자와 농민들의 권력 시도에 놀라 망명 수비대 및 미국 정부와 합작해 반란을 꾀했다.

2) 계급 타파와 재분배

혁명 이후 정치적 경쟁 속에서 다양한 상류 사회계층과 그들을 대변하는 기관 및 제도들이 겪는 운명은 나라마다 매우 다르다. 그러나 일반적으로 성공적인 혁명이라면 지배엘리트를 뒷받침하고 구질서에 동의해온 식민권력 또는 헤게모니 권력을 축출하는 것이 필요하다. 그런데 이 권력을 축출했다고 해서 종속국에 대한 외세의 영향력을 박탈했다는 의미는 아니다. 오히려 이는 헤게모니 권력이 혁명 이전에 차지했던 몇 가지 접근로와, 국내 정치투쟁 및 정책입안에 직접적이고 공공연한 방식으로 참여할 수단을 박탈당했다는 의미다. 예를 들어, 라틴아메리카에서 혁명을 겪지 않은 국가들의 경우 미 정부 관료들이 대통령 후보나 각료 임명에 대해 거부권을 행사하는 것이 드문 예가 아니다.

아이티에서는 식민 권력과 지주귀족층이 하나이자 동일한 세력이었다. 프랑스인 관료와 대농장주들은 기존 사회질서를 보호하고 정통성을 부여하던 군 조직이나 종교기관들과 마찬가지로 혁명이 진행되는 동안 축출되거나 처형되었다. 가톨릭 사제들이 다시 무대에 등장한 것은 50년이 지나서였다.

멕시코에서 혁명은 지주귀족층과 교회의 권리를 빼앗았다. 교회는 1860년대 말 개혁이 있기 전까지 최대 토지소유자였다. 혁명은 또한 자신의 부와 권력의 기초를 수출입이나 외부와의 결속에 두던 기업엘리트 집단의 권력도 빼앗았고, 국내 권력관계를 주무르던 미국의 영향력도 약화시켰다. 국내 산업 부문은 혁명으로 인한 피해자가 아니라 오히려 혁명의 결과물이었다. 국내 산업은 강화된 혁명 정부에 의해서 자양분을 얻었다. 기간산업(말하자면 운송, 공공사업) 및 주요 제조업 분야에서 외국 기업들이 빠져나가며 생긴 공백들이 채워지기 시작했다.

볼리비아의 지주귀족층은 1952년 국가 주요산업인 주석 광산을 통제하던 민간 기업들과 더불어 축출되었다. 교회는 볼리비아에서 한 번도 막강했던 적이 없었기에 상대적으로 영향을 덜 받았지만, 군 장성부대는 혁명 이전 체제의 보호자였던 죗값을 치렀다. 미국은 이전에는 민족혁명운동당을 억압하려고 해왔으나 더 이상 볼리비아에서 큰 존재감이 없었다. 그래서 혁명 과정에서 미국은 주요 목표물이 아니었다. 그러자 신설 민족혁명운동당 정부는 미국의 경제적, 군사적 조건부 원조를 받아들였는데, 이것은 이후 혁명 연합의 해체, 새로운 군대 엘리트의 양성, 그리고 궁극적으로는 반혁명의 원인이 되었다. 1956년부터 1960년까지 대통령이었던 에르난 실레스 수아소(Hernán Siles Suazo)는 나중에 미국의 원조에 단서가 되었던 조건들을 언급하며 "딱 목매달아 죽을 만큼의 밧줄을 받았다"고 표현했다.

혁명 이전의 쿠바는 미국 기업이 완전히 장악하고 있었기 때문에, 가부장적인 쿠바 지주 엘리트와 민족 지향적 기업가층은 상대적으로 얇고 미약했다. 그래서 혁명 과정의 가장 중요한 권력 축출 대상은 헤게모니 권력(미국)과 거기에 봉사하던 군대, 그리고 미국에 기반을 두거나 미국과 연계되어 있던 기업자들이었다. 그러나 경제가 완전히 사회주의화되었기 때문에 수입 창출 기업의 소유주들은 대부분 궁극적으로는 권력을 박탈당했다.

니카라과 혁명의 초기 목표물은 친소모사파와, 궁극적으로 소모사 왕국을 보호해주며 이득을 얻던 미국이었다. 소모사파에는 독재자 소모사 자신, 그의 친척과 동지들, 국내에서 소모사 왕국을 지지하던 국가수비대가 포함되었다. 소모사파의 제거는 권력 재분배라는 목적에 대해 승리의 첫 번째 결실을 안겨 주었다. 미국이 강제한 경제적 착취와, 잔존해 있던 상업 엘리트 대다수가 채택한 반혁명적 입장으로 인해 몇몇 추가적인 국유화가 시행되었다. 그럼에도 불구하고 경제의 약 60%는 민간 기업으로 남아 있었다.

니카라과 혁명에서 가톨릭교회의 역할은 최우선이다. 혁명에서 교회가 취하는 입장은 봉기집단 및 혁명 목적에 대한 온건한 반대에서부터 노골적인 적대까지 다양함에 반해, 니카라과 교회는 혁명 연정의 가장 강력하고 협조적인 세력이었다. 그러나 혁명 이후에는 대부분의 교구 단위 사제들과 수녀들은 산디니스타 지도부를 지지했지만, 주교들은 지지를 철회하거나 지지를 표명하되 까다로운 조건을 달았다.

혁명 이후에는 상류층이 권력을 박탈당하고 상실하는 정도도 매우 다양하고, 그와 마찬가지로 부와 권력의 재분배 정도나 하층민이 누리게 된 실질적 이득도 다양했다. 혁명 과정은 오랜 시일이 걸리는 과정이다. 멕시코 혁명의 경우 1911년 포르피리오 디아스 정권을 전복시킨 지 6년이 지나서야 새로운 사회 질서의 원칙들을 담은 헌법이 나왔고, 1920년대 알바로 오브레곤 정부까지는 노동자와 농민의 참여가 주요 재분배과정에 반영되지 않았다. 가장 광범위한 재분배가 이루어진 것은 라사로 카르데나스 행정부(1934~1940)가 들어서고 난 후였다. 이 시기에 약 2천만 헥타르(4천9백 에이커)의 땅이 농민 공동체에 분배되었고(에히도 제도를 말함), 노동자의 권리가 확장되고 임금이 상승했으며, 극히 중요한 석유 산업이 국유화되었다.

재분배의 규모, 곧 혁명의 성공 정도는 대부분 재분배할 부가 얼마나 있느냐에 달려 있다. 혁명 당시의 쿠바는 GDP나 1인당 국민소득으로 추정했을 때 상당히 부유한 나라였다. 재분배가 주로 광범위한 복지 서비스의 형태로 이뤄졌는데, 덕분에 몇 년 안에 쿠바의 공공 의료와 교육 시스템은 라틴아메리카에서 가장 포괄적인 시스템의 하나가 되었다. 이와 대조적으로 볼리비아와 니카라과는 재분배할 만한 부가 상대적으로 적었다. 한편 노예제도의 폐지와 더불어 혁명 이전에 존재하던 부도 함께 증발해 버린 아이티의 경우는 성공적인 혁명이 반드시 혁명 이후의 행복한 삶을 의미하지는 않는다는 것을 보여 주는 냉혹한 증거이다.

3) 제도화

혁명을 제도화하는 과정은 새로운 헌법, 법률, 행동 패턴뿐만 아니라 완전히 새로운 정치 지지세력의 창출도 포함한다. 혁명 과정은 권력 승계를 조율하는 메커니즘이 비교적 평온하게 이루어질 때 완성된다. 새로운 지지세력을 만들기 위한 가장 중요한 상부기구는 일반적으로 정당이다. 멕시코의 혁명 정당은 1929년에 형성되어 1930년대에 재정비되었고, 1940년대에 제도혁명당(PRI)이라는 이름을 갖게 되면서 다시 한번 정비되었다. 대통령 선거는 6년마다 치러졌는데, 1988년에는 경합이 있긴 했지만 2000년까지 제도혁명당은 패배한 적이 없었다.

볼리비아 혁명의 제도화 수단은 민족혁명운동당이었다. 이 당의 첫 대통령이었던 빅토르 파스 에스텐소로(Víctor Paz Estenssoro)는 혁명이 초기에 살아남을 수 있었던 것이 무장농민조직을 창설한 덕분이라고 보았다.[5] 그러나 당은 광부들을 온전히 끌어들여 당원으로 받아들이는 데 있어서나 재선을 금지함으로써 권력 승계를 제도화하는 데 있어서는 성공하지 못했다. 그래서 혁명은 제도화되지 못하고 12년이 지나기도 전에 반혁명에 굴복하고 말았다.

쿠바의 경우 국가 차원에서 존재한 제도화의 주요 기구는 공산당과 혁명 군대였다. 그러나 이 두 조직에서 권력의 지렛대는 여전히 카스트로와 시에라 마에스트라의 반란군이 쥐고 있었다. 국가의 정치적 상부구조는 대중 조직의 광범위한 토대를 바탕으로 형성되었다. 권력 수뇌부에서 권력승계 메커니즘은 시도되지 않았지만, 1975년부터 지방 대의제가 직접선거를 통해 구성되었고, 1992년부터는 국회의원을 직접선거로 뽑기 시작했다.

니카라과의 산디니스타민족해방전선(FSLN)은 1959년 대부분의 구성원이 대학생으로 이루어진 소규모 봉기세력에서 시작되었고, 혁명이 성공하자 민족해방전선은 확고한 지배 지위를 갖게 되었다. 소모사와 그의 국가보안대에 맞서 싸우는 데 동원된 봉기세력은 급속도로 확장되었고, 곧이어 재건과 정치적 지지의 매개체가 되었다. 혁명 이전의 정당들은 혁명 이후에도 지속되었으나 수적으로는 큰 의미가 없었다.

1984년 11월, 혁명 이후 처음 치러진 선거에서 산디니스타는 67%의 지지를 확보했다. 미국의 압력으로 혁명 이전 정당들과 파벌들의 연합 세력은 선거를 포기했다. 그러나 여러 다른 군소정당들이 참여하여 국회의 의석을 차지하고자 했다. 1990년 2월 선거가 또 있었다. 10년간 미국이 사주한 경제적인 압박과 대리전을 겪은 산디니스타는 이번에는 패배하고 말았다. 14개 단체의 연합이고 미국의 지원을 받는 국가야당연합

(UNO)이 55%를 득표했다. 국가야당연합을 구성한 조직들은 1996년에도 우위를 점했다. 반면 산디니스타는 2006년 40%의 지지를 차지하며 이전처럼 국회 제1정당이 되었고, 대통령직도 되찾았다.

4) 재집중

토마스 제퍼슨은 모든 나라는 20년마다 혁명이 필요하다는 우스갯소리를 한 적이 있다. 정치에서 "그 이후로 영원히 행복했다"는 식의 일은 존재하지 않는다. 혁명은 다른 세속의 권력 관계의 재조정 방식들과 마찬가지로 영원하지 않다. 부와 권력은 다시 재집중되는 속성이 있다.

재집중은 진화과정을 거꾸로 한 것이다. 다시 말해 재집중은 사회 피라미드 구조상 하위계층 출신의 정치 참여자들의 권력과 소득지위가 점차 약해져 가는 것을 의미한다. 만일 혁명 이후 반혁명이 일어나 혁명이 전복되거나 하지 않는다면, 혁명이 제도화되고 난 이후 재집중이 일어난다고 예상할 수 있다.

혁명 지도자들은 그들 스스로 '새로운 계급'을 형성한다. 이들은 멕시코의 경우처럼 권력 엘리트이기도 하고 경제 계급이기도 하다. 혁명 세대가 정치권에서 사라질 때 그 권력을 계승한 관료 집단으로부터 새로운 계급이 나올 수도 있다. 쿠바의 경우 카스트로와 혁명군은 엘리트 계층이 하는 식의 물질적인 과시는 의식적으로 하지 않으려고 했지만, 서열의 차등화나 그에 따른 특권이 한때는 '인민의' 군대였던 그들 속에 침투해 들었다.

그러나 성공적인 혁명을 겪은 나라들은 진보적인 운동이 좌절된 나라보다는 훨씬 더 안정적인 모습을 보이는 경향이 있다. 혁명이 실패하거나 반혁명에 의해 전복된 나라들이 가장 불안정한 모습을 보인다. 혁명이 공고화된 후 일반적으로 처음 몇 년간에 걸쳐 재분배가 이루어지고 이를 통해 대부분의 시민들은 새로운 정부에서 일정한 지분을 갖게 된다. 그러한 충성은 혁명 세대가 지나갈 때까지 적어도 20년은 지속되는 경향이 있다. 실은 재분배 단계 이후 새로운 계층에게 부와 권력이 재집중된 뒤에도 지속되기도 한다. 반면 개혁이 좌절되거나 혁명이 실패한 곳에서는 일반적으로 봉기와 억압의 반복적인 악순환이 자리 잡는데, 이 악순환이 수십 년 동안 지속될 수도 있다.

반혁명

상기한 모델에 의하면 반혁명은 하나 또는 그 이상의 정치 참여자들이 사회적 피라미드에서 제거되는 것을 말한다. 반혁명은 불완전한 혁명이나, 혁명에 대한 이성적 혹은 비이성적 두려움에 대한 반작용으로 일어날 수 있다. 그러나 이는 비엘리트 집단의 실질적인 참여를 허용하는 정치과정의 논리적이고 장기적인 결과는 결국 권력과 부의 재분배라는 사실을 경제 엘리트가 인식했음의 반영일 뿐이다. 실제로 반혁명에는 엘리트와(또는 엘리트나) 외국의 이익에 봉사하는 군사조직 및 준군사조직이 필요하다. 따라서 성공적인 혁명을 치러낸 나라보다는 정치 발전이 점진적인 곳에서 반혁명이 일어날 가능성이 더 높다. 소수파가 다수파의 분명한 의지를 차단하고-예를 들어 선거에서 불완전하게 드러나듯이-재분배의 흐름을 뒤집을 수 있는 것은 바로 경제 엘리트의 권력 토대들이 유지되고, 이들과 군 및 지배 외세의 유착관계가 그대로 온전히 유지되기 때문이다. 직접적인 외세의 점령을 통한 정치 질서의 파괴는 여기에서 말하는 반혁명의 개념에 들어가지 않는다.

대부분의 라틴아메리카 국가 역사에서 독재는 예외라기보다는 상수였지만, 반혁명은 20세기 후반의 전반적인 현상이었다. 초기에는 정치에 참여한 하위계층이 지위를 상실하는 경우가 별로 없었다. 반혁명의 명백한 첫 사례는 1954년 과테말라의 대통령이던 하코보 아르벤스(Jacobo Arbenz)의 타도 사건이었다. 노동자들이 막 달성한 권리는 이 사건 후에 다시 철회되었고, 원주민 농민들에게 분배된 땅도 다시 비원주민 대농장주들 손에 들어갔다. 브라질과 볼리비아는 1964년 반혁명을 겪었고, 칠레와 우루과이는 1973년에 같은 경험을 했다. 아르헨티나는 1930년대부터 주기적으로 반혁명 시도들이 있었는데, 가장 극적인 경우는 1966년과 1976년 군사쿠데타와 동반해 일어난 반혁명이었다.

용이하게 만드는 요인들

급격한 인플레이션으로 대변되는 경제 악화는 반혁명에 기여하는 가장 명백한 요소들 중 하나이다. 경제 규모가 줄어드는 상황에서 종속적이고 불안정한 중간층 참여자들은 일반적으로 노동자 계층의 요구사항을 자신들의 열악한 위치에 대한 위협으로 보기 시작한다. 그래서 대중의 소요와(혹은) 엘리트가 주도한 공포 선전으로 불안해진 중산층은 대부분 재분배를 지향하는 흐름을 뒤집기 위해 상류층과 연계한다.

반혁명의 지지자들은 전체 인구의 소수에 해당한다. 따라서 그 소수가 인구의 대다수와 유리된 군사조직 혹은 준군사조직에 의지할 경우에만 반혁명이 성공할 수 있다. 반혁명 지지자가 소수가 아니라면 그들의 이익이 민주주의 절차에서 위협받는 일은 없을 것이다. 게다가 군사적 역할이 중심적이기 때문에, 개혁적인 대통령을 축출하고 군사정부로 대체하고자 하는 궁극적인 시도는 — 이는 전형적으로 반혁명의 첫 번째 단계이다. — 일반 사병들의 불복종, 군대 예산 삭감, 혹은 외국 군대 지원을 중단하겠다는 위협의 경우와 마찬가지로 종종 군 자체에 위협이 된다.

그렇기는 하지만 국가의 경제 엘리트와 군사조직은 지배 외세의 도움이나 최소한 우호적인 중립을 기대할 수 없다면 반혁명을 시도하려 들지 않을 것이다. 아르헨티나에서 있었던 몇몇 반혁명 시도들의 예를 제외하면, 20세기 중반부터 라틴아메리카에서 일어난 모든 성공적인 반혁명은 미국의 직간접적인 지지가 있었다. 어떤 경우에는 미정부기관의 조치에 의해 경제 악화, 군대의 소외, 중산층의 두려움, 그 밖의 반혁명을 용이하게 할 만한 요인들이 의도적으로 강화된다. 미국의 공모는 과테말라, 브라질, 칠레의 경우 특히 명백하다.

반혁명의 단계들

반혁명 지지파와 반대파 사이의 투쟁 직후에는 반혁명 공모자들 사이의 투쟁이 뒤따른다는 점에서 반혁명의 초기 단계들은 혁명의 단계와 연관이 있다. 혁명과 마찬가지로 반혁명도 다양한 계층의 연합—이 경우에는 상류층과 중류층의 연합—을 필요로 한다. 군과 민간인 부문 사이에도 제휴가 필요하다. 군 내부에는 다른 시각과 목적을 가진 파벌들이 존재하며, 따라서 이들 사이에도 제휴가 필요하다. 칠레의 경우 반혁명은 군 내부의 피비린내 나는 숙청과 함께 시작되었다.

재임 중인 대통령을 실각시키고 군의 이름으로 권력을 접수하자는 합의가 초기에 군 공모자들 사이에 있었다고 해서, 장기적인 목적에 대해서도 서로 합의하리라는 보장은 없다. 그래서 반혁명을 공모한 세력은 비엘리트 계층을 배제시키고—즉, 거리의 장과 헌법의 장에서 반대파를 무장해제하고,—동시에 사적인 장에서 자신들끼리도 격렬한 경쟁을 벌인다. 군 내부의 라이벌 관계가 지속되고 시간이 지남에 따라 파벌들 사이의 힘의 균형이 바뀔지라도 일반적으로 권력이 처음으로 공고해지는 것은 지배 외세가 지지하는 군 파벌에 의해서다. 한편, 반혁명에 반대하는 민간인들을 제거함으로써 이익을 얻고자 기대했던 민간인 정당과 정치 지도자들은 머지않아 자신의 권력 기반이 상실되어 새 군부세력의 변덕에 취약한 상태가 되어 버렸음을 깨닫게 된다.

정치적 동원 해제

반혁명의 가장 즉각적이고 드라마틱한 발현은 정치 차원에서 이루어진다. 가장 먼저 폐쇄되는 곳은 거리의 장이다. 예를 들어, 노동자, 농민, 학생 지도자들이 살해 또는 체포되고, 이들 조직이 해체되거나 새로운 정부에 의해 '개입'(또는 접수)당한다. 그다음 희생자는 헌법의 장이다. 의회가 해산되거나 가장 취약한 의원들이 축출된다. 사법부와 지방정부 내의 비협조적인 사람들도 축출된다. 정당도 일부 또는 전부 해체된다. 방해가 되거나 비판적인 태도의 장관, 대학교수, 언론매체도 축출되어 정부의 통제하에 놓이게 된다. 정치과정은 군 조직 중심의 사적인 장으로 후퇴하지만 경제 엘리트와 지배 외세의 대리인들은 계속 포함시키려고 한다.

폭력이 개입하는 정도와 정부 통제의 정도는 해당 나라의 정치 발전 수준에 달려 있다. 정치 시스템에 참여하던 국민이 많은 나라일수록 적어도 초기 단계에서는 그들의 권력을 해체하기 위해 더 많은 폭력이 필요하게 된다. 아르헨티나, 우루과이 그리고 칠레의 반혁명에서, 그리고 이 나라들보다는 덜하지만 브라질과 볼리비아의 반혁명에서도 명백한 처형, 실종(즉, 대체로 확인 불가능한 처형), 수용소, 조직적이고 상당히 현대적이며 정교한 고문기술등이 필요했다. 발전이 더 늦은 과테말라의 반혁명에서는 정복 작전이나 원주민 전쟁으로 회귀하는 듯한 모습이 보였다.

가톨릭교회는 대부분의 중산층이나 비계급적 국가기구들과 마찬가지로 혁명이나 반혁명에 직면하여 현저한 파벌주의를 드러내는 경향이 있다. 그러나 오늘날 반혁명 과정에서 벌어진 심각한 인권유린을 보면서 교회는 반혁명 체제의 과도한 폭력에 대항하는 가장 중요한 수호자가 되었다. 교회는 군부가 노골적으로 파괴할 수 없는 유일한 국내 조직이다. 따라서 반체제 인사들과 비탄에 빠진 자들이 마지막으로 기댈 수 있는 은신처가 되었다.

이렇게 일단 우세한 군 파벌 쪽으로 권력이 공고화되고, 반혁명의 실질적인 반대세력이 박멸되면 권력자들은 경제개혁을 통해 자유로이 앞으로 나아갈 수 있다.

경제 개혁

반혁명은 단순히 사회경제적 관계를 중단시키거나 그 상태를 유지하는 데 그치지 않는다. 하위계층(노동자와 농민)은 정치의 장에서 축출되고 부의 재분배는 역전된 방식으로 이루어진다. 이것은 세금, 관세, 예산, 임금, 토지 소유 정책의 결합을 통해 이루어진다. 토지 개혁 조치들이 무효화되거나 무단점유자들이 쫓겨난다. 개인과 법인의 수입에 대한 누진세는 줄이거나 없애고 역진세를 선호한다. 사회복지사업은 축소되고, 인플레이션으로 인해 임금이 동결된다.

군사조직 및 준군사조직의 핵심적인 역할은 자신들에게 편성된 예산이 확대되도록 하는 것이다. 헤게모니 권력의 개입, 그리고 혹은 외국 원조 및 외국투자에 대한 요청은 자원의 탈국유화를 가속화시키고, 국내기업보다 외국기업에 유리한 정책들의 채택도 가속화시킨다. 그래서 국내 산업가 계급은 노동자 계급의 요구를 저지하는 수단으로 반혁명을 지지하지만, 결국 관세, 대출 정책, 외국의 경쟁 등으로 인해 자신도 타격을 입게 된다. 표현의 자유와 자유로운 정치 참여를 상실한 중산층은 경제적 버팀목인 정부 공직이 축소되는 상황도 겪게 된다.

제도화

반혁명 체제는 제도화에 도달하기 쉽지 않은데, 그 이유는 정통성을 획득하는 것이 어렵기 때문이다. 통치 파벌이나 반혁명 엘리트의 권력 지위를 위협하지 않으면서 정책 입안과 권력 승계의 틀을 만드는 과정을 정착시키기도 어렵다.

반혁명 체제는 스스로를 '혁명적', 혹은 '기독교적'이라고 규정지음으로써 종종 특정 부문이나 조직의 지지, 또는 적어도 이들의 인정을 받고자 한다. 볼리비아의 반혁명 체제는 광부들과 다른 노동조직들을 궤멸시켜 버렸다. 그런데도 혁명의 현수막을 흔들어댐으로써 1970년대의 상당 기간 동안 대부분의 농민집단의 환심을 사거나 적어도 이들을 중립화할 수 있었다. 반면 1964년 브라질 군부통치자들이 채택한 '혁명'이라는 라벨은 어느 누구도 감동시키지 못한 것 같다.

반혁명 체제들은 '무신론적인 공산주의에 맞서는 서구 기독교 가치'의 요새임을 자처하며 초기에는 종종 몇몇 교회세력으로부터 지지를 얻는 데 성공했다. 그러나 피억압자들이 자신을 대변해주는 용기를 보인 기구와 뜻을 같이하게 되자, 교회의 힘은 정부에 맞서는 교회 구성원들을 보호하는 데 비중을 두게 되었다. 교회는 가난한 이들과 정부 탄압의 희생자들을 보호하며 스스로 정부의 보복을 받는 입장이 되었다. 성직자들과 수녀들이 투옥, 고문, 처형을 당할 수 있는 신분이 되자, 교회 조직의 어떤 세력도 체제옹호자 역할을 하기가 힘들어졌다. 따라서 이렇게 믿음을 지키는 이들에 대한 호소는 금방 신뢰를 잃게 된다. 그러자 반혁명 체제는 '국가안보'와 '자유 기업'이라는 슬로건으로 되돌아가 자신의 제한된 지지층에게 기대게 되었다.

반혁명 체제는 다른 지배 엘리트와 마찬가지로 정치 조직이나 정당을 흡수 또는 설립하려는 시도를 하기도 했다. 그 정치 조직이나 정당들이 위로부터 통제될 수 있을 터이고, 기층 민중세력도 차단할 수 있다고 가정했기 때문이다. 그러나 조직화된 힘은 대개 장담할 수 없는 위험성이나 역효과를 가져올 수 있다는 사실을 알게 되었다.

군사정부가 반드시 반혁명적인 것은 아니지만, 반혁명 정부는 필히 군을 기반으로 해야 하며, 대개 상당한 정도의 준군사조직(경찰, 감시대, '죽음의 분대' 등)의 지원도 필요하다. 급격한 부와 권력의 재집중은 군사력에 의해서만 수행될 수 있기 때문이다. 반혁명 체제들은 제도적인 체제나 필자가 '군사정치'라고 부르는 것을 통해 집권을 시작한다. 권력은 한 사람의 카우디요가 아니라 군의 이름으로 장악되고 행사되며, 군대는 전체적으로 정권의 가장 중요한 정치 기반이 된다. 1973~1981년 우루과이의 경우처럼 명목상의 대통령이 민간인일 수도 있고, 1964~1985년 브라질의 경우처럼 의회 소집이 허락될 수도 있다. 그러나 관료들은 군의 편의를 위해, 그리고 군의 묵인하에 자신들의 지위를 유지할 수 있다. 선거와 국민투표는 다양한 주기로, 그리고 다양한 통제 수준과 통제기술하에서 치러지며, 예외적인 상황이 아니라 통상적인 현상이다.

반혁명 체제가 정통성을 획득하는 데 실패하면 강도 높은 탄압과 강제성을 통해 보상을 받고자 하게 된다. 그러나 권력 승계를 관례화하지 못한다는 것은 체제의 지속적인 불안정과 허약성을 의미한다. 최고 권력이 대통령에게 있든 군의 최고지위자에게 있든 아니면 특정 부대에게 있든, 반혁명 과정은 최고 권력의 주인이 개인이나 파벌들 사이에서 번갈아 바뀌게 되는 것으로, 일반적으로 친위쿠데타의 형태를 띤다. 유혈참사 없이 이루어지는 경우도 있고 선거에 의해 정당화될 수도 있지만 친위쿠데타인 건 사실이다.

브라질은 아마도 반혁명 체제가 가장 성공적으로 제도화된 경우라고 할 수 있다. 권력 승계는 대체로 서열이 제일 높은 장교들(예를 들어, 4성 장군들) 사이에서 선거나 투표를 통해 이루어졌다. 그 과정을 거친 승자는 여당에 의해서 후보로 '지명'되었으며, 국회의원들과 주 의회 대표자들로 이루어진 선거인단에 의해 정식으로 선출되었다. 군대식 선거−계급이 높은 장교들 사이에서 이뤄지는 공식·비공식 투표−는 민주적 절차의 모의실험이 아니라 오히려 모의전투라고 할 수 있다. 군 화력의 지휘에 따라 투표가 비중을 갖게 되기 때문이다.

긴장완화

긴장완화[포르투갈어로는 지스텡사웅(distensão)]는 1978년 브라질에서 일어난 과정을 지칭하여 브라질인들이 사용하는 용어이다. 이 글에서는 긴장완화라는 용어를 다른 나라들의 경우에도 동일하게 사용하도록 하겠다. 이것은 군과 다른 반혁명 세력들의 힘과 통제가 완화되고, 그 결과 억압이 줄어들고 특히 중간층의 정치 참여가 증가하게 되는 과정을 말한다.

반혁명 엘리트의 장악력을 약화시키는 요인은 다른 엘리트층이나 다른 시스템들을 약화시키는 요인들과 다르지 않다. 통치그룹 내의 분열, 통치그룹과 지지세력 사이의 분열, 경제적 압박, 외세의 압박 등이 그 요인이다. 통상적으로 이 모든 요인들이 동시적으로 작용하면서 서로 강화되기도 한다.

가끔 벌어지는 진정한 이데올로기 투쟁은 물론이고, 권력의 과시와 정부 공직이라는 전리품은 민간인 지배 엘리트 내의 경쟁에서도, 군 계급 내의 경쟁에서도 효과적이다. 만일 권력이 한 개인이나 한 파벌의 손에 크게 집중되어 있다면, 군의 통치로부터 더 이상 이득을 얻지 못하게 된 다른 파벌들은 그 개인이나 파벌을 축출하기 위해 민간인 세력들의 지지를 얻고자 한다. 그리고 지지해준 대가로 일정 정도의 정치적 개방이 약속된다.

경제적 압박은 군 지지파의 일부 세력을 소외시킬 수도 있고 군 내부의 분열을 악화시킬 수도 있다. 반혁명 체제가 경제를 잘못 운영하면 그 결과 지배 외세의 지지가 약해지거나 철회될 수도 있다. 또한 헤게모니 권력이 당혹해할 정도로 외세의 억압 수준이 커질 수도 있다. 1970년대 중반 미국 의회가 인권정책을 채택하고 카터 행정부가 한동안 이를 부각시키자 라틴아메리카에서는 적어도 일시적으로 몇몇 반혁명 체제가 약화되었는데, 이 경우가 그 예이다.

1970년대 브라질의 경우는 앞에서 언급한 모든 요인들이 확연하게 작용한 사례다. 그러나 지배 군부의 안이한 통제를 넘어 외관상의 민주주의 - 정당제도, 선거, 체제의 제도화를 지원한 국회 등－가 봉오리를 맺고 완성되자 브라질의 긴장완화는 더욱 추진력을 얻었다. 볼리비아에서는 혁명도 반혁명도 제도화의 모습을 갖추지 못한 채 불안정만이 지배했다. 1982년 볼리비아의 군부는 1980년 당선되었다가 무효화된 에르난 실레스 수아소 대통령에게 권력을 넘긴 것은 군부의 부패를 견디지 못하고 국가 경제가 무너졌기 때문이다. 경제 몰락은 1983년 초 아르헨티나 군사정권이 와해된 주요 요인이기도 하다. 아르헨티나 군부는 이미 1982년 포클랜드/말비나스 전쟁에서 치욕적으로 패배하면서 와해가 가속화되고 있었다.

귀족정치에서 군부정치로

일반적으로 라틴아메리카 국가들의 헌법 및 법률 시스템은 프랑스와 미국으로부터 빌려왔다. 적어도 20세기까지 이 시스템들은 비공식 석상－담배연기 가득한 남성전용 클럽 살롱들과 부유층이 모이는 여타 장소들－에서 일어난 정치적 조정을 적법화하기 위한 수단일 뿐이었다. 지주 가문들끼리의 경쟁, 그리고 나중에는 지주층과 세계무역 및 산업에 기반을 둔 신흥부유층 사이의 경쟁은 그런 장들을 통해 조정될 수 있었다. 이 경쟁이 언제나 평화로운 것은 아니었다. 지주 가문들과 경제 엘리트층이 청부한 무장 용병들의 충돌로 이어지기도 했다. 그러나 선거와 의회제도는 부, 힘, 대인 음모에 바탕을 둔 과정의 형식적인 부속품에 지나지 않았다.

선거제도와 의회제도가 진지한 기능을 하게 된 유일한 경우는 중산층이 정치에 참여하기 위해 성공적으로 시도하게 될 때였다. 그러나 라틴아메리카의 중산층은 일반적으로 부유층의 절반에 해당하는 부도 갖지 못했다. 다른 독립적인 부의 수단도 없었다.

그들은 급여생활자로서, 무역 증대와 정부의 확대에서 기원했고 그에 의존하는 계층이다. 중산층의 실질적인 정치참여를 위한 노력은 19세기 후반 아르헨티나에서 시작하여 20세기 후반 중미와 안데스 고지대로 이어졌는데, 그 과정에서 이들은 자기 계층의 규모와 자원에만 의존할 수 없었고 그것은 지금도 마찬가지다. 그래서 중산층은 하류계층과 이들의 잠재적인 소요 성향, 특히 초기 노동운동을 자신의 권력기반으로 끌어들일 필요가 있다는 사실을 깨달았다. 중산층의 정치권력 획득 시도는 일반적으로는 대학생과 지식인들에 의해서 주도되었고, 결실을 본 것은 정당에 의해서였다. 그러나 조직화된 노동계급의 지지를 얻기 전까지는 제대로 성공을 거둔 적이 없다. 이렇게 먼저 거리와 공장에서 실질적인 세를 과시하고 난 후에 선거에서도 효과를 거두게 되었다.

정복 이후 원래의 귀족층이 인종과 종족 차이에 기초한 사회적 거리를 이유로 들어 정치참여 확장이 어렵다고 결론 내린 지역들, 그리고/또는 경제 엘리트가 힘센 외세의 지지를 이유로 더 이상의 정치참여 확장은 필요 없다고 결론지은 지역들에서는 최종 결말이 혁명이거나, 경쟁 세력들의 상대적 힘에 의해 결정되는 '바운더리 유지'였다.

실질적인 정치참여에 대한 중산층의 요구를 귀족계층이 받아들일 수밖에 없었던 지역에서는 민주주의 절차들이 한동안 어느 정도로 실체화되었다. 그러나 중산층 지도자들은 대개 선거제도를 통해 완전히 실질적인 참여를 도시노동자들과 농민들에게 확대할 능력이 없거나 그러기를 원치 않았다. 특히 경제 하락으로 중산층과 하류층 사이의 경쟁이 첨예화되자 더 그러했다.

우루과이가 진화 과정을 통해 달성한 초기의 행복한 경험은 가까운 미래에 라틴아메리카에서 반복되지는 않을 것 같다. 중산층은 점진적인 진화 과정을 통해 정치권력을 온전히 행사하게 될 수도 있겠지만, 최근 라틴아메리카의 발전 양상을 보면 육체노동자와 농민은 적어도 당분간은 정치참여에 진입하는 데 높은 장벽이 있을 것임을 알 수 있다.

중산층 정당들과 노동단체들이 일단 시스템에 합류하게 되면 정치적 충돌은 헌법의 장을 중심으로 벌어진다. 그러나 라틴아메리카를 비롯한 대부분의 종속국에서는 아마도 제한적인 참여민주주의 안에 이미 파괴의 씨앗이 내포되어 있다. 실질적인 참여의 수준이 높으면 높을수록, 헌법 지배 기간이 단절 없이 오래 지속될수록 민족주의, 비동맹, 평등주의의 경향을 띤 정책이 더 많아진다. 그러므로 정부나 부를 소유한 상류층이 주는 급여에 의존하고 있어서 지위가 불안정한 중산층은 스스로 상류층과 연계하고자 한다. 자신의 권력이 사라지고 자신의 경제 이익이 위협받는다고 생각하면 헌법의 장을 저버리게 되는 것이다. 그들은 감지된 위험—최근까지는 '공산주의의 위협'—으로부터 자신을 지키고자 군 조직과 미국에게 도움을 요청한다. 따라서 반혁명은 특히 진화 과정을 통해 가장 높은 수준의 정치 발전을 이룬 시스템에서 일어날 가능성이 크고 폭력적일 가능성도 크다.

불안정한 헌법 시스템은 군부정치—군 조직 전체가 지배 엘리트의 역할을 하는 시스템—로 대체된다. 이 시스템에서는 군사력 장악이 정치권력의 장악을 의미하기 때문에 권력 경쟁이 모의전투의 형태를 띤다. 반혁명의 민간인 선동자와 지지파들은 군 지도자들이 자신들의 앞잡이가 될 생각이 없음을 금방 알게 된다. 초기의 경제정책에는 반혁명 연합체의 이익이 반영되지만 시간이 지나면서 점차 군 장성들 자신의 집단적·개인적 이익이 더 많이 반영된다.

진화 시스템이나 혁명 시스템과 마찬가지로, 반혁명 시스템이나 그것이 대표하는 정치적, 경제적 손익도 영구적이지 않다. 그러나 반혁명을 용이하게 하고 동시에 반혁명을 통해 강화되기도 한 군부정치는 더 오래 지속된다. 아르헨티나 군부는 1955년 페론 실각 이후 한동안 물러났지만 노동계층의 완전한 자유가 허락될 정도로 충분히 안전거리가 생긴 것은 아니었다. 칠레와 우루과이의 경우 군 조직이 직접적인 권력 행사에서 물러났지만, 1970년대 반혁명 이전의 번창하던 자유민주주의로의 복귀는 21세기가 되어서야 가능했다. 자유로운 선거가 치러진다 하더라도 선거를 통해 온전한 권력이 주어지지 않는다는 사실은 명백하다. 라틴아메리카 국가들의 경험은 혁명이 일어나지 않는 한 군 조직을 민간의 통제하에 둘 수 없다는 것을 보여 준다. 볼리비아의 예는 혁명조차도 장기적으로는 군부지배를 막아내지 못한다는 사실을 보여 준다. 아무튼 광범위한 중산층이 확보된 국가에서 혁명은 더 이상 가능한 선택지가 아니다. 그리고 냉전 이후의 세계에서는 경제정책 입안이 주로 채권자 카르텔에 의해 통제되기 때문에 국가의 점령이 더 이상 그다지 큰 전리품도 아니다.

과도기와 환상

냉전 종식과 새로운 질서 구축의 실효성 있는 최적 수단에 대한 대화의 종말은 라틴아메리카 군부통치의 종식 및 전 세계 수많은 곳에서 달성한 민주주의 확장─적어도 의사 표명과 선거가 이루어진다는 측면에서─과 때를 같이한다. 그러나 이 환호할 만한 발전이 가능했던 것은 평등사상 때문에 자신의 이익이 위협받는다고 여긴 계층들이 정작 민주주의로의 스펙터클한 접근이라며 미국이 판매한 선거를 치르는 데 대해서는 위협을 느끼지 않았기 때문이었다. 사실 이 선거는 비용은 지대하고 가치는 미미했다.

1980년대 말, 그러니까 1989년 파라과이와 칠레의 선거가 끝난 뒤에는 모든 남미국가들이 적어도 외관상으로는 문민정부의 헌법 체제를 달성했다. 중미의 '재민주화'는 워싱턴의 독특한 외교정책 결정에 대한 민감성을 포함하여, 다소 상이한 몇 가지 압박과 동력들에 부응하여 일어난 것이다. 니카라과 혁명을 격퇴시키고 엘살바도르와 과테말라의 반란을 진압하고자 하던 레이건 행정부는 이 지역 전역에 선거일정을 잡으면 완강한 민주당이 계속적인 병력 지원 예산에 동의하게 된다는 사실을 알았다. 미국의 이익과 우선순위가 바뀐 것은 1990년대였다. 이 시기에 와서야 라틴아메리카 지도자들이 주도하고 유엔이 지지한 평화적 중재 과정이 비로소 결실을 맺었고, 정치과정에서 선거가 유의미한 역할을 할 수 있었다. 그러나 선거로 뽑힌 지도자들은 여전히 군사조직과 준군사조직, 외세 경제 엘리트들이 정해놓은 협소한 범위 안에서 움직였다.

정당과 의회, 선거제도의 형식이 완충작용을 한다고 해도 재민주화의 초기에는 부채의 증가와 경제 주권의 양도, 개혁 지도자들과 그들 프로그램에 대한 불신, 경제엘리트주의로의 회귀 등의 현상이 동반된다. 문민 지도자들은 종종 실제로 대통령 궁에 갇힌 죄수가 된 듯하다. 그리고 특히 가난한 자들에 대한 폭력이 줄지 않고 계속된다. 브라질의 어느 사회운동가는 군부독재는 함부로 하기 힘든 부유층마저 탄압의 대상으로 삼았다는 점에서 인권침해의 민주주의를 실현한 셈이라고 논평했다. 그렇게 보면 독재 이후의 재민주화는 이전에도 늘 인권침해에 노출되어 있던 가난한 자들에게만 인권유린 문제가 일어난다는 것을 의미한다.

1960년대 초에 그랬던 것처럼 21세기 초 수년 동안 대부분의 라틴아메리카 정권들은 선거를 통해 집권했으니 민주국가라고 간주되었다. 두 시기는 외관상의 민주주의만 볼 수 있다는 점에서 유사하다. 그러나 장애물과 사기극은 다른 양상을 띤다. 1960년대 초의 민주주의는 중미와 카리브 해 지역에서는 사기극으로 신임을 잃었고, 코노수르 지역에서는 군사 개입에 취약하여 민주주의가 무너졌다. 21세기 초의 민주주의는 무의미함으로 인해, 다시 말해 선택지와 희망의 부재로 인해 신임을 잃어가고 있다. 1960년대의 민주주의가 불안정했던 것은 정치 민주주의가 경제 민주주의로 이어질 수 있다는 희망 자체 때문이었다. 2000년대 초의 민주주의는 그런 희망이 별로 존재하지 않고 따라서 두려움도 존재하지 않으니 더욱 안정적이었다. 선거 정치는 그 어느 때보다도 도덕적인 스포츠가 되었다. 더 이상 현상유지를 위해 군이 필요하지도 않았다. 이제 정치적으로 결합한 이들은 선택지의 부재, 즉, 대안이론 패러다임의 부재 때문에 저지당했다. 그리고 폐쇄적인 공동체와 새로운 종류의 경찰을 누리는 풍족한 자들과 절망한 자들의 거리는 멀어졌다.

새로운 밀레니엄의 도전

옛것이든 새것이든 라틴아메리카 대륙의 민주주의 체제가 현재 당면하고 있는 문제들은 대단히 많다. 그러나 이 문제들은 한 세대 이전의 마지막 문민정부 기간에 국내 지도자들이 제일 근심하던 바로 그 문제는 아니다. 이전 세대의 문민 대통령들은 전통적이고 소외된 계층의 희생을 최소화하면서 경제를 현대화할 방법들을 모색했다. 그것이 달성되었을 때 비용이 엄청나게 들었다. 그러나 경제의 근대화가 진정으로 이루어졌다. 오늘날 가장 우선시되는 문제는 전통주의와 관련된 것들이 아니라, 근대화의 부산물들, 즉 인플레이션과 실업, 도시화와 인구증가, 이주와 난민, 무너지는 도시들, 범죄, 환경오염, 자원의 감소 등에 관련된 문제다. 1990년대에, 그리고 새로운 세기에 들어서면서 군부통치가 종식되면 경제 발전과 사회 정의가 실현될 것이라는 기대를 품었던 라틴아메리카인들의 환상은 슬프게도 깨지고 말았다. 사실 보안부대가 여전히 주변을 맴돌고 있었다. 그리고 외국 채권자들과 국제금융기구들에 의해 불공평한 사회경제 시스템은 더 강화되었다. 가난한 대중을 희생하여 자신의 이익을 챙기기 쉬운 정책들을 만든다는 이유로 이제는 군부를 비난할 수 없게 된 민간인 엘리트들은 전지전능해 보이는 국제통화기금(IMF)에게 책임을 떠넘겼다.

1980년대부터 21세기가 될 때까지 선거 정치가 다시 부활한 것은 기업주와 노동자 사이에 제도적인 완충지대가 필요하다는 것을 군 엘리트와 민간 엘리트 모두 깨달았기 때문이다. 엘리트층은 불공평한 정치에 대한 비난을 새로운 파트너도 같이 감수하고자 할 경우에만 자신의 권력, 또는 적어도 자신의 정치무대를 공유할 생각을 갖고 있는 존재였다. 그렇기는 하지만 많은 경우 라틴아메리카의 민주주의가 회복될 수 있었던 것은 대부분 진정한 민중운동, 민중 정당, 민중 지도자에 의해 주도되었다. 그러나 이들이 대통령으로 선출된 경우 높은 지위에도 불구하고 그 지위에 걸맞은 전권을 갖지 못했다. 가장 중요한 권한인 군 조직과 준군사조직, 경찰에 대한 통제권을 갖지 못했고, 자원배분에 대한 통제권도 갖지 못했다.

포템킨식 민주주의

십여 년이 지나 라틴아메리카의 재민주화 흐름도 도전을 받기 시작했다. 1991년 9월, 1년 전 68%의 놀라운 지지율로 당선된 아이티의 민선 대통령 장 베르트랑 아리스티드가 쫓겨났다. 아리스티드의 축출과 함께 아이티인에 대한 야만적인 공격이 시작되었다. 그러자 별로 환영하지 않는 미국으로의 대규모 이주가 추진되었다. 그로부터 채 1년도 되기 전인 1992년 4월, 국내 고위급 군 장성들과 결탁한 페루의 민선 대통령 알베르토 후지모리는 스스로 쿠데타를 일으켜 의회를 해산하고 수많은 의원들, 특히 다수당이던 APRA의 지도자들을 감금했다.

베네수엘라는 높은 1인당 국민소득과 안정적인 민간인 통치를 30년 이상 이어오고 있었다. 그러나 1980년대 말 외채 위기에 직면하자 당시 취임을 앞두고 있던 사회민주주의 정당인 민주행동당의 카를로스 안드레스 페레스 대통령은 어쩔 수 없이 극단적인 긴축정책을 실시했다. 그러자 폭동이 일어났고 경찰 진압 과정에서 공식 집계로는 약 300명, 비공식 집계로는 1,000명이 넘는 사망자가 발생했다. 폭동과 진압 이후의 불안과 불만은 군의 공모를 부추겼고, 이는 1992년 두 차례의 실패한 쿠데타로 나타났다.

라틴아메리카의 많은 나라들은 비교적 개방적이고 매우 절충적인 시스템으로 다시 한번 정비되는 듯했다. 그것은 '연성 독재'냐 '강성 민주주의'냐 하는 정치적 선택 스펙트럼 상의 중간지점에 해당하는 것이었다. 그러나 새로운 형태의 권위주의들은 넓게 보면 권위주의로 인식되지도 않았다. 그 이유는 대부분의 경우 억압이 선별적이거나 미세했고, 또 선거는 떠들썩한 선거전과 외국인 참관인을 갖춰 정기적으로 치러졌기 때문이다. 그런 점에서 페루의 사례는 선구적으로 보인다. 1992년 후지모리의 쿠데타 몇 달 후에 새로 치러진 선거는 주요 정당들이 보이콧하긴 했지만 신뢰와 국제적 존중을 회복한 일이었다.

라틴아메리카에서 부정을 일소하거나 실질적인 참여를 확장하지 않은 채 정기적으로 선거를 치르는 것은 낡은 권위주의 체제의 수명을 연장시켜 그 체제를 정당화하는 역할을 해왔다. 예를 들어, 1993년 5월 9일 치러진 파라과이 선거는 거의 50년의 군부 통치 이후 민주주의 이행의 비전을 제시한다는 점에서 국제적인 관심을 불러일으켰다. 1989년의 군사쿠데타로 알프레도 스토에스너 장군의 부패하고 잔혹한 35년 통치가 종식되고 이제 나라가 기력을 차리던 중이었다. 그러나 군, 관료집단, 여당(콜로라도 당)이라는 권력의 삼두마차가 대부분의 자금과 무기, 검표기를 장악하고 있었다. 그럼에도 불구하고 새로운 세대는 민주주의의 개막을 압박하기 위해 행동했다. 표현의 자유와 집회결사의 자유가 점차적으로 널리 지켜졌다. 선거과정에 오점이 없는 것은 아니었지만 야당에게 레버리지 포인트가 주어져 이를 통해 양보를 이끌어낼 수 있게 되었다. 1996년에는 사법부와 선거재판소에 주요 개혁이 이루어졌다.

한편 1990년대의 멕시코 선거들은 정당들 간의 경쟁이 훨씬 커졌다. 친기업적인 국가행동당(PAN)과 좌파 성향의 혁명민주당(PRD)은 국회 의석뿐만 아니라 주요 지방과 시의회 의석도 제도혁명당(PRI)으로부터 빼앗았다. 제도혁명당은 당시 암살, 노골적인 부패의 증가, 한층 대담해진 마약밀수업자들로 인해 심하게 취약한 상태였다. 2000년 대통령 선거에서 국가행동당의 비센테 폭스가 승리하자 대체로 이를 민주주의의 돌파구로 여겼다. 그러나 북미자유무역협정을 통해 미국 및 캐나다와 연결되어 있는 멕시코 경제는 손 큰 도박꾼들에게는 크랩게임이지만 대다수의 사람들에게는 추락하는 엘리베이터였다. 그리고 이들의 좌절은 파업과 시위, 새로운 게릴라 운동의 발발로 표현되었다.

1990년대 말 라틴아메리카 재민주화를 향한 새롭고도 지속적인 추진력은 아이티에 문민정부를 복구하기 위한 미국의 개입이라는 형태로 드러났다. 또 과테말라 정부와 과테말라민족혁명연합(URNG)-마야 원주민공동체를 대표하려는 반란군 연합-은 30년 넘게 이어져온 투쟁에 종지부를 찍는 합의에 도달했다. 인권 침해의 주동자라는 비난을 받던 군과 정보부 세력을 기소하기 위한 온두라스 정부의 진지한 시도들도 있었다.

한편, 세계에서 가장 가난한 아이티조차도 긴축 정책을 요구하는 채권자들의 요구에 부응했다. 1980년대의 중미는 정적들 사이에 무기가 매우 자유롭게 사용되었다면, 1990년대에는 일상적인 무장 노상강도가 빈번했다. 2000년 선거에서 재선된 아이티 대통령 아리스티드는 1991년에 그를 제거한 적 있는 바로 그 군 조직과 준군사조직에 의해 2004년 또 한번 축출당했다. 과테말라는 긴장감이 고조되는 정치 분위기가 있었다. 한편, 페루와 콜롬비아에서는 마약밀수와 게릴라 활동이 여전했고, 이는 불법적이고 잔혹한 군사조직 및 준군사조직의 대응을 도발했다.

1997년 초에는 에콰도르에서 나쁜 소식이 들려왔다. 긴축정책으로 인해 대통령이

해임되는 위기가 생겼고, 그러자 세 사람이 동시에 대통령직을 주장하는 사태가 발생했다. 다행한 일은 적어도 한동안은 위기상황을 빌미로 군의 직접적인 권력 탈취가 일어나거나 하지는 않았다. 이어서 대령이 대통령직을 맡게 되었으나 그것은 선거를 통한 것이었고, 대령은 정치적으로 포퓰리스트이고 민족주의자였다. 오늘날 권위주의 체제는 대부분 치안권이라는 형태를 띤다. 사회불안을 핑계로 삼은 무책임한 정치 때문에 무질서한 거리 범죄와 경제 문제가 양산되고, 더 이상 국가 차원에서는 손을 쓸 수 없을 정도로 심해진다. 그럼에도 불구하고 이들은 민주주의를 치안권의 약속에 부합하지 못한다고 보기 때문에 포기할 준비가 되어 있지 않다.

통제에서 벗어나기

20세기에 들어서면서 가장 인구가 많고 급속한 근대화를 이룬 나라들−예를 들어 브라질, 아르헨티나, 멕시코−은 수출주도형 성장의 분출로 인해 경제 발전에 대한 기대가 싹텄다. 그러나 그렇게 축적된 부는 아래로 내려가지 않았다. 열심히 일한 사람들은 경제 발전의 혜택을 기다리다 지쳤다. 민주주의의 씨앗이 뿌리를 내리기를 기다리는 데에도 지쳤다. 그 결과 브라질에서는 주저하면서도 비교적 평화적인, 그리고 궁극적으로는 성공적인 독립운동이 일어났다. 아르헨티나에서는 광범위한 지지 기반을 가진 정당을 버팀목 삼아 과두 통치에서 중산층 통치로 돌파해 나갔다. 멕시코에서는 총체적인 혁명으로 이어져 농민과 노동자이 한동안 협상테이블에 함께했고, 평등주의 기반의 정당이 약 75년간에 걸쳐 통치를 할 수 있게 되었다.

과거에도 그랬던 것처럼, 21세기에 들어서면서 라틴아메리카는 저렴한 노동력과 광범위한 자원 덕분에 곳곳에서 경제 성장이 분출했고, 그러자 경제 회복에 대한 환상이 생겨났다. 경제학자들이 제시한 통계는 글로벌화된 자유시장의 성공적 흐름은 포착하고 있지만, 그 기저에 흐르는 강렬한 분노와 좌절의 누적을 기록해주지는 못했다. 이번에도 민주주의에 대한 기대는 예전처럼 큰 좌절감을 안겨주었다. 이로 인해 현실에 대한 동요가 일었고 정교하게 구축된 통제시스템에 균열이 생기게 되었다.

라틴아메리카 포퓰리즘의 새로운 단계의 시작은 1998년 베네수엘라의 우고 차베스가 대통령으로 선출된 것이었다. 1990년대에 두 번의 쿠데타가 시도되었다가 실패했는데, 차베스는 첫 번째 쿠데타를 이끌던 대령이었다. 그 대령 상당한 표차로 당선되었다는 것은 베네수엘라 정치 체제에 대한 강력한 거부감이 존재한다는 뜻이었다. 민족주의와 포퓰리즘을 기반으로 하여 당선된 차베스의 뒤를 이어 2002년 에콰도르에서는 2000년 군-원주민 반란을 주도했던 루시오 구티에레스 대령이 대통령에 당선되었다.

다음 장에서 세부적으로 다루겠지만 민족주의와 포퓰리즘이라는 강한 역류는 새로운 박탈감에서 비롯되어 새로운 형태의 조직, 가령 길거리 공연이나 직접 행동 등의 형태로 표현되었다. 그리고 결과적으로는 페루, 에콰도르, 아르헨티나, 볼리비아에서 선거를 통해 선출된 대통령이 물러나게 했다. 혁명의 야심이나 정교한 이데올로기, 정당 프로그램 등은 없었지만 규모와 연대의식, 결단력의 측면에서 막강했던 이 조직들은 베네수엘라, 아르헨티나, 브라질에서는 정권을 인수했다.

2002년 선출된, 주로 '룰라'라는 이름으로 알려진 루이스 이나시오 다실바의 브라질 정부는 반독재 투쟁을 통해 성장한 뒤 매우 강력하고 광범위한 기반을 닦은 노동당에 바탕을 둔 정권이었다. 2004년 멕시코와 우루과이에서는 신좌파 정당이 ― 멕시코에서는 혁명민주당(PRD), 우루과이에서는 프렌테 암플리아(Frente Amplio) ― 여론조사에서 강세를 보였다. 칠레에서도 여당 연합을 주도하고 있던 사회당이 놀라울 정도로 강세를 보였다.

라틴아메리카가 미국의 통제에서 벗어나고 있는 것을 본 부시 행정부는 경악했다. 미국은 '외교적인' 협박과 주장을 통해 말 그대로 공공연하게 니카라과, 엘살바도르, 볼리비아의 선거에 개입해 결과에 영향을 미쳤다. 케케묵은 낡은 수단으로 정권 교체를 유발하기 위해 어설픈 속임수를 쓰기도 했다. 아이티에서는 이 속임수가 성공했고 베네수엘라에서는 실패했다. 더 발전된 나라들의 민주적 지도자들이 우려하는 것은 선거과정 조작을 통해서든 시장 불안과 자본유출을 부추겨서든, 정치참여의 확대와 책임의 강화를 지향하는 모든 움직임을 제압하는 사람들에게 가능한 강력한 행동력이었다.

라틴아메리카의 또 다른 불안 요소는 정치 공작을 위한 민주주의 기금 같은 미 정부의 새로운 출연기관들, 보안이 의심스러운 검표기 같은 신기술의 수출, 새로운 정보수집 수단 등이었다. 멕시코 정부는 미 법무부가 한 회사와의 장기적인 접촉을 통해 멕시코 국민들에 대한 광범위하고 사적인 정보들을 수집한 일을 조사하기 시작했다. 이 회사는 2000년 플로리다 주 선거인명부를 분석해, 수천 명의 주로 흑인 투표자들의 투표권 행사를 못하게 한 바로 그 회사였다. 결국 그 대통령 선거는 몇백 표 차로 당락이 결정되었다.

미국 대통령들은 더 광범위한 정치참여에 대한 라틴아메리카 사회적 약자 대중들의 요청이 일어나자 라틴아메리카 민주주의의 부흥을 약속하며 대륙 전체에 걸친 헤게모니 압박을 더욱 공고히 했다. 그 과정에서 라틴아메리카 사람들은 민주주의를 달성한다는 것은 "통제에서 벗어남"을 의미한다는 사실과, 국가의 주권 없이는 그 어떤 민주주의도 존재할 수 없다는 사실을 뼛속 깊이 새기게 되었다.

21세기 포퓰리즘

21세기에 들어와 포퓰리즘 혹은 중도좌파 민족주의로 흐르는 경향은 더욱 강해졌다. 브라질에서 룰라의 승리가 있고 나서 2004년에는 우루과이에서 중도좌파 성향의 프렌테 암플리오의 리더인 타바레 바스케스가 선출되었다. 프렌테 암플리오는 공포의 반혁명 시기에 그에 동참하거나 편의를 제공한 구 엘리트층에 반대하는 '광범위한' 전선이다. 볼리비아에서는 스페인계 엘리트가 끊임없는 도전을 받으며 자신의 역할을 모색하던 대변동의 시기가 지나가고 2005년 에보 모랄레스가 대통령으로 선출되었다. 그는 볼리비아 최초의 원주민 대통령이었을 뿐만 아니라 코칼레로(cocaleros) — 미국과의 마약전쟁 최전방에서 표적이 된 코카 재배 농민들 — 노동조합의 리더이기도 했다. 같은 해 온두라스의 대통령으로 선출된 자유당 후보 마누엘 셀라야(일명 '멜')도 포퓰리스트 경향을 보여 주었는데, 예를 들어 최저임금을 대폭 인상하는 법의 제정이 그렇다.

이러한 경향은 2006년까지 지속되었다. 아이티의 르네 프레발, 코스타리카의 오스

카르 아리아스, 페루의 알란 가르시아는 초기의 전성기에는 민족주의자였다가 점차 중도파로 옮겨 갔다. 그러나 미첼 바첼렛은 피노체트의 잔혹한 독재의 직접적인 생존자이자 칠레 최초의 여성대통령으로서 칠레의 돌파구로 여겨졌다. 대규모 시위들을 조직해 인기를 얻게 된 라파엘 코레아는 에콰도르 원주민의 취약한 주거지를 다국적 기업들이 잠식해가는 것과 콜롬비아 군대가 에콰도르 영토를 침입하는 것에 반대하는 등처음부터 민족주의적 입장을 보였다. 산디니스타 지도자인 다니엘 오르테가는 부시 행정부의 공개적인 반대에도 불구하고, 혹은 그 반대 덕분인지 2006년 니카라과의 대통령으로 다시 선출되었다.

2007년 아르헨티나에서는 IMF 경제위기를 이겨내고 국가 경제를 회복시킨 인기 있는 페론주의 대통령 네스토르 키르치네르에게서 그의 부인 크리스티나 키르치네르에게 대통령직이 선거를 통해 승계되었다. 크리스티나도 대선출마 이전에 상원의원으로 정치적인 인기를 누리고 있었다. 과테말라 역시 수년간 지속된 인종과 계급 분쟁으로 인한 위험 요소들이 남아 있었음에도 불구하고, 중도좌파 성향의 대통령 알바로 콜롬이 당선되었다. 2008년 도미니카 공화국에서는 민족민주주의의 선구자인 후안 보쉬가 만든 도미니카자유당(PLD)의 레오넬 페르난데스가 선출되었다. 같은 해 파라과이에서는 페르난도 루고 신부가 대통령으로 선출되었다. 그는 수렁에 빠진 전통적인 정당시스템으로부터 벗어나 좀 더 민족주의적이고 포퓰리스트적인 정부를 구성했다. 역사 투쟁의 가치를 뒤늦게 제기하는 흐름도 있었다. 2009년 엘살바도르에서는 파라분도 마르티 민족해방전선(FMLN) 소속인 마우리시오 푸네스가 대통령에 뽑혔는데, 엘살바도르 혁명 투쟁을 대표하는 최초의 대통령이었다. 우루과이에서는 투파마로스(Tupamaros)라는 청년 반란군에서 정치 경력을 시작한 프렌테 암플리오의 호세 무히카가 선출되었다.

전통 부유층과 신흥 부유층의 이익을 위협하는 강력한 궤도는 당연히 반대되는 경향을 유발했다. 2009년 보수당 후보인 리카르도 마르티넬리가 파나마 대통령이 된 것이 그 예다. 더 결정적인 예는 2006년에 있었던 멕시코와 콜롬비아의 대통령 선거다. 멕시코에서는 개표 막판까지 민주혁명당 후보 마누엘 로페스 오브라도르가 분명히 앞서고 있었는데, 컴퓨터 오작동이 있고 난 후 그 결과가 사라지고 없었다. 개표가 재개된 후 보수성향의 여당 국민행동당의 펠리페 칼데론 후보가 근소한 차이로 앞서더니 결국 승자가 되었다. 그런데 이 사건으로 벌어진 시위들은 평화시위였고 그나마 시간이 흐르면서 흐지부지되었다. 그러나 마약 마피아 폭력과 경제난이라는 멕시코의 복합적 위기는 정치적 분쟁의 긴장이 지속되리라는 사실을 암시한다.

콜롬비아에서는 2006년 알바로 우리베 대통령의 재선도, 그의 3선을 가능하게 한 헌법 개정도 강한 공론을 불러일으키지 못했다. 가장 큰 논란은 여전히 중앙 정부가 주장하는 영토 관할권에 대한 것이었다. 미국의 보조를 받은 정부의 반 콜롬비아혁명군(FARC) 전쟁과, FARC이 어느 정도 지배력을 가지고 있는 지역 — 한때는 콜롬비아 영토의 40~60%에 달한 적도 있다 — 에 사는 농부들 문제는 옆 나라들과 나아가 대부분의 라틴아메리카 지역에게 중요한 관심사가 되었다.

지역적으로 잘 조직된 라틴아메리카의 민족주의 신생 정부들에 대한 관심이 지속되던 2009년 6월, 온두라스의 대통령 셀라야가 군부에 의해 축출되었다. 그리고 11월 적법성이 의심되는 선거를 통해 중도우파 민족당 후보인 포르피리오 로보가 대통령이 되었다. 오늘날의 라틴아메리카 지도자 세대는 선거에 의한 포퓰리스트 정부가 군사 쿠데타의 희생양이 될 때 민주주의 강화를 지향하던 처음의 흐름이 어떻게 되는지를 매우 잘 기억하고 있다. 가장 최근에 있었던 온두라스의 선거 결과를 인정한 나라는 많지 않다. 아메리카 대륙에서는 단 네 나라뿐이며, 그나마 그중 하나는 미국이다. 미군이 콜롬비아 주변에 일곱 개 군사기지를 사용할 수 있도록 하는 협약이 맺어진 사건에 뒤이어 이 사건이 일어나자 오바마 행정부는 대부분의 라틴아메리카 국가들과 불편한 관계가 되었다. 오바마가 미국 대통령이 되었을 때 아마도 미국 안에서보다 라틴아메리카에서 더 인기가 높았음을 생각하면 서글프고 아이러니한 일이다. 라틴아메리카 사람들은 미국 대통령이 라틴아메리카 한복판에 민주주의가 만발하게 할 의지가 있거나 능력이 있으리라는 생각은 하지 않는다. 그러나 그렇게 될 수 있도록 지지하고 허용하는 미국 대통령이 나올 것이라는 희망은 버리지 않는다.

추천도서

Charles W. Anderson은 Politics and Economic Change in Latin America(Princeton, N.J.: Van Nostrand, 1967)에서 발전이론 관점에서 유용한 정치행위자 모델을 제공했다. 그들은 누구이고, 어떻게 정치참여와 권력을 추구해 가는지에 대해 다루고 있다. Martin C. Needler의 Political Development in Latin America: Instability, Violence, and Evolutionary Change(New York: Random House, 1968)는 경제발전과 정치발전의 관계에 대한 최신 연구의 전조가 되고 있다.

1970년대 반혁명의 경향을 다루는 데 있어서 가장 널리 통용된 패러다임은 Guillermo O'Donnell의 Modernization and Bureaucratic – Authoritarianism: Studies in South American Politics(Berkeley: Institute of International Studies, University of California, 1973)에서 제공되고 있다.

Penny Lernoux의 Cry of the People(New York: Doubleday, 1980)은 혁명과 반혁명에 직면하여 일어난 교회의 역할 변화를 서술하고 있다. 라틴아메리카 근대 군의 역할은 Philippe C. Schmitter(ed.)의 Military Rule in Latin America: Function, Consequences, and Perspectives(beverly Hills, Calif,: Sage, 1973)에서 다뤄지고 있다. 1980년대의 군부 퇴진 및 '재민주화' 흐름은 James M. Malloy와 Mitchell A. Seligson의 공동 편저 Authoritarians and Democrats: Regime Transition in Latin America(Pittsburgh: University of Pittsburgh Press, 1987), Larry Diamond, Juan J. Linz, Seymour Martin Lipset의 공동 편저인 Democracy in Developing Countries 제4권 Latin America (Boulder: Lynne Rienner, 1989), 그리고 Robert A. Pastor가 편하고 지미 카터 대통령과 라울 알폰신 대통령이 서문을 단 Democracy in the Americas: Stopping the Pendulum(New York: Holmes & Meier, 1989)에서 다루고 있다.

Cole Blasier의 The Hovering Giant: US Responses to Revolutionary Change in Latin America (Pittsburgh: University of Pittsburgh Press, 1976)는 혁명을 대하는 미국의 태도를 다루고 있다. Jan Knippers Black의 United States Penetration of Brazil (Philadelphia: University of Pennsylvania Press, 1977)은 민주정권들을 불안정화하고 반혁명을 고무시키는 미국의 역할을 다루고 있다. 라틴아메리카를 비롯한 제3세계 국가들의 정치에 대한 미국의 개입을 더 전반적으로 포괄하고 있는 책은 Noam Chomsky와 Edward S. Herman의 The Political Economy of Human Rights 제1권 The Washington Connection and Third World Fascism (Boston: South End, 1979)이다.

걸음마 단계 및 성숙기의 혁명체제에 관한 주목할 만한 책으로는 Martin C. Needler의 Mexican Politics: The Containment of Conflict, 3d ed.(New York: Praeger, 1995), Jorge Domíngeuz의 Cuba(New Haven: Yale University Press, 1979), 그리고 Thomas W. Walker의 Nicaragua: The Land of Sandino (Boulder: Westview, 1981)가 있다. 발전이 뒤처진 안데스 국가들을 다루고 있는 책에는 David Scott Palmer의 Peru: The Authoritarian Tradition(New York: Praeger, 1981), Osvaldo Hurtado의 Political Power in Ecuador, trans. Nick Mills(Albuquerque: University of New Mexico Press, 1980)가 있다. 베네수엘라 우고 차베스의 21세기 포퓰리즘은 Steve Ellner의 2009년 저서 Rethinking Venezuelan Politics에서 짚어주고 있다.

반혁명체제의 뿌리와 갈래에 대해서는 Alfred Stepan(ed.)의 Authoritarian Brazil: Origins, Policies, and Future(New Haven: Yale University Press, 1973), Arturo Valenzuela의 The Breakdown of Democracy in Chile(Baltimore: Johns Hopkins University Press, 1978), 그리고 Peter G. Snow의 Political Forces in Argentina(New York: Praeger, 1979)에서 다루고 있다. 칠레의 군부집권기에 관한 기밀해제문서들은 Peter Kornbluh의 The Pinochet File: A Declassified Dossier on Atrocity and Accountability (New York: New Press, 2003)에서 정리, 분석되어 있다.

격동의 중미에 관한 저명한 책으로는 Stephen Schlesinger와 Stephen Kinzer의 Bitter Fruit: The Untold Story of the American Coup in Guatemala(New York: Doubleday, 1982), Cynthia Arnson의 El Salvador: A Revolution Confronts the United States(Washington, D.C.: Institute for Policy Studies, 1982), Peter Calvert(ed.)의 The Central American Security System: North — South or East — West?(Cambridge: Cambridge University Press, 1988), 그리고 Peter Kornbluh와 Malcolm Byrne의 The Iran — Contra Scandal: The Declassified History(New York: New Press, 1993)를 들 수 있다.

군의 정치적 잠재력에 관한 최근의 평가는 Alfred Stepan의 Rethinking Military Politics: Brazil and the Southern Cone(Princeton, N.J.: Princeton University Press, 1988)과 Brian Loveman과 Thomas M. Davies Jr.의 공동편저 The Politics of Antipolitics: The Military in Latin America, 3d ed.(Wilmington, Del.: Scholarly Resources, 1996)에 나타나 있다.

카리브와 중미에 관한 냉전 이후의 저작에는 Anthony Payne과 Paul Sutton의 공저 Modern Caribbean Politics(Baltimore: Johns Hopkins University Press, 1993)와 Thomas W. Walker(ed.)의 Nicaragua Without Illusions: Regime Transition and Structural Adjustment in the 1990s(Wilmington, Del.: Scholarly Resources, 1997)가 있다.

20세기 라틴아메리카 정치에 관한 유용한 개괄은 Lars Schoultz의 Beneath the United States (Cambridge: Harvard University Press, 1998)와 Paul Drake의 Between Tyranny and Anarchy: A History of Democracy in Latin America(Palo Alto, CA: Stanford University Press, 2009)에서 찾아볼 수 있다.

미주

1) Charles W. Anderson, *Politics and Economic Change in Latin America*(Princeton, N.J.: Van Nostrand, 1967).

2) Martin C. Needler, *An Introduction to Latin American Politics: The Structure of Conflict*(Englewood Cliffs, N.J.: Prentice – Hall, 1977).

3) Karl Deutsch, "Social Mobilization and Political Development," *American Political Science Review*, September 1961.

4) 학자에 따라 1948년 코스타리카의 시민항쟁을 혁명으로 보기도 한다. 그런가 하면 이를 반혁명으로 보는 학자들도 있다. 이 글의 관점은 복합적이다. 사회의 상층부와 하층부 모두에게 득실이 있었기 때문이다. 그러나 이 사건이 점진적인 진화 과정을 근본적으로 바꾸지는 못했다.

5) 1978년 봄 알부르케르케에서 있었던 파스 에스텐소로와의 대담이다. 그는 대통령 재임시절 알티플라노의 마을에서 온 농민대표들에게 초청된 일을 이야기했다. 마을에 전화 설치와 라파스로 가는 길을 이어줄 교량 설치를 요청하러 온 사람들이었다. 파스 에스텐소로는 정부에게 요청이 너무 많아 국고가 바닥났다고 대답했다. 그러자 대표부 대변인이 대답했다. "대통령 각하. 화난 폭도가 비아로엘 전임 대통령을 가로등에 매달았던 사실을 기억하실 겁니다. 만일 각하께 반혁명 무리가 찾아오면 우리에게 전화를 거십시오. 그러면 우리가 교량을 건너 당신을 구하러 오겠습니다." 그렇게 해서 그들은 전화와 교량을 가질 수 있게 되었다는 이야기였다.

11. 여성과 라틴아메리카 정치 참여, 시민권과 민주주의

제인 S. 자케트(차경미 옮김)

라틴아메리카 정치에 있어서 여성의 정치참여는 여성운동과 유권자의 관점에서뿐만 아니라 정치행위의 새로운 중심자로서 매우 의미 있는 요소가 되어 왔다. 이번 장에서는 여성의 정치참여 변화 형태와 이러한 변화가 사회적 이슈에 어떠한 영향을 미쳤는지에 대해 초점을 맞추어 논의할 것이다. 논의는 다음 세 가지 형태로 여성의 정치화를 검토할 것이다.

첫 번째로 역사적 과정에서 여성의 정치참여의 관한 논의다. 라틴아메리카 여성의 정치참여는 남성우월주의와 교회로부터 억압되어온 관습에 반하여 여성은 식민시기 19세기 초 독립운동가로서 그리고 20세기 사회와 정치변화를 주도한 세력으로서뿐만 아니라 정치와 경제활동에 있어서도 오랜 시간 동안 활발하게 참여해 왔음을 보여 주었다.

두 번째는 사회운동의 형태로서 여성의 정치참여에 관한 부분이다. 1970년대 중반에서 1980년대 후반 여성운동의 상승 기폭제로 "여성을 위한 유엔 10년(UN Decade for Women)"이 1975년에 멕시코시티에서 개최되었다. 그리고 라틴아메리카 사회운동에서 여성의 활동은 아르헨티나의 군부독재 당시 살해되거나 실종당한 가족의 어머니들이 결성한 '오월 광장 어머니회(Madres of the Plaza de Mayo)'로부터 영향을 받았으며, 여성은 억압적인 군부정권에 대항하여 인권운동에서 주도적 역할을 담당했다. 도시 변두리를 거점으로 활동하던 여성운동단체들이 1980년대 지역 경제의 불황을 계기로 생존투쟁을 위해 함께 목소리를 내기 시작했다. 이 기간 동안 여성들은 중앙아메리카에서 발생한 내전과 남미 원뿔꼴지역(브라질, 파라과이, 우루과이, 아르헨티나 그리고 칠레로

284 라틴아메리카 문제와 전망

형성된 지역) 그리고 페루에서 등장한 군부독재에 저항했다. 여성들은 1980년대와 1990년대 등장한 민주주의 정부에서 여성 관련 이슈를 위한 공간을 요구하면서 자신들의 권리 안에서 정치적 주체로서의 여성의 인식을 통합해 나아갔다.

게임의 규칙이 변화된 민주화로 이행되었지만 사회운동은 쇠퇴해 갔고, 집회운동은 정치적 표현의 논란이 되었다. 세 번째는 여성의 정치참여에 관한 성공과 실패 두 사례를 나눠 살펴볼 것이다. 국가페미니즘은 행정부 내에서 여성의 시각으로 여성의 정치참여 제도화를 위한 여성부 설립을 추진했고, 입법부에서는 여성 대표자들의 양적 팽창을 위한 여성 할당제 수용이 대표성과로 꼽힌다.

라틴아메리카에서 여성의 역할과 권리에 관한 변화는 여성의 공적인 역할 뿐만 아니라 일상생활에도 영향을 주었다. 이것은 여성의 경제, 정치 그리고 자손번영의 권리와 여성의 권리에 반하는 법의 폭력에 대한 보다 광범위한 인식을 지닐 수 있게 한 가족법에 대한 법적개혁을 가능하게 만들어준 다양한 요인들로부터 생산되어왔다. 모든 라틴아메리카 국가들은 UN의 여성차별철폐협약(UN Convention on the Elimination of Discrimination Against Women; CEDAW)에 가입했고 여성에 반하는 폭력에 대하여 지역 협정을 체결했다.

여성들의 정치참여와 페미니스트 사이에서 진행된 목표와 전략에 관한 논쟁은 민주주의가 해당지역에서 어떻게 진전되었는지의 방식과 연관되어 있는지에 대해 결론을 얻었다. 1990년대 라틴아메리카 정치와 경제적 시스템이 대의민주주의 원칙과 시장중심의 경제정책을 포괄한다는 가정은 신자유주의 경제정책에 대안으로 떠오르고 있는 좌파적 성향의 새로운 리더들로부터 도전받았다. 페미니스트들은 동시대의 포퓰리즘이 새로운 정치적인 의미와 타당성을 부여하는 토착적 정체성의 정치학으로 견고하게 성장하고 있는 다원주의를 포용하고 있지만, 공적영역에서 양성평등을 위한 여성의 요구에 크게 도움이 되지는 않았다.

새로운 발전은 30년 넘게 진행되어온 라틴아메리카 여성운동의 괄목할 만한 성공을 동반하지도 않았고 여성이 자신들의 삶을 스스로 통제할 수 있도록 역전시키는 정치운동도 등장하지 않았다. 하지만 페미니스트들은 여성 자신들을 위한 새로운 이슈와 새로운 도전과제들을 만들어 냈다.

역사적 체계

여성은 스스로가 여성정치운동사에 대해 무관심할 때 정치영역으로부터 좀 더 쉽게 배제당할 수 있다. 동 시대의 여성운동과 여성학은 식민시기 이전부터 현재까지 여성의 공적, 사적영역과 관련하여 크게 성장하였다. 밀러(Francesca Miller)는 여성이 라틴아메리카에서 사회정의를 위한 광범위한 투쟁의 필수적인 부분이 되어 왔다고 설명한다.[1] 여성은 원주민과 백인의 만남에서 그리고 유럽정복자에 대항한 독립전쟁에서 중요한 역할을 담당했다. 예를 들어 코르테스(Hernán Cortes)의 통역을 담당했고 그의 정부였던 라 말린체(La Malinche)는 자신의 부족을 팔아 버린 반역자로 널리 알려졌다고 옥타비오 파스(Octavio Paz)는 묘사한다. 그러나 토트로브(Tzvetan Todorov)는 다른 시각으로 그녀의 모습을 제시한다. 그는 말린체로 인해 아즈텍 제국이 무너진 것이 아니라 말과 총을 보유하지 않은 아즈텍 제국에 대한 스페인의 압도적인 무기의 승리라고 주장한다.[2]

밀러는 신세계에서 유럽 여성들은 단순히 주체성이 형성되지 않은 응석받이 엘리트들이었다고 우리에게 몇 가지 예를 제시하며 주장한다. 식민시대 노예무역을 통해 아프리카로부터 유입된 여성들은 식민시대 이후 라틴아메리카의 특징을 나타내는 인종의 다양한 혼합의 또 다른 요소로 작용했다. 원주민과 흑인 라틴아메리카 여성들은 노예제와 스페인 식민정책에 대항하여 적극적으로 저항했다.

아마도 식민지시대에 가장 뛰어난 여성 지식인은 수녀 크루즈(Sor Juana de la Cruz, 1648~1695)였을 것이다. 훌륭한 시인이었으며 멕시코시티에 위치한 식민총독부의 신임을 얻었던 그녀는 수도원을 지적인 장소로 변화시켰다.[3] 교회에 의해 규율화된 공적인 자기희생의 삶은 버렸고, 전염병으로 고통받고 있는 동료 수녀들을 간호하면서 생을 마감했다.

어떤 이들은 소르후아나의 삶은 여성으로서 결혼 혹은 수도원을 강요하는 가족과 교회의 가부장적 권력의 전형적인 예가 된다고 한다. 그러나 밀러는 그것은 일반화하기에는 무리가 따른다고 주장한다. 식민시대의 여성의 권력은 부, 인종, 혼인 여부, 교육 그리고 도시와 농촌거주와 같은 다양한 요인과 관련이 있다고 말한다.[4]

19세기 초 독립전쟁 때문에 혁명의 영향을 받고 민족주의의 아이콘으로 변한 영웅적 여성들이 많았다. 아마도 가장 유명한 예로는 스페인에 저항한 죄로 1817년 20살의 나이로 공개사형당한 콜롬비아의 일명 "라 폴라(La Pola)"로 불리는 살라바리에타 (Policarpa Salavarrieta)일 것이다. 그러나 한동안 독립 영웅으로서 여성의 이미지는 혁명의 한 귀퉁이에서도 그 자리를 찾아볼 수 없었다. 국가에 대한 여성의 가장 중요한 의무는 자신의 아들을 전쟁에 보내야 하는 전쟁 희생자 역할이었다.[5] 볼리바르(Simon Bolivar)는 남성과 나란히 어깨를 겨뤘던 아마존 여성들의 용맹을 인식하고 있었지만, 그는 "공적인 영역에서 절대 남성과 여성이 섞여서는 안 된다"라는 견해를 수정하지 못했다. 그리고 여성의 역할은 무엇보다도 "가족에 대한 봉사와 가사노동이 첫 번째 의무"라고 말했다. 그럼에도 불구하고 밀러는 역사에 남겨진 여성은 "현대판 정치행동주의의 선구자"라고 결론을 맺었다.[6]

도어(Elizabeth Dore)에 의하면 19세기 동안 교회가 결혼 안에서 성적 불평등을 공식적으로 지지하고 남성의 재산을 방어했기 때문에 여성의 권리는 세속화에 의한 불이익과 재산과 관련된 자본에 의해 점차적으로 불리하게 작용했다고 주장해왔다.[7] 니카라과 원주민 사회 디리오모 연구에서 도어는 19세기 동안 니카라과 지방정부는 "규칙과 감시의 권력"에서 "가사문제 통제"로 가부장제를 현대화하였다고 주장했다.[8]

20세기로 넘어오면서 라틴아메리카 여성운동은 체계화되기 시작했다. 우선 1910년 첫 국제 페미니스트 회의가 라틴아메리카에서 개최되었고, 1916년 북아메리카와 라틴아메리카 여성들은 범아메리카 국제여성위원회를 구성하기 위해 단결했다. 그리고 이후 1922년 국제여성개발연맹에서는 국제연맹 안건에서 여성의 선거권 쟁취를 위한 캠페인을 시작했다.[9]

여성의 역할에 대해 배타적인 태도가 승리한 곳에서 비록 이러한 노력은 폭넓은 지지를 이끌어내지는 못했지만, 라틴아메리카 여성 지도자들은 그들의 국제적인 네트워크를 활용하여 지속적으로 여성의 지위 개선을 위한 압력을 행사했다. 그들의 전략은 현대 많은 사회운동의 성공에 이바지한 "지역"과 "글로벌" 상호 간의 연결 강화를 예상한 것이었다. 라틴아메리카 여성은 국제포럼에서 지도적 역할을 계속했다.[10] 브라질, 도미니카 공화국과 멕시코의 여성들은 UN헌장 첫 번째 단락의 "남성과 여성의 평등한 권리"라는 문장을 포함시킨 것에 대한 책임을 지니고 있다.

20세기 사회와 혁명에서 여성의 참여는 자본주의 체제와 가부장제 그리고 국가권력의 융합에 도전을 받았다. 1910년 멕시코 혁명에 여성이 개입되었으나 1917년 멕시코 헌법에서 여성의 영향은 미약했다. 그와 대조적으로 1959년 쿠바와 1979년 니카라과 혁명 당시 여성은 혁명정부에서 괄목할 만한 역할을 담당했었고, 새로운 헌법에서 여성의 권리가 채택되었다.

여성권리에 관한 이슈들은 치아파스와 살바도르에서 시작된 게릴라운동의 도약으로 강화된 마르크스주의 이데올로기의 공헌으로 논의되었고 양성평등문제는 제기되었다.[11]

민주주의로 이행에 있어서 여성운동

초기 라틴아메리카인들은 미국과 유럽을 휩쓸고 있는 제2의 페미니즘 물결에 대해 무관심했다. 페미니스트들은 "쾌락주의" 혹은 가족과 남성에게 적대적인 "이기주의"라고 묘사되었다. 좌파들은 페미니즘을 계급초점에 필요한 방향을 전환하기 위한 "기분전환용"이라고 평가한 반면, 우파들은 와이프와 어머니의 "여성 본연의 역할"에 대한 공격이라고 비판하면서 페미니즘을 반대했다. 좌우 양 진영은 페미니즘을 문화제국주의 한 방식이라는 꼬리표를 붙였다. 트리뷴은 1975년 멕시코 시티에서 개최된 회의에 대표단으로 참석한 많은 라틴 아메리카 여성들의의견을 수용하여 북아메리카 페미니스트들은 라틴 아 메리카 여성억압의 주요원인이 가부장제가 아닌 산업화된 부유한 북아메리카에 의해 행해지는 남아메리카에 대한 경제적 착취의 의존성이라는 사실에 대해 인식하지 못했다고 보도했다. 반대로 북아메리카 페미니스트들은 라틴아메리카 여성들이 여성으로서의 억압을 인정하는 것을 거부하는 "허위의식"의 피해자로 평가했다. 그러나 양진영모두 설득력있는 주장은 아니었다.

페미니스트 운동이 일부 라틴아메리카 국가에서 모습을 드러내기 시작했다. 1970년대 후반 페미니스트와 페미니스트가 아닌 여성단체들도 페루와 남미 원뿔지역에서 군부독재 체제에 저항하는 괄목할 만한 역할을 담당하기 시작했다. 한동안 남미 그리고 이후 중미지역에서 페미니스트들은 이행으로부터 출현한 민주주의에 대한 국내 논쟁에서 여성의 경제적인 소외, 반폭력 그리고 여성법 및 자손번영의 권리를 이슈화했다.

1980년대 여성운동은 각기 다른 계급과 권위주의적인 군사정부에 대항하는 여성의 역할에 의해 등장한 다양한 아젠다를 지닌 여성단체들의 느슨한 연결이었다. 도시의 가난한 여성들은 치과진료, 보육시설 그리고 도시서비스 같은 특수한 요구나 혹은 소비자 거부를 위해 수십 년간 여성운동을 조직해 왔다. 1973년 첫 석유파동 이후 불경기가 시작되고 1980년대 "잃어버린 10년" 동안 경기는 악화되었다. 여성조직은 증가되었고 결국 격렬한 민중의 에너지가 민주주의를 위한 투쟁으로 나타났다.

소니아(Sonia Alvarez)는 멕시코시티에서 개최된 UN회의는 최초로 브라질의 젠더 불평등에 관한 이슈를 우려한 여성들에게 영향을 주었다고 묘사했다. 이 회의는 아직도 좌파에게 가해지는 정치행위 제약에 대한 새로운 토론의 장을 만들어 주고 있다. 비록 유명 인사들과 대중을 기반으로 한 여성단체들은 결코 이들을 페미니스트로 인정하지 않았지만 브라질 페미니스트들은 결합된 사회 계층을 아우르고 대중을 기반으로 한 여성 운동은 자신들이 선두주자라고 언급했다.[12] 비록 유명인사들과 대중을 기반으로 한 여성단체들은 결코 이들을 페미니스트로 인정하지 않았다. 그러나 회의에서 균열된 페미니스트의 목소리로 나오는 이슈들은 여성의 사적영역에서 공통된 견해를 발견했다. 많은 페미니스트들, 특히 좌파에서 활동한 페미니스트들은 여성운동을 위해 성장하는 페미니스트들의 책무 그리고 페미니스트들과 정당과의 연결의 균열을 메우는 것이었다. 브라질은 지역의 다른 국가와 마찬가지로 여성운동연합의 협상이 여성이슈에 대해 좀 더 주위를 기울이기 위해 동요하는 동안 페미니스트들은 정당을 가로질러 다른 여성들과 함께 협력 혹은 대결 양방면에서 행동을 유지해야 하는 이중 전쟁 상태에 놓였다.

여성인권단체는 곧 국제적 관심을 끌었다. 1977년 아르헨티나 군사 쿠데타 1년 후 14명의 여성들은 쿠데타로 인해 사망하거나 투옥당했다. 그러나 여성들은 이에 굴하지 않고 고문을 받아가며 "사라진 아이들"을 되돌려 달라고 외치며 대통령 궁 앞 거리를 행진했다.[13] '5월광장어머니회'는 그녀들의 용기뿐만 아니라 페미니스트의 이론과 행동을 위한 여성의 정치화 측면에서 끼친 영향에 주목할 만하다. 5월광장어머니들은 군사정권에 대항한 어머니들로서 전통적인 여성의 역할을 수행한 주부들이었다. 보바드(Marguerite Bouvard)의 글에 따르면 5월광장어머니회인 '더 마드레스(The Madres)'는 수동성과 모성을 부정함으로써 아르헨티나 사회의 냉소주의와 군국주의에 도전하였고 평등을 기초한 조직과 애정의 결속 그리고 급진적인 목표 진척에 공헌했다.[14]

유명 여성단체들은 새로운 종류의 실험을 진행했다. 페루와 칠레의 여성들은 채무위기로 국가경제가 악화되자 도시빈민가에 거주하는 가족의 생계를 위해 '공동주방'을 만들었다. 1986년 바소데 레체(Vaso de Leche) 프로그램을 통해 페루의 여성들은 리마에 거주하는 수백만의 아이들에게 매일 우유를 공급해 주었고, 1988년 리마 부근에 거주하는 가난한 여성들을 위해 600개의 급식시설을 만들었다. 이러한 계획은 지자체, NGO 및 교회의 지원으로 추진되었는데, 이것은 여성이 경제와 정치 운영 능력을 배양하는 기회가 되었다.[15]

'더 마드레스'와 '공동 주방'과 같은 라틴아메리카의 여성운동은 현실적인 예로 이제 막 논쟁이 시작된 북미 페미니스트에게 "형평성"보다 "차이"가 페미니스트 이론과 실천에 중심이 되어야 한다는 생각에 영향을 주었다. 이들의 주장에 따르면 여성은 개인주의와 경쟁 같은 남성적 특징에 찬성하여 기울어진 시민권의 정의 그리고 폭력에 기초한 권력을 바탕으로 한 자유주의적 전통의 남성편견주의에 대해 경계한다.16) "공격적인 모성애"는 초기 북미 페미니스트 제2물결과 대조적으로 여성이 가족의 지지를 동원할 수 있는 가능성을 만들어 주었다.17) 이것은 "자손번영, 집안일, 어린이의 사회화, 성생활 등" 자연의 영역에서 정치적인 영역으로 이슈화되었다. '더 마드레스'는 간디(Gandhi)와 루터 킹(Martin Luther King Jr.)이 비폭력을 통하여 정치영역의 변화를 초래하는 반면 개인의 관심사를 뛰어넘어 여성의 결속을 통해 여성이 정치에 입문할 수 있다는 것을 보여 주었다.18)

그러나 이러한 사상들은 무비판적으로 수용되지 않았다. 마루하 바리그(Maruja Barrig)는 "'공동 주방'에서 시민으로서 혹은 자신이 속한 지역사회 변화의 역동적인 대변인으로서 여성은 권력 가치변화에서 성공적이지 않았다." 이와 함께 공적 덧붙여서 공적 영역에서의 일관성 있는 연결의 결여는 지역과 지방자치단체 정치에서 잘못된 이분법의 강조로 인해 여성의 정치차원의 일상생활이 사적영역으로 분리된 채로 머물러 있다고 말했다.19) 미라아 델 카르멘 훼후(María del Carmen Feijoó)는 '더 마드레스'의 사례는 전통적인 보수 가톨릭교회로부터 가장 강력한 지지를 받아온 노동의 가부장적인 성 분업을 위한 현대화와 세속화가 제공한 우려로 인해 여성이 보다 더 적극적으로 정치에 참여할 수 있게 한 것이라고 인식했다.20) 빅토리아 로드리게스(Victoria Rodríguez)는 멕시코의 민주주의 이행기인 1980년대와 1990년대 사이 여성의 정치운동과 교회의 변화 및 여성의 경제적 역할 관계를 통해 여성과 정치에 관한 연구를 수행했다.21)

1980년대 외채위기와 정치구조의 변동은 더 많은 멕시코 여성들을 마킬라도라(maquiladoras)의 비공식 부문의 노동시장으로 밀어냈다. 비록 여성들이 공식부문과 노동조합이 결성된 안정적인 일자리 제공에서 상대적으로 소외되어왔고, 임금은 남성의 절반을 차지했으며, 여성은 경제 사정이 나아졌을 때 종종 가정으로 돌아왔지만 로드리게스는 여성의 소득은 "되돌릴 수 없는" 것이라고 설명했다. 왜냐하면 남성은 여성의 의사결정과 가정 민주주의에서 결정적인 영향을 행사했고, 여성은 보다 민주주의적인 환경을 동반한 가정에서 더 강력한 역할을 요구했기 때문이다.22)

또 라틴아메리카 지역에서 다른 경향은 여성이 가장인 가정이 증가하고 있다는 것이다. 경제실패의 지표로 평가하는 보수적인 견해와 달리 실비아 찬트(Sylvia Chant)는 긍정적인 효과들을 발견했다. 여성이 가장인 가정들은 남성이 가장인 가정들과 달리 더 많은 선택권이 주어진다. 직업을 가진 여성들은 자신이 가장일 때 수입의 대부분을 가족을 위해 지출하려고 노력한다. 그리고 여성은 남성보다 가족을 위해 자신의 수입을 더 많이 할당하고 자녀들의 영양공급과 교육기회 향상을 위해 노력한다. 찬트의 견해에 따르면 여성이 가장인 가정은 가부장적인 가족의 정의를 전복시킨다.[23]

1970년과 1980년 동안 여성운동은 군사정권에 대항하는 활동적인 역할로 인식되었다. 그리고 이것은 새로운 민주정부 안건에 여성과 페미니스트들의 이슈상정에 영향을 주었다. '여성을 위한 10년' 동안 개최된 3회의 걸친 UN 회의에서 각국은 여성의 지위에 관한 리포트를 발표했고, 지난 10년 UN 단체 그리고 NGO들은 자국 내 여성들의 지위와 관련된 리포트를 발표하는 동안 지속적으로 여성에 관한 새로운 연구결과들을 생산했다. 이러한 연구결과에 의하면 자원과 사회복지 사업에 접근해 있는 여성들의 경우 경제적으로 남성에 비해 불리한 위치를 차지하고 있고 남성과 정치적으로 비교될 뿐만 아니라 또한 여성들 중에서도 극적인 계급격차를 보여주었다고 발표했다.[24]

UN 공식회의와 제휴하여 개최된 NGO 모임을 통해 여성은 정보와 전략을 공유하기 위해 지역과 세계를 연결하는 여성단체 조직에 심혈을 기울였다. 10년 동안 3회에 걸쳐 공식회의가 개최되었고, 1995년 베이징에서 개최된 네 번째 회의에서 여성들은 행동발판으로 삼을 새로운 국제규범인 1979년 여성차별철폐협약을 채택했다. 그리고 점차적으로 모든 라틴아메리카지역국가들은 결국 이것을 인정했다.[25]

민주주의와 대의권

민주주의로 회귀하면 정당은 사회운동을 주된 관심의 대상으로 상정했다. 여성운동은 헌법 제정에 활동적으로 참여했다. 그리고 새로운 민주주의 정부에서 무엇이 우선되어야 하는가에 대한 국가정책토론을 진행하면서 초기 성공을 거두었다. 예를 들어 브라질의 경우 여성과 관련된 이슈들을 다룬 수십 개의 수정안건이 헌법으로 채택될 수 있도록 "립스틱 로비"가 실시되었다. 일부 국가에서는 여성내각을 선출하거나 더 넓은 위임이 여성에게 배당되었다.

그러나 남성이 지배된 정당에서 여성이슈들은 소홀히 취급되었고 구조상 조정정책은 국가가 사회프로그램에 할당할 수 있던 자원의 제한으로 어려웠다. 여성이슈에 관한 그들의 어려움은 집요한 독재경향, 부정부패, 고조된 개인 간의 불신과 사법제도에 의해 타협이 침투된 지역민주주의에서 제도적 취약함에 의해 유지되었다. 사회운동은 위기에서 시작되고 위기가 끝나면 종종 사라진다. 군이 병영으로 들어오면 여성은 계층, 인종 그리고 페미니스트의 목표를 위한 헌신의 정도에 의해 얼마나 깊게 분리되어 있는지 분명해진다. 비록 환경과 인권운동도 1990년대 동안 영향력을 상실했지만 여성운동은 이보다 더 큰 타격을 입었다. 여성은 지역적으로 분산되었고, 소수 민족과 원주민에게 참정권을 부여하는 지역에 기반을 둔 블록투표(대의원에게 그가 대표하는 사람 수만큼의 표수를 인정하는 투표 방식) 전략을 사용할 수가 없었다. 라틴아메리카에서 흔한 비례대표제는 일부 정당에서 그들의 공약에 따라 후보자 선택이 허용된다. 그러나 녹색환경당의 여성운동은 동등하지 않았다. 인권단체의 여성에 관한 안건은 그들의 목표 추구를 가능하게 할 수 있는 진정한 임무와 동일한 전략을 허용하지 않았다.

페미니스트들은 이혼과 자손번영의 권리 같은 이슈들을 적극적으로 취급했는데 "자주적인"이라고 칭하는 여성그룹과 자신들이 종종 반대했던 정부나 정당에 선임되는 것을 거부하는 페미니스트 내부 사이에 역시 의견이 분리되었다. 그리고 페미니스트들은 시스템 안에서 활동하기를 원했다. 게다가 많은 페미니스트 단체들과 여성단체들은 자신들의 독자적인 안건을 가지고 있었고, 회계절차와 NGO 너머 풀뿌리 단체가 호의로 설정한 다른 가이드라인을 따르게 하는 국제 자금지원단체에 의존했다. NGO는 지도자와 풀뿌리여성들 사이에 인종 및 계급 격차에 관여하기보다는 오히려 서비스를 제공하고 점점 더 전문적으로 변하였다. 소니아는 이러한 현상을 "NGO화(NGOization)"라

고 부른다.26)

이러한 변화를 통하여 페미니스트들과 여성그룹들은 여성문제가 계속적으로 이슈화될 수 있는 다양한 전략을 시도했다. 국가 입법부를 위한 국가 페미니즘과 성 할당제는 중요한 영향으로 받아들여졌다.

국가 페미니즘

브라질 페미니스트들은 국가의 대표자를 발견하는 혁신자들이었다. 여성 반대정당인 브라질 민주주의 운동당(Brazilian Democratic Movement Party; PMDB)은 그들의 정당이 1982년 수도인 상파울루에서 정권을 장악했을 때 "여성상황위원회"라는 조직을 통해 방안을 실험했다. 1983년 조직된 이 위원회는 운영진 그리고 방안을 이행할 수 있는 권력과 독립예산도 확보하고 있지 않았지만 여성운동이 재 동원되었다.27) 국가차원에서 군부의 통제하에 있는 정부는 국가 페미니즘의 국민통제의 상하명령식 정책기관이 되어야 하는 것에 대한 두려움이 있다. 즉, 여성상황위원회는 상파울루 여성보건기구와 행정부 소속 보건부의 피임프로그램 사이의 협력으로 보건부가 자손번식권리에 대해 수수료 부과를 압박하는 동안 동원되었다.28) 1985년 여성폭력에 반대하는 위원회(the Council's Commission on Violence Against Women)는 상파울루 주에 여성폭력사건 처리를 위한 최초의 여성폭력사건 전담경찰서 설립을 주장했다. 여성경찰서는 이후 브라질의 다른 도시에서도 설립되었으며 라틴아메리카와 다른 나라들에서도 모방하였다.

상파울루 위원회는 1985년에 입법부 내에 설립된 여성권리국가위원회(National Council on Women's Rights; CNDM)를 위한 모델이었다. 여성권리국가위원회는 1985년에서부터 1988년까지 정책에 많은 영향을 미쳤고 독자적인 여성단체와 1988년 헌법 수정에 참여했다.29)

그러나 1989년 페미니스트이자 여성권리국가위원회의 지도자였던 자켈리네 핑탕기(Jacqueline Pitanguy)는 정부가 여성 관련 국회예산을 대폭 삭감하자 일부 의원들과 시위하다 사임했다. 대통령에 의해 새로이 임명된 의회위원은 페미니스트 운동가를 배제했다. 차기 정부가 페미니스트 여성을 임명했으나, 의회와 여성운동 사이의 간극은 완벽히 복구되지 않았다. 반면 NGO는 국가 내에서보다는 밖에서 대학과 학술지에 중심을 두고 여성학을 통해 여성 관련 공공정책 설립에 발판이 되었다.[30] 브라질의 사례에서 가장 특징적인 교훈은 국가 페미니스트 전략에서 여성의 관심사는 국가 제도화에 영향을 미치지 않았다는 것이다. 대통령의 만족에 봉사한 여성권리국가위원회 같은 젠더단체는 정치바람에 흔들릴 정도로 매우 취약했다.

피노체트(Augusto Pinochet) 군사정권에 대항하여 활동적이고 괄목할 만한 역할을 수행했던 1988년 칠레의 여성운동은 새로운 민주주의 정부에서는 여성내각을 포함한 여성부 수립을 골자로 페미니스트들의 요구를 반영하는 데 주의를 기울였다. 1990년 중도좌파연합이 정권을 장악했을 때 정부는 칠레 국립여성서비스(Chile's Servicio National de la Mujer, SERNAM)를 설립했다.[31] 그러나 초반부터 칠레 국립여성서비스는 페미니스트 선거구 유권자들의 요구와 우파에서 사회보수주의자뿐만 아니라 기독교 민주당의 저항 사이에서 발목이 붙잡혔다.

칠레 정치는 극도로 분극화되었다. 리사 발데스(Lisa Baldez)에 따르면 대부분이 서민계층에 위치한 여성들은 1973년 군사 쿠데타로 대통령 궁에서 사망한 1970년 사회주의 대통령이었던 아옌데(Salvador Allende)를 지지했다. 칠레에서 보수주의자들은 여성운동 그리고 특히 페미니즘을 좌파의 전통적인 마르크스주의자-레닌주의를 위한 문화로 주시하는 경향이 있다. 그러므로 사회 질서를 위해 받아들일 수 없다고 판단한다.[32]

조화를 유지하기 위해 중도 좌파연합은 페미니스트 운동에 참여하지 않는 칠레 국립여성서비스의 리더를 임명했다. 그리고 정부는 페미니스트 문제를 우선과제로 상정하지 않는다는 결론을 내렸다. 칠레 국립여성서비스는 혼외 아이들과 미혼모의 권리를 인정하기 위해 입법부뿐만 아니라 의회를 통해 여성을 위한 기회균등 5년 계획을 수립할 수 있었다. 그러나 동등한 권리의 수정안은 두 번이나 실패했고, 칠레 입법부는 2004년까지 이혼법의 합법화를 통과시키지 않았다.[33] 치료 목적의 낙태 문제는 2005년 미첼레 바첼렛(Michelle Bachelet, 사회주의자, 무신론자, 내과의사이며 싱글맘) 선거 이후까지 의회에서 제기되지 않았다.

1990년대 여성운동은 위축되었고 칠레국립여성서비스는 여성단체와 국가를 연결하는 주된 메신저가 되었다. 칠레 국립여성서비스는 (국제적 기부로 인한 많은 자금확보) 권리로서 여성을 교육하고, 십대 임산부와 빈곤에 처한 여성을 인도하기 위한 전문적 프로그램 지원 및 법적 개혁을 지지했다.[34] 칠레국립여성서비스의 직원이었던 마리아 엘리나 발렌사(María Elena Valenzuela)는 1990년대에 여성운동이 해체됨에 따라 칠레국립여성서비스의 교섭 성공 능력은 위축되었다고 말했다. "자신들의 자구책을 강구하던 다원적인 이념공간을 상실한 여성"으로서 칠레국립여성서비스는 "사실상 결점에 의한 리더십 역할"을 강요하였다.[35]

빅토리아 쉴드(Victoria Schild)는 칠레국립여성서비스가 경쟁적인 여성운동 약화에 대한 책임이 있다고 비난했다. 중도좌파연합의 경제정책 도전의 실패로 여성운동가들은 고분고분한 "신자유주의 시민"으로 변모하였다.[36]

여성할당제

아르헨티나는 모든 정당들이 적어도 1/3을 여성의원들로 구성할 것을 요구하는 법을 1991년에 통과시켜 여성할당제의 실험 무대가 되었다. 그리고 정당들은 명부에서 승리할 수 있는 위치에 있는 여성을 배치하기 위해 노력했다(비례 대표제는 당의 득표율에 따라 입법부 의석이 할당된다). 아르헨티나 의회에서 여성이 차지하는 비율은 전체 하원의원의 6% 그리고 상원의원의 8%에 해당되었으나 2005~2007년 의회에서 여성의 수는 하원의원 36% 그리고 상원의원 42%까지 상승했다.[37] 아르헨티나 사례를 따라 스페인과 북유럽 국가뿐 아니라 11개의 다른 라틴아메리카 국가도 연속적으로 의회 할당제를 채택했다. 이 법안은 완전히 실행되지 않았으나, 매우 광범위하게 수용되었고 입법부 내에서는 여성대표가 평균 두배로 증가했다.[38]

여성할당제를 지지하는 의원들은 입법부와 선거에서 여성의 수가 증가하는 평등한 토양 위에 정당한 할당 그리고 정책입안 시 여성이 의견을 달리하는 차이를 수용하는 평등과 차이의 논리를 채택했다. 대부분의 경우 선거할당제는 페미니스트들의 활동결과는 아니었다. 유럽정당과 1995년 베이징에서 개최된 UN 여성회의를 포함하여 정당에서 활동하는 여성의원들과 국제적 영향으로부터 출발되었다.[39] 할당제는 여성의원들의 압력이 존재하는 좌파 정치지도자들에게 유리하게 작용할 수 있다. 왜냐하면 그들은 논쟁적인 페미니스트의 투입 없이도 "무엇이라도 하기" 위해 정당을 허용하기 때문이다.

그러나 할당제에 대한 비판적인 시각도 있다. 일부는 할당제가 정치의 "슬럼가"를 만들 것이라고 예상했다. 다른 한편에서는 여성이 임기제한이나 부정부패 스캔들로 스스로 사무실을 떠나야 하는 남성들의 대리인으로서의 역할만 할 것이라는 점을 경고했다. 페미니스트들은 의회에 진출한 많은 여성 의원들이 여성에게 민감한 문제나 페미니스트가 다루는 문제들을 법안으로 상정하지 않을 수 있다고 우려했다. 버지니아 바르가스(Virginia Vargas)는 후지모리(Alberto Fujimori, 1990~2000) 집권 당시 행정부에 진출한 많은 여성의원들에게 "권위주의적인 여성은 권위적인 남성과 별반 다를 게 없다고" 말했다.[40]

할당제의 영향은 나라마다 현저한 차이를 보였다. 단지 코스타리카만이 대략 40%의 여성이 공직에 진출하여 아르헨티나 수준에 가깝게 도달해 왔다. 막스(Jutta Marx), 보너(Jutta Borner)와 카미노티(Mariana Caminotti)의 연구를 기초 아르헨티나와 브라질에서 시행한 할당제의 효과를 비교해 보면 그 이유가 설명된다. 아르헨티나의 선거체제는 비례대표제로 "제한된" 정당 명부가 있는데 정당은 정당 명부에 올라갈 인물들을 열거하여 순서를 결정한다. 1999년 미 주대륙 인권회의의 결정을 받아들인 아르헨티나는 정당명부에서 "유리한 위치"에 여성을 배치하는 할당제를 법으로 명확히 보장했다. 법령 1247에 의하면 정당이 법을 어길 경우 재판관은 여성후보자의 정당 활동 여부를 결정할 수 있다고 명시되어 있다.[41]

대조적으로 브라질의 선거체제는 투표자들이 개인적으로 후보자를 지지하는 것을 허용하는 "열린" 정당 리스트다. 그래서 정당이 여성의원들을 정당명부에 포함시킨다

해도 여성은 "유리한" 위치에 배치되지 않을 수도 있다. 정당은 비록 할당제에 대한 압력 아래 놓여있지만 작은 출구로서 법은 비율의 효과적인 "속임수"인 정당 명부를 정당에게 확장하도록 허용했고, 불법에 대한 심각한 제제는 없었다.[42] 이러한 상황은 라틴아메리카 지역 어느 곳에서나 흔하게 나타났다. 브라질과 같은 많은 라틴아메리카의 국가에는 대체를 위한 투표를 허용하는 선거체제가 있었고, 이러한 지위에 임명된 여성의원은 정당의 할당제에 대한 비율속임에 이용된다.

할당제가 현실적으로 선출된 여성의원 수를 증가시킬 것인지 아니면 할당하는 것에 더하여 더 많은 여성의원 선임을 입법성과의 개정기에 마련할 것인지에 대한 이슈가 존재한다. 유럽과 북아메리카에서 많은 사례들이 발견되나 라틴아메리카에서는 아직 많은 연구가 진행되지 않았다. 아르헨티나의 사례는 극적으로 의회에서 여성의 비율을 증가시킨 동일한 요인이 페미니스트 입법을 공식화하고 통과시키는 데 장애가 될 수 있다는 것을 보여 준다. 선거과정에서 여성의원들은 그들을 임명한 정당 지도자에게 의존적이다. 이것은 당파를 초월하여 여성에게 우호적인 법률제정을 발전시키는 데 장애가 된다. 브라질 입법부에는 여성임원회가 있지만 아르헨티나에는 없다. 할당제는 여성들의 세력을 축소하면서 오히려 남성의원들로 인해 여성의원들을 더욱 힘들게 만들었다.

레슬리(Leslie Schwindt-Beyer)는 국가 입법부에 진출한 여성비율의 증가는 리더의 위치에서 여성 비율 측정에 따른 것이고 이것은 경제와 안보를 다루는 여성 지도자의 위치와 여성 위원회 대리인인 입법부의 권력으로 소개된다고 발표했다. 그의 연구는 입법부에 진출한 여성의 수와 관계없이 여성은 이러한 지위에서 대폭 제외되었다고 결론지었다.[43] 이 연구는 막스, 보너 그리고 카미노티의 견해를 수용하여 15년 이상 여성할당제가 실시된 이후 아르헨티나와 브라질의 여성들은 아직도 그들이 속한 정당의 임명절차에서 제외되고 있다는 것을 지적하면서 할당제는 남성 정당 지도자의 통제하에 머물게 되는 것이라는 우려를 강조한다.

그동안 많은 "자주적인" 페미니스트들인 도시 주변부와 지방의 여성들은 새로운 종류의 정치로 접근하고 있었다. 그들은 조직을 결성하였고 미국의 힘과 라틴아메리카 빈곤에 관한 관심이 아닌 미국의 이해에 의해 지역에서 강요되어온 신자유주의와 자본의 세계화에 반대하는 후보자를 지지했다. 반세계화 단체는 베네수엘라의 차베스(Hugo Chávez), 볼리비아의 모랄레스(Evo Morales), 에콰도르의 코레아(Rafael Correa) 그리고 니카라과의 오르테가(Daniel Ortega) 같은 좌파지도자를 선출하였고 페루와 멕시코에서는 승리가 유력시되는 반체제후보자를 지원했다. 그러나 이러한 운동과 정당들은 좀처럼 여성의 문제를 우선순위에 두지 않았고 일부의 경우 페미니스트 안건에 대해서 적대적이기까지 했다. 예를 들어 니카라과의 오르테가는 대통령으로 복귀한 후 라틴아메리카 지역에서 가장 제한적인 낙태법을 통과시켰다. 이러한 것들은 라틴아메리카 지역에서 여성과 여성운동에게 도전의 새로운 집합을 제시한다.

페미니스트 회합

1981년부터 페미니즘여성운동과 국가의 관계를 반영하는 라틴아메리카 페미니스트 지역 회합이 3년마다 개최된다. 보고타에서 개최된 첫 번째 회의는 50여 개의 단체와 11개국에서 200명의 페미니스트가 참여했다. 1983년 페루 회의에서는 세 배가 넘는 인원이 참여했다.[44]

1985년 브라질 회의에서는 가난한 여성들에게 리오 화벨라(Rio Favela)회의 참석을 위해 버스를 제공하자는 제안에 대해 조직위원이 거절했을 때 아직도 진행 중인 계층 문제의 충돌이 표면화되었다. 시스템 내에서 작동하는 자율성 문제가 처음으로 등장한 것으로써 논쟁이 지속되었다.

1987년 멕시코 타스코에서 열린 4번째 회합은 중앙아메리카와 도시 빈민단체 소속 인원들이 최초로 대거 참석했다. 회합은 어떠한 목표와 단체들이 진정한 페미니스트라고 불릴 수 있는지에 대한 논의를 진행했다. 여성단체는 여성을 위한 부분적 결과로서 단지 관심을 가진 생계문제와 관련하여 투쟁하였고(건강, 교육, 주거, 사회적 서비스) 가부장제에 대한 전략적인 도전은 아니었다.[45] 페미니스트들이 여성의 인권이나 자손번영과 같은 법적인 문제에 대해 집중하는 동안 대중적인 여성단체들은 도시 빈곤 문제를 소홀하게 남겨두어야 하는지에 관해 논의를 진행했다.

이러한 여성단체의 분열은 계급격차뿐만 아니라 지역적으로도 분리되었다. 여성운동은 남미의 민주주의와 아주 다른 맥락에서 이행되어 1980년대 내전이 진행되는 동안 중앙아메리카에서 형성되었다. 일부 중미 참가자들은 그들 자신을 "페미니스트"라고 여겼다. 대부분은 혁명적인 운동에서 정당정치, 노동조합, 소작농과 인권조직의 행동주의에서 일어나는 문제점을 토론하였다.[46] 결국, 타스코(Taxco) 회합은 보다 더 중대한 포용성 및 다원주의적 페미니즘에 대한 이해의 장을 열었다.

인종문제는 3,000명의 여성들이 참여한 1990년에 아르헨티나에서 열린 다섯 번째 회합의 중요한 주제가 되었다. 최초로 분리되어 활동하던 흑인여성과 원주민 여성의 새로운 네트워크가 형성되었다. 엘살바도르에서 열리기로 계획되었던 차기 회합은 조직자가 급진주의자들의 반대에 직면했고[47] 또한 회합에 여성 동성애자 참가 허용으로 인해 거의 중단되었다. 비록 조직자는 살해 위협에 시달렸지만 회의는 1,300명이 참석하는 가운데 계획대로 개최되었다. 멕시코시티에서 2009년 3월에서 열린 제11번째 회합은 1,000명이 참석했다.[48]

페미니즘, 포퓰리즘, 원주민 정치

과거 30년 여성동원은 라틴아메리카에서 여성의 법적, 경제적 그리고 문화적 지위를 크게 향상시켰다. 그러나 여성 운동은 스스로에게 미래의 일관성 없는 비전을 남겨두었다. 지역의 정치적 역동성은 경제성장을 동반하지 않았고, 또는 수렴은 베를린 장벽이 무너졌을 때 많은 것을 예견했다. 반대로 라틴아메리카의 민주주의는 심지어 좌파라 할지라도 갈수록 더욱 다양해졌다. 경제 불평등을 제시하는 자유민주주의 정부와 경제적 불평등으로 이끄는 시장 지향적 경제정책의 실패는 민주주의의 합법성에 대한 위기와 보다 효과적으로 이러한 문제들을 해결할 수 있는 대안모색으로 이끌었다.

브라질, 우루과이와 칠레 같은 일부 좌파정부는 사회민주주의로 분류될 수 있다. 보다 급진적인 좌파 정부는 국가 통제의 경제가 실패했다고 부르는 것을 꺼려한다. 그러나 국가의 역할이 더욱 강조된 경제, 자원의 국유화(사실상, 수시로 다국적 기업에 의해 소유되는 석유와 가스 회사를 가진 재교섭 계약) 그리고 성장의 재분배와 같은 과거 마르크스주의자와 종속주의의 비평으로부터 익숙한 정책을 실험 중이다.

이 체제는 정치적 관점에서 급진파로 분리된다. 프란시스코(Francisco Panizza)는 차베스(Hugo Chávez) 정권을(Morales, Correa 및 Ortega와 다른 지도자들) 라틴아메리카 포퓰리즘 전통으로 복귀한 것으로 묘사한다. 국내시장을 개발하고 가격과 수출 통제를 재가동했다. 포퓰리스트 민주주의는 "개인의 권리를 넘어 대중적인 자주독립의 개념을 강력하게 호소한다." 그리고 정치적인 주장과 논쟁을 위한 국민투표와 선거를 선호하면서 "다수결주의는 견제와 균형을 넘어" 허용된다. 포퓰리스트 민주주의는 "부패된 정당과 단단하게 자리 잡은 소수 독재청권의 수단으로서 불신정당"이라고 프란시스코는 묘사했다. 그리고 특권은 "대중"과 그들의 정치 지도자를 식별해 내지 못한다고 주장했다.[49]

원주민 정치의 부상, 특히 볼리비아와 에콰도르(앞으로 가능성 있는 페루, 멕시코와 과테말라)에서 새로운 규모의 포퓰리즘이 등장했다. 20세기를 통해 마르크스주의 좌파는 대부분 선동적인 지도자와 혁명적인 정치에서 노동자와 소작농을 끌어들인 마취제로서의 포퓰리즘을 반대했다. 그러나 자본주의를 구하기 위한 해독제로서 토착세력의 호소는(전통적인 원주민을 기반으로 공동의 연대를 선호하고, 원주민의 영토에 매장되어 있는 천연자원을 착취하는 정부와 다국적 기업에 대한 저항 면에서) 좌파에서 새로운 합법성을 포퓰리즘에게 부여한다.

원주민 정체성 정치의 일부 양상은 혼합된 새로운 정치를 만들어 내는 포퓰리스트 경향을 강화한다. 포퓰리즘은 마니교도의 원주민의 적인 악에 대하여 사람들의 도덕적인 순수성에 구멍을 남기는 (홈을 패게 하는) 설교에 호의적이다. 과거에는 원주민이 백인과두정치 및 미국에 대하여 직접적인 저항을 표명했으나 원주민 정치는 백인과 외국인뿐만 아니라 메스티소들의 도덕적인 타락을 가진 고유 순수성과는 대조되면서 마니교도에서 인종까지 확대되었다. 카를로스(Carlos de la Torre)는 민주주의에 대한 포퓰리즘이 자유적인 민주주의 기준과 절차를 무시한 수단으로서의 저항과 피케테로스들(Piqueteros: 도로 또는 거리시위를 하는 사람들)의 집단행동을 관찰했다.[50] 볼리비아나 에콰도르에서 원주민 그룹은 고속도로를 폐쇄하거나, 광장 점령 및 시장을 감옥에 구류하는 것에 의해 힘과 대중성을 얻는다고 말했다. 이러한 사건은 페루에서 좀 더 일상화된 전략이다. 포퓰리스트 지도자는 자신을 제도를 초월한 연대 형성과 함께 "진정한 국가"인 민중들의 구원자라고 묘사한다. 원주민 정치는 정당경쟁을 하거나 권력집중을 막는 견제구실을 하지 않지만 단합을 강조한다. 포퓰리스트 지도자에게 이의 제기와 반대는 물론이고 배반은 용납되지 않는다.

그러나 카를로스는 시민권의 진보적인 확대에 의한 서구사회의 정치패턴과는 반대로 라틴아메리카 포퓰리즘은 "보통사람들"의 시민권은 좀처럼 존중되지 않거나 극도의 불공평한 상태에서 강요된다고 지적한다. 포퓰리스트 리더들이 다른 정당들과 차별적으로 제공하는 것은 "원주민들의 일상적인 삶에 반대하여 끊임없이 차별된 인간존엄과 자부심"회복이고 이것은 물질적으로 얻어지는 것이 아니다. 이것은 정치적지지 기반의 가장 중요한 근원이다. 원주민들은 계급적으로 차별대상인 만큼 극단적인 인종형태에게 종속되어 왔다.[51] 이것은 모랄레스(Evo Morales)와 베네수엘라 인구의 2.1%가 단지 원주민으로 구성되어 있음에도 불구하고 종종 원주민과 자신을 동일시하는 차베스(Hugo Chávez) 사이에 상징적 동맹에 대한 설명에 도움이 된다.

포퓰리즘과 원주민 정치의 집합점은 좌파의 새로운 대안을 찾고 있는 많은 사람들의 지지를 이끌어 냈다. 그러나 이것은 여성의 권리를 위한 좋은 징조가 되지는 못한다. 안데스지역에서 젠더 관계에 대한 원주민 사상은 젠더평등을 위해 선호되는 도덕적 대안인 남성-여성의 상보성이다(서로 모자란 부분을 보충하는 관계에 있는 특징). 안데스 여성을 상대로 생활현실의 이상적인 상보성을 비교한 연구자들은 여성들의 육체 및 심리적 남용, 강제결혼, 가사에 대한 여성의 얽매임과 지역사회 문제에 대한 침묵 그리고 높은 문맹률 및 육아와 임신으로 인한 사망 등을 근거로 상보성 사상이 현실과 일치하지 않는다는 결과를 제공했다. 정치적 자산으로 변한 원주민 신분으로서 여성은 옷차림이나 언행 그리고 행동에 관한 문화적 순수성을 책임지고 있는데 이를 따르지 않는 여성에 대하여 가혹한 처벌이 따른다. 여성은 원주민 지도자가 될 수 있으나 그들은 젠더관계의 공동체 구조에 대해서는 도전하지 못한다.[52]

포퓰리스트/원주민 정치는 반세계화운동 그리고 라틴아메리카 및 해외 좌파 지식인으로부터 수용되어졌다. 이러한 그룹들은 종종 페미니스트들을 소홀하게 취급하거나 페미니스트 목표를 거부한다. 그리고 많은 활동가들은 자유민주주의를 위한 근본인 표현과 논쟁 및 개인의 권리에 관한 원칙들에 대한 대표정치의 새로운 유형의 도전을 심지어 축하한다.

페미니즘은 그것의 근본적인 원칙의 이해관계에서 벗어날 수 없다. 그리고 이것을 인정하고 설립한 민주주의의 형태에서 피할 수 없다. 최근 멕시코에서 마리클리어 (Mariclaire Acosta)가 쓴 시민사회 에세이에서 라틴아메리카인들은 두 개의 패러다임 선택에 직면해 있다고 한다. 첫 번째는 "정당에 의해 대표되는 강력한 카우디오의 민중 부문에 대한 지도력하에 사회세력의 응집을 용이하게 시도하거나 혹은 구조적인 변화를 형성하기 위한 혁명적인 선봉자"를 선택하는 것이고 또 다른 하나는 민주주의 틀 안에서 "제도적 메커니즘의 완벽하고 유용함"에 의해 변화를 만들어 내는 것이다.[53] 라틴아메리카의 페미니스트와 여성운동은 역시 어느 쪽을 선택할 것인지에 대해 같은 문제에 직면해 있다. 그들은 어느 쪽을 선택할까?

추천도서

Chant, Sylvia, with Nikki Craske. Gender in Latin America. New Brunswick, NJ: Rutgers University Press, 2003.

Dore, Elizabeth, and Maxine Molyneux, eds. Hidden Histories of Gender and the State in Latin America. Durham, NC: Duke University Press, 2000.

Htun, Mala. Sex and the State: Abortion, Divorce, and the Family Under Latin American Dictatorships and Democracy. Cambridge: Cambridge University Press, 2003.

Jaquette, Jane S., ed. Feminist Agendas and Democracy in Latin America. Durham, NC: Duke University Press, 2009.

Kampworth, Karen, ed. Gender and Populism in Latin America. University Park: Pennsylvania State University Press, 2010.

Lebon, Nathalie, and Elizabeth Meier, eds. De lo privado a lo publico: Treinta anos de lucha ciudadana en America Latina. Mexico, DF: Siglo Veinteuno, 2006. Forthcoming in English from Rutgers University Press.

Miller, Francesca. Latin American Women and the Search for Social Justice. Hanover, NH: University Press of New England, 1991.

Saint—Germain, Michelle A., and Cynthia Chavez Metoyer. Women Legislators in Latin America: Politics, Democracy, and Policy. Austin: University of Texas Press, 2008.

Speed, Shannon, R. Aida Hernandez Castillo, and Lynn M. Stephen, eds. Dissident Women: Gender and Cultural Politics in Chiapas. Austin: University of Texas Press, 2007.

미주

1) Francesca Miller, *Latin American Women and the Search for Social Justice*(Hanover, NH: University Press of New England, 1991).

2) Compare Carmen Ramos Escandon, "Reading Gender in History," in Gender Politics in Latin America: Debates in Theory and Practice, ed. Elizabeth Dore(New York: Monthly Review Press, 1997) to Tzvetan Todorov, The Conquest of America: The Question of the Other(New York: Harper & Row, 1984). Cherrie Moraga and Gloria Anzaldua analyze La Malinche as a cultural figure used to discipline chicana sexuality.

3) Octavio Paz, quoted in Miller, *Latin American Women*, 26.

4) See, for example, Asuncion Lavrin, ed., *Sexuality and Marriage in Colonial Latin America*(Lincoln: University of Nebraska Press, 1989) and also her edited collection, Latin American Women: Historical Perspectives (Westport, CT: Greenwood, 1978).

5) Rebecca Earle, "Rape and the Anxious Public: Revolutionary Colombia, 1810-1830," in Hidden Histories of Gender and the State in Latin America, ed. *Elizabeth Dore and Maxine Molyneux*(Durham, NC: Duke University Press, 2000), 139-140.

6) Miller, *Latin American Women*, 32-34.

7) Elizabeth Dore, "One Step Forward, Two Steps Back: Gender and the State in the Long Nineteenth Century," In Hidden Histories, 16-17.

8) Elizabeth Dore, "Property, Households, and the Public Regulation of Domestic Life," in Hidden Histories, 166.

9) Miller, *Latin American Women*, chap. 4.

10) Margaret Keck and Katherine Sikkink, *Activists Beyond Borders*(Ithaca, NY: Cornell University Press, 1998)를 참조.

11) Jane S. Jaquette, "Women's Role in Revolutionary Movements in Latin America," Journal of Marriage and the Family, 1973을 참조; 사파티스타에 관하여는 Lynn Stephen, *Women and Social Movements in Latin America*(Austin: University of Texas Press, 1997)를 참조. 아메리카 여성에 관하여는 1995년 미주개발은행 리포트 참조. 1975년 쿠바 가족법은 무산되었다. "the Cuban state implemented policies to provide women with birth control, daycare, education and job training"(Inter–American Development Bank, Women in the Americas, 1995, 105)을 참조. 최근 자료는 Maxine Molyneux, "State, Gender, and Institutional Change: The Federacion de Mujeres Cubanas," in Hidden Histories, 291-321과 Margaret Randall, *Sandino's Daughters Revisited*(New Brunswick, NJ: Rutgers University Press, 1994)를 참조.

12) Sonia Alvarez, "The (Trans)formation of Feminism(s) and Gender Politics in Democratizing Brazil," in The Women's Movement in Latin America: Participation and Democracy, ed. Jane S. Jaquette(Boulder: Westview, 1994), 21-23.

13) Marguerite Guzman Bouvard, *Revolutionizing Motherhood: The Mothers of the Plaza de Mayo*(Wilmington, DE: Scholarly Resources, 1994), 69.

14) Ibid., 15.

15) Maruja Barrig, "The Difficult Equilibrium Between Bread and Roses: Women's Organizations and Democracy in Peru," in Women's Movement in Latin America, 164-165.

16) 예를 들면 Jean Bethke Elshtain, *Public Man, Private Woman*(Princeton, NJ: Princeton University Press, 1981): and "The Mothers of the Disappeared: An Encounter with Antigone's Daughters," in Finding a New Feminism, ed. Pamela Grande Jensen(Lanham, MD: Roman & Littlefield, 1996), 129-148. Carole Pateman's influential book, *The Sexual Contract*(Stanford, CA: Stanford University Press, 1988) 참조.

17) Betty Friedan, *The Feminine Mystique*(1963): and Shulamith Firestone, *The Dialectic of Sex*(1970)를 참조.

18) Gloria Bonder, "The Study of Politics from the Standpoint of Women," quoted in Jaquette, conclusion to

Women's Movement in Latin America, 224.

19) Barrig, "Difficult Equilibrium," 155.

20) Maria del Carmen Feijoo and Marcela Maria Alejandra Nari, "Women and Democracy in Argentina," in Women's Movement in Latin America, 115.

21) Victoria E. Rodriguez, *Women in Contemporary Mexican Politics*(Austin: University of Texas Press, 2003), chap. 2.

22) Ibid., 58.

23) Sylvia Chant, "Gender, Families, and Households" and conclusion, in Sylvia Chant and Nikki Craske, *Gender in Latin America*(New Brunswick, NJ: Rutgers University Press, 2003).

24) "Latin American Women in Numbers," compiled by Teresa Valdes and colleagues for the UN conference in Beijing를 참조. Valdes는 비록 그들의 국가는 그들이 CEDAW 아래 그리고 1994년 카이로에서 개최된 인구에 관한 UN회의와 1995년 베이징에서 개최된 제4차 여성에 관한 국제회의 아래 만들어진 위원회가 성취감을 가졌지만 역시 모니터를 위한 여성기구 프로젝트를 조직했다. ICC 혹은 수행약속의 목차에 관하여 Valdes는 Alina Donoso와 함께 공동작업한 아래 글에서 ICC 프로젝트를 설명한다. "Social Accountability and Citizen Participation," in Feminist Agendas and Democracy in Latin America, ed. Jane S. Jaquette (Durham, NC: Duke University Press, 2009), 165-185.

25) 여성을 위한 발전적인 국제 규범을 위한 UN회의에 관하여 Mary K. Meyer and Elisabeth Prugl, eds., Gender Politics and Global Governance(Lanham, MD: Rowman & Littlefield, 1999); and essays in Anne Winslow, ed., Women, Politics, and the United Nations(Westport, CT: Greenwood, 1995).

26) Sonia Alvarez, "Advocating Feminism: The Latin American NGO Boom," International Feminist Journal of Politics 1, no. 2(1999): 181-209.

27) Alvarez, "(Trans)formation," 35. Alvarez, "Contradictions of a Woman's Space in a Male-Dominant State: The Political Role of the Commissions on the Status of Women in Postauthoritarian Brazil," in Women, International Development, and Politics: The Bureaucratic Mire, ed. Kathleen Staudt(Philadelphia: Temple University Press, 1990), 37-78도 참조.

28) Alvarez, "(Trans)formation," 40. Alvarez는 비록 여성그룹이 낙태합법화에서 성공을 거두지는 못했지만 여성들은 헌법으로 성문화되는 것으로부터 산아제한에서 시작된 삶은 보호된다는 성명을 예방한다고 언급했다. "(Trans)formation," 66.

29) Teresa P. R. Caldeira, "Justice and Individual Rights: Challenges for Women's Movements and Democratization in Brazil," in Women and Democracy: Latin America and Central and Eastern Europe, ed. Jane S. Jaquette and Sharon L. Wolchik(Baltimore: Johns Hopkins Press, 1998), 93.

30) Caldeira, "Justice and Individual Rights," 78. On the positive effects of decentralization of state feminism during the presidency of Fernando Henrique Cardoso, Fiona Macaulay, "Difundiendose hacia arriba, hacia abajo y hacia dos lados: Politicas de genero y oportunidades politicas en Brasil," in De lo privado a lo public: Treinta anos de lucha ciudadana en America Latina," ed. Nathalie Lebon and Elizabeth Meier (Mexico City: Siglo Veintiuno, 2006); forthcoming in English from Rutgers University Press, 2010를 참조.

31) Maria Elena Valenzuela, "Women and the Democratization Process in Chile," Women and Democracy: Latin America and Central and Eastern Europe, 47-73.

32) Lisa Baldez(2002)는 풀뿌리 조직으로부터 여성 대부분은 살바도르 아옌데 좌파정권(1970~1973)을 지지했다고 언급했다: Baldez, *Why Women Protest: Women's Movements in Chile*(Cambridge: Cambridge University Press, 2002), 193-194.

33) 아르헨티나, 칠레 그리고 브라질에서 가족법, 이혼 그리고 낙태에 관한 보다 자세한 설명은 Mala Htun, Sex and the State: Abortion, Divorce, and the Family under Latin American Dictatorships(Cambridge: Cambridge University Press, 2003)를 참조

34) Susan Franceschet, Women and Politics in Chile(Boulder: Lynne Rienner, 2006).

35) Valenzuela, "Women and Democratization in Chile," 59.

36) Veronica Schild, "New Subjects of Rights? Women's Movements and the Construction of Citizenship in the New Democracies," in Cultures of Politics/Politics of Cultures:Revisioning Latin American Social Movements, ed. Sonia E. Alvarez, Evelina Dagnino, and Arturo Escobar(Boulder: Westview, 1998), 105.

37) Jutta Marx, Jutta Borner, and Mariana Caminotti, "Gender Quotas, Candidate Selection, and Electoral Quotas: Comparing Argentina and Brazil," in Feminist Agendas and Democracy in Latin America, 50.

38) 입법부에서 여성의 비율에 관한 국제적 데이터는 웹사이트 Inter-Parliamentary Union(www.ipu.org)를 참조. 중미에서 입법부 여성의 역할에 관하여는 다음을 참조. Michelle A. Saint-Germain and Cynthia Chavez Metoyer, Women Legislators in Latin America: Politics, Democracy, and Policy(Austin: University of Texas Press, 2008). 그리고 민주와 선거참여를 위한 국제연구소(International Institute for Democracy and Electoral Assistance: IDEA)의 지역분석을 참조.

39) 할당제에 관한 논쟁은 Craske, Women in Politics in Latin America, 22; Ilja A. Luciak, After the Revolution: Gender and Democracy in El Salvador, Nicaragua, and Guatemala(Bdealtimore: Johns Hopkins University Press, 2001); 그리고 Elizabeth Jelin, "Igualdad y diferencia: Dilemas de la ciudadania de las mujeres en America Latina," Cuadernos de estudios politicos 7(1997)을 참조.

40) Quoted in Craske, Women and Politics in Latin America(New Brunswick, NJ:Rutgers University Press, 1999), 21.

41) Marx, Borner, and Caminotti, "Gender Quotas," 49.

42) Ibid., 52.

43) Leslie Schwindt-Beyer, "Women on the Sidelines: Women and Representation on Committees in Latin American Legislatures," American Journal of Political Science 49 (2005), 420-436.

44) Nancy Saporta Sternbach et al., "Feminisms in Latin America: From Bogota to San Bernardo," Sogns 27, no. 2(1992); and summaries in Nikki Craske, Women in the Americas(Washington, DC: Inter-American Development Bank, 1995).

45) 이 기간 1980년대 니카라과에서 여성을 위한 프로그램에 대한 Maxine Molyneux 분석. "Mobilization Without Emancipation? Women's Interests, State, and Revolution in Nicaragua," Feminist Studies 11, no. 2(1985).

46) Miller, 235-237.

47) The Farabundo Marti Liberation Front or FMLN, the political party formed by the FMLN after the civil war ended. The FMLN candidate was elected president in 2009.

48) 주제는 여성의 삶에 관한 근본주의의 영향이었다. 주제는 이슬람의 부활과 사회적인 보수 가톨릭주의뿐만 아니라 역시 막스로부터 신자유주의 경제사상까지도 가부장제의 다양한 형태로서 생각되어는 모든 엄격한 사상적 위치를 포괄한다. Vargas, "International Feminisms: The World Social Forum," in Feminist Agendas and Democracy in Latin America, 145-146 참조.

49) Francisco Panizza, "Unarmed Utopia Revisited: The Resurgence of Left-of-Centre Politics in Latin America," Political Studies 53(2005): 721-722.

50) Carlos de la Torre, Populist Seduction in Latin America: The Ecuadorian Experience(Athens: Ohio University Center for International Studies, 2000), 140-141.

51) Ibid., 142.

52) 안데스 원주민 공동체에서 젠더 이슈에 관한 보다 자세한 분석은 Maruja Barrig, "What Is Justice? Andean Women in Andean Development Projects," in Women and Gender Equity in Development Theory and Practice, ed. Jane S. Jaquette and Gale Summerfield(Durham, NC: Duke University Press, 2006), 107-134; and Manuela Lavinas Picq, "Gender Within Ethnicity: Human Rights and Politics in Ecuador," in New Voices in the Study of Democracy in Latin America, ed. Guillermo O'Donnell, Joseph S. Tulchin, and Augusto Varas(Washington, DC: Woodrow Wilson Center, 2000), 273-309를 참조.

53) In a book to be published by the Wilson Center Latin American Program(Washington D.C.).

12. 아메리카 대륙의 세계화, 불안한 정세, 위기

조지 네프(임두빈 옮김)

배경 지식: 아메리카 대륙의 불안한 정세

라틴아메리카에서 아이티, 온두라스, 볼리비아, 니카라과와 같은 예외의 경우를 제외한 대부분의 통계치를 살펴보면, 라틴아메리카 국가들이 타 지역에 비해 상위 계층에 속한 듯 보인다. 중동, 아프리카 그리고 특히 아시아와는 다르게, 라틴아메리카가 지닌 운용가능한 자원의 균형 정도와 다양성은 매우 유망한 전도를 보여 주는 것 같다. 이런 의미에서 볼 때, 북아메리카의 선진국인 미국과 캐나다와 인접해 있다는 이점을 빼더라도 라틴아메리카와 카리브 해 국가들이 절대빈곤을 극복하고 있다는 주장을 제기하는 지표들을 볼 수 있다.

2008년에 세계경제위기가 불어닥치기 전까지 서구의 엘리트 집단과 그 측근들은 라틴아메리카의 경기실사지수가 매우 높다고 여겼고, 때로는 경기에 대한 낙관적 전망을 부추기기도 했다. 이는 특히 1980년대에서 1990년대에 걸친 '잃어버린 10년'간 겪었던 경기 침체와는 달리 투자수익을 발생시키는 안정적인 경기 회복(1990년대 평균 경제 성장률은 3.3%, 2000~2007년 사이는 거의 6%에 달함)에 기인한 것이다. 그러나 그 성장의 이면에는 무력함과 사회적 배제에 뿌리를 둔 불평등한 소득 분배가 만연해 있었고 심지어는 세계의 다른 어느 지역보다도 더 악화되고 있었다. 대부분의 라틴아메리카 국민들은 열악하고 위태로운 환경에서 살고 있다.[1] 경제 회복을 감안하더라도 21세기 초반 10년간의 전반적인 소득 수준은 1980년대보다 낮았다.[2] 세계 어느 국가도 느린 경제 회복속도를 통해 효과적인 고용이나 사회복지를 개선하는 데 성공한 적이 없었다.

현재로서는 개혁이 실시될 가능성은 희박하지만, 민주주의라는 허울 아래 오랫동안 쌓여왔던 사회적 반감은 아직까지 사라지지 않았다. 게다가, 조직적이고 억압적이며 잔인한 폭력이 자행되고 빈곤이 심화되면서 사회적 반감은 다시 커졌다. 과거의 군사 독재정부를 대체한 유약한 문민정부와 1970년대의 권위주의 정권 아래에서 살아남은 선거기반 정치제도가 비효율성과 낮은 정통성으로 인해 무력해져 왔다.

최근의 연구와 통계치, 질적 연구를 자세히 살펴볼 때, 향후 전망은 대부분이 여전히 비관적이다. 기업과 정부의 신뢰지수는 사회적 평등, 민주주의의 정착, 심지어 실제 복지 현황을 거의 반영하지 않고 있으며 지역 안보상황 역시 마찬가지다. 게다가 시장경제와 시장정치가 마침내 적절히 조화되어 사회하위층으로부터 야기될 수 있는 혼란스러운 사회적 변화를 예방할 수 있을 것이라는 이데올로기적 환상이 존재하고 있다.

양쪽 모두 위태로운 상황

이 장에서는 두 가지 문제에 대해 중점적으로 논의할 것이다. 첫째는 1970년대의 압제적인 군사 정권과 그 뒤를 이은 입헌적이며 '저강도 민주주의'가 [패권]전환이론의 지지 세력과 언론이 지적하는 특권계층보다 강한 연속성을 보여 주고 있다는 사실이다. 정상화가 이루어지고 있다고는 하지만 여전히 발생하고 있는 폭력과 정치적 혼돈은 과거의 것만이 아니다. 법 테두리를 벗어나 특권을 누리는 사회적, 경제적, 국제적 세력이 여전히 득세하는 세상이다. 일반적으로 알려진 바와 달리, 예외적인 일부 국가들을 제외하고 아메리카 대륙의 국가들은 진정한 사회 변혁을 이루어내지 못했다. 사회적, 경제적 체제는 여전히 보수적이며 엘리트 집단을 중심으로 움직인다. 체제 안정은 심각한 수준의 사회적 소외와 제도적 폭력과 함께 유지된다. 두번째는 장기적으로 이러한 체제의 존속이 그 집단의 지속 가능하고, 공정한 민주적 발전을 이룰 수 없게 만든다는 것이다. 사실, 이러한 방식의 근대화는 진정한 의미의 민주화를 저해하고, 남미대륙의 대부분의 사람들에게 빈곤과 불안을 줄이기보다는 반대상황을 심화시킨다.

이처럼 일방통행의 양상을 띤 제국주의적 세계화[3]의 지속은 민주주의가 후퇴하게 되고 사회불안이 확산되며 결국은 양쪽 모두가 위기에 노출되도록 만든다.

저개발의 원인

16세기부터 라틴아메리카 지역은 하나 혹은 또 그 이상의 선진국 세력에 종속되어 왔다. 생산, 무역, 금융에 엮인 역사적 흐름을 살펴보면, 세계 노동력의 위성도시 역할을 라틴아메리카가 해왔다는 점을 알 수 있다. 라틴아메리카와 카리브 해 국가들이 그들 경제의 붐-침체주기를 통해 세계경제 속에 유입되고 견고하게 자리 잡은 시기는 19세기 후반이었다. 국외로 원자재를 수출하고, 제품을 수입하고, 노동력 착취를 기반으로 한 수출 중심의 경제구조가 수립되었다. 1차 산품 수출[그리고 '지대추구 국가(rentier state)'] 국가들에게 '근대화'란 발전과는 거리가 먼 말이었다. 외부의 힘에 의해 내부 발전이 좌우되고 왜곡되었으며 국내 자본이 해외로 유출되어 국민은 더욱 소외되고 배제된 삶을 살아야 했다. 정치적 독립을 쟁취한 후 2세기가 지나도록 이러한 구조적인 저개발 현상이 지속되었다.

이러한 상황 아래에서, 당연히 사회적 불평등 문제가 불거져 나왔고 대외 지향적이면서 의존적인 상업엘리트 계층들에게 유리한 환경의 조성과 도제식 계약, 가부장적이며 강제노역에 기반을 둔 노사관계가 고착되었다. 위계적이고 경직되고 착취적인 사회구조가 계급과 인종의 벽을 더 높게 만들었다. 해외로부터 힘 있는 세력의 후원을 받는 사람들은 더욱 큰 특권을 지니게 되었다. 지역 과두 독재자들은 사회적 불평등과 국외 세력의 도움을 바탕으로 국내에서 자신들의 입지를 굳게 다졌다. 이러한 구조적 요인들은 각국의 상황이 아메리카 대륙 내 관계망 속에서 맞물리면서 더욱 심화되는 악순환이 반복되었다. 지역 정치시스템의 핵심 기능은 불평등과 저개발로 점철된 라틴아메리카의 사회경제적 질서를 대량으로 유지시켜 온 것이다.

독립 이후 수십 년간 내전을 겪은 후에 원자재에 대한 해외 수요가 늘어나면서 지역

경제가 활성화되는 시기를 맞았다. 그러자 서로 반목해 오던 내부 엘리트 계층들이 타협점을 찾고 화해의 제스처를 찾기 시작했다. 대부분 국가들이 다양한 형태를 띤 안정적인 과두정치 체제를 채택했다[신사 정치(gentlemen politics)]. 일반적으로 엘리트들 간에 스스로 나누어 가질 만큼 큰 이익이 담보된다면 지역 분열이나 내전이 발생할 확률이 낮아진다. 한편, 이러한 변화에 맞춰 군대나 경찰은 사회 하위계층을 엄격하게 통제하기 위해 새롭게 조직을 정비하였다. 영세농민이 노동자로 전환되는 현상 역시 경제의 근대화와 국제화에서 산출된 부산물이다. 군대가 대중의 반발을 억누르기 위한 방패로 이용되는 한편, 엘리트 계층은 수출의 급격한 증가를 통해 개인적 부를 쌓는 데용이하게 만들고 그 기득권을 공고히 하기에 급급했다.

우루과이, 아르헨티나, 칠레, 코스타리카, 멕시코와 같은 몇몇 국가들은 경제 근대화과정을 겪으면서 사회적 격차가 더욱 벌어졌고 세습 부유층과 그들의 고용인 사이의임금 격차는 하늘과 땅 차이가 되었다. 대신, 전문직 종사자, 경영자, 교사, 관료, 소매상인들이 대부분으로 구성된 중산층이 근로자, 농민층과 과도 지배자들 사이의 완충역할을 하는 집단으로 부상했다.

1930년대 대공황 당시 오랫동안 계속되어 왔던 과도지배체제가 무너졌다. 시장은혼란에 빠졌고 지금까지 국가를 지탱해왔던 체제의 빈약함을 바로 드러났다. 엘리트계층의 내부 분열이 심화되면서 노동자, 농민과 같은 사회소외층이 기성 체제에 반발을 하기 시작했다. 경제 붕괴의 후유증으로 1930년대는 "독재 정권이 득세"하는 세상으로 변모했다.[4] 그러나 사회경제 발전과 제도적 통합이라는 예전의 방식에 의존하면서 대공황이 초래한 위기로 비롯된 장기적 효과는 국가별로 차이가 났다. 상대적으로지난 수십 년간 중산층 형성이 계속해서 진행되어 온 남미 국가들과 멕시코는 공화제를 바탕으로 한 산업화 기반이 비교적 갖춰진 나라들이었다. 이들 국가들에 수입대체산업화정책(ISI)이 들어서기 시작했다. 중산층이 나라를 이끌어 나가는 상황에서 국영기업가들과 노동조합 간에 쉽지 않은 연합이 구성되었다. 이 연합은 경제의 재활성화,고용 창출, 국가발전을 목표로 한 것이었다. 중미나 코스타리카를 제외하고 비교적 저개발 단계에 머물렀던 나머지 카리브 해 국가들은 법질서, 전문가 인력, 중산층 관료계급이 없었고, 따라서 대중영합주의적인 대안이 실현될 수 없었다. 그곳은 비엘리트층들에게 정치 참여가 철저히 배제된 환경이었다. 그 후 30~40년간 미국의 후원을 등에 입은 독재 정권이 지속되었다.

이러한 두 가지의 갈등관리 방식은 1940년대 중반에서 1950년대 초반에 이르러 그 한계를 드러내고 무너지기 시작했다. 콜롬비아, 코스타리카, 과테말라, 엘살바도르, 아르헨티나, 베네수엘라, 페루, 볼리비아, 쿠바, 푸에르토리코에서 폭동, 반란, 정치적 불안이 끊임없이 발생했다. 냉전, 트루먼 독트린(Truman Doctrine), 아메리카의 집단 방위 조약인 리오협정(Rio Treaty), 매카시즘(McCarthyism) 등을 겪어 왔던 미국은 라틴아메리카 국가들에서 발생하는 혼란스러운 상황을 미국 안보에 대한 위협으로 받아들였다. 민중의 반발로 사회 소요가 일어나고 민주화에 대한 요구가 커지는 상황에 직면하자, 각국의 과두제 지도자들은 공산주의 확산에 대해 대외 동맹세력이 품고 있는 두려움을 새로운 국제정세로 활용하였다. 남과 북을 가로지르는 국경을 넘어선 초국가적 경제연합이 형성되면서 정치, 군사적 엘리트 계층이 생성되었다. 이데올로기 대립을 통한 동·서 갈등은 새로운 남·북간 대립 문제와 엘리트와 민중이 대립하는 상황을 조성케 만들었다. 1934년 프랭클린 루즈벨트 대통령의 '선린외교정책(Good Neighbor Policy)'이 실시되기 이전에 테오도르 루즈벨트와 윌리엄 태프트 대통령이 '압력'과 '무력외교'를 앞세워 추진했던 내정간섭이 다시 살아난 시기이기도 했다. 이러한 내정간섭의 논리는 새롭고 강압적인 이데올로기적 모티브로서 자유세계와 공산주의의 대결구도로 정당화되었다.

1954년 과테말라의 민선정부가 미국 CIA에 의해 전복된 사건은 바로 그러한 새로운 시대의 표상을 보여 주었다. 내정간섭이 장기간 계속되자 라틴아메리카의 제도화, 민주화 발전은 파괴되었다. 미국은 압제 정권을 옹호했고 태연하게 군사독재를 지지했다. 그러나 미국의 이러한 지원도 민중봉기를 막기에는 역부족이었고, 1950년대 말 베네수엘라와 쿠바에서는 지배 세력이 흔들릴 정도로 심각한 순간을 맞이하게 되었다.

1960년대 쿠바는 민중의 힘을 바탕으로 국가혁명운동의 선봉에 나서게 되었다. 쿠바혁명은 40년 전 발생한 멕시코 혁명 이래 라틴아메리카에서 가장 큰 의미를 띤 사회변혁이었다. 내부 갈등이 단계적으로 확대·심화되고 국내 문제가 국제화되는 등 여러 사건이 숙명처럼 연속해서 발생했다. 혁명을 뒤엎으려는 시도로 카스트로 정권을 흔들어 전복시키려는 움직임과 1961년에 첫선을 보인 케네디 대통령의 '진보를 위한 동맹(Alliance for Progress)'과 체제를 원래대로 돌리기 위한 움직임들이 일어났다.

미 행정부의 주요 목적은 라틴아메리카에서 온건한 사회적, 경제적 개혁을 장려하여 쿠바에서 일어난 것과 같은 혁명이 다른 지역에서 일어나지 않도록 하는 것이었다. 경제적, 사회적 발전을 폭동[5]을 막는 해결책으로 인식했던 것이다. 이러한 목적은 중산층, 진보개혁가, 민주정부를 지원하면서 달성될 수 있었다. 그러나 동맹은 실패로 끝났다. 수입대체산업화 역시 막다른 벽에 부딪혔고 포퓰리즘이 확산되고 사회 불안은 심화되었으며 재정위기도 극에 치달았다. 개혁을 표방했던 정부는 사회혼란을 진정시키지 못했고 결국 개혁이라는 구호는 무용지물이 되었다.

비록 장기적인 차원에서 라틴아메리카의 민주적인 발전은 실패했지만, 봉쇄 전략[6]을 위해 선택한 동맹은 성공적이었다. 쿠바는 고립되고 '리오협정'을 더욱 공고히 하려는 노력이 시작되었다. 라틴아메리카의 지역안보(the region's security forces)[7]의 주요문제로 반란과 시민 봉기 문제가 떠올라 서로 상호협력을 할 필요가 있었던 것이다. 라틴아메리카 군부 조직에 급격한 변화가 요구되었다. 재래식 방법으로 외적침입을 막는 국토방위의 개념으로부터 특별한 방법으로 '내부의 적'과 싸우기 위해 국가안보 방위의 원칙과 군사 임무가 변경되었고, 그 결과 이미 쇠잔해진 라틴아메리카 국가들의 주권을 더 약화시키는 결과를 초래했다. 미국의 안보 기관은 수직 통합된 지역의 반혁명적 체제의 수장으로 탈바꿈되었고 라틴아메리카 각국의 군부에게 존재를 정당화하고 전문적인 임부를 부여했다. '국가를 붕괴시키는 세력과 싸우되 그 세력을 명확히 한정지을 필요는 없다'는 것이었다.[8] 지역 군부와 경찰력(경찰은 이후 공공안전프로그램을 통해)은 미국의 의도를 무시하고 비교적 단기간에 안보제도의 하위 업무를 맡은 '제국의 파수꾼'으로 일하는 국내의 유력한 연관단체들로 변신했다.9) 개혁주의자와 내적, 외적 단합이 제대로 이루어지지 못했던 동맹세력은 반란과 봉쇄 전략에 막혀 그들이 추구했던 민주주의 노력의 결실을 맺지 못했다. 미국의 앤드류 존슨 대통령이 집권하면서 이런 방식으로 1964년 초에 반혁명 운동을 추동하여 1964년에 쿠데타를 부추겼다. 민주주의가 제도화된 사회에서 수입대체산업화 정책과 포퓰리즘의 실패의 결과는 민중의 신뢰 추락으로 나타났다. 포퓰리즘 정치와 수입대체산업화 정책은 장기적으로 지속가능한 발전과 정치적 안정을 가져다주지 못했다. 1960년대 임금과 물가가 상승하자 라틴아메리카의 많은 지역에서 시민들의 시위가 발생했다. 정치적 교착 상태로 국가 체제의 정당성과 효과성에 대한 의문이 커져 갔다. 이와 함께 민중들이 포퓰리즘 시대를 통해 물려받은 노동행위가 재생산되고 제도화된 사회분쟁의 효과를 상승시키는 것이 가속화되었다. 다원적 게임의 룰들은 빠른 군중동원(mass mobilization) 가운데에서 약해졌다. 기존의 국내외 사회경제적 질서는 새로운 정치 연합체제하에서 적나라하면서도 너무나 관료적인 억압에 의존하여 유지될 수 있었다. 새로운 정치연합에는 업무상 관련이 있는 비즈니스 엘리트 단체도 포함되어 있으며, 이들은 냉전이 지닌 이상적인 '프로페셔널리즘'에 따라 전 세계적으로 활동하고 있었으며 보수적인 경제 정책과 안보기구를 계속적으로 옹호하고 있다.10)

독재적인 자본주의와 억압적인 국가

후안 보쉬11)가 '펜타고니즘(Pentagonism)'이라고 불렀던 국가안보이념은 다음의 세 가지 개념을 바탕으로 세워졌다. 국가 전복을 기도하는 세력, 외부의 동료(미국주도의 지역안보체제), 이념적 국경이다. 그 효과로 각국의 군대의 특성이 약화되고 국가 간 경계가 흐려졌다. 이러한 전략이 잘 드러난 것이 바로 1969년 록펠러 보고서에 구상된 '닉슨 독트린(Nixon doctrine)'이다. 이 보고서는 정치 발전의 이상적인 표준이 민주주의와 참여에서 권위주의와 명령으로 바뀌고 있다고 분명히 지적했다. 1969년과 1973년 사이에 일부 예외를 제외하면[12] 군사독재가 상당히 늘어났다. 1969년에 10번, 1970년에 12번, 1972년에 14번, 1973년에 15번의 군사독재가 발생했다.

1970년에 시작된 자유주의-권위주의를 지향하는 프로젝트들은 민족주의자와 수입대체를 옹호하는 국수주의자들을 배척하고 다른 발전 정책들의 가능성을 도외시했다. 대신, 경제성장은 국제시장에서 원자재 수출자로서 역할을 맡는 식으로 각국의 경제들이 다시 재편되었다. 수출경제의 확대 시대가 다시 돌아온 것이다. 1960년대와 1970년대 후반, 브라질을 제외하면, 경제적 근대화는 산업화와 거리가 멀었고 자국이 보유한 천연자원의 수출과 외채에 의존하는 방식에 불과했다. 따라서 외채규모는 나날이 늘어났고 1960년대에는 연간 라틴아메리카 수출량의 3분의 1에 달하는 규모로까지 불어났다. 1970년대에는 외채 규모가 전체 수출의 1.7배에 달하였다. 1973년 석유파동이 발생하기 직전에는 1.9배까지 치솟았다. 1993년에는 2.7배 이상[13]이 되었지만 2002년에는 다소 낮아져 1.8배에 그쳤다.[14] 이렇게 외채를 과도하게 사용하는 전략에는 규제 완화, 민영화, 노동조합의 권한 제한을 통해 국내외 엘리트들이 높은 수익을 얻기 유리한 조건을 만드는 방안도 포함되어 있었다.

국가안보시대는 인권침해가 남용되는 시기이기도 했다. 초기 신자유주의적 경제정책의 밑그림이 그려지면서 복지국가, 수입대체 산업 정책, 사회안전망으로 대표되었던 1930년대의 꿈은 사라져 버렸다. 독재주의적 자본주의는 진보를 위한 동맹의 냉전자유주의 초기이념을 배제하면서 봉쇄정책을 강화하고 발전보다는 현 상태를 유지하는 데 급급했다.[15] 외국인 투자를 끌어들여 '경제의 기적'을 제공하는 것 외에, 전통적인 정책으로 유엔 남미경제위원회가 지지했던 케인즈주의 이론에 반하는 통화주의(향후 시카고학파에 의해 연구됨)를 중시했다. 이러한 정책은 노동자 집단을 약화시키고 임금을 동결하며 물가 상승을 방관하고 사유화를 촉진하면서 국민의 삶의 질을 떨어뜨리고 경제 침체를 가져왔다. 이 정책은 단기적으로 국가발전의 수단으로 사용되기보다는 동료 또는 적과의 사회적 경쟁에서 이기기 위해 더 강력한 힘을 발휘했다. 이들 정책이 지닌 장기적인 사회, 경제적 영향력이 심각했던 반면에 그 여파는 엄청나서 사회적, 정치적, 재정적 악영향을 끼쳤다. 안정을 이끌고 번영을 가져오기는커녕, 규제 없는 자유시장과 독재적인 정치가 혼재되어 국가 통치력이 매우 악화되는 문제가 발생했다. 독재적인 정책과 자유시장이라는 방식 때문에 라틴아메리카는 1980년대 들어 외채 위기와 경기침체에 직면하게 되었다.

남미에서 나타난 관료주의적 독재 국가체제는 1964년 이후의 브라질 정치에서 잘 드러났는데, 이러한 국가 형태는 강력한 외부적 요인을 가지고 위로부터의 근대화를 시도한 것이었다. 이러한 새로운 질서는 국내 기업가와 투기세력의 연합형성의 바탕이 되었고, 세 가지 요인에 의해 유지되는 정당성의 위기를 불러왔다. 그 세 가지는 바로 지배 계층과 사회경제적 엘리트의 연합으로 강화된 군사력, 국내의 약한 지지기반을 보충하기 위한 외부 지지자의 후원, 국민의 시위를 막고 국민의 정치 참여를 막는 것이었다. 독재주의는 경제적 자유의 기반이 되었다.[16] 국민생활이 악화되고 빈부격차가 확대되면서 대중이 치러야 할 사회적 대가는 엄청났다. 이러한 체제는 진정한 반혁명을 이끌어내지도 못했다. 국가안보체제는 사회적 소요, 경제국가주의, 지역통합, 좌파의 위협을 막는 억압적인 도구로 사용되었다. 신자유주의 정책의 효과적인 운영을 위해서는 외부의 자금이 필요했고 따라서 1970년대와 1980년대 초반에 서구 민간은행에 오일달러를 세탁하여 자금을 유용했다.

외채와 체제의 위기

번영을 이룰 수 있을 것이라는 오판 아래 부채는 더욱 쌓여갔다. 정부와 민간 부분 모두 부채가 크게 늘어난 반면, 그에 따른 생산성과 수출의 증가는 달성하지 못했다. 더군다나 고 이자 행렬에 따라 엄청난 부채부담이 과중되었다. 다양한 이념적 논의에도 불구하고, 브라질, 아르헨티나, 칠레, 우루과이, 볼리비아의 강경한 군사정권은 페루, 파나마, 에콰도르 또는 민간주도 석유 산유국들(멕시코, 베네수엘라), 카리브 해의 미소(微小)국가들의 포퓰리즘적 정치 형태에서 크게 벗어나지 못했다. 각국의 정책들이 의도한 바가 달랐을지 모르지만 부채를 제대로 관리하지 못하고 국가발전도 이끌어 내

지도 못하는 공통적인 결과를 보여 주었다.

　브라질, 아르헨티나, 우크라이나, 칠레의 독재 정권은 억압적인 통치를 유지하게끔 도왔던 정치연합이 붕괴하자 위기를 맞았다. 페루, 에콰도르, 파나마처럼 외부의 영향을 크게 받았던 국가들은 더욱 쇠퇴해졌다. 국가안보체제가 지녔던 주요 정치적 한계는 세 가지였다. 첫째, 힘에 의한 통치는 결국 지속가능하지 않았다. 둘째, 안보전략은 국민들의 불안감이 조성된 상태에서 세워졌다. 셋째, 국가를 위한 국가안보전략이 아니었다. 1979년 일어난 니카라과 봉기와 엘살바도르, 과테말라의 장기간 내전은 변화가 시작됨을 알리는 신호탄이었다. 민중적이고 급진적이며 자유주의의 반대를 외치는 움직임이었다. 제국주의적 관점에서, 남미의 내발적 발전은 관료적 독재정권의 추락보다 기존의 질서유지를 더욱 위협하는 심각한 요인이었다. 경제 위기와 내부 분열로 인한 갈등을 해결하지 못하는 무능력, 미국 워터게이트 사건 이후의 정치적 연합의 상황이 한꺼번에 맞물려 군사정치는 힘을 잃어갔다. 1975년 리노위츠(Linowitz) 보고서에 그 과도기 전략에 대한 상황이 잘 드러나 있다.[17] 이 보고서는 삼변회(Trilateral Commission)[18]의 시각을 크게 반영했고 라틴아메리카에 대한 펜타고니스트(Pentagonist)의 정책에 비판적이었다. 카터 대통령은 이 보고서를 바탕으로 라틴아메리카의 민주화 청사진을 설계했고 이 전략은 이후에 레이건 대통령 행정부 시절에 실행되었다.

내부 엘리트 연합과 민주적 이행기[19]

　대부분의 라틴아메리카에서 민주주의 체제로의 전이는 대체적으로 내부 엘리트가 외부 세력의 조정을 받으면서 비롯되었다. 체제 이전이라기보다는 공식적으로는 민주주의 형태를 띠고 있었지만 실제적으로 비민주적인 사회경제적 질서의 강화를 의미했다. 국가안보체제가 퇴출되면서 독재주의적/권위주의적인 특징이 상당부분 잔존하게 되었다. 이러한 상황에서 콜롬비아, 베네수엘라, 멕시코처럼 '관리 민주주의(managed democracy)'의 정치적 특성을 보이면서 군사독재의 직접적인 경험이 없는 신생 민주주의 국가들이 탄생했다. 이러한 민주적 이행기에는 한계가 있었다. 독재적 자본주의는 대체로 개발상의 실패인 것으로 드러났지만, 정치적 억압에 의해 급진적으로 진행된 자유 시장경제노선으로의 구조조정은 '경제 민족주의(economic nationalism)'로의 복귀를 막기에 충분할 정도로 심도 있게 진행됐다. 그와 마찬가지로, 안보기구의 구조조정과 초국가화는 국수주의자들과 비동맹국의 외교정책을 억제케 했다. 이러한 점에서 볼 때, 라틴아메리카에서 겉으로는 독립과 민주주의라는 공식적인 이름을 단 채 추진된 급진적 민주주의의 결과로 나타난 정치적 조정은 결국 독립적이지도, 주권적이지도 않았다. 이들은 엘리트층을 기반으로 내부보다는 외부의 힘을 후원으로 한 배제적인 민간 정치체제를 조심스럽게 형성했다. 그 안에서, 경제와 군사 양쪽에 미치는 외부의 영향력이 국가를 넘어선 거부권을 행사하는 반면에, 정작 국민을 위한 부문은 정치 현안에서 배제되었다. 게다가, 이들 국가들은 내부적으로 큰 문제들이 산적되어 있었다. 그 중에는 IMF가 요구한 구조조정정책에 포함된 부채를 논외로 한다고 해도 감당할 수 없을 정도의 외채문제가 가장 심각했다.

이러한 정책은 궁극적으로 의존도를 높이고 저개발 상태를 유지하여 이들 국가에 대한 패권을 쥐겠다는 의도였다. 외부의 경제적, 정치적 영향력에 취약한 악순환이 계속되었고 나날이 더 많은 외부 지원에 의존하게 되었다. 이러한 국가의 취약점은 고질적인 부채 상환 문제에 허덕이면서 더욱 극명하게 나타났다.[20] 1980년대 초 부채 문제는 라틴아메리카의 1순위 문제였다. 원금과 이자가 1979년 연간 수출액의 40%에 달했고 1983년에는 65%로 치솟았다. 1988년 브라질, 멕시코, 아르헨티나, 칠레, 베네수엘라, 페루의 부채 합계는 4천억 달러를 넘어섰다. 이들 국가의 절반은 1990~1991년 사이 부채가 두 배로 늘어 4,210억 달러에 이르렀다. 연간 3.5%가량 증가한 셈이다. 2001년에는 연간 8.7%가량 늘어 7,870억 달러가 되었다. 1990년대 부채에 허덕이는 국가가 전 세계적으로 17개국이었는데 그중 12개국이 라틴아메리카 국가였다. 연간 이자비용은 1987년 수출의 약 33%였고, 10년간의 경기 침체가 막을 내리면서 1991년에는 22%가 되었다. 1992~1999년 부채액은 절반 이상 감소했다. 브라질은 223%에서 60%로 멕시코는 206%에서 156%로 부채율이 줄어들었다. 이러한 수치는 상상조차 하기 힘들 정도로 엄청났다. 1970~2000년의 30년간 아르헨티나는 5년마다 178%씩 늘어났던 부채가 이후 연간 256%씩 높아졌다. 반면 베네수엘라는 1970~1985년 연간 부채증가율이 320%에서 1970~2000년 사이에 465%로 급격히 높아졌다. 부채 문제를 채무상환능력으로 전환해서 본다면, 수출대비 부채상환율 역시 놀랄 만한 수치일 것이다. 아르헨티나의 경우, 수출대비 부채 상환율은 1990년 34%에서 2000년 71%로 높아졌다. 브라질은 23%에서 91%로 높아졌다. 멕시코(1994년), 에콰도르(1999년), 아르헨티나(2001년), 브라질(2002년), 볼리비아(2003년)는 경제적 위기를 겪었지만 라틴아메리카의 대부분 국가들은 디폴트에 빠지거나 채무국들의 카르텔 전략에 의존하지 않았다. 재정 문제를 해결하기 위한 정책은 이들 사회에 험난한 것이었다. 많은 정부는 기업의 채무를 납세자의 세금으로 '국유화'하는 방식을 선택했다.

1980년대 국가안보 악순환의 막바지에는 독재적 정권을 지원해주던 외부 세력과의 연합이 약해졌다. 제한된 자원으로는 국내외 사업가들과 국가안보의 관료주의와 합의점을 찾을 수 없었던 것이다. 이들 국가는 극도로 취약해서 외부 요소에 대한 추가적인 문제가 드러나기 시작했다(예를 들면 감당할 수 없는 부채, 악화된 무역). 닉슨 정권이 물러나자 미국의 정치 갈등은 더욱 심각해졌고 자유주의 정치 세력은 독재 정권에 대한 반감을 더욱 적극적으로 표현했다. 게다가 국제사업가들의 지원이 줄면서 라틴아메리카 독재정권의 내부 어려움은 가중되었다. 민주적 변화는 대중의 봉기를 막기 위한 대체 수단으로 떠올랐다. 독재정권에서 '제한적인 민주주의'로의 변화는 이전에 국가안보를 중심으로 일어났던 상황과 유사하게 발생했다. 브라질·파라과이·우루과이·아르헨티나·칠레 5개국의 독재적 형태와 중미의 덜 제도화된 형태가 동시에 반영되었다. 참여의 증대와 의존적인 발전은 경제적 팽창과 그 참여가 역내와 지역 엘리트들의 권익을 침해하지 않는다는 조건 아래에서만 공존이 가능했다.

수신국(receiver state)의 특징

1980년대 중반 부채위기가 점점 커지면서 아메리카 대륙에 '수신국(receiver state)'이라는, 제한적 민주주의와 신자유주의 경제가 혼합된 새로운 정치 형태가 나타나기 시작했다. 결과적으로 국가는 약해지고 국경의 경계는 더욱 희미해졌으며 해외 채권자와 국가부도를 조장하는 국제금융기관과 협력하게 되었다. 그들은 대규모 민영화를 추진하여 구조조정을 하라고 요구했다. 이는 다국적 정치연합의 전형적인 모습이며, 경제와 재정 정책이 정책 토론에서 배제되었다. 그러나 이러한 정책들은 결국 전체적인 방향을 조정했고 사회 정책에 대한 제한을 형성했다.

엘리트 협약과 배타적 사회경제 의제

국가마다 재정 관리 형태는 다르다. 그 형태는 변화기를 겪는 과정에서 나타난 특징에 따라, 또한 독재 정권 이후와 초기 조정 기간에 나타난 시민 정치의 특징에 따라 차이가 난다. 자세히 살펴보면 경제 의제는 정부의 선출 과정과 관계없이 독재정권 당시와 매우 비슷하다. 이처럼 효과적으로 대중을 통제하면서도 어느 정도의 자유와 정치 참여를 허용하는 것은 엘리트 중심에서 일반 국민 중심의 민주주의로 변화는 과정에서 전형적으로 나타나는 형세는 아니다. 1970년대 억압적인 국가와 1990년대와 2000년대의 수신국(receiver state)은 둘 다 엘리트의 이익을 추구하는 유사한 양상을 보였다.

수신국(receiver state)은 초국가적이며 보수적인 연합을 선호한다. 그러나 때로는 쉽게 타협하는 온건좌파 정부도 있다. 민주주의, 이동의 자유, 의제 설정이 조금이나마 자유로워져 독재 정권으로 억눌렀던 근원적인 사회문제들을 막아줄 얇은 완충제가 생겼다. 심각한 인권유린을 피하면서 이견을 조정하는 방식을 선호하면서 사회경제적, 정치적 근본 문제들이 대부분 해결되지 못한 채 남겨졌다. 국내 엘리트들이 경제, 군사, 기술, 관료 등 여러 부문에서 여러 국가와 연합을 형성했지만 민주주의를 배제하고는 안정적인 정치 기반을 다질 수 없었다. 정당성이 결여된 상황에서 반항적, 억압적, 비제도화된 폭력은 항상 일어나는 일이 되었다. 에콰도르는 1999년, 아르헨티나는 2001년, 콜롬비아와 멕시코는 2009년에 '국가의 실패(State failure)'를 경험했고 '국가의 실패'는 라틴아메리카를 대표하는 현상이 되었다.

과거의 국가안보체제를 청산했음에도 불구하고 라틴아메리카는 아직 진정한 민주화 과정에 진입하지 못했다. '제한적인 민주주의'로의 회귀와 '형식적 비군사화(Formal demilitarization)'는 기존의 체제를 변화시키지 못했다. 오늘날 민선 정부가 통제권을 가진 지역의 국가들에 있어서 민주주의는 더 이상 "진짜"가 아니다. 이에 반하여 아메리카 대륙 전체의 지식인 계층 사이에 민주주의에 대한 논의가 확산되면서 신자유주의 경제학을 길들여진 민주주의와 평행선상으로 보기 시작했다.[21] 이러한 상기의 모델은 가끔 선거 의식들(electoral rituals)에 의지하면서 대중의 지지를 받는 금권정치와 마찬가지이다. 반면에 "저강도 민주주의"[22]는 소비지향적인 고소득층이 지지하는 것처럼 보이지만 실제로는 대다수의 관심 밖에 있다. 이는 1970년대 중반 삼변회가 주창한 엘리트층의 개념과 기본적으로 같다. 당시 삼변회는 민주주의의 문제는 민주주의 그 자체에 있다고 생각했다. 법적 측면에서 이러한 의견 분열은 반민주주의를 주장했던 엘리트층의 경제적, 사회적, 정치적 연합을 흔들리게 했다. 권력의 중심에 있는 엘리트층, 군대, 지방 부르주아 계급, 중상층 계급이 바로 이들이었다. 코스타리카를 제외하고 라틴아메리카 국가들의 민주적 발전은 부실하게 이루어졌다.

독재정권하에서 실시된 억압적인 사회경제적 정책은 변화의 과정에서 발생한 일이고 일시적인 헌법 절차에 의한 것이었다. 재민주화된 정권은 다른 요소에 의해서도 발목이 잡혔다. 하나는 변화 과정에서 좌파와 권력을 가지고 있던 포퓰리즘적 정치 세력이 배제되었기에 정부의 정치적 연합이 약했다는 것이다. 다른 하나는 초국가적 안보 세력이 지나치게 자율적으로 움직였다는 점이다. 따라서 현 체제를 유지하고 과거와 현재에 자행되었던 인권 유린을 숨기는 데 급급했다. 그리고 이전 독재 정권이 남긴 엄청난 부채도 있었다. 결국 정부는 국민이 필요로 하는 서비스를 상당 부분 제한했다. 이러한 재정 축소 정책은 필연적으로 대립과 반목을 불러일으켰다. 이미 바닥을 보이는 국고로 인해 부채 상환이 어려웠고 국제통화기금(IMF), 세계은행(World Bank; IBRD), 미주개발은행(IDB), 민간 은행 등 국제금융기관들이 요구하는 엄격한 조건으로 재정은 더욱 어려워졌다. 이러한 상황으로 개혁, 평등, 사회정의를 위한 국민의 요구보다 구조조정이 우선하게 되었다.

공공정책이 미친 생물과 환경에 대한 영향

1980년대 이후 라틴아메리카와 카리브 해 국가들은 많은 문제를 겪었다. 이들의 공통점은 국가 재정의 어려움이었다. 이는 고용, 구매력, 주택, 깨끗한 식수, 위생 환경, 전염병 발발, 환경 파괴, 문제 해결 능력의 부족 등의 문제로 이어졌다. 라틴아메리카에서는 이미 사라졌다고 여겨졌던 질병들(말라리아, 샤가스병, 결핵 등)이 다시 나타났고 그동안 보지 못했던 질병(에이즈, H1N1)이 늘어나면서 많은 사람을 위협했고 공중보건의 위기가 발생했다. 당시 이미 사회안전망과 보건서비스체계가 무너진 상태였다. 1990년 콜레라 발병으로 수많은 사람들이 목숨을 잃었다. 빈곤으로 확산되는 질병이 곳곳에 퍼지면서 계급과 국경을 넘어 불안감이 확대되기 시작했다.

정책실패로 환경 문제도 발생했다. 하수, 물, 대기가 심각하게 오염되었고 또한 보복성 행동으로 문제는 더욱 악화되었다. 로블레스(Robles)와 필자는 연구 초기에 악순환을 일으키는 파괴적 과정을 발견했다.[23] 현재 공업, 광업, 농업은 관리되지 않은 도시화와 더불어 생태계와 인구에 생물학적, 사회적 스트레스를 일으킨다.[24] 예를 들어 산림벌채는 보건 관련 문제를 일으키는데, 전 세계 산림의 약 40%가 매년 사라지고 있다. 인구수를 고려하면 세계에서 라틴아메리카는 산림과 생물다양성을 파괴하는 일등 공신인 셈이다. 게다가 농산물의 수출을 늘리면서 라틴아메리카 인구에게 식량안보가 중요한 위협으로 다가왔고 심지어 통계상 부유한 국가에서도 큰 문제가 되었다. 다시 부채 상환 압력이 커지고 부채 조건으로 인해 자금이 부족해졌고 천연 자원과 인력의 무자비한 착취가 심화되었다.

구조적 빈곤과 불평등

1980년 이후, 라틴아메리카와 카리브 해의 빈곤인구는 1억 2천만에서 2억 명 이상으로 늘어나 전체 인구의 41%에서 46%가 되었다.[25] 가장 큰 피해를 입은 사람들은 역시 사회취약계층인 여성, 어린이, 노인, 소수민족이었다. 대부분 국가에서 빈곤과 곤궁이 1996년 수준으로 심각했지만 전체적으로는 20년보다 훨씬 나아졌고 소외된 지역에서 빈곤이 더욱 만연해졌다. 중미는 부의 집중화와 빈곤의 확산으로 가장 심각하게 타격을 입은 지역이었다. 21세기 초에 주민의 약 80%가 충분한 식량을 구할 수 없었고 이 중 절반이 궁핍한 생활을 했다.[26] 같은 보고서에 따르면 1977~1994년 사이 과테말라는 부의 집중이 더욱 심화되었고 토지 소유자의 2% 미만이 전체 토지의 65%를 소유했다. 1990~1993년에는 구조조정이 일어난 지 2년 만에 온두라스의 빈곤율이 전체 인구의 68%에서 78%로 늘어났다. 니카라과에서는 반정부세력이 전쟁을 일으키고 전쟁 후 재정긴축 정책이 시행되어 경제활동인구의 71.3%가 실업자였거나 불완전 취업자였다. 1979~1989년 사이 문맹률은 크게 줄어 12%가 되었다. 그러나 1993년에는 문맹률의 절대적, 상대적 수치가 둘 다 상승했다. 유아사망률도 마찬가지였는데 1980년대 천 명당 50명의 유아가 사망했지만 1991년에는 71명, 1993년에는 81명이었다. 최근 몇 년간 이 문제가 덜 부각되었지만, 인간이 자초한 재난과 자연재해는 깊은 상처를 남겼다.

심지어 경제의 기적조차도 지속적인 발전을 이끌어내지는 못했다. 엘리트층의 이익 추구, 극단적인 자유경제 정책, 구조적 조정 정책은 빈곤과 절망을 더욱 심화시켰다. 보건, 교육, 지역사회 개발은 계속해서 정체되었으며 도움이 가장 절실한 사람들의 어려움은 더욱 깊어만 갔다. 1970년대 경제 호황기가 끝난 후로 브라질이 가지게 된 명성은 서반구뿐 아니라 세상에서 가장 소득불평등이 심각한 국가였다. 칠레의 성공적인 경제 회복 역시 마찬가지였다. 1970~1987년 사이에 칠레의 빈곤인구는 매년 7.2% 상승했다. 한편, 1인당 실질소득은 매년 0.3% 상승했다. 1990년대 이후로 민주 정부가 들어서고 빈곤의 증가 속도가 줄었지만 여전히 궁핍한 생활을 하는 사람들이 많다. 매년 GNP 성장률이 4.5~10%를 기록하고 있는 칠레도 소득불평등 문제를 경험하고 있다.

가난과 불평등 확산은 위에 언급된 사례 외에도 많다. 이는 라틴아메리카 국가들에 만연한 문제이다. 카리브 해 국가들뿐 아니라 아르헨티나, 우루과이, 파라과이, 베네수엘라, 콜롬비아, 페루, 볼리비아, 에콰도르, 파나마, 코스타리카, 도미니카 공화국, 아이티도 겪고 있으며 멕시코는 그중에서도 상당히 심각하다. 앞서 언급했듯이 가장 큰 타격을 받는 사람들은 소외지역과 도시의 빈민층이다. 하지만 화이트칼라 계층과 중산층은 자신들의 경제적 기회를 보고 있으며 사회안전망은 극적으로 침식되었다. 라틴아메리카의 중산층은 오늘날의 캐나다와 미국에서처럼 극부와 극빈 사이에서 커져가는 격차를 통해 분열되고 있다(Wolff 2003).[27]

시민과 군대의 관계

시민정부라는 미명 아래서도 여전히 군부통치의 잔재가 남아 있다. 정치적 갈등이 극단적인 분열과 폭력을 동반한다는 점을 고려하면, 군국화는 라틴아메리카 국가들의 오랜 특징이었다. 미국도 마찬가지였다. 일부 예외는 있었지만, 라틴아메리카 대부분 국가에서 민선 정부가 있든 없든 간에 군부가 중요한 역할을 했다. 심지어 예외적인 국가에서도 직접적인 군부 통치나 군사력을 동원한 억압이 항상 존재했다. 이러한 군사화가 콜롬비아에서 발생한 갈등의 주요 원인이기도 했다. 냉전이 끝나고 군대는 자신의 활동을 숨긴 채로 정치계를 흔들었다. 그러나 밝혀진 바에 의하면 이들의 활동 영역은 매우 넓었다. 엘살바도르와 니카라과에서 내전이 끝나고 페루에서는 반란 세력이 진압되어 국방 예산이 줄어들었는데 이러한 사실은 군국화 경향이 사라지고 있다는 것을 의미한다.[28] 그러나 예산은 줄었지만 병력 수는 그만큼 줄지는 않았다. 적은 규모지만 병력의 증가가 이루어졌다. 아르헨티나(−39.8%), 칠레(−9.1%), 니카라과(−76.6%), 페루(−12.5%)에서 병력이 다소 줄어들긴 했지만 라틴아메리카 전체를 보면 오히려 늘어난 국가가 더 많다. 1985년에서 1991년 사이 20개 국가 중 12개국은 국방의 규모를 늘렸다. 콜롬비아는 76.7%가 늘어났으며 그다음으로는 베네수엘라(53.1%), 과테말라(40.7%), 멕시코(35.6%) 순이었다. 브라질은 규모가 가장 컸는데 거의 27만 명으로 1988

년과 1993년 사이 약 7%가 늘어났다.

G8과 중동 국가들과 비교해 보면 라틴아메리카의 군사 규모가 큰 편은 아니다. 그러나 그 영향력, 다국적 협력 등은 매우 광범위하다. 76만 명의 비군사조직과 정확한 수치를 알 수 없는 예비군까지 더하면 라틴아메리카의 약 130만 명이 무장 병력이며 국방에 약 90억 달러를 지출하고 있다. 라틴아메리카의 경제력을 감안하면 이곳은 과도하게 군사화되어 있는 셈이다. 외부 세력에 의해 통제되는 안보 분야는 여전히 개발 자원이 부족하여 매우 경쟁이 치열하다. 이는 라틴아메리카 국가들의 지속적인 문제이며 정치적 안정, 통합, 지속 가능한 민주주의, 인권 보호를 위협하는 가장 심각한 요인이다.

냉전이 끝나고 라틴아메리카 반란세력의 위협이 감소하자, 아메리카 대륙의 근본적인 안보 문제는 내외부의 적으로부터 어떻게 사회를 보호하느냐의 문제가 아니었다. 바로 정부의 군대로부터 어떻게 국민을 보호하느냐가 가장 중요한 과제였다. 이러한 문맥에서 우리는 시민과 군사의 관계, 민정과 군정의 특징에 대해 특히 전략적인 요소를 중심으로 살펴볼 필요가 있다. 하나는 아메리카 정치에서 보수적, 간섭적, 예언적인 분위기와 9·11 사건 이후 펜타고니즘(Pentagonism)의 부활이다. 오바마 행정부는 이러한 경향을 따르라는 압력을 계속 받고 있다. 다른 하나는 국경 지방에서 높아지는 긴장이다. 1995년 에콰도르와 페루 국경에서 발생한 전쟁과 비슷한 형세이다. 세 번째 요소는 멕시코나 콜롬비아의 내전, 안데스 산맥과 멕시코에서 발생한 마약과의 전쟁, 베네수엘라와 콜롬비아의 대립관계, 중동 문제에 콜롬비아와 에콰도르와 다른 라틴아메리카 국가들에 관여했던 사건 등에서 그랬던 것처럼 사회적 갈등이 군사화를 가속화한다는 점이다. 이러한 역기능적 군사화를 지탱하는 것은 라틴아메리카와 미국 군사기지 사이에 있는 폐쇄적이고 의존적인 연합 상황이다.

제한적인 민주주의와 민선 정부의 금권 정치

라틴아메리카에서 현재의 정치 상황은 예전, 특히 1970년대보다 덜 억압적이지만, 여전히 혼란스러운 양상을 보인다. 라틴아메리카 대부분의 국가들은 겉보기에 자유롭고 경쟁을 통한 선거로 정부가 선출되어 보인다. 가이아나의 전 총리인 체디 제이건 (Cheddi Jagan)은 "5분짜리 민주주의"라며 비꼬았다.[29] 대부분의 경우에 민선 정부가 2세대, 또는 3세대를 거치면서 일종의 통합이 이루었다. 정부가 유권자를 위해 좀 더 책임감 있게 일하도록 하는 많은 시도가 이었다. 가장 중요한 것은 조지 W. 부시 정권 동안 라틴아메리카와 미국의 관계가 더욱 악화되었다는 점이다. 부시 대통령의 두 번째 재임 기간인 2006년에 2009년 동안 니카라과, 과테말라, 엘살바도르, 볼리비아, 에콰도르, 아르헨티나, 파라과이 등 많은 라틴아메리카 국가들에 좌파 정권이 들어섰고 심지어 미국의 차기 대통령도 부시 대통령과 다른 성향의 후보자가 당선되었다. 콜롬비아를 제외하고는 고문, 실종, 테러의 발생 빈도가 줄었다. 그러나 여전히 사회를 혼란스럽게 하는 요소들이 있다. 하나는 권위주의적이고 과두제 정치의 전통이 지속되고 심지어는 반복된다는 점이다. 권력은 여전히 일부 세력에게만 집중되어 있으며 차별과 직권 남용 역시 크게 줄어들지 않았다. 부패는 더욱 확산되고 깊어졌으며 빠르게 증가하고 있다. 미국과 캐나다 역시 각종 스캔들, 뇌물 수수 등을 피해가지는 못했다.

엘리트층을 기반으로 한 제한적인 민주주의는 매우 배타적이다. 최근 선거가 있기 전까지 아메리카 대륙은 일반적으로 선택의 여지가 별로 없다고 여겨졌다. 속임수와 조작은 늘 있는 일이었다. 유권자들이 투표를 할 수는 있지만, 정치적 선택권과 기존 체제는 변함이 없었다. 기존 국가안보체제(토지 소유자, 기업, 외국인투자자, 독재 정권이 군사, 사법, 기술 관료를 좌지우지함)의 사회경제적, 제도적 기둥은 새로운 민주주의적 정권하에서도 그대로였다. 인권 유린을 저지르는 범죄자의 대다수는 여전히 법망을 피해 다녔다. 그러므로 대중의 분노의 비판이 높고 정권에 대한 정당성이 낮음은 자명한 일이다. 1990년대 대부분 국가에서 공식적으로 자유 경쟁의 선거를 치렀지만, 실질적 대안을 제시하는 데는 실패했다. 정치적 결정은 국민들의 의사와 동떨어진 채로 이루어졌고 최근에는 투표권을 표기하는 유권자가 크게 늘어났다.[30] 예를 들어 1994년 과테말라 국민투표의 84%가, 1994년 3월 엘살바도르 총선의 50%가 기권했다. 콜롬비아의 1994년 의원 선거에서는 약 70%가 투표에 참여하지 않았으며 같은 해 에콰도르 의원 선거에서는 후보자를 중복 표기하여 무효가 된 표가 역사상 두 번째로 많았다. 콜롬비아는 2000년 유권자의 40%가 기권해 가장 많은 수의 유권자가 투표를 포기한 전례를 남겼다. 그다음으로 많은 수를 기록한 국가는 미국이다.[31] 게다가 대부분 선거에서 심각한 부정이 발생했다. 그러나 위에서 언급한 것처럼 지난 3~4년 동안 라틴아메리카의 대선에서는 중도좌파 정권이 승리하는 경우가 많았는데 이는 정치판의 작지만 새로운 변화의 바람이 일고 있다는 사실을 보여 준다.

군사정권에서 민선 정부로 바뀌었지만 아메리카 대륙의 민주주의는 1990~2000년까지 제대로 자리 잡지 못했다. 여전히 불안전했으며 일부 국가에서는 민주주의에 반대하는 움직임이 일기도 했다. 2008년 오바마 대통령이 당선된 후에도 라틴아메리카의 과두 정권은 여전히 강력한 영향력을 발휘했다. '영속적인 지도자(continuismo)'와 '역동적인 계승(라틴아메리카의 민주주의 의제를 반대함)'이 다시 고개를 들었다. 또한 정책 역시 과거의 관행을 되풀이했다. 신자유주의 움직임은 부채의 누적, 지역 무역협정(NAFTA 또는 MERCOSUR), 거시경제 균형 정책으로 침해되었다. 이는 재정, 통화, 대출 문제를 정치적 논의에서 제외시키는 결과를 낳았다. 게다가 양극화로 인하여 표면적으로만 도덕군자와 구세주를 표방하는 단극주의하에서 새로운 냉전으로 민주주의, 개발, 안보가 쇠퇴했다.

결론: 내부의 불꽃

라틴아메리카 정치에서는 심각한 구조적 위축이 발생했다. 민선 정부가 민주주의, 평등, 다수의 법칙, 공공의 이익과 같은 점을 강조하면 무자비한 반대에 시달리거나 국내외 엘리트 계층으로부터 위협을 당하고, 결국에는 국가가 불안정해지거나 혹은 아무것도 할 수 없는 상태가 되어 버렸다. 그러므로 자유주의를 중시하고 시민사회를 무시하며 이윤을 창출하는 분야를 위해 통치하는 것이 가장 일반적인 경향이었다. 이는 랄프 레이더(Ralph Nader)가 북미의 상황을 금권정치로 표현한 것과 같다. 장기적으로 이러한 선택에 대한 정치적 비용은 상당할 것이다. 정당성과 주권을 잃고 선출된 관료와 유권자들 사이에 신뢰가 사라질 것이며 정부의 통치와 여러 가지 업무를 담당하는 기관의 관계가 엉망이 될 것이다.

정치적 고립의 정도를 고려하면, 자신들의 삶을 위협받은 국민들이 봉기를 일으키는 것도 무리가 아니다. 1993년 치아파스(Chiapas), 2000년 키토(Quito), 2001년 부에노스아이레스(Buenos Aires), 2003년, 볼리비아의 라파스(La paz)에서 시위가 있었다. 위에 언급된 이러한 폭동은 국내외적으로 영향을 미쳤다. 라틴아메리카 사람들이 세계화 반대 운동을 반대하고, 시민 사회를 지향한다는 표현이었다. 특히 당시는 1970년대의 군권정치와 1990년대 경제 조정을 통해 시민 조직이 거의 붕괴된 상태였다. 이는 시민들의 봉기와 폭동이 라틴아메리카의 새로운 질서에서도 계속 발생할 것이라는 사실을 보여준다.[32] 따라서 이러한 문제는 정치적으로 중요한 이슈가 될 것이며 우리는 앞으로 몇 년간 이런 상황을 자주 접하게 될 것이다. NAFTA와 FTAA에 대한 환상 속에서 라틴아메리카의 불안정은 심화될 것이다. 한편, 새로운 내부 엘리트 계층과 초국가적 연합 세력의 정당성에 도전하면서 새로운 형태의 저항이 나타나 이미 겉돌고 있던 민주주의를 더욱 악화시킬 것이다.

그러므로 장기적으로 구조적 문제를 살펴본다면 이러한 거대한 지각변동은 라틴아메리카 지역에서 완전히 자취를 감추지는 않을 것이다. 그러나 분명히 변화는 생겼다. 어떤 점에서 사회 운동과 광범위한 연합은 라틴아메리카에서 민주적 변화를 이끌 수 있는 가능성을 열었다. 1990년대와 2000년대 초 시위에서 이미 이러한 모습이 감지되었다. 우리의 분석에 따르면, 비록 군사독재시절 인권 문제가 개선되지는 않았지만 신자유주의 경제와 제한적 민주주의가 정책의 중심축이 되면서 국민의 힘으로 진정으로 안정되고 지속가능한 민주주의를 이룩할 수 있는 기반이 생겼다고 판단한다. 물론, 신자유주의와 제한적 민주주의의 결합이 부패나 국민과의 단절을 항상 막아주지는 못한다. 사실 그 반대가 맞는다고 할 수 있다. 경제 회복으로 대중의 삶의 질이 높아지지 못한다거나 구조적 경제 위기가 심화된다면 약하고 실용적인 시민 정부가 폭력적인 시민군사 정권에 전복당할 수 있다. 결국 국가안보를 우선순위로 삼는다는 논리는 여전히 관념적으로 약하고 군대 양성을 위한 변명이 불과하다. 과거 사회주의자들의 정권 전복은 내부의 적들이 내세운 새로운 정의로 뒤바뀌었다. 바로 테러, 무정부 상태, 마약과의 전쟁, 또는 엘리트층의 이익이나 투자환경을 저해하는 그 어떠한 것이면 가능했다. '콜롬비아 계획(Plan Colombia)', '메리다 계획(Plan Merida)', 또는 미국 남부사령부(US Southern Command)의 역할 확대처럼 군대를 늘리고 미국을 끌어들이는 것이 대표적인 예다. 9 · 11 사건이 불러온 파장은 테러와 싸우기 위해 엘리트층의 통치를 정당화하는 배경으로 작용했다.

라틴아메리카 지역이 더 통합되어감에 따라 상호 취약했던 부분의 역기능 문제가 수면 위로 떠올랐다. 아메리카 대륙 수백만 인구에 미치는 영향은 가히 재앙에 가깝다. 실업, 빈곤, 폭력, 범죄, 건강 문제, 중독, 강제 이주, 대규모 인구 이동, 억압, 환경 악화 등이 만연했다. 정부가 마약을 거래한다는 사실은 이러한 현상이 어떻게 연계되어 있는지를 단적으로 설명해준다. 마약 거래와 연관이 있는 연결고리에는 안데스 지역 농부들이 있고 생산과 수입 분야의 범죄조직은 부패한 공무원, 소매업자, 소비자와 끈이 있었다. 단지 증상만 치료하기보다는 사회심리적 그리고 경제적 원인을 해결해야 소비자 중심의 시장을 형성하고 100% 시장 논리를 따르며 철저히 이러한 조직을 파괴할 수 있다.

이러한 상황 속에서 북미와 남미, 여러 가지 가속 요인들의 상호 취약점이 서로 연계되어 서로에게 악영향을 미치는 상황(lose－lose situation), 즉 득점이 마이너스가 되는 (negative score game) 상황이 연출되었다. 북미와 남미가 큰 변화를 도모하지 않는다면 이 지역의 안보를 위협하는 요인을 제거할 수 없다. 아메리카 대륙의 통치 세력은 의사결정과정, 책임 문제, 지역적 협력에 관해 급진적인 변화 의지가 부족하며, 따라서 역

기능은 더 커질 것이다.[33]

지역 안보는 단기적 기업 이익이나 '자명한 운명'이라는 구세주적 비전, 마약이나 테러와의 전쟁, 또는 최근에 있었던 '히스패닉계의 위협'[34]과 동일시되어서는 안 된다. 민주주의 발전, 번영, 평등의 붕괴와 이미 혼란을 겪고 있는 국가에서 갈등이 더욱 심각해지는 양상은 아메리카 대륙의 안녕과 안보가 이미 흔들리고 있다는 증거다. 민주적 기관의 힘이 약하고 민주적 이행 움직임이 활발하지 않고 금권정치를 추구하는 것은 라틴아메리카의 안보에 치명적인 약점이다. 냉전이 끝났다고 해서 자동적으로 일본의 후쿠야마(Fukuyama)처럼 과거의 잔재가 청산되고 새로운 역사를 이룩할 수 있는 것은 아니다.[35] 라틴아메리카는 지난 20년간 민주주의를 세우기 위해 외부세력의 간섭을 막거나 책임감 있는 정부를 세우지 못했다. 또한 인간 존엄성의 침해도 막지 못했다. 민주화로 가는 과도기라고 주장하는 이론가들과 신독재주의자들이 주창하는 안전하고, 제한적이고, 강도가 낮아 의미가 없는 민주주의를 가지고 지속가능하고 안전한 사회가 정착되지 못했다. 경제적 교조주의가 지속되고 정의하기 어려우면서 지속적으로 발생하는 전 지구적 분쟁에 싸우기 위해 국가안보주의가 다시 부활했다. 체제는 반구를 처음부터 끝까지 변화시킨다. 특히, 북반구에서 체제의 변화는 반구상(狀)의 인간안보를 위한 필요조건이다.

통계자료 출처

World Bank. World Development Report, 1990, 1991 and 1992, passim; and 1994, pp.206–207. 자료들은 국제부흥개발은행(IBRD), 세계은행, 1989년과 1992년 세계개발보고서에서 참조함: Development and the Environment(New York: Oxford University Press, 1989, 1992). 자료는 총 외채비율과 인구성장률과 전망치를 포함하고 있다. 니카라과의 1990년 GNP는 1987년 자료에 근거를 둔 것이며 매년 2.5% 감소세를 보였다. 2000년도 도표는 유엔발전프로그램의 인간발전리포트 2002년도 203–205에서 참조된 것이다.

Altimir, Oscar. "Income Distribution and Poverty Through Crisis and Adjustment." CEPAL Review, April 1994, p. 12.

IISS. The Military Balance, several issues 1989.2003;World Resources, 1994.1995; SIPRI Yearbook 1993.

International Institute for Democracy and Electoral Assistance (IDEA). Voter Turnout from 1945 to Date. Stockholm, Sweden, 2003. www.idea.int/vt/analysis.

TABLE 12.1 21세기 라틴아메리카 대통령 선거 경향

중도좌파

연도	국가1	대통령	정당	노선	점유율
1998	베네수엘라	Hugo Chavez	PSUV2	사회주의	62.8%
2003	브라질	Lula Da Silva	PT	사회민주주의	48.6%
2004	우루과이	Tabare Vazquez	Broad front	중도좌파	51.6%
2005	볼리비아	Evo Morales	MAS3	사회주의	54.0%
2005	온두라스	Manuel Zelaya	PL	진보	49.9%
2006	코스타리카	Oscar Arias	PLN	사회민주	40.6%
2006	아이티	Rene Preval	Lespwa	대중좌파	51.1%
2006	페루	Alan Garcia	APRA	사회민주	52.6%
2006	칠레	Michelle Bachelet	PS	사회민주	53.0%
2006	에콰도르	Rafael Correa	PAIS4	chritian humanist	57.0%
2006	니카라과	Daniel Ortega	FSNL5	페론주의	38.0%
2007	아르헨티나	Cristina Kirchner	PJ	중도좌파	45.2%
2007	과테말라	Alvaro Colom	UNE6	사회민주	53.0%
2008	도미니카 공화국	Leonel Fernandez	PLD	사회민주	53.8%
2008	파라과이	Fernando Lugo	PDC7	기독민주	37.0%
2009	엘살바도르	Mauricio Funes	FMLN8	사회민주	52.0%

중도 우파

연도	국가	대통령	정당	노선	점유율
2006	콜롬비아	Alvaro Uribe	PC9	보수	62.0%
2006	멕시코	Felipe Calderon	PAN10	보수	35.9%
2009	파나마	Ricardo Martinelli	CD11	보수	60.6%

1. Note: 영어를 공용어로 하는 Jamaica, Trinidad Tobago, Bahamas 및 기타 도서 국가들과 Belize 또는 Guyana는 리스트에 포함시키지 않았다.

2. PSUV=United Socialist Party of Venezuela(2007), evolved from the 1980s Fifth Republic Movement.

3. MAS=Movimiento al Socialisml: Movement towards Socialism

4. PAIS=Patria Altiva y Soberana(Proud and Sovereign Motherland)

5. Sandinista=Left − leaning Socialist/Social Democrat: Sandinista From for National Liberation

6. UNE=Union Nacionalde la Esperanza(National Unity for Hope)

7. PDC=Partido Democrata Cristiano(Christian Democratic Party)

8. FMLN=Farabundo Marti para la Liberacion Nacional: Farabundo Marti National Liberation Front

9. Primero Columbia: instrumental right − wing coalition

10. PAN=National Action Party

11. CD=Cambio Democratico: right − wing, neoliberal, breaking a left − wing trend in the region in 2009.

미주

1) CEPAL, Panorama Social de América Latina 2004(online version, October 24, 2005), p. 1; also United Nations, Department of Economic and Social Affairs, Report on the World Social Situation 2005: The Inequality predicament, August 25, 2005, p.1.

2) United Nations, *World Economic and Social Survey 1994*(New York: United Nations), p. 42.

3) Terry—Lynn Karl and Richard Fagen, "The Logic of Hegemony: The United States as a Superpower in Central America," in Jan Triska, ed., *Dominant Powers and Subordinate States: The United States in Latin America and the Soviet Union in Eastern Europe*(Durham, NC: Duke University Press, 1986), pp. 218—238.

4) 아르헨티나의 Uriburu 장군, 칠레의 Ibanez 장군, 브라질의 Getulio Vargas, 우루과이의 Terra 대통령, 니카라과의 Somoza 장군, 엘살바도르의 Hernadez—Martinez 장군, 도미니카 공화국의 Trujillo 장군, 온두라스의 Carias 장군, 과테말라의 Ubico 장군, 페루의 Sanchez—Cerro 장군, 볼리비아의 Busch 대령이 포함된다.

5) Eugene Stanley, *The Future of Underdeveloped Countries: Political Implications of Economic Development*(New York: Praeger, 1961), pp. 3—4.

6) US Senate Committee on Foreign Relations, Subcommittee on Western Hemisphere Affairs, Hearing(June 24, July 8, 1969), pp. 62—64, 57—61; also Yale Ferguson, "The Departments of Defense and State and Governor Rockefeller on US Military Policies and Programs in Latin America," in Contemporary Inter—American Relations: A Reader in Theory and Issues(Englewood Cliffs: Prentice—Hall, 1972), pp. 327—328.

7) John Lovell, "Military—dominated Regimes and Political Development: A Critique of Some Prominent Views," in Monte Palmer and Larry Stern, eds., Political Development in Changing Societies: An Analysis of Modernization(Lexington: Heath Lexington, 1971), pp. 159—179.

8) Charles D. Corbett, The Latin American Military as a Socio—Political Force: Case Studies of Bolivia and Argentina, Monographs in International Affairs(Center for Advanced International Studies, University of Miami, 1972), pp. 13—19; also see "Appendix F: Precis of the Counterinsurgency Course(1963), the Special Warfare School Fort Bragg, North Carolina," in Willard Barber and Neale Ronning, Internal Security and Military Power: Counterinsurgency and Civic Action in Latin America(Ohio: Ohio State University Press, 1966), pp. 275—276, 217—245; US Army Special Warfare School, Counterinsurgency Planning Guide, Special Text no. 31—176(1964).

9) Jan Knippers Black, Sentinels of Empire: United States and Latin American Militarism, Contributions in Political Science(Westport, CT: Greenwood, 1986), passim.

10) Jean—Louis Weil, Joseph Comblin, and Judge Senese, "The Repressive State: The Brazilian National Security Doctrine and Latin America," LARU Studies, no. 3(Toronto: LARU, 1979), pp. 36,73; also see Robinson Rojas, "Notes on the Doctrine of National Security," 2003, www.rrojasdatabank.org/natsec1.

11) Juan Bosch, El Pentagonismo sustituto del imperialismo, 3rd ed.(Santo Domingo: Editora Alfa y Omega, 2000), pp. 5—14.

12) Mexico, Venezuela, Colombia, Costa Rica, and communist Cuba.

13) 1970년과 1985년 사이의 ECLA 연간통계자료에 기반함.

14) ECLAC의 2001년 연간통계자료에 따르면, 외채 지불 규모는 US$22,256,000(1980)과 US$739,930,000(2000)이었다.

15) For a direct view of the "developmental deontology" of counterinsurgency, see US Army Special Warfare School, Counterinsurgency Planning Guide, Special Text no. 31—176(1964).

16) Orlando Letelier, "The 'Chicago Boys' in Chile: Economic Freedom's Awful Toll," The Nation, August 28, 1976, pp. 138—142.

17) Sol Linowitz, *The Americas in a Changing World*(New York: Quadrangle, 1975).

18) Holly Sklar, "Managing Dependence and Democracy: An Overview," in Trilateralism: The Trilateral

Commission and Elite Planning for World Management(Montreal: Black Rose, 1980), pp. 1 - 55.

19) Arturo Siat and Gregorio Iriarte, "De la Seguridad Nacional al Trilateralismo," Cuadernos de Cristianismo y Sociedad, May 1979, pp. 23 - 24.

20) Osvaldo Martinez, "Debt and Foreign Capital: The Origins of the Crisis," Latin American Perspectives. Winter 1992, p. 65; World Bank, World Development Report, 1990, 1991 and 1992, and 1994, pp. 206 - 207; and World Debt Tables: External Debt of Developing Countries, 1987, 1988, 1989, 1990, and 1991, 1992, vol. 2, Country Tables(Washington, D.C:, World Bank, 1988, 1989, 1992).

21) Veronica Montecinos and John Markoff, "Democrats and Technocrats: Professional Economists and Regime Transition in Latin America," Canadian Journal of Development Studies 14, no. 1(1993): 7 - 22.

22) Barry Gills and Joel Rocamora, "Low - Intensity Democracy," Third World Quarterly 13, no. 3(1992): 501.

23) Jorge Nef and Wilder Robles, "Environmental Issues, Politics, and Administration in Latin America: An Overview," in Joseph Jabbra and Onkar Dwivedi, eds., Governmental Response to Environmental Challenges in Global Perspective(Amsterdam: IOS Press, 1998), pp. 42 - 62.

24) 라틴아메리카에서 도시 인구는 인구 증가율의 거의 평균 두 배의 속도로 기하급수적으로 확대되고 있다. 1950년에는 단지 한 도시(부에노스아이레스)가 5백만의 인구로 세계에서 가장 인구가 많은 10대 도시들 중에서 8위를 차지했다. 2000년에는 멕시코시티가 1천8백5십만 명의 인구로 세계 2위, 상파울루 시가 1천7백8십만 명으로 4위, 부에노스아이레스가 1천2백6십만 명으로 10위를 차지한 바 있다. 이런 초거대 도시의 확장이 급진적으로 진행되는 동안 더 많이 언급된 것은 Santiago, Bogota, Caracas, Lima와 같은 대도시와 Medellin, Curitiba, Cordoba, Concepcion, Guadalajara 등과 같은 제2도시의 성장이었다. 이런 현상은 농촌빈민들의 농촌 이반과 도시유입으로 도시가 맞게 된 위기가 지닌 방산의 일각이다. 2050년에 이르면 라틴아메리카의 인구가 북미의 2배에 다다를 것으로 추정된다.

25) William Robinson, "Central America: Which Way After the Cold War?" NotiSur, February 25, 1994, pp. 1,9, esp. p. 5; also Oscar Altimir, "Income Distribution and Poverty Through Crisis and Adjustment," CEPAL Review, April 1994, passim.

26) NotiSur, January 14, 1994, p. 9.

27) William Robinson은 1993년 UNDP 인간개발보고서를 인용하여 인류의 부유한 20% 정도가 전 세계 수입의 82.7%를 차지하고 있다고 밝혔다. 세계무역거래의 80%, 전체 대출의 95%, 모든 가계저축의 95%, 그리고 전체 세계투자의 80.5%가 역시 그들 20%의 영향력 안에 놓여 있다. 그들은 세계 전체 에너지의 70%, 전체 금속의 75%, 목재의 85%와 식품공급의 60%를 소비한다. William은 이러한 상황 안에서 중산층들이 눈에 띄게 위축되어 전 세계인구의 20%에 해당한다고 볼 수 있는 중산계층이 전 세계 부의 11.7%만을 차지한다고 보고서를 통해 밝혔다. NotiSur, February 18, 1994, p. 7. 1998년 연방준비은행이 시행한 소비자 재정에 대한 설문조사에 근거한 미국의 레비 연구소의 연구는 인구의 상위 1%가 국가재산의 38%를 통제하며 극빈자층에 해당하는 전체 인구의 40%가 국가재산의 0.26%에 해당된다고 밝혔다. 1983년과 1998년 사이 동안, 상위 1%의 재산 증가는 42.3% 증가를 보여준 반면에, 하위 40%의 인구는 76.5%의 수입 하락세를 보였다. See Edward Wolff, "Recent Trends in Wealth Ownership, 1983.1998," Levy Institute Working Paper no. 300, Tables 2,3(2003). All indications are that income concentration has worsened since 1998.

28) 1985년과 1991년 사이에 라틴아메리카 지역의 국방예산은 평균적으로 연간 24.6% 혹은 4.1%의 감소치를 보였다. 그리고 20개국 중에서 12개국이 방위예산을 감축했는데 대표적인 예로 칠레가 59% 감축, 온두라스가 4.8% 감축을 감행했다. 다른 한편, 라틴아메리카에서 중형국가에 해당하는 베네수엘라는 23% 그리고 콜롬비아가 275%로 국방예산을 큰 폭으로 증액했다. 라틴아메리카 지역의 병력 수는 연간 4.2% 또는 0.7%로 완만한 증가치를 보여 주었다.

29) Cheddy Jagan, "Sustainable Development in the Americas," keynote address to the twenty - seventh annual Congress of the Canadian Association of Latin American and Caribbean Studies, York University, October 31, 1996.

30) NotiSur, February 1994, p. 8.

31) 비교하자면, 2002년에 미국은 46.6%, 2000년에 캐나다에서는 55%였다. 1998년과 1991년 사이, 그리고 1998년과 2001년 사이에 라틴아메리카와 북미지역 두 지역 모두에서 보여준 투표참여율은 절반 이상의 국

가들에서 투표참여율이 감소세를 보였고, 대부분의 유럽 국가들과 비교할 때 거의 절반에 가까운 국가들이 낮은 투표 참여율을 보였다.

32) Latin America Weekly Report, January 13, 1994, p. 2; February 17, 1994, p. 62; and February 17, 1994, 62.

33) 미주기구(OAS) 사무총장에 José Miguel Insulza가 선출되기 이전까지 미주기구의 모든 사무총장은 미국에 후원을 받아왔다. 그들은 워싱턴의 후원이 패배했다는 것을 부인했다.

34) Samuel Huntington, "The Hispanic Threat," Foreign Policy, March–April 2004, www.keepmedia.com/pubs/ForeignPolicy/2004/03/01/387925.

35) Francis Fukuyama, "The End of History?" National Interest, Summer 1989, pp.3–18.

제5부
대외관계

13. 라틴아메리카의 국제관계: 대립과 협력

제임스 리 레이(김유경 옮김)

전통적으로 1824년 아야꾸쵸(Ayacucho) 전투는 라틴아메리카에서 스페인 통치의 종식을 의미한다. 브라질은 이보다 2년 전에 포르투갈과의 관계를 단절했다. 이 장은 라틴아메리카에서 스페인과 포르투갈의 몰락으로 출현한 국가들 사이의 관계에 초점을 맞출 것이다. 물론 미국은 그러한 관계에 중요한 역할을 했으나 이 지역에 대한 미국의 대외정책은 단지 부수적으로만 다루어질 것이다(라틴아메리카에 대한 미국의 정책은 15장에서 다룬다). 이 장에서 미국은 다루어지지만 라틴아메리카 국가들이 그들의 대외정책과 서로를 다루는 데 있어 대처하고자 해왔던 도전과 문제점들에 상관이 있는 정도에서만 언급될 것이다.

통일의 꿈, 분쟁의 현실

초기

스페인의 식민지들은 세 개 정도의 분리된 운동으로 독립을 성취했다. 첫 번째 운동은 멕시코에서 시작되었고 중미가 이에 합류했다. 멕시코는 중미를 병합한 이뚜르비데(Agustín de Iturbide) 치하의 제국으로 출현했다. 그러나 제국은 단기간만 유지되었다. 중미는 1823년 그들 자신의 길을 갔고 1824년경 이뚜르비데는 산따 아나 장군(General Antonio López de Santa Anna)에 의해 멕시코 밖으로 추방되었다. 물론 멕시코는 단일한 독립국가로 발전했지만 중미의 통합된 지방은 1838년경 과테말라, 온두라스, 엘살바도르, 니카라과 그리고 코스타리카로 각각 분리, 독립했다.

볼리바르(Simón Bolívar)는 산 마르띤(José de San Martín)이 대륙의 남부에 있는 스페인 식민주의자들에 대항해 싸우는 동안 스페인 통치령의 북부에서 독립을 위한 캠페인을 주도했다. 두 명의 혁명 지도자들은 1822년 만났고 그들의 해방운동에 가능한 조정 방향을 논의했다. 이날의 회담이 다소 애매했던 이유로, 그들은 별다른 합의 없이 회합을 끝냈다. 결과적으로 스페인 통치령의 단일화를 향한 처음의 시도는 지금까지의 많은 시도와 같은 운명을 맞게 되었다. 단일화 시도는 실패했다.

부에노스아이레스가 스페인에 저항해 반란을 일으켰을 때, 그 운동의 지도자는 지금은 파라과이로 알려지게 된 영토를 부에노스아이레스에 포함시키기 위해 노력했다. 부에노스아이레스 군대는 파라과이 지도자들에게 스페인에 대항해 결속할 것을 설득하려 했지만 파라과이 군대에 의해 격퇴되었다. 물론 부에노스아이레스는 아르헨티나가 된 지역의 중심지였다. 누구나 충분히 짐작할 수 있듯이, 칠레와 아르헨티나는 그들을 분리시키는 안데스 산맥 때문에 두 개의 국가로 출현할 수밖에 없었다.

만일 볼리바르가 그의 방식을 관철시켰더라면, 그의 지도력하에서 자유를 획득했던 영토는 두 개의 큰 공화국으로 출현했을 것이다. 그러나 수크레(Antonio José de Sucre)가 주도했던 독립의 과정에서 북쪽 페루(Upper Peru)는 스페인과 페루 양쪽으로부터의 자유를 원했고 첫 번째 대공화국에 대한 볼리바르의 꿈은 볼리비아와 페루라는 두 개의 독립국가로 분할되었다. 볼리바르는 1819년 그란 콜롬비아 공화국(the republic of Gran Colombia)을 건립하기 위해 애썼지만, 1830년경 이 공화국 또한 지리적 장애, 지역적 대립, 그리고 정치 지도자들의 반목을 가져온 야망에 희생되었다. 그란 콜롬비아는 결과적으로 베네수엘라, 콜롬비아 그리고 에콰도르라는 국가들로 분리되었다. 볼리바르는 "그의" 공화국이 해체된 이후 곧 사망했다. 그의 죽음 바로 이전에 그는 그의 꿈이 사라진 것에 대해 다음과 같이 한탄했다. "아메리카는 통치불가능하다. 혁명을 제공했던 사람들은 바다를 일궈왔다."

19세기 분쟁

라틴아메리카에서 19세기 신생독립국들의 관계는 일련의 중요한 갈등과 전쟁, 그리고 20세기까지 지속된 투쟁의 영향을 받았다. 예를 들어, 브라질과 아르헨티나의 갈등은 1830년 완충국으로 우루과이를 만들어 분쟁을 수습하려 했던 영국의 중재를 이끌어냈다. 페루와 콜롬비아는 거의 같은 시기에 또 다른 완충국인 에콰도르의 탄생으로 귀결된 과정에서 그들 사이의 분쟁을 종결짓기로 동의했다. 1835년경에 볼리비아의 산타크루스 장군(General Andrés de Santa Cruz)은 영토를 넓히려는 노력의 일환으로 페루-볼리비아 연방을 세웠다. 칠레와 아르헨티나 모두 이로 인한 권력의 집중이 그들의 지속적인 독립에 위협이 된다는 이유로 페루-볼리비아 연방을 반대했다. 아르헨티나가 이 연방에 반대해서 전쟁을 선포했음에도 불구하고 칠레가 개입을 한 이후에야 1838년 연방이 해체되었다.

1840년과 1850년은 두 축의 국가들, 즉, 칠레와 서쪽의 다른 국가들을 한 축으로 하고 아르헨티나, 우루과이, 파라과이 그리고 브라질을 대륙 동쪽의 다른 한 축으로 하는 세력 사이에 미묘하고 다소 독립적인 세력균형의 조정시기였다. 1864년, 우루과이 문제를 빌미로 아르헨티나, 우루과이, 브라질과 파라과이 간의 유혈사태가 발생했을 때까지 주요한 무력충돌은 일어나지 않았다. 브라질과 아르헨티나는 우루과이의 빈번한 정치적 폭력사태에 대해 자신들에게 유리한 방식으로 계속해서 영향을 미치려고 시도했다. 그들 자신의 방식에 따라 브라질과 아르헨티나는 우루과이를 둘러싼 전쟁으로 달려가고 있었지만 종국에는 파라과이가 이들 세 국가를 상대로 전쟁에 돌입했다.

1860년대까지, 파라과이는 해방 이래 독재자에 의해 지배당하며 다소 고립되어 있는 상태였다. 이들 중에 두 번째 독재자인 로페스(Carlos Antonio López)는 이러한 고립을 다소 완화했다. 아마도 그의 가장 치명적인 결정은 그의 아들인 솔라노 로페스(Francisco Solano López)를 파라과이 군대의 책임자로 임명한 점일 것이다. 역할을 수행하면서 젊은 로페스는 1850년대 초 잉글랜드, 프랑스, 독일, 이탈리아, 그리고 스페인을 여행했는데, 그 여행길에서 대규모의 군사들과 무기, 프랑스의 나폴레옹 3세로부터 얻은 과대망상과 린치(Elisa Lynch) 여사까지 동반하고 돌아왔다.[1] 솔라노 로페스는 1862년 그의 아버지가 죽은 후 파라과이 대통령이 되었다. 이후 몇 년 동안 그는 브라질과 아르헨티나 지도자들이 우루과이에 대해 수상쩍은 동기를 가지고 있다는 의심을 키웠다. 1864년, 그는 우루과이에 관한 브라질의 제국주의적 야심에 대해 확신했고 이를 무력으로 방해하기로 결심했다. 아르헨티나를 가로질러 그의 군대를 우루과이로 진격시키려는 요청이 거부되었을 때, 그는 아르헨티나의 거부와 상관없이 군대를 보냈다. 곧이어 그는 자신이 브라질, 아르헨티나 그리고 우루과이와 전쟁 중에 있음을 깨달았다.

작은 파라과이가 그 전쟁에서 승리할 수 있는 어떤 기회라도 잡았는지의 여부는 흥미로운 역사적 질문이다. 전쟁 동안 비밀 협약의 조항이 브라질, 우루과이 및 아르헨티나에 의해 승인되었음이 알려졌다. 즉, 브라질과 아르헨티나가 파라과이 정부를 파괴하고 영토의 광대한 조각을 자신들이 원조할 예정이었다는 점은 분명하다. 10명의 남성들 중 9명, 또는 대략적으로 국민의 절반이 그 전쟁에서 죽을 만큼 파라과이인들이 필사적으로 싸웠다는 것은 대부분의 역사적 자료들에서 공통적으로 단언하고 있다. 그러나 적어도 한 시기의 역사통계학적 분석은 "삼국동맹 전쟁은 실제로 전쟁 이전 파라과이 인구의 8.7%에서 19.5% 사이에 해당하는 인구를 희생시켰다. 파라과이의 사상자들이 전쟁 때문에 죽었다는 것을 입증하는 증거는 엄청나게 과장되었다"고 설명한다.[2]

흥미롭게도, 전쟁 중과 그 이후 시기 모두 라틴아메리카의 서쪽 국가들은 파라과이를 분할하고 주권을 제한하려는 브라질과 아르헨티나의 계획에 반대했다. 이는 라틴아메리카 대륙에서 두 개의 다소 독립적인 세력균형체제의 통합을 향한 중요한 단계였다.[3] 그 과정은 칠레 대 볼리비아, 페루 사이의 태평양 전쟁으로 막을 내렸던 서쪽 국가들 간의 경쟁에 의해 강화되었다. 칠레, 볼리비아 및 페루는 황량한 아타카마 사막과 거기에 묻혀 있는 풍부한 질산염을 둘러싸고 충돌했다. 1870년경, 칠레, 페루 그리고 볼리비아는 모두 그 지역의 광물자원을 개발하고 있었으며 그중 칠레가 가장 왕성하게 개발을 추진했고 성공적이었다. 페루와 볼리비아의 입장에서는 불행하게도, 칠레의 성공적인 개발 대부분이 그들의 영토 내에서 이루어졌다. 볼리비아가 그들 영토 내의 칠레 기업들에 대한 세금을 올리고 페루가 그들 영토에서의 칠레 질산염 공장을 국유화하려고 시도했을 때, 칠레 정부는 군사적 수단을 통해 이러한 움직임에 저항하기로 결정했다.

칠레는 1879년 시작된 이 전쟁에서 대단한 성공을 거두었다. 1883년경 칠레는 볼리비아로부터 안토파가스따(Antofagasta)를, 페루로부터는 따라파까(Tarapacá), 따끄나(Tacna), 아리까(Arica) 지방을 차지하며 승리했다. 영토의 획득에 더해 "칠레는 질산염, 구리 및 다른 광물의 판매로부터 불평등한 번영의 시기에 돌입했다."[4] 다른 한편 볼리비아와 페루는 그 전쟁으로부터 아무것도 얻지 못했을 뿐만 아니라 수십 년 동안 불만과 함께 살아왔다. 볼리비아는 안토파가스타에 있는 그들의 유일한 항구를 잃었고 지난 120년 동안의 끊임없는 노력에도 불구하고 아직까지 이를 되찾지 못했다. 칠레는 페루에게 종전 후 10년이 지난 뒤 따끄나와 아리까 지방에서 그들의 영구적인 지위를 결정하는 국민투표를 실시할 것이라고 약속했지만 국민투표는 계속 지연되었다. 결국 1929년 미국 정부의 도움으로 논란이 해결되었다. 그해 워싱턴 초안의 결과로 칠레는 아리까에 대한 권리를 유지했고 반면 페루는 따끄나를 되찾았다.

보호자의 교체

미국이 영국을 서서히 몰아내다

라틴아메리카에서 19세기의 나머지는 장기적 경향의 정점으로 주목할 만하다. 미국은 1823년 먼로 독트린(Monroe Doctrine)을 공표했는데 이는 다른 국가들이 서반구에서의 식민화를 삼가도록 경고하는 것이었다. 미국이 19세기 대부분의 시기 동안 그 독트린을 관철시킬 만한 힘이 부족했다는 점은 광범위하게 동의되고 있다. 그러나 이 시기 영국이 사실상 미국을 위해 먼로 독트린을 강제했기 때문에 라틴아메리카는 식민화의 위협에 시달리지 않았다(이 규칙의 가장 명백한 예외는 1864~1867년 프랑스가 막시밀리앙을 멕시코 황제로 즉위시켰을 때 발생했다). 19세기의 대부분, 영국과 미국은 라틴아메리카에서 다른 세력이 지배하는 것을 방어하는 공통의 이익을 공유했다. 그러나 서반구에서 가장 영향력 있는 세력으로서 영국을 대체하고자 했던 미국의 원대한 야망은 그러한 관계에 일정한 갈등을 부과했다. 사실, "1812년 전쟁부터 1895년 베네수엘라 국경 위기까지, 그들의 긴장되고 혼란스러운 관계에 있어 미국과 영국이 위기나 전쟁에 직면하지 않은 시기나 행정부는 드물었다."[5]

1895년에 위기는 영국령 기아나의 국경을 둘러싸고 영국과 베네수엘라 간 논쟁이 최고조에 달하며 초래되었다. 클레벨란드(Grover Cleveland) 대통령은 중재를 고집했고 이후 결국은 영국이 양보했는데 이는 부분적으로는 그 당시 영국이 남아프리카에서 영국과의 관계에 문제를 일으키려 하는 독일 황제의 성향에 대해 매우 우려하고 있었기 때문이다.

따라서 1895년에 미국은 남미에서의 영국 패권에 심각하게 도전하기 시작했다. 나아가 "보호자의 교체"에 대한 징후가 곧이어 뒤따랐다. 예를 들어 1850년에 미국과 영국은 클레이톤-벌워 조약(Clayton-Bulwer Treaty)에 서명했었는데 이는 중미를 통과하는 어떤 운하도 건설하려고 시도하지 않는 동시에 배타적으로 관리하지도 않는다는 것에 양국이 동의하는 내용이었다. 그러나 1901년 클레이톤-벌워 조약은 미국에게 대양 운하를 건설하고 관리할 독점적인 권리를 부여한 헤이-폰세포트 조약(Hay-Pauncefote Treaty)에 의해 대체되었다.

미국 군사개입의 시대

영국과 베네수엘라를 포함한 국경 논쟁과 헤이-폰세포트 조약 사이의 시기에 미국은 1898년 스페인-미국 전쟁을 도발해서 스페인을 물리쳤고 이 전쟁으로부터 쿠바, 푸에르토리코, 필리핀을 획득했다. 1903년경 미국은 파나마가 콜롬비아로부터 독립하는 것을 도왔고 지협을 가로질러 건설되는 운하 구간에 대한 미국의 권리를 영구히 부여하는 조약을 신생 파나마 공화국과 맺었다. 1년 후에 루즈벨트(Theodore Roosevelt)는 먼로 독트린에 대한 그의 유명한 논리를 선언했는데 "악명 높은 위해나 무기력"이 "국제 경찰력"을 위한 필요성을 초래한다는 언급을 통해 서반구에 있는 다른 국가들의 내적 사안들에 관한 개입권을 주장하는 것이었다. 미국은 이 선언을 그 후 몇 년 동안 있었던 장기적인 일련의 군사적 개입에 대한 합리적 근거로 이용했다. 예를 들어, 미국은 1915년부터 1934년까지 아이티를, 1916년부터 1924년까지 도미니카 공화국을, 그리고 1912년부터 1925년까지, 또한 1927년부터 1932년까지는 다시 니카라과를 군사적으로 점령했다. 이들 사례는 개입의 보다 긴 목록들 중에 가장 오래 지속된 사례들일 뿐이기 때문에 20세기의 처음 수십 년 동안 라틴아메리카 국가들의 우선적인 대외정책 중 하나가 "북쪽의 거인"을 억누르는 것이었음은 놀랄 일도 아니다.

라틴아메리카 국가들이 의지하는 첫 번째 방어선이 국제법이라는 것은 그들이 미국을 상대로 한 자신들의 입지가 절망적이고 취약하다는 증거를 드러내는 것이다. 1868년에 이미 아르헨티나 법률가인 깔보(Carlos Calvo)는 외국에 거주하는 그들 시민의 주장을 강요하려는, 외국 정부에 의한 개입은 주권 국가의 원칙을 침해하기 때문에 불법이라고 주장했다. 1902년 베네수엘라가 영국, 독일 및 이탈리아에 의해 봉쇄의 목표가 되었을 때, 아르헨티나 외무장관인 드라고(Luís Drago)는 외국 정부가 공적 채무를 징수(영국, 독일 및 이탈리아가 진행하고 있었던)할 의도로 개입하는 것 또한 불법적인 것이라 주장했다.

깔보 독트린과 드라고 독트린은 근본적으로 유럽 국가들에 의한 개입에 반대하기 위해 고안된 것이지만 "루즈벨트 선언 그리고 이에 기초해서 이후에 계속적으로 행해진 카리브 지역에 대한 미국의 개입은 라틴아메리카의 두려움을 유럽에서 미국으로 옮겨 놓았다."[6] 20세기의 처음 30년 동안 라틴아메리카 국가들은 깔보와 드라고에 의해 채택된 독트린에 포함된 국제적인 불간섭원칙을 미국이 수용하도록 하기 위해 반복적으로 시도했고 실패했다. 라틴아메리카 국가들은 아주 약간만 2차 세계대전에 연루되었다. 8개의 국가가 전쟁을 선포했지만 브라질과 쿠바만이 전쟁에서 적극적인 역할을 수행했을 뿐이다. 다른 5개의 국가들은 독일과 엄격한 외교적 관계였던 반면 아르헨티나, 칠레 그리고 멕시코와 같은 중요한 국가들은 중립으로 남아있었다. 전쟁이 라틴아메리카를 유럽의 주요한 무역 파트너로부터 분리시킨 이후로 서반구에서 미국의 주도적인 역할은 극적으로 강화되었다. 나아가 미국의 정치적 권리는 급격히 성장한 경제적 우위에 의해 보다 강화되었다. 이는 라틴아메리카 국가들이 미국 정부의 개입주의적 경향을 차단하기를 더욱더 열망하게 했고 많은 이들은 국제연맹에서 유용한 방법을 찾을 수 있었다고 생각했다. 국제연맹은 불간섭원칙을 강조했고 미국에 의해 행해지는 어떠한 개입주의적 움직임에도 반대하는 라틴아메리카 국가들의 동맹을 제시하는 듯했다. 그 이후 국제연맹이 먼로 독트린의 정당성을 명시적으로 인정했음에도 불구하고 미국이 국제연맹에 가입하기를 거부했을 때, 라틴아메리카 국가들의 대다수가 실망했음은 놀랄 일도 아니다.

라틴아메리카 국가들이 국제연맹의 틀 내에서 미국을 억제하는 데 성공하지 못했기 때문에 그들은 미주간체제(Inter-American system) 내에서 그러한 제재를 구축하는 데 더욱 힘들었다. 범미주운동(The Pan-American movement)이 1889년 워싱턴에서의 회동으로 시작되었다. 1889년부터 1928년까지 미주 국가들의 국제회의가 여섯 번 이루어졌다. 이들 모임은 일정한 방식을 고수했다. 미국은 국제무역을 촉진시킬 수 있는 방법들에 우선적인 관심을 가진 반면, 라틴아메리카 국가들은 미국에 의한 개입으로부터 자신들을 지킬 수 있는 방법들을 추구했다.

미국 정부의 공식적 태도는 1929년 확연하게 변화하기 시작했다. 신임 대통령인 후버(Herbert Hoover)는 그해(1929년)에 먼로 독트린에 대한 연구를 지시했고 1930년경 그는 공식적으로 루즈벨트 추론(Roosevelt Corollary)에 대한 거부나 마찬가지인 행동으로 그러한 연구 결과를 공식적으로 승인했다. 물론 루즈벨트(Franklin D. Roosevelt)는 라틴아메리카에 대한 선린정책(the Good Neighbor Policy)을 채택했는데 그것의 하이라이트는 1933년 몬떼비데오에서의 7차 미주간회의에서 비개입주의 공약이 임시로 만들어졌고, 1936년 부에노스아이레스에서 개최된 '평화유지를 위한 미주간회의(the Inter-American Conference for the Maintenance of Peace)'에서 문제 소지의 개선과 함께 재천명되었다는 점이다. 루즈벨트 행정부의 진심은 볼리비아가 1937년 자국의 외국 석유회사들을 국유화했을 때와 1938년 멕시코가 자국의 석유산업을 국유화했을 때 평가되었다. 루즈벨트 대통령은 두 사례 모두에서 개입에 대한 압력을 거부했다.

남미에서의 영토갈등

차코 전쟁

라틴아메리카 국가들이 미국의 개입주의를 다루기 위한 성공적인 노력(단지 일시적이라 해도)의 와중에 있었음에도 불구하고, 그들 중 두 개의 국가가 20세기에 라틴아메리카 국가들 간의 유일하게 중요한 전쟁에서 서로 싸웠다. 이 전쟁은 동시다발적이지는 않았지만 19세기에 있었던 남미의 가장 중요한 전쟁들에서 크게 패했던 두 국가 사이의 전쟁이었다. 볼리비아가 그의 태평양 전쟁에서 바다로의 출구를 잃은 이후, 일부 역사가들이 주장하듯이 볼리비아의 지도자들은 리오데라플라타 시스템(the Rio de la Plata system)과 대서양에 접한 가능한 항구들에 주목하기 시작했다. 이는 볼리비아가 파라과이 강(Paraguay River)에 접근할 필요가 있음을 의미했고 20세기 초에 볼리비아는 접근성을 확실하게 하기 위해서 그 강 유역에 요새를 건축하기 시작했다. 일부의 설명에 따르면, 그 사이에 파라과이는 브라질, 우루과이 그리고 아르헨티나와의 전쟁에서의 굴욕적인 패배 이후 국가적 명예를 회복하기 위한 방법들을 강구하고 있었다. 이러한 방식으로 환기된 정서들은 곧 차코 북부(Chaco Boreal), 즉 파라과이와 볼리비아 간의 국경에 인접한 황량한 지역에 집중되었다. 두 국가 모두 이 지역이 식민 시대였던 1500년 중반에 거슬러 올라갈 정도로 이른 시기부터 자신들의 영토라 주장해 왔었고 이들 간의 국경 충돌이 1927년에 발생하기도 했다. 이후 차코에 막대한 양의 석유가 매장되어 있다는 루머는 이들 간의 논쟁에 기름을 부었고 마침내 1932년 전쟁이 발발했다.

그 당시 볼리비아의 인구는 대략 파라과이 인구의 세 배였지만 종국에는 보다 중요한 것으로 밝혀졌던 불리함―아마도 가장 중요한 것으로 그들 군대의 구성을 들 수 있다―때문에 손해를 보았다. 대다수 볼리비아 군인은 알티플라노(Altiplano)로 알려진 3

킬로미터 높이의 평원에서 군대로 징병된 인디오들이었다. 그들은 차코의 열대성 더위에 익숙하지 않았고 그 전투를 이해하지 못했다(이 말은 만일 그들이 그 전쟁의 이유를 이해했었다면 열성적이었을 것이라는 의미는 아니다). 반면에 파라과이의 군인들은 그 지역의 기후에 보다 익숙했고 그들의 고국을 방어하고 있다고 느꼈다.

그렇다 하더라도 그 전쟁은 3년 동안 질질 끌었으며 양측 모두 상당한 손실로 고통받았다. 이들의 손실에 대한 평가는 다방면에 걸쳐 다양하다. 한 권위 있는 자료는 이 전쟁에서 볼리비아 군인들은 8만 명이 죽었고 파라과이 군인들은 5만 명이 죽었다고 추정했다.[7] 마침내 정전협정이 1938년에 맺어졌다. 그 조약에서 파라과이는 차코의 분쟁 지역 대부분을 획득했다. 반면 볼리비아가 얻은 대가는 바다로의 출구를 탐색하는 데 있어 한층 절망하게 되었다는 점이다.

분쟁의 격화

라틴아메리카 국가들 사이에 두 개의 심각한 국경 분쟁은 1930년대와 1940년대에 표면화되었다. 두 경우 모두 페루가 연루되었다. 페루의 군대는 1932년에 아마존 강 레티시아(Leticia)의 도시를 점령했다. 도시는 1930년 콜롬비아에게 귀속되었기 때문에, 콜롬비아 정부는 항의하기 위해 레티시아로 군대를 보냈다. 짧지만 피비린내 나는 전쟁이 벌어졌다. 페루의 정부가 바뀐 이후에야 진지한 협상이 시작되었다. 협상은 2년이 걸렸으나 우호적인 조정이 이루어졌고 콜롬비아는 레티시아에 대한 그들의 지배력을 다시 유지하게 되었다.

페루는 1941년 위기단계까지 갔었던 에콰도르와의 분쟁에서 더욱 성공적인 결과를 얻었다. 페루 군대는 에콰도르가 자신들의 영토라 주장했던 마라뇬 강의 북부 지역을 점령했는데 이 지역은 아마존 강에 접근할 수 있는 통로였다. 이 지역을 둘러싼 분쟁은 실질적인 군사전으로 확산되었고 양 국가는 각각 수백 명의 군인을 잃었다. 그러나 이 전쟁은 아마도 1941년 12월에 일본이 진주만을 공격함으로써 더 이상 확대되지 않았다. 그 대참사는 미국이 파국적인 행동을 하는 이웃국가들을 더 이상 내버려두지 않게 만들었다. 그래서 미국은 아르헨티나, 브라질 그리고 칠레와 협력하여 1942년의 리오 협정(Rio Protocol)을 통해 평화를 강제했다. 리오 협정은 에콰도르가 분쟁이 발생한 영토 일부인 7만 7천 평방마일(19만 9천 평방킬로미터)에 대한 지배를 페루에게 양도하도록 강요했다. 에콰도르는 이러한 해결에 결코 만족하지 않았고 1960년에 의회는 리오 협정을 공식적으로 부인했다. 에콰도르와 페루 사이의 미해결된 국경 분쟁은 1981년에도 발생했고 양국 간의 심각한 군사적 충돌이 1995년에 일어났다.

제2차 세계대전과 그 여파

라틴아메리카 국가들은 제2차 세계대전에서 비교적 중요하지 않은 역할을 했다. 전투의 개시와 함께, 미국은 서반구를 조직화하려고 시도했지만 예상했던 것보다 심각한 문제에 직면했다. 아르헨티나는 추축국에 반대하는 통합체에 열성적이지 않았다. 아르헨티나 정부는 1944년까지 독일과의 관계를 단절하지 않았고 1945년까지 전쟁을 공표하지 않았다. 다른 한편, 브라질은 이탈리아에 상당수의 군대를 보냈고 반면 멕시코의 군대는 태평양의 작전구역에서 복무했다. 일반적으로 말해서 아메리카 국가들 간의 관계에 대한 제2차 세계대전의 영향은 제1차 세계대전이 발발했을 때의 움직임에 의해 배치된 추세를 보강하는 것이었다.

다시 한번 라틴아메리카 국가들은 서반구의 외부로 세계와 단절되었고 미국과 더욱 밀접한 관계를 맺게 되었다. 물론 미국은 힘이 어떻게 정의되거나 측정되는지와 상관없이, 제2차 세계대전으로부터 세계의 가장 강력한 국가로 출현했다.

전쟁 이후의 시기에 미국과 라틴아메리카 국가들 간의 관계에 대한 논쟁이 전후 몇십 년 동안이나 변함없이 지속된 형태로 표면화되었다. 미국에 따르면, 가장 중요한 이슈는 공산주의 전복이었으나 다른 한편, 라틴아메리카 국가들은 거의 항상 그들의 경제발전을 촉진할 수 있는 전략 및 정책에 관심을 가졌다.

라틴아메리카 국가들의 입장에서 세계경제 이슈에 관한 관심의 최초 징후 중 하나는 새로운 국제연합조직의 부분으로 라틴아메리카 경제위원회(the Economic Commission for Latin America; ECLA)에 대한 제안이었다. 미국은 이에 반대했으나 어쨌든 ECLA는 1948년에 창설되었다. 1950년 초에 ECLA는 새로운 미주은행(inter-American bank)과 라틴아메리카 공동시장의 창설을 제안했다(미주개발은행이 1959년 설립되었다). 미국은 집단방위조약-미주상호원조조약(the Inter-American Treaty of Reciprocal Assistant; Rio Treaty)은 1947년 9월 2일 서명되었다-과 1948년 미주기구(the Organization of American States; OAS) 설립에 더욱 관심을 가졌다. 라틴아메리카는 ECLA에서 경제이슈를 다루는 것을 더욱 선호했지만 "수년 동안, 미국은 미주기구의 미주간경제사회이사회를 선호했고 ECLA의 노력을 심각한 재앙으로, 뿐만 아니라 정치적 불만을 갖고 있는 경쟁자로 간주했다."[8]

발전을 위한 지역적 접근들

도구로서의 경제통합

저발전의 문제에 대해 ECLA와 일부 라틴아메리카 경제학자들에 의해 강구된 해법들 중 하나는 경제통합이었다.[9] 통합은 시장이 충분히 클 때, 예를 들어 라틴아메리카 국가들이 스스로 자본재를 생산하는 것이 실현가능하고 따라서 자본재를 수입하는 의존도를 감소시킬 수 있을 때 제안되었어야 했는지도 모른다. 역내 관세장벽을 제거하고 경제통합과정의 일부로서 공통의 대외 관세를 부과하는 것에 의해 창출된 광대한 시장은 산업들이 규모의 경제로부터 이익을 볼 수 있게 할 것이며, 이는 바꾸어 말하면 세계시장에서 경쟁력을 가질 수 있는 수준의 효율성을 실현할 수 있기 때문이다.

경제통합의 이점을 생각하며, ECLA와 국가 관료들은 두 개의 지역통합조직을 창설하고자 했고 그 결과가 중미공동시장(the Central American Common Market; CACM)과 라틴아메리카자유무역연합(the Latin American Free Trade Association; LAFTA)이었다. 중미공동시장은 과테말라, 엘살바도르, 온두라스, 니카라과, 그리고 나중에 코스타리카를 회원국으로 하여 1960년에 출범했다. 10개의 남미국가들과 이후 멕시코가 가입하여 같은 해 LAFTA도 결성되었다. 두 기구 모두 어느 정도는 유럽경제공동체(the European Economic Community; EEC)의 성공에 고무되었고 유럽에서와 유사한 경제통합에 관한 철학에 기초하고 있었다. 즉, CACM과 LAFTA 모두 통합에 대한 기능주의(또는 신기능주의) 이론의 토대에서 경제통합을 추진했다. 기능주의 이론에 따르면, 통합조직 내 중앙조직의 활동 결과로 회원국들에게 생기는 이익들 때문에 회원국들은 차츰 중앙 조직의 권위가 확대되는 것을 기꺼이 허락하게 되며(이론상으로는), 중앙조직이 실질적으로 모든 것을 관리하게 된다는 것이다.[10]

그런 생각은 유럽에서 매우 합리적으로 작동하는 것처럼 보였고 라틴아메리카에서도 한동안은 잘 작동하는 것 같았다. CACM은 역내 무역을 두드러지게 증진시켰고 중미 국가들의 경제성장률은 상승했다. 이와 유사하게, LAFTA 회원국들은 다자간 관세축소협상을 진행했고 1961년부터 1968년까지 역내 무역은 100% 증가했다.[11] 그러나 두 조직 모두는 곧 그들을 괴롭혔던 문제점들 중 적어도 하나에 빠지게 되었다.

그 문제점은 회원국들 사이의 통합에 따른 이익 분배를 포함했다. CACM과 LAFTA는 창설 초기에 보다 가난한 회원국들에게 특혜를 줌으로써 이 문제를 방지하고자 했다. 예를 들어 CACM은 상대적으로 가난한 국가들(온두라스와 니카라과)에 새로운 산업을 유치하기 위해 특별한 인센티브를 채택했다. LAFTA 회원국들은 국내시장의 규모와 발전 수준에 따라서 자신들을 세 개로 분류했다. 저발전 국가들에게는 무역 특혜를 부여했고 브라질, 아르헨티나, 멕시코와 같이 상대적으로 발전된 국가들의 유사한 산업과 경쟁하는 데 있어 일부 유치산업을 보호할 수 있는 권리를 주었다. 그럼에도 불구하고 1960년대 말에는 저발전 국가들 사이에서 통합이 주는 이익을 평등하게 분배받지 못하고 있다는 의심이 대두되었고, 부분적으로는 이 때문에 두 조직 모두에서 긴장의 징후가 나타나고 있었다.

CACM과 LAFTA에 대한 문제들

1969년 CACM은 보다 극적인 문제에 봉착하게 되었다. 회원국 중 온두라스와 엘살바도르가 서로 전쟁을 벌인 것이다. 엘살바도르는 인구밀도가 높은 반면, 온두라스는 상대적으로 인구밀도가 낮은 편이다. 1960년대를 통틀어 온두라스의 비어 있는 비옥한 계곡으로 엘살바도르의 실업인구가 대거 유입되었다. 1969년경, 온두라스의 군사정권은 대내적으로 상당한 사회불안에 직면해 있었고 이에 대해 토지개혁 프로그램으로 대응했다. 이러한 대응은 우연은 아니지만 많은 엘살바도르인 토지점유자들에게서 최근에 그들이 획득한 소유권을 박탈하는 결과를 가져왔다.

엘살바도르 정부는 1969년 7월 갑작스러운 공격으로 대응했다. 그 공격은 실패했고 유혈적인 교착상태에 빠졌다. 미주기구는 가까스로 휴전을 주선했으나 이는 1970년 1월에 결렬되었다. 온두라스와 엘살바도르 사이에 지속적인 "냉전"이 뒤따랐다. 그들은 무역을 중지했고 온두라스는 한편으로는 엘살바도르에, 다른 한편으로는 니카라과 및 코스타리카에 무역금수조치를 취했다. 대체로 전쟁은 CACM에 엄청나게 충격적인 타격을 주었다.

온두라스와 엘살바도르 간의 충돌을 해결하는 과정에서 CACM 관료들과 정부 지도자들은 CACM의 존재를 위협하는 조직 내의 또 다른 균열을 발견했다. 온두라스는 어떤 경우에도 공동시장에 대해 불만스러웠는데, 이유는 당연했다. 니카라과와 함께 그 지역에서 가장 저발전 국가였던 온두라스는 스스로를 불공정한 경쟁의 희생자로 느꼈다. 그러한 경쟁의 부담을 구제하는 것은 엘살바도르와 온두라스 간의 지속적인 반목 때문에 어려웠다. 물론 1970년대 말 CACM은 일련의 새로운 문제들에 직면했다. 니카라과에서는 소모사정부에 대한 전복이, 다른 곳 특히 엘살바도르에서는 심각한 사회불안이 CACM의 존속을 파괴할 만큼 위협적이었다.

1960년대 후반, LAFTA도 분열되기 시작했다. 볼리비아, 칠레, 콜롬비아, 에콰도르 그리고 페루는 아르헨티나, 브라질과 멕시코를 제외한 공동시장을 형성하기 위한 계획을 세웠다. 이들 5개 국가와 나중에 참여한 베네수엘라는 안데스공동시장(the Andean Common Market; ANCOM)으로 알려진 통합기구를 설립했다. ANCOM의 회원국들은 LAFTA 회원국 중 상대적으로 크고 발전된 국가들과의 경쟁에서 성공할 수 있는 능력을 갖기 원했다. 계획에 따르면, ANCOM 회원국들은 능력을 갖춘 다음에 LAFTA 에 재가입하려 했고 LAFTA에 의해 제공되는 경제통합의 이익을 보다 동등하게 분배 하려 했다.

ANCOM은 외국인 투자에 대한 그들의 접근방식 때문에 제3세계에서 많은 관심을 불러일으켰다. 1960년대 후반, 유럽공동시장(the European Common Market)의 경험으로 인해, 다국적기업(특히 미국에 기반을 둔)이 경제통합과정에서 만들어진 새롭고 더욱 크며 보호받는 시장들로부터 막대한 이윤을 얻을 수 있음이 분명하게 드러났다. 일부 는 외국인 투자에 의한 침투와 지배로 인해 라틴아메리카 국가들 간의 통합이 과거 경 험했던 것보다 이들의 경제를 더욱 취약하게 할 수 있다고 우려했다. 부분적으로 이러 한 우려 때문에 ANCOM은 그들 회원국의 영역 내에서 외국인 투자를 통제할 목적을 갖는 규제들을 채택했다.

예를 들어, 경제부문을 투자자들에게 개방하는 것과 관련한 규정들과 송금될 수 있 는 자본량에 대한 제한을 들 수 있다. 모회사는 그들 자회사에 의한 수출을 제한하는 것이 금지되어 있다. 또한 외국회사의 자회사 소유권이 일정 기간 후에 투자 지역으로 이전될 수 있게 보장하는 조항들이 만들어졌다. "안데스 지역에 이미 설립된 외국기업 들은 규약을 수용한 지 3년 이내에 지역 투자자들에게 15년 이내에 전체 지분의 과반 수(51%)를 부여하는, 점진적인 매각 계획을 세워야만 한다. 신규 외국인 투자자들은 생 산을 시작한 이후 2년 안에 유사한 15년 철수 계획을 채택해야 한다."[12]

외국인 투자를 통제할 목적을 갖는 이들 규정이 얼마나 잘 작동하는지에 대해서는 논쟁의 여지가 있다. 일부 기업들은 중요한 경우에서 예외를 인정받기도 했다. 그리고 어떤 종류의 규정들은 뒤바뀔 수 있거나 심지어 표면상으로만 시행되는 방법들도 존재 했다.[13] 더욱이 회원국들이 규정들을 실행하는 방식은 분명히 차이가 있다. 칠레는 이 러한 차이점을 보여 주는 가장 대표적인 사례이다. 물론 아옌데 정부하에서 칠레 정부 는 외국인 투자에 관한 엄격한 통제를 열성적으로 지원했다. 그러나 아옌데 이후의 정 부는 외국인 투자를 유치하는 데 필사적이어서 이러한 통제의 완화를 적극 추진했다.

이 점에 있어서 ANCOM의 다른 회원국들이 칠레가 원하는 바대로 많은 부분을 양보했음에도 불구하고, 피노체트 정권은 1976년 ANCOM으로부터 탈퇴했다.

그 당시 페루는 국내적으로 정치적 전환기에 놓여 있었다. 1968년의 페루식 "혁명"은 외국인 투자와 관련해서 ANCOM에 의해 채택된 많은 부분의 혁신에 영향을 주었다. 그러나 새로운 정권은 일련의 경제적 재앙을 경험했고 이는 정부의 교체와 외국인 투자에 관한 태도 변화를 야기하는 데 일조했다. 이러한 변화의 결과로 페루는 ANCOM에 의해 채택된 혁신의 일부에 대해 좀 덜 열광적이게 되었다. 일련의 상황들은 명목상의 규정들이 실제로는 어느 정도로 실행될 수 있는가에 대한 회의감을 증가시켰다. 1970년대 말이 가까워지면서 ANCOM은 실패로 간주될 수는 없지만 심지어 동정적인 논평자들까지도 ANCOM이 실패할 것이라는 확신을 가질 수밖에 없다고 인정했다.[14)]

21세기의 미주 간 관계: 경제적 탈구와 "핑크빛 조류"

1990년대 초 냉전이 종결되면서 라틴아메리카는 전례 없는 정치적 진보, 안정 그리고 민주주의뿐만 아니라 시장 원칙에 기초를 둔 국내 경제정책들과 함께 자유무역과 외국인 투자에 기반한 경제성장 시대의 출발점에 놓이게 되었다. 예를 들어, 1991년 중요한 경제통합기구인 남미공동시장(MERCOSUR)이 아르헨티나, 브라질, 파라과이, 우루과이에 의해 창설되었다. 1994년경 『뉴욕타임지』는 "리오만 위에 두 개의 거대한 브라질 대포가 수십 년 동안 아르헨티나의 군함을 기다려 왔고, 이 사실은 남미 지역 두 패권국 간의 오래된 증오의 유물이었다. 그러나 오늘날 대포는 녹이 슬어 굳었고 많은 아르헨티나 관광객이 방문하는 장소가 되었다." 그 이야기는 브라질과 아르헨티나 사이의 긴장을 완화할 뿐만 아니라 남미 대륙의 양국 관계에 있어 이와 유사한 관계 개선에 기여하고 있으며, 주로 국제 무역의 형태로 이루어지는 이들 국가 간 상호의존을 증대시키고 있다.[15)] 1990년대 초 남미 지역에서 경제통합의 중요한 진전이 이루어진 만큼 북미 지역에서도 경제통합이 실질적으로 진척되었다. 북미자유무역협정(the North American Free Trade Agreement; NAFTA)이 1994년 출범했다.

그 당시 아이티에서 극적으로 당선된 대통령이 1991년 보수적인 군사 쿠데타로 추방되었을 때와 1994년 미국이 다시 한번 아이티의 국내 문제에 군사적인 개입을 했을 때, 전통적인 정치적 불안정이 재확인되었다. 그러나 아이티뿐만 아니라 카리브 해와 중미 국가들에서 지난 수십 년간 일어났던 수차례의 미국 군사 개입과 1994년 미국의 아이티 개입에는 중요한 차이점이 존재한다. 하나는 그 개입이 민주적으로 선출된 지도자에게 권력을 복구시켜 주는 결과를 가져왔다는 점이다. 다른 하나는 이 개입이 미주기구와 유엔안전보장이사회 모두에 의해 찬성되었다는 점이다. 1994년경에 민주주의는 서반구를 통틀어 역사상 그 어느 때보다도 확고하게 방어되는 듯했다. 또한 경제통합, 경제성장, 민주주의 그리고 정치적 안정 또한 매우 확고하게 자리를 잡는 듯했다.

그러나 외양은 기만적이었다. 되돌아보면, 1994년은 민주주의, 경제통합 그리고 진보뿐만 아니라 미주기구와 같은 지역기구와 국제법에 대한 존중에 기반한 국가 간 관계를 위한 미주 간 체제에 있어 절정에 달했던 시기였던 것 같다. 그 이후에는 모든 것들이 산산이 흩어지기 시작했다.

예를 들어 NAFTA의 출범은 멕시코 치아빠스(Chiapas) 주의 폭동, 그리고 "1994~1995년의 떼낄라 위기라 불리는 경제 쇼크와 동시에 일어났다. 1990년 초기 멕시코에 유입되던 거대 자본은 1994년 말 페소화가 추락하자 급속히 빠져나가기 시작했다."[16] NAFTA는 1990년대 동안 회원국들 사이의 증대된 무역과 관련 있었다. 그리고 2000년 폭스(Vicent Fox)의 당선과 함께 이루어진, 멕시코 혁명 이래 하나의 정당으로부터 다른 정당으로 행정부의 권력이 평화롭게 이행된 첫 번째 경험과도 관계가 있었다. 그러나 2004년 "정치적으로, 10년간 이어진 회의주의가 상당한 힘을 얻을 수 있었다. NAFTA는 세 국가 모두에서 인기를 얻지 못했다."[17]

더욱이 멕시코는 부분적으로는 정치체제, 그리고 멕시코 전체를 파괴할 만큼 위협적인 경제 문제에 직면했었다. 2009년에 멕시코의 중요한 관광산업을 파괴할 만큼 위협적인 돼지 인플루엔자가 광범위하게 발생했다. 그 이후 미국 주택시장의 위기에 의해 촉발된 지구적 경제위기는 멕시코의 대다수 중요한 수출시장을 심각하게 제약했다. 그리고 경제침체와 정치적 고난에 관한 이 이야기는 멕시코가 미국으로 불법적인 마약을 수출하는 "마약조직" 또는 범죄카르텔과의 추악한 전쟁에 피해를 입은 것으로 마무리되었다.[18]

멕시코는 비록 2006년 선거에서 가능성을 보였지만 모든 경제, 정치적 문제에도 불구하고 라틴아메리카 대부분을 휩쓸던 "핑크빛 조류"−좌파정권의 등장−에 휩쓸리지 않았다. 이러한 핑크빛 조류의 선봉에는 베네수엘라의 차베스(Hugo Chávez)가 있었다. 1992년 그의 쿠데타는 실패했지만 그 이후 1998년, 2000년 그리고 2006년에 베네수엘라의 대통령으로 당선되었다. 2002년 그를 목표로 한 쿠데타 시도가 있었다. "자유선거를 통해 당선된 차베스 정부에 반대하는 2002년 4월의 단발적인 쿠데타에 대해 보여준 워싱턴의 지지는 라틴아메리카 모든 국가들이 민주주의에 대한 부시 행정부의 진정성을 의심하게 만들었다."[19]

부시 행정부 말기쯤에 좌파 또는 표면상 사회주의 정부들은 브라질, 볼리비아, 칠레, 에콰도르 그리고 아르헨티나에서 권력을 잡았다. 가장 아이러니하게도 냉전시대에 니카라과에서 산디니스타를 물러나게 하고 엘살바도르에서 파라분도 마르티 민족해방전선(the Farabundo Martí National Liberation Front; FMLN)이 권력을 잡지 못하도록 미국이 상당한 노력을 기울였던 중앙아메리카에서, 오랜 기간 산디니스타의 지도자였던 오르테가(Daniel Ortega)가 2006년 대통령이 되었고 2009년 엘살바도르에서는 FMLN의 푸네스(Mauricio Funes)가 대통령으로 당선되었다.

라틴아메리카에서 광범위하게 확대된 "사회주의" 그리고 때로는 반미 정권의 성공은 무엇으로 설명할 수 있는가? 프란시스 후쿠야마(Francis Fukuyama)는 라틴아메리카 지역의 지속적인 경제적 불평등이 시장세력과 미국을 신용하지 않는 정권의 창출을 고무시켰다고 주장한다. "심각한 수준의 불평등은 그 지역의 장기적인 경제성장과 정치적 안정에 대해 중대한 결과를 야기했다. 불평등은 정치체제의 정당성을 해체하고 반체제적 사회운동과 정치행위자들을 발생시키며 사회적 갈등을 심각하게 양극화시킨다."[20] 그러나 이에 더하여 세계적으로 평판이 좋지 못한 부시 행정부의 정책들이 미국을 신뢰하지 않으려는 세력에게 효과적인 명분을 제공해왔다.[21] 만일 누군가 올리버 스톤(Oliver Stone)의 다큐멘터리 영화「국경의 남쪽(South of the Border)」을 믿는다면, 우고 차베스는 베네수엘라인들의 삶에 매력적인 개선을 가져오고 라틴아메리카와 미국 사이의 영구적인 장벽을 세울 사회주의적 전망을 라틴아메리카 전체에 고무시킨 사회주의 영웅이다.

사회주의, 반시장 이데올로기와 이론들을 불신한 듯 보였던 냉전의 종말 이후, 어떻게 이런 현상이 발생할 수 있었을까? 한 가지를 들자면, 정부가 시장 세력의 부정적 영향으로부터 사람들을 보호해야만 한다는 기본적인 생각은 칼 마르크스(Karl Marx)뿐만 아니라 냉전에서도 이미 존재했다. "국가는 노동계급을 구제하고 그들이 자본가에 의해 굴욕당하지 않게 한다는 관점을 가지고 상업, 산업 그리고 농업을 총체적으로 관리해야만 한다"고 단언한 중국의 정치지도자는 누구인가? 마오쩌뚱(Mao Zedong)인가? 사실 이는 1068년부터 1085년까지 "중국 경제에 대한 영구적인 정부 통제를 책임졌던" 왕안시(Wang An-shih)가 했던 말이다.[22] 미국에서는 시민권, 소비자 보호, 그리고 환경보호법이 그들의 업무를 어떻게 관리하는지에 관해 자동차업체에게 상세한 지시를 한다. 그리고 정부는 그들에게 수십 억 원의 보조금을 줌으로써 경제적 어려움에서 구제한다. 결론적으로 미국 시민들은 만일 그들의 이웃이 해로운 경제개발 또는 세력에 대항해 남쪽에 대한 정치적 옹호와 비슷한 성향을 보인다 해도 놀라지 말아야 한다.

더욱이, 라틴아메리카는 미국에 대해 가차 없이 반대하는 좌파적 미덕의 사회주의적 전형과는 거리가 있다. 예를 들어, 2000년부터 2004년까지 베네수엘라 국회를 위한 경제학자들의 수장이었던 로드리게스(Francisco Rodríguez)는 "불평등은 차베스 정부의 집권 기간 동안 실제로 증가했고", "공식적인 수치들은 그의 집권 동안 사회적 지출에 주어진 우선권에 있어 중요한 변화가 없었음을 보여 준다"고 단언했다.[23] 라틴아메리카 지역에서 있었던 냉전 시대의 대립, 냉전이 종결되었을 때 나타났던 좌파적 대안들의 종말로 미루어보아, 장기간 산디니스타와 유대를 가졌던 오르테가가 니카라과에서 집권하고 FMNLN의 푸네스가 엘살바도르에서 대통령이 된 것은 모순적이다. 그러나 당선된 지 얼마 지나지 않아 푸네스는 "미국과의 관계를 공고히 하는 것은 우리 대외정책의 우선순위가 될 것이다"라고 선언했다.[24] 또한 오르테가는 미국을 포함하는 조직인 중앙아메리카 자유무역지대(the Central American Free Trade Area)에 대한 지지와 모든 회원국들 간의 무역 연대를 강화하겠다고 발표했다. 한편 룰라 다 실바(Luiz Inacio Lula da Silva) 대통령은 노동자당으로부터 권력을 얻었고, 그의 다채로운 이름은 형식적으로 사회주의적 특성을 나타내는 것이다. 그러나 룰라는 "인플레이션을 제어하고 민간투자를 장려했던 이전 정부의 시장친화적인 경제정책들"을 유지해왔다.[25]

확실히 라틴아메리카 국가들 사이의 이데올로기적, 정치적 차이들은 현 시기에 그들 간의 심각한 갈등에 주기적인 위협이 되고 있다. 2009년에 콜롬비아는 미국 군대가 콜롬비아에 있는 7개의 군사 기지를 사용하는 데 동의했다. 차베스는 이들 기지가 전쟁 선포나 마찬가지라고 불평했으며 볼리비아와 에콰도르의 대통령들은 차베스의 입장에 동조했다. 2009년 9월 아르헨티나에서 개최된 남미국가연합(the Union of South American Nations) 회담에서 차베스와 그의 동맹자들은 콜롬비아와 미국의 협조에 대한 규탄을 요구했으나 "그 대신, 남미 지도자들은 그들의 대륙이 '평화지역'임을 반복한 문서에 간단히 서명했다."[26] 또한 2009년에 온두라스의 좌파 지도자 셀라야(Manuel Zelaya)는 군사쿠데타로 축출되었다. 차베스는 경고조치로 군대를 배치하면서 그 쿠데타에 대해 군사적 행동을 하겠다고 위협했다. 차베스가 2002년 쿠데타의 희생자가 되었을 때 부시 대통령이 보여준 반응과는 매우 다르게, 오바마 대통령은 "기존의 전쟁과 분쟁은 평화적으로 해결되어야 한다"고 발표했으며 국무성은 셀라야가 "유일하게 선출된, 그리고 합헌적인 온두라스의 지도자"라는 성명을 냈다.[27] 라틴아메리카에서 최근의 "핑크빛 조류"에도 불구하고, 그것이 사회주의적 해법에 대해 단일하거나 또는 미국에 대해 냉정하고도 보편적으로 적대적인 것과는 거리가 멀다.

추천도서

"A 'Left Turn' in Latin America." Journal of Democracy 17, no. 4 (2006): 19-109. 일부 저자
들은 라틴아메리카에서의 일반적인, 그리고 칠레, 콜롬비아 및 페루의 최근 국
내정치발전을 분석하고 있다.

Atkins, G. Pope. Latin America in the International Political System. 2d ed. New York: Free
Press, 1989. 미주 간 관계뿐만 아니라 세계 나머지 지역과 라틴아메리카 지역
의 관계에 대한 매우 폭넓고 기본적인 소개서이다.

Burr, Robert N. "The Balance of Power in Nineteenth-Century South America: An Exploratory
Essay." Hispanic American Historical Review, February 1955, pp. 37-60. 19세기 남
미 국가들 사이의 관계에 대해 그 당시 국가 간 전쟁의 영향에 초점을 맞추어
정보를 제공하고 있는 논의이다.

Casteñeda, Jorge. "The Forgotten Relationship." Foreign Affairs 82 (2003): 67-81. 2001년 9월
의 조류와 테러와의 전쟁 와중에서 라틴아메리카에 대한 미국의 재개입에 대
해 멕시코의 전임 외무장관이 항변한 내용을 담고 있다.

Connell-Smith, Gordon. The United States and Latin America. New York: Wiley, 1974. 라틴
아메리카에 대한 미국의 대외정책을 생동감 있게 설명한 역사서 중의 하나이
다.

De Soto, Hernando. The Other Path. New York: Harper & Row, 1989. 페루 저작의 영어판
번역서로 라틴아메리카에서의 신고전적 개혁을 옹호한 저서들 중 가장 권위
있는 저서이다. Mario Vargas Llosa가 쓴 다소 긴 서론이 있다.

Herring, Hubert. A History of Latin America. 3d ed. New York: Knopf, 1972. 각 국가를 상세
하게 논의한, 라틴아메리카 지역에 대한 포괄적이고 권위 있는 역사서이다.

Levinson, Jerome, and Juan de Onis. The Alliance That Lost Its Way. Chicago: Quadrangle,
1970. 진보를 위한 동맹에 대한 통찰력 있는 분석이다. 특히 라틴아메리카 국
내 정치체제에 영향을 주려는 의도에 있어 미국이 직면한 문제들을 훌륭히 분
석하고 있다.

Malloy, James M., and Mitchell A. Seligson, eds. Authoritarians and Democrats: Regime
Transition in Latin America. Pittsburgh: University of Pittsburgh Press, 1987. 서론과
결론 부분의 민주화 이행에 대한 일반 이론적 논의를 포함하여 일부 라틴아메
리카 국가들에서의 민주화 이행에 대한 분석을 하고 있다.

Mora, Frank O., and Jeanne A. K. Hey, eds. Latin American and Carribean Foreign Policy.
Lanham, MD: Rowman & Littlefield, 2003. 라틴아메리카 대부분 국가들의 대외정
책에 대한 국가별 분석서이다.

Oelsner, Andrea. International Relations in Latin America. New York: Routledge, 2009. 아르헨

티나와 브라질, 아르헨티나와 칠레 사이의 관계에 대한 구성주의적 분석이다.

Smith, Peter H. Talons of the Eagle: Dynamics of US—Latin American Relations. New York: Oxford University Press, 1996. 미국과 라틴아메리카 관계를 1790년대에서 1920년대까지, 냉전 시기, 그리고 현재까지 세 부분으로 나누어 분석한 저서이다.

Szulc, Tad. Fidel: A Critical Portrait. New York: Avon, 1986. 1950년대에 CIA가 Fidel을 재정적으로 어떻게 도왔는가, 1959년 Fidel이 아바나에 들어선 그 순간부터 아바나의 전통적인 공산당과 어떻게 친밀한 관계를 맺고 유지해왔는가 등과 같은 흥미로운 이야기로 채워진 상당히 읽을 만한 일대기이다.

미주

1) 가장 마지막의 취득물에 대한 언급은 우울하고 예의 바른 논의에서는 존재하지 않을 것 같다. 그러나 엘리사 린치(Elisa Lynch)는 솔라노 로페스(Solano López)의 정책에 지대한 영향력을 가졌던 것으로 유명하다. 예를 들어 박스(Pelham H. Box)는 "16년 동안 '로레뜨 파리지엔느(lorett parisienne)'가 솔라노 로페스의 마음에 대해 표현했던 영향력의 성격이 적절하게 연구되지 않았다. 그것은 의심의 여지가 없다"고 단언했다. Box, *The Origins of the Paraguayan War* (Urbana: University of Illinois Press, 1927), pp. 181–182.

2) Vera Blinn Reber, "The Demographics of Paraguay: A Reinterpretation of the Great War, 1864–1870," *Hispanic American Historical Review*, May 1988, p. 290. Reber에 의해 언급된 종류의 파라과이 사망자들에 대한 보다 높은 추정치를 나타낸 표준적인 자료에 대해서는 Charles J. Kolinski, Independence or Death: The Story of the Paraguayan War (Gainesville: University of Florida Press, 1965), p. 198을 참조.

3) Robert N. Burr, "The Balance of Power in Nineteenth–Century South America: An Exploratory Essay," *Hispanic American Historical Review*, February 1955, pp. 40–41.

4) Hubert Herring, *A History of Latin America*, 3d ed. (New York: Knopf, 1972), p. 655.

5) Walter Russell Mead, *Special Providence* (New York: Knopf, 2001), p. 19.

6) G. Pope Atkins, *Latin America in the International Political System* (New York: Free Press, 1977), p. 323.

7) J. David Singer and Melvin Small, *The Wages of War 1816–1965: A Statistical Handbook* (New York: Wiley & Jones, 1972), p. 67.

8) Minerva M. Etzioni, *The Majority of One: Towards a Theory of Regional Compatibility* (Beverly Hills, CA: Sage, 1970), pp. 118–119.

9) 이 부분은 James Lee Ray, *Global Politics*, 4th ed. (Boston: Houghton Mifflin, 1990), pp. 429–4400에서의 라틴아메리카 통합에 관한 초기 논의뿐만 아니라 James Lee Ray, *Global Politics*, 6th ed. (Boston: Houghton Mifflin, 1995), pp. 392–397의 보다 최신의 분석에 상당히 의존하고 있다.

10) David Mitrany, *A Working Peace System* (London: Royal Institute of International Affairs, 1943); Ernst Haas, *The Uniting of Europe* (Stanford: Stanford University Press, 1958).

11) Joseph Grunwald, Miguel S. Wionczek, and Martin Carnoy, *Latin American Economic Integration and US Policy* (Washington, D.C.: Brookings Institution, 1972), p. 51.

12) Roger W. Fontaine, *The Andean Pact: A Political Analysis* (Beverly Hills, CA: Sage, 1977), p. 19.

13) Thomas J. Biersteker, "The Illusion of State Power: Transnational Corporations and the Neutralization of Host–Country Legislation," *Journal of Peace Research* 17 (1980): 207–221.

14) Ricardo French–Davis, "The Andean Pact: A Model of Economic Integration for Developing Countries," in *Latin America and the World Economy*, ed. Joseph Grunwald (Beverly Hills, CA: Sage, 1978), pp. 165–194. 베네수엘라는 2006년 탈퇴했다. 남아 있는 4개의 회원국이 MERCOSUR에서의 협력에 동의했음에도 불구하고, 볼리비아, 에콰도르, 페루는 콜롬비아와는 상당히 상이한 대내외 정책의 틀을 공유했다.

15) James Brooke, "The New South Americans: Friends and Partners," *New York Times*, April 8, 1994, p. A3.

16) "Free Trade on Trial," *Economist*, January 3, 2004, p. 14.

17) Ibid., p. 13.

18) Sam Quinones, "State of War," *Foreign Policy* 171 (2009): 76.

19) Peter Hakim, "Is Washington Losing Latin America?" Foreign Affairs 85 (2006): 48.

20) Francis Fukuyama, "Poverty, Inequality, and Democracy: The Latin American Experience," *Journal of Democracy* 19 (2008): 70.

21) "Most Latin Americans were dumbfounded by US actions at Abu Ghraib and Guantanamo Bay." Hakim, "Is Washington Losing," p. 48.

22) Will and Ariel Durant, *The Lessons of History* (New York: MJF Books, 1968), p. 62.

23) "An Empty Revolution: The Unfulfilled Promises of Hugo Chávez," *Foreign Affairs* 87 (2008): 53. Rodríguez 또한 "지니 상관계수(경제불평등의 측정인…)가 2000년과 2005년 사이에 0.44에서 0.48로 증가했다"고 지적하고 있다. (p. 53).

24) "Journalist Mauricio Funes Wins El Salvador Presidency," *Guardian*, March 16, 2009, www.guardian.co.uk/world/2009/mar/16/el-salvador-presidential-election-funes/print.

25) Juan de Onis, "Brazil's Big Moment: A South American Giant Wakes Up," *Foreign Affairs* 87 (2008): 110.

26) "US Troops to Use Colombian Bases," *Economist*, September 11, 2009, p. 16.

27) Hannah Strange, "Honduras President Manuel Zelaya Ousted in Military Coup," *TimesOnLine*, June 29, 2009, www.timesonline.co.uk/tol/news/world/us_and_americas/article6596689.ece.

14. 미국과 라틴아메리카: 새로운 시대로

웨인 S. 스미스(김유경 옮김)

　미국과 라틴아메리카의 관계는 역사적 전환점에 놓여 있다. 이는 단순히 냉전이 종식되었음을 말하는 것이 아니다. 결국 냉전은 지난 반세기의 현상이었을 뿐이다. 그보다는 지난 200년 또는 그 이상의 기간 동안─또는 공화국의 탄생 이후에─미국의 정책을 형성했던 기본적인 전략적 계산이 현재 쓸모없게 되었음을 의미한다.

　이들 중 가장 핵심은 전략적 부인(strategic denial)이라는 개념이다.[1] 단순하게 정리하자면, 전략적 부인은 남쪽의 국가들이 미국의 안보를 위협할 정도로는 강하지 않거나 국력이 잠재적이라면, 바로 그 이유로 인해 외부 세력의 통제에도 취약할 것이라는 계산에 따른 미국 지도자들의 대응이다. 미국을 해치려고 의도하는 국가들과 미국 사이에는 처음에 대서양, 이후에 태평양이라는 두 개의 대양이 존재했다. 그러나 태평양 건너로부터의 위협은 미국의 남쪽에 위치한다는 자연적인 장벽 때문에 극복할 수 있었다. 따라서 초기부터 지속된 미국의 목표는 그 외의 세력들을 서반구 외부에 붙들어 두는 것이었다.

　물론 처음에 두 개의 유럽 세력─스페인과 포르투갈─은 이미 남쪽에 자리 잡고 있었다. 그러나 포르투갈은 결코 위협으로 여겨진 적이 없었고 19세기가 시작될 무렵 스페인은 유럽의 약자로 비춰지게 되었다. 식민지(라틴아메리카)가 스페인과 포르투갈의 손 안에 있는 한 우려할 이유는 별로 없었다. 그러나 보다 강력한 국가에게 식민지가 양도되는 것은 미국의 입장에서는 받아들일 수 없었으며, 따라서 플로리다 주와 관련하여 비양도 결의안(No─Transfer Resolution)이 1811년 미국 의회에 의해 통과되었다. 이러한 우려는 1825년 "우리는 어떤 만일의 사태하에서도 스페인 외에 다른 유럽

세력이 쿠바와 푸에르토리코를 점유하는 것을 인정할 수 없다"[2]라는 국무장관 클레이(Henry Clay)의 단언에서도 나타난다. 이 경고는 이후 몇십 년 동안 몇 차례에 걸쳐 반복되었다.

루이지애나 매입과 함께, 쿠바는 미국 대륙의 경계 밖에 있는, 전략적으로 가장 필요한 영토의 일부로 여겨졌다. 1803년 이후로 뉴올리언스 항구는 미국의 광대한 내부를 위해 나머지 세계로 향하는 창구가 되었다. 모든 무역과 통신은 그 창구를 통해 이동했고 멕시코 만을 통해 나갔다. 그러면 병에 있는 코르크 마개처럼 멕시코 만의 입구에 있던 것은 무엇이었는가? 바로 쿠바이다. 쿠바가 미국의 필수적인 무역로를 가로막을지도 강력한 적의 손에 떨어지지 않게 하는 것이 미국 지도자들의 최대 관심사가 되었다.

두 번째의 기본적인 계산은 미국이 그들의 남쪽에 대해 헤게모니를 주장해야 한다는 것이다. 사실상 두 번째 계산은 미국에 의한 지배가 어느 정도 필요하다는 점이 분명해질 때 다른 세력들이 이에 개입하지 못하도록 하고 있기 때문에 첫 번째 전략에서부터 나온 것이었다. 가디스 스미스(Gaddis Smith)가 언급했듯이, 먼로 독트린(the Monroe Doctrine)은 미국의 영향권에 대한 주장이다.[3] 먼로 독트린을 실현하기 위해 가능한 방식들에 대한 생각은 시간이 지남에 따라 변화했다. 초기에 지도자들은 미국 국기가 종국에는 대륙 전체에서 휘날릴 운명이라고, 즉 미국이 완전한 통치권을 행사할 것이라고 가정하는 경향이 있었다. 그러나 19세기 말 무렵, 통치보다는 통제가 보다 중요한—그리고 보다 저렴한—것으로 여겨졌다. 따라서 국무장관 올니(Richard Olney)는 1895년에 미국이 "이 대륙에 대해 실질적으로 주권자이다. 그리고 주권자의 명령은 개입의 방식을 중재로 제한한 법 위에 놓여 있다"[4]라고 만족스럽게 말할 수 있었다.

혹자는 올니의 말에 웃을지도 모르고 혹자는 (비록 그 당시 이를 즐거워한 라틴아메리카인들은 거의 없었어도) 이를 좋아할 수도 있는데, 왜냐하면 그들은 미국이 실질적으로 누린 지배 수준을 확실히 과대평가했기 때문이다. 사실 반구에서 (중앙아메리카와 카리브 해에서는 잠시 근접했을지라도) "사실상 주권자"는 결코 없었다. 그러나 핵심은 아메리카 인들이 실제로 그랬다고 믿는 경향이 있었으며, 보다 중요하게는 그들의 안보는 그러한 수준의 통제를 필요로 했다고 믿는 경향이 있었다는 점이다.

그러나 이러한 믿음은 더 이상 적용되지 않는다. 소련의 붕괴와 함께, 현재 라틴아메리카에서 미국의 안보를 위협하는 존재로 나설 수 있는 세력은 세계에 존재하지 않는다. 오늘날의 세계에서 보다 더 현실적인 위험은 테러리스트들에 의해 은밀하게 도입되는 핵폭탄 또는 2001년 9월 11일의 경우처럼 일부 다른 테러리스트의 강도 높은 공격이다. 그러나 그러한 공격을 위해 필요한 기지들은 라틴아메리카에 존재하지 않는다. 미국이 경계해야만 하는 다양한 테러조직들이 있으며 아마도 우리에게 해를 끼칠지 모르는, 북한과 같은 소수의 적대국들도 여전히 존재한다. 그러나 남쪽에서 위협을 개시할 가능성 또는 필요성은 전혀 없으며 테러조직들도 없다.

현재 전쟁의 성격은 이전의 낡은 개념으로 대응하기에는 너무도 크게 변했다. 혹자는 오늘날 지구의 반대편로부터 그들의 목표물에 사십 분도 안 걸려 도달하는 대륙간 미사일이나 테러리스트의 폭탄에 관해 생각한다. 대양들은 더 이상 방벽이 되지 못하며 사실 지난 수십 년 동안 그래왔다. 미국의 해안과 거리가 있는 곳에 함대를 배치하기 위해서 해군기지를 가까이 두는 것은 과거의 전술이다.

따라서 전략적 부인의 전체적인 개념은 타당하지 않은 것이 되었다. 먼로 독트린뿐만 아니라 미국이 서반구의 나머지 지역에 헤게모니를 주장할 필요성을 지지해주는 이론적 근거들은 매우 많다. 오늘날 미국이 직면한 문제들은 헤게모니의 행사가 아니라 협력에 대한 노력을 요구한다. 미국은 자신들의 전체적인 입장을 다시 생각하고 과거가 아니라 현재의 현실에 기초해 정책을 추진하는 것이 필요하다. 그러나 오래된 습관은 없애기 어렵다. 미국의 정책입안자들이 필수적인 정신적 구조조정을 할 수 있는지, 그리고 오늘날 요구되는 효과적인 정책을 만들어낼 수 있는지의 여부는 두고 보아야 한다. 확실한 것은 조지 부시(George W. Bush) 행정부는 그러한 구조조정을 하지 못했다는 점이다. 반대로 다른 국가들 및 라틴아메리카와 멀어지는 일방적인 자세-미국의 방식에 따르지 않으면 적으로 간주하는-를 취했다. 이 글은 이라크가 대량살상무기를 발사할 준비를 갖췄기 때문에 기다릴 수 없다고 말하면서, 사실상 UN 안전보장이사회를 무시하고 이라크 전쟁을 일으킨 부시를 비평하는 자리가 아니다. 그러나 그 이후에 대량살상무기는 발견되지 않았다. 이 글은 라틴아메리카에서 미국의 위상이 이전에 비해 가장 낮아졌음을 지적하는 자리이다. 이는 비극에 대한 아주 짧은 개요이다. 왜 이런 일이 생겼을까? 멕시코는 완벽한 사례이다. 부시 대통령과 멕시코의 폭스(Vicent Fox) 대통령은 돈독한 개인적 관계를 맺고 전례 없는 친선과 협력으로 양국 관계를 이끌 것이라 기대되었다. 부시 대통령은 폭스 대통령에게 핵심적인 중요성을 갖는 이민문제에 관해 포괄적인 협정을 협상하겠다고 약속했다. 그러나 이후 멕시코는 유엔 안정보장이사회에서 이라크 전쟁에 대해 미국에 반대했다. 이는 특별한 관계의 종말이었고 이민에 관한 포괄적 협정의 종말이기도 했다. 폭스는 아무 소득도 얻지 못하게 되었다.

우리가 탈냉전과 9·11 사태 이후에 대한 분석으로 돌아가기 전에, 역사적인 개괄을 하는 것이 순서일 듯하다. 미국과 라틴아메리카 관계의 미래가 불확실하기 때문에 우리가 어떻게 여기에 왔는지에 관해 분명히 할 필요가 있다.

명백한 운명, 1823~1898

먼로 독트린이 한 세기 동안 "위대한 아메리카인의 특별한 관습"으로서 묘사되어 왔다. 때문에 혹자는 먼로 독트린이 굉장한 팡파르, 그리고 논평과 함께 공표되었다고 상상할 수도 있지만 실상은 아니었다. 유럽인들은 잠시 미국의 건방짐에 자극받았으나 미국이 먼로 독트린을 강력하게 주장하지 않았다는 점을 실감하면서 별로 주의를 기울이지 않았다. 20년 동안 미국이 스스로 먼로의 성명을 언급한 적은 거의 없었다. 만일 유럽 세력들이 카리브 유역에서의 모험을 단념했다면 이는 미국의 어떤 말이나 행동 때문이 아니라 강력한 영국 해군함대의 존재 때문이었을 것이다. 미국은 보호자의 역할에 익숙해져야 했기 때문에 강해져야만 했다. 미국 지도자들은 자신을 서반구의 나머지 지역을 장악하는 영웅과 우두머리로 상상했지만 장래의 일이었다. 우선 미국은 그들의 경계 내에 이미 존재하는 광대한 영토에 대한 지배를 공고화하는 데 초점을 맞추었다.

그러나 1845년 무렵, 미국은 그들의 경계 이상을 생각하고 있었다. 텍사스를 연방에 가져오기로 결심했을 뿐만 아니라 캘리포니아와 오리건으로 탐욕스러운 시선을 던졌는데, 이 지역은 영국과 다른 유럽 세력들 또한 탐내고 있던 곳이었다. 따라서 포크(James Polk) 대통령은 먼로 대통령이 의회에 유명한 메시지를 던진 날로부터 22주년 되는 1845년 12월 2일이 먼로 독트린을 재천명하는 데 적합하다고 보았다. 그는 서반구가 외부 세력에 의해 식민지화되어서는 안 된다고 다시 한번 강조했다. 그 당시 미국이 텍사스, 캘리포니아 그리고 오리건을 염두에 두고 있었기 때문에 그는 이 내용이 특히 북미에 적용된다고 덧붙였다.

1846년에 멕시코와의 전쟁이 발발했고 이 전쟁은 미국 군대가 멕시코시티를 점령하면서 단시간에 종결되었다. 그리고 미국은 캘리포니아를 포함해서 멕시코 영토의 거의 절반을 차지했다. 미국은 대서양과 태평양 해안선을 모두 갖는 대륙 국가가 되었다. '명백한 운명'은 진행 중이었다. 하나의 해안에서 다른 해안으로 둘러싸인 화물과 승객이 이제는 주로 중앙아메리카 지협을 가로질러 이동했기 때문에 그 지역에 대한 통제가 새롭게 중요해졌다. 미국이 중앙아메리카를 향한 워커(William Walker)의 약탈 원정 및 니카라과의 지배자로 자리 잡기 위한 그의 노력을 장려한 것은 우연의 일치가 아니었다.

1823년 초에 아담스(John Quincy Adams)는 쿠바를 연방의 품에 떨어질 운명인, 익은 과일로 묘사했다. 1848년 이후 더욱 커진 전략적 중요성을 가졌던 지협에 대한 접근 중 하나로, 미연방은 바로 그해에 포크 대통령의 매입 시도와 함께 쿠바를 얻기 위한 일련의 노력을 시작했다. 이후 반세기 동안 네 명의 다른 미국 대통령들은 쿠바를 노골적으로 사들이려 시도했다. 그 외에도 노골적이지 않거나 실패했던, 쿠바를 미국 소유로 이전하기 위한 많은 계획들이 존재했다.[5] 게다가 세 번의 불법적인 쿠바 원정이 있었다. 이들 중 하나는 로페스(Narcoso López)라는 베네수엘라 태생의 전직 스페인군 장교에 의해 1850년에 여러 방법으로 주도되었는데, 이후 한 세기 이상 피그만(the Bay of Pigs) 재앙의 예고편이 되었다. 1961년에 CIA가 했던 것처럼, 로페스는 그의 침략자 무리가 가능한 빨리 상륙할 수 있게 해주었고 쿠바인들은 침략자 정부에 대항해 무기를 들고 일어섰다. 이 원정은 1961년에 그랬듯이 1850년에도 무모한 몽상으로 드러났다.

명백한 운명의 대부분을 차지했던 미국의 탐욕적인 성향은 국가의 존망을 시험했던 거대하고 유혈적인 충돌, 즉, 내전으로 중단되었다. 나아가 미국이 자신의 치명적인 전투에 갇혀 있는 동안 먼로 독트린은 이전보다 훨씬 분명하게 도전받았다. 프랑스의 루이 나폴레옹(Luis Napoleon)이 멕시코를 점령했고, 멕시코를 프랑스의 무력 거점으로 통치하기 위해 합스부르크의 막시밀리앙(Maximilian of Hapsburg)을 황제로 임명했다. 그러나 내전이 종결되고 미국이 나폴레옹에게 그의 군대를 철수시키라고 경고하면서 막시밀리앙의 통치는 비극적으로 종결되었다. 나폴레옹은 막시밀리앙을 무방비로 남겨두고 군대를 철수시켰다. 막시밀리앙은 소수의 멕시코 지지자들을 포기하지 않았다. 그는 저항했고 베니토 후아레스(Benito Juárez)가 이끈 멕시코 군대에 의해 체포, 처형되었다. 먼로 독트린과 멕시코의 주권은 유지되었다.

19세기 중반, 점점 더 많은 라틴아메리카의 영토가 미국 깃발 아래 속한 것처럼 보였지만 19세기 말 무렵에는 미국 안보 개념의 변화가 요구되었다. 워싱턴은 특히 미국과 가까운 지역, 즉, 중앙아메리카와 카리브 해에서 헤게모니를 주장하고 이익을 얻고 싶어 했지만 이들 지역을 미연방에 포함시키거나 다른 방식으로 미국 체제에 편입시킬 필요성, 심지어는 이를 가능하게 하는 상황들을 점점 더 많이 유보해야 했다. 이들을 통합하는 것은 많은 비용이 들 것이며 영구적인 점령군을 필요로 할 것이었다. 이것이 하나의 난점이었다. 아마도 보다 중요한 것은 광신적인 애국주의였다. 『국가(Nation)』 지의 편집자 고드킨(E. L. Godkin)이 언급했듯이, "반(半)문명화된 가톨릭 국가들(semi-civilized Catholic states)"은 아메리카 체제에 공간을 갖지 못했다.[6]

반구의 다른 국가들이 독립을 유지했기 때문에 미국을 선두로 한 국가들 그룹을 발전시킴으로써 미국이 무엇인가를 얻었을지도 모른다. 한 예로서 1889년 국무장관 블레인(James G. Blaine)의 책임하에 워싱턴에서 최초의 범미주회의(Pan-American Conference)가 열렸다. 도미니카 공화국을 제외한 모든 독립국들이 참석했다. 선두에 선 아르헨티나 대표단과 함께, 라틴아메리카 주요 참석자들은 그들이 미국의 지시를 받지 않음을 분명히 했고 미국 측의 제안들은 거부되었다. 그럼에도 불구하고 범미주연합(Pan-American Union)이 되었고 영구적인 사무국은 워싱턴에 설립되었다. 국가들 간의 분쟁을 조정하기 위해 중재시스템이 만들어졌지만 거의 사용되지 않았다. 정부들은 의회에 그 대표단들을 보낼 만큼의 준비가 되어 있지 않았다.

쿠바를 얻기 위한 미국의 지속적인 계획은 미국 체제로의 영토 병합을 거부하는 새로운 저항들에 의해 변경되었다. 스페인에 대항한 쿠바의 독립전쟁이 절정으로 치닫는 중이었고 미국이 쿠바 편에 서서 전투에 돌입하기 직전과 마찬가지로 여러 조건들이 합병에 유리하게 보였다. 그러나 미국은 과거의 모든 노력들에도 불구하고 뒤로 물러났다. 선전포고에 첨부된 유명한 텔러 수정안(Teller Amendment)에서, 미국은 그 전쟁의 성과로 쿠바를 획득하지는 않겠다고 서약했다. 필리핀이나 괌, 푸에르토리코에 관해서는 아무것도 언급되지 않았다. 스페인과의 전쟁에서 미국은 이들 모두를 성과로 얻었고 그 과정에서 세계적 힘을 갖게 되었다. 그러나 쿠바는 독립국으로 남게 되었다. 물론 완전한 독립이라 확신하기는 어렵고 오히려 미국이 쿠바의 헌법에 첨부하기를 강요했던 플랫 수정안(Platt Amendment)하에서 쿠바는 사실상 미국의 보호령이 되었다.

사실상 미국은 외국인 자본 대부를 포함해서 쿠바의 외교문제를 관리했으며 평화와 안정을 유지하기 위해 적절하다고 생각되면 언제나 개입할 권리를 가지고 있었다. "우리가 꿈꿔왔던 완전한 독립이 아니다"라고 예전 쿠바군 지도자였던 고메스(Máximo Gómez)는 격분했다.[7] 그럼에도 불구하고 그는 동료들에게 미국의 철수를 대가로 그 수정안을 받아들이도록 설득했다. 그의 논리는 점령군을 벗어나 제한된 주권을 받아들이는 것이 더 낫다는 것이었다. 아마도 공화국의 꿈은 미래에나 실현가능할 것이었다(그리고 1959년에 꿈은 실현되었다).

무력외교, 1898~1929

무력외교는 이후 34년 동안 이어진 유형이다. 미국은 남쪽에 그들의 영향력이 지속될 수 있도록 모든 것을 고려했으며 종종 중앙아메리카와 카리브 유역에 노골적인 통제를 시행했다. 미국 자본이 이들 지역으로 유입되었다. 은행, 설비회사, 그리고 유나이티드 푸르츠(United Fruits) 같은 기업들이 곧 일부 국가들의 경제를 사실상 지배했다. 예를 들면, 1929년 무렵 쿠바 경제의 65% 이상이 미국 소유주의 손에 있었다. 이는 미국 군함에 의해 뒷받침되는 달러 외교의 시대였다.

미국은 범미주회의에서 다른 정부와 정기적으로 계속해서 만났다. 법률상 평등함의 허구는 유지되어 미국은 더 이상의 영토는 점유하지 않았으며 심지어는 루즈벨트(Teodore Roosevelt) 대통령의 최우선 관심사 중 하나인 파나마 운하를 건설하는 것에서도 마찬가지였다. 미국은 우선 파나마 지방이 속한 국가인 콜롬비아와 협상했다. 그 협상이 성공하지 않았을 때, 워싱턴은 파나마 지방에서 반란을 공작했으며 콜롬비아로부터의 분리를 주장하는 반란군을 새로운 파나마 국가의 정부로 즉각 승인하고 운하를 건설하기로 1903년에 그들과 협정을 맺었다. 미국의 무력이 콜롬비아가 개입할 수 없도록 했음은 확실하다. 파나마는 독립을 유지했고(비록 쿠바와 마찬가지로 제한적인 독립의 형태였지만), 대략 80년 후에는 자신들이 운하 관리를 할 수 있을 것으로 생각했다.

서반구 다른 국가들에 대한 미국의 영향권 주장이 다른 지역에서 인정받기는 어려웠다. 다른 세력들이 개입할 수 없다고 말하는 것은 미국에게는 만족스럽겠지만, 만일 서반구의 국가들이 그들의 채무에 대해 불이행을 하거나 또는 미국에서의 그 당시 말투로 "무책임하게 행동"한다면? 누가 그들을 단속하는가? 1904년 의회에서의 연간 교서에서 루즈벨트 대통령은 미국이 서반구의 경찰이 될 것이라고 답했다. "만성적인 불법행위 또는 문명화된 사회의 연대를 느슨하게 하는 무력함은 아메리카 대륙에서, 또한 다른 곳에서도 일부 문명화된 국가에 의한 개입을 궁극적으로 요구할 수 있다. 그리고 불법행위 또는 무기력이 극심한 경우에 미국이 서반구에서 먼로 독트린을 고수하는 한, 내키지는 않지만 국제경찰력을 실행할 수도 있다."[8]

이는 먼로 독트린에 대한 루즈벨트 정리(the Roosevelt Corollary)로 알려지게 되었다. 미국은 이를 이행하는 데 시간을 낭비하지 않았다. 1905년에 미국은 일부 유럽 채권자들에 대한 국채를 모두 갚기 위한 관세 징수 시행을 조정한다는 명분으로 도미니카 공화국에 개입했다. 그러한 개입은 수년간 해군이 그들 국가에서 철수하거나 남아 있으면서 1912년 니카라과에서, 그리고 1915년 아이티에서도 이루어졌다. 각종 이유로 미국은 중앙아메리카와 카리브 지역의 다른 국가들에 스물여섯 번이나 개입했다. 심지어 윌슨(Woodrow Wilson) 대통령은 베라크루스에 해군을 상륙시켰고 퍼싱 장군(General John Pershing)이 지휘하는 군대를 북부 멕시코에 보냈다. 1927년 무렵 중앙아메리카에 대한 미국의 헤게모니는 국무차관 올즈(Robert Olds)가 "중앙아메리카는 우리가 인정하지 않거나 지원하지 않는 정부는 실패한 반면, 우리가 인정하고 지원하는 정부는 권력을 유지한다는 것을 항상 이해해 왔다"[9]고 말할 정도로 완전했다.

올즈의 진술은 헤게모니에 대한 직접적인 단정이다. 아마도 부분적으로 그런 진술들 이면에 있는 그 뻔뻔스러운 태도−미국의 이상주의와 충돌하는 뻔뻔스러움−때문에 보다 협력적인 관계에 관심을 가져야 한다는 의견이 미국에서 설득력을 얻었을지도 모른다. 또한 라틴아메리카에서의 점증하는 저항은 협력적 관계에 관심을 갖는 입장을 뒷받침해 주었다. 루즈벨트 정리의 생색내는 간섭주의에 감정이 상한 라틴아메리카인들은 주로 미국의 간섭과 고압적인 행동들에 대해 저항했다. 1928년 범미주회의가 아바나에서 열릴 무렵, 다른 국가들은 미국 정책의 수정을 요구하고 있었다. 이들 국가들이 놀랄 정도로 미국은 그들의 요구에 귀를 기울였다. 예전보다 고조된 평등과 협력적 분위기에서 회원국들의 국내 사안들에 대한 개입 등의 이슈들이 솔직하게 논의되었다. 과거에 그러한 이슈들은 의제가 되지 못했다. 회의가 종결되었을 때 참석자들은 반개입주의 해법이 다음 회의에서 의제가 될 것이라 이해했다. 무대는 선린외교정책에 맡겨졌다.

선린외교정책, 1929~1953

많은 연대기에서 선린외교정책은 1933년 루즈벨트(Franklin Delano Roosevelt) 대통령의 취임식과 함께 개시되었다고 기록한다. 그러나 사실 선린외교정책은 후버(Herbert Hoover) 대통령하에서 시작되었다. 그는 미국의 개입주의를 비판했고 그의 재임기간인 1929~1933년에 미국 해군은 아이티를 제외한 라틴아메리카 모든 국가에서 철수했다. 또한 후버는 개입주의에 대한 역사적 근거의 재검토를 명령했다. 국무차관 클라크(J. Reuben Clark)에 의해 준비되고 1930년 출판된 비망록은 먼로 독트린이 미국에게 이웃 국가들의 국내 사안에 개입할 어떠한 권리도 부여하고 있지 않다는 점을 담고 있다. 이 비망록은 루즈벨트 정리의 이론적 기반을 없앴고 루즈벨트 정리는 미국의 정책을 위한 기초로 다시는 인용되지 않았다.[10]

개입주의에서 벗어난 경향은 프랭클린 루즈벨트의 재임기간 동안 새로운 원동력이 되었다. 그는 정치적 지배가 아닌, 라틴아메리카와의 높은 경제적 연관성을 강조했고 미국에 의한 일방적인 행동보다는 집단안보를 옹호했다. 그는 플랫 수정안을 폐기함으로써 쿠바 주권을 침해하는 보호권을 없앴다. 또한 1928년 아바나에서 약속한대로, 1933년에 우루과이의 몬떼비데오에서 열린 범미주회의에서 비개입주의 원칙에 서약했다. 다음 해, 루즈벨트는 그의 말대로 마지막 해군을 아이티에서 철수시켰고, 길었던 그의 재임기간 동안(1933~1945) 어떤 라틴아메리카 국가에도 해군을 보내지 않았다.

우호적인 관계는 제2차 세계대전에 의해 더욱 고무되었다. (1945년 마지막까지) 추축국 세력에 동정적 성향을 보인 아르헨티나를 제외하고 라틴아메리카의 모든 국가들은 미국의 동맹국이었고, 천연자원 및 다른 재화들을 보장하고 항공기지 및 해군기지를 제공하며 멕시코와 브라질의 경우 심지어는 군대를 보내면서 추축국에 조금의 도움도 주지 않았다. 브라질 군대의 한 개 사단은 이탈리아에서 싸웠고 멕시코의 전투기 중대는 태평양에서 싸웠다. 전쟁이 종결되었을 때 미국-라틴아메리카 관계는 이전의 그 어느 때보다 더 좋았다.

관계가 돈독할수록 앞으로도 보다 협력적인 관계가 가능할 것 같았다. 루즈벨트의 후임자인 트루먼(Harry S. Truman) 대통령은 루즈벨트의 비개입주의 정책을 지속했고 1947년에 소위 리오 협약(Rio Pact)으로 불리는, 서반구의 방위를 모든 회원국들의 책임으로 하는 집단안보조약을 성립시키는 데 기여했다. 뒤이어 1948년 미주기구(the Organization of American States; OAS)가 창설되었으며 이는 회원국들 사이의 분쟁에 대한 판결과 집단평화유지를 위한 방법들을 제시했다. 실상 미주기구는 이전의 범미주연합에 새로운 수준의 협력과 조직적 응집성을 부여한 것이었다.

미주기구 헌장과 리오 협약의 틀을 구성한 사람들은 설령 서반구가 여전히 외부 세력들로부터 지켜져야 할지라도 더 이상 미국 혼자만의 책임이라고 생각하지 않았다. 이는 이제 모든 회원국들의 의무가 되었다. 미국 정치지도자들과 학자들이 그 당시 논평했듯이, 먼로 독트린은 다자간 도구가 되었다.[11] 그리고 그렇게 되어야만 했다. 불행하게도 미주기구가 창설되었을 때, 미국과 소연방 사이의 냉전은 가열되고 있었다. 이러한 냉전은 머지않아 모든 다른 고려와 목적이 희생되는 소모전이 될 것이었다.

냉전, 1953~1992

리오 협약이 체결된 해인 1949년, 중국은 공산주의 국가가 되었고, 소련은 원자폭탄을 폭발시켰다. 다음 해인 1950년 한국전쟁이 발발했다. 냉전이 본격화되었다. 그러나 냉전은 미국－라틴아메리카 관계에 즉각적인 영향을 거의 주지 않았다. 라틴아메리카는 소련으로부터 너무 멀리, 그리고 미국의 영향권 내에 안전하게 있는 것으로 인식되었다. 게다가 라틴아메리카 국가들은 유엔 총회에서 미국이 항상 기대할 수 있는 표를 갖는 중요한 동맹국들로 생각되었다. 트루먼 행정부는 그들의 비개입주의 정책을 지속했다. 따라서 비록 미국에서 매카시즘(McCarthysim)으로 반영되는 냉전의 광란, 그리고 강경노선이 적합할 것 같다는 국무부 정책기획관리국의 불평이 증가하고 있음에도 불구하고 라틴아메리카를 향한 선린정책은 1953년까지 지속되었다.

그러나 아이젠하워(Dwight Eisenhower) 대통령의 취임 및 덜레스(John Foster Dulles) 국무장관의 임명과 함께 냉전은 라틴아메리카에도 위력을 발휘하게 되었다. 전략적 부인이라는 개념이 이제는 오직 하나-소련-에만 집중되었다. 따라서 덜레스는 즉각적으로, 확실한 증거도 없이, 서반구에서 공산주의의 영향력이 증가하고 있으며 소련이 이를 이용하고 있다고 경고했다. 그는 과테말라를 사례로 지목했다. 그해 카라카스에서 열린 미주기구 외무장관 회의에서 그는 서반구 내에 공산주의 영향하에 있는 어떤 정부라도 평화와 안보를 위협하는 것이며 다른 국가들은 이에 대해 다자적 행동을 취해야 한다는 것을 규정한 결의안을 제안했다. 덜레스는 다른 국가들이 그 결의안을 수용하고 미국과 협력하거나 아니면 일방적인 개입으로의 회귀를 각오해야 한다고 분명히 했다. 그 결의안은 받아들여졌지만, 즉각적인 다자적 행동보다는 "협의"를 제안하도록 변경된 이후에야 수용되었다.

아이젠하워 행정부는 CIA에 의해 비밀스럽게 조직된 쿠데타를 통해 아르벤스(Jacobo Arbenz)의 "공산주의자가 통치하는" 정부를 축출하려는 계획을 실행했다. 1954년 6월에 과테말라 장교인 아르마스(Castillo Armas) 대령은 아르벤스에 반대하여 봉기한 수백 명의 무장한 사람들을 지휘했다.[12] 이 사건에 대해 미국은 과테말라인들의 대응일 뿐이며 미국의 개입이 아니라고 주장할 수 있었다. 그것을 믿는 사람은 거의 없었지만 필요한 것은 단지 거짓을 감출 뚜껑이었다. 과테말라 군대가 정부를 위해 싸우지 않았기 때문에 쿠데타는 신속하게 성공했다. 1944년에 시작되었던 자유주의 혁명운동으로 묘사되는 것이 최선이었을 과테말라 혁명은 종결되었다. 미국의 개입 덕분에 뒤따른 것은, 장기간의 유혈적인 군사독재였다. 독재는 군부에 의해 용인되고 드물게 그들의 임기를 채우는 것이 허락된 민간정부 시기에만 잠시 유보되었다. 억압은 거대했다. 과테말라인 몇만 명이 50년 동안 학살되었다. 최근에서야 민주주의를 향한 운동이 힘을 얻었고 1960년대 초 이래 국가를 괴롭혔던 유혈적인 게릴라 투쟁이 종결되었다.

돌이켜보면, 과테말라에서 위협이 되는 공산주의자들-소련은 말할 것도 없이-은 없었음이 확실하다. 아르벤스 자신은 공산주의자가 아니었다. 오히려 국민들에 의해 선출되었음에도 불구하고 그는 과테말라 군부의 대령이었다. 그의 정부에서 공산주의자 장관들은 없었으며 단지 네 명의 공산당 당원이 의회에 있었을 뿐이다. 심지어 소련은 과테말라와 외교적 관계를 맺으려고 애쓰지도 않았으며 어떤 종류의 지원도 제공하지 않고 있었다. 그러나 아르벤스 정부는 진보적이었고 농지개혁을 실행하고 있었다. 그 과정에서 유나이티드 푸르츠가 소유하고 있던 일부 토지가 국유화되었고 이것이 사실상 아르벤스 전복의 발단이 되었다. 덜레스의 법률회사는 유나이티드 푸르츠의 회계를 맡고 있었고 CIA 중역인 알렌 덜레스(Allen Dulles)와 유엔 대사인 헨리 캐봇 로지, 그리고 일부 다른 고위 정부 관료들은 모두 유나이티드 푸르츠 이사회의 구성원이었다.

아이젠하워 행정부는 반공산주의를 자칭하는 한, 얼마나 억압적인가에 상관없이 어떤 우익 독재라도 지원해주는 정책을 채택했다. 1953년부터 1961년까지 8년 동안 미국은 민주주의의 실현을 망각했고 독재자를 보다 신뢰할 수 있는 동맹자로 여기는 듯했다. 심지어 덜레스는 군사 독재자의 국가였던 히메네스(Pérez Jiménez)하의 베네수엘라를 모든 라틴아메리카 국가들이 모방했으면 하는 종류의 정치적, 경제적 정책을 추구하는 국가로 묘사했다.[13]

과테말라의 경우와 냉전 시기 라틴아메리카에 대한 대다수의 미국 개입 사례에서, 공산주의자들이 권력을 잡을 것이라는 위협은 현실이라기보다 냉전의 광란에 따른 미국 지도자들의 상상적 허구였다. 단지 쿠바의 경우만 우려할 만한 정당한 이유가 있었다. 카스트로(Fidel Castro)가 1959년 권력을 잡았을 때 그는 공산주의자가 아니었다. 그러나 서반구에서 미국의 영향력을 대폭 줄이고 다른 혁명정권의 연속적인 출현을 고무시키고자 하는 그의 목적은 그가 소련과 동맹을 맺을 것이라는 생각을 갖게 했다. 결국 그 목적들은 카스트로 자신이 성취할 수 없는 것이었다. 1960년대 초 무렵, 미국은 그러한 동맹이 형성 중에 있다고 결론짓고 카스트로 정부를 전복할 준비를 시작했다. 카스트로 정부를 전복하려는 노력은 1961년 4월 피그만에서 행해졌고 그 결과는 비참했다. 쿠바에서 추방된 여단 천 이백 명으로 카스트로의 육만 군대, 게다가 탱크와 대포를 가지고 있는 군대를 무찌를 수 있다는 생각은 터무니없었다. 그들은 단지 미국 군대의 지원으로만 성공할 수 있었다. 1961년 1월 취임한 케네디(John F. Kennedy) 대통령은 아이젠하워 정부의 침공 계획을 인계받았지만 미국의 군사력이 사용되지 않을 것이라고 단호하게 발표했다. 그러나 CIA는 여단이 해안을 지킬 수 없다는 사실이 분명해지면 케네디 대통령이 명령을 바꿀 것이라 기대했다. 그들은 틀렸다. 케네디는 그의 결정을 고수하면서 미국 군대를 투입하지 않았다. 결국 침공은 실패했고 쿠바-소련 동맹을 공고화하는 결과를 가져왔다.

쿠바-소련 동맹의 공고화는 1962년 10월 쿠바 미사일 위기의 원인이 되었다. 미국의 정책입안자들이 라틴아메리카에서 상상할 수 있는 최악의 악몽은 다른 국가가 미국을 따라하는 것이었다. 먼로 독트린은 서반구에 대한 다른 세력의 개입을 막기 위한 것이었고 따라서 미국 안보에 대한 어떤 위협에 대해서도 미국의 남부 국경을 보호하기 위한 것이었다. 이제 미국의 주적인 소련이 미국의 남부 국경을 핵미사일로 위협하고 있었다. 위기는 결국 케네디-후르시초프 양해(Kennedy-Khrushchev Understanding), 즉 쿠바를 침공하지 않겠다는 미국의 약속에 대한 답례로 소련이 그들의 미사일을 철수하는 데 동의한다는 양해를 통해 해결되었다. 그러나 미국 정책입안자들은 미사일 위기로 인해 매우 큰 정신적 충격을 받았고 1962년부터 더 이상 쿠바를 존재시키지 않겠다고 확실하게 결심했다.

케네디 행정부는 그 목적을 위해 두 가지 경로로 정책을 추진했다. 하나는 카스트로를 서반구에서 고립시키는 동시에, 카스트로 배후의 게릴라들로부터 스스로를 방어하려는 다른 정부에 대한 군사적 지원을 함으로써 카스트로주의를 견제하는 것이다. 다른 하나는 경제적, 기술적 지원 프로그램인 진보를 위한 동맹(the Alliance for Progress)에 착수하는 것이다. 진보를 위한 동맹 프로그램은 혁명의 조건이 경제적, 사회적 궁핍으로부터 야기된 것이며 이들 문제를 해결하는 것이 군사적 원조만큼 중요하다고 인정했다. 동일한 이유로 케네디 행정부는 독재보다는 민주정권에 대한 지지를 더욱 강조했다.

그러나 케네디의 죽음과 함께, 진보를 위한 동맹은 존슨(Lyndon Johnson) 행정부의 강경노선에 따라 모든 실질적인 목적을 위해 포기되었다. 존슨 행정부는 1964년에 민주적으로 선출된 굴라르 정부가 과도하게 좌파로 치우쳤다고 간주하고 굴라르(Joao Goulart) 정부의 전복을 지원할 것임을 브라질 군부에게 명확히 밝혔다. 미국의 지원을 받는 브라질 장교들은 굴라르 정부의 전복을 진행시켰고 브라질에서의 민주적 과정은 중단되고 군부 통치가 20년간 지속되었다.

존슨은 도미니카 공화국의 정치적 불안정이 "카스트로주의자들의 권력 인계"를 가져올 만큼 위협적이라며 1965년에 병력을 보냈다. 존슨은 도미니카 공화국에 대한 개입(다수의 병력을 제공한 고마운 브라질 장교들)에 대해 미주기구의 보호를 얻을 수 있었다. 그가 할 수 없는 것은 공산주의자들의 음모에 대한 얼마간의 증거라도 제출하는 것이었다.[14]

존슨 행정부가 브라질에서 했던 것과 유사한 역할을 8년 후에 닉슨(Richard Nixon)과 키신저(Henry Kissinger)가 칠레에서 수행했다. 아옌데(Salvador Allende)의 인민전선(the Popular Front)을 영향력 있는 공산주의로 간주하면서, 만일 아옌데가 공산주의를 실제로 고무하지 않는다 해도 어쨌든 그들은 아옌데의 전복을 환영할 것이라고 칠레 군부에게 지적했다. 사실 아옌데는 사회주의자였고 공산당은 인민전선의 일부였다. 다른 한편 아옌데는 (1970년에) 민주적으로 선출되었고 모든 칠레의 국가기관들은 이전과 변함없이 유지되었다. 아옌데는 합법적 한계 내에서 처신하거나 아니면 탄핵에 직면해야 했다. 그는 다음 선거에서 당선되지 못할 수 있었기 때문에 그를 전복시킬 필요는 없었다. 그러나 칠레 군부도 그리고 닉슨 행정부도 기다리기를 원치 않았다. 1973년 9월 11일 쿠데타가 발발했고 이는 민주주의를 위한 것이 아니었다. 뒤따르는 17년은 칠레 역사에서 가장 잔혹한 군부 독재의 기간이었으며 단지 그들이 좌파처럼 보인다는 이유로 칠레 시민들 몇만 명이 고문을 받고 살해되었다. 1990년까지도 칠레에 민주주의가 회복되지 않았다. 칠레에서의 끔찍했던 17년에 대해 일정 정도 책임을 져야만 하는 미국은 자신의 신용을 위해서 칠레의 민주주의 복구를 장려했다.

서반구에서 중요했던 마지막 냉전의 장은 그레나다에서의 지엽적 문제와 함께 중앙아메리카에서 연출되었다. 소모사 가문(Somozas)이 1936년 이래 통치하고 있던 니카라과에서 카터(Jimmy Carter) 행정부는 그 자신이 불편한 상황에 놓인 것을 알게 되었다. 1979년 소모자 독재가 끝나는 것은 반가웠지만 소모사를 축출한 산디니스타 게릴라가 공공연한 마르크스주의자들이고 카스트로와 친밀했다는 점이 우려되었다. (그러나 산디니스타들은 빠른 시일 내에 선거를 실시하고 안보에 대한 미국의 우려를 중요하게 다루기로 약속한 상태였다) 카터 행정부는 소심하게나마, 그들과 타협하고 협상을 통해 의견 차이를 좁히며 인센티브와 같은 제한적인 경제적 지원을 제공하기로 했다. 그러나 1981년 1월에 취임한 레이건(Ronald Reagan) 행정부는 그렇게 하지 않았다. 레이건 행정부는 산디니스타를 소련의 침공을 위한 도구 이상은 아니라고 간주했고 어떻게 해서든 제거하기로 결정했다.

그 사이에 니카라과의 산디니스타가 얻은 승리에 고무된 엘살바도르의 좌익 게릴라들이 정부와 지주 엘리트의 전통적인 지배를 무너뜨리기 위해 전력을 기울였다. 카터 행정부는 게릴라들을 포용할 필요성만큼이나 경제적, 사회적 개혁의 필요성도 중시했다. 또한 미국 대사인 화이트(Robert E. White)는 엘살바도르 정부에게 미국의 지원을 위한 조건으로 우익 암살단(로메로 대주교의 암살자에 대한 책임이 있었던)을 구속하라고 주장했다.

레이건 행정부는 그런 양심의 가책을 갖지 않았다. 1981년 임기가 시작되었을 때, 레이건 행정부는 게릴라들을 패배시키기 위해 필요하다고 생각되는 모든 것을 하겠다고 말했다. 엘살바도르 정부 측에 대한 잔악한 행위들이 종종 미국에 의해 훈련받은 암살단 또는 군대에 의해 소름 끼칠 정도의 비율로 행해졌다. 니카라과의 산디니스타 정부를 축출했던 과정과 동일하게, 레이건 행정부는 평화적인 해결을 위한 협상 및 다른 노력들은 기울이지 않았다. 대신 소모사의 방위병들과 다른 반(反)산디니스타 집단을 무장시켜 콘트라 반군(the Contras)으로 조직화했고, 마나구아에서 정부에 반대하는 게릴라 세력으로 나서게 했다. 보장된 분쟁이 1982년부터 1989년까지 휘몰아쳤다. 그 시기 동안 미국은 온두라스의 영토에서 반군을 움직이고 의심스러운 좌파들을 목표로 한 온두라스 암살단을 훈련시킴으로써 온두라스를 분쟁으로 몰아갔다. 1984년에 미국은 니카라과 항만을 폭파했는데 국제사법재판소(the International Court of Justice; ICJ)의 14 −3 결정은 미국이 국제법을 위반했다고 선고했다. 그러나 미국은 이미 국제사법재판소가 그 문제에 있어 관할권을 갖지 않는다는 입장을 취하고 있었으며 간단하게 그 결정을 무시했다.

레이건 행정부의 관료들은 산디니스타를 제거하기 위해 광적인 노력으로 의회에도 거짓말을 했고 이후에 콘트라 반군의 지원에 관해 의회가 압박을 가하자 이란−콘트라 게이트(Iran−Contra−gate)로 알려진 행동을 취했다. 미국은 레바논에서 이슬람 단체에 의해 인질로 구속되어 있던 미국인들을 석방시키기 위한 거래의 일환으로 이란에 불법적으로 무기를 수출하고 있었다. 이란−콘트라 게이트는 불법적 무기 수출로 얻은 부당한 '이익'을 콘트라 반군에게 지원하려는 노력으로 시작된 기괴한 작업이었다. 사실상 그 작업은 정부 요직 및 은폐된 개인들에 의해 조성된 비밀스러운 기부와 의회 지도자들에 대한 모든 직접적인 폭력을 포함했다.[15] 심지어 미국 육군은 중미 장교들에게 고문과 암살 방식을 훈련시켰고 악명 높은 아메리카 학교(School of the Americas)에서 사용되던 방법을 옹호하는 매뉴얼을 작성했다.[16]

간략하게, 냉전의 최종 시기 동안 미국은 건국의 방식을 잃고 가치를 망각한 듯 보였다. 가디스 스미스(Gaddis Smith)는 다음과 같이 적절하게 지적했다.

> 1823년에 제임스 먼로(James Monroe)는 공평무사함, 자치, 그리고 유럽의 사악하며 전제적이며 제국주의적 방식에서의 국가 독립에 대한 존중이라는 아메리카의 원칙과 대조를 이루었다. 그 독트린은 두 번째에 반대하는 첫 번째에 대한 옹호로서 선언되었다. 1945년 이후 원래의 이상에 대한 포기는 먼로 독트린의 지난 시간들을 도덕적 추락의 역사로 만들었다. 먼로 독트린의 문구와 원칙들은 종종 완전한 공평무사함으로 공공연하고도 열광적으로 받아들여졌다. 그것들은 은밀하게 포장되었고 거짓말에 의해, 또한 민주주의와 인권에 대한 공공의 신념과의 충돌로 인해 더러워졌다.[17]

결국 중앙아메리카는 그들 자신의 평화를 얻는 과정 내내 미국으로부터의 아주 약간의 격려 또는 지원과 함께 분쟁을 끝냈다. 더욱이 미국은 그날의 마지막까지 협상에 반대했다. 미국의 반대는 중앙아메리카 일부와 멕시코 대통령들이 그 지역 분쟁에 대한 해법을 만들기 위해 1983년 시작한 노력인, 소위 콘타도라 프로세스(the Contadora Process)를 좌절시켰다. 그러나 콘타도라 프로세스가 거의 붕괴할 지경에 이르자 과테말라의 에스키풀라스에서 1987년에 새로운 노력이 시작되었다. 새로운 협상 노력의 최초 발기인은 코스타리카의 신임 대통령이자 대단한 결단력의 소유자인 아리아스(Oscar Arias)였다. 이후 2년 동안 실제로 엘살바도르에서의 내전을 종결짓도록 한 동의안이 고안되었고 니카라과에서는 콘트라 반군과 산디니스타 간의 투쟁이 정리되었으며 1990년 선거가 치러졌다. 산디니스타가 패배했을 때, 그들은 평화롭게 자신들의 반대파에게 권력을 이양했다.

그렇게 중앙아메리카에서의 분쟁은-미국 덕분이 아니라-종결되었다. 아리아스는 공산주의자들을 진정시키는 방법으로 구상된 그의 협상안을 기각했던 레이건 행정부 내 일부의 혐오감에도 불구하고 노벨 평화상을 수여했다. 그 사이 1983년으로 돌아가서, 여흥의 일부로, 레이건 행정부는 그레나다 섬을 침범하기 위해 미국의 무력을 사용했었다. 그레나다와의 관계는 1979년 그곳에서 권력을 차지한 뉴주얼 운동(the New Jewel movement) 이후 점차로 왜곡되었었다. 뉴주얼 운동은 모리스 비숍(Maurice Bishop)에 의해 주도되었는데 그는 카스트로의 친구였고 카터와 레이건 행정부 모두에게 좌파적이라고 간주되었다. 다른 한편 그레나다는 아무도 위협하지 않는 작은 섬이었다. 그래서 1983년 레이건 행정부는 그레나다의 정치적 보복과 경쟁에 미국 군대를 보냄으로써 이익을 취했고 뉴주얼 운동을 권력에서 제거했다. 침공을 위한 구체적인 구실은 첫째, 그레나다의 의과대학에 있는 미국 학생들의 안전을 보장하고 둘째, 비행장이 완성될 경우, 레이건 대통령이 경고한 것처럼 소련에 의해 사용될 가능성을 없애기 위해서였다.

사실 후속적인 연구는 학생들이 어떤 사고나 위험에도 처하지 않았으며 침공을 위한 것이 아니었더라면 평화롭게 철수할 수도 있었음을 명확히 보여 주었다. 또한 유엔 개발프로그램(United Nations Development Program; UNDP)이 그레나다에서 관광산업을 확대하기 위한 노력의 일환으로 비행장의 건설을 권고했던 것으로 밝혀졌다. 그리고 일단 침공이 끝나자 미국의 납세자들은 새로운 그레나다 정부가 동일한 비행장을 완성 하도록—관광업을 확대하기 위하여!—돕기 위해 1,900만 달러를 지불했다. 다른 말로 하면 구실들은 가짜였다.

그러나 미국은 최소한 법적으로는 그들의 침공을 은폐했다. 동부 카리브의 다른 정 부들은 미국의 침공에 대해 자신들이 요구했다고 침공 이후에야 말했다. 또한 침공이 아니라 영국 총독으로부터의 초대라고 주장했다. 어느 누구도 이러한 침공 이후의 말 에 속지 않았다. 영국 정부는 확실하게 속지 않았다. 대처(Margaret Thatcher) 수상은 그 녀가 레이건 대통령의 친구였음에도 불구하고 침공을 강하게 비난했다. 그러나 미국은 그들의 침공을 법적으로 은폐함으로써 적어도 외교적이고 법적인 미묘함에 관심을 두 고 있음을 보여 주었고, 그들의 군대로 일방적인 개입을 하지 않겠다며 1934년 아이티 에서 마지막 해군을 철수시킨 이래 존재했던 형태—즉, 적어도 다자간 지지를 파편 화하지 않는—를 고수하고 있었다.

냉전이 사실상 종결되었을 때, 기이하게도 부시(George H. W. Bush) 대통령은 미주 기구나 중앙아메리카 국가들 또는 어느 누구로부터의 초대도 없이 1989년 12월 파나마 를 침공하기 위해 미국 군대를 보냄으로써 그러한 형태를 깨뜨렸다. 그리고 1954년 이 래 미국이 조직한 모든 다른 개입들과는 달리, 파나마에 대한 침공은 소련이나 쿠바 측 의 공세를 방해하기 위한 목적이 아니었다. 더욱이 점차 사라지고 있는 냉전과도 아무 관계가 없었다. 오히려 주요한 마약 밀매에 개입되어 있다고 여겨진 파나마의 대통령 노리에가(Manuel Noriega)를 체포하기 위해 침공했다. 노리에가는 쿠바의 카스트로에게 구애하고 미국을 조롱거리로 만드는 실수를 저질러 일단 CIA에게 한번 주목받았다. 그 는 대가를 지불했다. 국제규범을 노골적으로 위반하며 미국 군대는 파나마로 돌진해 노리에가를 체포했고, 마치 승리를 얻은 로마 군대가 일단 그들의 죄인을 족쇄를 채워

로마에 데려가듯이 그를 재판에 세우기 위해 미국으로 데려갔다.

부정선거로 승리했고 잔혹하기까지 했던 노리에가를 위해 눈물을 흘리는 사람들은 거의 없었다. 그럼에도 불구하고 미국의 침공은 불법이었고 미주기구에서 거의 만장일치로 비난받았다. 1934년 이래 처음으로 미국 군대는 다자간 승인을 얻기 위한 노력 없이 라틴아메리카에 개입했다. 일부는 냉전의 종결이 미국의 무력 외교로의 복귀를 의미하는 것인지 궁금해했다.

그동안에 소연방은 격변하는 변화의 진통을 겪고 있었다. 1985년 소련의 권력을 잡은 고르바초프(Mikhail Gorbachev)는 자유화 개혁을 도입함으로써 소련 경제를 되살리기 위해 노력했다. 사실 그는 보다 민주적인 얼굴을 가진 사회주의 시스템을 만들려 했다. 일부는 그가 너무 앞서갔다고 말했다. 다른 이들은 사회주의 시스템이 응집력에 의존했고 고르바초프가 응집력을 제거했을 때 정지했다고 말했다. 경우가 무엇이든 소련의 시스템은 붕괴하기 시작했다.

또한 고르바초프는 소련 대외정책의 동력을 변화시켰다. 과거에 동력은 세계 혁명이 역사적 필연이라는 마르크스주의의 교리에 연결되어 있었다. 즉, 대외정책은 가능한 만큼 사회주의 시스템을 확대하는 것에 연동되었다. 매우 당연하게도 서방은 이를 공세적이고 위협적인 것으로 인식했다. 그러나 고르바초프는 전체적인 개념을 포기했다. 더 이상 소련은 사회주의의 달성을 확대시키려 하지 않았다. 오히려 엄격하게 각 국가가 외부의 개입 없이 그들의 대내적 제도를 결정하도록 했다. 그와 함께 냉전은 서서히 끝나기 시작했다.

1991년 말 강경파에 의한 미성숙한 쿠데타가 실패했을 때, 이후의 대응에 있어 거의 75년에 이르는 공산당의 지배는 내부로부터 일소되었다. 다른 공화국들이 소연방으로부터 빠져나왔고 1992년경 소연방은 사라져 러시아 공화국 및 다른 공화국들의 느슨한 연합체로 대체되었다.

탈냉전, 1992년부터 오바마 대통령까지

이미 언급했듯이, 냉전의 종결과 함께, 거의 200년 동안 미국의 대외정책을 추동했던 책무는 필요 없게 되었다. 이전에 미국이 파나마 운하에 대한 다른 세력의 접근을 막기 위해 카리브 해를 아메리카 대륙의 호수로 다루었다면, 이제 미국이 접근을 원치 않는 다른 세력은 존재하지 않았다. 즉, 파나마 운하는 파나마의 수중에 넘어갔고 어쨌든 미국에게 더 이상 사활을 걸 만큼 중요하지 않았다. 카리브 해에 대해 미국이 주목하게 만든 요인들 때문에 미국은 영해에 대한 3마일 이내 한계선(왜냐하면 발포의 범위였기 때문에)의 방침을 정했다. 더 이상 카리브 해를 아메리카 대륙의 호수로 취급할 필요가 없었다. 카리브 해 또는 중앙아메리카에서 그리고 확실하게는 서반구의 나머지에서도 미국의 헤게모니를 주장할 필요가 없었다. 오늘날 서반구에서 미국의 이익과 목적을 위해서는 다른 정부들의 아첨이 아니라 협력이 필요하다. 광범위하게 변화된 환경을 조정하기 위해서는 새로운 접근이 요구된다. 탈냉전하의 첫 번째 대통령인 클린턴(William Clinton, 1993~2001)에게, 또한 2001년 9월 11일 세계무역센터와 펜타곤에 대한 테러리스트들의 공격에도 불구하고, 조지 부시(George W. Bush, 2001~2009) 행정부에게는 더욱더 새로운 접근이 요구된다. 뚜렷한 목적도 없이 미국 및 서구의 영향력과 가치를 파괴하고자 하는 테러리스트 세력(알카에다, 탈레반 그리고 일부 다른 세력들)에 주목하고 이들과의 투쟁에 집중할 것이라는 점에서, 조지 부시 행정부는 사실상 미국 대외정책의 새로운 장을 열었다.

이러한 상황에서, 서반구에서 미국의 이익과 목적은 무엇인가? 우선권의 문제가 아닌, 가장 중대한 것들을 추리면 다음과 같다. 1) 서반구에서의 다른 목표들에 대한 시각을 잃어버리지 않도록 균형 잡힌 방식으로 우리의 대테러 투쟁에 기여하는 것, 2) 미국으로의 마약 유입을 중지시키거나 최소한 급격히 감소시키는 것, 3) 다음의 두 가지 즉, (a) 인구가 적절하게 유지되도록(미국은 남쪽으로부터의 불법 이민자 또는 난민들의 광범위한 유입을 받아들이고 싶어 하지 않는다), (b) 무역, 특히 미국의 수출이 증가하도

록 우리 남쪽에 있는 국가들의 경제발전을 장려하는 것, 4) 우리 모두가 의존하고 있는
환경을 보호하는 데 기여하는 것이다.

　　미국은 이러한 이익들을 다루기 위해 보다 협력적인 태도를 발전시키고 있는가? 이
를 사항별로 검토해보자.

대테러 투쟁

　　미국에 대한 9월 11일의 공격에 뒤이어, 쿠바를 포함한 거의 모든 서반구 국가들은
미국 국민과의 협력에 대한 의지와 그들의 연대를 동시에 표명하며 9월 11일의 공격
행위 자체와 일반적인 테러리즘을 비난했다. 그것은 한동안 사건으로 남았다. 더욱이
2003년 10월 28일 미주기구가 "모든 형태를 동원해 테러리즘과 싸우기 위한", 그리고
서반구의 "새롭고 비전통적인 위협들, 이는 정치적, 경제적, 사회적, 보건 및 환경적 측
면들을 포함하는 것이며 이들을 포괄할 수 있도록 전통적인 개념 및 접근"을 확대하기
위한 새로운 다각적 안보협정을 승인했다.[18]

　　다른 국가들은 대테러 투쟁에 기꺼이 협력하려 했다. 그러나 부시 행정부의 "우리
편이 아니면 적"이라는 태도가 문제를 야기했다. 예를 들어, 멕시코와 같이 미국의 이
라크 전쟁을 반대했던 국가들은 사실상 구석으로 내몰렸다. 그러나 대부분의 미주기구
국가들은 이라크에서의 전쟁에 동의하지 않았다. 그들은 미국이 사실상 유엔 안전보장
이사회에 도전하고, 따라서 유엔을 약화시키고 있다는 사실을 탐탁하게 여기지 않았
다. 또한 대량살상무기가 발견되지 않았을 때, 그 급습은 부당하고 무책임하며 유엔헌
장에 대한 노골적인 침해로 보였다. 이 모든 것과 다른 요인들의 결과로 라틴아메리카
에서 미국의 신망은 가장 낮은 수준으로 떨어졌다. 2003년 6월, 칠레 산티아고에서 열
린 미주기구 회의에서 다른 국가들은 처음으로 미국에게서 미주인권위원회(Inter-
American Human Rights Commission)의 회원자격을 박탈하기 위해 투표했다.

　　늘 그랬듯이, 쿠바는 특별한 문제였는데(아래 내용 참조), 이는 쿠바의 태도 때문이

아니라 카스트로 정부에 관한 어떤 긍정적인 것도 보거나 말하지 않는 부시 행정부의 거의 광신적인 결정 때문이었다. 9월 11일 공격 이후 즉각적으로, 쿠바는 미국 국민들과의 연대를 표현했고 미국 영공이 폐쇄되었을 때 공중에서 포착되는 어떤 미국 비행기에게도 쿠바의 영공을 개방했다. 이어서 쿠바는 대테러 투쟁에 있어 유엔 및 미국을 포함한 모든 정부와 협력하겠다고 제안했다. 쿠바는 모두 12개의 유엔 반테러리스트 결의안에 서명했고, 미 국무부가 거의 모욕적으로 거부했던 국제 테러리즘과의 투쟁에 대한 협력 동의안에 미국과 함께 서명할 것을 제안했다.

그리고 미 국무부는 쿠바를 "테러국가" 목록에 계속 포함시켰다. 그러나 테러국으로 포함시킨 증거는 전적으로 관계없는 거짓들로 늘어놓았다. 예를 들어, 국무부는 쿠바가 칠레에서 살인을 원하는 칠레 테러리스트들을 숨겨주었다고 주장했다. 그것은 심지어 쿠바에 대표단을 파견하여 전반적으로 그 사례를 검토한 다음, 쿠바가 칠레 테러리스트들을 전혀 숨겨주거나 지원하지 않았다고 결론 내렸던 칠레 정부의 자체 보고서를 명백히 무시한 것이었다.[19]

마약거래 퇴치

미국은 카리브 해와 중앙아메리카 국가들에 전함과 해군을 보내는 것으로는, 그리고 분명히 남아메리카에 군대를 보내는 것으로는 국경을 넘어 유입되는 마약을 감소시킬 수 없다. 나아가 마약 문제는 양면적, 즉, 소비와 생산의 문제로 미국에서 더욱 문제가 되는 것은 소비이다. 어떤 생산을 위한 시장이 존재하는 한, 없애기 위한 노력이 얼마나 열성적인가에 상관없이 생산될 것이다. 지금까지 미국은 소비를 줄이기 위해서는 거의 아무것도 하지 않았다. 소비를 줄이는 것은 많은 노력과 재정 지출을 요구할 것이었고 이 때문에 미국의 정치지도자들은 그렇게 의욕적이지 않았다. 그러나 정치지도자들이 마약의 소비를 줄이기 위한 공약을 하지 않는다면 그들의 마약 감소 의지는 의심받을 것이고 마약 문제에 정면 대처하기로 한 그들의 약속 또한 정말로 신뢰를 잃을 것이다.

두 번째 측면에 관하여, 미국과 라틴아메리카 정부들 모두 법과 치안 활동을 통해 —비록 필요한 요소이기는 하지만—마약 생산을 근절할 수는 없다. 지난 몇 년 동안 그러한 노력의 결과는 연간 10%로 증가하는 생산이었다![20] 전반적으로 코카와 다른 마약류는 볼리비아, 페루, 콜롬비아, 그리고 다른 국가들에서 가난한 농민에 의해 재배된다. 그들은 궁핍한 생활을 이어나가기 위해 코카잎, 양귀비, 마리화나와 같은 그들의 작물에 의존한다. 그들은 수 세기 동안 이들 작물을 재배해왔고 그들이 어느 곳에선가 문제를 야기하고 있다는 생각은 거의 하지 못한다. 단지 미국과 그들 자신의 정부가 요구한다고 해서 농민들이 수입의 주요한 원천이 되는 작물 재배를 포기하지는 않을 것 같다[이는 2003년 10월 볼리비아 대통령 로사다(Gonzalo Sánchez de Lozada)가 타도된 이유 중 하나다. 25장 참조]. 그들은 대안 작물을 찾아야만 하고 이는 미국, 라틴아메리카 각국, 그리고 국제기구들 간의 상당한 협력적 노력을 요구할 것이다. 이러한 노력은 대부분 미국이 지원해야만 하는 자원의 대량 투입일 것이다. 그러나 이는 조지 부시 대통령이 몇 년 전 미국인들에게 말한 것처럼, 만일 마약이 국가 안보에 가장 중요한 위협이 된다면 오히려 적은 비용을 지불하는 것이다.[21] 지금까지 미국은 상당한 관심을 보여 왔다.

1987년에 미국에 의해 강제된 인증 시스템은, 많은 라틴아메리카 정부들의 입장에서 미국이 단지 라틴아메리카에게만 비난을 전가하는 것처럼 보이는 점이 문제였다. 많은 사람들은 미국이 마약을 퇴치하기 위한 라틴아메리카 정부들의 노력이 적합한가의 여부에 대해 판단하고 평가하기 위한 것으로서 인증 시스템을 사용하고 있다고 확신했다. 만일 라틴아메리카 정부들의 노력이 부적합한 것으로 간주되면, 그때 그 정부는 더 이상 어떤 경제적 이익도 미국에게서 얻을 수 없었다. 미국의 노력이 부적합하며 자원에 대한 약속이 부족했다는 점에 대해 라틴아메리카 정부들이 어떻게 생각하는지는 미국에게 결코 중요하지 않았다. 확실히 이는 동등한 파트너들 사이의 협력적 노력은 아니었다.

마약과의 전쟁에서 미국은 주로 콜롬비아에 노력을 기울였다. 콜롬비아 계획(Plan Colombia)과 더불어, 조지 부시 대통령은 2005년경에는 콜롬비아에서의 코카 생산을 50%까지 줄이겠다고 약속했다. 그러나 이는 희망적인 생각임이 드러났다. 미 국무부 보고서는 콜롬비아에서의 코카 생산이 2003년부터 실질적으로 증가했다고 지적했다.[22]

환경 보호

미국은 환경 또는 우리 모두가 살고 있는 거주지를 보호하기 위해 라틴아메리카 정부들과의 협력이 필요함에도 불구하고 아직까지 필요한 리더십과 자원을 제공하지 않고 있다. 1992년 6월 리오에서 열린 소위 지구정상회담(보다 공식적으로는 유엔환경개발회의, the United Nations Conference on the Environment and Development)은 적어도 리더십을 제시하기에 완벽한 기회를 제공했다. 그러나 조지 부시 행정부는 그 회의에서 서명된 협정들이 공개되기 전에 두 개의 주요 협정에 대해 이의를 제기했다. 미국은 다른 대표단들 그리고 심지어는 미국 대표단 내 다수의 거부감에도 불구하고, 세계 동식물 및 천연자원을 보존하기 위한 협정에 서명하기를 거부했다. 미국이 지구 온난화 문제를 다룬 다른 주요 협정에 서명했지만 이는 유해물질 방출을 억제하기 위한 엄격한 시간할당 조항이 삭제된다는 조건에서였다. 부시 행정부는 협력을 주도하고 장려하기보다 의사방해자의 역할을 했고 그들의 위상에 따른 역할을 제대로 수행하지 못했다.[23]
적어도 클린턴 정부의 의도는 처음 부시 행정부의 의도보다 개선되었다. 1993년 클린턴은 "환경의 진보를 위한 새로운 계약"을 요구했다. 클린턴 행정부는 이후 초고층 대기에서 오존층의 고갈을 막기 위한 다자간 협정을 협상했고, 1996년에 세계기후변화라는 심각한 문제를 해결하기 위한 노력으로 세계적 차원에서의 대규모 협상을 시작했다. 이는 올바른 행보였으나 의회는 재정지원 요구안을 거부했다. 심지어 미국은 세계적 차원에서 클로로플 카본류(CFCs)를 감소시키고 오존층 파괴를 줄이기 위한 계획에 종자돈도 공급하지 않았다. 클린턴 정부하에서도 미국은 기후변화협약(the Climate Change Convention)에 따르는 노력 중 가장 중요한 국제 재정조달 메커니즘인 지구환경기금(the Global Environment Facility)의 가장 큰 채무자였다.[24]

서반구에서 문제의 핵심은 종종 세계의 허파로 묘사되는 아마존 열대 우림의 파괴를 멈추게 할 필요성이다. 그러나 삼림 벌채를 중지시키는 것은 경제 개발을 책임지는 것과 관련되어 있다. 삼림을 파괴해서 이익을 얻지 않기 위해서는 대안이 제시되어야 하지만 이는 개발을 신중하게 규제하는 것과 자원의 지출을 또다시 요구한다. 어느 브라질 관료는 "물론 우리는 환경을 보호하길 원한다. 또한 세계 모두는 우리가 열대우림을 보존하기를 원한다. 다른 한편 우리는 개발을 해야만 하고 우리의 국민에게 보다 나은 삶의 방식을 제공해야만 한다. 만일 우리가 외채를 갚고 개발 계획의 재정 지원을 할 경우 우리는 세계의 허파가 될 경제적 여유가 없다"라고 표현했다.[25]

2001년 조지 부시 대통령의 취임과 함께 악화된 것은 미국이 아마존에 관심이 있다거나 심지어 전체적인 환경보호를 진지하게 생각하고 있다는 핑계가 사라졌다는 점이다. 대기오염방지법(Clean Air Act)의 효력을 약화시키는 것에서 "화재예방"의 구실로 국유림에 대한 대대적인 벌채를 장려하는 제안까지, 부시 행정부는 환경을 보호하기 위한 수단들을 약화시키는 방향으로 변화했다. 2003년 3월에 부시 행정부는 미국이 지구온난화를 늦추기 위해 온실가스 배출을 줄이려는 목적의 교토 의정서(Kyoto treaty)에 협력하지 않을 것이라 발표했다. 부시 행정부하에서, 환경을 보존하기 위해 서반구 다른 국가와 협력하는 데 따르는 어떠한 이익도 보류되었다.

경제개발

냉전 동안 미국은 경제 지원에 대한 라틴아메리카의 요구에 대해 미국의 상당한 방위비 지출을 환기시키는 것으로 응수했다. 소련의 공격적인 의도에 대해 나머지 세계를 보호할 필요가 없다면, 미국은 그들의 이웃에 대한 경제개발 노력을 지원할 충분한 자원을 가질 것이라고 말이다. 그러나 냉전의 종결과 9월 11일의 공격 사이 십 년 동안 미국의 태도는 사실상 변하지 않았다. 감지할 만한 군사비 지출의 감소도, 번영을 향한 길에서 다른 국가들이 얻고자 하는 규모의 경제개발 프로그램을 고민할 의지가 높아지지도 않았다. 그리고 9월 11일 공격 이후 대테러 투쟁에 대한 관심과 함께, 심지어는 미국은 기꺼이 라틴아메리카 국가들의 경제개발을 도우려는 의지도 줄었다(그 이상의 내용은 아래에).

이와 같은 미국의 냉대는 라틴아메리카의 경제를 성장시키기 위한 노력들이 미국의 이익을 증진시키기 때문에 이해하기 어렵다. 경제적으로 불균형적인 서반구가 병약하고 도덕적으로 유지불가능하다는 것은 간단한 문제가 아니다. 오히려 그러한 상황은 워싱턴의 주요 골칫거리 중 하나, 즉, 남쪽으로부터 불법 이민자가 쇄도하는 것을 자극한다. 불안정한 인구를 제자리(즉, 미국의 머리맡이 아니라)에 남아 있게 장려하는 유일한 방법이 있는데 이는 그들에게 그들 자신의 국가에서 보다 나은 미래를 꿈꾸게 하는 것이다. 그러나 미국은 심지어는 소규모의 공적 자원 이전을 포함하는 개발 프로그램보다 남쪽 국가들에게 민영화와 민간 투자에 대한 의존을 강요했다. 다시 말해 미국은 신자유주의 접근을 강요했다. 신자유주의 접근은 조지 부시 행정부에서 '미주를 위한 구상(the Enterprise for the Americas)', 모호한 무역 특혜 프로그램, 민간 투자를 위한 인센티브를 중심으로 하는 수사학을 동반했는데, 이는 제한적인 외채 감소 및 서반구 자유무역지대로의 이동에 대한 약속을 요구했다. 신자유주의적 접근의 개념은 칭찬할 만한 가치가 있는 반면, 그것의 성과는 거의 없었다. 극히 소수의 필수적인 법적 패키지만이 유지되었다. 조지 부시 행정부는 북미자유무역협정(North American Free Trade Agreement; NAFTA)의 첫걸음으로 캐나다와의 자유무역협정을 위한 의회 법안 제출을 협상하고 통과시키는 데 성공했다. 이후 조지 부시 행정부는 멕시코와의 협상을 시작했고 이는 클린턴 행정부에서 완성되었다. 1994년 클린턴 행정부의 주장에 따라 NAFTA가 멕시코까지 확대되었다.

미주정상회의가 요란스러운 선전과 함께 1994년 12월 마이애미에서 개최되었다. 34

개의 정부 수반이 만났고 '원칙선언(the Declaration of Principles)' 및 부패를 척결하기 위한 노력에서부터 2005년까지 서반구의 모든 국가로 자유무역지대를 확장하는 것까지, 23개의 분리된 단계들을 포함한 행동 계획(Plan of Action)에 서명했다. 클린턴 행정부는 발의를 위한 노력을 거의 하지 않았다. 우리가 다음의 내용에서 보듯이, 마이애미 정상회담의 성과를 수행하고 미주자유무역협정(Free Trade Association for the Americas)을 만들기 위한 또 다른 회담이 2003년 11월 마이애미에서 열렸지만 결과는 실망스러웠다.

그동안 워싱턴에 의해 지지된 새로운 경제정책의 결과는 확실히 혼합적이었다. 1990년대의 처음 5년 동안 신자유주의 경제정책을 추진한 대부분의 국가들은 인플레이션 억제, 재정적자 감소, 외국인 투자 유치, 3% 가까운 상당한 경제성장률(거의 침체기였던 1980년대 이후)이라는 측면에서 성공적이었다. 그러나 신자유주의 개혁은 높은 실업과 빈곤층의 확대, 빈부 격차의 심화, 대다수 국민들의 생활수준 하락이라는 부정적 측면도 가지고 있었다. 세계은행에 따르면 라틴아메리카에서 소득분배는 "개발도상국들 가운데에서 가장 불평등한 수준에 도달했다."[26]

이는 사회복지 프로그램을 감축하는 신자유주의 정책에 의해 악화되었다. 가난한 사람들은 더욱 가난해졌을 뿐 아니라 그들의 몰락을 저지할 수 있는 안전망이 약해졌음을 알게 되었다. 심지어 세계의 곡물 창고 중 하나인 아르헨티나에서도 빈민들은 굶주렸다.

멕시코는 클린턴 임기 동안 더욱 극적인 경제위기를 경험했다. NAFTA 회원국이 된 이후 얼마 안 있어, 그리고 협정을 조정하는 데 실패한 직접적 결과로서, 1994년 12월 멕시코 경제는 사실상 붕괴했다. 미국 재무부에 의해 주도된 대규모의 긴급 융자만이 추락하는 멕시코 경제를 지켜주었다. 성장은 다시 어둠속으로 후퇴하고 외국인 투자는 해외로 유출되기 시작했다. 그러나 불균형은 이전보다 더욱 악화되었다. 멕시코는 열다섯의 억만장자를 자랑했지만(단지 4개국만이 멕시코보다 많은 억만장자를 보유했다), 멕시코 인구의 절반이 절망적인 빈곤상태에서 생활하고 있었고 점점 많은 사람들이 매일 빈곤선 이하로 떨어지고 있었다.[27] 멕시코 남부 주에서 발생한 농민봉기로 알 수 있듯이 사회적, 정치적 긴장이 증가했다. 이러한 사회적, 정치적 긴장들은 2000년 7월 야당인 국민행동당(PAN)의 폭스(Vicente Fox)의 당선에 의해 가려졌고, 앞에서도 언급했듯이 미국과의 원만한 관계가 도래할 것이라고 기대되었다. 멕시코로부터의 불법 이민 문제는 포괄적인 방식으로 해결하기로 했었지만 호의적인 관계는 급격히 무너졌고 이민 문제는 해결되지 않았다. 멕시코로부터의 불법 거주자 유입은 지속적으로 증가했다.

NAFTA에 속하는 것이 멕시코에 이익이 되는지의 여부가 계속적으로 논쟁거리가 되었다. 예를 들어 카네기 국제평화기금(Carnegie Endowment for International Peace)에 의한 2003년 11월의 연구보고서에 따르면, 멕시코의 실질 임금은 NAFTA가 체결되었을 때보다 하락했고 소득불균형은 증가했다. 한편, 2003년 발행된 세계은행연구(World Bank Study)는 1990년대 중반의 금융위기에서 회복하기 위한 멕시코의 노력이 NAFTA 협정 없이는 더욱 힘들었을 거라고 주장했다. 그러나 좌파적 입장은 엄격하게 말해서 멕시코의 NAFTA 가입이 경제위기의 원인이었다고 본다.[28]

심지어 조지 부시 행정부는 전임자들보다 라틴아메리카 경제 문제를 해결하기 위한 노력을 덜 기울였다. 아르헨티나 경제가 붕괴했을 때 부시 행정부는 방관했고 이를 해결하기 위해 아무것도 하지 않았다. 아르헨티나의 문제는 전반적으로 아르헨티나 정치 지도자들의 정책실패와 부패에서 야기되었다. 그러나 일정 부분은 부시 행정부에서도 마지막까지 지속적으로 선호되었던, 미국에 의해 강요된 신자유주의적 경제 모델의 결과였다.

2003년 네스토르 키르치네르(Nestor Kirchner)의 당선과 함께, 아르헨티나는 경제적으로나 정치적으로 회복되기 시작했다. 그러나 미국의 무시에 대한 깊은 불신과 미국의 의도에 대한 의심이 여전히 깊게 남아 있었다. 이러한 불신들은 남편의 뒤를 이어 2007년에 임기를 시작한 크리스티나 키르츠네르(Cristina Kirchner) 정부하에서도 계속되었다.

부시 행정부는 경제개발 프로그램을 지원하는 대신 라틴아메리카 국가들에게 명백하게 불평등한 조건으로 자유무역협정을 제안했다. 미국은 농업이나 비관세장벽이 의

제로 검토되기를 원하지 않았다. 동시에 미국은 라틴아메리카 국가들이 투자자 "보호"에 동의하는 것으로써 그들의 국가 주권을 양보하기를 원했다. 미국은 그러한 내용으로 2003년 6월에 칠레와, 2003년 12월에 코스타리카를 제외한 중앙아메리카 국가들과 협정을 체결했다. 코스타리카는 결국 2004년 1월에 협정에 서명했다.

동일한 생각에서 부시 행정부는 모든 국가들이 미주자유무역지대(Free Trade Area for the Americas; FTAA)를 위한 협정을 지지하도록 압력을 가했고 2005년까지 FTAA가 형성될 수 있도록 하는 협정을 체결하기 위해 2003년 11월 마이애미에서의 서반구 회의를 주재했다. 그러나 브라질에 의해, 다음에는 아르헨티나, 베네수엘라, 볼리비아와 그 밖의 다른 회원국들에 의해 주도된 강력한 반대가 존재했는데, 이는 부분적으로 미국의 농업 보조금과 다른 무역 장벽들이 불공정하며 협정의 어떤 긍정적 효과도 무력화할 것이라는 이유에서였다. 자유무역협정에 반대하는 감정은 또한 신자유주의 경제 정책들에 대한 점증하는 거부와 연결되어 있었다. 2003년의 마이애미 회의는 교착상태가 될 수 있었다. 미국은 그들의 농업 보조금 포기를 거부했고 브라질은 지적재산권 또는 투자 및 정부 조달에 관한 규정들에 동의하기를 거부했다. 그 회의는 지속적인 논의에 대한 요청과 함께 연기되었으나 라틴아메리카 국가들은 분명하게 유보의 입장을 보였다. 그리고 라틴아메리카에서의 여론은 미국에 대한 반대로 광범위하게 바뀌고 있었다. 예를 들어, 2005년 11월 아르헨티나의 마르 델 플라타(Mar del Plata)에서 개최된 미주정상회의에서 사실상 모든 국가의 대표들이 부시 대통령이 제안했던 것ー미주자유무역협정ー만을 단호하게 거부한 것만이 아니라 부시 자체에 대한 대규모 반대 시위도 있었다. 바로 그 지점으로부터 자유무역협정이 콜롬비아에서의 가능성을 제외하고 사문서로 여겨지고 있는 것이다.

요약하면, 라틴아메리카에서의 경제개발을 자극하기 위한 미국의 노력은 이들을 수긍하게 하지도 못했고 거부당했다. 그 사이에 불법거주자의 유입은 지속적으로 증가했다. 그리고 경제적 저발전은 다른 부분, 즉, 무역에서 미국의 이익에 지속적으로 영향을 미쳤다. 대중의 빈곤화가 심화되는 국가들에서 건전한 시장은 존재하지 않는다. 따라서 무역이 미국의 무역수지에 이익을 주며 활성화되기보다는 무역수지 적자가 단계적으로 상승했다. 1992년에 미국의 무역수지 적자가 단지 9억 9천1백 달러였다면 1995년경에는 거의 구백억 달러였고 2003년경에는 천억 달러를 초과했다.[29)]

미국의 정책 실패

분명히 미국은 탈냉전 세계에서 작동했던 정책을 공식화하는 데 실패했다. 다른 정부들과의 협력이 필요했지만 첫 번째 부시 행정부와 클린턴 행정부는 리더십과 자원을 거의 제공하지 않았고, 심지어 조지 부시 행정부하에서는 더욱 심했다. 적어도 2009년까지 미국의 지도자들은 라틴아메리카가 그들의 레이더망에서 사라졌을 정도로 테러와의 전쟁에 전력을 기울였다.

더욱 나쁜 것은 미국이 탈냉전 세계에서보다는 무력외교의 시대에 더욱 적합한 일방주의로 후퇴하고 있다는 증거를 보였다는 점이다. 냉전 기간 동안 미국은 종종 유엔 헌장과 국제법에 의해 엄격하게 준수되고 있던 내용을 소련이 지키지 않는다고 해도 자신들은 책임지겠다고 말해왔다.[30)] 소련이 붕괴하고 이를 이은 러시아 공화국이 유엔 헌장을 지키겠다고 약속하면서, 미국이 1947년 리우 조약 및 1948년 미주기구의 형성과 함께 짧게나마 우세했었던 다자주의의 정신으로 돌아갈 것이라는 희망이 증가했다. 다자주의 정신은 냉전의 반공산주의적 광신에 의해 침해되었었다. 그렇다면 현재 다자주의를 소생시키고 법치에 기초한 서반구의 시스템을 구성하는 것이 가능한가?

적어도 2009년까지 이에 대한 답은 '아니다'였다. 한 가지 예로, 미국은 적어도 쿠바에 대해서는 마치 냉전이 끝나지 않은 것처럼 계속 행동하고 있다. 1980년대 동안 미국은 쿠바가 1) 아프리카에서 군력을 철수하고, 2) 중앙아메리카 및 다른 어느 곳에서도 혁명적 상황을 자극하지 않으며, 3) 소련과의 군사적 관계를 줄인다면 쿠바와의 관계를 개선시킬 수 있다는 입장이었다. 1992년 당시, 이와 같은 모든 조건이 충족되었다. 그러나 긴장을 완화시키고 쿠바와의 관계를 개선시키기는커녕 미국은 정확히 반대로 행동했다. 그 해 '쿠바 민주화법(Cuban Democracy Act)'의 통과와 함께 쿠바에 대한 봉쇄를 실제로 강화시켰다. 동 법의 주요한 제안자이며 D-뉴저지 국회의원인 로버트 토리셀리(Robert Torricelli)는 그 법안의 결과로서 카스트로가 한 달 내에 사라질 것이라고 1992년 12월에 있었던 텔레비전 토론회에서 장담했다.[31]

그것은 터무니없는 장밋빛 예측으로 밝혀졌다. 그렇다고 해도 미국 의회 내의 극단적으로 보수적인 세력들은 쿠바에 대한 투자와 무역을 축소시키기 위해 다른 나라들을 강제하는 것을 목적으로 하는 보다 가혹한 법령을 제안했다. 1996년 3월에 체결된 헬름스-버튼 법(Helms-Burton Act)은 그 성격에 있어 치외법권적이었으며 NAFTA를 포함하여 미국이 당사자인 다양한 국제 협정과 국제법을 침해하는 것이었다. 그것은 국제체제의 규칙과 상관없이 나머지 세계에 명령하려는 미국의 일방주의적 노력 외에는 아무것도 아니었다.

놀랄 것도 없이 헬름스-버튼 법은 국제 공동체에 의해 강하게 비난받았고 쿠바 경제를 파멸시키는 데 거의 아무런 효과도 없었다. 1996년 11월에 유엔 총회는 138대3의 표결로 헬름스-버튼 법을 포함한 미국의 봉쇄정책을 비난했다. 이스라엘과 우즈베키스탄만이 미국을 지지했지만 그들은 쿠바와 무역을 했다! 그와 같은 투표는 이후 매년 유사한 유형을 보여 주었다.

이것이 지적하는 바는 헬름스-버튼 법이 미국으로서는 비이성적인 법이라는 점이다. 냉전이 끝나면서 쿠바는 더 이상 미국의 안보에 잠재적 위협이 되지 않으며 미국의 경제적 이익에는 확실히 위협이 되지 않는다. 사실, 미국의 이익이라는 조건에서는 쿠바가 거의 중요하지 않다. 다른 한편, 캐나다, 유럽 그리고 멕시코와 미국의 무역 연계는 절대적으로 중요하다. 존재하지 않는데 중요한 것이라면서 미국이 기꺼이 위험을 감수하는 것은 비논리적일 뿐이다.

불행하게도, 헬름스-버튼 법은 하나의 경향성의 일부로 보인다. 만일 누군가가 냉전의 종말을 국제법에 기초한 보다 안정적인 국제체제를 구성하고 유엔과 세계무역기구(WTO)와 같은 국제적 토론장에서 모두에 의해 동의된 행동규약을 고수할 기회로 보았다면, (R-노스캐롤라이나의) 제시 헬름스 의원과 같은 사람들은 냉전의 종결을 매우 다른 측면에서 보았다. 그들에게 냉전의 종결은 유일한 초강대국으로서의 미국이 국제법과 국제기구와 같은 추상적 개념에 주의를 기울이지 않고, 그 자신의 목적을 추구하기 위한 일들을 명령할 수 있고 또한 그렇게 해야만 한다는 것을 의미했다. 미국은 카스트로 정부를 파멸시키길 원했고 다른 정부들이 미국에 협력하거나 그러한 결론으로 향하도록 강요했다.

또한 미국은 베네수엘라 대통령 차베스(Hugo Chávez)를 제거하고자 했다. 조지 부시가 2002년 4월 차베스에 대항해 실패한 쿠데타를 지원했다는 증거는 결정적이지 않지만, 차베스가 미국의 지원을 확신하고 조지 부시가 대통령인 한 미국의 정책을 반대하기로 하는 데 충분한 동기가 되었다.

임기를 시작하자마자 거의 즉각적으로, 조지 부시는 수년 동안 잘 작동하고 있었던 국제무기통제 체제의 초석 중 하나인, 1972년의 탄도미사일 방어조약(Anti-Ballistic Missile Treaty)을 철회하겠다고 발표했다. 그다음에 조지 부시 대통령은 33페이지의 보고서 「미국의 국가안보전략(The National Security Strategy of the United States)」을 발행했는데, 이는 데탕트와 봉쇄정책을 버렸다기보다는 오히려 유엔 안전보장이사회의 승인 여부와 상관없이 우리가 평화롭게 존재하는 국가들에 반대하는 선제적 또는 예방적인 군사행동을 보장하는 것이었다.[32]

2003년 미국의 행동을 승인하는 투표를 거부하는 방식으로 나타난 안전보장이사회의 완강한 반대 속에서, 부시 행정부는 이라크가 실제로 발포할 준비가 되어 있는 대량살상무기를 가지고 있으며 따라서 즉각적이고 선제적인 수단을 취해야만 한다고 주장하며 이라크에 대한 그들의 전쟁을 시작했다. 발견된 대량살상무기는 없었으나 부시 행정부는 최소한의 사죄도 하지 않았다. 미국의 행동이 초기 미국의 대통령들에 의해 세워지고 조지 부시 이전까지는 모든 대통령들에 의해 지지되었던 유엔체제를 심각하게 손상시켰다는 사실은 최소한 미국과 관계없는 것처럼 보였다.

심지어 부시 행정부는 쿠바가 미국 안보의 "잠재적 위협"이었다고 주장하고, 이에 따라 이라크와 마찬가지로 쿠바에 대한 선제적인 공격의 가능성을 높이면서 쿠바에 대해 더욱 위협을 가했다. 나아가 2003년 10월 부시 행정부는 쿠바를 향한 미국 정책의 목표가 카스트로 정부를 제거하는 것임을 굳혔다. 미 국무부 차관인 노리에가(Roger Noriega)가 2003년 10월 2일 상원 대외관계위원회(the Senate Foreign Relations Committee)에서 결론 내렸듯이 "대통령은 카스트로 정권의 종말 및 그가 그토록 오랫동안 권력을 유지할 수 있도록 해준 기구들의 해체를 보기로 결정했다."

쿠바는 이와 같은 위협적인 태도를 심각하게 받아들였다. 미국이 이라크를 침략했던 날, 쿠바는 선제공격을 위한 목록의 다음 차례가 쿠바일 것이며 비상사태에 대비해야만 한다고 두려워하며 반체제 인사들에 대한 대규모 단속에 착수했다. 쿠바의 이러한 행동은 거의 확실하게 과잉반응이었다. 미국은 이라크를 완전히 장악했고 그 순간 쿠바의 위협이 무엇이든 상관없이 쿠바를 공격하려는 의도가 없음을 보였다. 그러나 그러한 에피소드가 다시 한번 보여 주는 것은 쿠바를 향한 미국의 위협과 호전적인 태도가 거의 항상 역효과를 가져왔다는 점이다. 게다가 미국의 행동은 바라던 것과는 반대의 결과를 가져왔다. 만일 우리가 우리의 논쟁에 대한 해결을 원한다면, 이는 해결에 도달할 수 있는 방법이 아니다.

부시 정책에 대한 반응

위에서 언급했듯이, 조지 부시의 재임 동안 라틴아메리카 내에서 미국의 위상은 아마도 지금까지의 정부 중에서 가장 낮았을 것이다. 사실상 일국적으로는, 라틴아메리카의 국가들은 부시의 소위 워싱턴 컨센서스(예를 들면 구속되지 않는 자본주의, 자유무역, 쿠바를 향한 적대감)를 거부했다. 그리고 쿠바가 미국 정책의 장기적이고도 주요한 희생자인 것 같다고 가정하며, 라틴아메리카 국가들은 전체로서의 라틴아메리카와 미국의 새로운 관계에 대한 전제조건으로 쿠바와의 화해를 요구했다. 미국이 서반구의 다른 국가들에 대해 정책을 명령할 수 있는 시기는 이미 지났다.

물론 부시의 라틴아메리카 정책이 그의 유일한 실패는 아니다. 이라크에서의 전쟁, 허리케인 카트리나가 남긴 비극에 대한 적절한 대응의 실패가 있으며 또한 그의 임기 말에 미국은 상당한 경제 침체의 진통을 겪고 있었다. 놀랍지 않게도, 미국 국민들은 변화를 절박하게 원했다. 2008년 11월에 그들은 오바마(Barack Obama)를 택했고 그는 2009년 1월 20일 미국의 44대 대통령으로 취임했다.

오바마 대통령 – 현재까지

오바마는 미국 국민들과 국제 공동체의 대다수에게 열광적으로 환영받았다. 그는 새로운 경제개혁과 경제를 다시 적절하게 작동시키기 위한 노력의 일환인 경기부양정책으로 승리를 거두었다. 또한 비록 대다수가 단순히 아프가니스탄으로 이전될 것에 불과했지만, 어쨌든 이라크에서 대부분의 미국 병력을 철수시키려는 그의 계획을 진척시켰다. 그는 관타나모의 악명 높은 감옥을 일 년 내에 폐쇄하겠다고 발표했다. 그리고 미국이 이후로부터 국제 조약들을 존중할 것이며 국제 공동체의 규칙을 준수할 것임을 약속했다.

이 모든 것은 국제 공동체와 미국 시민들 대다수의 갈채를 받았다. 이 글을 작성한 시점에서, 즉 오바마 임기 내 몇 달 동안, 경제 프로그램의 결과 및 중동에서의 전쟁 또는 새로운 행정부의 시도 중 다양한 정책들의 결과에 대해 어떤 확신을 가지고 예측하는 것은 너무 이르다. 이 장이 라틴아메리카에 초점을 맞추고 있기 때문에 우리는 그것에 대한 오바마 행정부의 접근을 살펴볼 것이다.

절박한 경제적 문제들과 다른 영역에서의 심각한 도전들을 가정하면, 라틴아메리카는 미국 대통령 선거 캠페인의 우선적인 이슈가 아니었다. 그러나 오바마는 라틴아메리카와 보다 협력적인 관계를 맺고자 하는 대통령으로 보일 수 있는 많은 기회를 가졌다.

그의 새로운 정책을 명확히 밝힐 수 있는 첫 번째 중요한 기회가 트리니다드 토바고에서 2009년 4월 17일부터 19일까지 개최된 미주정상회담에서 찾아왔고, 여기에서 그는 서반구의 다른 회원국들에게 "우리의 관계에서 상위의 파트너나 하위의 파트너가 없으며, 상호 존중과 공통의 이해관계 및 공유된 가치에 기초한 약속"을 갖는 "동등한 파트너십을 추구"할 것이라고 약속했다.[33]

미국의 위치에 대한 그의 진술과 보다 우호적인 태도는 하나의 조건과 함께 라틴아메리카 대표들에 의해 긍정적으로 수용되었다. 그들은 쿠바를 서반구 시스템에 재통합하기 위한 미국의 지지를 원했다. 브라질의 룰라 대통령이 오바마에게 이미 지적했듯이, 쿠바에 대한 미국의 변화는 만일 미국이 워싱턴의 지도자적 능력에 라틴아메리카 국가들이 신뢰를 보내기를 원한다면 반드시 필요한 첫 번째 단계였다.[34]

그리고 트리니다드 토바고의 수상이자 정상회의의 의장인 패트릭 매닝(Patrick Manning)은 4월 19일 연설에서 "미주간 관계에서 쿠바의 재통합은 보다 응집력 있고 통합적인 아메리카를 건설하는 데 있어 본질적인 단계라는 것에 대한 명백한 합의가 존재한다"며 미주간 시스템으로부터 쿠바를 배제하는 데 대한 관점을 변화시킬 것을 주장했다.[35]

동일한 연설에서 매닝은 오바마의 보다 "개방적이고 회유적인 자세"에 대해 찬사를 보냈으나 그럼에도 불구하고 다른 정부의 대표들을 진정시키지는 못했다. 다른 정부들은 회유적 자세 이상을 원했다. 즉, 그들은 서반구 공동체로 쿠바가 재통합되는 것을 보기 원했다.

그러면 쿠바에 대해 오바마는 어떤 동기부여를 했는가? 4월 13일에 쿠바가 정상회의에서 이슈로 다루어질 것을 알고, 오바마는 미국과 쿠바 간 여행과 송금에 대한 규제를 사실상 철폐했다. 그는 3년마다 그들이 원할 때 여행할 수 있기보다는 오히려, 차후에 그들이 원하는 만큼 오랫동안 머물 수 있고 그들이 원하는 만큼 가족의 일원에게 돈을 보낼 수 있을 것이라고 말했다.[36]

이는 다소 실망스러운 것이었는데 왜냐하면 쿠바 출신 미국인들의 여행뿐만 아니라 학술적 여행 및 사람들 간의 왕래에 대한 제약도 철폐될 것이라는 비공식적인 언질이

4월 13일까지 오바마의 캠프로부터 나왔기 때문이었다. 이 모든 규제는 2004년 부시 행정부에 의해 강제되었으며 만일 우리가 부시 이전의 현상유지로 되돌아간다면, 모두 철폐되는 것이 적절하게 보였다. 그러나 이 모든 제한들은 철폐되지 않았다. 오바마는 단지 쿠바 출신 미국인들의 권리를 복구시켰고 정상회의의 연설에서 그러한 진일보의 중요성을 과장하려 했다. 미국은 쿠바와의 관계를 새롭게 시작하려 했고, 오바마는 다음과 같이 말했다. "우리는 새로운 시대를 향해 나아갈 수 있는 중요한 진전을 했다. 나는 내가 쿠바 국민을 위한 기회 또는 자유를 발전시키는 데 실패했다고 믿는, 쿠바에 대한 이전의 정책을 이미 변화시켰다. 우리는 지금 쿠바 출신 미국인들이 그들의 가족을 위한 자원을 선택하고 제공하려 할 때는 언제라도 쿠바를 방문할 수 있도록 할 것이다"라고 말했다.[37]

학술적 목적의 여행과 개인들의 왕래에 대한 제약을 없애도 쿠바 출신 미국인들의 여행에 대한 제한을 철폐하는 것과 마찬가지로 쿠바 국민들을 위한 자유나 기회를 개선시키지 않는다는 점은 분명하다. 오바마 대통령은 그때 왜 그가 처음 두 종류의 여행에 대한 규제를 그대로 두었는지에 대해 설명하지 않았다.

물론 쿠바 출신 미국인들의 여행 규제를 철폐하는 것은 라틴아메리카 정부들이 원했었던 것과는 한참 떨어져 있었다. 그들은 미국이 단순히 몇 가지 여행 통제를 철폐하는 것이 아니라 쿠바를 미주 체제로 재통합하는 데 도움을 주기 원했다. 오바마 대통령이 보다 광범위한 범주의 이슈들에 관해 이야기할 준비 및 쿠바 정부와 교신할 행정부처를 가질 준비가 되어 있다고 언급하며, 그 이상의 무엇이 있을 것이라고 제안함으로써 모든 사람들이 행복했다는 점은 의심의 여지가 없다. 그는 "나는 미국과 쿠바의 관계가 새로운 방향으로 움직일 수 있다고 믿는다"고 말했다.[38]

그러나 미국이 정상회의에 따르는 방향으로 변화하고 있다는 증거는 사실상 없었다. 미국과 쿠바의 관계는 6월 초 산 페드로 술라(San Pedro Sula)에서의 미주기구 회의에서 다시 문제의 중심에 놓였다. 라틴아메리카 국가들은 미주기구에서 쿠바를 추방했던 1962년 결의안을 취소하고 쿠바를 회원국으로 다시 받아들이기로 결정했다. 반면,

오바마 행정부는 쿠바가 다시 회원국이 될 수 있기 위해서는 그 전에 민주적 개혁을 수용해야만 할 것이라고 주장하는 힐러리 클린턴(Hillary Clinton) 국무장관과 함께 이에 반대했다.[39]

라틴아메리카와 미국이 원했던 것이 무엇이든 이들 간의 의견 차이는, 쿠바가 미주기구에 재가입하는 것은 어떠한 것이라도 미국에 종속되는 것 이상은 아니라고 간주해 관심 없다고 이미 말했던 것에서 다소 비현실적인 것으로 보였을 수 있다.

비록 그렇다 해도, 산 페드로 술라 회담에서의 논쟁들은 활기를 띠었고 하나의 조직으로서 라틴아메리카 국가들과 다른 하나로서의 미국 간에 분열된 이견이 존재했다. 그러나 사실 외교적 수완이 발휘되었고, 1) 쿠바를 미주기구에 참여시키는 것을 배제한 1962년의 결의안 효력은 이제 중지되었으며, 2) 쿠바의 참여는 쿠바에 의해 시작된 대화의 결과로, 또한 "미주기구의 관행과 목적, 원칙에 따라" 이루어진다고 선언한 6월 3일 결의안이 포함된 절충안이 만들어졌다.

다시 말해 라틴아메리카는 증오하던 1962년 결의안을 폐지했고 이를 쿠바가 다시 미주기구의 일원이 되기를 원하는지의 여부─쿠바는 원하지 않는 것으로 알려진─에 맡겨놓았다. 절충안은 미국보다는 라틴아메리카의 승리에 가까웠다. 이 모든 것이 가리키는 것은 미국이 더 이상 라틴아메리카에서 단순히 명령내리기만 하는 위치에 있을 수 없다는 점이고 쿠바는 그러한 변화를 야기하고 있는 한 요인이 되었다는 점이다. 오늘날 미국을 제외한 모든 서반구 국가들이 쿠바와 완전한 외교적 관계를 맺고, 미국을 제외한 모두가 미주간 체제로 쿠바를 재통합시키려고 하는 시점에서 미국이 그렇게 행동할 수는 없었다.

다른 국가들 사이에서 미국의 입장은 6월 28일 보수적 배경을 갖는 군부 쿠데타에 의해 온두라스 대통령 셀라야(Zelaya)가 물러나는 것을 반대한 다른 국가들에 동참했을 때 잠시 지지되었다. 셀라야가 자신의 임기를 연장시키기 위해 헌법을 바꾸려 한다는 주장 때문에 그는 대통령직을 박탈당하고 코스타리카로 망명했다. 그 당시 국회의 보수적 다수파는 그를 해임시키는 데 동의했고 미체이(Roberto Michelli)가 신임 대통령이 되었음을 선언했다.

서반구의 모든 정부와 미주기구는 쿠데타를 비난했고 셀라야가 복귀해야 한다고 요구했다. 미체이 정부는 거부당했고 따라서 미주기구에서 제명당했다.

처음에 오바마 행정부는 쿠데타를 비난했고 쿠데타로 집권한 정부에 반대하기 위해서 다른 정부들과 협력했다. 그러나 시간이 지나면서 오바마 행정부의 입장은 보다 모호해졌다. 2009년 11월, 선거에 앞서 셀라야가 잠시 대통령직에 복귀함에 따라 협상이 잘 이루어질 듯 보였다. 그러나 이후 오바마 행정부는 그러한 입장을 완전히 포기했고 통치 중인 독재정권하에서 새로운 대통령을 뽑기 위한 선거를 치르는 것을 지지했다. 이러한 미국의 입장은 다른 미주기구 회원국 모두와 미주기구 자체에 의해 실질적으로 거부되었다. 미국의 행동은 서반구 전체에 뿌리 깊은 분노와 불신을 촉발시켰다. 이는 다른 정부들에 의해 2010년 2월, 미국과 캐나다를 제외한 새로운 서반구 조직을 제안하게 만든 이슈들 중 하나였다.

요약하면, 라틴아메리카와 오바마 행정부와의 관계는 시작부터 좋지 않았다. 이슈들 중 하나는 다른 서반구 국가들이 쿠바를 향한 미국의 대외정책—오바마 행정부가 변화할 능력이 없음을 보여 주며 시작한 정책—을 낡고 비이성적인 것으로 본다는 점이다.

추천도서

Langley, Lester. America and the Americans. Athens: University of Georgia Press, 1989.

Munro, Dana. Intervention and Dollar Diplomacy. Princeton, N.J.: Princeton University Press, 1964.

Morley, Morris, and Chris McGillion, eds. Cuba, the United States, and the Post—Cold War World. Gainesville: University of Florida Press, 2005.

Prins, Gwyn, ed. Understanding Unilateralism in American Foreign Relations, London: Royal Institute of International Affairs, 2000.

Schoultz, Lars. Beneath the United States: A History of U.S. Policy Toward Latin America. Cambridge: Harvard University Press, 1998.

Smith, Gaddis. Last Years of the Monroe Doctrine. New York: Hill & Wang, 1994.

Smith, Peter. Talons of the Eagle: Dynamics of U.S.—Latin American Relations. New York: Oxford University Press, 1996.

Smith, Wayne S. The Closest of Enemies, A Personal and Diplomatic Account of U.S.—Cuban Relations Since 1957. New York: Norton, 1987.

Whitaker, Arthur. The Western Hemisphere Idea. Ithaca, N.Y.: Cornell University Press, 1954.

Wood, Bryce. The Dismantling of the Good Neighbor Policy. Austin: University of Texas Press, 1985.

_____. The Making of the Good Neighbor Policy. Austin: University of Texas Press, 1961.

미주

1) Lars Schultz, "Inter-American Security: The Changing Perceptions of U.S. Policy-makers"(paper, 1990). 또한 Wayne S. Smith, "The United States and South America: Beyond the Monroe Doctrine," *Current History*, February 1991을 보라.

2) Julius W. Pratt, *A History of U.S. Foreign Policy* (Englewood Cliffs, N.J.: Prentice-Hall, 1995), p. 165에서 인용.

3) Gaddis Smith, *Last Years of the Monroe Doctrine* (New York: Hill & Wang, 1994), p. 8.

4) Pratt, *History of U.S. Foreign Policy*, p. 348.

5) Wayne S. Smith, *Portrait of Cuba* (Atlanta: Turner Publishing, 1991); p. 41 n.

6) George Black, *The Good Neighbor* (New York: Pantheon, 1988), p. 16.

7) Louis A. Perez Jr., *Cuba Between Empires* (Pittsburgh: University of Pittsburgh Press, 1983), p. 327.

8) Black, *Good Neighbor*, p. 23에서 인용.

9) Wayne S. Smith, "Will the U.S. Again Send in the Marines?" *World Paper*, November 1983에서 인용.

10) J. Reuben Clark, *Memorandum on the Monroe Doctrine* (Washington, D.C.: U.S. Government Printing Office, 1930).

11) Ann Van Wynen Thomas and A. J. Thomas Jr., *The Organization of American States* (Dallas: Southern Methodist University Press, 1963), p. 356에서는 "리오협정은 먼로 독트린의 다자화에 있어 최종 단계이다"라고 결론짓는다. 또한 *Inter-American Conference, 1826-1954: History and Problems* (Washington, D.C.: University Press of Washington, 1965), pp. 221-222에서의, 리오협정이 OAS의 효과일 수 있다는 미 상원의원 Arthur Vandenberg의 결론에 대한 Samuel Guy Inman의 설명을 보라.

12) Smith, *Last Years*, pp. 78-84를 보라. 아마도 과테말라에 대한 미국의 개입에 관해 가장 통찰력 있게 연구한 저작으로 Piero Gleijeses, *Shattered Hope* (Princeton, N.J.: Princeton University Press, 1991)를 보라.

13) Stephen G. Rabe, *Eisenhower and Latin America* (Chapel Hill: University of North Carolina Press, 1988), p. 94.

14) Smith, *Last Years*, pp. 122-129.

15) Ibid., pp. 196-199.

16) Dana Priest, "U.S. Instructed Latins on Executions, Torture," *Washington Post*, September 21, 1996.

17) Smith, *Last Years*, p. 7.

18) Associated Press, Mexico City, October 28, 2003.

19) Cuba on the terrorist list, International Policy Report of the Center for International Policy, November 2000.

20) James Brooke, "Peru Suggests U.S. Rethink Eradication in Land Where Coca Is Still King," *New York Times*, November 18, 1990, p. 3.

21) Ibid., p. 3.

22) 국제 마약류 생산에 관한 국무성의 2008년 보고서를 보라.

23) *New York Times*의 다음 기사들에서 다룬 논의들을 참조: Sanjoy Hazarika, "India Is Facing Ecological Quandary in Plans to Dam River," April 11, 1992, p. 8; Gwen Ifill, "Clinton Links Ecology with Jobs," April 23, 1992, p. 22; Keith Schneider, "U.S. to Reject Pact on Protection of Wildlife and Global Resources," May 30, 1992, p. 1; James Brooke, "U.S. Has a Starring Role at Rio Summit as Villain," June 2, 1992, p. A10.

24) Strobe Talbott, "Our Mission and the Global Environment," *State Magazine*, December 31, 1996, pp. 15-32.

25) 익명을 요구한 브라질 원로 외교관과의 인터뷰, Washington, D.C., May 1990.

26) Molly Moore, "Three Years After Mexico Embraced Free Trade, Rural Poor Still Flock to the Capital," *Washington Post*, December 31, 1996, pp. A12–13.

27) Ibid., pp. A12–13.

28) "Report Finds Few Benefits for Mexico in NAFTA," *New York Times*, November 19, 2003을 보라.

29) 그림들은 *U.S. Foreign Trade Highlights*, 1995 (U.S. Department of Commerce, International Trade Administration, Office of Trade and Economic Analysis, 1996)의 표 6과 8에서, 그리고 *Trade and Economy: Data and Analysis* (the Department of Commerce's International Trade Administration), August 25, 2003의 표 8에서 작성했다.

30) 대외관계에 관한 주의회에서의 흥미로운 논쟁, *Might vs. Right* (New York: Council on Foreign Relations, 1989)를 보라. 특히 Jeane Kirkpatrick and Allan Gerson에 의해 발표된 "The Reagan Doctrine, Human Rights, and International Law," pp. 37–71을 보라. 여기에서 그들은 국제법에 대한 존중이 호혜주의 즉, 만일 내가 그것을 존중한다면 너 또한 그래야 한다는 생각에 기초하고 있음을 지적한다.

31) CNN에 관한 *Crossfire*의 사본, December 30, 1992를 보라.

32) *National Security Strategy of the United States* (Washington, D.C., 2002)을 보라. 또한 *Bush League Diplomacy* (New York: Prometheus, 2003), 6장의 코멘트를 보라.

33) 2009년 4월 17일 백악관에서 발행된 대통령 연설의 내용을 보라.

34) Robert White, "Temperate Zone: Obama and Latin America," *Commonweal*, May 22, 2009에서 인용.

35) 2009년 4월 17일 5차 아메리카 정상회의에서 발행된 Manning의 연설 내용을 보라.

36) 2009년 4월 17일 백악관에서 발행된 메모를 보라.

37) 2009년 4월 17일 백악관에서 발행된 대통령 연설의 내용을 보라. 그러나 훈령은 대통령의 말과 일치하지 않았음을 주목하라. 2009년 7월 쿠바 출신 미국인들은 대통령이 약속했던 것처럼 그들이 원할 때 언제든지 아니라 일 년에 한 번만 여행할 수 있었다.

38) 2009년 4월 17일 백악관에서 발행한 Barack Obama의 연설.

39) *New York Times*, May 22, 2009.

제6부

멕시코 그리고 중앙아메리카

15. 멕시코, 휴식하고 있는 혁명?

프레드 R. 해리스 & 마틴 C. 니들러(정혜주 옮김)

모든 나라와 그 나라에 사는 사람들은 많거나 적거나 자신들의 역사를 생산한다.[1] 그런데 멕시코와 멕시코 사람들은 대부분의 경우보다 많다. 멕시코의 사회학자 라울 베하르 나바로(Raúl Béjar Navarro)는 멕시코의 독특한 점은 상당히 여러 부분에서 인상적이지만 비과학적인 데에 있다는 것을 증명하려고 하였다.[2] 멕시코에는 그러한 점을 국가적인 경험으로 서로 나누는 역사가 있다.

역사는 단순히 과거의 연대기적인 기록만이 아니라 그것을 설명하고자 하는 것이다. 한 나라와 그 국민을 이해하기 위해서는 무슨 일이 일어났는지 알아야만 할 뿐만 아니라, 그들이 기억하기 위해서 무엇을 선택했는지 또 국민을 가르치기 위해서 어떤 것을 만들기로 선택했는지를 알아야만 한다.

역사적인 기초들

"베니또 후아레스를 말하는 것은 멕시코를 말하는 것이다. 멕시코를 말하는 것은 자주적인 나라를 말하는 것이다." 이는 1982년 3월 21일 베니또 후아레스(Benito Juárez) 날의 기념식을 시작하면서 애국적인 발표자가 한 말이다. 멕시코의 대통령이 되기 위해서 일어난 이 사뽀떼까(Zapoteca) 원주민의 탄생 176년 되는 해였다. 멕시코의 모든 마을과 도시에 후아레스의 동상이 있거나 그의 이름을 딴 중심 거리가 있다. 가톨릭교회의 재산과 특권을 없앤 단호한 "법의 사람", 멕시코 정치의 개혁자, 제도화된 공공교육, 멕시코인 독재자 산따 아나의 지배를 끝내고, 멕시코에서 프랑스 사람을 쫓아낸 사람이 그이다.

개혁, 법에 대한 존경, 애국주의와 외부의 공격에 대한 저항, 정부의 민간조정, "위대한 지도자"의 중요성, 공공도덕, 교회와 주정부의 결별, 원주민 역사에 대한 자부심, 이와 같은 용어들은 멕시코 사람들에게 베니또 후아레스에 대한 기억을 불러일으키는 일련의 개념들이었고, 또한 불러일으키고자 할 때 사용되었다. 멕시코 사람들에게는 멕시코가 멕시코 사람의 나라가 된 원주민의 나라인 것처럼, 후아레스는 멕시코 사람이 된 원주민이었다. 그러나 원주민이 먼저였다.

꼬르떼스 이전 시기

북아메리카에서 중앙아메리카를 향해 굽어지는 땅에 멕시코 고원이 있다. 해발 2,134미터에 1만 2,950평방킬로미터에 이른다. 멕시코 중앙고원은 만년설이 덮인 화산으로 둘러싸여 있다. 선사시기의 고원은 바닥이 넓고 깊이가 얕은 호수였다. 기원전 8000년경에 사람들은 고원에서 농경을 시작했다. 기원전 1500년경부터, 인구가 모인 중심지역이 발전하기 시작했다. 힘과 부에서 계층이 나타났다. 넓은 지역에서 무역이 이루어졌고, 농업은 높은 수준으로 발전하여 갔다.

13세기에 아즈떼까(Azteca) 사람들이 고원에 들어섰을 때에는 오래전부터 있었던 문화가 있었다. 떼오띠우아깐(Teotihuacan)과 뚤라(Tula)와 같이 큰 도시가 발전하였다가 쇠망했던 것이다. 아스떼까 사람들은 매우 산업적이고 역동적이며 또한 진취적인 사람들이었다. 1425년 무렵에는 고원의 사람들은 아스떼까 사람들에게 복속되거나 동맹을 맺었다. 마침내 아스떼까의 영향은 멕시코 고원에서부터 태평양 및 멕시코 만으로 뻗었고, 남쪽으로는 오늘날의 과테말라까지 미쳤다. 그 영향이 미치지 않은 곳은 동쪽으로는 뜰락스깔라(Tlaxcala), 서쪽으로는 따라스깐(Tarascan), 남쪽으로는 몇몇의 믹스떼까(Mixteca) 사람들밖에 없었다.

목떼수마 2세(Moctezuma II)는 1502년에 군주가 되었다. 아스떼까의 수도 떼노츠띠뜰란(Tonochtitlan)은 깨끗하고 건강하며 소란스러운 대도시였다. 인구 20만의 세계에서 가장 큰 도시 중의 하나였다(비교하자면, 정복자들이 아스떼까를 향해 항해를 시작했던 스페인의 도시 세비야는 인구가 4만 명 정도였고, 4개의 유럽의 도시, 파리, 베니스, 밀라노와 나폴리가 겨우 10만 명을 넘었을 뿐이다). 멕시코 계곡에는 50여 개의 다른 도시가 있었다. 세계에서 가장 인구가 밀집된 이 거대한 지역에 수백만의 사람들이 살았다.

스페인의 정복

에르난 꼬르떼스와 정복자들은 동쪽을 향하여 눈 덮인 길을 넘어서 호숫가에 도착하여 처음으로 떼노츠띠뜰란(Tenochtitlan, 현재의 멕시코시티)과 다른 도시들을 보았다. 그들은 자신들의 눈을 믿을 수 없었다. 탐사대에 있었던 베르날 디아스 델 가스띠요(Bernal Díaz del Castillo)는 나중에 쓰기를, "우리들은 경탄해서 말했다. 이건 아마디스 전설에서 말하는 마술 같다. 물에서부터 솟은 높은 탑, 예배소들 그리고 건물들. 모두 돌로 지은 건물들이었다." 그로부터 3년 후, 꼬르떼스는 그가 처음 보았던 모든 것을 가졌다. 그렇지만 그 큰 도시는 이미 폐허가 되어 있었다.

아스떼까의 지배자였던 목떼수마 2세는 왜 스페인 사람들이 자유롭게 떼노츠띠뜰란에 들어오도록 내버려뒀을까? 꼬르떼스가 전략으로 사용하였던 괴물 같은 공포에 목떼수마 2세는 이전에 치렀던 전쟁과는 다른 두려움을 느꼈다. 왜 촐룰라(Cholula)와 같은 큰 공물도시가 파괴되어 받을 수 있었던 공물이 사라졌는가? 왜 특별한 목적이 없이 그 많은 사람들이 죽었는가? 목떼수마 2세는 그 모든 이유를 알기 위하여 스페인 사람들이 들어오도록 내버려 두었다. 왜냐면 그는 자신이 원하면 언제든지 꼬르떼스를 쉽게 물리치고 그와 그의 군사를 포로로 할 수 있다고 확신하고 있었기 때문이었다. 아마도 목떼수마는 꼬르떼스의 지속적이고 감정이 넘쳐흐르는 친구와 같은 의도에 영향을 받았을 것이다. 그리고 철학자이자 명상가로서 지적인 호기심도 있었다. 목떼수마는 이 이상한 하얀 사람들의 정체와 기원에 대해서 알고 싶었음에 틀림없다.

어쨌든, 꼬르떼스는 실제로 들어왔다. 한번 떼노츠띠뜰란에 들어오자 그는 목떼수마를 포로로 사로잡았다. 그러나 얼마 지나지 않아 꼬르떼스는 쿠바총독이 보낸 스페인 함대와 맞싸우기 위해 그가 밖에 있는 동안 멕시코 만으로 떠나야 했다. 아스떼까 사람들은 마침내 일어나서 스페인 침략자들을 공격했다. 목떼수마는 피비린내 나는 전장에서 죽었다. 뜰락스깔라의 동맹군과 함께 꼬르떼스는 전쟁을 하고 있는 스페인군을 도우기 위해 돌아왔다. 그러나 아스떼까 사람들은 꼬르떼스와 스페인 사람들을 도시에서 물리칠 힘이 충분히 있었고, 그들을 몰아내었다.

그러나 이때에 정복 성공의 가장 무시무시한 요인이 된 유럽의 전염병이 제 몫을 하였다. 유럽발 대재앙인 천연두, 인플루엔자, 발진티프스, 장티프스, 디프테리아, 쌕쌕거리는 기침, 등 서구의 사람들은 이미 면역력이 있었지만 신세계에서는 알려지지 않았던 병들이었다. 시간이 흐르면서 유럽 사람들과 처음 만난 사람들부터 아메리카 전체 인구의 10분의 1이 죽었다. 이제 그것은 떼노츠띠뜰란의 숙명이 되었다. 천연두는 사회정치적인 조직을 와해시키고 종교적 신념을 흔들며 도시를 황폐화하는 효과를 내며 휩쓸었다. 한 주 동안에 몇천 명이 죽었다. 시체를 빨리 치우지 못해 쌓였다. 목떼수마의 뒤를 이어 왕위에 오른 꾸이뜰라우악(Cuitlahuac)도 천연두로 죽었다. 꾸아우떼목(Cuauhtémoc)이 지도권을 이었다. 한 역사가가 썼다. "천연두가 그렇게 활략하지 않았다면 스페인사람들은 분명히, 결코 멕시코에서 그렇게 성공하지 못했을 것이다."[3) 또 다른 역사가도 동의하였다. "스페인 사람들이 가져온 전염병이 아니었다면 스페인 군대의 영광스러운 성공은 결코 가능하지 않았을 것이다." 꼬르떼스는 재정비할 시간을 얻었다. 그가 공격했을 때 그는 약해진 적을 발견했다. 아직도 꾸아우떼목과 아스떼까 용사들은 치열하게 저항했다. 1521년 8월 21일, 뜰랄뗄롤꼬 교외에서 패배하고 마침내 꾸아우떼목이 사로잡혔다. 떼노츠띠뜰란은 그때 무너졌다.

로버트. E. 키크(Robert E. Quirk)와 다른 사람들이 쓴 것처럼, 누구의 기념비를 세우고 누구의 기념비를 세우지 않느냐를 선택하는 데에 따라 그 나라에 대해 말할 수 있다. 멕시코에 꼬르떼스의 기념비는 없다. 그에게 통역사이자 정부로서 협력했던 말린체의 기념비도[말린치스모(malinchismo)라는 말은 오늘날에는 매국노라는 의미로 쓰인다], 목떼수마의 기념비도 없다. 그러나 꾸아우떼목은 멕시코 역사의 영웅으로 우뚝 선 원주민이다.

스페인의 식민주의

꼬르떼스는 아스떼까 제국의 목을 잘랐다. 그리고 제국의 파괴는 이후 몇 년간 계속되었다. 이 스페인 장교는 자신과 자신의 부하들에게 약속했던 부를 얻었다. 아스떼까에는 금이 많이 있었다. 꼬르떼스는 자신의 기름진 땅과 거기에서 일할 엔꼬미엔다(encomienda)[4]를 가졌다. 그의 추종자들도 역시 땅과 엔꼬미엔다를 얻었다.

꼬르떼스는 첫해에 사탕수수를 재배했다. 이어서 다른 작물과 함께 쟁기를 들여왔다. 또한 양과 소를 들여와서 방목했다. 그리고 노예를 부려 제당공장을 세웠다. 땔감을 대기 위해 숲이 파괴되었고, 건축물을 짓고 숯을 만들기 위해 나무들이 베어졌다. 그래서 스페인 식민이 시작하는 첫해부터, 넘치는 쟁기질과 방목, 벌목, 사막화는 오늘날까지 이어지는 멕시코의 인재로서 진행 중이다.

믿을 수 없이 끔찍한 조건의 원주민 노예노동을 이용하여 금광과 은광을 개발하여 채굴하는 광산업이 번성하였다. 싼 임금으로 오랜 시간 일을 시키는 노동착취형의 공장들이 곳곳에 세워져 국내의 필요를 위한 조잡한 옷과 다른 물건들을 생산하였다. 나중에 스페인 왕은 엔꼬미엔다와 노예 제도를 불법으로 규정하였지만, 왕의 칙령은 무시되거나 이전의 제도와 별반 다를 것 없는 '빚을 진 뻬온(peon)' 제도로 대체되었다. 가혹한 노동조건과 유럽의 병으로 해서 1519년에서 1650년 사이에 멕시코고원 원주민 인구는 3분의 1로 줄었다.

스페인 식민의 특징은 식민지의 사람과 천연자원의 착취와 동시에 상품화였다. 스페인 왕권은 멕시코를 천연자원을 공급하고 스페인의 생산품을 소비하는 곳으로 유지하였다. 식민지 멕시코에 있어서 교육은 특권이었고, 권리가 아니었다. 공인된 종교는 로만카톨릭이었다. 열정적인 선교는 첫 기간에 불과했고, 복음전도의 일은 점차 무너졌고, 많은 경우에 와해하였다. 교회 그 자체가 엄청난 땅을 소유하고 원주민 노동을 착취하였다. 원주민은 일괄적으로 가톨릭으로 전향하였다. 그러나 원주민 전향자들은 여전히 그들의 오랜 종교에 매달렸다. 그리하여 스페인 사람들은 원주민의 신성한 장소에 교회를 세워 가톨릭을 믿게 하였다. 즉, 과달루뻬성모가 원래 아스떼까의 여신을 섬겼던 예배소에서 원주민 개종자인 후안 디에고에게 나타났다는 식이다.

1700년 이후, 멕시코와 스페인의 경제 양쪽 모두 침체하였다가 다시 살아나기 시작했다. 멕시코의 인구는 늘기 시작하였는데 대부분 메스띠소(Mestizo)였다. 신세계에서 태어난 스페인계인 *끄리오요*(Criollo)도 늘어났다. *끄리오요*들은 멕시코 사람임에 자부심을 가졌다. 동시에 스페인에서 태어난 뻬닌술라르(Peninsular)의 특권에 대한 분노도 커져 갔다.

스페인이 유럽에서 전쟁을 하게 되자 멕시코에 더 많은 '세금'을 걷고, 스페인 왕권에게 강제적으로 돈을 빌려주게 하고, 교회에 모인 자선기금을 가져갔다. 나폴레온 보나파르트는 자신의 동생을 스페인의 왕으로 세웠다. 이 시점에 멕시코의 몇몇 *끄리오요*들은 뻬닌술라르에 대해 반란을 시도했지만 곧 진압되었다. 정치적 불만은 경제적 문제로 이어졌다.

독립과 제국

1809년이 되자 멕시코전역에서 새로운 사회를 계획하기 위하여 서로 의견이 다른 그룹들이 만나기 시작했다. 께레따로(Querétaro)에서 정기적으로 만난 그룹도 그중의 하나였다. 그 구성원 중에 35살의 기마부대 장교인 이그나시오 아옌데(Ignacio Allende)와 55세의 신부 미겔 이달고 이 꼬스띠야(Miguel Hidalgo y Costilla)가 있었다. 신부의 교구는 돌로레스 마을 근처의 작은 것이었다. *끄리오요*인 이달고 신부는 자신의 정치적 견해 때문에 두 번이나 종교재판을 받았었다. 께레따로의 음모에 대한 이야기가 새어나오자, 그 구성원들은 지역의 꼬레히도르(corregidor)[5]의 아내로부터 경고를 받았다(그녀는 멕시코역사에서 여성지배자로 추앙받았다). 1810년 9월 16일, 돌로레스에서 이달고 신부는 아옌데와 함께 종을 쳐서 그의 교구사람들을 소집하였다. 역사적으로 '돌로레스의 외침'이라 불리는 반란이 시작된 것이다. 끄리오요들은 이달고와 함께 독립을 위하여 싸우려는 메스띠소와 원주민이 너무 많은 것에 놀랐다. 그러나 정부군이 집합하자 이달고와 아옌데는 패하였고, 체포되어 처형되었다.

사제인 호세 마리아 모렐로스 이 빠본(José Maria y Pavón)은 메스띠소였다. 그는 지도자로서 칼을 잡고 1813년에 그를 부른 의회에 갔다. 그는 떨리는 목소리로 "그가 잡은 칼의 의미는 멕시코의 메스띠소와 원주민을 옭아매고 있는 끄리오요와 빼닌술라르의 끈을 자르는 것이라"고 분명하게 말했다. 이 의회에서 채택한 헌법은 자유로운 것이었다. 원칙적으로 맞서서 총을 드는 것이 아니었다. 그러나 끄리오요와 빼닌술라르는 이 반란에 반대하였다. 그리고 1815년, 그들은 모렐로스를 잡아서 죽였다. 그 후에도 5년간, 독립을 위한 전쟁은 타는 기름처럼 들끓었다.

1814년, 스페인에서 페르디난도 7세가 왕권을 회복하였다. 그러나 스페인으로부터 분리하고자 하는 멕시코의 끄리오요들의 욕구는 계속 높아갔다. 1823년, 끄리오요인 보수적인 군인 아구스띤 이뚜르비데(Agustín de Iturbide)가 교회를 등에 업고 독립을 선언하였다. 그러나 그 선언의 내용은 모렐로스와 이달고가 싸우고 죽은 것과는 매우 거리가 있었다. 전쟁이 계속되자 스페인은 멕시코의 독립을 인정하는 것 외에 별다른 도리가 없었다. 멕시코의 경제는 휘청거리고 있었다. 몇 년간의 전쟁에도 멕시코 군중의 삶은 바뀌지 않았다. 압제자의 얼굴은 바뀌었지만 압제자의 본성은 바뀌지 않았다. 이뚜르비데는 스스로 멕시코의 황제라 선언했다. 그는 오직 자신의 까우디요(caudillo)들의 지배자였다. 그러나 이뚜르비데가 향유한 제국은 겨우 10개월 동안 지속되었다.

이제 멕시코 역사에서 가장 오래 지속되었고, 가장 현란하였던 까우디요, 베라꾸르스 군대의 사령관, 29세의 끄리오요, 산따 아나(Antonio López de Santa Ana)가 달릴 차례였다. 산따 아나는 처음에는 스페인 군대를 지지하였으나 이뚜르비데를 지지하는 쪽으로 바꾸었다. 이뚜르비데가 멕시코 의회를 해산하자 산따 아나는 다시 바꾸어 아직 정착하지 못한 이뚜르비데를 향해 군대를 이끌었다. 그는 왕권주의자일 수도 반왕권주의자일 수도 있었다. 그는 자유주의자 또는 보수주의자일 수도 있었다. 그는 자신의 나라의 수호자일 수도 팔아넘기는 자일 수도 있었다. 그의 첫째 원칙은 자신의 편의와 이익이었다. 1823년 2월, 이뚜르비데는 유럽으로 추방당했고, 세 명의 군인으로 이루어진 임시정부로 지배권이 바뀌었다.

말할 것도 없이, 멕시코에는 이뚜르비데를 명예롭게 여기는 동상은 없다. 그에 반해서, 이달고와 모렐로스의 이름을 따른 동상과 기념물은 수없이 많다. '돌로레스의 외침'을 기념하고 기억하기 위하여 매년 멕시코의 대통령은 지금은 국립 궁전으로 옮겨진 그 '오래된 종'을 친다.

멕시코 공화국

1824년에 새로운 멕시코 헌법이 공포되었다. 19개의 주와 4개의 땅으로 이루어진 멕시코 연방이었다. 미연방의 헌법을 따르고, 몽테스기(Montesquieu)의 글의 영향을 받아 만들어진 멕시코 헌법은 3개의 국가기구-행정, 입법과 사법-, 양원제, 그리고 국민직선제로 대통령을 선출하는 것을 명시하였다. 공식적으로 인정된 종교는 여전히 로만가톨릭이었다. 군인과 사제는 시민의 법정 대신에 군사 또는 종교 법정에 설 수 있는 특권을 유지하였다.

마누엘 펠릭스 페르난데스 과달루뻬 빅또리아(Manuel Félix Fernández Guadalupe Victoria)가 첫 번째 대통령으로 선출된 후, 불쌍한 이뚜르비데는 저 멀리 이탈리아에서 자신이 멕시코 인민들의 부름을 들었다고 생각했다. 현명하지 못하게 그는 고향 쪽으로 돌아갔다. 그리고 잡혀서 처형당했다. 1827년에 산따 아나가 또 다른 반란을 기도했다가 그만두었다. 그럼에도 불구하고 그는 1830년에 다시 나라와 정부를 방어하라는 부름을 받았다. 두 번째 대통령이 멕시코에서 모든 스페인 사람들을 합법적으로 쫓아내려고 하자 스페인은 땀삐꼬(Tampico)에서 멕시코를 공격하였다. 산따 아나는 스페인 군대를 포위하여 마침내 스페인군의 항복을 받아내었다. 이 덕분에 그는 쉽게 멕시코에서 가장 인기 있는 사람이 되었다. 멕시코의 대통령이 부통령에 의해서 자신의 직위에서 쫓겨나고 처형되자 산따 아나는 군대를 이끌고 이 찬탈자를 직위에서 쫓아냈다. 그리고 1833년 그는 멕시코의 대통령으로 선출됐다.

산따 아나는 나라를 다스리는 데에 그다지 흥미가 없었다. 부통령이 자유로운 개혁을 통해서 그를 밀어내기 시작했다. 그러자 군대, 교회 그리고 다른 보수주의자들이 모두 함께 헌정을 전복하고 개혁을 폐기했다. 이 반란을 이끈 사람은 다름 아닌 대통령, 산따 안나(Antonio López de Santa Ana)였다. 이제 극단적인 보수주의자가 된 산따 아나는 1824년의 헌법을 파기하고 각각의 주를 군대 구역으로 편성하였다. 그는 자신을 부를 때 '지극히 높은'을 붙이기를 강요하였다. 그는 1855년까지 대통령직을 맡았다가 버리고, 또다시 하기를 계속하였다. 그동안 군대는 점점 더 커졌다. 관료주의는 팽창하고 세금은 높아만 갔다. 경제의 불황 속에서 물가가 올라가고, 공무원의 뇌물수수와 부패가 도를 넘었다. 그리고 외국과 전쟁이 있었다. 처음에는 텍사스 공화국과, 그 다음에는 프랑스, 마침내는 불행하게도 미국과 전쟁을 하였다.

몇 년 동안, 멕시코는 사람들이 드물게 사는 넓은 땅 텍사스에 미국으로부터 이민을 오는 것에 고무되었다. 모두 가톨릭인 새 이민자들은 멕시코 행정부에 충성을 다하고 스페인어를 공용어로 사용할 것을 약속하였다. 시간이 흐름에 따라, 이 조항을 요구하는 힘은 줄어들고 이민을 오는 사람들은 늘어갔다. 마침내 텍사스에서는 미합중국의 사람이 텍사스의 멕시코 사람 수보다 많았다. 그들은 멕시코 중앙정부에 대해 매우 비판적이었다. 그들은 반란을 일으키고 1836년에 론스타 공화국(Lone Star Republic)을 선언하였다. 산따 아나는 직접 멕시코 군대를 지휘하여 산 안또니오(San Antonio)로 진격했다. 1836년 3월 6일 알라모(Alamo)에서 텍사스 군을 이기고 그들을 모두 죽였다. 멕시코 군대의 다른 일부는 골리아드(Goliad)라는 작은 마을을 탈취하여 365명의 포로를 잡았다. 산따 아나는 그들 모두를 처형했다. 그러나 같은 해 4월 21일, 산따 아나는 산 하신또 강(San Jacinto River)에서 패하여 포로로 잡혔다.

산따 아나는 자신을 구하기 위하여 멕시코가 텍사스를 다시 공격하지 않을 것과 멕시코 내각이 텍사스를 '론스타 공화국'으로 받아들일 것을 약속하였다. 내각은 이 협의(agreement)를 듣자, 즉각 이행을 거부하고 산따 아나를 베라꾸르스 근처에 있는 그의 집으로 보냈다. 그러나 얼마 되지 않아 승리의 트럼펫은 다시 산따 아나에게 울렸다. 실제적으로 능력이 없으면서, 멕시코가 프랑스에게 빌린 돈의 지급을 거절하자 프랑스는 배를 타고 베라꾸르스를 침공했다. 산따 아나는 멕시코 군대를 이끌고 프랑스를 쫓아내었다.

미국과의 전쟁

그리고 미국과 멕시코 사이에 전쟁이 일어났다(1846~1848). 미국은 멕시코에 대하여 경멸하는 태도를 취했는데, 거의 인종차별적인 수준이었다. 이 현상은 텍사스와의 전쟁 후에는 더욱 심해졌다. 미국과 미국의 국민들은 그들의 경계를 서쪽으로, 태평양까지 넓히는 것이 자신들의 '명백하게 드러난 숙명'이라고 느꼈다. 1845년, 미국은 텍사스를 연방으로 편입하였다. 멕시코계 공직자들은 분개하였다. 그러나 그들이 할 수 있는 것은 거의 없었다. 어떤 밝혀진 법적인 근거나 사실이 없이 텍사스를, 누에세스(Nueces) 강뿐만 아니라 훨씬 더 나아가서 그란데 강[Río Grande, 멕시코 사람들은 브라보(Bravo) 강이라 부른다]까지 주장하였다. 멕시코는 텍사스를 잃었을 뿐만이 아니라, 텍사스의 두 배가 되는 영토도 잃을 예정이었다. 주장하는 경계 안에 텍사스의 산 안또니오, 나꼬그도체스(Nacogdoches), 그리고 뉴멕시코의 알부께르께(Albuquerque), 산따페(Sante Fe), 따오스(Taos)까지 포함되어 있었기 때문이다. 제임스 K. 포크의 일기에 의하면 그는 이미 멕시코와 전쟁을 하기로 마음을 먹고 있었으며, 자극할 것을 기다리고 있었다. 그는 US 군대를 누에세스와 그란데 강 사이에 보냈다. 멕시코 기마병과 작은 충돌이 있자 포크는 의회 앞에 서서, 멕시코가 미국의 땅을 침범하자 화해를 하기 위해 모든 노력을 다 했지만 "아메리카의 피가 아메리카의 땅에 흘렀다"라고 외치며 의회가 전쟁을 선포하기를 부탁했다. 의회는 동의했다.

서부의 미국 군대는 세 편으로 나누어 공격하여 뉴멕시코, 캘리포니아, 치와와를 재빠르게 탈취했다. 중앙군대는, 산따 아나 외에는 저지하는 자가 없는 몬떼레이를 공격했다. 미국의 주된 공격은 베라꾸르스에 주둔하고 있던 군대가 하였다, 이 부대가 결국 멕시코시티로 전진하였다. 마지막 전쟁은 9월 13일, 사관학교가 있는 차뿔떼뻭 성에서 있었다. 젊은 멕시코 사관생도들은 멕시코 정규군과 함께 싸웠다. 그들은 항복하기보다는 죽는 것을 택했다. 멕시코는 졌다.

평화가 왔지만 멕시코에게는 전쟁을 하고 있었을 때보다 더 모욕적이었다. 과달루뻬 이달고 조약에 의하면, 1천8백 달러를 돌려주는 대신에 캘리포니아 전체, 오늘날의 콜로라도 일부, 대부분의 뉴멕시코와 아리조나를 내주었다. 모욕적인 일은 이것으로 끝나지 않았다. 1853년, 산따 아나가 다시 집권하자 그는 돈이 필요하였다. 그는 뉴멕시코와 아리조나의 나머지 부분을 천만 달러를 받고 미국에 팔았다(Gadsden 매입이라 함).

오늘날, 멕시코의 가장 중요한 기념물의 하나가 차뿔떼뻭 공원에 있다. 미국과의 전쟁에서 목숨을 잃은 7명의 '어린 영웅'들에게 바친 것이다. 멕시코 전역의 마을과 도시에 애국심과 어린 사관생도들을 기억하는 기념물들이 세워졌다. 산따 아나를 기념하는 것은 그 어디에도 없다.

개혁

1854년, 멕시코의 자유주의자들은 독재정부는 충분히 가졌었다고 느꼈다. 그들 중에 사뽀떼까 출신의 원주민인 변호사, 베니또 후아레스가 있었다. 그는 고향인 오하까의 주지사를 한 적이 있었다. 그들은 자유주의적인 아유뜰라 계획(Plan Ayutla) 뒤에서

팔을 올렸다. 1855년, 산따 아나는 추방당했다. 그리고, 이름하여 '개혁(la Reforma)'이 시작되었다. 새로운 정부의 사법부 비서로서 베니또 후아레스는 3개의 중요한 개혁법인 후아레스법(ley Juarez), 레르도법(ley Lerdo), 교회법(Ley Iglesias)을 발표하였다. 후아레스법은 성직자와 군인이 누리고 있던 법정에서의 특권을 없앴다. 레르도법은 교회와 공공기관이 필요 이상의 땅을 소유하는 것을 금지하였다. 그런데 남은 땅을 국민들에게 분배하지 않고 판매에 붙였다. 불행하게도 돈을 가진 자가 많은 땅을 소유하게 되었다. 세 번째인 교회법에서는 출생, 사망, 결혼, 및 시민자격 부여에 대한 것을 더 이상 교회의 권한으로 규정하지 않았다. 또한 민간업자에게 매장지 감독권을 주는 것과 세례와 성찬을 하면서 높은 사례를 받는 것이 모두 금지되었다.

1857년의 헌법은 이 규정들과 다른 개혁을 법제화하였다. 교황 피우스 4세(Pius IV)는 누구든지 이 헌법을 따르는 자는 이단자라고 했다. 그러자 후아레스 정부는 교회에 대항하여 더 강도 높은 법을 선포했다. 그 내용은 교회와 정부를 공식적으로 분리하고, 성직자의 체계는 법체계의 밖에 있다고 천명했다. 그리고 모든 교회의 부동산과 재산을 국유로 하였다. 보수파 내의 분열을 이용하여 자유파는 조금씩 승리를 얻기 시작했다. 마침내, 1861년 1월, 멕시코시티는 그들의 손에 떨어졌다.

프랑스의 간섭

3월에 후아레스는 의기양양하게 멕시코에 들어와서 공식적으로 대통령으로 당선되었다. 그러나 1861년이 다 가기 전에 외국의 군대가 침입하였다. 멕시코는 프랑스, 영국, 스페인에 갚을 수 없는 빚이 있었다. 프랑스의 나폴레옹 3세는 다른 나라들도 멕시코를 공격하는 데에 합세하도록 설득하였다. 나폴레옹 3세가 멕시코를 정복하려고 마음먹은 것을 안 뒤 영국과 스페인은 군대를 철수하였다. 프랑스 군대는 재정비하고 멕시코시티를 향해 진군하였다. 5월 5일 프랑스 군대는 뿌에블라(Puebla) 근처에서 멕시코 군대에게 패하였다. 승리 후 후아레스는 사제들의 상당수가 자신의 교구 사람들에게 프랑스를 지지하라고 선동하였다는 것을 알고 분개했다. 그는 사제와 수녀들이 성직자임을 나타내는 옷을 입는 것과 성직자로서 반정부 발표를 금지하는 법령을 발표했다.

그러나 5월 5일의 승리는 별로 오래가지 않았다. 후아레스는 북쪽으로 쫓겨서 엘빠소(El Paso)까지 쫓겼다, 오늘날의 씨우다드 후아레스(Ciudad Juárez)이다. 멕시코 정치사에서 가장 비극적이고 용감한 에피소드가 시작되었는데, 나폴레옹 3세에 의해 합스부르크 집안의 왕자인 페르디난드 막시밀리안(Ferdinand Maximilian)이 멕시코 황제로 임명되어 오스트리아로부터 온 것이다. 불쌍한 막시밀리안과 그의 아내 까를로따(Carlota)는 막시밀리안에게 왕관을 받아들이도록 종용하기 위해서 온 멕시코의 보수주의자, 왕정주의자 그리고 교회 선호주의자들을 믿었다. 그들은 민중이 따뜻하고 열렬하게 막시밀리안과 까를로따를 환영하리라고 말했다. 또한 막시밀리안의 지배와 왕관을 지키기 위해 나폴레옹 3세가 프랑스 군대와 재정적인 지원을 할 것이라 믿었다. 그리고 후아레스가 패하여 미국으로 도망갔다고 믿었다. 하지만 이 모든 일들은 사실이 아니었다.

미국의 내전이 끝나자, 미국은 멕시코로 주의를 돌려 프랑스 군대에게 물러나라고 압력을 넣었다. 동시에 후아레스에게 필요한 탄약과 물품들을 지원하기 시작했다. 1865년 말에서 1866년 초기에 프랑스 군대는 본국으로 철수 명령을 받았고, 나폴레옹 3세는 막시밀리안 정부에게 더 이상 돈을 지불하지 않겠다고 선언했다. 까를로따는 교황을 도움을 확인하기 위해 로마로 갔지만 아무런 성과를 얻지 못했다. 막시밀리안은 마지막으로 공화국 군대에게 희망이 없는 저항을 하였다. 그는 1867년 5월 15일 께레따로(Queretaro)에서 패하고 사로잡혔다. 국내의 여러 지도자들이 막시밀리안을 위하여 탄원을 하였으나 후아레스는 모두 거절하고 그를 처형하였다. 후아레스는 다시 멕시코시티로 들어가서, 1857년의 헌법을 재천명하고, 1867년 12월에 세 번 째로 다시 대통령으로 당선되었다. '회복된 공화정'에서 후아레스는 군대의 규모를 줄이고, 경제 및 교육의 개혁을 단행하고, 멕시코를 하나로 연결할 철도를 건설하기 시작했다.

멕시코는 강력한 국수주의를 발전시켰다. 국수주의는 외국의 세력에 대항하여 싸울 때 꽃을 피웠다. 멕시코에는 후아레스에게 바친 기념물도 많고, 멕시코시티의 중심도로의 이름은 '레포르마 거리'라고 붙여졌지만. 막시밀리안에 대한 어떤 기념물도 없다.

뽀르피리오 시대

어쩌면 후아레스는 너무 오래 권좌에 있었던 것 같다. 대통령에게 권력이 지나치게 집중하였고, 의회를 조정하며 지배하고, 에히도(ejido)⁶⁾의 땅을 사유화하고, 정부가 부패할 정도로 국가 및 주의 권력을 키운다는 불평이 일었다. 그럼에도 불구하고 후아레스는 1871년 네 번째로 선거에 나선다고 발표하였다. 세 명의 후보가 있었으나, 어느 누구도 대다수의 투표를 얻지 못했다. 선거는 의회로 넘어갔고, 의회는 후아레스를 선택했다. 후보 중의 한 명이 프랑스와의 전쟁에서 영웅이 된 뽀르피리오 디아스였는데, 그는 재선은 없다는 것을 내세우며 반란을 시도했다. 시도는 실패하고 반란은 진압되었다. 하지만 후아레스는 1872년 7월, 재집권하기 전에 죽었다.

후보들 중의 하나였던, 대법관 세바스띠안 레르도 데 떼헤다(Sebastían Lerdo de Tejeda)가 그의 자리를 이었다, 그리고 그해 10월의 특별선거에서 대통령으로 당선되었다. 레르도는 기본적으로 후아레스의 정책을 이어가며 재선에 도전하였다. 뽀르피리오 디아스는 군대의 힘을 업고 다시 반란을 일으켰다. 이번에도 재선은 없다는 주장을 내세웠다. 군대와 일반시민의 지지를 얻어 그는 1876년 대통령직에 올랐다. 이 멕시코의 까우디요는 한 세기의 3분의 1을 집권하였다. 재선은 없다고 내세운 그의 말은 진실이었다. 1880년, 그는 재선을 구하지 않았다. 후계자에 대해서는 밝혀지지 않은 행정처리 후, 1884년 디아스는 다시 대통령이 되었다. 그리하여 1911년에 쫓겨날 때까지 그는 권좌에 있었다.

그의 집권 시기를 의미하는 '뽀르피리아또(Porfiriato)'는 안정, 법과 질서, 전반적인 경제 발전의 시기였다. 동시에 나중에 '과학자들'이라 불린 독재자들이 지배하던 때였다. '과학자들(científicos)'은 프랑스의 실증철학(자연과학적인 방법과 지식을 통한 발전을 믿는 것)을 따르는 사람들로 실증주의와 사회적 진화론을 따르는 사람들이었다. '과

학자들'의 우두머리는 프랑스에서 이민 온 호세 이브 리만뚜르(José Yves Limantour)로, 그는 재무성 비서가 되었다. 디아스와 그를 지지하는 자들은 멕시코는 '행정적 관리의 힘'이 필요한 시기라고 믿었다. 그들은 나라가 저개발국에서 현대 사회로 바뀌려면 '관리'가 필요하다고 했는데, 이는 '독재'를 아주 멋있게 말하는 것이었다.

디아스는 위에서부터 명령을 내리는 강력한 정치적 도구를 창조했다. 그는 쟁의 조정과 정당의 제휴를 통한 빈틈없는 정치적 전략을 실행하였다. 여기에 합류하는 사람들에게는 커다란 정치적 및 경제적 이익, 즉 직업, 사회적 위치, 땅, 보조금, 특권 등이 주어졌다. 헌법에 명시된 지방 정부는 이론적으로는 존재하였다. 실제적으로는 디아스에 의해 임명된 약 300명의 '정치적 우두머리'가 지방의 권력을 장악하였다. 군대 역시 디아스와 제휴하였다. 핵심적인 장군들은 자신들이 살고 있는 주를 지배할 수 있는 권리를 허락받았다. 그리고 새로운 법에 의하면 조사하는 회사가 조사하는 땅 중에서 어떤 게으름뱅이의 것, 권리를 주장하지 않는 사람의 것, 공공의 것을 소유하도록 허락했다. 이들은 거대한 땅을 거머쥐었다. 예를 들어, 4개의 조사 회사들은 소노라(Sonora) 북쪽의 3분의 2의 땅을 차지하였다, 잉글랜드와 웨일즈를 합한 크기의 땅이었다.

과학자들은 특별한 보조금과 특권을 통하여 외국의 자본을 유입하는 데에 멕시코의 경제적 발전이 달려 있다고 믿었다. 1910년에는 미국이 멕시코 광산의 75%, 72%의 금속생산, 68%의 고무산업, 58%의 석유생산을 좌지우지하였다. 영국, 프랑스, 독일 그리고 네덜란드가 나머지 산업의 80%를 조정하였다.

뽀르피리오 정권의 구호는 "평화, 질서, 발전"이었다. 현대적인 기차선로가 놓였다. 이것은 면화생산을 두 배로 하였다. 광산이 활발히 개발되었고, 산업도 따라서 발전하였다. 몇몇의 항구는 현대화하고, 새로운 항구들을 열었다. 수출이 확산되고, 멕시코 사람들은 수출에 의존하게 되었다. 인구는 두 배로 늘었다.

그러나 물가는 엄청나게 올랐다. 대부분의 멕시코 사람들은 가난해지거나 열악한 조건에서 살게 되었다. 리만투어가 생물학적으로 열등하다고 생각한 원주민들은 1910년에는 독립을 하기 100년 전보다 훨씬 나쁜 상황에 놓여졌다. 지방의 일꾼들도 마찬가지였다. 광부와 마찬가지로, 일꾼들도 돈 대신에 쿠폰 또는 토큰으로 임금을 받았는데, 이것들로는 회사가 소유하고 있는 상점에서만 물건을 살 수 있었다. 따라서 일꾼들은 영원히 빚을 지고 있었다. 지방의 경찰은 탈출하는 사람들을 찾아낼 때까지 뒤져서 잡아들였다. 빚은 한 세대에서 다른 세대로 전해졌다. 멕시코의 농업은 수출을 위한 현금성 작물, 특히 소와 양의 목축업으로 바뀌었다. 따라서 1910년에는 1867년보다 농작물의 생산이 줄어서 많은 양을 수입해야 했다.

철도, 광산, 산업장의 노동자들은 소유자, 외국인 그리고 정부를 증오하게 되었다. 1880년대에 노동시장이 요동하자 노동자들이 조합을 설립하기 시작하였다. 몇몇은 1891년 노동권을 인정하는 교황의 칙령이 발표됨에 따라 가톨릭교회가 지원하여 이루어진 것이었다. 1881년과 1991년 사이에 250번의 파업이 있었다. 이들 중의 최악의 경우는 프랑스와 미국이 소유한 회사에서 일어난 것으로, 파업을 막기 위해 연방정부의 군대가 투입되었다.

점점 늘어가는 멕시코의 중산층도 정부에 불만이 일기 시작했다. 디아스 정부의 경제 정책과 교육프로그램은 중산층이 느는 데에 한몫하였다. 그러나 디아스와 그의 추종자들은 시간이 감에 따라 특권을 자신들에게만 한정하려고 하였다. 자유주의적인 지식인들은 정부의 비민주적 실천과 노동의 착취에 대해 비판하기 시작했다. 헤수스(Jesús)와 리까르도(Ricardo) 플로레스 마곤(Flores Magón) 형제는 자유주의적인 잡지인 '재생산(Regeneration)'을 출간하며 변화를 요구했다. 그러나 잡지는 정부에 의해 발간정지되었고, 플로레스 마곤 형제는 미국으로 도피했다. 그곳에서 그들은 더욱 급진적인 행동을 요구하는 글을 썼다.

이러한 상황에서 경제 위기가 닥쳤다. 1907년에 멕시코에는 끔찍한 한발이 있었고, 세계의 도처에서 경제문제가 일어났다. 세계적인 경제위기는, 과도하게 의존하고 있던 멕시코의 수출시장을 압박하였다. 광산은 문을 닫았다. 불황 속에서 물가는 올라갔다. 밀가루, 콩, 옥수수, 고추 등의 값이 두 배로 뛰어 오르며 음식과 옷값이 가파르게 올라갔다.

1908년, 미국 잡지와의 인터뷰에서 디아스는 멕시코를 위하여 1910년에 국민들의 대통령을 선택하도록 선거를 하겠다고 밝혔다. 그리고 자신이 재선 후보가 되었다. 프랑스에서 5년, 캘리포니아 대학 버클리에서 8개월간 공부를 한 꼬아우일라(Coahuila)의 장원주의 아들 프란시스꼬 마데로가 매우 중요한 책을 썼는데, 정치적 개혁을 요구한 "1910년 대통령직의 이양"이었다(그러나 땅, 노동, 그 외의 경제, 사회적 개혁에 대해서는 언급하지 않았다). 마데로는 반-선거 정당을 만들어 나라 전체를 다니며 그의 시각을 퍼뜨렸다. 그러나 마데로는 자신을 대통령 선거후보로 선언하지 않았다. 디아스가 자유로운 선거를 할 뜻이 있었는지는 의심스러웠기 때문이었다. 마데로의 의심은 적중하였다. 그는 체포되어 감옥에 끌려갔다. 디아스는 1910년 선거의 승자라고 선언하였다. 마데로는 텍사스의 산 안토니오로 망명했다.

혁명

뽀르피리오가 또다시 찬탈을 하자 '멕시코의 모든 사람들'과 마찬가지로 마데로도 낙담하였다. 그럼에도 불구하고 1910년 10월, 마데로는 산 루이스 뽀또시 계획을 제안하였다. 정치적 개혁을 다시 요구하고, 11월 20일에 멕시코 사람들은 디아스의 지배에 대항하여 무장봉기하자고 부탁했다. 그들은 일어섰다. 중도적인 마데로는 자신의 중도적인 계획에 각각 의견이 다른 온 나라의 모든 사람들을 매혹시키는 '번쩍이는 채찍'이 되었다. 어떤 사람들은 마데로보다 더 보수적이었지만 대부분의 사람들이 더욱 급진적이었다. 어떤 사람은 그의 힘과 부를 나누어 가질 수 있을 것을 확신해서 동조하였고, 다른 사람들은 정치적 개혁과 동시에 사회, 경제적 개혁을 위해 싸우려고 참여하였다.

먼저 유까딴에서 반란이 일어났다. 플로레스 마곤 형제는 바하 캘리포니아에서 반란을 이끌었다. 장원의 주인들의 정치적, 경제적인 압박에 불만을 품은 노새잡이 빠스꾸알 오로스꼬(Pascual Orozco Jr.)는 군대를 일으켰다. 그는 정부군과의 싸움에서 승리하기 시작했다. 그의 부관 중에 프란시스꼬 빤초 비야(Francisco Pancho Villa)라고 부르는 사람이 있었다. 그는 도로떼오 아랑고(Doroteo Arango)에 위치한 장원 근처의 가난한 집안에서 태어났다. 비야는 대부분 강도질과 소 도둑질로 살았다.

1911년 2월, 마데로는 멕시코로 돌아와 혁명군을 지휘했다. 모렐로스 주에서 헌신적으로 토지의 개혁을 주도한 카리스마 있는 에밀리아노 사빠따(Emiliano Zapata)는 마데로의 혁명을 지지한다고 선언하였다. 정부는 부패하고 정부군은 힘이 약하다는 것이 드러났다. 모렐로스에서는 사빠따를, 북쪽에서는 오로스꼬와 비야를 멈출 수 없었다. 사빠따는 꾸아우뜰라(Cuautla)를 점령했고 오로스꼬와 비야는 씨우다드 후아레스를 얻었다. 디아스와 주위에 있는 사람들은 30여 년을 유지한 그들의 정부는 합법성을 잃고 더 이상 나라를 통제할 수가 없다는 것을 깨달았다. 리만뚜르는 씨우다드 후아레스로 가서 정권이양에 대해 교섭을 하였다. 5월 25일, 디아스는 독재에서 물러나 유럽으로 떠났다. 그는 다시 돌아오지 못했다. 뽀르피리아또는 끝났다. 마데로는 혁명도 종결되었다고 생각했으나 그것은 시작일 뿐이었다.

전쟁은 10년간 계속되었다. 마데로를 포함하여 셀 수 없이 많은 멕시코 사람들이 멕시코 사람들에 의해 살해되었다. 나라는 유린되고 경제는 황폐화하였다. 가파르게 늘어가던 인구도 1910년에서 20년 사이에는 백만 명가량이 줄었다. 승리한 마데로가 멕시코시티를 향한 기차를 탔을 때부터 이 모든 문제가 벌어질 것이 이미 예견되었었다. 씨우다드 후아레스를 떠나기 직전에 마데로는 오로스꼬 및 비야와 의견이 충돌하여 거칠게 맞붙었다. 그리고 마데로는 멕시코시티에서 전략적인 면에서 실수를 했다. 합법을 중요시 여기는 마데로는 1911년 10월에 정식으로 대통령으로 선출될 때까지 임시 수반을 허용했다. 아마도 그때에 그의 시기는 가버렸던 것 같다. 그의 소심한 개혁은 노동과 토지의 개혁에 대한 요구를 전혀 만족시키지 못했다. 그는 디아스의 재정정책을 계속했고 뽀르피리오 시기의 공직자들을 많이 유지했다.

오로스꼬는 다시 전장을 지휘했다. 사빠따는 즉각적인 토지개혁을 주장한 아얄라 계획(Plan de Ayala)을 발표하였다. 그러자 마데로는 물러났고, 사람들은 오로스꼬가 혁명의 진정한 지도자라는 것을 인식하였다. 이때 마데로는 또 다른 실수를 하였는데, 말 그대로 치명적인 실수였다. 그는 오로스꼬와 사빠따를 맞아 싸울 연방군을 이끌기 위해 뽀르피리오아또의 장군, 할리스꼬 출신의 메스띠소인 빅또리아노 우에르따 (Victoriano Huerta)를 불렀다. 우에르따는 오로스꼬를 상대로 성공했고(후일 오로스꼬의 군대는 우에르따와 합하였다), 사빠따에게 압력을 가하기 시작했다. 그러나 또 다른 도전이 오른쪽, 즉 보수주의자들로부터 왔다. 전 대통령의 조카인 펠릭스 디아스(Feliz Díaz)가 마데로 정부를 상대로 베라꾸르스에서 군대를 일으켰다. 우에르따는 다시 성공했다. 반란은 진압되고 펠릭스 디아스는 멕시코시티로 잡혀 와 감옥에 갇혔다. 그러나 얼마 지나자, 보수주의자들은 디아스를 석방하고 다시 정부를 위협했다. 그리하여 멕시코 역사에서 말하는 "10일의 비극"이 일어났다. 디아스와 우에르따의 군대가 서로 싸우면서 벌어진 살인과 파괴는 끔찍하였다. 우에르따는 비밀리에 디아스와 협상을 하면서 의도적으로 자신이 속해 있는 정부의 군대에서 대량학살이 일어나도록 속임수를 썼다. 미국 대사 헨리 레인 윌슨(Henry Lane Wilson)의 지도와 안내 아래 협상이 이루어졌다. 우에르따는 정치적 입장을 오른쪽으로 바꾸었고 미국대사는 그를 지지했다. 즉각적으로 우에르따는 쿠데타를 일으켜 마데로를 체포하고, 대통령의 형제를 죽였다. 마데로는 감옥에 갇혔다. 마데로의 아내가 윌슨에게 간청을 했지만 대사는 아무것도 하지 않았다. 마데로와 부통령은 잔인하게 살해되었다.

미국의 우드로우 윌슨(Woodrow Wilson) 대통령은 우에르따의 집권을 인정하지 않았다. 그러나 멕시코에서는 대부분의 주지사가 우에르따 정권을 인정하였다. 사빠따는 물론 인정하지 않았다. 비야도 마찬가지였다. 그는 알바로 오브레곤(Alvaro Obregón)의 군대에 합류하였다. 오브레곤은 소노라의 까시께(Cacique)이자 학교선생으로, 이전에도 혁명을 이끌었었다. 이 입헌주의자들의 군대는 거의 60세가 된 베누스띠아노 까란사 (Venustiano Carranza)가 이끌었다. 그는 꼬아우일라의 주지사였는데, 그곳에는 훌륭한 끄리오요 가문들이 있었다. 까란사는 스스로 '첫째 우두머리(first chief)'라는 직함을 가졌다. 그는 오직 정치적 개혁만을 약속하는, 중도적인 '과달루뻬 계획(Plan de Guadalupe)'을 발표하였다. 싸움은 더 악화하고 더 광범위해졌다. 한쪽이 일어나면, 다른 한쪽이 일어나고, 많은 사람들이 이 모든 것이 무엇인지 의아해하였다. 연방군과 입헌주의자들의 군인들조차도 자신들이 무엇을 위하여 싸우고 있는지 서로 동의하지 않았다.

그런데 흥미롭게도, 우에르따는 마데로보다 더 많은 개혁과 교육보급으로 지지를 얻어내었다. 그렇지만 그는 언론을 심각하게 억압하고 반대자들을 감옥에 보냈으며, 정치적 도구로서 살해를 장려했고, 대체로 악랄하게 진압하였다. 우에르따는 자신의 군대에 군인을 채우기 위해 징병을 강제하였다. 덕분에 멕시코의 노동력이 고갈되어 경제가 어렵게 되었다. 윌슨 대통령은 민주주의에 대한 도덕적 열망을 갖고 있었다. 그는 헨리 레인 윌슨을 대치하고, 멕시코 사람들이 몇몇의 미국 군사들을 모욕하였다는 핑계로 1914년 베라꾸르스 항구로 군대를 보냈다. 그러나 윌슨의 행동은 멕시코가 미국에 대해 갖고 있던 반감을 증폭시켜 또 다른 대응을 불러일으켰다. 우에르따가 베라꾸르스로 군대의 방향을 바꾸었고, 주둔하고 있던 미군에 의해 그의 군대의 보급품이 차단당하였다는 사실이 알려졌다. 입헌주의자들의 군대는 힘을 얻어 같은 해 7월 우에르따의 정부를 전복시켰다. 우에르따는 미국 때문에 실각하였다고 하면서 사임을 하였다. 그는 여전히 멕시코로 돌아가려는 계획을 세웠으나 텍사스의 감옥에서 1916년에 죽었다.

'수장' 베누스띠아노 까란사는 멕시코 정부의 조정간을 잡았다. 사회경제적 개혁의 대원들은 곧 까란사가 그들 중의 하나가 아니라는 사실을 발견했다. 자신의 위치를 공고히 하기 위해 까란사는 1914년 아구아스깔리엔떼스(Aguascalientes)에서 군사적인 전당대회를 하였다. 까란사, 비야, 사빠따를 지지하는 사람들이 모여서 나라를 함께 이끌고, 선거가 이루어질 때까지 임시 대통령을 세우려 하였다. 그러나 전당대회는 금세 그들의 손아귀를 벗어났다. 대표자들의 대다수인 사빠띠스따들은 혁명의 열기를 내뿜으며 임시 대통령으로 까란사에 반대하는 사람을 선출하였다. '수장'은 전당대회를 해체하고, 자신의 대표들을 철수시켰다. 그런데 숙명적으로, 이 명령에 복종하기로 한 사람들 중의 하나는 바로 오브레곤이었다.

비야와 사빠따의 군대는 멕시코시티로 진군했다. 까란사는 그의 사령부를 베라꾸루스로 철수했다. 미국군대는 이미 베라꾸르스에서 철수하고 없었다. 아구아스깔리엔떼스 대회에서 선출된 임시 대통령은 그의 직에 올랐다. 그러나 오브레곤은 당시 유럽에서 썼던 새로운 전략을 사용하는 사람이었다. 1915년 4월, 셀라야에서 그는 전혀 변화가 없는 옛 방법으로 방어를 하는, 말 탄 사람들의 무리를 만났다. 몇천 명의 비야의 사람들이 죽거나 다쳤다. 비야 자신도 북쪽으로 퇴각했다. 사빠따는 자신과 군대의 활동범위를 모렐로스로 국한했다.

까란사는 멕시코시티의 권좌로 복귀했다. 윌슨 대통령은 그의 정부를 인정했다. '수장'은 다른 전당대회를 소집했는데, 바로 꼐레따로에서 있었던 입헌회의이다. 이전과 같은 실수를 피하기 위해 우에르따, 비야 또는 사빠따와 함께 싸운 사람은 누구라도 선출될 수 없다고 발표하였다. 그러나 대회가 소집되자 이 제한은 쓸모가 없다는 것이 드러났다. 대다수의 대표들은 까란사가 보낸 중도적인 헌법의 모델을 거부했다. 대신에, 아직도 멕시코에서 아직도 유효한, 당시에는 매우 급진적인 기본법(organic law)을 제안했다. 대통령의 임기는 4년 단임으로 제한하였다. 제3조는 교회의 역할을 규정하는 법으로, 이전에 이루어진 모든 제한과 금지에 동조하고 특히 초등교육을 교회에서 떼어놓았다(교육은 완전히 세속적이고, 위임된 것이며, 종교로부터 자유롭다). 제27조는 농지개혁에 관한 철학과 규정은 기본적으로 아얄라 계획에 동조한 것으로, 개인소유는 정부가 규정한 공공의 이익 대한 특권이라고 하였다. 그리고 멕시코의 물과 광물자원의 개발을 개발할 수 있는 권리는 멕시코 국가기업에 제한하였다. 제123조는 하루에 8시간, 한 주에 6일, 성별과 국적에 관계없이 동일한 임금과 최저 임금을 보장하는 노동개혁을 명령하였다. 그리고 노동조합권과 파업권을 보장하였다.

이 두 번째 '도망 전당회의(runaway convention)'의 결과에 충격을 받은 까란사는 그것을 따를 생각이 없다는 것을 분명히 했지만, 헌법은 받아들였다. 1917년 3월, 까란사는 대통령으로 선출되었다. 그리하여 토지를 조금 분배했다. 멕시코의 첫 번째 전국적인 노동조합, 멕시코 지역 노동연합(Regional confederation of Mexican labor, CROM)의 구성을 허가했지만, 노동에 대한 그의 개혁도 아주 미미했다. 북쪽에서 자신의 농장에서 부유한 생활을 누리고 있는 비야는 상대적으로 조용했다. 그러나 모렐로스의 사빠따는 까란사의 사임을 요구하는 공개적인 편지를 보냈다. 그는 까란사와 그의 친구들이 "부자, 명예로운 자들, 사업가들, 은행가들, 호화로운 파티"등을 위해 혁명을 하였다고 비난하였다. 까란사는 사빠따에 대항하여 직접적인 군사행동을 하려고 하였으나 되지 않았다. 그는 내부의 배신자를 이용하기로 결심했다. 까란사의 명령으로, 모렐로스의 연방군대의 하사관이 1919년 사빠따를 유인하여 살해하였다. 까란사는 살해자를 군대에서 승진시키고 포상하였다.

그러나 멕시코에서의 정치적 상황은 정리되는 것과는 거리가 멀었다. 이미 연달아 얻어맞은 이 나라에 여전히 정치적 격동과 살해가 계속되었다. 오브레곤 장군, 입헌군대의 팔 하나 없는 영웅은 까란사 정부가 단단하게 자리를 잡자 자신의 고향 소노라로 돌아갔다. 장원주로, 규모가 커가는 '가르반소(garbanzo)[7] 상인'으로, 목장 주이자 고기와 피혁을 파는 기업인으로 오브레곤은 매우 부자가 되었다. 그는 부와 마찬가지로 권력에도 관심이 있었다. 그래서 까란사가 1920년에 그를 대통령 후보로 선택하지 않자 까란사에 대항하여 군사반란을 일으켰다. 까란사는 베라꾸르스로 퇴각하다가 살해당하였다. 1920년 오브레곤은 그다음 대통령으로 당선되었는데, 이것이 군사적 반란이 대통령 선출로 이어진 것의 마지막은 아니었다. 그러나 오브레곤의 반란은 정부를 상대로 하여 성공한 반란의 마지막이었다.

멕시코 혁명은 끝났다. 그리고 곧, 멕시코 역사에서 R로 시작하는 대문자와 함께 성스럽게 영원히 갔혔다. 실제로 수행하기 위해 갈 길은 아직 멀었지만, 시간이 감에 따라 멕시코 헌법은 거의 성스러운 문서로 간주되었다. 시간이 흘러도 우에르따에 대한 인상은 바뀌지 않았다. 그는 멕시코 역사의 '피 묻은 찬탈자'들의 하나였다. 멕시코에는 뽀르피리오 디아스의 기념비는 없다(역설적으로 텍사스의 엘빠소에는 아직도 그의 이름을 딴 거리가 있다). 그러나 마데로, 까란사, 사빠따를 기념하는 건축물과 거리 이름은 수없이 많다. 멕시코 역사는 마데로를 혁명과 멕시코 민주주의 '사도'로 만들었다. 까란사는 '헌법의 아버지'로, 사빠따는 '멕시코 군중을 위해 싸운 영웅'으로 만들었다.

북쪽의 왕가

알바로 오브레곤의 소노라 동료이자 그와 함께 싸웠던 쁠루따르꼬 엘리아스 까예스
(Plutarco Elías Calles)는 대통령직이 앞으로도 그들 사이에서만 이동할 수 있도록 상당히
빨리 여러 가지 규약을 만들었다. 오브레곤은 1920년 대통령으로 당선되었다. 그는 카
리스마가 있는 지도자이자 열정적으로 기도하는 자였다. 그는 권력을 대통령에게 집중
하였다. 오브레곤은 또한 조정자이기도 했다. 그는 교회와 몇몇의 이전의 적들과 화해
를 했다. 그가 빤초 비야에게 부유한 농장을 사주자, 부드러워진 이 북쪽의 혁명가는
정착하였다(그는 1923년 살해당하였다). 경제는 회복하였다. 멕시코는 세계 3위의 산유
국이었다. 처음으로 국민 교육제도를 실시하였고, 지방에 학교가 세워졌다. 오브레곤은
조심스럽게 노동운동을 허락하고 약간의 농지개혁에 서명하였다. 문학작품, 음악, 예술
에서 '혁명적 국가주의'라는 것이 발전하기 시작했다. 미국에서는 거대 석유업자의 친
구인 워렌 G. 하딩(Warren G. Harding)이 1921년에 대통령이 되었다. 그는 멕시코에서
미국 석유회사를 인정하도록 압력을 넣었고, 오브레곤은 그에 굴복했다.

군대가 우파의 반란 시도를 막은 뒤, 까예스는 1924년에 대통령이 되었다. 직을 맡
자 그는 디아스 이후의 가장 강력하고 오래 집권하는 대통령이자 까우디요(caudillo)가
되었다. 그는 조금도 주저함이 없이 자신의 적들을 제거했다. 그는 멕시코의 경제를 일
으켰고, 보건계획을 실시하고, 교육을 확대하였다, 노동운동을 좀 더 강력하게 지원하
였고, CROM(Confederación Regional del Obrador Mexicano)과는 협조적인 관계를 세웠다.
그가 반교회적인 헌법을 밀자. 가톨릭 군대는 "그리스도 왕 만세!"를 외치며 유혈반란
을 일으켰다. 까예스는 끄리스떼로(cristero)[8] 반란을 거칠게 진압하였다. 양측 모두 수
많은 피를 흘린 후 마침내 진압되었다.

까예스는 석유에 대해서는 미국과 맞섰다. 1917년 이전에 체결한 것은 정부와 다시
협상하여야 하고, 새로이 허가를 맡는 데에는 기간의 제한이 있다고 선언하였다. 미국
은 월 스트리트 투자은행의 드와이트 모로(Dwight Morrow)를 멕시코 대사로 보냈다. 그

는 조용히 외교를 하여 석유사업이 기간제한이 없이 이루어지도록 약속을 받았다.

까예스는 대통령직 기간을 4년에서 6년으로 바꾸었다. 그는 1928년 선거에서 오브
레곤에게 정권이 다시 돌아가도록 준비하였다. 다시 반란이 일어났지만 진압되었다.
군대가 승리하자 선거의 결과는 일찌감치 비준되었다. 그러나 오브레곤은 그의 직을
맡기 전에 광신론자에게 살해되었다. 까예스는 다시 권력을 잡았다, 1934년까지 '최고
의 우두머리(jefe máximo)'라는 꼭두각시를 통해 지배하였다. 그의 시기를 멕시코 역사
는 '막시마또(maximato)'라 부른다. 개인적으로 카리스마가 없었던 까예스는 그의 정치
적 통제를 기구화하기 위하여 멕시코의 지배 정당을 만들었다. 노동, 사업, 정부기관에
서 두드러진 지도자는 까예스의 '막시마또'에서 엄청난 부를 누렸다. 까예스 스스로도
모든 곳에 자신의 재산을 갖고 있었던 것으로 보인다.

까르데나스 세세니오(Cárdenas Sexenio)

1928~1934년이 끝나면서 세세니오(Sesenio)[9]는 '막시마또'의 길을 가고 있었다. 혁명
의 지도자(caudillo)인 마데로, 사빠따, 비야, 까란사, 오브레곤은 모두 살해되었지만 까
예스는 마지막까지 살아남았다. 그러나 자신은 아직 몰랐지만, 이제는 그 지위를 잃을
때가 왔다. 까예스는 포퓰리스트이며 미초아깐의 대중적 인기가 있는 주지사, 이전의
국방장관이었던 라사로 까르데나스(Lázaro Cárdenas)를 1934년 국민혁명당(PNR, Partido
Nacional Revoluvionario)의 대통령 후보로 선택하였다. 까르데나스는 대통령으로 선출된
후 자신의 속마음을 드러냈다. 군대의 힘과 영향력을 잘라내고 그는 노동자, 농민, 그
리고 나라의 다른 문제에 대한 자신의 정치적 입장을 단단하게 다졌다. 그리고 까예스
에 맞서서 그를 해외로 추방하였다.

까르데나스는 전에 모든 사람들이 한 것을 합친 것보다 더 많은 농지개혁을 단행하
여 대부분의 땅을 에히도(ejido)로 나누어 주었다. 그는 학교에 사회주의 교육과정을 개
설하였고 일반교육을 확대하였다. 그는 CTM(Confederación de los Trabajadores Mexicanos)

의 국립 노동조합을 인정하였을 뿐 아니라, 이 조직이 더 적극적이고 대표적인 역할을 하도록 하였다. 최저임금은 올라갔다. 구태의연한 장원 조직은 무너졌다. 교회와도 제한적인 평화를 이루었다. 거의 전국적으로 기차가 달리는 철로를 깔았다. 국민주의적인 예술가들이 고무되었다. 국민주의 문화가 꽃피웠다. 지배정당인 PNR은 더욱 지지 기반을 넓혀, 이전에 있었던 '정부로부터 인민에게'라는 표어가 '정부에 대해 인민을 대표하는'으로 바뀌었다. 정당의 이름도 바꾸어 혁명정당, PRM(Partido Revolucionario Mexicano)이라고 하였다.

1938년, 대형 석유회사와 맞서서 석유에 대한 까르데나스의 세세니오(sexenio)의 결정이 나왔다. 석유 노동자들은 파업을 일으켰다. 현대의 기준으로 보면, 임금, 노동시간, 노동조건에 대한 그들의 요구는 매우 겸손한 것이었다. 그러나 미국과 영국에 근거를 두고 있는 석유업자들은 노동자들의 요구와 파업을 철회시키려고 하는 자신들의 의도에 대해 견고했다. 석유회사들이 대통령, 즉 멕시코의 주권에 대해서 거만하게 굴자 까르데나스는 헌법 제27조를 들어 석유산업을 국유화했다. 까르데나스는 산업을 노동자들이 원하는 대로 돌려주지는 않았지만, 공공기관, 즉 멕시코 석유 PEMEX(Petróleos Mexicanos)를 만들어 가동하였다. 이 공공기관은 석유노동자들에게 그 어느 때보다 관대하였다.

자신들의 회사와 영업을 보장하기 위해 미국의 석유업자들은 미국이 경제적 제재에서 즉각적인 공격으로 행동을 취하라고 요구했다. 그렇지만 미국과 영국은 안이하게 생각하였다. 그들은 멕시코 석유를 불매하고 석유생산, 탐사 기술, 기술적 조언에서 PEMEX를 고립하려고 하였다(이 조처가 오늘날 일등급의 멕시코 석유를 멕시코 사람들의 기술로 만들게 하는 계기가 되었다).

까르데나스는 멕시코의 평범한 사람들 사이를 걷는 데에 시간을 많이 보냈다. 안내방송도 없이 까르데나스는 작은 마을을 방문했다. 거기서 관개 계획, 농지 분배, 병원, 그리고 겸손하게 그에게 제출된 각 지방의 요구들에 대해 대답을 하였다. 시골 사람들은 까르데나스를 자신들과 같은 사람으로 여겼다. 석유의 수용과 함께, 성직자, 보수주의자들을 포함한 많은 사람들이 탐욕스러운 석유회사와 외국세력에 대해, 특히 '북쪽의 거인' 미국에 대항하여 까르데나스와 함께 일어섰다. 대통령과 정부는 이전에는 결코 없었던 국민들의 지지를 받았다.

까르데나스는 멕시코 현대사의 영웅으로 남았다. 그의 생일과 그가 멕시코의 석유를 국유화한 날은 공휴일이다(반대로, 까예스는 '혁명 가족'의 하나라고 생각하지 않는다). 까르데나스 치하에서 대통령직과 정당[후일 산업혁명당, PRI(Partido Revolucionario Industrial)로 이름이 바뀌었다], 즉 멕시코의 정치조직은 더욱 견고해졌다.

1940년부터의 멕시코

1940년부터의 멕시코 역사는 대통령직의 기간을 "끝"과 "시작"의 시리즈로 요약할 수 있다. 까예스는 6년(Sexenio) 이상 계속 집권한 마지막 대통령이었다. 까르데나스는 마지막 공개적인 좌파이자 포퓰리스트 대통령이었다. 그의 세세니오 이후, 멕시코 정부는 '멕시코의 기적'으로 불린, 경제적 평등에 해가 되는 급속한 경제발전에 모든 노력을 기울였다

까르데나스는 자신의 뒤를 이을 정부의 수반으로 아빌라 까마초(Avila Camacho, 1940~1946)를 뽑았는데, 그는 대통령직을 수행한 마지막 군인이었다. 흥미롭게도 그는 공식적으로 정당의 군대를 해체시킨 사람이었다(그렇다고 해서 정부와 정치에 군대의 영향을 제거한 것은 아니다). 미겔 알레만 발데스(Miguel Alemán Valdés, 1946~1952)는 재임기간을 온전히 채운 첫 번째 민간 대통령이었다. PRI의 독점이 아직은 심각하지 않았지만, 그는 새로운 정당을 조직하도록 허가했다. 알레만은 미국을 상호 방문한 첫 번째 대통령이었다. 미국인이 개인적으로 멕시코에 투자하는 등 미국과의 무역도 활발하여졌다. 알레만은 멕시코의 농업의 근본적인 부분에 공공투자를 한 마지막 대통령이었다. 그의 시기 이후, 멕시코는 급속도로 산업화 및 도시화가 진행되어 결국은 도시국가가 되어 식량을 순수입하게 되었다.

구스따보 디아스 오르다스(Gustavo Diaz Ordáz, 1974~1970)는 마지막으로 멕시코시티 출신이 아닌 대통령이 되었다. 또한 그는 마지막으로 '미리-선출된 자리'에 있었던 대통령이었다. 그러나 경제가 나빠질 때 그의 정치적 경험이 그의 인기를 보호하지는 못했다. 뜰랄뗄롤꼬(Tlatelolco)에서는 멕시코 국립대학의 학생들과 다른 농성자들이 정부에 대항하여 거대하게 데모를 하였다. 오르다스는 그들을 야만적으로 공격하여 죽이고 감옥에 가두었다. 결과적으로 멕시코 정치조직의 합법성이 심각하게 왜곡되기 시작하였다. 디아스 오르다스는 멕시코의 외채가 아직 2조 달러 미만일 때의 마지막 대통령이었다. 또한 아직도 물가상승률이 통제할 만하고, 멕시코 뻬소가 안정적인 가치를 지녔던 때의 마지막 대통령이었다.

루이스 에체베리아 알바레스(Luis Echeveria Alvarez, 1970~1976)는 네 명의 '내부자' 대통령들 중의 첫째였다.-에체베리아(Echvería), 호세 로뻬스 뽀르띠요(José López Portillo), 미겔 데 라 마드리드 우르따도(Miguel de la Madrid Urtado), 까를로스 살리나스 데 고르따리(Carlos Salinas de Gortari)-모두 멕시코시티 출신이었으며, 자신들의 경력을 연방정부에서 키웠고, 이전의 내각에서 일하였다. 에체베리아는 1954년 이후에 처음으로 뻬소의 저평가를 단행한 첫 대통령이었다. 그는 멕시코가 외국과의 일에 능동적인 역할을 하는 첫 대통령이었다. 특히 미국의 간섭이 있는 멕시코와 제3국의 일에 대해 다양한 역할을 하였다. 에체베리아는 정부가 지원한 가족계획을 시행한 첫 대통령이다, 결코 이른 것이 아니었는데, ·멕시코의 인구는 1930년대에 1천6백만 5천 명에서 1970년대에는 5천1백만 명으로 늘었기 때문이다(1987년에는 8천만 명으로 늘었다).

호세 로뻬스 뽀르띠요(José López Portillo, 1976~1982)는 멕시코의 개인 은행을 국유화한 첫 대통령이다. 그의 임기가 시작했을 때 새로운 유전이 발견되자, 단지 탐사추를 걸었을 뿐인데도 세계의 석유 값은 내려갔다. 그는 물가가 치솟자 희망을 갖고 국유화를 단행하였다. 그러나 국제석유가격의 하락은 연방의 약점을 두 배로 뛰게 했다. 정부에 대한 국민들의 신뢰는 물가앙등, 외채, 그리고 두 번의 뻬소 평가절하, 광범위한 부패 등으로 인하여 위험한 수준으로 떨어졌다.

미겔 데 라 마드리드 우르따도(Migeuel de la Madrid Hurtado, 1982~1988)는 결과적으로 멕시코의 실업과 가난을 가중시킨 6년의 임기 동안에 기나긴 긴축 재정을 세운 첫 대통령이다. IMF(국제통화기금)와 100조 달러의 멕시코 외채를 쥐고 있는 외국은행을 따르노라 더욱 압박을 받았다. 그는 임기 내내 공공의 비판과 반대를 받는 대상이 되었다.

까를로스 살리나스 데 고르따리(Carlos Salinas de Gortari, 1988~1994)는 현대에서 대통령직의 합법성이 의심되는 첫 대통령이다. 북쪽지방에서는 개표가 끝나기도 전에 이미 PRI의 승리를 주장하는 등 심각한 선거부정으로 구름 낀 승리였다. 그는 의회의 반대에 직면한 첫 대통령이었으며, 조업정지에 대한 항의 데모로 의원실의 중앙홀에서 이루어진 취임식에 흠이 간 첫 대통령이었다. 살리나스 고르따리는 경제 조건의 개선과 멕시코 정치조직의 합법성 복원이라는 원초적인 도전에 직면했다. 경제는 맨 처음에 회복해야 하는 일이었다. 고르따리는 미국과 북아메리카 자유무역협정(NAFTA, North American Free Trade Agreement)을 맺었다. 그러나 이는 이미 국유화된 은행과 다른 회사들을 다시 민영으로 돌아가게 했고, 고르따리 자신이 그 혜택을 누렸다. 치아빠스에서는 사빠띠스따(Zapatista) 반란이 일어났다. 그리고 PRI의 이미 선정된 대통령 후보 루이스 도날도 꼴로시오(Luís Donaldo Colosio)는 살해당했다. 재정이 위태롭게 되고 경기가 침체하였다.

계속하여 PRI는 에르네스또 세디요(Ernesto Zedillo, 1994~2000)를 지명하였다. 그가 선출되어 취임했을 때에는 PRI의 주도권과 합법성은 전에 없이 중대하게 도전받고 있었다. 살리나스 고르따리의 형은 정치적 살해를 교사하고 불법적으로 부를 축적한 것이 드러나 감옥에 갇혔다. 임기가 끝나자 살리나스 자신도 해외로 망명하였다. 세디요 대통령은 정치적 및 경제적 안정을 찾으려고 노력하였다. 또한 그는 용의주도하게 공정한 선거를 이끌어 멕시코 역사상 처음으로 반대당의 대통령후보가 당선되었다. 적어도 그 자신은 명예롭게 임무를 다해서 만족하였다.

혁명의 유산

멕시코의 정치와 역사는 물론 멕시코 역사의 산물이다. 권력은 아직 연방중앙정부와 그 안의 대통령에게 있다. 멕시코 사람들은 정부에 대하여 냉소하고 미사여구가 즐비한 후보와 공직자들에 대해 회의한다. 각각의 세세니오가 시작할 때마다 새로운 희망을 품는다(물론 약간 회의로 물들어 있다). 공적인 지도자와 마찬가지로 새 대통령은 나라의 상징적인 지도자가 된다. 국가의 권위, 국가의 명예, 멕시코 열망의 초점이 된다. 50여 년 이상 멕시코의 정치조직은 안정적이었다. 멕시코 사람들이 생각하기에는, 불평등이 존재하고 비참한 사람들이 상당 부분 있으나, 정부의 구조는 합법적이었다. 그러나 혁명의 "기구화"와 PRI 정부 "공직"의 합법성은 심각한 의문과 도전에 직면하였다. 1980년대 초기와 2000년의 투표에서 오랜 멕시코 혁명의 정당 PRI의 주도권은 마침내 마지막을 맞았다.

21세기의 멕시코

멕시코의 정치와 경제를 이해하려고 하는 사람들에게 현재는 특히 어려운 시기이다. 체재(system)의 매개변수들은 근본적으로 바뀌고 있는데, 참여의 주체들에게조차 어떤 방향으로 가는지 분명하지 않다. 변화를 이해하고자 하면 우리들은 시작을 이해하여야 한다.

체재를 특징짓기는 어려울 수 있겠지만, 이해하는 것은 그다지 어렵지 않다. 멕시코의 정치체재는 혁명이 어느 정도 안정되고 나서 이루어진 것이다. 헌법에 기초를 둔 민주 조직의 배경은 미국과 비슷하다. 즉, 혁명에 성공한 자들이 만들고 키운 정당이 주도권을 잡고 지배하는 것이다. 이 점에서는 아프리카, 아시아, 심지어는 동유럽의 공산주의 국가와 마찬가지로 국가적인 혁명에 뿌리를 둔 지배 정당과 유사하다. 그들과 마찬가지로, 사회 및 경제적인 정책은 혁명과 국수주의적인 아름다운 말을 읊조린다. 그러나 실습기간이 지난 후, 지배 엘리트는 자본주의 조직이 지배적인 나라를 이웃에 둔 멕시코의 입장 때문에 세계적인 자본주의 조직과 타협을 하게 되었다. 혼합 경제체재 (economic system), 즉 기본적으로 필요한 것을 국가가 소유하고, 주요 산업에 대하여는 중앙정부가 기준을 세우고 계획을 한다. 그러나 아직도 경제의 큰 부분이 개인의 손에 달려 있었고 외국자본의 투자가 장려되었다.

외국의 투자가 가능한 지역을 계약조항에 명시하는 것과 오직 국가가 투자하거나 멕시코 국적의 개인만이 투자할 수 있는 환경을 조성함으로써 외국의 통제로부터 멕시코의 독립을 유지하려고 하는 규칙들이 있었지만, 필요하면 이러한 제한을 피할 수 있었다. 실제로 법망을 피하는 일은 광범위하였다. 정치적 인물은 하나 또는 다른 수단으로 부자가 되었고, 공화국의 여러 정치적 세력은 범죄를 억제하는 존재이기보다는 원인이 되는 것으로 악명이 높았다. 그러나 멕시코 정부가 지배자가 훔칠 수 있어서 존재하는 단순한 '절도 정부'였던 것만은 아니다. 혁명의 이상들은 살아 있고 흔히 정책으로 구현되었다. 정부의 대다수의 공무원들은 공공의 이익을 위해 헌신하는 능력 있고 진보적인 사람들이다.

정치 체제

멕시코의 외형적인 정치체제는 구조적으로 미국과 유사하다. 그러나 PRI가 1929년에 당을 세운 이후 2000년까지 대통령의 직, 의회의 지배, 그리고 연방 중앙정부 운영을 차지하였다는 사실을 지적하는 야당의 반대에 부딪치자 일부 변경하였다. 세디요 대통령 정부 이전에는 야당이 별 볼일 없는 직책에서 쉽게 승리하도록 한 약간의 변경이 PRI의 대통령직을 독점하고 연방국회의 다수당을 차지하는 것을 절대로 위협하지 않았다.

헌법상 대통령과 양원은 분리되어 있다. 그들은 각각 독립적으로 선출되고 헌법에 명시된 권한이 각각 따로 있다. 대통령은 6년 단임 직선으로 뽑고 절대로 재임하지 않는다. 각 주에서 4명 선출되는 상원(senate)은, 이전과 같이 엇갈리는 기간에 선출되지 않고, 대통령과 같은 기간에 뽑는다. 상원은 2명을 뽑았으나 4명으로 늘어서 반대당이 상원에 뽑힐 가능성이 더 많아졌다. 하원(chamber of deputies)은 독일연방공화국이 선구적으로 했던 것과 비슷하나, 각 지역에 맞춘 방법으로 3년의 임기로 선출되며 그 아래에 각 구역(district)을 대표하는 300명과 정당명부에서 비례대표 200명으로 이루어진다. 결과적으로 야당은 선출 대표를 가질 수 있는 기회를 다시 한번 가진다.

연방 체재는 각각의 주가 주지사를 선출하고 의회를 구성하는 개별적인 헌정 구조를 갖는다. 그러나 PRI가 지배할 때에는 대통령령에 의해서 행정적 자율성이 자주 짓밟혔다. 특히 살리나스 대통령(1988~1994)은 지방의 정치적 상황에 따라 자신이 정치적인 목적으로 지명한 주지사라 할지라도 내각 또는 당직을 옮기거나 사임하도록 만들었다.

세디요 대통령(1994~2000)은 살리나스보다 정치적 입지가 훨씬 약했다. 인기가 많았던 것도 아니고 후계자가 될 만큼 정치적 역량이 있었던 것도 아니었다. 살리나스는 대중적 인기가 있었던 PRI의 대통령후보 루이스 도날도 꼴로시오가 살해당하고 나서 그를 지목했다. 형식상으로 대통령은 선거에 의해 선출되었으나 실제적으로는 임기가 끝나는 PRI 대통령이 후계자를 지정하는 것으로 이어졌다. 꼴로시오 살해 사건은 결코 사람들이 만족할 수 있도록 밝혀지지 않았다. 세디요는 이미 정비된 PRI에 그의 권위를 결코 심지 못했고, 정직한 선출 및 공정한 방법과 부패하지 않은 경찰과 법원에 의해 지지되는 온전히 민주적이고 합헌적인 멕시코의 정치 생명을 약속한 것을 따르려는 그의 시도에 지방에 있는 기득권자들은 저항했다.

그럼에도 불구하고, 1996년에는 선거구에 독립적인 선거 법정을 세우는 개혁을 단행하였다. 이리하여 선거 결과에 대한 정치적 조작의 가능성을 줄여 2000년의 대통령 선거에서 야당의 승리로 가는 길을 닦았다. 그리고 독립적 선거법정과 함께 멕시코시티가 포함된 수도권(Districto Federal)의 지사를 직접선거로 뽑을 수 있도록 하였다.

멕시코에서 두 번째로 오래된 정당은 1940년에 설립된 PAN(Partido de Acción

Nacional)이다. 핵심적인 지도층은 전통적으로 가톨릭 중학교에서 교육받고 가톨릭 조직에서 활동적인 사람으로, 전문직이나 작은 상업에 종사하는 사람들이다. 지방 및 주의 정치적 세력이 커지자 PAN은 큰 사업가들을 비롯한 계급과 수입 구조가 다른 사람들의 PRI 지배에 반대하는 표를 얻어 내었다. 국가 전체적인 조직은 고르지 않았지만, 북쪽 국경 쪽의 주들과 유까딴 같은 별난 주에서는 더 강했다. 그들의 대통령 후보는 과나후아또(Guanajuato)의 주지사인 빈센떼 폭스(Vincente Fox)로, 2000년에 대통령으로 당선되어 2006년까지 머물렀다.

그러나 폭스의 당선은 기대했던 것보다 적은 변화를 의미했는데, 그가 신자유주의 경제이론을 받아들임으로 해서 PRI의 정치적 입장이 중앙에서 오른쪽으로 바뀌었기 때문이었다. 따라서 PRI와 PAN은 의회에서 특정 정치적 이슈에 제휴하고 있었고, 특히 의회에서 법을 통과시킬 때 2/3의 투표가 필요할 때, PRI와 PAN은 합류하였다.

그들이 제휴하자 제3의 정당 PRD(Partido Revolucionario Democrático)가 탄생하였다. PRD는 PRI의 좌파 세세니스트로부터 발전하였다. 그들은 국가, 농업(농지개혁을 지지), 그리고 PRI의 미사여구였던 부분적 사회주의 및 그와 연관된 몇몇의 정책을 추구하였다. 이 정당은 미겔 데 라 마드리드(1982~1988) 대통령 시절에 시작하여 까를로스 살리나리(1988~1994) 정권에서 발전하였다. 다음 움직임은 1988년의 대통령 선거에서 꾸아우떼목 까르데나스(Cuauhtémoc Cárdenas)를 지지하는 것이었다. 꾸아우떼목 까르데나스는 혁명의 좌파 장군으로 1934~1940년에 집권하였던 멕시코의 가장 인기 있었던 라사로 까르데나스 대통령의 아들이었으나 카리스마가 없었다.

까르데나스의 경쟁력 없는 캠페인과 정치적 물음에 대한 결정적이지 못한 태도는 살리나스의 경제적 정책의 성공이나 PAN의 역동적 후보를 공격하는 데에 효과를 발휘하지 못했다. 1994년의 대통령 선거에서 PRD는 제3당으로 밀렸다. 그럼에도 불구하고, 살리나스가 꾸아우떼목보다 실제적으로 투표를 더 얻었을 수도 있었지만, 국민들은 살리나스의 승리를 발표한 공식적인 투표결과를 의심하였다. 결과적으로 살리나스가 임기가 끝난 뒤에 불명예를 안자, PRD에 대한 지지율이 높아져서 까르데나스는 1997년에 멕시코시티의 지사로 당선되었다.

PRD는 연방정부, 특히 멕시코시티의 지배권을 가졌고, 2000년에는 마누엘 로뻬스 오브라도르(Manuel López Obrador)가 시장이 되었다. 능력과 함께 인기도 있었던 그는 2006년 선거의 강력한 대통령 후보였다. 그러나 PAN 행정부는 세디요 대통령에 의해 세워진 '독립적 선거위임기구'를 다시 정치화하였고, 2006년에는 컴퓨터가 제대로 작동되지 않는 사이에 로뻬스 오브라도르(López Obrador)가 선두를 지키는 것이 사라지자 근소한 차이로 PAN의 후보가 이긴 아주 의심스러운 선거가 이루어졌다.

선거제도 개혁으로 3개의 주요 정당과 여러 군소 정당들이 새로 나타났지만 정당의 정비조직은 약해져서 폭스(2000~2006) 대통령은 정책에서 의미 있는 출발을 기록하지 못했다. 특히 기득권을 가진 관료조직의 사령탑은 그의 정책을 교묘히 배제하였다. 역사적으로 되돌아보면, 그가 이룬 것은 대통령으로 당선되어서 PRI의 독점을 깬 것이었다. PAN의 두 번째 대통령 펠리뻬 깔데론(Felipe Calderón, 2006~2012)은 그의 전임자보다 덜 중요한 인물이었고, 덜 역동적이었다. 그는 선거 결과에 반대하여 격분한 PRD의 거리 데모에 맞서야 했다. 멕시코의 트럭이 미국의 도로를 여행할 수 있는 권리와 같은 몇몇의 NAFTA를 맞이하기 위한 조건을 미국에서 얻어 내는 것에 실패하고, 멕시코 이민자들에 대한 미국의 반대 캠페인이 거칠어지고, 2008~2009년 사이에는 미국의 재정 및 경제의 후퇴의 결과가 나타났다. 이 모든 것들은 무역으로 인한 세수가 주는 것을 의미했다. 석유 가격이 낮아지고, 미국에서 일하는 멕시코 사람의 송금액이 줄었으며, 돼지독감으로 인하여 수백 명의 사람이 죽고 공포를 형성하는 일이 일어났다.

그러나 이 나라의 가장 오래된 정치 문제는 미국에 공급하기 위한 마약 무역이 싹튼 것과 같은 법과 질서의 퇴보였다. 법원과 경찰이 부패해지고, 갱들의 전쟁과 살해로 인하여 폭력이 만연한 무법천지가 되어 갔다. 미국의 압력을 받자 마약에 대해 무엇인가 하는 것처럼 보였지만, 정치적 이유의 두려움 때문에 무기사용에 대해 엄격하게 단속하거나 형벌을 부과하는 대신에 의료적인 방법인 "재해 줄임"으로 접근하였다. 깔데론은 희망 없는 부패한 경찰력 대신에 멕시코 군대에게 반마약 작전을 지시했지만, 군대에도 부패와 기강의 무너짐이 영향을 주기 시작하는 것을 보아야 했다.

예외 조직의 반대

PRI가 우향함에 따라 넓은 땅을 소유하는 것에서 공동 소유의(그러나 일반적으로 경작은 개인적으로) 에히도로 바뀌는 농지개혁도 포기하게 되었다. 이는 1960년대의 학생운동에서 남은 좌파들에 의해 조직된 '가톨릭 자유 신학 풀뿌리 기구'를 통하여 움직이는 농민군들이 반란을 일으키는 원인을 제공하였다. 혁명 시절의 위대한 토지 개혁자인 에밀리아노 사빠따의 이름을 딴 이 반란은 커피의 값이 떨어지고 과테말라 농업 이민자에게 밀린 치아빠스의 남쪽 국경지대에서 시작하였다. 사빠띠스따 군대를 만든 치아빠스 원주민은 1995년 1월에 봉기하였다. 잘못 취급된 것으로 잘 알려진 이 사람들은 '에히도'라는 고귀한 목표를 지지하였다. 그들의 역설적이고 의문점이 많은 부사령관 마르꼬스는 멕시코 사람들의 공감을 일으켰다. 사빠띠스따의 군대가 정부를 상대로 승리를 얻기에는 역부족이었지만, 그들을 제거하려고 전면적으로 군대를 보낸다면 멕시코 남쪽에 베트남과 같은 전쟁을 일으킬 것이며 정치가 그 문제에 말려들 것이라고 정확하게 본 멕시코정부는 결정되지 않은 협상과 절대로 완전히 지켜지지 않는 협약 및 주요 국제 방송매체의 레이더를 통제하는 지역적인 억압 전략을 계속하는 것으로 고정시켰다.

멕시코시티의 서남쪽에 위치한 산지의 게레로 주는 언제나 강도와 게릴라들의 고향이었다. 때때로 게릴라 운동이 나타났고, 이는 때때로 산지로 이루어진 다른 주로 퍼졌다. 그러나 이들이 힘을 가지는 것은 전혀 문제가 되지 않는다. 이 나라는 너무 크고, 너무 복잡하기 때문이다. 정부가 힘이 줄어들어도 정부가 갖고 있는 조직은 어떤 게릴라 군대보다도 강할 것이다.

1980년까지의 경제 구조와 역할

　1980년대 초까지 이 나라의 경제적 활동은 매우 인상적이었다. 1940~1980년 사이의 국민총생산의 성장은 매년 7~8%였다. 산업은 내수시장과 특별 가격 협정을 유지한 수출 시장의 양쪽으로 성장하였다. 오늘날 약 800만 명의 멕시코 사람들이 농지에서 일한다. 멕시코 북쪽에서는 겨울야채 같은 특별한 작물을 키우는 상업적 농업을 한다. 대부분은 미국으로 수출되어 중요한 외화 수입원이었다.

　1970년 중반부터, 멕시코의 주요 산업과 수출품은 석유였다. 자동차 시대가 오기 전인 20세기 초까지는 아직 석유에 대한 수요가 적었다. 멕시코는 그때까지 세계를 이끄는 산유국이었다. 1938년까지 국제적인 석유회사들이 멕시코에서 활약했다. 그들은 세금을 덜 내고 노동가격을 최소한으로 줄이려고 하였다. 따라서 그 지역의 사람들은 대체적으로 외국석유회사를 싫어하였다. 1938년 라사로 까르데나스가 석유회사의 국유화를 단행하자 그의 인기는 높아졌다. 멕시코 사람들은 그것을 경제적 독립 선언이라고 간주하였다. 그러나 국유화 이후에 다국적 회사들은 다른 곳에서 원유를 구했지만 멕시코의 생산은 내수시장에만 공급할 정도로 떨어졌다. 지금은 PEMEX라고 불리는 국영석유회사는 기왕에 시추되었던 구멍에서만 생산하고 본격적으로 생산할 동기와 자본이 모자랐다.

　그러나 몇 년이 가자, PEMEX는 해저시추만 빼고 시추탐사, 생산, 정제, 그리고 판매까지의 모든 공정에 필요한 기술을 습득하였다. 지불방법이 발달하고 1970년대에 국제 석유가격이 가파르게 오르자 PEMEX는 멕시코 소유의 엄청난 매장량에 대한 탐사를 수행하였다. 1997년 중반에 입증된 잠재적인 매장량은 300조 배럴을 넘었다. 게다가 이 추정은 수화탄소의 광상을 포함할 수 있는 퇴적층의 일부만 탐사한 것을 나타낸 것이다. 멕시코는 세계 석유생산에서 4번째의 자리를 차지했으며, 사우디아라비아와 베네수엘라에 이어 3번째로 큰 수출국이 되었다.

　국가주의와 사회주의가 강하게 반영된 복합 자본주의의 모호한 경제조직은 권위주의적인 성격이 바닥에 깔린 민주적인 기구들의 모호한 정치조직과 나란히 존재하였다. 비슷하게, 멕시코는 외교정책에서도 오랜 역사 동안의 간섭, 모욕, 영토의 손실을 반영하는 거인 이웃에 대한 조심과 두 나라의 정치와 경제의 상대적 힘에 대한 이해를 겸비하였다. 즉, 시비조로 맞서는 것은 생존력 있는 선택이 아니라는 의미이다. 그래서 정보를 제대로 갖고 있는 관찰자들은 미국과 협력하는 한편 국수주의적인 외교정책을 갖고 있다거나, 전면에서는 국수주의를 내세우지만 뒤에서는 미국에 아첨하는 정책을 갖고 있다고 한다.

혁명적인 미사여구와 정부가 수행하는 여러 사회보장과 경제계획에도 불구하고, 20세기의 멕시코는 혁명의 목적과는 멀어졌다. 멕시코의 경제성장은 의심할 바 없지만, 성장의 혜택은 월급분포상의 중간 및 상위층으로 집중되었다. 게다가 특혜와 부가 만연하였고 완전고용을 이루는 것에는 전혀 가까이 가지 못했다. 그럼에도 불구하고, 대부분의 관찰자들은 불완전한 세상에서 공유하는 상대적인 기준에 따르면 20세기 후반까지 멕시코의 경험은 성공적이라고 보았다.

지속적인 경제성장은 정치적 안정을 유지할 수 있게 하였다. 대부분의 기간 동안 경제는 꾸준히 발전하였다. 멕시코는 다른 어느 나라보다도 지속적인 경제발전을 하였다. 정치체재는 안정되었고, 몇 번 위기가 있었으나 1920년부터 끊기지 않고 합법적으로 계승하였다. 여러 라틴아메리카 국가에서 아직도 매일의 근심으로 존재하는, 군대가 힘을 가질 가능성은 멕시코에서는 이미 먼 과거의 일이다.

국내시장은 먼 지방까지 계속적으로 확장할 여지가 있고, 거기에 자급자족하는 원주민 인구가 국내시장에 점진적으로 합류하였다. 통신, 사회투자, 기본적인 물품의 준비와 같은 정부지출 기반시설이 부족한 이 나라는 이를 갖추기 위해 발동을 걸고 있었다. 미국의 이웃이라는 멕시코의 지리학적 위치는 끊임없는 자본의 유입과 관광수입, 국경무역, 그리고 재료를 들여와서 조립하여 다시 미국으로 수출하는 비과세지역의 조립공장들(maquiladoras)을 보증하였다. 변환할 수 있는 현금의 안정적인 흐름은 경제성장을 저해할 인플레이션을 피하기 위하여 불필요한 재정적 긴축을 할 필요가 없게 하였다. 그러나 석유로 인한 벼락경기의 불균형한 경제 이후에 공공재정을 제대로 관리하지 못하여 세기말과 새 세기가 시작할 때에는 위기가 오기도 하였다.

불가분의 변화

소련의 붕괴와 함께 민주주의가 승리하자, 세계 자본주의 조직이 그랬듯이 이제는 이윤에 제한을 두는 공산주의(또는 국수주의)에 상관없이 국경을 넘어 최대의 이익을 찾았다. 따라서 고전적인 멕시코 복합 경제는 어느 때라도 바뀌도록 압력을 받았다. 그러나 멕시코 경제모델의 변화는 역사의 대부분의 중요한 사건들처럼 너무 결정적이었다. 몇 개의 요인들이 그 일이 일어나도록 같은 방향으로 작동하고 있었다.

지난 세기의 중간부분을 특징짓는 정치적 및 경제적 모델이 막연하게 계속될 수 없다는 것은 분명하였다. 그중의 하나로, 세계에서 일어나는 사회변화는 멕시코에서 지속된 하나의 정당 체재에 대해 압력을 주었다. 사회가 발전하자 학생들은 더 많이 대학으로 진학했고, 문맹은 줄고, 농부들은 도시로 진출했다. 문맹의 농부들의 나라에서는 그들의 정부가 언제나 올바른 일을 하고 공무원들은 변함없이 경쟁력 있고 공공심이 투철하다고 믿는다. 복잡한 도시거주자의 나라는 대학에서 훈련된 엘리트들이 이끌어 점점 더 회의적이 된다. 점점 커지는 경영자 계급은 정부의 조정에 안달하기 쉽고, 빠른 속도로 늘어나고 있는 교육받은 엘리트 구성원 모두에게 월급이 많고 편안한 자리를 제공하는 것도 가능하지 않다.

멕시코의 안정적인 경제성장은 변화된 원주민들이 점차적으로 내수시장에 합류하는 것과 뻬소와 달러의 안정적인 환율에 기초를 두고 있다. 1970년대 후반에, 이 공식에 휘발하기 쉬운 새로운 요소가 끼어들었다. 국제 석유가격이 오르자 국영 석유 독점 회사 PEMEX는 새로운 석유광구를 탐사하는 비용을 가격에 포함시키는 위험을 감수하였다. 어마어마한 매장량은 국제 석유시장에서 멕시코가 크게 돈을 버는 것을 가능하게 하였다. 그러나 미다스 왕의 손길같이 길게 보면 석유의 수출로 인한 갑작스러운 풍요는 축복이라기보다 오히려 저주라는 것이 증명되었다. 부패는 새로운 단계로 자랐고, 풍요한 외화는 멕시코에서 물건을 생산하기보다는 모든 것을 수입하는 것을 쉽게 하여 멕시코의 공장은 문을 닫게 되었다. 민간의 산업이 활성화하는 대신에 정부의 고용이 버섯처럼 자랐고, 치솟는 물가는 석유 재원으로 혜택을 입는 위치에 있지 않은 사람들의 생활의 안정을 흩뜨렸다.

시간이 감에 따라 필연적으로 석유 가격이 내리자, 호세 로뻬스 뿌르띠요 대통령 (1976~1982)은 정부의 높아진 지출을 조정하는 대신에 석유가격이 다시 오르기를 기대하면서 외국으로부터 돈을 빌렸다. 그것이 이루어지지 않자, 국제신용기구는 멕시코에게 급격하게 소비를 줄이도록 강제하였으며, 가능한 자원은 빚을 줄이는 데에 다 썼다. 그 결과는 석유의 벼락경기(oil boom)로 혜택을 받지 않은 자에게 돌아왔다. 그들은 잇달아 시행된 긴축재정을 정면으로 맞아야 했다.

데 라 마드리드와 살리나스가 멕시코의 독특한 복합경제 모델을 포기하고 세계 자본주의로 멕시코를 편입시켰다. 그리하여 경제가 건전하게 발을 짚고 새로운 발전을 가능하게 하는, 고통스럽지만 필요한 적응의 과정을 거쳤다. 살리나스 치하에서는 그 공식은 성공적인 듯이 보였다. 통화가치는 안정되었고, 다시 경제가 발전하고, PRI의 지배는 경제위기와 함께 잃어버렸던 합법성을 회복하였다.

경제 모델의 변화는 과감하였다. 외국자본이 자유롭게 행동하도록 법을 바꾸었을 뿐만이 아니라, 거대한 규모로 공공산업을 민간자본에게 팔고, 아직도 공공소유가 혁명의 성스러운 이상으로 보고 있는 개혁된 농지에 개인 회사가 사업을 할 수 있게 되었다. 만약 주정부의 소유를 대통령의 친구와 가족들에게 헐값으로 넘기지 않았다면 더 컸을 민간소유화 프로그램의 이윤으로 살리나스는 심각한 가난을 줄이는 계획인 '연대(Solidarity)'를 가동시켰다. 그것은 멕시코의 임금이 적은 사람들을 구조적으로 개혁하는 충격을 부드럽게 하는 것이었다. 그것은 또 대통령의 인기에 공헌하였고, 한동안 살리나스는 PRI조직의 "공룡"을 대체할 정치적 행동의 새로운 세대를 공급할 수 있으리라 보았다.

그러나 살리나스 행정의 경제적 안정의 성공은 '믿음의 속임수'에 기초한 것이었다. 긴 기간의 통화 안정과 짧은 기간의 경제적 성장은 잠재적으로 날아버릴 투자펀드에 의한 재원이었고, 그중의 많은 것이 정부와 연결된 높은 이윤에 매료된 것이었다. 재정 마술사로서의 자신의 이미지를 망치고 싶지 않았던 살리나스는 그렇게 하는 것이 유리할 동안 멕시코의 뻬소의 가치를 떨어뜨리지 않았다. 그의 후계자, 에르네스또 세디요 정부에서 과대평가되었던 것이 마침내 터지자 자본은 멕시코에서 빠져나갔다. 뻬소의 가치는 급격히 떨어지자 '구조적 개혁'이라는 새로운 외자를 빌려오고, 향유하던 삶의 질이 떨어졌다.

많은 사람들이 희망하여 1995년에 시작된 NAFTA는 멕시코와 캐나다의 경제를 미국에 포함시키는 취지였다. 멕시코는 이미 부분적으로 포함되어 있었다. 국경지대의 마낄라도라(maquiladora)에서는 미국에서 원료를 받아 조립하여 다시 수출하는 데에 관세를 적용하거나 제한을 받지 않았다. 그와 같은 협정으로 어떤 사람들은 이들을 보고, 어떤 사람들은 손해를 보았지만, 모든 합해 보면 국경 양쪽에서 모두 이득이었다. 그러나 더 센 힘은 그 자신의 이익을 위하여 협정을 바꾸는 것을 기대할 수 있었다 (NAFTA는 자본이 움직이는 것이지 노동은 아니었다). 규정들에 반공해 법의 옷을 입히고, 공정노동실행의 조항을 덧붙였으나, 미국의 공장에서 온 정치적 압력으로 그것들을 효과가 없도록 할 만큼 동력은 약해졌다. 자본이 냉혹하게 낮은 가격과 높은 이윤을 추구하는 것은 미국을 떠난 일이 멕시코에 오래 머무르지 않고 중국으로 떠나는 것을 의미했다.

사회구조와 문제들

경제발전이 안정적일 동안, 외채, 물가상승, 1980년대와 1990년대의 내핍 이전, 대부분의 멕시코 사람들에게 모든 것이 점점 좋아졌다. 기대 수명은, 질 좋은 삶에 대한 좋은 관측방법인데, 1950년에 48세에서 1986년에는 68세로 올랐다. 문자를 아는 사람들은 66%에서 90%로 올랐다. 해결하지 못하는 사회문제를 일으키는 인구 증가는 1960년 3.2%, 1970년대 2.9%, 그리고 1980년대에는 2.4%로 줄었다.

그러나 사회적 진단에 의하면, 개선을 멈추었고, 수입은 취소되어 경제적으로 질 좋은 삶이 악화하였다. 1990년대 중반의 삶의 질은 1960년대로 돌아갔다. 1995년의 멕시코 사람 중의 10%가 41%의 수입을 얻은 반면에, 하위 20%는 3.2%의 수입을 얻었다. 도시사람의 반 정도가 정기적인 임금을 받는 직업이 없이, 부정기적인 계약 일, 노점상, 법률적으로 의심스러운 활동을 하게 되었다. 농촌에서는 반 이상의 주민들이 토지 없는 노동자였고, 그 나머지는 살아남기에도 부족한 작은 토지를 가졌다.

멕시코시티의 문제들

인구는 언젠가는 증거의 속도가 줄겠지만, 이미 생긴 주요한 문제들을 피하기에는 너무 늦었다. 인구의 증가와 외부로부터의 유입은 멕시코시티를 세계에서 가장 큰 도시로 만들었다. 이는 집, 직업, 이동수단, 위생 등의 산더미 같은 문제를 의미한다. 정부의 활동은 이와 같은 문제들을 해결하는 데에는 아주 만족스럽지 못하다. 1985년 대지진이 있은 뒤에는 더 나쁜 상황이다. '완전 실업'과 '반 실업'이 아주 심각하다. 집 표준의 수준은 고르지 못하여 가난한 사람들은 네사우알꼬요뜰과 같은 외곽도시로 밀려났다. 공해는 건강을 위협할 정도로 심하다. 지상이동은 시련, 그 자체이다. 일하러 가는 데에 2시간이 걸리고, 돌아오는 것도 마찬가지이다. 다만 지하철이 개통되자 출퇴근 시간에 대한 부담을 약간 덜어주었다. 그러나 기운찬 시장, 마누엘 로뻬스 오브라도르와 PRD의 그의 후계자들은 도시의 문제들을 해결하기 위해 진지하게 노력하겠다고 약속했다. 적어도, 한동안은 멕시코시티의 관료와 경찰들은 부패를 줄일 것이다.

정치적 체재의 변화

경제발전의 정치적 효과는 다른 이유로 자라난 정치적 문제들의 강화하는 경향이 있다. PRI가 지배할 때 적용하던 일반적인 전략은 멕시코 사회의 변화로 인한 정치적 압력은 전략적인 후퇴, 즉 야당을 정치적 게임에 종사하도록 하여 그들의 반대를 조직 내의 헌정 수단에 넣도록 허용하는 것이다. 이는 야당이 무엇인가를 얻었다고 느끼게 하지만 국가 전체로 볼 때에는 효과적인 결과를 가질 수 없는 수준이었다. 때때로, 선거법을 개정하여 야당이 의회에서 약간의 의석을 얻도록 하고, 마찬가지로 시의회에서도 야당이 조금 승리하도록 한다. 시간이 가자, 허용하는 것이 조금 더 커져서 반대파가 승리하여 '의장의 직(governorship)'을 얻고, 상원에서도 야당이 의석을 차지하였다. 마침내 작은 변화들이 모여서 큰 변화를 이루게 되었고, 멕시코의 정치 생활은 언제나 가졌던 앞모습, 헌정 민주주의로 가까이 가게 되었다.

오랜 세월 동안의 특별함 후에, 멕시코는 '보통' 나라로서의 미래와 마주쳤다. 오늘날은 방송 매체와 정치적 과정이 돈에 의해 매우 영향을 받는다는 것을 의미하고 PAN은 영원히 지배하고자 갈고리를 걸고 굽히고 있다. 멕시코의 옆에는 여전히 경제적 이익에 의해 지배되는 나라가 주도권을 잡고 있고, 또한 용서가 없는 국제적 금융조직에 멕시코의 경제가 깊이 파묻혀 있다. 언젠가는 멕시코가 20세기의 위대한 사회혁명이 일어났던 곳이었다는 것이 다른 점을 만들까?

추천도서

Barry, Tom, ed. Mexico: A Country Guide. Albuquerque, N.M.: Inter—Hemispheric Education Resource Center, 1992. 멕시코의 정치, 정부 및 경제에 대한 자세한 보고 및 분석을 하였다.

Basanez, Miguel. El Pulso de los Sexenios: 20 anos de crisis en Mexico. 2d ed. Mexico City: Siglo

XXI, 1991. 의견 집단(opinion poll)에 의해 나타난 대중의 태도에 대한 경향을
다루고 있다.

Collier, Ruth Berins. The Contradictory Alliance: State－Labor Relations and Regime Change in
Mexico. Berkeley, Calif.: International and Area Studies, 1992.

Grayson, George W. The United States and Mexico: Patterns of Influence. New York: Praeger,
1984. 이 책은 멕시코와 미국 사이의 역사와 관세의 관계를 다룬 매우 훌륭한
책이다. 석유와 가스에 대한 중미와 쿠바 시장 전략, 멕시코 사람들의 미국으
로의 불법이민과 같은 핵심적인 이슈에 대한 것을 포함하고 있다.

Hellman, Judith Adler. Mexico in Crisis. 2d ed. New York: Holmes & Meier, 1983. 멕시코 좌
익의 정치적 실천에 대한 좋은 비평서이다.

Informe. 멕시코의 대통령이 제출하는 연례보고서는 멕시코의 정치와 정책에 대한 가장
중요한 자료 중의 하나이다. 그림을 붙이고 그림의 개요와 그 전해에 수행했
던 일에 대한 검토(그래서 불공정하기 어렵다), 그리고 앞으로 올 일에 대한 예
측을 쓴다. 보고서는 주요 일간지에 게재되며 대통령 직책상의 보고서와는 분
리된다(때때로 미대사관이 이 보고서를 번역하기도 한다).

Levy, Daniel, and Gabriel Szekely. Mexico: Paradoxes of Stability and Change. 2d ed. Boulder:
Westview, 1987. A brief text of outstanding quality, 이 책은 데 라 마드리드 대통령 시절의
멕시코 정치와 선－콜롬비아에 대해 기술했다.

Lustig, Nora. Mexico: The Remaking of an Economy. Washington, D.C.: Brookings Institution,
1992.

Meyer, Michael C., and William L. Sherman. The Course of Mexican History. New York: Oxford
University Press, 1979. 이 책은 읽기가 쉽고 꼬르떼스 이전의 시기부터 호세 로
뻬스 뽀르띠요 대통령까지의 역사가 잘 조사되어 있다.

Needler, Martin C. Mexican Politics: The Containment of Conflict. 3d ed. New York: Praeger,
1995. 이 일반적인 책은 역사, 지리, 정치, 사회구조를 이 장의 관점으로 기술
하였다.

Politics and Society in Mexico. Albuquerque: University of New Mexico Press, 1971. 해석적인
에세이로, 대체로 낙관적이며 긍정적이다.

Pastor, Robert A., and Jorge Castaneda. Limits to Friendship: The United States and Mexico.
New York: Knopf, 1988. 정부에서 높은 직책을 수행했던 두 학자가 미국과 멕
시코의 관계와 두 나라의 협력을 방해한 잘못된 인식에 대해 기술한 이 훌륭
한 책에서 대안의 장을 썼다.

Paz, Octavio. The Labyrinth of Solitude. Translated by Lysander Kemp. New York: Grove, 1961.
멕시코의 지도자들 중 하나의 편지에 쓰인, 멕시코의 나라 성격에 대한 훌륭
한 토론이다.

Philip, George. The Presidency in Mexico. New York: St. Martin's, 1992. 최근의 몇몇 대통령

의 임기에 대하여 정치적, 경제적 요인뿐만이 아니라 정신적 것을 고려하여 시험한 책이다.

Raat, W. Dirk, and William H. Beezley. Twentieth—Century Mexico. Lincoln: University of Nebraska Press, 1986. 이 우수한 모음책에서는 "뽀르피리오 디아스부터 석유달러까지"에 대해 쓸모 있는 설명을 한 장이 있다.

Ruiz, Ramon Eduardo. The Great Rebellion: Mexico, 1905-924. New York: Norton, 1980. 멕시코 혁명이 이루어지게 한 사건, 조건, 지도자들에 대해 매우 잘 조사하고 완벽한 각주를 붙인 책이다. 수사적으로 약속한 사회적 및 경제적 정의를 이루지 못한 중산층 반체재 인물에 의해 이끌린 부르주아지 혁명으로 멕시코 혁명을 규정하였다.

Selee, Andrew D., ed. Mexico in Transition, Washington, D.C.: Woodrow Wilson Center, 2003. 지도적인 언론평론가들이 멕시코 사회, 경제, 정치의 여러 면에 대하여 요약한 보고서이다.

Wilkie, James W., and Albert L. Michaels. Revolution in Mexico: Years of Upheaval, 1910-940. New York: Knopf, 1969. 이 책은 여러 저자들의 글을 다시 인쇄한 '자료집'으로, 몇몇의 원 자료와 유용한 연대기를 포함한다.

Wolf, Eric. Sons of the Shaking Earth. Chicago: University of Chicago Press, 1959. 인류학자에 의해 쓰인 멕시코 역사로, 꼬르떼스 이전과 식민지시기를 알고자 할 때 유용한 책이다.

Womack, John, Jr. Zapata and the Mexican Revolution. New York: Random House, 1970. 이 책은 멕시코 혁명에서 단계적으로 일어난 일과 농업혁명을 위해 영웅적으로 싸운 인물의 역할에 대해 자세히 썼다.

· 미주

1) The "Historical Foundations" section of this chapter was written by Fred R. Harris; "Mexico in the Twenty–First Century" by Martin C. Needler.

2) Raul Bejar Navarro, *El Mexicano: Aspectos culturales y psicosociales* (Mexico City: Universidad Nacional Autonoma de Mexico, 1979).

3) William C. McNeill, *Plagues and People* (Garden City, N.Y.: Doubleday Anchor, 1976), p. 207.

4) 역자주, encomienda, 스페인 식민통치 초기에 원주민들을 농장으로 나누어 보내어 일을 하게 하는 제도로, 나누어서 보내진 원주민들을 의미한다.

5) 역자주: corregidor, 스페인 식민지 체계에서 세운 지방의 지배자.

6) 역자주: 마을 주민들의 공동 경작지로 개인의 소유 및 양도가 될 수 없었다.

7) 역자주: garbanzo, 콩과의 곡물.

8) 역자주: 1920년대에 멕시코 정부에 저항하여 일어난 가톨릭신자들의 군대.

9) 역자주: Sesenio, 6년의 기간.

16. 혁명에서 저강도 민주주의까지

토마스 W. 워커 & 크리스틴 J. 와드(김영철 옮김)

1970년대와 1980년대 중미는 혼란기였다. 10년간 경제적·정치적 한계화가 진행되면서 현상유지 세력과 체제 변화 요구 세력 간의 폭력적 대립으로 이어졌다. 1979년에 니카라과에서 산디니스타민족해방전선(Sandinista Front for National Liberation, FSLN)이 승리하면서 미국이 주도하는 비싼 비용과 피비린내 나는 반혁명 운동을 일으켰다. 이 운동은 니카라과 국민들이 미국의 입장을 수용하는 보수적인 정부를 선출할 때까지 약 11년간 지속되었다. 혁명군과 보수 엘리트 집단의 무장투쟁은 각각 1992년 엘살바도르와 1996년 과테말라에서 포괄적인 평화 정착과 민주화 협의가 이루어지면서 잦아들었다. 온두라스와 코스타리카의 경우에도 직접적인 무장투쟁은 없었으며, 인접 국가들과 함께 평화를 정착시켰다.

중미 지역의 민주화 이행은 경제정책의 변화와 함께 진행되었다. 당시 지배적인 경제모델이었던 워싱턴 컨센서스가 신자유주의 경제정책을 추진할 것을 요구했다. 이러한 구조개혁으로 정부의 관료주의와 사회적 서비스가 감소하고 공기업의 민영화가 이루어졌으며, 소작농 중심에서 민간 수출 대기업 중심으로 정책적인 변화를 시도했고, 사회적으로 역행하는 정책들은 수출 장려정책으로 변경했다. 이런 과정을 통해 외환수입이 확보되어 그동안 누적된 대규모 외채를 상환하게 되었다. 대부분의 신자유주의 정책들은 19세기 말과 20세기 초에 실시된 자유주의의 농업 주도 수출 정책과 자유 방임주의를 생각나게 할 정도였다. 이런 정책들은 새로운 민주주의의 출현을 암시했다.

폭력적인 분쟁은 끝났지만 시민들과 민주 정부에 새로운 위협이 나타났다. 범죄 증가, 불평등과 주변화의 심화, 부패와 면책 등이 이 지역에서 가장 허약한 국가들의 민주적인 거버넌스에 대한 불확실성을 증대시키고 지지를 약화시키고 있다. 역사적인 변화가 진행된 지 채 20년도 되지 않아 의미 있는 변화에 대한 전망이 "저강도 민주주의 (Low–intensity)"로 전락해 버렸다. 신자유주의 경제정책이 추진된 지난 20년간 불만이 쌓인 민중들이 중미 국가에 좌파 정권을 창출했다. 사실 민주적인 거버넌스 지지를 회복하고 있던 국가들에서는 가장 큰 도전이 될 것이다.

현재의 차이와 그 역사적 결정요인들

광범위한 변화의 매트릭스에서 검토하고 설명할 국가들은 상당히 다른 점들이 많다. 예를 들어, 왜 코스타리카와 온두라스는 상대적으로 평화로운데 니카라과, 엘살바도르와 과테말라는 폭력적인 반란을 경험했을까? 존 부츠, 크리스티안 웨이드, 토마스 워크는 아마 중미 5개국의 역사형성 과정에 그 답이 있을 것이라고 제안했다.[1] 단순한 예를 보면 인구 중에 원주민들이 많이 차지하고 있던 과테말라, 니카라과, 엘살바도르는 16세기 초반에 스페인 군대에 의해 빠르게 정복되었고, 유럽의 지배 계급을 부유하게 하는 착취가 자행될 수 있는 하위계급이 광범위하고 뚜렷하게 형성되었다. 이들 국가에서는 매우 불평등한 사회가 정복자들이 도착한 지 몇십 년 사이에 완전히 정착되었다. 반면 코스타리카는 원주민들이 강력하게 저항했고, 스페인인들이 정착한 비옥한 고지대 지방에서 쫓겨나거나 탈출했다. 때문에 코스타리카에서는 뚜렷한 착취 하위 계급이 만들어지지 않았으며 이곳에 정착한 스페인인들이 만든 사회는 상대적으로 좀 더 평등했다. 온두라스는 20세기까지 인구가 매우 적었고 자급자족과 착취적인 지배계급의 발전이 매우 느리게 진행되어 경제적으로 정체되었다.

1970년대까지 독특한 사회·역사적 경험으로 코스타리카는 민주주의와 복지국가로 발전했다. 온두라스 정부는 풀뿌리 민주주의 요구에 립서비스만 하고 있다. 독재체제가 정착한 나머지 3개국은 사회정의 실현을 요구하는 다수의 국민들에 폭력으로 대응하는 것이 일상화되어 있다. 지역 전체에 사회문제가 만연되어 있는데 니카라과, 과테말라와 엘살바도르에서만 광범위한 수준의 해결 실마리를 찾고 있다. 사회적 요구는 1970년대와 1980년대의 무장반란을 주도했던 사악한 공산주의자 반란보다도 먼저 사회 문제를 해결해 줄 것을 바라고 있다[2]

3개국의 혁명

니카라과, 엘살바도르와 과테말라가 오랜 무장반란을 경험했지만 니카라과만이 실질적으로 저항군이 권력을 장악했다. 왜 니카라과에서만 반란군이 권력을 장악하는 데 성공하고 나머지 국가에서는 성공하지 못했는가의 질문은 매우 흥미롭다. 아마도 티모시 위컴 크롤리(Timothy Wickham–Crowley)가 가장 잘 설명하고 있는 것 같다.[3] 그는 단일 요인 이론을 거부하고 20년 전의 쿠바를 제외한 라틴아메리카 어디에서도 찾아볼 수 없는 4가지 조건을 갖추었다고 주장한다. (1) 니카라과(쿠바)가 갖춘 이상적인 사회적 조건(매우 열악한 환경에 살고 있는 가난하고 착취당한 농촌 인구), (2) 우수하고 탄력적인 게릴라 운동, (3) 목표로 한 체제가 비열해서 정치적 토대가 매우 허약, (4) 이상적인 국제환경(미국의 일시적인 독재자 지원 철회)이 그것이다.

과테말라와 엘살바도르는 두 가지 조건만 충족시킨다. 두 국가는 군부와 민간 대통령들이 상대적으로 짧은 기간에 서로 승계했다. 잔인하고 비민주적이기는 하지만 양국 정부는 쿠바의 풀헨시오 바티스타(Fulgencio Batista)와 니카라과의 아나스타시오 소모사(Anstacio Somoza) 정부의 카우디요 지배구조인 마피아주의(Mafiacratic)는 아니었다. 결과적으로 엘살바도르와 과테말라의 중간계층과 상류층들의 체제 충성도가 유지되고 있다. 더욱이 니카라과에서 산디니스타가 승리하면서 미국이 나머지 두 나라에서 좌파의 승리를 예방하는 데 초점을 두고 있었다. 비록 정권을 창출하지는 못했지만 양국의 반란군들은 평화의 대가로 억압적인 체제에 주요한 변화를 수용할 것을 강하게 요구했다.

니카라과

산디니스타 집권기: 1979년 7월 19일부터 1990년 4월 25일까지 니카라과는 명백한 혁명정부였다. 그러나 소련과 동구권의 사회주의 모델의 약화, 쿠바의 경험(개인숭배, 지나친 경제 민족주의 등) 등으로 산디니스타는 온건하고 실용적인 경제정책을 개발했다.[4]

산디니스타 혁명은 이행과 재구성(1979~1984)과 헌정기(1985~1990)로 구분할 수 있다. 첫 번째 시기는 개혁, 실험, 과욕(excess), 약간의 성공적인 운영이었다. 두 번째 시기는 군사적 위협은 없었지만 미국 주도의 콘트라 전쟁이 혁명을 약화시키고 종국에는 투표로 정권을 이양해야 하는 심각한 경제적 인명 손실을 끼쳤다.

과도기: 경제정책이 이행기에 시행되었고 그동안 유지되었던 혼합 경제를 유지했다. 재산 몰수는 주로 아나스타시오 소모사와 그의 측근들이 소유한 토지와 기업으로 국한되었다. 몰수한 기업은 공기업과 협동기업으로 전환되거나 가난한 사람들에게 분배되었고 국내 총생산의 60%가 민간에 의해 유지되었다. 실제로 산디니스타의 계획에 강하게 반발했지만 민간부문은 유리한 환율과 생산력을 유지하는 기타 정책 등을 통해 실질적으로 활성화되었다.

이러한 국내경제정책을 보완하기 위해 산디니스타 정부는 국가부채의 이자 지불과 재협상, 자유주의적인 외국인투자법 등과 같은 국제정책을 통해 서구세계에서 니카라과의 신용도를 유지하려고 했다. 이러한 경제정책들은 성공했다. 1979년부터 1983년까지 니카라과의 1인당 국민총생산은 7% 성장했는데, 중앙아메리카 전체적으로는 -14.7%를 기록했다.[5] 그러나 콘트라 전쟁과 미국 주도의 국제 대출 보이콧의 영향으로 니카라과 경제는 1984년에 위축되어 1985년에는 수직으로 하락했다.

신정부는 이 기간 혁신적이고 성공적인 사회 프로젝트를 추진했다. 1980년의 문맹퇴치를 위한 저비용의 풀뿌리 프로그램과 1981년의 보건 프로그램이 성공적으로 추진되었는데 1984년 레이건 대통령의 키신저 위원회가 "니카라과 정부가 문맹퇴치와 질병 근절에 의미 있는 성과를 얻었다"고 인정할 정도였다[6].

이와 더불어 정치와 정부사이트에서도 개혁이 추진되어 성공을 거두었다. 첫째, 정부가 지역운동, 여성, 청소년, 도시와 농촌 노동자, 농민을 대표하는 단체들을 조직하거나 강화하는 것을 인정했다. 이런 단체들이 자신들의 선거구에서 이익집단을 조절하는 책임을 지니고 있었고 시민 지원 프로그램(문맹퇴치, 보건, 지역감시)을 운영하는 업무를 대행했다. 1984년에 미국 대사관 내부 문건은 16세 이상 전체 인구의 거의 절반에 가까운 약 70만 명에서 80만 명이 단체 회원이었다고 보고했다.[7]

이 기간 혁명은 과도기를 거쳐 선거에 의한 입헌정부로 전환되었다. 정부의 첫 번째 변화는 다수가 참여하는 행정부 혹은 혁명 평의회로 구성하는 것이었다. 조합적인 입법부(국가위원회), 하급법원과 고등법원으로 구성된 사법부가 소모사 전범 소송을 위한 반소모사 재판을 추진하였으나 나중에는 콘트라를 심리하는 법정으로 바뀌었다. 그러나 1983년에 국가위원회가 1984년 11월에 깨끗하고 경쟁적인 선거를 국제감시단[8]의 참관으로 실시하고, 1985년 다니엘 오르테가(Daniel Ortega)가 제헌의회에서 선서할 수 있는 선거법과 정당법(스웨덴의 선거위원회의 제언으로 작성되고 서유럽의 사례를 모델로 함)을 제정했다.

마지막으로 인권 영역에서 산디니스타의 정책들은 완벽하지는 않았지만 당시 라틴아메리카 국가들 중에서는 가장 앞서 있었다. 북부 중앙아메리카에 있는 미국 지원 체제와 비교해도 더 좋은 환경이었다. 전국이 혼란한 상황이었기 때문에 시민의 자유는 제한되었으나 종교의 자유가 전반적으로 보장되었고 암살단이 없었고, 비합법적인 생명 박탈은 상대적으로 극소수에 불과했다.[9]

1980년 초반 니카라과에서 가장 열악한 문제는 외교적인 것이었는데 특히, 미국과의 관계가 가장 좋지 않았다. 니카라과는 지속적으로 미국의 슈퍼파워와 선린 관계를 유지하고 싶다고 피력했으나 니카라과 혁명의 성공은 제2의 쿠바라는 측면에서 시작부터가 워싱턴 정가에 대한 경고 메시지였다.[10] 카터 행정부는 냉랭했지만 니카라과의 신정부와 관계를 개선시켰던 반면 1981년 1월에 취임한 레이건 행정부는 즉각적으로 중앙아메리카에서 소련과 쿠바의 위험한 세력 확장을 봉쇄했다. 니카라과 혁명 정부에 맞설 반혁명 군대를 훈련시키고, 장비를 지원하고 교육시켰고, 세계은행과 미주개발은행의 차관을 동결하도록 영향력을 행사했고, 산디니스타를 고립시키기 위한 계략과 대규모 캠페인을 실시했다.[11]

헌정기: 산디니스타 집권 후반기는 대단한 성공과 심각한 경제적, 사회적, 정치적 후퇴가 동시에 일어났다. 인권존중은 상대적으로 높은 수준에서 유지되었다. 신정부 기구는 1984년 선출된 제헌 의회에서 구성되었다. 수많은 공개토론 후에 신헌법이 1987년에 공포되었다. 같은 해 대서양 연안 국민들을 위한 혁신적인 자치법이 승인되었다. 그 후 1988년에 새로운 정당법과 선거법이 통과되었고 1989년 두 번째 청산법의 기본 원칙이 수정되었고 1990년 2월 국제적인 감독하에 선거가 실시되었다. 2개월 후 패배한 산디니스타 민족해방전선은 야당에게 정권을 넘겨주었다.

이러한 것들은 투표에서 산디니스타 민족해방전선이 패배하는 어려운 시기였음을 나타내준다. 콘트라 전쟁 비용, 미국이 주도하는 국제 경제 제재와 산디니스타의 실정들이 1988년에 연 33,000%에 이르는 하이퍼인플레이션에 도달하는 경제위기를 초래했다. 그해에 추진한 구조개혁으로 인플레이션이 1989년에 1,690%로 하락했지만,[12] 때이른 신자유주의 정책으로 실업과 사회적 고통이 극심했다. 이와 더불어 정부의 사회 프로그램 감축과 전쟁으로 인한 막대한 인명 피해(약 31,000명이 사망하고 많은 사람들이 부상당함)[13]가 국민저항연합(National Opposition Union)이 1990년 선거에서 산디니스타를 패배시킬 수 있는 환경을 조성했다.[14]

산디니스타 이후[15]: 비올레타 바리오스 차모로(Violeta Barrios de Chamorro)가 55%의 득표로 당선되어 1990년 4월에 취임했다. 고등교육을 받은 정치 초년생인 차모로는 중요한 몇 가지 점에서 성공을 거두었다. 그녀의 경제정책이 인플레이션을 낮추었고 1990년대 중반에 처음으로 완만하지만 전반적인 경제성장을 달성했다.

그녀의 가장 큰 성공은 평화와 화해를 이룬 것이다. 몇 달간의 협상을 거친 후 콘트라 전쟁은 1990년 중반에 종식되었다. 산디니스타 움베르또 오르테가(Humberto Ortega) 장군의 승인으로 차모로는 산티니스타 인민군대를 8만 명에서 1만 5천 명으로 줄일 수 있었다. 차모로는 미국과 우익인 국민저항연합(UNO)이 주도하는 복수혈전이 될 수 있는 탈산디니스타 과정을 피했다. 결과적으로 새로운 정치 정상화가 점진적으로 진행되었다. 국회에서의 협상은 1994년 신군대법 공포, 1995년의 1987년 헌법 수정 등으로 이어졌다. 1994년 대서양 연안과 1996년 총선이 특별한 문제없이 순조롭게 진행되었다. 1997년 1월에 차모로는 민족해방연대(National Liberal Alliance)의 아르놀도 알레만(Arnoldo Alemán)에게 정권을 이양했다.

이 기간 사회영역에서는 많은 실패가 있었다. 워싱턴과 국제금융기관들이 신자유주의 경제정책을 실시하라고 압박했고 차모로 정부가 가난한 대중을 몰아붙였다. 정부 규모의 축소, 사회서비스의 감축, 국영기업의 민영화, 국내 식량생산보다는 수출 농업을 강조한 정책 등이 일반국민들을 비참한 환경으로 내몰았다. 실업, 잠재실업, 범죄율, 마약, 가정 폭력, 홈리스(특히, 어린이)들이 증가했다.

이런 것들은 정치인들과 정부 정책에 대한 냉소를 자아내게 했다. 윤리적으로 의심스러운 것은 자기보호 법안을 제정한 것인데, 산디니스타 고위급 지도자들이 정권 말기에 많은 재산을 축적하는 데 이용했다. 아르놀로 알레만과 차모로의 사위인 안토니오 라카요가 1996년 대통령 선거를 앞두고 마나구아 시장과 대통령부 장관으로 재임할 때 부정부패를 통해 부를 축적했다는 것이 드러났다. 아이러니컬하게도 니카라과인들은 선거과정과 선거에 집중하고 있었지만, 1990년대 중반 많은 사람들이 정치인, 정당, 많은 정부 기구들에 대해 회의적이지 않았다.

알레만 행정부의 부패가 니카라과인들의 생활환경을 개선시킬 수 있는 경제상황을 더욱 악화시켰다. 사회 서비스 인프라 붕괴로 이어진 부패가 알레만 집권기에 만연했다. 1998년 10월에 허리케인 미치(Mitch)가 니카라과에 몰아닥쳐 2,400명이 사망하고 약 70만 명의 이재민이 발생했다. 사회 서비스와 군대 예산 삭감으로 정부가 위기에 효과적으로 대응할 수 없게 만들어 국제 원조에 의존했다. 알레만은 자유당(PLC)이 장악하고 있는 부처를 통해 기금을 운영하려고 했을 때 국제원조자들이 정부기구보다는 비정부기구 채널을 통해 지원했다.

알레만과 다니엘 오르테가의 협상은 양당체제를 공고화시키는 것으로 1999년 연말에 니카라과 민주주의 발전을 퇴보시켰다. 2000년 초반에 산디니스타 민족해방전선과 자유당선거법을 통과시킴으로써 제3정당을 해산시켰다.[16] 더욱이 고등법원, 감사원과 선거위원회가 산디니스타 민족해방전선과 자유당으로 채워졌다. 전임 대통령들이 종신 의원이 되었고 기소를 면제받았다.

2001년 선거가 두 정당에게 유리하게 진행되었음에도 상대적으로 절차적인 측면에서 깨끗한 선거였다. 알레만의 부통령이었던 엔리케 볼라뇨스(Enrique Bolaños)가 니카라과 정치에서 면책 특권 박탈과 부패 척결을 공약으로 내세워 산디니스타인 오르테가에게 승리했다. 오르테가는 미국이 자신의 재선을 막기 위해 선거를 조작했다고 주장했다. 1990년과 1996년처럼 미국의 압력이 2001년 선거 결과에 결정적인 영향을 미쳤다. 2001년 9월 11일 테러로 미국은 오르테가가 테러리스트들에 연루되어 있다고 주장하고 볼라뇨스를 지지했다. 2002년에 볼라뇨스가 취임한 이후 의회에 알레만의 법적인 면책을 폐지할 것을 요구하고, 그의 부패정부에서 활용된 법률 체계를 파기해 줄 것을 요청했다. 알레만에게 유죄가 선고되었으나 2009년 1월 고등법원은 유죄판결을 뒤집었다. 알레만의 기소 중지 논쟁은 니카라과 정부를 마비시키는 헌정 위기를 촉발시켰다.

산디니스타 민족해방전선의 다니엘 오르테가는 2006년 선거를 통해 다시 권력을 장악했다. 평화, 사랑과 화해를 지지하는 혁명적 이미지를 가진 오르테가는 38%를 득표해 대통령에 당선되었다. 또한 산디니스타 민족해방전선이 의회 내에서 가장 많은 38석, 다음으로는 자유당이 25석, ALN 24석 그리고 MRS가 5석을 차지했다. 오르테가는 니카라과의 지속적인 빈곤 퇴치를 위해 보건, 교육, 문맹퇴치 프로그램과 같은 많은 정책들을 시행했다. 그는 지방 수준에서 빈곤퇴치 프로그램을 감독할 수 있는 시민 권력 위원회(Citizen's power Councils)를 설립했다. 그러나 2008년 지방선거에서 지난 20년간 가장 심각한 사기사건이 일어나 손상되었다. 사전 선거 폭력으로 선거관리위원회가 연루된 정당 2개를 해산시켰고, 국제 선거감시단과 독립적 선거감시단이 인정하지 않으면서 선거 결과에 대해 의문을 제기했다. 산디니스타 민족해방전선이 선거가 치러진 146개 지방자치단체 중에 105개 지방에서 승리했다. 선거 부정 혐의와 항의가 이어지면서 유럽연합과 미국의 원조가 중단되었다. 2009년에 오르테가의 측근들이 고등법원을 장악하면서 권력을 연장할 수 있도록 2011년 대통령 선거에 출마할 수 있게 했다.

엘살바도르

반란 대(對)반란: 1979~1992

엘살바도르는 1970년대에 강력한 동원화의 시기였다. 사회민주주의와 기독민주당뿐만 아니라 가톨릭교회, USAID 그리고 미국의 평화봉사단이 개발 프로젝트와 풀뿌리 참여를 촉진시켰다. 그러나 엘살바도르 엘리트와 군부는 억압으로 대응했다. 1972년과 1977년 선거에서 야당이 명백하게 승리했지만 잔인한 군부정부는 대중들을 이끌던 정당, 이익집단과 종교지도자들에게 보안군을 파견하거나 암살단을 이용해 살해하고 선거결과를 뒤집었다. 이러한 억압에 대응해 많은 정치적 동맹단체들이 1980년에 엘살바도르 민족해방전선(Farabundo Martí National Liberation Front, FMLN)으로 통합되어 소규모 게릴라 군대를 양성했다.

니카라과에서의 산디니스타 승리는 현상유지 세력에게 경고 메시지였으며 엘살바도의 민중단체를 고무시켰다. 이제 독재체제를 붕괴시킬 수 있을 것이라는 확신으로 엘살바도르 민족해방전선은 1981년의 '마지막 공격'을 준비했다. 동시에 니카라과의 사건으로 정신이 번쩍 든 엘살바도르 엘리트들과 미국 정부는 니카라과와 같은 재현을 막기 위한 정책을 실시했다. 니카라과의 승리가 결정된 며칠 후 워싱턴의 정책입안자들은 엘살바도르 군대의 증강을 정당화하기 위해 기존체제가 진보적인 군인과 시민들로 구성된 위원회로 바꾸어 더 수용 가능한 정부로 대체될 수 있다고 결정했다.[17] 1979

년 10월 15일에 온건파들의 쿠데타가 발생해 이 목적이 달성되었다.

다음 12년 동안 현상 유지 세력은 잠재된 혁명을 억제하기 위해 양면전략을 구사했다. 한편으로는 냉전이 끝날 때까지 워싱턴이 반란군에 대한 군사적 우위를 유지시켰다. 미국은 공산주의와의 전쟁에 60억 달러를 제공했는데 주로 치안부대에 주었다. 이 원조 때문에 약 7만 5,000명이 사망했으며 그들 대부분은 시민들이었다. 비록 엘살바도르 체제가 간간이 협상 자세를 취했으나 평화협정에 이르는 진정한 노력은 하지 않았다.

다른 한편으로 전체적인 군사전략을 펼치는 데 필요한 무기를 미국 의회로부터 지원받기 위해 엘살바도르 정부가 민주적이고 진보적이라고 보일 필요가 있었다. 따라서 시민이 실질적인 권력을 가지고 있지는 않았지만 시민과 군부 평의회가 결성된 몇 년 후 제헌의회(1982년)와 대통령(1984년) 선거를 실시했다. 국가 지원 테러와 언론자유가 없는 상태에서 이루어진 선거에서 1984년에는 보수적인 기독민주당의 호세 나폴레옹 두아르테(José Napoleón Duarte), 1989년에는 우익 민족 공화 연맹(ARENA)당의 알프레도 크리스티아니(Alfredo Cristiani)가 당선되었다.

동시에 정부의 사회정책이 좀 더 인도적인 방향으로 바뀌었다. 니카라과에서 산디니스타가 승리한 직후 엘살바도르 정부는 니카라과 혁명의 사회적 영역과 경쟁하고 있는 것 같아 보였다.[18] 산디니스타 정부와 같이 첫 번째 평의회가 농지개혁 프로그램을 시행하고 은행 산업을 국유화했다. 이러한 개혁들의 일부는 실패하고, 일부는 1982년 의원선거에서 우익이 승리하면서 많은 부분 수정되었다. 미국의 대규모 원조가 다양한 시민 활동과 기타 프로그램 운영에 도움이 되었다.

그러는 동안 국제적 상황에 따라 1980년대 초반 엘살바도르 민족해방전선은 목적을 수정했다. 루벤 사모라(Rubén Zamora)의 말에 따르면 1982년에 게릴라들의 전체적인 승리가 목전에 와 있는 듯했다.[19] 그들은 이미 미국이 니카라과 혁명에서 했던 것들을 보았다. 군사적으로 우위에 있다고 확신하고 있었지만 정부가 군사적, 정치적, 사회적 성격을 바꾸는 평화협정에 서명할 때까지 싸우기로 했다.

워싱턴과 엘살바도르 군부는 완벽한 승리를 쟁취하려고 하고, 게릴라들은 평화협상을 하려고 하면서 전쟁을 질질 끌었다. 1989년 연말에 교착상태가 깨지기 시작했다. 그해 초 정부가 엘살바도르 민족해방전선의 후보가 참가할 수 있도록 민주적인 보호 장치를 마련하기 위해 선거를 연기해 달라는 야당의 요구를 거절했다. 반면, 같은 해 11월에 엘살바도르 민족해방전선이 산살바도르(San Salvador)를 공격하여 단번에 이 지역을 몇 주간 장악했다. 더욱이 혼란 속에서 미국에서 훈련받은 아트라카틀(Atlacatl) 대대가 중앙아메리카 대학교에 진입해 예수회 지식인 6명, 가정부와 여자 아이를 사살했다.

이런 결과로 엘살바도르 민족해방전선은 여전히 살아 있을 뿐만 아니라 효과적이며, 정부는 여전히 개혁이 필요하다는 것이 명백해졌다. 소련이 붕괴된 몇 년 후 부시 행정부가 협상에서 입장을 뒤집어서 엘살바도르에서 발생하는 손실을 줄이기로 결정했다. 미국 국무성에 보고를 위해 준비된 엘살바도르의 주요 보고내용은 냉전이 종식되었기 때문에 엘살바도르에서의 승리는 더 이상 의미가 없다는 것이었다. 협상이나 패배가 이전과 같은 나쁜 의미가 아니었다.[20] 이번에는 워싱턴과 우파인 로베르토 다부이손(Roberto D'Abuisson)의 지원으로 UN이 나서서 공식적인 평화 협상을 진행했다.

불완전한 평화(1992년 이후): 1992년 1월의 평화협정은 엘살바도르 민족해방전선이 10년 전에 제안했던 개혁과 변혁 내용을 대부분 포함하고 있었다. UN 감시하에 정부가 정치색을 없애고 점진적으로 군대의 규모를 축소시켰다. 또한 신속배치부대, 재무경찰, 방위군을 폐지할 것을 약속했다. 국립경찰은 분쟁해결 경험자들을 두 진영에서 차출한 시민경찰로 대체하고 군대 규모의 절반으로 줄였다. 특별위원회가 군대에서 전역시켜야 할 전범들의 리스트를 작성했다. 그 이후 진실 위원회가 양 진영과 시민위원의 논의를 거쳐 전쟁 범죄 보고서를 작성했다. 다른 한편으로는 선거 제도와 사법부의 중요한 개혁이 추진되었다. 그리고 토지와 자원은 두 진영에서 전역한 군인들의 정착 지원을 위해 별도로 떼어 두었다. 반면, 엘살바도르 민족해방전선 군대는 해산되었다.

사실 평화협정은 불완전하고 느리게 진행되었다. 엘살바도르 민족해방전선은 예정보다 늦게 해산되었지만 거의 모든 무기가 반납되었다.[21] 특별위원회와 진실위원회가 훌륭하게 임무를 수행했다. 원래의 규정내용과는 다르게 아주 느리게 군대가 축소되고 재조직되었으며 군인들도 전역시켰다. 협정 내용과 완전히 일치하지는 않지만 전면적인 변화가 경찰력에 있었다. 1994년 총선이 공평한 경쟁의 장은 아니었지만 엘살바도르 민족해방전선의 참가가 허용된 가운데 치러졌다.[22] 1994년 선거결과 정부 여당인 민족주의 공화 연합당의 아르만도 칼데론 솔(Armando Calderón Sol) 후보가 당선되어 6월 1일에 취임했다. 민족주의 공화 연합당이 다수 의석을 차지했지만 엘살바도르 민족해방전선이 기독 민주당에 앞서 2위를 차지했다.

칼데론 솔은 세제감면, 부가가치세를 10%에서 13%로 인상, 엘살바도르 통신 전력 회사의 민영화, 살바도르의 콜론(Colón)화와 미국 달러의 태환정책과 같은 크리스티니의 신자유주의 경제정책을 심화시켰다. 이와 같은 신자유주의 경제정책들이 협상 없이 추진되어 전통적인 농업 엘리트들에 반대하는 산업가들로 구성된 민족주의 공화 연합당 내부의 긴장을 초래했다. 1990년에서 1995년까지 경제성장은 연 6%를 기록했지만 1996년에서 2000년까지는 3%대로 떨어졌다.[23] 전반적인 경제성장에도 불구하고 절반에 가까운 사람들이 빈곤선 아래의 생활을 영위했다.[24]

엘살바도르 민족해방전선은 민족주의 공화 연합당의 내부 혼란과 신자유주의 경제 정책에 대한 불만을 틈타 1997년 의원 선거에서 27석을 확보했고 지방선거에서는 수도를 포함한 48명의 시장을 배출했다. 여전히 민족주의 공화 연합당이 의회와 지방에서 우위를 점하고 있었지만 엘살바도르 민족해방전선이 정당으로서의 능력을 입증한 것이었다. 엘살바도르 민족해방전선은 의회와 지방선거에서는 승리했지만 1999년 대통령 선거로 이어지지는 않았다. 엘살바도르 민족해방전선의 파쿤도 과르다도(Facundo Guardado)가 민족주의 공화연합당의 프란시스코 플로레스(Francisco Flores)에게 패배했다.

플로레스 정부는 2001년에 미국 달러로의 화폐개혁을 예상하고 전임자의 신자유주의 정책을 유지했다. 보건 분야의 민영화 계획이 2000년과 2003년 선거 배경에서 두 개의 파업으로 이어졌다. 이전 정권처럼 플로레스는 신자유주의 모델을 고수했다. 그러나 엘살바도르는 2002년 해외 거주자들이 송금하는 20억 달러가 유입되어 신자유주의 모델에 반대하는 심각한 저항을 간신히 피했다.[25]

2000년 선거에서 엘살바도르 민족해방전선은 40석을 얻어 가장 큰 정당이 되었고 시장선거에서도 연합정당 소속 10명을 포함하여 총 77명의 시장을 배출했다. 엘살바도르 민족해방전선은 2003년 의원선거와 지방선거에서 큰 승리를 거두지는 못했지만 의회에서 민족주의 공화 연합당이 2석을 잃으면서 31석을 차지하고 있었다. 더욱이 엘살바도르 민족해방전선이 지지율을 잃어가고 있었지만 2선 시장인 엑토르 실바(Héctor Silva)를 후보로 내세워 산살바도르의 시장에 당선시켰다. 이는 엘살바도르 민족해방전선이 평화협정이 체결된 이후 10년이 지나 정당으로서의 잠재력을 유감없이 발휘한 것이었다. 이런 잠재력이 미국의 관심을 끌어 전 미국대사와 정부관계자들이 2004년 대선에서 엘살바도르 민족해방전선의 승리에 많은 관심을 나타냈다.

그러나 엘살바도르 민족해방전선은 선거에서 승리하지 못했다. 게릴라 사령관이었던 사피크 안달(Shafik Handal)이 민족주의 공화 연합당의 안토니오 엘리아 사카(Antonio Elía Saca)에게 1차 투표에서 패배했다. 사카는 선거에서 민중주의적인 레토릭으로 당선되었는데도 민족주의 공화 연합당의 신자유주의 경제정책을 유지했다. 사카는 범죄와 사회적 불안요소들 해소하기 위해 실패한 '철권(Mano dura)' 정책으로 대부분의 저항 단체들을 불법화시키는 반테러법과 슈퍼 철권통치로 대체했다.

1994년 이후 처음으로 2009년에 국민 총선거가 실시되었다.[26] 민족주의 공화연합당이 추진한 12년간의 신자유주의 정책은 2008년 38억 달러에 달하는 이익송금에 대한 의존도만 높았을 뿐 사회경제적인 발전은 거의 이루지 못했다. 더욱이 범죄 예방을 위해 실시된 철권 정책은 엘살바도르를 서반구뿐만 아니라 전 세계에서 가장 폭력적인 국가로 만들었다. 2007년에는 살인율이 10만 명당 67명이었다. 엘살바도르 민족해방전선은 대중적인 인기를 누리던 텔레비전 기자인 마우리시오 푸네스(Mauricio Funes)를 대통령 후보로 출마시켰다. 게릴라 경험이 없는 푸네스는 이전 후보들보다 훨씬 중도적인 입장이었다. 민족주의 공화 연합당은 전 경찰청장인 로드리고 아빌라(Rodrigo Avila)를 후보로 지명했다. 선거 캠페인에서 민족주의자 공화연합당은 엘살바도르 민족해방전선의 승리로 '사회주의적 위협'이 발생할 수 있다는 냉전체제 레토릭을 강조했다. 그러나 이 메시지는 2004년과 같은 힘을 발휘하지 못해 푸네스가 아빌라를 물리치고 승리했다. 2009년 6월의 대통령 취임식은 경쟁적인 선거를 통해 정당 간의 정권교체가 이루어진 첫 번째 사례였다.

과테말라

같은 기간 과테말라는 유사한 경향을 보였지만 엘살바도르와는 상당히 다른 측면을 보였다. 엘살바도르에서는 1970년대 후반과 1980년대 내전이 진행되고 있었고 실질적인 평화 가능성은 냉전종식과 워싱턴의 정책이 변하면서 나타났다. 그리고 엘살바도르처럼 체제 전환을 요구하는 게릴라전이 1996년에 끝이 났다. 그러나 엘살바도르의 사례와 달리 미국의 역할이 실질적으로 크지 않았고, 과테말라 군대가 조금 더 자율적이었다. 더욱이 평화협상은 엘살바도르처럼 한 번에 이루어진 것이 아니라 5년에 걸쳐 단계적으로 진행되었다.

1970년대 말까지 과테말라는 이미 20년간의 잔인한 내전을 경험했다. 1954년에 민주혁명으로 파괴되었고, 1963년에는 미국이 승인한 쿠데타가 민간 정부로의 이행을 막으면서 과테말라인 중의 일부가 무장반란을 시작했다. 이에 대응하여 미국이 과테말라 군대와 치안부대를 반란진압과 '반테러' 훈련을 시켰다. 1966년에는 암살단이 활동하기 시작했고 '실종(disappeared)'이 이런 전술의 희생자를 나타내는 명사로 사용되었다. 1979년에는 수천 명이 죽었고 군부독재 통치가 시작되었다.

엘살바도르처럼 미국의 대 과테말라 정책은 두 가지였다.[27] 하나는 공산주의의 확산을 막겠다는 기본원칙이고, 다른 하나는 인권과 민주주의에 대한 관심이었다. 집권 초기 지미 카터 대통령은 과테말라의 인권 침해를 비판하면서 군사원조를 삭감했다. 워싱턴은 원조 재개를 정당화시킬 수 있는 엘살바도르와 같은 쿠데타가 발생하기를 바랐지만 군부가 1980년대 중반까지 권력을 유지하면서 의회에서 원조를 승인받지 못했다. 레이건 행정부가 헬리콥터로 암암리에 군수물자를 민간 물품으로 위장하여 문제를 해결했다. 계속적으로 이스라엘이 과테말라 군사원조를 증가시키도록 압력을 행사했고 CIA와 미군이 대반란 전쟁을 지원했다.[28]

그러나 1980년대 초반에 통제를 벗어났는데, 대통령인 루카스 가르시아(Lucas Garcia, 1978~1982) 장군이 강력한 억압 정책을 실시했다. 결과적으로 분화되었던 게릴라 단체들이 하나로 모여 1982년에 과테말라 민족혁명연합(URNG)을 결성했다. 같은 해에 쿠데타를 통해 루카스를 몰아낸 에프라인 리오스 몬트(Efraín Ríos Montt) 장군이 정권을 장악하면서 억압이 점점 증가했다. 1981년에 시작해서 1983년에 끝난 초토화 작전으로 약 10만 명에서 15만 명이 사망했고 많은 마을들이 파괴되었으며 100만 명 이상의 피난민이 발생했다.[29]

미국이 과테말라의 더러운 전쟁을 인정했지만 미국의 입장을 더 잘 수용하는 체제가 등장하기를 바랐다. 미국은 정책 추진 수단으로 1983년에 리오스 몬트(Ríos Montt)를 몰아낸 오스카르 움베르토 메히아 빅토레스(Oscar Humberto Mejía Victores) 장군을 이용했다. 잔혹한 행위가 끝나지는 않았지만 신헌법이 제정되고 선거가 실시되었으며 민선 대통령인 기독민주당의 비니시오 세레소(Vinicio Cerezo)가 1986년에 취임했다.

그렇다고 과테말라 민주주의가 1986년에 다시 시작되었다고 보기는 어려웠다. 헌법이 준수되고 선거가 절차상으로는 공정하게 이루어졌지만 헌법이 자주 침해받고 선거가 국가지원 테러를 배경으로 진행되었고, 새로운 대통령보다는 군대가 실질적인 권력을 쥐고 있었다. 그럼에도 불구하고 분위기는 한껏 고조되었다. 명백하게 군부의 승리가 가능하거나 기대되지도 않았지만 과테말라 민족혁명연합이 평화정착을 위한 협상을 요구했다. 다음 해 8월 세레소 대통령과 중앙아메리카 4개국 대통령이 냉전 종식 4년 후 과테말라에서 기본적인 중재 틀로 활용되는 에스키풀라스(Esquipulas) 평화협정에 서명했다.

1980년대 중반 동맹국들이 표면적으로 '민주화'되면서 레이건 행정부는 과테말라 군사원조를 승인받을 수 있었다. 전쟁은 지루하게 계속되었고 세레소 정부의 잔여기간 동안 전체적인 평화정책은 큰 진전이 없었다.

그러나 냉전이 종식되면서 가톨릭교회와 주요 시민단체들이 과테말라 민족혁명연합과 협상을 시작했다. 결국 1991년 새롭게 출범한 호르헤 세라노(Jorge Serrano) 대통령이 게릴라와 직접적인 대화의 물꼬를 텄다. 1992년에는 민주화와 인권 보장에 대한 합의가 도출되었다. 다음 해 세라노가 독재 권력을 쥐려고 했으나 실패하고 군부 쿠데타로 물러났으며 대신에 인권 행정 감찰관이었던 라미로 데 레온 카르피오(Ramiro de León Carpio)가 취임했다. 평화 협상은 지지부진해지다가 1994년 1월에 다시 시작하여 평화정착을 위한 기본적인 합의에 도달했다. 3월에는 전체적인 인권 협정이 체결되고 6월에도 2개에 대한 협의가 도출되었는데, 하나는 피난민들의 재정착에 대한 것이었고 다른 하나는 진실 위원회(Truth Commission)의 설립과 관련된 것이었다. 1995년 3월에는 원주민들의 인권과 정체성에 대한 협정이 조인되었다. 원주민이 전체인구의 60%를 차지하는 과테말라에서 매우 중요한 사건이었다.

1995년 11월 들어 포괄적인 평화협정의 가능성이 높아졌는데, 내전이 비즈니스에는 좋지 않다고 인식하고 있던 보수주의자인 알바로 아르수(Alvaro Arzú)가 대통령에 당선되었다. 협상이 급진전되었는데 1996년 3월에 과테말라 민족혁명연합이 휴전을 선언했고 군인들이 이를 받아들였다. 이에 따라 9월에 시민권력 강화와 군대의 역할에 대한 협의(Accord on the Strengthening of Civilian Power and the Functions of Army)가 이루어졌다. 마침내 12월에 두 진영 간의 최종적인 휴전, 헌법과 선거개혁 합의, 과테말라 민족혁명연합의 합법화를 위한 합병 등에 대한 합의가 이루어지고 월말에 최종적이고 포괄적인 평화 협정이 체결되었다. 모두가 전쟁이 끝나고 혁명이 완성되었다고 믿었다.

과테말라의 평화 정착 과정은 짧게 끝났다. 1998년 4월에 후안 제라르디(Juan Gerardi)가 전쟁기간 발생한 위원회의 포악성을 고발한 「역사적 기억 회복(Recovery of Historical Memory, REMHI)」 보고서를 발표한 후 암살당했다. 이러한 비극적인 사건은 평화 정착의 길이 평탄하지 않을 것이라고 예견하는 것이었다.[30] 이 분위기는 진실위원회 보고서가 1999년 발표되면서 더욱 악화되었다. 아르수 대통령은 보고서를 무시하고 공공연하게 위원회의 권고를 거부했다. 평화협정은 헌법 개정 국민투표가 전제조건들이 선행되어야 함을 강조하면서 1999년 5월에 또 다른 강풍을 몰고 왔다.

아르수 대통령은 과테말라 국민들의 사회경제적 관심을 끄는 데 실패했는데 그 이유가 평화협정보다 1999년 선거를 더 강조했기 때문이었다. 보수당인 과테말라 공화전선(Guatemala Republican Front, FRG) 후보인 알폰소 포르티요(Alfonso Portillo)가 2차 결선투표에서 PAN의 후보를 누르고 승리했다. 전직 장성들이 많이 포함된 과테말라 공화전선이 의회를 장악했는데 독재자였던 리오스 몬트가 대표였다.[31] 포르티요는 부패척결, 사회조건 개선, 평화협정 강화 부분에서 전임자들보다 좋지 않았다. 그의 정부는 부패와 경제적 침체를 벗어나지 못했다.

과테말라의 평화 협상은 엘살바도르만큼 성공적이지 않았다. 지속적으로 협상을 추진하고자 하는 정치적 의지가 없었다. 더욱이 과테말라 민족전선연맹은 엘살바도르 민족해방전선이 누리던 정치적 영향력이나 지지를 받지 못했다. 그것 때문에 평화협정에서 중요한 것들이 무시되거나 지연되었다. 인권 남용과 인권 관련 활동가들에 대한 협박이 끊임없이 이어졌다. 리오 몬트가 2003년 대통령 선거에 참여할 수 있도록 한 조치들이 과테말라 평화협정 자체가 얼마나 불완전한 것인지 보여 준다.

그는 비록 3위를 차지했지만 거의 20%를 득표했다.[32] 리오 몬트의 등장으로 희망연합(National Unity of Hope, UNE)의 알바로 콜롬(Alvaro Colom)과 대연맹(Great Alliance, GANA)의 오스카르 베르헤르(Oscar Berger)의 2차 결선투표가 진행되었으며 이 과정에 리오 몬트가 크게 영향력을 행사했다. 전 과테말라 시장인 베르헤르가 일자리 창출과 평화협정의 쇄신을 강조하며 승리했다. 중앙아메리카의 다른 국가들처럼 과테말라도 내전 이후 사회 폭력이 증가했다. 중미의 국가들과 다른 것은 많은 범죄가 조직범죄단체와 전쟁 이후 완전히 사라지지 않았던 비밀 보안 단체들이 저지른 것이었다.[33] 여자 살해범죄가 범죄 증가 중에서 가장 골칫거리였다. 2002년과 2007년 사이에 약 2,000명 이상의 젊은 여자들이 살해당했다. 제도적 비효율성과 고위급의 부패를 단적으로 보여 주는 듯 이 사건 중 극소수만 기소되었다. 이런 문제를 해결하려고 베르헤르 정부와 UN이 폭력 범죄 네트워크 해산과 조사를 위해 과테말라 면책 국제 감시단(Comision Internacional Contra la Impunidad en Guatemala, CICIG)을 설립했다. 위원회가 3명의 살인자를 살바도르 의회로 보냈다.

2007년 선거는 특히 폭력적이었는데, 55명이 넘는 의원, 후보, 활동가들이 선거 기간 발생한 폭력으로 죽었다.[34] 희망연합의 알바로 콜롬이 1차 투표에서 근소한 차이로 승리했는데 애국당(Partido Patriota, PP)의 오또 페레스 몰리나(Otto Pérez Molina) 장군과 결선투표를 가졌다. 결선투표에서는 콜롬이 53%, 몰리나가 47%를 차지했다. 범죄와 폭력이 증가해 콜롬 정부가 위협을 받고 있고 심각한 사회문제들이 만연해 있었다. 전체 인구의 절반이 빈곤선 이하에서 생활하고 있었다. 이러한 상황은 원주민들이 가장 큰 피해를 보고 있는데 빈곤율이 라디노보다 높은 12%에 달했다.[35]

조용한 2개국

온두라스

몇십 년간의 군부지배를 받은 온두라스는 이 장에서 논의하고 있는 기간 동안도 민주주의 정치체제는 아니었다. 그러나 온두라스의 군부는 앞서 언급한 국가들과 달리 민중 동원을 억압보다는 개혁과 협력을 도모하는 방법으로 대응했다.[36] 때문에 1960년대와 1970년대 등장한 게릴라 단체들이 정통성을 얻거나 지지를 받지 못했다.

1970년대 말 인권 신장을 위한 정책으로 카터 행정부가 민주주의적인 형태로 돌아가도록 압박했다. 폴리카르피오 파스 가르시아(Policarpio Paz García) 대통령이 1980년 제헌 의원 선거와 1981년 전체 국민 투표를 실시했다. 대통령 선거에서는 자유당의 로베르토 수아소 코르도바(Roberto Suazo Córdova)가 당선되어 1982년 초에 취임했다.

사실 수아소 코르도바는 이름뿐인 대통령이었다. 당시까지 그는 행정부의 문을 닫고 있었고 미국이 엘살바도르의 공산주의와 니카라과의 콘트라 반군 프로그램에 깊숙이 개입하고 있었다. 두 국가 사이에 있는 온두라스는 두 국가에서 작전을 수행하기에 이상적인 기지였다. 엘살바도르 군인들이 미국 의회의 감시를 교묘히 피하기 위해 온두라스에서 훈련받았다. 온두라스와 엘살바도르 군대가 게릴라를 지원했던 엘살바도르 시민을 소탕하기 위해 국경지역에서 협공작전을 펼쳤다. 미국과 온두라스의 군대 훈련은 니카라과 국경에 근접한 온두라스 영토에서 이루어졌다. 온두라스 군대와 시민들은 니카라과 콘트라가 작전을 펼칠 수 있도록 국경 부근에서 쫓겨났다.

이를 위해 미국은 허약한 민간 정부를 무시하고 온두라스 군대와 긴밀하게 협력했다. 1980년대 초반 온두라스는 수백만 달러의 미국원조를 받았는데 대부분이 군사원조였다. CIA의 정보제공자인 구스타보 알바레스(Gustavo Alvarez) 장군이 1982년 군수 통수권과 독재체제를 구축했다. 온두라스 역사상 처음으로 살인부대가 활동하여 군부에 반대하는 수백 명의 사람들을 살해하거나 사라지게 했다. 그러는 동안 알바레스와 그의 측근들은 3,000만 달러가 넘는 공적자금을 횡령했다.[37]

1984년에 알바레스는 CIA와 연결되어 있는 왈트 로페스 레이예스(Wálter López Reyes) 장군의 쿠데타로 실각했다. 냉전이 끝나면서 분열된 온두라스 사회는 민간 통치의 복귀, 인권 남용 중시, 미국에게 자국의 주권 존중을 요구했다. 명목상의 민간 대통령이 취임했고 수아소 꼬르도바를 이어 1986년에 호세 아스코나(José Ascona)가 정권을 인수했다가 다시 1990년에 레오나르도 카예야스(Leonardo Callejas)가 대통령에 취임했다.

1987년 8월에 온두라스가 중앙아메리카의 에스끼뿔라스 평화협정에 서명했다. 그러나 미국의 압력으로 이웃국가의 정부를 공격하는 군대의 불법적인 영토 이용을 예방하고자 하는 조항을 지키지 못했다. 1980년대에 온두라스는 미국과 콘트라 군에 대한 불만이 폭발하고 있었다. 1988년 4월 7일에 미국이 온두라스에서 기소된 마약밀매업자의 불법적인 인도를 감행한 이후 격노한 수천 명의 학생들이 떼구시갈파의 미국 영사관 건물에 불을 질렀다. 온두라스 경찰들이 대사관의 지원요청에 2시간이나 지나서 대응했다는 것은 상당한 의미를 지닌다.

긴 안목으로 보면 온두라스인들은 냉전체제가 끝나고 콘트라가 해산될 때까지 일상으로 복귀하지 못했다. 심지어 1990년대 초반에 라파엘 레오나르도 카예야스(Rafael Leonardo Callejas)가 군대 개혁, 인권 남용, 1980년 초반의 정통성 회복을 거부했다. 설상 가상으로 신자유주의 개혁 정책으로 1992년에 온두라스의 초기 농업개혁법을 뒤흔드는 농업 근대화 법이 통과되었다. 농업협동 조합원의 권익이 위협받게 되었다.

분명히 1994년에 인권변호사인 자유당의 카를로스 로베르토 레이나(Carlos Roberto Reina)가 취임하면서 온두라스인들은 희망에 부풀었다. 전반적으로 신자유주의 경제정책을 추진하고자 했던 새로운 대통령은 여러 사회 계층과 협상할 계획이었고, 군부의 과도한 권력을 억제하려고 했다. 그리고 비밀경찰을 폐지하고 1994년에는 의무병제를 폐지했다. 1997년에는 경찰 감독권이 군부에서 민간기관으로 이전되었고 민간 경찰이 창설되었다. 1980년대에 잔혹한 군장교들을 조사했고, 그전에 3개의 면책법안이 통과되었음에도 불구하고 고등법원에서 유죄가 선고되었다. 정부가 군부로부터 통신 산업과 출입국 관리와 같은 업무들을 이관받았다.

1997년에 자유당의 카를로스 플로레스 파쿠세(Carlos Flores Facussé)가 전 떼구씨갈파 시장이었던 국민당의 노라 구네라 데 멜가르(Nora Gunera de Melgar)를 이겼다.[38] 플로레스의 경제정책은 마킬라 산업 확대, 관광산업 활성화, 농산물 수출 장려 등을 포함한 신자유주의의 모델을 심화시키는 것이었다. 1990년대의 신자유주의 개혁은 환경 파괴, 산림 훼손, 토양침식과 도시 이주 상황을 악화시켰다.[39] 많은 농민들이 기업농에 밀려 떼구씨갈파와 쫄루떼까의 언덕배기에 정착했다. 이런 변화는 무서운 결과를 초래했다.

1998년 10월에 허리케인 미치(Mitch)가 온두라스를 강타했다. 공식 기록에 따르면 5,657명이 사망하고, 8,058명이 실종되었고, 1만 2,272명이 부상당했으며 150만 명의 이재민이 발생했다. 대부분의 희생자들이 떼구씨갈파 언덕배기에 정착했던 이주자들이었다. 약 3만 5,000가구가 파괴되었고, 약 5만 가구가 피해를 입었다. 허리케인의 피해가 약 40억 달러에 달했다. 허리케인 미치의 피해로 세계은행의 외채탕감프로그램(HIPO)에 구제 금융을 신청했다. 이 프로그램은 44억 달러의 외채상환을 2007년까지 중지하고 외채잔고 7억 680만 달러를 삭감해주었다.[40] 허리케인 미치에 적절히 대응하지 못한 군대는 비무장화가 빠르게 진행되었다. 1999년에 군대가 민간통치를 받아들여 대통령이 군대의 직접적인 지휘권을 가지게 되었고 처음으로 민간인이 국방장관에 임명되었다.

중앙아메리카의 다른 국가들처럼 온두라스는 오랫동안 범죄가 만연했다. 폭력단의 활동, 비사법적 살해, 거리 범죄가 온두라스 전역에서 빈번히 발생했다. 살인자의 일부만 갱단이 저지른 것임에도 불구하고 대부분의 범죄 증가가 청소년폭력단의 활동 때문인 것으로 비쳤다. 범죄가 만연한 이유 중의 하나는 온두라스 청소년들의 비사법적 살해였다. 1998년과 2002년에 청소년 1,500명이 살해되었는데 40%가 18세 이하였다. 카사 알리안사(Casa Alianza)와 국제앰네스티와 같은 인권단체들은 국가경찰과 사설경비원들에 의해 사회정화(Social Cleansing) 차원에서 저질러졌다고 주장한다. 충격적인 것은 살인자들이 처벌받지 않았다는 것이다.[41]

2001년 대통령 선거의 주요 이슈가 범죄였다. 전 중앙은행장이며 성공적인 비즈니스맨이던 국민당의 리카르도 마두로(Ricardo Maduro)가 범죄, 부패와 불평등을 척결하겠다고 약속했다. 납치로 아들을 잃은 마두로가 자유당의 라파엘 피네다(Rafael Pineda) 후보를 물리쳤다. 마두로는 범죄와의 전쟁을 위해 임금을 주는 1만 명의 장교를 모집했고 경찰력의 군대화를 억제할 목적으로 치안대장에 군 장교를 임명했다.[42] 마두로의 철권정책은 범죄를 줄이는 데 실패했음에도 중미지역 국가들이 모방했다.

2001년과 같이 2005년에도 범죄, 경제와 부패가 선거의 주요 이슈가 되었다. 자유당의 멜 셀라야(Mel Zelaya) 후보가 온두라스 역사상 가장 근소한 4% 차이로 국민당의 포르피리오 로보(Porfirio Lobo)에게 승리했다. 셀라야는 비효율적임에도 불구하고 마두로의 철권정책을 유지했다. 2006년에 살인율이 10만 명당 46.2명이었다. 그의 집권기간은 조직범죄와 마약 밀매업으로 어려움을 겪었다. 사회경제적 현실은 범죄 증가를 뒤집기 위해 많은 노력을 기울였으나 악화되었다. 온두라스인의 절반 이상이 빈곤 상태였다. 실업과 소득 불균형은 여전히 높은 수준이었다. 이러한 모든 조건들이 허리케인 미치와 잦은 가뭄으로 더욱 악화되었다. 더욱이 외채 부담과 신자유주의 개혁의 추진으로 온두라스의 능력은 탕진한 상태였다. 셀라야는 CAFTA와 같은 신자유주의 정책을 지지했지만 다른 한편으로 좌파 정권들과 연대했다. 셀라야는 여당의 반대를 무릅쓰고 카리브 석유회사(Petrocaribe)와 볼리바리안 혁명연합(ALBA)의 회원자격을 유지했다. 2009년 3월에 셀라야는 온두라스 헌법을 제정하기 위한 제헌의회 국민투표를 실시하겠다고 발표했다. 만약 승인되면 이 조치는 2009년 선거기간 투표에서 결정되는 것이었다. 야당은 국민투표의 위헌성을 문제 삼으면서 셀라야가 자신의 정권을 유지하려는 시도로 보았다.[43] 셀라야는 국민투표를 금지하는 고등법원의 결정을 무시하고 선거를 실시할 것이라고 발표했다. 6월에 셀라야가 군부에 의해 축출당해 코스타리카로 떠났다. 냉전 붕괴 이후 이 지역에서 발생한 최초의 쿠데타였다. 의회 의장이며 셀라야의 경쟁자인 로베르토 미첼레티(Roberto Micheleti)가 대통령직을 승계했다. 국제사회가 쿠데타를 비난하고 셀라야의 복귀를 요청했다. 국제 사회의 많은 관심에도 불구하고 미첼레띠 정부가 2009년 선거를 실시할 것이라 발표했다. 국민당의 포르피리오 로보 후보가 대통령에 당선되었다. 미국은 선거결과를 빠르게 인정했다. 복귀에 실패한 셀라야는 로보 대통령이 취임한 이후 곧 바로 도미니카 공화국으로 추방되었다. 분명히 온두라스는 혁명적인 인접 국가들보다는 빠른 민주주의 이행을 경험했다.

코스타리카

코스타리카는 중앙아메리카 국가들 중에서 민주주의 전통이 가장 깊고 평등한 사회를 이루고 있다. 공식적인 민주주의 체제는 투표기권자가 증가하고 있지만 특별한 어려움 없이 작동하고 있다. 1978년부터 보수연합의 로드리고 카라소(Rodrigo Carazo, 1978~1982) 대통령, 국민자유당의 루이스 알베르토 몬헤(Luís Alberto Monge, 1982~1986) 대통령과 오스카르 아리아스(Oscar Arias, 1986~1990) 대통령, 사회기독연합당의 라파엘 앙헬 칼데론(Rafael Angel Calderón, 1990~1994) 대통령, 국민자유당의 호세 마리아 피게레스(José María Figueres, 1994~1998) 대통령, 사회기독연합당의 미겔 앙헬 로드리게스(Miguel Angel Rodríguez, 1998~2000) 대통령 그리고 아벨 파체코(Abel Pacheco, 2002~)

대통령으로 순조롭게 정권교체가 이루어졌다.

동시에 코스타리카는 상대적으로 평등한 사회구조를 구성하고 있다. 1980년과 1990
년 사이 인구가 230만 명에서 300만 명으로 증가했고 일인당 GDP는 2,032달러에서
1,829달러로 하락했지만 빈곤층은 19% 선을 유지하고 있었다. 유아사망률은 1,000명당
19명에서 15명으로 줄어들었고, 기대수명은 72.6세에서 75.6세로 높아졌다.[44] 경제성장
률은 1990년대에 연평균 5%를 유지했다. 2000년에 경제성장이 1998년 8.4%에서 2000
년 1.7% 그리고 2001년 1.1%로 떨어졌다. 그렇지만 기대수명은 77.6세 더 높아졌고 유
아사망률은 2001년 1,000명당 9명으로 상당히 낮아졌다.[45]

이 기간 코스타리카가 모든 부분에서 좋았던 것은 아니다. 첫째, 1980년대 북반구에
서 계속된 냉전 체제가 지역의 민주주의 공화국에 영향을 주었다. 미군이 니카라과의
산디니스타를 진압하는 데 코스타리카를 포함시키려고 했던 레이건 행정부의 시도가
심각한 문제를 일으켰다. 로드리고 까라소와 루이스 알베르토 몬트 집권기 미국이 코
스타리카의 '남부 국경(southern front)' 부근에서 콘트라 작전을 펼쳤다.[46] 동시에 군사
용 활주로를 건설하고 코스타리카의 전통을 깨고 시민군대에 수백만 달러를 투자해 군
대를 갖도록 했다. 그러는 동안 CIA가 비열한 계략을 꾸며 코스타리카 매체를 통해 반
산디니스타 선전을 유포했다. 콘트라 무기를 수송하는 CIA 비행기가 코스타리카에 착
륙하여 콘트라 전쟁 경비 지원에 도움이 될 마약을 싣고 미국으로 돌아갔다.[47]

이러한 모든 사건들이 코스타리카 국민 정서를 자극하여 1986년 2월 선거에서 오스
까르 아리아스를 대통령으로 선출했다. 그는 주권을 침해하는 무례한 행동을 더 이상
하지 못하게 하겠다고 약속한 인물이었다. 거의 동시에 활주로가 반혁명 세력이나 마
약밀매업자들이 이용할 가능성이 있다는 우려 때문에 폐쇄되었다.[48] 또한 아리아스가
중앙아메리카의 포괄적인 평화협정에 서명함으로써 미국의 의지를 꺾었다. 1987년에
체결한 에스끼뿔라스 평화 협정은 아리아스의 노벨평화상 수상으로 이어졌다. 아리아
스의 비협조로 속을 태우던 미국은 보수적인 코스타리카 자유와 민주주의 수호연합에
민주주의 기금을 통해 많은 자금을 지원해 결국 라파엘 칼데론 포우르니에르(Rafael

Calderón Fournier)를 1990년 대통령에 당선시키고자 했다.

코스타리카의 콘트라 관련 문제는 1980년대 말에 희미해졌지만 경제적 난제들이 산적했다. 정부적자, 외채 증가와 국제 채무기관들의 상환 압력 때문에 1980년대 말과 1990년 초에 평등한 사회구조에 위협이 되는 신자유주의 개혁을 추진했다. 이에 따라 사회비용지출이 1989년에 22%에서 1992년 19%로 소폭 감소했다.[49] 1990년대 중반 신자유주의 경제정책이 호세 마리아 피게레스의 정부 관료의 축소, 사회 서비스 감축, 국영 기업 민영화, 관세 인하, 세제인상, 연금시스템의 개혁에 영향을 미쳤다.

기독사회연합당과 국민자유당이 1990년대 코스타리카 정치를 장악하고 있었다. 1998년 기독사회연합당의 미겔 앙헬 로드리게스 후보가 국민자유당의 호세 미겔 코랄레스(José Migüel Corrales) 후보를 물리쳤다. 투표 기권자가 통상적으로 20%였는데 1998년 선거에는 30%에 이르렀다. 코스타리카가 다른 국가들에 비해 구조조정 비용이 적게 들었지만 신자유주의 정책에 대한 반대와 부패 스캔들에 대한 불만 여론이 나타나기 시작했다. 사실 정당과 정부에 대한 코스타리카인들의 신뢰는 중미의 다른 국가들보다 더 높았다.[50]

코스타리카의 전통적인 양당 지배 체제가 2002년 선거에서 투명성, 책임성과 시민참여가 이루어지면서 변하기 시작했다. 국민자유당과 오스카르 아리아스 정부의 기획부 장관을 역임했던 오톤 솔리스(Ottón Solís)가 이끄는 시민행동당이 2001년에 창당했다. 반신자유주의적인 시민행동당은 통신, 전력, 정유와 같은 남아 있는 국영기업의 민영화에 반대했다. 부패와 신자유주의 정책에 반대하는 캠페인은 신자유주의 정책으로 가난해진 도시중산층에게는 호소력을 지니고 있었다.[51]

시민행동당의 출현으로 코스타리카 역사상 처음으로 대통령 선거의 결선투표가 이루어졌다.[52] 아벨 빠체꼬가 58%를 득표해 42%의 득표에 거친 로란도 아라야(Rolando Araya) 후보를 물리쳤다. 사회기독연합당이 연속해서 정권을 창출한 것은 처음이었다. 정치에 대한 불만이 증가하고 있다는 것이 입증된 선거였는데 2차 결선 투표의 기권율이 39%에 달했다. 시민행동당은 기독사회연합당과 국민자유당이 의회에서 절대다수를 차지하는 것을 막는 데 성공했다.[53] 이는 중앙아메리카의 민주주의가 안정적으로 변하고 있다는 신호였다. 2006년에 코스타리카 정치는 매우 역동적으로 움직였다. 전임 대통령이었으며 국민자유당의 후보였던 오스까르 아리아스가 근소한 차로 시민행동당의 솔리스를 물리쳤다. 의원선거에서는 국민자유당이 25석을 차지했고, 시민행동당은 17석을 차지했다. 기독사회연합당은 지속적으로 의석이 감소하여 시민행동당에게 제2당의 자리를 내주었다. 투표율은 계속해서 낮아지고 있었다. 2006년 선거의 쟁점은 CAFTA였다. 코스타리카는 논쟁적 이슈를 국민투표로 결정하는 중앙아메리카의 유일한 국가인데 협정체결이 신자유주의 정책에서처럼 불평등과 빈곤을 확대할 것이라는 것이 중론이었다. 협정이 인기가 없었기 때문에 정부는 국민투표에서 패배할 것이라고 우려했다. CAFTA를 지원하기 위한 "두려움의 캠페인"을 알리는 국내 정부의 메모가 선거직전에 공개되었다. 협정은 51.6%대 48.4%로 승인되었다. 이로써 코스타리카가 2009년에 협정을 시행하는 마지막 국가가 되었다. 코스타리카도 신자유주의의 공격으로 인한 충격이 없는 것은 아니다. 코스타리카는 사회구조가 인접 국가들보다 더 효율적이지만 신자유주의 모델의 시행은 코스타리카 정치 구조에 중요한 결과를 초래했다. 지역의 다른 국가들과 달리 이러한 불만이 좌파의 승리로 이어지지는 않았지만, 2010년에 국민자유당의 후보인 라우라 친치야(Laura Chinchilla)가 45%를 득표해 최초의 여성 대통령이 되었다.

21세기 중앙아메리카

재조명 지난 4반기 동안 중앙아메리카는 발전했을 뿐만 아니라 많은 문제들이 있었다. 반란전쟁과 미국 주도의 대응으로 30만 명 이상이 희생되었는데 대부분이 무고한 시민들이었다. 아직 중앙아메리카의 정치는 급격하게 변하고 있다. 니카라과, 엘살바도르, 과테말라의 정치체제가 완벽하지 않지만 1970년대보다 더 민주적인 체제로 전환되었고 코스타리카는 투표율이 낮고 지배 정당 중의 하나가 사라지고 있지만 아직 유동적이다.

　그러나 모두가 좋은 상태는 아니다. 신자유주의가 이 지역에 많은 영향을 미치고 있다. 부의 불평등 심화가 코스타리카뿐만 아니라 지역의 새로운 민주주의를 눈뜨게 하고 있다. 평화적인 사회적 폭력이 민주주의 절차로 불안하고 환멸을 느끼고 있는 전쟁의 정치적 폭력을 대신하고 있다. 1990년대에는 경제성장에도 불구하고 빈곤이 지역에 만연되어 있고 정착되지 않은 평화를 위협하고 있다. 2009년에 발생한 온두라스의 쿠데타는 이 지역이 미래에 부딪히게 될 심각한 도전을 의미한다.

미주

1) John A. Booth, Christine J. Wade, and Thomas W. Walker, *Understanding Central America* (Boulder: Westview, 2009).

2) 워싱턴의 입장은 1984년 키신저 위원회의 보고서와 관계되어 있다. *Report of the National Bipartisan Commission on Central America* (Washington, D.C.: Government Printing Office, 1984). 사회적 불공평을 언급함과 동시에 공산주의 음모론을 강조한다.

3) Timothy P. Wickham-Crowley, *Guerrillas and Revolution in Latin America: A Comparative Study of Insurgents and Regimes Since 1956* (Princeton, N.J.: Princeton University Press, 1992).

4) 산디니스타 혁명은 페레스트로이카에서 토대를 두고 있다고 다니엘 오르테가가 주장했다. 1985년 4월에 미하엘 고르바초프와의 첫 번째 회의에서 새로운 소비에트 지도자에게 니카라과는 중앙통제경제의 소련과 다른 길을 갈 것이라고 알렸다. 놀랍게도 고르바초프는 이를 인정했다. 오르테가와 피에르 허렐의 인터뷰 내용에서 "Ortega ne rend pas les armes," *Paris Match*, March 22, 1990, pp. 78-1.

5) Michael E. Conroy, "Economic Legacy and Policies: Performance and Critique," in Thomas W. Walker, ed., *Nicaragua: The First Five Years* (New York: Praeger, 1985), pp. 219-44.

6) 중미 초당파 위원회(National Bipartisan Commission on Central America), *Report of the National Bipartisan Commission*, p. 30.

7) 이 정보는 1985년 6월 25일 미국 대사관의 공식적인 통로로 공개되었다.

8) 영국 의회와 상원, 아일랜드 의회와 독일 정보와 기타 보고서의 인용과 선거 논쟁에 대해서는 Thomas W. Walker, *Nicaragua: Living in the Shadow of the Eagle* (Boulder: Westview, 1991), pp. 52-3; 71-2 nn. 23, 25. 참조.

9) Michael Linfield, "Human Rights," in Thomas W. Walker, ed., *Revolution and Counterrevolution in Nicaragua* (Boulder: Westview, 1996), pp. 275-94.

10) 산디니스타 혁명이 승리한 지 채 2주도 되지 않은 1979년 8월 2일에 공동저자인 워커는 CIA 지부장인 스탠스필드 터너(Stansfield Turner)가 주관하는 저녁 세미나에서 짧은 발표에 초대받는 3명 중에 1명이 되는 이상한 경험을 하게 된다. 사전 동의로 그의 발표는 중미지역에 대한 미국의 정책을 신랄하게 비판하는 것이었다. 카터 대통령과 긴 회동을 가진 터너는 저녁 논조로 여섯 마디를 했다. '더 이상 니카라과는 없다'라고 말했다.

11) Thomas W. Walker, ed., *Reagan Versus the Sandinistas: The Undeclared War on Nicaragua* (Boulder: Westview, 1987).

12) 두 인플레이션 규모는 UN의 ECLAC 참고, "Balance Preliminar de la Economia de la America Latina y el Caribe, 1990," *Notas Sobre la Economia y el Desarrollo* 500/501 (December 1990): 27.

13) 이러한 규모는 1990년 1월 대통령부가 워커에게 제출한 전쟁 희생 비용 차트의 8페이지에서 인용한 것이다.

14) William I. Robinson, *A Faustian Bargain: The US Involvement in the Nicaraguan Elections and American Foreign Policy in the Post-old War Era* (Boulder: Westview, 1992).

15) 이 기간의 내용은 Thomas W. Walker, ed., *Nicaragua Without Illusions:Regime Transition and Structural Adjustment in the 1990s* (Wilmington, Del.: Scholarly Resources, 1997). 참조

16) 산디니스타 민족 해방전선(Sandinista Front for National Liberation, FSLN): 자유헌정당(Liberal Constitutionalist Party, PLC)

17) 사실, 이러한 해결책은 11번에서 언급한 CIA 저녁 세미나에서 1979년 8월 2일에 공개적으로 논의되었다.

18) 확실히, 국무성의 제임스 체크(James Cheek)가 1980년 10월 18일 라틴아메리카 학회(LASA)의 전체회의 연설에서 살바도르의 혁명은 진정한 혁명이라고 주장했다.

19) 중앙아메리카의 장로교회의 TF로 참여한 워커가 1982년 니카라과 마나구아에서 루벤 사모라와 1회, FMLN의 대변인들과 몇 차례 인터뷰를 했다.

20) Benjamin C. Schwarz, *American Counterinsurgency Doctrine and El Salvador: The Frustration of Reform*

    and the Illusion of Nation Building (Santa Monica, Calif.: Rand Corporation, 1991), p. xii.

21) 1993년 3월에 마나구아에서 FMLN의 무기고가 폭발했다.

22) 살바도르 평화협정의 진행에 대한 정보는 Hemisphere Initiatives, Justice Impugned: The Salvadoran Peace Accords and the Problem of Impunity (Cambridge, Mass.: Hemisphere Initiatives, 1993); Jack Spence and George Vickers, with Margaret Popkin, Philip Williams, and Kevin Murray, A Negotiated Revolution: A Two Year Progress Report on the Salvadoran Peace Accords (Cambridge, Mass.: Hemisphere Initiatives, 1994); and Jack Spence, David R. Dye, and George Vickers, with Garth David Cheff, Carol Lynne D'Arcangelis, Pablo Galarce, and Ken Ward, El Salvador: Elections of the Century: Results, Recommendations, Analysis (Cambridge, Mass.: Hemisphere Initiatives, 1994) 참조.

23) 엘살바도르 중앙은행(El Salvador Central Bank, BCR).

24) CEPAL(2001)에 자료를 보면, 1997년 전체 빈민층이 48%, 농촌 빈민층이 62%와 도시 빈민층이 26%였다.

25) 2002년의 외환 송금이 엘살바도르 GDP의 10%에 이르렀고 대부분이 소비 촉진과 인플레이션 억제에 사용되었다.

26) 그러나 지방과 의원 선거가 대통령 선거 실시 1개월 전에 실시되었다.

27) Susanne Jonas, "Dangerous Liaisons: The US in Guatemala," Foreign Policy 103 (Summer 1996): 144-60. 참조.

28) 더 많은 자료는 Booth and Walker, Understanding Central America, pp. 224-25 n. 27. 참고.

29) Jonas, "Dangerous Liaisons," p. 147.

30) 2001년 6월에 3명의 군인이 그의 죽음에 대한 유죄가 선고되었으나 항소했다.

31) 긍정적인 점은 URNG 연대가 13%를 얻어 기대했던 것보다는 좋은 결과였다.

32) 과테말라 민족해방전선의 로드리고 아스투리아스(Rodrigo Asturias)가 3% 이하의 지지를 받았다.

33) 라틴아메리카 워싱턴 사무소(Washington Office on Latin America, WOLA), The Captive State: Organized Crime and Human Rights in Latin America, pp. 7-.

34) Marc Lacey, "Drug Gangs use Violence to Sway Guatemala Vote," New York Times, August 4, 2007; Luis Solano, "Political Violence Takes a New Twist,"Central America Report, October 19, 2007.

35) Latin American Database, "Hardly a Dent in Guatemalan Poverty," NotiCen, October 4, 2007.

36) Rachel Sieder, "Honduras: The Politics of Exception and Military Reformism (1912–978)," Journal of Latin American Studies 27, pt. 1 (February 1995): 99-27.

37) James D. Cockcroft, Latin America: History, Politics, and US Policy (Chicago: Nelson Hall, 1996), p. 191.

38) 자유당은 의회와 시장 선거에서 절대다수를 차지했다.

39) Jeff Boyer and Aaron Pell, "Mitch in Honduras: A Disaster Waiting to Happen," NACLA Report on the Americas, September – October 1999, pp. 36-3.

40) 외채상환에 매년 예산의 46%, GDP의 거의 23%를 지출했다.

41) United Nations Report of the Special Rapporteur, Civil and Political Rights, Including the Question of Disappearances and Summary Executions (United Nations Economic and Social Council Commission on Human Rights, 2003).

42) Ismael Moreno, "A New President and Cracks in the Two – Party Structure," Envio, January – February 2002, pp. 37-3.

43) "Sin condiciones para romper Constitucion," LaPrensa March 14, 2009, www.laprensahn.com/Pa%C3%ADs/Ediciones/ 2009/03/15/Noticias/Sin-condiciones para romper Constitucion; "Articulos petreos no pueden reformarse ni con plebiscito ni referendo," La Prensa, May 26, 2009, www.laprensahn.com/Ediciones/2009/05/26/Noticias/Articulos–petreos–no–pueden–reformarse–ni–con–plebiscito–ni–referendo.

44) Proyecto Estado de la Nacion, Estado de la nacion en desarrollo humano sostenible (San Jose, Costa

Rica: Estado de la Nacion, 1996), p. 4.

45) World Bank Development Report 2001.

46) Former US ambassador Lewis Tambs as quoted in Cockcroft, *Latin America*, p. 240.

47) Martha Honey, *Hostile Acts: US Policy in Costa Rica in the 1980s* (Gainesville: University of Florida Press, 1993).

48) Costa Rican minister of public safety Hernan Garron Salazar, as quoted in Cockcroft, *Latin America*, p. 240.

49) Proyecto Estado de la Nacion, *Estado de la Nacion*, p. 68.

50) Amaru Barahona, "Costa Rican Democracy on the Edge," *Envio*, May 2002, pp. 22-9.

51) 앞의 책.

52) PAC가 전체 투표의 26%를 차지했다. PUSC와 PLN가 38.5% 31%를 각각 차지했다.

53) PUSC가 57석 중에 19석을 차지했고, PLN이 17석과 PAC가 14석을 차지했다. 소수정당이 PML은 6석, PRC은 1석을 차지했다.

17. 파나마 운하

스티브 C. 롭(김영철 옮김)

파나마는 미국이 독립과정에 직접 개입하여 미국인들에게 가장 많이 알려진 국가이다. 파나마는 지협에 운하를 건설하는 것에 많은 관심을 지니고 있었던 미국의 데오도어 루즈벨트(Theodore Roosevelt) 대통령이 1903년에 콜롬비아로부터 독립시켰다. 독립 이후 많은 미국인들이 "큰 수로"를 파기 위해 파나마를 방문했다. 1914년에 운하가 완공되고 많은 미국인들이 미국이 관할하는 운하지대에 정착했다. 다음 10년간 파나마 운하에 대한 미국의 정치·경제적 영향력은 엄청나게 증가했다. 1999년 12월 31일에 운하는 정식적으로 이양되었고 공식적으로 미국의 관리가 완전히 끝났다.[1]

1980년대 파나마는 미국정부와 마누엘 안토니오 노리에가(Manuel Antonio Noriega) 장군의 대립으로 국제적인 관심을 끌었다. 처음에는 레이건 행정부가 노리에가를 지지해 중앙아메리카 위기를 통제할 수 있도록 파나마 방위군을 지원했다. 그러나 이러한 정책은 마약문제에 대한 국가적인 관심이 증대하는 등의 많은 이유로 1986년에 변했다. 1987년 초반에 레이건과 부시 행정부가 경제 제재를 실시했고 다른 한편으로는 노리에가를 끌어내리려고 했다.[2] 그의 제거에 실패하자 조지 W. 부시가 1989년 12월에 군대를 진입시켜 노리에가를 체포하고 마약밀매 혐의로 미국으로 소환했다.

미국은 파나마 지협의 사건에 깊이 관여하고 있지만 미국인들은 파나마에 대한 이해가 부족하다. 많은 미국 지도자들과 시민들이 파나마 운하의 전략적 중요성과 운하지대에서 시민과 군대 파견에 관심을 가지고 있었다. 이런 관심은 2000년에 미군이 마지막으로 철수하면서 사라졌다.

돌이켜 보면 파나마라는 나라를 재조명해 볼 필요가 있다. 이 장은 4개 부분을 구성

480 라틴아메리카 문제와 전망

된다. 첫째, 역사적 배경을 검토한다. 둘째, 파나마 사회경제 구조가 통과지역으로 독자적인 발전을 어떻게 해왔는지를 면밀히 살펴본다. 셋째, 20년간의 군부정권 지배 이후 민간 정부 20년간의 정부구조와 정책 내용을 통해 변화를 분석한다. 마지막으로 파나마와 미국과의 관계, 세계무대에서의 지위 변화에 주목한다.

역사적 배경

지리적 위치가 운명을 결정하는 것은 아니지만 파나마는 다른 어떤 국가보다 지리적 위치의 영향을 많이 받았다. 파나마는 지협으로 폭이 420마일(676Km)인 좁고 긴 땅으로 중앙아메리카와 남아메리카를 연결하고 있다. 남반구에서 가장 좁고 낮은 지역인 지협은 역사적으로 대서양에서 태평양으로 이동하는 통로였다. 파나마의 지리적 위치를 활용한 첫 번째 유럽인들은 스페인이었는데 바스코 누네스 데 발보아(Vasco Núñez de Balboa)가 1513년 발견하자마자 지협을 점령하여 대서양과 남쪽 바다(South sea)를 연결했다. 스페인의 발견과 1532년 잉카제국의 정복으로 파나마는 스페인으로 귀금속을 실어 나르고 페루로 노예와 식량을 공급하는 주요한 통로가 되었다.

식민기간 지협에 형성된 사회경제 시스템은 전략적 징검다리로서의 파나마의 중요성을 반영하는 것이었다. 소규모 도시 엘리트들이 지협 무역을 관리하는 능력에 따라 영향력이 생기면서 성장했다. 이들의 정치·경제적 지위는 스페인 왕정이 본국과 라틴아메리카를 연결하는 3대 도시로 파나마 시티를 성장시켰기 때문에 18세기 중반까지 유지되었다. 그러나 파나마 시티(도시 엘리트들)는 스페인이 라틴아메리카에서 무역독점을 상실하기 시작한 17세기와 18세기에 우월한 지위를 잃었다. 1655년에 영국이 자신들의 영향력을 확대하기 위해 자메이카에 군사 및 무역 기지를 설립했다. 파나마의 우월한 경제적 지위는 1739년 영국이 지협 무역 통로를 보호하는 요새를 파괴하면서 끝났다.

파나마의 항구 독점이 끝나면서 도시 상업과 행정 엘리트들의 경제적 토대가 붕괴되었다. 이 엘리트들 중 일부는 권력을 유지했지만 대부분이 소득 원천을 잃어버렸다. 더 이상 항구를 관리하지는 않았지만 영국과 밀무역을 하거나 스페인 지배하나 콜롬비아의 지배하에 군사 주둔지를 제공했다. 항구 독점이 끝나면서 사회경제 시스템이 다 변화되었다. 많은 스페인 태생의 고위관료들이 본국으로 귀국하거나 라틴아메리카에서 관료적 위치를 점했지만 지역에서 태어난 크리오요(Creoles)들은 저렴한 비용으로 투자할 수 있는 주변지역에서 소득원을 찾아야 했다. 안데스와 같이 원주민 노동력이 풍부하지 않기 때문에 목축업이 주요 농업 활동이 되었다. 항구 독점권 종결과 무역 감소로 내륙에서 소규모 재산을 지닌 새로운 경제 계층이 성장했다.[3]

19세기에 지협에 남았던 사람들은 외부 권력과 새로운 관계를 맺었다. 1821년 11월 28일에 파나마는 스페인으로부터 독립을 선언했다. 상당한 논란 후 식민기간의 누에바 그라나다(Nueva Granada) 부왕청에 합병하기로 결정했다. 이 결정으로 파나마는 콜롬비아로부터 분리 독립할 때까지 콜롬비아의 지방이 되었다.

작지만 라틴아메리카에서 중요한 전략 지역인 파나마는 주도권 싸움이 빈번히 발생했다. 콜롬비아와 역사적 유대감이 부족했던 파나마인들은 독립을 주장하거나 콜롬비아 정치시스템 내에서 자치권이 허용되기를 바랐다. 영국과 미국은 서반구 운송 네트워크의 중심지였던 지협에 관심이 많았다. 미국은 북미 대륙 전역으로 확장하는 데 있어 지협이 동부의 산업도시와 서부의 정착지를 연결하는 국내 운송 시스템의 구성 요소로 여겼다.[4] 1851년에 미국의 자본가들이 지협을 가로지르는 철도를 건설하기로 했다. 운하 권리에 대한 분쟁이 예견되는 가운데 미국과 영국은 1850년에 클레이톤 불웨 조약(Clayton Bulwer Treaty)을 체결했다. 이 조약은 중앙아메리카 어떤 나라에서 운하를 건설하던 배타적으로 점령하거나 관리하지 않는다는 것을 보장하는 것이었다.

19세기 동안 이런 외부 세력과 새로운 관계를 체결한 파나마의 사회경제적 상황은 놀랄 만한 것이었다. 새롭게 관심을 끄는 통과 기능이 도시의 통과 지역 경제를 활성화시켰고 대서양 연안에 완전히 새로운 도시인 콜론(Colón)을 만들 정도였다. 파나마 시티는 다시 한번 경제 추동력을 발휘했는데, 1878년 프랑스가 추진하고 있던 철도 건설과 운하 프로젝트를 진행하면서 내륙에 거주하던 많은 사람들이 몰려들었다. 두 번째 효과는 파나마 시티의 도시 저소득층의 구성을 변화시켰다. 19세기 중반까지 도시 저소득층은 식민기간 노예로 파나마에 끌려온 스패닉화된 흑인들이었다. 그런데 철도가 건설되면서 카리브 섬에서 영어권 흑인들이 많이 유입되었다. 1910년에 미국의 운하 건설이 정점에 도달해 파나마 운하 회사에 고용된 노동력이 3만 5,000명에 달했다. 1914년 운하 건설 이후에도 많은 사람들이 도시지역에 정착했다. 이들은 영어를 사용하고 개신교를 믿어, 기존의 파나마 문화·사회와 구분되었다.

운하 건설에 관심을 가지고 있던 미국이 1903년 콜롬비아로부터 파나마를 독립시켰다. 데오도어 루즈벨트 대통령은 콜롬비아로부터 독립하고자 하는 파나마 민족주의 운동을 지원하는 것을 묵인했다. 결국 1903년 11월 3일에 파나마 공화국을 건설하는 독립운동으로 이어졌다.

초기 파나마 정치에서 미국의 영향력이 지대했던 것은 놀라운 일이 아니었다. 신헌법 제136조는 혼란할 경우 헌법질서와 평화 정착을 위해 미국이 파나마에 개입할 수 있는 권리를 인정하고 있었다.[5] 파나마 정치인들은 자신들의 목적에 부합할 경우 질서를 회복하기 위해 운하지대에서 미국 군대의 도움을 요청했다. 더욱이 많은 파나마 고위관료들이 미국 시민권자였다. 또한 미국은 신공화국에 지나친 경제적 영향력을 행사했다. 미국이 영향을 행사할 수 있는 가장 좋은 평계는 미국이 운하의 절반인 10마일(16km)을 관리한다는 것이었다. 미국인과 파나마인들이 일하면서 파나마 상품 시장이자 고용주의 역할을 했다. 더욱이 미국의 유나이티드 푸르트사가 내륙에 만든 바나나 플랜테이션에 많은 파나마인들이 일하고 있었으며 바나나가 파나마 수출의 원천이었다.

1920년대와 1930년대에 라틴아메리카 국가들의 미국의 정치적·경제적 개입에 대한 강력한 국민적 저항이 있었다. 이 기간 많은 요인들이 경제 상황을 악화시켰다. 1914년 완공 이후 운하 노동자의 규모가 대폭 감축되었고 정부는 1916년 이후 공공부문 고용을 축소하게 만드는 외채 문제가 발생했다.

1923년 8월 19일에 비밀 민족운동 단체가 미국뿐만 아니라 운하 건설 현장의 노동자로 일하고 있는 안틸레스 흑인들에 대한 파나마인들의 불만을 결집하여 결성되었다. 이름하여 '공동체 행동(Community Action)'은 히스패닉 민족주의를 지지했다. 곧 아르눌포 아리아스(Arnulfo Arias)가 지도자로 등장했다. 1901년 내륙의 작은 양떼 목장에서 태어나 하버드대 의대를 졸업하고 파나마로 돌아와 의료활동을 하면서 정치에 뛰어들었다. 그는 1940년, 1949년과 1968년에 대통령에 당선되었지만 자신의 임기를 다 채우지는 못했다.

　　아리아스가 이끄는 민중주의적 정치운동(지금은 파나마주의자, Panameñistas)은 1950년대 초반에 다른 정치세력들로 대체되었다. 파나마가 1903년에 독립한 이후 군대는 정치 엘리트와 미국에 위협이 된다는 이유로 해체되었다. 단지 소규모 군대만이 유지되고 있었다. 그러나 1930년대 점진적으로 민족주의적인 경찰이 호세 안토니오 레몬(José Antonio Remón) 지휘하에 정치적 영향력을 키웠다. 1940년대 후반 레몬 대령과 경찰 조직이 전통적인 정당지도자들의 불화를 중재했다. 경찰을 도약의 발판으로 이용한 레몬은 1952년 선거에서 승리했다. 몇 년 후 국민 경찰은 방위대로 전환되었고 새롭게 군대의 역할이 확대되었다.

　　1950년대 방위대의 영향력과 정치력이 커지면서 군부정권이 유지되는 토대가 되었다. 1955년 레몬 암살 이후 민간으로 이양되었지만 방위대가 상당한 정치적 영향력을 행사했다. 이 기간 군대가 점진적으로 아카데미 훈련을 통해 직업화되었다. 냉전으로 미국이 1950년대 군사원조를 확대했고 많은 파나마 군인들이 미군 시설에서 훈련받았다.

　　1968년 10월 11일에 파나마주의자이며 민간 정부인 아르눌포 아리아스 대통령이 쿠데타로 실각했다. 방위대의 중심인물로 젊은 중위인 오마르 토리호스(Omar Torrijos)가 등장했다. 그는 재빠르게 반미 성향의 정책을 추진하고 카스트로의 쿠바와 외교관계를 회복했다. 토리호스와 방위대가 공동체 행동이 보여준 반미 감정과 같은 정서는 아니었지만 파나마 정치에서 군대를 복구시키는 중요한 제도적 틀을 마련했다.

운송 지대 성장과 사회경제적 구조

파나마의 사회경제적 구조는 대부분이 운송지역의 발전에 따라 형성되었다. 운송지역의 헤게모닉적 통제를 필요로 하는 미국이 1903년 파나마 시의 중심지에 배타적인 운하지대를 만들었다. 외국이 점령한 지역은 라틴아메리카 도처에 있지만 운하지대의 경제적 중요성과 지리적 중심성은 파나마의 경제발전의 방향과 성장률뿐만 아니라 국내계급구조의 특성을 결정한다는 점에서 매우 중요했다. 도시 상업 집단과 농촌 목축지역은 소비시장인 운하지대에 많이 의존할 수 밖에 없었다. 가장 중요한 것은 운하가 파나마 도시 노동자 계급의 성장에 결정적인 역할을 했다는 것이다. 많은 라틴아메리카 국가에서 도시 노동자 계급은 엘리트와 대중, 국가와 외부 세력과의 관계를 조정하려는 정치 지도자들의 계획을 지지하는 가장 중요한 지지기반이다. 그러나 파나마에서 노동계급은 군부가 집권한 1970년대와 1980년대 기간을 제외하면 잠자코 있는 세력이었다. 전통적으로 노동자들은 저항과 정치적 동원화가 제한된 운하와 파나마 엘리트들 간의 연대 속에서 움직였다. 공화국 초기에 노동자 계급의 권익을 억압하는 것은 가끔 자인했으며 군대를 직접 이용하는 방식으로 이루어졌다. 예를 들어 파나마 시티의 운하 노동자들이 1925년에 지대(地代) 인상에 반대하며 파업을 했을 때 파나마의 악덕 집주인들이 미국에게 운하 지역을 진압해 줄 것을 요청했다.

역사적으로 노동자 계급의 요구가 싎게 묵살되는 것은 노동자의 협상력에 부정적인 영향을 미치는 운송지역의 두 가지 특성 때문이다. 첫째, 운하 지대 노동자들이 파나마보다는 미국과 연계된 조합에 가입했다. 둘째, 운하 지대 노동력의 대부분이 스페인어를 사용하는 파나마 국민들과 정서적 동질성이 약한 영어권 흑인으로 구성되어 있었다. 운하 지역 노동자들이 파나마 전체 평균보다 높은 임금을 받기 때문에 이들은 '노동 엘리트(Labor Elite)'이고 특권적 지위를 지니고 있으며 파나마의 다른 지역과 구별되는 문화적 특성을 띠었다.

1960년대와 1970년대 운하지대의 빠른 경제성장은 내륙지방 사람들의 대규모 도시 이주로 이어졌다. 다른 라틴아메리카 국가들처럼 파나마 도시인구도 빠르게 성장해서 1950년 36%에서 1970년 48%에 이르렀다.⁶ 이러한 대규모 국내 이주는 파나마 시티 주변지역에서 살고 있는 도시빈민을 문화적으로나 경제적으로 이질적인 계층으로 만들었다.

1960년대와 1970년대 운송지역의 발전은 주변지역의 한계화를 강화시켰다. 도시 지역 정치인들은 상업 엘리트들의 이익을 대변하면서 목축업자와 농민들이 거주하는 내륙지방을 등한시했다. 그러나 농촌경제 구조도 지난 20년간 많이 변했다. 전통적으로 파나마 농민들은 정부가 소유한 작은 면적에 생계농업을 했다. 점차 상업 목축이 팽창하면서 농민들이 이용 가능한 토지가 줄어들었다. 이런 일들이 농촌을 떠나 도시로 이주하는 원인이 되었고 이 과정에서 목축업자와 농민들 간의 긴장이 고조되었다.

1968년에서 1989년까지 정치를 장악한 군부정권은 주변지역의 생활의 피폐와 농촌 경제구조의 변화 때문에 권력을 유지할 수 있었다. 권력은 1903년 혁명을 주도했던 도시 경제 엘리트에서 멀어졌다. 이런 엘리트들을 반대하던 토리호스 장군은 내륙에서 태어나서 성장한 사람이었다. 그의 반도시적인 성향이 아리아스를 지지하던 목축업자들에 대한 분노보다는 강하지 않았지만 파나마 농촌의 경제와 문화에 대한 관심은 진심이었다.

2차 세계대전 이후 산업 성장은 1960년대 이후 세 부분으로 나뉘어 졌다. 전통적인 서비스와 농업활동을 보완하는 경공업분야가 확대되었는데, 이 때문에 산업 노동자 계급이 성장했다. 1970년대와 1980년대는 이러한 세 부분이 전반적으로 크게 성장했다. 서비스 경제가 빠른 속도로 팽창했지만 산업 제조업 활동은 정체되었다. 국제적 경쟁, 마케팅과 영농기술과 관련된 많은 문제들이 산적한 농업분야도 성장이 멈추었다.

파나마의 운송지역과 관련된 서비스 분야는 1990년대 민선정부가 들어서고 2000년에 미국이 파나마를 떠난 이후에도 국내경제에서 차지하는 비중이 여전히 매우 높다. 군부가 집권한 지난 20년간(1970년대와 1980년대) 글로벌 다국적 기업들이 파나마를 형식적 절차가 간소한 금융거래 서비스를 제공하는 곳과 운송, 통신과 보세창고 서비스를 제공하는 곳으로 파나마를 활용했다. 이러한 활동들은 다음 20년간에도 계속되었으나 서비스 부문의 성장 속도가 냉전 종식과 세계경제의 빠른 성장 이후 더욱 빨라졌다.

급속한 경제성장은 아시아의 수출 주도 경제와 미국과 유럽의 소비 주도 경제의 발전이라는 상징적인 관계에 의해 주도되고 있다. 세계화 시기에 파나마의 역할은 아시아로 1차 차원을 보내고 완제품(의류, 전자제품 등)을 소비자들에게 보내는 것이다. 점차적으로 아시아 제조상품에 대한 세계시장의 수요가 컨테이너 선적과 통합 항만시설에 대한 수요를 폭발적으로 증가시키고 있다. 오늘날 파나마는 북미, 유럽과 아시아 기업들이 가장 많이 이용하는 컨테이너 항구로 성장하고 있다.

2008년에 파나마는 세계에서 가장 빠른 경제성장을 기록하고 있는데, 이것은 세계무역이 빠르게 증가하고 은퇴한 북미와 유럽의 베이비붐 세대들의 숫자가 증가했기 때문이다. 그러나 세계 신용대출이 감소하고 금융소진 규모가 커지는 현상이 뚜렷해지면서 파나마 경제도 빠르게 저성장으로 전환되었다. 2004년부터 2008년까지 실업률이 점진적으로 감소했으나 2009년에 증가세로 돌아섰다. 또한 전체 노동인구의 40% 이상을 차지하고 있는 비공식 경제부문이 성장세로 돌아선 것도 호재로 작용했다.

말하자면 세계 경제 변화에 따라 지난 10년간 운송지역의 경제활동도 둔화되고 있다. 운하를 통과하는 컨테이너 운반량이 감소했고 이 때문에 환적 화물과 상품 가공을 포함한 관련 활동들이 줄어들었다. 파나마 정부는 제3의 수문 건설을 포함한 운하 자체의 확장을 계획하고 있다. 이러한 대규모 프로젝트가 운하지역을 새로운 성장 단계로 이끌 것인지, 파나마 경제의 스태그네이션의 또 다른 단계로 진입하게 할 것인지 시간이 말해 줄 것이다.

정부와 정치적 역동성

약 20년간(1968~1989) 파나마는 군부가 지배했다.[7] 이 기간 동안 정부 구조도 군부가 정책결정과 시행에 더 큰 역할을 할 수 있도록 변화되었다. 군장교들이 소외받는 농촌과 도시 노동자로 스스로를 인식했기 때문에 정책들이 바뀌었다. 군부 지도자들은 경제에 대한 국가의 개입을 확대했고, 계급연대의 생활조건을 개선할 수 있도록 경제개발전략을 추진하기 위해 정부조직을 확대했다.

미군이 침입한 이후 20년 동안 민간이 집권하면서 군부정권이 공포한 헌법은 유지되었지만 정부조직과 정책은 많이 바뀌었다. 조직과 정책의 변화는 4번의 민선 대통령의 정권 승계와 동시에 진행되었다. 현재 5번째 민선 대통령 리카르도 마르티넬리(Ricardo Martinelli)가 집권하고 있다. 이들의 정치 입장을 살펴보면 흥미로운데 민간과 군부의 대립으로 정치적 혼란을 초래한 2개의 거대 민중주의 정당이 민간 집권을 강화시키는 데 중요한 역할을 했다. 1989년에서 2009년까지 이루어진 정권교체는 파나마주의자와 민주혁명당이 정치적 안정을 좌지우지했다. 그 결과 20년 이상 민선 대통령의 집권이 이어지고 있다.

지난 40년간 민간과 군부가 번갈아 통치하면서 정부조직이 많이 바뀌었지만 여전히 이베리아 반도의 정치 유산이 많은 영향을 미치고 있다. 1903년에 파나마가 콜롬비아로부터 독립할 때 신헌법은 콜롬비아 헌법에 기초해 초안되었다. 중앙 집권제 정부는 행정부, 입법부와 사법부의 3부로 구성되었다. 대통령은 4년 임기로 선출되고 연임을 금지하지 않았다.

역사적으로 입법부는 임기 4년의 단원제 국회였다. 국회대표들은 9개 지방에서 정기적으로 선출되었다. 전통적인 정치 체제는 행정부 수반이 명목상으로 입법부와 사법부를 지배하지만 대통령제를 토대로 한다. 대통령이 지방 지사를 임명하기 때문에 대통령의 지배력이 전국에 미치고 있고 지방 행정에 영향을 미친다. 이론적으로 지자체가 도(Province)보다 더 자율권을 누리고 있지만 좀처럼 실현되지 못하고 있다.

1968년 군부 쿠데타 이후 행정부의 우위가 뚜렷했으나 권력은 민간보다는 군부에 집중되었다. 1972년 공포된 신헌법은 오마르 토리호스 장군을 "파나마 혁명의 최고지도자"로 만들었다. 입법부에서는 505개 지방 구분에 기초한 대표체계를 국회로 교체했다. 이렇게 교체한 의원들은 행정부가 조정하는 과정보다 더 긴 임기로 선출되었다. 전통적인 정당들은 중요한 역할이 없었다.

이러한 민간 정치 제도에 대한 군부의 지배는 군부 세력을 약화시키고 군 내부에 대한 엄격한 기준을 정하는 법률 체계를 회피하는 방법으로 이루어졌다. 1968년 쿠데타 이전 공화국 대통령은 1946년 헌법에 따라 군 통수권자였다. 그래서 대통령이 군 인사의 임명과 진급 결정권을 지니고 있었다. 1972년 헌법에는 대통령의 군 장교 임명권이 주어지지 않았다. 더욱이 제2조는 정부기관이 군대와 조화로운 협력을 해야 한다고 규정하고 있다.

토리호스 장군과 후임자인 노리에가(Noriega) 장군이 중앙집권화된 행정기관을 통해 군대를 장악했다. 명령은 참모를 통하는 채널 없이 모든 군부대에 직접 전달되었다. 토리호스는 파나마의 보병 사단 7개를 직접 지휘했고 사전 승인 없이 중위가 명령을 하달할 수 없었다.

1968년 쿠데타 이후 군부는 기존 정당들이 전통 엘리트들의 이익만을 대변한다는 이유로 정당 활동을 금지시켰다. 1978년에 민주혁명당(PRD)이 군부체제를 지지하는 여러 단체들을 통합하여 결성되었다. 정강에 따르면 민주혁명당은 민주적이고 다계급적이며, 통합적이고 민족주의적이며, 혁명적이고 민중적이며, 독립적이라고 밝히고 있다.[8] 군부 지도자들이 자신들의 사상을 시민단체에 주입하기 위해 만든 라틴아메리카의 다른 정당들과 매우 흡사했다. 멕시코의 제도혁명당처럼 민주혁명당은 반대 집단의 참여를 조심스럽게 개방하기 위해 군부, 정부와 정당 지도자들 간의 긴밀한 협조 관계를 유지시켰다.

말하자면 '교도 민주주의(Guided Democracy)'가 지난 20년간 지속되었다. 군부 지도자들은 경제활동에 대한 국가개입을 인정하고 다계급적인 민중 유권자들의 권익에 맞춘 경제정책을 추진했다. 이 기간 정부 관료들은 양적으로 팽창했고, 노조가 영향력을 확대했으며 사회안전망에는 새로운 계층과 그동안 배제되었던 사회 집단도 포함되었다.

1989년에 미국이 침입한 이후 민간인들이 정권을 잡았을 때 단원제 국회를 포함한 대부분의 민주주의 제도들이 회복되었다. 그런 가운데 민주주의적 통치 과정에서 주요 현안 3개가 불거졌다. 첫째, 많은 파나마인들은 정치와 경제집단의 연합이 미군으로부터 되찾은 권력을 완전히 합법화시키고, 파나마인들의 권익을 보호할 것이라고 믿지 않았다. 둘째, 연합 내의 심각한 정치적 내분이었다. 그리고 마지막으로 세계경제 변화가 제1대와 제2대 민선 대통령이 가장 취약한 집단과 계층들에게 부정적인 영향을 미치는 가혹한 경제개혁을 추진하도록 했다.

길예르모 엔다라(Guillermo Endara, 1989~1994)가 미국의 침입 이후 첫 번째 민선 대통령이 되어 미군 기지에서 선서했다. 오랫동안 아르누포 아리아스와 파나마 민족주의자들의 지원을 받은 그는 노리에가 장군이 1989년 선거에서 정권을 잡는 것을 막기 위해 정당 연대를 주도했다. 경제부문에서 엔다라 행정부는 국제금융 시장에서 정부의 신용도를 회복하는 데 역점을 두었다. 결과적으로 외채상환을 위한 공공부문의 규모를 축소하려는 시도는 성공하지 못했다. 동시에 그 행정부는 1980년대 후반 발전에 대한 생각을 완전히 바꾸었다. 소련 공산주의 붕괴에 따라 등장한 신자유주의 경제모델이 관세인하, 국영기업의 민영화를 통한 공공부문 축소, 전통적인 수입대체산업화 모델에서 수출 주도형 산업화로의 변화들을 강요했다.

엔다라 대통령기에 정부는 신자유주의 정책에 따라 경제 구조조정을 시작했다. 그러나 차기 에르네스토 페레스 바야다레스(Ernesto Pérez Balladares, 1994~1999) 대통령 집권기에 경제개혁 정책을 유지하기 어려워졌다. 페레스 바야다레스 대통령은 군부집권 20년간 했던 것처럼, 정부관료 규모를 2배 이상 증가시키고 국가 경제 개입을 확대시킨 책임이 있는 군부 정권의 정당을 대표하는 사람이었다.

파나마의 세 번째 민선 대통령이 페레스 바야다레스의 거친 신자유주의 개혁에 대해 민중의 반대를 등에 업고 당선되었다. 미레야 모스코소(Mireya Moscoso, 1999~2004)는 내륙의 농촌에서 살았던 선생님의 딸로서 역사상 최초의 여성 대통령이었다. 파나마주의자당에 입당한 후 그녀는 당을 창당한 정치인인 아르눌포 아리아스와 결혼했으나, 1968년 군부 쿠데타로 남편과 함께 추방되었다. 모스코소 정부는 가난한 파나마인들에게 악영향을 끼친 이전 정권의 경제개혁을 완화하려고 했다. 그녀의 야심찬 민중주의 정책은 경제적 어려움, 개인적 부조리와 부패등에 빠져 어려움을 겪었다.

1989년 이후 임기를 완전히 채운 네 번째 대통령은 마르틴 토리호스(Martín Torrijos, 2004~2009)였다. 1968년에서 1981년 사망할 때까지 파나마를 통치했던 오마르 토리호스 장군의 아들인 마르틴은 미국에서 비즈니스 교육을 받았고 재정정책과 사회 안전과 관련된 개혁정책을 통해 민주혁명당을 개혁하고자 하는 페레스 바야다레스의 기조를 유지했다. 비록 그는 이런 점에서 성공적이었지만 토리호스 대통령은 2006년에 실시한 운하 확장을 묻는 국민투표에서 양치기로 기억되었다. 부정적인 측면에서 그는 기초생필품의 가격 안정에 실패했고 마약 관련 폭력을 줄이는 데 실패했으며 군대가 국정에 개입할 수 있는 새로운 기회를 주었다.

1989년 이후, 12년 전 학자들이 예상하지 못했던 전통적인 2개의 정당이 권력을 번갈아 가며 지배하는 동안 상대적으로 안정적이고 지속적인 패턴이 확립되었다. 파나마의 민주주의와 군부의 재개입의 가능성으로 여전히 혼란스럽지만 민주적인 통치가 잘 유지되고 있는 듯 했다. 새로운 대통령 리카르도 마르티넬리(Ricardo Martinelli, 2009~)는 민주혁명당과 파나마주의자 정부에서 고위급으로 근무했다. 따라서 그의 행정부가 광범위하고 포괄적인 정당 체제 운영을 위한 가교 역할을 할 수 있을 것이다.[9]

세계에서 파나마의 지위 변화

좁고 독특한 지리적 위치 때문에 파나마의 외교관계는 외부세력에 영향을 많이 받았다.[10] 1903년에 미국이 파나마의 외교적인 이니셔티브에 대한 다각적인 근거를 가지고 지배적인 외부 세력으로 등장했다. 운하지대에 대규모의 미군이 출현하고 지협이 미국의 전략적인 측면에서 중요해지면서 파나마 정부가 히틀러의 독일과 소련과 같은 미국에 반대하는 세력과 접촉하는 것은 불가능 했다. 미군의 개입과 더불어 미국의 경제적 지배는 독자적인 외교 이니셔티브를 조심스럽게 추진한다는 것을 의미했다. 냉전 기간 파나마 경제는 아마 세계 어떤 나라들보다도 미국 정부와 민간 기업에 대한 의존도가 가장 높았다.[11]

20세기 대부분을 미국이 지배했기 때문에 파나마는 양자 간 외교정책에 의존할 수밖에 없었다. 외교부를 장악하고 있던 상업 엘리트들은 미국과의 관계에서 경제적 이익을 극대화하는 데 관심이 있었다. 두 번째 관심 사항은 운하지대에서 미국과 파나마 관계의 식민주의적인 관점들을 바꾸는 것이었다. 1903년 조약에 따라 미국은 운하지대에서 '영토 주권은 가지고 있지만 파나마 정부가 영향력을 완전히 미치지 못하는 곳인 것처럼' 영구히 활동할 수 있었다.[12] 오랫동안 정치적 신념을 가진 지도자들이 주권이 침해되지 않도록 협정내용을 재협상하려고 했다.

이러한 노력에도 불구하고 1903년 조약의 주요 조항들은 1978년까지 수정되지 않았다. 그해에 미국 의회가 파나마 운하 조약(Panama Canal Treaty)과 중립조약(Treaty of Neutrality)이라는 새로운 협정을 비준했다. 첫 번째 조약은 운하지대(Canal Zone)에 대한 파나마의 주권을 인정하는 것으로 2000년까지 미군이 완전히 철수할 것을 규정하고 있다. 두 번째 조약은 수로가 평화나 전쟁일 때 중립을 지킨다는 것을 보장하는 것이었다.

1978년 협정에 따라 파나마가 2000년에 운하를 관리하게 되면 미국과 파나마의 관계에 많은 변화가 발생할 수 있었다. 2000년 이전까지 파나마는 서반구에서 미국의 외교와 군사력에서 중요한 위치를 점하고 있었다. 미국이 게릴라 반대나 인도주의적 위기 시에 작전을 펼 수 있는 전략적인 곳이었다. 미국의 외교와 군사계획에서 보면, 운하 운영권 이양으로 파나마는 남미 북부 지역에서 마약과 무기밀매의 물류적인 중요성이 높아 특별한 주의가 요구되는 곳이었다. 따라서 문제가 해결되는 것보다는 오히려 문제를 유발시키는 것으로 보았다.[13]

지난 10년간 파나마는 이웃의 콜롬비아가 처해 있는 민간과 마약 전쟁으로 혼란스러웠다. 몇 년 동안 이 전쟁이 국경을 넘어오고 있고 파나마에서 마약 밀매가 증가하고 있으며 피난민의 유입과 범죄가 증가하는 등의 문제를 일으키고 있다. 이뿐만 아니라 베네수엘라의 정치·경제적 위기가 파나마에 영향을 미치고 있다. 우고 차베스 대통령이 전통적인 올리가키를 물리치고 민중주의 운동으로 대통령이 되었다. 계속되는 혼란으로 점점 베네수엘라인들이 파나마를 피난처로 여기고 있다.

미국과의 전통적인 양자관계와 세계에서 지위 변화로 인해 파나마인들은 자신들의 미래가 밝지 않다고 생각한다. 이 때문에 글로벌 환경에서 파나마를 재평가하는 두 가지 관점이 등장했다. 첫째는 파나마가 진정한 민족 국가보다는 다국적 글로벌 시티가 되었다고 믿는 것이다. 이러한 관점은 백인 지배 계층의 역사적 기억에 근거하고 있다. 이 주장은 파나마가 글로벌 운송 네트워크의 전략적 가교로서의 변함없는 지위와 위치를 강조한다.

둘째 관점은 아르눌포 아리아스와 군부집권의 장기집권이 만든 것으로 파나마가 하나의 민족국가이며 어려운 글로벌 정치와 경제 환경에서 살아남는 법을 배워야 한다는 것이다. 이런 관점으로부터 파나마인들은 미국과의 긴밀한 관계에서 비롯된 "좋은 옛날(Good Old Days)"로 돌아가려는 것이나 트랜스글로벌 시티로서의 새로운 역할을 찾아야 한다는 노력을 접어야 한다. 오히려 실질적인 국익을 위해 국내 제도를 강화하고 국가 간의 연대를 결성하는 데 초점을 맞출 필요가 있다.

파나마의 특성과 지위에 대한 논의가 어떤 해결책을 제시하든 간에 글로벌 환경과의 관계는 더 복잡해질 것이다. 2000년까지 미국과 가졌던 단순한 헤게모닉적인 관계는 많은 국가들과 글로벌 기구들이 포함된 것으로 대체되고 있다. 이런 환경에서 가장 큰 변화는 파나마 정부가 대만과 중국과의 관계를 개선한 것을 들 수 있다. 리카르도 마르티넬리(Ricardo Martinelli) 대통령이 대만을 공식적으로 인정하던 입장을 글로벌 경제 시스템에서 역할이 증가하고 있는 중국을 인정하는 것으로 외교정책을 바꾸었다.

결론

파나마의 지리적 위치가 통과 지역으로서의 파나마의 글로벌적인 역할, 국내 경제 구조 형성, 세계에서 차지하는 지위를 재정의하는 데 중요하게 작용하고 있다. 파나마가 오랫동안 전략적인 '가교'였기 때문에 지리적 위치를 활용하려는 스페인, 영국, 프랑스와 미국과 같은 강대국들의 관심을 끌었다. 오늘날 미국이 완전히 철수한 이후 세계무대에서 파나마의 역할을 다시 정립하고자 하는 논쟁은 계속되고 있다.

1990년대 민주정부 회복 이후 파나마 민선 대통령과 행정부는 글로벌 경제에서 경쟁력을 유지하기 위한 경제개혁의 필요성과 실업률 증가, 계층 간 불평등의 심화와 같은 위협을 어떻게 균형을 이룰 것인가의 문제를 풀기 위해 노력하고 있다. 이것이 쉬운 일은 아니지만 미래의 대통령들이 끊임없이 문제 해결을 위해 노력할 것이다.

이 장 시작 부분에서 언급한 것처럼 미국인들은 파나마와의 역사적 관계를 생각할 때 짧은 기억만 가지고 있다. 미국인들이 국가 형성에 관여했기 때문에 미래에 파나마인들이 잘 살 수 있도록 도와줘야 할 도덕적인 책임이 있다. 파나마는 '미국의 세기(the American century)' 동안 확실한 지역 맹방으로서 잊지 말아야 할 중요한 역할을 했다.

추천도서

Greene, Julie. The Canal Builders: Making America's Empire at the Panama Canal. New York: Penguin, 2009. 이 이야기는 미국 정부가 파나마에 운하를 건설하기 위한 노력들이다.

McCullough, David. The Path Between the Seas: The Creation of the Panama Canal, 1870–914. New York: Simon & Schuster, 1977. 에픽 북은 프랑스와 미국이 파나마 운하를 건설하는 것을 다룬다.

Pearcy, Thomas L. We Answer Only to God: Politics and the Military in Panama, 1903–947. Albuquerque: University of New Mexico Press, 1998. 파나마 정치에서 군부의 역사

적 역할을 잘 연구한 것이다.

Perez, Orlando J., ed. Post—Invasion Panama: The Challenges of Democratization in the New World Order. Lanham, Md.: Lexington, 2000. 1989년 미군의 침입 이후 정치발전에 대한 우수한 에세이를 모은 것이다.

Sanchez, Peter M. Panama Lost? US Hegemony, Democracy, and the Canal. Gainesville: University Press of Florida, 2007. 미국의 헤게모니와 파나마 민주주의 발전의 역사적인 작용과 반작용을 이론적으로 설명하고 있다.

Ward, Christopher. Imperial Panama: Commerce and Conflict in Isthmian America, 1550–800. Albuquerque: University of New Mexico Press, 1993. 식민기간 파나마의 발전을 설명한다.

미주

1) 이러한 이양은 1978년 미국의 지미 카터 대통령과 파나마의 오마르 토리호스 장군이 서명한 카터-토리호스 조약의 결과였다.

2) 조지 W. 부시(George H.W. Bush)는 노리에가에 반대하는 이유를 제시하고 1989년 12월 19일 갑작스럽게 침입했다. 침입 이유는 아메리카인들의 생명을 보호하고, 카터-토리호스 조약을 실행하고, 민주주의를 방어하고 마약 밀매를 억제하기 위한 것이었다. 노리에가를 포함한 관측자들은 레이건과 부시 행정부가 니카라과 산디니스타 정부에 대한 미군의 작전을 위한 로켓발사대로 파나마를 활용하려는 것을 노리에가가 허용하지 않는다고 불만을 품고 있었다고 지적한다. 조지 부시 대통령의 파나마 침입 연설 참조. Panama Invasion Address (retrieved March 8, 2010, from www.youtube.com/watch?v=GlaewpvuEAY); and Steve C. Ropp, "The Bush Administration and the Invasion of Panama: Explaining the Choice and Timing of the Military Option," in John D. Martz, ed., *United States Policy in Latin America: A Decade of Crisis and Challenge* (Lincoln: University of Nebraska Press, 1995), p. 83.

3) Omar Jaen Suarez, *La Poblacion del Istmo de Panama del siglo XVI al siglo XX* (Panama City: Impresora de la Nacion, 1978), pp. 187-90, 301.

4) Walter LaFeber, *The Panama Canal: The Crisis in Historical Perspective* (New York: Oxford University Press, 1979), p. 8.

5) Juan Materno Vasquez, *Teoria del estado Panameno* (Panama City: Ediciones Olga Elena, 1980), p. 122.

6) Panama, Direccion de Estadistica y Censo, Contraloria General, *Panama en cifras: 1973-977* (Panama City, n.d.), p. 38.

7) 군부의 장기 집권을 설명하기 위해서는 Steve C. Ropp, "Explaining the Long-Term Maintenance of a Military Regime: Panama Before the US Invasion,"*World Politics*, January 1992, pp. 210-34. 참조.

8) Partido Revolucionario Democratico, *Documentos fundamentales* (Panama City, 1979), pp. 16-7.

9) 마르티넬리(Martinelli)가 정권 승계 방식을 깨고 지속적인 요인들을 제공했다. 전임 대통령들의 정치 경력과 달리 그는 1998년 자신의 정당을 만들 정도의 부유한 기업인이었다. 동시에 그는 2개의 거대 전통 정당에서 활동하기도 했다. 그의 스타일은 전형적인 파나마 민중주의 정치인이다.

10) Jan Black, "The Canal and the Caribbean," in Richard Millett and W. Marvin Will, eds., *The Restless Caribbean: Changing Patterns of International Relations* (New York: Praeger, 1979), pp. 90-1.

11) Neil R. Richardson, *Foreign Policy and Economic Dependence* (Austin: University of Texas Press, 1978), pp. 103-06.

12) US Congress, Senate, Committee on Foreign Relations, *Hearings on the Panama Canal Treaties*, 95th Cong., 1st sess., September 1977, pt. 1, p. 588.

13) 미국의 변화를 상징적으로 나타내는 것은 미국 대사관이 파나마 시티의 도심에서 운하 근처의 먼 언덕으로 옮긴 것이다.

제7부

쿠바 그리고 카리브 해

18. 쿠바혁명

넬슨 P. 발데스(박종욱 옮김)

사회적 관계, 행동 패턴, 국가에 존재하는 경제·정치·문화·사회 제도적 구조에 대한 급진적이고 체계적인 변화를 사회혁명이라고 일컫는다. 앞서 말한 정의대로, 사회혁명은 사회의 모든 상호관계의 측면을 아우른다. 이는 종종 전통에 대한 과감한 변화를 시도한다. 하지만 혁명조차도 그들의 자원과 역사적 맥락을 벗어날 수 없다.

사회혁명에 대한 안건은 시대에 따라 변화한다. 17세기부터 서유럽에서는 국가건립(국가기관, 당국의 중앙시스템, 국가정세)에서부터 정치, 산업기관의 건립에 이르기까지 일련의 중요한 문제들을 다루었다. 현대 자본주의 국가의 성장이 수 세기에 걸쳐 일어났고, 이는 종종 국가 내 사회 분쟁과 해외에서의 전쟁을 야기했다. 금세기 동안, 제3세계(대부분의 라틴아메리카를 포함) 나라들에서 이와 비슷한 어려움(국가 설립, 경제 발전, 시민자질의 문제)뿐만 아니라 새로운 국가의 자체 결단력, 외세 간섭과 신식민주의에 대한 대처 등에 관한 문제에 직면했다.

일반적으로, 혁명은 그들의 목적이 무엇인지에 따라 정의된다고 할 수 있다. 사회혁명은 시민권의 수준과 정치 참여, 그리고 국가 주요 기관의 전체적인 변형이 증가함과 동시에 국가주권의 개방, 외세와의 다툼, 국가 자원의 개발을 초래하고, 경제성장에 따른 이득의 분배, 정치세력을 중앙집권화한다. 그리고 이 모든 것들은 단시간에 약간의 자원만으로 이루어진다.

쿠바혁명은 연구 가치가 있다. 왜냐하면 혁명이 무엇을 하려고 하는 것인지, 어떻게 진행되었는지, 그리고 어떤 결과를 가져오는지에 대해 우리에게 하나의 예시를 선사하기 때문이다. 다각적이고 복잡한 이 혁명은 다른 나라가 모방하려고까지 했던 독특한 현상이다. 결과적으로, 혁명은 이 작은 섬나라를 강대국들 간의 다툼의 중심에 올려놓았다. 쿠바 혁명의 효과는 단지 그들의 국경 내에서뿐만이 아니라 그 밖의 지역에까지 영향을 미친다.

역사적 맥락

사회혁명은 특정 지역과 연대에 발생한다. 그것은 이 둘에서 벗어날 수 없다. 쿠바야말로 무역과 문화의 교차로이며 전략적 요충지였다. 그리고 미국과 단지 90마일 정도 떨어진 위치에 있다는 사실은, 특히 1959년 이후 미국과 쿠바 당국을 사로잡았다. 하지만 쿠바 사람들은 자기 견제와 교만에 사로잡혀 다소 나머지 라틴아메리카로부터 격리되어 있었다. 쿠바인들은 일찍이 플랜테이션을 이용하여 발전한 국가와 단순한 농업 국가 간의 극심한 경제적 차이를 충분히 깨닫지 못했다. 이는 몇몇 쿠바인들에게 그들의 경험을 다른 곳에서 모방할 수 있는 하나의 모델—예외가 아닌 선구자—로 간주하게 하였다.

사회혁명은 계속해서 변화하는 역사를 경계로 그 형태가 갖춰졌다. 그 과정이 어떻게 전개되고 어떻게 해석되는지는 일치될 필요가 없다. 하지만 사회 또는 인구의 계층이 그 과정을 이끌어 낸다는 해석은 그 자체만으로도 힘을 갖는다. 역사적 해석은 또한 이해와 행동으로 옮기는 도구로서의 기능도 한다. 혁명가들은 이를 잘 알고 있다.

스페인의 식민기간

쿠바 역사의 기본적인 패턴은 대부분의 라틴아메리카와는 다르다. 이 섬은 멕시코, 중앙아메리카 그리고 무려 북미의 일부분까지에 이르는 스페인 정복의 시발점이 된다. 광물 자원의 부족과 토착민의 강력한 노동력은 그들이 쿠바에 정착하는 데 동기가 되었다. 인구는 꽤 적었고, 경제는 일 년에 한두 번 아바나 항구에 들어오는 함대를 정비하는 것을 대상으로 했다. 대부분의 인구가 작은 마을에 집중되는 경향이 있었다. 식민 기관은 페루나 멕시코에서만큼이나 강력하지 않았고, 가톨릭교회는 오직 도시에서만 영향력을 발휘했다.

1760년대부터, 쿠바는 경제, 사회, 정치 조직에 극심한 변화를 겪게 된다. 이 변화들은 설탕 플랜테이션 경제와 더불어 설탕체제(sucarocracia)이라고 불린 설탕 공장의 화합 계층의 발전으로부터 서서히 진행되기 시작했다. 설탕 생산에 있어서 노동의 수요 또한 계속해서 증가했다. 영국의 산업혁명처럼 발생한 생산에서의 이러한 변화 때문에, 설탕을 정제하는 데 있어서 곧 증기기관이 소개되었다. 이는 설탕의 수요량과 노동력의 향상을 가져왔다. 따라서 설탕 플랜테이션과 생산의 현대화, 흑인 노예들의 수는 엄청난 양에 도달했다. 설탕 생산은 비록 주종관계에 의존하긴 했지만 본질적으로 이익을 위한 것이었다. 설탕 회사는 섬의 서부지역, 특히 아바나 주위를 지배하였다. 동부 지역은 반대로 주로 소작농, 커피, 담배, 소 등의 재배나 물물교환과 같은 자급자족의 방식이 이루어지고 있었다.

설탕 재배 지역은 스페인에서 태어난 사람들의 소유였고, 나머지 땅은 스페인 식민 정책으로부터 계약을 맺고 있는 가난한 농부들의 것이었다. 어떤 면에서 후자는 초기 끄리오요, 즉 동부 지역에서 발전한 쿠바 국가 정체성의 첫 번째 조짐이었다. 두 지역의 경제적, 독특한 생산방식의 차이점은 스페인인들과 쿠바인들 사이의 긴장감을 조성하였다. 후자는 물론 정치적 세력에 의해 제지당했다.

19세기 초 대부분의 라틴아메리카 도처에서 독립투쟁이 목격되었다. 하지만 쿠바는 다음 세 가지 요인 때문에 스페인의 지배 아래에 있었다. 첫째, 경제번영이 설탕 경작을 통해 달성되었다. 둘째, 스페인군으로부터의 패배가 그곳의 식민지 법을 더욱 강화시켰다. 마지막으로 설탕 재배업자들뿐만 아니라 직접적으로 설탕 공장과 관계가 없던 다른 백인들도, 1791년 이후 아이티에서 발생했던 것처럼, 독립전쟁이 노예반란으로 이어질까 두려워했다.

1868년 쿠바는 동부의 소규모의 독립된 백인 농업계층이 주도한 독립전쟁을 시작하였다. 이 전쟁은 10년 동안 지속되고 결국 반역자들의 패배와 비설탕 경제의 총체적 붕괴로 끝이 났다. 플랜테이션은 급속도로 강력해졌고, 급기야 동부까지 그 영역을 넓혀 갔다. 동시에 계급 시스템은 간소화되었고, 주종관계에 따른 기본적인 긴장감만이 남았다. 이러한 상황에서 가톨릭교회는 플랜테이션과 식민지 정책을 지지하고 있었다. 그래서 설탕 플랜테이션 노예들과 식민 정책은 같은 편에 놓이게 되었고, 노예 해방, 플랜테이션의 지배 제한, 쿠바의 독립은 하나가 되었다. 이 시기 동안 반설탕 심리가 부상되어 이후 줄곧 쿠바 혁명가들의 생각을 지배했다.

1895년 독립전쟁이 다시 발발했다. 쿠바의 일류 시인이자 국민 영웅, 사상가인 호세 마르띠의 지도 아래 쿠바혁명당은 이를 이끌었다. 쿠바혁명당은 독특하게 성장했다. 다른 라틴아메리카의 전쟁과는 달리 정당에 의해 조직되었다. 쿠바혁명 정부는 전체적인 분쟁에 있어서 정치적, 군사적 통제를 유지했다. 이것은 새로운 것이었다. 하지만 쿠바혁명당은 더 나아갔다. 호세 마르띠는 라틴아메리카와 다른 국가와의 정치적, 법적 전통 관습 등을 식민지로부터 벗어날 수 있는 독립 조건에 대해 연구하였다. 쿠바혁명 정부는 해방 정책을 내놓았다. 이 점에 있어서, 쿠바혁명당은 20세기 중반에 제3세계 도처에 뿌리 내리게 될 과정을 예견했다.

미국의 보호국

하지만 독립전쟁은 결국 그 목적을 이루지 못했다. 국제 정세가 다른 라틴아메리카 국가가 스페인으로부터 해방될 때와는 상황이 달랐다. 19세기 후반, 미국은 북반구의 새로운 주요 세력으로 떠오르고 있었다. 워싱턴에는 미국의 명백한 사명(Manifest Destiny)에 대한 많은 지지자들이 있었고 카리브 해는 미국의 호수로 여겨졌다. 쿠바의 독립전쟁은 미국과 스페인이 전쟁 중이던 1898년 패했다. 미국 군대의 간섭은 쿠바에 대한 스페인의 식민체제를 종식시켰고, 미국 패권의 새로운 시대가 시작되었다. 쿠바는 미국의 경제, 문화, 교육의 통합점이 되었고, 쿠바인들은 급속도로 미국화되어 갔다.

미국은 새로운 경제제도, 무역 파트너, 정치시스템을 도입하여 그들을 탄압하였다. 미국달러는 그들의 주요 화폐가 되었다. 1899년부터 1902년에 이르기까지, 미국군은 쿠바를 점령하였고, 미국의 사회경제학적 시스템에 맞게 재조정되었다. 미국 투자자들은 쿠바 경제(설탕, 교통수단, 무역)를 전략적으로 조정하기 시작했다. 모든 공유지는 빼앗겨 미국의 소유로 넘어갔다.

미군 당국에 의해 감독된 쿠바 헌법 개정은 미국이 군사적으로 그들의 명령을 통용시키기 위한 간섭권을 허용했고, Platt 법안을 통해 미국 정부가 쿠바의 공공정책의 수용 여부를 판단할 수 있도록 하였다.

1933년 소위 '중사들의 반란(Sergeants' Revolt)'으로 시작된 쿠바의 새로운 정권은 일방적으로 Platt 법안을 거부하였다. 그러나 반란의 지도자 풀헨시오 바띠스따가 독재정권을 잡고 미국에 환심을 사게 되면서, 반란에 따른 다른 공격적이고 민족주의적인 개혁들은 곧 약화되었다.

쿠바혁명당(PRC)은 스페인으로부터의 독립을 목표로 했으나 지도자 마르띠의 죽음 이후 와해되고 말았다. 하지만 1944년, 같은 이름과 같은 영감을 이용한 새로운 민중주의 당이 선거해서 승리해, 1952년 바띠스따가 이들을 몰아내고 독재정권을 다시 설립하게 되는 1952년까지 통치했다.

1953년부터 1958년까지 쿠바인민당(PPC)의 전 멤버들로 구성된 7 · 26 운동은 바띠스따에 대한 반대세력을 이끌었다. 쿠바인민당은 쿠바혁명당의 파편 가운데 하나이며 이들 중 많은 사람들은 인민주의와 민족주의, 사회정의의 일반적인 개념에 전념하고 있다. 젊은 변호사 피델 카스트로의 주도 아래 그들은 라틴아메리카 역사상 처음으로 군정부를 굴복시킨 게릴라 전쟁을 벌였다. 미국은 분명하게 이 혁명이 기여하게 될 철저하고도 급진적인 사회 변화의 수준을 오해하고 있었다. 하지만 그들의 헌신은 점점 명확해졌다.

민족주의에서 사회주의로

젊은 혁명가들은 부의 재분배와 발전을 위해 그들의 나라에 영향을 미치는 주요 경제 사안에 대한 의사결정의 통제권을 얻기 위해 노력하였다. 그들이 미국을 완전히 파괴한다거나 경제의 철저한 사회주의화를 구상했다는 증거는 없다. 하지만 미국 정부와 사업 공동체는 외국 투자와 토지개혁에 관한 혁명가들의 정책을 공산주의와 동일시했다. 쿠바에 할당된 설탕 수입의 양을 대폭 줄이고, 이후 쿠바에 부과된 경제 제재 조치를 포함한 미국의 대책으로 인해 쿠바인들은 더욱 토지 등의 징발 압력을 받았다.

1960년 후반, 미국은 쿠바 생산 수단의 상당한 부분을 소유하게 되었다. 쿠바의 자본주의경제는 대립, 작용, 반작용의 과정을 거치며 사회주의화되었다. 비록 쿠바 정부가 구성원들에게 모든 기업을 운영하도록 한 것은 아니지만 말이다. 쟁점이 된 것은, 국경 안에서의 쿠바의 결정권과 그들의 독립적인 의사결정권에 대한 미국의 도전에 대한 불응이 결국에는 자주권의 박탈로 이어질 것이라는 점이다.

쿠바 혁명가들을 사회주의로 이끈 것은 민족주의였다. 미국은 자본주의와 최고 권력의 상징이었다. 이에 대응해, 쿠바의 민족주의와 사회주의는 새로운 혁명 이데올로기로 통합되었다.

CIA가 조직하고 출자한 피그스만 침공은 자본주의와 사회주의라는 이분법을 잘 보여 주고 있다. 1961년 4월 15일, 쿠바 망명단체가 계획한 침공에 앞서 CIA 소속 쿠바인이 조정하는 비행기가 산티아고데쿠바와 아바나에 공항에 폭격을 퍼부어 7명이 사망했다. 다음 날 장례식 연설에서 피델 카스트로는 자본주의를 회복하고자 하는 반혁명 침공이 임박했다고 말했다. 그날, 그는 쿠바혁명을 사회주의로 규정했다. 4월 17부터에 시작된 침공은 이틀 만에 패배로 끝났다. 삭감된 설탕 할당량이 기본적인 생산 방식을 사회주의화하였듯이, 피그스만 침공으로 인해 쿠바는 사회주의에 입각한 정체성이야말로 철저한 민족주의 운동이 취할 수 있는 오직 가능한 반응이라 여기게 되었다.

혁명에 있어서 이러한 전환은 미국뿐만 아니라 소비에트 연방까지 놀라게 만들었다. 사실, 쿠바의 경험은 전통적인 마르크스 이론의 기본 교리에 저항했다. 레닌의 견해를 따르는 공산주의자들은 혁명이론 없이 혁명당이나 혁명운동이 있을 수 없다고 믿었다. 그리고 당이 없이는 정치적 권력을 잡고 생산수단을 사회화시키는 혁명의 실행도 불가능하다고 믿었다. 쿠바에서 이 공식은 뒤바뀌었다. 권력은 혁명 이론이나 당이 없이도 장악할 수 있었다. 국가는 경제의 상당한 부분을 인수했고, 몇 달 뒤 이는 사회주의의 성과라 불리게 된다. 한참 뒤인 1961년 12월 2일, 마르크스－레닌주의는 공식적으로 받아들여졌다. 불과 1962년 초 혁명당이 형성되기 시작하였고, 13년 뒤 첫 당 의회가 열렸다. 따라서 쿠바의 혁명은 여러 면에서 독특함을 가지고 있다.

정치시스템

혁명 통치 처음 16년 동안, 쿠바 지도자들은 성공적으로 세습제와 카리스마를 통합했고 고도의 대중 집결을 이끌었다. 공산당은 혁명 초기 단계에서 중요한 역할을 하지 못했다. 왜냐하면 정당의 본질적인 특성이 카리스마적 권위를 거슬렀기 때문이다. 1970년까지 정치적, 조직적 업무들이 대중 조직의 성장과 발전에 집중되었다(쿠바는 6개의 대중 조직－쿠바 노동연합, 여성연방정부, 전국소농협회, 중등학교학생연합, 젊은 개척자 연합, 혁명방위위원회－을 가지고 있다).

1975년 이후 혁명의 제도화는 공산당의 역할을 재정의하였다. 이는 집행 없이, 국가와 대중 조직들의 업무를 조직, 통제, 주도, 감독하는 것이다. 하지만 이러한 역할을 맡기 위해서는 당이 성장하고 간부들을 양성하며, 효과적인 리더십을 개발하고 국내 규율을 설립하며, 멤버들의 교육 수준과 정치적 훈련을 향상시켜야 했다.

1965년, 공산당의 구성원은 4만 5,000명이었고, 10년 후 21만 1,642명으로 증가, 1980년에는 무려 43만 4,143명이 되었다. 교육 수준 또한 변화했다. 1970년 구성원의 33.6퍼센트가 초등교육을 이수하지 못하였으나 9년 후 그 비율은 11.4퍼센트로 감소하였다. 고등교육을 받은 비율 또한 급격히 증가하여 1970년에 2.8퍼센트였던 것에 1979년 6.2퍼센트가 되었다. 공산당 간부들은 눈에 띄게 발전하여 1975년 16퍼센트 정도가 고등교육을 마쳤지만, 1975년에는 무려 75.5퍼센트로 증가하였다. 한편, 대중조직의 구성원들은 성장을 멈췄다. 1970년대부터 혁명 지도부는 마르크스-레닌주의를 주창할 주역을 위한 정당을 준비하고 있었다. 하지만 1991년 이후 쿠바의 대중매체나 정부 연설에서 마르크스-레닌주의에 대한 언급은 거의 없었다.

공산당 조직

정부의 현 시스템은 복잡하게 맞물린 세력 관계에 의해 특징지어 진다. 공산당, 국가, 정부 이들 3대 권력의 중심에서 하나 이상의 자리를 차지하고 있는 몇몇 사람들이 있긴 하지만, 이들은 기능상 차별화되어 있다. 현재 정치권력의 중심지인 공산당은 고도로 체계화되어 있다. 기본적으로, 1980년 공산당 회원은 그들 중 2만 6,500명의 핵심 인물들로 구성되었다. 당은 영토에 근거하여 조직되었다(지방, 시, 주, 국가).

국가적 차원에서, 당 의회는 최고의 권위를 자랑하지만 이는 5년에 한 번 개최될 뿐이다. 당 의회에 파견된 하부 영토 수준의 대표단들은 그들의 순위에 따라 중앙위원회의 멤버를 선출(사실상의 승인)한다. 이 의회의 크기와 구성원들이 다른 임무를 맡고 있다는 사실로 인해, 중앙위원회는 일 년에 두 번의 일일 총회를 갖는다. 이 회의에서 중앙의원들은 정치국과 사무국의 멤버를 선출한다.

정치국은 중앙위원회와 당을 대표하여 의회와 총회 간의 정책을 만든다. 그들의 업무는 일반적인 원칙에 대한 해석으로 구성되며 좀 더 정확한 정책을 목표로 한다. 그들의 결정은 법적 구속력을 가진다.

사무국은 또한 강력한 기구이다. 그들은 정치국이 사무국보다 조금 더 강력해 보일 수 있는데 이는 전자에 대한 후자의 답변 때문이다(정치국은 중앙위원회에게 설명해야 하고 이것은 차례로 당 의회에 보고된다). 하지만 정치국과 사무국을 서로 다른 영역에서 기능하는 것으로 보는 것이 더욱 유용하다.

사무국은 당을 조직체로 유지시켜야 할 책임이 있다. 그들은 당원의 가입과 제명을 결정하고, 내부 정치적 교육과 지위의 승진을 감독한다. 사무국은 또한 정치부의 지침서를 국가, 정부, 대중조직의 기구로 전송한다. 1992년 소비에트연방이 붕괴하면서 사무국도 폐지되었지만, 2005년 재설립되었다.

공산당의 내부 조직은 쿠바의 행정적, 정치적 분할 조직과 유사한데, 14개의 지방대표의회와 169개의 지방자치단체를 가지고 있다. 지방자치위원회 아래로 직장, 학교, 군대 병영에서 구성된 당 조직이 있다. 따라서 기본적으로 당은 영토보다는 기능에 의해 조직되어 있다(이것은 고용과 교육 여부 또는 군대의 소속 여부에 따라 사람들을 차별한다).

중앙위원회, 정치국, 사무국의 기능과 계층구조는 명확한 경계가 있으나, 실제로 그 경계는 의미가 없어 보인다. 다수의 동일인물이 세 기구에서 임무를 맡고 있다. 사무국의 9명의 멤버 중 5명이 정치국의 정회원이고 두 명이 대체회원이다. 정치권력은 동일인물이 두 개의 완전히 다른 지위와 역할을 가질 수 있다는 단순한 이유로 서로 맞물려 있다. 1982년 쿠바의 핵심 혁명 세력은 멕시코에서는 세칭 '혁명가(家)'로 알려진 남성과 30명과 여성 한 명으로 구성되었다.

공산당은 의사결정을 하지만 이를 실행시키지는 않고, 지도하기는 하지만 관리하지는 않는다. 실제적인 매일의 의사결정과 수립한 정책에 대한 이행은 기관의 다른 집단에 의해 이루어진다. 1959년부터 1975년까지, 정치권력을 가진 사람과 정부 요직에 있는 사람은 같았다. 그러나 1976년, 국가의 사회주의적 특성을 선포하고, 정부의 통치를 수립하는 헌법이 공표되자 행정, 입법, 사법 권력이 분리되었다. 행정부가 여전히 입법심의권을 가지고 있긴 하지만 1959년과 1975년 사이의 존재했던 권력 형태와는 같지 않다.

1980년대 공산당 내부에 많은 변화가 일어났다. 이런 변화의 일부는 혁명의 내부 역학관계에 의한 것이다. 당은 1975년 불과 5만 명에서 1986년 52만 3,639명의 회원으로 성장했다. 몇 가지 변동이 있었지만, 인구 성장보다 빠르게 당원채용이 증가했다. 1975

년에서 1980년 사이, 거의 21퍼센트 성장했고, 1980년과 1986년 사이 4.1퍼센트 떨어졌다. 1986년 이후 당원, 특히 젊은 사람들을 모집하려는 노력이 재개되었다. 회원연령이 감소는 교육수준의 향상을 가져왔다. 1975년 회원의 19.6퍼센트가 중학교와 그 이상의 교육을 받았고, 1986년에는 72.4퍼센트가 되었다. 이러한 변화는 인구 전체의 교육 수준의 전반적인 향상을 반영한다.

지난 몇 년간 당 조직에는 몇 가지 변화가 있었다. 중앙위원회 회원들은 정회원(실제적 의사결정에 참여)과 대체회원(죽음이나 승진에 의한 정회원 대체)으로 나뉠 수 있었다. 1965년 중앙위원회의 회원 수는 100명이었다. 쿠바공산당의 회원 수가 증가함에 따라 새로운 회원들이 지도부에 통합되었다. 그러나 쿠바공산당은 대체회원의 개념을 창안함으로써 중앙위원회 정회원의 강등을 피할 수 있었다. 1986년까지 중앙위원회는 146명의 정회원과 79명의 대체회원이 있었다.

정치국 또한 팽창했다. 1965년 당이 조직될 당시의 회원은 8명이었으나 1990년대 초에는 13명의 정회원과 14명의 대체회원이 있었다. 대체회원 가운데 11명은 1986년부터 그들의 지위를 유지하고 있었다.

1986년 당 의회에서 피델 카스트로는 "새로워지든지 죽든지 해야 한다"고 강조하면서 "우리는 우리의 젊은이들을 신뢰해야 한다"고 말했다. 사실 여성과 청년, 흑인을 대상으로 한 차별 철폐 조처에 대한 정책은 1986년 의회에서부터 시작되었다. 이전 의회에서 당은 노동자와 농민의 회원모집을 강조했었다. 다시 말해, 계급에 우선권이 있었다. 1980년까지 쿠바인민당은 내부의 여성의 수를 증가시키는 것에 주의를 기울이고 있었다. 이 같은 주제는 세 번째 의회에서도 반복되었지만 쿠바공산당은 이번에는 더 나아가, 여성과 흑인, 청년들에 대한 차별 철폐 조처 정책에 대한 뜻을 밝혔다. 피델 카스트로가 차용한 주요 보고서는 "간부들의 올바른 선택과 영속성, 승진을 보장하는 메커니즘이 교육과 개발에 대한 관심 아래 철저하고, 비판적이며 객관적이고 체계적인 평가에 근거하여 지속적으로 개선되어야 한다. 혁명의 용광로 속에서 태어나고 단련된 유망한 젊은이들의 확보를 증가시키는 것과 마찬가지로 우리나라의 사회주의 건설에 중요한 기여와 참여와도 같은 여성의 대의권이 보장되어야 한다"고 기술한다.

1986년, 여성들은 당 회원 수의 21.5퍼센트를 차지하게 되었다(중앙위원회에 속한 여성의 수는 연합 중앙위원회 회원의 18.8퍼센트로 증가했다). 민족성은 당의 중요한 이슈가 되었는데, 이는 아마도 흑인들의 증대된 영향력과 교육, 그들의 기대와 관련되었다. 공산당 자료는 "당의 리더십이 국민의 민족 구성을 적절하게 반영하기 위해서는 과거 그들의 피부색 때문에 차별당한 사람들을 입증된 혁명적 가치와 재능을 가진 동포로 포함시켜야 한다"고 기술하고 있다.

피델 카스트로는 인종차별과 같은 "역사적 불평등의 개정"은 "자발성에 의존할 수 없다"고 강조한다. 1986년까지 중앙위원회 회원의 28.4퍼센트만이 흑인 또는 물라토였다. 그러나 혁명 정부 지도부가 채택한 소수계 우대정책은 이 부분에서의 실패가 인정되는 바이며 그들에 대해 고심하는 조치가 취해졌다고 주장하고 있다.

공산당 내부의 조직은 또한, 1985년 소비에트 정부에서 시작된 변화에 직면하게 되었고, 1980년대 후반 동유럽과 세계 나머지 곳곳의 공산당에 흡수되었다. 따라서 1990년 2월 중순에 공산당 지도부는 자체적인 변화 계획을 발표한다. 그러나 약속된 변화는 일당 국가의 폐지를 의미하는 것이 아니었다. 당 자료는, "우리가 말하려고 하는 것은 민주집중제의 원칙을 기본으로 한 단일의 레닌주의 당의 완성이다"라고 언급했다(이는 소련이 권력에 대한 헌법상 독점을 포기한 바로 그때 일어났다).

1990년, 10명의 사무국 회원은 아무런 설명 없이 6명으로 감소되었다. 이러한 변화의 결과, 노동운동은 더 이상 대표성을 가지지 못했다(소작농과 농민 분야도 더 이상 직접적인 목소리를 낼 수 없었다). 노동운동의 대표자(쿠바 노동자 연맹의 전 대표)는 동시에 정치국으로부터도 퇴출되었다.

요약하자면, 정치부의 정규 정회원들은 1980년대 동안 상당히 유지되었고, 대체위원들은 급격한 변화를 경험했다. 그러나 대체회원의 자리에 있는 한 그들은 힘을 거의 가질 수 없었다. 어떤 의미에서, 증가하는 대체회원의 수는 혁명정부의 서열 안에서 떠오르는 스타들이 권력을 약속받았지만 정치국과 사무국 내에서는 의사결정이 허락되지 않았다는 것을 의미한다. 사실, 대체회원들은 사회 전반에서 권력을 가지고 있었다. 그들은 주요 사회, 경제, 정부 기관을 통제하는 데 참여했지만, 당 내부에는 권력의 핵심이 존재했고, 그들은 단지 다른 곳에서 만들어진 결정을 실행할 뿐이었다.

1991년 공산당 의회는 종교인이 공산당원이 될 수 있음을 발표했고, 이어질 주요 정치 변화의 예를 들면, 개인 기업가들에게 더 큰 역할을 허용하고, 인근 수준의 당 조직을 설립하는 가운데(그 당시까지, 당 조직은 업무현장에서만 발견되었다) 경제 주요 영역을 외국인 투자에 개방, 정부의 지도 아래 혼합 경제로의 발전 등을 설명했다. 1992년 4번째 쿠바공산당 의회에서 사무국이 폐지되었다. 정치국의 후보직도 폐지되었으나, 회원 수는 25명으로 증가했다.

공산당은 1996년에 의회를 열기로 예정하였으나 다음 해까지 연기되었다. 1997년 5번째 공산당 의회는 소비에트 연방의 붕괴 이후(1991년 이후) 받아들였던 경제 정책-달러의 사용 처벌 제외, 외국인 투자를 육성, 관광사업의 중요성을 강조, 쿠바로의 가족 송금 합법화, 도시 경제 몇몇 영역에서의 소규모 기업운영, 대부분의 국영 농장의 민영화, 국영기업들 간의 시장 관계 이용의 확산-의 결과들을 회원들이 재평가하도록 하였다.

1991년부터 1996년까지 몇몇 정당 회원들이 탈퇴를 하거나, '자신들의 견해를 잃는' 상황에 처할 만큼 힘들고 어려운 시기를 맞이한다. 1994년 8월 도시 불안은 국가의 정치적 안정성에 심대한 우려를 낳는다. 1996의 당 문서에 의하면 "특별한 기간"의 초기 몇 해 동안 쿠바공산당은 객관적인 물자부족만큼이나 "이기주의와 상혼, 돈을 벌기 위한 욕망, 소비운동과 혁명적인 윤리 규범의 상실" 등과 겨뤄야만 했다. 같은 기간에 미국 정부로부터의 압력은 토리셀리 법령(1992년) 및 헬름스-버튼 빌 법령(1996년)에서 명시된 것만큼 증가했었다(본서, 제14장).

1994년부터 1997년까지 라울 카스트로에 의해 주도된 쿠바공산당의 지도부는 당의 전략과 구성원을 소생시키기 위해 전국 일주를 수행했다. 국가 지도자들은 보다 낮은 정치적 차원에서부터 더욱 비판적인 자세를 요구했으며, 시급한 문제를 해결하기 위하여 지방의 정치 · 경제적 자원이 요구된다는 사실을 강조했다. 중요한 메시지는 당이 상부로부터의 참여를 기대하지 말고 주도권을 잡아간다면, "희망은 이뤄진다는" 내용이었다. 1994년까지, 사회적인 문제에도 불구하고, 쿠바 경제는 향상되기 시작했다. 다음 2년 내내 경제성장은 긍정적이었고, 정치적인 지도력은 공산당 의회에서 더욱 막강한 위치에 있었다.

1997년 10월의 제5차 의회가 있기 이전에, 대중 조직들은 정치적인 단일성과 민중의 주도권이라는 주제를 가지고 자신들의 의회를 개최했다. 많은 어려움에도 불구하고 많은 수의 노동자들에게 멤버십이 열렸다. 제5차 의회는 모든 국영 기업들에게 달러 기본 상품에의 접근권이나 달러로 분할 지불을 할 수 있는 선택권을 포함하며, 노동자들에게 인센티브를 제공하는 군대 내에서 개시된 새로운 경영 시스템을 확장해야 할 필요성을 인정했다. 피델 카스트로는 제5차 의회에서 연설을 하지 않았는데, 많은 분석가들의 추정에 의하면 그가 병중에 있었다고 한다. 그러나 라울 카스트로가 있음으로써 피델의 역할을 대신할 수 없다는 사실을 드러낼 수 있었다. 1980년대에서는, 해마다 평균에, 대략 2만 7,000명의 사람이 쿠바공산당에 가입했다. 1992년에서 1996년까지는, 대략 23만 3,000명의 노동자들이 가입했는데, 이는 연평균 4만 6,000명을 의미한다. 이는 정치적인 조직이 혁명의 가장 어려운 시기에 30%의 새로운 멤버를 얻었음을 의미한다.

2003년 5월까지 쿠바공산당은 6만 2,800개의 지방 세포조직으로 구성된 85만 6,262명의 구성원을 지니게 되었는데, 이는 직장, 학교, 군대, 그리고 거주 지역에 따른 조직 체계에 의한 것으로서 후에 쿠바 특징을 독특하게 드러내는 모습이다. 1992년부터 공산당의 도시, 지방, 그리고 국가 수준에 의미 있는 지도력의 변화가 계속되고 있다. 좀더 오래된 멤버가 권력을 쥐고 있는 경우에도, 몇몇 역사적인 인물들조차 새로운 멤버로 대체되었다. 아무튼, 각료 숫자의 증가와 국가 입법 및 행정 리더들은 이제 50대 이하이다. 새로운 당 리더들 대부분은 전문 수련을 받은 전문가들이다. 지방과 도시에서 쿠바공산당의 저령화(低齡化)는 훨씬 특별하다. 전형적인 당 총재는 34세이다.

제5차 의회에서, 중앙위원회 회원은 225명에서 150명으로 축소되었고, 정치국원은 26명에서 24명으로 감소했다. 이것은 혁명계층에서 소위 역사적 인물 혹은 늙은 가이드들이라 불리는 계층의 영향력의 감소에 관련한 메커니즘이다. 정치국은 이전에 당의 내부 사정을 취급하던 서기국의 기능을 인수한 것이다. 쿠바공산당 의회는 2003년에 개최되었어야 하지만, 아직까지 열리지 않고 있다. 2005년에 서기국은 복원되었다. 2010년에는 국가의 경제와 정치적인 정열을 결정하기 위해 당의회가 열릴 것으로 예상된다. 2010년 현재 쿠바공산당은 대략 80만 명의 멤버를 보유하고 있다.

국회

1977년에, 형식적인 입법기관으로서 국회가 처음으로 설치되었다. 국회는 그의 일원이 5년의 기간 동안 선임되는 대표기관이다. 선거는 간접적이며, 의원은 지방의회에 의회에 의해 선택된다(지방선거에서 대중은 직접 권리를 수행한다). 국회는 481명의 대표가 있고, 보통 일 년에 2회의 모임을 가지며, 각각 일주일 이내로 진행된다. 국회는 새로운 법령을 추인함으로써 법령을 만든다. 그러나 법령은 공산당의 일반적인 가이드라인 안에서 일치해야 한다. 국회의 진정한 힘은 토론에 있다. 세션은 짧아서 연구하고, 분석하고, 토론할 시간이 많지 않다. 최근 몇몇 의원들은 자신들의 지역 선거권자들의 대표성을 부각하려 했지만, 국회는 그들의 생각을 받아들이지 않았다. 일반적으로 국회는 다른 곳에 한 결정을 합법화하는 업무를 수행한다.

국회의 실질적인 업무는 국가 평의회와 노동 위원회를 지지함으로써 완수된다. 평의회 위원들은 지명된다. 자신들의 정치적인 신념보다는 전문지식에 의해 선택되는데, 그들은 어떠한 입법기관을 대표해야 하는 것은 아니다. 국회는 15개의 위원회를 두고 있으며, 14개의 실과 9개의 과를 두고 있다. 국회, 시의회, 지방의회 등에 선출된 사람들은 개인적인 정치 강령을 지닐 수 없다. 그들은 개인적인 정책 제안을 하지 않으나, 대신 그들은 자신들의 개인적인 특성에 의해 선출된다. 후보의 정치적인 강령은 공산당의 정치 강령에 준한다.

국회는 전체 인구와 그 구성원, 공산당 멤버 등 요인에 의해 평가된다. 인민은 자신들의 선택된 대표자들과의 만남에서 기관이 권력을 결여하고 있으며, 본질적인 문제를 다루는 역량이 부족함을 표현해왔다. 시의회와 지방의회의 의원들은 다른 한편에서는 정책적인 결정을 할 수 있는 보다 큰 역할을 획득할 수 있도록 국회의원들의 경우에 그러한 것처럼 그들 자신들 고유의 권한을 요구하려는 시도를 드러내왔다. 마침내, 국회의원들은 자신들이 행정 위원회에 의해 향유되는 권력을 자신들도 획득하여 보다 긴 시간 동안 업무를 수행할 수 있게 해 달라며 불만을 토로했다. 그들은 외교정책에 대한 사안의 결정을 비롯하여 예산의 사전 의결과 예산 규모 등을 결정할 권한을 요구하였다.

1991년에 공산당 의회에서, 이 사안들이 상정되었으며, 1992에서 쿠바 헌법은 국회에 더욱 강한 권력과 영향력을 행사할 수 있도록 극단적인 변화를 추진하였다. 1993년의 국회의원 선거는 선출된 의원들에 대한 정밀한 검증을 의미했으며, 새로운 사람들이 국회에 입성하였고, 그들 대부분은 30대였다. 직접 선거는 국회, 시의회, 지방의회 등 각각의 입법 수준에 적용되었다.

국가가 열리지 않을 때에는 국회의 기능과 특권은 국회에 의해 선출된 국회 실행 위원회인 국가평의회에 양도된다. 국가평의회는 1976년 헌법에서 명시된 업무뿐만 아니라 국회의 결정을 실행한다. 1982년 국가평의회에는 40명의 일원이 있었다. 국가가 운용되지 않을 때 국가평의회는 법령을 공포한다. 국가평의회는 국가의 실질적인 입법 기관인 것이다. 평의회는 또한 법을 해석하고, 입법 의안 제출권을 행사하며, 전쟁과 평화를 선언하고, 각료회의 구성원을 임명하거나 해임할 수 있다. 또한 국가평의회는 법적 업무에 강령을 제시하고, 외교단을 감독하며, 국회나 혹은 다른 기관이 행사한 여타 수준의 결정에 비준과 거부권을 행사할 수 있다.

국가평의회 의장은 모든 정부 각료와 행정기관의 활동을 조정하고 감독할 수 있다. 의장은 국회에 각료를 임명하고 내각과 정부 기관의 권력을 이양할 수 있다. 의장은 또한 군 통수권을 지닌다. 의장과 제1부의장과 다섯 명의 평의회 부위원장은 모두 정치국에 속한다. 의장과 제1부의장은 서기국을 지휘한다. 다른 33명의 국가평의회 위원들은 정치국과 중앙위원회 혹은 최근에는 서기국에 속한다.

1992년 이래 국회는 1993년과 1998년, 2003년에 선거가 있었다. 최근 입법부는 390명의 남성(64.04%) 및 219명의 여성(35.96%)으로 구성되어 있다. 평균 연령은 47세이다. 의원의 67%는 백인종이고, 378명(62%)은 새로 선출되었다. 2005년 이래 국회는 보다 적극적인 역할을 수행한다. 특히 특별 위원회들의 경우에는 연중 집행위의 활동을 감시한다.

각료회의

적절한 정부는 각료(회의)이며, 그 구성원들은 국가 평의회 의장에 의해 임명되고 국회의 추인을 받는다. 각료회의는 1명의 의장과 제1부의장과 12명의 부의장, 그리고 30명의 장관, 48명의 위원회 위원, 8명의 고문, 1명의 대리인 비서와 정무비서로 구성된다. 각료회의는 국가기관을 관리하고, 법령을 수행하며, 현행 법률에 따른 명령을 발동하고, 국가예산을 기획하고 관리하며, 외교 정책을 수행하고, 사회·경제·문화·과학 및 군사적 업무를 조직하고 지도한다. 국가평의회의 집행위원(의장과 제1부의장 및 12명의 부의장으로 구성)은 정부의 실질적인 권력이다. 1982년 집행위원에는 14명이 있었고, 9명이 정치국에 있으며, 2명이 서기국에, 5명이 국가평의회의 정식회원이고, 6명이 교체회원이었다.

1976년 이전에는 동일한 개인들이 하나의 역할을 지니고 있을지라도, 다양한 기능을 구성할 수 있었다. 그들은 권력을 지닌 혁명가들인데, 혁명 지도자들은 정치적이고 행정적인 기능을 수행하였다. 정치적 지도력과 행정은 현재는 분리되어 있다. 카리스마가 있는 권위는 합법적이고 이성적인 권력 시스템에 의해 전환되었으며, 이러한 전환의 과정은 수년이 걸리는 일로서, 카리스마 있는 권위에 의한 삶만큼이나 새로운 정치적 구조의 규율과 규정이 제작되고 정제되어 가능하다.

피델과 라울 카스트로는 쿠바 사회의 주요 기관에 거쳐 놀랄 만한 양의 힘을 지니고 있다. 그러나 이것은 예상된 것이다. 권위의 카리스마적인 체계는 핵심적 지위에 있어서 이전 시스템의 대표적인 것들을 대체하는 것으로서 권위의 합리적이고 이성적인 양식으로의 합법성으로 전환된다. 시간은 흐르면서 카리스마적 지도자는 새로운 규칙에 의해 역할을 수행하고, 기관들은 자신은 합법성을 얻는다. 물론, 그런 과정이 앞으로 지속될 것인지에 대해서는 두고 볼 일이다. 1982년 피델 카스트로는 정치국과 서기국 제1서기, 중앙위원회 위원, 국회의원, 국가평의회 의장, 각료회의 위원, 각료회의 집행위원회 위원, 군 최고사령관 등과 같은 직위를 지니고 있었다. 라울 카스트로는 정치국과 서기국의 제2비서였으며, 중앙위원회 위원, 국회의원, 국가평의회 제1부의장, 각료회의 위원, 각료회의 집행위원회 위원과 군사평의회 위원이었다. 그러므로 이러한 질문이 가능할 것이다. 라울이 형을 계승할 수 있을 만한 권위와 자원의 제도화에 기초한 현실이 가능할 것인가? 그리고 2006년 7월 피델 카스트로가 심각하게 병중에 있었을 때 벌어진 일련의 일들을 기초로 과연 피델 카스트로가 죽은 뒤에는 무슨 일이 벌어질 것인가, 하는 질문이 제기되는 것이다.

승계의 문제, 카리스마적인 권위에 기초하는 어떠한 정치적인 시스템에 의한 문제는 어떠한 트라우마적인 결과를 초래하지 않고 잘 이행된 것처럼 보인다. 더욱, 많은 학자들이 언급했던 이슈인 노인정치가 섬을 다스리는 문제는 별일 없이 잘 진행되었다. 2008년에 라울 카스트로에 의해 임명된 새로운 팀은 대부분 40대와 50대였으며, 비록 더 젊은 것은 아니지만 군 수뇌부에도 이러한 변화는 유효했다. 물론, 공산주의자 운동도 특별하지 않다. 쿠바는 더 이상 소비에트 블록이 아니다. 동－서의 분쟁은 미국 정부의 대 테러 전쟁으로 대체되었고, 쿠바는 이러한 시각에서 더 이상 워싱턴으로부터 큰 관심을 받는 대상은 아니다.

쿠바 혁명의 전통적인 좌파 친구들을 포함하여 유럽의회는 쿠바에 보다 개방적인 정치 시스템의 구축을 요구하고 있다. 새로운 시스템의 성공에 의하여, 혁명은 보다 그

럴듯한 정치문화와 보다 나은 교육 인구와 사람들이 자신들을 관리할 수 있다는 보다 보편화된 믿음을 성취할 수 있다. 카리스마적인 지배의 시대는 지났다. 2008년 이래 카리스마적인 지도자로부터 대표기관으로 권위의 전이가 이뤄지고 있다.

권위의 전이를 어떻게 성취할지는 아직 해결된 것은 아니다. 이를 수행해야만 하는 쿠바 내에 공감대 또한 존재하지 않는다. 많은 사람들은 여전히 피델 카스트로만이(지난 38년 동안 혁명을 구상하고, 조직하고, 세우며, 통합하고 유지한) 카리스마적 리더라고 정의한다. 사실 카리스마적 유형의 정권이 지켜지길 바라는 사람들은, 사회주의의 위기와 밀려드는 북아메리카 제국주의의 드림에도 불구하고 서구 정치 모델이 제 역할을 하는 것은 불가능하다고 생각한다. 그들의 논리는 이 혁명이 세계에서 몇 안남은 사회주의/혁명 정권이기 때문에 현재 미국이 쿠바를 공격할 태세를 갖추고 있다는 것이다. 그들의 관점에서 생존을 위한 유일한 가능성은 카리스마적 권위의 대중 동원의 자질을 보장할 수 있는 준비상태를 영구적으로 유지하는 것이다. 만약 혁명정부가 미국이 혁명을 공격할 의도가 없다고 생각했다면 아마도 이러한 논리도 쉽게 사라졌을 것이다. 하지만 어떤 면에서는 미국의 정책입안자들이 이러한 쿠바인들의 공격에 대한 두려움에 기여한 바가 없지 않다(아래 미국과 쿠바의 관계 참조).

1989년부터 1992년까지, 쿠바 혁명정부는 이전의 방법들로 돌아갔다. 대중동원과 민족주의에 대한 환기는 예사가 되었다. 혁명정부 리더십은 쿠바의 독립과 사회주의의 미래는 혁명의 생존과 내구력에 달려 있다고 주장한다. 따라서 정치개혁은 혁명의 패배로 이어질 수 있는 허용으로 정의된다. 1989년 후반, 1990년 초 몇몇 연설에서 피델 카스트로에 따르면, 쿠바의 독립, 국가 주권, '사회주의'의 보호는 긴밀하게 연결되어 있다. 이전의 '조국이 아니면 죽음을'이라는 슬로건은 '사회주의가 아니면 죽음을'로 변화되었다.

1991년 공산당 대회와 1992년 헌법개혁 이후에, 정치상황은 다시 변하였다. 민족주의자의 주제는 경제적 효율성과 조직개편에 대한 강조로 대체되었다. 사람들은 관리, 품질관리서클, 수익성에 관한 세미나처럼 사회주의에 대한 토론을 덜 듣게 되었다. 정권은 민간자본 없이 국가 자본주의 경제를 구축하기 시작했다. 혁명정부는 동유럽의 경험을 모방하는 결정은 또 다른 형태의 지적, 정치적 식민주의라고 일축했다. 그들에 따르면 쿠바의 현실은 동유럽과는 다르다. 쿠바와 라틴아메리카의 다른 나라들은 그들 자신의 물리적, 문화적 조건들에 근거하여 자신들만의 해답을 찾아야 할 것이다. 또한 최근 사회주의자 심지어 공산주의자들의 선거를 통한 동유럽에서의 재집권은 아바나 정권의 사람들에게 희망에 대한 원인을 제공했다. 러시아와 동유럽 다른 곳에서의 우울한 경제문제는 국가는 경제 정책의 중심 역할을 해야 한다는 쿠바 정부의 의견을 강화시킨다. 게다가 최근 라틴아메리카 정치지형의 좌편향(브라질의 룰라, 아르헨티나의 끼르츠네르, 베네수엘라의 차베스, 에콰도르의 꼬레아)은 아바나가 이 지역에서 새로운 동맹국을 갖게 되었다는 것을 의미한다. 마찬가지로 조지 W. 부시 행정부의 보수, 개입주의적 외교 군사 정책은 쿠바에 대해 전 세계에 걸친 새로운 동맹국을 만들었다.

쿠바는 현재 2010년까지 모든 사회 층에서 무엇을 수행해야 하는가가 심각하게 논의되고 있다. 국가주권은 방어가 계속되겠지만, 정치 기관들은 조정 및 다소 변화될 것이고 사회주의 쿠바의 새로운 모델이 나타날 것은 분명하다. 국가기업의 역할이 해체되거나 폐지되지 않지만, 운영방식에는 분명한 변화가 있을 것이다. 농업에서와 마찬가지로 협동조합이 도시 경제에서 갖게 될 역할도 동일하게 증가할 것이다. 개인농업은 상당한 수익을 만들었고, 농업에서 가장 생산적인 부분이 되었다.

재분배와 경제실험

쿠바는 가난한 저개발 국가이다. 쿠바 혁명정부가 권력을 잡았을 때, 국가는 심각한 경제문제에 직면했다. 이들 중 대부분은 하나의 작물—설탕—과 하나의 구매자—미국—에 의존해 있었다. 미국이 얼마나 많은 설탕을 구매하는가는 미국의회와 농무부에서 결정되었다. 설탕수확은 기껏해야 4개월간 지속되었고, 따라서 쿠바는 또한 심각한 실업과 불완전고용에 직면했다. 혁명 전, 실업률은 가용인력의 평균 16.4퍼센트였다. 그러나 설탕수확이 끝나면, 20~21퍼센트로 증가했다. 1957년에는 한 해 노동인구의 37.2퍼센트만이 일을 했다. 사회적 불평등 또한 문제이다. 1957년에 발행된 노동부 보고서에 따르면 고용자의 62.2퍼센트가 평균 75페소(당시 페소의 가치는 달러와 같았다) 이하의 월급을 받았다. 단지 38퍼센트의 남성 노동자만이 한 달에 75달러 이상을 벌었다. 1956년에는 쿠바 전체 인구의 34퍼센트가 국가 수입의 10%를 받았고, 일 년에 1,000달러 이상의 수입은 근로자의 7.2%에 불과했다. 6인 가족의 연간 평균소득은 548.75달러였고, 매일 식사를 위해 일 인당 약 0.17달러를 사용할 수 있었다. 혁명 첫해, 모든 가구의 73퍼센트의 연간 평균소득은 715달러였다. 빈곤은 광범위했고, 특히 농촌지역에서 심했다.

토지는 불평등하게 분배되었다. 지주의 일부만이 대부분의 토지를 소유했다. 1959년에는 농장의 8.5퍼센트가 농장 국토면적의 71.6퍼센트를 차지한 반면, 전체 농장의 80퍼센트가 농지의 13.8퍼센트를 차지했다. 당시, 토지의 94.6퍼센트는 개인소유였고, 국가는 5.4퍼센트만을 소유했다. 지주의 32.2퍼센트만이 그들의 땅을 경작했고, 농지의 25.5퍼센트는 지주대신이 관리하였으며 42.3퍼센트가 임대되거나 소작인이 경작하였다. 최상급 농지의 4분의 1을 미국 기업이 소유한 반면 농업 인력의 63.7퍼센트는 자신만의 토지가 없었다. 자신의 땅을 소유한 대부분의 사람들은 대개 그들의 구획이 매우 작았기 때문에 가정용 생산에 종사했다. 전체적으로 미국기업의 이익시설은 쿠바의 토지 가운데 2천3백만 에이커(9백3십만 헥타르)를 장악하고 있었고, 이는 국가영토의 8.7퍼센트에 해당하는 것이었다. 까마구에이 지방에서는 6개의 회사가 땅의 20.7퍼센트를 관리했다.

뿐만 아니라 미국 시설은 다른 곳에서도 찾아볼 수 있다. 미국의 총투자는 혁명정부가 정권을 잡았을 당시 10억 달러 즈음에 도달했다. 이것은 GNP의 40퍼센트에 해당했다. 미국의 자본은 공익사업의 90퍼센트, 철도의 50퍼센트, 조제설탕의 생산에 40퍼센트, 은행예금의 25퍼센트를 차지했다. 미국 시설은 광산, 석유생산, 호텔, 의약품, 세제, 비료, 자동차 대리점, 타이어, 수입과 수출의 80퍼센트 이상을 통제했다. 161개의 설탕 공장 가운데, 미국 기업은 36개를 소유했다. 미국자본은 전통적인 투자(설탕, 공익사업, 광산)에서 새로운 영역(대출, 수입, 수출, 경공업)으로 이동했다. 미국투자에 대한 수익률은 9퍼센트로 보고되었지만, 쿠바 혁명 당국은 실제 수익률은 23퍼센트 정도라고 추정했다. 1952년부터 1958년까지 미국 기업은 매년 평균 5천만 달러를 송환했다(이 기간 동안 새로운 투자는 매년 4천만 달러였다).

1958년, 미국은 쿠바 수입의 72퍼센트를 차지했고, 쿠바 수출의 69퍼센트를 들여왔다. 1948년과 1958년 사이 쿠바의 무역수지는 미국을 제외한 대부분의 나라에서 흑자를 기록했다. 1945년부터 1958년까지 1인당 소득성장률은 매년 평균 1.8퍼센트였던 반면 경제성장률은 매년 평균 4.3퍼센트였던 것으로 추정된다.

혁명정부가 정권을 잡았을 때, 그들은 쿠바경제가 설탕생산에 의존하고 있고, 다양한 측면에서 주로 미국의 통제를 받고 있다는 사실과, 쿠바경제가 잉여 노동력을 흡수할 수 있도록 1, 2차 부문에서 충분한 일자리를 발생시키지 못한다는 것을 알았다. 쿠바의 경제는 본질적으로 시골지역에 큰 프롤레타리아 노동력을 가진 자본주의경제였다(시골 노동자의 64퍼센트는 임금 노동자였다).

혁명 초기 2년 동안, 두 가지 주요 동향이 발생했다. 첫째로 소득의 점진적인 재분배가 있었다.

- 1959년 2월 2일: 국가에 대한 채무 유예
- 1959년 3월 10일: 주택임대료 50퍼센트 인하
- 1959년 3월 17일: 농지개혁법 토지 재분배 시작
- 1959년 12월 23일: 모든 근로자에게 해당하는 사회보장연금 도입
- 1960년 10월 14일: 세입자가 내 집 마련을 위해 할부상환으로 임대료를 사용할 수 있도록 도시개혁법상 절차 수립
- 1961년 7월 7일: 무상보편교육 확립
- 1961년 8월 1일: 교통비 인하
- 1961년 9월 21일: 보육센터 국가 보조
- 1962년 3월 12일: 배급제도 도입, 모든 식품가격 동결(1980년 초반까지 동결)

두 번째 동향은 지배적인 재산관계에서의 급진적 변화이다. 1960년 말까지 쿠바 경제의 주요부문은 국가가 맡아서 하게 되었다. 모든 은행, 수출입 업무, 에너지 및 공익사업은 국가가 소유했다. 산업과 건설, 운송의 4분의 3 이상이 정부의 손에 들어갔다. 단지 농업의 대부분은 민간부분이 소유했고, 그것은 주로 토지 재분배의 결과였다.

1959년과 1960년 사이, 정부당국 내 사회주의에 관한 이야기는 없었다. 경제논리는 급격한 산업화, 수입대체, 설탕의 역할을 줄이는 농업 다양화의 관념을 중심으로 돌아갔다. 경제 요소에 대한 실제적인 통제는 하지 않았다. 자본주의 시장은 대체되지 않고, 사라졌다. 아무것도 그것을 대신하지 않았다. 아무도 자본축적에 주의를 두지 않아 보였다. 중심사상은 저소득계층의 수입과 자산을 늘림으로써 그저 평등을 확대하는 것이었다. 이것은 혁명의 분배 정부 단계였다. 국가가 민간경제로 이동하면서, 새로운 기업을 운영할 인사가 부족하다는 사실을 발견했고, 충성스럽다고 여겨지는 사람들이 천거되었다. 그들은 업무를 수행함과 동시에 배워야 했다. 소비는 전반적으로 개선되었지만 주식을 늘리려고 하지 않는 현상은 소비부족으로 이어졌다.

1961년, 혁명정부가 그들이 사회주의를 채택했음을 알게 된 이후, 따라갈 모델을 찾기 시작했다. 그들은 체코슬로바키아의 모델을 본떠 산업화를 강조하였고, 설탕은 제쳐두었다. 1961년부터 1963년 사이 신흥농촌중산층에 몇 가지 문제가 발생했다. 혁명정부는 설탕을 인정하지 않고 산업에 더욱 이끌렸기 때문에, 남아 있는 중간 크기의 토지소유를 폐지하라는 2차 농지개혁을 발표했다. 이 기간 동안, 국가는 생산수단을 더욱 사회주의화시켰기 때문에, 농업 부문의 70%와 산업, 교통, 건설의 95% 이상을 통제했다. 민간부문은 국가에만 팔 수 있었다. 쿠바 경제는 세계에서 가장 높은 국가통제 지수를 가지고 있다. 산업부의 체 게바라를 앞세운 경제적 의사결정의 중앙집권 과정이 일반화되고 뿌리를 내렸다.

이 기간 동안, 쿠바와 미국은 전시상태에 준하는 상황에 이르렀다(1961년 피그스만, 1962년 10월 미사일 위기). 쿠바 내에서 혁명정부는 그들의 분배정책을 고수했다. 예를 들어, 의료비는 무상이었다. 실업은 사라졌는데, 이는 주로 노동생산성이 하락하고, 과거 한 사람이 수행했던 일에 몇 사람이 고용되었기 때문이다. 또한 이전 실업자의 상당 수는 서비스 부문으로 흡수되었다. 1961년과 1962년, 설탕 생산량은 680만 톤에서 380만 톤으로 떨어졌다. 그러나 필요한 외화를 증가시키거나 발생시키는 부문은 많지 않았다. 이것은 경제정책을 수정시켰다.

1963년, 혁명정부 당국은 산업화에 대한 강조를 버리고, 설탕을 쿠바 경제발전의 중심으로 두었다. 새로운 경제 전략은 쿠바 농업을 현대화하고, 최신의 생산력을 도입하는 것을 기반으로 노동자들의 기술력을 향상시켰다. 이러한 노력은 국영농장을 중심으로 이루어졌다. 당시, 미래 사회주의 사회 건설을 위한 완전히 다른 두 개의 경제 모델이 논의되기 시작했다.

그 사이, 1962년 미국은 쿠바를 경제적으로 봉쇄했고, 멕시코 만이 아메리카 대륙에서 유일한 교역 국가였다. 1964년부터 1966년까지 설탕 가격의 하락으로 인해 쿠바의 무역 조건 또한 악화되었다(1963년, 1파운드당 가격은 8.3센트였고, 1966에는 1.8퍼센트로 떨어졌다). 이에 따라 수입 가격이 상당히 상승하였다.

쿠바 정책의 가장 독창적인 단계는 1966년에 시작되어 1970년까지 지속되었다. 목표는 세계시장과 상관없이 더 많은 양의 설탕을 생산하는 것이었다. 더욱이 국가가 노력을 보상할 수 있는 물적 자원이 없었기 때문에, 근로자들에게 동기를 부여하기 위해 도덕적(정치적) 우대조치가 취해졌다. 이전 시대의 고도로 중앙집권화된 경제 계획은 부문적이고 독립적인 분산된 계획으로 대체되었다. 공장과 기업은 중앙 예산을 통해 할당된 돈을 받았다. 기업들은 서로 간의 상업관계에 관여하지 않았고, 이윤을 공개할 필요도 없었다. 원가 회계는 전부 무시되었다. 효율성은 비용에 상관없이 생산 목표를 달성하는 것에 달려 있었다. 이 기간 동안, 관료적 경직성을 피하고 접근방법에 대한 비판을 억제하기 위해 집중적인 노력을 기울였다. 혁명의식과 헌신은 성공할 것이라고 믿었다.

동시에 국가는 산업과 건설, 98퍼센트의 운송, 모든 소매업을 통제했다. 설탕수확에 종사하는 노동력은 1969년 근대화되었다. 설탕 생산량은 순환을 겪었다. 1966년부터

1967년까지 450만 톤에서 620만 톤으로 증가했다가 1968년 510만 톤으로 떨어진 후 1969년 440만 톤이 되었다. 1970년에는 쿠바 역사상 가장 큰 설탕수확량을 기록했지만, 국가 자원의 대부분이 설탕 10만 톤 생산 목표 달성에 집중되었기 때문에 거시적으로는 쿠바 경제에 엄청나게 부정적인 영향을 끼쳤다. 경제적 효율은 이 기간 동안 갑자기 떨어졌고, 경제 성장률은 평균 0.4퍼센트에 불과했다. 혁명정부 당국이 급여를 생산량과 결부시키지 않게 되자 노동자들은 생산과 상관없이 급여를 받았다. 또한 이 기간 동안 정부는 무엇보다도 물과 공공전화서비스, 교육을 무상으로 보급하였다. 퇴직금은 증가하고 노동 생산성은 하락했다. 여윳돈이 유통되자, 구매력이 상품의 수를 초과했고 노동자의 상습적 결근이 발생했다. 국가는 물적 생산의 최대 30퍼센트를 경제성장을 위해 투자했고, 이를 통해 경제가 이전보다 더 수입에 의존하게 되었다. 이 기간 동안 설탕의 가격이 지속적으로 상승함으로 인해(설탕의 가격은 1966년 1파운드당 1.8센트, 1967년 1.9센트, 1968년 1.9센트, 1969년 3.2센트, 1970년 3.68센트였다) 경제는 기대했던 것만큼 저조하지 않았다.

1970년 혁명정부 당국은 그들의 전략을 재검토하고 수정하였다. 예산적 재무시스템은 이른바 경제적 계산(calculo económico), 자체 재무 시스템으로 바뀌었다. 새로운 시스템은 중앙집권화된 경제계획과 원가계산, 기업수익성, 물질적 보상, 기업 간 상업관계, 기업과 노동조합의 계약을 강조한다. 생산성과 효율성은 수익률(생산비용과 연결되어)에 근거하여 측정되었다. 행정적 입장에서 경영 전문지식이 혁명 열정보다 우선시되기 시작했다. 농업의 다양성과 광물 자원의 개발에 더 많은 관심이 있었기 때문에 설탕의 중요성은 간과되었다. 경제적 계산은 1997년까지 전국적으로 적용되었다. 따라서 1971년에서 1976년은 예산시스템에서 떠남과 동시에 제도화를 향해 가는 과도기였다. 이것은 우연이 아니었다. 쿠바의 경제와 정치 조직은 매우 밀접한 관계에 있었다. 카리스마적 당국은 경제 목표를 달성하기 위해 정신적 장려, 대중 동원과 긴밀하게 연결되어 있었고 합법적 권위는 이제 경제뿐만 아니라 정치에도 침투했다. 새로운 경제, 정치 조직은 매우 성공한 것처럼 보였다. 물적 총생산(gross material product, GMP) − 농업, 산업,

건설에서의 총생산가치—은 괄목할 만한 성과를 보였다. 예를 들어, 1970년대 GMP 성장률은 아래와 같다.

〈표 18.1〉 1970년대 GMP 성장률

(단위: %)

1971	1972	1973	1974	1975	1976	1977	1978	1979
4.2	9.7	13.1	7.8	12.3	3.5	3.1	8.2	2.4

그러나 1970년대 경제의 개선과 후속 악화는 내부 사정에 기인한 것이 아니었다. 정확하게는 세계 시장에서 설탕의 가격이 쿠바 경제의 전반적인 실적에 영향을 주었다. 1970년 1파운드당 4.5센트였던 설탕 가격은 1974년 29.6센트, 1975년에는 20.3센트까지 상승했고, 1982년에는 7.4센트에 이르렀다. 이러한 순환은 쿠바 경제에 반영되었는데, 그 이유는 혁명 이후 20년 이상, 설탕의 수출이 전반적 경제 운영에 여전히 중요한 부분이었기 때문이다. 설탕은 해외수익의 80퍼센트를 차지했다.

혁명정부는 설탕에 관한 한 자본주의 경제 순환에서 쿠바를 어느 정도까지 탈출시켜 줄 소련과 합의를 했다. 1960년대 이후, 소련은 쿠바에게 세계 공개시장에서의 설탕의 가격보다 훨씬 비싼 가격을 지불했다. 단, 3번(1963, 1972, 1974년)만이 세계시장의 가격이 소련이 지불한 금액보다 높았다. 1979년까지 설탕가격이 세계시장에서 9.6센트의 저점에 있을 때, 소련은 44센트를 지불했다. 혁명정부가 소련으로부터 실제적이고 상당한 처우를 받았다. 1972년 소비에트 연방은 1986년까지 쿠바의 부채 지불을 연기하는 데 동의했다. 부채는 쿠바가 이자를 내지 않는 25년의 기간을 감당했다.

1980년대 초 쿠바 무역의 약 20퍼센트는 자본주의 시장경제와 이루어졌다. 그러나 설탕의 가격은 하락한 반면, 사탕수수를 처리하고 설탕을 생산하기 위해 구입해야하는 상품의 가격은 상승한 교역조건하에 있었다(1972년 1미터톤당 76달러였던 요소는 1980년에는 303달러였고, 마찬가지로 질산암모늄의 가격은 206달러에서 506달러로 올랐다). 1970년과 같은 가격으로, 1982년 설탕 1파운드는 2.8센트에 팔렸다. 동일한 가치의 상품을 수입하기 위해서는 훨씬 더 많은 양을 수출해야 했다.

1980년대 처음 5년간의 쿠바 경제는 다른 라틴아메리카 국가들보다 훨씬 더 좋은 성장을 보였다. 그러나 피델 카스트로가 쿠바 경제에 있어 '교정' 정책의 시작을 알린 1986년, 쿠바의 상황은 변하기 시작했다. 이 정책은 민간 기업(1980년에 만들어진 자유농민시장, 민간 도시기업, 수익성에 의존하는 자원 할당에 지표)에 대한 비판과 함께 조치를 취하는 캠페인이었다. 즉, 교정정책은 경제논리보다 정치적 결정이 더 작용하는 것이다. 결과적으로 전반적 경제 실적은 피해를 입었다.

또한 동유럽과 소련에서 발생한 사건으로 인해 대외무역은 피해를 입었다. 동유럽은 경화거래로 이동하였고, 소련 정치시스템의 민주화는 소비재에 대한 수요를 증가시켰다. 이러한 상황은 해외로부터의 제품 공급에 엄청난 불확실성을 낳았다. 쿠바의 경제계획과 성장도 따라서 피해를 입었다. 외화가 거의 없었던 혁명정부는 더 많은 수입대체 정책을 채택했다. 경제 전략은 수출다양성에 대한 강조를 동반했다.

〈표 18.2〉 수입

연도	성장률(%)	합계(백만 달러)
1989	3.4	8,608
7990	−5.7	8,017
1991	−37.0	4,702
1992	−45.3	2,737
1993	−5.4	2,339
1994	−19.2	2,849
1995	11.5	3,565
1996	24.3	4,125
1997	11.0	4,628
1998	8.0	4,800

〈표 18.3〉 국내 총투자, 성장률

연도	성장률(%)
1989	10.1
7990	−2.9
1991	−45.9
1992	−58.3
1993	−39.7
1994	1.9
1995	35.2
1996	22.8
1997	13.7
1998	7.3

1990년 초 피델 카스트로는 쿠바 국민들에게 매우 어려운 해가 예상된다는 것과 배급이 새로운 제품으로 확대될 것을 이야기했다. 동시에 쿠바 당국은 자본 부족 극복에 대한 희망을 가지고 멕시코와 브라질, 일본의 투자자들을 만나고 다국적 기업들에게 새로운 제안을 했다. 1988년과 1989년 쿠바의 외환보유액은 1억 달러가 채 안 되었다.

1991년과 1992년 사이, 쿠바의 전통적 경제 동맹이 사라지자 모든 원조, 신용거래, 공급업체 및 바이어들도 사라졌다. 쿠바 경제는 거의 대응 불가능한 타격을 입었다. 1992년부터 1993년까지 수입이 붕괴되자 수출도 붕괴되었다. <표 18.2>는 1989년 소련의 붕괴가 쿠바에 영향을 미치기 직전부터 이후 어떠한 실질 원조 없이 개선된 수입 패턴을 보여 주고 있다.

보급품과 원자재의 부재는 불과 2년 만에 경제생산성이 30~35퍼센트 하락했음을 의미했다. <표 18.3>은 1990년대 국내 투자의 쇠퇴와 성장에 관한 것이다.

1994년까지 경제는 바닥을 쳤다. 이듬해 약 3퍼센트 성장 후 1996년에는 7.8퍼센트의 성장을 기록했다(<표 18.4>). 그러나 성장률의 회복세가 전반적인 생활수준이 크게 개선되었다는 것을 의미하진 않았다. 1990년대 후반, 쿠바의 생산은 여전히 1985년의 수준에도 미치지 못했다. 그러나 경제 호전은 꽤 놀라웠다. 외국인 투자와 관광, 니켈 수출 세 분야가 경제회복의 주요한 기여를 했다. 보다 최근에는 외화 획득에 있어 인적 자본의 수출이 증가했다. 쿠바는 의사와 간호사, 기술 인력을 전 세계에 보냈다. 쿠바의 생명공학 제품 및 의약품은 눈부시게 성공했다.

〈표 18.4〉 국민총생산			〈표 18.5〉 인구증가와 성장률		
연도	성장률(%)	1인당	연도	합계(백만)	성장률(%)
1989	1.5	1.0	1989	10.5	0.5
7990	− 2.9	− 3.9	7990	10.6	1.1
1991	− 9.5	− 10.4	1991	10.7	1.0
1992	− 9.9	− 10.6	1992	10.8	0.8
1993	− 13.6	− 14.2	1993	10.9	0.7
1994	0.6	0.2	1994	10.9	0.4
1995	2.5	2.2	1995	10.9	0.3
1996	7.8	7.2	1996	11	0.4
1997	2.5	2.1	1997	11	0.4
1998	1.3	0.9	1998	11	0.5

쿠바의 인구는 약 1,100만 명이다. <표 18.5>는 10년 동안의 절대 인구증가와 성장률에 관한 것이다.

국가는 매우 도시화되었다(1958년, 인구의 58.7퍼센트가 도시에 살았고, 1983년에는 64.5퍼센트가 되었다). 사망률은 1,000명당 7.1명이었고, 수명은 1959년 58세에서 2001년 74.8세로 증가하였다. 사회의 가난과 불평등의 정도를 나타내는 주요 지표인 유아사망률은 1,000명당 최고 33명에서 2002년에는 6.5명으로 급격하게 떨어졌다. 인구의 연령 분포도 마찬가지로 변화했다. 혁명 전에는 인구의 36.2퍼센트가 15세 미만이었던 것에 반해, 2002년에는 21.3퍼센트로 감소했다. 동시에, 60세 이상의 인구도 1958년 4.2퍼센트에서 2000년 14.5퍼센트로 증가했다. 2002년까지, 140만 명의 쿠바인들이 생활보조금으로 생활을 했다. 인구가 점점 노령화되고 수명이 길어진 반면, 출생률은 감소했다. 1955년 1,000명당 인구성장률은 16명이었던 데 반해, 2002년에는 2.3명에 머물렀다. 고령화가 진행되면서 인구성장률이 하락했다. 여성에게 제공되는 기회들은 여성의 출산율 저하를 야기했다. 비경제활동인구의 의존율은 계속적으로 증가했다(2002년 55퍼센트). 아바나 시에는 60세 이상 인구의 17퍼센트가 살고 있다. 가족의 규모는 작아지는 추세이다. 1995년 도시와 농촌의 작은 변화와 함께, 통상적인 가계구성원은 3.4명이었고, 두 세대가 한 집에 살고 있는 핵가족이 53.7퍼센트였다. 42퍼센트는 세 세대가 함께 살거나 근접해서 살고 있다. 2002년에는 76퍼센트의 인구가 도시에 살았다. 1990년부터 현재까지 도시 인구는 매년 0.7퍼센트 증가하고 있다(1970년부터 1991년 사이의 증가율은 2.1퍼센트였다).

문맹률은 4퍼센트 미만으로 감소했고, 전체인구의 대부분이 초등교육을 받았다. 현재 96~97퍼센트의 초등교육연령의 아이들이 학교에 다닌다. 1959년 이후 백만 명 이상의 사람들이 중등교육을 받고 있는데, 현재 쿠바인 2.83명당 한 명에 해당한다. 비록 지난 몇 년간 실업률이 증가하긴 했지만(1982년 남성 노동 인구의 약 2~4퍼센트), 완전고용이 이루어졌다. 노령연금, 근로자보상, 출산, 질병, 사회보장 수당의 형태로 받는 쿠바의 사회적 편익은 모든 중남미 국가 가운데 앞서 있다. 이를 통해 혁명에 대한 지지와 정당성이 유지되었다고 말할 수 있다. 비록, 외부에서 많은 정치적 제약이 가해지긴 하지만, 쿠바 혁명 정부의 분배정책은 경제 정책보다 훨씬 성공을 거두고 있다.

그러나 1993년 이후, 생존을 위해 도입된 경제정책은 사회적 불평등의 수위를 높이고 있다. 이를 막으려는 정부의 정책적 노력에도 불구하고, 사회계층화와 불평등은 심화되었다. 이러한 현상은 해외에 거주하고 있는 쿠바인들의 송금과 상품을 분배하는 메커니즘으로서 증대된 시장의 역할, 관광업의 출현에 의해 더욱 악화되었다. 쿠바가 더욱 복잡한 사회경제체제가 되면서 빈곤은 실제적인 문제로 대두되었다. 1990년대 중반부터 쿠바정부는 '위험에 처한 인구'에 대해 논의하기 시작했다. 이는 쿠바 동부에서 심각한 문제가 되었는데, 1996년까지 약 30퍼센트의 사람들이 기본적인 필요를 충족시킬 만한 수입이 없었고 도시 지역은 20퍼센트 정도로 추정된다. 그러나 라틴아메리카 경제위원회에 따르면, 쿠바는 라틴아메리카를 통틀어 매우 높은 수준의 사회적 평등을 유지하고 있다(CEPAL, Equidad, Desarrollo y Ciudadania, Santiago de Chile, 2001). 1996년과

1998년 사이, 쿠바의 지니계수는 도시지역에서 0.38이었다(CEPAL, Política Social y Reformas Estructurales: Cuba A Principios del Siglo XXI, Mexico, 2004).

최근, 쿠바 역시 기후변화의 영향을 받고 있다. 매년 허리케인이 쿠바 섬을 강타하고 있고, 2008년에는 3개의 대형 허리케인과 2개의 소규모 허리케인이 쿠바를 초토화시켰다. 국내총생산의 10퍼센트에 해당하는 150억 달러 이상의 손실을 입었고, 약 2백만 채의 주택부족 상황에서 설상가상으로 50만 채의 주택이 손상되거나 파괴되었다. 같은 해 세계 금융위기 또한 쿠바를 강타했고, 수출과 해외송금의 하락, 관광 수입의 감소 등 다방면에서 영향을 받았다. 사실상, 쿠바인들은 소련의 붕괴 직후에 일어난 경제위기보다 훨씬 더 심각한 경제위기에 직면했다. 향후 몇 년간 쿠바는 피델 카스트로와 그의 통치방식의 부재 속에서 경제적으로 어려운 시기를 보낼 것으로 예상된다. 그간 쿠바의 인적자원에 대한 엄청난 투자가 가까운 장래에 성공을 거둘지에 대한 여부는 아직 두고 봐야 할 것이다.

미국과의 관계

1959년부터 1961년 사이 미국과 쿠바의 관계는 계속적으로 악화되었다. 1961년부터 1965년까지 두 나라는 준전시상태에 있었다. 1965년 이후 상황은 다소 완화되었으나 서로 간의 접촉은 없었다. 이러한 상황은 비공식적 회담이 시작된, 닉슨 행정부의 마지막 해까지 지속되었다. 두 나라의 관계는 카터 행정부 기간 동안 마침내 해동되기 시작했다. 외교관계는 대사관 레벨과는 대조적인 섹션 레벨에서 재개 되었지만, 무역관계 회복을 위한 조치는 취해지지 않았다. 미국의 경제 제재 조치는 두 국가 간 여행 제한과 마찬가지로 다소 완화되었다. 그러나 레이건 정부가 들어서자, 라틴아메리카의 모든 주요 사회 대변동은 쿠바 전복의 기미로 해석되었다. 그 결과 미국은 아이젠하워 행정부를 연상시키는 정책으로 되돌아갔다. 일부 쿠바인들은 레이건 행정부가 혁명의 리더들을 암살하려 했다고 주장하기도 했다.

레이건 정부 8년 후, 쿠바 정부는 조지 부시 대통령이 양국관계를 개선시킬 것이라 생각했으나 도리어 악화되었다. 세계 공산주의의 극적인 변화 속에서 백악관은 쿠바가 또 하나의 도미노 국가가 될 것이고, 쿠바의 고립 상황을 변화시킬 어떤 전략도 취할 필요가 없다는 결론을 내렸다. 그래서 백악관은 동유럽과의 관계개선을 통해 동유럽과 혁명정부의 관계를 단절시키려는 노력하에 쿠바에 텔레비전 방송을 시작하였고, 경제 봉쇄 정책을 강화했다.

1992년 선거 해, 민주당과 공화당 모두는 쿠바에 대해 엄격한 정부정책을 부과하고, 정책입안을 미 행정부에서 미 의회의 수중으로 이동시킨 토리셀리 법안을 지지하기에 이른다. 대통령 후보 빌 클린턴은 쿠바 정부에 대한 강경한 태도를 찬성하는 캠페인을 벌였다. 클린턴이 당선된 후, 아바나 정부는 미국에 대한 정관주의를 채택하였으나 곧 새로운 행정부가 국내 정치적 수요에 근거하여 쿠바정책을 다룬다는 사실을 알게 되었다. 클린턴 행정부는 인권 운동가에 대한 지지와 정치적 반대에 상당히 공격적인 태도를 취했고, 쿠바 정부도 정적으로 간주되는 사람들에게 매우 가혹한 규제를 부과하는 반응을 보였다. 1994년 여름, 쿠바의 생활수준이 악화되고 정치적 억압이 강화되면서, 쿠바 섬을 떠나는 선상 난민의 수가 늘어났다. 미국 정부가 이른바 선상난민(balseros)을 지속적으로 받아들이자 쿠바 정부는 미국에 가기 위해 바다를 통해 섬을 떠나는 사람들을 허락하는 결정을 내렸다. 이러한 결단은 미국으로 하여금 아바나 정부와 협상을 시작하도록 만들었다. 결국 미국은 쿠바에 대한 과거 이민정책을 파기하였고, 비록 비자 취득 등 적절한 절차를 따랐다 하더라도 더 이상 미국으로 들어오는 쿠바인들을 허가하지 않았다.

1995년 내내, 두 오랜 숙적 사이의 관계 개선에 대한 조짐이 있었다. 백악관과 보수 망명 단체 간의 긴장감이 여러 번 드러나게 되었다. 1994년 의회 선거에서의 보수당의 승리는 미국 정치에서 쿠바에 대한 강경정책이 계속적으로 요구된다는 것을 의미했다. 보수 단체들은 위기를 만들어낼 적기라고 생각했다. 1995년 가을과 1996년 초, 보수 망명 단체들은 쿠바 정부에 대한 일련의 모험을 감행했다. 가장 대표적으로 마이애미의

Bothers to the Rescue 단체는 쿠바 영토 위를 날아 정치선전물을 투하하였고, 1995년 초, 두 대의 비행기가 쿠바 공군에 의해 격추되었다. 이 사건은 Helms－Burton 법안이 클린턴 대통령으로부터 곧바로 서명되어 의회에 통과되도록 하였다. 이 법안은 미국이 쿠바 국내 문제에 대한 간섭에 있어 최악의 시기로의 회기와 동시에 제3세계로 하여금 쿠바에 대한 경제적 고립정책을 부과시키는 메커니즘의 창출을 뜻한다. 따라서 치외법권 정책은 법률화되었고 쿠바와 다른 나라들에도 적용되었다.

조지 W. 부시 행정부와 함께, 보수 쿠바 망명 단체들은 라틴아메리카, 특히 쿠바에 대한 정책입안에 있어 전략적인 위치를 점하게 되었다. 양국관계는 미국인과 쿠바계 미국인의 쿠바로의 여행을 더욱 강도 높게 제한하겠다는 백악관의 정책 발표와 함께 여러 부문에 걸쳐 악화되었다. 클린턴 행정부 기간 동안 성립되었던 교육적 접촉뿐 아니라 많은 민간인, 문화적 접촉이 사실상 끊어졌다. 미 재무부가 쿠바 가족을 정의하는 규정 범위를 제한한 이후 쿠바계 미국인들의 쿠바 내 가족들에게로의 송금은 감소했다. 더욱이 미 행정부는 쿠바 내 정치적 반대세력에게 더 많은 재정 및 기타 자원을 제공하여 정권교체를 이끌어 내겠다는 공약을 발표했다. 2004년 5월 초, 미국 정부는 혁명정부가 전복된 직후 취할 계획에 관한 500페이지 분량의 보고서를 발표했다. 이 보고서는 행정부의 직접적인 감독하에 쿠바의 경제, 정치, 사회, 문화를 어떻게 조직해야 할 것인가를 설명하고 있다. 이 정책은 플랫수정법안을 능가했다.

쿠바 내의 정치적 반대 세력에는 그다지 미래가 없어졌다. 미국이 그들을 인정하지 않게 된 이후 쿠바의 중도, 진보적 반대자들은 그 어느 때보다 고립될 것이다. 서유럽 사회민주당으로부터 원조를 구하는 것 또한 가능성이 없어 보인다(유럽연합은 쿠바에 대안적인 접근방식을 개발하려고 하였으나 미국이 이를 무산시켰다). 쿠바의 반대세력은 해산되었고, 쿠바 경찰에 완전히 침투당했다.

미국 내에서, 미 상원과 하원 모두는 공식적으로 쿠바와의 호의적이고 긴밀한 관계를 표명하고 있다. 그들의 입장은 사업공동체의 성장 분야가 요구하는 것과 일치한다. 중도 쿠바계 미국인들 또한 이러한 변화를 지지한다. 게다가, 미국에 살고 있는 쿠바인들의 인구통계도 변화하고 있다. 많은 사람들이 1990년대 주로 경제적인 이유로 쿠바를 떠났다. 결국 이러한 흐름 속에 그들은 자신들의 요구를 피력하게 될 것이다. 쿠바사회는 더 복잡해지고 있으며 해외의 쿠바인들도 마찬가지라 할 수 있다.

쿠바의 자기 결정권을 인정하는 한, 상대를 존중하는 태도로 대화에 참여하고자 하는 모든 사람들에게 쿠바의 정책은 열려 있다. 아바나 정부는 망명민이 본국에 들어오기 위해서는 비자를 발급받아야 한다는 요건을 철회하면서까지 많은 쿠바계 미국인 공동체와 관계를 개선했다. 미국과 쿠바 양국의 쿠바인들 간의 정상화는 미국의 정치인들에 의한 이러한 행동을 촉진시키고 있다.

대립정책은 아바나 정부의 배타적 사고방식을 강화시킨다. 따라서 혁명 정부 당국의 대응책은 그들과 관계를 맺고자 하는 모든 나라들과 모든 형태의 전 세계적인 유대관계를 성립하는 것이다. 많은 사람들이 쿠바와 쿠바혁명에 대해 알게 될수록, 쿠바에 대한 군사적 수단의 사용은 덜 고려될 것이기 때문에, 관광은 일종의 자기 방어가 되었다. 미국과 쿠바의 관계는 조지 W. 부시 행정부 기간 동안에는 개선되지 않았다(14장 참고). 그러나 2001년 이후 쿠바로의 미국의 농산물 수출은 크게 증가했다. 그러나 쿠바 내정에 대한 미국의 개입 또한 증가했다.

쿠바인들은 버락 오바마의 당선을 환영했다. 오바마 행정부 아래에서 미국과의 관계가 개선되리라는 기대감이 높았다. 확실히 부시 행정부의 쿠바계 미국인과 미국인의 여행제한은 문화적, 전문적 교류뿐 아니라 경제적으로도 쿠바에 피해를 주었다. 오바마 대통령은 쿠바계 미국인의 여행 제한을 폐지하고, 쿠바 혈통의 사람들이 친지들에게 보낼 수 있는 송금에 대한 규제도 중단했다. 그러나 현재 2010년 초, 오바마 팀은 미국의 정책을 클린턴과 아버지 부시 행정부하의 정책으로 복귀시키지 않았다. 사실, 미국의 해외 법인과 쿠바의 상업거래는 닉슨과 포드 정부 아래에서 더 자유로웠다. 허나 미국 정부는 그동안 쿠바에 대해 매우 보수적으로 흘러왔기에, 그러한 시절은 기억되지 않는다.

쿠바 혁명은 그들 생활의 일부가 되었다. 그것은 국제관계뿐만 아니라 쿠바인들의 삶 모든 일면에 철저히 영향을 미치고 있다. 국민들이 더욱 교육을 받게 되고, 정치 체계가 자리를 잡았기 때문에, 앞으로 무슨 일어날지는 아무도 모른다. 그러나 다른 사회 혁명이 그렇듯이, 쿠바 내부의 발전이 국제적인 맥락 안에서 영향을 받게 될 것임은 분명하다.

추천도서

정기발간물

(쿠바 연구자들에 도움이 될 수 있는 정기발간물들의 목록이다.)

Bohemia. 아바나의 주요 주간지로서 사회, 경제, 문화 및 정치에 대해 다룬다.

Cuba internaciol. 월간지로서 혁명의 수행에 대해 다룬다.

Cuba Resource Center Newsletter. 영어 출판물로서 쿠바의 혁명을 우호적으로 다룬다. 뉴욕에서 출판.

Cuban Studies. 가장 학술적인 쿠바 관련 저널로서 1959년 이후에 집중한다. 각호는 쿠바에 관한 출판물로서 가장 종합적 성격을 지닌다.

Foreign Broadcast Information Service. 미국 정보기관에 의해 모니터된 내용으로 라디오와 텔레비전의 내용을 매일 제공한다.

Temas. 쿠바의 선도적 문화와 사회과학에 관한 정보를 다룬다. 쿠바를 이해하고자 하는 사람들에게 권장되는 읽을거리이다.

Translations on Latin America. 미국 지성계에 의해 중요한 가치로 인정되는 자료와 논문의 번역물로서 라틴아메리카 전체를 다루며, 쿠바에 한 섹션을 할애한다. 일주일에 2회 발간된다.

쿠바에 대한 정보를 제공하는 인터넷 소스는 다양한데, 그중 http://sitioscubanos.cuba.cu 가 제일이다.

도서

Chomsky, Aviva, Barry Carr, and Pamela Maria Smorkaloff, eds. The Cuba Reader: History, Culture, Politics. Duke University Press, 2004.

Dominguez, Jorge I. Cuba: Order and Revolution. Harvard University Press, 1978.

Gott, Richard. Cuba: A New History. Yale University Press, 2004.

Hernandez, Rafael. Looking at Cuba: Essays on Culture and Civil Society. University Press of Florida, 2003.

MacEwan, Arthur. Revolution and Economic Development in Cuba. St. Martin's Press, 1981.

Mesa—Lago, Carmelo. The Economy of Socialist Cuba: A Two—Decade Appraisal. University of New Mexico Press, 1981.

Perez, Louis A. Cuba: In the American Imagination. University of North Carolina Press, 2008.

Perez Sarduy, Pedro, et al. Afro—Cuban Voices: On Race and Identity in Contemporary Cuba. University Press of Florida, 2000.

Perez—Stable, Marifeli. The Cuban Revolution: Origins, Course, and Legacy. Oxford University Press, 1998.

Rosset, Peter, and Medea Benjamin. The Greening of the Revolution: Cuba's Experiment with Organic Agriculture. Ocean Press, 1995.

Scarpaci, Joseph L., Roberto Segre, Mario Coyula, Andres Duany. Havana: Two Faces of the Antillean Metropolis. University of North Carolina Press, 2002.

Schoultz, Lars. That Infernal Little Cuban Republic. University of North Carolina Press, 2009.

United Nations, Economic Commission for Latin America. Cuba: Estilo de desarrollo y politicas sociales. Mexico City, 1980.

19. 카리브 해 근대, 보수 사회의 구조

앤서니 P. 마인고트(김영철 옮김)

　지정학적인 측면에서 카리브 해 지역은 바다의 경계에 있는 모든 나라들을 가장 잘 정의하고 있다. 여기에는 섬들뿐만 아니라 카리브 해 서쪽 주변의 대륙에 있는 나라들도 포함된다. 바다가 지리적 특성을 결정짓는 유역(Basin)을 이루고 있다.

　그러나 지리적인 정의는 임의로 결정된다. 그 타당성은 그 지역을 이용하고자 하는 목적과 목표에 따라 달라진다. 그렇기 때문에 멕시코, 콜롬비아와 대부분의 중앙아메리카 국가들이 태평양보다는 대서양에 더 많이 접해 있기는 하지만 태평양과 대서양 연안 국가인 데 반해 카리브 해 연안에 있지도 않은 엘살바도르가 카리브 해 지협 국가로 분류되기도 한다. 여기에 대한 단순한 설명은 스페인의 식민화, 무역과 문화적 접촉, 나중에는 유럽에 의해 진행된 대서양 팽창의 일부분으로 발전했다는 것이다.

〈표 19.1〉 카리브 해 도서국가: 기초 통계

독립국가1)	인구(천 명)	면적(㎢)	1인당 GDP (2005)	언어
쿠바	11,000	114,500	–	스페인어
도미니카공화국	9,000	49,000	2,130	스페인어
아이티	9,000	28,000	400	프랑스/크레올
자메이카	3,000	11,000	2,980	영어
트리니다드토바고	1,290	5,000	7,790	영어
바하마	272	13,900	12,944	영어

바르바도스	261	430	7,894	영어
세인트루이스	153	620	3,907	영어/크레올
세인트빈센트/그레나딘	127	390	2,635	영어
그라나다	108	340	3,347	영어
안티구아/바부다	92	440	8,559	영어
도미니카	96	750	3,310	영어
세인트 키츠 네비스	48	270	6,716	영어
대륙				
가이아나	760	215,000	825	영어
수리남	457	163,000	710	네덜란드어/크레올
벨리스	211	23,000	2,725	영어

독립국가	인구(천 명)	면적(㎢)	1인당 GDP (2005)	언어
부속령2)				
과달루페(프랑스)	413	1,710	12,287	프랑스어/크레올
마르티니크(프랑스)	371	1,100	14,524	프랑스어/크레올
프랑스령 가이아나	135	90,000	13,044	프랑스어/크레올
네덜란드령 안틸레스	197	800	11,698	네덜란드어/크레올
아루바(네덜란드)	77	90	16,186	네덜란드/크레올
케이만제도(영국)	33	264	23,966	영어
영국령 버진 아일랜드	17	150	14,010	영어
터크스카이커스(영국)	14	417	7,061	영어
몬세라트(영국)	11	102	3,846	영어
안길라(영국)	10	90	6,937	영어
푸에토리코(미국)	4,000	9,000	17,000	스페인어
미국령 버진아일랜드	104	347	12,038	영어

이 장에서 언급되는 '카리브 해(the Caribbean)'는 최근까지 영국, 네덜란드와 프랑스 식민제국에 속했던 섬들과 대륙의 영토를 모두 포함한다. 사실 매우 다양한 국가들을 어떤 기준으로 일반화하는 것은 매우 어려운 일이다. 아이티는 트리니다드토바고보다 국토 면적은 6배, 인구 규모는 5배나 되지만 GDP는 20%밖에 되지 않는다. 아이티인들은 크레올(Creole)어를 사용하고 문맹률이 50%에 달한다. 트리니다드토바고는 영어를

사용하고 문자해득률이 96%에 이른다(<표 19.1> 참고). 그리고 아이티는 독립 이후 180년 동안 거의 독재자들이 통치했다. 반면 트리니다드는 1962년 독립하기도 전에 의회시스템이 제 기능을 하고 있었다.

어떤 지역(아프리카, 라틴아메리카, 아시아)과 각각의 단위들은 개인적으로 연구해야 한다. 어떤 지역의 문화권역(Cultural Area)은 지속성과 유사성으로 만들어진다. 명심해야 할 것은 멜빌 헤르코비츠(Meville Herskovits)가 일깨워주는 것처럼 문화권의 개념은 자기 스스로 집단화하지 않는다는 것이다. 문화권역은 세부적인 것에 초점을 두기보다는 문화 간의 차별성과 유사성으로 구분된다. 카리브에서 이러한 지속성과 유사성은 제도뿐만 아니라 개인과 사회의 역동성을 구성하는 근대적이며 보수적인 특성이 혼합된 결과물이다. 그래서 카리브 사회를 근대－보수 시스템이라고 부르는 것이 유용하다.

근대－보수 사회의 개념

사회과학의 모든 개념이나 의미발견적 도구들처럼 근대－보수 사회 개념은 복잡한 사회구조와 사회 과정을 설명하는 데 유용하다. 이것은 카리브와 같은 다양한 지역에서 더욱 중요하다. 이러한 개념은 카리브 사회구조를 잘 설명해 주고 그 사회구조의 정치적 표현들을 설명하는 데 도움이 된다.

이것은 전통적 사회를 말하는 것이 아니라 상대적으로 정적이고 수동적이며 변화를 거부하는 순종적인 사회를 말한다. 마이클 오케슈트(Michael Oakeshott)가 정치적 보수주의와 급진적 개인주의와 회의론들이 뒤섞인 '회의론적인 보수주의(Skeptical Conservatism)'라고 하는 것과 유사하다. 더욱이 근대－보수 사회는 가끔 급진적인 요구나 개혁을 주장하는 운동에 반응하기도 한다. 카리브 해 영어권 국가들의 경우가 근대－보수 사회의 잠재되어 있는 폭발적 특성을 잘 보여 준다.

1970년에 트리니다드토바고는 석유 감산과 세계 석유가격 하락으로 어려움을 겪었다. 석유수출국기구(OPEC)가 아직 시장을 조절하지 않았던 때였는데 1972년부터 석유 가격을 관리했다. 트리니다드토바코 경제는 석유로 인해 급격하게 변했다. 설탕, 카카 오를 비롯한 다른 농산물 생산에 보조금이 지원되었고 국가가 시장을 대신해 가장 큰 고용주로 성장했다. 1970년까지 공식적인 실업률이 22%였으며, 잠재 실업률은 23%에 달한 것에 반해 교육받은 청소년(학령 8년 이상)의 경우는 평균보다 약 40%가 더 높았 다. 게다가 여성의 80%가 가정 밖에서 일하고 싶어 하지 않았기 때문에 실업 문제는 젊은 남자들에게 집중되었다. 이 젊은이들은 도시, 교육, 단체, 외부세계와 긴밀한 관계 를 맺고 있는 근대 부문으로 통합되었다.

미국과 캐나다에서 시작된 블랙파워 운동이 확대되면서 트리니다드 밖에서 발생한 2개의 사건이 트리니다드에도 블랙파워 폭동을 촉발시켰다. 하나는 자메이카에서 발생 했는데, 정부가 가이아나 대학 강사인 월터 로드니(Walter Rodney)가 캐나다에서 자메이 카로 재입국하려는 것을 금지시켰다. 소위 로드니 사건은 캐나다에서 인종차별주의를 주장하던 트리니다드 학생 12명이 폭동을 일으키면서 국내 대학생들에게도 영향을 미 쳤다. 인종적 불평불만, 실업, 직업 군인들의 체포, 정부 부처 장관들의 독직과 부패 소 송 등이 체제에 저항하는 대규모 운동으로 발전했다. 이러한 운동의 모토와 원동력은 계급 분쟁이 아니라 깊게 내재되어 있던 정당한 분노였다. 이 운동의 타도 대상이었던 에릭 윌리엄스(Eric Williams) 수상은 흑인의 정체성과 소유권을 주장하는 도덕적 성전 을 자초했다. 그는 분명히 도덕적 권위를 상실했으나 정치적 정통성을 잃지는 않았다.

1970년에 발생한 트리니다드의 정당한 분노는 심리학적, 문화적 측면을 지니고 있 었는데, 집단적이고 개인적인 정화와 회복의 수단으로 순수하고 통합적인 과거와 역사 로 돌아갈 것을 주장했다. 아프리카의 이름과 의복을 받아들였지만, 지도자들은 원주 민, 유색 인종뿐만 아니라 흑인 중간 계급들과의 연대를 시작하면서 유럽인의 방식을 거부했다. 그러나 재조직된 경찰력이 무장 폭동 단계에서 이를 진압했다. 10년 후에 이 운동의 지도자들이 자유선거에 참여했지만 패배했다. 그런데 1973년부터 대규모 석유 수입이 있었는데 트리니다드 문제는 해결되었을까? 전혀 그렇지 않았다. 1983년에 생활이 악화되었다고 생각하는 사람들 중에 83%가 부패 때문이라고 지적했다. 여당이 치열한 경쟁을 뚫고 1981년 선거에서 승리했지만, 인민민족운동(People's National Movement, PNM)이 안정적인 흑인 의석을 차지했고, 야당인 통합 노동당(United Labor Force, ULF)이 원주민 의석을 획득했다. 1982년 초반의 세인트루시아의 경우는 근대－ 보수 사회 관점의 정치 행태를 보여 준다. 1982년 1월 16일에 세인트루시아 수상이 압력에 못 이겨 사임했다. 이들은 의회를 해산시켰고, 빠른 시간 안에 선거를 실시할 것을 요청했다. 과도 정부는 세인트루시아의 3개의 주요 정당 중에 가장 작고 급진적인 정당의 당원들이 주도했다. 이 정당은 반정부운동을 이끌었던 정당도 아니었고 정치 분야에서 이데올로기적인 측면을 주도하지도 못했다. 세인트루시아의 운동은 정부권력 남용과 공식적인 부패에 저항하던 상공회의소와 중간계층들이 주도했다.

세인트루이스의 격변은 3년 전에 그라나다에서 발생했던 사건과 유사하다. 무능력, 부패, 권력 남용이 다양한 계층 대중들의 분노를 샀다. 그라나다의 반대운동은 21위원회(Committee of 21)라고 부르는데 구성원들이 에릭 가이르(Eric Gairy) 수상에 반대하는 단체들이었다. 1979년의 그라나다와 1982년의 세인트루시아의 차이는 그라나다에서는 작은 파벌이 군사력으로 권력을 찬탈하려고 했는 데 반해 세인트루시아에서는 중간계급들이 주도했다는 것이다. 비록 모든 단체가 1982년 세인트루시아 선거에 참가했지만 온건파들이 의회의 모든 의석을 차지했다. 급진당들은 도미니카, 세인트빈센트, 세인트키트, 자메이카, 바르바도스와 트리니다드에서도 패배했다. 1982년 중반에 개최된 도미니카 공화국 선거도 또한 정치적 이데올로기가 중도로 옮겨가고 있다는 것을 보여 주는데, 이러한 경향은 당시 카리브 지역에서 전반적으로 진행되던 현상이었다.

10년 후에 동일한 경향이 트리니다드의 무장 반란 진압 과정에서도 나타났다. 1991년에 흑인 무슬림(Black Muslim) 단체인 자마트 알 무슬림(Jamatt al Muslimeen)이 도시 대중들에게 막연한 불안감을 안겨주었다. 경찰본부를 공격한 후 수상을 체포하고 대부분의 정부 관료들을 인질로 붙잡고, 텔레비전 방송국을 점령한 후에 반란군들은 민중들에게 봉기할 것을 요구했다. 시민들이 움직이지 않자 테러리스들이 정부당국을 포위했

다. 비록 국민투표에 응한 60% 이상이 무슬림 반란군들에게 동정심을 표현했지만 75%
는 사회 구조조정을 위해 폭력을 사용하는 것에 반대했다. 같은 비율의 사람들이 무슬
림인들이 초기에 주장했던 종교적 불관용에도 반대했다.

　이러한 것들은 근대－보수 사회의 특성을 보여 준다. '구조'는 어떤 정적인 것을 의
미하는 것이 아니라 요인들이나 상호관계가 더 지속적이고 견고하게 유지되는 것을 의
미한다. 역사, 생활, 존재, 본질과 같은 아이디어나 개념이 생활의 보수적인 관점의 중
심을 이루고 있고 우리가 보게 될 탈식민, 다민족과 종교 사회는 논리적 부산물이다.
칼 맨하임(Karl Mannheim)이 지적한 것처럼 생각의 패턴들은 근대화를 통해 잉여를 생
산하기보다는 사회발전의 매 단계에 적응하고 살아남으려는 경향이 있다.[3] 이러한 사
회적 현실에 기반하고 있기 때문에 보수주의적 사고가 행동을 결정하는 데 유용하다.

　근대－보수 사회는 정치적으로 보수적인 형태의 균형을 허무는 이슈와 집단적인 도
덕적 분노를 발생시키는 이슈에 대해서는 동원화되는 경향이 있다. 그러나 동원화는
근대적 메커니즘과 이행조직을 통해 진행된다. 동원화는 폭 넓게 공유되거나 근대적
제도와 메커니즘을 통해 접근하는 경우 가장 보수적인 가치가 혁명이 목적이라고 할
수 없지만 혁명적 행위를 발생시키는 데 영향을 미친다. 만약 혁명이 기존의 사회정치
적 구조를 완전히 붕괴시키는 것을 의미한다면 단지 체제만의 문제는 아니다.

　카리브 사회에서 근대와 혁명적 특성과 관련된 신화들은 혁명 엘리트들이 정권을
장악하는 운동에 대한 많은 오해에서 비롯되었다. 비록 근대－보수 사회(레닌이 이론
화하고 증명한)이지만 완강한 엘리트들은 계획한 결과를 도출할 수 있었다. 초기 동원
화 이후 사회 운동은 질적으로 완전히 새로운 단계로 진입하는 경향이 있다. 이 단계의
역동성은 모든 대중 행동과 예측 가능한 혁명 간부와 엘리트들의 복잡성과 예측불가능
성이 동시에 나타난다. 후자는 근대－보수 사회이지만 혁명적인 방향으로 운동이 전환
될 수 있고, 그들은 그 사회에서 혁명적 동원화를 만들어 낼 가능성이 낮다.

　니카라과 혁명처럼 1980년 수리남 혁명과 1979년 그라나다 혁명은 강력한 민간 부
문, 안정된 교회 그리고 전혀 혁명적이지 않은 다른 부문들이 함께 만들어 냈다. 이런

체제는 근대－보수 사회의 복잡성에 정면으로 배치되는데 워싱턴의 반대만큼이나 혁명의 실패를 잘 설명해준다.

이러한 사회에서 정치적 변화를 이해하기 위해서는 지역에서 발생하는 즉각적인 정치적 사건(정치적 지형)뿐만 아니라 카리브 해의 정치적 역동성(정치적 하위구조)의 구조와 항구적인 국면을 분석하는 것이 필요하다. 이런 분석은 문화, 인구, 경제 중심의 정치경제적 접근이 필요하다.

여전히 중요한 문제는 남아 있는데, 누가, 왜, 무엇에 대해 반응하는가? 카리브 정치 문화와 역동성과 지속성에 대해 무엇이라 대답할 것인가? 어떤 대답들은 최근 카리브 해 역사에서 중요한 정치 지도자들의 행태와 이데올로기 분석에서 곧 나올 수 있다.

정치－이데올로기적 리더십

1956년부터 1981년 사망할 때까지 수상을 역임했던 트리니다드의 에릭 윌리엄스의 경력이 지역 리더십의 방향과 복잡한 스타일을 잘 보여 준다. 1965년 이후 카리브 해에 많은 변화가 있었고 윌리엄스는 학자, 행정가로서 처음으로 권력을 잡았다. 옥스퍼드 대학교의 박사학위 논문인 「자본주의와 노예(Capitalism and Slavery)」는 유럽 산업화(삼각 노예무역의 결과)와 노예 해방(산업화 성공을 위해 필요한 조치)을 급진적으로 해석한 것이었다. 그는 유색인들이 식민모국의 고등교육에서 성공을 거둘 수 있다는 것을 보여 준 산증인이었다.

카리브 발전을 지원하는 식민본국으로 구성된 카리브 해 위원회에서 영국, 미국, 프랑스와 독일을 '호통(telling off)'치며 탈식민화 운동을 이끄는 사람으로 성장했다. "Massa day Done"은 윌리엄의 함성이 되었고, 또한 카리스마적 리더십을 추종하는 흑인, 유색 중간과 노동자 계급들이 환영했다. 식민주의의 심리적 상처에 진정제가 되었다. 그러나 어떤 모델을 지향할 것인가가 남았다.

아시아와 아프리카는 탈식민화의 고통과 기쁨이 계속되었고, 양 대륙이 이웃의 라틴아메리카보다도 더 적합한 모델이었다. 2차 세계대전 이후 네루(Nehru), 엔크루마 (Nkrumah), 수카르노(Shukarno), 케냐타(Keyatta)는 윌리엄스에게 비백인의 탈식민화 과정을 나타내는 인물이었다. 이 지도자들처럼 윌리엄스는 탈식민화가 인종적·정치적 함의를 내포하고 있다는 것을 초기에 이미 인식했다. 제국주의 개념은 인종적 우월주의와 열등주의가 사상적 토대라고 보았다. 지도자들은 유색인들은 스스로를 조절할 수 없고 비서구 사회가 결코 성장할 수 없다는 제국주의 신화를 반증하는 삶을 살아야 했다. 또한 지도자들은 정치적 논쟁을 주도하면서 국민의 능력을 입증해야 했을 뿐만 아니라 뛰어난 성공을 통해 자신의 개인적인 가치도 증명해야 했다. 식민지 상황에서 자신을 증명해야 하는 부담감은 항상 식민화되었다.

탈식민자들이 자기 자신이 자신의 나라를 체화시키고 있다고 느낀 것은 너무나 당연한 일이었다. 윌리엄스는 그런 믿음으로 25년간 싸웠다. 선거에서 이룬 반복적인 승리가 환상을 떨쳐버리는 데 도움이 되었다.

그러나 서인도 제도의 영어권 국가들처럼 트리니다드는 서반구에 위치해 있었고, 서반구는 독립한 국가들이 대부분 스페인어권 국가들이었기 때문에 민주주의 모델로 삼기는 어려웠다. 워싱턴, 런던과 우호적인 관계를 맺고 있던 독재자들이 즐비한 가운데 윌리엄스는 영어권 카리브의 탈식민화는 라틴아메리카라는 토대에서 진행되어야 한다고 이해했다. 서인도제도에 적용한 의회 시스템은 라틴아메리카의 행정부 시스템과 달랐으나, 윌리엄스는 항상 의회시스템이 서인도제도에 더 적합하다고 느꼈다.

뛰어난 서인도제도의 지도자들은 대체적으로 이런 믿음을 공유하고 있었다. 자메이카의 알레산드 버스트만트(Alexander Bustmante)와 노만 맨리(Norman Manley), 바르바도스의 그랜틀리 아담스(Grantly Adams)와 에럴 브로우(Errol Barrow), 맑스적 레토릭을 주장함에도 불구하고 헌정주의자였던 가이아나의 체디 제이건(Cheddi Jagan) 등이 여기에 속한다. 1960년대 중반 이들 지도자들은 서인도제도 헌정 민주주의의 기초를 닦았고, 그것으로 권위주의적 일당 국가가 카리브의 현실에 적합하다고 주장하는 식민주의적 인종주의자와 근대 관념론자들을 거짓말쟁이로 만들었다.

윌리엄스는 두 명의 맨리(아버지와 아들)와 두 명의 아담스(아버지와 아들) 집권기 간만큼 통치했다. 그러는 동안 석유수출국기구 주도로 가스와 오일 가격 상승으로 세입 증가, 서인도 제도 연방의 붕괴, 카리브 공동시장의 등장, 영국의 쇠퇴, 지역패권 국가로 쿠바와 베네수엘라가 성장하는 것을 경험했다. 또한 자메이카를 장기 집권한 마이클 맨리(1972~1980)의 '민주 사회주의(Democratic Socialism)'의 성장과 쇠퇴를 지켜보았고, 민간부문의 역할을 강조하는 자메이카의 새로운 지도자 에드워드 시가(Edward Seaga)의 등장도 지켜보았다.

윌리엄스는 1981년에 사망할 때까지 카리브 해 국가들이 사회적으로나 경제적으로 많은 경험들을 통해 이전과 다른 지역이 되었다고 보았다. 비록 일생 동안(for life) 통치하는 정부(쿠바, 아이티, 가이아나)가 있었지만 대부분의 카리브 국가들은 민주정부를 이루고 있다. 서반구에서 민주적으로 선출된 정부가 통치하는 가장 넓은 지역이 카리브 지역일 것이다. 서인도제도에서는 다른 지역과 달리 의회 시스템도 작동하고 있었다.

영어권 카리브 해 국가들은 독립 이후 1세대 지도자들이 잘 안착하여 역사적 인물로 남아 있다. 1980년대 중반은 세대교체가 진행되었을 뿐 아니라 정치문화에서 독보적인 지도자들의 카리스마적 리더십이 끝나는 시기였다. 지도자들은 정치 문화의 일부분으로 여겨졌다. 이러한 변화는 지역 정치의 트렌드로 나타났는데 1980년대에는 카리스마적 '관리자형(Manager)' 정치형태가 출현하기도 했다. 자메이카의 에드워드 시가(Edward Seaga), 도미니카의 매리 에우제니아 찰스(Mary Eugenia Charles), 바르바도스의 톰 아담스(Tom Adams), 트리니다드의 조지 챔버(George Chambers), 도미니카 공화국의 인토니오 구스만(Antonio Guzmán)과 호르헤 브란코(Jorge Blanco) 등이 대표적인 경우이다.

이러한 리더십의 변화는 무엇으로 설명될까? 이러한 경향들은 부분적으로는 역행하는 경우도 있었다. 1960~1970년대 지역의 카리스마적 지도자들이 허약한 행정력을 보여 주기도 했다. 쿠바의 피델 카스트로(Fidel Castro), 자메이카의 마이클 맨리(Michael

Manley), 가이아나의 포브스 번햄(Forbes Burnham) 등이 좋은 사례들이다. 이런 상황은 초기 지도자들이 당면했던 관계, 가치, 이해관계와 정치 지형의 변화가 발생했던 이중적인 과정으로 설명되는 복잡한 이슈 때문이었다. 카리브 지역의 맑시스트와 비맑시스트 사회주의자들의 경력들이 이중적 과정을 잘 설명해준다.

그 대표적인 경우인 아미 세자르(Aimé Césaire)는 마르티니크의 포트 드 프랑스의 시장이었으며 35년 동안이나 파리에서 프랑스 국회의 공산주의자 의원으로 활동했다. 세자르가 1956년에 프랑스 공산당을 탈당한 것은 놀라운 사건이었다. 그는 『마르티니크에 대한 생각(Thinking of Martunique)』에서 "공산주의가 우리를 포낭으로 싸고 있어 카리브 지역에서 우리를 고립시킨다"고 지적했다. 세자르는 "흑인 아프리카(Black Africa), 카리브 문명의 댐, 카리브 문화의 원천"을 대안으로 인식했다. 인종, 문화와 민족의 다양성을 통해 카리브 사람들이 '유럽 공산주의(European Communism)'의 '살 빠진 보편주의(Universalism)'에 의해 잘못 이끌어진 배제로부터 벗어날 수 있다고 주장했다.[4]

역사, 문화와 인종으로의 회귀는 반혁명과 보수 사회에 세속적인 혁명적 변화를 시도하는 데 어려움을 안고 있던 많은 카리브지역 사회주의적 근대론자들에게 좋은 해답이었다. 합리적인 세속적 보편주의와 존재론적 특수주의의 대위법이 맑스주의와 비맑스주의적 사회주의 사상에 대한 근원적이고 역동적인 서인도제도의 이데올로기적 변화를 가져왔다. 세자르의 경우, 현대 사회에 미친 흑인들의 기여를 강조하는 문학-정치운동인 네그리튜드(Négritude)의 창시자였을 뿐만 아니라 프랑스어권 카리브를 프랑스 시스템에 통합시키기 위해 노력한 대표적인 인물이었다. 그러나 이런 것들이 새로운 것은 아니다.

1920년대 트리니다드의 주요한 사회주의자였던 앤드류 시프라니(Andrew Cipriani)는 파비아니(Fabiani)의 사상과 영국 노동당에 경의를 표했다. 10년간의 투쟁 후 가족을 위협하는 것으로 보았던 이혼법과 파업에 대한 폭력 사용을 인정하는 두 가지 사안이 자신의 보수주의적인 관점을 철회하게 만들었다. 폭력(1937년 트리니다드 노동운동과 반란의 리더였던 우리아 버틀러, Uriah Butler)을 사용해 종교(성경구절 인용)와 이 지역에서 영국의 역사(헨리 8세)를 끝냈다. 보수적 가치와 대중 규범을 수용한 리더십의 견인력은 강력했다. 초기에 맑스주의 사상과 조심스러운 문서로 역사를 기술했던 에릭 윌리엄(Eric William)조차도 경험이 진실처럼 만들어지는 가십거리를 쓰기 위해 문서, 날짜와 원문을 발췌했다.

트리니다드의 C.L.R. 제임스(C.L.R. James)는 트로츠키의 사회주의와 혁명 사상에 젖었던 지난 50년에 대한 회고에서 결코 보편주의와 특수주의의 모순점을 해결할 수 없다는 것 잘 보여 주었다. 20세기 서인도제도 연구에서 가장 큰 영향을 미치는 아이티 독립역사 연구인 『Black Jacobins』(1938)에서 그는 흔들리고 얼버무리고는 있지만 투생 루베르티르(Toussaint L'Ouverture)의 보편주의적 경험과 구별되는 데살린(Dessalinean)적 흑인혁명으로 결론짓고 있다.

사실 인종과 민족적인 민중주의와 사회주의이건 아니건 세속적 모더니즘 프로그램은 생산적인 관계가 될 수가 없다. 이론적으로도 조절이 불가능해 보인다. 마르트니크의 프란츠 파농(Frantz Fanon)의 작업들이 좋은 예이다. 세자르와 같이 파농은 유럽 사상의 "살 빠진 구속(Fleshless Shackles)"으로부터 자유로워지길 바랐다. 그래서 그는 화난 제3세계 지식인들의 "심리적 정서적 균형(Psycho−affective equilibrium)"이라고 부르는 중요한 열쇠를 찾으려고 했다. 이 연구는 문화를 강조하는 근대−보수 사회의 역동성을 이해하는 데 매우 중요하다. 파농은 혁명 엘리트들이 역사로의 회귀를 결연하게 결정하는 것을 서술하고 설명하는 것에 대한 강박관념에 시달렸다. 다시 한번 그들의 생활을 오래된 식민 이전으로 돌리고 싶어 한다는 것이다. 파농은 "민족 문화에 대한 믿음은 정박하게 되는 어떤 곳으로의 절망적인 변화이다"라고 적고 있다.[5] 맑시스트에 헌신한 가이아나의 체디 제이건도 그렇게 했고, 아마 심리학적으로는 힌두이즘에 자신의 맑시스트적인 성향을 혼합하는 것이 필요했을 것이다. 분명히 인종과 역사로의 회귀는 보편주의와 정치에 대한 세속적인 접근을 막는 강력한 힘이었다.

근대 혁명(특히, 사회주의)에 필요한 세계에 대한 합리적이고 세속적인 관점은 이런 사회에서는 유지되기가 쉽지 않다. 세자르, 윌리엄스, 노만 맨리, 포브스 번햄 등에게 맑시스트나 사회주의 사상은 특수주의-보편주의의 논쟁에서 특수주의적인 입장에 굴복하게 되는 다민족적, 종교적, 보수적인 사회로부터의 압력을 중화시키는 것이었다. 세계와 사회변화를 바라보는 관점들은 역사적으로 문화적 독창성이라는 측면보다는 다른 방법으로 문제를 해결하는 것을 거부하는 보수적인 사회의 근본적인 특성이다. 대개 이러한 특성들은 카리브 경험의 일부분이었다.[6]

이러한 경험들은 급진적인 흑인 파워 혁명을 옹호하지만 정치적 야만주의의 전통적인 형태로 회귀시킨 프란소이스 두발리에르(François Duvalier)가 어떻게 1957년에 아이티에서 권력을 창출할 수 있었는가를 설명해준다. 그는 권좌에서 자신의 입장을 견고히 하면서 보수주의적 사회로의 회귀를 부추겼다.

카리브의 정치 경제

부분적으로 숙련된 노동, 높은 노동조합화, 높은 임금으로 근대 사회에 포함되어 있기 때문에 카리브의 발전 과정은 산업과 자본 집약적인 경향을 보인다. 이민이 감소하면서 이용 가능한 노동력이 넘쳐나 공적 부문으로 흡수되는 경향을 보였다. 에너지 위기로 발생한 금융과 경제 불황은 공공부문의 고용을 위축시켰다. 그 결과는 단순한 실업이 아니라 오히려 1세대가 결코 완전히 고용되지 않는 과정이었다. 절대 다수가 고등학교 교육을 받았고 포부와 기술을 가지고 있지만 농업 기업들과 같이 인력을 필요로 하는 수요와 포부에 맞는 기술을 가지고 있지 않았다. 노동집약적인 농업기업만이 매년 노동 시장에 유입되는 많은 사람들을 흡수할 수 있었다.

이러한 농업 지도와 방향은 농촌이 50%를 차지하는 아이티를 제외한 카리브 지역에서 이루어지고 있다. 농업 부문의 후퇴는 카리브 정치경제의 기본적인 사실이다. 많은 사람들이 도시지역으로 이동하거나 외국으로 이민을 떠난다. 영어권 카리브에서는 1960년대 이민으로 노동력이 4만 6,000명이나 감소했다. 이민이 점차 감소하면서 노동력이 1970년대 약 40만 명까지 증가했고 그중에 약 70%가 청년층이었다.

쿠바를 제외한 모든 카리브 섬에서 청년들이 전체 인구에서 차지하는 비율이 증가하고 있고, 모든 지역에서 전 세계 젊은이들이 경험하는 불안감을 느끼고 있다. 그러나 복잡한 사회혁명의 상황과 더불어 현대적·정치적 동요와 활동을 결집시키는 위험스러운 실수에 대해 매우 조심스럽다. 집단적 결집은 먼저 카리브 사회의 토대를 면밀히 살펴야 한다. 비록 보수주의 변이의 형태와 표현이 나타나지만 카리브 사회는 국가 간에 매우 유사한 특성을 보인다.

카리브 지역은 교리와 관습으로서 종교의 강도와 침투율이 다르고 변화 속도가 다르지만 신앙심이 깊다. 예로, 자메이카에서 영국 국교회와 로마 가톨릭과 같은 전통 종교는 각각 5.5%와 4.1% 정도이고, 하나님의 교회와 같은 미국의 신흥종교가 21.2%를 차지하고 있다.[7] 교회는 중앙 광장에 있고 일주일에 한 번 여성과 아이들이 출석하는 지배 교회의 전통적 구도가 가족 전체가 참석하는 전면 교회로 변하고 있다. 이러한 현상은 카리브, 히스패닉과 비히스패닉에서도 동일하게 진행되고 있다. 쿠바와 푸에르토리코는 미국의 가치와 이해관계로 평가하면 카리브 해 사회는 구조적으로 가장 보수주의적인 사회일 것이다. 가톨릭 신앙의 부활과 쿠바에서 제설혼합주의적인 산테리아(Santería) 종교의 확산은 지난 50년간 사회화의 모든 수단으로 통제했지만 종교적 열정을 가라앉히지 못했다는 것을 반영한다.

영어권 서인도에서는 다층적인 종파와 주민들, 도시와 농촌을 발견할 수 있다. 이런 경우는 의례적인 것보다는 살아 있는 종교 현장에서 나타나고 있고 크리스천과 서아프리카 종교가 혼합되어 부두교가 나타나는 아이티(쿠바에서는 산테리아와 트리니다드에서는 상고라고 부름)와 같은 나라가 대표적인 경우이다. 이러한 신앙심은 일상생활 영역에 영향을 미친다.

이 지역에서 주요 종교적 원리에서 비롯된 개인적인 태도의 부산물은 사적 재산, 특히 토지에 대한 믿음이다. 토지를 사랑하고 토지의 일부분이라도 갖기를 열망한다. 아이티인들이 사용하는 "se vagabon qui loue kay(불량자들만이 자신의 집을 빌린다)"라는 말은 토지 소유권에 대한 열망을 표현한 것이다. 네비스(Nevis)에서는 80% 이상이 자신의 집을 가지고 있고, 세인트 빈센트에서는 75%가 가지고 있다. 바르바도스에서는 46.8%에 거치고 있지만 아무리 작아도 자신의 집을 갖기를 원하는데 재산 소유가 감성적 차원을 나타내준다. 집 주변의 울타리는 감성적 차원의 심리적 표현이다. 또한 이 울타리는 카리브 사람들의 또 다른 특성을 나타내 준다. 집단적으로 생활하지만 고유한 독립성을 나타내는 사생활을 좋아한다. 보통 이런 특성은 농촌 현상으로 여겨지지만 도시지역으로 확산되고 있다. 이것은 영어로는 "남자의 집은 그의 성이다(A man's home is his castle)" 혹은 크레올어로는 "한 굴에서 두 마리 숫쥐가 살 수 없다"라고 하는 말에서 알 수 있다.

이 표현은 어떤 집이던 파트너 중에 한 명만이 바지를 입을 수 있다는 것을 의미한다. 이러한 가부장적 사회에서 남자 파트너가 지배하는 것이 당연하다. 아직 여전히 근본적으로 모계 중심적이고 처가주의적인 사회를 구성하고 있기도 하다. 노동계급은 문맹률이 높기 때문에 아이를 키우는 것은 어머니이고 아이들은 어머니나 외조부모와 함께 사는 경우가 많다. 1981년 개리와 로즈매리 브라나 슈트가 실시한 연구에서 입증된 것처럼 청년 실업으로 불만이 쌓여 있고 사회화 과정에서 기본적으로 보수주의가 뿌리내리고 있다.

그럼에도 불구하고 카리브 역사가 반복적으로 보여 주는 것처럼 온건하고 가족지향적인 사회이지만 특히 청년들은 예측 불가능한 정치적·사회적 폭발을 일으킬 수 있다. 쿠라싸웅(Curaçao)과 네덜란드 안틸레스에서 1969년에 소기업 파업이 계급과 인종 시스템을 공격한 적이 있다. 주요 상업 빌딩의 절반이 파괴되었다.

기본적으로 카리브 사회의 보수주의적 계층은 근대적이고 높은 사회 동원화와 정부 기관을 장악하고 있다. 근대적인 사회에서는 아이티처럼 사람들이 글을 읽고 쓸 줄 알거나 교육을 받은 경우가 많다. 섬마다 초등학교 학령의 90%에서 100%가 학교에 등록되어 있고 문자해득률이 약 85%에 이른다. 보수주의적 태도가 교육 정도에 미치는 긍정적인 상관관계를 지니고 있지만,[8] 불평과 소망을 잘 조율하는 사람들과 현대 커뮤니케이션 기술을 이용할 수 있는 사람들이 동원화의 가능성이 높다. 전체적으로 카리브인들은 정치적으로 동원화되어 있다. 어떤 정당과 이익집단이던 상관없이 정책적 선택에 영향을 미친다. 지금은 아니지만 좌파, 중도, 우파 등은 단체의 요구를 무시할 수 없다. 문자해득율과 교육은 서인도제도에서 더 효율적인 노동조합 시스템을 구축하는 데 도움이 되었는데, 노동력의 30%에서 50% 정도가 조합에 가입되어 있고 연대하고 있는 정당이 협상 과정에서 노동조합에게 힘을 실어준다.

맑스 베버에 따르면 문자해득율과 교육은 국가 관료주의를 만들 수 있는 모든 조직 중에 가장 합리적인 조직이다. 이러한 국가 관료주의는 카리브 전역의 숙련된 공공과 민간 서비스 영역에서 찾아볼 수 있다. 트리니다드에서는 민간 부문보다 공공 부문이 약 3.5배 정도 학위나 면허 취득률이 높고, 자메이카에서는 공공서비스의 제도화와 정통성이 오히려 정당보다 높다. 이러한 고위 관료들은 주로 지역 내에서 교육받고 있다. 자메이카, 트리니다드, 바르바도스에 캠퍼스가 있는 서인도 대학교(UWI)는 가이아나, 마르티니크, 수리남과 쿠라싸웅과 아루바의 대학에서 하는 것처럼 광범위한 분야에서 접근이 가능하도록 대학교육을 실시하고 있다. 1957년에 외국에서 공부하는 서인도 출신의 대학생 수가 2,632명이었는데 서인도 대학교만 566명이었다. 1982년 외국에서 공부하는 학생 수는 2배 정도 증가했는데 서인도 대학교는 같은 기간에 12배나 증가했다.

카리브의 모더니티는 다른 영역에서도 나타난다. 카리브 해 노동자들은 현대 사회에서 필요한 기술과 습관을 개발했는데 이것이 이민 노동자가 가능하도록 했다. 이것이 이민의 오랜 전통과 카리브 노동자들의 귀환을 설명해준다. 카리브인들은 늘 이동해 왔다. 파나마 운하, 중앙아메리카 철도와 항만 시설 건설이던 런던 공공 운송 시스템 건설이든 상관없이 카리브 노동자들은 도시 노동자들의 기술과 태도를 갖추고 있었다. 이들은 새로운 기술을 가져왔을 뿐 아니라 거주할 토지나 집을 살 희망을 가지고 왔다. 아이티에서 '바하마스(Bahamas)' 집은 바하마에서 일하는 아이티 노동자들이 보내준 송금으로 만든 집이었다. 새로운 '마이애미(Miami)' 집은 아이티 이민자들의 새로운 목적지와 외환 송금 재원이 바뀌었음을 잘 나타내준다.

외국에서도 카리브 노동자들은 동료들과 소통할 수 있다. 모든 거리에 우편함이 설치되어 있고, 라디오와 신문, 미국과 주요 섬을 연결하는 장거리 전화 등의 사용이 가능하고, 프랑스령 서인도제도, 네덜란드 안틸레스, 자메이카, 트리니다드와 바르바도스에서는 텔레비전이 대중화되어 있다. 이와 같이 현대 통신 시설이 카리브의 현대화와 인종적 유대감을 유지시켜 주고 있다. 세계 주요 언어인 영어, 스페인어와 프랑스어를 읽고 쓸 수 있는 카리브인들은 최근의 사상과 기술을 접할 수 있고 다른 원주민 언어 [아이티의 크레올어, 꾸라싸웅의 파피아멘토어(Papiamento), 타키타키(Taki-Taki)로 알려진 수리남의 스라낭어(Sranang)]들은 민족(Volk) 혹은 게마인샤프트(Gemeinschaft), 즉 공동체의 민족적 감정을 강화시킨다.

섬 전체를 알려고 도심을 중심으로 운영되는 2시간짜리 버스 투어로 돌아보면 근대적인 부분뿐 아니라 농촌 생활을 이해할 수 있을 것이다. 토지와 전통과의 연결고리가 도시로 이동한다고 단절되는 것은 아니다. 오히려 연결고리는 구성원과 포함된 사람들이(교회, 스포츠클럽, 조합, 정당, 서비스 클럽) 사회의 근대적인 차원을 표현하는 것처럼 보수주의적 가치와 도시 거주자들의 정향을 강화시켰다. 모두를 결집시키는 것은 핵가족과 대부(compadres), 대모(comadres), 친척과 아줌마와 같은 확대가족을 구성하는 카리브 해의 가족이다.

다음으로 근대-보수주의 사회의 토착적인 관점을 살펴보자. 여전히 기층 분석은 변화에 영향을 미치는 외부적인 요인들을 설명해준다. 내부적인 요인들은 사회변화의 인과관계를 분석하는 데 집중되어 있지만 카리브의 작은 국가들은 외부적인 요인들이 더 중요하다.

작은 국가들은 문제에 매우 취약하다. 그것 중에 하나는 국가 안보인데 1981년에 지방정치인들과 연대한 미국 용병이 도미니카를 침입하여 정부를 장악했던 사건이 이를 반증한다. 더욱이 외국의 국가 대표의 안전을 확보하는 데 많은 비용이 소요된다. 그러나 이런 대표들이 전통적인 외교 관계를 통해 외국과의 관계를 쉽게 해줄 뿐만 아니라 국제와 다자간 금융기관이나 대출기관의 관심을 끄는 데 중요한 사람들이다.[9]

또 다른 취약한 이유는 트리니다드토바고, 가이아나, 수리남과 같은 국가들에서 나타나는 인종적 종족적 분파인데, 이는 정치적 특성을 결정한다. 이들 국가들 중에 인도인(영국령 인도 출신)들이 인구의 절반 이상을 차지하는 국가도 있다. 종교는 힌두교(무슬림 약 20%)를 믿으며 전형적인 근대-보수주의 집단을 이루고 있다. 인도인들의 대부분이 자본주의자, 토지소유자와 상인(가이아나와 수리남)들일 경우에는 맑시스트처럼 세속화된 이데올로기와 힌두교를 조절하는 것은 매우 어려운 일이다. 흑인 대 백인, 인도인 대 흑인, 흑인 대 물라토 간의 인종과 인종분쟁은 사회분화를 유도하고 카리브 사회를 취약하게 만든다.

작은 국가들은 취약성을 극복하기 위해 지역 혹은 소단위의 통합을 시도하고 있다. 카리브 통합의 꿈은 새로운 것이 아니다. 쿠바와 푸에르토리코의 통합을 꿈꾸었던 호세 마르티의 테마에서도 등장하고 있고, 아이티에서는 장피에르 보이(Jean Pierre Boyer) 대통령이 노예 해방의 꿈에도 등장하는데, 인접한 산토도밍고(1822~1844년까지 점령함)를 점령하고 다른 지역으로 확대하려고 했다. 서인도제도 연방은 1958년에서 1961년까지 이어졌다. 이러한 시도들이 계속 실패하면서 통합에 대한 실효성과 가능성에 대한 회의론이 나타나고 있다.

지속적인 통합에 대한 논의로 1990년대 중반 35개 회원국의 카리브 국가 연합이 결성되고 작은 민족 국가들이 현실적인 방안이 되고 있지만 새로운 독립 국가를 보기 어려울 것 같다. 1990년대 이 지역은 카리브 공동시장(CARICOM)과 카리브 개발은행(CDB)이 경제통합을 시도하는 것이 제한되었다. 동부 카리브 국가 기구¹⁰⁾가 정치적인 문제를 떠나 개별 구성원들 간의 외교정책을 포함한 경제 협력을 강조하고 있다.

불행하게도 각 섬에서 부정적인 이미지가 강화되면서 국제정치와 다국적 세력(다국적 기업 포함)들이 주장하는 글로벌리제이션으로 국가 주권이 침해되고 있다. 그리고 과거와 마찬가지로 오늘날도 규모 확대와 분리가 국제적 팽창을 위한 영토적 목적이 되고 있다. 냉전기간(1950년대에서 1980년대) 강대국들 간의 이데올로기 경쟁이 심화되면서 17세기와 18세기 유럽인들의 전쟁터가 되었던 것처럼 카리브 지역도 전쟁터가 되었다. 맑스-레닌주의, 국제 사회주의, 기독민주당, 국제노동조합뿐만 아니라 쿠바,

베네수엘라, 멕시코까지 가세했다. 미국은 오랫동안 경쟁을 주도하고 있다. 여기에는 이슬람에서 제7일 안식일, 몰몬교와 래스터패리언[11] 운동에 이르는 종교와 반(半)종교 집단들까지 동참하고 있다. 주요 국가의 외교 사무소와 정보국이 떠나지 않고 있기 때문에 카리브 지역의 이미지 형성은 경쟁적인 라디오 방송, 스포츠, 문화와 과학적인 미션, 국가 방문, 국제원조기구의 컨설턴트들의 체류 등으로 어리둥절하고 어수선하다. 이들의 활동은 다른 기관과 연결되어 있다. 1990년대에 냉전종식, 쿠바 국제주의 (Internarionalism)의 길들이기, 그라나다와 수리남 혁명의 쇼크 등 모든 것이 변했다. 그 결과 카리브의 새로운 지정학은 경제로 바뀌었다. 시장과 외국인 투자 자본을 찾는 과정에서 수입대체경제는 개방(자유화)되었고 수출 주도 경제로 전환되었다. 국가가 아닌 민간부문이 경제발전을 담당하고 있다. 그렇지만 생산적인 발전 전략이 더 효과적이라는 것이 입증되지 않았다. 여전히 이 지역에 많은 영향을 미치고 있는 유일한 강국은 미국이다. 미국이 우위를 점하고 있는 이곳에 새로운 도전자가 나타났지만 근본적인 측면에서 지역의 정치문화를 바꿀 수 있을는지는 의문이다. 할인된 가격으로 석유를 제공하는 우고 차베스의 페트로 카리브와 쿠바의 의료지원(지역의 거의 모든 국가에서 운영되고 있음)이 민주정부와 경제관계의 기초 시스템을 흔들고 있다. 모든 국가는 전통적인 국가대 국가의 호혜관계를 존중하는 차원에서 쿠바와 외교관계를 맺고 있다. 구조적인 요인들이 카리브의 사회분쟁에서 역동성과 내부적인 특성을 이루고 있다. 확실히, 이러한 사회는 결코 정체되어 있지 않고 도덕적 분노와 집단적 민주주의적 감수성이 도전받을 때 폭력적으로 반응한다. 이런 것들이 근대-보수주의 사회의 뿌리 깊은 문화적 대응이다.

1990년대 말과 2000년대 초 새로운 위협적인 문제들이 등장했는데, 국제 조직범죄, 마약 거래와 총기 판매와 같은 불법적인 활동, 금융사기를 위한 돈세탁과 같은 것들이다. 구조적 변화가 진행되면서 범죄의 국제화, 부패와 폭력으로 작은 국가들이 위협받고 있다. 국제범죄조직은 선거, 법적 경찰 시스템을 타락시키면서 국가 전체를 부패시킬 수 있다. 공식적인 주권이 이러한 상황에 있다는 것은 아니다. 전체주의적 유혹에 저항하는 도구로서 도덕적 보수주의가 조직범죄의 맹공에 대한 방호벽이 될 수 있을까가 문제이다. 나는 20세기 말에 가장 큰 도전이 이러한 문제일 것이라고 본다.

결론

새로운 카리브 해를 분석할 때 고려해야 할 첫 번째는 속도와 질적인 부분을 포함한 사회적 변화의 정도이다. 이러한 빠른 사회 변화는 결코 결과 없이 발생하지는 않는데 이 지역도 예외는 아니다. 두 가지 과정으로 정리할 수 있다. 첫째, 최근 탈식민화된 사회들이 과거의 메트로폴리탄과의 접촉을 증가시키고 있다. 많은 사회 경제적 영역에서 지원하는 EU 구성원들로부터 수혜를 입고 있다. 분명히 이러한 협력은 글로벌리제이션의 환경에서 경제적 취약성을 극복하고자 하는 시도이고, 또한 NAFTA로부터 시작된 경제적 개방성과 자유화의 요구로 대표되는 도전을 극복하기 위한 것이다. 유럽 군대의 주둔이 증가하면 이 지역의 법과 질서가 더 안정적으로 유지될 수 있을 것이다.

둘째, 인종과 종족이 미국과의 관계와 이해를 개선시키는 가교 역할을 하고 있다. 아직까지 아무것도 유지되는 것은 없지만 아프로-카리브 섬과의 특별한 관계가 미국의 인종적·종족적 구성이 바뀌면서 상대적으로 약화되었다. 특히, 미국에서 히스패닉의 정치 동원화의 증가와 흑인 정치권력의 상대적 쇠퇴로 아프로-카리브의 영향력이 상대적으로 감소하고 있다는 것을 의미한다. 정치적으로 중요한 로스앤젤레스와 마이애미는 로스앤젤레스는 멕시코인들의 탈출구이고 마이애미는 카리브인들의 탈출구로, 현재는 라틴 도시가 되었다. 뉴욕에서 도미니카인과 푸에르토리코인들이 증가하면서 기존의 서인도 민족 집단들이 사회 전면으로 등장하고 있다. 워싱턴 정가 진출이 카리브 국가들의 기본적인 외교 정책이었지만 점점 더 어려워지고 있다.

이러한 과정은 국가 정체성과 주권의 개념에 도전하고 있는 작은 국가들이 글로벌화된 환경에서 취약성을 드러내는 부분이다. 이런 것들이 꼭 절망스럽기만 한 것은 아니다. 카리브 섬들의 영웅적인 사람들은 이전에 있었던 많은 위협에 맞서 도전해 왔다.

이들이 말하는 것처럼 "우리는 최악의 시간도 최선의 시간도 보았다." 이는 확실히, 희망을 주는 메시지이다. 그러나 엄연한 사실은 새로운 트랜스내셔널 도전이 이전에 경험하지 못했던 패기를 시험할 것이다. 그건 그렇다 치더라도 여기에 제시된 카리브 사회 분석은 조심스러운 낙관주의적인 입장을 견지한다. 민주주의적인 형태가 광범위하게 수용되지만 기초적인 사회정치적 이슈에 대한 보수주의적인 정치문화와 조정과 혁신이 가능한 근대가 함께 하고 있기 때문이다. 역사적으로 작동해왔던 것들을 버리지 않고 새로운 경향을 만드는 것은 새로운 시대에는 손쉬울 것이다. 그러므로 다언어적, 다인종적, 다국가적인 지역을 이해하거나 모순된 것들을 밝히는 이상적인 구조인 근대 －보수 사회로 카리브 해 사회를 특징짓는 것은 유용하다.

추천도서

카리브 전체에 대해 잘 다루고 있는 Franklin W. Knight, The Caribbean: The Genesis of a Fragmented Nationalism, 2d ed. (New York: Oxford University Press, 1980).
또한 나이트(Knight)가 편집한 Margaret E. Crahan, Africa and the Caribbean: The Legacies of a Link (Baltimore, Md.: Johns Hopkins University Press, 1979). 영어권 카리브에 대해서는 고든 루이스(Gordon K. Lewis)의 책이 재출판되었다.
The Growth of the Modern West Indies (1968) Ian Randle Publishers사가 2004년에 재출판했고 Franklin W. Knight가 자메이카를 새롭게 소개했다.
Gordon Lewis's Puerto Rico: Freedom and Power in the Caribbean (1963)은 Anthony P. Maingot 가 새롭게 소개하면서 재판되었다.
Maingot가 루이스의 고전인 Main Currents of Caribbean Thought (1983)를 2004년 University of Nebraska Press를 통해 다시 소개했다. 그는 또한 Gordon K. Lewis, Race, Class, and Ideology in the Caribbean (Kingston: Ian Randle, 2010)을 편집했다.
David Lowenthal's West Indian Societies (New York: Oxford University Press, 1972)에서는 다양한 사회(Plural Society) 분석과 인종관계를 설명한다. 사회주의 정치 발전과 지역의 보수주의적 대응에 대해서는 Anthony P. Maingot, The United States and the Caribbean (Boulder: Westview, 1994)을 참조. 시사정보는 Caribbean Insight(London Newsletter)와 Hemisphere (Florida International University) 참조.

미주

1) Norman Girvan, "Societies at Risk? The Caribbean and Global Change," Paris: UNESCO Discussion Paper No.17 (Aug. 1997), Table No.1.

2) Victor Bulmer–Thomas, "The Wider Caribbean in the 20th C.," *Integration and Trade* Vol. 15 (2001), Table 10, note 1.

3) Karl Mannheim, "Conservative Thought," in Paul Keckskemeti, ed., *Essays on Sociology and Social Psychology* (New York: Oxford University Press, 1953), pp. 77–64.

4) Aime Cesaire, "Lettre a Maurice Thorez," *Presence Africaine* (Paris), 1956, p. 15.

5) Frantz Fanon, *The Wretched of the Earth* (New York: Grove, 1968), p. 217.

6) 재미있는 예외는 쿠바에서 시작된 카리브의 탈식민화의 과정의 확장으로 묘사되는 1979년 그라나다에서 정권을 창출한 새 보석 운동(New Jewel Movement)이었다. 치열한 전쟁과 미군의 개입으로 끝났다.

7) Martin Mordecai and Pamela Mordecai, *Culture and Customs of Jamaica* (Westport, Conn.: Greenwood, 2001), 41.

8) Selwyn Ryan, Eddie Greene, and Jack Harewood, *The Confused Electorate* (St. Augustine and Trinidad, 1979); and Anthony P. Maingot, "The Difficult Path to Socialism in the English–Speaking Caribbean," in Richard R. Fagen, ed., *Capitalism and the State in US–atin American Relations* (Stanford: Stanford University Press, 1979).

9) 이것은 불균형적인 권력뿐만 아니라 존경과 존엄의 문제이다.

10) Antigua/Barbuda, St. Vincent/Grenadines, Dominica, St. Lucia, and Grenada.

11) 래스터패리언: 에티오피아의 옛 황제 하일레 세라세(Haile Selassie)를 숭상하는 자메이카 종교 신자. 이들은 흑인들이 언젠가는 아프리카로 돌아갈 것이라고 믿고 독특한 복장과 행동 양식을 따름.

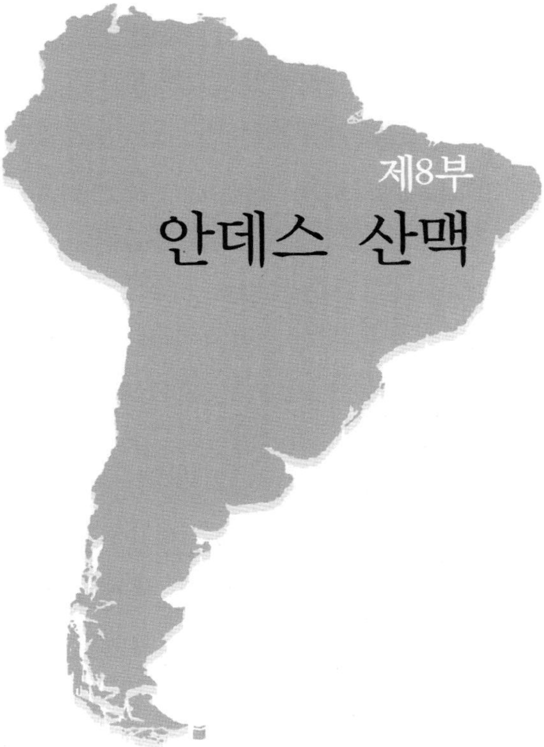

제8부

안데스 산맥

20. 부문별로 수준이 다른 콜롬비아

젠 N. 블랙 & 윌리엄 고드닉(차경미 옮김)

과거세기 콜롬비아는 남미에서 가장 오래된 민주주의체제가 공식적으로 존재한 국가였다. 그리고 이러한 체제는 일부 기준에 비춰볼 때 지속적인 성장과 현대화되고 있는 경제에 의해 뒷받침되는 놀라운 안정을 유지하고 있다. 콜롬비아 사회는 문벌, 혈통 그리고 세습재산을 향유하며 이것을 지키는 상류 지주계층과 대기업 그리고 교회가 높은 지위를 유지하며 서로 유기적인 관계를 맺고 있다. 이러한 고도로 수직화된 형식적인 신분사회는 사실로 보일 수 있다.

수도 보고타의 100마일 반경 안에 사는 중산층 가정 또는 다른 주요한 도시에 거주하는 가정에서도 이러한 사회관계로 인한 사회적 갈등은 끊임없이 이들의 삶을 지배하고 있다. 정복전쟁이나 독립전쟁 그리고 냉전에 의한 약탈 및 이념적인 갈등과 최근에 계속 진행 중인 마약과 테러리즘과의 전쟁에서도 이러한 수직화된 계층사회는 갈등을 합리적이거나 다양한 방식으로 설명해 준다. 이러한 전쟁은 국내외 무대에서 모두 권력투쟁으로부터 야기되었다.

대자연의 손으로부터 강제적으로 분리되어 가파르고 바위투성인 세 개의 산봉우리로 펼쳐진 고립된 골짜기에서 수년에 걸쳐 변화된 문제는 구호와 깃발의 무정부 형태에서 변화하지 않는 것이 무엇인가라는 질문에 대한 답을 모호하게 했다. 아프가니스탄과 아팔라치아, 파푸아뉴기니와 카프카스 산맥과 마찬가지로 콜롬비아에서도 국가와 지역의 단일성 및 효과적인 중앙정부의 통치권을 궁극적으로 방해하는 것은 험난한 지세였다. 산악지방의 전쟁에서 영광도 편파적인 이익도 그리고 뜻밖의 횡재를 차지하였다 하더라도 승리라고 말할 것은 아무것도 없었다.

무정부와 일반화된 정치사회적 불안정은 콜롬비아인의 현실 저층부를 구성하고 있다. 적어도 농촌지역과 도시빈민가의 소작농들은 그들의 땅을 떠나 안전한 곳으로 몸을 피한다. 아마도 이들의 피난처는 오래된 산이 될 수 있다. 그러나 무정부상태와 불안정한 환경은 과거 20년 동안 국민의식을 지속적으로 저해하는 원인이 되기도 했다.

상품작물과 농산물 수출이 확산되는 시기 지주들의 토지 소유권을 둘러싼 갈등은 영역 싸움과 폭력의 전도성을 의미했다. 코카인의 재배와 밀매는 특히나 폭력을 동반했다. 중독과 범죄는 탄력성 없는 시장과 높은 시장가격을 유지하게 한다. 이러한 거래를 통해 창출된 이윤은 계층과 부문을 막론하고 범죄조직을 끌어들이고, 특히나 범죄는 마약과의 전쟁을 선포한 미국의 군사원조에 의한 재정적 지원이 지속적으로 이루어져 민병대들의 예산 증가와 그들의 권력 및 자율성을 강화시켰다.

마지막으로 인접국과 같이 일반적으로 산악지형으로 인한 중앙정부의 통제가 어려운 영토에서 과거세기 동안 콜롬비아 정부는 중앙집권적인 정부를 정착시키기 위해 노력했다. 그러나 21세기에 콜롬비아 정부는 외견상 공평하지 않은 미국의 지원으로 "무엇을 해야 할지" 혹은 "어떻게 통치해야 할지"에 관해 매우 야망적이며 때때로는 망상적이 되었다. 세계경제의 구조변화와 인접국의 좌파정부의 출현으로 인해 미국의 지원을 바탕으로 강력한 중앙집권체제를 갈망한 콜롬비아 정부의 야망은 국내는 물론이고 국경을 넘어 국토를 무차별 포격지대인 불모지로 변모시켰고, 그 결과 부문별로 수준이 다르게 나타나는 현실로 인해 국가를 총체적으로 관리하고 통제하는 정부의 능력은 위협당하고 있다.

펜트하우스 관점의 콜롬비아 현실

과두제의 기원

콜롬비아의 민주주의 정치체계에 관해 설명할 때 실제로 모든 분석가들은 많은 수식 어구를 사용한다. John D. Martz Jr.는 콜롬비아의 정치체계를 "자격을 갖춘 민주주의”라고 특징지었다. 다른 분석가들은 “제한적 혹은 엘리트 민주주의”라고 말한다. Robert E. Scott는 심지어 정치지도력을 “지배하는 카스트”라고까지 구분했다. 예를 들어 상류층과 중상층 사이의 경계는 귀족이라는 칭호가 제공될지도 모르는 구조의 결여로 인해 콜롬비아 사회에서 상·하로의 계층이동은 다양한 해석을 가지고 있고, 이러한 설명은 상당히 객관적이거나 주관적인 증거를 가지고 있다. 이것은 소수집단이 계속 지배하고 유지될 수 있는 사회의 핵심권력 요소이다.

Robert H. Dix는 콜롬비아 엘리트 연구에서 주요 정당지도자의 지위 상관관계뿐만 아니라 그들의 직업을 분석하였다. 그리고 사기업 및 경제 압력단체와 같은 엘리트 그룹을 분석한 결과 이들 대부분이 상류층의 대농장주에 뿌리를 두고 있다는 것을 발견했다. 명망 있는 가문들은 토지 소유권과 역사적으로 연관되어 있었다. 비록 토지 소유와 상관없이 독립적인 뿌리를 두고 있는 엘리트들이 어느 정도까지는 존재한다 하더라도, 고등교육을 통해 예술과 전통적인 직업들의 코스모폴리타니즘은 대부분 명망 있는 가문의 부순물이었다. 상업과 혹은 전문적인 지식으로부터 획득된 부가 엘리트의 지위를 부여할 수는 있다. 그러나 장담할 수 있다는 뜻은 아니다. 대토지 소유자와 기업가 문은 정략결혼을 통해 연결되었다. 기업들이 토지에 투자하는 동안 대토지 소유가문들은 산업과 기업에 투자했다. Dix의 연구는 콜롬비아에서 엘리트의 재산과 사회적 지위 및 교육과 정치권력 사이의 결합이 사실임을 보여 준다. 자유당과 보수당 지도계층은 국내 커피생산조합과 연관을 맺고 있는 각료들이었다.

대부분 라틴아메리카 국가들의 초기 정당발달단계에서 정당은 단지 상류층만을 포함한 엘리트 정당이었다. 그리고 콜롬비아에서 20세기 들어 다당체제에서 붕괴된 양당제는 1969년이 돼서야 전파되었다. 민족대중연합당(ANAPO)는 전통적인 양당의 압도적인 세력에 위협을 가한 유일한 정치운동이었다. ANAPO는 제3의 정당이라기보다는 ‘정당협의체’라고 표현된다. 콜롬비아의 양당체제는 완화되기보다는 오히려 엄격한 사회, 경제 계층화와 전통적인 정치문화로 인해 대중의 통제를 통한 정치참여는 상대적으로 폐쇄된 사회엘리트주의를 강화했다. 최근 좌파와 우파의 정치영역에서 동시에 나타난 대체민주정당(Alternative Democratic Pole)과 U 정당 그리고 엘리트의 이익을 대변하는 의사정당이 연구되고 있다. 이러한 정당들에 관한 연구는 정치적 특성에 관한 것보다는 좌파와 자유파를 나누는 특징적인 구조를 뒷받침할 수 있는 연구에 도전해야 한다.

양당체제의 형성

콜롬비아의 정당체계가 1830년롭부터 발전했다 하더라도 모스께라(Tomás Cipriano de Mosquera) 정부에 반대하여 형성된 자유당과 보수당의 구체적인 외형은 1848년까지 나타나지 않았다. 무력충돌을 통한 선거경쟁 또는 협력을 통해 양당제가 성립되었고 이후 국가의 정치체제는 안정이 유지되었다. 19세기의 국내 정치적 갈등은 선거를 통한 무력 충돌보다는 자유주의파와 보수주의파의 경쟁에서 분명이 나타났다.

1886년 보수주의자에 의해 제정된 헌법은 일원화된 협약체계 및 교회와 국가의 분리를 규정했다. 교황청과 보수주의자와의 협약 체결을 통해 가톨릭교의 지배층과 정부는 긴밀한 관계를 유지했지만, 커피생산과 수출은 중앙집권적 국가권력의 재정과 산업투자 역시 향상 시켰다. 1930년대 커피는 국가 총 수출량의 70%를 차지했다. 1886년에서 1930년 사이 보수주의자들이 패권을 장악했다. 자유주의자들은 무력을 동원하여 2차례에 걸쳐 보수주의 정권의 전복을 시도했지만 좌절되었다. 양당 간의 갈등으로 발생한 천일 전쟁(Thousand Day War, 1899~1902)은 국가기관을 완전히 붕괴시켰고 십만 명의 인명피해를 낳았다.

1886년 헌법은 1991년 신 헌법이 제정될 때까지 한 세기 이상 지속되었다. 헌법은 다시 제정되었다. 당시 정치적 혼란의 원인이 되었던 경제문제는 자유주의자들의 입장이 반영되어 헌법은 수정되었다. 1930년 에레라(Enqique Olaya Herrera)는 권력을 장악했다. 1930년에서 1946년 4명의 자유주의파 대통령이 등장했다. 로페스 푸마레호(Alfonso López Pumarejo) 대통령은 1934년에서 1938년 집권 1기 동안 사회개혁적인 정책들을 반영한 헌법을 제정하였다. 그 결과 자유주의파의 중도주의적인 요소들은 로페스 정권으로부터 철폐되었다. 로페스의 뒤를 이어 정권을 창출한 산토스(Eduardo Santos)는 중도 주의파의 지도자였다. 로페스는 1942년에 재선되었고, 신병으로 사망하자 까마르고 (Alberto Lleras Camargo)가 그의 임기를 대신했다.

보수주의자인 페레스(Mariano Ospina Pérez)는 자유주의파의 분열로 인해 초당적 협력을 기반으로 1946년에 대통령에 선출되었다. 그러나 양당 간의 갈등은 1948년 민중지도자인 가이딴(Jorge Eliécer Gaitán)의 암살로 증폭되어 보고타에서 폭력을 동반한 대규모의 시위와 함께 분출되었다. 급진 자유주파인 가이딴은 소농과 임금 노동자 계급을 대변했다.

보수주의자 고메스(Laureano Gómez)는 1948년 단독 출마하여 정권을 장악했다. 당시 폭력을 동반한 양당 간의 갈등으로 자유당 대통령후보가 사퇴하였고, 보수당은 무력을 동반하여 자유당 지도자에 대한 정치적 압박을 가했다. 1949년과 1953년 사이 양당 간의 갈등으로 발생한 정치 폭력사태인 비올렌시아(la violencia)로 알려진 유혈 사태에서 20만 명의 인명이 희생되었다.

1953년 육군 중령 삐니야(Gustavo Rojas Pinilla)는 고메스를 배후로한 자신의 암살 음모를 확인한 후 쿠데타를 시도했다. 그리고 국가 최고통수권자가 되었다. 비올렌시아로 인한 정치적 위기에 군의 개입을 통해 안정을 기대했던 대중은 삐니야의 군사정권에 지지를 보냈다. 그러나 군사정부는 갈수록 독단적으로 민중을 탄압했다. 1957년에 대중들의 불만은 폭발했고 이후 무장세력은 정당 지도자들을 뒤로 하고 피니아 정권을 붕괴시켰다.

도시-국가, 수직적인 양당체제와 사회구조

19세기부터 20세기 중반까지 모든 문제들은 자유주의파와 보수주의파의 문제로 나눠졌다. 연방정부체계 대 교회의 특권으로 일원화된 문제에 대해 더 이상 심각한 경쟁은 하지 않았다. 그럼에도 불구하고 대부분의 콜롬비아인들은 그들 자신을 자유주의자 혹은 보수주의자로 분류했다. 양당제의 대안으로 최근 출현한 정치운동들로 인해 변화가 시작되었다 하더라도 이러한 경향은 가문의 유산으로 지속되고 있다. 양당을 통해 자신의 정치적 성향을 분류하는 경향은 비록 유권자 대부분이 투표에 참여하지 않았고, 정당 문제에 대해 실제적인 참여가 극도로 제한되어 있다 해도 특히 시골 중산층과 하층계급에서 결혼과 비즈니스 협력관계 및 사회적 계약에 강한 영향을 미쳤다. 모든 사회계층들을 포함하는 이러한 경향은 구성과 조직에서 유사했다. 그러나 삼두정치에서는 리더십에 의해 정치적 성향이 파생된다. 연약한 정당은 현대당의 뼈대를 형성하고 있다. 그들의 내부 조직의 기능에서, 금융 방식에서, 언론의 모델에서 그리고 대중조직에 대한 접근에서 현대당은 정당의 사회적 환경을 장군과 부하의 관계와 같은 명령하달식의 상하관계로 조성한다. 예를 들어 농촌 지역에서 농장의 지주들은 그들의 지지도가 소작인들의 투표에까지 전달되기를 기대한다.

협약의 패턴과 극심한 지형학적 차이의 결과는 인구밀집지역의 고립을 도시와 국가 혹은 영지의 정치적 경쟁상대로 연상시키는 종류로 발전시킨다. 많은 도시와 마을들은 거의 모든 인구가 그들 자신을 자유주의파 혹은 보수주의파로 분류한다. 양당구조는 단지 더 큰 사회의 피라미드식 구조를 반영하고 전통적인 정당의 보급은 일반적인 사회경제적인 관심사의 수평선을 따라 편성된 현대당의 출현을 위한 작은 공간만을 남겨두었다. 게다가 정치, 경제적인 갈등의 결과, 19세기 무장충돌에서 소작인들은 그들의 지주들을 방어하는 의무가 부과되었다. 일부지역과 사회에서 강화된 정치적인 균일성은 정당소속을 바꾸는 경우는 반역자로 간주되었다. 최근의 불법무장단체의 보수주의파 세력은 특별히 잔혹하게 의무적으로 마을전체가 "그들의" 후보자를 지지하도록 압박했다. 이러한 점은 많은 농촌 마을에서 선거가 진행되는 동안 단일 후보자가 등장하는 경우에서 증명된다.

이념적인 차이에 대한 보수주의파와 자유주의파 사이의 구분은 쉽지 않음에도 불구하고 교회와 국가에 의한 강력한 중앙집권적 권력 대 교회의 세속화, 정부의 지방분권과 자유방임주의 경제정책은 양당의 정책적 차이를 인식하는 데 있어서 중요성을 갖는다.

새롭게 창당된 당은 양당 중 어느 한 정당 또는 양당의 기초를 확장하기 위하여 다른 지도자로부터 형성되었다. 예를 들어 자유당은 20세기 제정된 입법부의 복지 중심의 정책에 책임이 있다. 정치적인 편파는 일반적으로 양당과 그들 파벌의 투표패턴에서 이념적인 고려보다 명백하다. 양당의 지도력은 확고하게 엘리트 손에 달려 있다. 양당의 지도자들이 타협할 수 있는 경우는 엘리트계급의 심각한 위협이 될 수 있는 대상이 등장할 때이다. 그리고 하위계급은 분할된 정당의 이념적이고 실제적인 문제들에 대한 낮은 이해력으로 인해 전통적인 양당의 적대감을 확인하고 이를 통해 그들의 관심사를 표현하여 문제를 극복하는 능력은 낮을 수밖에 없다.

20세기 중반까지 단지 엘리트들은 계급의식을 정치적으로 의미있게 입증했다. 상류계층의 권력을 희석할지도 모르는 갈등의 잠재적 근원은 피할 수 있었다. 상류계급의 지주들은 새로운 생산업자와 협조를 통하여 전통적인 정치패턴에 주된 도전을 막을 수 있다고 인식했다. 1930년대까지 중상계층은 엘리트의 우세에 도전하기 위해 충분한 영향력을 발전시키기 시작했다. 그러나 이 계층은 엘리트들과 다른 공통된 관심을 가지고 있거나 혹은 제각각 다른 가치들을 가지고 있었다. 따라서 지배계급은 일반적으로 기존에 있는 양당제를 기반으로 중상계급 운동에 대한 지도력 확보를 위해 잠재력을 가진 개인을 선출할 수 있었다.

상류계층과 중상계층으로 구성된 상업협회 회원들은 정책적 관심의 논의를 위해 사회단체로 대체되기 시작했다. 그러나 엘리트들은 중상계층의 포부에 대해 거부권을 유지했다. 1936년 의회에 중상층 출신의 의원들이 존재했지만 그들은 중상계급과 하위계급에 힘을 실어 주기보다는 전통적인 정당들에 협조했다. 하위계급의 실패는 계급을 발전시키기 위한 견해를 종합한 계층의 관심사에 대한 인식과 구조가 엘리트에 대한 온전주의적인 태도로부터 비롯된 결과라고 생각한다. 실제로 모든 사회 기관의 수직적인 조직에서 중상계급 지도자(명망 있는 Jorge Eliécer Gaitán을 제외하고)의 부재와 주어진 불리한 사회환경에서 집중도의 결핍으로부터 기인한다.

농촌지역 노동자들은 돈벌이를 위해 설탕산업공장이 주를 이루는 카우카(Valle de

Cauca) 지역 사탕수수 농장에 집중적으로 분포되어 있었다. 그러므로 이곳은 노동조합과 급진적인 정치가 활성화되었다. 그러나 대부분 농촌지역 도처를 지배하는 노동자와 접촉하고 있는 사람들은 Minifundio 주인들(소규모 작물을 경작하며 살아가는 미니푼디오들), 영세농, 불법거주자들, 세입자들 그리고 소작농들이었다. 노동세력은 일부 대도시에 집중되기보다는 오히려 몇몇의 도시 중앙부 사이에 흩어져 있었으나 노동 운동의 발달은 금지되었다. 실제로 양당의 보호아래 노동자 연합이 발전되었다. 그리고 1970년대까지 불신과 경쟁은 기본적인 문제에서조차 노동조합에 영향을 미쳐 효과적인 조직체운영에 장애가 되었다.

양당의 후원자적 관계의 방향에서 당 권력의 패권과 엽관제도(선거에 의하여 정권을 잡은 사람이나 정당이 관직을 지배하는 정치적 관행)의 만연함은 한 정당에서 특히 직업 혹은 소득과 관련된 그룹의 복지보다 더 중요한 문제로 보일 수 있다. 정당은 그룹의 이해를 표출하는 장이기보다는 개인의 잠재적 이해를 반영하는 근원으로 해석한다.

단체행동을 통한 지역주의를 발휘하였을 때 일반적으로 열의 부족을 나타낸다. 정당의 후원주의 관계의 구조에서 지역의 소작농들은 지주를 위해 지원하고 자신들의 요구와 불만에 대한 보상을 달성함으로써 지주들에 의해 정치적 성향이 강화되었다.

반면 엘리트 사이에서는 종종 정당 구조 전체를 외면한다. 격식에 얽매이지 않는 관계에 근거를 둔 친족관계, 친교 또는 비즈니스에 대한 관심으로 연결된 관계는 개인은 어느 정당이 권력을 장악하고 있는지에 구애를 받지 않고 직접 행정부와 연결되는 것이 허용된다. 대통령과 대표자 사이 정기적인 논의를 통해 국내커피 생산자와 재배자 연맹 그리고 국가협회와 같은 중요한 압력 단체는 경제문제에 관해 사회정책을 상호 설비, 디자인하는 것에 도달하고 이것은 실제로 제도화되었다.

1층 현실과의 갈등: 라 비올렌시아

라 비올렌시아 또는 폭력이라고 알려진 확대된 내전은 처음에 전통적으로 지역의 후견주의 패턴에서 충성심으로 인한 경쟁으로 출발했다. 이때 대중들은 계급의식을 뿌리째 뽑고 갈등의 씨앗을 심었다. 1950년대 후반 정치문화의 변화는 대규모의 정치폭력사태인 라 비올렌시아와 도시화에 의해 발전되었다. 양당체계의 수정과 엘리트 권력구조에 대한 도전을 외치기 시작했다.

게릴라 전쟁(혹은 계급전쟁으로 불릴 수 있는 전쟁)은 군부가 정권을 장악하던 시기 대부분 소멸되었으나 1950년대와 1960년대 초에 부활되었다. 자유당과 게릴라활동을 발전시켰던 반정부 무장단체들은 농촌지역을 점령하고 세력을 확대해 나갔다. 콜롬비아혁명군(Revolutionary Armed Forces of Colombia, FARC)과 민족해방군(Army of National Liberation, ELN)은 그들의 영역을 개척하고 마르크시즘을 연구하며 자체독립을 선언했다. 양당 간의 극도의 불신은 어느 정도까지 비올렌시아의 원인과 결과였다. 과두제에 대한 맹렬한 비난을 가했던 가이딴 지지자들은 가이딴의 암살 이후 확산된 폭력사태에 직접적으로 가담했고 이것은 일반 대중의 상대적 박탈감을 시사했다. 정부와 게릴라와의 전쟁에서 경찰은 무장세력과 직접적 연관을 맺고 반정부시위에 참여하여 정부의 권력구조와 권한은 더욱 악화되었다. 정치권에 대한 국민의 회의와 과두제에 대한 불신은 비올렌시아를 촉발시켰고, 하위계층을 대변하는 엘리트의 정치적 권리와 잠재적인 정치력이 민중의 의식에 영향을 증가시켰다. 무엇이 게릴라전이 진화되어 초기단계 계급투쟁으로 분산된 징후를 나타내기 시작했는가?

급속한 산업화에 의해 경제성장의 박차를 가한 1930년대부터 그리고 1950년대 가속화된 도시화 과정에서 비올렌시아는 대중이 정치적인 태도에 주목할 만한 충격을 주었다. 연대감과 지역사회 연결에 근거를 둔 경쟁은 도시생활에서는 관련이 적었고 도시의 세습되는 정당선호의 변화가 사회적으로 완전히 사라졌다고 확신하지 않는다. 게다가 도시 거주자들은 더 집중적으로 통신매체와 계급에 대해 관심을 갖고 있는 노동조합 같은 조직에 노출되어 있다.

공공서비스 요금인상 같은 정부정책 이행에 대하여 자연스럽게 시위가 증가되었다. 20세기 중반 도시화는 선거에서 유권자들의 지지가 보수당에서 자유당으로 이동하는 주요 요인이 되었다. 1962년 3월 총선에서 전국적으로 거의 모든 도시 유권자들 대부분은 자유당 후보 지지로 전환했다.[1]

엘리트의 동의와 협약: 국민전선

자유당과 보수당의 임시적인 연합으로 인한 정치적 휴전 혹은 1958년 이전 점진적인 권력의 이동은 오래 지속되지 못했다. 일당의 패권과 정부대표에 대한 배타로 사실상 무너졌다. 1950년대 후반 계급의식이 겉으로 드러나지 않는 불온한 움직임 자체의 마지막 단계에서 비올렌시아가 발생했다. 20세기에 첫 군사정권(1953~1957)의 등장과 급속한 경제성장의 복잡한 요구사항들은 진정한 협력의 지속이야말로 변화의 속도를 늦추고 지배권력을 상실할 수 있는 가능성으로부터 피할 수 방향으로 이끈다고 양당 엘리트들에게 예고했다. 따라서 양당 협의로 형성된 국민전선(National Front)은 피니야가 설립한 연립정부를 타도하기 이전 형성되었다.

1957년 시체스(Sitges) 동의를 거쳐 헌법을 통해 국민투표에 의해 형성된 양당엘리트 협약체는 1974년까지 효력을 지녔으며, 이 체제를 통해 자유당과 보수당 양당의 독점적인 정치력은 제도화되었다. 시체스 동의의 기본적인 세 가지 특징은 우선, 모든 선임권과 임명권은 양당에게 동등하게 배분되고 두 번째로, 대통령직은 양당이 교대로 수행하며, 마지막으로 모든 입법절차에 요구되는 3분의 2의 득표는 양당의 우호적 체계를 통해 이루어진다. 이러한 합의를 통해 경제성장을 위해 필수적인 도로 포장 그리고 새로운 상품들이 농산물 수출 리스트에 추가되었다.

이러한 양당의 협약은 각 당내 파벌주의와 인물주의의 경향을 확대했다. 그리고 선거와 입법 과정에서 포함된 국가정책들을 모호하게 만들었다. 입법자에 의해 할당된 입법 우선순위가 낮은 의원들은 높은 장기 결근율을 나타냈고, 국회의원들은 국회의석 수를 대체하여 산출한다.[2]

주요 양당의 파벌 사이에서 비례 대표제와 양당합의에 반대하는 상승된 압력으로부터 탈출하기 위한 출구로 작동되는 전통적인 양당 아래 다른 그룹의 후보자를 참여시키기 위한 연립정부의 관용은 반대의 정도로 측정되고 있다. 주요 정당들의 반체제 파벌과 이제 출발한 제3정당 운동은 지속적으로 협약체제에 반대하는 공약에 기초를 두었기 때문에 1958년과 1974년 사이 사실 국민전선 연속으로 보여진다. 1958년과 1969년 사이 국민전선 후보를 위한 연합투표는 드물게 총 득표율의 3위를 넘지 않았다. 대중에 기초를 둔 정부의 신뢰성 실추와 국민의 무관심으로 1964년, 1966년과 1968년 선거에서 자격 있는 입후보자중 3분의 2가 기권하는 상황이 이것을 입증하였다.

입후보자 득표율은 1957년 국민투표에서 약 70%의 최고의 득표율을 나타냈고 1968년 총선에서는 대략 30%로 하락했다. 1974년 협약체로 불리던 국민전선의 갑작스러운 해체는 폭력 확산에 대한 엘리트들의 불안을 고조시켰다. 그러나 1968년에 채택된 헌법개정안은 양당협의체의 불리한 측면을 많이 완화시켰다. 그리고 8년이라는 기간 동안 점진적인 정권교체 이행을 위해 준비했고 경쟁적인 체계가 평화롭게 달성될 수 있다는 희망을 불러일으켰다.[3]

또 다른 중요한 주제는 콜롬비아 정치 역사상 처음으로 확실한 다당 체계를 위하여 이행이 양당의 우세 혹은 출현을 복귀하게 될 것인지에 대한 문제였다. 주요 정당들은 만일의 사태를 대비하기 위해 박차를 가하기 시작했다. 이것은 1967년 양당연합에 의해 강화되었다. 1930년대 후반까지 보수당은 양당연합의 필요와 관련하여 목소리를 높여 왔다. 보수당은 분열되었고 자유당과의 연합은 실현되지 못했다. 자유당의 우파와 보수당의 좌파는 연합하여 중앙당을 형성할 것이라고 추측했다. 당파적인 엘리트들은 선거절차를 장악하거나 선거 과정을 피하는 새로운 권력의 경쟁자로부터 공격당했다.

거꾸로부터의 현실: 만성적인 갈등

좌절된 개혁과 부당이득

국민전선은 1974년 자유당 대통령 미첼센(Alfonso López Michelsen)의 취임식에 의해 중단되었다. 그럼에도 불구하고 1968년 헌법개정에 따라 행정부와 입법부에서의 양당의 동등한 당파 패턴은 미첼센과 그의 자유당 후임인 투루바이(Julio Cesar Turbay)에 의해 선행되었다. 몇몇 패턴은 역시 1990년대에 다시 논의되었다.

국민전선 기간이 확대되는 동안 이전의 문제들과 관심사들로부터 보수당과 자유당 양당의 분열과 내란은 두 번이나 발생했다. 교회 대 국가, 도시 대 농촌, 농·상업 대 산업은 거의 끝나지 않았고 정당은 두 갈래로 나눠졌고 정당의 경쟁은 양당 내부를 동요시켰다. 대중들은 대부분 어느 한쪽의 경쟁과 사실에 관심을 이전보다 적게 나타냈다. 유권자 투표율은 공식적인 국민전선 기간 동안 유효한 투표의 50%보다 낮게 나타났고 그 후에도 투표율은 회복되지 않았다.

국민전선의 출현까지, 군소 정당들은 양당제에 대한 도전을 제안했다. 대부분은 오래 지속되지 못했거나 인물중심주의자였다. 또는 마르크스주의에 기울어 졌거나 인물중심주의와 마르크스주의를 합친 경우였다. 이러한 정당들은 국가의 모든 부분을 운영하기에 충분한 회원을 확보하고 있었다. 공산당은 가장 오래되었고 가장 오래 지속되는 하위 정당이었다. 1920년대부터 지속적으로 작동하였으나 투표에서는 1% 이상의 득표율을 획득하지 못했다. 그리고 공산당은 모스크바를 지지하거나 베이징을 지지하는 파로 세분화되어 분할되었다.

ANAPO는 처음에 인물중심주의정당이었고 1960년대 이전 독재자 피니야의 지도력 하에 편성되었다. 대중정당으로서 ANAPO는 1차적으로 보수당뿐만 아니라 자유당 후보자를 선임하는 초당적인 후보자를 배출했다. 당원 간의 속마음을 알아차릴 수 없는 본질에도 불구하고 애매모호한 공약과 자신들의 정당 자체를 위한 것인지 아니면 양당체제를 지탱하는 것인지에 대한 혼란이 엘리트들 사이에서 불안을 야기했다. 이러한 불안은 ANAPO 대선 후보가 대선에 아주 근접한 득표율로 패한 1970년 선거에서 증명해주었다. 사실 부정선거로 빼앗은 승리라는 믿음이 확산되었다.

외견상 확고하지만 불안한 체계는 특히 ANAPO와 FARC 참가자들이 1970년대 새로운 지하조직을 이끌어 나아가는 원인이 되었다. 공식적으로 선거 사기라고 주장한 이후 지식인을 바탕으로 4월 19일 운동이라고 불리는 게릴라 조직이 등장하였고 이 조직은 일명 M−19라고 불리졌다. 이전에 등장한 게릴라 운동들과는 달리 M−19는 도시를 기반으로 형성되었다. 하위계층의 이해를 대변하는 다른 조직들은 레스트레포(Carlos Lleras Restrepo) 정부가 초기 육성한 소작농조직으로서 자유당의 뿌리를 단절하고 1986년 막을 내린 중앙노동자 조합의 형태를 갖춘 노동운동같은 게릴라 운동의 지원을 활성화시키려고 했다.

반면 농촌지역의 폭력은 새로이 확산된 환금작물인 코카인으로 인해 악화되었다. 소작농들은 그들의 땅에서도 안전이 담보되지 않았고, 공공시설이 제공되지 않는 도시 변두리의 빈민가로 내몰렸다. 폭력난무와 안보의 취약성은 많은 농민들을 농촌으로부터 멀어지게 했고, 도시 생활도 안전을 제공해주지 않았다. 1970년대 콜롬비아의 살인율은 이미 세계 최고율을 기록했고 지속적으로 급격히 증가되고 있었다. 1980년대 후반은 정당이나 조합의 지도자들, 시장과 시·도 의원들, 기자들 그리고 신문 에디터들과 판사나 검찰관들, 법무장관 및 변호사들로 포함된 사회저명 인사들이 매년 2만 명씩 살해되었다. 1989년과 1990년에는 세 명의 대통령 후보가 살해되었다.[4] 잔혹한 행위의 주범은 FARC와 ELN이었다. 국내외 인권감시단체들은 FARC, ELN가 대부분 사전에 포로교환을 위한 기금조성 전략과 최근에는 차입 자본을 이용하기 위해 납치를 자행한다는 사실을 밝혔다. 인권감시단체들은 대다수의 살인은 공식적인 보안부대 또는 급속하게 성장하고 있는 민병대에 의해 자행되었다고 밝혔다. 민간인 대학살들은 대부분이 민병대에 의해 자행되었다. 국제 인권단체 지사에서는 1992년 12월 콜롬비아 정치암살의 40%는 정부 에이전시에 의해, 30%는 민병대, 27.5%는 게릴라 그리고 2.5%는 마약 마피아들에 의해 자행되었다고 발표했다.[5]

민병대는 토지를 소유한 마약 부호들로부터 재정적 지원을 받았으며 군으로부터는 전략적인 지원을 받았다. 농촌지역뿐만 아니라 도시에서도 민병대는 무사히 작동되었다. 1978년 8만에서 1988년에 13만 5천 명으로 성장하였고, 민간에서 운영하고 있는 민병대와 군과의 합동작전으로 대부분 농촌마을의 민간인 학살이 자행되었다. 1985년 M−19는 25명의 대법원 판사와 법원직원들 그리고 12명의 방문자들을 포함한 95명의 사람들을 살해하고 대법원을 점령했다.6) 불법마약단체 문서들을 포함하여 건물 일부를 방화했다. 게릴라에 의한 폭력을 단계적으로 축소하고 병력을 증강하여 폭력진압에 대한 노력을 경주했던 보수당의 좌익 대통령인 베탕쿠르(Belisario Betancur)를 겨냥한 보복으로 보였다.

인권문제는 바르코(Virgilio Barco) 정권에서 공식적인 관심의 대상이 되었고 우익 민병대의 활동은 조사 대상이 되었다. 정부는 무기를 반납한 게릴라들의 죄를 사면한다고 발표했다. 많은 게릴라들은 정부의 제안을 받아들였고 이전 FARC은 합법적인 정당인 애국연맹 UP(Patriotic Union)과 연계되었다. UP는 초기 상당한 성공을 거두었고 특별히 지방에서 대선과 총선 후보자도 선임하였다. 그러나 1980년대 중반에서 1990년대 초기까지 UP에 의해 암살된 사람이 2,000명 이상인 것으로 알려졌다. 이러한 범죄는 마피아뿐만 아니라 경찰과 군 그리고 민병대가 책임을 공유하고 있다.

폭력은 1986년 베탕쿠르에 이어 정치적 참여 확대를 시도한 자유당 대통령인 바르코의 집권 동안 계속적으로 확대되었다. 1989년 메데진(Medellin)과 칼리(Cali)를 기반으로 한 콜롬비아 최대 마약조직의 지도자들과 전면전으로 치닫게 되어 자유당의 유력한 대통령 후보였던 갈란(Luís Carlos Galán)이 암살되었다. 대통령후보의 암살은 마약조직들의 분열과 해산에 영향을 주었다. 게다가 마약과의 전쟁을 지원한 미국의 초기 풍선효과(풍선의 한쪽을 누르면 다른 한쪽이 튀어나오듯이 하나의 문제를 해결하면 또 다른 문제가 생기는 현상)로 인해 페루와 볼리비아의 주요한 마약조직도 제어했으나 코카인 가공실험과 유통 그리고 코카인 경작이 콜롬비아 영토로 옮겨져 크게 확장되는 계기가 되었다. 그 사이 마약으로 세탁한 돈은 정부의 안보정책과 경쟁하면서 합법적인 사업과 정계의 주류로 더 깊숙하게 파고들었다.

인도주의 파국에 관한 이해

1940년대 후반과 1960대 중반 사이 비올렌시아로 인해 농촌으로부터 내몰린 소작농들은 도시인구 증가에 공헌했다. 그리고 1960년대에서 1980년대까지 농업의 상업화가 이루어지면서 도시인구는 두 배로 증가했다. 도시인구는 거의 20만 명에 이르렀고, 이 것은 1980년 중반 전체 인구의 70%를 차지했다. 특히 보고타, 칼리 그리고 메데진과 같은 대도시 생활은 1960년과 1970년까지 국내산업의 다양화로 인한 그러나 1980년대 까지 외국자본과의 경쟁과 인플레이션 그리고 부채 규제는 도시민들에게 큰 피해를 안 겨주었다. 1980년 후반 정부는 경제침체를 막기 위해 규제에 들어가지만 지역경제는 1970년대 수준에서 머물러 더 이상 회복되지 않았다. 80년대 잃어버린 10년 동안 라틴 아메리카 지역 대부분의 국가에서 경험한 불황의 늪에서 마약조직은 콜롬비아를 위기 로부터 구출하고 대외무역 균형 유지를 위해 국가재정의 주요 원천이 되었다. 그러나 지하경제를 통한 부정부패 예산은 인플레이션을 팽창시켰다. 더욱이 새로운 경제성장 은 매우 낮은 임금뿐만 아니라 고용창출을 동반하지 않았다. 대부분의 고용은 노조나 법의 보호를 받지 못하는 사각지대에 놓여 있는 비정규직에서 증가되었다.

1990년 대선에서 UP의 후보였던 하라미요(Bernardo Jaramillo) 암살을 계기로 애국연 맹은 해체되었다. 게릴라 조직이었던 M-19 이전 활동요원으로 구성된 좌파 정당인 민족주의 연맹(Democratic Alliance)의 12.5%의 득표율을 획득하자 보수당 내부의 분열이 발생했다. 그 결과 중도 자유파 후보자인 가비리아(César Gaviria)가 25%가 약간 넘는 유 권자가 참여한 대선에서 승리했다. 그리고 헌법제정단의 찬성에 의해 신헌법 제정을 위한 투표를 진행했다. 1991년 채택된 헌법은 낙관적이게도 대중의 정치참여를 가능하 게 한 많은 방안이 포함되었다.[7]

1990년 가비리아 취임 당시 무역자유화, 민영화, 무한경쟁, 정부보조금 삭감과 공공 분야 비용의 급격한 축소를 강조한 신자유주의 경제정책이 채택되었다. 외국인 투자는 급격하게 증가했으나 임금 수준은 하락하고 가격과 실업난은 증가했다. 그리고 공공서 비스 분야의 비용은 삭감되었다. 대중의 저항을 증폭시킨 가비리아 후임의 삼페르 (Ernesto Samper, 1994-1998) 정권은 노동과 관련된 사회협약을 제안했다. 그러나 미 의 회는 삼페르가 대선당시 불법마약자금을 활용하여 마약밀매 탈선을 눈감아 주었다는 협의사실을 밝혔다. 그리고 콜롬비아 정부는 신자유주의 정책실행을 행을 재개했으나 마약과의 전쟁을 선포한 미국으로부터 경제적 지원이 중단되고 양국의 협력관계는 1996년 철회되었다. 정당한 무역과 마약정제산업의 붕괴로 가장 수익성이 높은 국가의 현금작물의 중요성은 불안해졌다. 보수당의 파스트라나(Andres Pastrana, 1970~1974년 대통령이었던 Misael Pastrana의 아들)는 국가재건이라는 야심찬 계획을 품고 1998년 대통령에 선출되었다. 군병력 강화와 함께 콜롬비아 계획(Plan Colombia)은 농촌발달을 촉진시킬 뿐만 아니라 사법과 문민정부의 다른 기능 강화를 포함했다. 대부분의 계획들이 그렇듯 시작은 순조로웠다. 파스트라나는 콜롬비아 계획을 통해 사실상 FARC의 통제하에 있는 스위스 크기만 한 콜롬비아 남부 지역을 평화협상을 위한 자치적이고 독립적인 비무장지대로 승인했다. 라틴아메리카와 유럽 국가들은 콜롬비아 정부를 후원했고 한동안 평화로운 분위기가 만연했다.

파스트라나정부와 FARC 지도자 사이의 교섭이 1999년부터 시작되었다. 그러나 정부와 FARC의 대화는 아무런 성과 없이 3년 뒤에 종결되었다. 이와 함께 정부와 게릴라 간의 협상 가능성은 희박해졌다. 특히 2000년 이후 콜롬비아 계획하에 부족한 군 병력을 보강하기 위해 조직된 반자율적인 콜롬비아 보안부대 활동은 미국자금 지원으로 활성화되었다. 한편 정부의 FARC에 대한 불신감으로 평화협상의 가능성은 좌절되었다. 양진영의 불신은 증폭되었고, 게릴라에 의한 요인 암살 및 정당한 정치체계 통합을 통해 마련되었던 FARC측 정치가와 협상지도자의 배신은 속출했다.

2002년 초 콜롬비아 정부는 최후통첩의 방법으로 협상을 위한 일정표와 평화절차를 위한 새로운 계획을 마련했다. UN 특사(James LeMoyne)와 교황청 및 10개국 대표자들의 중재로 정부와 게릴라간의 평화협상은 재개되었다. 그러나 안타깝게도 갈등을 해결할 수 있는 돌파구는 오래 유지되지 않았다. 평화협상이 결렬된 몇 주 후 FARC은 상원의원이 탑승한 비행기 납치를 시도함으로써 지속적인 게릴라의 테러는 정점에 달했다. 이러한 사건 이후 파스트라나 대통령은 평화협상 중단을 선언했다. 정부군의 공중사격은 그동안 지정되었던 비무장지역 탈환을 위한 군사활동의 신호탄이었다.[8]

1998년 대선에서 파스트라나는 정치적 안정을 위한 평화협상을 주된 정치적 목표로 내세웠지만 2002년 대선에서 보수성향의 자유파인 우리베(Alvaro Uribe Vélez)후보는 국내 정치적안정 및 게릴라와의 전쟁종결을 목표로 하였다. 2년 동안 양진영의 협상이 결렬된 이후 FARC을 향해 전면전을 선포한 우리베 대통령은 2004년 8월 18일 FARC와 포로 맞교환을 제안하여 온 국민을 놀라게 했다. 그러나 우리베 대통령의 제안들은 FARC와 이 조직과 관련된 인질들로 하여금 별로 심각하게 고려되지 않은 채 묵살되었다. 대부분의 콜롬비아 국민들이 포로 맞교환에 대한 대통령의 제안을 지지하는 여론을 형성하는 동안 논평가들은 우리베가 집권 2기 단계에서 헌법 개정에 관한 의회 승인 보류 문제에 대한 대통령의 태도를 수정한 것으로 연관 지었다.[9]

절망의 인구통계

2004년 5월 UN 산하 인도주의 기구 관계자인 장 이글랜드(Jan Egeland)는 지금까지 서반구에서 가장 큰 인류 재앙이 콜롬비아에서 발생하고 있다는 사실을 알리기 위해 뉴욕에서 개최된 기자 회견에 참석했다. 정치권 및 군사의 불법 마약밀매에 대한 이권개입으로 인해 수습이 어려운 상태에 놓인 전쟁은 정부의 영토통제 능력을 마비시켰고 이백만명 이상의 난민을 배출했다. 콜롬비아는 콩고와 수단에 이어 세 번째로 세계에서 가장 많은 난민을 배출하고 양적으로 가장 큰 지뢰 피해자를 보유한 나라가 되었다.[10]

주요 양대 게릴라 조직인 FARC와 ELN은 정부 군 및 우익민병대 조직과 무력분쟁을 지속했다. 일시적인 현금 작물의 선택은 모든 면에서 전투원 유지에 원동력이 되었다. 좌익 게릴라 조직과 우익 민병대는 코카인 작물 재배자들로 부터 보호 명목 차원의 세금을 징수하는 것뿐 만 아니라 자급자족 형태의 마약밀매로 활동자금을 충당했다. 세금 징수에도 불구하고 국가의 불법작물 대부분을 생산하는 소규모 농민들은 불법작물 재배를 통해 전통적 혹은 전통적이지 않는 그 어떠한 작물보다 더 많은 수익을 얻을 수 있었다.

FARC와 ELN의 혁명가들

거주하는 주민들을 살해하거나 물리적으로 강제 이주시켜 토지를 강탈한 민병대와는 달리 게릴라들은 마약재배 농민의 안전을 담보로 세금을 징수하여 영토를 효과적으로 통제했다. 최근에는 FARC가 마약밀매와 더욱 깊은 연관을 맺고 마약재배 농민들로부터 이윤의 10%를 세금으로 징수하면서 해마다 약 오억 달러 정도의 수익을 확보하고 있다. FARC은 국가 재정으로 조직된 민병대가 소작농들의 토지를 강제로 약탈하는 동안 자신들의 영역을 통제하기 위해 20,000명이 넘는 군대를 조직하고 세력을 확장했다. FARC는 자신들의 활동영역을 국가 영토의 40%에서 60%로 확장하기 위해 체제를 정비했다.[11] ELN은 이보다 규모가 훨씬 작은 4,000명 정도의 병력을 보유하고 정부와의 협상에는 언제나 비협조적이었다. 이 조직은 다국적 기업의 석유 파이프라인 작동에 대한 지속적인 방해공작을 통해 세계인의 주목을 받았다. 비올렌시아가 종결된 후 현재 라틴아메리카에서 가장 오랜 생명력을 유지하고 있고 가장 강력한 혁명조직이었던 FARC는 자유파 전투원의 지도력 하에 모택동사상으로 고무된 소작인 조합의 역할 대체로 퇴색되었다.

FARC는 마르께딸리아(Marquetalia) 독립공화국으로 알려져 고립된 지역사회인 똘리마(Tolima) 남쪽 지방에서 성장했으며 1964년 5월 미국 지원 하에 진행된 군의공격을 받은 후 게릴라 조직으로 변형되었다. 생존자들에 의하면 16,000명으로 구성된 불법무장조직은 1,000명 중 오직 무장한 48명만이 민간인들을 대상으로 활동했다고 전했다.[12]

처음부터 FARC가 농촌을 기반으로 농민 주도의 사회변화운동을 목표로 했다고 생각하기에는 의심의 여지가 있을 수 있다. FARC은 멕시코 남부 치아파스(Chiapas)의 낭만주의적 혁명 이미지를 지닌 사파티스타(Zapatista)처럼 자기희생적이지는 않다. 콜롬비아와 다른 지역의 경우처럼 예측할 수 없는 끝없는 전쟁을 통해 자체적으로 지속가능한 경제를 형성하였다. 그리고 FARC는 정부에 대한 신뢰가 있다 하더라도 협상테이블에 쉽사리 나서지 않을 것이다. 게릴라와 정부와의 전쟁을 더욱 악화시키는 요인은

FARC 지도자의 본성과 경험에 있다. FARC는 2008년 초까지 비올렌시아 발생 이후 반 세기 동안 전사로 활약했던 70을 넘긴 설립자 마룰란다(Manuel Marulanda, 일명 Tirofijo 혹은 Sureshot — 목표물에 조준을 잘 하는 사람) 지휘 아래 놓여 있었다. 2008년 초 그가 지병으로 세상을 떠났고 그의 계승자 레예스(Raúl Reyes)는 2008년 3월 콜롬비아와 에콰 도르 국경지역으로 이동하여 활동하다가 미국의 마약퇴치 감시단의 후원을 받는 콜롬 비아 군의 공격을 받고 살해되었다. 이 사건은 콜롬비아가 에콰도르 영토를 침공하여 에콰도르 주권을 침해한 사건으로 양국관계에 지속적인 영향을 미쳤다. 2009년 까노 (Alfonso Cano)의 지적인 지도력하에 FARC는 미국의 콜롬비아 계획으로 운영되는 군사 원조 급증과 우리베 정부의 민주적 안보정책 추진으로 세력이 약화되어 지속적인 갈등 에 직면해 있다.

반혁명주의자인 민병대와 AUC

누더기를 걸친 소작인들이 자신들의 권익보호를 위해 저항세력을 조직한 것은 전혀 놀라운 사실이 아니다. 불법무장조직들은 사유지와 농장주들을 대변할 목적으로 등장 했다. 코카인이 재배되는 많은 사유지에서 현금 작물이 재배되었을 때 무장조직의 활 동은 점점 더 활발해질 것이다. 강간과 약탈에 대응한 보안 서비스는 보통 크게 법의 처벌을 받지 않는다. 이러한 세력들이 장기간 법의 묵인 하에 거리를 활보하고 활동한 다면 이들은 아마도 공적인 권력을 위해 기여하기보다는 이러한 대의를 간단하게 저버 리고 자신의 권력획득에 주력할 것이다.

예를 들어 콜롬비아의 민병대는 중앙아메리카의 엄격한 계층 구조와 날로 심화되는 불균등으로 인해 밑으로부터 도전을 받고 있는 부문을 수호하는 경계병 혹은 암살단과 크게 다르지 않다. 민병대의 궤적은 개인적이고 지역적인 선거에서 공식적인 군과 기 밀정보 요원들 그리고 정부 자체에 의해 은폐되거나 개방된다.

콜롬비아의 민병대는 국가 차원에서 민병대의 활동을 활성화하기 위해 1997년 형성 된 콜롬비아연합자위군(AUC)으로 조직화되었다. 1998년에서 2003년 사이 구성원들은

1만 5,000명으로 세 배나 증가하였다. 사회불안은 내몰린 소작인들과 해고된 근로자들과 함께 농촌으로 이동했다. 민병대에 대한 지지는 도시 중산계층 사이에서도 확산되었다.

민병대 확산의 기초는 2002년 국회와 대통령 선거에서 분명해졌다. 한편으로는 친밀감으로 다른 한편으로는 위협을 이유로 AUC는 일부 장관 및 총재 등의 지사직을 차지했고 뿐만 아니라 국회 의석의 약 35%도 차지했다. 우리베 대통령의 지지 기반은 자유당과 보수당 양당 모두를 포괄하는 초당적이었다. 그러나 이러한 지지는 민병대에 의해 확장되었다. 세간에 따르면 마약 마피아 활동거점지인 안티오키아(Antioquia) 주의 전직지사는 다양한 방법을 동원하여 민병대와 군과의 연결고리를 형성했다. 우리베는 명확하게 이들에 의해 선출된 후보는 아니었다. 미국은 공개적으로 우리베에 대한 지지에 힘을 실어 주었다. 4명의 후보자가 난립한 가운데 우리베는 53%의 지지율을 획득했다. 자유당 대선후보자인 세르파(Horacio Serpa)는 31.7%의 지로 2위를 차지했다.

민병대는 정부와 현실적인 타협을 위해 그들의 요원을 의회에 보냈다. 이들은 2006년 우리베의 재집권이 실현될 수 있도록 헙법개정안 통과를 위해 노력했다.[13] 전체 유권자의 45%가 참여한 투표에서 60% 이상의 지지를 확보하여 헌법개정안이 통과되었다.[14] 민병대정치로 불리는 우리베 집권당시 민병대의 영향력이 증가했음에도 불구하고 대부분의 콜롬비아인들은 여론 조사에서 우리베가 2010년 3선 혹은 2014년에도 연속적으로 정권을 장악하기 위해 국민투표를 실시한다 해도 당선이 가능하다고 응답했다. 흥미롭게도 무소속의 우리베 주변 인물에 대한 개인숭배는 보수당과 자유당의 권력을 상대적으로 악화시켰다. 2006년 대통령 선거에서 우리베는 좌파 대안인 민주주의당으로 재임하게 되었을 뿐만 아니라 보고타에서 두 번째로 시장 연임과 남부 나리뇨(Nariño) 지방의 지사직도 획득했다.

강화된 미국의 관섭

2001년 9월 1일 테러공격의 여파로 뉴욕과 워싱턴 D.C.에서 부시 행정부는 라틴아메리카와 콜롬비아를 포함한 지역국가의 좌익정권에 대해 공식입장을 밝히기 시작했다. 2000년 3월 미국 의회는 전 세계적으로 확산되고 있는 테러와 테러리스트에 대한 강경태도뿐만 아니라 콜롬비아를 중심으로 한 라틴아메리카 지역의 마약과의 전쟁 확대를 위한 수행비용이 포함된 추가예산 책정안의 의회통과를 신속하게 처리했다. 미국의 안보를 위협하는 테러리스트 집단으로 FARC와 ELN이 AUC(우파 콜롬비아연합자위부대)를 지명하였음에도 불구하고 민주당의 반대로 법안 통과가 지연되었다.

테러와 마약과의 전쟁을 위해 미정부는 콜롬비아 계획이라는 이름으로 추진된 미국의 대 라틴아메리카 정책으로 인해 2004년에 75%이상의 군사원조비 30억 불을 지불했다. 미국의 이라크 침공 이전까지 콜롬비아는 이스라엘과 이집트 다음으로 세계에서 3번째로 미국의 군사원조를 수령한 나라였다. 대략 400명으로 구성된 군 병력과 400명의 소위 민간 계약자로 형성된 군병력이 콜롬비아에 주둔하고 있었고 미 행정부는 2배로 병력을 증강할 것을 제시했다. 마약퇴치의 일환으로 미국은 수천, 수백 갤런(1gallon=3.8L)의 높은 유독성 제초제를 코카인과 식용작물 재배지 그리고 심지어 농촌마을에 무차별적으로 공중 살포했다. 이러한 공중 살포는 장기적으로 코카인 재배지(에이커)의 확대를 초래했다. 코카인 작물은 재생력이 매우 강하여 식용작물을 다시 재배하기에는 이미 심하게 손상된 토지에서도 성장할 수 있었다.

단기적으로 코카인 재배지에 대한 제초제 살포로 식용작물 재배가 어려워진 소농들은 농작물 재배에 적합하지 않은 척박한 땅으로 내몰리게 될 것이다. 상황은 나아지지 않았고 일 년에 거의 400억 달러의 마약이 밀매로 미국에 유입되었다. 이러한 불법마약의 약 80%가 콜롬비아로부터 생산되고 있다.[15]

2009년에 취임한 버락 오바마 행정부는 마약과 테러리즘과의 전쟁에도 불구하고 대 라틴아메리카 정책에 대한 불분명한 메시지를 보냈다. 다른 한편으로 오바마 행정부는 콜롬비아 인접국가들과의 외교정책을 강화했다. 반면, 미행정부는 에콰도르 마나비(Manavi)지방에 있는 가장 큰 항구 도시인 만타(Manta) 지방에 일련의 반마약/반테러리즘 기지 구축을 위한 양국의 협의를 계획하여 미군을 주둔시킴으로써 에콰도르와 미국의 군사적 동맹관계는 강화되었다. 그러나 에콰도르 코레아 정부에 의해 이 협의는 다시 갱신되지 못했다. 그럼에도 불구하고 2009년 대 라틴아메리카 경제와 사회원조액이 2억 4천 3백만 불에 그쳤으나 군사 원조액은 4억 2천만 불에 달했다.16)

승자는 없다. 단지 패배자와 찬양받지 못하는 영웅들이 있을 뿐

게릴라에 대한 강경책을 채택한 우리베 정권에 의해 민병대 활동이 활성화되는 동안 콜롬비아 국민은 외견상 안정을 이끌어 낼 승자가 누구인지에 대해 확신을 잃어 갔다. 패배자가 누구인지에 대해서는 전혀 의심이 없었다. 게릴라의 표적이 되지 않은 민간인들은 게릴라 동조자로 의심을 받았고, 이로 인해 민간인들은 민병대의 무차별적인 공격대상이 되었다. 일부 민간인들은 게릴라와 민병대 양대 조직으로부터 공격의 대상이 되기도 했다. 그리고 일부 원주민 집단은 조상들로부터 물려받은 그들의 보금자리를 석유에 대한 다국적기업의 야망으로 인해 총알과 폭탄 그리고 제초제로 간단하게 빼앗기기도 했다.

민병대에 의한 인권침해논란이 지속되자 우리베 정권은 2003년 '정의와 평화를 위한 법'을 의회에 통과시켰고 2009년까지 우익 민병자위대 AUC 4만 명의 전투대원들을 해산시켰다. 정부는 가난한 소농인과 아프로 콜롬비아 흑인 그리고 원주민 공동체에 대한 무차별적인 학살과 강제이주를 자행한 민병대에게 책임을 묻기보다는, 그들의 고위급 지도자들을 VIP의 신분으로 감옥에 투옥시키거나 오히려 불법 마약거래 죄를 묻기 위해 미국으로 인도하였다. 살인 범죄율에서 나타나듯, 특히 대도시에서 지난 10년간 전반적으로 사회폭력률은 눈에 띄게 감소했지만 이것은 폭력의 종말이기보다는 오히려 새로운 형태의 범죄전환을 반영한 것으로 최근 일련의 사건들은 이를 뒷받침하고 있다.17)

우리베 행정부는 민주안보정책과 우익자위무장군 AUC의 해제로 인해 특히 보고타를 중심으로 한 국내 주요 대 도시에서의 살인범죄율은 현저하게 감소했다. 그러나 정치 분석가들은 이것은 두 개의 중요한 사실의 조화로 이루어진 결과라고 주장했다.[18] 첫째, "사후처리" 혹은 "세탁"의 결과이다. 말하자면 우익무장자위대가 찬물 아니면 따뜻한 물로 샤워할 것인가를 궁금해하던 사람들은 민병대 조직들이 중요한 경제 분야를 완전히 장악했기 때문에 이제 그들은 더 이상 이권통제를 위해 이전과 동일한 수준의 폭력을 동원할 필요가 없다는 사실을 확실히 알고 있다는 것이다. 둘째로, 보고타와 메데진 같은 국내 주요 대도시는 최근 몇 년 동안 지역적인 수준의 치안유지를 위해 중요한 사회적 프로그램을 형성하고 폭력 줄이기와 시민운동의 결합을 통해 문제를 개선해 나아가는 데 역점을 둔 정부에 의해 통치되고 있다는 점이다.

주요 도시에서 관찰된 경제의 현대성에도 불구하고 소득분배 문제에 있어서 콜롬비아는 브라질에 이어 라틴아메리카에서 두 번째로 불균등한 나라였다. 60% 이상의 국민들이 빈곤에 살고 있다.[19] 건강보험은 적용대상 범위가 한정적이고 더욱이 일반적으로 제초제 살포지역은 그나마 적용대성에서도 제외되었다. 교육의 기회는 누구에게나 균등하게 주어지지 않았다. 적어도 인구의 75% 정도가 교육의 혜택으로부터 소외되어 있고, 현재 도시에 거주하고 있더라도 초등교육을 받아야 할 연령의 아이들 중 1/3은 한 번도 학교에 가본 적이 없는 것으로 나타났다. 확장되는 도시빈민가에 거주하는 아이들은 교육과 고용으로부터 멀어져 사회문제의 원인이 되거나 매춘의 유혹으로부터 자유롭지 못하다.

전체 인구의 10%가 영토의 90%를 점유하고 있고, 그 추세는 점점 더 강화되어 가고 있다. 부자들이 권력을 동원하여 폭력으로 가난한 사람들의 토지를 압수하는 것은 놀라운 일이 아니다. 민병대들은 2001년부터 코카인 생산에 대한 대금을 지불하기 위해 그들의 통제 아래 놓여 있던 막대한 토지를 마약 밀매상들에게 팔기 시작했다. 수출을 위한 농업 산업의 성장 원동력은 약화되었다.[20]

콜롬비아는 민병대 조직에 의해 살해된 가족들과 난민을 위한 평화와 정의의 과정 그리고 군에 의해 살해된 사람들을 위한 배상금 지급관련 법조항 마련도 없이 달팽이와 같은 속도로 움직이고 있다. 한편 빈곤한 농촌은 지속되는 불안에 아무런 탈출구를 발견할 수가 없었다. 부유한 실업가들은 그들 소유물 주위에 더 높은 담을 건축하고 더 많은 사설경비원을 고용할 수 있지만 그들조차도 자신의 집에 갇혀 있는 죄수가 되는 것을 피할 수 없다. 몇몇의 콜롬비아인들은 이런 상황에 대해 관심을 돌리지 않거나 이러한 현상을 유지한다. 그러나 이러한 상황은 직업이나 업종에 따라 진리와 정의를 위해 자신들을 위험한 상태에 두는 사람들과 빈곤한 사람들에게는 불리하게 작용할 수밖에 없다. 콜롬비아는 인권운동가, 환경운동가, 노동조합 근로자와 원주민 지도자에게 지속적으로 아주 위험한 공간이 되고 있다.[21]

모든 전쟁에는 영웅들이 있다. 그러나 전쟁 중 가장 불명예스러운 영웅들은 특히 부자와 가난한 사람들 간의 정복과 끊임없는 재정복 전쟁과정에서 탄생한 영웅으로서 찬양받지 못할 것은 확실하다. 콜롬비아 사회의 만성적인 충돌의 발생은 약탈 무리들로부터 발생한 사회의 만성적인 충돌에도 불구하고 특히나 카우카 (Cauca)지방에서 "평화 공동체"를 선언한 시민들은 자생적으로 지역사회를 조직하고 있다. 중요한 개인 및 집단은 게릴라에게 혹은 그들의 땅과 마을로부터 그들을 내쫓은 민병대에게 비무장 저항한다. 산호세 데 아파르타도(San José de Apartado) 지방에서 30년이 넘는 세월동안 지속되어 온 저저항은 가장 대표적이며 가장 오래된 저항으로 꼽힌다. 승리는 부분적이고 항상 양면적이다. 그러나 지역사회의 네트워크는 유럽과 미국의 많은 종교단체와 비정부기구로부터 지원을 유치한다.

지속 가능한 평화와 안전의 돌파구가 지하면에 있다고 하더라도, 반대로 가장 높은 층에서 유지할 수 있는 "평화 절차"가 아직 윤곽이 잡혀 있지 않다. 그러므로 진행 중인 전쟁은 너무 쉽게 새롭게 전개될 수 있다. 남미 독립의 아버지 시몬 볼리바르가 남긴 유명한 말은 콜롬비아 상황에 그대로 적용되었다. "바다를 가르며 목숨을 다해 혁명을 위해 싸웠지만 라틴아메리카는 통제될 수 없었다."

추천도서

Bergquist, Charles, Ricardo Penaranda, and Gonzalo Sanchez, eds. Violence in Colombia, 1990–2000: Waging War and Negotiating Peace. Wilmington, DE: Scholarly Resources, 2001.

0813344003 — black ?_0813341647 — fm.qxd 5/24/10 11:36 AM Page 397

398 JAN KNIPPERS BLACK WITH WILLIAM H. GODNICK

Dix, Robert H. Colombia: The Political Dimensions of Change. New Haven: Yale University Press, 1967.

_____. The Politics of Colombia. New York: Praeger, 1987.

Dudley, Steven. Walking Ghosts: Murder and Guerrilla Politics in Colombia. London: Routledge, 2004.

Fluharty, Vernon J. The Dance of the Millions: Military Rule and Social Revolution in Colombia, 1930–1956. Pittsburg: University of Pittsburg Press, 1957.

Galbraith, W.O. Colombia: A General Survey, 2nd ed. London: Oxford University Press, 1966.

Hartlyn, Jonathan. The Politics of Coalition Rule in Colombia. Cambridge: Cambridge University Press, 1988.

Holmes, Jennifer S., Sheila Amin Gutierrez de Pineres, and Kevin M. Curtin. Guns, Drugs, and Development in Colombia. Austin: University of Texas Press, 2009.

Holt, Pat M. Colombia Today and Tomorrow. New York: Praeger, 1964.

Hunter, John A. Emerging Colombia. Washington, D.C.: Public Affairs, 1962.

Kirk, Robin. More Terrible Than Death: Massacres, Drugs, and America's War in Colombia. New York: Public Affairs, 2004.

Kline, Harvey F. Colombia: Democracy Under Assault. Boulder: Westview, 1995.

Livingstone, Grace. Inside Colombia: Drugs, Democracy, and War. New Brunswick, NJ: Rutgers University Press, 2004.

Martz, John D., Jr. "Colombia: Qualified Democracy." in Martin C. Needler, ed., Political Systems of Latin America. Princeton: Van Nostrand, 1964.

_____. The Politics of Clientelism in Colombia: Democracy and the State. New Brunswick, NJ: Transaction, 1996.

Molano, Alfred. Loyal Soldiers in the Cocaine Kingdom: Tales of Drugs, Mules, and Gunmen. Trans. James Graham. New York: Colombia University Press, 2004.

Payne, James L. Patterns of Conflict in Colombia. New Haven: Yale University Press, 1968.

Smith, T. Lynn. Colombia: Social Structure and the Process of Development. Gainesville: University of Florida Press, 1967.

Stokes, Doug. America's Other War: Terrorizing Colombia. London: Zed, 2005.

Tate, Winfred. Counting the Dead: The Culture and Politics of Human Rights Activism in Colombia. Berkeley: University of California Press, 2007.

Taussig, Michael. Law in a Lawless Land: Diary of a Limpieza in Colombia. New York: New Press, 2004.

참고문헌

Robert H. Dix, Colombia: The Political Dimensions of Change (New Haven: Yale University Press, 1967), p. 242.

James L. Payne, Patterns of Conflict in Colombia (New Haven: Yale University Press, 1968), pp. 238-267.

Ninety—first Congress, 1st sess., Senate Committee on Foreign Relations, Colombia: A Case History of US Aid. (Washington: GPO, 1969), pp. 57-59.

Jenny Pearce, "Colombia," in Peter Calvert, ed., Political and Economic Encyclopedia of South America and the Caribbean (London: Longman, 1991), pp. 123-133.

Charles Bergquist, Ricardo Penaranda, and Gonzalo Sanchez, Violence in Colombia, 1990-2000: Waging War and Negotiating Peace (Wilmington, DE: Scholarly Resources, 2004), p. xiv.

Pearce, "Colombia." see also Marc Cooper, "Plan Colombia: Wrong Issue, Wrong Enemy, Wrong Country," The Nation, March 19, 2001, pp. 11-18.

A sampling of the reforms embodied in that new constitution is found in Charles Bergquist et al., Violence, p. 213.

William Monning and Jeffrey Fields, "A Multilateral Negotiation/Mediation Simulation: The Civil Conflict in Colombia," Monterey Institute of International Studies, 2004.

Latin America Database, NotiSur-South American Political and Economic Affairs, ISSN 1060-4189, vol. 14, no. 33, September 3, 2004.

Peter Canby, "Latin America's Longest War," The Nation, August 16/23, 2004, pp. 31-38; Radio broadcast on United Nations Radio, "Colombia es el pais con mas victimas de minas" ["Colombia is the country with most landmine victims"], December 4, 2008.

Monning and Fields, "Multilateral Negotiation."

Ibid.

Santiago Martinez Castilla. 'Justicia y gobernabilidad en Colombia: De la 'Ley de Justicia y Paz' a la "Yidispolitica," Delaware Review of Latin American Studies, July 30, 2008.

Daniel Zovatto, Balance Electoral Latinoamericano Noviembre 2005–Diciembre 2006 (Stockholm, International IDEA, 2007).

Canby, "Latin America's Longest War."

See Just the Facts: A Civilian's Guide to US Defense and Security Assistance to Latin America and the Caribbean, http://justf.org/Country?country=Colombia.

Douglas Porch and Maria Jose Rasmussen, 'Demobilization of Paramilitaries in Colombia: Transformation or Transition?" Studies in Conflict and Terrorism 31, no. 6 (2008).

Adam Issacson, Plan Colombia: Six Years Later (Washington, D.C.: Center for International Policy, 2006).

United Nations Development Program, Human Development Report (New York: UN, 2007); United Nations Economic Commission for Latin America and the Caribbean, Anuario Estadistico 2007 (Santiago: ECLAC, 2007).

Robin Kirk, More Terrible Than Death: Violence, Drugs, and America's War in Colombia (New York: Public Affairs, 2004).

Virginia Bouvier, Civil Society Under Siege: Special Report. Washington, D.C.: US Institute for Peace, 2004.

미주

1) Robert H. Dix, Colombia: The Political Dimensions of Change (New Haven: Yale University Press, 1967), p. 242.

2) James L. Payne, Patterns of Conflict in Colombia (New Haven: Yale University Press, 1968), pp. 238-267.

3) Ninety-first Congress, 1st sess., Senate Committee on Foreign Relations, Colombia: A Case History of US Aid. (Washington: GPO, 1969), pp. 57-59.

4) Jenny Pearce, "Colombia," in Peter Calvert, ed., Political and Economic Encyclopedia of South America and the Caribbean (London: Longman, 1991), pp. 123-133.

5) Charles Bergquist, Ricardo Penaranda, and Gonzalo Sanchez, Violence in Colombia, 1990-2000: Waging War and Negotiating Peace (Wilmington, DE: Scholarly Resources, 2004), p. xiv.

6) Pearce, "Colombia." see also Marc Cooper, "Plan Colombia: Wrong Issue, Wrong Enemy, Wrong Country," The Nation, March 19, 2001, pp. 11-18.

7) A sampling of the reforms embodied in that new constitution is found in Charles Bergquist et al., Violence, p. 213.

8) William Monning and Jeffrey Fields, "A Multilateral Negotiation/Mediation Simulation: The Civil Conflict in Colombia," Monterey Institute of International Studies, 2004.

9) Latin America Database, NotiSur-South American Political and Economic Affairs, ISSN 1060-4189, vol. 14, no. 33, September 3, 2004.

10) Peter Canby, "Latin America's Longest War," The Nation, August 16/23, 2004, pp. 31-38; Radio broadcast on United Nations Radio, "Colombia es el pais con mas victimas de minas" ["Colombia is the country with most landmine victims"], December 4, 2008.

11) Monning and Fields, "Multilateral Negotiation."

12) Ibid.

13) Santiago Martinez Castilla, 'Justicia y gobernabilidad en Colombia: De la 'Ley de Justicia y Paz' a la "Yidispolitica," Delaware Review of Latin American Studies, July 30, 2008.

14) Daniel Zovatto, Balance Electoral Latinoamericano Noviembre 2005-Diciembre 2006 (Stockholm, International IDEA, 2007).

15) Canby, "Latin America's Longest War."

16) Just the Facts: A Civilian's Guide to US Defense and Security Assistance to Latin America and the Caribbean, http://justf.org/Country?country=Colombia를 참조.

17) Douglas Porch and Maria Jose Rasmussen, 'Demobilization of Paramilitaries in Colombia: Transformation or Transition?" Studies in Conflict and Terrorism 31, no. 6 (2008).

18) Adam Issacson, Plan Colombia: Six Years Later (Washington, D.C.: Center for International Policy, 2006).

19) United Nations Development Program, Human Development Report (New York: UN, 2007); United Nations Economic Commission for Latin America and the Caribbean, Anuario Estadistico 2007 (Santiago: ECLAC, 2007).

20) Robin Kirk, More Terrible Than Death: Violence, Drugs, and America's War in Colombia (New York: Public Affairs, 2004).

21) Virginia Bouvier, Civil Society Under Siege: Special Report. Washington, D.C.: US Institute for Peace, 2004.

21. 베네수엘라 "민주주의 모델"에 대한 도전

스티브 엘너(안태환 옮김)

베네수엘라는 사회적, 정치적 소용돌이가 치는 1990년대를 거쳐 1998년 우고 차베스의 당선으로 그 정점에 달하였다는 사실이 믿기 어려운 국가였다. 오랫동안 정치학자들은 대부분 베네수엘라를 민주주의의 진열장 혹은 모델로 호명하였다. 왜냐하면 대중에 기반을 둔 정당들이 조직된 노조와 기타 기관들이 정치적 의사결정에 투입되도록 하였고 그로 인해 정치적 안정을 확실하게 이루었기 때문이다. 환 비센테 고메스(Juan Vincente Gomez, 1908~1935) 독재 정권에 대항한 지도자들은 베네수엘라의 대표적인 정당인 민주행동당(AD)을 세웠고 1945년에서 1948년까지 단명한 민주주의의 시기에 집권하였다. 이 정당, 민주행동당과 두 번째 큰 정당인 기독사회당(COPEI)은 1958년부터 시작된 근대적 민주주의의 시기 동안 여러 번 서로 번갈아가며 집권했다. 이 시기는 나머지 라틴아메리카 국가들에서 군사 쿠데타가 민주주의를 중단시키던 시기였다. 냉전 체제는 피델 카스트로가 권력을 장악한 직후 라틴아메리카 국가 공동체에서 쿠바를 추방하기 위한 워싱턴의 노력에 주도적 역할을 하였던 AD와 COPEI 지도자들에게 국제적인 명성을 부여하였다.

카라카소로 알려진 1989년 2월 일주일 동안의 대규모 대중 소요는 AD와 COPEI의 헤게모니가 끝나는 신호를 보냈고 다른 급작스럽고 힘든 변화의 시기와 일치했다. 정보통신, 철강산업, 국영 항공사의 민영화를 포함한 문제가 많은 노선이 1958년 이후 주요 정치적 행위자 사이에 거의 완전한 합의를 가지고 있던 경제에의 국가개입 전략(석유를 뿌리는)을 대체했다. 게다가, 1980년대 중반 이래의 변덕스러운 국제오일 가격은 예전의 반세기 동안의 상대적 안정성과 대조되었고 지나치게 원유의 수출에 종속된 구조로 인해 베네수엘라인들은 그들이 특권적인 제3세계 국가라는 개념에 의문을 가지게 되었다. 차베스의 대통령 당선으로 또 다른 단절이 일어났다. 차베스 지지자들에 의해 초안이 작성된 1999년의 헌법안은 참여민주주의로 알려진 직접적 대중 참여모델을 수립했다. 이런 과정은 정당의 모든 영향력과 특권을 약화시켰다. 더군다나 차베스의 외교정책은 그때까지의 미국 의존의 궤도로부터 거리를 두고 다극체제를 지향하였다. 하지만 차베스가 공식경제 바깥에서 일하는 소외된 가난한 사람들을 위하는 것은 베네수엘라와 라틴아메리카에서 완전히 새로운 것이 아니다. 이것은 소외된 사람들을 나라의 사회적, 정치적 삶에 편입시키려는 포퓰리스트들(아르헨티나의 환 도밍고 페론 같은)로 알려진 급진적 라틴아메리카의 지도자들이 있던 1930, 40년대로 어느 정도까지 돌아가는 것 같다.

1958년의 근대적 민주주의의 시기 전의 베네수엘라

식민지 베네수엘라의 지연된 제도의 성장과 19세기 초의 스페인 통치에 대한 저항은 미래의 베네수엘라 발전 형식의 틀을 지었다. 그리하여 베네수엘라의 후진성과 가난 때문에 스페인의 본토 여성이 이곳에 와 원주민 엘리트와 결혼한 숫자는 매우 적었다. 그 결과 이 식민지는 농촌이나 도시나 혼혈비율이 높았고 거의 대부분의 주민이 혼혈인이 되었다. 더구나 스페인 당국의 약한 존재는 광범한 밀수를 불러왔고 이는 스페인의 전통적 적수인 영국과의 연계를 굳혔고 궁극적으로 자유무역에의 관심을 강화시켰다. 동시에 이는 공화주의 사상과의 접촉을 쉽게 했고 이런 것이 독립전쟁에 기여하였다. 16, 17세기의 스페인의 베네수엘라에 대한 무관심은 지방엘리트에 의해 통제되고 모든 시민에게 응답하는 지역위원회(까빌도로 불리는)를 의사결정의 중심부로 변화시켰다. 18세기 스페인의 부르봉왕가의 권력을 집중시키려는 시도는 카라카스의 지위를 높여 카빌도를 희생시키게 되었고 이에 많은 불만을 만들어냈다. 식민지에 대한 스페인 당국의 상대적 취약성은 어째서 베네수엘라의 시몬 볼리바르가 이끄는 군대가 자신의 나라뿐 아니라 콜롬비아, 에콰도르, 페루와 볼리비아의 독립투쟁의 승리까지 쟁취하는 데로 나아간 이유를 설명해준다. 1830년의 볼리바르의 죽음에서부터 1935년의 고메스의 죽음까지의 기간을 전통적 역사기술은 이 시기를 의미 있는 변화가 없는 잃어버린 시기로 묘사한다. 양심의 가책도 체계적 계획도 없는 까우디요들(강자들) 사이의 계속되는 충돌로 특징지어진다고 단순한 주장을 하는데 아직도 많은 베네수엘라인들은 그렇게 믿고 있다. 약 백 년 동안의 투쟁과 변화가 민중적·민주적 의미를 가진 것을 숨기고 있다. 역사에 대한 역동적인 시각은 급진적·사회적·정치적 슬로건이 비록 대부분의 경우, 잘 정의되지도 적시에 성취되지도 않지만, 이것들이 가지는 대중의 의식에 대한 영향력의 장기적 동원의 중요성을 인식하게 될 것이다. 1859년에서 1863년 사이의 연방 내전의 결과로 사회의 비특권적 계층에 호소한 자유주의 정치세력이 오랫동안 정치적 지배세력인 보수주의자들로부터 권력을 획득했다. 자유주의자들이 전쟁의 초기에 꼬로라고 하는 항구도시에 상륙했을 때 그들은 종교자유, 직접선거, 법 앞의 평등 이외에 사형제도와 채무로 인한 수감형의 폐지를 선언했다. 그들 꼬로의 도착은 마라카이보의 산 카를로스 교도소를 포함하여 여러 곳에서 소요를 점화했다. 자유주의자들이 주장하는 "연방"의 개념은 정확한 정의가 부족했다. 그러나 하층계급에게는 그것은 자유, 평등, 토지의 분배를 의미했다. 전쟁수행을 위한 돈을 모으기 위해 가장 급진적 자유파인 에세끼엘 사모라 장군은 부유한 베네수엘라인들에게 5%의 재산세를 공포했다. 하지만 사모라는 아마도 동료인 자유파에 의해 전투 중 암살되었다. 라이벌 자유파 지도자인 안토니오 구스만 블랑꼬가 권력을 잡았고 1870년부터 1888년까지 베네수엘라를 통치했다. 구스만 블랑꼬는 부패가 심하기로 악명 높았고 자유파의 민주주의적 약속을 지키지 않았다. 그럼에도, 그는 취임 첫해에 초등학교의 의무교육을 공포했고 이에 따라 공립학교의 숫자가 거의 10배 증가했다. 동시에 그는 등기소를 설립하고 합법적 결혼에 대한 국가 독점권을 부여하는 방식에 의해 가톨릭교회와 과두지배계급의 기득권을 축소시켰다. 구스만 블랑꼬는 또한 국가에 대한 연방예산의 비율을 고정적으로 배분하는 Situado로 불리는 정책을 도입했다. Situado는 세관과 광산의 부에 대한 중앙정부의 관할과 국내관세의 폐지로 생긴 지방 까우디요들의 불만을 보상금

지급으로 달랬다. 베네수엘라의 역사가인 헤르만 까레라 다마스는 권력을 가진 자유주의자들이 "국가적 프로젝트"를 포용했다고 주장한다. 그 프로젝트는 초보적인 중앙집권화와 전통적 과두지배계급에 대해 "진보적인" 기업 엘리트 부문을 우대하는 정책들로 이루어졌다. 1899년에 시프리아노 카스트로(1899년에서 1908년까지 통치)와 환 비센테 고메스(1908년에서 1935년까지 통치)에 의해 타치라주의 육군의 쿠테타로 카라카스를 통제하게 되었을 때 새로운 정치적 변화가 일어나게 되었다. 그들의 거사 명분인 "새로운 인간, 새로운 이상, 새로운 방법"은 카스트로가 독재자로 그리고 고메스가 잔인한 독재자로 통치했을 때 모두 기만적인 것으로 드러났다. 그럼에도 불구하고 영국의 영토적 주장에 반대하며 침략 앞에서 민족주의적 레토릭을 구사했던 카스트로는 국가의 이익이 외국의 이익과 긴밀히 연결된 것에 대해 강력하게 맞서는 용기를 보여 주었다. 그는 외국 투자에 대한 자신의 경직된 요구에 대해 괴롭힘을 당한 미국과 유럽의 투자자들이 후원한 1902~1903년의 소위 "해방자 혁명"이라고 불리는 소요를 진압하였다. 충돌이 있을 동안 반란세력은 베네수엘라 정부가 외채 의무의 이행을 강제하기 위해 영국, 이태리, 독일이 보낸 배들에 의한 항구 봉쇄를 환영하였다. 카스트로는 국민단합을 호소하고 그의 대표적 정적인 호세 마누엘 에르난데스를 감옥에서 석방하는 것으로 대응하였다. 에르난데스는 외국의 침략자를 물리치기 위해 정치적 차이를 넘어서 베네수엘라인들이 단합할 것을 요구하였다. 카스트로가 그 분쟁을 해결하기 위해 미국의 도움을 부탁하였지만 워싱턴은 이전의 자신의 군부 동료인 고메스를 시켜 1908년에 쿠데타를 성공적으로 연출시켜 사태를 종료시켰다.[1] 카스트로와 고메스는 구스만 블랑코가 떠난 곳에서부터 시작하여 중앙집권주의를 강화하고 국가제도를 건설하였다. 가장 중요한 것은 카스트로는 군대를 창설하였고 고메스는 군부의 직업화를 이루며 군부 통제를 집중하였다. 그 결과 베네수엘라 정부는 지방의 까우디요를 억제하고 해방자 혁명과 같은 소요의 재발을 막을 수 있었다. 고메스 통치하의 원유로 인한 수입은 국가 건설과 잘 무장된 군부의 형성을 쉽게 했다. 1920년대 초에 베네수엘라는 상당한 양의 원유를 수출하기 시작하였고 20년대 말에는 이미 세계에서 가장 큰 원유

공급국이 되었다. 베네수엘라는 단일 수출품목인 커피와 카카오에 의해 19세기 말에 유지하던 주요 외환수입이 1920년대에 들어와 급격히 감소하고 있었다. 원유로 인한 수입으로 여유가 있게 된 국가 관료체계와 정책 프로그램은 새롭게 출현하는 중간계급과 노동자계급에게 기회를 주게 되었다. 이들은 고메스 독재체제에 도전하는 민주주의를 위한 정치운동의 사회적 기반을 이루었다. 1936년은 베네수엘라 역사의 현대화의 기점이다. 엘레아사르 로페스 콘트레라스(1936~1941), 이사야 메디나 앙가리타(1941~1945) 대통령은 예전의 고메스 휘하의 장교들이었고 그들의 정적들에 의해 고메스파로 불렸지만 그들은 정당과 노조의 합법화, 표현의 자유, 선거제도의 개혁 등 점진적인 민주화를 추진했다. 또한 중요한 것은 이들 두 명의 대통령은 구스만 블랑코 대통령시절에 시작된 중앙집권화와 제도 건설에 기여했다. 예를 들어 로페스는 1940년에 사회보장법을 통과시켰으며 메디나는 1944년에 베네수엘라 사회보장청(IVSS)을 창설했다.

1945년 10월의 쿠테타는 1945년에서 1948년까지 AD 통치 3년의 시기를 열었고 이전의 10년의 개혁, 근대화와 민주주의로의 발걸음을 더 깊게 하였다. 점진적 변화의 사례는 이 시기 정부의 50-50 정책이었다. 원유회사의 이익의 1달러마다 국가는 최소한 절반을 정부 수입으로 수령했다. AD당은 이 정책을 "혁명적"이라고도 불렀지만 메디나 대통령은 50-50 원칙을 1943년의 탄화수소법의 근간으로 삼았다(그러나 실제로 그 후 2년 동안 원유회사 수익에 대한 세금계산에 있어 그 같은 목표는 달성되지 못했다). 일부 측면에서 상기의 3년 기간은 민주주의와 현대화에 긍정적인 질적 변화를 가져왔다. 가장 중요한 것은 그때까지의 제한적 엘리트적 정치시스템과 정반대로 정치가 대중의 적극적 참여와 노동조합의 번성의 특징을 보였기 때문이다. 또 다른 참신한 점은 국가예산의 상당부분을 베네수엘라 개발공사에 할당하여 민족기업의 보조금 및 융자를 돕게 한 정부의 전략이었다. 1948년부터 1958년 사이의 마르코스 페레스 히메네스 군부 통치는 연속성과 단절의 결합된 요소를 가졌다. AD, 공산당, 수많은 노조를 불법화시켰고 악명 높게 1952년의 총선과 1957년의 국민투표를 조작함으로써 독재 체제는 1936년으로 회귀하면서 헌법적 기본 맥락을 깨뜨렸다. 또한 '3년' 집권한 정부의 경제

개발을 위한 민족기업의 보조금 지원 정책을 폐지했다. 그럼에도 불구하고, 국영 철강 회사인 SIDOR의 창설을 포함하여 야심에 찬 가야나 지역의 산업개발정책을 추진하여 정부는 자유방임(국가의 불개입) 경제모델을 거부하고 1936년의 일반적 정책 모델로 돌아갔다.

1958~1988의 안정기: 근대적 민주주의의 시기

민중저항과 함께 정당들과 비주류 장교들, 가톨릭교회의 지도부 사이의 광범한 동맹으로 페레스 히메네스의 실각 이후 베네수엘라 정치는 AD와 COPEI 사이의 양당체제로 발전하게 된다. 세 번의 대통령 선거—AD의 로물로 베탕쿠르(1958), AD의 라울 레오니(1963) 그리고 COPEI의 라파엘 깔데라(1968)—는 공개 경선과 투표의 50% 미만으로 당선되었다. 1961년에 여러 정당들은 합의하여 새로운 헌법을 제정하여 거의 40년간 효력을 발휘하였다. 기성정당인 AD와 COPEI는 쿠바 혁명에 자극받아 게릴라전을 채택한 베네수엘라 좌파의 치명적 결정으로 인해 지배 정당의 지위를 더욱 굳혔다. 좌파로 하여금 무기를 들게 한 정치적 긴장은 중동의 새롭게 출현한 원유생산국들에 의한 국제적 경쟁으로부터 오는 경제적 어려움의 일부 산물이다. 레오니의 통치기간에 게릴라전을 지향하는 공산당은 "민주주의적 평화"의 슬로건을 내걸고 합법적 정치세력으로 돌아오기 위한 협상을 추진했다. 깔데라 대통령은 취임하자마자 공산당에게 사면을 제공했고 이에 따라 좌파 혁명운동(MIR)에게도 사면을 허용했다. 게릴라 전략의 실패는 좌파에 의해 주장되던 국가 독점 소유의 사회주의 시스템에 대한 대안으로 AD와 COPEI에 의한 경제에의 국가 개입모델의 매력을 높여 주었다. 그리하여 AD와 COPEI 정부는 적극적으로 경제발전 정책과 사회적 목표를 충족시키려는 시도를 하게 된다. 베네수엘라는 기본적으로 자본주의 국가이지만 1961년의 헌법은 국가 개입을 위한 "기간산업"의 개념을 가지게 된다. 비록 그 개념이 정확하게 규정되는 데 실패했지만. 이런 정책 노선을 따라 베탕쿠르 정부는 페레스 히메네스 독재정권 시절에 구상된 가야나 발전계획을 확장시켜 이 지역의 철강, 수력발전 산업을 운영하기 위한 베네수엘라 가야나 공사(CVG)를 창설했다. 그리고 베탕쿠르는 베네수엘라 석유공사(CVP)를 창설했다. 비록 국제시장에서 야심에 찬 경쟁 구도보다는 세금수령을 위한 석유업체들의 이익 계산을 더 강조하였지만. 통치기간 내내 베네수엘라 주요 노동조직인 AD가 통제하는 베네수엘라 노동자 연맹(CTV)은 경제에 있어서의 중앙정부의 역할을 강화시키는 구체적인 제안을 내놓았다. 그리하여 여당보다 더 정부개입 모델을 노조가 지지했다. 그럼에도 불구하고 정부의 개혁정책의 한계는 1960년에 통과된 농업개혁법에 의해 드러났다. 이 법률은 공공토지와 페레스 히메네스의 측근들로부터 몰수한 토지를 분배했지만 대토지 소유자들의 그것은 손을 대지 못했다.

1974년의 카를로스 안드레스 페레스의 대통령 당선은 AD와 COPEI의 득표율이 투표자의 약 90%를 차지하면서 새로운 시기를 열게 된다. 페레스의 야심에 찬 경제 사회적 프로젝트 형태의 국가개입 모델의 전면적 적용은 그의 취임 첫해의 원유수입의 갑작스러운 증가 덕분에 가능했다. 페레스는 강철산업과 석유산업을 각각 1975년과 1976년에 국유화했다. 그리고 알루미늄 산업의 국가지분을 늘렸고 국영 철강회사(SIDOR)의 확장에 많은 돈을 투자하였다.[2] 그가 퇴임한 지 얼마 안 되어 그는 그의 재임기간 동안 "진화된 사회주의"의 전략의 일부로 사기업들을 국가가 인수했다고 주장했다. 가파르게 올라간 원유가 덕분에 페레스와 그의 후계자인 COPEI의 라파엘 깔데라는 국가 발전을 증진할 황금 같은 기회를 가지게 되었다. 그 후 1980년대 내내 경제적 위축과 사회적 조건의 악화는 이전 시기의 발전전략이 기대했던 결과를 만드는 데 실패했음을 상기시켰다. 국가의 기능을 최소화하는 신자유주의 사고가 경제위축의 탓을 국가개입 전략의 내재적 한계로 돌렸다. 민주주의 기간 동안의 경제적 위축에 대한 또 다른 설명은 몇 가지 정책우선 순위와 실천에 주목하게 한다. 첫째로 베네수엘라 정부의 국가 개입 정책은 개발목표에 반대되게 사회적 이익만을 편향적으로 추구했다(이런 경향에 대해 일부 정치학자들은 페레스와 이 시기의 다른 대통령들을 "포퓰리스트"로 부르고 있다). 그리하여 예를 들어, 고용기회를 늘리려는 데 너무 신경을 쓴 나머지 생산성을 높이는 목표를 소홀히 하여 그 결과 부풀린 고용을 만들어냈다고 본 것이다. 두 번째로 베네수엘라가 민주주의의 모델이라는 이미지를 가지고 있음에도 불구하고 지배정당에 의한 광범한 부패와 연고주의는 국가의 특히 전기통신, 철강, 알루미늄, 항공사 등의 낮은 생산성의 주요 원인이었다. 그 결과, 이들 산업은 민영화계획이 잡혔다. 정말로 1980년대의 국영기업들의 악화된 조건은 민영화로 가는 길을 닦기 위해 일부 이용되었다는 증거가 있다. 세 번째로 1958년 체제 이후의 정부들은 외국자본에의 의존도를 줄이고 테크놀로지와 자본재 등의 첨단제품을 증진하고자 하는 우선목표를 설정하는 데 실패했다. 마지막으로 국가가 원유가의 상승의 결과, 화폐가치의 상승을 만끽했지만 페레스와 에레라 깜핀스 정권은 외채를 너무 늘려 미래의 예산운용의 선택폭을 좁혀 놓았다. 정치학자 테리 린 칼은 번영 속의 그 같은 막대한 부채는 오직 16세기의 스페인밖에 없었다고 지적한다.

정치위기의 심화: 1989~1998

베네수엘라 민주주의에 대한 비판자들은 국가와 정치 시스템에 가장 큰 손해를 끼친 변화를 가리키는 두 개의 서로 다른 날짜를 지적하고 있다. 차베스 대통령과 그의 지지자들은 1958년의 시기부터 일반대중으로부터 너무 먼 정치적 엘리트에 의해 중요한 결정이 내려지고 정당에 너무 중심적 역할이 주어졌기 때문에 민주주의적 시스템이 결점을 가지기 시작했다고 주장한다. 그 같은 견해는 페레스 히메네스 독재를 물리친 선거민주주의에 대한 대중의 의지를 무시하는 것이다. 게다가 1958년 체제의 특징인 경제에 대한 국가개입의 정치는 모든 단점에도 불구하고 경제발전과 경제의 다양화를 증진시켰다. 두 번째 견해는 1989년을 가리키는데 카를로스 안드레스 페레스 대통령의 제2기 통치하에서 상대적으로 낮은 원유가, 사회적 불평등의 악화, 사회적 불안의 증대와 함께 신자유주의적 경제정책이 시작된 것을 주목한다. 그 후 10년간, 공식경제에서 정상적인 일자리가 부족한 소외된 빈곤층의 숫자가 지속적으로 증가하면서 전체인구의 60%에 다다르게 된다. 그 결과 카를로스 안드레스 페레스와 다른 정치가들, 기득권 AD와 COPEI 정당 등은 정당성을 잃었다. 페레스의 쇼크 요법은-신자유주의 개혁의 갑작스러운 적용-환율의 자유화를 통해 국내통화의 평가절하를 가져왔고 소비자 물가와 이자율의 자유화를 병행했다. 1988년의 페레스와 같이 1993년의 라파엘 칼데라도 국가 개입주의 모델을 내세워 선거에서 승리했다. 하지만 집권 3년차에 IMF와의 협상을 통해 신자유주의 처방을 이행했다. 대통령으로서의 집권 후반부 2년 동안 깔데라는 노동자의 퇴직금 체계를 수정하고 1989년에 페레스 대통령이 제안했고 그러나 정치적 지지의 부족으로 실패했던 경로를 따라 사회보장을 민영화하는 법률에 서명했다. 두 개의 조치는 어려운 상황에서도 노동자를 보호하는 오래된 노동자의 이익을 침해하는 것으로 광범하게 인식되었다. 전국 노조 CTV는 경영자들, 관료들과 함께 그 입법안을 만드는 대통령 직속 삼각위원회 중의 하나였다. 이런 행보를 보이면서 두 개의 체계를 결코 손댈 수 없다고 주장하던 자신의 전통적 위치를 배신했다. 1980년대에 온건하게 증가하던 기권율이 1990년대에 주요 정당들에 대한 광범한 환멸의 결과, 급격하게 증가했다. 의심할 바 없이 페레스와 칼데라 정부에 의해 추진된 가장 중요한 신자유주의 정책은 석유개방이었다. 이 정책은 정부 개입과 대중의 압력으로부터 석유산업의 격리를 위한 것이었다. 이 새로운 조치는 민간자본이 국영석유회사인 PDVSA와 합작하여 최대주주가 되도록 했다. 석유개방의 대부분은 상당한 자본과 고급 테크놀로지가 필요로 하는 생산능력이 못 미치는 깊은 유정과 기술적으로 힘든 채굴분야에 집중되었다. 석유개방으로 PDVSA와 합작한 거의 대부분의 회사들은 다국적 기업이었다. 석유정책의 비평가들은 PDVSA의 석유개방 전략이 석유산업 전체의 민영화를 가져와 1976년의 국유화를 취소할 것을 두려워하였다. 그들은 또한 석유개방의 결과, 베네수엘라의 가파른 생산능력의 증가는 OPEC가 원유가를 높이기 위해 감산하는 기본전략을 무시하는 것이라고 경고했다. 정말로 일부 PDVSA의 중역들은 OPEC의 생산쿼터 시스템을 막대한 원유보유량을 채굴하려는 베네수엘라의 이익과 충돌하는 것으로 인식하여 상기 조직으로부터 베네수엘라의 철수를 지지했다.

페레스의 신자유주의 개혁에 대한 반응은 즉각적이고 격렬했다. 1989년 2월 27일 교통비 상승이 발표되자마자 카라카소로 불리는 전국적인 소요의 일주일이 시작되었다. 조직적 항의와 즉흥적인 거리점거가 페레스의 집권 4년을 붕괴시켰다. 1992년 2월 4일 우고 차베스에 의해 이끌어진 중견장교들이 쿠데타를 기도했으나 실패했다. 그리고 10개월 뒤에 다시 해군과 공군을 포함하여 고급장교들에 의한 두 번째 더 격렬한 반란이 있었다. 그다음 해에 페레스는 실각했다. 실각이유는 공금유용이었으나 의심할 바 없이 그의 경제정책에 대한 광범한 불만 때문이었다. 그 후에 깔데라 대통령의 기민한 정책 덕분에 일련의 항의는 진정되었다. 깔데라는 신자유주의 개혁의 오래 끈 정책이행을 추진했을 뿐 아니라 삼각위원회를 만들어 AD와도 은밀히 제휴하며 의사결정과정에 주요 행위자로 끌어들였다. 1998년의 대통령선거는 정치권에 대한 대중의 혐오감을 충분히 확인시켜 주었다. 차베스는 56%, 엔리케 살라스 뢰머는 40%를 얻어 주요 정당을 비웃었다. AD 정부를 전복시키려고 했던 전 반란주모자로서 차베스는 그의 앞서나가는 레토릭에서 COPEI에 소속되었고 양당의 11시간의 지지를 받았던 살라스 뢰머를 이겼다. 차베스의 인기는 약 2년간의 대통령선거 운동기간에 올라갔다. 동시에 그는 외채의 지불거부와 강조된 정치적 목표들의 급진적 입장을 누그려 수정 또는 완화했다. 그의 주요 선거 캠페인 모토는 "대의 민주주의"를 대체하기 위해 제헌의회를 구성하는 것이었다. 대의민주주의는 정당에 의해 떠받쳐지는 데 비해 직접적 대중의 요구에 기초한 "참여적 민주주의"를 강조하였다.

차베스의 대통령직 수행

1999년 7월에 열린 선거에서 유권자들은 차베스의 정당인 제5공화국운동(MVR)에 제헌의회의 압도적 다수를 허용했다. 같은 해 12월에 열린 국민투표에서 헌법안을 71%의 지지로 승인했다. 새 헌법의 아이디어를 만든 사람들은 정당을 우선시하는 1961년 헌법초안을 만든 사람들의 모델을 거부하였다. 그 대신 새 헌법은 모든 의사결정을 시민과 시민사회가 직접적으로 개입하는 참여 시스템을 정착시켰다. 예를 들어, 1958년 체제의 중앙선거관리위원회의 위원들의 다수는 정당에 속했는데 1999년 헌법은 그들 모두를 독립적인 사람들로 채웠고 그들을 선발하는 데 시민단체가 주도적 역할을 하도록 했다. 1999년 헌법은 선출직 공무원의 소환제도와 정책과 입법에 대한 국민투표를 규정했다. 1998년 선거에서 차베스는 여러 막강한 경제 그룹과 온건정치세력인 '사회주의를 향한 운동(MAS)'당으로부터 선거운동의 기부금을 받았다. 하지만 차베스는 초기단계를 지나 미래의 사회경제적 변화를 위한 급진적 정치를 수행할 그의 의도를 숨기지 않았다. 비록 그를 지지한 온건파와 비즈니스 경영진들은 그의 결심을 낮게 평가했을지 모르지만. 2001년에 차베스는 그의 언술을 더욱 급진화하였고 동시에 49개의 논쟁적 법률을 통과시켰다. 이 법률들은 비생산적 토지의 소유자들로 하여금 경작 아니면 몰수를 선택하도록 하는 국가계획을 수용하도록 압박하는 농업 개혁을 포함하여 국가가 석유합작회사의 대지주가 되는 탄화수소법 그리고 깔데라 정부가 공포한 사회보장의 민영화를 취소하는 법률 등이다. 2002년 2월 4일의 대통령령에 의해 슬럼가에 세워진 위원회가 조사를 거쳐 오랫동안 토지를 불법적으로 점유하고 살아온 거주자들에게 토지를 분배하도록 했다. 야권은—AD, COPEI, MAS 등의 정당, 노조인 CTV, 상공회의소, 대부분의 언론매체—차베스가 권위주의 체제로 옮겨가고 있다고 비난했다. 야당세력은 새 헌법이 의회에 비해 집행부에 너무 많은 힘을 실어주고 있다고 했다. 예를 들어, 의회는 장교들의 승진에 대한 제안을 거부할 권리도 잃었다고 지적했다. 그리고 야당지도자들은 차베스의 다른 권력부분(입법, 사법)에 대한 지배는 견제와 균형의 체계를 침해한다고 했다. 야당에 의한 무제한의 파업이 2002년 4월 쿠데타로 이어지자 곧바로 빈민층 대중은 차베스에 대한 지지를 표하는 엄청난 대중동원이 일어난다. 그리하여 48시간 안에 그는 권좌에 복귀한다. 이틀 동안 상공회의소 의장인 페드로 카르모나가 대통령직을 수행했고 의회와 기타 선출직을 폐지하는 절차를 밟았다. 미국과 스페인 대사들은 카르모나와 만났고 대륙의 나머지 나라들의 공식입장과 달리 이들 두 나라 정부는 새 정부를 승인하였다. IMF도 베네수엘라를 돕겠다고 자원했다. 카르모나 정부는 쿠바에 원유를 공급하는 협정을 취소하겠다고 발표했다.[3] 차베스를 쫓아내기 위한 두 번째 노력이 같은 해 12월에 10주의 파업으로 벌어졌다. 그 파업에 상공회의소가 깊이 개입하였으므로 공장폐쇄가 노동자들에 의해서인지 또는 (차비스타들이 주장하듯이) 경영자 파업이었는지를 결정하는 것은 어려웠다. 2004년까지 차베스 정부는 수세적이었다. 차베스를 몰아내려는 2002년 두 번의 시도는 거의 성공적이었고 2년 뒤의 국민소환 투표도 그를 위협했다. 이런 반대세력의 공세가 차베스의 선택을 제한했다. 그럼에도 불구하고 이 시기의 정부의 경제정책은 알루미늄, 석유, 사회보장시스템을 민영화시키는 라파엘 깔데라 정부의 기존 정책들을 이어받는 것을 거부했다. 결국 반－신자유주의라고 할 수 있다. 더 급진적인 정책은 차베스 정부가 강화되고 야당이 약해지고 사기가 저하될 때를 기다렸다. 선거승리가 차베스에게 기회의 창문을 열어주었다. 특히 2004년 8월의 국민소환 투표에서 58%로 승리했고 두 달 뒤의 주지사－시장선거의 승리의 의미가 컸다. 이 선거에서 차비스타들은 술리아주와 누에바 에스파르타주를 제외하고 전체 주지사를 석권했다. 차베스는 2006년 12월의 대통령선거에서 63%의 득표로 승리했고 2008년 선거에서 22개 주지사 중 17개, 시장선거의 80%를 차지했다. 2005년 정부는 민간부문이 기본적 국가발전 목표를 달성하는 데 책임이 있다고 주장하며 개인 재산권을 다시 정의하고 보장하였다. 정부는 대토지 소유자들에게 80% 이상의 경작을 유지하도록 요구하는 2001년 토지법에 맞춰 여러 대토지 소유 재산을 깨트렸다. 동시에 정부는 공장폐쇄에 맞서 형식상의 공장을 국유화시키고 몇 달 뒤에는 몇 개의 규모가 더 큰 회사에도 같은 조치를 취하였다. 사회적으로 정부는 무료 교육, 의료, 직업교육 서비스에 더 많은 돈을 투입했고 주로 가장 소외된 계층을 위한 공공사업 프로젝트를 수행했다. 정부는 국영회사와의 계약 지원, 풍부한 융자, 저리의 지불조건, 면세조치 등의 지원을 하며 수많은 조합창설을 장려했다. 대부분의 조합은 5인 이내(법률에서 정한 최소기준)로 이루어졌는데 대부분 같은 가족이었다. 2006년 통과된 법률은 200에서 400가족을 대표하는 주민평의회가 약 2만 개 창설되었고 다양한 공동체 프로젝트를 승인하였다. 주민평의회는 공공공사와 주택건설의 기획, 관리 재정 모두를 담당한다. 과거에 이들 업무를 지방정부가 맡았던 것을 생각하면 과거와의 급진적인 단절이라고 할 수 있다. 게다가 미션이 동네마다 문맹자 교육 및 다양한 교육을 제공하고 고등학교 과정의 수준에서는 쿠바에서 만들어진 비디오카세트를 사용한다. 다른 미션은 쿠바의 약 2만 명의 의사가 가난한 동네와 배치되어 건강, 의료서비스를 무료로 제공하고 있다. 이 두 미션은 물론 반차베스 정당들도 그것이 가지는 상대적 성공을 인정했지만 야당으로부터 강한 저항을 받았다. 예를 들어, 의료 미션의 경우 쿠바 의사들에 의해 보내진 환자들을 정규병원의 의사들이 환자들로 하여금 다시 검사와 진료를 받도록 강제하기도 했다.

경제적 차원에서 전략적 기간산업의 국가통제를 시도했다. 이 같은 조치는 1930년대에 시작되었고 1990년대에 포기되었었다. 차베스는 2006년 12월 재선되자마자 지난 10년 동안 민영화된 회사들을 국유화한다고 발표했다. 베네수엘라 정부는 전화회사인 CANTV를 Verizon사로부터 전기회사인 카라카스 전기를 AES 상사로부터 인수하여 다수 지분을 확보했다. 게다가 정부는 원유산업에 대한 더 큰 통제를 결정했다. 외국투자 회사들은 1990년대의 신자유주의 시대에 원유산업 분야에 수립된 합작회사들의 60% 지분을 베네수엘라 국가가 가진다는 것을 수용하도록 강제되었다. 그리하여 다수 종업원들을 국영석유회사인 PDVSA로 전보시켰다. 2007년에 정부는 1997년에 민영화된 철강회사 SIDOR의 주식지분을 확보했다. 스페인 자본의 베네수엘라 최대은행인 Banco de Venezuela가 소유한 3개의 외국인 소유 시멘트 회사의 주식지분도 확보했다. 전략산업 부문의 국유화는 국가발전과 사회적 목표를 증진하기 위해 기획되었다. 그리고 이윤확보도 중요하지만 종업원의 인간적 대우를 더 중시했다. 정말로 새롭게 국유화된 기업들은 이 같은 노선을 충실하게 지켰다. 첫 단계로 회사들은 하청회사들의 종업원들을 정규직화시켰다. 이 같은 요구는 노조의 오랜 숙원이었다. 석유회사 PDVSA는 특히 수송과 휘발유 주입분야의 몇 개의 하청회사를 인수했고 이로써 모든 연쇄적 사업들을 총괄하게 되었다. 2009년까지는 종업원이 2002년의 두 배가 되어 8만 명에 이르렀다. 두 번째 단계로 SIDOR와 국영시멘트 회사들은 수출만이 아니라 국내 수요를 충족시키는 것을 중요시하게 되었다. 2007년이 되기 전에 야당들은 일련의 선거패배를 경험했다. 차베스 정부의 정통성을 부인하며 그들은 2006년 총선을 보이콧했고 이로 인해 의회에서 그들의 지분을 박탈당했다. 게다가 그들의 정부 전복을 위한 기도가 실패하자 야당을 지지하던 베네수엘라 노동자 연맹(CTV)은 대중의 신뢰를 깎아내렸고 친차베스 성향의 전국노동자연합(UNT)으로 대체되었다. 이리하여 2005년에 국제노동기구(ILO)는 그들의 상임협의회에서 CTV를 제명하였다. 야당은 전술을 바꿔 2006년 대통령선거에는 전 AD지도자인 마누엘 로살레스를 내세우며 참여했다. 그는 차베스의 승리를 인정하기도 했다. 2007년에 야당은 국민투표에 붙여진 차베스의 헌법개정 제안을 가까스로 패배시켰다. 1%의 득표율 차이로. 2009년 초에 마라카이보 시장이었던 로살레스는 정치적 박해의 희생자라고 주장하며 페루에 망명을 신청했다. 동시에 카라카스 시장인 안토니오 레데스마는 전직 AD지도자였는데 건강, 교육, 안전 분야의 자신의 권위에 대한 정부의 개입을 반대하였다. 차베스의 소위 독재적 계획을 막아 달라고 그는 국제여론에 호소했다. 야당이 직면한 당면과제 중의 하나는 정책과 이데올로기에 대한 정의를 내리는 것이었다. 10년의 세월이 흐르면서 차베스를 쫓아내기 위한 그들의 노력의 단합을 유지하기 위해 실용적 명료함을 희생시켰다. 이는 결국 모든 다른 목표와 활동을 침묵시켰다.

차베스 치하의 미국 – 베네수엘라 관계

집권 초 5년간의 차베스 정부의 급진화는 동시에 워싱턴과의 관계 악화를 의미했다. 1998년 선거운동기간에 차베스는 미국을 직접적으로 비판하는 것을 피했다. 비록 클린턴 행정부가 그가 뉴욕에서의 비즈니스 포럼에서 연설하기 위한 비자를 거부했지만……. 클린턴 정부의 카라카스주재 미국대사인 존 마이스토는 차베스 집권 초기 2년간의 양국관계를 특징짓는 최대한의 관용정책을 유지했다. 마이스토는 차베스의 좌파적 언술에도 불구하고 미국은 그의 정부와 정면대결을 피해야 한다고 주장했다. 그는 차베스는 압도적 다수의 표차로 선출되었고 베네수엘라는 지속적으로 미국에 원유를 공급하고 있고 외채 이자도 잘 납부하고 있다고 지적했다. 초기의 가장 중요한 마찰은 이웃나라인 콜롬비아의 베네수엘라 국경 안으로의 마약밀매 단을 추적하는 미국의 감시계획을 차베스가 거부한 것이었다. 양국사이의 관계 악화는 차베스에 의해 수행된 다양한 입장 때문인데 특히 조지 부시가 2001년 대통령에 취임하고 나서 그랬다. 가장 중요한 것은 차베스가 행한 OPEC에서의 역할 때문이다. 베네수엘라는 그 기구 안에서 유일한 비이슬람 세력이었기 때문이다. 그러므로 국내에 종교적 이유로 반복과 분쟁이 없었다. 차베스의 OPEC 단합을 위한 노력은 역내 각국들을 그가 방문하게 하였으며 2000년 9월에 카라카스에서 열린 제2차 OPEC 정상회담에 그가 각국 정상들을 개인적으로 초청하였다는 사실이다. 무엇보다 워싱턴은 차베스가 이라크의 사담 후세인과 리비아의 무아마르 카다피를 만난 것이 불편했다.

차베스의 세계 다극체제의 수립에 대한 레토릭은 유럽연합, 라틴아메리카 블록, OPEC 등을 강조하는 것이고 이는 암묵적으로 (나중에는 노골적으로) 미국의 전 세계 헤게모니의 정당성에 의문을 가하는 것이었다. 워싱턴을 괴롭히는 다른 입장과 행동은 쿠바와의 긴밀한 유대였다. 원유를 대폭 싸게 공급하고 쿠바 의사가 베네수엘라에 들어온 사실 등 부시에 의해 추진된 미주 자유무역협정에 대한 그의 노골적인 반대, 마약과 게릴라에 대한 전쟁을 선포한 플란 콜롬비아에 대한 차베스의 비판, 미국 군사고문단의 카라카스 철수 결정 등이다. 그 같은 결정은 냉전 이후에 그런 것은 필요 없다는 이유였다. 2001년 9월 11일 이후 미국과의 관계는 더욱 악화되었다. 부시가 이 사건 이후 미국의 편과 적대세력을 분명히 하면서. 차베스는 테러 공격을 비난하였지만 그는 또한 미국의 아프가니스탄 폭격을 비판했다. 곧이어 미국 국무장관 콜린 파월은 테러와의 전쟁에 차베스가 적극적으로 지지하지 않는다고 비난했다. 민주주의를 위한 전국기금(NED)은 야당정당, NGO 및 반정부적인 베네수엘라 노동자 연맹 등에게 자금을 공급했다. 베네수엘라 연대 네트워크라는 NGO는 NED가 80만 달러를 2002, 2003년 이들 조직들에게 풀었다고 주장했다. NED 웹페이지에는 12개 이상의 이 단체의 기금을 받는 베네수엘라 단체들 이름이 나오는데 그중에는 반차베스 진영의 것이 있다. 백악관은 2002년 4월 11일의 쿠데타를 차베스의 잘못으로 돌렸다. 부시 정부의 오토 라이히는 4월 12일 쿠데타 지도자 페드로 까르모나를 비롯한 야당지도자들을 4·11 이전 몇 달 전에 수차례 만났다. 그리고 그는 또한 라틴아메리카 대사들을 그의 사무실로 불렀다. 라이히는 쿠데타가 이 지역의 민주주의를 해치지 않을 것을 강조했다. 그럼에도 불구하고 곧바로 OAS는 쿠데타를 비난했고 내부저항은 커져 갔다. 그리하여 미국도 좀 더 중립적인 자세를 취했다. 쿠데타 실패 이후 양국관계는 연말 12월 파업 때까지 소강상태를 유지한다. 이때 양국은 적대적 레토릭을 상승시킨다. 차베스는 처음으로 "제국주의"라는 용어를 쓰고 워싱턴은 아르헨티나, 브라질 같은 민족주의적인 정부들과 좌파적인 베네수엘라 정부를 구별했고 차베스의 민주주의에 대한 신념을 의심했다. 그 후 차베스는 다양한 전선에서 적극적인 대외정책을 펼친다. OPEC 내에서 1960년 그 조직이 창설된 이래 견지해온 베네수엘라의 온건노선을 버린다. 원유감산과 가격상승을 지지하는 강경노선을 취한다. OPEC회의에서 에너지 석유장관 라파엘 라미레스는 가격을 올리기 위해 원유산업에 대한 국가통제를 강화할 것을 주장하는 베네수엘라의 사례를 다른 나라들이 따를 것을 촉구했다. 대륙차원에서 차베스는 2005년 아르헨티나의 마르델 플라타에서 열린 제4차 미주 정상회의에서 미주 자유무역협정을 거부하는 데 결정적 역할을 한다. 그 대안으로 2004년 미주 민중을 위한 볼리바리안 동맹(ALBA)을 쿠바와 함께 창설한다. 이 협정은 국영회사와 노동조합을 특별대우하고 노동자의 역사적 승리를 유지할 것을 강조한다. 차베스의 부시행정부의 외교정책에 대한 통렬한 비판은 오바마에 대한 더욱 부드러운 톤으로 대체된다. 2009년 4월에 트리니다드에서 열린 제5차 미주정상회의에서 두 정상은 우호적 만남을 연출한다. 그럼에도 불구하고 차베스의 강경노선과 반제국주의 레토릭과 워싱턴의 이 지역에서의 목표 사이의 충돌은 예상가능한 일이었다. 2009년 6월에 그의 동맹인 마누엘 셀라야를 무너뜨린 온두라스의 쿠데타를 비난하기 위해 OAS를 설득하는 데 차베스는 적극적이었다. 동시에 그는 사실상의 정부와 경제적 유대를 끊지 않은 워싱턴을 비판했다. 이 사실은 실각된 온두라스의 지도자가 계속해서 강조했다. 곧이어 베네수엘라는 콜롬비아에 여러 개의 군사기지를 건설하려는 미국의 결정을 자국에 대한 적대행위로 간주했다.

결론

1958년 이후 베네수엘라에 민주주의를 수립하고 유지한 것은 이 나라의 커다란 업적을 대표한다. 하지만 그 체제는 심각한 결점과 한계를 가지고 있었다. 근대민주주의의 통치는 약 한 세기 반 전의 독립에 이은 까우디요와 군부독재와 훌륭하게 비교된다. 베네수엘라의 민주주의는 또한 1960~1980년대를 통해 라틴아메리카의 나머지와 커다란 대조를 이룬다. 그 대부분은 이 당시 군부 독재정권의 지배를 받고 있었다. 더구나, 1958년 이후 베네수엘라의 민주주의는 경제에 대한 국가의 적극적 개입의 모델을 수립했다. 이는 국내시장에서 산업의 다양화를 증진했고 예전에 수입품이던 많은 소비재들을 대체했다. 다른 한편, 부정부패와 연고주의 선거조작은 모든 수준에서 삶의 기준이 되어 버렸다. 게다가, 이 시기의 정부들은 외국의 자본과 기술에 대한 의존을 끊는 데 소극적이었다. 1990년대에 베네수엘라가 직면한 어려움은 베네수엘라가 많은 사람들이 생각했듯이 제3세계의 "특수한" 경우가 아니었다는 것을 분명히 보여 주었다. 그리하여 베네수엘라의 두 개의 지배적 정당은 상당한 권위를 잃고 양당제에서 다당제로 옮겨간다. 게다가 두 번의 쿠데타 시도가 광범한 사회불안을 배경으로 일어났다. 마지막으로 정부의 경제정책은 실패하여 1980년대 초 이래의 국가경제를 특징짓는 장기불황이 두드러지게 된다. 이 같은 사태 진전은 많은 베네수엘라인들과 정치분석가들로 하여금 베네수엘라가 정치·사회적 안정으로 민주주의의 쇼케이스라는 기존의 인식을 재고하게 되었다. 가장 중요한 것은 베네수엘라의 석유의존은 세계적인 원유가의 유동에 베네수엘라의 경제를 고정시켰다. 그리하여 경제적 불안정은 곧 정치적 불안정을 가져왔다. 이 같은 고려와 비판의식은 차베스의 집권과 그의 인상적인 10년 이상의 선거전의 성공을 이해할 수 있는 맥락을 제공한다.

추천도서

Buxton, Julia. The Failure of Political Reform in Venezuela. Aldershot, UK: Ashgate, 2001.

Coppedge, Michael. Strong Parties and Lame Ducks: Presidential Patriarchy and Factionalism in Venezuela. Stanford: Stanford University Press, 1994.

Coronil, Fernando. The Magical State: Nature, Money and Modernity in Venezuela. Chicago: University of Chicago Press, 1997.

Ellner, Steve. Organized Labor in Venezuela: Behavior and Concerns in a Democratic Setting. Wilmington, DE: Scholarly Resources, 1993.

_____. Rethinking Venezuelan Politics: Class, Conflict and the Chavez Phenomenon. Boulder: Lynne Rienner, 2008.

_____, "The Perennial Debate over Socialist Goals Played Out in Venezuela", Science and Society, Jan., 2010, 63-84.

Ellner, Steve and Miguel Tinker Salas, eds. Venezuela: Hugo Chavez and the Decline of an "Exceptional Democracy" Lanham, MD: Rowman & Littlefield, 2007.

Ewell, Judith. Venezuela: A Century of Change. Stanford: Stanford University Press, 1984.

_____, Venezuela and the United States: From Monroe's Hemisphere to Petroleum's Empire. Athens: University of Georgia Press, 1996.

Friedman, Elisabeth J. Unfinished Transitions: Women and the Gendered Development of Democracy in Venezuela, 1936-1996. University Park: Pennsylvania State University Press, 2000.

Jones, Bart. Hugo! The Hugo Chavez Story: From Mud Hut to Perpetual Revolution. Hanover, NH: Steerforth, 2007.

Karl, Terry Lynn. The Paradox of Plenty: Oil Booms and Petro-States. Berkeley: University of California Press, 1977.

Kozloff, Nikolas. Hugo Chavez: Oil, Politics and the Challenge to the United States. New York: Palgrave Macmillan, 2006.

Lombardi, John. Venezuela: The Search for Order, the Dream of Progress. New York: Oxford University Press, 1982.

McCaughan, Michael. The Battle of Venezuela. London: Latin American Bureau, 2004.

McCoy, Jennifer L, and David J. Myers, eds. The Unraveling of Representative Democracy in Venezuela. Baltimore: Johns Hopkins University Press, 2004.

McCoy, Jennifer, Andres Serbin, William C. Smith and Andres Stambouli, eds. Venezuelan Democracy Under Stress. New Brunswick, NJ: Transaction, 1995.

Tinker Salas, Miguel. The Enduring Legacy: Oil Culture and Society in Venezuela. Durham, NC:

Duke University Press, 2009.

Wilpert, Gregory. Changing Venezuela by Taking Power: The History and Policies of the Chavez Government. London: Verso, 2007.

Wright, Winthrop R. Café Con Leche: Race, Class and National Image in Venezuela. Austin: University of Texas Press, 1990.

Yarrington, Doug. A Coffee Frontier: Land, Society and Politics in Duaca, Venezuela, 1830– 1936. Pittsburgh: University of Pittsburgh Press, 1997.

1) 고메스의 외국투자자에 대한 관대한 정책은 그의 통치가 시작되면서 1902~1903 반란을 지원한 뉴욕-버뮤데스 회사에 대한 벌금을 면제한 것에서 드러난다.

2) 국유화의 용어는 논쟁을 일으켰다. 1976년의 국유화조치가 있고 나서 곧 좌파 지향의 한 잡지가 국영석유회사 (PDVSA)와 반세기 이상 베네수엘라 석유산업을 지배해온 엑손, 쉘, 걸프와의 사이에 비밀의 테크놀로지와 통상 협력에 관한 계약을 체결했다고 밝혔다. PDVSA의 중역은 그 계약이 국영 통제로의 부드러운 이전을 확보해준다고 주장했다. 그리고 그들은 문제가 기술적인 것이라 비전문가는 쉽게 이해할 수 없기 때문이라며 공개적인 논쟁을 거부했다. 그들은 또한 정부의 지나친 개입이 기술적 문제에 기초한 장기 계획을 해칠 수 있다고 두려워했다.

3) 차베스를 지지하는 두 명의 아일랜드 영화감독이 만든 「혁명은 텔레비전에 나오지 않을 것이다」라는 다큐 필름이 쿠데타 당일의 모든 사건을 기록해놓았다. Rod Stoneman, Chavez: The Revolution will not be televised: A case study of politics and the media(London: Wallflower)을 보시오.

22. 에콰도르: 정치혼란, 사회적 동원과 좌파로의 전환

파블로 안드라데 A. & 리이사 L. 노스(차경미 옮김)

2006년 11월 에콰도르 국민은 1980년대 초부터 만연했던 시장경제 중심의 신자유주의에 반대하는 입장을 유지했던 좌파정치의 새로운 방향을 제시한 라빠엘 꼬레아(Rafael Correa)를 대통령으로 선출했다. 2년 뒤에 꼬레아는 4차례의 걸친 선거에서 다수의 표를 획득하여 압승했다. 2007년 4월 꼬레아가 제안한 신 헌법제정을 위해 실시한 국민투표에서 유권자의 82%가 참여했다. 5개월 뒤인 9월 대통령의 정치적 기반인 조국동맹(Alianza País)은 국회 130석 중 80석의 의석을 차지하여 신헌법제정을 위한 의회에서 승리했다. 2008년 9월 신헌법 통과를 위한 국민투표에서 64%의 득표율을 차지하여 헌법개정이 승인되었다. 그리고 2009년 4월 꼬레아는 헌법개정하에 실시된 대통령선거 1차전에서 절대 다수의 지지를 획득했다. 그러나 꼬레아의 승리는 이전보다 더 많은 한계를 지녔고 의회에서 그의 정치적 기반인 조국동맹은 대다수 득표에 실패했다. 꼬레아의 승리는 유권자의 희망뿐 아니라 반감도 반영되어 있었다. 꼬레아에 대한 반감은 기존 정당 시스템의 정치적 불안정, 부정부패와 신자유주의 시대의 경제위기가 작용했다. 희망에 대한 인식은 꼬레아가 시민혁명과 국가에 새로운 활력을 불어넣어줄 "사회 채무"라고 명명한 사회보장비용에 대한 지불약속이었다.

꼬레아 정권이 등장하기 전 20년간 에콰도르는 사회적 불평등과 빈곤의 심화, 부채, 서비스 비용의 상승 및 국가역량의 붕괴와 경제하락 그리고 1990년대 동안 인구의 8%인 약 백만 명의 달하는 이주자들을 배출한 불안정을 겪었다.[1] 이민자들이 국내 가족에게 보내는 달러는 국내에서 경제활동을 통해 얻는 수입보다 많아 에콰도르인들의 해외이주 욕구를 증가시키는 원인이 되었다. 2006년 꼬레아 집권 1기 동안 1인당 GDP 소득이 1980년대 수준에 밑돌고 있었다. 악화된 사회적 그리고 경제적 상황은 정치혼란의 원인과 결과를 초래했다. 군사집권 과도기 동안 진행된 네 번의 정권교체는 법의 규정된 공식 임기를 준수했으나(<표 22.1> 참조) 1980년대 초 동안 강화되어진 것처럼 보여진 정당체제는 1990년대 중반까지 혼란의 연속이었다.

1996년과 2006년 사이 행정부를 통해 6명의 대통령이 교체되었다. 엘리트계층의 반대와 거대한 규모의 대중저항은 1997년 2월 정권 수립 반년밖에 되지 않은 압달라 브까람(Abdalá Bucaram)의 포퓰리스트 연립정부를 실각시켰다. 중도주의 수장이었던 하밀 마우앝(Jamil Mahuad) 정부는 2000년 초 원주민의 반란으로 실각되어 8개월 만에 종지부를 찍었다. 그러나 마우앝 정권을 전복시킨 군부의 실권자인 퇴역 대령 루시오 구티에레스(Lucio Gutiérrez)의 또 다른 포퓰리스트 연합정부는 대규모의 도시 중산층의 항의로 2005년 4월에 해체되었다.

정당체제가 파괴되고 파편화되는 동안 사회운동에서 원주민운동은 그 중요성이 부각되었다. 고지대와 아마존 지대의 원주민들의 전국적인 규모의 연합은 에콰도르 원주민민족연맹(Confederation of Indigenous Nationalists of Ecuador, CONAIE)이 주도했으나 1990년, 1994년, 1997년, 2000년 그리고 다시 2001년 정부의 사회와 경제정책에 대항하여 평화시위 또는 반란이 발생했다. 원주민 운동도 사회운동ㅡ새롭고 필수적인 여성문제와 환경활동 혹은 1920년대 초부터 고조된 노조운동ㅡ이 아니었지만 이러한 사회운동에 의해 준비된 저항을 통해 정권을 획득한 꼬레아는 사회동향에 대응해야만 하는 정책을 안전하게 추진할 수 있었다.

무엇이 에콰도르의 암울한 사회경제적 결과와 정치적 불안정을 설명할 수 있을까? 이것은 1차 산품 위주의 수출지향적 경제에 지나치게 의존한 역사발전에 있다. 이러한 역사발전을 통해 형성된 뿌리 깊은 사회계급과 인종분열 그리고 지역 정치와 군사개입을 반복적으로 이끈 취약하고 배타적인 정치제도가 원인이라고 볼 수 있다. 이 글은 이러한 역사적 유산을 간략하게 검토한 다음 1979년부터 에콰도르의 불완전한 민주화와 정당체계의 파편화에 관심을 기울여 볼 것이다. 그리고 활성화된 원주민 운동과 다른 사회운동의 증가, 1989년과 2008년에 신헌법의 채택과 이후 강력한 민족주의, 사회적 진보와 경제 및 사회에 대한 국가의 새로운 역할을 중심으로 고찰해 볼 것이다. 마지막 부분에서는 에콰도르 정부를 약화시키는 대외의존성과 정부 정책에 대한 한계 및 특히 미국과 콜롬비아 내전과 관련된 대외관계를 살펴볼 것이다.

역사적 유산

20세기 에콰도르 역사발전의 일반적인 패턴은 주민 대부분이 정치참여와 경제성장의 혜택으로부터 배제되어 왔다는 것이다. 그러나 현대 수출성장의 중요한 시기 동안 배제적인 경제개발 및 사회적 불평등과 같은 오늘날 패턴의 기본적인 윤곽이 드러난 것은 카카오(대략 1860~1920년)와 바나나(1948~1972년) 수출 붐 시대였다. 경제성장과 사회변화를 위한 보다 광범위한 모델을 형성하기 위해 군사정권이 기울인 개혁노력은 첫 번째로 1930년대 후반과 1960년대 중반 그리고 십년간 장기 석유 붐(1972~1982년)이 시작되는 시점으로 볼 수 있다(Larrea and North, 1997).

배타적인 1차적 수출경제 헌법

첫 번째, 에콰도르 수출 붐 시기 동안 은행과 수출입 무역을 통제한 카카오 생산자를 중심으로 정비된 강력한 과두정치는 해안 도시인 과야길에서 형성되었다. 카카오 생산자들을 값싼 노동력을 고용하여 그들의 토지에 제공하였다. 대지주, 금융가, 상인 그룹에게 정치적 권력과 수출성장으로 인한 경제적 이윤이 집중되었다. 이들은 유럽인의 후손임을 이상화하였고 호화로운 소비를 즐겼다. 20세기가 시작되는 시점에서 엘리트 가족들은 해외, 특히, 파리에 사는 친인척들을 통해 카카오 수출 이익의 20% 정도의 자금을 유출시켰다(Guerrero 1980).

두 번째, 바나나 생산의 증가와 수출 붐 시대에는 과야길에서 엘리트 들은 정략결혼을 통한 과두정치로 그들만의 가족 네트워크를 확장했다. 그리고 고지대에서 해안지방으로의 이주는 가속화되었다. 또한 수입대체산업의 기초한 꾸준한 도시 산업화와 중산층의 성장 및 국가 주도의 경제와 사회발전계획은 도로와 항만과 같은 인프라의 중요한 투자에 기초하고 있었다. 바나나 수출로 인한 수익은 카카오로 인한 수입보다 더 넓게 분배되었다. 그러나 사회적 불평등의 기본적 패턴은 배제적인 정치체제로 여전히 남아 있었다. 실제로 농촌 인구의 대부분을 차지했던 고산지대 원주민들의 권리 박탈과 상하 주종의 수직적인 노사관계는 그대로 유지되었다. 지역의 통치자, 성직자, 지주 등 핵심세력에 의한 안데스산맥 농부들의 생활통제는 계속되었다.

1960년대와 1970년대 과야길에 바탕을 두고 엘리트 간의 유대를 통해 연결된 10개의 비즈니스 그룹들은 대부분 상업, 재정, 산업, 커뮤니케이션 및 농업 등 경제 전반을 해안을 따라 통제했다.[2] 비록 키토를 근거지로 한 엘리트들은 고지대를 관할했으나 그들의 통제구역은 평행선을 그었다. 해안의 과야길과 고지대 키토를 장악한 양대 과두 정치 세력은 소득과 경작할 수 있는 토지의 재분배를 목표로 한 사회와 경제개혁을 철저히 방어했다.

해안 지역 과야길과 고지대 키토 엘리트들 그리고 남쪽 고지대 꾸엔카의 제3의 엘리트들 사이의 서로 다른 경제적 이해는 지역 간의 긴장과 갈등을 야기했다. 해안지역 엘리트들은 외부지향적인 사업을 지향한 반면, 고지대의 엘리트들은 국내시장을 위한 생산활동에 훨씬 더 의존적이었다. 지역의 다양화된 생산의 사회적 관계규모에서 지역 정치 문화가 등장했다. 지역적인 분할 혹은 문화는 종속 계급과 지배계급으로 나눠졌다. 그러나 양 지역의 엘리트들은 아래로부터 자신들의 특권을 위협하는 문제에 직면했을 때 공동의 이해를 방어하기 위해 단결했다. 반면 민족성, 계급 그리고 지역으로 나눠진 종속계층은 달성하기 어려운 정치적 단일성을 모색했다.

민간 독재자들과 군 개혁자들

에콰도르의 민간 엘리트들은 국가의 이익과 그들의 개인적인 관심사를 동일시했다.

군사 정부는 밑으로부터의 압력에 따라 사회개혁을 추구했고 경제개발 후원자로서 국가의 역할을 변모시켰다. 군사정부는 1937년 꼬무나스 법(Ley de Comunas)을 계기로 원주민 사회를 인정했다. 1964년 고지대 『우아시풍고』(Hhuasipungo, Jorge Icaza의 노동자 계급 소설로 유럽노동자 계층을 대체하여 원주민 노동자들을 착취하고 노예취급당하는 모습을 생생히 그려낸 작품으로 에콰도르 원주민 마을을 뜻하나 원주민 노동자 사회로 해석하였음)를 폐지함으로써 최초의 농지 개혁을 실시했다. 쿠바 혁명으로부터 야기된 위협적인 소작농들에 요구 그리고 개혁을 지지하는 미국 외교 정책은 진보를 위한 동맹으로 나타났다.

1973년 두 번째 농지 개혁을 선포하고 10년간 산업 다변화와 경제개혁을 추진하였다. 사회 인프라에 막대한 자금을 투자하였다. 특히 교육에서 투자가 두드러졌다(North 2004). 마지막으로 군사정부는(1972~1979년) 국가가 추구하는 혁신과 개발정책의 근원을 석유붐(1972~1982년)과 동일시했다. 그러나 로드리게스 라라(Rodríguez Lala, 1972~1976년) 장군이 이끈 정부의 혁신적인 개혁은 결국 대통령의 타도를 시도하고, 군사 삼두정치(1976~1979년)로 대체한 정부에서 지배적인 역할을 담당한 엘리트들에 의해 중단되었다. 사실 엘리트들은 자신들의 자산을 다변화하기 위해 외국 자본과 협력하여 석유 수입을 산업활동 활성화를 위한 도구로 이용했다. 비록 석유 붐이 도시 중산층의 빠른 성장을 주도할 수 있을 정도로 폭넓게 진행되었지만 부의 재분배에 대한 개혁은 실패로 남아 있었다. 10년 동안의 제도와 사회적 변화 그리고 과거 25년의 사회적 동원의 맥락을 우리는 아래와 같이 분류하여 살펴볼 수 있다.

민주주의 전환 그리고 새로운 사회적 권력의 기복

수출 붐과 함께 수반되는 사회적 변화 과정에서 에콰도르는 강한 정당체계를 발전시키지 못하였다. 약하고 후원자적 관계 그리고 분열된 기존 시스템은 지역주의에 바탕을 두고 있다. 더욱이 1970년대 군사정권의 붕괴로부터 민간정권으로의 이양은 안정적인 상황에서 시작되지 않았다. 그럼에도 불구하고 1980년대 초 에콰도르의 정당체제는 주요 정당들이 좌파에서부터 우파까지 아우르는 범이념적 정당들이 형성되는 것처럼 보였다. 그러나 포퓰리즘과 정치적 불안정은 1990년대 중반 새로운 사회운동과 함께 연출되었다.

민주주전환의 정당범위

1979년 민간 통치로의 이행을 통해 에콰도르 정치에 새로운 변화가 동반되었다. 고지대에 거주하는 대부분의 문맹의 가난한 원주민 소작농들에게 1978년 헌법에서 허용한 참정권이 부여되었다는 점이다. 정치개혁은 1964년과 1973년 농지개혁을 중심으로 농촌에서 주도적으로 진행되었다. 비록 토지분배가 제대로 진행되지 않았지만 막대한 토지를 소유한 지주에 의해 지배된 정치권력의 전통적인 구조의 변화가 초래되었다. 해안과 고지대에 바탕을 둔 전통적인 지역의 지주와 연결된 우파정당과 역사상 처음으로 시민으로서의 권리를 획득한 원주민들이 거주하는 농촌지역의 새로운 유권자들 그리고 농촌운동에 박차를 가하여 강력하고 안정적인 연계를 구축하려는 좌파 정당에 의한 변화와 개혁이었다. 19세기부터 에콰도르 정치권력체계에서 고지대는 보수당으로 그리고 해안지역은 자유당지지 세력으로 구성되었다. 최근 해안지역에 등장한 기독교 사회당이면서 좌파성향의 정당은 1930년대부터 공산주의와 사회주의당으로 활동했으며 1970년대부터는 모택동의 인기영합적인 민중운동을 발판으로 성장했다. 중도파인 기독교 대중민주주의당과 중도좌파정당인 민주 좌파당은 조금도 발전하지 않았다.

따라서 1996년까지 파차쿠틱(Pachakutik) 연합 다문화운동(일명 MUPP) 형성을 위한 원주민 조직과 사회운동이 결합되었을 때 원주민과 소작민들은 실제적인 그들의 목적 달성을 위해 중앙 또는 지방과 시 정부대표로 진출하는 것에 관심을 두지 않았다.

1950년대부터 시작된 급속한 도시화와 도시 주변부지역의 인구 팽창으로 인해 모든 정당들이 농촌지역으로부터 이주한 주민의 득표에 관심을 돌렸다. 중소도시와 대도시에 거주하는 인구는 1950년 전체 인구의 28.6%에서 1990년에 55.4%로 그리고 2000년에는 65%로 꾸준히 증가했다. 20세기 들어 에콰도르 민주주의의 태동기라 할 수 있는 1946~1963년 민주주의의 기원은 정당의 행동패턴에 의해 찾아볼 수 있다. 정당들은 도시 중산층과 최근에 도시인구에 중심을 이루는 이주자들의 표심을 점유하기 위해 후원자적 관계의 네트워크 형성에 초점을 맞추었다. 다른 한편 정치적 후원자 관계로부터 중앙정부와 지방자치단체에서 정당들은 유권자의 득표를 위해 유권자들의 인기를 집중시킬 수 있는 부문에 대한 재화와 서비스 제공을 고려했다. 반면에 후원자적 관계의 네트워크 변화에서 선거전은 대중적 인기를 모으고 있는 조직의 지도자들을 유치할 뿐만 아니라, 중산층의 전문가와 비즈니스 협회의 지도자들에게 의존했다. 이러한 지도자들은 행정부와 지방정부 의회를 점령하는 정치적인 인물로 변모했다(Menéndez Carrión 1986; Conaghan 1995).

정치 지도자들과 여러 정당들 사이의 동맹은 유동적으로 남아 있었다. 정당들은 득표 점유력을 위해 지도부에서 안정적인 그룹을 형성하는 능력을 발휘할 수는 없었다. 아마도 더 중요한 것은 민주주의 시대의 초기 네 명의 대통령들은-1982년 외채 위기 이후 국제통화기금(IMF), 세계은행 그리고 미재무부에 의해 요구된 신자유주의 구조조정정책(SAPs)을 구현하기 위해-그들의 선거 장치를 버리고 강력한 기술관료팀들과 함께 통치했다(Conaghan and Malloy, 1994)는 점이다. 결과적으로 대통령들은 정부와 그들의 정책을 지원하기로 한 정당 사이에 참호(야전에서 몸을 숨기면서 적과 싸우기 위하여 방어선을 따라 판 구덩이)를 팠다. 인기 없는 강도 높은 구구조정은 2007년 1월 코레아의 취임까지 모든 정권들이 추진했지만 정당에서 선출된 대표들을 위한 엘리트와 대중 양진영은 약화되었다. 정부와 의회의 대표자들 및 지방자치단체 사이의 격동적인 관계는 의회동맹의 추가 분열과 정당공헌에 반영했다.

이러한 정치적인 환경에서 정당들은 키토와 과야길에 토대를 둔 은행가들, 실업가들, 대 상인들과 지주들의 네트워크는 지배그룹의 최선의 이해가 반드시 동일할 필요가 없다는 것을 대부분의 득표성공에서 보여 주었다. 따라서 에콰도르 정치의 본질적인 기피대상이고 불규칙하며 대담한 포퓰리스트 지도자 압달라 브까람이 1996년 대통령으로 임명되었다. 그리고 20세기 원주민 군사반란의 전환으로 중령 루시오 구티에레스가 2002년 파차쿠틱의 지지로 대통령에 선출되었다(Beck and Mijeski 2006). 원주민 운동을 지원했던 정당은 구티에레스 정부의 개입에 의해 신임이 실추되었다. 또 다른 포퓰리스트 운동인 국가 연합(Alianza País)은 11월 대통령 선거에서 코레아를 대통령으로 당선시켰다.

〈표 22.1〉 에콰도르 국가 원수들과 그들의 정치적 제휴(1972~2009)

1972~1979년: 무단정치	
	개혁파(1972~76년); 공화당 우파(1976~79년)
1979~1981년: 하이메 롤도스(Jaime Roldós)	
	포퓰리스트, 인기 있는 세력의 집중
1981~1984년: 오스발도 우르따도(Osvaldo Hurtado)	
	중도파, 대중 민주주의당(기독교 민주당)
1984~1988년: 레온 페브레스 꼬르데로(León Febres Cordero)	
	우파, 기독교 사회당
1988~1992년: 로드리고 보르하(Rodrigo Borja)	
	중도좌파, 민주 좌익당
1992~1996년: 씩스또 두란-바엔(Sixto Durán-Ballén)	
	우파, 보수당
1996~1997년: 압달라 브까람(Abdalá Bucaram)	
	포퓰리스트, 에콰도르 롤도시스트 당
1997~1998년: 파비안 알아르꼰(Fabián Alarcón) (임시)	
	중도좌파, 자유당
1998~2000년: 하밀 마후앗(Jamil Mahuad)	
	중도좌파, 대중 민주주의당
2000~2002년: 구스따보 노보아(Gustavo Noboa) (임시)	
	중도좌파, 대중 민주주의당
2002~2005년: 루시오 구띠에레스(Lucio Gutiérrez)	
	포퓰리스트, 파차쿠틱을 포함한 동맹
2005~2007년: 알프레도 빨라시오(Alfredo Palacio) (임시)	
	중도파, 특별한 기반으로 한 정치적인 협의
2007~2009년 & 2009~: 라피엘 꼬레아(Rafael Correa)	
	좌파 포퓰리스트, 국가연합 (Alianza País) 운동

사회운동의 부상

1990년대 중반부터 에콰도르 최근 정치 역사에 가장 극적인 시기가 시작되었다고 할 수 있다. 그것은 1997년 브카람 대통령, 2000년 하밀 마우앗 그리고 2005년 루시오 구티에레스 대통령들의 퇴위를 둘러싼 대규모의 대중적 동원과 에콰도르 원주민들의 정치운동 참여증가 및 순간적인 쇠퇴가 진행된 격동의 시기다. 에콰도르 정치에서 1990년대 동안 원주민 운동은 합법적으로 무력을 사용하는 것으로 전환되었다. 에콰도르 원주민민족연합동맹(CONAIE)과 연합의 파차쿠틱/MUP 등장을 계기로 정치적 지각 변동과 함께 두 조직을 통해 원주민조직의 선거참여 경쟁은 대단한 성공을 거두었다. 파차쿠틱은 그러나 구띠에레스 행정부의 참여 결과로 큰 타격을 입었다. 2002년 대통령 선거 1차전에서 득표율은 극적으로 20%를 점유했고 2006년 1라운드에서는 2%가 감소한 득표율을 차지했다. 2009년 선거에서 원주민조직에 대한 지지는 낮았다. 그럼에도 불구하고 원주민 조직들은 일부 고지대 지방과 아마존 지역을 중심으로 지방정치에서 상당한 세력을 유지했다.

에콰도르 원주민 운동의 역사적 기원은 1930년대의 농민 운동으로부터 찾아볼 수 있다(Becker 2000; Striffler 2002). 최근의 시작은 위에서 설명한 바와 같이 1960년대와 1970년대 농업개혁으로부터 기원된 농촌세력의 사회관계의 전환과 농촌에서 만연한 정치적인 지배의 연결로부터 대부분의 고산지대 원주민이 자유화된 농업 현대화에서 찾을 수 있다(Zamosc 1994; Clark 1998). 이 해방은 원주민 사회의 재건을 선호하는 두 종교 전환에 의해 동반되었다.

해방 신학에서 영감을 얻은 가톨릭교회는 국내 지주 엘리트들의 특권을 보호하던 전통적인 방향을 수정하여 원주민 소작농에 대한 지원으로 전환했다. 교회의 새로운 방향은 토지 양도, 협동농업 그리고 원주민 고유 언어로 글쓰기 훈련을 통하여 원주민과 소작농의 극빈상황을 해결하려 했다. 침보라소 지방의 경우 교회의 이러한 노력은 최고 모범사례로 알려졌다. 이 지방에서 라틴아메리카 해방신학 운동의 지도자로 주목받는 주교는 원주민을 위해 케추아어로 지역사회의 라디오와 글쓰기 및 읽기 그리고 리더십 향상을 위한 프로그램을 제작하고 학교를 설립했다. 이러한 프로그램들은 원주민의 언어정체성을 재건할 뿐만 아니라 전통적인 특권층인 지주 계층의 퇴각으로 인한 정치적 진공상태에서 권력의 새로운 중심으로 원주민 조직을 형성하고 이들의 운동이 활성화되는 계기가 되었다. 해방신학의 중심은 원주민 사회였고 그것은 1980년대와

1990년대에 원주민 운동조직을 설립하게 되는 기초가 되었다(Korovkin, 2001). 한편 교회에 의해 추진된 리더십 향상 교육사업은 1980년대 초 CONAIE와 파차쿠틱의 미래정치 지도자들을 양성하였다.

비록 유사하긴 했으나 가톨릭의 해방신학운동보다 덜 알려진 고지대에서의 복음주의 선교 활동을 언급해야만 한다(Muratorio, 1980). 미국에 대한 고정화된 이미지와는 반대로—소작인들 사이의 정치적 무관심을 장려하는 "제국주의의 대리인"으로서 개신교의 임무에 기초한 개신교회들은 에콰도르 가장 주요한 고지대인 침보라소와 꼬또빡시(Cotopaxi)에서 활동—소작인 조직과 케추아어에 중요성을 인식시키는 해방역할을 담당했다. 20세기 말 진전된 이러한 과정은 최근 가장 정치적으로 활발한 원주민조직 중 개신교원주민에콰도르연맹(FEINE) 창설에서 정점에 달했다.

새로운 원주민 지도자들은 그들의 정치적 경력을 통해 원주민사회, 국민국가 그리고 국제개발 원조기구의 중개인 역할을 담당하기 시작했다. 국제개발기구들과의 관계는 1990년대 말 저명인사인 CONAIE와 파차쿠틱의 창시자들의 활동으로 국제적인 원주민 권리운동과 관련을 맺는 것이 가능하게 되었다(Maiguashca, 1992). 따라서 분해된 중간, 상위 계층의 주도와 도시에 기반을 둔 정당들의 노동운동은 감소되는 한편 농촌을 기반으로 한 원주민의 지도력은 1980년대 초반 단계적으로 소작인 그리고 고지대와 아마존 지역 원주민 부문의 대표들이 좌파 정당들과 견주며 마주 보고 논쟁할 만큼 능력이 향상되었다. 이러한 과정은 CONAIE의 설립에서 정점에 이르렀는데 이것은 1990년 원주민폭동과 함께 정치 무대에서 극적으로 폭발했다(Guerrero, 1993).

토지반환을 요구했던 전통적인 소작인 운동에서 1990년대 원주민 운동으로의 변화는 문화적 권리에 대한 수요와 반신자유주의 정치경제적 운동에서 중요성을 얻었다. 원주민들은 자신들의 법률과 관습에 따라서 자신들이 공동체 개발에 대한 주도적 역할을 담당하고 자체적으로 통치해야 한다고 주장했다.

이러한 권리는 에콰도르에 의해 서명된 국제협정 및 조약을 근거로 제기되었다. 지식인과 공공 및 민간 부분의 노동조합 행동주의자들에게 경각심을 일으킨 원주민 결속을 통해 1996년에 사회운동 코디네이터(CMS)의 일부분을 형성한 여러 대중단체들과 CONAIE 사이 연합을 통한 조직 설립은 최고조에 달했다. 이것은 궁극적으로 1996년에서 2002년까지 국가와 지방선거에 성공적으로 참가한 파차쿠틱/MUPP에서 발견한 연합이었다. 이미 알려진 바와 같이 구티에레스 정부에 참여를 위한 파차쿠틱/MUPP의 지지는 비싼 대가를 치렀다. 파차쿠틱/MUPP은 2007년 9월 의회 선거에서 130석 중에 단지 2석만을 차지했다. 그러나 5개의 국민연합의회 대표자들은 다양한 원주민 단체들로부터 조직되었다. 1998년 원주민들의 주장은 2008년 헌법에 통합되었다. 더욱이 원주민 운동에 대한 동정을 갖고 있는 넓은 범위의 사회운동단체들의 행동주의자들과 지도자들은 총선에서 국민연합 후보로서 의회에 진출했다.

신헌법의 채택: 1998년과 2008년

원주민 운동과 다양한 사회운동법을 위한 정치영역 구성원을 포함하는 지지자와 입안자의 기대와는 반대로 1998년 헌법은 정치적인 대표제의 향상된 메커니즘으로 정치안정이나 사회민주주의를 심화시키지는 않았다. 정치선거운동의 생성을 촉진하고 중앙정부로부터 지방정부(지방자치단체와 지방)로 공공자원의 통제를 전송하는 메커니즘을 구축하기 위해 1998년 헌법은 실제로 정당 내에 만성적인 파벌주의와 원주민 운동과 사회 운동을 반영했다. 이러한 부정적인 영향들은 1984년부터 대중민주주의당(Popular Democracy, 혹은 기독교 민주당으로 불림), 우파 기독교사회당, 중도좌파 민주좌익당 그리고 에콰도르 롤도시스트(Ecuadorean Roldosist Party) 당과 같은 국내 정치를 지배했던 다수정당 사이에서 특히 두드러지게 나타난다(Rachano 2004; Andrade 2006). 게다가 격렬한 내부 파벌에 직면한 모든 정당들은 전국적인 선거에서 그들의 승리를 위축시키는 새로운 사회운동의 부상으로 더욱더 경쟁적인 정치현실과 직면해야만 했다.

1988년 헌법에서 집단적 권리와 향상된 대표제는 원주민 및 여성 단체 그리고 다양한 대중적 부문들, 즉 정책결정과정에서 그들의 커다란 영향력을 부여할 수도 있었던 의회, 지방정부 및 여러 국가에서 신자유주의 정책의 파괴적인 영향의 수정이 쓸모없음을 입증했다. 빈곤과 불평등을 지지하기 위해 1998년 헌법은 신자유주의 경제 모델에 대한 가장 만연한 편견 부분에 힘을 실어 주었는데 실제로는 1998년에서 2000년 사이의 금융 위기는 가속화되었다. 정치대표체계에서 개혁은 만연하는 경제정책 방향과 영향을 수정할 수 없다는 것을 확실히 보여 주었다. 이것은 또한 경제정책의 우익 전환을 추구한 구티에레스와 마우앋 정부에 대항하여 군사-원주민 운동을 이끌었던 대령과의 동맹, 즉 파차쿠틱의 동맹으로 설명되어진다.

이 모든 것을 고려해도 2005년 구티에레스의 종말은 놀라운 결과는 아니었다. 그리고 사회적으로 진보적인 법질서보존을 위한 신헌법 제정에 대한 중간계층뿐만 아니라 모든 사회조직과 대중조직의 갈수록 증대되어 가는 요구가 반영되었다고 볼 수 있다. 또한 대통령 팔라시오(Palacio)의 약한 임시정부는 이러한 대중의 요구를 만족시킬 수도 그리고 근본적으로 경제정책의 방향을 수정할 수도 없었다. 이러한 상황에서 짧은 기간 경제부 장관을 역임한 새로운 카리스마 넘치는 리더인 코레아는 부각되었다. 전통적인 정당과 원주민 운동이 약화됨에 따라 특히나 키토와 꾸엔까 같은 주요 도시에서 구티에레스 반대시위 도중 사회운동과 중상층 단체의 저항으로 시민운동은 새로운 활력을 얻게 되었다. 이것은 2006년 대통령 선거를 승리로 이끈 동맹인 국가연합(Alianza País)으로 변환되었다. 취임 직후 코레아는 즉시 새로운 헌법제정을 위해 국회 소집을 제안했다.

코레아의 계획안은 의원들의 반대에 직면했다. 복잡한 정치대립과 사법상 대치로 선거 재판소는 결국 선임한 의원들의 2/3를 해산시키고, 대통령의 제안을 통과시키기 위해 해산한 의원을 대리인들로 대체하였다. 위에서도 언급한 바와 같이 2007년 4월 신헌법 승인뿐만 아니라 완전한 입법 의회기능을 수행할 권력을 가진 국회 형성이 유권자의 압도적인 지지로 승인되었다. 그러한 선거에서 국가연합의 승리로 의회는 중단되었다. 행정부에 의해 제시된 입법은 새로 선임된 의회에 의해 통과되고 사회진보적인(사회진보적이기는 하지만 오히려 모순된) 헌법에 기초했다. 그것은 주로 국가연합의 중핵을 형성한 수많은 비정부 단체와 사회운동 지도자들에 의해 작성되었다.

신헌법에 대한 반대운동은 두 가지 이유에서 실패했다. 첫 번째로 국회의원 선거와 헌법을 구상하는 동안 동맹하여 유지된 국가연합과는 대조적으로 야당은 그들 멤버들 간의 입장 차이를 좁히지 못했다. 둘째로 야당은 잘못된 목표에 공적인 공약에 집중했다. 2007년 4월 야당은 1998년 헌법과 명확하게 부정부패의 이미지로 대중적 인기가 추락한 의회를 방어했다. 야당은 과야길 분열의 성공적이지 못한 예를 들어 외부의 압력을 만들려고 했다. 후에 국민투표 운동을 하는 동안 야당은 동성애 결혼과 낙태의 적법화에 대한 우려를 거짓으로 시도함으로써 종교적인 감정에 호소했다(Ospina, 2008).

요컨대 2008년 헌법은 두 가지 요소의 결과였다. 하나는 역사적이며 신자유주의 확산 및 강화와 관련이 있었다. 다른 하나는 대통령의 역량과 여당의 대중적 지지 확산에 대한 위기에 놓여 있었다. 헌법은 분명 국가연합 내의 심사숙고한 결과와 결정이었다. 어떤 경우에는 행정부와의 교섭에 의한 시행이었다. 그러나 국가연합 안에 통합되지 않은 진보적인 의견의 광범위한 범위에서 주어진 반신자유주의 프로그램의 애매모호함은 헌법에서 다루지 않았다. 오히려 그것은 적어도 다음 3가지 명확한 다른 요소들을 결합하고 거의 확실하게는 다른 정치인들에 의해 대부분은 계속적으로 지원이 될 것이다.

이러한 요소들의 첫 번째로 권력이 집중된 행정부와 국민의 절대 권력을 지닌 대표로 변환되고, 의회 역할의 축소를 포함한다. 두 번째 경향은 신자유주의 정책을 반대하고 특히나 반신자유주의자들에 의해 전개될 사회조직을 위해 새로운 권리를 형성하거나 기존의 권리를 확장하는 것을 포함한다. 예를 들어 "좋은 삶"의 개념은 자원에 대한 보편적 접근을 부여하고 자원 독점화를 금지하는 것이다. 마지막으로 세 번째는 헌법에서 나온 신개발유심론자들의 사고처럼 수많은 조항에서 나온 것이 경제 분야에만 국한되어 국가의 역할을 언급하는 것이 아니라 국가, 사회 그리고 자연의 관계로 언급되어야 한다는 점이다.

전반적으로 새로운 헌법은 경제에 관해서 분명 반신자유주의 편견을 가지고 있다.

잠재적인 재분배의 중대한 영향을 미칠 조항들(특히나 토지와 소득에 관해서)을 포함한다. 경제 계획 추진을 위해 국가의 개입을 허용하고 국제무역과 금융규제, 국내생산적인 분야에 대한 저축과 투자를 장려하는 것을 포함한다. 그리고 보편적인 사회보장제도뿐만 아니라 기본 서비스에 대해 좀 더 중앙집권인 제공을 가시화한다. 이러한 정책에 대해 반대 입장을 취하는 그룹들은 강력한 행정부에 대한 동반자적인 입장을 유지하는 사람들로서 입법부와 사법부에 대한 반자유주의 정치적 편견을 헌법에서 확인했다. 그럼에도 불구하고 헌법은 또한 모든 정치적 대표자들과 국가 행정부처들이 더욱더 시민들에게 책임을 다하는(예를 들어 새로운 헌법재판소) 잠재적인 강력한 균형을 유지한다. 마지막으로 헌법은 자연의 권리를 의미한다. 이 개념으로 환경보호운동가들은 에콰도르의 새로운 선도적인 수출 부문인 광산을 장려하는 정부계획에 대하여 저항한다.

약화된 속국과 정부 정책들

에콰도르는 국제경기 동향과 압력에 대하여 저항이 낮은 대외의존적인 국가다. 외국인 투자와 유동적인 수출시장경제 그리고 국가현실과 동떨어진 외부로부터 도입된 정책을 수립하는 무능력한 이념(외부로부터 정책을 받아들이지만 자신들의 것들로 어설프게 만드는 정책들을 의미), 이 두 가지에 에콰도르는 의존해 왔다. 만약 변화가 1980년대와 1990년대에 추진되었다면 그것은 본질적으로 역사적 경향을 강화하는 방향으로 나아갔을 것이다. 특히나 IMF, 세계은행 그리고 미국 재무부의 강요로 신자유주의 구조조정정책의 도입을 통해서 국가와 경제 그리고 사회 간의 관계가 재구성되었다.

신자유주의 정책에서 가장 주목할 만한 결과는 과거 주요 1차적인 원자재 수출상품인 석유와 바나나에 새롭게 의존하면서 원예, 해양 제품과 함께 최근 추가로 다양한 산품이 혼합된 형태로 수출되고 있다. 수출, 생산, 상업화, 금융부문에서 외국 개인자본에 대한 의존성, 노동기준의 저하, 외국투자와 국내투자유치를 위한 노동운동의 약화, 특히나 공식 통화로 미국달러 채택 이후 값싼 수입품의 국내시장 점령, 일반적인 재분배적 개혁의 포기와 불평등과 빈곤의 악화와 불규칙한 성장은 신자유주의정책의 결과이다. 정부정책과 신자유주의 추진결과로 생성된 사회폭력은 사유재산과 농촌지역 시위의 새로운 물결에 대한 확산을 방지하기 위해 농촌 지역뿐만 아니라 도시에서도 공권력과 협력한 사적인 무장세력의 급속한 성장을 이끌어 냈다.

1960년대와 1970년대 개발론을 중심으로 시행된 정부정책에 의해 국내시장 성장을 위한 다양성 추구정책에 대한 포기는 국내시장을 위축시켰다. 신자유주의의 구조조정 정책의 부정적인 영향으로 재정시스템의 거의 60%가 부도위기에 직면한 1997년에서 2000년 사이 금융위기는 악화되었다. 국내수출과 재정그룹들의 이익 보호를 위한 정책적 요구가 정부를 더욱 민감하게 만들었고, 국내 및 국제금융 정책에 대하여 유리하게 채택된 외부압력의 금융위기는 에콰도르의 취약성을 강화했다. 결국 마후앗 대통령은 과야길의 금융과 기업의 지지를 획득하기 위해 미국달러를 에콰도르의 공식화폐로 채택했다. 그러나 공식화폐의 달러화는 마후앗 정부에게 유리하게 작용하지도 않았고 국가경제를 위기로부터 구출하지도 못했다. 비록 인플레이션의 둔화에도 불구하고 평가절하된 인접국가들과 비교하여 볼 때 에콰도르의 생산원가는 계속 증가되었기 때문에 경제성장이 제한되었다. 그 결과 수출은 홀대받았고 수입은 선호되었다. 심지어 식품 수입도 선호되었다. 실제로 과야길 상공회의소에 따르면 거의 절반의 수출회사들이 2000년에서 2003년 사이에 파산했다. 코레아는 역사적으로 배타적이고 의존적인 개발 경로가 강화된 나라의 신자유주의 시대의 유산을 이어받았다(아래 요약 표 참조).

코레아는 대통령직을 물려받은 이후 자신의 인기를 상승시키고 유지하면서 모든 문제들을 빠르고 그리고 강력하게 대응해 나아갔다. 첫 번째로, 코레아는 대외의존성과 관련하여 세계은행 그리고 IMF와의 거리를 유지했다. 그는 또한 에콰도르 대외채무를 연구하고, "불법, 부패와 부정"으로 특징되는 대외부채와 관련하여 더 나은 협상조건을 모색하기 위한 전문 위원회를 구성하였다(Serrano Narváz, 2008). 동시에 UN에서 외채지

불중재에 대해 국제사법재판소의 형성을 지원한다고 발표했다. 둘째, 코레아 정부는 빈곤과 불평등문제에 관하여 사회보장비용을 대폭 증가했다. 국민의 가장 빈곤한 분야에 의해 수용된 소위 '인간 개발보너스'라고 불리는 보조금을 매달 30불씩 극빈층에게 배정했다. 그리고 도시 주거자들을 위해 주택 보조금을 2배로 증액했으며 더군다나 농촌 거주자들에게도 주택보조금은 확대 시행되었다. 셋째, 에콰도르의 과두정치그룹과의 관계에 있어서 코레아 정부는 마후앙 대통령이 어떻게 금융위기에 대응했는지를 검토했다. 그리고 거대 금융가로부터 재산을 몰수하는 조치를 단행했다. 동시에 탈세에 대한 조치를 강화하고 수입세 징수를 향상시키는 조치를 추진했다. 넷째로 개발촉진과 관련하여 대통령은 아시아와 다른 지역으로부터의 수입에 반대하여 지역의 산업과 고용을 보호했다.

코레아의 이러한 일련의 조치들은 광범위한 영역에 걸쳐 적용되었지만 그의 통치는 다른 분야에 묶여 있었다. 그는 에콰도르의 공식통화로서 달러채택에 반대했지만 달러화 정책에 반대되는 유리한 경제적 상황들을 고려하지 않았다. 코레아는 또한 환경을 둘러싼 원주민그룹들의 채광문제와 관련하여 갈등을 유발했다. 국내 석유보유량이 감소함에 따라 정부는 수출 수익의 새로운 근원을 모색하고 있었다. 광업이 새로운 주요 수출분야로 선택되었다.

2008년 말 국제경제의 속국은 지금 한번 더 그 대가를 치를 위기에 처했다. 석유가격이 하락하고 (국가 예산의 35%) 1990년대 말과 2000년 초 경제위기를 계기로 나라를 떠났던 수백, 수천의 에콰도르인들이 조국으로 보냈던 송금은 급격히 감소하고 자국화폐의 달러화로 인해 에콰도르는 갈수록 인접국가들과의 경쟁력이 저하되었으며, 다른 제3세계의 수출업자들은 수정할 여지가 있는 국가정책에 따라 경제적·사회적 안정을 위협당했다. 이와 같이 위기의 증가와 고갈의 문제를 안고 있음에도 불구하고 코레아는 이전 선거와 비교해 볼 때 개인적 지지와 여당의 득표율에서는 감소했지만 2009년 4월 새로운 대통령으로 선출되었다.

〈표 22.2〉 에콰도르 발달의 역사적 유산

19세기 후반	20세기 후반
1차 산품 수출에 의존한 호황과 불황이 반복되는 시기, 미국의 지배 아래 성장	1차 산품 수출에 의존하며 국제 금융기관과 미국의 지배하에 불안정한 성장 유지
수출산업과 금융에 대한 외국 민간자본에 의존	수출생산, 상업과 금융을 외국 민간 자본에 의존
교회와 원주민지역 사회의 토지 수용은 불평등과 강제노동 동반. 정권의 유지와 "수출 과두제" 선호	노동기준의 감소, 노동조합의 약화, 외국과 지역 투자자들에 대한 호의로 재분배 개혁의 포기. 불평등과 빈곤의 심화
지역의 반체제 집단과 강도 행위를 통제하기 위해 부동산 소유자는 사설 보안세력과 함께 전문적 군사와 경찰병력조직 창설	사유지에 대한 증가하는 범죄와 농촌지역서 확산된 미경찰과 군사원조 증액에 따른 새로운 반대운동 혹은 반란의 물결을 통제하기 위해 도시와 지역 사회에 사설 보안 세력의 급속한 성장. 종종 공권력과 관계유지.
도시 중상층과 노동자 계급을 위한 정치적 개방은 실현되었지만 경제정책을 만드는 힘은 수출 과두제와 연합된 외국자본의 지속적인 집중	일부 사회 분야에서 특히 여성과 원주민에 대한 정치적 개방은 실현되었지만 국제 금융기관과 지역사회 그리고 외국금융엘리트들 사이에서 경제정책을 형성하는 권력집중현상이 심화됨.

외교정책

20세기 동안 미국과 에콰도르의 관계는 다음 세 기간으로 나누어 특징을 살펴볼 수 있다. 우선 1900년에서 1942년까지 미국과의 관계는 주로 무역문제에 집중되며 수출입의 주요 시장인 미국과 무역 문제에 있어서 에콰도르는 우위를 점하는 시기로 구분된다. 그리고 1920년 미국의 경제학자이며 멕시코·콜롬비아 및 중국 등의 화폐제도 개혁에 공헌하여 '머니 닥터'로 불리기도 하며 금융제도·화폐문제의 권위자인 켐머(Edwin Walter Kemmerer)의 미션인 에콰도르 경제 재편이 진행되는 동안 정점에 도달했다. 1942년 페루와의 갈등 그리고 리우데자네이루 조약은 미국이 중재를 담당했다. 에콰도르는 갈라파고스 섬에 미군공군기지 설립을 반영하여 제2차 세계대전 동안 미국과 협력했다.

두 번째 시기로 제2차 세계대전이 끝나는 시기로서 세기로의 전환은 에콰도르가 미국과 특별한 관계를 모색한 시기로 특징지어진다. 이러한 특징은 1950년대 미국의 국제 개발원조정책의 맥락과 함께하며 최종적으로 미국의 원조를 획득했다(Montúfar, 2003). 1950년대와 1960년대 에콰도르가 미국과 긴밀한 유대 관계를 확립하는 동안 모든 민간정권(1948~1963년)과 군사정권(1963~1966년) 주도하에 근대화가 가속화 되었다. 1950년대와 1960년대 대미관계는 로드리게스 라라(Rodríguez Lala, 1972~1976년) 대령이 이끈 군사정부가 급진적인 개혁과 민족주의 정책을 추구하려는 경미한 변화가 있었을 뿐 기존의 정책이 1970년대까지 지속되었다. 정부는 1969년 카르타헤나 협정을 바탕으로 창설된 콜롬비아, 에콰도르, 볼리비아, 페루 등 남아메리카 4개국 경제협력체인 안데스협정을 위해 노력했다. 그리고 비동맹국 운동에 합류하여 석유수출국기구(OPEC) 회원유지를 위해 노력하는 등 제3세계와 다자간협력을 강화하는 대외정책을 운영하려고 시도했다. 그러나 미국과의 경제적 유대관계는 그 어느 때보다 더 중요하게 대두되었다. 이러한 요인은 다음 두 가지로 설명된다. 우선 석유를 개발하고 수출하기 위해 에콰도르 정부는 미국의 다국적 기업인 텍사코(Texaco)와 동맹관계를 유지했다. 그 관계는 1986년까지 지속되었다. 다른 한편 군사정부의 경제개발전략은 앞서 설명한 바와 같이 에콰도르 과두정치의 가장 중요한 국가 사업인 민간부문과 미국의 다국적 기업 및 금융기관들의 관심을 끌었다.

미국과 에콰도르의 관계에서 세 번째 시기는 1980년대 초반 민주주의로의 전환기에 해당한다. 이 시기 양국관계는 다음 세 가지의 특징을 나타냈다. 첫 번째 세계 절반에 걸쳐 확산되는 무역자유화에 관한 미국의 입장에 협력하며 신자유주의 경제정책 채택을 포함했다. 두 번째로 워싱턴의 미주기구(OAS: 아메리카 대륙의 지역적 협력을 위하여 설립한 기구), 다자간 기구인 UN과 안데스 공동체는 에콰도르와 지역의 민주주의 안정성에 대한 우려를 표명했다. 마지막으로 1998년 이후 마약과의 전쟁은 에콰도르와 미국과의 관계를 강화시켰다. 워싱턴 컨센서스 채택과 에콰도르 정부의 관심은 마약통제에서 항상 수사학적이지는 않지만 마약과의 전쟁에 대한 미국의 입장을 지지했다(Bonilla, 2002).

에콰도르의 미국의 대 마약정책에 대한 지원은 에콰도르의 북쪽 해안 만타(Manta)에 위치한 공군기지 앞에 관측기지(FOB: 본선인도조건)를 건설함으로써 확고해졌고 또한 에콰도르 군과 경찰 그리고 미 정부기관 사이의 협력이 강화되었다. 1999년 에콰도르는 불법마약밀매에 대한 대응책으로 경찰과 군 연합을 포함한 강력한 반 마약 전략을 채택했다. 그리고 경찰 내부에 국가반마약부(DNA)를 형성했다. 이후 군과 경찰 합동 2,000명의 대원을 중심으로 콜롬비아 접경지역 세 도시(역자: Zucumbio, Carchi, Esmeralda)에서 운영되는 특별 마약전담부대를 조직했다. 에콰도르 정부는 미국과 특별한 관계를 유지하기 위한 수단으로 국가차원에서 반마약전쟁을 지지하였고. 9월 11일 이후 테러와의 전쟁에서 에콰도르 안보세력과 미기관 사이의 관계는 단계적인 과정을 거쳐 제도화되었다.

코레아는 집권 1기 전임자들과 차별적인 다른 방향의 외교 정책을 운영할 것이라고 발표했다. 코레아 정권의 외교정책에서 다음 세 가지 특징을 확인할 수 있다. 첫 번째 비록 정부가 마약과의 전쟁에서 미국과 협력을 유지하고 있지만, 산업의 국유화부문에 대하여 과거 무조건적인 워싱턴 입장에 대한 지지는 폐기되었다.

두 번째로 에콰도르의 대 콜롬비아 정책은 수정되었다. 에콰도르 영토로 진입한 콜롬비아 내전 피해자들에 대한 인도주의적 지원과 콜롬비아 우리베(Alvaro Uribe) 정권의 정책과 거리를 두는 것을 골자로 하고 있다. 세 번째로 에콰도르 정부는 생각을 공유하고 있는 인접국 베네수엘라, 볼리비아와 특히 쿠바와 긴밀한 관계를 유지하고, 유럽연합, 중동지역의 이란, 북아프리카에서는 리비아 및 아시아의 중국과 다양한 외교관계를 새롭게 수립할 것을 강조했다. 이러한 새로운 외교정책이 국가의 자주권 달성을 지향한다고 하더라도 대외관계는 독점적인 사상이나 기조를 기반으로 하고 있지 않다. 실제로 우리베 정부를 향한 입장을 제외하면서 코레아의 외교정책은 실용주의적인 외교라고 평가할 수 있다.

국수주의자 그리고 반제국주의로 표현되는 미국과 일정거리를 유지하면서 국수주의자 그리고 반제국주의로 표현되는 코레아의 외교정책 추진은 다음 세 가지 측면에서 문제점을 나타낸다. 위에서 언급한 대로 아르헨티나, 칠레, 볼리비아 그리고 에콰도르 정부는 국내경제의 경영에서 세계은행과 IMF 같은 국제금융기관의 영향을 제한하고 심지어 억압하려는 것을 시도했다는 점에서 유사하다. 두 번째 미국의 마약과의 전쟁에 대한 협력은 국가통제를 보장하기 위해 새롭게 재설정되었다. 정부는 2009년 만료된 미국 만타공군기지의 지속적인 작업을 위한 조약을 갱신하지 않았다. 정부는 미국 보안기관들과 유지해온 기존의 직접적인 관계를 대체하기 위해 국가와 국제 안전 및 에콰도르 계획부 등 새로운 국내조직을 형성했다. 이러한 변화는 에콰도르 군 및 경찰 그리고 미국과의 관계에 보다 더 큰 영향을 미쳤다. 대통령 궁에서 시작된 대미 정책의 세 번째 변화는 미국뿐만 아니라 유럽연합과의 자유무역협정을 거부했다. 이 정책은 에콰도르가 무역적으로 그 중요성이 제한된 점을 감안하여 검토되어져야 한다. 실제로 미국은 2006년 8월 안데스산맥 국가들과의 어떤 형태의 자유무역에서든지 에콰도르와 볼리비아 양국을 제외시킬 것을 이미 결정했다. 그리고 유럽도 그해 10월에 유사한 결정을 내렸다.

콜롬비아에 대한 대외정책은 위에서 지적한 대로 이념적 고려를 반영하여 설정되었다. 2007년 말 국가와 국제안전 및 에콰도르계획부의 형성을 계기로 에콰도르는 콜롬비아의 국내갈등에 대한 외교적 개입을 시도했지만 실패했다. 2008년 4월 콜롬비아 군대는 에콰도르 영토에 진입하여 접경지역을 거점으로 활동하는 콜롬비아 좌익게릴라 콜롬비아혁명군(FARC)의 비밀기지를 파괴하고 게릴라 지도자인 라울 레예스(Raúl Reyes)를 사살했다. 이에 대해 에콰도르 정부는 보고타와의 외교단절을 선언하고 미주기구의 중재를 요청하는 것으로 대응했다. 양국의 외교 관계는 2010년 초까지 회복되지 않았다. 에콰도르 정부는 양국의 보류된 관계에도 불구하고 콜롬비아 무장혁명군의 에콰도르 영토 접근을 차단하는 정책을 지속적으로 유지했다. 그리고 에콰도르 계획부를 통하여 에콰도르로 피신한 콜롬비아인들에 대한 인도주의적 지원을 제공했다 (Ramírez and Montúfar, 2008).

비록 에콰도르 정부의 외교 정책은 일반적 방향을 고려하는 다극성의 개념을 적용하고 있지만, 새로운 외교 관계에서 다양성을 모색하는 것은 이념적인 고려보다는 실용적인 외교에 기반을 둔 것이다(Bonilla, 2008). 비록 코레아는 라틴아메리카 통합부문에서 미국과 캐나다를 제외한 라틴아메리카와 카리브 해 국가들 중심의 새로운 통합기구창설과 안데스산맥공동체 그리고 남미 원뿔꼴지역의 경제통합을 위해 등장한 남미국가연합(UNASUR)에 참여하기 위해 노력을 기울였다. 에콰도르는 1994년에 탈퇴한 석유수출국기구(OPEC)에 재가입했다. 이것은 고유가 유지의 필요성을 절감한 것으로서 역시 실용적인 면이 고려된 것이다. 유사하게도 중동 및 중국과의 관계 강화를 위한 노력은 경제적 고려에 의해 정당화되고 있다.

결론

에콰도르 역사를 특징짓고 있는 외부 의존적인 발전에서 벗어나 민주주의로 전환한 이후 가장 중요한 개혁이 코레아 대통령의 정책을 통해 가시적인 성과를 거두고 있다. 코레아 정부는 국내적으로는 빈곤과 불평등을 완화하고 책임 있는 엘리트 그룹형성을 골자로 한 정책을 추진하며 대외관계는 독립적인 민족주의 경로를 밟고자 시도했다. 그러나 과거유산의 의존과 한정된 자원, 즉 자연뿐만 아니라 인간 보건에 대한 투자 및 공공교육 그리고 25년 동안 방치되었던 사회안정으로 인해 에콰도르의 도전은 아직 갈 길이 멀다. 이러한 도전은 현재 세계 경제위기에서 더욱 가공할 만하다.

추천도서

Andrade, Pablo. 2002. "Fuerzas sociales y politicas en la Constitucion ecuatoriana de 1988." Paper delivered at the I Encuentro de Ecuatorianistas, Latin American Studies Association (LASA), Quito.

Beck, Scott H., and Kenneth J. Mijeski. 2006. "The Indigenous Vote in Ecuador's 2002 Presidential Election." Latin American and Caribbean Ethnic Studies 1, no. 2 (September).

Becker, Marc. 2002. "Ecuador." In The South American Handbook. Edited by Patrick Heenan and Monique Lamontagne. London: Fitzroy Dearborn.

Bonilla, Adrian. 2002. "Alcances de la autonomia y hegemonia en la politica exterior ecuatoriana." In Orfeo en el infierno: Una agenda de politica exterior ecuatoriana. Edited by Adrian Bonilla. Quito: FLACSO−CAF−Academia Diplomatica.

Clark, Kim. 1998. "Racial Ideologies and the Quest for National Development: Debating the Agrarian Problem in Ecuador (1930−1950)." Journal of Latin American Studies 30.

Conaghan, Catherine M. 1988. Restructuring Domination: Industrialists and the State in Ecuador. Pittsburgh: University of Pittsburgh Press. 0813344003−black ?_0813341647−fm.qxd 5/24/10 11:36 AM Page 427

Conaghan, Catherine M. 1995. "Politicians Against Parties, Discord, and Disconnection in Ecuador's Party System." In Building Democratic Institutions in Latin America. Edited by Scott Mainwaring and Timothy Scully. Stanford: Stanford University Press.

Conaghan, Catherine M., and James M. Malloy. 1994. Unsettling Statecraft: Democracy and Neoliberalism in the Central Andes. Pittsburgh: University of Pittsburgh Press.

Fierro, Luis. 1991. Los grupos financieros en el Ecuador. Quito: CEDEP.

Guerrero, Andres. 1980. Los oligarcas del cacao. Quito: Editorial El Conejo.

_____. 1993. "La desintegracion de la administracion etnica en el Ecuador." In Sismo

etnico en el Ecuador. Varias perspectivas. Edited by Jose Almeida et al. Quito: CEDIME & Abya −Yala.

Handelman, Howard. 2002. "The Origins of the Ecuadorian Bourgeoisie: Its Implications for Democracy, Challenges, and Limits to Latin American's Democratic Revolution." Canadian Journal of Latin American and Caribbean Studies 27, no. 53.

International Crisis Group. 2007. Ecuador: Overcoming Instability. Latin America Report no. 22. August 7.

Larrea, Carlos, and Liisa North. 1997. "Ecuador: Adjustment Policy Impacts on Truncated

Development and Democratization." Third World Quarterly 18, no. 5.

Larrea, Carlos, and Jeannette Sanchez. 2002. Pobreza, empleo y equidad en el Ecuador: Perspectivas para el desarrollo humano sostenible. Quito: Programa de las Naciones Unidas para el Desarrollo.

Maiguashca, Bice. 1992. "The Role of Ideas in a Changing World Order: The International Indigenous Movement." In Occasional Papers in Latin American and Caribbean Studies, no. 4. Toronto: CERLAC/York University.

Menendez—Carrion, Amparo. 1986. La conquista del voto: De Velasco a Roldos. Quito: FLACSO —Corporacion Editora Nacional.

Montufar, Cesar. 2003. Hacia una teoria de la asistencia internacional para el desarrollo: Un analisis desde su retorica. Quito: Corporacion Editora Nacional—Centro Andino de Estudios Internacionales, Universidad Andina Simon Bolivar.

Muratorio, Blanca. 1980. "Protestantism and Capitalism Revisited in the Rural Highlands of Ecuador." Journal of Peasant Studies 8, no. 1.

Navarro, Guillermo. 1976. La concentracion de capitales en el Ecuador. Quito: Ediciones Solitierra.

North, Liisa. 2004. "State Building, State Dismantling, and Financial Crisis in Ecuador." In Politics in the Andes: Identity, Conflict, Reform. Edited by Jo—Marie Burt and Philip Mauceri. Pittsburgh: University of Pittsburgh Press.

Ospina Peralta, Pablo. 2008. El refrendum y despues: Un camino despejado? Quito: Comite Ecumenico de Proyectos (CEP).

Pachano, Simon. 2004. "El territorio de los partidos: Ecuador 1979–2002." In Partidos politicos en la region Andina: Entre la crisis y el cambio. Edited by Simon Pachano. Stockholm: IDEA.

Ramirez, Socorro, and Cesar Montufar, eds. 2007. Colombia y Ecuador: Cercanos y distantes. Bogota: Universidad Nacional de Colombia, Instituto de Estudios Politicos y Relaciones Internacionales/Universidad Andina Simon Bolivar.

Serrano Narvaez, Helga. 2008. Ecuador Seeks Non—payment of Illegitimate Foreign Debt. Americas Policy Program, Center for International Policy. November 24.
http://americas.irc—online.org.

Striffler, Steve. 2002. In the Shadows of State and Capital: The United Fruit Company, Popular Struggle, and Agrarian Restructuring in Ecuador, 1900–1995. Durham, NC: Duke University Press.

Zamosc, Leon. 1994. "Agrarian Protest and the Indian Movement in the Ecuadorian Highlands." Latin American Perspectives 29, no. 3.

미주

1) 1990년대 빈곤과 불평등 수준에 관한 통계는 Larrea and Sanchez 2002를 참조.
2) 엘리트 헌법에 관하여 Navarro 1976; Fierro 1991; Conaghan 1988; Handelman 2002를 참조.

23. 페루: 분열된 국가에서의 종속적 발전에 포위된 위태로운 민주주의

신시아 맥클린톡(김유경 옮김)

페루에서 민주주의가 주기적으로 추진되었음에도 불구하고, 지금까지처럼 12년 이상 헌정이 중단되지 않은 적은 없었다. 2000년 민주주의의 복구 이래 역사상 처음으로 페루는 경제성장, 정치적 평화 그리고 1인 1표 선거를 동시에 경험했다. 그럼에도 불구하고 정부는 인기가 없으며 많은 페루 국민들이 좌파 또는 민중주의적 대안을 고려하고 있다.

블랙(Jan Knippers Black)이 책의 서두에서 강조했듯이, 페루 민주주의의 허약함에 대한 비난은 부분적으로 이 국가의 뿌리 깊은 분열을 유발한 이베리아인들에게 돌릴 수 있다. 페루의 유명한 소설가 바르가스 요사(Mario Vargas Llosa)는 페루를 "서로를 잘 알거나 사랑하는 것 없이, 공통분모라고는 역사에 의해서 함께 살아야 할 상황에 처해졌던 것뿐인, 서로 다른 언어, 관습 그리고 전통을 가진 사람들을 인위적으로 모아놓은 나라"로 묘사했다.[1] 스페인인들의 학대와 잉카인들의 배신은 망각되지 않았으며 오늘날 만연한 사회적 불신의 한 원인이 되었다.[2] 그러한 분열은 지형에 의해서 더욱 깊어졌다. 다른 안데스 국가들과는 다르게, 페루의 수도는 안데스의 가장 높은 산지 근처에 살고 있는 그 나라의 원주민들과 분리되어 해안가에 위치하고 있다.

그 외에 역시 블랙이 지적했듯이, 페루와 유럽 그리고 미국 내 엘리트들에게 비난이 가해질 수도 있다. 왜냐하면 이들은 역사적으로 오랜 분열을 봉합하기에는 충분하지 않았던 종속적 발전 유형에 결부되어 있기 때문이다. 현재 그리고 그들 역사의 거의 대부분을 페루는 "자유주의적" 또는 "자유시장" 경제정책, 즉, 경제성장을 주로 원자재 수출에 의존하는 정책을 추진했고 따라서 호황과 불황의 순환에 취약했다. 미국 정부의 우선권은 항상 민주주의보다는 그들이 당면한 경제적 목적에 있었다.

종속적 발전의 맥락에서, 대부분의 라틴아메리카 국가들과 마찬가지로 페루 또한 성장과 빈곤 완화에 관한 실망스러운 기록을 가지고 있다. 1900년과 1987년 사이 페루의 실질 GDP 성장은 라틴아메리카 지역의 3.8%와 대비하여 거의 3.6%의 평균치를 보였다.[3] 1990년대 중반 이후의 활발한 성장에도 불구하고 2007년 페루의 1인당 소득은 라틴아메리카와 카리브 지역의 평균인 9,321달러보다 20% 이상 낮은 7,240달러였다.[4] 1960년대 후반, 페루에는 두 개의 극이 지속되었다. 즉, 하나의 극에는 "과두제 지배층"과 아마도 백인이며 가톨릭 신자이며 스페인어를 말하고 리마에 근거를 두고 있는, 인구의 10%에 해당하는 사람들과 다른 한 극에는 검은 피부를 가지고 있고 명목적으로만 가톨릭 신자이며 께추아어를 말하고 빈곤하며 안데스 고지대, 특히 남부 고지대에 살고 있는, 인구의 40%에 해당하는 "인디오"들로 불리는 사람들이 존재한다. 오늘날 양극화는 완화되었지만 지역적으로 불평등한 차이는 여전히 심각하다.

그러나 페루의 취약한 민주주의를 페루인들의 무관심 탓이라 비난할 수는 없다. 예를 들어, 2006년 선거에서 투표 연령층의 80% 이상이 투표권을 행사했고 이는 우루과이를 제외하고 가장 높은 참여였다.[5] 비록 선출된 정부가 쿠데타의 희생자였을지라도, 권위주의적 정부 또한 선거와 민주주의에 대한 민중들의 요구에 의해 타도되었다. 2005년 페루의 인구는 약 70% 이상이 도시민이며 또한 적령기의 90% 이상이 중등학교에, 30% 이상이 고등교육기관에 입학했다.[6]

스페인의 정복과 식민화

페루가 반구의 가장 크고 복합적인 토착 문명 중 하나의 본거지이고 스페인의 실질적인 두 개 부왕령 중 하나였음을 고려한다면, 스페인의 정복과 식민지 통치는 이 지역에 특히 큰 영향을 끼쳤다.

스페인의 정복은 페루의 토착민들에게는 대단히 충격적이었다. 잉카 제국은 현재의 칠레부터 에콰도르까지를 포괄하며 7만 명 이상을 아우르고 있었다. 잉카 제국은 광대한 관개망과 최상의 식량저장소 및 분배시설과 함께 번영했다. 그러나 1532년에 프란시스코 피사로(Francisco Pizarro)와 함께 온, 200명도 안 되는 스페인인들이 무려 8만 명이나 되는 전사를 가진 잉카의 군대를 잔혹하게 제압했다. 소수임에도 불구하고 스페인인들은 그들의 말과 총, 칼, 그리고 성공적인 매복 전략과 함께 잉카의 내분 때문에 승리했다. 잉카 황제인 아따우알빠(Atahualpa)를 사로잡은 후에 스페인인들은 그를 배신했다. 그들은 막대한 몸값의 대가로 그를 풀어주기로 약속했지만 몸값을 지불받은 후 죽였다. 약 40년 후에 잉카의 마지막 통치자인 뚜빡 아마루(Túpac Amarú)가 붙잡혔고 가톨릭으로 개종하도록 요구받았다. 그는 이를 수용했으나 그럼에도 불구하고 참수되었다.

페루는 스페인의 두 부왕령 중 하나가 되었다. 페루의 금, 은 그리고 수은 광산은 매우 풍부했다. 스페인인들은 토착민들에게 열악한 환경 아래 이들 광산에서 일하도록 강요했다. 1600년경 열악한 노동 조건과 유럽에서 들어온 새로운 질병들 때문에 많은 토착민들이 죽었다. 또한 스페인인들은 안데스 산맥의 계곡들에 있는 최상의 농경지 대부분을 빼앗았다. 분노한 토착민들은 그들의 목적이 잉카 통치의 회복이라고 천명하면서 산발적으로 폭동을 일으켰다. 1780년 잉카 제국의 후예인 뚜빡 아마루 2세(Túpac Amarú II)가 식민지 시대 동안 스페인에 대항한 가장 큰 폭동을 주도했다. 폭동은 거의 2년간 지속되면서 농민들의 대폭적인 지지를 얻었지만 스페인 왕실에 의해 잔인하게 진압되었다.

19세기 초기 독립운동이 성장했을 때, 리마는 남아메리카에서 스페인 행정의 중심부였고 스페인인들의 반격 중심지가 되었다. 페루의 끄리오요들(식민지에서 태어난 스페인인의 후예)은 독립을 경계했고 그들이 대규모의 토착민들을 통제할 수 없을까봐 걱정했다. 따라서 아르헨티나인인 산 마르틴(José de San Martín)과 베네수엘라인인 볼리바르(Simón Bolívar)에 의해 주도된 외국세력이 1824년 페루에 독립을 가져왔다.

독립에서 1930년까지: 페루 과두제의 발흥

페루의 독립과 1930년 사이의 백년 남짓한 시기는 혼란스러웠다. 상당한 경제성장의 시기가 있었지만 이 시기는 수출 주도적이었고 페루의 핵심 수출품, 특히 해안의 설탕과 면화를 생산하는 대토지 소유자를 통제했던 40개 가문, 즉, "과두제"의 출현과 공고화에 의해 특징지을 수 있다. 이들 엘리트가 선출된 민간 정권에 우호적인 경향을 보였다고 해도 그들은 엄격하게 참정권을 제한했으며 빈곤에 끼치는 충격을 고려하지 않고 수출 주도 성장을 추진했다.

독립 이후 처음 20년 동안은 서로 다른 지역적 기반을 가지고 있는 까우디요들이 권력을 놓고 경쟁했고 국경선을 둘러싸고 전쟁을 벌였다. 이후 페루 해안 밖의 작은 섬에 풍부한 구아노(새똥)가 최상의 비료가 된다는 것을 발견했다. 구아노 붐 시기(1840~1879) 동안 수천 톤의 구아노가 유럽과 북미에 팔렸다. 국가는 구아노에 관한 독점권을 소유했고 그것의 추출과 수출 허가증을 판매했다. 새로운 막대한 소득과 함께, 페루는 정치질서를 세우고 관청과 철도를 건설했다. 그러나 부정이득과 잘못된 관리가 만연했다. 그 당시 페루의 구아노는 고갈되었고 국가는 심각한 채무상태에 놓였다. 페루는 "기름을 뿌리는 데" 실패했다. 구아노 수출이라는 행운으로부터의 수입을 국가 전체의 이익을 위한 통로로 사용하지 못한 것이다.

구아노 붐은 페루의 첫 번째 정당인 '시민당(the Civilista Party)'의 사회적 기반이었던 다수의 상인과 기업인들을 부유하게 만들었다.

그들은 통치하고 있었던 "말의 등에 탄" 사람들의 무능력과 부패에 분노했다. 또한 다수가 미래의 경제적 부를 바라보며 그들의 새로운 부를 해안에 대농장(Hacienda)을 세우는 데 사용했고 낮은 관세와 자유시장 정책을 추구했다. 1872년에 있었던 페루의 첫 번째 "선거"(투표자 3,778명)에서 시민당의 후보가 승리했다.[7]

이와 같은 자유주의적 경험은 1879년에서 1883년 사이의, 칠레에 대해 페루와 볼리비아가 맞서 싸운 태평양전쟁으로 종말을 맞았다. 질산염(역시 가치 있는 비료인)이 아타카마 사막에서 발견되었는데 이 지역은 수백 마일의 영토가 세 국가에 의해 논쟁이 되던 곳이었다. 시민당원들은 전면전을 원하지 않았다. 즉, 그들은 원주민 농민들이 칠레인들에 대항해 동원된다면 뒤이어 대토지 소유자들에 저항하는 것으로 뒤바뀔 수 있다고 두려워했다(실제로 일부 고지대에서 이런 일들이 발생했다). 표면상으로는 외국의 대출과 새로운 선박을 확보하기 위하여 시민당 대통령은 유럽으로 출항했다. 연속적인 승리 후, 칠레 군대는 1881년 1월 리마를 점령했다. 1883년, 페루는 남부의 질산염이 풍부한 지방을 칠레에게 양도했고 평화가 이루어졌다. 그러나 페루 엘리트들이 그들 자신의 이익 때문에 국가를 배신했다는 생각이 광범위하게 퍼져 있었다.

전쟁의 여파로 페루인들은 의기소침해졌으며 국가 경제는 피폐해졌다. 몇 년의 협상 후에 군사정권이 페루의 국제신용 회복을 위한 협정을 체결했으며 수출 주도 성장이 결국 재개되었다.

1985년 군부 통치는 "귀족공화정"의 수립과 함께 종결되었다. 참정권은 심각하게 제한되었고 선거 조작이 일상적이었지만, (1914년 쿠데타를 제외하고) 헌정 질서가 1919년까지 유지되었다. 왕성한 수출 주도 성장 중에 페루의 과두제(oligarchy)는 공고화되었고 시민당이 지배했다. 경제성장은 노동에 대한 수요를 증가시켰고 노동계급이 출현했으며 교육이 확대되었다. 그러나 대농장은 농민들의 희생으로 확장되었으며 채굴사업은 인접한 공동체들의 생태를 파괴했다. 노동조건은 형편없었다.

1차 세계대전의 종결로 상품가격이 하락했고 수출 생산은 감소했다. 파업이 분출했다. 1919년 대통령 선거는 레기아(Augusto Leguía)의 승리로 끝났는데 그는 민중주의적 개혁가로 선전되었던 전직 시민당 대통령이었다. 레기아는 미국과 친밀한 관계를 맺었으며 미국 자본이 페루로 유입되었다. 초기에 레기아 정부는 도로, 학교, 그리고 관개 프로젝트에 자금을 조달했고 여러 개혁들(8시간 노동, 최저임금제, 농민 공동체를 위한 법적 지위 마련)을 실행했으며 대중의 지지를 얻었다. 그러나 레기아 정부는 부패했고 억압적으로 변했으며, 레기아는 1930년 세계대공황의 와중에 타도되었다.

1930~1968: 긴장 속의 과두적 권력

　1930년부터 1968년까지 페루의 과두제와 자유시장 경제모델은 심각한 도전, 특히 새로운 정당인 미주인민혁명동맹(American Popular Revolutionary Alliance: APRA)으로부터의 도전에 직면했다. 페루가 사회정의와 국가통합을 위한 노력에 있어 다른 라틴아메리카 국가들에 뒤처지고 있으며 극적인 재분배 개혁이 필요하다는 인식이 지배적이었다. 그러나 사실상 이 시기 내내, 한편에는 페루의 과두정부 및 군부가, 다른 한편에는 APRA가 비협조적인 상대로 남아 있었기 때문에 개혁의 도입은 실패했다. 많은 라틴아메리카 국가들이 수입대체산업화 정책을 채택한 반면, 페루는 재분배적 성격이 두드러지지 않는 개방적이고 수출지향적인 전략을 유지했다.

　대부분의 측정치에 따르면, 페루는 다른 라틴아메리카 국가들과 비교하여 확실히 뒤처졌다. 페루는 라틴아메리카 지역에서 소득분배가 가장 불평등한 국가 중의 하나로, 1961년 경제활동인구의 가장 부유한 1%가 충격적이게도 국가 소득의 30%를 차지하고 있었다.[8] 또한 토지 분배의 지니 지수(Gini index)는 자료에 나타난 54개국 중에서 가장 편향되었는데 전체 농장 가구의 0.1% 이하인 280가구가 토지의 30% 가까이 소유했으며 가장 좋은 토지의 50% 이상을 소유했다.[9] 더욱이 수도와 내륙지역－페루의 경우 리마와 남부 고지대－간 생활수준의 불평등한 차이는 특히 심각했다.[10] 정치적 참여에 대한 수많은 지표들에 관해서도 페루는 이웃국가들에게 뒤지고 있었다.

　1924년 아야 데 라 또레(Haya de la Torre)에 의해 설립되고 이후 페루의 설탕 산업에 기반을 둔 북부 해안 세력이 성장하면서, 이들 세력에 기반한 APRA가 페루에서 유일하게 제도화된 정당이 되었다. 아야 데 라 또레는 카리스마 있는 연설가이자 뛰어난 지식인일 뿐만 아니라 응집력 있고 잘 통솔된 정치조직의 설계자였다. 1920년대의 다양한 좌파 지도자들, 특히 마리아떼기(José Carlos Mariátegui)가 마르크스주의를 수용한 데 반해, 아야 데 라 또레는 이를 받아들이지 않았다. 그러나 그는 미국의 제국주의를 맹렬히 비난했으며 급격한 경제적, 정치적 개혁을 지지했다. "오직 APRA만이 페루를 구할 것이다"라고 선언하면서, 그는 또한 도덕의 회복을 요구했다.

격렬히 맞서 싸웠던 1931년의 선거에서, 아야는 레기아를 실각시킨 군부 장성 산체스 세로(Luís Sánchez Cerro)에게 패배했다. 비록 산체스 세로가 과두세력의 지지를 얻고 있었지만 그의 온건하고 지방적인 배경과 메스티소의 외모는 대중들에게 매력적이었다. 산체스 세로는 APRA를 반가톨릭, 반군부 그리고 친공산주의라고 맹렬히 비난했다. 증거가 없었기 때문에 APRA는 1931년의 선거결과를 부당한 것으로 거부했고 재빨리 입법부에서의 의사방해자가 되었다. 그에 대한 보복으로, 산체스 세로는 APRA 소속 의회 대표를 전부 추방했다. 1932년 뜨루히요(Trujillo)에서 APRA 당원들이 60여 명의 군인들을 처형하면서 폭동을 일으켰다. 보복으로 군부는 천 명에서 2천 명 정도의 아프라주의자를 죽였다. 1933년에 산체스 세로는 한 아프라주의자에게 암살되었다. 산체스 세로의 후임자는 APRA에 대한 탄압을 강화했고 아프라주의자들의 공격대는 계속해서 폭력에 의존했다. 또한 APRA는 군부 내에 동맹세력을 찾아냈고 그들과 함께 관리에게 적대감을 불러일으키는 전략으로 정부 전복을 모의했다.

1931년에서 1968년 사이에 선거가 실시되었으나 APRA는 참여를 공식적으로 금지당했다. 이 시기 동안 임기를 모두 채운 유일한 민간인 대통령은 프라도(Manuel Prado, 1939~1945)뿐이었다. 2차 세계대전 동안 미국과 프라도 정부는 파시즘을 거부하는 확고한 파트너였고, APRA는 프라도에게 협력했다.

전쟁이 종결되고 민주주의와 개혁에 대한 희망이 높아졌다. 1945년 선거에서 유명한 법학자 루이스 부스따만떼(José Luís Bustamante)가 승리했다. 그는 APRA가 포함된 새로운 정치적 동맹을 주도했다. 부스따만떼 정부는 수입대체산업화 정책을 추진하면서 관세를 올리고 수입 및 외환 통제를 도입했으며 노동자의 임금과 이윤을 올렸다. 그러나 이들 정책이 APRA에게는 충분하지 않았던 반면, 페루의 과두세력에게는 격분할 만한 것이었다. 정치적 경험이 없었기 때문에, 부스따만떼 정부는 APRA와 과두세력 둘 중 어느 하나와도 효과적으로 협상할 수 없었다. 또한 루즈벨트(Franklin D. Roosevelt)의 친민주주의 정책을 유지하지 않았던 트루만 행정부로부터의 지지도 확보할 수 없었다.

1948년 정치적 대립과 경기 침체 중에 부스따만떼는 군부 쿠데타에 의해 축출되었다.

쿠데타는 오드리아 장군(General Manuel Odría)에 의해 주도되었는데, 그는 즉각적으로 APRA의 활동을 금지했고 자유시장 정책을 재수립했으며 미국과의 협력에 새로운 활기를 불어넣었다. 한국전쟁의 개시와 함께, 광산업이 갑작스럽게 번창했고 경제는 성장했다. 그러나 1953년 전쟁의 종결과 함께 수출이 불황을 맞았으며 오드리아에 대한 지지도 급락했다.

1956년 치러진 선거에서는 이전의 대통령이었던 프라도가 승리했다. 비록 프라도가 개혁에 착수하지 못했더라도 그는 1962년 대통령 선거에 APRA의 참가를 허용함으로써 APRA의 손을 잡았고 이는 긴장을 완화시켰다. 그러나 결론이 나지 않은 선거는 APRA의 후보가 당선되지 못하고 나아가 군부 쿠데타 국면에 들어서게 되는 상황의 부분적 원인이 되었다. 새로운 선거가 1963년에 치러졌고 신생정당인 인민행동당(Popular Action)의 지도자인 벨라운데(Fernando Belaúnde)가 승리했다.

이 시기 쿠바 혁명과 케네디 행정부의 '진보를 위한 동맹(Alliance for Progress)'의 물결로 개혁의 흐름이 라틴아메리카를 휩쓸고 있었다. 개혁에 대한 페루인들의 희망이 고조되었다. 그러나 교육과 인프라를 위한 공적 지출이 급격하게 증가했음에도 불구하고 전체적으로 이러한 희망은 현실로 이루어지지 않았다. 부분적으로 그 자신의 귀족적 성향에 의해, 또한 부분적으로는 APRA의 방해에 의해 제약을 받았기 때문에 벨라운데는 핵심적인 약속들을 지키지 못했다. 토지개혁은 최소한에 그쳤다. 벨라운데는 페루인들 사이에 강렬한 국가주의적 감정을 자극해왔던 미국 회사인 국제석유회사(International Petroleum Company: IPC)와의 분쟁을 재빠르게 해결하는 데 실패했다. 페루인들은 벨라운데가 국제석유회사의 편의를 너무 봐준다고 생각했지만, 존슨 행정부는 그가 미국 기업에게 너무 가혹하다고 여겼다. 미국은 자신을 민주적 개혁자로 여긴 벨라운데가 '진보를 위한 동맹' 시기에 받을 것이라 기대했던 지원을 제공하지 않았다.

1968~1980: 군사정부

1968년에 민주정부에 의한 개혁의 마지막 기회를 놓쳤다는 페루인들의 인식을 반영하면서, 벨라스코 장군(General Juan Velasco Alvarado)이 군부 쿠데타를 주도했다. "완전히 참여적인 사회민주주의"를 건설할 "혁명적인 군사정부"를 표방하는 동시에 벨라스코 정부는 마침내 페루의 과두제 세력들을 일소했다. 그 결과로 페루 엘리트라는 지위는 상속을 통해 얻어지기보다는 노력의 성과로 획득되어질 것 같았다. 페루의 소득 분배는 개선되었고 중산층이 확대되었다. 또한 벨라스코 정부는 미국과 거리를 두었다.

벨라스코 정부의 개혁은 인상적이었다. 정부는 라틴아메리카에서 가장 광범위한 토지개혁 중의 하나를 실행했으며 과두제 가문들의 소유였던 다른 기업들의 광범위한 영역—어업, 광업, 은행부터 일간신문사까지—대부분을 몰수했다. 나아가 정부는 국제석유회사를 포함해서 수많은 미국 회사들을 몰수했다. 국가가 경제의 20% 이상을 소유하게 되었고 농민 협동조합과 노동자 협동조합이 또 다른 10%를 소유했다. 관세는 상승했고 제조업은 폐쇄경제 안에서 급속히 성장했다.

그러나 군사정부의 개혁은 궁극적으로는 페루의 빈민 대부분, 즉, 고지대 농민들의 고통을 완화시키지 못했다. 이 지역에서 생활수준을 개선할 만큼 재분배가 가능한 양질의 토지는 개개인 모두에게 돌아갈 정도로 충분하지 않았다. 더욱이 공적 지출은 고지대 농업을 위해 사용되지 않았다. 그러나 정부는 지속적으로 교육 기회를 확대했고 께추아어를 페루의 두 번째 국가 언어로 인정했다.

벨라스코 정부의 정치 어젠다는 모순적이었다. 벨라스코 정부는그 시기 라틴아메리카의 수준만큼 억압적이지는 않았지만 정당을 엄격하게 제한했고 몰수된 신문들은 점차적으로 정권을 위한 대변자가 되었다. 정부는 사회동원의 지원을 위한 국가시스템(the National System for the Support of Social Mobilization: SINAMOS)이라는 정치기구를 만들었으나 그것의 역할은 모호했다. 여전히 노동자와 농민조직들이 마르크스주의 좌파의 기치 아래 상당한 정도로 확대되었다. 정치적 성향은 보다 민주적이고 보다 참여적으로 변했으나 또한 보다 급진적이고 대립적이었다.

1975년 벨라스코는 베르무데스 장군(General Francisco Morales Bermúdez)에 의한 궁정 쿠데타로 축출되었다. 벨라스코는 병에 걸렸었고 군부 내의 분파주의는 강화되었으며 페루 경제는 취약했었다. 국제통화기금(International Monetary Fund: IMF)이 긴축을 요구함에 따라 대중의 저항이 시작되었다. 1977년 대규모의 전국적 파업 이후 2주도 지나지 않아 베르무데스는 민주주의로의 전환을 공표했다.

1980~1992: "선거 민주주의" 11)

1980년에 페루에서의 민주주의에 대한 전망은 이전 어느 때보다도 유망했다. 과두 세력은 더 이상 자신들의 이익을 첫 번째로 내세울 수 없었으며 APRA도 더 이상 정치적으로 배제되지 않았다. 새로운 정치적 좌파가 사회정의를 보다 강력히 요구할 것이라 기대되었는데, 1979년 헌법에서 처음으로 문맹자들이 참정권을 얻었다. 페루의 민주화 이행은 라틴아메리카 다수 지역에서의 민주주의 복귀 및 민주주의와 인권에 대한 미국의 수사적 공약과 더불어 동시에 일어났다. 그러나 이들 민주적 전망은 경제 위기와 '빛나는 길(Shining Path)'의 폭동으로 인해 부서졌다.

1980년 70세의 벨라운데가 대통령으로 재당선되었다. 불행히도 노쇠한 지도자는 페루의 늘어나는 어려운 문제들을 해결할 수 없을 듯 보였다. 라틴아메리카 지역의 대부분 국가들처럼 페루 또한 외채 위기에 직면했다. 대외 이자율이 상승했고 그들의 수출품 가격은 하락했으며 수출 소득의 35% 이상이 외채상환에 쓰였다. 1인당 GDP가 감소함에 따라 서부 고지대 농민들의 생존은 위협받았다.

페루 역사에서 가장 심각한 게릴라의 도전을 개시한 '빛나는 길'은 잔인하고 당파심이 강하며 적의가 가득한 마오주의자들이었다. 그들의 희생자 가운데는 다른 마르크스주의 단체 지도자들부터 개발기술자, 교회 종사자, 농민들도 있었다. 가난해진 서부 고지대에 기반을 두었던 '빛나는 길'은 일부 농민들과 지방 교사들 및 직업적인 열망이 좌절되었던 청년들에게는 매력적이었다. 거의 2년 동안 벨라운데 정부는 억압적인 군사적 행동을 승인한 것 이외에 아무것도 하지 못했다. 그 결과로서 인권침해의 많은 희생자들이 정부에 반감을 품게 되었다.

1985년에 APRA의 젊고 카리스마 있는 지도자 가르시아(Alan García)가 선거에서 압도적인 승리를 거두었다. 외채 위기에 대해 가르시아는 좌파적인 입장을 취했다. 취임식 연설에서 그는 위기가 제국주의와 미국에 의한 것이라고 비난하며, 페루는 외채의 이자에 대해 수출소득의 10% 이상은 지불하지 않을 것이라 말했다. 가르시아의 입장은 페루인들(가르시아나 좌파 정당의 후보자 둘 중 하나에 투표한 사람들의 거의 80%)을 기쁘게 했지만 국제금융공동체 및 레이건 행정부와의 사이에 불화를 가져왔다. 가르시아는 페루의 대외준비금이 연체되었을 때인 1987년 말까지 확대재정정책을 도입했다. 궁극적인 결과는 경제의 붕괴였다.

동시에 '빛나는 길'의 규모는 겉보기에는 예상치 못했지만 더욱 커졌다. 가르시아는 남부 고지대의 빈곤이 초래한 심각한 문제로서 '빛나는 길'을 이해했고 배타적인 군사적 접근을 거부했다. 그는 그 지역에 경제 원조를 제공하려 했고 인권에 대한 군부의 존중을 요구했다. 그러나 이러한 노력들은 실패했다. 하나의 이유는 가르시아가 위선적이라는 인식 때문이었다. 1986년 군부가 '빛나는 길'의 수감자들에 의해 계획된 폭동을 진압하기 위한 명령을 내렸을 때, 2백 명 이상의 수감자가 살해되었고 가르시아는 공범으로 여겨졌다. 1989년경에 '빛나는 길'은 거의 만여 명의 전투원을 가졌고 페루 시민들의 약 15%에 달하는 지지를 얻었으며 지방도시의 약 28%를 통제하고 있었다.[12]

1990년 선거가 중요해짐에 따라 APRA의 평판은 심각하게 손상되었다. 대통령 후보 중 색다른 인기후보는 잘 알려진 소설가 바르가스 요사(Mario Vargas Llosa)였지만 선거운동 기간 동안 그는 무관심하고 무례하게 보였다. 결국 전임 수학교수이자 대학 총장이었던 후지모리(Alberto Fujimori)가 1차 선거에서 예상치 않은 차점자가 되었고 결선투표에서 쉽게 승자가 되었다. 바르가스 요사가 자유 시장 "쇼크"를 주장했던 반면, 후지모리는 점진적인 변화를 통해 번영을 되찾을 것을 약속했다. 후지모리는 보잘것없는 일본 이민자의 자손으로 그의 슬로건 문구에 있는 "당신과 같은 대통령"처럼 보였다. 또 다른 캠페인 모토 "근면, 정직 그리고 기술"은 페루인들이 아시아 태생의 사람들을 존경하게 만드는 성향을 부각시켰다. 이전에 정치적 경험이 없었던 후지모리는 정치적 외부인이었다. 즉, 그가 얻은 표는 많은 페루인들이 실패하고 부패한 정치계급에 반대하는 표였다.

후지모리는 그의 권력 확대를 추구하는, 대담하고 대립적인 지도자였다. 몇 달 이내에 페루의 방송매체는 그가 일본인 황제가 될 것이라 비꼬기 시작했다. 후지모리는 곧 그의 캠페인 공약을 뒤엎고 우익으로 경도되었고 강력한 쇼크정책을 실행했다. 국가지출은 삭감되었고 외국인투자법은 완화되었으며 관세가 감소되고 민영화가 도입되었다. 비록 후지모리의 정당이 의회 의석의 약 4분의 1밖에 차지하지 못한 상황이었지만 그의 결정은 바르가스 요사의 정치적 제휴에 의해 지지되었다. 또한 전임 육군 대위이자 마약상을 위한 변호사였던 몬떼시노스(Bladimiro Montesinos)의 지원으로 후지모리는 군부인사의 임명 및 진급에 대한 통제권을 얻었다. 정부는 반복적으로 인권에 대한 경멸을 표현했고 정부가 허가한 일단의 죽음이 출현했다.

그러나 1991년 말, 후지모리는 페루 의회로부터의 저항에 직면했다. 새로운 대게릴라전 수단의 가혹함에 대한 반대가 특히 강했다. 부분적인 결과로 1992년 4월 5일에 후지모리는 친위쿠데타(대통령 자신에 의한 쿠데타: Autogolpe)를 일으켰다. 그는 1979년 헌법을 정지시켰고 일부 반대파 지도자를 구속했으며 의회를 폐쇄하고 사법 제도를 폐지했다. 친위쿠데타는 국민들의 80%가량에 의해 지지되었는데 이는 후지모리가 페루 정치인들과 판사들 대부분이 부패했다고 주장한 것에 영향을 받았다. 국민들이 이전에는 이들이 부패했다고 생각하지 않았더라도 어쨌든 1992년 4월경에 이들은 부패했다(4월경에는 부패한 것으로 간주되었다).

1992년 친위쿠데타 이후의 후지모리 정부

1992년 친위쿠데타 이후, 후지모리 정부는 학자들이 소위 "선거 권위주의"라 부르는 체제가 되었다.[13] 그러한 체제에서 선거는 주기적으로 열리고 민주적 제도들은 유지되지만 동시에 대통령의 권력에 대한 어떤 실질적 위협도, 필요하다면 어떤 수단에 의해서든 가로막힌다. 1992년부터 2000년 9월까지, 후지모리와 국가정보서비스(the National Intelligence Service: SIN)의 사실상 우두머리인 몬떼시노, 후지모리의 "라스푸틴(Rasputin)"은 페루의 민주적 제도들을 함부로 짓밟았다.

친위쿠데타 이후 처음 여섯 달은 험난했다. 미주기구와 미국 정부는 서반구의 민주적 규범들을 세우려는 중이었기 때문에 친위쿠데타를 반대했다. 협상이 계속되었다. 결국 1992년 11월에 후지모리 정부는 새로운 헌법을 작성할 의회를 위한 선거를 치렀다. 비록 정부의 선거 모략이 다양했다 하더라도 국제공동체는 새로운 체제를 용인해 주기로 결정했다.

국제공동체의 인내는 부분적으로 후지모리 정부의 성공을 반영한 것이었다. 1992년 9월 페루의 반테러리스트 경찰부대(가르시아 정부에서 설립한) 내의 소규모 엘리트 팀이 '빛나는 길'의 리더인 구스만(Abimael Guzmán)을 체포했다. 이후 몇 주 이내에 구스만의 은신처에서 찾아낸 정보를 이용하여 경찰은 게릴라 용의자 천 명 이상을 구속했다. 다음 몇 해 동안 '빛나는 길'은 대량학살을 당했다. 또한 라틴아메리카의 많은 경우처럼 경제가 회복되었다. 페루의 외채는 재협상되었고 페루는 국제금융공동체의 은혜를 확실하게 되돌려 받았다.

1995년 선거에서 후지모리는 압도적인 승리를 거두었다. 그의 대중성은 그의 대게릴라전과 경제적 성공, 그리고 점차적인 민중주의적 전략에 기인한 것이었다. 민영화 프로그램으로부터의 자금은 일부분 사회프로그램과 빈민공동체를 위한 인프라에 지출되었다. 판초와 안데스 스타일의 모자를 걸치고, 후지모리는 새로운 학교와 도로의 기공식을 위해 고지대 공동체에 헬리콥터를 타고 방문하곤 하였다.

그러나 후지모리에 대한 지지는 점차로 사라져갔다. 다시 라틴아메리카의 많은 국가들처럼 경제가 둔화되었다. 또한 정부의 권위주의적 성향은 점점 더 분명해졌다. 신헌법이 대통령의 두 번 연임을 제한했지만 후지모리 편에 있는 의회의 다수파는 세 번째 연임을 위한 피선거인 자격(적격성)을 확인하는 법을 통과시켰다. 정부는 국가선거위원회(the National Elections Board), 헌법재판소(the Constitutional Tribunal), 그리고 하나 혹은 다른 방식으로 후지모리의 적격성을 인정하지 않으려는 반대파 지도자들 연합의 노력을 무산시켰다.

2000년 선거가 가까이 왔을 때, 후지모리와 몬떼시노스는 선거 경쟁이 이루어지는 분야를 터무니없이 공격했다. 텔레비전 뉴스는 뻔뻔스러울 정도로 편향되었고 뒤이어서 몬떼시노스가 방송매체의 유력자에게 뇌물로 백만 달러를 공여한 것이 드러났다. 반대세력의 후보들은 비방되었고 그들의 캠페인은 방해받았다. 식량 프로그램에 상당한 총액이 지출되었는데 이를 지속하는 것은 거주자들의 표를 조건으로 하는 것이었다. 정부는 선거 관리들이 최소한의 용기도 없다고 확신하려 했다.

그러나 대부분의 페루인들은 후지모리 정부에 염증을 느꼈고 반대파 후보 중 한 명인 똘레도(Alejandro Toledo)가 여론 조사에서 상승세를 타기 시작했다. 페루의 산간지역에서 태어났고 어두운 피부색을 가지고 있음에도 불구하고 똘레도는 스탠퍼드 대학에서 박사학위를 받은 것과 세계은행에서 근무한 것을 포함하는 인상적인 약력을 자랑스러워했다. 그의 정당인 '페루의 가능성(Perú Posible)' 설립자로서 똘레도는 일자리 창출에 관한 그의 공약을 강조하면서 효과적인 선거 유세를 했다. 선거의 1차 투표에서 똘레도는 유효표의 40% 이상을 얻었다. 그리고 결선투표는 5월 28일로 예정되어 있었다. 그러나 5월 중순에 선거 당국은 새로운 컴퓨터 프로그램의 도입을 발표했고 미주기구의 선거 감시단은 정부가 조작 음모를 꾸밀 가능성을 우려했다. 미주기구 감시단에게 새로운 프로그램을 조사, 확인할 시간을 주기 위해 결선투표를 연기하라는 요구를 정부가 거부했을 때, 감시단은 권리 행사를 거절하고 페루의 선거 과정이 "결코 자유롭고 공정하다고 여겨질 수 없다"고 선언했다. 똘레도는 결선투표를 보이콧했고 후지모리는 자신이 51%의 표로 당선되었다고 주장했다.

부정선거가 국제 감시단을 분노하게 한 반면, 가장 영향력 있는 미국 정부기구들은 놀라워하지 않았다. 재선거를 요구하거나 원조를 중지한다고 위협하기는커녕 미국 대사는 후지모리와 진심에서 우러나는 관계를 유지했다. 민주적 원칙들의 악용에도 불구하고 페루의 경제를 개방시킨 것과 마약과의 전쟁에서 승리를 거둔 후지모리 정부의 사례는 라틴아메리카에 대한 클린턴 정부의 우선권에 그대로 계승되었다. 또한 1995년 에콰도르가 페루와 국경전쟁을 도발했을 때 후지모리 정부는 효과적으로 협상을 진행했고 평화협정이 체결되었다. 중앙정보기구(the Central Intelligence Agency)와 몬떼시노스는 일본 대사관저에 폭동으로 잡혀 있던 인질들 거의 모두를 구출했던 1997년 기습과 같은 결정에 대해 협력하고 밀접한 관계를 유지했다.

그러나 정권은 즉각적으로 붕괴했다. 8월에 미국 국무부는 몬떼시노스가 콜롬비아에 있는 게릴라들에게 무기를 밀수출하도록 배후에서 조종했다고 폭로함으로써 상황을 역전시켰다. 9월에 몬떼시노스가 야당 의원에게 뇌물을 주는 것을 보여준 비디오가 페루의 방송매체에 누출되었다. 그 비디오는 후지모리 정부의 부패를 결정적으로 입증하는 방아쇠였다. 페루인들은 후지모리 정부에 대한 혐오감으로 폭발하였다. 몬떼시노스는 국외로 달아났고 후지모리는 11월 도쿄에서 그의 사임서를 팩스로 보내왔다.

2000년 이후 페루의 민주주의

후지모리의 망명 이후 국회의장인 빠니아구아(Valentín Paniagua)가 이행기 정부의 수장이 되었고 페루는 민주주의로 복귀했다. 한편, 2009년에 이 글을 쓰고 있기 때문에, 2000년 이후 페루 민주주의의 성취를 예측하기는 어렵다. 페루는 정당성을 가진 정부와 정치적 평화, 그리고 눈에 띄는 경제성장을 누리고 있다. 페루는 인권 분야에서 그들이 선출한 전임 대통령 중 한 명을 유죄로 입증한 첫 번째 라틴아메리카 국가가 되었다. 그러나 대부분의 페루 국민들은 만족하지 못하고 있고 2011년 민중주의자(좌파 또는 우파에서)가 선출될 확실한 가능성이 있다고 생각한다. 이 단락은 성공적 기록과 페루 국민들의 불만족 사이에 존재하는 분명한 모순을 설명할 것이다.

빠니아구아 정부의 일차적인 책임은 자유롭고 공정한 선거가 2001년 4월 개최될 수 있도록 페루 정치, 사법, 그리고 다른 제도들을 깨끗하게 하는 것이었고 상당히 환호를 받을 만큼 임무를 완수했다. 똘레도는 2001년 경쟁에서 2000년 부정선거의 가장 중요한 희생자로서의 위치를 잘 정했고 유효표의 37%를 획득하여 1차 투표에서 승리했으며 결선에서는 53%의 표를 얻으며 대통령에 당선되었다.

똘레도 정부는 중요한 성과를 보였다. 아래로부터 만들어진 수출 주도 경제성장이 2001년에 시작되었고 유지되었다. 그러나 정부는 그들의 자유시장 정책에 대한 반대에는 대응하지 못했다. 2002년 전기회사의 민영화에 반대하는 아레끼빠(Arequipa) 남부 고지대 도시의 폭력적인 저항이 발생한 지 3일 후에 정부는 대응으로 인한 많은 사망자 수를 감수하기보다는 패배를 인정했다.

똘레도 정부의 인권 성적은 훌륭했다. '빛나는 길'에 대해서는 방심하지 않으면서 1980년대와 1990년대의 정치적 폭력을 좀 더 잘 이해하기 위해서, 논쟁적임에도 불구하고 좀 더 구체적이고 엄격한 보고서를 작성한 진실과 화해 위원회(the Commission for Truth and Reconciliation)를 설립했다. 중요한 지방자치법이 통과되었고 처음으로 지방정부를 위한 선거가 치러졌다. 정부는 또한 부패와 인권 침해에 대해 전직 관료들에게 책임을 지우고자 했다. 베네수엘라에서 체포된 몬떼시노스는 투옥되었고 유죄판결을 받았다. 지방검사는 일본에서 그리고 이후에는 2005년 망명지인 칠레에서 후지모리를 송환하려 노력했다. 모두 합쳐 거의 1천5백여 명이 부패에 대한 책임으로 수사를 받았는데 이 중 두 명의 재정부장관, 국회의장, 일부 장군도 유죄판결을 받았다.[14]

그러나 똘레도의 재임기간 대부분 대통령에 대한 지지율은 20% 이하였으며 때로는 탄핵의 위험에 놓이는 듯 보였다. 재임 첫해, 그는 혼외로 낳은 딸에 대해 아버지라고 인정하기를 거부했고 도덕적 권위를 상실했다. 1931년의 세로(Sánchez Cerro) 이후 첫 번째 원주민 혈통 대통령으로서 똘레도는 특별한 문화적 도전에 직면했다. 비록 그의 생활방식이 라틴아메리카 대통령들의 표준에 비해 사치스러운 것은 아니었지만−그는 질 좋은 스카치를 즐겼으며 페루 북부 해안에 있는 해변 리조트에서 휴가 보내기를 좋아했다−그러한 성향은 불성실한(경박한) 것으로 인식되었다. 페루인들은 그들이 원주민들에게 어울린다고 생각하는 기준에 의해(또한 몬떼스노스의 지시에 따라 금욕적인 일중독자로 대중매체에 묘사되었던 후지모리를 기준으로) 똘레도를 평가하고 있었다.

또한 똘레도 정부는 다른 도전에 직면했다. 그의 정당인 '페루의 가능성(Perú Posible)'은 의회에서 다수를 차지하지 못했고, 두 개의 주요 야당인 APRA와 중도 우파 정당 '국민연합' 모두 건설적이지 않았으며 정부는 수많은 발의에 대한 찬성을 위해 네 번째의 군소 정당과 손을 잡아야 했다. 더욱이 '페루의 가능성(Perú Posible)'은 정부 관직을 둘러싸고 종종 다툼을 벌이는 정치인들이 뒤범벅되어 있었다. 그러나 아마도 가장 엄청난 도전은 똘레도 정부의 사법 조사에 의해 위협받았던 엘리트들로부터의 맹공격이었다. 몬떼시노스 마피아라는 별명으로 불리던 이들 엘리트는 여전히 돈과 요직에 있는 친구들을 가지고 있었고 새로운 정부가 사면권을 제공할 것이라는 희망으로 똘레도의 몰락을 획책했다.

2006년 선거는 페루 내륙지역의 지속적인 소외를 보여 주는, 손에 땀을 쥐게 하는 선거였다. 차베스(Hugo Chávez)와 연합한 전직 대령인 우말라(Ollanta Humala)가 1차 투표에서 승리했고 결선 승리의 5포인트 내에 들었다. 25개의 선거구 중에서 우말라는 두 개를 제외한 내륙지방의 선거구를 포함, 페루 남부 고지대 총 투표수의 75%를 평균하는 열다섯 곳에서 승리했다. 우말라는 이전에 선출된 경험을 가지고 있지 않았고 응집력 있는 정당도 가지고 있지 않았다. 우말라의 가문은 태평양전쟁 동안 칠레의 침략자들에 대항해 페루 고지대인들을 영웅적으로 결집시켰던 페루 장군의 이름을 따서 명명된 에뜨노까세리스모(etnocacerismo), 즉, 극단적 국가주의를 주장했다.

그러나 결국 결선투표에 간신히 올라왔던 전직 대통령 가르시아(Alan García)가 승리했다. 가르시아의 재앙을 초래했던 1985~1990년의 집권에도 불구하고, 그는 뛰어난 정치인이었다. 그는 몇 년 동안 자유주의적 세계시장에 대한 우파의 입장과 빈민을 위한 좌파의 관심을 통합하는 경제계획을 소개해왔다. 1차 투표에서 가르시아는 정치적 중도파임을 교묘하게 주장했다. 예를 들어 중도 우파 후보인 플로레스(Lourdes Flores)가 미국-페루 자유무역협정으로 갈채를 받고 우말라가 그것을 혹평했던 반면, 가르시아는 미국-페루 자유무역협정을 세세하게 검토하겠다고 약속했다. 결선에서 가르시아는 우말라에 대한 차베스의 지지를 그 자신의 장점으로 이용했다.

의회의 다수를 차지하기 위해서 가르시아는 우파 정당, 특히 후지모리의 딸 게이코 (Keiko)에 의해 주도되는 후지모리 정당(Fujimorista Party)에 의지했다. 심지어 가르시아는 대결적인 후지모리 스타일의 전술을 채택했고 시민사회 단체들을 위협했다. 그러나 전체적으로 민주적 원칙들이 유지되었으며 의회에서의 아프라주의자들과 후지모리지지자 동맹에도 불구하고 정부는 후지모리의 재판에 개입하지 않았다. 2007년 칠레로부터의 범죄인 인도 이후에, 후지모리는 2009년 5월 인권 범죄에 대해 유죄판결을 받았고 25년의 징역형을 받았다. 재판은 전임 대통령에게 책임을 묻는다는 전례 또는 획기적 사건으로 광범위하게 인식되었다.

가르시아의 선거캠페인 공약에도 불구하고, 그의 경제정책들은 우파적이었다. 가르시아의 이념적 전향에 대한 원인이 뜨겁게 논의되었다. 가르시아에게서 반복적으로 나타나는 중심 주제는 이솝 우화의 「개와 여물통(Dog and the Manger)」인데 이는 자신은 먹지도 못하면서 황소가 여물을 먹지 못하도록 건초, 여물통에 누워 있는 개를 빗댄 것이다. 가르시아의 비유는 페루의 자원을 이용할 수 없는 원주민들이 다른 사람들도 자원을 이용할 수 없도록 한다는 것이다. 즉, 전하고자 하는 메시지는 결국 투자는 환영받아야만 한다는 것이다. 가르시아는 그때의 사정으로는 미국-페루 자유무역협정을 열렬히 지지했고 이어서 2009년 2월 자유무역협정은 발효되었다. 또한 자유무역협정은 중국을 비롯해서 다른 많은 국가들과 체결되었다.

똘레도와 가르시아 정부의 정책과 페루의 원자재, 특히 금, 은, 구리, 아연, 주석에 대한 세계시장의 수요증가로 무역과 투자는 호황을 이루었다. 2008년을 기준으로 페루의 수출은 대략 1998~2002년 연평균치의 네 배에 달했고 2007년 기준으로 외국인 직접 투자는 1998~2002년 연평균치의 세 배 이상이었다.[15] 2002년에서 2008년까지 연간 GDP 증가는 라틴아메리카 평균인 4.6%와 대조해서 평균 7.4%로, 페루는 라틴아메리카에서 가장 높은 성장률을 두고 파나마와 경쟁했다.[16]

그러나 페루의 경제성장이 대다수 페루인들에게 이익이 되며 페루의 분열을 해결하는 데 도움이 되는가? 일부 지표들은 긍정적이다. 2007년 전국적으로 실업은 5% 이하였다.[17] 공식적 통계에 따르면 빈곤은 2001년 인구의 55%에서 2006년 44%, 2007년 40%, 2008년 35%로 떨어졌다.[18] 유아사망률은 1990년 라틴아메리카의 다른 가난한 국가들에서보다 높은 25%였는데 현저히 하락하여 2006년 기준으로 이들 국가들의 유아사망률과 비슷한 수준이 되었다.[19]

그러나 우려의 이유도 있었다. 임금은 침체상태였다.[20] 공식적인 빈곤 수치는 다양한 근거에서 의문시되었다.[21] 지역적인 격차는 여전히 심각했는데, 예를 들어 2005년 만성적인 영양실조로 고통받는 5세 이하 어린이들은 리마의 경우 7% 정도였던 데 반해 고지대의 경우 43%였고, 이는 부르키나 파소(Burkina Faso)와 말리(Mali)에서와 동일한 비율이었다.[22] 페루의 성장률에도 불구하고 라티노바로메트로(Latinobarómetro) 조사에서 페루인들은 그들 국가의 경제상황에 관해 대다수 다른 라틴아메리카인들에 비해 좀 더 회의적이었다.

또한 천연자원의 추출을 둘러싼 갈등이 고조되고 있었고, 이러한 대립은 2009년 6월에 바구아(Bagua) 북부 밀림 도시에서 폭발했다. 이미 언급했듯이 페루의 역사 대부분의 기간 동안 그들의 자원은 주로 엘리트들의 이익을 위해서 사용되어 왔다. 최근 국제적인 광산, 에너지 그리고 벌목 회사들의 영업이 확대되었기 때문에 그들의 영향력에 대한 우려가 심화되었다. 과거와 동일하게, 우려의 핵심은 주인이 없거나 공유지인 토지를 부도덕한 투자자들이 인수하는 것과 그 지역의 생태계가 손상을 입는 것이다. 이러한 걱정거리와 함께, 바구아의 원주민들은 두 달 동안 일부 정부 판결(법령)에 대해 저항하고 있었다. 그들은 도로와 물길을 막았다. 2009년 6월, 가르시아 정부는 타협적인 양보보다는 그 지역에 경찰을 보내 무력으로 도로를 탈환하는 것을 선택했다. 충돌의 결과로서 스물세 명의 경찰과 적어도 열 명의 저항자들이 죽었고 백 명 이상이 입원했다. 마침내 그 법령은 폐지되었지만 가르시아는 계속해서 원주민단체를 폄하했고 사회적 불안을 차베스에 대한 정치적 동맹 탓으로 돌렸다.

바구아에서의 죽음으로 가르시아에 대한 지지율은 21%에서 9%로 내려갔다.[23] 이와 동시에 세계적인 경기 침체의 와중에서 페루 경제는 둔화되고 있었다. 수많은 도시들이 저항으로 마비되었다. 가르시아 임기의 마지막 2년은 어려울 것처럼 보였다.

미래에 대한 전망

2001년 이후로 페루에서의 선거는 자유롭고 공정했었고 페루 국민들의 의사가 투표에서 대폭적으로 나타났다. 그러나 라티노바로메트로의 조사에서 민주주의가 작동하는 방식에 대한 만족도는 다른 라틴아메리카 국가들과 비교했을 때 페루가 상대적으로 매우 낮았다. 페루 국민들의 대다수가 적어도 그들의 민주주의에 만족할 때까지 페루의 민주주의는 위험한 상태로 남아 있다. 이런 맥락에서 비록 다가오는 2011년 선거가 자유롭고 공정할 것처럼 보여도 결과는 매우 불확실하다. 복잡한 경쟁의 장에서 선두주자들 중에는 성공한 리마 시장인 카스타녜다(Luis Castañeda Lossio), 우파의 민중주의자인 후지모리의 딸 게이코(Keiko)가 있다. 또한 우말라는 여전히 페루 고지대에서 강력한 후보로 남아 있고 톨레도 또한 경쟁에 나설 것 같다. 그러나 페루 국민들의 불만족 속에서, 아웃사이더 후보들이 또다시 출현할 수도 있다. 동시에 2000년대 첫 10년의 성취가 상당했었기 때문에 2011년 선거가 페루에서 민주주의 공고화를 향한 중요한 걸음이 될 것이라는 전망도 가능하다.

미주

1) Mario Vargas Llosa, "Questions of Conquest: What Columbus Wrought, and What He Did Not," *Harper's*, December 1990, p. 52.

2) 페루와 라틴아메리카에서의 불신에 관해서는 www.latinobarometro.org에 있는 연간 여론조사를 보라.

3) Shane Hunt, "Peru: The Current Economic Situation in Long-Term Perspective," in *The Peruvian Economy and Structural Adjustment*, ed. Efraín Gonzales de Olarte (University of Miami: North-South Center Press, 1996), p. 15.

4) World Bank, *World Development Report 2009: Reshaping Economic Geography* (Washinton DC: World Bank, 2009), p.353. 수치는 구매력평가 달러(purchasing power parity dollars).

5) J. Mark Payne, Daniel Zovatto, G. Fernando Carrillo Flórez, and Andrés Allamand Zavala, *Democracies in Development: Politics and Reform in Latin America* (Washington, DC: Inter-American Development Bank, 2007), 부록 2의 비교는 페루에서의 가장 최근 선거.

6) World Bank, *World Development Indicators 2007* (Washington, DC: World Bank, 2007), pp. 79, 163.

7) Julio Cótler, *Clases, estado, y nación en el Perú* (Lima: Instituto de Estudios Peruanos, 1978), p. 109.

8) Richard Webb, *Government Policy and the Distribution of Income in Peru, 1963-1973* (Cambridge: Harvard University Press, 1977), pp. 6-7.

9) Charles L. Taylor and Michael C. Hudson, *World Handbook of Political and Social Indicators*, 2nd ed. (New Haven: Yale University Press, 1972), p. 267; and Daniel Martínez and Armando Tealdo, *El Agro Peruano, 1970-1980* (Lima: CEDEP, 1982), PP. 15-16.

10) 지역 간 불평등에 대한 비교는 Cynthia McClintock, *Revolutionary Movements in Latin America: El Salvador's FMLN and Peru's Shining Path* (Washington, DC: U.S. Institute of Peace Press, 1998), pp. 167-173에 있는 Peru, El Salvador, 그리고 Ecuador를 사용.

11) "Electoral Democracy"는 자유롭고 공정한 선거가 치러지는 반면, 민주주의의 대다수 다른 핵심적 성격이 부족한 정치체제에 대한 개념이다. Larry Diamond, "Is the Third Wave Over?" *Journal of Democracy*, July 1996, pp. 21-25를 참조.

12) McClintock, Revolutionary Movements, p. 73.

13) Steven Levitsky and Lucan A. Way, "The Rise of Competitive Authoritarianism," *Journal of Democracy*, April 2002, pp. 51-65.

14) *El Comercio*, June 25, 2003.

15) 통계는 the Economic Commission for Latin American and the Caribbean and the Economist in the New Millennium," in Jorge I. Domínguez and Rafael Fernández de Castro, eds., *Contemporary Inter-American Relations* (New York: Routledge, Forthcoming)를 참조.

16) 통계는 *Perú en Números*의 연간 간행물과 the International Monetary Fund에서 인용; McClintock and Vallas, "United States and Peru." 참조.

17) Richard Webb and Graciela Fernández Baca, *Perú en Números 2008* (Lima: Cuánto, 2008), p. 653.

18) Webb and Fernández Baca, *Perú*, p. 599; and "La Pobreza Hizo Click," *Caretas*, May 21, 2009, p. 34.

19) World Bank, *World Development Indicators 2008* (Washington, D.C.: World Bank, 2008), pp. 118-119.

20) Webb and Fernández Baca, *Perú*, pp. 676-677, 691.

21) Richard Webb, "Quizás, Quizás, Quizás," *El Comercio*, June 2, 2008.

22) Webb and Fernández Baca, *Perú*, p. 345; World Bank, *World Development Indicators 2008*, pp. 106-107.

23) *El Comercio*, June 21, 2009, p. A8.

24. 볼리비아: 원주민 운동의 통합력

호세 Z. 가르시아(구경모 옮김)

2009년 12월 6일, 볼리비아의 유권자들은 5년 임기인 대통령직에 에보 모랄레스를 재선출하였다. 그는 64%의 지지를 얻었다. 3명 중에 약 2명이 그에게 표를 던진 셈이다. 그가 소속된 정당인, 사회주의운동당(Movimiento al Socialismo, 이하 MAS)은 상하원 의석의 3분의 2 이상을 차지하였다. 지난 몇 년간의 모랄레스의 지도력을 통해 볼리비아의 권력은 신자유주의 깃발 아래 볼리비아를 지배했던 부자들인, 소수의 백인에서 수십 년간 국가 권력에서 소외되었던 다수의 가난한 원주민으로 이동하였다.

대다수 볼리비아 원주민은 1952년 혁명으로 권력을 잡았지만, 백인들은 군대를 비롯한 공권력을 이용하여 1960년대부터 1970년대까지 지배하였다. 노동조합과 농민조직이 제도화된 이후에 수입의 재분배가 줄어들면서 이러한 운동들은 점차 와해되었다. 1980년대 후반, 권력은 신자유주의 사회경제 정책으로 무장한 외국자본과 결합한 부유한 엘리트들인 백인 쪽으로 이동하였다. 엘리트의 권력성장은 차파레(Chapare) 지역 코카 재배자들의 강력한 지도에 의해 도전을 받았다. 2005년 대선에 승리하기 위해, 에보 모랄레스는 라파스 인근의 고지대 원주민 지도자와 노동조합, 코차밤바의 도시 대중들, 다른 그룹들과 연합하였다. 그때 이후로 민족주의적인 재분배 체제를 지지하는 세력들이 권력을 통합하였다. 1952년 혁명 지도자들처럼, 마스(MAS)는 통합의 이득으로서 조직건설의 중요성을 이해하고 있었다. 1952년의 혁명과 다른 점은 최고의 지도자가 노동조합과 농민조직에 뿌리를 둔 아이마라어를 구사하는 원주민이라는 것이다.

역사적 배경

식민 통치 권역은 상페루(Upper Peru), 혹은 차르까스(Charcas)-대략 지금의 볼리비아와 일치-와 지금의 페루지역인 하페루(Lower Peru)로 구분된다. 차르까스는 비록 자치지역으로 지리상 분리되어 있었지만 식민시기 내내 하페루에 종속되어 있었다. 1545년 은광이 포토시(Potosi)에서 발견되었고, 이는 세계에서 가장 부유한 두 도시였던 추끼사까(Chuquisaca, 오늘날 수크레)와 포토시를 만들었다. 16세기와 17세기 동안 이 도시에서는 대학들이 최고로 성장했으며, 전통적인 종교 그림이 두각을 보였다. 이 부는 외국에서 태어난 백인 엘리트의 이익을 위해 원주민의 노동력이 동원되어 이루어진 것이다. 점차 은 생산은 광산 운영(특히 수은)에 필수적인 수입품들의 비용 증가와 은 공급의 증가에 따른 국제 은 시장의 약세로 침체를 겪었다. 현재 볼리비아에 속한 이 지역은 라틴아메리카 기준에서 보면 200년 이상이나 극심한 빈곤에 처해 있다.

상페루의 독립은 국왕의 권위를 표상하던 리오 데 라 쁠라따(Rio de la Plata)와 하페루와의 분리를 가져왔다. 권력은 그 지역 출신의 보수주의자인 뻬드로 안또니오 데 올라네따(Pedro Antonio de Olañeta)가 잡았다. 그는 1820년 스페인에서 일어난 자유주의 혁명 후의 스페인의 권위와 베네수엘라인인 시몬 볼리바르(Simón Bolívar)의 반란군이라는 정통성 모두를 부인하였다. 볼리바르 휘하의 장교인 안또니오 호세 데 수끄레(Antonio José de Sucre)는 1825년에 올라네따의 군대를 물리쳤다. 볼리비아는 독립하였고, 시몬 볼리바르는 수끄레(Sucre)를 떠나기 전에 다섯 달 동안 첫 번째 대통령(볼리비아 국호를 사용한 후)을 역임하였다. 그러나 독립 후 페루와 볼리비아 사이의 관계가 나빠지면서 불안정한 시기가 도래하였다. 안드레스 데 산따 끄루스(Andrés de Santa Cruz) 대통령은 1826년 페루의 대통령이 되어 두 국가를 연방제로 만들려는 시도를 하였다. 그러나 아르헨티나와 칠레의 반대로, 연방은 1839년 산따 끄루스에서 칠레군에 패하면서 무너졌다.

전통적 상업 루트는 19세기 초기의 독립운동으로 인해 단절되었다. 이는 광산업이 거의 붕괴한 원인이 되었다. 권력은 광산 엘리트로부터 토지를 소유한 귀족계급으로 이동하였다. 토지가 더 많은 가치를 가짐으로서, 정부는 교회 소유의 땅을 몰수하였다. 정부는 공동 토지(정복 전에 일부 원주민이 경작했던 땅)도 몰수하기 시작했다. 거주지에서 쫓겨난 원주민은 작은 토지를 구입하였고 원주민 사회가 붕괴되었다. 1864년부터 1871년 사이를 통치한 까우디요(Caudillo)인 마리아노 멜가레호(Mariano Melgarejo)는 볼리비아 인구의 약 10%에 해당하는 10만 명 이상이나 되는 농민들의 토지를 빼앗았다. 이러한 정책의 불만은 1952년 혁명으로 표출되었다.

볼리비아가 독립한 이후에 몇십 년간은 주변 강국(브라질, 아르헨티나, 페루, 파라과이)에 의해 절반 이상의 영토를 잃었다. 1867년 멜가레호는 의문스러운 상업적 이득을 위해 브라질에 토지를 양도하였다. 1903년에는 브라질과의 전쟁으로 더 많은 땅을 잃게 되었다. 1879년 칠레는 페루와 칠레 사이의 볼리비아 영토인 태평양의 작은 연안을 점령하였다. 페루의 지원으로 볼리비아는 전쟁을 선언하였다. 볼리비아는 1884년에 휴전을 선언하였고, 1904년에는 칠레에 공식적으로 영토를 넘겨주었다. 볼리비아는 이때부터 내륙국이 되었다.

볼리비아의 경제는 1870년 오래된 은광 근처에서 거대한 주석 산지를 발견하면서 되살아났다. 주석 가격은 수십 년간 세계 시장에서 높은 가격을 유지하였다. 주석은 국가 근대화에 도움이 되는 수입원이 되었다. 세계에서 첫 번째로 볼리비아와 연결되는 세 개의 철로가 건설되었고, 외국 투자자들이 초대되었다. 신고속도로는 국가의 넓은 지역을 통합하여 새로운 번영의 시기를 가져왔다.

경제적 잉여가 발생하면서 볼리비아는 정부의 대안적 역할에 대해 논쟁하기 시작했다. 지리적으로 포토시와 수크레에 집중된 전통적인 은광업자와 거대 지주들은 보수당을 형성하여 운송망 개발과 대지주의 전통적인 원주민 마을 장악을 지지하였다. 이런 정책은 원주민의 반란과 도시와 광산으로 원주민들이 이주하는 결과로 나타났다. 원주민들은 종족적 차별에 직면하였다. 라파스 근처에 집중된 주석 광산기업가들은 자유당을 만들었으며 강한 군대와 국제적 연대를 지지하였다. 주석 산업의 수입이 증대되면서 권력의 균형은 자유당으로 옮겨갔다. 자유주의 성향인 정부는 수도를 수크레에서 라파스(La Paz)로 옮겼다. 그러나 수크레에 사법기능은 남겨두었다. 도시 지역의 중간 계급의 성장을 표상하는 공화당은 1914년 창당되었다. 1920년에는 사회주의당들이 나 타나기 시작했다. 짧은 기간의 경제성장은 상류층들의 경쟁을 유발하였고 지주와 광산 주인 주석 엘리트에 의해 전통적인 정치권력의 균형이 뒤집어졌다.

비록 주석 광산 산업은 경제의 많은 부분을 지배하였지만, 그 구조는 새로운 사회세 력에 공격 받기 쉬웠다. 1920년 초의 세 가문(빠띠뇨, 호쉬차일드, 아라마요)은 소규모 기업에서 탈피하여 주석 산업에서 많은 지분을 소유하였다. 그러나 주석 산업 조직의 고유의 복잡성은 세 가문으로 하여금 수백 명의 중간 관리자를 고용하게 했고 정부 관 료와 외국인과의 강한 유착 관계를 만들도록 요구하였다. 시몬 빠띠뇨(Simon Patiño)는 볼리비아의 주석 광산의 절반 이상을 차지하였고 그의 가족은 1920년 초에 볼리비아를 떠나 유럽에서 거주하였다. 그의 재산은 그로부터 이익을 분배받지 못한 관리자의 손에 넘어갔다. 빠띠뇨의 회계사 중의 하나인 빅또르 빠스 에스뗀소로(Víctor Paz Estenssoro)는 주석 광산을 국유화하였고 라틴아메리카에서 몇 안 되는 사회 혁명을 이끌었다.

차꼬 전쟁

볼리비아와 파라과이 간의 논쟁은 두 국가사이에 전쟁을 초래하였다. 두 국가는 콜 로라도 크기의 사막 지역인 차꼬(Chaco)에 중요한 석유가 매장되었다고 믿었다. 자유당 과 공화당의 보수 연합을 대표하는 볼리비아 대통령 다니엘 살라만까(Daniel Salamanca) 는 강력한 군대를 건설하였다. 1932년 살라만까는 국경 분쟁 기간 동안에 파라과이 침 공을 명령하였다. 파라과이 군의 방어로 많은 부상병이 속출하였고 결국 볼리비아 군 대가 퇴각하면서 파라과이 군이 볼리비아 영토로 들어왔다. 양국의 평화협정은 1935년 에 체결되었고, 볼리비아의 차꼬 영토는 파라과이로 이양되었다.

볼리비아의 몇몇 집단들은 이 사건으로 서로 적개심을 가지게 되었다. 장교들은 준비되지 않은 군대로 인해 승리하지 못했다고 선동하는 문민 대통령에 격분하였다. 그 이후로 20년간은 군부가 국가를 통치하였다. 게다가 전쟁에는 원주민과 광산노동자를 포함하여 볼리비아 인구의 10%가 동원되었다. 군대의 계급적 분열(백인장교, 메스티소 부사관, 그리고 원주민 전방 병사)은 생존율에서 명백한 불평등으로 이어졌고 원주민 사이에서 종족의식이 발생되는 배경이 되었다. 결국 그들의 무능력함에 실망했던 지식 인과 노동조합 활동가, 반감이 있던 도시 그룹들은 국가 정치에서 강력한 역할을 하기 위해 그들을 물리칠 기회를 엿보았다. 차꼬 전쟁의 패배는 중간계급과 하위계급의 단 결을 도왔으며 전통적인 정당을 불신하게 되었다.

차꼬 전쟁이 끝난 1935년부터 1939년까지 젊은 군부는 1888년부터 볼리비아를 지배 한 보수주의 정치 시스템을 약화시켰다. 스탠더드 오일 컴퍼니를 라틴아메리카 역사에 서 첫 번째로 보상 없이 국유화하였다. 1938년 헌법은 노동계급에 유리한 노동법에 손 을 들어줬고 처음으로 국가 개입을 강화하였다. 정부는 더 효율적으로 세금을 부여할 수 있도록 대규모 광산회사가 국립은행에서 외환을 바꾸도록 요구하였다. 이 기간에 군부를 포함한 다양한 중간 계층 그룹은 보수적인 상위계층의 지출로서 국가의 힘을 강화시켰다. 그러나 그들은 통치 연합을 만들거나 개혁 연대를 하지는 않았다.

MNR의 발생과 1952년 볼리비아 혁명

차꼬 전쟁 이후 전통적 정당이 약화됨과 함께 몇몇 새로운 정당이 나타났다. 가장 재능 있는 지도자는 빅또르 빠스 에스뗀소로가 이끄는 국민혁명운동(MNR)에서 배출되 었다. MNR은 주석 광산의 국유화와 노동자에게 강한 권리를 주는 것을 지지하였다. 보 수당은 1940년 초에 엔리께 뻬나란다(Enrique Penaranda) 정부 배후에서 재조직을 시도하 였다. MNR은 그들을 동조하는 군장교와 협력하여 군부인 마호르 구알베르또 비야로엘 을 앞세워 정부를 몰아냈다. 그러나 비야로엘은 좌파의 요구인 보수주의를 통제하지 못 하여 군을 비롯한 MNR과 대립하였다. 1946년에 그는 대통령궁으로 행진한 노동자와 학생, 선생의 공격으로 사망하였고 그의 시체는 가로등에 걸렸다. 주석가격의 악화와 높은 인플레이션, 노동시장의 동요, 농업생산 침체로 악화된 경제를 이끌기 위해 MNR이 투쟁하는 동안 전통적인 보수주의 정당들은 다시 권력을 얻었고, MNR 지도자들은 망명을 떠났다. 대통령 선거는 1951년에 이루어졌고, 빠스 에스뗀소로는 가장 높은 득표를 하였다. 그러나 군부는 MNR이 권력을 잡는 것을 막았다. 다음 해에 MNR는 군부 내의 한 계파로부터 지원을 받았다. MNR은 무기고를 장악하고 지지자에게 무기를 나눠 주었다. 광부들은 라파스로 행진하였고 도시에 들어서자 현 체제를 지지하는 군부가 방어하였다. 결국 군부는 항복하였고 빠스 에스뗀소로는 볼리비아의 대통령이 되었다.

권력을 쥔 빠스는 재빠르게 움직였다. 원주민들은 반란 기간에 많은 수의 아시엔다를 빼앗아 땅을 분배하였고, 주석 광부들은 주석광산을 점령하였다. MNR은 정복 이래로 원주민에게 처음으로 완전한 시민권을 부여하였다. 농민들에게는 몰수토지가 농민에게 분배되도록 농지개혁법이라는 무기가 유지되었다. 주석 광부들은 신노동연맹(COB)을 조직하였고, 군대에서는 그 이전에 보수주의와 관계있던 장교를 정리하였다. 결국 MNR은 주요 세 가문의 주석 광산을 국유화하였고 모든 광물의 판매를 국가가 일원화하여 관장하였다.

성공의 중심으로 급진적인 대중사회운동(광부와 농민, 공무원, 도시 중산층으로 구성)은 오랜 기간 통치를 준비한 빠스 에스뗀소로 정부에 강력한 권력을 부여하였다. 그 협정은 1968년까지 16년 동안 MNR당의 상부 지도자 4명이 대통령 후보에 번갈아 나오기로 구상한 것이었다. 빠스는 1952년부터 1956년 사이에 대통령을 했다. 에르난 실레스 수아소(Hernán Siles Suazo, 1951년 빠스의 러닝메이트로 부통령후보)는 빠스의 뒤를 이어 1956년에서 1960년까지 집권할 예정이었다. MNR의 다른 리더인 왈떼르 게바라 아르세(Wálter Guevara Arce)는 실레스의 뒤를 이어 1964년까지 집권할 예정이었다. 광부 조직원인 후안 레친(Juan Lechín)은 그 뒤를 잇기로 했다. 약속의 파기는 MNR 내부의 분열을 가져왔으며 보수주의 권력의 부활을 가져왔다.

실레스 수아소는 1956년 대통령 후보로서 빠스의 뒤를 이어 당선되었고 임기 동안

MNR의 개혁 프로그램에 따라 집권하였다. 그러나 1960년에 빠스는 왈떼르 게바라가 후보로 나오지 못하게 개입하였다. 빠스는 다시 대통령이 되었고 MNR이 분열되었다. 재임기간에 빠스는 실레스 대통령하에 약화된 군부를 즉각적으로 강화하였고 점점 보수주의와 연대하였다. 그때 1964년 대통령 선거가 다가오면서, 빠스는 재임기간을 늘리기 위해 헌법 수정을 위해 그의 영향력을 행사하였다. 이런 노력으로 그는 군부뿐만 아니라 미국 정부의 도움을 받았고 권력을 잡기 위해 트로스키주의자인 후안 레친과 관계하였다. 그러나 군부는 그에 대한 지지의 보답으로 부대통령 후보를 군부 출신으로 해 달라고 주장하였다.

빠스는 이러한 환경에서 적절히 선출되었다. 그러나 몇 달 후에 군부는 그를 끌어내렸고, 후임 대통령으로 장군 출신인 레네 바리엔또스(René Barrientos) 부통령을 앉혔다. 대중적 지도자인 바리엔또스는 그 자신의 권력 기반이 다양한 계층에서 형성되도록 노력했으나 3년 후 헬리콥터 사고로 사망하였다. 이후 군부정권은 지속되었다. 가장 독특한 것은 후안 호세 또레스(Juan José Torres) 체제였는데, 그는 학생과 노동조합 활동가들이 민중회의(Popular Assembly)를 구성하도록 허락하였다. 다른 장군인 우고 반세르(Hugo Banzer)는 한 해도 집권하지 못한 또레스를 축출하였다. 반세르는 국가 도처의 보수주의자뿐만 아니라 동쪽의 산따끄루스에서 새롭게 출현한 엘리트인 보수주의자들과 손을 잡았다.

미국 카터 행정부의 압력으로 독재정권이 출범한 지 한 해 후에 선거를 열었다. 볼리비아는 헌법 규정을 복구하는 데 상당히 어려움을 겪었다. 1978년의 선거에서 전임 대통령인 실레스 수아소는 반사르 대통령이 추천한 후안 뻬레다 아스분(Juan Pereda Asbún)과 대결하였다. 결국 과반수 득표를 하지 못하여 의회로 선거가 넘어갔다. 실레스는 충분히 득표하였으나, 뻬레다는 쿠데타를 전개하여 독재 권력을 이양받았다. 그는 몇 개월 후 다비드 빠디야(David Padilla)에 의해 축출되었다. 새로운 선거는 1979년에 실시되었다.

이 시기에 주요 후보자들은 전임 대통령인 실레스와 빠스였다. 다시 후보자들이 완벽히 승리할 만한 충분한 득표를 하지 못하고 의회로 선거가 넘어갔다. 의회는 이 사안을 두고 며칠간 씨름을 벌였다. 결국 당시 상원 의장으로 1960년에 빠스에게 배신당했던 왈떼르 게바라 아르세가 당선되었다. 게바라는 1979년에 후보로 나오지 않았기 때문에, 그의 당선은 여전히 헌법적으로 논쟁되고 있다. 그러나 넓은 시각에서 그 선거는 초기 20년간의 부정한 선거위원회를 바로잡으려는 노력으로 볼 수 있다. 게바라는 몇 개월 만에 국제 코카인 무역상 브로커로 알려진 알베르또 나뚜츠 부츠(Alberto Natusch Busch) 장군에 의해 쫓겨났다. 강한 반발에 부딪친 나뚜츠는 사임하였다. 의회는 새로운 선거가 열릴 때까지 잠시 동안 볼리비아 최초의 여성 대통령인 리디아 구에일레르(Lydia Gueiler)를 새로운 대통령으로 뽑았다.

1980년 빠스와 실레스는 다시 경쟁하였다. 실레스는 과반수 득표로 승리하였으나 또다시 대통령이 되기에 충분치 않았다. 의회에서 그 사안으로 소집하기 이전에 루이스 가르시아 메사(Luís García Meza) 장군이 정부를 장악하였다. 마약상과 연결된 그는 1년 후에 퇴출되었고 그 후에 부정으로 인해 형을 선고받아 감옥에 갔다. 1982년에 의회는 재소집되었고 실레스를 대통령으로 선출하였다. 1952년 MNR의 4인 지도자 중 결국 3명은 대통령이 되었다. 4번째인 후안 레친만이 아웃사이더로 남았다. 그러나 그는 반론의 여지가 없는 노동운동 지도자로서 은퇴하던 1980년대 후반까지 영향력을 발휘하였다.

볼리비아: 1982~2005

군부가 권력을 잃은 1982년 이후, 헌법에 의해 선출된 정부는 합당한 방법(정상적인 국가 업무)으로 국가 이익집단의 상충된 요구에 대해 균형을 맞추려고 애썼다. 한편 반대편에서는 국제적 시스템으로부터 신자유주의 개혁 요구를 만족시키기 위해 노력하였다. 두 계획은 공존할 수 없었고, 신자유주의 계파가 2005년까지 지배하였다. 이 기간에 볼리비아 정부는 신자유주의 개혁을 채택하였고 미국의 지원을 받았다. 이러한 흐름은 1952년부터 나타난 다양한 행위자(무역조합, 농민집단, 선생, 경영그룹)들이 부유한 인터내셔널 파트너와 연합하면서 국내 권력의 균형이 바뀌었기 때문이다. 신자유주의에 의해 선거구가 축소된 후로 정치인들은 종종 선거기간에 반자유주의 슬로건을 내걸었다. 정부의 해결능력은 아주 약화되었고 상위 정치 계급의 부패가 만연하였다. 이런 패턴은 1952년 혁명의 최선두에 섰던 MNR이 정권을 잡고 있을 때 드러났고, 이로 인해 대중들의 배신감은 높아갔다.

실레스 수아소 대통령은 1982년과 1985년 사이에 1952년 이후의 전통적인 방식으로 통치를 시도했다. 이 정부는 1970년대 군부 체제 시기에 발생한 외채로 인해 국제통화기금(IMF)으로부터 차관을 받았다. 차입금 상환 스케줄이 수출액의 70%에 해당함에 따라 실레스는 채무변제를 위한 국가 프로그램의 축소라는 고통스러운 결정에 직면하였다. 그런 환경 아래에서 볼리비아 국고가 안정되었으나, 실레스는 많은 그룹에게 사업허가를 내주면서 1985년 초에 1000% 상승이라는 볼리비아 역사에서 유례없는 인플레이션의 소용돌이에 빠졌다. 이는 IMF 관리들을 격노하게 했으며, 1년 후 실레스의 퇴임으로 정치적 위기가 발생하였다. 그 결과로 대통령들은 IMF를 옹호하면서 더욱 추종하였으나 대중의 지지라는 대가를 치렀다.

볼리비아 역사의 가장 큰 아이러니인 빅또르 빠스 에스뗀소로는 1952년 혁명을 일으켰던 어떤 인물보다 더 사회적 계약을 허무는 데 주요한 발걸음을 내딛었다. 1985년 4선 대통령으로 선출된 후에, 그는 즉각적으로 볼리비아에 신자유주의를 도입하였다. 정부 법인의 사유화와 정부보조금의 감축, 교육과 보건, 복지와 같은 사회적 투자에 정부의 역할이 감소하였다. 그는 계엄령과 노동탄압, 긴축 경제로 경제위기를 해결하였다. 채무상환금이 수출액의 84%에 이르자, 빠스 정부는 실제로 모든 사회 프로그램을 중지시켰다. 그의 재임기간 동안 교육 부문의 지출은 국가 예산의 약 20%에서 10% 이하로 줄어들었다. 문맹과 영아 사망률은 사회적 지출이 줄어들면서 크게 증가하였다. 이런 정책은 경제적 안정과 잠재적인 외국 투자자들을 만족시켰으나, 1952년 혁명의 주인공들(농민 조직과 광부, 노동조합, 빈민)과는 거리가 멀어졌다. 1952년 혁명의 리더이며 MNR의 창당인인 빠스 에스뗀소로의 명성은 심각한 시민분쟁 없이 개혁을 할 수 있는 원동력이 되었다.

빠스 에스뗀소로의 조카인 하이메 빠스 자모라(Jaime Paz Zamora)는 삼촌의 정책 방향과 반대로 하여 1989년에 당선되었다. 그러나 재임기간 그의 당은 우파였으며 친기업가 당인 반세르 장군의 민족민주행동(ADN)과 연합하여 내각의 직위를 나누고 신자유주의 정책을 지속하기로 합의하였다. 1993년 MNR은 볼리비아 신자유주의 개혁의 선구자인 곤살로 산체스(Gonzalo Sánchez)를 대통령 후보로 선출하였다. 산체스는 미국에서 자랐으며 시카고 대학교에서 학위를 받았다. 그의 스페인어에는 강한 미국식 악센트가 섞여 있었다. 산체스는 대통령으로 당선된 지 일주일 만에 정부소유 석유회사의 49%를 개인 기업가에 매각하였으며 광산도 민간 부문에 양도하였다. 외국 투자자들이 국가 소유의 항공과 철도, 전력 지분의 49%를 매입하여 경영관리가 외국인들의 손에 놓이게 되었다. 이런 조치는 거의 반대 없이 법적으로 통과되었다. 과거 MNR의 핵심이었던 노동조합 운동이 약화되면서 산업인력이 축소되어 실업률이 증가하였다. 이에 따라 정치 시스템 내부에 압박이 생기기 시작했다.

코카 플랜테이션과 마스(MAS)의 부상

볼리비아에서 1만 2,000헥타르의 코카는 라파스 북쪽의 윤가스(Yungas) 지역에서 수세기 동안 코카 잎을 소비한 원주민의 요구에 의해 합법적으로 재배하였다. 그러나 1980년대 미국에서 코카인 소비가 늘어나면서 코카 불법 재배지가 차파레 지역에서 급격히 증가하였다. 3만 5,000헥타르의 코카가 코카인으로 만들기 위해 수확되었다. 1990년 불법코카 재배는 7,000농가로 확대되었으며, 몇몇은 1980년대 주석 산업이 침체되면서 차파레로 이주하였다. 볼리비아 국내 총소득의 10%가 코카 생산으로 나온 것이다. 30만 명의 농민(국내 노동인력의 8~10%)들이 차파레의 코카 생산에 의존하였다. 원조의 조건으로서 불법 코카 재배를 근절하겠다는 미국대사관의 이례적인 압력에, 볼리비아 정부는 코카 재배지를 없애고 대체 작물 프로그램을 시작하는 데 동의하였다. 1995년부터 2001년까지 볼리비아 마약퇴치작전은 미국 정부의 도움으로 불법 코카 생산의 70%를 없앴다. 그러나 신자유주의 개혁 사례처럼 미국의 협력은 볼리비아 정부와 대다수의 민중 부문 사이의 관계에 악영향을 미쳤다.

1990년대 코카 생산자들은 조직을 만들기 시작했다. 재능 있는 젊은 코카 생산자인 에보 모랄레스는 3만 5,000명의 생산자를 대표하는 6개 재배자 협회를 동맹으로 조직하였다. 그는 또한 의회로 진출하기 위한 정당인 사회주의운동당(MAS)을 창설하였다. 모랄레스는 파업을 이끌었고 미국의 마약 정책에 대항하는 시위를 주동하였다. 그는 여러 번 투옥되었다. 그는 의원에 선출되었지만 투옥되면서 의회로부터 쫓겨났다. 그러나 마스(MAS)는 신자유주의 정책에 반대하는 그룹들과 연대하였고 천연자원의 국가 관리를 지지하면서 대중적 인기를 유지하였다. 2003년에 에보 모랄레스는 미국대사가 모랄레스가 당선되면 미국의 원조를 끊겠다고 공식적 경고를 볼리비아에 했음에도 불구하고 대통령 선거에서 2위를 하였다.

1995년에 선생님과 보건 종사자 공무원들은 임금 인상과 민영화 정책, 코카재배금지 정책에 대항하여 임금 인상을 요구하면서 12곳에서 직장 파업을 하였다. 산체스 대통령은 헌법상의 권리 행사를 중지하여 야간통행을 금지하였고 재판 없이 정부가 사람을 잡아들일 수 있도록 하였다. 1996년의 시위는 국회에서 통과된 농지개혁법안에 대항하여 발생하였다. 농민과 코카 재배자, 노동조합, 소작농, 농업관련산업 지도자들이 법안에 대해 반대하였다.

1997년에 전임 독재자인 우고 반세르는 보수당의 이익을 위해 신자유주의 표방하면서 "사람답게"라는 약속으로 대통령에 당선되었다. 그리고 에보 모랄레스는 국회의원으로 당선되었다. 미국 정부의 압력으로 반세르는 그의 행정 중심을 코카재배근절에 두었다. 3,000명의 군인은 군사작전을 위해 차파레에 투입되었다. 3,000마일이나 떨어진 미국의 코카인 시장 감소 노력의 실패를 이유로 그들은 수천에 달하는 농민들의 생활터전을 싹 쓸어 버렸다. 그 가운데 거대 마약상에 정부의 고위직 관료가 가담했다는 몇 가지 스캔들이 발생하였다. 한 예로 4톤의 코카인을 실은 화물비행기가 페루에서 잡혔다. 이 마약은 볼리비아의 관료에 의해 보호받아 운영하던 마약기업에서 나온 것이다. 전 대통령인 하이메 사모라와 빅또르 빠스 에스뗀소로는 마약딜러로부터 대량의 선거자금을 기부받아 고소당했다. 2003년에 미국 정부는 2002년에 1만 2,000헥타르의 코카 재배지를 파괴했음에도 불구하고 볼리비아 코카 재배지가 23% 증가했다고 보고하였다.

코차밤바의 물 전쟁, 볼리비아의 가스 전쟁
그리고 에보 모랄레스의 당선

1990년대 후반 세계은행의 관계자는 코차밤바의 물 이용을 사유화하라고 볼리비아 정부 기관을 압박하였다. 1999년 볼리비아의 관료들은 몰래 입찰과정이 없이 코차밤바 물의 공공사업체로 거대한 다국적 엔지니어 회사인 베첼(Bechtel)사의 자회사인 아구아스 데 뚜나리(Aguas de Tunari)에 임대하였다. 계약은 40년 동안 매해 16%의 이익을 베첼에게 보증하는 것이었다. 아구아스 데 뚜나리는 2000년 1월에 인계받은 후 곧바로 수도요금을 200% 인상하기로 발표하였다. 현금으로 각 가정당 10~20달러를 올렸는데, 그 당시 도시에서의 한 달 최저생계비가 60달러였다. 즉시 대규모의 시위가 일어났고, 도시는 1월부터 4월까지 마비되었다. 폭력 충돌이 예고된 상황에서 정부 관료들은 봉기 주도자들과 협상을 벌였다.

에보 모랄레스는 당시 국회의원으로서 첫 번째 국가 시위에 합류하여 시위자들과 미국이 지원하는 코카재배금지 프로그램 중단을 요구하면서 연대를 하였다. 정부 관료들은 모랄레스의 등장과 함께 활동가들을 전복시키기 위해 코카인 상인으로부터 재정 지원을 받은 시위자들이라고 주장하였다. 결국 정부는 계약을 폐지한다고 발표하였고, 베첼사는 볼리비아를 떠났다. 수도요금은 계약 이전으로 원상복귀되었고, 수도 시스템은 향상되지 못했다. 그러나 코차밤바의 대다수 주민들은 그들의 문제에 동참한 차파레에서 온 국회의원(모랄레스)에게 고마워하였다.

몇 개월 후에 국가는 시위와 파업, 도로 폐쇄로 마비되어 최근 20년 동안 가장 불안한 사회적 상황에 놓였다. 모랄레스에 의해 학생과 교사, 농민조직과 코카 재배자는 낮은 교사 임금과 정부의 토지 정책, 차파레의 코카재배 근절을 위한 군사작전에 대해 시위를 벌였다. 오랜 시위는 일부 도시에서 식량부족이 야기되면서 정부가 파업을 종식하기 위해 협상했던 10월에 끝났다. 2002년 MNR의 곤살로 산체스 데 로사다는 전 대통령인 하이메 빠스 자모라가 당수인 MIR과 연합정부를 구성하여 대통령에 당선되었다. 그러나 이 시기에 에보 모랄레스가 이끈 마스(MAS)는 볼리비아에서 두 번째로 큰 정치 조직이 되었다. 즉각적으로 모랄레스는 미국과의 FTA 참여와 천연가스 수출, 코카재배지역 근절, 신자유주의 프로젝트를 포함하는 산체스의 정책에 도전하였다. 그 이후 3년간 농민조직과 노동조합, 소농, 빈민들은 이전 20년 동안의 신자유주의 프로젝트에 대한 불만을 표출하기 위해 거리로 나섰다.

2003년 1월에는 정부와 아이마라의 지도자인 펠리페 끼스뻬(Felipe Quispe)가 이끄는 볼리비아 최대의 노동동맹과 연합한 코카 재배자들 간의 충돌로 20명 이상이 사망하였다. 2월에는 임금 인상을 요구하는 경찰의 파업으로 30명 이상의 사람들이 죽었다. 경찰은 첫 번째 시행한 소득세 부과라는 IMF의 압력하에 정부의 계획이 뒤집어지면서 사기업 동맹을 포함한 많은 그룹으로부터 지원을 받았다. 6월에는 야당 의원들이 토지권과 농업보조금, 광산 활성화를 위한 정부지원을 요구하는 광부들의 고속도로 점거를 다룬 주요 법안에 대한 정부의 압력에 대항하여 단식을 하였다. 7월에는 토지 없는 농민들이 여러 곳의 아시엔다를 점령하여 땅을 요구하였다. 군인들은 땅을 점유하고 있는 농민을 쫓아 버렸다.

9월의 시위는 칠레를 통해 천연가스를 수출하는 계획에 반대하여 일어났다. 볼리비아는 라틴아메리카에서 두 번째 천연가스를 많이 생산한다. 정부는 국제적 컨소시엄인 퍼시픽 액화천연가스(Pacific LNG)와 협약을 체결하였다. 이 회사는 멕시코와 미국 수출을 목적으로 태평양 연안에 파이프라인 설치하기 위해 6억 불을 투자하기로 하였다.

야당 측은 수출을 하기 전에 25만 볼리비아 가정에 가스를 공급할 것을 요구하였고 퍼시픽 액화천연가스가 페루 대신에 칠레로 파이프라인을 건설하는 것을 강하게 반대하였다. 많은 볼리비아인들은 1884년에 바다로 가는 통로를 빼앗은 칠레에 대해 여전히 분노하고 있다. 에보 모랄레스와 마스(MAS)는 12개의 농민과 노동조합을 포괄하는 위원회를 조직하였다. 그리고 외국 기업에 가스 로열티를 18%를 지불할 것이 아니라 50%를 받아야 한다고 정부에 주장하였다. 10월 충돌 후에는 30명이 죽었으며, 산체스는 사퇴하였고 미국으로 도피하였다.

산체스의 뒤를 이은 부통령인 까를로스 메사(Carlos Mesa)는 가스 문제를 법에 의거한 국민투표로 처리함으로써 폭력을 진정시키고자 시도하였다. 그러나 이때 많은 사람들이 탄화수소의 완전한 국유화를 주장하였다. 2004년 7월에는 가스 분출지에 대한 국가 소유권을 회복하는 조건으로 국민투표가 열렸고, 이 조건에 92%가 지지하였다. 시위대의 저항은 계속되었고 메사는 2005년 3월 의회에 사임을 표하였다. 국민들은 이런 움직임을 냉소적으로 보았는데, 대통령이 상원의장을 승계하면 정부가 지지하는 외국 기업에 의해 부패가 반복될 것이라는 믿음을 공공연히 가지고 있었다. 의회는 사임을 받아들이지 않았다. 시위는 계속되었고, 라파스 위의 엘 알또(El Alto)의 원주민 지도자들은 공항에서 라파스로 가는 중요한 길목인 라 세하 델 알또(La ceja del Alto)를 차단하였다. 의회 지도자들은 메사를 잠재적으로 교체하는 것에 동의하였다. 메사는 6월에 사임하면서 대통령 임시대행직을 에두아르도 로드리게스(Eduardo Rodríguez) 대법관에게 맡겼다. 선거는 12월에 열렸다. 에보 모랄레스는 수십 년 만에 투표로 선출된 첫 번째 대통령이 되었고 54%를 득표하였다.

대통령으로서 에보 모랄레스

마스(MAS)는 원주민에 뿌리를 둔 확고한 민족주의자들로 사회주의 정당이다. 이 당은 과거 25년 동안 신자유주의 계획을 무시했던 다수의 분파들이 연합한 것이다. 라틴아메리카에서 가장 재능 있는 지도자 중의 하나인 에보 모랄레스는 신자유주의 기치 아래에서 단지 개인적 이익을 위해 국가 재산을 싼 가격으로 외국기업들에게 매각하기 위해 권력을 잡은 정치 계급에 대한 거대한 대중적인 반대를 구체적으로 실현하였다. 그는 또한 가혹한 미국의 반마약 정책과 최근 수십 년간 원조의 명목으로 신자유주의를 강제한 IMF와 세계은행과 같은 글로벌 기구에 대한 반대를 분명히 했다.

모랄레스는 군부를 재빨리 제압했으며, 2006년 5월 1일 모든 천연가스 자원을 국유화하였다. 외국기업에는 채굴 재협상을 위해 6개월간의 시간을 주거나 몰수하였다. 이런 조치는 국가 전역에서 엄청난 인기를 끌었다.

제헌 의회 선거가 2006년 7월에 열렸으며 대표자들은 8월에 심의하였다. 2007년 12월에 국회는 제적 수의 3분의 2의 찬성을 얻어 헌법을 제정하였다. 새로운 헌장은 강력한 원주민 인권과 9개의 주(州)와 모든 시(市)에 자치권을 부여하였다. 원주민이 관할하는 지역은 전통적인 조직과 공동체에 기초한 지역 통치 양식을 허용하였다.

모랄레스 정부는 첫 번째 임기 동안 각별하게 운이 좋았다. 그 이유는 은과 천연가스, 아연, 주석 가격의 상승으로 인한 급속한 경제성장으로 이익이 늘어났기 때문이다. 수출은 GDP의 30% 이상으로 증가하였고, 2005년부터 2008년까지는 40% 이상 증가하였다. 2006년 정부의 탄화수소 국유화 이후에, 정부의 수입은 극적으로 증가하였고, 수입이 거의 GDP의 50%에 육박하여 정부의 소비가 증대될 수 있었다. 그러나 정부는 세제를 보존하고 잉여를 축적하였다. 에보 모랄레스 첫 번째 임기 동안 볼리비아의 경제성장은 해외로부터의 송금 감소와 미국의 무역 지위 해제 조치, 수출가격의 하락, 세계 경제의 침체를 겪은 해인 2009년을 포함하여 연간 5% 이상이었다.

강력한 경제 덕분에 정부는 가난한 사람을 위해 사회프로그램 지출을 늘릴 수 있었다. 프로그램 중 하나는 6년 과정의 초등 교육을 지속할 수 있도록 장려하기 위해 아이들에게 소규모 장학금을 지급하였다. 다른 하나는 가난한 성인들에게 보조금을 지급하였고, 또 다른 프로그램은 태교를 위해 엄마에게 재정을 지원하였다. 정부는 근린정부(neighborhood governance) 권리를 확대하기 위해 아이유(ayllu, 역자 주 안데스 문명 지역의 친족공동체 조직)라 불리는 강력한 전통 공동체를 검토하였다. 엘 알또와 같은 도시의 원주민 구역은 친밀한 이웃관계 속에서 살아온 시골 지역의 원주민 가족들로 원(原)공동체에서 유래한 아이유의 구성원으로 주로 이루어져 있다. 정부 서비스는 종족적 결합과 종족－정부 관계가 강화된 아이유로 조직된 통치 구조로서 지역에 기반을 둔 공동체로 유지하였다.

모랄레스의 외교정책은 그의 첫 번째 임기 동안 미국 정부와 거리를 두었다. 그는 볼리비아의 마약단속국(DEA) 대표단을 철수시키고 베네수엘라의 대통령으로 라틴아메리카에서 미국의 외교 정책에 대한 도전을 선도하고 있는 우고 차베스와 관계를 증진하였다. 베네수엘라는 미국이 볼리비아에 특혜 관세 협정 제외를 통해 마약단속국 축출에 대한 보복을 할 때 미국 수출량의 두 배에 해당하는 직물을 볼리비아로부터 사들였다. 또한 볼리비아는 미국과 우방국이 아닌 국가들인 리비아와 이란, 러시아와 강력한 관계를 가졌다. 모랄레스는 2008년에 필립 골드버그 대사가 야당 지도자와 비밀 회동한 것을 발견한 후에 볼리비아에서 쫓아내면서 그에게 페르소나 논 그라타(persona non grata, 역주: 라틴어로서 해당 외교관을 받아들일 수 없을 때 파견국에 통보하는 것)를 선언하였다.

모랄레스의 반대파들은 지리적으로 볼리비아의 아마존 지역에 조직되어 있다. 인구학적 그리고 정치적 변동이라는 측면에서는 상대적으로 고립되어 있다. 이들은 소수 백인 집단으로 부유하다. 여기 지도자들은 메디아 루나(Media Luna, 역주 스페인어로 반달이라는 뜻으로 볼리비아의 동쪽 지역을 지칭)라 불리는 지역에서 자치권을 요구하고 있으며, 산따끄루스(Santa Cruz) 주와 따리하(Trija) 주, 베니(Beni) 주 등이 포함되어 있다.

국가의 많은 가스자원은 이 지역에서 발견되며 지역 주민들은 세입이 더 많다. 분리주의 운동은 나시온 감바(Nación Gamba)와 때로는 인종주의적이며 폭력을 지향하는 끄루세니스따 청년 연합(Unión Juvenil Crucenista)과 같은 우파 그룹이 주도하였다. 2009년 선거에서 모랄레스는 이들 주(州)에서 중요한 지지를 얻어내기 위해 기꺼이 그 지역의 정치 지도자들에게 찾아가 그들의 불만을 경청하였다.

모랄레스가 그의 첫 번째 임기에서 극히 대중적이면서 신자유주의 정치가와 함께 하면서 수백만의 볼리비아 사람들의 불만을 억누른 것은 놀라운 일이 아니다. 이례적으로 두드러진 경제적 성과는 그의 카리스마와 실용적 리더십, 재능을 엿볼 수 있었다. 정부는 다음 몇 년 동안의 국가 경제의 성공을 위한 사회계약을 통해 지지하는 세력의 연대를 공고히 할 수 있다. 이러한 정부 경영의 특성으로 인해 외부세계는 반구에서 가장 가난한 국가인 볼리비아가 자신의 길을 가는 것에 대해 기꺼이 인정할 것이다.

추천도서

Garcia Linera, Alvaro. Sociologia de los movimientos sociales en Bolivia: Estructuras de movilizacion, repertorios culturales, y accion politica. Oxfam, 2004. 이 저자는 현재 볼리비아의 부통령이다.

Good, Peter. Bolivia: Between a Rock and a Hard Place. Plural Editores, 2006.

Hylton, Forest, and Sinclair Thomson, Revolutionary Horizons: Past and Present in Bolivian Politics. Verso, 2007.

Klein, Herbert S. Bolivia: A Concise History. Cambridge University Press, 2003.

Lazarte Rojas, Jorge. Entre los espectros del pasado y las incertidumbres del futuro: Politica y democracia en Bolivia a principios del siglo XXI. Friedrich Ebert Stiftung, 2005.

Marcy, William L. The Politics of Cocaine: How U.S. Foreign Policy Has Created a Thriving Drug Industry in Central and South America. Lawrence Hill, 2010.

Munoz—Pogossian, Betilde. Electoral Rules and the Transformation of Bolivian Politics: The Rise of Evo Morales. Palgrave Macmillan, 2008.

Olivera, Oscar, and Tom Lewis. Cochabamba: Water Rebellion in Bolivia. South End Press, 2008.

Weisbrot, Mark, Rebecca Ray, and Jake Johnston. "Bolivia: The Economy During the Morales Administration," December 2009.
    www.cepr.net/documents/publications/bolivia—2009-2.pdf.

제9부

브라질과 남미 남부

25. 브라질: 군사독재정권에서 노동당 집권 정부로

데이비드 플레이처(임두빈 옮김)

"나는 잘못된 꿈을 꾸고 있었다." 2003년 10월 14일 리우데자네이루(Rio de Janeiro) 주의 페르난두 가베이라(Fernando Gabeira) 하원의원은 이 말을 통해 자신의 노동당(PT) 탈당 이유를 부각시켰다.[1] 가베이라는 브라질 좌파 진영의 대표적 아이콘으로서 1969 년 8월에 주제 디리세우(José Dirceu: 2003년 1월 룰라 대통령의 최측근으로 정무수석으로 기용됨)를 포함한 정치사범 15명의 석방을 조건으로 주 브라질 미국대사 찰스 엘브릭(Charles Elbrick)를 납치했던 사건에 참여했던 인물이다.

22년 동안 군사독재 정권과 그 뒤를 이은 4인의 군부정치 계승자들에 대항하여 정치적 투쟁과 선거투쟁을 벌여왔던 그는 2002년 10월에 새로이 선출된 PT(노동당) 정권을 '페르난두 엔리께 까르도주(Fernando Enrique Cardoso) 대통령의 제3집권기'라고 폄하하면서 새 PT 정부가 추진하는 보수주의 성향의 신자유주의 정책에 실망의 목소리를 냈다.

그렇다면 과연 1964년에서 2003년까지 40년간의 세월 동안 브라질에서 어떤 일들이 벌어졌던 것인가? 1985년 1월, 21년 동안 지속된 군사정권이 종식되면서 대통령 선거인단(Electoral College)을 통한 간접선거로 민선 대통령이 선출되었다. 당 해년 3월 15일 첫 민선 대통령 당선자인 땅끄레두 네비스(Tancredo Neves)가 장 질환으로 갑작스레 입원하게 됐고 브라질리아(Brasília)와 상파울루(São Paulo)에서 다섯 번에 걸친 수술 끝에 4월 21일 결국 사망하게 된다. 당시 부대통령이었던 주제 사르네이(José Sarney)가 대통령 직무를 승계하여 1990년 3월까지 5년간 국정을 이끌게 되었다. 사르네이는 군사정권을 옹호했던 사회민주당(PDS)의 총수를 1984년 6월까지 지냈던 인물이었다. 근본적으로 이것이 바로 첫 번째로 잘못된 꿈이었다. 군사 독재정권으로부터 민간으로의 정권 이양이 주지사 출신으로 군사정권과 동맹관계를 맺어 왔고 그 후견 아래 영화를 누렸던 상원의원의 손안에 떨어졌기 때문이다.

두 개의 브라질: "벨린지아(Belindia)"

브라질은 흔히 두 개의 다른 층위가 상존하는 나라로 특징지어지고 묘사된다. 이 "두 개의 브라질"은 브라질에서 믿기 어려울 정도의 부와 고등학력을 지닌 극소수의 계층이 가난하고 학력이 낮고, 수동적이고 조직력이 없고 리더십이 부재한 다수의 사람들을 지배해 왔다는 사실을 보여 준다. 브라질 사회가 지닌 이러한 이중성은 1950년대에 활동한 프랑스 학자 로저 바스티드(Roger Bastide)가 사용한 "대조(contrasts)"라는 표현과 자크 램버트(Jacques Lambert)가 언급한 "고전적(archaic)"이고 "근대적(modern)"인 브라질[2]로 처음 묘사되었다. 경제학자 에지마르 바샤(Edmar Bacha)는 이런 이중성을 "벨린지아(Belindia: 벨기에와 인도의 합성어)"로 명명했다.[3] 이 두 개의 브라질은 농촌과 도시, 사회적 환경과 문화적인 환경, 산업경제와 농촌경제, 해안지역과 오지, 평원지역과 열대우림과 같이 여러 개의 다양한 이분법으로 첨예하게 나뉜다.

1960년대 초반에 점점 심화되어 가는 빈부의 격차(전체 인구의 10% 미만이 전체 국부의 50% 이상을 차지하고 있는 상황)와 물질적 근대화와 사회변화 사이에서 발생하는 충돌과 그것으로 인해 사회가 막다른 골목으로 치닫는 상황을 당시로서 취약했던 정치제도를 가지고 막을 수가 없었다.

초기의 사회동원(social mobilization)에서 비롯된 "혼동"에 대항하는 "질서"를 수용하려 했던 노력은 결과적으로 1964년에 민간—군부 쿠데타를 향한 길을 열게 만들었다.

최근 수년 동안 브라질의 지역별로 나타나는 대조적인 격차에 괄목할 만한 변화가 발생하였다. 2000년에 부자로 분류[월수입 기준이 2만 2,487헤알(약 7,500달러)]되는 범주에 1,162,164개에 달하는 가구가 포함되었다. 브라질 전체 가구의 2.4%를 구성하는 이들(상파울루에서는 58%를 차지)에게 국가 전체 수입의 33%가 편중되어 있고 그 부가 지닌 규모는 브라질 국내총생산량(GDP)의 85%에 달한다. 1980년에 부유층의 비율은 전체 인구의 1.8%에 불과했다.[4] 이러한 차이는 브라질의 부가 오늘날 더 이상 생산과 노동력에 따라 일궈지는 게 아니라 경제의 "금융화"에 의해 축적된다는 것을 의미한다. 1980년에는 10배에 달했던 반면에 2000년에 조사된 부유한 사회계층의 평균수입은 전국 평균수입의 14배에 육박했다. 이 20년이라는 기간 동안에 상파울루 지역 부유층의 증가율은 102.9%, 삐아우이(Piauí) 주에서는 78.4%, 세아라(Ceará) 주는 17.9%를 보여 줬다. 빠라(Pará) 주에서는 16.2%, 바이아(Bahia) 주에서는 28.8%의 하락세를 보였다.

삶의 질적 차원에서 볼 때, 유엔개발계획(UNDP)에서 발간한 인간개발지수(HDI)보고서에 따르면, 브라질은 2004년에 조사된 177개 국가 가운데 72위를 차지했다. 교육은 62위(0.88), 평균수명은 111위(0.72), 소득에서는 63위(0.643)를 기록했다. 1990년에 브라질은 인간개발지수에서 71위를 기록했었고, 1975년에는 81위를 기록했었다. 그러나 소득분배 측면에서 브라질은 전 세계적으로 최하위 4위에 머물러 단지 나미비아(Namibia), 레스토니아(Lesotho), 시에라 레온(Sierra Leone)에 앞설 뿐이었다. 브라질에서 상위 10%에 달하는 부자 계층은 국민소득(national income)의 46,7%를 차지하고 있고, 하위 10%의 빈곤층은 부유층이 소유하고 있는 국민소득의 85분의 1에 못 미친 0,5% 정도만을 차지하고 있는 실정이다. 이러한 사실은 인간개발지수에서 최하위 9위를 차지하면서 빈부 간의 격차가 65,8배를 기록했던 2003년보다 더 악화된 모습을 보여 주었다.

나미비아에서 빈부 간의 소득분배 격차는 128,8배에 달했다. 브라질의 소득분배에 따른 지니계수는 0.5919(역주: 2010년에 0.53)이었고 나미비아는 0.707이었다. 대조적으로, 브라질은 세계에서 다섯 번째로 큰 나라(미국보다 근소한 차이로 넓다)이며 다섯 번째로 인구가 많고 국내총생산이 세계 15위(역주: 2012년 현재 6위)에 해당하는 경제대국이지만 1인당 국민소득에 있어서 63위에 그치고 있다.

1964년 군사쿠데타와 21년간의 군사독재시대

1822년 포르투갈로부터 독립한 후, 브라질은 포르투갈의 국왕 동 주앙 6세(D. João VI)의 아들인 동 페드루 1세(D. Pedro I)를 황제로 옹립하는 입헌군주제를 수립했다. 동 페드루 2세가 약간의 섭정기간을 거쳐 1840년부터 1889년에 공화국이 수립될 때까지 브라질을 다스렸다. 공화국이 수립되면서 두 명의 장군 출신의 대통령이 연속해서 1894년에 민간 대통령이 선출되기 전까지 공화국 대통령으로 집권했다. 제1공화국에서는 커피수출산업을 기반으로 성장한 상파울루(São Paulo)와 미나스제라이스(Minas Gerais)의 두 개의 커다란 주가 국내 정치를 장악하고 '1930년 혁명'이 일어나기 전까지 35년간 대통령직을 서로 번갈아가며 독식했다. 중앙집권적 제국시대 이후에 수립된 새로운 정치 시스템은 주 정부에 자치권을 강화한 지방 분권화를 지향하게 되었다.

1920년대는 주요 도심지의 성장, 급격하게 증가한 이민자 수(특히, 이탈리아와 스페인 출신), 산업화 초기, 1922년과 1924년에 각각 발생한 군부 반란[루이스 카를로스 프레스치스(Luís Carlos Prestes) 대위가 구공화국 체제에 반발하여 군대를 끌고 진격하여 국토를 횡단한 사건. 역주: '콜루나 프레스치스(Coluna Prestes)'로 불림]과 함께 커다란 사회적, 경제적 격동기를 겪었다. 결국 1930년 선거에서 상파울루 주가 미나스제라이스 주와 맺은 '커피-우유정치(café com leite)'의 밀약을 깨뜨리고 다음 정권 계승자를 미나스 주가 아닌 상파울루 주에서 선출하고 말았다.

1930년 10월에 미나스제리이스 주와 리오그란데두술 주 주지사들이 그런 정치적 상황에 불만을 품고 "국민들이 나서기 전에 우리가 먼저 나서서 혁명을 일으켜야만 한다"는 취지로 연합군을 결성하여 부패한 과두제 시스템을 종식시키기 위해 반란을 일으켰고 제뚤리우 바르가스(Getúlio Vargas)가 임시 대통령으로 추대되었다.

바르가스는 1934년에서 1937년 사이의 짧은 임시 정부기간을 제외하고 1945년 11월에 군부에서 그를 권좌에서 끌어내리기 전까지 독재자의 길을 걸었다. 15년에 걸친 바르가스 시대에 일어난 특징으로 근대화, 정치의 중앙집권화, 산업화가 이루어진 것과

1943년과 1945년의 사이의 이탈리아 살로 공화국(역자 주: 나치의 이탈리아 괴뢰정부) 시기에 연합군 소속으로 제2차 세계대전에 참전한 것을 들 수 있다.

1946년 헌법은 주정부에 대한 적절한 자율성을 띤 자유주의적인 다당제 민주주의의 틀을 마련해 주었다. 바르가스는 1950년 직접선거를 통해 재집권하게 되었지만 1954년 8월에 군부에 의해 다시 하야하게 되었다. 이후, 바르가스는 자살을 하고 되고 경제적 억압에 대항하여 투쟁한 브라질 노동자에게 브라질노동당(PTB)의 순교자이자 상징으로 남게 되었다.

1955년 11월 사회민주당(PSD) 소속 미나스제라이스 주 주지사 주셀리누 쿠비체크 (Juscelino Kubitschek)는 군부 쿠데타의 위협 아래에서 단순 과반수(simple majority)에 의해 대통령으로 선출되었으며, 계엄령(state of siege)이 내려진 지 석 달 뒤인 1956년 1월에 공식취임했다. 대부분의 사람들은 그가 5년의 임기를 채우지 못할 것으로 예상했었지만 쿠비체크 대통령은 "50년의 발전을 5년 안에(Fifty years of progress in five)"라는 기치를 내세우며, 브라질리아 신수도를 건설하고 산업성장을 촉진시키면서 고속도로 및 전력 등의 인프라 구축을 확대하면서 브라질을 20세기 근대국가의 틀 안으로 진입시켰다.

쿠비체크의 뒤를 이어 자니우 꽈드루스(Jânio Quadros) 대통령이 1961년 1월에 취임하였다. 그는 전임 대통령의 무분별한 지출을 비난하였고, 쿠바를 방문하여 에르네스토 체 게바라(Ernesto Ché Guevara)에게 훈장을 수여했고 브라질의 새로운 독립적인 외교정책을 수립하였다. 의회에서 압박과 고립을 느낀 꽈드루스는 취임한 후 7개월 뒤에 돌연히 사임해 버렸다. 군부의 일각에서 부대통령 주앙 굴라르를 바르가스의 피후견인으로 간주하여 그의 취임을 거부하였다. 군부 내부가 분열되었고 내전 발발의 위협 앞에서 의회는 해결책으로 대통령의 권한을 축소시킨 의회주의를 채택하여 1961년 9월에 이르러서야 굴라르는 비로소 권력이 축소된 형태로 대통령에 취임하게 되었다.

최초의 의회 내각은 땅끄레두 네비스(사회민주당) 총리가 1962년 10월 선거 4개월 전에 사퇴하기 전까지 매우 성공적이었다. 그 이후부터 굴라르는 약세의 총리들을 연이어 임명하였고, 1962년 말에 의회는 1963년에 국민투표를 승인하며 짧았던 의회주의 시스템을 끝내고 굴라르의 대통령 권한을 복원시켰다.

브라질은 인플레 증가, 대규모 농촌–도시 이반, 느린 경제성장, 무토지 농민들(MTS) 농장 습격, 그리고 근본적인 개혁(농지, 은행 시스템, 대학, 정치시스템 개혁)을 달성하려 했으나 유약했던 굴라르의 국정운영으로 말미암아 노동자들과 학생 파업이 연이어 발생하는 상당히 불안정한 상태를 겪었다. 정치개혁에 관련해서, 진보세력들(특히 브라질에서 발전된 남동부 지역)은 브라질 북동부의 저개발되어 있고 작고 보수적인 지역들에 대한 정치적 부담을 줄이기 위해 1인 1표 제도를 제안했다. 그들은 또한 문맹자, 주 소속 군경(military police), 그리고 부사관 들의 참정권 부여 역시 요청했다.

브라질은 1930년 이후 정치, 사회, 경제적으로 상당한 변화를 겪었지만 아직 여전히 20세기의 기준을 충족할 만한 국가의 틀을 확보하지 못하고 있었다. 1932년에 여성에게 참정권이 주어졌으나 문맹자들에게는 여전히 선거권이 주어지지 않았다. 브라질 인구의 단지 약 25%가 투표에 참여한 1962년 선거에서는 등록된 인구의 약 70%가 여전히 농촌 지역에서 살고 있는 상황이었다.

1962년에 치러진 선거들은 의회에 어느 정도 혁신을 기했고 PTB(브라질 노동당)와 PSD(사회민주당)가 하원 409개 의석 중 각각 28%를 차지했다. 1961년과 1962년에 굴라르 대통령의 의형제인 레오넬 브리졸라(Leonel Brizola) 주지사가 리오그란데두술(Rio Grande do Sul) 주에서 외국인 소유의 전기회사와 통신회사를 압수해 버렸다. 브리졸라는 당시 신생주인 과나바라(Guanabara) 주에서 최대 득표를 기록하며 연방하원으로 선출되었다. 보수주의자들은 헌법상 정족수의 3분의 2의 찬성을 필요로 하는 굴라르의 기본 개혁안의 승인을 가로막았다.[5] 그 결과로, 굴라르 대통령은 1964년 초에 법령에 따라 몇 가지 개혁을 실시했다. 굴라르가 노동총동맹(CGT)과 군의 하사관과 부사관들의 연합을 꾀하려하자 3월 하순에 군부세력이 굴라르를 축출시켜 버렸고 그 이후로부터 21년간 군사독재정권의 시대가 열리게 되었다.[6]

브라질 군사독재정권은 다음과 같은 시기로 구분되어 나뉠 수 있다. (1) 일부 예외는 있지만 1946년과 1966년 헌법의 비호 아래 의사헌법기간(1964년 4월에서 1968년 12월 사이) 동안 정권을 잡은 까스뗄루 브랑꾸(Castelo Branco)와 꼬스따 이 실바(Costa e Silva) 대통령의 집권기, (2) 1968년 12월 13일에 공포된 제도강령 5호(Fifth Institutional Act: AI －5)를 통해 10년간 모든 헌법보장을 폐지시킨 꼬스따 이 실바 대통령의 후반기 집권과 메디치(Médici) 대통령의 집권기, (3) 통제된 자유화를 일부 허용하고 군부 세력의 영향력을 축소시킨 에르네스뚜 가이젤(Ernesto Geisel: 1974년에서 1979년 사이) 집권기, 그리고 마지막으로 (4) 주앙 피게이레두(João Figueiredo: 1979년~1985년 사이) 대통령의 집권 시기로 강압적인 제도강령 5호(AI－5)에서 벗어나 민주화의 서광이 비치기 시작하면서 군사정권 마지막을 장식한 시기로 구분된다.

예외적인 단기간 동안 모든 정치적 활동을 금지시켰던 이웃 남미국가들(아르헨티나, 페루, 우루과이, 칠레) 군사정권들과 달리, 브라질 군부세력인 가이젤 대통령이 명명한 "상대적인 민주주의"는 제헌의회와 시장선출을 위한 국민투표(그러나 끊임없이 법령을 바꾸고 대통령과 주지사에 대한 간접선거는 유지하는 형태)와 정당정치 활동이(군부에 의해 재편성된 양당체제로) 가능했고 국회도 정상적으로 가동되었다(그러나 특권과 권력이 축소된 상태로 국회가 세 번 폐쇄당한 적이 있다).

주앙 굴라르 대통령이 1964년 3월 하순에 군부 쿠데타에 의해 제거된 후, 군 최고사령부는 시민자유에 대한 개입과 일정한 한계를 입법화한 제도강령 제1호(AI－1)를 선포했다.

이 제도강령 1호(AI－1)는 또한 군대로 하여금 선출 명령을 취소할 수 있게 허용하고 공공서비스에서 민간인과 군인을 제외시켰으며 10년 동안 정치 활동을 할 수 있는 권리의 박탈을 공포했다. 의회는 4월 11일 소집되어 움베르또 까스뗄루 브랑꾸(Humberto Castelo Branco) 장군을 대통령으로, 하원의원 주제 마리아 알키민(José Maria Alkmin)을 부대통령으로 비준하기 위해 소집되었다. 이를 통해 전 대통령 주앙 굴라르, 자니우 과드루스와 주셀리누 쿠비체크를 포함한 많은 정치 지도자들이 축출되었다. 1966년의 제도강령 2호 말기에 하원 67명과 2명의 하원 의원과 5명의 주지사가 면직되었고 수백 명에 달하는 노조 지도자, 교수, 지식인, 공무원, 장교들이 정치적으로 제거되었다. 까스뗄루 브랑꾸 대통령 정권 시기는 군부 안에서 조차 강경노선과 온건노선의 대립이 강했다. 전자는 군사정권의 집권 기간의 연장의 당위성을 주장하면서 브라질 정치체제에 대한 대대적인 변혁을 주장한 반면에, 후자는 단기간의 군사정권집권 기간을 통해 소폭의 개혁을 통해 정치적 안정을 꾀하여 1965년 대선에서 민간에 정권을 이양해야 한다는 입장을 보였다. 그러나 후자의 입장처럼 단기간에 빠른 변화에 대한 전망은 기대하기 매우 어려운 일이었으며, 결과적으로 까스뗄루 대통령이 간접선거를 통해 1967년 3월까지 재집권하게 되었다. 그러나 까스뗄루는 1965년 10월에 11개 주에서 치러진 주지사 선거에서는 직접선거 체제를 고수했다. 비록 보수주의 진영의 후보자들이 선전을 펼쳤음에도 불구하고 두 명의 쿠비체크 후견인들이 미나스제라이스 주와 과나바라(리우데자네이루의 도시 주) 주에서 선출되었고, 이틀 뒤에 후견인들의 선거 승리를 축하하기 위해 파리에서 망명 중이던 쿠비체크 전 대통령이 돌아왔다. 군부 강경노선의 부정적 반응은 강력했고 리우데자네이루 주의 군 장교들을 통원하여 까스뗄로 브랑꾸 대통령을 하야시키겠다고 위협했다. 국방부 장관 아서 꼬스따 이 실바 장군이 그 상황에 개입하여 대통령으로부터 양해를 얻어 쿠데타 상황을 피하고 향후 1967년에 그 자신이 까스뗄루의 후계자로 대통령에 취임하기로 했다. 국회가 꼬스따 이 실바의 취임을 허용했으나 까스뗄루 대통령은 1945년 이후 이어온 양당제의 종식을 선포하고 1966년 선거를 위한 새로운 양당제 수립을 위한 기준을 세웠다.

그 결과로 1966년에 두 개의 새로운 정당이 설립되었다. 하나는 여당인 국가혁신동맹당(National Renovating Alliance: ARENA)이었고 다른 하나는 야당인 브라질민주운동당(MDB)이었다. 새 양당제 시스템 안에서 하나의 정당은 최소한으로 120명의 하원과 20명의 상원의원이 포함되어야 했다. MDB는 창당 초기에 겨우 18명의 상원의원만을 확보할 수 있었지만 까스뗄루 브랑꾸 대통령은 두 명의 친국가혁신동맹당(ARENA) 성향의 상원의원들이 한시적으로 야당에 가입한 것이라고 확신했었다. 1945년에서 1964년 사이 3개의 주요 정당 소속이었던 하원의원들이 차별되는 방식으로 국가혁신동맹당

(ARENA)과 MDB에 합류했다.

강경하게 반굴라르 성향이었던 UDN(민족민주연맹)은 국가혁신동맹당(ARENA)에 가입(94명 중 84명)하였고, 친굴라르당인 PTB(브라질노동당) 소속 위원들은 주로 PMDB에 합류했다(109명 중 75명). 더 자세하게는 보수당인 PSD(브라질사회민주당) 소속 의원들은 대부분(124명 중 84명)이 국가혁신동맹당(ARENA)에 합류했다.[7] 모리스 뒤베르제(Maurice Duverger)[8]의 저작들을 읽었던 까스뗄루 브랑꾸는 양당제와 다수대표선 거제도 사이의 관계를 잘 알고 있었다. 가스뗄루 대통령은 헌법재판소(TSE)에 1966년 선거를 위해 선거구를 406개로 나누도록 명령했지만 전 UDN 소속 정치인들이 그런 시스템은 자신들의 정적인 전 PSD 소속 의원들에 의해 브라질의 광대한 내륙 지방의 표가 잠식될 것이라는 불평이 높아져 폐기되었다.

1996년 중반에 국가혁신동맹당(ARENA)이 하원의원석 260개를 차지했고 PMDB는 148석을 차지했다. 1966년 10월 3일에 1965년 주지사 선출에 직선제를 이행하지 않았던 12개 주 입법부는 각각의 "허수아비" 주지사를 선출하기 위해 소집됐다.[9] 11월 15일에 상원의원과 군사정권에 의해 부과된 제한적인 시각에서 국가혁신동맹당(ARENA)이 높은 득표율을 달성하여 PMDB가 확보한 하원의석 133개다 더 많은 276개를 확보했다(67.5%). 국가혁신동맹당(ARENA)은 상원에서도 47개(71.2%) 의석을 차지하였다. 그리하여 아서 꼬스따 이 실바 장군이 의회에서 다수석을 차지하고 1월에 공포된 신헌법을 기반으로 1967년 3월 15일자로 군사정부의 두 번째 정권을 잇게 되었다. 아서 꼬스따 대통령은 1966년 12월에 레임덕에 빠진 의회로부터 급히 추대되어 1967년 1월에 까스뗄루 브랑꾸 정부의 강력한 지지를 바탕으로 대통령에 취임하게 되었다.[10]

경제 기적과 억압

1967년 공표된 신헌법은 1964년에서 1966년 사이 체제 아래서 큰 정치적 반대 없이 새 대통령을 취임시켰지만 공공집회, 노동조합의 파업과 학생들의 데모 등이 빈번하게 발생했다. 정부는 거대여당(ARENA)을 지니고 있었지만 군사정부에 의한 의원 제거에 이미 면역이 되어 있었다. 불만이 팽배해지면서 국가혁신동맹당(ARENA)은 정부 법안의 승인이 점점 어려워지는 상황을 맞이하게 되었고, 특히 1968년에 그 정도가 심했다.

경제 침체기간(1960~1964년) 동안, 까스뗄루 브랑꾸 정부는 인플레이션을 억제하고 공공적자를 노동의 경제적 수요를 통제하기 위한 정책을 내놓았다. 그 정책은 GDP가 감소하고 실업률의 상승과 함께 경기침체를 야기시켰다. 1967년 꼬스따 이 실바(Costa e Silva) 정부의 경제 브레인이었던 델핑 네뚜(Delpim Neto) 경제장관은 소비 진작과 신규 국내외 투자 및 수출 인센티브를 필두로 하는 경제정책을 폈다. 이러한 이니셔티브는 국제적인 경제호황과 더불어 소위 "경제 기적(1967년에서 1973년 사이)"을 이루었다. 이 "기적"의 단계 동안 연평균 GDP 성장률은 전체 경제부분의 13.1%를 차지하는 산업 부문에 의해 주도되어 11.1%를 기록하였다. 이런 경제성장에 힘입어 수입 규모가 수출보다 더 빠르게 불어났지만 국제경상수지 흑자의 결과로 자본이 대량으로 유입되면서 무역적자가 해소되었다.[11] 군사 정부는 모든 전력과 통신 분야를 장악하여 재빨리 근대 국영기업의 형태로 Eletrobrás(브라질전기회사)와 Telebrás(브라질 통신회사)를 설립했다.[12]

1968년에 군부독재체제에 반대하는 노동계와 학생들의 불만이 표출되어 리우데자네이루에서 "10만의 학생 가두시위"가 일어났고 상파울루에서는 수많은 파업이 잇따랐지만 경찰에 의해 진압되었다. 이와 비슷한 노동계와 학생들의 시위가 1968년 봄과 여름에 미국과 서유럽에서도 일어났다. 같은 해 8월에는 경찰은 미나스제라이스연방대학교(UFMG)를 폐쇄하고 브라질리아연방대학교(UnB)의 교내 진압을 시도하는 등 검열과 압제의 정도가 극화되었다.

브라질의 독립기념일(9월 7일) 직전인 9월 2일에 직선적인 성향을 지닌 MDB 소속 하원의원인 마르시우 모레이라 알비스(Márcio Moreira Alves)가 국회에서 군사정권에 강하게 비판적인 연설을 감행했다. 알비스는 브라질 국민들에게 "군사정권 배척하기"와 독립기념일 군사퍼레이드에 동참하기 말 것을 촉구했다. 더 나아가서 그는 젊은 여성들에게 군 장교들과 데이트하지 말 것을 촉구하기까지 했다. 이에 브라질 군부는 자신들의 존엄성이 훼손되었다며 격분했다.

그에 대한 보복차원에서 꼬스따 이 실바(Costa e Silva) 정권은 연방하원 알비스(Alves)의 의원 지위를 박탈시키고 정부의 명예를 훼손시킨 죄로 기소하기 위해 그의 의원면책권을 중지시켜 줄 것을 국회에 요구했다.

12월 초에 군사정권에 대한 정치적 도전은 절정에 도달했다. 12월 11일에 하원 사법위원회(이후 9 ARENA로 명칭함) 의장은 알비스 의원의 제명을 찬성하는 승인하는 보고를 했다. 그러나 다음 날, 국회의 모든 의원들이 그 제명 요구사항을 216명 중에 141명의 표결[국가혁신동맹당(ARENA) 소속 하원들의 90여 개의 기권표와 함께]로 거부에 나섰다. 12월 13일에 군사 정부는 제도강령 5호(AI−5)를 공표하여 1969년 10월까지 의회를 폐쇄하고 10년간 무불소위의 독재 권력을 휘두르게 되었다. 익월에 국가혁신동맹당(ARENA) 소속 28명을 포함한 94명의 하원의원과 네 명의 MDB당 소속 상원의원이 퇴출되었다.

1969년 브라질 군부의 불순분자에 대한 새로운 탄압의 물결이 일었다. 당시 불어닥친 숙청의 대상이 된 수많은 대학교수들 중 사회학자 페르난도 엥리케 까르도주(Fernando Henrique Cardoso) 역시 상파울루대학교(USP)에서 쫓겨난 바 있었다. 전하는 바에 따르면, 꼬스따 이 실바 대통령은 일단의 학자들과 법학자들을 모아 군사정부가 지닌 수많은 "예외적인 규정"들을 포괄했지만 법치국가를 회복시키는 새 헌법을 준비시켰다. 이 임무가 완료되기 전에 실바 대통령은 8월 27일에 뇌졸중으로 쓰러지자 세 명의 군부출신 장관들이 실바 대통령의 뒤를 이으려는 민간인 출신 부통령 페드로 알레이슈(Pedro Aleixo)를 저지하고 군사정부를 이어가기 위해 군사평의회가 구성되었다.

이러한 혼란의 시기 와중에 게릴라들이 9월 4일 리우데자네이루에서 찰스 앨브릭(Charles Elbrick) 미국대사를 납치한 후에 정치범의 석방을 요구하는 사건이 일어났다. 교섭을 통해 석방된 정치범들은 이틀 뒤에 멕시코로 풀려났다.[13]

최종적으로 군사평의회는 10월 25일에 실바 대통령의 후임으로 에밀리오 가라스따

주 메디치(Emílio Garrastazú Médici) 장군을 추대하였고 이를 비준하기 위해 국회가 재소집되었다. 메디치 정권은 유례없는 경제성장기 동안 가혹한 정치적 억압을 유지했고 1970년에 브라질 선거제도에 큰 변화를 불러일으켰다. 하원의원 수는 409명에서 310명으로 축소되었고 연방하원 주 대표단 해당 주의 인구 수가 아닌 유권자 수에 비례해서 구성되었다. 이러한 조치는 미나스제라이스나 상파울루같이 유권자 수를 많이 보유하고 있는 발전된 주(state)를 대표하는 의석의 수를 늘려주고 적은 유권자 수를 지닌 저개발된 주를 대표하는 의원들의 수를 축소시키는 결과를 초래했다. 예를 들어, 그 조치의 결과로 뻬르남부꾸(Pernambuco) 주는 하원 의석수가 24개에서 15개로 줄어들었다.[14]

1970년 선거는 야당인 MDB에 혹독한 제한이 가해지면서 치러졌다. 많은 수의 입후보자들에게 선거운동이 허용되지 않았고 라디오, TV와 신문에 대한 사전검열이 심해졌다. 많은 정치인들이 숙청되었다. 표현과 집회의 자유가 제한되었고 경제적인 안정세가 국가혁신동맹당(ARENA) 후보들에게 힘을 실어주었다. 1970년대 중반에 브라질이 월드컵에서 우승을 차지하면서 집권정당인 군사정권에 대한 지지도를 올리는 데 한몫을 거들었다.

선거 결과, 근소한 차이로 여당인 국가혁신동맹당(ARENA)이 승리를 차지했고 야당인 MPD는 86개의 하원의석(27.7%)과 7개의 상원의석(10.6%)을 빼앗기게 되었다. 1971년에 일부 낙심한 야당의원들이 MDB의 해산 방안을 제기했다.[15] 1970년에 선출된 시장과 시의원의 임기는 2년으로 주어졌다. 이로써 시정부 선거는 국회와 주정부 선거와 위상이 다르게 임기를 2년제로 하는 체제가 되었다. 국회와 주정부 선거는 1972년과 1976년에 치러졌다.

1974년: 경제 침체와 정치 개방

1973년에 이르러서 브라질의 경제적 기적은 하강선을 긋기 시작했고 아랍연합군과 이스라엘 간에 벌어진 욤키프르(Yom Kippur) 전쟁 발발 이후 OPEC(석유수출기구)의 가격인상과 감산으로 시작된 오일쇼크의 영향을 수입 석유에 의존도가 높았던 브라질 역시 마찬가지로 그 영향을 크게 받았다. 그 결과, 브라질로 유입되던 투자 자본이 줄어들기 시작하면서 무역수지도 적자로 돌아섰다. 이러한 상황은 최소한의 경제성장을 유지하기 위해서 브라질로 하여금 국제금융시장에서 막대한 외채를 끌어 쓰게 만들었다. 1967년 이래 군사정권이 존속할 수 있게 지탱해 주었던 경제성장은 침식되기 시작했고 빠른 정치적 응급조치가 필요하게 되었다.

독일계 이민자 후손으로서 1930년 혁명 직전에 민족주의 성향의 장교로 군 경력을 시작해서 1945년과 1954년에 반(反)바르가스 군사쿠데타에 참여한 경력이 있는 에르네스뚜 가이젤(Ernesto Geisel) 장군이 등장했다. 그는 자니우 꽈드루스(Jânio Quadros) 대통령과 까스뗄루 브랑꾸(Castelo Branco) 대통령의 최측근이었고 1967년부터 브라질석유공사(Petrobrás)를 경영해왔다. 가이젤의 형 올랜도(Holando)는 메디치(Médici) 정부시절에 국방부 장관에서 퇴진했다.

골베리 두 꼬우뚜 이 실바(Golbery do Couto e Silva) 장군이 가이젤 정권의 정무수석으로 합류했다. 가이젤(Geisel) 대통령의 임기 동안 세 가지의 정책 목표가 추진되었다. (1) 산업화의 강화를 통한 경제 성장의 유지하는 것, (2) 민간통치로 복귀하는 기반을 조성하면서 정치적 개방이나 자유화에 대한 조치를 이행하는 것, (3) 대통령의 통치권을 되찾음으로써 군부의 영향력을 감소시키는 것이다.[16] 가이젤 대통령은 자신의 정책을 추진하는 데 있어 여전히 강력한 제도강령 5호(AI-5)를 보유하고 있었다.

1973년 말에 가이젤 대통령은 돈키호테와 같은 행보로 나라를 휘저으며 1974년 1월 15일 선거인단(Electoral College)에서 총 505표 중에서 15%에 달하는 76표를 득표한 율리시스 기마랑이스 하원의원(MDB-SP)의 도전을 받았다. 두 달 뒤에 가이젤은 1979년 3월을 거쳐 5년 임기의 네 번째 군인 대통령으로 취임했다. 그리하여 그는 군인 출신으로 1974년과 1979년에 치러진 두 번의 총선을 거친 유일한 대통령이 되었다.

1973년 후반기에 닥친 첫 번째 '오일쇼크'의 여파가 1974년 초에 브라질에 강하게 불어닥쳤다. 비록 수출이 호조를 보이고 있었지만 브라질의 무역거래는 급격하게 줄어들었다. 자본의 유입이 줄어들었고 외국차관이 늘게 되면서 결과적으로 경상수지적자가 발생하게끔 되었다. 국내총생산(GDP)의 성장세는 상대적으로 강세를 보여 1974년에서 1980년 사이 평균 경제성장률은 6.9%에 달했다. 그러나 경상수지적자는 1973년 17억불에서 1980년 128억 불로 증가했다. 외채는 1980년 집계로 540억 불에 도달했다. 국제금융시장에서는 오일달러가 넘쳐나 외채를 꾸준히 조달할 수 있었다. 이러한 상황은 1970년대 후반기에 제2차 오일쇼크와 금리충격으로 더욱 악화되었다. 1979년에는 2회, 그 외에는 매년 한 번씩 통화수정(monetary correction)으로 급여가 조정됨과 함께 인플레이션 역시 1973년의 16.2%에서 1980년 110.2%로 가파른 오름세를 보였다. 경제 기적의 위상이 무너지기 시작하면서 군사정권은 자신의 정당성을 입증하기 위해 또 다른 대체 소스를 필요로 하게 되었다.

가이젤과 골베리는 1974년 선거에서 정부 통제를 다소 완화함과 동시에 감압, 또는 정치적 개방을 통해 정권의 정당성을 강화하려 했다. 그 결과로 야당인 MPB당은 큰 강압 없이 후보지들을 선택할 수 있었고 선거운동도 큰 제한 없이 실시할 수 있었다. 엠브라뗄(Embratel: 브라질 국영 시외전화 통신사)은 1970년에 브라질의 월드컵 우승을 브라질 전국에 방영하기 위해 시범운용을 한 뒤로 나라 전역을 시청권으로 통합시키는 초단파 TV 시스템의 설치를 완료했다. 선거고등법원(TSE)은 각 정당들에게 "무료 TV 캠페인"을 황금시간대인 초저녁 시간에 활용할 수 있게 허용하였다. 1970년 선거 때와는 달리 1974년에는 MDB와 국가혁신동맹당(ARENA) 후보자들은 TV 생방송을 통해 선거캠페인을 벌일 수 있었고 많은 주에서 상원의원 후보자들이 서로 정책을 피력하는 토론의 장이 마련되었다.

대부분의 주에서 MDB당은 선거 결과를 긍정적으로 예측하지 않았고 MDB당 지도자들은 상원의원에 출마하는 "희생"을 피했다. 예를 들어, 상파울루 주에서는 젊은 시의원 오레스치스 께르시아(Orestes Quércia)가 MDB당의 상원의원 후보자로 올라선 반면에, 하원의원인 프랑꾸 몽또루(Franco Montoro)와 율리시스 기마랑이스(Ulysses Guimarães)는 재선거에 들어가야 하는 상황에 직면했다. 1970년에 야당은 국민 투표의 28.6%를 획득했고 단지 세 명의 상원의원을 선출했다. 따라서 MDB당 지도자들은 당연히 1974년 선거결과를 긍정적으로 바라보지 않았다.

그러나 브라질 유권자들은 1970년과 무척이나 달라진 반응을 1974년 선거에서 보여주었다. 비록 국가혁신동맹당(ARENA)이 연방하원선거에서 MDB당에 우위(21.3%의 기권과 무효표를 포함하여 42% 대 36.6%로)를 점했지만 야당인 MDB당이 공석으로 있는 22개의 상원의석에 대한 선거원의 50.1%를 획득했고, 더 나아가서 16명의 상원의원을 배출하는 중요한 성과를 올렸다. 1970년에 MDB당이 획득했던 연방하원에 대한 총 투표의 19.5%에서 1974년 선거에서는 36.6%를 축적하여 87석(28.1%)에서 165석(45.3 %)을 확보함으로써 1975년에서 1979년 사이에 정부가 시도하는 헌법 개정(2/3 이상 과반수가 필요)을 저지할 수 있었다.[17] MDB당은 원칙적으로 야당이 1978년에 간접적으로 차기 주지사들을 뽑을 수 있는 6개 주에서 선거에 승리했다.

MDB당 소속으로 새로 선출된 상원의원들의 대부분은 훌륭한 연설가였다. 그런 연유로 1975년에 상원 기자실은 국가혁신동맹당(ARENA)과 MDB당 상원의원들 간에 벌어지는 유창하면서도 불꽃 튀는 격론을 방청하기 위해 많은 청중들(하원의원들을 포함하여)로 가득 찼었다. 1975년에 가이젤의 온건한 정치적 행위에 반감을 품은 군부의 광신적인 강경파들은 가이젤과 골베리가 1974년 선거에서 좌익을 옹호했다고 비난하는 방식을 통해 그들에 대한 반대 캠페인을 벌이기 시작했다. 10월에 가이젤은 상파울루에서 잠행활동 중인 브라질공산당(PCB)에 강하게 반대되는 쪽으로 전략의 축을 옮겼다. 같은 달에 신문기자 발디미르 헤어초크(Valdimir Herzog)가 악명 높은 국가정보부(DOI)의 상파울루 고문실에서 사망하는 사건이 일어났다. 대규모의 학생시위가 일어났고 국회 안에서도 강력한 항의가 터져 나왔다. 1976년 1월에 노동조합 총수인 마누엘 피엘 필류(Manoel Fiel Filho)가 헤어초크 기자와 같은 장소에서 사망하는 사건이 터졌다.

헤어초크의 사망과 함께 가이젤은 군 장성들로부터 다시는 그런 일이 재발되도록 하지 않겠다는 약속을 받은 바 있었다. 그럼에도 불구하고 다시 발생한 피엘 필류의 죽음은 대통령으로 하여금 즉각적으로 상파울루의 2군단 사령관 에두아르두 다빌라 멜루(Eduardo D'Avila Mello)를 직위 해제시키고 많은 수의 강경파 군 장교들을 퇴역시키거나 전보시키는 조치를 취하게 만들었다. 가이젤 대통령의 보좌관들의 대다수가 국방장관의 경질을 촉구했다.

1976년 시 선거를 통해 불어온 MDB당의 우세를 감지하고 이를 저지하기 위해 가이젤 정권은 선거운동뿐만 아니라 TV선거 캠페인 역시 통제하기 시작했다. 이러한 정부의 조치는 오히려 야당인 MDB당에게 득이 되는 결과를 초래하였다. 1977년 가이젤은 국회를 2주 동안 휴회시키고 각 주마다 2개의 상원의석을 배정하는 1978년 선거를 위한 법 규정을 개정하는 '4월 법령(April Package)'을 포고했다. 주별 하원의원의 수를 배정하기 위한 기준은 1970년에서 1974년 사이에 채택했던 유권자 수에서 인구 수를 기준으로 바뀌었다. 그 결과, AREANA당의 지배력이 강했던 북부와 북동부에 위치한 주들의 대표자들의 수가 늘어나는 결과를 낳게 되었다. 2개의 상원의석 중의 하나가 "바이오닉"(각 주에서 선거인단에 의해 간접적으로 선출되는)이 되었다. 동일한 주 선거인단[리우데자네이루를 제외하고 대부분이 국가혁신동맹당(ARENA)이 장악한]이 1978년에 새 주지사들을 선출했다. 헌법상 정족수는 2/3에서 완전 과반수로 축소되어 ATRENA당으로 하여금 헌법의 개정을 가능하게 해주었다. 이러한 변화들은 1978년 야당의 연합을 저지하게 만들었고 상원과 하원의 양원을 통해 국가혁신동맹당(ARENA)이 다수당의 자리를 유지하게끔 되었다.

가이젤은 집권기 동안 제도강령 5호(AI-5)의 힘을 통해 MDB당 소속 하원의원과 국가혁신동맹당(ARENA) 소속 상원의원 한 명을 의원면직시키는 데 사용했다. 상원의원은 부패 혐의로 기소되었다.

1977년 역시 국방장관인 실비오 프로타(Sylvio Frota)가 국회를 빈번하게 드나들면서 AREANA당 소속 정치인들과 접촉하기 시작하면서 공공연하게 1979~1985년 임기로 예정된 대선에 출마할 의사를 드러내기 시작했다. 프로따 국방장관이 가이젤 대통령의 권위에 도전장을 내밀자, 가이젤은 즉각적으로 대응했다. 아메리카 대륙발견 기념일인 공휴일에 전격적으로 프로타를 내각에서 해임시켜 버렸다.

프로따 장군은 군 고위 장성들의 소집을 시도했지만 무의로 돌아갔다. 가이젤은 신속하게 페르난두 베델(Fernando Bethel) 장군이 새 국방장관으로 임명하여 군(軍)을 장악하게 했다. 가이젤은 자신의 임기 말을 맞아 자신이 직접 후계자를 고르기 위한 기반을 다져 놓았다.[18]

에르네스뚜 가이젤은 브라질을 미국으로부터 거리를 두는 실용외교정책을 추진했다. 그의 전임자인 까스뗄루 브랑꾸, 꼬스따 이 실바와 메디치 대통령은 전통적으로 미국과 밀접한 관계를 유지해왔다.[19] 1975년에 브라질은 남동부지역의 산업지역에 전력을 공급하기 위한 7개의 원자력발전소를 건설하기 위해 서독과 핵원자로를 건설하기 위한 협정을 체결하였다. 그러나 일단의 미 장성들이 그 협정을 통해 브라질이 전략핵무기를 자체적으로 개발하려 한다는 의혹을 가지게 만들었다. 동시에 가이젤 대통령은 브라질에서 일어나는 인권탄압과 고문을 줄이려고 시도했다. 1977년 초반, 새로 선출된 카터 미국 대통령은 양국 간에 체결한 핵개발 협정을 폐기시키기 위해 브라질과 서독에 압력을 넣기 시작했다. 동시에 백악관은 브라질의 부정적인 인권 상황을 설명하기 위한 보고서를 미 의회에 배포했다. 가이젤은 강하게 반발하며 1977년 3월에 1950년대에 체결한 미국과의 군사협정을 단절하겠다고 선언했다. 미국과의 군사적 원조관계는 큰 의미가 없었지만 가이젤의 대응은 상징적인 반향이었다. 같은 해 6월에 가이젤은 헤시피(Recife) 시에서 체포되어 고문당한 미국인 가톨릭 자원봉사자를 만난 후에 브라질리아를 방문한 미국대통령 영부인 로즐린 카터를 침착하게 맞이했다. 1978년에는 카터 대통령이 브라질을 방문했다.

그러나 서독과 브라질은 양자 간에 체결한 핵개발 협정을 계속적으로 유지했다. 가이젤은 일본, 서독, 프랑스와 영국을 방문했지만 유일하게 국인 출신 대통령으로서 미국을 방문하지 않은 최초의 대통령이 되었다. 1975년에 브라질은 신생독립국 앙골라의 MPLA 정권을 지지하는 최초의 서방국가가 되었다(미국은 UNITA를 후원했다). 다른 한편으로, 브라질은 미국의 정책을 따르면서 중화인민공화국과의 외교관계도 수립하였다. 1977년에 브라질은 1964년에 레오넬 브리졸라(Leonel Brizola)의 정치적 망명을 보장해주었던 우루과이에 외교적 압력을 넣었고 그 즉시 미국의 카터 대통령이 브리졸라에게 망명처를 제공했다.

가이젤은 임기 말년(1978년)에 주앙 바찌스따 피게이레두(João Batista Figueiredo)를 후계자로 내세웠다. 그리고 의회에서 국가혁신동맹당(ARENA)이 1979년에 다수당으로 집권하게 되었다. 그 어떤 승리도 쉽게 얻어진 것이 아니었다. 1974년에 가이젤은 피게이레두를 2성 장군으로 승진시키면서 국가정보원(SNI)을 지휘하게 했다. 피게이레두는 메디치 정권아래 군정 수석(chief of military household)으로 활약했고 까스뗄루 정권시기에는 가이젤과 함께 수석참모를 맡은 바 있었다. 가이젤은 피게이레두를 다섯 번째이자 마지막으로 군인 출신 대통령의 준비시키는 정지작업의 일환으로 몇몇 수석 장성들을 뛰어넘어 4성 장군으로 승진시키기 위해 육군 승진 규칙을 건너뛰어야만 했다.

이런 작업은 대통령 선거인단에서 대다수의 국가혁신동맹당(ARENA)의 온건파들이 피게이레두를 대통령직에, 그리고 민간인 출신의 미나스제라이스 주의 주지사 아우렐리아누 샤비스를 부통령으로 선출하게끔 작용하였다.

1978년 선거를 위한 선거제도 변화에 대한 4월 법령(April Package)은 국가혁신동맹당(ARENA)을 다수당으로, 특히 상원의석에서 우위에 서게끔 도와주었다. 이러한 변화들은 연방하원의 선거에는 국가혁신동맹당(ARENA)에 4개의 하원의석을 보태주는 데 그치는 정도로 조금밖에 영향을 미치지 못했다.

그러나 상원의 경우, 가이젤의 정치적 조치가 없었더라면['바이오닉'이라고 하는, 상원의원들과 새로 편재된 마또그로수두술(Mato Grosso do Sul) 주의 3개의 새로운 의석], 가장 쉽게 예상할 수 있는 것은 MDB당이 33대31로 상원에서 다수당이 되었을 것이라는 점이다. 4월 법령은 득표차가 46% 대 35%로 MDB당에 유리함에도 불구하고 42대25의 과반수로 국가혁신동맹당(ARENA)이 집권당이 되었다. 총선 득표는 고르게 쪼개져서 국가혁신동맹당(ARENA)은 39.9%, MDB는 39.4%를 득표했다. 그러나 주 대표(state delegation)를 뽑는 데 있어 지역편차로 인해 군사정부가 지지하는 정당에게 231개 중 189개 의석을 내어주고 말았다. MDB는 1974년 선거에서 45.3%를 차지했던 것과 비

슷한 비율로 하원의 45%를 차지했다.[20]

피게이레두 장군은 1979년 3월에 임기 6년직으로 대통령에 취임했지만 초헌법적인 제도강령 5호(AI-5)는 이미 2개월 전에 가이젤에 의해 폐지된 상태였다. 골베리는 여전히 대통령 수석보좌관을 맡았다. 1977년 가이젤에 의해 제거된 군부의 급진 강경노선 세력들은 군부 여론을 선동하고 신문가판대, 리우데자네이루의 브라질 바(Bar) 연합(OAB) 본부와 리오 센뜨루(Riocentro) 컨벤션 센터를 폭파시켰다. 컨벤션 센터를 폭파시키는 와중에 대위 한 명이 부상을 입고 하사가 한 명 목숨을 잃었다. 그러나 일단의 긍정적인 변화는 1979년에 이루어졌다. 사회보장제도가 수정되었다. 두 가지 방식의 사면령이 의회에서 표결되었다. 1979년 후반기에 의회에서 양당제 제도의 마지막이 승인됐다. 직접선거를 통한 주지사 선출이 1982년에 이루어졌다. 임차인에게 유리한 법령이 승인되었다. 1976년에 제정된 시장과 시 의원의 임기가 2년 연장이 되었다. 사면령은 노조 지도자들을 사면시켜 주었고, 2년마다 월급조정이 이루어졌다. 그 결과로서, 1979년 9월 이후로 대부분의 망명자들이 브라질로 돌아오게 되었다. 레오넬 브리졸라 역시 마찬가지로 이 당시 고국으로 돌아왔다.

양당제는 군사정권시대에 유용했으나 경제 침체가 시작된 이후에, 그리고 1974년과 1978년 선거를 거치면서 그 양당제 제도는 오히려 굴레가 되었다. 모든 불평분자들이 (심지어 기업총수들까지) 유일한 야당인 MDB(브라질민주주의운동당)를 후원하기 시작했다. 정치 전략가들은 5개나 6개의 정당이 있는 '온건한' 다당제가 설립된다면 정부가 내놓은 제안을 협상할 수 있는 여지를 넓혀 주고 의회에서 정당 연합을 세울 수 있도록 할 수 있을 것이라고 여겼다.

국가혁신동맹당(ARENA)은 사회민주당(PDS)으로 바뀌었지만 의석수는 231개에서 225개로 약간 줄어들었다. MDB(브라질 민주주의 운동)는 PMDB(브라질 민주주의 운동당)로 바뀌었지만 의석수는 189개에서 94개로 이등분으로 나눠져 버렸다. PP(민중당)은 신당으로 때때로 PDS(사회민주당)에 동맹하는 68명의 하원의원으로 구성되어 있었다. 최종적으로 오래된 PTB(브라질노동당)은 23명의 하원의원으로 부활하게 되었고 PT(노동당)는 5명의 하원의원으로 조직되었다. 그러나 1980년 5월에 선거고등법원(TSE)가 PTB(브라질노동당)의 간판을 이베치 바르가스(Ivete Vargas: 제뚤리우 바르가스의 조카딸)에게 할당해주었고, 레오넬 브리졸라는 스스로 PDT(민주주의 노동당)를 창당하는 데 전념을 다해야 했다.

지방정부에 부여된 2년의 추가 임기는 1982년 11월에 치러진 총선과 지방선거와 딱 들어맞았다. 이런 변화는 1980년에 새로 창당된 정당들이 아직 조직정비를 하는 중이었기 때문에 필연적이었고, 동시 선거가 군사정부의 신당인 사회민주당(PDS)에 유리할 것이라고 여겨졌다. 이러한 움직임은 1972년과 1976년과 달리 지방선거를 2년으로 정했던 군사정부의 1969년 결정을 뒤집는 일이었다.

1981년 9월에 피게이레두 대통령은 리우데자네이루에서 심장발작을 일으켰다. 그의 주치의는 정치활동을 전면중지하고 완전 휴식을 취하고 심장 바이패스 수술을 받아야 한다고 조언을 했다. 그의 참모진들은 부통령에게 대통령직을 넘기지 않고 피게이레두가 직접 병상에서 국정을 살피게끔 하는 "레이건식 해결책(Reagan Solution)"을 취하길 원했다. 의사들은 그러한 조치가 피게이레두 대통령의 목숨을 빨리 앗아갈 수 있다고 경고했다. 정무수석(Chief of staff) 레이따웅 지 아브리우(Leitão de Abreu)는 1969년에 "꼬스따 이 실바 식 해결책(Costa e Silva solution)"이 작동하지 않았다는 사실을 기억해냈기 때문에 부통령인 아우렐리아누 샤비스(Aureliano Chaves)에게 대통령직을 양도하기를 조언했다. 그렇지 않았다면 몇몇 장성들이 권력 탈취를 시도했을 것이다. 피게이레두의 보조관들은 보직에서 물러났고 피게이레두도 건강을 회복했지만 대통령직에 복귀하지 않았다. 샤비스는 정식으로 취임하여 두 달간 대통령직을 수행했다. 피게이레두는 오하이오의 클리블랜드에서 바이패스 수술을 성공적으로 마치고 11월 중순경, 1982년 선거에서 PDS(사회민주당)가 상원의 과반수를 차지하게끔 혼도니아(Rondônia) 주를 새로 편성하는 서명을 하는 시기에 맞춰 대통령직에 복귀했다.

그러나 지방선거를 포함해도 합당이 이미 진행 중이었기 때문에 PDS(사회민주당)가 1982년 선거에서 어려움을 겪을 것이라는 전망이 국가정보원(SNI)의 조사를 통해 나왔다. 그런 이유로 1981년 12월에 피게이레두 정권은 자신의 선임 정권들이 이미 빈번하게 했던 것처럼 선거제도를 다시 개정해 버렸다. 유권자들은 일관되게 묶여 있는(모든 의석에 동일한 당의 후보자를 선택하도록 된) 투표용지를 사용해야 했고, 정당 간 연합은 금지되었으며, 정당들은 모든 의석에 후보자를 내놓아 최상위(주지사 또는 상원)에 공란을 남기지 못하게 되었다.

10월 국회는 여러 갈래로 분열되어 있는 PSD(사회민주당)가 정당 통합을 도모할 만한 상원의원과 주지사 후보자를 선정하려는 시도를 무산시켰다. 그 결과로 PP(민중당)의 지도자들은 그 선거제도 개정으로 인해 자신들이 선거에서 이길 수 없다는 것을 깨달았다. 결과적으로 민중당(PP)은 1982년 초반에 긴급하게 당을 폐지해 버리고 PMDB(브라질 민주주의 운동당)로 편입해 버렸다.[21] 1982년 6월에 국회는 차기 대통령선거인단의 구성 날짜와 그 구성을 변경하는 정부지원 수정안을 승인해주었다. 이 수정안은 정당 전환의 기간을 단축시켜 주었고 헌법수정을 위한 정족수를 2/3 과반수 체제로 돌아가게 만들었다. 이러한 변화는 PSD(사회민주당)가 국회에서 절대과반수의 자리를 잃게 되는 사실을 예고해 주었다.

1984~1985: 정치적 변화와 정치거래

약한 후보도 동시에 당선시킬 수 있는 '후광 효과'를 이용한 선거 전략은 북동부 지역에서 제대로 먹혀서 총 9개의 주에서 PSD 소속이 모두 주지사와 상원의원으로 선출되었다. 하지만 과두정치의 후견주의에서 비교적 자유로운 유권자들이 있는 지역에서는 이런 "상승효과"가 잘 먹히지 않았다. PMDB는 9명의 주지사를 선출시켰고 PDT는 레오넬 브리졸라를 리우데자네이루 주지사로 당선시켰다. PP와의 합당의 결과로 PMDB는 북동부 이외의 지역에서 시장들을 많이 당선시켰다. PDS는 상원에서 46석 중 23석으로 과반수를 치지했으나 하원에서는 479석 중 235석(49.1%)을 차지하여 절대과반수를 점하는 데 실패했다. 정부는 비록 13명의 PTB 소속 하원의원들과의 불안정한 연합을 통해 51.8%의 비율로 과반수를 메울 수 있었다.

대통령 선거인단을 위한 지명 단계가 1984년 중반으로 다가옴으로써 PDS는 다수의 입후보자 때문에 예비선거 과열 현상을 겪었다. 가장 유력한 후보자 군으로 아우렐리아누 샤비스 부대통령, 내무부 장관[대령으로 예편한 마리루 앙드레아자(Mário Andreazza)]과 상파울루 주 전(前) 주지사 파울루 살링 말루피(Paulo Salim Maluf)가 있었다. 4월에 하원의 절대다수가 1984년 11월 대선에 대한 직접선거를 요구하는 헌법수정안을 찬성했으나 2/3 과반수 충족에 21표가 부족했다. 피게이레두 대통령이 갑자기 PDS의 대통령예비선거(샤비스가 당선이 확실시 되는) 안에 거부권을 행사했고, PDS당내 자유노선(Libera front) 계파는 마라냐웅(Maranahão) 주 기반의 PDS의 전 당수인 주제 사르네이 상원의원을 부통령 후보로 내세우면서, 야당인 PMDB의 미나스제라이스 주지사 땅끄레두 네비스(Tancredo Neve)를 대통령 후보자로 지지하겠다는 입장과 함께 분당하여 민주동맹(Democratic Alliance)의 결성을 알렸다. 부통령 입후보를 위해 사르네이는 PMDB 입당을 강요받았다. 파울루 말루피는 1985년 1월 1일 PDS 전당대회를 통해 대통령에 에서 대통령선거인단에 임명되었다.

1982년 6월 개정은 각 주마다 6인의 선거인단 대표(하원과 상원의원 이외에)를 부여하기 위해 대통령선거인단의 구성자체를 바꿔 버려 1982년 선거에서 680석에서 359석(52,3%)으로 과반수를 만들어냈다. '정당 충성법(party loyal law)'에 기반해서 볼 때, 말루피의 당선이 확실시되었지만 결과적으로 무산되었다. 땅끄레두와 사르네이 진영은 필사적으로 선거전을 펼쳐 특히 북동부 지역의 PDS 소속 주지사, 상원의원, 하원의원과 선거인단에게 총력전을 펼쳤다. 군부의 상층부는 '자유연맹'에 대해 비공식적으로 승인하였다. 최종적으로 1984년 11월에 연방대법원은 상대 후보 진영에 정당 충성법이 대통령선거인단에 적용되지 못하게 했다. 그 결과 야당에게 유리한 결과가 초래되어 PMDB 후보자가 480대180 차로 PSD 후보를 이기고 승리했다.[22]

땅끄레두는 대통령 출마하면서 새 정부의 헌법에서 여러 개의 공약을 내세웠다. 첫째로, 그는 1984년 초에 아우렐리아누 샤비스와 율리시스 기마랑이스와 "PMDB 협상"

을 체결했다. 대통령 직선제 수정안이 통과되면 율리시스 기마랑이스가 PMDB 공인 후보자로 나선다는 데 동의를 한다는 협정이었다. 이 협정은 직선제 수정안이 통과되지 않을 경우 네비스가 간접선거 후보자로 나선다는 전략이었다. 샤비스와 맺은 "미나스제라이스 협정"은 각 정당의 공천을 받은 후보자가 누가 되든지 간에 성공적인 후보자 후원을 위해 다른 미나스 주 출신 후보자가 주차원에서 일치협력하기로 동의한 것이었다.

네비스는 또한 1985년 3월 15일 취임 후에 PMDB과 다른 정당들 소속 정치가들에게 공공정책, 임용, 공공사업을 위한 보조금 지급 등을 약속하는 수백 가지의 공약을 내세웠다. 대부분의 공약은 1대1로 만나 구두로 이뤄졌다. 1월 후반에 조각된 네비스의 내각은 자기 조카인 프란시스꼬 도르넬스(Francisco Dornells)를 경제장관에 임용하는 것을 포함하여 거의 모든 정당과 정파들로부터 지도자급들을 기용했다.

그러나 불행하게도 네비스는 3월 14일, 취임식 전날에 심각한 게실염으로 쓰러져 브라질리아의 병원으로 후송되는 바람에 취임을 이루지 못했다. 수술은 폐혈증을 유발시키는 바람에 세 번의 수술을 연속적으로 받게 되었다. 네비스는 상파울루 병원으로 긴급 후송되었지만 결국 4월 21일에 사망하고 말았다. 그러나 의문은 3월 14일 밤에 남아 있었다. 누구 대통령 취임선서를 해야 하는가? 일단의 무리가 하원 의장인 율리시스 기마랑이스가 60일 동안 대통령직을 수행해야 하고 네비스가 회복불능이거나 유고 시 선거인단에 의해 새 선거가 이루어져야 한다는 헌법 해석을 내놓았다. 대부분의 사람들은 이 해법을 군부에서 수용하지 않을 것이라고 생각했다. 연방대법원은 주제 사르네이가 부대통령으로서 취임을 하고 네비스가 회복할 때까지 대통령직을 수행하는 게 낫다는 의견을 내었다. 이 제안이 수용되었지만 퇴임하는 피게이레두 대통령이 대통령 휘장을 사르네이에게 건너 주기를 거부하고 대통령궁(Alvorada)의 후문으로 나가 버렸다.

이에 따라 주제 사르네이는 6년 임기의 대통령직을 맡게 됐고, 1984년 말 군 상급사령부에서 출판허가를 손질했던 두 명의 핵심 장성에 의해 상당한 군사적 후견을 받았다. 그 두 핵심 장성인 레오니다스 삐리스 곤살베스(Leonidas Pires Gonçalves)와 이반 지
소우자 멘디스(Ivan de Sousa Mendes)는 땅끄레두 네비스가 각각 국방장관과 국가정보원
(SNI) 원장으로 임명했던 인물들이었다. 또한 사르네이는 당내에서 자신을 실제로 인정
하지 않았던 많은 PMDB 지도자들에 의해 후견을 받았는데, 땅끄레두의 후임자로서는
매우 적은 수준이었다.

사르네이는 즉각적으로 네비스와 정치협상을 맺었던 정치인들에게 협상에 대한 약
속이행을 요구당했다. PDS에서 떨어져 나온 자유전선 분파는 1985년 초반에 자유전선
당(PFL)을 창당해서 다른 정당의 정치인들을 흡수했다. 1985년 중반에 '민주동맹
(Democratic Alliance)'은 199명의 PMDB 소속 위원과 100명의 PFL 의원들로 구성되었다.
1986년 중반에는 각각 222명과 127명으로 늘어났다. 반면에, 하원에서 이런 정당 이주
는 군부지원정당인 PDS의 의석이 눈에 띄게 줄어들었다. 1983년 235석이 1985년 중반
에는 135석으로, 1986년에는 68석으로 그리고 1987년 2월에 제헌국민의회(ANC)에서는
단지 35석만을 차지하게 되었다.

1985년 5월에 의회는 재민주화 시대를 열기 위한 다양한 방편을 마련하고 있었다.
대통령 선출을 위한 직접선거가 채택되고, 문맹자의 투표권 인정, 브라질공산당(PCB)
과 브라질의 공산당(PDdoB)을 포함해서 신당의 창당을 허용, 국민제헌회의(ANC)가
1986년에 구성되어 1987년에 소집되었고, 아직 군사정권 시기부터 재직해온 시장들이
재직 중인 마을이나 도시에서 직접선거들이 1985년 11월 15일에 실시되었다. 인플레이
가 심각한 국가문제로 대두되었다. 1985년 8월에 사르네이는 도르넬리스(Dornelles) 대
신에 기업가 출신의 딜송 푸나루(Dilson Funaro)를 재무부 장관으로 바꿔 버렸다. 새 재
무장관은 1986년을 위한 경제안정화 정책을 수립하기 위해 젊은 경제전문가로 구성된
싱크탱크를 가동시켰다.

제헌국민회의와 직접선거

이 태스크포스(TF)팀의 초기 전략은 PMDB 리더들이 보수적이라고 판단한 사르네이 내각이 개조됨에 따라 1986년 2월에 변경되었다. 사르네이는 경제전문가들에게 정권 안정을 위해 경제안정을 위한 방책을 주문했고 그 결과로 1986년 2월 28일에 크루자두 플랜(Cruzado Plan)이 발표되었다. 크루자두 플랜은 임금 및 물가를 동결하고 소비자 구매력과 요구를 최대한 신장시키는 조치들로 구성되었다. 사르네이의 인기가 치솟고 PMDB가 이 새로운 시류에 편승하였다. 사르네이 임기의 첫 2년간 국내총생산은 강한 성장을 경험했다. 1985년에 8.3%, 1986년에는 8%의 성장률을 보였다. 경제안정화 계획은 선거에 있어 강력한 무기 역할을 해주었고, 하원 257석과 상원 45석으로 총 559석 중 302석을 차지하여 1987년 국민제헌의회의 의석수 54%를 장악하여 절대다수당이 된 PMDB가 1986년 11월 선거를 제외하고 모든 주지사를 차지하게 만들었다. 1946년에 PSD가 국민제헌의회(ANC)에서 54.1%를 차지하면서 절대다수당이 된 이래 처음으로 발생한 일이었다.

국민제헌의회(ANC)는 1988년 9월까지 최선을 다하여 새 헌법을 제정해냈다. 최종 로그롤링(상대방이 내 안건에 지지해주면 나도 상대방 안건에 지지해주겠다는 교환 — 역자 주)은 줄곧 정책입안자들을 방해해 온 후속 조정을 위해 약 300포인트 정도를 남겼다.

새 헌법이 정치적인 권리와 사회적 권리에 자유적이라고 고려된 반면에, 경제적 질서를 취급하는 부분은 보수적이고 구태 연연한 것으로 평가받았으며, 경제에 있어 국가, 국영기업 그리고 중앙집권적 계획(central planning)이 강화되었다. 국민제헌의회는 내각제를 거부했고 사르네이의 집권기를 5년으로 축소시켰고 '임시조치(MP)'와 즉각적으로 효력이 발생했던 '긴급명령(decret – law)' 개념의 수정이 도입되었다. 신헌법의 기초를 잡은 진보 세력은 새로운 보수집단인 '빅 센터(Centrão)'로 대체되었고 두 번째 수정 기간 중에 항목별 조항 내용이 뒤바뀔 수 있었다.[23] 내각제 지지자들을 달래기 위해 국민제헌의회는 대통령제이든 내각제이든, 입헌군주제든 간에 브라질의 정부 형태를 결정하는 새 헌법이 공포된 후에 국민투표가 5년 뒤에 실시될 것을 결정했다. 불행하게도(과거를 약간 거슬러 가보면), 국민제헌의회는 세계경제질서에 큰 변화를 야기시킨 베를린장벽 붕괴(1989)와 독일 통일(1990)과 연쇄작용으로 일어난 동유럽에서 사회주의체제의 붕괴에 앞서 신헌법 개정작업을 마쳤었다.[24]

1988년 11월 지방선거 사전에 PDMDB의 진보세력은 1988년 6월에 분파하여 40명의 하원의원과 8명의 상원의원으로 서구유럽의 사회민주당들과 노선을 같이하는 PSDB(브라질사회민주당)를 창당했다. 1989년에 PSDB는 하원의원이 40명, 1990년에는 60명으로 불어났다. 그러나 1990년 선거 이후에 PSDB는 하원 38명과 10명의 상원의원, 그리고 한 명의 주지사[세이라(Ceará) 주의 타소 제레이싸티(Taso Jereissati)]만 보유한 규모로 축소되었다.[25] PMDB 역시 1988년에서 1990년 사이에 다른 정당들에게 하원의석을 빼앗겼다. 1986년의 257개 의석에서 1990년에는 109개 의석으로 줄어들어 1946년 제헌국민회의 이후의 PSD가 맞이한 운명과 비슷한 양상을 보여 줬다. 선거들을 통해 노동당(PT)에서 1986년 차지한 16개 의석이 1990년에는 거의 두 배에 가까운 35개 의석으로 늘어났다.

1960년 이래 처음으로 가진 대통령 직접선거는 1989년 11월 15일로 계획되었고 22개의 정당들이 자신들의 후보를 입후보시켰다. PMDB(브라질민주운동당)는 국민제헌의회(ANC)의 의장 율리시스 기마랑이스 하원의원을 후보자로 내세웠다. PFL(자유전선당)은 아울레리아누 샤비스 전 부대통령을, PDT(민주노동당)는 레오넬 브리졸라 전 주지사를 후보자로 선택했다. 반면에, PT(노동당)는 카리스마가 넘치는 금속노조위원장 루이스 이나시우 "룰라" 다 실바를 입후보시켰다.[26] 잘 알려지지 않은 알라고아스(Alagoas) 주 주지사 페르난두 콜로르 지 멜로(Fernando Collor de Mello)는 1989년 초반에 PRN(국가재건당)을 조직하고 강력한 미디어 선거전을 펼쳤다. 그는 1960년대 자니우 꽈드루스(Jânio Quadros) 전 대통령을 연상하게 하는 스타일로 출구조사에서 선두자리를 차지했다. 콜로르는 1차 선거에서 30.48%로 선두를 지켰고, 그다음으로 룰라가

17.19%, 브리졸라가 16.51%를 차지하여 PT 후보자 룰라가 45만 5천 표 차이로 브리졸라를 제치고 2차 선거에서 올라가게 되었다. 직접선거에 절대과반수 득표의 개념을 부과했었다. 따라서 콜로르와 룰라는 12월 17일에 2차 투표에서 다시 경합을 붙어야만 했다.[27]

콜로르 사태와 탄핵

콜로르 대통령은 1990년 3월 15일에 취임했고 즉각적으로 긴급조치들을 발동시켜 모든 재무 유동성을 몰수하는 이단적인 경제안정화 정책을 부과했다. 정부는 18개월간 개인의 은행구좌 인출을 중단시키고 화폐개혁을 통한 액면가 아래의 금액을 개인들에게 12개월에 걸쳐 조금씩 나눠 주었다. 이런 극단적인 조치는 매달 90% 이상으로 상승하는 인플레를 잡기 위한 고육지책이었다. 사르네이 정권 말기의 국내총생산의 성장은 1987년 2.9%, 1988년 0%, 1989년 3.6%로 눈에 띄게 하락했었다. '콜로르 플랜'은 물가를 빨리 잡았고 인플레이도 0% 아래로 떨어져 디플레이션으로까지 갔다. 미국달러의 환율이 이틀 만에 84크루제이루에서 40크루제이루로 떨어졌다. 그러나 콜로르의 경제안정화정책은 1986년의 '크루자두 플랜'과 같이 지속력을 오래 갖지 못했고 1990년 11월 15일에 선거를 앞두고 나타났던 초기 효과들은 경제침체 속에서 사그라져 버렸다. 콜로르는 '워싱턴 컨센서스'라는 큰 줄기의 틀 안에서 정부의 장관 수를 줄이고 24개의 국영기업을 퇴출시키고, 공무원을 감축하고 공산품과 농산물에 부과된 세금을 올리고, 국영기업의 민영화 추진, 시장규제 철폐, 수입세 징수와 쿼터의 계속적인 축소로 무역을 자유화시키는 방식을 통해 무질서한 현대화를 시도했다. 그러나 콜로르의 대중 지지도는 1990년 2월 71%에서 7달 뒤인 9월에는 34%로 급격하게 하락했다. 인플레가 다시 고개를 들고 1990년 12월에는 매달 20%씩 인플레가 상승했다. '콜로르 플랜'은 국내총생산이 4.2% 하락한 것처럼 1990년에 강한 불경기가 시작되어 1991년과 1992년에는 경기침체의 국면에 빠지게 되었다.[28]

1990년 12월 선거는 의회에서 콜로르를 지지하는 연립이 과반수를 얻지 못했다. 콜로르 진영의 하원 170명(34%)은 세부적으로 PRN(40명), PFL(82명), PTB(38명), PTR(4명), PSC(6명)로 구성되어 있었다. 1990년에 콜로르는 PSDB를 자신의 연립정권 안으로 끌어들이기를 원했기 때문에 외무장관직(페르난두 엔리께 까르도주 상원의원)을 포함하여 여러 장관직을 제시했지만 PSDB는 다른 정당들이 했던 것처럼 제안을 받아들이지 않았다.

1992년 초에, 『베자(Veja)』 주간지에 콜로르의 친동생 페드로 콜로르(Pedro Collor)가 정치자금조달에 관련된 독직사건이 5월 하반기 인터뷰를 통해 폭로되었다. 국회청문회 (CPI)가 6월에 구성되었다. 최종적으로 하원은 9월 말에 TV를 통한 공개호명 투표로 콜로르 대통령의 직무정지를 승인했다. 이는 지방선거 시작 4일 전에 벌어졌기 때문에 상원은 그의 탄핵을 심사숙고했었다. 결국, 1992년 12월 30일에 페르난두 콜로르는 상원에서 치러진 또 한번의 공개호명 투표를 통해 탄핵되었고(브라질 민주주의 헌정사상 최초로 일어남), 향후 8년간 정치활동을 금하는 조치를 받게 되었다.[29]

이따마르 프랑꾸(Itamar Franco): 권한대행 대통령

콜로르 정부의 부대통령이자 미나스제라이스 출신의 PMDB 소속 전 상원의원 출신인 이따마르 프랑꾸는 1992년 9월 말경에 대통령 권한대행직을 맡았다가 12월 말에 1994년까지 남은 콜로르 대통령의 임기를 대신하는 대통령으로 정식 취임하게 되었다. 이따마르는 첫 내각을 외무부 장관을 맡은 상파울루의 페르난도 엔리께 까르도주 (Fernando Henrique Cardoso: FHC)를 포함하여 대부분 자신의 상원의원 시절 동료들을 기용하여 구성했다.

콜로르 정권에 봉착했던 경기침체의 난국을 어떻게 헤쳐 나가느냐가 취임 후 첫 일곱 달 동안의 최대 과제였다. 네 번째로 재무장관을 교체하고 4월 21일 국민투표로 브라질이 대통령제 공화국임을 재확인한 후, 5월 21일에 프랑쿠 대통령은 F. H. 까르도주를 재무장관에 임명했다. 까르도주는 경제안정화계획을 위한 다양한 해법에 대한 전력을 발전시키고 국내총생산(GDP)의 성장(1993년에 4.9%)을 견인할 새 경제정책을 입안해 낼 수 있는 경제전문가 팀을 꾸렸다.

하원이 콜로르의 탄핵을 표결한 후 1년쯤 뒤인 1993년 10월에 브라질리아에서 '예산조작스캔들'이 터졌다. 공동예산위원회의 한 수석 보좌관이 국회에서 건설 프로젝트에 책정된 예산이 조작된 음모를 폭로했다. 국회에 청문회가 구성되고 다음과 같은 세 가지 사실을 밝혀냈다. (1) 위원회 지도자들은 예산안에 조작된 항목들이 잔재해 있다는 것에 대한 확인, (2) 예산위의 중역들이 그 항목들을 예산신청서 안에 끼워 넣었고 조달입찰에 있어 기대되는 결과를 확신했던 점, (3) 조작에 가담된 회사들의 카르텔이 각 계약건마다 수주자와 탈락자를 지명했다는 점이다.

청문회는 1994년 1월에 이 보고서를 정식으로 제출했고 사건에 연루된 상원의원과 하원의원의 면직을 권고했다. 상원은 청문회의 권고를 거부했지만 하원은 8명의 하원의원을 제명하고 12명을 면책했다. 그리고 나머지 4명은 사임하는 길을 택했다. 예산편성의 새로운 절차가 의회에서 새로 제안됐다.[30)]

까르도주를 당선시킨 헤알플랜

1994년 3월에 재무장관 까르도주와 그의 경제 팀은 화폐의 실질 가치 단위(URV)에 기반을 한 새로운 경제안정화 계획을 발표했다. 매일 '실질가치단위(URV)'는 조정되었다. 의회는 정부로 하여금 재정적자를 줄이기 위하여 헌법상 정액교부금(block grants)의 20% 이상을 몰수하거나 이전할 수 있는 '사회비상기금(Emergency Social Fund, 역주: IMF의 예산개혁을 받아들여 조성함. 브라질 사회보장제도에 결정타를 안긴 조치로서 사회정책의 자주성이 사라지게 된 상징적인 이정표가 됨)'의 조성이 승인되었다. 넉 달에 거쳐 URV에 의한 물가-임금을 정렬시킨 후에 1URV/real당 2.76크루제이루(Cr$)에 준하는 최종비율로 1994년 7월 1일부로 기존의 화폐를 '헤알(real)'로 화폐 개혁을 단행했다. 이 새 화폐(지폐와 동전을 모두 포함한)는 미국과 유럽에서 정부 조폐국의 원조로 만들어졌다. 브라질의 국내총생산은 1994년 5.9% 늘었고 인플레는 1994년의 916.5%에서 1995년에는 22.4%로 대폭 감소했다.[31]

그러나 까르도주는 7월에 헤알플랜이 발표되었을 때 더 이상 재무장관직을 수행하지 않은 상태였다. 1994년 10월에 치를 대통령선거의 PSDB 후보로 나서기 위해 4월에 장관직을 사임했기 때문이다. 그 시점은 헤알플랜이 아직 발표되기 전이었고 인플레이가 아직 기승을 부리고 있었다. 이런 이유로 5월에 발표된 다타폴라(Datafolha)의 출구조사의 결과로 노동당 후보자인 룰라가 42%를 차지한 반면에, 까르도주의 지지도는 16%에 그쳤었다. 그러나 헤알플랜이 발표되고 2주가 지난 7월 중순에 대중지지도는 34% 대 25%로 상승하기 시작했고 8월에는 까르도주가 29% 대 39%로 역전을 하기 시작했다. 그리고 9월 말에 이르러서는 룰라의 23% 지지도에 47%의 지지도로 앞서나갔다.

10월 3일 선거일에 까르도주는 1차 투표에서 54.3%의 득표율을 기록하면서 27%를 득표한 룰라를 제치고 대통령에 당선되었다. 헤알플랜이 까르도주를 대통령에 당선되게 만들어준 것이다.

1994년 선거에서 107명의 하원과 22명의 상원을 가진 PMDB가 의회에서 다수당의 자리를 차지하게 되었다. 89명의 하원과 19명의 상원을 가진 PFL이 그 뒤를 이었다. 까르도주 대통령 당선자의 소속당인 PSDB는 1990년 선거와 비교해서 38석에서 62석으로 하원의석 수를 늘릴 수 있었지만 상원의석은 10개 그대로 변동이 없었다.

노동당은 35석에서 49석으로 하원의석을 늘렸다. 까르도주의 대선 당선을 위한 연합정부(PSDB-PFL-PTB)의 의석은 하원 182석으로 35.5%를 차지했다. 절대다수를 확보하기 위해서 까르도주 연정의 의석수를 더 늘릴 필요가 있었다. 좌파 쪽으로의 이동은 숫자상으로 불가능했고 따라서 까르도주는 동맹기반을 PMDB(107), PSD(53), PP(36)를 포함한 우파에서 찾게 되었고 378석(73.7%)으로 여유 있게 과반수를 점할 수 있게 되었다.

비록 헤알플랜이 인플레를 안정시키고 사회비상기금(FSE)의 통제 기능으로 주정부와 시 정부로 수익원(revenue)이 전입되었음에도 불구하고 1994년에 까르도주를 대통령에 당선시켰지만 연방정부의 적자는 국영기업들과 사회보장제도 때문에 계속해서 늘어갔다. 이런 이유로 1995년에 취해진 까르도주 정부의 최우선 과제는 1988년 헌법수정에서 보장하는 민영화와 경제구조조정과 같은 경제 질서의 개혁이었다. 의회는 정보통신, 전기, 가스공급 부문과 연안과 강 운송사업 분야의 민영화의 승인에 대한 정부요청에 빠르게 응대했다. 브라질을 대표하는 국영기업인 CSN(철강)이 1994년에, CVRD(광산)가 1997년에, 그리고 Telebrás(뗄레브라스: 브라질 통신)가 1998년에 민영화되었다. 그 외에 정부소유의 전기발전과 공급시설의 대부분과 은행들이 민영화의 길에 들어섰다. 이러한 민영화로부터 나온 수익은 향후에 이행될 개혁들(회계/세제, 사회보장제도, 행정부문)을 대신하여 어느 정도 연방정부의 적자폭을 줄이는 데 기여했다.[32]

까르도주는 미리 일단의 행정개혁과 사회보장제도의 개혁을 실시했다. 1998년과 1999년에 의회는 퇴직한 공무원들에게 지급되는 혜택들로부터 야기된 재정 적자폭을 메우기 위한 사회보장제도 개혁안을 통과시켰지만 대법원에서 이를 위헌으로 판정해 버렸다. 세제개혁안을 승인하기 위해 의회가 시도한 일단의 시도들은 까르도주 정부의 재무장관 페드로 말란(Pedro Malan)에 의해 무산되었다. 최종적으로, 수많은 논쟁 끝에 의회는 2000년 4월에 초과예산을 집행하는 주지사와 시장들에게 책임(형사적인 책임 포함)을 묻는 '재정 책임법'을 승인했다. 1997년과 1998년에 재무장관 말란은 각 주의 주지사들과 부채청산에 대해 협상을 벌였다. 연방정부는 주정부 예산의 13% 이상을 매달 할부식으로 연간 6%로 조정하여 13년에 걸쳐 주정부의 부채를 청산하기로 했다.

전임 대통령 이따마르 프랑꾸는 까르도주 대통령 당선자가 그를 포르투갈 대사와 연이어 워싱턴의 미주기구(OAS)로 발령을 냄으로써 정치개입의 여지가 원천 봉쇄되었다. 그러나 이따마르는 1998년에 귀국하여 대선에 출마했다. 1997년에 상당한 진통을 거친 후에 의회는 대통령, 주지사, 시장의 중임을 허용하는 재선 수정안을 승인했다. 그 결과로 까르도주는 1998년 10월 재선에 나갈 수 있었다. 그 시기에, 이따마르 프랑구는 PMDB 소속이었고, PMDB는 1998년 3월과 6월에 걸친 두 차례의 전당대회에서 대통령 후보자를 내지 않기로 결정하고 그 어느 당의 후보도 지지하지 않겠다는 성명을 발표했다. 이따마르는 위로 차원에서 제공된 PMDB의 미나스제라이스 주지사 후보자 자리를 공천받아 마지못해 수용하고 당선이 되었다. 그러나 1999년 초반에 이따마르의 보복은 재앙으로 다가왔다. 주지사 집권 첫 주에 이따마르 미나스제라이스 주지사는 미나스 주가 지닌 브라질의 현금 유동성에 큰 영향을 지닌 몇몇 외국차관들에 대한 지불유예를 선언해 버렸고 까르도주 대통령으로 하여금 60% 정도 평가절하된 헤알의 절상을 위해 중앙은행이 시장에 개입하도록 만들었다. 리오그란데두술(Rio Grande do Sul)의 새로 선출된 주지사 올리비우 두뚜라(Olívio Dutra)가 이따마르에 동참했다. 재무장관 말란은 세계은행(World Bank)과 세계개발은행(IDB)에 서한을 보내 이 두 주의 차관에 대한 연방정부의 보증을 철폐하자 이 두 기관은 즉시 미나스제라이스와 리오그란데두술에 차관지급을 중지시켰다. 두뚜라는 즉시 굴복했지만 이따마르는 완고하게 몇 달을 더 버텼다.[33]

헤알플랜의 효과로 까르도주 소속의 PSDB가 1996년 시장선거에서 큰 승리를 거두었다. 1992년에 뚜까누(Tucano)라 불리는 PSDB 소속의 시장이 317명에서 1996년에는 그 세 배가 넘는 917명으로 불어났다. 시장선거의 승리를 발판으로 PSDB는 1998년 선거에서 62명에서 99명으로 하원의석을 불릴 수가 있었다.[34] 1998년의 까르도주의 재선은 53% 유효득표로 별 어려움 없이 치러졌다. 당시, PT와 PDT가 연대를 결성하여 룰라와 그의 러닝메이트로 레오넬 브리졸라가 후보로 나서서 유효득표 31.7%를 얻었다. 이 결과는 1994년의 대선 결과로 나왔던 PT(27%)와 PDT(3.2%)의 득표를 더한 총합인 30.2%와 유사한 득표율의 재현과 같았다. 1994년에 이따마르 프랑꾸 장부의 마지막 재무장관을 지냈던 1997년에 PPS(사회주의 민중당, 구 PCB)의 대선후보자 공천을 받은 세이라(Ceará) 주 전 주지사인 시로 고메스(Ciro Gomes)는 11%의 유효득표를 얻었다.

PSDB는 7명의 주지사를 PFL과 PMDB에서는 각각 세 명의 주지사를 당선시켰다. 반대 세력은 PT가 3명, PSB가 2명, PDT가 1명으로 총 6명의 주지사를 당선시켰다. PT—

PDT-PSB-PPS 좌파연합이 총 15개의 상원의석을 차지한 반면에 PMDB는 27개, PSDB 는 16개, PFL은 19개의 상원의원석을 차지하였다. 하원에서는 PFL과 PSDB가 각각 105 석과 99석을 차지한 반면에, PMDB는 83석으로 떨어졌다. 좌파연합은 59석을 획득한 PT당을 포함하여 총 112개의 하원의석을 얻었다. 27명의 주지사들 중 22명이 재선에 출마했지만 이들 중 68%에 해당하는 15명만이 재선에 성공하였고 13개 주는 2차 투표 를 치르게 되었다. 1차 투표에서 하원의원 출마 여성 후보자에게 할당되는 25% 할당제 가 사용되었다. 이런 할당제의 유리함에도 불구하고 여성 할당제가 없었던 1994년의 34명(6.6%)에 비해 더 적은 수인 29명(5.7%)의 여성하원의원이 당선되었다.

두 번째 임기에서 까르도주 대통령의 법안발의권(legislative initiatives)은 첫 번째 임기 보다는 덜 성공적이었다. 부분적으로 이는 몇몇의 주지사, 상원의원과 하원의원들을 위협하는 스캔들이 늘어나는 리스트에 기인한 것이었다. 결정적으로 2000년에 브라질 헌정사상 최초로 상원의원이 같은 상원에 의해 징계를 받는 초유의 사태가 발생했고, 2001년에는 세 명의 다른 상원의원이 징계가 아닌 사임을 하는 일이 일어났다. 이 세 명은 2002년에 한 명은 상원의원으로, 두 명은 하원의원으로 재선에 성공했다. 2001년 후반에는 선거법원이 삐아우이(Piauí) 주 주지사를 1998년 선거법 위반으로 해임시켜 버렸지만 그는 2002년에 상원의원으로 선출되었다. 또한, 경제부문에서 헤알플랜의 효 과 역시 2001년 5월에 발생한 전력난과 대규모 정전사태의 여파로 국내총생산이 2001 년과 2002년에 천천히 하락세를 보였던 바와 같이 떨어졌다.[35]

좌파진영이 2000년 시장선거에서 약진을 보였다. PMDB가 1,257명, PFL이 1,028명 그리고 PSDB가 990명을 당선시킴으로써 1996년의 선거결과를 약간 넘어서는 성과를 보였다. PT는 브라질 최대도시인 상파울루를 포함하여 총 187명의 시장을 배출했다. 그리하여 브라질 좌파진영이 26개의 주도 중 12개 주도(1996년에는 8개)뿐만 아니라 100개의 대도시 중 49개 도시의 시정을 맡게 되었다(1996년 지방선거에서는 32개). 이 결과는 어느 정도까지는 2002년 총선에서 일어난 일을 예견해주었다.[36]

2002년: 룰라의 대통령 당선

PT의 만년 대통령 후보자 룰라가 1994년에도 헤알플랜이 아직 발표되기 전까지 그랬듯이 2001년 말과 2002년 초에도 초반 출구조사에서 우위를 점하고 있었다. 그러나 2002년은 예전처럼 또 다른 경제안정화정책이 있는 것도 아니었고 초반에 수립된 까르도주의 연립정권도 와해 분위기에 처한 상황이었다. PFL은 2001년에 까르도주가 지지하는 연합정권과 내각을 떠났고, 주제 사르네이 전 대통령의 딸이면서 마라냐옹 주의 주지사인 PFL 소속의 호지아나 사르네이(Roseana Sarney)의 대통령후보 출마가 내파에 의해 무산됨으로써 2002년 3월에는 PSDB와의 모든 관계를 단절했다. 당시에 PFL은 그 어떤 대통령 후보자도 내지 않을 것이며 그 어떤 당의 후보도 지지하지 않을 것이라는 성명을 발표했다. PSDB는 대선 후보자로 주제 세하(José Serra) 상원의원을 내세우고 PDMB와의 연합을 조직해 갔다. PMDB 지도자들은 6월 말에 큰 어려움을 겪으면서 전당대회에서 PSDB와의 연합을 승인받을 수 있었고 세하의 러닝메이트로 이스뻬리뚜산뚜(ES)의 히따 까마따(Rita Camata) 하원의원을 선택했다. 그러나 많은 수의 PMDB 소속 다른 주들이 이 동맹을 거부했고 비공식적으로 룰라에게 지지의사를 표시하기도 했다.

반면에, PT는 2002년을 위한 차별성 있는 대선 전략이 필요하다고 판단하고 중도로 자리 옮김을 시도했다. 첫 번째로 PT는 미나스 출신의 자수성가형 기업인이자 상원의원인 주제 알렝카르(José Alencar)를 룰라의 러닝메이트로 선택한 가장 보수적인 정당인 PL(자유당)과 연합을 가졌다. 두 번째로 재무와 정치적 후원을 위해 진보적인 기업인들을 포섭했다. 세 번째로 PT는 국민에게 보내는 편지 양식을 빌려 과거 PT의 노선과는 완전히 다르게 2003년에서 2006년간 국정을 어떻게 이끌어 나갈지에 대해 실제적이면서 온건한 어조로 설명했다.

PPS는 다시 한번 더 시로 고메스를 후보자로 내세웠다. 하지만 이번에는 PTB(1994년과 1998년에 까르도주를 지지한 바 있음)와 PDT(룰라를 1998년에 지지한 바 있음)와 연합을 한 상태였다. 최종적으로, PSB(브라질 사회주의자당)의 리우데자네이루 주 주지사 안소니 가로칭뉴(Anthony Garotinho)가 개신교 단체의 전폭적인 지지를 받으며 대선 후보자로 두각에 오르기 시작했다.

2002년에 결성된 연합은 2002년 2월에 고등선거법원(TSE)이 정당들로 하여금 주지사 선거와 대선을 연합진영을 동일하게 하라는 강제권을 부과했기 때문에 1994년과 1998년에 결성되었던 것보다 더 복잡한 양상을 띠었다.

예를 들어, PSDB와 PMDB의 대선 연합 진영은 27개의 주지사 선거에서 역시 똑같이 연합진영을 유지해야만 한다는 것이다. 거대 정당들 중에서 PFL과 PPB(대선 연합에 참여하지 않았던 정당)만이 이러한 의무연합진영에서 자유로웠다. 처음에는 고등선거법원의 이러한 지침이 PSDB 후보자를 유리하게 만들려는 의도가 아니냐는 의심을 샀지만 선거결과는 다르게 나왔다.

10월 6일 실시된 1차 투표에서 룰라가 각각 23.2%, 17.9%와 12%를 득표한 세하, 가로칭뉴와 시로 고메스(1998년과 득표율이 같음) 후보들에게 46.4% 득표로 완승을 거뒀다. 2주 뒤에 룰라는 결승투표에서 62.5%의 유효득표율로 당선을 확실시했다. 칠레의 살바도르 아옌데(Salavdor Allende)와 프랑스의 프랑소와 미테랑(François Mitterrand)처럼 룰라는 대선 도전 네 번 만에 당선을 맛보게 되었다.

까르도주와 연정을 이뤘던 정당들은 주지사 선거에서 좋은 결과를 냈지만 그들의 정치적 기반은 의회에서 약화되기 시작했다. PSDB는 7명, PMDB는 5명, PFL은 4명의 주지사를 배출했다. 좌파진영 중에서 PT에서 3명, PSB에서 4명, PFL에서 1명, PCB에서 2명의 주지사를 각각 배출했다. 상원에서 PMDB는 27석에서 19석으로 의석이 줄었고 PFL은 19좌석을 유지하였고 PSDB는 16석에서 11석으로 줄어들었다. 반면에, PT는 7석에서 14석으로 두 배가 늘었다. 하원에서는 까르도주가 지원하는 정당의 의석수가 현저하게 줄어들었다. PFL의 의석이 105석에서 84석으로, PMDB는 83석에서 75석으로 그리고 PSDB는 99석에서 71석으로 축소되었다. PT는 2000년 시장선거와 2002년 대선을 통해 세를 넓히는 계기로 삼아 2003년 2월에 하원의장을 PT에서 당선시키면서 기존의 하원의 59석에서 이제는 91석을 지닌 거대여당이 되었다. 많은 사람들이 이러한 변화

로 하여금 브라질의 정치경제의 판도에 큰 변화가 오리라고 예상했지만 그것은 오산이었다.[37)

2003~2004년: 허황된 꿈을 꾸기

창당한 지 22년이 된 PT는 룰라를 대통령으로 당선시키면서 여당의 지위를 달성했다. 선거 후 정치권력에 대한 불안감과 소명감이 2003년 1월에 룰라와 알렝카르가 취임하면서 극에 달했다. 그러나 2002년 11월과 12월에 정권이양 기간 동안에 룰라 대통령 당선자는 다수의 PT 과격파들을 놀라게 한 '예상외의' 조치들을 감행했다. 대부분의 사람들은 룰라가 2002년 대선 캠페인에서 내세우던 입에 발린 공약들을 저버리고 민영화를 백지화시키고 발전주의 경제 전략을 채택하고 경제에 대한 국가의 개입을 강화하는 등, PT 원래의 당 이념이 추구하는 정책을 실시할 것으로 예상하고 있었다.

룰라 대통령 당선자가 취한 첫 번째 예상외의 조치는 국제금융시장에서 신뢰를 회복하는 데 목적을 둔 브라질 중앙은행 총재의 임명이었다. 중앙은행 총재의 자리는 고이아스(Goiás) 주에서 PSDB 소속으로 연방하원에 갓 당선된 보스턴은행 CEO 출신의 엔리께 메이렐리스(Henrique Meirelles)에게 요청되었다. 그는 즉시 PSDB 소속 하원의원을 사임하고 PSDB의 당적을 내려놓았다. 그리고 룰라는 까르도주 대통령에게 크리스마스 연휴 이전에 상원에 중앙은행 총재 임명을 상정해 달라고 요청했다.

PT 강경파들을 실망시킨 룰라 대통령 당선자의 두 번째 조치는 PT 소속의 상파울루 주 히베이라옹 프레투(Ribeirão Preto)의 전 시장인 안도니우 팔로치 필류(Antônio Palocci Filho)를 재무장관에 임명한 것이었다. 레지던트 의사였던 팔로치는 2002년에 룰라 대선 캠페인 관리자로 일했었다. 재무장관직에 임명된 후에 그는 언론에 "당신들이 말하는 브라질 경제는 중환자실에 입원한 환자와 같다. 그래서 룰라대통령 당선자가 그 환자를 치료하기 위해 의사를 부른 것이다"라는 재담을 벌였다. 비록 PT의 강경파가 훈련된 경제팀을 자수 보유하고 있었지만, 팔로치는 자신의 경제팀에 그들 중 그 누구도 합류시키지 않았다.

세 번째 사건은 과거의 변함없는 PT의 요구사안이었던 2002년 8월에 까르도주와 말란 재무장관이 IMF와 체결했던 15개월간의 긴급조약의 연장에 반하는 것이었다.

사실상 PT는 20년 동안 IMF와 그 정책들이 브라질에 아주 해로운 존재로 상정하고 불평을 표시해 왔었다.

네 번째 이변은 2003년 1월에 모인 새 정부 내각의 모임에서 드러났다. 2003년 예산에서 140억 헤알을 삭감하는 까르도주의 재정긴축 기조를 지속한다는 것이었다. 엄격하게 재무 목표가 채택되었고(우선적인 흑자목표는 까르도주가 세웠던 국내총생산의 3.75%에서 상향된 4.35%였음), 중앙은행의 통화정책 위원회는 재빨리 기준이자율을 연간 26.5%로 조정에 들어갔다.

다섯 번째 이변은 3월에 발표되었는데 공공부문의 퇴직자들에게 월급의 100%를 연금으로 지급하면서 발생하는 공공적자의 폭을 줄이기 위한 주요 사회보장제도의 개혁에 관한 것이었다. 전통적으로 공무원들은 PT의 충실한 지지자들이었지만 이제는 당이 그들을 배신했다고 느끼게 되었다. 이 사회보장제도의 개혁은 12월에 의회에서 승인이 났다. 이 개혁은 공무원 급여와 연금수당을 대상으로 한 것으로 2004년부터 공공서비스를 받는 모든 사람들을 대상으로 한 새로운 방식이 부가되었다(공공연금 혜택의 제한과 같은 수준의 개인연금 기금 마련).

마지막 2003년의 이변은 2003년에 의회에 마련한 룰라의지지 기반의 구축이었다. 2차 투표에서 세하 후보에 대항하여 구성한 연합(PL, PC, PCdoB, PPS, PTB, PDT, PSB)은 2002년 10월 선거에서 218개(42.5%)의 하원의석과 31개(38.3%)의 상원의석을 차지했었다. 그리하여 절대다수 여당의 구성이 순조롭게 이루어졌던 것이다. 룰라의 수석보좌관인 상파울루 출신 하원의원 주제 디리세우(José Dirceu)와 그의 팀이 작업을 시작했고, 2003년 2월 1일에 새로 선출된 하원의원들이 의회에서 선서를 하기 전에 접촉하여 최종적으로 룰라 진영에 총 252명의 하원의원이 합류하여 전체 의석의 49.15%를 차지하게 되었다. 룰라 진영에 새로 합류한 의원들은 각각 PFL에서 8명, PSDB에서 7명,

PMDB에서 5명, PPB에서 5명이었다. 그러나 PT는 새로 합류한 그 누구에게도 입당을 허용하지 않았기 때문에 PTB에 15명, PL에 7명, PSB에 6명, PPS에 6명씩 분산되어 합류하게 되었다. 4월 30일에 룰라가 사회보장제도와 세제개혁에 관한 제안서를 의회에 제출할 무렵에, PMDB와 PPB가 룰라 진영에 합류하여 하원의석수가 370석(72.1%)으로 상원의석수가 53석(65.4%)으로 불어났다. PPB는 PT와는 극성이었던 파울루 말루피가 소속된 당이었다. 넉 달간의 작업을 거쳐 룰라는 1995년 까르도주 전 대통령이 구현했던 것과 비슷한 규모의 연립여당을 구성하게 되었다. 이러한 점과 또 다른 유사점들이 룰라 정부가 바로 "세 번째 까르도주 정부"에 다름아니다는 비판을 듣게 된 이유이기도 하다. 일간지 만평들은 만화그림을 통해 룰라와 까르도주의 국정운영 스타일의 대결을 묘사하곤 했다.

룰라는 집권당인 PT와 동맹을 맺은 연정으로부터 내각을 조직했고 주로 상파울루와 리오그란데두술에 기반을 둔 인력을 중심으로 이루어졌다. 주지사와 상원의원 선거에서 패배한 몇몇의 PT 소속 후보자들은 보상차원에서 각료로 임명받았다. 대선 1차 투표에서 룰라의 경쟁자였던 시로 고메스는 국가통합부 장관에 임명되었다. 룰라 대통령은 2004년 1월 후반에 첫 번째 내각 개편을 단행했다. 2003년에 룰라가 시도한 모든 개혁과 법안수정에 협조를 했던 PMDB가 두 개의 장관 자리를 확보했다. 사회복지관련 세 개의 부처가 새로 만들어진 사회발전부(Social Development Ministry)에 통합되었다. 다른 부처의 장관들은 교체되거나 사임되었다. 그러나 2월 중순에 첫 번째 정치스캔들이 발생하여 룰라 정부에 파문이 일었다. 의회 관계 지도부는 여러 명의 부정직한 경영자들로부터 뇌물을 받고 일단의 재계약 과정에 개입한 혐의로 기소되었다. 이런 과정으로 말미암아 PDT와 PL은 상원에서 각각 5석과 3석을 연정에서 잃게 되면서 룰라 진영은 상원에서 우위를 잃고 새 최저임금, 빙고게임 금지법안과 상원의장과 하원의장의 재선을 허용하는 수정법안 등 시급한 정부사안을 의회에 통과시킬 때 필요한 기반을 상실하게 되었다. 5월 초입에 『뉴욕타임스』는 룰라의 과도한 음주습관과 국정에 미치는 영향에 의문을 제기하는 기사를 실었다.[38] 룰라 대통령은 대노하여 관련 기사를 작성한 기자의 비자를 취소시키라는 명령을 내렸다. 시간이 지나 화가 가라앉으면서 비자 취소 명령은 반환되었다. 이후 6월 말에 『뉴욕타임스 매거진』은 룰라를 표지로 하여 그의 출생, 정치경력과 대선 도전에 관한 특집기사가 실렸다.[39]

그러나 2005년 5월에 '멘살라웅(mensalão)'이라고 불리는 더 최악의 스캔들이 하원에서 터져나왔다. 이 스캔들의 전모는 일단의 PT 지도자들이 중요한 정부시책을 의회에서 통과시키기 위해 PMDB, PTB, PL, PPB소속 하원들에게 뇌물을 주고 표를 사기 위해 대규모의 리베이트로 기금을 조성한 것으로 밝혀졌다. 리베이트 기금은 연방정부가 체결한 서비스 계약, 특히 광고 분야로 벨로오리존치(Belo Horizonte) 소재 두 개의 광고 에이전트사를 통해 리베이트를 조성했다고 한다.[40]

PTB의 원내총부인 호베르투 제퍼송(Roberto Jefferson) 하원의원뿐만 아니라 룰라 대통령의 최측근이자 오른팔 격인 정무수석 주제 디리세우를 포함하여 여러 명의 의원들이 하원에서 축출당했다. 룰라 대통령은 그 스캔들의 전무에 관해 전혀 몰랐다며 몹시 분노해했다. 그러나 연말에 실시한 국정수행 지지도 조사에서 2004년에 조사된 62%에 비교해서 2005년 12월에는 42%라는 지지도 하락이 확인되었고, 2006년 10월 대선을 위해 IBOPE에서 수행한 출구조사에서 PSDB의 주제 세하 후보자에게 따라잡히는 결과가 나타나기도 했다.[41] 야당연합인 PSDB－PFL은 룰라가 '멘살라웅' 스캔들로 인해 지지도가 하락되어 차기 대선에서 자신들이 이길 수 있을 것이라고 판단했다. 2005년 6월에 룰라 대통령은 정무수석 디리세우의 자리를 2003년부터 광물에너지부 장관을 맡아온 지우마 호세피(Dilma Rousseff)로 교체해 버렸다.

그러나 스캔들의 여파에도 불구하고 점차 인기를 회복한 룰라는 2006년 10월 29일에 치러진 대선의 2차 투표에서 PSDB의 제랄두 알키민(Geraldo Alkmin) 후보를 60.8% 대 39.2%의 격차로 앞지르고 재선에 성공하였다. 룰라의 지지기반은 브라질의 빈곤한 지역 출신 유권자들로서 '볼사 파밀리아(Bolsa Familar)'를 수급받는 천만 가정으로부터 온 것이다.[42] 2002년 대선에서 룰라에게 패한 주제 세하는 2004년에 상파울루 시장에, 2006년에는 상파울루 주지사에 당선되었다.

2007년에 또 다른 스캔들이 일어나 국회를 마비시켰다. 이번에는 상원에서 발생했다. 상원의장인 PMDB 소속의 헤난 칼레이루스(Renan Calheiros)가 글로부 TV기자와의 관계에서 난 혼외 자식문제로 고소를 당했고 거대로비집단이 위자료를 조성해 주었다는 정황이 포착되었다. 고액의 위자료 지급(상원의원의 월급보다 많은 액수의)을 입증하기 위해 자신의 수입내역을 밝히는 과정에서 부패에 관련된 사실이 밝혀졌고 면직을 당하기 전에 미리 2007년 12월에 상원의장직을 사임했다. 그 과정에서 같은 달에 정부는 CPMF(수표세: 국가보건프로그램 기금을 조성하기 위해 만든 임시세)를 연장시키기 위한 상원의 결정적인 표결을 잃었다.

브라질은 개방형정당명부식 비례대표제를 가지고 있었기 때문에 당원들의 정당에 대한 소속감이 약해서 당에 대한 충성도와 책임감이 낮은 편이다. 따라서 브라질 대통령은 당선 직후에 현 정권에 합류하기 위해 대규모로 상원과 하원의원들의 이합집산이 발생하는 의회에서 연립정부를 구성해야 하는 어려움에 맞게 된다. 2002년과 2006년 대선에서 PFL은 최대 상원의석 수를 차지했고 따라서 새로운 상원의장을 선출할 수 있는 특권을 가지게 되었다. 그러나 10월 대선과 2월 1일(2003년과 2007년에)부터 시작되는 새 국회 개회시기 사이에 PMDB가 정당교체를 통해 거대 당의 지위를 버렸다. 이런 이유로 DEM(ex-PFL)은 상원 의장의 임명권은 정당에 속한 것이지 정치가 개인에게 속한 것이 아니라고 주장하면서 정당을 바꾼 이들이 임명권 역시 명부에 있는 차기 당에 반납해야 한다고 주장하면서 선거고등법원(TSE)에 시정을 요구했다.

2007년 3월에 선거고등법원(TSE)은 상원의장 임명권은 개인이 아닌 정당에 속한 것이라며 정당을 교체한 자들은 정당 명부에 있는 차 순위 정당에 넘겨주어야 한다는 판정을 내렸다. 6개월 뒤에 대법원은 선거고등법원의 판결을 확정 지웠으나 소급 적용시키지는 못했다. 그 당시로부터 2년 후에도 의회는 당 충성도 문제를 해결할 수 없었고 2099년 6월에 다른 일련의 정치개혁에 관한 안건들이 하원에서 통과되지 못했다.

2008년 10월에 치른 시장선거에서 PT와 그의 동맹 정당들이 시정부의 대부분을 차지하게 되었다. PT는 146명의 시장을, PMDB는 149명의 시장을, PSB는 116명의 시장을 추가로 확보하게 되었다. 야당연합은 PSDB가 83명의 시장을, PFL-DEM은 288명을, PPS는 172명의 시장자리를 잃었다.[43]

2009년에 주제 사르네이가 세 번째로 상원의장에 선출되면서 또 하나의 스캔들이 발생했다. 혐의 사안은 사르네이가 1995년 이래 상원의 참모장을 맡았을 때 인사와 계약에 대한 직권남용과 친족등용 등을 포함하고 있었으며 사르네이와 PMDB의 다른 상원의원들의 연루(내지는 방조와 묵인) 사실이 폭로되었다. 브라질의 전기 및 다른 부문에 광범위하게 걸쳐져 있는 본인의 영향력이 보도되면서 사르네이는 상원의장직 사임에 대한 압력을 받았다. 2009년 7월에 사르네이의 아들인 페르난두 사르네이(Fernando Sarney)가 연방경찰에 기소되었고 7월 31일에 사르네이 가문은 페르난두의 기소 사실에 대한 언론보도를 막을 목적으로 『이스타두 지 상파울루(O Estado de São Paulo)』 신문의 사전검열을 지시하기 위해 브라질리아에서 지방법원에 압력을 넣었다. 이 사건은 언론자유보장에 대한 브라질의 이미지가 국제적으로 실추되는 결과를 낳았다.[44]

2009년 말에 이미 2010년 대선 캠페인의 열기가 시작되면서 룰라는 PT의 대통령 후보자로 정무수석인 지우마 호세피를 선택했다. PSDB는 대선 후보자로 여론조사에서 강세를 보인 주제 세하 상파울루 주지사를 내세웠다. PSB 소속의 시로 고메스 하원의원이 기호 3번 자리에, 그리고 룰라 정부의 환경부 장관을 역임했던 마리나 실바[Marina Silva: 2009년 8월에 PT를 탈당하여 녹색당(PV)으로 옮김] 상원의원이 기호 4번으로 대통령 후보에 출마했다.

결론

『뉴욕타임스 매거진』의 기사는 수사학적으로 룰라가 "라틴아메리카의 최후의 좌익 지도자인가"를 물었다. 추측컨대, 브라질의 PT(노동당) 출신 대통령은 단지 신자유주의적 정책들을 추진하고 보수적인 전임 대통령들이 달성하지 못했던 개혁을 하기 위해 권력을 잡은 좌익사회주의자 정당에서 배출된 첫 번째나 마지막 민족지도자가 아니다.

그것은 프랑스의 사회주의자 프랑소와 미테랑 전 대통령(François Mitterrand, 1981), 스페인 사회주의자 펠리페 곤살레스(Felipe Gonzales, 1983)와 폴란드 노조지도자 레흐 바웬사(Lech Walesa, 1990)와 같은 경우였다. 더 보수적인 정당들이 재임 중에 상기의 세 지도자들을 따랐다.

그러나 칠레에서 미첼 바첼렛(Michelle Bachelet) 대통령은 임기 말에 해당하는 2009년 후반기에 80%라는 지지율과 함께 국정운영을 잘 해나간 동안에 우고 차베스(Hugo Chávez) 베네수엘라 대통령과 동맹을 맺은 두 명의 좌파지도자들[볼리비아의 에보 모랄레스(Evo Morales)와 에콰도르의 라파엘 코레아(Rafael Correa)]이 대통령으로 선출되었다. 2009년 말에 우루과이에서는 연합전선(Frente Amplio)당 소속 타바레 바스케스(Tabaré Vásquez) 대통령이 투파마로(Tupamaro) 게릴라 출신의 호세 페페 무히카(José pepe Mújica)를 후계자로 대통령직을 승계할 수 있었다.

룰라는 "나는 사회주의자나 좌파사람이 아니며 과거에도 아니었다"고 수차례 강조한 바 있다. 페르난도 엔리께 까르도주도 이와 유사한 전철을 가지고 있다.

1950년대 말에 상파울루 대학교(USP)에서 마르크스주의자로 학자경력을 쌓기 시작한 까르도주는 1983년 이후 상원에서 진보적 사회민주주의자로 변모해갔다. 그리고 최종적으로 대통령으로서 신자유주의적인 개혁들을 추진해 나갔다.

2003년과 2004년에 룰라 대통령이 도입한 정책들과 프로그램 및 개혁들은 리우데자네이루 출신 PT 소속 하원의원 페르난두 가베이라(Fernando Gabeira)가 2003년 10월에 "나는 잘못된 꿈을 꾸고 있었다"라는 말을 남기고 PT를 탈당하게 만들었다.[45] 2003년에 시행된 사회보장제도 개혁에 관한 결정적인 표결에서 PT소속 하원의원 소그룹이 가베이라의 생각에 동조하면서 개혁안 투표에 반대표를 던지고 기권을 하거나 아예 출석을 하지 않아 버렸다. 그 결과, 2003년 12월 중순에 전국집행 위원회(NEC)에서 세 명의 PT소속 하원의원과 한 명의 상원의원을 PT에서 쫓아내 버렸다. 2004년 중반에 룰라의 연립여당에 속한 12명의 상원의원들이 정부의 지시로부터 독립선언을 해왔다.

막상 정권을 잡고 보니 PT는 국정운영에 있어 정치적이나 경제적인 규제가 힘들고 어렵다는 사실을 재빨리 간파했다. 당 지도부는 까르도주 정권으로부터 물려받은 부정적인 유산에 대해 불평을 했다. 뒤를 어어 2003년에 PT에 의해 제정된 긴축정책은 경제를 위축시키고 실업률이 증가됐으며 평균임금이 하락했고 브라질의 국내총생산이 0.2% 감소하는 결과를 낳았다. 다른 한편으로, 까르도주 정권 시절 여당이었던 PFL과 PSDB는 까르도주 정권이 제안했던 바와 별 차이가 없고 대법원으로부터 거부당했던 룰라의 사회보장제도 개혁안에 이렇다 할 반대의견을 내세우는 데 어려움을 겪었다.

1985년 군사정권이 막을 내린 이래로 브라질 민주주의는 상당한 시련과 고난을 겪어야 했다. 땅끄레두 네비스는 취임 전날에 사망했고 1960년 이래 최초로 국민투표로 선출된 대통령이 1992년 탄핵을 당했고 몇몇 주요한 의회 조사들이 브라질의 정치적·경제적 제도들의 근간을 뒤흔들어 놓았다. 1985년 이래로 13번의 선거와 1번의 국민투표와 1번의 총선거가 열렸다. 문맹자들에게도 투표권이 주어졌고 주민투표가능 연령이 16세로 낮춰졌고 브라질 국민의 65% 정도가 유효 유권자에 해당된다. 2009년 중반에 이르러서 브라질은 국가통합 형태를 정비하고 정치적으로 경제적으로 안정을 구가하고 있으나 룰라가 취임한 지 18개월 뒤에 지지도가 하락하는 모습을 보여 주었다. 그러나 룰라와 그의 정치동맹은 2004년 지방선거와 2006년 대통령 재선을 통해 자신들의 정치적 기반을 공고히 다졌다. '볼사 파밀리아(Bolsa familia)' 정책에 힘입은 2008년 지방선거 승리에 그 기반을 한층 더 공고히 다지게 되었다.

2009년 말에 세계금융위기가 브라질을 강타했을 때, 그 영향은 무척 부정적이었다. 산업생산 가동률이 떨어지고 수출이 하락하고 실업률이 급등했고 2008년 4/4분기와

2009년 1/4분기의 국내총생산이 위축되는 여파를 겪었다. 그러나 룰라 정부는 위축된 소비 진작을 위해 재빠르게 선별적인 감세조치와 다른 인센티브 조치들을 가동시켰고 중앙은행은 수출을 위한 외환방어에 나서는 조치 등에 힘입어 브라질은 2009년 2/4분기와 3/4분기에 경상수지의 흑자를 볼 수 있었다.

이제 다음의 두 가지 질문이 남는다. PT와 그의 연립정부가 2006~2008년 사이에 충분하게 반복해서 보여 주었던 정치적 기반이 2010년 차기 대선에서 더 확장될 수 있을 것인가? 룰라가 지닌 카리스마와 80%에 달하는 높은 지지율은 자신이 선택한 정치 후계자인 지우마 호세피를 대선 당선으로 이끄는 데 충분한 동력원이 될 것인가?

추천도서

Abers, Rebecca Neaera. Inventing Local Democracy: Grassroots Politics in Brazil. Boulder: Lynne
　　Rienner, 2000.

Amann, Edmund. "Economic Policy and Performance in Brazil Since 1985." In Maria D'Alva
　　Kinzo and James Dunkerley, eds., Brazil Since 1985: Economy, Polity, and Society, pp.
　　107–37. London: ILAS/University of London, 2003.

Ames, Barry. Political Survival: Politicians and Public Policy in Latin America. Berkeley:
　　University of California Press, 1987.

_____. The Deadlock of Democracy in Brazil. Ann Arbor: University of Michigan Press,
　　2001.

Bacha, Edmar, and Herbert S. Klein, eds. Social Change in Brazil, 1945–985: The Incomplete
　　Transition. Albuquerque: University of New Mexico Press, 1989.

Baer, Werner. The Brazilian Economy: Growth and Development. New York: Praeger, 1989.

Bearak, Barry. "Poor Man's Burden: The Hard Times and Letdowns of Lula." New York Times
　　Magazine, June 27, 2004.

Bethell, Leslie. "Politics in Brazil: From Elections Without Democracy to Democracy Without
　　Citizenship." In Maria D'Alva Kinzo and James Dunkerley, eds., Brazil Since 1985:
　　Economy, Polity, and Society, pp. 21–1. London: ILAS/University of London, 2003.

Black, Jan Knippers. United States Penetration of Brazil. Philadelphia: University of Pennsylvania
　　Press, 1977.

Branford, Sue, and Bernardo Kucinski. Carnival of the Oppressed: Lula and the Brazilian
　　Workers Party. London: Latin American Bureau, 1995.

Branford, Sue, and Bernardo Kucinski et al. Lula and the Workers Party in Brazil. New York:
　　New Press, 2004.

Branford, Sue, and Jan Rocha. Cutting the Wire: the Story of the Landless Movement in Brazil.
　　London: Latin American Bureau, 2002.

Figueiredo, Angelina C., and Fernando Limongi. "Congress and Decision – Making in Dem
　　ocratic Brazil." In Maria D'Alva Kinzo and James Dunkerley, eds., Brazil Since 1985:
　　Economy, Polity, and Society, pp. 62–3. London: ILAS/University of London, 2003.

Fleischer, David. "Government and Politics." In Rex A. Hudson, ed., Brazil: A Country Study,
　　pp. 253–32. Washington, DC: Library of Congress, 1997.

_____. "Beyond Collorgate: Prospects for Consolidating Democracy in Brazil through
　　Political Reform," In Keith S. Rosenn and Richard Downes, eds., Corruption and
　　Political Reform in Brazil: The Impact of Collor's Impeachment. pp. 49–1. Coral

Gables: University of Miami Press, 1999.

_____. "Political Reforms: Cardoso's 'Missing Link.'" In Mauricio A. Font et al., eds., Reforming Brazil, pp. 112–39. Lanham, MD: Rowman & Littlefield, 2004.

Flynn, Peter. "Brazil and Lula, 2005: Crisis, Corruption, and Change in Political Perspective." Third World Quarterly 26, no. 8 (2005): 1221–267.

Font, Mauricio A. Transforming Brazil: A Reform Era in Perspective. Lanham, MD: Rowman & Littlefield, 2003.

Font, Mauricio A., et al., eds. Reforming Brazil. Lanham, MD: Rowman & Littlefield, 2004.

Hudson, Rex A., ed. Brazil: A Country Study. Washington, DC: Library of Congress, 1997.

Hunter, Wendy. Eroding Military Influence in Brazil: Politicians Against Soldiers. Chapel Hill: University of North Carolina Press, 1997.

Hunter, Wendy, and Timothy J. Power. "Rewarding Lula: Executive Power, Social Policy, and the Brazilian Election of 2006." Latin American Politics and Society 49, no. 1 (2007):1 –0.

Keck, Margaret E. The Workers Party and Democratization in Brazil. New Haven: Yale University Press, 1992.

Kingstone, Peter R., and Timothy J. Power, eds. Democratic Brazil. Pittsburgh: Pittsburgh University Press, 1999.

_____. Democratic Brazil Revisited. Pittsburgh: University of Pittsburgh Press, 2008.

Kinzo, Maria D'Alva. Legal Opposition Politics Under Authoritarian Rule in Brazil: The case of the MDB, 1966–9. London: Macmillan, 1988.

_____. "Parties and Elections: Brazil's Democratic Experience Since 1985." In Maria D'Alva Kinzo and James Dunkerley, eds., Brazil Since 1985: Economy, Polity, and Society, pp. 42–61. London: ILAS/University of London, 2003.

Kinzo, Maria D'Alva, and James Dunkerley, eds. Brazil Since 1985: Economy, Polity, and Society. London: ILAS/University of London, 2003.

Macaulay, Fiona. "Democratization and the Judiciary: Competing Reform Agendas." In Maria D'Alva Kinzo and James Dunkerley, eds., Brazil Since 1985: Economy, Polity, and Society, pp. 84–04. London: ILAS/University of London, 2003.

Mainwaring, Scott. The Catholic Church and Politics in Brazil, 1916–985. Stanford: Stanford University Press, 1986.

_____. Rethinking Party Systems in the Third Wave of Democratization: The Case of Brazil. Stanford: Stanford University Press, 1999.

Martinez–Lara, Xavier. Building Democracy in Brazil: The Politics of Constitutional Change, 1985–995. London: Macmillan, 1996.

Mueller, Charles C., and Werner Baer. "The Economy." In Rex A. Hudson, ed., Brazil: A Country Study, pp. 137-52. Washington, DC: Library of Congress, 1997.

O'Donnell, Guillermo. "Challenges to Democratization in Brazil: The Threat of a Slow Death." World Policy Journal, Spring 1988, pp. 281-00.

Porto, Mauro P. "Mass Media and Politics in Democratic Brazil." In Maria D'Alva Kinzo and James Dunkerley, eds., Brazil Since 1985: Economy, Polity, and Society, pp. 288-313. London: ILAS/University of London, 2003.

Power, Timothy J. The Political Right in Brazil: Elites, Institutions, and Democratization. University Park: Pennsylvania State University Press, 2000.

Rosenn, Keith S., and Richard Downes, eds. Corruption and Political Reform in Brazil: The Impact of Collor's Impeachment. Coral Gables: University of Miami Press, 1999.

Sader, Emir, and Ken Silverstein. Without Fear of Being Happy: Lula, the Workers Party, and the 1989 Election in Brazil. New York: Verso, 1991.

Sallum, Brasilio, Jr. "The Changing Role of the State: New Patterns of State—Society Relations in Brazil at the End of the Twentieth Century." In Maria D'Alva Kinzo and James Dunkerley, eds., Brazil Since 1985: Economy, Polity, and Society, pp. 179-99. London: ILAS/University of London, 2003.

Sawyer, Donald R. "The Society and Its Environment." In Rex A. Hudson, ed., Brazil: A Country Study, pp. 90-56. Washington, DC: Library of Congress, 1997.

Skidmore, Thomas. Politics in Brazil. New York: Oxford University Press, 1966.

_____. The Politics of Military Rule in Brazil, 1964-5. New York: Oxford University Press, 1988.

Souza, Celina Maria de. Constitutional Engineering in Brazil: The Politics of Federalism and Decentralization. London: Macmillan, 1997.

Stepan, Alfred. Rethinking Military Politics: Brazil and the Southern Cone. Princeton: Princeton University Press, 1988.

Stepan, Alfred, ed. Democratizing Brazil: Problems of Transition and Consolidation. New York: Oxford University Press, 1989.

Taylor, Matthew M. Judging Policy Courts and Policy Reform in Democratic Brazil. Stanford: Stanford University Press, 2008.

Tendler, Judith. Good Government in the Tropics. Baltimore: Johns Hopkins University Press, 1996.

Tolefson, Scott D. "National Security." In Rex A. Hudson, ed., Brazil: A Country Study, pp. 333-12. Washington, DC: Library of Congress, 1997.

Wesson, Robert, and David Fleischer. Brazil in Transition. New York: Praeger, 1983.

Weyland, Kurt. Democracy Without Equity: Failures of Reform in Brazil. Pittsburgh: Pittsburgh

University Press, 1996.

포르투갈어

Avelar, Lucia M., and Antonio O. Cintra. eds. O sistema politico brasileiro: Uma introdução. São Paulo: UNESP, 2007.

Avritzer, Leonardo, and Fatima Anastasia, eds. Reforma política no Brasil. Belo Horizonte: Editora da UFMG, 2006.

Bastide, Roger. Brasil: Terra de contrastes. São Paulo: DIFEL, 1959.

Benevides, Maria Victoria et al., eds. Reforma politica e cidadania. Sao Paulo: Editora Fundação Perseu Abramo, 2003.

Bresser Pereira, Luiz. Pactos politicos: Do populismo a redemocratizacao. Sao Paulo: Editora Brasiliense, 1985.

Carreirao, Yan de Souza. Decisao do voto nas eleicoes presidenciais brasileiras. Rio de Janeiro: Fundação Getulio Vargas, 2002.

D'Araujo, Maria Celina, and Celso Castro orgs. Ernesto Geisel. Rio de Janeiro: Fundação Getulio Vargas, 1997.

D'Alva Gil Kinzo, Maria. "O quadro partidario e a constituinte." Revista Brasileira de Ciência Política, March 1989, pp. 91–124.

DaMatta, Roberto. O que faz O Brasil, Brasil? São Paulo: Rocco, 1986.

Dreifuss, Rene A. 1964: A conquista do estado: Ação política, poder e golpe do estado. Petrópolis: Editora Vozes, 1981.

_____. O jogo da direita. Petrópolis: Editora Vozes, 1989.

Faoro, Raymundo. Os donos do poder: Formação do patronato político brasiliero. Editora Globo, 1958.

Fleischer, David. "Manipulações casuisticas do sistema eleitoral durante o periodo militar, ou como usualmente o feitico se voltava contra o feiticeiro." In Glaucio Soares and Maria Celina D'Araujo, eds., 21 Anos de Regime Militar, pp. 154–97. Rio de Janeiro: Fundação Getúlio Vargas, 1994.

_____. "As eleicoes municipais no Brasil: Uma analise comparativa (1982–000)."

Opinião Pública 8, no 1(2002): 80–05.

Gabeira, Fernando. O que é isso, companheiro?. Rio de Janeiro: Codecri, 1980.

Gaspari, Elio. A ditatura envergonhada. São Paulo: Companhia Das Letras, 2002.

_____. A ditadura escancarada. São Paulo: Companhia Das Letras, 2002.

_____. A ditadura derrotada. São Paulo: Companhia Das Letras, 2003.

_____. A ditatura envergonhada. São Paulo: Companhia Das Letras, 2004.

Jaguaribe, Helio. Alternativas do Brasil. Rio de Janeiro: José Olympio Editora, 1989.

Kinzo, Maria D'Alva. "O quadro partidario e a constituinte." Revista Brasileira de Ciência Política 1, no. 1 (1989): 91–23.

Krause, Silvana, and Rogério Schmitt. eds. Partidos e coligações no Brasil. Rio de Janeiro: Konrad Adenauer Stiftung, 2005.

Lambert, Jacques. Os dois Brasis. Rio de Janeiro: INEP/CBPE, 1959.

Lamounier, Bolivar, ed. De Geisel a Collor: O balanço da transição. São Paulo: Ed. Sumare.

Lamounier, Bolivar, and Rubens Figueiredo, eds. A Era FHC: Um balanço. São Paulo: Cultura Editores, 2002

Marques, Jales Ramos, and David Fleischer. PSDB: De facção a partido. Brasília: Inst. Teotonio Vilela, 1998.

Nery, Sebastiao. As 16 derrotas que abalaram o Brasil. Rio de Janeiro: Francisco Alves, 1975.

Pochmann, Marcio, ed. Atlas da riqueza no Brasil. São Paulo: Editora Cortez, 2004.

Soares, Glaucio A.D. A democracia interrompida. Rio de Janeiro: Fundação Getúlio Vargas, 2001.

Soares, Gláucio A.D., and Maria Celina D'Araujo, eds. 21 Anos de regime militar: Balanços e perspectivas. Rio de Janeiro: Fundação Getúlio Vargas, 1994.

Soares, Glaucio A.D., and Lúcio R. Renno. eds. Reforma política: Liçoes da história recente. Rio de Janeiro: Fundação Getúlio Vargas, 2006.

Vianna, Luiz Werneck. A transição: Da constituinte a sucessão presidencial. Rio de Janeiro: Ed. Revan, 1989.

미주

1) Folha de São Paulo, October 15, 2003, p. A-5.

2) "두 개의 브라질"이라는 개념은 Jacques Lambert에 의해 처음 사용되었다(Os dois Brasis, Rio de Janeiro: INEP/CBPE, 1959). "대조"의 개념은 Roger Bastide에 의해 사용되었다(Bresil: Terre des contrastes, Paris: L'Harmattan, 1957). 브라질 사회의 "이중성"에 대해 더 확장된 논의는 Helio Jaguaribe의 Alternativas do Brasil (Rio de Janeiro: Jose Olympia Editora, 1989) 2장을 참고.

3) Edmar Bacha and Herbert S. Klein, eds., Social Change in Brazil, 1945-985: The Incomplete Transition (Albuquerque: University of New Mexico Press, 1989). 1964년 이전의 정치권력의 불평등한 분배에 대한 브라질의 지역별 사회경제의 차이와 그 영향에 대해서는 Glaucio Soares, A democracia interrompida (Rio de Janeiro: Fundacao Getulio Vargas, 2001)의 11장을 참고.

4) Marcio Pochmann, ed., Atlas da riqueza no Brasil (São Paulo: Editora Cortez, 2004). 2000년의 브라질 가계의 월평균 수입은 1,608헤알(US$563)이었다.

5) 1960년대 초 이런 교착상태에 대한 분석은 Glaucio Soares의 A Democracia Interrompida 12-14장과 Barry Ames, Political Survival: Politicians and Public Policy in Latin America (Berkeley: University of California Press, 1987)를 참고.

6) Elio Gaspari, A ditadura envergonhada (Sao Paulo: Companhia Das Letras, 2002), pt. 1; and Rene A. Dreifuss, 1964: A conquista do estado: Acao politica, poder e golpe (Petropolis: Editora Vozes, 1981)을 참고.

7) Robert Wesson and David Fleischer, Brazil in Transition (New York: Praeger, 1983), pp. 103-105.

8) Maurice Duverger, Les partis politiques (Paris: Armand Colin, 1951).

9) 당시 브라질에서 TV 시리즈물 「소머즈」가 인기였기 때문에 간접선거로 당선된 사람을 "바이오닉"(생체인간)이라는 별명으로 불렀다.

10) 이 시기에 대한 분석은 Elio Gaspari의 A ditadura envergonhada(São Paulo: Companhia Das Letras, 2002), pp. 129-66을 참고.

11) 이 경제적 확장에 대한 기술은 Werner Baer의 The Brazilian Economy: Growth and Development (New York: Praeger, 1989)를 참조.

12) 아이러니하게 진보적 좌파는 1960년대 초에 Ironically, the progressive left had called for the expropriation of foreign-owned public utilities in the early 1960s.

13) 이 에피소드는 Fernando Gabeira의 O que e isso, companheiro? (Rio de Janeiro: Codecri, 1980)에서 나온 것이며 1997년에 Miramax에서 "Four Days in September"라는 제목으로 영화화되었다.

14) 브라질의 선거법 변화에 대해서는 David Fleischer, "Political Reforms: Cardoso's Missing Link," in Font, ed., Reforming Brazil (Lanham, MD: Lexington, 2004), pp. 121-39를 참조. 1964년 이전의 선거시스템으로 선출된 하원의 지역별 불평등한 상황에 대한 분석은 Glaucio Soares의 A democracia interrompida, 12장을 참고.

15) 1970년대 초 MDB가 겪은 고난에 대한 기술은 Maria D'Alva Kinzo, Legal Opposition Politics Under Authoritarian Rule in Brazil: The Case of the MDB, 1966-979 (London: Macmillan, 1988)을 참고.

16) 가이젤 대통령 집권기 관련 자료는 Maria Celina D'Araujo and Celso Castro, eds., Ernesto Geisel (Rio de Janeiro: Fundacao Getulio Vargas, 1997), pp. 255-415에서 찾아볼 수 있음. 이 시기에 대한 더 포괄적인 분석은 Elio Gaspari의 A ditadura encurralada (São Paulo: Companhia Das Letras, 2004)를 참고.

17) MDB 승리에 대한 더 자세한 논의는 Maria D'Alva Kinzo,의 Legal Opposition Politics and Sebastiao Nery, As 16 derrotas que abalaram o Brasil (Rio de Janeiro: Francisco Alves, 1975)을 참고.

18) Elio Gaspari, A ditadura encurralada, pp. 407-81.

19) Jan Knippers Black, United States Penetration of Brazil (Philadelphia: University of Pennsylvania Press, 1977).

20) Maria D'Alva Kinzo, Legal Opposition Politics.

21) Wesson and Fleischer, Brazil in Transition, pp. 110-116.

22) 1985년의 대통령 선거인단에 대한 기술은 David Fleischer, "Manipulacoes casuisticas do sistema eleitoral durante o periodo militar, ou como usualmente o feitico se voltava contra o feiticeiro," in Soares and D'Araujo, eds., 21 anos de regime militar (Rio de Janeiro: Fundacao Getulio Vargas, 1994), pp. 188-194 를 참고.

23) Maria D'Alva Kinzo, "O Quadro Partidario na Constituinte," Revista Brasileira de Ciencia Politica 1, no. 1 (1989): 91-23.

24) ANC(국민제헌의회)에 대한 분석은 Xavier Martinez-Lara, Building Democracy in Brazil: The Politics of Constitutional Change, 1985-995(London: Macmillan, 1996); Celina Maria de Souza, Constitutional Engineering in Brazil: The Politics of Federalism and Decentralization(London: Macmillan, 1997); and Luiz Werneck Vianna, A transicao: Da constituinte a sucessao presidencial (Rio de Janeiro: Ed. Revan, 1989) 을 참고.

25) "뚜까누"라고 불리는 PSDB 정당의 연대기에 대해서는 Jales Ramos Marques and David Fleischer, PSDB: De Facção a partido (Brasilia: Instituto Teotonio Vilela, 1998)를 참고. Ceará 주에서 PSDB당의 영향력에 대해서는 Judith Tendler, Good Government in the Tropics (Baltimore: Johns Hopkins University Press, 1996) 을 참고.

26) Margaret E. Keck, The Workers Party and Democratization in Brazil (New Haven: Yale University Press, 1992).

27) Emir Sader and Ken Silverstein, Without Fear of Being Happy: Lula, the Workers Party, and the 1989 Elections in Brazil (New York: Verso, 1991).

28) 이 시기의 경제정책에 대해서는 Edmund Amann, "Economic Policy and Performance in Brazil since 1985," in Maria D'Alva Kinzo and James Dunkerley, eds., Brazil Since 1985 (London: ILAS/University of London, 2003), pp.107-137을 참고.

29) 꼴로르 청문회에 대한 자세한 분석은 Keith S. Rosenn and Richard Downes, eds., Corruption and Political Reform in Brazil: The Impact of Collor's Impeachment (Coral Gables: University of Miami Press, 1999)를 참고.

30) 예산 스캔들에 대한 분석은 David Fleischer, "Beyond Collorgate: Prospects for Consolidating Democracy in Brazil through Political Reform," in Rosenn and Downes, eds., Corruption and Political Reform in Brazil, pp. 49-71를 참고.

31) "헤알플랜"과 그 결과에 대해서는 Edmund Amann, "Economic Policy and Performance in Brazil Since 1985," in Kinzo and Dunkerley, eds.,Brazil Since 1985, pp. 116-126을 참고.

32) 브라질의 개혁 프로그램 평가에 대해서는 Kurt Weyland, Democracy Without Equity: Failures of Reform in Brazil (Pittsburgh: Pittsburgh University Press, 1996)을 참고.

33) David Fleischer, "Political Reforms: Cardoso's 'Missing Link,'" in Mauricio Font et al., eds., Reforming Brazil (Lanham, MD: Lexington, 2004), pp. 112-39.

34) 1996년과 1998년 선거에 있어 PSDB당의 성과에 대해서는 Marques and Fleischer, De facçao a partido, pp. 109-23, 133-55를 참고.

35) 까르도주 대통령 시기를 분석한 자료: "Brazil: The Challenge of Constitutional Reform," a special issue of the Journal of Interamerican Studies and World Affairs, Winter 1998; Bolivar Lamounier and Ruben Figueiredo, eds., A era FHC: Um balanco (São Paulo: Cultura Editores, 2002); and Mauricio Font et al., eds., Reforming Brazil. Studies of Cardoso, intellectual and politician, are found in, respectively, Carlos Michiles, Ciencia e politica sobre a perspectiva do realismo utopico (Brasília: University of Brasília Press, 2003); and Mauricio Font, Transforming Brazil.

36) 2000년 지방선거에 대한 분석은 David Fleischer, "As eleições municipais no Brasil: Uma analise comparativa (1982-000)," Opinião Pública 8, no. 1, (2002): 80-05를 참고.

37) 그 기대치들에 대한 검토는 Sue Brandford et al., Lula and the Workers Party in Brazil (New York: New Press, 2004)를 참고.

38) Larry Rohter, "Brazilian Leader's Tippling Becomes National Concern," New York Times, May 9, 2004.

39) Barry Bearak, "Poor Man's Burden: The Hard Times and Letdowns of Lula," New York Times Magazine, June 27, 2004.

40) Peter Flynn, "Brazil and Lula, 2005: Crisis, Corruption, and Change in Political Perspective," Third World Quarterly 26, no. 8 (2005): 1221-267.

41) "Jose Serra ja ultrapassa Lula no 1º turno e lidera com vantagem de 13 pontos no 2º," Veja, December 14, 2005.

42) Wendy Hunter and Timothy J. Power, "Rewarding Lula: Executive Power, Social Policy, and the Brazilian Elections of 2006," Latin American Politics and Society 49, no. 1 (2007): 1-30.

43) David Fleischer, "Political Outlook in Brazil in the Wake of Municipal Elections: 2009-010" (paper presented at the Brazil Institute of the Woodrow Wilson International Center for Scholars, Washington, DC, November 10, 2008).

44) Juliana Lima, "Brazilian Daily Marks 90 Days of Court – Ordered Censorship," Jornalism in the Americas, Knight Center for Journalism in the Americas, November 2, 2009. www.knightcenter.utexas.edu/blog/?q=pt – br/node/5661.

45) 일간지 Folha de São Paulo, October 15, 2003에서 인용.

26. 칠레: 발전, 단절 그리고 민주주의 회복

J. 새무얼 발렌수엘라 & 아르투로 발렌수엘라(이상현 옮김)

2,650마일에 달하는 긴 나라인 칠레는 지구의 최남단까지 그 영토가 닿아 있으며 동시에 민주 헌법의 원칙들을 실천하는 정치적 선구자라고 할 수 있는 나라이다. 스페인으로부터의 독립 이후 칠레는 1820년대부터 20세기에 이르기까지 중앙 및 지방정부의 권력을 선거를 통해 꾸준히 이양했으며 이러한 정치적 안정성은 라틴아메리카 지역에서는 보기 드문 사례이다. 선거가 지니는 중요성과 그 횟수를 기반으로 칠레는 19세기 중반부터 이미 정치생활을 지배하는 강력한 정당시스템을 서서히 구축하였다. 좌파인 공산당 및 사회주의 정당으로부터 우파인 보수당까지 정치 이데올로기의 스펙트럼을 모두 아우르는 칠레의 정당시스템은 라틴아메리카의 다른 이웃국의 그것보다는 남부 유럽의 정당시스템과 더 유사한 형태로 발전하였다.

이렇듯 이례적인 칠레의 정당시스템은 결국 1970년 살바도르 아옌데(Salvador Allende) 대통령의 당선을 가져왔다(이러한 칠레의 이례적인 정당시스템 덕분에 살바도르 아옌데는 1970년에 결국 대통령에 당선될 수 있었다). 아옌데의 사회주의 정권은 민주주의 제도를 인정하면서 동시에 칠레를 사회주의 국가로 전환시키고자 하였다. 아옌데의 사회변혁 프로그램은 전 세계의 이목을 집중시켰으나 냉전이 가져온 긴장을 견뎌내지 못하였다. 결국 1973년 9월 11일 닉슨 정부의 지원을 받은 아우구스토 피노체트(Augusto Pinochet) 장군은 칠레의 민주주의를 붕괴시킨 군사 쿠데타를 일으켰다. 피노체트 정권 전 칠레의 군부정권 경험이란 1924년부터 25년 사이 단 5개월 동안 군부의 통치를 받은 것이 전부였다. 1891년과 1932년 두 차례에 걸친 경제 위기는 군부와 민간인의 공동통치를 불러일으키기도 하였으나 이러한 공동 통치 역시 몇 주 이상 지속되지 않았다. 1927년 상대 후보 없이 대선을 치른 단 한 번의 사례를 제외하고, 1829년 이후 당선된 모든 칠레의 대통령들은 경선을 치르고 당선되었으며, 모든 대통령들은 헌법이 정한 절차에 따라 후임 대통령의 취임과 함께 퇴임하였다. 칠레 역사 속에서 큰 중요성을 갖는 기관인 국회는 피노체트 정권하에서 독립 이후 역사상 처음으로 폐쇄되었다.

1990년 3월 11일 파트리시오 아일원(Patricio Aywin) 대통령의 취임과 함께 칠레는 비로소 백 년 이상 지켜온 민주주의의 전통을 되살릴 수 있었다. 이때부터 칠레는 민주주의를 공고히 하고, 복지제도를 완성하며 동시에 경제적으로 성장하였다. 칠레는 라틴아메리카 국가들 중 가장 높은 UN 인간개발지수를 보여 주고 있으며, 2010년 초 남미 국가 중 최초로 OECD 가입국이 되었다. 이 장에서 우리는 칠레 민주주의 시스템의 기원, 발전과정, 특성 그리고 단절의 경험을 살펴볼 것이다. 또한 피노체트 독재의 주요 특징과 민주주의의 재정립을 살펴볼 것이다.

칠레의 정치사 개요: 1818~1970년

초기 민주주의(Proto-Democracy)의 건립(1818~1850년)

칠레 자치정부의 역사는 1810년 9월에 시작되었다. 하지만 스페인 국왕의 남은 군사들은 독립을 선언한 지 8년이 지난 1826년이 되어서야 완전히 정복되었다. 스페인과의 단절은 중대한 변화를 가져왔다. 우선 칠레는 공화국으로 선포되었고, 귀족제도와 노예제도가 폐지되었다.

주로 북부의 코피아포(Copiapó)와 남부의 콘셉시온(Concepción) 사이에 거주하는 대부분의 칠레 농촌 인구는 계속해서 농업에 종사하며 살아갔으며, 상업, 광업 및 지주 엘리트들은 구리, 축산물 및 곡물을 수출하여 소득을 거두었다. 스페인으로부터의 단절은 식민시대의 왕정체제를 붕괴시켰으나 사법제도, 공무원 그리고 대부분의 식민군부 세력은 여전히 그 세력을 유지하며 새로 생겨난 국가의 토대가 되었다. 가장 최초의 헌법규정은 국가 권력이 대통령 중심의 행정부, 양원제를 근간으로 하는 의회 그리고 독립적인 사법기관으로 분산되어야 한다고 규정하였다. 1820년대 중반까지 칠레의 선거법은 이미 비밀투표 용지, 선거인 등록, 인구수에 비례하여 다양한 수의 국회의원을 선출하는 기준이 되는 "지역구"를 통한 지역 대표성 등을 확립하였으며, 대통령 간선제와 하원의원에 대한 직선제가 성립되었다. 선거권은 글을 읽고 쓰는 능력과 상관없이 주소와 수입이 있는 모든 남성에게 주어졌다. 이러한 칠레의 선거법은 민주주의적 헌정을 실시하는 어떠한 국가의 그것보다도 선구적인 것이었다.

제헌의회가 1828년 헌법을 승인하기까지 1820년대에 여러 헌법들이 제정되었다. 그 시기 선거는 보수당과 자유당 간의 첨예한 대립 속에서 치러졌다. 선거인단의 투표에도 불구하고 당선자가 정해지지 못했을 때는 의회가 선출한다는 헌법의 매우 모호한 부통령 선출 방식은 두 세력 간의 짧은 내전으로 이어졌으며 결국 보수파가 그 내전에서 승리하였다. 1831년 그 수가 크게 줄어든 선거인단은 새로운 대통령과 의회를 선출하였고, 1833년 같은 선거인단이 헌법을 승인하였는데 이 헌법은 이후 오래도록 지속되었다. 이 헌법은 강력한 중앙정부를 요구하지만 동시에 사법부의 독립을 보존하였으며 국회가 연간 예산과 군대가 칠레의 수도인 산티아고에 주둔할 시 국회의 비준을 받아야 하는 조항들을 두어 대통령의 권력을 견제하였다.

만약 정치 질서의 공고화가 국가의 엘리트들과 더 많은 지식 대중들에 의해 그 정통성을 인정받는 것이라면, 1833년 헌법하에서 규칙적으로 이루어진 모든 행정부, 입법부 및 지방권력 선출 선거를 통해 칠레라는 새로운 공화국의 정치 질서는 분명히 공고화되었다. 칠레의 민주 헌정이 공고화될 수 있었던 가장 중요한 이유는 1829년 말부터 1830년 초 사이에 발발한 내전에서 승리한 펠루코네스(pelucones)라 불리던 보수 세력이 법이 정한 시기에 따라 주기적으로 선거를 치르는 공화 헌법을 지키는 데 열심이었기 때문이다. 보수 세력은 1820년대, 즉 내전 전에 제정된 선거법을 계속 인정하였다. 그러나 이 모든 보수 세력의 태도는 전혀 놀라운 것이 아니었다. 왜냐하면 그 모든 법률을 만들었던 마리아노 에가냐(Mariano Egaña)는 매우 명망 높은 보수주의 법학자로 이후 1833년 헌법의 주 저자이기도 했기 때문이다.

하지만 현실에서 선거는 훨씬 덜 민주적으로 치러졌는데 이는 당시의 보수 정권 (Pelucón)이 그들이 지지하는 여당 후보자들을 과반수 이상 당선시키기 위하여 군인과 공무원을 동원하였기 때문이다. 결국 내전 이후의 선거는 1820년의 활발하고 더욱 참여적이었던 선거들과 비교하면 일종의 퇴보였으나, 아무튼 칠레 상류층은 결과를 예단하기 어려운 선거라는 제도를 통해 정치권력을 재생산하는 것을 유지하였다.

칠레 제도가 공고화된 데는 또한 페루-볼리비아 연합군에 대하여 칠레군이 승리한 덕도 있다. 페루-볼리비아 연합의 지도자는 그 지배력을 남부로 확장하고 싶은 의도를 늘 갖고 있었으나 본격적인 갈등을 촉발시킨 사건은 1837년 디에고 포르탈레스 (Diego Portales)가 암살당한 일이었다. 포르탈레스는 호세 호아킨 프리에토(José Joaquín Prieto) 정권(1831~1836년; 1836~1841년)의 실력자로서 독단적인 정치스타일로 말미암아 인기는 많지 않았다. 그는 페루-볼리비아 연합과의 전쟁이 필요하다고 늘 주장하였는데, 이로 인해 그가 페루-볼리비아 연합에서 보낸 요원에 의해 암살당했다는 루머는 애국심을 불러일으켰다. 독립전쟁이 사실상 내전에 가까웠던 칠레국민들에게 페루-볼리비아와의 전쟁은 사실상 처음으로 경험하는 외국과의 전쟁이었다. 페루와 볼리비아에 대한 칠레의 군사적 승리는 1829~1830년 내전에서 패배한 세력의 연금과 계급을 복원시키는 조치가 포함되는 국민화해로 이어졌다. 또한 대 페루-볼리비아전을 승리로 이끈 마누엘 불네스(Manuel Bulnes) 장군은 1841년 대통령이 되었다. 만약 칠레가 이 전쟁에서 패배했더라면 칠레 정치 내부에 존재하던 분열은 극대화되었을 것이고 칠레 제도들의 안정성은 심각하게 위협받았을 것이다. 칠레의 명백한 승리로 인해 새로운 의미가 통합되었고 공유할 수 있는 상징들이 창조되었으며 절대적인 지지로 탄생한 정부의 출범하게 되었다.

칠레 제도의 공고화에 또 다른 주요 요인은 군부를 민간정권이 완벽하게 통제했던 것을 들 수 있다. 불네스는 장성 출신이었으나 그는 완전히 민간정권의 규범으로 칠레를 통치하였다. 그는 의도적으로 정규군의 규모를 줄여나갔다. 연달아 집권한 불네스 정권(1841~1846년; 1846~1851년) 말기에 칠레는 정권 초기보다 훨씬 적은 정규군을 보유하게 되었다. 대신 불네스 정부는 예비군 조직을 발전시켰다. 정부 지지자들을 중심으로 구성된 예비군은 수공업자, 상인, 소지주 등 민간인으로 구성된 부대이다. 유사시 예비군의 규모는 평화 시 정규군의 10배에서 25배에 달했다. 1851년에 일어난 반정부 반란사건은 부분적으로는 콘셉시온에 주둔한 정규군 장교들이 이러한 군사정책에 대해 갖고 있던 불만이 표출되어 발생한 사건이었다. 불네스 대통령은 그의 후임으로 당선된 민간인 마누엘 몬트(Manuel Montt)의 취임을 막기 위한 의도로 발발한 반란을 예비군을 이용하여 진압하였다. 이후 불네스는 다시 한번 몬트를 도와 1859년 일어난 또 다른 반란을 잠재우기 위해 반란에 참가하지 않았던 정규군과 예비군을 동원하였다.

불네스는 태동하는 제도적 시스템의 성장을 적극적으로 도왔다. 승전군의 지도자로서 불네스는 헌법과 선거를 무시하고 개인화된 통치시스템을 세울 수도 있었으나 그는 그렇게 하지 않았다. 그는 국가의 중대사를 결정하기 위해 협력체였던 내각을 적극 활용하였고, 내각 구성원을 국민의 여론을 형성하는 다양한 분야에서 선발하였을 뿐 아니라 새로운 이익과 압력을 반영하여 주기적으로 내각을 교체하였다. 불네스는 또한 대법원을 존중하였는데, 그의 내각 중 가장 중요한 인사 중 한 명이 대법원과 갈등을 빚자 그를 해임하는 결단을 내리기도 하였다. 행정부가 주로 정책을 결정하였고, 국회는 모든 법안을 통과시켰다. 하지만 입법부는 점점 행정부의 안에 반대하는 입장을 강하게 고수하기 시작하였다. 1840년대 초 국회는 정부의 양보를 얻어내기 위하여 예산안 통과를 지연시키기도 하였다. 하지만 불네스는 그의 권위에 대한 이러한 도전에 저항하기보다 타협을 선택하였다. 19세기 내내 칠레의 유의미한 모든 정치 세력들은 입법부는 물론 내각에서도 대의권을 행사할 수 있게 되었고 그들은 자신들의 이해를 지속적으로 대변하기 위하여 제도적 틀 안에서 협력하는 법을 배워야 했다. 1891년 내전 직후 대통령이 된 호르헤 몬트를 제외한 다른 모든 19세기의 대통령들은 국회의원으로서 아주 많은 경험을 갖고 있는 인물들이었다. 이뿐만 아니라 1886년까지 불네스의 뒤를 이은 5명의 대통령들은 모두 불네스의 내각에서 근무한 경험이 있었다.

칠레 정치제도의 안정을 가져온 또 다른 요인은 경제성장이다. 물론 경제성장 자체가 칠레의 정치적 안정에 따른 우호적 환경 속에서 가능했던 것도 사실이다. 칠레의 무역을 제한했던 식민통치가 끝나자 칠레의 수출업자들은 세계 시장에서 활발한 성공을 거두기 시작하였다. 칠레에서 새로 발견된 은광들은 기존의 구리 수출과 함께 수출에 활기를 더했고, 새로운 캘리포니아 시장의 성장으로 칠레의 밀수출 또한 급격히 늘어났다. 국가는 경제발전에 중요한 역할을 하였다. 국가는 해외로부터 자금을 확보하였고, 새로운 항구를 건설하거나 기존의 항구들을 정비하였으며 철로를 건설하고 상선을 설립하였다. 해외투자자들은 칠레의 채권이 라틴아메리카 다른 국가들의 채권에 비해 높은 가격을 받는다는 점을 쉽게 알게 되었다.

외부지향적 발전전략에 대한 엘리트 전반의 동의가 있었다. 중앙 계곡 지역의 지주들, 북부의 광산업자들, 산티아고와 항구도시의 상업 자본들은 모두 칠레가 절대적인 우위를 갖는 1차 상품들의 수출에 기반을 둔 경제시스템으로부터 혜택을 보았고 또 이러한 시스템을 강화시켰다. 대부분의 공산품들은 수입되었다. 국내 산업을 보호하기 위한 어떠한 보호주의적 장치도 없었고, 이를 요구하는 의미 있는 정치세력도 없었다. 칠레의 제조업을 위한 잠재적 내수시장의 규모는 작았으며 상품을 수출할 대상인 유럽과 미국은 지리적으로 너무 멀리 떨어져 있었다. 게다가 미국의 높은 무역관세는 수출을 위한 제조업의 발전을 좌절시켰다. 하지만 섬유, 가죽 가공, 철물, 조선 등의 분야에서 초기 산업화가 진행되었다. 초기 산업화를 통해 군수품을 공급하였으며, 광산, 건설 및 철도산업에 필요한 물품들을 생산하였다. 19세기 말에 이르러 칠레의 제조업은 대포, 솥, 기관차, 마차 및 철로 등을 생산하였다.

결론적으로 19세기 중반까지 칠레는 헌법에 기초한 공화제의 기초를 다졌다. 전쟁에서의 승리, 법적 제도를 존중하는 헌정에 기반을 둔 지도자들에 의한 군부 통제, 그리고 경제성장이 정치제도의 공고화를 가져왔다. 의회는 정치적 합의, 협상 그리고 행정부에 대한 감시와 견제의 장으로 거듭났다. 물론 보통선거는 아직 한계들을 갖고 개입의 여지가 남아 있었지만 서서히 위정자들을 뽑는 유일한 시스템으로 자리매김하였다.

국가의 팽창과 엘리트들의 반발(1850~1890년)

19세기 엘리트 사이의 가장 극심한 정치적 차이는 지방 혹은 전국적인 유력자들, 특히 친교회 유력자들의 국가의 팽창에 대한 반응에서 비롯되었다. 국가기관이 지방으로 영향력을 확장하고, 세금과 관세를 합리화하며, 공공사업 프로젝트에 투자하였으며 국정에 대한 교회의 영향력을 축소시키자, 친교회 위정자들은 강력하게 반발하였다. 몇몇 역사가들은 19세기의 갈등들을 국가를 그동안 강력하게 장악해왔던 보수적인 농촌 "귀족"들과 새롭게 정치적 권력을 추구하기 시작한 광부, 은행가, 상인 및 전문직 종사자들 간의 투쟁이라고 해석한다. 이러한 시각은 당시의 정치적 차이가 엘리트 간의 근본적인 경제적 차이에서 기인한다고 상정하고 있다. 사실, 그 당시 엘리트들 간에는 자유무역주의의 장점과 1차 산업에 기반을 둔 수출 중심의 경제발전전략에 대한 광범위한 동의가 형성되어 있었다. 더욱이 지배세력 간 사회경제적 차이는 그렇게 분명하지 않았는데, 당시 칠레의 가장 부유한 가문들은 경제의 다양한 분야에 골고루 투자를 하는 경향을 보였기 때문이다.

더욱이 19세기 중반까지 국가는 경제 엘리트 그룹들의 단순한 도구가 아니라 상당한 자율성을 가지고 있었다. 도시에 기반을 둔 정부 관료와 정치인이라는 완벽하게 새로운 전문가 집단이 정치무대에 출현하였다. 마누엘 몬트 대통령처럼(1851~1856년; 1856~1861년), 이 새로운 전문가 집단은 그들이 지위를 지키기 위해 국가에 의존하였으며 정부권력의 확장에 그(그들의) 이익이 달려 있었다. 1860년까지 2,500명이 국가기관에서 일했는데 이 수치는 수천 명에 달하는 지방정부 종사자와 국가지원 공공프로젝트 고용자 그리고 예비군 혹은 군부에 관련된 직종에 종사하는 많은 인원을 제외한 수치이다.

국가의 자율성은 부분적으로는 정부의 제도화를 강화하는 기능을 하였고, 선거로 표출된 민의를 조작하는 능력을 국가공무원에게 부여하기도 하였다. 하지만 국가의 자율성은 수출경제에서 의존하는 조세체계의 결과물이기도 하였다. 수출 호조의 시기에 관세를 통해 세수를 확보한다는 것은 대규모의 국내 과세 없이 국가재원이 안정적으로 확보된다는 뜻이었다. 1830년부터 1860년 사이의 기간 동안 관세 수입은 7배가 증가하였으며 전체 국가수입에서의 비중은 60%를 차지하였다. 국가의 수입으로 국가는 다양한 공공프로젝트를 실행할 수 있었는데, 여기에는 라틴아메리카에서 두 번째이자 칠레 국영으로는 첫 번째인 철도 체계가 포함된다. 한편 1845년부터 1860년 기간 동안 교육 예산은 4배가 증가하였다.

국가권력이 지방으로 침투함과 동시에 점진적으로 세속화되어감에 따라, 국가권력과 예산을 통제하는 것이 가장 중요한 정치적 이슈가 되었다. 국가는 도시와 농촌 중 어느 지역에게 더 많은 혜택을 줄 것인가? 어떤 항구 시설이 먼저 개선되어야 하는가? 어느 곳에 철도가 건설되어야 할 것인가? 지방정부의 공무원들은 중앙정부의 결정과 시혜에 복종해야 하는가? 아니면 국가로부터 자율적이어야 하는가? 그리고 무엇보다도 중요한 것은 국가와 교회 중 누가 팽창하는 교육시스템과 주민등록, 공동묘지 및 병원들을 운영해야 하는가?

보수당은 교회가 교육, 문화 및 가족생활에서 독점적 통제권을 지니는 것에 대해 국가가 도전을 하자 이에 가장 강력하게 반발하는 세력으로 떠올랐다. 본래 보수당은 몬트 정권이 국가의 역할을 강화하려는 것에 반발하여 이탈한 정치인들로 구성되었다. 야당이 되자 보수당 세력은 정치적, 이념적으로는 거리가 있지만 일부 자유주의자들과 전략적으로 결합하였는데, 이 자유주의자들은 보수주의자들과는 달리 국가의 세속화에는 찬성하였으나 국가권력의 지방분권화와 참정권의 확대를 주장한다는 점에서 보수주의자들과 결합할 수 있었다. 일부 자유주의자, 보수주의자 그리고 지역주의자들은 마누엘 몬트의 측근이 그의 대통령직을 승계하는 것을 막기 위해 1859년에 반란을 일으켰는데 그 반란은 이러한 갈등이 반영된 사건이다. 국민주의자(the Nationals)라고 불리던 정부군에 의해 반란은 진압되었으나 몬트의 측근은 대통령 후보를 포기하였다. 이후 신임 대통령으로 취임한 국민주의자 호세 호아킨 페레스(José Joaquín Pérez, 1861~1866년; 1866~1871년)는 불네스의 전통을 따라 반란군들을 사면하고 보수주의자와 자유주의자들을 모두 기용한 국민화합 내각을 구성하였으며, 이 내각을 이른바

자유주의-보수주의 결합이라고 불렀다.

페레스 정부는 행정부의 권한을 제한하기 위한 몇 가지 조치를 취하였다. 대통령의 임기는 단임으로 제한되었고, 군인들의 투표권은 제한되었으며, 몇몇 소소한 선거개혁이 단행되었다. 하지만 국가의 기본 특징은 변함이 없었다. 페레스의 지지를 등에 업고 자유주의자들은 보수주의 동료들을 압도하였으며, 이전 국민주의 정부들의 기존 정책들을 유지하였다. 자유주의자가 국가의 성격을 변화시킨 것이 아니라 국가가 자유주의자들을 변화시켰다. 국가의 권위는 더욱 확장되었고, 공공기관의 세속화 역시 지속되었다.

자유주의 정권인 페데리코 에라수리스(Federico Errázuriz, 1871~1876년) 정권 중반부에 보수주의자들의 인내심은 바닥을 드러냈다. 그들은 내각을 모두 떠나 다시 한번 정략적 연합을 꾸렸는데, 이번에는 급진당 세력이 그 연합의 대상이 되었다. 역설적이게도 급진당 세력은 정권을 장악한 자유당 세력보다도 더욱 급진적으로 반교회 세력이었으며, 동시에 세속화를 지지하였다. 이 예상 밖의 연합으로 이들은 국회에서 과반수를 확보할 수 있었다. 국회에서의 힘을 이용하여 보수당 세력은 1874년 선거를 하기 위해 일정 정도의 소득을 증명해야 한다는 조항을 제거함으로써 선거제도의 자유화를 이루었다. 선거를 하기 위해 필요한 소득의 수준이 높은 것은 아니었으나, 이러한 기준은 정부로 하여금 국민들이 선거인 등록을 하지 못하도록 하는 역할을 하였다. 새로운 선거법에 의하면 읽고 쓸 수 있는 모든 남자에게 투표권이 주어졌는데, 이 기준은 야당지지자들이 비교적 쉽게 선거등록을 할 수 있는 기준이었다. 그 결과 1878년까지 유권자의 수는 5만 명에서 15만 명으로 증가하여 3배가 되었다.

1874년 선거개혁은 하지만 정부의 지방관료들이 선거과정에 개입하는 것을 막기에는 역부족이었는데, 유권자에 대한 국가의 통제력이 약화되자 정부의 선거개입은 더욱 직접적이고 폭력적이 되었다. 이런 이유로 보수당은 투표를 관리하는 새로운 선거법을 상정하였다. 이 법에 따라 유권자들은 투표소에서 받은 투표용지와 봉투를 사용하여 비밀 투표소에서 투표를 할 수 있게 되었다. 이와 같은 개혁으로 인해 칠레의 선거는 비밀선거의 요건을 갖출 수 있게 되었고, 이는 아르헨티나(1912년)와 프랑스(1913년)의 유사한 개혁보다도 앞서 이루어졌다.

모든 야당 세력은 이러한 선거개혁의 이익을 보기 위해 노력하였다. 1851년과 1859년 두 차례의 무장 봉기 음모가 실패한 상황에서 야당세력이 권력을 장악할 수 있는 유일한 희망은 행정부가 선거과정에 개입하는 것을 제한하는 것이었다. 사실 놀랍게도 많은 역사가들에 의해 자유당 또는 급진당 세력의 공이라고 평가받고 있는 선거권의 확대를 위한 보수당 세력의 노력은 칠레 우파로 하여금 그의 권력을 선거를 통해 발현토록 하는 중요한 요인이 되었는데, 이는 음모와 군부를 통해 권력을 발현하고자 하는 다른 나라의 우파와 칠레의 우파가 차별화되는 지점이다. 보수당 세력과 교회의 친밀한 관계로 인해 남부 유럽에서 일어난 것과 같은 교회의 공화정 반대가 칠레에서는 나타나지 않았다. 오히려 교회의 주요 정치적 동지는 칠레의 19세기 민주화의 주역으로 활약하였다.

행정부 장악의 중요성은 칠레가 다시 한번 페루와 볼리비아 연합과 치른 태평양 전쟁(1879~1883)에서의 승리로 부각되었다. 1860년대와 1870년대 기간 동안 관세가 국가 수입에서 차지하는 비율이 40%까지 하락하였다. 태평양 전쟁 후 세계 유일의 자연 초석 매장지인 페루와 볼리비아의 영토를 칠레 영토로 흡수함으로써 칠레의 관세 수입은 정부 수입의 70% 이상으로 증가하였다. 칠레는 비료와 화약의 재료인 초석 생산을 독점하였다. 비록 대부분의 초석 광산을 해외투자자들이 소유하고 있었으나 칠레는 이들 해외투자자들이 내는 이윤의 50%를 세금으로 확보할 수 있었다. 1870년부터 1890년 사이 정부의 수입은 150% 증가하였고, 정부 주도의 공공사업 및 정부지출의 증가가 다시 한번 이루어졌다. 비록 1인당 국민 소득은 미국의 절반 정도였지만, 초석 붐으로 인해 칠레의 경제는 19세기 동안 미국과 함께 세계에서 가장 활발한 성장을 경험하였다.

국가가 사회 속에서 갖는 역할이 빚는 갈등으로 1891년 호세 마누엘 발마세다 정부(José Manuel Balmaceda, 1886~1891년) 말기에 내전이 발발하였다. 발마세다에 대한 반대는 19세기 가장 큰 논란을 가져온 한 사안으로 인하여 절정에 이르렀는데, 그 사안은 현 대통령이 후계자를 지명하고 그 후계자의 당선을 위하여 선거에 개입할 수 있느냐의 문제였다. 발마세다의 패배로 인해 1890년 선거개혁은 수정 없이 채택되었는데, 이 법에 따라 시민들은 정당들이 내세우는 다양한 후보 중 한 명에게 자유롭게 투표할 수 있게 되었다. 이로 인해 칠레의 정치체제는 최소한의 기준으로 볼 때 민주적인 체제가 되었다.

민주화와 정당시스템의 변화(1891~1925년)

1891년 이후 칠레 정치 시스템의 축은 대통령 집무실을 벗어났다. 지방정부의 자율성을 보장하는 새로운 법률이 생겼으며 1890년 선거개혁을 통하여 지방 정당 리더들이 선거 과정에서 중앙정부의 개입으로부터 자유로워졌다. 국회는 헌법에 대한 의회적 해석을 통하여 내각 전체에 대한 임명동의권을 국회에 부여하였는데 이로 인해 칠레의 정치시스템은 더욱 민주화되었다.

의회공화제(1891~1925년)하에서 칠레 정치는 영향력의 강화를 위해 서로 경쟁하는 입법부 분파들 간의 결탁게임이 되었으며 예산안은 지역의 지지자들을 기쁘게 해주기 위하여 작성되었다. 국가는 새로운 국가기관과 역할들을 창출하면서 점점 더 확장되었다. 교사, 철도 노동자, 공공부문의 의료와 보건 노동자들을 제외한 공무원의 수는 1880년의 3,048명에서 1900년에는 1만 3,119명으로 그리고 1919년에는 2만 7,479명으로 증가하였다. 한편 정치적 동맹과 복잡한 선거연합에서 기인한 당시의 정치적 변동과 이로 인한 상당한 내각의 불안정에도 불구하고 전문 공공서비스 종사자들에 의한 국가의 리더십이 칠레 정치의 튼튼한 기반으로 작용하였다.

20세기 칠레정치의 핵심적 조직의 하나로는 광범위한 지방조직을 겸비하고 이 시기에 주로 발전한 정치정당들을 들 수 있다. 기권표가 투표의 50%를 넘어서는 상황에서 지지자들로 하여금 투표소에 와서 표를 행사하도록 하는 것은 매우 힘든 작업이 되었다. 표를 매수하려는 시도도 드물지 않게 발생하였다. 정당의 일상적인 업무는 유력가들로부터 전문 정치가와 지역 활동가에게로 넘어갔다.

이러한 정치적 변화는 경제활동인구의 10~15%를 고용하고 있던 초석 생산이 초래한 심도 깊은 경제사회적 변화와 무관하지 않다. 초석 생산을 통한 고용의 창출은 제조업, 건설업 및 운송업과 관련된 내수시장을 활성화시켰다. 초석 산업은 농촌과 농촌지역의 상업 네트워크 또한 변화시켰는데, 이는 초석광산이 있는 북부 사막지대의 식료품 수요를 충족시키기 위해 농업과 농산업 부문이 노력한 결과이다. 도시인구는 1875년 전체 인구의 26%에서 1925년 45%까지 증가하였다. 1920년대 초까지 거의 절반의 인구가 문자해독을 하게 되었는데, 이는 거의 모든 마을에 소년과 소녀들을 위한 새로운 학교들이 생겨났기 때문이다. 주요 도시에는 공립 고등학교들이 설립되었다. 새로운 도시 중심의 지형은 급진당 세력과 노동운동과 결합하여 사회민주적인 가치를 실현하고자 했던 민주당(Democrats) 세력에게 우호적인 환경을 제공하였다. 나아가 사회주의 노동자당(Socialist Workers Party)과 무정부주의적 노동조합주의자(anarcho−syndicalist)들 역시 노동자들 사이에서 입지를 다져나갔다.

초석 노동자, 부두 노동자, 철도 노동자 및 산업노동자 그리고 소규모 자영업자들이 모두 자신들의 권리를 신장시키기 위해 나서면서 노동조합이 전방위로 확산되었다. 그러나 많은 정부 관료 및 비즈니스 엘리트들은 노동자의 전투성이 국가의 발전을 저해할 것이라고 생각했다. 초석생산으로부터 얻어지는 재원은 정부뿐 아니라 국가경제의 생명선이었기 때문에 파업으로 인한 수출의 감소는 파급력이 컸다. 파업을 제어하기 위하여 여러 차례에 걸쳐 군대가 동원되었는데, 군대는 때로는 매우 무자비한 진압작전을 펼쳤고, 그 대표적인 예가 수백 명이 살해된 1907년 이키케 학살이다. 노동조합을 탄압함으로써 좌파 노조 지도부가 생성에 기여하였는데, 이는 급진적인 노동자일수록 개인적인 위험을 기꺼이 감수하는 경향이 큰 것이 이유였다. 그러나 정치 시스템이 개방되었다는 의미는 생산현장에서 일어나는 노동조합 활동에 대한 탄압이 체계적인 정치적 탄압에 따른 것은 아니라는 것이다. 노동계급의 지도자들은 신문을 발행하고, 문화조직을 만들고, 국회에서 로비를 하며 동시에 정당을 건설할 수 있었다. 표면적인 급진성에 반해, 칠레의 노동계급 지도자들은 선거에서 이익을 극대화하고자 하는 전통적인 정당들과의 정략적 결합이 그들의 목표를 정치적으로 가장 잘 달성할 수 있는 방법이라는 사실을 분명하게 이해하고 있었다. 그 결과 1921년 칠레 노동운동의 시조이자 사회주의 노동자당을 창당한 루이스 에밀리오 레카바렌(Luís Emilio Recabarren)과 그의 노동운동 동료 지도자가 급진당과의 선거연합을 통해 국회의원에 당선되었다. 이러한 선거 결과는 이전에 치러진 지방선거에서 노동자 조직이 지역에 따라 급진당 혹은 민주당과 공조하여 이룬 성공을 국회의원 선거에서 재현한 것이었다. 결국 조직 노동자들에 대한 탄압은 좌파 노조와 정당 리더십의 탄생에 기여하였는데, 상대적으로 개방적이고 대의적인 칠레 정치시스템은 노동자 계급 또한 그들의 정치조직을 형성할 수 있도록 하였다.

칠레의 정치지도자들은 "사회문제(social question)"를 해결하라는 강력한 요구에 직면하였다. 자유당 대통령이었던 아르투로 알레산드리(Arturo Alessandri, 1920~1924년)는 전면적인 노동 및 복지법안 패키지를 통과시킴으로써 이러한 요구에 부응하고자 하였는데, 이 패키지에는 노동조합 합법화와 파업권 조항이 포함되어 있었다. 그 당시 야당 세력인 보수당 역시 정부 프로그램에 대한 대안을 제시하였다. 이러한 조치들에 대한 국회의 논의는 질질 끌면서 계속되었다. 1924년 9월 젊은 육군 장교들이 국회의 방청석에 모여 개혁 법안을 통과시키라고 국회의원들에게 요구하기에 이른다. 그들은 자유당과 공화당의 계획을 모두 통과시킬 의무가 있다는 것이었다. 사상 유례가 없던 군부의 입법과정 개입은 대통령의 사임과 집권 군사위원회(military junta)의 형성을 가져왔다. 하지만 1925년 1월 군의 고위 장성들은 군사위원회를 해체시키고 대통령의 복귀를 요청하였다. 권력을 되찾은 알레산드리는 다시 완전한 대통령중심제에 입각한 새 헌법을 제안하였다. 새 헌법은 국민투표에 의해 승인되었고, 국민투표 이후 대통령 및 국회의원 선거가 치러졌다.

하지만 비정상적인 정치상황은 계속되었다. 국방장관인 카를로스 이바녜스(Carlos Ibáñez) 장군이 스스로 대통령으로 취임하기 위한 국민투표를 조직하였고, 당시 대통령인 알레산드리는 다시 한번 강제로 대통령직에서 물러났다. 이바녜스 재임기간

(1927~1931) 동안 국회와 정당들을 그 힘을 잃었다. 이바녜스는 또한 공산주의자들이 장악하고 있는 노동조합들을 무력화시키려 하였는데, 이들 노동조합들은 조직된 노동자들의 대다수를 대표하고 있었다. 1924년 제정된 노동법을 자신의 구미에 맞게 재해석한 이바녜스는 자신의 정보원이 노조 속에서 정부에 대한 지지를 약속할 만한 지도자를 찾아낸 경우에만 그 노조를 합법화시켰다. 이러한 노동법의 조작으로 인해 칠레의 노동법은 1930년에 가서야 완전하고도 정확하게 적용될 수 있었다. 1931년에 이르러 칠레의 수출을 그 전 수준의 20%까지 급감시킬 정도로 재앙에 가까웠던 대공황의 영향으로 촉발된 정치 불안으로 이바녜스는 사임하였다. 1932년 더욱 혼란했던 1년의 시간이 흐른 후 아르투로 알레산드리는 압도적인 표 차로 대통령에 다시 당선되었다.

정치적 양극화와 대중의 정치참여(1925~1970년)

수익성이 좋아서 칠레 경제가 의존하고 있던 초석 수출산업은 제1차 세계대전 직전 독일이 합성초석을 개발하면서 끝이 났다. 10여 년에 걸쳐 진행되었던 칠레 초석 산업의 축소는 1930년대 초 몰아닥친 세계 경제의 붕괴와 함께 완전한 몰락으로 이어졌다. 칠레 경제는 그 충격에서 벗어나기 위해 거의 10여 년의 세월이 필요했다. 빠른 속도로 성장한 칠레의 구리 생산이 초석을 대신하여 칠레의 주요 수출품이 되었다. 1930년대 말까지 칠레의 구리는 수출액의 55%를 차지했고, 1970년대까지 꾸준히 그 비중이 증가하여 80%에 이르게 된다.

1925년 헌법은 대통령의 권한을 강화하고 정교분리의 원칙을 세운 헌법이다. 그러나 1920년대 가장 중요한 정치적 변화는 좌파의 부상이었다. 1921년 사회주의 노동자당(the Socialist Workers Party)이 제3인터내셔널(the Third International)에 가입하기로 결정하자, 공산당(the Communist Party)이 공식적으로 창당되었다. 1920년대 말까지 트로츠키주의자들이 공산당으로부터 출당당했고, 그 밖에 다양한 사회주의 그룹들이 생성되었다. 이바녜스의 사임 이후, 이러한 좌파 조직들은 지하조직들을 청산하고 매우 혼란스러운 다양한 좌파조직들을 형성하기 시작했다. 하지만 1933년 좌파 지도자들 중 가장 인기가 많았던 핵심인사들이 기존의 사회주의 조직들과 트로츠키 조직들을 결합하여 칠레 사회당(the Socialist Party of Chile)을 창당하였다. 새로운 사회당은 합법화된 노조조직을 중심으로 빠르게 상당한 노동자 계급의 관심을 끌기 시작하였다. 당시 공산당은 합법화된 노조조직들과의 연대를 거부하였다. 따라서 1930년대 초 두 주요 정당이 노동자들을 대변한다고 나서게 된 것이다. 이러한 현상은 오늘날에도 존재하는 사회당과 공산당의 복잡한 경쟁과 공조의 관계의 시발점이 되었다. 그리고 마르크스주의적 좌파의 등장으로 칠레 정치시스템은 매우 양극화되었으며 모든 이념적 스펙트럼을 포괄하는 시스템으로 성장하였다.

1934년 제3인터내셔널은 파시즘의 확산을 막기 위해 유사한 생각을 갖고 있는 정당들과의 연대를 통한 "민중전선(popular front)"의 구축이라는 전략을 선택하였다. 그 결과, 칠레 공산당은 노동운동의 연대를 도모하고 정치전술을 조율하기 위하여 고안된 사회주의적 계획들에 찬성하였다. 다음 대통령 선거를 겨냥하여 급진당은 보수적인 알레산드리의 두 번째 정부에 대한 지지를 철회하고 좌파와 결합하였다. 그 결과 생겨난 인민전선(the Popular Front) 연합은 1938년 12월 급진당의 아기레 세르다(Aguirre Cerda)를 대통령에 당선시켰다. 세르다의 당선은 냉전의 초창기인 1947년까지 칠레를 통치했던 중도-좌파 연합의 성공을 알리는 사건이었다. 중도-좌파 연합은 이후 칠레의 노사관계를 규정한 1924년 노동법 체제 내에 공산주의 노조들이 포괄되었다는 것을 의미한다. 그리고 첫 중도-좌파 정부는 국가개발공사(CORFO)를 설립하여 수입대체 산업화 전략을 계획하고 추진하는 임무를 맡겼다.

국가개발공사(CORFO)의 설립은 칠레 경제정책의 전환을 의미하는 의미심장한 사건이다. 1930년대 경험한 급작스러운 수입능력 저하로 인해 칠레의 정책담당자들은 칠레의 수요를 충족시키기 위하여 수입에만 의존해서는 안 된다고 생각하기 시작했다. 따라서 그들은 신용대출의 길을 열어주고, 보호주의를 표방하며, 직간접적인 보조금을 지급하고, 가격을 통제하며 동시에 철강 산업과 같은 핵심적인 부문에 대한 정부의 투자를 강화하면서 국내 산업의 육성에 앞장섰다. 그 결과, 1960년대까지 칠레는 다양한 소비재를 생산할 수 있게 되었다. 물론 그러한 소비재들이 모두 그리고 항상 세계시장에서 경쟁력이 있는 것은 아니었다.

인민전선 정부가 산업화를 추진한 목적 중 하나는 도시로 유입되는 새로운 농촌인구들을 흡수할 만한 일자리를 도시지역에 창출하는 것이었다. 1940년대까지 총 인구의 53%가 도시에 거주하였고 그 수는 1970년대 76%까지 증가하였다. 인구 2만 명 이상이 거주하는 도시의 인구는 더욱 빠른 속도로 증가하기 시작했다. 하지만 새로운 산업화는 도시인구의 증가 속도만큼 빠르게 일자리를 창출하지는 못했다. 1940년부터 1970년까지 국내총생산(GDP)에서 2차 산업이 차지하는 비중은 38%에서 48%로 성장하였지만, 광산업, 건설업, 운송업, 그리고 특히 제조업과 같은 2차 산업이 흡수하는 경제활동인구는 1970년대나 1940년대나 큰 차이가 없었다. 비록 국내총생산에서 차지하는 비율은 훨씬 낮았지만 서비스 부분이 대부분의 신규 노동자들을 흡수하였고, 농업, 임업 그리고 수산업과 같은 1차 산업은 고용과 국내총생산에서 차지하는 비중이 모두 줄어들었다.

인민연합은 사회당 내의 그리고 사회당과 급진당 간의 암투로 인해 깨지게 되었다. 또 부분적으로는 사회당 세력과 급진당 세력 모두, 특히 1947년 지방선거 직후부터 공산당이 자신들의 표를 빼앗아 성장한다는 두려움을 갖게 된 것도 인민연합이 붕괴하게 된 원인이다. 냉전의 시작과 미국의 압력 역시 급진당이 공산주의자들을 내각에서 몰아냈을 뿐 아니라 1948년 공산당을 불법화시킨 원인이다. 좌파 세력의 분열과 기나긴 세월 동안 좌우파와 협상을 해왔던 급진당에 대한 불신은 결국 카를로스 이바녜스 (1952~1958)가 다시 한번 집권하는 계기를 마련하였다. 그는 정당정치를 초월한 정치를 펼치겠다고 공언하였다. 1949년 칠레 여성은 드디어 선거권을 인정받았고 1952년 최초로 대통령 선거에 참여하였다.

이바녜스 정권은 광범위한 사회개혁을 실시했다는 점이 눈에 띈다. 이러한 개혁들은 이전 급진당 정부인 가브리엘 곤살레스 비델라(Gabriel González Videla, 1946~1952)

정부에 의해서 준비된 것들이었다. 그들은 효과적으로 국민연금을 시작하였고 모든 어린이들에게 아침과 점심을 무상으로 제공하기 시작했다. 이러한 조치는 칠레의 완전한 초등학교 입학률을 달성하기 위한 정책의 일환으로 추진되었다.

이바녜스 정부는 1955년 86%에 달한 인플레이션을 통제하지 못하여 실패한 정부로 기억되며 임기를 마감하였다. 이바녜스 운동의 해체로 급진당은 다시 한번 중도의 자리를 차지할 수 있는 기회를 얻는 듯했으나 이내 에두아르도 프레이(Eduardo Frei)의 기독민주당의 강력한 도전을 받게 된다. 에두아르도 프레이는 기독민주당을 창당하기 위하여 다양한 사회적 기독교 그룹들을 통합했는데 이들 중 상당수는 구 보수당의 주요 부분을 차지하던 그룹들이다. 하지만 1958년 대선에서 일어난 진정한 이변은 사회당과 공산당의 공동후보로 출마한 살바로르 아옌데(Salvador Allende)의 선전이었다. 그는 첨예하게 분열되었던 1958년 대선에서 28.9%의 득표율을 기록하며 당선한 호르헤 알레산드리(Jorge Alessandri)와 불과 2.7% 차이로 아깝게 패배하였다.

재임 동안 우파와 오락가락하는 급진당 세력의 지지를 받는 사업가였던 알레산드리 대통령은 새로운 긴축조치들을 발표하였고, 경제 안정화를 위하여 증대된 해외원조를 확보하였다. 쿠바혁명의 충격 속에서 미국은 서반구에서의 좌파의 영향력 확대를 막겠다는 강력한 의지를 표명하였다. 거대한 마르크스주의 정당을 갖고 있는 칠레는 이러한 상황 속에서 케네디와 존슨 정부의 해외원조를 우선적으로 받는 수혜국이 되었음과 동시에 비밀정보 작전의 최우선 과제가 되었다.

1964년 대선 기간 동안 칠레의 중도 및 우파 그리고 미국 정부는 1958년 거의 일어날 뻔한 사건, 즉 아옌데의 당선을 막기 위해 최선을 다하였다. 그 결과 우파는 중도였던 프레이를 지지하기로 결정하였고, 프레이는 "자유 속의 혁명"을 약속하였다. 미중앙정보부(CIA)는 대선 기간 동안 반좌파 선전을 위해 칠레 국민 1인당 1.2달러를 지출했는데, 이는 같은 해 선거에서 린든 존슨(Lyndon Johnson)과 베리 골드워터(Barry Goldwater)가 함께 지출한 대선비용인 유권자당 0.54달러의 두 배에 이르는 액수이다. 프레이는 과반수를 득표하여 당선되었다. 그의 정부와 후임인 사회당 지도자 살바로르 아옌데 정부 그리고 민주주의의 단절에 대한 설명은 20세기 칠레 정치 게임의 주요 주체들과 특징을 설명한 후 계속하겠다.

정치그룹들과 국가: 20세기 중반의 정치시스템

20세기 중반까지 칠레 국가는 칠레 국내총생산(GDP)의 24% 정도를 흡수하였다. 국가는 또한 총 투자액의 55% 이상과 가능한 총신용의 약 50%를 창출하였다. 경제활동인구의 13%가 국가를 위해서 일했는데, 이 인구에는 CORFO가 과반 이상의 주식을 소유하고 있는 39개의 주요 공기업과 CORFO가 상당한 규모로 소유지분을 가지고 있는 41개 기업에서 일하는 노동자들을 제외한 수치이다. 정부기관들은 거의 모든 의료서비스와 연금서비스를 제공하였고, 물가와 임금을 조절했으며, 노동쟁의를 중재하였다. 사실, 정부가 규제, 분배 및 재분배 정책에서 막강한 역할을 행사한다는 것은 민간그룹들이 끊임없이 좀 더 우호적인 처분과 혜택을 받기 위하여 국가기관이나 국회를 그리고 때때로 선거로 당선된 지방공무원들을 찾아나서야 하는 것을 의미했다.

칠레 사회에는 수많은 시민조직들이 존재했다. 시민조직에는 전문인연합, 학생노조, 무역인 혹은 연금수혜자 연맹, 청소년 혹은 교회 조직, 어머니회 그리고 지역주민회 등이 포함된다. 노동자들은 산별, 직능별 그리고 농민노조(농민노조는 1967년에 가서야 합법화됨)에 의해 대표되었는데, 이들 조직들은 그 집행부가 조직원들에 의해 민주적으로 선출되었다지만 여전히 국가의 다양한 통제와 제약의 대상이 되었다. 공무원들은 마치 노조처럼 기능하는 협회를 조직할 수 있었으나 결코 공식적으로 노조로 인정받지는 못했다. 거의 모든 조직들은 전국조직이 되었고 전국본부를 둠으로써 국가에 대한 그들의 영향력을 극대화하려고 노력하였다. 대기업과 농업자본 그리고 상업자본의 이해는 각각 산업발전협회, 전국농업협회 그리고 칠레무역상공회의를 통해 대변되었으며 이들은 모두 무역 및 산업 연합에 가입되어 있었다. 전문가협회는 전문가협회연합에 소속되었다. 약 60%의 노동조합원들은 직간접적으로 중앙노동연합(CUT, the Central

Labor Federation)에 가입되었다. 이 밖에 몇몇 특수직 노동자, 중소기업, 유통업자, 트럭 소유주 등은 역시 자신들의 전국 단위 단체를 갖고 있었다.

1925년 헌법에 따라 6년 단임제로 선출된 대통령은 칠레 정치 과정에서 주요 계획들을 입안하고 진행하는 역할을 담당했다. 행정부에 대한 가장 중요한 견제는 경쟁적인 정당시스템에서 이루어졌다. 하지만 대통령의 권위는 다양한 정부기관과 행정부 안에 존재하지만 상당한 자율성을 확보한 기관들에 의해서도 견제되었다.

입법부는 입헌공화제하에서만큼의 권력을 소유하지는 못했다. 그러나 칠레의회는 여전히 정부안을 수정하거나 거부할 수 있는 권력을 가지며, 라틴아메리카에서 가장 강력한 의회의 자리를 유지하였다. 국회는 예산안을 토론하고 승인하는 핵심적인 장이었을 뿐만 아니라 공공부문과 민간부문 노동자들의 임금 조정과 같은 중요한 사안들에 대해 토론하고 승인하는 곳이었다.

마지막으로 덧붙인다면, 의회정치는 정당정치였고 대통령은 상호의 이익을 위해 동맹세력뿐만 아니라 정적들도 회유하고 그들과 협상하였다. 반면, 정부의 다른 두 조직인 사법부와 감사원은 이러한 대통령 혹은 의회 정치로부터 안전하게 분리되었다. 사법부에서의 승진은 근무기간과 능력에 의해 결정되었다. 물론 대통령은 법관을 임명한다는 측면에서 어느 정도의 권력은 유지하였으나, 사법부에서 결정한 후보들 중에 한 명을 선택해야 했다. 감사원장 역시 독립되어 있었다. 감사원은 공공기관의 재무를 감사하고 행정법령들의 합법성을 심사하였다. 재정 문제에 대한 감사원의 결정은 최종적인 것이었다. 한편 대통령은 내각의 동의를 얻어 감사원의 결정을 번복할 수 있었다. 하지만 감사원의 권위를 감안하면 감사원의 결정을 번복한다는 것은 상당한 정치적 논란을 불러일으키는 일이었다.

행정부 안에서도 대통령의 권력은 제한되었다. 공무원의 40%는 50개가 넘는 반쯤 자율적인 국가기관에서 소속되어 있었는데, 이러한 국가기관들은 명목상으로는 정부에 소속되어 있지만 재정적으로나 경영의 측면에서 상당한 자율성을 보장받았다. 특정 국가기관으로부터 영향을 받는 민간부문은 곧 서로의 이익을 위해 어떤 식으로든 국가

기관과 협조하는 관계를 형성하였다. 이러한 이해관계 때문에 새 정부는 오래된 프로그램이나 조직들을 쉽사리 없애지 못했고, 결국 새로운 시도들은 새로운 프로젝트를 관할할 새로운 국가기구의 출범을 의미하였다. 이는 계속된 국가기구의 팽창에 기여하였다. 공무원 연합 및 전문인 협회들은 각자의 조직의 회원들을 국가기관에 포함시키기 위해서 노력했고, 이러한 노력은 상황을 더욱 복잡하게 만들었다. 몇몇 국가기관은 말 그대로 건축가, 토목기사, 변호사 또는 의사들의 관할로 변했다.

많은 국가기관들이 다양한 이해집단의 의지를 대변할 수 있는 이사회를 구성하였으나 이사회 참여만큼이나 좀 더 비공식적이며 유동적인 유권자와의 연계가 중요하였다. 칠레정치는 결코 코포라티즘(corporatism)으로 발전하지는 않았다. 대부분의 민간그룹들은 법적으로 인정을 받았다. 하지만 그러한 법적인 인정이 정부가 특정한 민간그룹에게 국가보다 더 강력한 역할을 할 수 있도록 허락했다는 뜻은 아니다. 오히려 국가에게 대한 어떠한 권리 청구는 언제나 매우 경쟁적으로 이루어졌고, 자주 이러한 경쟁은 같은 계급 내에서 생겨났다.

칠레정치가 코포라티즘적이지 않듯이 프리토리안적(praetorian)이지도 않았다. 국가기관은 거대하고 단절되었으며 동시에 수많은 이익집단들이 특혜를 얻기 위해 경쟁했지만, 칠레의 정치시스템은 약하거나 혹은 일시적인 권력 구조 속에서 정치세력들이 스스로의 이익을 추구하기 위해 직접적인 행동을 취하는 형태를 취하지는 않았다. 칠레의 정치시스템이 코포라티즘적이지도 프리토리안적이지도 않을 수 있었던 원인은 정당과 정치적 상호교환으로서의 장인 입법부가 정당과 매우 밀접하게 연결되어 있다는 점이다. 20세기가 시작되면서부터 칠레정치의 원칙은 정부기관과 이익집단 간의 직접적인 연계나 조직된 사회주체들 간의 중재 없는 충돌과는 거리가 멀었다. 오히려 사회 곳곳에 퍼져 있는 정당시스템이 조직, 기관, 그룹 그리고 개인들을 정치 중심에 연결시키는 기능을 하였다. 경쟁하는 정당들의 지역구는 관료기구의 각 레벨, 노조의 각 레벨 그리고 모든 학생 조직에서 활발하게 활동하였다. 정당들은 흔히 특정 조직을 차지하거나 혹은 기존 조직과 경쟁할 수 있는 조직을 세우기도 하였다. 한 조직에게 영향을 끼치는 이슈가 생겨나면, 정당조직은 그 조직의 요구를 정책과정의 핵심에 전달하거나 편재하는 관료조직 앞에서 브로커로서의 역할을 담당하였다.

앞에서 지적한 바와 같이 칠레의 정당 시스템은 파편화되어 있고 동시에 경쟁적이다. 1960년대의 기독민주당을 제외하고 어떠한 정당도 1925년부터 1973년까지 국회의원 선거 및 지방선거에서 30% 이상의 지지율을 획득하지 못했다. 1937년부터 1973년까지 좌파(사회당과 공산당)의 득표율은 평균 21.5%(1949년, 1963년 그리고 1957년 공산당이 불법화된 상태에서 치러진 선거를 제외하면 평균 25.7%)였고, 우파의 득표율은 평균 30.1% 정도에 달했다. 좌파 우파 모두 스스로 과반 이상의 득표율을 확보할 수 없었기 때문에 중도그룹, 특히 급진당은 이 양극화된 시스템에서 거의 인정받지 못하지만 매우 중요한 역할을 담당하였다. 이 두 양극화된 세력과 함께 급진당은 거의 모든 경우 의회에서 과반의석을 확보하고 대통령 선거 승리를 위한 선거연합을 위해 중요한 상대가 되었고, 이는 이념적인 극단적 대립을 하고 있음에도 불구하고 정치시스템이 그럭저럭 유지될 수 있도록 만드는 요소였다. 하지만 중도는 자주 좌파와 우파 세력을 약화시키기는 하였으나 그들 스스로 다수당이 되지는 못했다. 예를 들자면 우파세력의 지지를 받아 기독민주당은 1965년 국회의원 선거에서 42.3%의 득표율을 보이면서 눈에 띄는 성공을 거두었다. 하지만 자유당과 보수당이 1966년 국민당을 만들면서 합당, 1969년까지 그들이 갖고 있는 세력을 대부분 회복하자 1970년 대통령 선거에서 국민당의 후보가 기독민주당의 후보보다 더 높은 지지율을 얻게 되었다.

어떤 정당 혹은 정치세력도 혼자서는 대선에서 이길 수 없었기 때문에 정당 간 혹은 세력 간 연합은 매우 필요했다. 이러한 연합은 1964년에 일어난 것처럼 선거 직전에 형성되어 대통령 선거에서의 압승을 보장해주거나 혹은 대부분의 경우처럼 선거에서 최다득표를 획득했으나 과반수를 얻지 못한 후보가 국회에서 헌법이 정한 승인을 얻어내기 위해 대선 이후에 결성되었다. 하지만 대부분의 경우 선거연합은 선거 직후 깨지기 마련이었다. 대통령은 혼자 성공할 수 없고, 당 지도부 인사들은 다음 대선에서 이익을 얻기 위하여 재임 중인 대통령이 겪는 난관들과는 거리를 두고 싶어 했다. 이는 대통령으로서는 새로운 프로그램들을 추진하고 국가를 통치하기 위하여 입법부 내의 새로운 지지자들과 끊임없이 타협해야 한다는 뜻이었다.

정당시스템이 양극화되어 있었지만 칠레 정치가 늘 이념적이고 실용적인 토론을 중심으로 돌아가는 것은 아니었다. 단체들을 위한 혜택과 개인들을 위한 특혜를 얻어내는 것은 여전히 정당정치의 중요한 부분이었다. 사실은 모든 정당의 간부들은 남편을 잃은 아내들을 위해 연금 지급을 진행시키거나, 개신교 성직자들이 사무직 연금시스템에 가입될 수 있도록 도와주거나 노조지도자들을 대신해서 노동부 장관을 면담하고 젊은 교사의 일자리를 알아보며 지역사회를 위해 교각의 건설 혹은 하수도 시스템의 건설을 요청하는 등의 일을 하며 정치 브로커로서의 역할을 하는 것이 일상의 대부분이었다. 국회의원들은 경제권, 승진, 관료사회에 영향을 끼치는 각종 프로그램들에 대한 영향력을 행사할 수 있기 때문에 국가기관에 접근하기가 쉬웠다.

국회 내에서 광범위한 토론을 유발시키며 동시에 국회가 사회 각 그룹으로부터 엄청난 요구와 압력을 받게 만드는 주요한 정치이슈는 바로 매년 일어나는 임금조정안에 대한 토론이다. 임금조정안은 예산안과 직결되어 있고, 의원들 그리고 정당들은 이를 통해 경제정책의 계획과정에서부터 참여할 수 있었다. 국가가 통제하는 공공부문의 임금 비율은 민간부문 임금 결정의 가이드라인으로 작용했고, 따라서 연금혜택에도 영향을 끼치는 임금조정안은 광범위한 국민들의 관심사였다. 평균적으로 25%의 인플레이션을 기록하지만 동시에 매년 상당한 인플레이션 변동률을 자랑하는 칠레국민들이 요구하는 바는 인플레이션보다 높은 임금인상률 혹은 최소한 인플레이션에 상응하는 임금인상률이었다. 때로는 모든 카테고리에 있는 이들에게 혜택을 주기보다는 특정 그룹이나 노동조합에게 이로운 개정안이 통과되었는데 이는 국회에서 다수를 차지하는 정당들이 특정 그룹에게 진 정치적 빚을 갚기 위한 제스처이거나 혹은 각 그룹의 지도부를 장악한 그들의 정치적 후원자들에게 특혜를 베풀기 위한 것이었다. 칠레 사회가 갖고 있는 계급 갈등의 정치적 결과물은 높은 임금과 노동자들에 대한 더 많은 혜택을 요구하는 좌파와 제한적인 안정화 정책과 재정 및 인플레이션의 안정을 요구하는 우파들의 갈등 속에서 분명히 드러나기 시작했다.

　칠레의 정치 시스템에서 절대 강자는 없었다. 어떤 그룹도 혼자 절대과반을 달성하거나 자신들의 의지를 다른 그룹에 강요할 수 없었다. 사실, 양극화된 정체 세력들 사이에 이념적인 혹은 실용적인 토론이 있었다기보다는 칠레 정치는 많은 경우 교착상태에 놓였고, 모든 정치적인 결정은 매우 강도 높은 토론과 긴 정치적 협상을 의미했으며 불만스러운 그룹들에 의해 조직된 긴 시위를 의미했다. 이러한 환경 속에서, 변화는 혁명적이기보다는 점진적인 것이었다. 상류층은 기존 질서의 유지를 선호하였으나 복잡한 교착상태를 통해 각 그룹은 혜택을 보았다. 또한 칠레에는 정치절차와 선거를 통한 권력의 표출이라는 두 가지 원칙에 대한 강한 공감대가 형성되어 있었다. 하지만 좌파가 권력을 잡자, 우파와 우파가 대표하는 사회부문들은 이러한 정치절차 자체에 대한 의구심을 드러내기 시작했다.

민주주의의 단절

에두아르도 프레이 정권하의 칠레

　1964년 에두아르도 프레이의 대통령 취임은 근대 칠레 정치사에 매우 중요한 변화를 의미한다. 급진당이나 이바녜스 운동과는 달리 기독민주당은 정치적 교착상태를 극복할 수 있는 새롭고 동시에 화합하는 이념적 중도가 되겠다고 표방하였다. 그들은 그들의 개혁전략이 진정한 경제 및 사회적 진보를 가져올 것이라고 주장하였고, 이는 우파와 마르크스주의적 좌파 사이의 제3의 길이라고 천명하였다. 이어 기독민주당은 그들이 대선에서 승리한 것이 우파세력의 도움 때문이었다는 사실을 무시했고, 1965년 하원에서 역사적으로 유례없이 과반의석을 확보한 것 또한 전통적인 우파 유권자들의 덕분이었다는 사실을 잊은 듯 행동했다. 그들은 마치 어떠한 선거 연합도 없이 홀로 대통령 선거에 승리한 듯 대통령의 권력을 독점하였다.

　기독민주당의 중도파 협력자가 될 수도 있었던 급진당은 잇속만 차리는 기회주의자로 낙인 찍혀 국가 관료 조직에서 갖고 있던 지분조차도 포기해야만 했다. 국회에서 대통령의 정책에 반하는 행동을 하지 못하도록 강력한 정당 규율을 적용함으로써 기독민주당은 하원을 거수기로 활용하였다.

기독민주당이 연합정치를 경멸함으로써 파생된 야당들과의 적대적 관계는 그들이 추진하는 개혁정책으로 인해 더욱 복잡해졌다. 이러한 개혁정책은 표면적으로는 빈곤층의 삶의 질을 높이고 그들의 정치참여를 확대시키기 위한 조치이며 동시에 칠레의 사회 및 경제 시스템을 근대화하기 위한 것이었다. 유사 이래 단 한 번도 조직된 적이 없었던 두 그룹이 출현하였다. 도시빈민과 소농들이었다. 정부는 도시빈민들로 하여금 지역공동체 협의회와 문화 및 공동체 발전을 목표로 다양한 자기개발 단체들을 조직할 것을 독려했다. 소농들은 1967년 농민노조법이 통과되어 그들의 노조조직이 합법화됨과 동시에 왕성히 노동조합을 건설하였다. 혹은 소농들은 정부의 새로운 농지개혁에 의해 수용된 농지를 중심으로 생겨난 협동조합에 가입하였다. 소규모 경작지를 갖게 된 농민들 역시 협동조합을 건설할 것을 격려하였다. 그 결과 1970년까지 거의 절반이 넘는 농민들이 어떤 형태로든 조직되었다. 도시노동자(특히 수공업자)들도 역시 다양한 노동조합을 조직하였다. 노동자들과 농민의 기술향상을 위한 직업훈련 프로그램들도 시작되었다.

농촌지역에서의 개혁은 우파의 강력한 저항을 가져왔는데 칠레 우파는 전통적으로 기독민주당 정권하에서 토지수용과 농민노조로 인해 위협받는 지주계급 사이에서 강력한 정치적 지지를 얻어왔다. 기독민주당의 개혁에 대해 좌파 세력 또한 불만과 악감정을 갖게 되었다. 새로운 프로그램의 진행을 맡은 젊은 기독민주당 당원들이 새로운 근대기술 및 장비를 동원하여 농촌지역으로 퍼져 나가자 기독민주당이 민중부문 특히 사회당과 공산당이 전통적으로 자신들의 텃밭으로 생각했던 부문에서 강력한 정치 기반을 다지려 한다는 것이 자명해졌다. 이로 인해 좌파 세력과 기독민주당 간의 더 많은 새로운 대중조직을 건설하기 위한 경쟁은 매우 치열해졌다. 결과적으로 첨예한 정당 간의 갈등은 더 넓은 분야의 국민들 간의 갈등으로 변하였고, 이로 인해 유례를 찾아보기 힘든 당파 간 갈등과 감정의 골이 생겨났다. 좌파에 대한 협박과 대중의 지지를 놓고 벌인 정당 간 경쟁은 지지 세력을 규합하려는 극단적인 좌파운동 성장의 원인이 되었다.

1960년대의 대중동원은 주로 정치적 결과를 초래한 정당 간 경쟁의 부산물로 이해되어야 한다. 대중동원의 과정이 당시 정치엘리트들이 통제할 수 있는 역량 밖의 일이었다거나 칠레경제가 감당할 수 있는 수준 이상이었다고 평가하는 것은 옳지 않다. 사실 프레이 정권하에서 전반적인 경제 상황은 나아졌고, 국가의 수입은 증가하였으며, 이로 인해 새로 조직된 대중부문의 수입을 증가시키고 정부가 새로 추진하는 프로그램들을 지원할 수 있는 여지는 충분했다. 국가의 수입이 개선된 조세제도에 기인했다지만 그 당시 칠레의 경제 및 재정의 개선은 대체로 베트남 전쟁 동안의 구리가격 상승과 주로 미국정부 및 민간부문에서 유입된 외채의 덕이었다. 미국과 민간부문에서 유입된 외채로 칠레의 외채는 증가하였고 그 결과 프레이 정권 말기에 이르러서는 칠레 수출수입의 1/3을 채무상환에 사용했어야만 했다.

이 모든 노력에도 불구하고 기독민주당이 1969년 국회의원 선거에서 얻을 수 있었던 득표율은 29.8%에 불과했다. 그리고 지난 기독민주당 정권하에서 일어난 일들을 고려한다면 1970년 대선에서 삼파전은 불가피해 보였다. 우파는 기독민주당과의 어떠한 공조도 원하지 않았고 전임 대통령 출신인 호르헤 알레산드리를 지지하기로 결의하였다. 급진당과 소수의 중도파들 그리고 좌파그룹은 사회당과 공산당이 결성한 인민연합(UP)을 지지하기로 하였고 인민연합은 살바도르 아옌데를 대통령 후보로 지명하였다.

아옌데는 36.2%를 득표하였고, 알레산드리는 34.9%로 아깝게 2위에 그쳤으며 기독민주당의 후보였던 라도미로 토믹(Radomiro Tomic)은 27.8%를 얻어 3위에 그쳤다. 이러한 결과는 심화된 선거 급진주의의의 표현은 아니었다. 아옌데는 사실 사회당과 공산당의 지지만을 얻을 수 있었던 1964년 대선 때보다도 낮은 득표율을 얻었다. 나아가 토믹이 좌파 선거공약을 제시하였지만 여론조사와 선거 데이터에 따르면 그에게 투표한 사람들은 좌파들이기보다는 우파들이었다.

헌법이 정한 절차에 따라 어느 누구도 선거에서 과반수를 획득하지 못했기 때문에 의회는 1차 선거에서 1위와 2위를 기록한 두 후보 중 한 명을 대통령으로 선출해야 했다. 칠레 역사상 가장 명백한 외세의 간섭이 일어났는데, 이는 당시 미국 대통령이었던 리차드 닉슨(Richard Nixon)이 미중앙정보국(CIA)에게 어떠한 방법을 동원해서라도 아옌데의 집권을 막으라고 지시한 것이었다. 사용한 방법에는 경제적인 방해 행위와 군사 쿠데타까지 포함되어 있었다. 자신들의 후보에 투표할 수 없게 된 기독민주당 의원들은 국회에서 중요한 부동표를 갖게 되었고, 프레이 대통령과 그의 동료들은 알레산드리에게 투표하라는 국내외의 압력을 받게 되었다. 기독민주당 출신 국회의원들이 마지못해 칠레의 정치전통에 따라 1위를 했던 아옌데를 지지하려고 하자 CIA는 군사 쿠데타를 유발시키기 위해 군부의 참모총장을 납치했다. 레네 슈나이더(René Schneider) 장군은 암살되었고, 쿠데타 기도는 역효과를 낳았다. 슈나이더 장군의 암살은 1837년 포르탈레스(Portales)가 암살된 이후 칠레 역사상 두 번째로 유력 지도자가 암살된 사건이었다.

아옌데 시기

아옌데의 대통령직 취임은 최초로 사회당과 공산당 연합이 행정부를 장악했다는 것을 의미했다. 사회당과 공산당 연합은 칠레의 민주주의적 자유와 헌정질서라는 전통을 유지하면서 칠레를 사회주의 국가로 전환시키겠다는 공약하에서 선거운동을 하였다. 국회는 만장일치로 당시 미국의 지배하에 있었던 구리광산을 국유화하였다. 매우 애매하지만 그 법적 지위가 철폐된 적이 없는 행정부의 권한들을 이용하여 정부는 다양한 종류의 산업 및 민간 금융 부문을 매입하거나 인수하였다. 또한 프레이의 농지개혁법에 근거하여 농지의 수용에도 박차를 가했다. 몇몇 산업 및 농지 수용은 노동자 혹은 농민에 의해 추동되었는데 이는 많은 경우 좌파 혹은 극좌파 운동가들이 그러한 수용을 요구하는 농성을 조직함으로써 이루어졌다. 이러한 현상은 정부의 정책에 반하는 행위를 하는 노동계급의 행동들까지도 노동자 계급이라는 이유로 우호적이었던 아옌데 정부의 출범이 가져온 전반적인 정치적 분위기에 의해 가속화되었다.

정부는 또한 임금, 연봉, 그리고 특히 저소득층을 위한 보조금을 인상하고 가난한 공동체를 위한 사회서비스를 확장하는 계획을 추진하기 시작했다. 이러한 조치들은 수요 증대를 통한 경제 활성화와 정권의 지지기반 강화를 위해 실시되었다. 좌파 노동자 유권자들에게 사회주의는 생활수준의 향상을 의미할 뿐이었다. 이러한 정책은 수십 년 만에 가장 높은 경제성장률을 보인 1971년에는 성공하는 듯하였고, 인민연합은 그해 치러진 지방선거에서 50%가 넘는 득표율을 보였다.

하지만 초기에 우호적이었던 경제상황은 이내 악화되었다. 가난한 인구의 수요를 반영하듯 수요의 증대는 식료품 및 의류와 같은 기본 소비재에 집중되었는데 칠레 경제는 기본소비재 수요의 급증을 만족시킬 수 있는 빠른 생산력의 상승을 이뤄낼 수 없었다. 오히려 이 분야는 칠레 경제에서 가장 취약한 부분이었다. 따라서 인플레이션 상승의 압박은 심화되었는데 특히 정부의 세율 인상 없는 재정지출의 확대는 인플레이션을 더욱 부추겼다. 1972년 말 칠레의 인플레이션은 164%에 달했고, 정부 재정의 40% 이상을 통화량 확대로 충당했다. 또한 정치적인 이유로 행해진 미국의 민간 혹은 정부 부분의 융자 및 부품 축소는 칠레 경제에 심각한 타격을 입혔다. 식료품과 기자재를 부족한 자원으로 수입하고 동시에 비록 상환 날짜를 조절하기는 했으나 외채에 대한 이자를 꾸준히 지급하면서 (외환보유고가) 급감하기 시작하였다. 설상가상으로 구리가격은 최저치를 기록하였다.

아옌데 정권 초기의 정치적 성공은 오래가지 못했다. 1972년 인민연합은 각종 보궐선거와 칠레대학교(University of Chile) 또는 노조연맹과 같은 중요한 기관선거에서 패배했다. 법원, 감사원 그리고 의회는 갈수록 정부의 정책들을 반대하고 나섰다. 그리고 더욱 중요한 것은 초기 암묵적으로 아옌데 정부를 지지했던 기독민주당은 장관들의 임용 거부를 주도하고 대통령의 권력을 제한하면서 활발하게 정권에 반대하였다.

아옌데의 실험을 종결시킨 잔혹한 1973년 군사쿠데타를 가져온 과정은 매우 복잡하고 다면적이며 동시에 변증법적이다. 이러한 과정은 결과론적으로 쉽게 추측할 수 있는 몇 개의 원인들로 단순화될 수 없다. 물론 정부는 많은 현명하지 못한 결정을 내렸고 혹은 중요한 전환기에 우유부단한 모습을 보였다. 자신들의 기득권을 유지하기 위해 무슨 일이든 하려 했던 국내외 이익집단들의 방해공작과 음모 역시 극심한 경제 및 정치적 위기를 가져오는 데 일조하였다. 인민연합 안팎에 존재했던 혁명그룹들의 행동 또한 극단적인 정치적 대립을 가져옴으로써 반동적이고 불충한(disloyal) 반대파들의 힘을 강력하게 만드는 데에 일조하였다. 군부의 몇몇은 생각했던 것보다 헌법과 민주주의 체제에 그리 열정적이지 않다는 것이 드러났고, 시민사회를 지도하고 통제할 수 있는 국가의 힘은 붕괴되었다. 그리고 장기적으로 대외의존적인 칠레의 경제는 아옌데의 실험을 극도로 취약하게 만들었다. 이 모든 요소들은 매우 중요하다. 하지만 각각의 사건들이 중요한 역할을 했던 역사적 과정을 떠나 생각한다면 이러한 요소들은 최종 결과물, 즉 아옌데 정권의 붕괴를 설명하기에는 불충분하다. 아옌데 정권의 붕괴는 예정된 사건이 아니었다. 중산층은 언제나 반동적이며, 노동자들은 지나치게 급진적이어서 완벽한 혁명이 아닌 그 어떤 것도 용납하지 않으며, 군부는 너무도 반민주적이어서 항상 기회만 엿보고 있었고, 경제는 너무도 종속되어 있으며, 미국은 너무나도 막강하고 고집스러워 유일한 결론은 완벽한 권위주의체제라는 생각은 너무나 단순한 생각이다. 선택의 여지는 있었고, 그러한 선택의 여지는 역사 속에서 일어난 다양한 사건들로 인해 점점 축소되었다고 보는 것이 옳다.

만약 아옌데 정권의 실패 원인을 단 한 가지 꼽으라면 좌파와 우파에 각각 존재하던 중도세력이 정책과 프로그램들에 대한 합의 혹은 타협을 도출해내지 못했거나 혹은 도출하고 싶어 하지 않았던 점일 것이다. 인민연합은 스스로는 과반을 얻을 수 없었고, 혁명세력들이 요구하는 것처럼 노동자들을 무장시킨다는 것은 정부의 정당성과 신뢰만 실추시켰을 뿐이다. 칠레의 좌파는 선거에서 승리를 거뒀고, 칠레의 오랜 민주전통을 따르겠다고 약속했었다. 그러나 중도세력 특히 아옌데가 대선에서 승리할 수 있도록 만들어준 기독민주당의 지원 없이 인민연합은 자신들의 프로그램을 실행시킬 만큼의 권력을 갖고 있지 않았다.

중도에서의 합의가 불가능했던 것은 양극화된 정당 시스템 안에서 양극단의 압력이 지나치게 강했기 때문이다. 정부연합은 사실 첨예하게 분열되어 있었고, 근본적인 의견의 차이는 공산당과 사회당의 분열을 가져왔다. 사회당의 대다수는 가능하면 빠른 시일 내에 인민연합의 프로그램들을 실행에 옮겨야 한다고 생각했고, 정부가 사회주의 시스템을 도입하기 위한 전격적인 조치들을 통해서만 지지 세력을 확장시킬 수 있다고 생각했다. 따라서 사회당의 입장에서 기독민주당과 타협하는 것은 혁명의 목표로부터 이탈하는 것으로 노동계급을 혼란스럽게 할 뿐이라고 생각했다. 따라서 사회당은 인민연합과 기독민주당 간의 공조와 합의를 파기하고자 하였다. 공산당은 기독민주당과의 차이를 극복함으로써 정부의 국회에서의 지지기반을 강화하고 작은 변화라도 공고히 하기 위하여 정부정책을 온건화할 의지가 있었다. 사회당과 공산당은 모두 인민연합 밖의 극좌세력들로부터의 압력을 받았는데, 이들은 헌정질서 밖에서 직접적인 행동을 통해 변화를 가속화시키고자 하였다. 이들의 입장이 사회당 다수의 입장과 유사했기 때문에 인민연합 내에서 이들이 입지는 확대되었다. 따라서 극좌세력은 일련의 정치과정 속에서 소외되지 않았다.

아옌데는 공산당과 같은 입장을 갖고 있었으나 자신의 정당과 갈라서기를 원하지는 않았다. 따라서 그는 매우 모호한 이미지를 보여줄 수밖에 없었고, 때에 따라서는 우유부단했는데, 이는 자신에 속한 정당을 소외시킬 수 있다는 두려움과 사회당을 소외시킨 이후 그 반대급부로 중도세력으로부터 꾸준한 지지를 약속받을 수 있을지에 대한 불안감에서 기인하였다. 이러한 정치적 차이는 정부기관의 일상적인 활동에 영향을 끼쳤다. 예를 들어 공무원들은 자주 다른 당 출신의 상급자가 내리는 명령을 따르지 않았다. 대통령과 장관들은 매일 일어나는 이러한 작은 위기들을 극복하는 데에 몰두한 나머지 장기적인 정책을 세우고 단기적 정책의 결과를 분석하며 중도파의 반대에 대응하기 위한 일관성 있는 전략을 세울 여력이 없었다.

기독민주당 역시 내부적으로 분열되었다. 기독민주당 내부에서 좌파와 우파를 지지하는 세력이 거의 동일한 힘을 가지고 있었다. 1971년 기독민주당 지도부는 좌파에 가

까운 세력들에 의해 장악되어 있었고, 더욱 강력한 야당의 입지를 견지하자는 우파와
는 달리 이들은 정부와 원만한 관계를 유지하고자 하였다. 하지만 기독민주당 지도부
의 이러한 의사는 이전의 기독민주당처럼 지나친 자만에 빠져 있던 인민연합 정부에
의해 묵살당했고, 이는 기독민주당 우파의 힘을 키워주는 결과를 가져왔다. 역설적이
게도 1970년 기독민주당과 우파들이 채택한 헌법개혁을 통해 입법부의 권한은 줄어들
었고, 행정부는 야당세력과 합의를 해야 할 필요를 전보다 덜 느끼게 되었다. 당내 우
파의 입지를 강화시킨 또 다른 사건은 기독민주당 내의 우파 지도자들에 대한 좌파 미
디어들의 극렬한 공격과 프레이 정부하에서 장관직을 지낸 기독민주당 인사의 암살이
었다. 이 암살은 소규모 좌파 그룹이 저지른 일이었으나 기독민주당은 폭력에 대해 너
그러운 정치적 분위기를 형성하여 이러한 사건이 일어나도록 만든 정부에게도 큰 책임
이 있다고 주장하였다.

중도 야당 세력으로서 기독민주당은 정당 내 우파들의 압력에 취약하였다. 만약 기
독민주당 지도부가 기독민주당이 정부를 묵묵히 지지해줌으로써 인민연합 정책을 수
정하도록 하지 못한다면, 기독민주당은 반(反)인민연합의 표를 흡수할 수 없을 뿐만 아
니라 좌파의 지지 또한 얻어낼 수 없었다. 따라서 기독민주당은 곧 야당세력의 우파와
함께 행동할 수밖에 없었다. 전환점은 1971년 보궐선거였다. 다수 득표자가 당선되는
보궐선거였기 때문에 야당들이 각각의 후보를 낸다면 인민연합의 승리가 점쳐지고 있
었다. 그 결과 기독민주당은 인민연합 정부에게 기독민주당과 공동후보를 추대할 것을
제안하였고, 아옌데는 이 제안을 받아들였으나 사회당은 이를 거부하였다. 사회당이
거부한다는 사실을 알게 된 기독민주당은 우파와의 선거연합을 형성하였고, 우파 후보
는 압도적인 승리를 거뒀다. 이 사건의 결과 기독민주당 내의 좌파세력은 탈당을 하기
에 이르렀고, 이는 기독민주당 내의 우파의 힘을 더욱 키워주는 결과를 가져왔다. 기독
민주당과 국민당의 연합은 계속되었고, 이는 정치시스템의 양극화를 더욱 심화시켰다.

1972년 2월 기독민주당은 대통령이 경제에 개입할 수 있는 여지를 상당히 제한하는
법안을 통과시켰다. 이는 정부 프로그램의 핵심에 대한 도전이었고, 이후 대통령과 의

회 사이에서 일어난 근본적인 헌법적 대립의 시작을 의미했다. 1970년 헌법 수정안을 대통령과는 다르게 해석함으로써 야당세력은 대통령의 새로운 법안에 대한 거부권을 기각시키기 위해서는 의회의 단순 다수의 지지만이 필요하다고 주장하였다. 반면 인민연합은 2/3 이상의 지지가 필요하다고 보았고 이는 사실 더 정확한 헌법 해석이었다. 양쪽 진영의 온건파들이 나서서 타협이 필요한 시점이었다. 정부에게 공공부문에서의 상당한 통제권을 부여하면서 동시에 민간부문에게 어느 정도의 보장을 해주는 타협을 이끌어내기 위해 정부와 기독민주당 대표는 두 차례에 걸쳐 회동을 가졌다. 그러나 협상은 실패했다. 우파 국민당은 기독민주당을 배신자로 몰아세웠고, 사회당 당원들과 좌파그룹은 기독민주당에게 사회당의 정책을 기정사실화하기 위하여 공장을 점거했다. 이러한 행동은 아옌데가 대화의 중재를 맡겼던 급진당 온건파의 입지를 좁혔고, 이들 그룹이 인민연합을 버리고 야당에 합류하는 결과를 가져왔다. 이는 정치시스템을 더욱 양극화시켰고, 중도에서 합의를 도출할 수 있는 기회를 더욱 약화시켰다.

1972년 중반에 들어서 심각한 경제 상황과 갈수록 공격적이 되어가는 야당의 반발로 인해 정부는 다시 한번 기독민주당과 회동을 갖고자 하였다. 이번에는 아옌데 자신이 타협을 이루기 위해 최선을 다했으며 인민연합이 상당 부분 양보함으로써 인민연합과 기독민주당 간의 다양한 이슈에 대한 합의가 도출되었다. 하지만 기독민주당 내의 우파들은 성공적으로 협상단을 무력화시켰고, 협상은 미완으로 끝나고 말았다. 이 시점에서 기독민주당 내부의 대다수는 정부가 수세적이라고 여겼고, 이런 정부와 합의를 도출한다는 것은 점점 불만이 커지고 있는 중산층의 지지를 잃어 결국 1973년 선거에서 국민당에게 패배할 수 있는 계기를 마련하는 일이라고 생각했다. 즉, 단기적인 정당의 이익에 대한 고려가 승리하게 되었다.

1972년 말경, 칠레 정치 시스템은 질적 변화를 경험하였다. 정당들은 아옌데 시기에 유행이 된 대규모 집회를 조직하여 협상 과정에서의 지분을 확대하려고 했을 뿐만 아니라 자신들의 힘을 과시하였다. 하지만 이러한 조직의 성격은 곧 변하였다. 기업과 전문가 협회는 갈수록 스스로 행동을 취하기 시작했고, 이내 기독민주당과 국민당은 이러한 독자행동을 조직하기보다는 독자적으로 일어나는 다양한 단체행동들에 대한 지지를 표명하기 위해 서로 경쟁하기 시작했다. 이런 종류의 시위는 1972년 10월 수백 명의 트럭 소유주, 상인, 산업자본가 그리고 전문직 종사자에 의해 일어난 파업 및 직장폐쇄와 함께 극에 달했다. 정부 역시 그들의 지지자를 조직했고, 당 지도부에 의해 운용될 수 있는 중요한 조직기반을 만들기 시작했다. 광범위한 그룹에 의해 조직된 시위와 반(反)시위는 아옌데 집권기 동안 계속 증가했고 이러한 현상은 독설에 찬 언론에 의해 더욱 조장되었다. 언론은 모든 사건에 대해 최소한 2개의 완전히 다른 해석을 내놓았고 이러한 언론 행태는 상징이 현실이 되고, 거짓이 신경질적으로 맹신되는 진실이 되고, 감지된 위협이 임박한 위협으로 받아들여지는 동학을 창출했다. 불안과 동요의 분위기는 CIA 자금이 반정부 그룹들에게 흘러들어가면서 더욱 악화되었다. CIA의 자금은 반정부 그룹들을 상당히 강화시켰을 뿐만 아니라 이들을 정당 통제로부터 자유롭게 하였다. 정당 지도부가 단체 조직 및 대립에 대한 통제력을 상실했다는 것은 야당보다는 정부 지도자들에게 더욱 심각한 사안이었다. 이는 정부가 사회에 대해 행사하는 중요한 권위를 상실했다는 뜻이고 국가가 정치 대결의 핵심으로 기능하지 않아도 된다는 뜻이며 정상적인 협상이 갖는 정당성이 훼손되었다는 뜻이었다. 이러한 위기 상황 속에서 아옌데는 정치 분위기를 바꿔줄 것이라고 믿었던 1973년 3월 선거까지 제도적 질서를 유지해 줄 중립적인 심판이라고 여겼던 이들에게 의지하였다. 군부 인사들이 내각에 기용되었고, 참모총장이 내무부장관이 되었다.

정부에 군부가 참여함으로써 1972년 10월 파업은 종료되었고, 정치세력들은 각 정당 대표가 보기에 가장 극렬한 정치적 대결이라 여겨지는 국회의원 선거에 몰입할 수 있었다. 하지만 대립하는 세력들 사이의 완충제 역할을 담당해야 했던 군부 역시 강력한 정치적 압력의 대상이 되었다. 인민연합 내의 좌파는 정부의 정책과 프로그램을 지연시킨다는 이유로 군부를 비판했고, 우파 중 가장 공격적인 그룹들은 곧 붕괴될 정부를 도와준다는 이유로 군부를 비난했다. 다른 세력들은 모두 군부를 칭송하고 나섰는데 이는 군부만이 유일하게 권력을 가진 기관이라는 것을 암묵적으로 인정하는 셈이었다. 이러한 압력은 역사 속에서 정치과정의 주변부에 머물렀던 기관을 급속도로 정치화시켰다. 당시 가시적으로 나타나지는 않았지만 군부 내에 아옌데 정부가 헌정에 기초한 정당성을 가진 정부라는 이유로 지지하는 세력과 정부의 몰락을 요구하는 야당세력의 점점 더 커지는 목소리에 귀를 기울이는 세력 간의 분열이 나타나기 시작했다.

1973년 3월 선거는 칠레 정치 양극화를 상징적으로 보여 주는 사건이었다. 정부와 야당 세력은 두 블록을 형성하여 대결을 펼쳤다. 그러나 선거는 정치위기를 해결해주지 못했다. 야당 세력은 아옌데를 탄핵시킬 수 있는 2/3석을 획득하지 못했고, 정부는 상-하원에서 모두 과반을 확보하지 못했다. 심각한 인플레이션과 기초소비재의 부족 그리고 정치적 불안이 계속되고 있는 상황 속에서도 정부가 야당으로부터 몇몇 의석을 빼앗아올 수 있었다는 것은 사실 긍정적인 평가를 받을 만한 결과였다. 그러나 최종 결과는 두 블록에 있는 각각의 정당이 이전 선거에서 얻은 결과를 합한 합산에 불과했다. 즉 선거는 만병통치약이 아니었고, 일단 선거가 무사히 치러지자 군부는 내각에서 물러났다.

하지만 얼마 지나지 않아 아옌데 정권의 붕괴를 재촉한 중요한 사건이 발생했다. 1973년 6월 29일 칠레의 군 수비대가 반란을 일으킨 것이다. 이 반란은 곧 진압되었지만 아옌데와 그의 보좌관들은 군부 내 쿠데타 주동 세력들이 다시 세를 규합하는 것은 시간문제라는 것을 알 수 있었다. 다시 한번 아옌데 정부는 노동자들을 무장시키라는 극좌파의 제안을 거부했다. 그 이유는 군부와 공존하는 또 다른 군사조직은 쿠데타를 앞당기기만 할 것이라는 것이었다. 역설적이게도 군 장교들은 이미 노동자가 강력한 군사조직이 될 수 있을 것이라는 것을 믿거나 믿도록 강요되었을 뿐 아니라 이미 좌파가 자립 가능한 군부조직을 건설했다고도 믿었다는 점이다. 그러나 언론을 떠들썩하게 했던 군부에 의한 좌파 세력의 비밀 무기 포착의 노력은 별 소득이 없었고, 오직 이미 노동자들이 무기를 갖고 있을 것이라는 이미지만 각인시켰다.

사회당 지도부를 다시 한번 실망시키면서도 아옌데 대통령은 기독민주당과의 대화를 시도하였다. 기독민주당 지도부 역시 추기경과 같은 지지자들의 강력한 비판에도 불구하고 협상 테이블에 앉았다. 그러나 그 당시 두 당 사이의 합의는 불가능해 보였다. 기독민주당 내 강경파들이 이미 온건파를 몰아내고 당을 장악한 상태였고, 결국 아옌데는 자신의 정부를 가장 강력하게 반대하는 인사들과 정부의 정책을 의논해야 했기 때문이다. 나아가, 칠레는 다시 한번 기업과 전문가 그룹들에 의해 조직된 (상당한 CIA의 재정적 지원에 의해 가능했던) 대규모 직장폐쇄와 불복종 운동의 고통 속에 놓이게 되었는데, 이들은 모두 아옌데 대통령의 사임을 요구했다. 그 즈음 구리노조와 같은 노동자 그룹들도 정부의 몇몇 정책에 반대하며 파업을 시작했는데, 이러한 노동자들의 움직임은 아옌데 반대파들을 고무시켰다. 따라서 기독민주당이 정부에 보내는 어떠한 지지도 야당세력들은 배신으로 낙인찍어 버렸다. 정치는 합의를 도출하려는 몇몇 정치인만의 장으로 축소되었다. 하지만 이들이 아무리 이전에 그들이 각 사회세력들에 대해 지니고 있던 통제력을 상실했다고 해도, 회동을 통해 어떠한 드라마틱한 타협을 도출했더라면, 이는 칠레에서 가장 강력한 두 정당과 존경받는 정치 지도자들이 평화로운 해결책을 찾는 방향으로 유도했을 것이고, 군 장성들의 체제전복 계획 또한 약화시켰을 것이다.

하지만 합의는 쉽게 도출될 것 같지 않았다. 기독민주당은 진심으로 합의를 원한다는 아옌데의 말을 믿기보다는 아옌데가 무력대결을 준비하기 위한 시간을 벌고 있을 뿐이라고 생각했다. 그러나 대통령의 행동으로 볼 때 그가 합의를 진심으로 원한다는 것은 매우 분명하다. 그는 인민연합 내외의 좌파로부터 심각하게 비판을 받는 온건파 인사들을 내각에 지명했고, 말 그대로 자신의 당인 사회당과 결별하였다. 나아가 아옌데는 군부를 다시 정부로 불러들이라는 기독민주당의 요구까지 받아들였다. 한편 기독민주당은 "마르크스식 전체주의"라는 모호한 대상을 종식시키기 위해 싸우고 끊임없이 자신들의 요구를 늘려 나가면서 그들이 스스로 수호하고 있다고 믿는 정치질서가 얼마나 위협받고 있는 상황인지 깨닫지 못했다. 반대로 기독민주당은 군부가 헌정질서를 수호해야 한다는 의회선언을 지지했고, 정부는 그 정당성을 잃어버렸다고 선언했다.

2주 후 군부 지도자들은 정부에 대한 잔인한 반란을 시도했고, 의회의 선언을 자신들의 행동이 정당하며 대중적 지지를 받고 있다는 증거로 널리 사용하였다. 공군은 아옌데가 있는 대통령궁을 전투기를 동원하여 폭격하고 기관총을 쏘았다. 저항 끝에 아옌데는 스스로 목숨을 끊었다. 수천 명의 정부 지지자들 혹은 정부 지지자로 여겨진 사람들은 이후 몇 달 동안 체포되고, 학대받고, 고문당하고 혹은 살해당했다.

쿠데타의 초기 기독민주당의 몇몇 주요 지도자들은 쿠데타를 비난했다. 하지만 지도부를 포함한 다른 사람들은 쿠데타를 어쩔 수 없는 사건이라며 환영했고 이러한 결과를 가져온 정부를 비난했다. 그들은 군부의 "구원"이 이후 칠레의 미래 그리고 그들의 미래에 어떤 의미를 갖게 될지는 깨닫지 못했다.

군사정부

1973년 9월 11일 발생한 쿠데타는 칠레 역사에서 가장 극적인 정치적 변화였다. 육해공군과 경찰의 수뇌부로 구성된 군사평의회는 권력을 장악하고 민주주의와 헌정을 회복하기 위하여 아옌데 정부를 전복시켰다고 주장하였다. 그러나 이 새로운 정부당국은 칠레의 위기를 단순한 정부의 위기가 아닌 체제의 위기로 규정하기 시작했다. 그들은 칠레의 제도들이 붕괴된 것이 단순히 인민연합 정부 때문이 아니라 자유민주주의 자체 때문이라고 주장하였다. 민주주의는 분열을 가져오는 정당 간 경쟁을 유도하며 국가의 정치를 계급 정치로 규정하려는 마르크스주의 정치가들의 준동을 용납한다는 것이었다. 또한 민주주의는 경제운용의 실패를 가져오는 선동적인 정치인들을 양산한다고 보았다. 군부에 따르면 국민들이 스스로 올바른 선택을 할 수 있을 정도로 성숙할 때까지 정부는 행정적인 효율성의 원칙에 따라 최선의 정책을 선택할 줄 아는 전문가의 손에 맡기는 것이 가장 적합하다고 하였다.

따라서 새로운 군사평의회의 목표는 과거의 악을 제거한 새로운 형태의 민주주의와 시민정신을 만들어 냄으로써 국가를 변화시키는 것이었다. 국회는 폐쇄되었고, 지방

정부는 해체되었으며, 선거는 금지되었다. 신문, 라디오, 잡지들이 폐간되었고, 언론활동을 계속 할 수 있는 기관들은 다양한 형태의 검열을 받아야 했다. 인민연합의 지도자들과 당직자들은 체포되거나 망명하였으며, 일부는 살해당하였다. 쿠데타 이후 몇 달만에 무한정 계속되는 군사정부에 동의하지 않는 기독민주당 지도자들 역시 자신들의 활동이 크게 제한당하는 것을 경험하였다. 우파 정당들은 기꺼이 휴회를 선언하였다. 1930년대의 전체주의 체제와 달리 군부는 정치 해체를 선택했고, 군부독재에 대한 대중의 충성을 조직하기 위해 "시민－군부 운동"이나 새로운 정당을 만들겠다는 우파 지지자들 역시 묵살되었다.

군부가 초기에 발표한 원칙들이 보수적인 가톨릭 사회 교리에서 영감을 받았다고는 하지만 군부는 코포라티즘적인 체제를 건설할 어떠한 의지도 없었다. 대부분이 쿠데타를 열렬히 환영했던 기업가, 전문직 협회 그리고 무역협회 등을 포함한 칠레의 모든 거대 이익집단들은 그들이 영향력이 눈에 띄게 줄어드는 것을 목격하였다. 새로운 정부는 의사결정과정에서 사회의 이해(관계)들을 고려하려는 의사가 전혀 없었다. 군부는 잘 통제된 행정 경영과 전문가의 조언을 통해 특정 이해집단과 정치집단의 방해 없이 칠레를 근대화해야 한다고 생각했다.

독재체제는 군대의 계급적 행정체제를 그대로 모방하였다. 그 결과 피노체트 장군에게 사상 유례없는 권력이 집중되었다. 그는 가장 크고 중요한 군부인 육군을 통솔하였고, 그의 동료 장성들은 그를 군사평의회의 초대 의장으로 추대하였다. 이후 그들은 군사평의회의 4명의 구성원이 돌아가면서 의장을 맡기로 했던 초기의 결정을 지켜야 한다고 전혀 주장하지 않았다.

행정 및 입법부의 권력이 모두 군사평의회에 집중되어 있는 가운데, 쿠데타가 발발한 지 1년 이내에 피노체트는 행정부에 대한 통제권을 획득하였고 그의 동료들을 서로 다른 정책 분야에 특화된 위원회의 위원장으로 임명하면서 입법부와 유사한 모호한 조직을 만들었다. 헌법과 유사한 성격을 지니는 군사평의회의 법령에 따라 피노체트는 스스로를 국가의 최고 지도자로 지명하였다. 하지만 군사평의회가 여전히 모든 내각 및 외교관 지명자들을 승인해야 했다. 이어 나온 헌법 칙령을 통해 피노체트는 스스로를 "칠레공화국의 대통령"으로 임명하였는데, 이로써 그는 "국가 최고 지도자"이자 "정부평의회 의장"이며 동시에 칠레공화국의 대통령이 되었다. 또한 1980년 헌법에 채택된 과도기적인 조항들에 의해 군사평의회가 입법부의 역할을 수행하는 것이 다시 한번 확인되었다. 피노체트는 또한 자신의 군 지위를 바꿔 자신의 동료들에 비해 높은 그의 위상을 확인시켰고, 이를 통해 그의 동료들은 그의 부하가 되었다. 1979년 그는 "군부의 대사령관" 그리고 이후 "총사령관"에 스스로를 임명하였다. 그는 육군뿐 아니라 군부 안의 모든 승진과 퇴직을 통제하는 이로 떠올랐다.

이 정도의 권력 집중은 라틴아메리카의 어떤 다른 군부 조직에서도 그 유례를 찾아볼 수 없는 강도였다. 대부분의 아르헨티나 군부 독재자들이 그랬던 것처럼 피노체트는 은퇴한 군인이 아니었고, 브라질의 군부 대통령들처럼 그는 장성들의 요청에 봉사하지 않았다. 정책 결정은 결코 군부 지도자들에 의해 결정되거나 검토되지 않았다. 피노체트는 여러 차례에 걸쳐 군부는 정책 사안은 다루지 않는다고 강조하였다. 그런 의미에서 군부의 행정부에 대한 관계는 쿠데타 전과 마찬가지이고 군부가 대통령에 복종하는 관계였다. 군 장성들은 행정부 대부분의 직위를 장악하고 있었지만 그들은 군인이 되었든 민간인이 되었든 상관없이 상급자의 지시를 받게 되어있었다. 피노체트 장군은 군사 정부를 이끌었으나 엄밀히 말해서 정부가 "군인들의" 정부는 아니었다. 그의 정권은 최고 지휘관에 의한 독재라고 표현하는 것이 가장 정확하다. 따라서 칠레 군부는 군 관료 조직의 최고 사령관으로부터 권력이 나오는 희한한 정도로 개인화된 정권이었다.

이런 종류의 독재정권은 매우 전문적이고 복종심이 강하며 계급적인 칠레 군부의 성격으로 인해 가능했다. 역설적이게도 이러한 칠레 군부의 성격은 칠레의 민주적인 역사에서 기인한다. 군부는 정치에 개입하지 않았으며 칠레 정치인들은 군부가 정치적 불안 혹은 쿠데타의 원인이 될 것이라고 예견하지 못했다. 아옌데 정권을 무너뜨린 군사쿠데타가 군부 내의 지휘계통을 무너뜨리지 않은 것은 이러한 칠레 군부의 성격을 잘 반영한 결과이다. 아옌데 대통령은 쿠데타 직전 피노체트를 육군의 최고 지위에 임명하였다.

군사정부의 정책

피노체트 정부는 지난 50여 년 동안 경험한 변화를 훨씬 뛰어넘는 광범위한 변화를 실시하였다. 국가가 갖고 있는 억압적 기구들은 엄청나게 확대되었고, 군사재판부의 재판권이 민간인들의 위법행위까지 확대되었다. 그러나 국가의 다른 분야에 있어서는 국가가 칠레 사회에서 갖는 역할은 대폭 축소되었다.

정부는 공격적인 민영화 정책을 실시하였다. 농지개혁을 통해 수용되었던 토지는 원소유주들에게 되돌려 주었다. 몇몇 공기업들은 국가가 계속 관리하였다. 철도와 공공시설 그리고 아옌데가 미국 지분을 국유화하여 공기업이 된, 칠레에서 가장 중요한 공기업인 구리회사는 민영화되지 않았다. 그러나 구리산업에 대한 새로운 투자는 대부분 민간부문에 의해 이루어졌는데 대개 칠레와 해외자본의 합작의 형태를 띠었다. 하지만 대부분의 국가가 통제하던 산업들은 칠레 국내 혹은 해외 민간 투자자들에게 팔렸고 종종 그 가격은 매우 저렴했다. 1986년까지 200억 달러로 불어난 외채를 줄이기 위해 실시된 외채-자산 스와프(교환)의 일환으로 많은 칠레기업들이 해외자본의 소유가 되었다.

정부는 연금과 의료 부분에서 국가 서비스를 민영화하는 급진적인 프로그램을 실시했는데, 이는 전통적인 국영기관의 축소를 의미하였다. 공공주택 프로그램 역시 민간부문으로 이양되었다. 노동법은 광범위하게 개정되어 노동자가 고용주에게 압력을 행사하기 위해서 동원하는 집단행동이 매우 어려워졌다. 노동조합에 가입된 노동자의 수는 가장 많았던 아옌데 정부의 마지막 2년 수준과 비교할 때 60%가 감소하였다. 실질 임금과 급여는 1970년대 수준의 50%까지 낮아졌으며, 군사정권이 끝날 때까지, 심지어는 호황기에도 70년대의 수준을 완전히 회복하지 못하였다. 이는 소득 분배의 심각한 후퇴로 이어졌다.

정부는 교육개혁 또한 실행하였다. 공공 초등 혹은 중등학교는 시정부로 이양되어 국가가 임명하는 시장에 의해 통제되었으며 새 법률을 통해 사립학교와 대학들의 개교를 적극 권장하였다.

칠레의 경제는 수입세의 급격한 인하로 인해 국외 시장 및 상품과의 경쟁에 노출되었고, 이러한 충격에 적응하지 못한 기업들은 수없이 도산하였다. 1970년대 말과 1980년대 초 정부가 칠레의 통화를 지나치게 평가절상하여 끔찍한 결과를 초래했던 몇 년을 제외하고 경제정책은 대개 새로운 수출의 증가를 통한 경제성장을 추구하였다. 이러한 정책들은 성공적이었고 1980년대 말까지 칠레 경제의 구리 수출 의존도는 45%까지 축소되었다.

경제성장률은 16년 6개월의 군사정권 동안 매우 들쑥날쑥하였다. 1975년과 1982년 약 14% 정도의 경제규모 축소를 경험한 두 차례의 경제침체기가 있었으며, 상당한 성장도 이루었다. 고정 달러를 기준으로 계산해보면, 대체로 1980년대 말 칠레의 1인당 소득은 1970년대의 수준보다 약간 높은 정도이다. 그러나 군사정부는 정권의 마지막 3년 동안 꾸준히 높은 성장률을 보였다는 이유로 자신들의 경제 운용 능력에 자부심을 나타냈다. 뿐만 아니라 인플레이션도 낮았고, 외채도 30억 불 정도 줄어들었으며 실업률도 상당히 낮아졌다. 칠레의 기업인들은 역시 그들 자신의 능력과 칠레 국가 경제의 미래에 대한 자신감을 회복하였다. 특히 그들은 칠레 경제의 미래에 대한 자신감이 군사정권이 추진한 자유시장과 개방경제에서 나온다고 믿었다. 이러한 성공에 대한 확신은 1980년대 동안 내내 최악의 경제 상황을 겪어야 했던 주변 라틴아메리카 국가들의 경험 덕에 더욱 과장되었다.

이러한 경제 및 사회 정책 프로그램들은 일단의 젊은 경제학자들의 손에서 이루어졌는데 이들은 시카고 보이스(Chicago Boys)라고 불린다. 이들이 시카고 보이스라고 불리는 이유는 이들이 갖고 있는 자유시장 및 통화주의적 접근 때문이다. 피노체트는 그들에 대해 마음을 놓았는데 이는 그들의 기술적인 능력이 탁월했을 뿐만 아니라 기존 칠레의 정당의 이해관계로부터 자유로웠기 때문이다. 칠레 저발전의 원인이 지나치게 비대한 국가와 제한된 민간부문 때문이라는 이들의 믿음은 칠레 삶의 거의 모든 부분을 급속도로 민영화하여 국가기관을 축소하려했던 군부의 노력과 맞아떨어진다.

군사정권에 대한 저항

많은 독재자들은 억압을 정치, 사회 및 경제적 변화와 배합함으로써 반대파에 대한 지지를 줄여나갈 수 있을 것이라고 생각한다. 하지만 이러한 목표는 강력한 정당시스템을 갖고 있는 칠레와 같은 나라에서는 달성하기 힘든 것으로 밝혀졌다. 시민들은 대부분 그들의 정치적 선호도를 유지했고, 정치적 공동기억(collective memory)을 형성함으로써 공동체와 가족이 결합하고 한 세대에서 다음 세대로 이러한 정치적 선호도가 계승되었다. 정당원들 역시 최소한 조직의 기본골격을 유지하였고, 많은 경우 군부정권에 의해 그 활동이 허락되는 사회단체 혹은 협회들의 지도자로 활발한 활동을 펼쳤다.

칠레 또한 이러한 법칙에서 예외가 아니었다. 정당들은 특히 좌파들을 겨냥했던 혹독한 탄압에도 불구하고 조직을 유지하였다. 많은 정당운동원들은 그것이 노동운동이 되었건, 학생조직이 되었건, 또는 지역 조직이 되었건 그들이 군사쿠데타 전에 조직력을 확보했었던 같은 사회 그룹들에서 지도부의 위치를 유지하였다. 선거가 자유롭게 치러진다면 군부정권 지지자들은 이러한 조직들의 내부 선거에서 승리하는 것은 거의 불가능하였다. 가톨릭교회 또한 반정부 세력의 형성에 중요한 역할을 하였다. 교회는 국민 대통합을 꾸준히 요구하였고, 자유민주주의의 회복을 주문하였다. 교회는 또한 군부정권에 의해 자행된 인권침해와 관련하여 정권에 대항하였고, 이러한 인권침해를 보고하고 법정에서 피해자들을 변호하는 변호사와 전문가들을 보호하였다. 나아가 교회는 사회과학 연구자, 기자, 노조, 민중 조직 등 반정부 시각이 표현되고 조직이 이뤄지는 단체들에 대한 법적인 보호와 그 밖의 다양한 형태의 지원을 아끼지 않았다. 기독민주당과 좌파들은 교회가 이렇게 지원해주는 활동들을 통해 독재정권하에서 서서히 연합을 시도할 수 있게 되었고 아옌데 정권부터 갖고 있던 쓰라린 분열의 앙금을 극복할 수 있었다.

다양한 형태의 조직적 동원, 협상에 대한 요구 그리고 국제사회의 압력을 통해 군사정권에 반대하는 세력은 점진적으로 군부의 퇴진과 민주주의 이양을 강제해내기 시작했다. 심지어 일부가 공산당과 관련이 있기도 했던 극좌파 활동가들은 군사정권에 저항하는 무장조직을 결성하려고 하였다. 하지만 실패한 피노체트 암살기도를 포함한 이들 그룹의 모든 시도는 다른 반대세력들로부터 도덕성과 편의성이라는 측면에서 비판을 받았다. 다수의 반(反)군부세력은 모든 종류의 폭력에 반대하였는데, 비록 몇몇 사건의 경우 누가 일으켰는지도 의심스러웠지만, 이러한 폭력적 방법은 테러리스트들의 위협을 받고 있는 칠레가 아직 민주주의를 받아들이기에는 이르다고 주장하며 군부통치에 대한 정당성을 주장하는 군부에게 유리한 결과를 가져오기도 했다.

일부 반정부 세력이 조직한 반정부 시위가 몇몇 대도시에서 매우 성공적인 결과를 가져왔다. 1983년 5월부터 시작된 대규모 시위가 여러 해에 걸쳐 지속되었다. 초기에 노동운동 지도자들에 의해 조직된 운동은 저녁 일정한 시간 냄비를 두드리는 것으로부터 시작하여 수업을 거부하고 직장에서 태업을 조직하며 쇼핑과 공공 교통수단 사용을 자제하는 것 등을 포함하였다. 결국 군사정권은 초기에 매월 열리던 이 같은 시위를 군인과 경찰을 동원한 잔혹한 진압을 통해 억압하려고 하였다. 시위는 정부가 원했던 대로 점점 더 폭력적으로 변했으며, 이에 정부는 이러한 폭력사태의 원인으로 반정부세력을 비난하였다. 노조 및 정치 지도자들은 체포되었고 보안법하에서 재판을 받았으며 이들 중 몇몇은 군사재판에 회부되었다.

온건파 반정부 세력은 결국 악화되는 폭력의 사이클을 끊기 위해 시위운동을 중단하였다. 그러나 저항운동은 이미 매우 중요한 역할을 수행하였다. 이러한 운동들은 정부와 저항세력 모두에게 텔레비전과 모든 대중매체를 장악하고 끊임없이 사회현상들에 대해 단 한 가지의 해석만을 강요했던 10년간의 군사독재에도 여전히 반정부 세력은 정부에 대항하는 대규모 저항을 조직해 낼 수 있다는 것을 보여 주었다. 이는 정치정당들을 대담하게 만들었고, 이들이 정치적 리더십을 발현할 수 있는 새로운 방식을 고민하도록 만들었으며, 많은 우파 민간 정치인들에게 군사정부의 장기 프로젝트는 실현가능성이 낮다는 것을 각인시켜 주었다. 결국 피노체트에 의해 그들의 우려를 대번에 묵살당한 우파 정치인들은 새로운 우파 정당을 결성하기 시작했으며, 군부정권과는 거리를 두기 시작했다. 이는 종국에 칠레 우파 정치세력이 군사정권과 친밀하게 자신을 규정하는 세력과 그렇지 않은 세력으로 나뉘는 쓰라린 분열의 계기가 되었다.

온건한 반정부 세력은 꾸준히 민주주의로의 이양의 형식을 군사정권과 협의할 수 있음을 내비쳤으나 피노체트는 끈질기게 그에 대한 논의조차 거부하였다. 개인에 의하여 사유화되어 버린 칠레 군사 정권에는 매우 적은 숫자의 인사들만 정권의 핵심에 근접할 수 있었고, 따라서 지배 서클 안에 정치적으로 온건하지만 영향력을 행사할 수 있는 리더십의 발전을 기대하기 어려웠다. 만약 군사정권 내부에 그러한 세력이 있었다면 반정부 세력은 군사정권 내부에 적절한 민주화 이행의 공식을 함께 논의해볼 만한 파트너를 가질 수 있었을 것이다. 하지만 군사 정권 내부에서 생겨나는 반대의 목소리는 모두 배제되었고, 반정부 세력이 정부와 군부를 압박하여 협상에 나서게 하려는 노력은 아무런 소득을 얻지 못했다.

군사정부 기간 동안 반정부 세력은 수많은 국제사회의 지지를 얻을 수 있었다. 국제사회는 칠레정부가 저지른 인권유린에 대하여 여러 차례에 걸쳐 규탄하였다. 1978년 미국 노동총연맹(AFL-CIO)이 칠레의 수출품 하역을 거부하겠다고 나서자 칠레 정부는 칠레 노동조합의 의미 있는 활동재개를 허용하는 노동법을 준비하였다. 그리고 미국과 유럽 무기 제조업체의 칠레에 대한 무기 판매가 상당히 감소하였다. 칠레 정부가 당시 보여 주었던 경제 운용과 외채 지불에 대한 의지 덕분에 칠레 정부는 세계 금융기관으로부터 거의 유일하게 환영을 받을 수 있었다.

민주정부로의 이행

피노체트 스스로가 1980년 헌법에 추가한 절차를 이용하여 반정부 세력은 드디어 군사정권으로부터 민주주의로의 이양을 강제해낼 수 있었다. 헌법에 추가된 내용의 기원은 쿠데타 직후 시기로까지 거슬러 올라간다. 새로운 군사정부는 법적으로 용납될 수 없는 위치에 처해 있었다. 그들은 부분적으로 아옌데 연합이 1925년 헌법을 위반했다는 내용을 들어 그들의 권력 장악을 정당화하였다. 하지만 그들 역시 1925년 헌법을 매일 위반하고 있는 셈이었다. 따라서 군사평의회는 기존의 헌법이 민주주의를 수호하기 위해서는 부적절하다고 선언하고 새 헌법이 제정될 것이라고 공표하였다. 우파 민간인들에 의한 위원회가 1974년 새로운 헌법을 초안을 작성하는 책임을 맡게 되었다.

위원회에서는 곧 급진적인 위원들과 온건한 위원들 간의 의견충돌이 일어났다. 결국 국무회의의 의장이자 전임 대통령이었던 호르헤 알레산드리가 헌법의 초안을 작성하는 역할을 맡게 되었고, 1978년 그는 초안을 피노체트에게 보고하고 승인을 요청하였다. 이 초안은 칠레의 헌법 전통에 매우 일치하는 것이었다. 또한 이 초안은 5년의 이행기를 두고 피노체트 장군이 대통령으로 이 기간 동안 통치를 하지만 지명된 의원으로 구성된 의회와 입법에 관한 책임을 나누어진다는 내용을 포함하고 있었다.

피노체트는 초안을 수정하여 비선출직과 군 장성들이 갖는 권력을 확대하였고 대통령의 임기를 8년으로 확대하였다. 나아가 그는 29개의 "과도기 조항"을 덧붙여 상당수의 헌법 조항의 적용을 헌법 제정 이후 두 번째 대통령 임기까지 유예시켰다. 이 조항 중의 하나가 피노체트를 1981년 3월부터 첫 번째이자 8년 임기의 대통령으로 임명하였으며, 다른 조항들은 군사평의회에 입법권을 부여하였다. 과도기 조항들은 결국 피노체트의 개인화된 정권을 8년 더 연장한 셈이었다.

민주정부로의 이행에 결정적인 역할을 했던 것은 피노체트가 과도기 조항에 포함시킨 것으로 첫 번째 대통령의 임기 말에 임기연장을 위해서 지켜야 할 조건이었다. 그 조항은 당시 피노체트 자신을 포함한 군부의 최고지도자들이 새로운 대통령 후보를 선출하고, 이렇게 선출된 후보는 국민투표를 통해 대통령으로 확정된다는 내용이었다. 만약 이 후보가 국민투표에서 승인되면 1년 안에 국회의원 선거가 열리고 헌법은 완전한 형태로 적용되기 시작하기로 되어 있었다. 만약 후보가 국민투표를 통과하지 못한다면 1년 안에 국회의원 선거와 대통령선거가 함께 치러져야 했다. 피노체트는 두 번째 임기를 시작할 만반의 준비가 되어 있었고 첫 번째 임기가 끝났을 때 그의 동료들에 의해 후보로 선출되는 데에도 어떠한 어려움이 없었다. 피노체트는 또한 국민투표를 통해 당선될 수 있다고 굳게 믿고 있었다. 1978년 9월 11일 국민투표의 결과 1980년 헌법은 압도적인 지지로 통과되었고 그의 "첫 번째 대통령 임기" 또한 함께 승인되었다.

하지만 이 두 가지 국민투표는 모두 변칙적으로 이루어졌고 반정부세력은 그 정당성을 공격하는 데에 어떠한 어려움도 없었다. 국민투표의 정당성에 대한 거부, 특히 헌법과 피노체트의 첫 번째 임기를 결정한 국민투표에 대한 거부는 지배그룹의 심기를 불편하게 했다. 따라서 피노체트와 그의 지지자들은 정부의 "합헌성(constitutionality)"을 이야기할 때마다 고통을 느껴야만 했다. 나아가 1982~1983년 경제위기와 대규모 저항운동으로 인해 새로운 칠레를 건설하겠다는 약속의 실현가능성이 희박해진 상황에서 1980년 헌법의 수호는 피노체트 정부가 추진하는 정치적 프로그램의 핵심요소가 되었다. 군부정권의 당국자들 역시 헌법에 규정된 "제도성(institutionality)"을 수호하는 것을 군(軍)의 주요 임무 중 하나로 여기게 되었다.

1986년 말 반정부 세력은 사회적 동원과 그 밖의 다른 종류의 압력을 통해 임기 중에 민주주의로의 이양을 강제하려는 노력은 한계가 있다고 보았다. 이에 반정부 세력은 정부를 이길 수 있는 방법으로 1988년에 예정된 국민투표에 기대를 걸기 시작했다. 이전에 있었던 국민투표에 대한 비판을 상기시키면서 반정부세력은 1988년 치러질 국민투표가 진정으로 국민의 의지를 대변할 수 있는 국민투표가 되게 하기 위한 일련의 조건들을 명문화하였다. 그 내용으로는 제대로 된 선거인 명부―기존의 것은 군부가 불태웠다―를 다시 만들 것, 더 많은 시민들이 선거인 명부에 등록할 수 있도록 선거인 등록 기간을 연장할 것, 피노체트의 재임 반대를 의미하는 "반대" 투표를 위한 텔레비전 홍보를 허락할 것, 비밀투표에 필요한 선거 절차를 마련할 것 그리고 공정한 선거를 보장하기 위해 반정부세력의 대리인들이 투표 및 개표 과정을 감시할 수 있게 할 것

등이다. 산티아고의 재미 대사인 해리 번즈(Harry Barns)는 군사평의회 구성원들에게 미국은 앞서의 조건들에 동의하며 이러한 조건들이 충족되지 않을 경우 국민투표의 정당성을 인정하지 않을 것이라는 점을 분명히 했다. 놀랍게도 1980년 헌법에 의해 설립된 새 헌법재판소 역시 이러한 조건들에 동의하였고, 따라서 피노체트는 이들 조건을 받아들이는 것 외에 다른 (선택의) 여지가 없었다.

국민투표준비기간이 시작되자 반정부세력은 공산당을 제외한 모든 그룹을 포함하는 "반대(no)"를 위한 연합을 구성하였는데, 공산당의 경우 그 지도부는 뒤늦게 이 과정이 갖는 의미를 깨달았다. 반대세력은 정치 마케팅 테크닉을 이용하여 정부가 부여한 텔레비전에서의 방송 시간을 통해 사회과학자들이 준비한 미래의 행복과 통합의 메시지를 전달하는 것에 주력하는 기지를 발휘하였다. 또한 그들은 모든 투표소에 선거감시인들을 배치하였고, 공식 개표 결과를 확인하기 위해 나름의 개표 시스템을 설치하였다. 국민들은 피노체트의 재임에 대해 찬성 혹은 반대표를 던졌고, 1988년 10월 5일 밤에 이뤄진 개표 결과 국민의 54.7%가 재임에 반대했고 43%가 찬성하였다. 등록한 선거인 중 90%가 넘는 국민이 투표에 참가하였고 선거인구 중 90% 이상이 선거인 등록을 하였다.

피노체트는 충격에 빠졌지만 국민투표의 결과를 받아들이지 않을 수 없었다. 국민투표는 그 스스로가 헌법에 덧붙인 내용이었고, 그가 수년 동안 군부와 지지국민들에게 지켜내는 것을 도와달라고 했던 "제도성"을 스스로 무너뜨릴 수는 없었다. 반정부세력 역시 군부가 국민투표 혹은 개표를 중단할 수 있는 어떠한 빌미도 주지 않았다. 선거기간 내내 반정부세력은 질서정연한 캠페인을 벌였고 자극이 될 수 있는 시위를 전반적으로 자제했다. 특히 선거 당일은 더욱 그러했다. 개표가 진행되는 동안 몇몇 공무원들이 개표 결과를 조작하려고 하였다. 하지만 조작하려는 시도가 이뤄지는 동안 공군 참모총장은 자유롭게 기자들에게 반대세력의 개표예상이 정확하다고 인정하였다.

국민투표의 결과는 공석이 되는 대통령 및 국회의원 선거가 1년 안에 열리는 것을 의미했다. 야당들은 기독민주당의 파트리시오 아일윈(Patricio Aylwin)을 단일후보로 지지하기로 합의하였고 상원 및 하원의원 선거에서도 단일 후보군을 제출하기로 결정하였다. 하지만 공산당과 몇몇 좌파 정당들은 몇몇 선거구에서 독자후보를 공천하였다. 야당세력은 헌법의 개정을 요구하였고 몇 번의 정부와의 협상을 통해 정부는 헌법의 상당 부분을 개정하는 데에 합의하였다. 수정된 헌법은 새로운 국민투표를 거쳐 승인되기 위해 제출되었고, 야당세력은 새로운 헌법의 틀을 존중한다고 약속해야 했다.

1989년 12월 14일 대통령 및 국회의원 선거가 실시되었다. 아일윈은 두 명의 우파 후보를 물리치고 유효표 중 55.2%를 얻어 당선되었으며 그의 야당연합은 하원의원 선거에서 56%의 득표하였다.

칠레 민주주의의 재건

1989년 중반에 헌법을 개정한 독재정권과의 합의의 일환으로 아일윈 대통령의 임기는 4년으로 단축되었다. 피노체트는 아마도 4년 후 다시 권력으로 복귀할 것이라고 생각했던 듯하다. 왜냐하면 그와 그의 지지자들은 야당세력들이 정국을 운영하면서 무능력한 모습을 보일 것이라고 확신했기 때문이다. 그들은 노동쟁의가 고조되고, 좌파 봉기 및 테러리즘이 창궐하고, 인권침해에 대한 징벌의 요구로 긴장이 조성되고, 기독민주당, 사회당, 급진당 그리고 새로운 정당인 민주당(PPD, Party for Democracy)의 연합이 깨질 것으로 예상했다. 그리고 이미 군사정권이 선거 목적으로 실시한 지나친 재정지출로 과열된 경기가 경제상황을 악화시킬 것이라고 생각했다. 피노체트는 1980년 헌법에 첨부된 "과도기적 조항"들에 따라 여전히 군의 최고사령관으로서의 자격을 8년 동안 유지하였다. 그는 심지어 각종 사안들의 경과를 모니터하기 위한 그림자 내각을 구성하였다.

이러한 모든 예상은 빗나갔다. 1994년 3월 아일윈 대통령은 정권을 전임 대통령의 아들이자 또 다른 기독민주당 후보인 에두아르도 프레이 루이스 타글레(Eduardo Frei

Ruiz-Tagle)에게 이양하였고 프레이는 6년의 임기를 보장받았다. 2000년 사회당과 민주당의 총재였던 리카르도 라고스(Ricardo Lagos)가 6년의 임기를 이어갔고 2006년에는 사회당 후보인 미첼 바첼렛(Michelle Bachelet)이 칠레 역사상 최초의 여성 대통령으로서 4년의 임기 대통령으로 취임하였다. 민주주의를 위한 정당연합(the Concertation of Parties for Democracy)은 칠레를 20년간 통치했으며 이는 칠레 역사상 가장 오래 지속되었고 성공적인 연합으로 기록되었다.

경제

1990년부터 2008년까지 칠레 경제는 그 규모가 2배 이상 성장하였고, 1인당 국민소득(PPP)이 1만 4,900달러에 달했다. 2009년 경제위기는 경기침체를 가져왔으나 2010년 경제성장률은 약 4%에 이를 것으로 관측되었다. 1990년 이래로 연간 투자율은 국민총생산(GNP)의 24%에서 27% 수준을 유지하였다. 민주화 이후 막대한 양의 해외투자가 이루어졌다. 바첼렛 대통령의 4년 임기 동안 무려 170억 달러가 유입되었고 민주화 이후 들어온 투자액의 총합은 약 1,100억 달러에 이른다.

독재정권은 칠레 경제를 수출 주도 경제성장 모델로 재설정하였다. 이러한 정책은 1990년대 이후에도 유지되었고 현재 칠레의 수출은 국민총생산의 40%에 육박한다. 구리가 수출에서 차지하는 비중은 이제 칠레 총수출의 50% 미만으로 떨어졌는데, 이는 칠레가 세계시장에 내놓는 제품들이 다양화되었다는 것을 의미한다. 이러한 다양한 제품들에는 종이와 펄프, 생선, 과일, 와인, 화학제품 그리고 운송장비들이 있다. 민주주의 연합(Concertacion)의 정부들은 전 세계 57개국과 무역협정을 체결하였고 유럽연합, 미국, 한국, 중국 그리고 멕시코와는 자유무역협정을 체결하였다. 그 결과 칠레의 무역 파트너는 매우 광범위하게 다변화되었고, 칠레는 중국을 포함한 거의 모든 나라들과의 무역에서 흑자를 보고 있다. 칠레 기업들 역시 260억 달러를 해외에 투자했는데, 이러한 투자는 주로 주변국에 이루어졌다.

민주주의 연합(Concertacion) 정부들은 거시경제의 안정성을 유지하기 위하여 특별한 주의를 기울였다. 정부재정은 다년간의 평균을 기준으로 균형을 이루었다. 중앙은행의 외환보유고는 연간 160억 달러에서 200억 달러 정도를 유지하였고, 해외에 투자된 국부펀드는 200억 불 정도의 규모이다. 인플레이션은 지난 20년간 두 자릿수 미만으로 유지되었는데, 이는 1870년대 이후 기록적인 것이다. 칠레의 국채는 현재 가장 높은 투자 랭킹을 기록하고 있다.

칠레는 또한 사회기반시설에 상당히 많은 투자를 했다. 항구, 공항, 도로와 고속도로 등이 건설되어 칠레 경제의 효율성을 증대시켰다. 거의 모든 도시 지역이 포장도로로 연결되어 있다.

미래의 경제발전에는 상당한 어려움이 있을 수 있다. 칠레는 생산력을 반드시 향상시켜야 하며, 연구와 개발에 더욱 많은 투자를 해야 하고, 생산품에 기술적인 요소와 함께 부가가치를 증대시킬 필요가 있다. 칠레는 또한 높은 청년실업의 문제를 해결해야 한다. 그러나 여론조사에 따르면, 칠레국민들은 꾸준히 그들의 경제사정에 대해 대체로 낙관적인 것으로 조사되고 있다.

사회정책과 그 성과

교육, 의료 그리고 주택 분야에 대한 정부의 사회지출은 1990년 이후 매년 8%씩 증가했다. 칠레는 현재 고등학교까지 무상교육이 실시되고 있고 18살부터 24살 사이의 인구 중 35%가 고등교육기관에 등록되어 있다. 아무리 외진 농촌지역이라고 할지라도, 모든 초등학교는 교육부의 컴퓨터 네트워크에 연결되어 있으며 모든 어린이들은 어려서부터 컴퓨터 사용법을 습득한다. 초등학교는 그들의 컴퓨터실을 활용하여 성인들을 위한 야간수업을 개설하며 칠레 국민의 절반 정도가 인터넷을 사용한다. 칠레 학생들이 국제경시대회에서 낮은 성적을 얻는 것을 고려한다면 칠레 교육시스템의 가장 큰 과제는 교육의 질을 향상시키는 것이다. 또한 사립학교 학생과 공립학교 학생 사이에 존재하는 학업성취도의 상당한 차이 역시 반드시 해결해야 할 것이다. 유치원 교육과 보육원 시설 확대를 위한 상당한 노력이 기울여졌는데, 특히 바첼렛 정부하에서 유치원 혹은 보육원 시설이 필요한 모든 가정에 혜택을 준다는 목표하에 이러한 노력들이 더욱 집중적으로 기울여졌다.

칠레의 보건의료지표는 상당히 개선되었다. 출생 시 기대수명은 78세(여성의 경우 81세)이며 영아사망률은 1,000명의 신생아 중 7명이다. 모든 연금생활자, 어린이 혹은 빈민들은 무상의료서비스를 받고 있으며 이는 의약품을 포함한 서비스로 비용은 공공지출로 충당한다. 이 외의 국민들은 소득에 따라 의료부담금을 지불해야 한다. 그러나 국립의료시스템은 장기이식이나 국가가 정한 56개의 질병(암, 당료, 심장질환 등)을 앓고 있는 사람들에게 무료로 의료서비스를 제공한다. 민간의료보험을 갖고 있는 국민들도 모든 공제액을 다 낸다면 위의 의료서비스들을 받을 수 있다. 라고스 정부가 실시한 이 의료정책으로 독재정권하에서 일관되게 추진되었던 의료민영화가 상당히 역전되는 효과를 가져왔다.

칠레 군부는 연금제도를 민영화하면서 세계 각국의 관심을 한 몸에 받았다. 정규직에 종사하는 모든 사람들은 다양한 대상에 투자한 민간펀드에 매달 일정한 액수를 납부하는 계약을 체결해야만 했다. 그러나 이 조치로 꾸준히 정규직에 종사할 수 없던 사람들은 연금제도에 가입할 수 없게 되었고, 민영 연금제도에 가입된 은퇴자들 중 84%에 달하는 사람들은 최소한의 연금수준을 보장받기 위해서 정부로부터 지원을 받아야 했다. 또한 민간 연금시스템은 상당한 행정관리비를 야기했다. 민주주의 연합(Concentration) 정부는 오랫동안 연금제도의 민영화는 실패했다고 여겼다. 하지만 이러한 민영 연금제도를 완전히 공영화하는 대신, 바첼렛 대통령은 국가 재정이 지원하는 새로운 국민연금제도를 마련하기로 하였다. 이 제도를 통해 65세 이상 인구 중 수입이 국민수입의 하위 40% 이하인 이들에게 고용경력에 상관없이 최소 연금(현재는 약 220달러—PPP 환율 기준)이 지급된다. 새로운 연금 개혁안은 또한 민간 연금에 더하여 부과되는 정부의 연금지원을 차등적으로 실시하였고, 민간 연금으로 하여금 단계적으로 최소 연금 이상을 지급하도록 유도하였다. 역시 이는 민영 보험의 원칙으로부터 한 단계 벗어난 조치이다. 이러한 연금 및 건강보험 제도의 개혁은 유럽이나 미국에서 볼 수 있는 진정한 복지국가의 건설을 의미하는 것이다.

민주주의 연합(Concertacion) 정부의 주택정책은 칠레에서 빈민촌을 제거하는 것에 중점을 두어 고안되었다. 칠레 인구의 90% 정도가 도시에 거주한다는 점을 고려한다면 이는 상당히 힘겨운 도전이다. 정부 보조 프로그램을 통해 모든 가난한 가족들은 300달러 정도의 최소한의 비용을 지불할 경우 새로 개발되는 지역의 소규모 주택의 집 문서를 받았다. 이후 그들은 그들의 소득에 따라 정해진 월세를 내야만 한다. 이 프로그램의 목표는 거의 이루어졌고, 이 프로그램으로 인해 칠레의 도시 풍경은 상당한 변화를 겪었다. 다음 목표는 주택의 크기를 늘리는 것이었다. 하지만 최근 인구가 간신히 인구대체율 정도로 성장하고 있을 정도로 저하된 출산율로 말미암아 칠레 가구의 평균 가족 수는 3.7명에 불과하다.

지난 20여 년 동안 추진된 다양한 빈곤극복프로그램들로 인해 빈곤인구는 크게 감소하였다. 1990년 칠레 인구의 45% 정도가 빈곤선 이하의 삶을 살았던 것에 비해, 2009년 통계에 따르면 그 수는 13%로 낮아졌다. 빈곤극복프로그램들은 그동안 가장 취약한 가구들을 집중적으로 지원하고 보살펴왔다. 전통적인 방법으로 측정한 칠레의 소득분배 상황은 여전히 열악하다. GINI 계수는(지니계수는) 0.54에 달한다. 하지만 경제학자들의 추산에 따르면, 소득 수준이 하위 20%에 달하는 가구의 소득 중 46%는 국가 프로그램을 통해 획득한 현금 혹은 현금과 유사한 물품 수령으로 이루어진다. 이를 고려하여 다시 계산하면 GINI 계수는(지니계수는) 0.44로 낮아진다.

인권정책

파드리시오 아일윈 대통령은 군부하에서 일어난 인권침해의 사례를 스스로 처리하는 데에 어려움을 겪었다. 그는 우선 그가 정권을 잡았을 때 수감되어 있던 384명의 정치범의 사건들을 다시 조사하였고, 거의 대부분을 신속하게 석방하였다. 사망자를 낸 폭력사태에 가담한 남은 소수의 정치범들에 대해서는 그 형량을 바꾸어 해외로 망명시켰다. 아일윈은 또한 사회각계각층의 대표자들을 진실과 화해위원회(TRC, Truth and

Reconciliation Commission)에 임명하였고, 이들은 군부 인사에게 체포된 후 사라진 3,200명의 실종자들의 사례를 수집하고 기록하였다. 진실과 화해위원회를 통해 칠레는 최근에 일어난 갈등의 역사에 대한 균형 잡힌 시각을 갖게 되었다. 오로지 피노체트에 의해 좌지우지되던 칠레 군부의 상부층만이 이러한 (역사의) 해석에 반기를 들었다. 실종자들의 유가족들은 정부로부터 평생 연금을 그 배상으로 받았다. 실종자들의 자녀들은 그들의 고등교육을 받는 한 35세까지 장학금과 학자금을 지급받을 수 있게 되었다. 칠레는 1991년 이후 이러한 배상을 위해 12억 달러 정도를 지출했다.

진실과 화해위원회가 수집한 증거는 희생자의 가족들에게 공개되었고, 인권침해를 자행한 자들을 가족들이 사법부에 고소할 수 있는 바탕이 되었다. 사법 절차를 돕기 위해 정부는 1978년 피노체트 정부가 입안한 사면법의 재해석을 요구하였다. 이 법에 따르면, 실종자의 시신이 발견되기 전에는 사면법이 적용될 수 없었다. 즉, 시신이 없는 경우 이는 살인이 아닌 납치에 해당하며 이 경우 1978년 사면법에 의해 처리될 수 없었는데, 왜냐하면 범죄가 1978년 이전에 완료되었다고 볼 수 없기 때문이라는 것이다. 1993년 파이네(Paine)에서 사라진 농민들에 대한 실종사건에 대한 항소법원에서 이러한 법해석은 처음으로 받아들여졌고, 이후 사면법은 인권침해 사례를 조사하는 도구로 변했다. 이후 항소법원은 칠레의 세계 인권 헌장 서명으로 인해 인권침해는 무효화할 수 없으며 따라서 1978년 사면법은 적용불가능하다고 판결하였다.

이 두 판결은 모두 막 군부 최고 명령권자의 자리를 떠나 런던에서 체포된 피노체트 장군의 눈앞에서 대법원에 의해 확정되었다. 이미 피노체트 군사 정권의 보안기관의 고위 관계자들 중 몇몇은 인권침해로 장기간의 형량을 받아 감옥에 수감되어 있는 상태였고, 약 400여 명에 달하는 이들이 인권침해로 기소되었거나 조사받고 있었다. 따라서 칠레의 인권침해 조사 및 처벌이 피노체트가 권력에서 물러나고 난 다음에야 이루어지기 시작했다는 많은 사람들이 믿고 있는 바는 사실이 아니다. 사법적인 절차는 진실과 화해위원회가 보고서를 발표하자마자 시작되었고, 군부의 우두머리로서 피노체트가 쉽게 은폐할 수 있는 정보들을 확보하기 위한 어려움으로 인해 이러한 사법 절차는 생각보다 오래 걸렸으나 피노체트의 뒤를 이은 군부 지도자들은 정보를 은폐하지 않았다. 현재 칠레에서는 약 120명이 인권침해로 복역하고 있으며 이들 중 20여 명은 종신형에 처해졌다.

피노체트를 처벌하는 것은 그가 군부의 우두머리로 존재하는 동안에는 불가능했다. 하지만 그가 군부를 떠나 1980년 헌법 조항에 따라 "종신 상원위원"으로 선서를 마치자마자, 실종자들의 가족과 다른 범죄 피해자 가족들은 피노체트를 고소했다. 후안 구스만(Juan Guzmán) 판사가 피노체트 사건을 맡게 되었고, 그는 피노체트가 런던에서 체포되었던 시점에 이미 법적 절차에 따라 피노체트에 대한 심문을 막 시작하려 하고 있었다. 피노체트의 사법 처리를 돕기는커녕, 영국의 피노체트 구속은 그 반대 효과를 가져왔다. 구스만은 피노체트가 칠레로 돌아오고 나서야 겨우 심문을 할 수 있었고, 그때는 이미 피노체트가 뇌졸중으로 인한 발작을 여러 차례 경험한 이후였기 때문에, 그가 그에게 제기된 범죄의 내용을 이해할 수 없을 수도 있다는 의견들이 제기되었다. 구스만 판사는 그가 상원의원이기 때문에 갖고 있었던 면책특권을 박탈했고, 인권침해 범죄를 이유로 피노체트를 가택연금에 처했다. 이후 피노체트가 저지른 다른 인권침해 및 부정부패들에 대한 기소가 계속되었지만, 그의 정신 건강 상태로 인해 번번이 기소는 확정되지 못했다. 어쨌든 그는 수많은 형사소송 속에서 그의 말년을 가택연금이 된 상태로 보냈다.

프레이 정부는 인권 침해 사례를 검토하기 위해 인권변호사와 군부로 구성된 원탁회의를 구성하였다. 이 회의는 군부가 인권을 침해한 사실이 있다는 것을 인정하며 다시는 이러한 일이 재발되지 않도록 하겠다는 것을 약속하는 리포트를 발표하였다. 이후, 라고스 정부는 피노체트 정권하에서 실시된 고문 사례를 조사하기 위한 위원회를 소집하였다. 이 위원회는 100여 개의 비밀수용소에서 2,800명의 칠레 국민이 고문을 당했다는 보고서를 작성하였다. 고문의 피해자들은 정부로부터 보상을 받을 수 있게 되었는데, 보상 내용에는 의료혜택이 포함되었다. 나아가 칠레 정부는 송환을 신청한 4만 명가량의 정치적 망명자들의 귀국을 도왔다.

결국, 최근 군부 독재로부터 민주화를 이룬 여러 사례 중, 칠레는 인권침해 피해자들에 대한 보편적인 보상을 시행하고 진실을 확인하기 위해 가장 많은 노력을 기울인 나라이다. 칠레가 취한 접근 방식은 과거사 청산의 모델이 될 만한데, 그 이유는 인권침해 사례를 해결하기 위해서는 경찰력보다는 사법부를 통해 이루어져야 한다는 견해에 기반을 둔 것이기 때문이다. 이러한 접근은 지난 군부정권에 협조했던 사법부의 권위를 회복시키는 데에 기여했을 뿐 아니라, 사법부 독립과 법치의 원칙을 세우는 데에도 효과적이었다. 또한 이는 새로이 회복된 혹은 새롭게 탄생한 민주주의를 공고히 하는 데에도 기여하였다.

헌법 개혁

피노체트에 의해 만들어진 1980년 헌법은 원래 쓰인 대로 단 한 번도 적용되지 않았다. 1989년 실시된 주요 개헌들을 통해 국가안보위원회(the National Security Council)의 영향력이 상당히 감소되었고, 민간인들을 포함시킴으로써 그 구성원도 변하게 되었다. 뿐만 아니라 마르크스주의를 표방하는 정치단체의 금지 또한 해제되었다. 아일윈 정부의 집권 초기, 헌법 개정을 통해 민선 지방 정부의 시대가 다시 열렸다.

의회의 우파 정당들은 헌법에 대한 더 이상의 개정을 반대하고 나섰다. 그들은 9명의 "지명 상원의원"들의 존재를 통해 혜택을 보고 있었기 때문이다. 왜냐하면 이들은 모두 군부정권 말기에 지명된 인사들이었고 모두 우파들이기 때문이다. 그들은 또한 전임 대통령들이 "종신" 상원의원이 되는 것에 찬성하였는데, 피노체트 대통령에게는 종신 상원의원직이 인정되었으나 기술적인 문제로 아일윈 대통령은 종신 상원의원직을 인정받지 못했다. 우파 정당들은 또한 국가안보위원회의를 자문기관으로 축소하는 것에 반대하였다. 그리고 그들은 군부를 칠레의 헌법적 그리고 제도적 완결성의 "수호자"로 규정한 헌법 조항의 개정에 반대하였다. 아일윈, 프레이 그리고 라고스 정부는 모두 이들 헌법 조항을 변경하기 위한 법률을 제출하였다.

1980년 헌법의 이 같은 비민주적 조항들은 시간이 지남에 따라 그 정치적 효력을 잃어갔다. 지명된 의원들의 8년 임기가 끝나자, 프레이 정부는 이들의 절반을 자신들의 지지자로 교체하였고, 프레이 대통령은 임기 후 상원의원으로 복귀했으나 피노체트는 지명의원 리스트에서 제명되었다. 그 결과 라고스 정부는 마침내 2005년 헌법에서 모든 비민주적인 독소조항을 제거하는 것에 성공할 수 있었다. 새로운 헌법은 민주헌정질서에 완벽하게 부합되는 것으로 칠레의 새로운 민주주의가 공고화되었음을 상징적으로 보여 주었다.

정치 발전

1992년 지방선거는 1973년 이전에 실시되었던 선거양식과 비슷한 비례대표 시스템으로 치러졌다. 1992년 선거는 독재 이후 최초로 실시된 정상적인 지방선거였다. 칠레국민들은 여전히 전처럼 좌, 우 그리고 중도의 성향으로 고르게 나뉘었다. 현재의 대통령 선거 시스템은 1차 선거에서 과반을 차지하는 후보가 없을 때 2차 선거를 실시하게되어 있으므로 국민들은 민주주의 연합(Concertacion) 후보와 우파정당 연합 후보 사이에서 한 명을 선택할 수밖에 없다. 이와 유사하게, 국회의원 선거는 이명식(binominal formula)으로 치러진다. 각 당은 후보명단으로 한 선거구에서 오직 2명만을 지명할 수있으며, 가장 높은 득표율을 차지하는 정당의 경우, 2등보다 2배 이상의 득표율을 올렸을 때에만 두 석을 다 확보할 수 있다. 이러한 시스템은 국민들로 하여금 주요 두 정치세력에서 배출한 후보들을 중심으로 사고하도록 만든다. 지난 20여 년 동안 선거를 통해 칠레의 유권자들이 중도좌파로 약간 경도된 듯 보이지만, 사실 거의 완벽하게 양분화되어 있다. 2009년까지 이러한 칠레 국민들의 투표성향은 모든 대통령 선거에서 민주주의 연합(Concertacion)이 이길 수 있게 만들었으며 의회에서 더 많은 득표율을 기록할수 있게 하였다. 물론 높은 득표율이 언제나 더 많은 의석수를 의미하는 것은 아니다.

이후 선거인단들 사이에서 나타난 소규모의 변화가 독립민주연합(UDI, the Union of

Independent Democrats)과 민족혁신당(RN, National Renewal) 간의 우파 연합이 승리하는 결과를 가져왔다. 독립민주연합은 피노체트 지지자들에 의해 출범한 정당인 반면, 민족혁신당은 피노체트 정권과는 거리를 둔 1973년 이전의 우파정치를 대변한다. 하지만 두 정당은 모두 칠레의 민주주의를 수호하는 데에 동의하고 있으며, 두 당은 모두 피노체트 정부가 저지른 인권침해와 부정부패를 강력하게 비판하였다. 이런 의미에서 다시 한번 칠레의 민주화는 많은 결실을 맺었다고 할 수 있다. 2009년, 우파의 대통령 후보인 세바스티안 피녜라(Sebastián Piñera)는 피노체트에게 패배를 안겨준 국민투표에서 민주주의 연합과 함께 반대표를 던진 인사이다.

결론

칠레인들은 스페인으로부터의 독립 200주년을 기념하는 동시에 뿌리 깊은 민주주의의 전통을 다시 회복했다는 점 또한 자랑스럽게 여길 수 있다. 경제개발협력기구(OECD) 가입과 함께, 지난 20여 년간 칠레는 복지국가 창출과 빠른 경제성장이라는 놀라운 성과를 보였다. 칠레인들은 냉철한 분석뿐만 아니라 보상 및 처벌을 통해 칠레 역사상 가장 심각했던 정치 위기에 맞섰다. 칠레의 정치 지도자들은 지난 과거의 실수로부터 교훈을 얻었다. 주요 교훈 중 하나는 국가의 문제를 해결하기 위한 해결책은 합의의 도출을 위한 협상을 통해 모색되어야 하며 분열을 조장하는 지나친 선동에 굴복해서는 안 된다는 것이다. 민주주의 연합이 언젠가 그리 머지않은 미래에 광범위한 민중주의적 방법을 통해 칠레 민중들은 더 나은 삶을 향한 길을 열게 될 것이라는 살바도르 아옌데의 죽기 전 마지막 예언을 이룰 수 있었던 것은 이들의 신중한 개혁 전파로 인해 가능했다.

추천도서

Angell, Alan. Politics and the Labour Movement in Chile. London: Oxford University Press, 1972.

Arriagada, Genaro. Pinochet: The Politics of Power. Winchester, MA: Unwin Hyman, 1988.
Bauer, Robert J. Chilean Rural Society from the Spanish Conquest to 1930. Cambridge: Cambridge University Press, 1975.

Blakemore, Harold. British Nitrates and Chilean Politics, 1886—1896: Balmaceda and North. London: Athlone, 1974.

Boorstein, Edward. Allende's Chile: An Inside View. New York: International, 1977.

DeShazo, Peter. Urban Workers and Labor Unions in Chile, 1902—1927. Madison: University of Wisconsin Press, 1983.

De Vylder, Stefan. Allende's Chile: The Political Economy of the Rise and Fall of the Unidad Popular. Cambridge: Cambridge University Press, 1974.

Drake, Paul W. Socialism and Populism in Chile, 1932—52. Champaign—Urbana: University of Illinois Press, 1978.

Foxley, Alejandro. Latin American Experiments in Neoconservative Economics. Berkeley: University of California Press, 1983.

Galdames, Luis. A History of Chile. Translated and edited by Isaac J. Cox. Chapel Hill: University of North Carolina Press, 1941.

Gil, Federico. The Political System of Chile. Boston: Houghton Mifflin, 1966.

Gil, Federico, Ricardo Lagos, and H. A. Landsberger, eds. Chile at the Turning Point: Lessons of the Socialist Years, 1970—73. Philadelphia: Institute for the Study of Human Issues, 1979.

Huneeus, Carlos. The Pinochet Regime. Boulder: Lynne Rienner, 2007.

Infante, Ricardo B., and Osvaldo Sunkel. "Chile: Towards Inclusive Development." CEPAL Review, April 2009.

Kaufman, Robert R. The Politics of Land Reform in Chile 1950—1970: Public Policy, Political Institutions, and Social Change. Cambridge: Harvard University Press, 1972.

Kornbluh, Peter, ed. The Pinochet File: A Declassified Dossier on Atrocity and Accountability. National Security Archive/New Press, 2003.

Loveman, Brian. Chile: The Legacy of Hispanic Capitalism. New York: Oxford University Press, 1979.

Mamalakis, Markos J. The Growth and Structure of the Chilean Economy: From Independence to Allende. New Haven: Yale University Press, 1976.

Pike, Fredrick. Chile and the United States. Notre Dame, IN: University of Notre Dame Press, 1963.

Roxborough, Ian, Philip O'Brien, and Jackie Roddick. Chile: The State and Revolution. New York: Holmes & Meier, 1977.

Scully, Timothy R. Rethinking the Center: Party Politics in Nineteenth— and Twentieth—Century Chile. Stanford: Stanford University Press, 1992.

Sigmund, Paul E. The Overthrow of Allende and the Politics of Chile, 1964—76. Pittsburgh: University of Pittsburgh Press, 1977.

_____. The United States and Democracy in Chile. Baltimore: Johns Hopkins University Press, 1993.

Smith, Brian H. The Church and Politics in Chile: Challenges to Modern Catholicism. Princeton: Princeton University Press, 1982.

Soifer, Hillel David. "The Sources of Infrastructural Power: Evidence from Nineteenth—Century Chilean Education." Latin American Research Review 44, no. 2 (2009).

Spooner, Mary Helen. Soldiers in a Narrow Land: The Pinochet Regime in Chile. Berkeley: University of California Press, 1999.

Stallings, Barbara. Class Conflict and Economic Development in Chile, 1958—1973. Stan-ford: Stanford University Press, 1978.

Valenzuela, Arturo. Political Brokers in Chile: Local Politics in a Centralized Polity. Durhan, NC: Duke University Press, 1977.

_____. The Breakdown of Democratic Regimes: Chile. Baltimore: Johns Hopkins University Press, 1978.

Valenzuela, J. Samuel. From Town Assemblies to Representative Democracy: The Contested Building of Electoral Institutions in Post—Colonial Chile. Kellogg Institute Working Pa-per. Forthcoming.

Valenzuela, J. Samuel, and Arturo Valenzuela, eds. Military Rule in Chile: Dictatorship and Oppositions. Baltimore: Johns Hopkins University Press, 1986.

Valenzuela, J. Samuel, Eugenio Tironi, and Timothy R. Scully, eds. El eslabón perdido: Familia, modernización y bienestar en Chile. Santiago: Taurus, 2006.

Winn, Peter. Weavers of Revolution: The Yarur Workers and Chile's Road to Socialism. New York: Oxford University Press, 1986.

27. 아르헨티나: 쇠퇴와 부활

피터 칼버트(조영실 옮김)

세계에서 열다섯 번째로 큰 나라인 아르헨티나는 많은 패러독스를 보여 준다. 영토는 약 2,767,000㎢이고, 인구는 2009년 7월 기준으로 4,900만에 불과하여 세계에서 32위를 기록한다. 경작지는 믿을 수 없을 정도로 넓다. 국토의 서쪽, 그러니까 부에노스아이레스와 안데스 산맥 사이에 뻗어 있는 드넓은 팜파스 덕분에 아르헨티나는 세계에서 몇 안 되는, 그리고 남미 유일의 곡물수출국이다. 전체 인구의 약 3/5는 부에노스아이레스의 세련된 도시 환경에서 산다. 아르헨티나는 또 석유를 자급하며 천연가스와 광물자원도 풍부하다. 영토 규모가 오스트레일리아와 비교할 만하지만 오스트레일리아만큼 발전하지는 못했다. 1930년에는 오랜 쇠퇴기가 시작되었다. 사실 1930년 아르헨티나는 세계에서 일곱 번째 부국이었다. 1980년에는 경제 순위가 77위였고, 아르헨티나 통치자들은 영원히 제3세계 국가로 남기로 체념한 듯했다. 교육받고 세련된 나라지만 대단히 잔혹한 군사독재를 겪어야 했다. 사람들은 "아르헨티나는 미래의 땅이다. 지금까지도 그랬고 앞으로도 언제나 그럴 것이다"라고 말한다.

부에노스아이레스 대(對) 지방

식민지 시대에 아르헨티나는 스페인 제국에서 제일 끄트머리에 있었다. 현재의 아르헨티나 땅에 자리 잡은 최초의 스페인 정착민은 페루로 들어갔다가 내려온 사람들이었다. 이후 1776년이 될 때까지 이곳은 뒤처진 채 주목받지 못하고 있었다. 천혜의 항구 부에노스아이레스는 1580년 발견되었으나 리마를 통한 교역이 주도하던 시기에는 침체되어 있었다. 부에노스아이레스와 스페인 사이의 직교역(주로 가죽과 오늘날의 볼리비아 지역에서 나오는 은이었다)을 통해 도시의 성장이 촉진된 것은 한참 나중의 일이었다. 1776년 라플라타 부왕령이 세워졌다. 부에노스아이레스는 급속히 성장하기 시작했다. 1807년 홈 폽햄(Home Popham) 경이 부에노스아이레스를 영국 식민지로 만들려는 불운한 시도가 있었는데, 그 과정에서 아르헨티나인들은 스스로를 지킬 능력이 있다는 교훈을 얻게 되었다. 1810년 스페인의 지배, 다시 말해 스페인 국왕 페르난도 7세의 권한을 위임받은 카빌도의 지배로부터 벗어나기 위한 시도들이 계속되었다. 이 시기는 페르난도 왕이 프랑스 황제 나폴레옹 보나파르트의 포로로 잡혀있던 때였다. 1816년 스페인이 부에노스아이레스를 다시 장악하기 위한 움직임을 보이자 투쿠만에서 소위 '남미연합주'의 독립이 선언되었다.

1810년 이미 부에노스아이레스는 라플라타 강을 따라 산발적으로 흩어진 도시들이나 서쪽 혹은 서북쪽의 여타 고장들, 그리고 안데스 산맥 발치에 흩어진 고장들에 비하면 규모가 훨씬 커져 있었다. 광활하고 나무도 별로 없는 평원, 그러니까 팜파스라고 알려진 부에노스아이레스의 내륙 쪽에는 여전히 상당히 많은 아메리카 원주민이 있었다. 그러나 전체 영토에 비해서는 인구가 부족했다. 부에노스아이레스 주(부에노스아이레스 시와는 대조되는)의 광활한 시골 평원에는 아르헨티나의 카우보이인 가우초가 흩어져 살고 있었다. 가우초는 내륙지방을 개척하고 아르헨티나의 민족적 신화를 제공했다.

아르헨티나는 19세기 내내 부에노스아이레스와 다른 지방 주들의 다툼으로 분열되어 있었다. 부에노스아이레스는 부에노스아이레스 주도하의 중앙집중적 체제를 지지했고, 다른 주들은 각 주의 자치에 기반을 둔 연방제를 원했다. 부에노스아이레스는 항구에서 세입을 얻었다. 반면에 직물과 같은 지방 주들의 제조품은 더 싼 외국산 수입품 때문에 가격이 낮게 책정되었다. 부에노스아이레스는 자신의 부를 다른 주들과 공유하지 않았다. 그리고 도시의 외관이나 편의시설도 점점 더 유럽적으로 되어갔다. 반면 지방 주들은 권위적이고 종종 야만적인 지도자들(카우디요)의 지배를 받아 발전이 뒤처졌다. 1835년 부에노스아이레스의 카우디요 후안 마누엘 데 로사스(Juan Manuel de Rosas)의 독재가 들어서면서 연방주의자들과 중앙집권주의자들 사이의 투쟁은 흐려졌다. 로사스는 국가적인 문제는 등한시했고, 스스로 국가 지도자로 인정받는 대신 지방 통치자들에게 전적인 행동의 자유를 주었다. 이는 역설적으로 그가 저지하던 국가적 단합을 이루는 데 도움이 되었다. 1852년 로사스는 정치적 반대세력들의 연합체인 '아르헨티나 연방'에 의해 권좌에서 쫓겨났고, 1877년 영국 망명 도중 사우샘프턴 교외에 있는 농장에서 죽음을 맞았다.

1853년 신생 아르헨티나 공화국의 연방헌법이 만들어졌다. 부에노스아이레스는 연방에서 떨어져 나왔지만 1859년 다른 지방 주들과의 군사적 대결에서 패배했다. 1861년에는 부에노스아이레스 군이 승리했고, 자신이 지배권을 가질 생각으로 아르헨티나 연방에 합류했다. 도시 창건 300년이 지난 1880년 부에노스아이레스는 로사리오를 대신하여 연방 수도가 되었다. 그리고 옛 부에노스아이레스 주―여전히 아르헨티나의 최대 주였다―의 새 수도는 라플라타에 세웠다. 국가의 삶을 지배하던 이는 대토지소유자, 즉 '에스탄시에로(estanciero)'였지만, 지방의 카우디요들도 관습적인 정치인으로 변모되어 갔다.

이후 40년간은 경제 변화의 시기였다. 영국 자본의 투자, 유럽인 이민, 철도 확장, 팜파의 쇠고기, 곡물, 양모의 효과가 결합되어 아르헨티나는 부국이 되었다. 이러한 발전은 처음에는 정치를 장악하고 있던 목장주들과 대지주들에게 이득이 되었다. 그러나 이들이 쥐고 있던 권력에 도전하는 새로운 두 계층이 나타났다. 은행가, 중개인, 법률가와 같은 전문인과 막 유입된 이민자들로 주로 구성된 도시노동자 계층이었다. 1880~1950년에는 미국행 이민자들의 세 배나 되는 이민자들이 아르헨티나로 몰려들었다.

근대 정당과 구시대적인 군

1890년 라디칼당(급진시민연합, UCR)과 사회당이 창설되면서 첫 번째 도전이 찾아왔지만, 여전히 지주, 상인, 은행가들은 부정선거를 통해 권력을 유지하고 있었다. 로케 사엔스 페냐(Roque Sáenz Peña) 대통령은 보수주의자였지만 1912년 선거 부정을 줄이기 위해 비밀선거를 도입하는 법률의 채택을 주장했다. 그 결과 1916년 라디칼당 창립자의 조카 이폴리토 이리고옌(Hipólito Yrigoyen)이 아르헨티나 최초로 국민선거를 통해 대통령에 당선되었다. 1922년 경제는 여전히 강하게 성장하고 있었다. 이리고옌의 라디칼당 후계자인 마르셀로 T. 알베아르(Marcelo T. de Alvear) 치하에서는 제조업이 발달했다. 1928년 이리고옌이 재임에 성공하자 이리고옌의 인물중심주의에 반대하는 이들이 생겨나면서 당이 분열되었다. 1929년 대공황의 영향을 채 느껴지기도 전인 1930년 퇴역 장군 호세 E. 우리부루(José E. Uriburu)가 이끄는 소규모 사관생도들이 나무소총으로 무장한 채 권력을 장악했다. 이리고옌의 은둔적 성격도 이유였지만 군부의 권력 탈취 위협을 아르헨티나 사회가 간파하지 못한 탓이었다.

1932~1943년은 '치욕의 10년'라고 불린다. 보수파 및 라디칼 내 이리고옌 인물중심주의 반대세력과 느슨한 연합 형태(콘코르단시아, Concordancia)로 결합한 과두계층이 군의 지지를 받아 권력을 잡았다. 이들의 우호세력과 지지 세력은 경기 회복의 수혜를 입었고, 또 2차 세계대전 동안 연합군에게 육류와 곡물을 공급하는 역할을 하며 이익을 챙기기도 했다. 그러나 전쟁으로 아르헨티나 사회는 극심하게 분열했다. 강경한 친연합군 입장의 지도층도 있었지만, 원칙적으로 아르헨티나는 미심쩍은 고립주의를 고수했다. 군 내부의 주요 인물들은 독일의 군사적 기량을 찬양하며 공공연하게 친주축국 성향을 드러냈다. 1943년 민간 정치인들 사이에 친 연합군 성향의 대통령을 추대하려는 조짐이 있자 다시 군이 개입했다.

1943년은 전환점이 되는 해였다. 쿠데타를 계획하고 실행하던 비밀부대의 비서였던 후안 도밍고 페론(Juan Domingo Perón) 대령은 군사정부의 국방부 장관과 노동·사회복지부 장관이 되었다. 그는 노동 개혁을 추진하고 노동조합 결성을 장려했으며, 과두계층이 아니라 대중에게 엄청난 인기를 얻었다. 1946년의 자유선거에서 그는 압승을 거두며 대통령에 당선되었다. 1949년 페론은 헌법 개정을 통해 1951년의 재선을 가능하게 했고, 그리하여 1955년까지 권력을 유지했다.

페론의 포퓰리스트적이고 개인의 카리스마에 기댄 체제는 언론 통제, 반체제 인사 억압, 단일 지배정당 확립, 지도자 개인에 대한 숭배 등 독재의 특징을 많이 가지고 있었다. 그러나 그의 통치는 수출입 노조와의 연계에 바탕을 두고 있었고, 도시의 하층민들, 즉 '데스카미사도(헐벗은 자들, descamisados)'의 대중적인 지지를 동원했다. 광범위한 복지 프로그램을 시행하면서 열성적인 지지자들을 얻을 수 있었고, 이를 통해 가난한 자들은 실질적인 혜택을 입었다. 복지 프로그램은 페론의 카리스마 넘치는 아내 에바 두아르테 데 페론(에비타, Eva Duarte de Perón, Evita)가 맡고 있던 사회복지부를 통해 시행되었다. 에바는 실제로 성녀로 여겨졌고, 오늘날까지도 많은 이들은 그렇게 생각한다.

강성 민족주의자인 페론은 영국이 소유한 철도를 다시 사들이고, 강력한 정부 통제하에 산업화를 가속화시켰으며, 경제에 대한 정부의 역할을 증대시켰다. 대외정책에서는 '제3자 입장', 나중에는 '비동맹'이라고 지칭된 태도를 유지하며 남미의 맹주가 되고자 했다. 그러나 페론은 이전에 아르헨티나 수출무역의 근간이었던 농업 분야를 소홀히 했다. 그래서 이촌향도 이주가 증가했고, 심각한 경제 불균형이 일어났다. 인플레이션이 발생하고 농업 생산성이 떨어지자 경제 성장도 둔화되었다. 1952년 7월 에비타 페론이 사망하면서 페론은 대중들과 연결해주는 가장 큰 동맹자를 잃게 되었다.

1951년부터 시작된 2차 집권기에 페론은 한 차례 군사쿠데타 시도를 겪었다. 이에 그는 정책을 완화하기 시작했다. 즉, 노동자들의 임금 인상 요구를 수용하지 않고 농민을 지지했으며, 1954년 석유 산업에 대한 외국 자본의 투자를 받아들였다. 이러한 변화로 수많은 옛 지지자들이 멀어져 갔다. 체제의 억압적인 성격과 거대한 관료조직으로 인한 불만도 고조되었다. 극렬한 가톨릭교회 지지파의 공격도 페론이 당면한 문제였다. 결국 1955년 9월 군은 쿠데타를 일으켰고, 페론은 스페인으로 망명했다. 그러나 페론의 유산과 정치 운동은 계속되어 이후 40년간 아르헨티나 정치의 근본적인 분열상을 결정지었다.

페론주의자, 군인, 게릴라

군은 페론과 그의 지지자들을 국내 정치에서 배제하고자 했지만 성공하지는 못했다. 1955년 쿠데타를 이끌었던 에두아르도 로나르디(Eduardo Lonardi) 장군은 페론주의자들과 함께 일할 생각이었으나 강경파였던 페드로 아람부루(Pedro Aramburu) 장군에 의해서 축출되었다. 3년 동안(1955~1958) 아람부루는 페론주의의 모든 흔적을 압살하고자 했다. 페론주의자들이 완전히 차단당한 대통령 선거에서 좌파 성향의 라디칼당 후보 아르투로 프론디시(Arturo Frondizi)가 당선되었고, 그의 집권기(1958~1962)에 경제발전은 가속화되었다. 프론디시는 재임 5년 동안 50년의 경제발전을 약속했으나 4년 동안 40년간의 인플레이션을 가져왔다. 그는 페론주의자들(페론은 제외한)의 선거 출마를 허용한다는 제안을 하는 바람에 군에 의해 축출되었다.

1963년 새로운 선거가 있었고, 역시 라디칼당의 아르투로 일리아(Arturo Illia)가 당선되었다. 그러나 1966년 군은 능력이 부족하다며 아르투로를 축출했다. 후안 카를로스 옹가니아(Juan Carlos Onganía)가 이끄는 새로운 군사정권(1966~1970)은 국가 경제회복을 위해 필요하다면 장기간 권좌에 머물 것임을 명확히 했다. 권위주의 체제의 지지를 받은 경제노동부 장관 아달베르토 크리거 바세나(Adalberto Krieger Vasena)는 실현가능성도 있고 거창하지 않은 경기회복 방안을 내놓았다. 그러나 크리거 바세나는 코르도바 시에서 일어난 대규모 시위(코르도바소, Cordobazo)의 여파로 1969년 5월 사임해야 했다. 이후에는 더 많은 파업과 시위들이 줄을 이었다.

쿠바혁명과 그 영향으로 두 차례 도시게릴라 운동이 일어났다. 친쿠바 조직인 인민혁명군(ERP: Ejército de Revolución del Pueblo)과 페론주의 조직인 몬토네로스(Montoneros)

가 그것이다. 몬토네로스는 전직 대통령 아람부루를 납치해 살해함으로써 옹가니아 정부의 기반을 약화시켰다. 그러자 동료세력은 1970년 6월 옹가니아를 축출했다. 무명 장군이던 로베르토 레빙스톤(Roberto Levingston)이 정부수반으로 임명되었고, 1971년 3월 알레한드로 라누스(Alejandro Lanusse) 장군으로 교체되었다. 1970년 쿠데타를 조직한 라누스 자신이 대통령이 된 것이다.

돌파구가 막힌 상황에서 라누스는 최후의 도박을 감행했다. 그것은 1973년 3월 다시 선거를 치르고 20년 만에 처음으로 페론주의자들에게도 선거 참여를 허용한다는 내용이었다. 페론이 직접 선거에 출마하는 것은 허용되지 않았지만(그는 14년째 망명 중이었다), 그의 대리인 엑토르 캄포라(Héctor Cámpora)가 출마했고 적법한 절차에 따라 당선되었다. 캄포라의 대통령직 수행은 몇 주에 그쳤다. 체포된 게릴라들을 풀어준 그는 사임을 하고 페론이 복귀할 수 있도록 했다. 내부적으로 분열되어 있던 군은 굴복했다. 1973년 6월 아르헨티나로 입국하려던 페론은 에세이사 공항에서 폭력적으로 저지되었고, 그 와중에 많은 이들이 죽었다. 그러나 9월 결국 대통령직에 복귀했고, 세 번째 부인 마리아 에스텔라 마르티네스 데 페론(María Estela Martínez de Perón, '이사벨리타')은 부통령이 되었다.

그러나 페론 지지파의 소망은 곧 산산이 부서졌다. 당시 페론은 78세의 병든 노인이었고, 세 번째의 짧은 임기 동안 자신을 향한 수많은 상충되는 요구들을 충족시킬 능력이 없었다. 그는 자신이 망명해 있던 기간에 페론주의에 스며든 좌파 세력과 거리를 두고자 했다. 그러나 두 주요 반군세력인 페론주의 몬토네로스와 마르크스주의 인민혁명군이 공공연하게 권력투쟁을 위해 납치, 폭탄투척, 암살 등을 벌이고 있었다.

1974년 7월 1일 페론이 죽자 미망인 이사벨리타는 역사의 아이러니로 라틴아메리카 최초의(실제로는 세계 최초의) 여성 대통령이 되었다. 페론주의 운동이 분열했고, 나아가 양 극단 세력이 서로 전쟁을 벌이게 되었다. 사회복지부 장관 호세 로페스 레가(José López Rega, 일명 '엘 브루호')가 주도하는 우파 성향의 '죽음의 분대'가 등장하자 혼란이 가속화되었다. 로페스 레가는 이사벨 페론의 가장 큰 신임을 받아 막강한 영향력이 있었다. 국가는 무정부상태에 빠져들었다. 폭력이 확대되고 1976년 인플레이션이 364%로 늘었지만 정부는 이를 멈출 만한 방안이 별로 없었다. 1976년 3월 다시 군이 권력을 잡았다.

군사평의회와 더러운 전쟁

군사평의회는 육군 사령관 호르헤 비델라(Jorge Videla) 장군을 새로운 대통령으로 뽑았다. 정부는 군의 지휘권 아래 완곡한 표현으로 '국가재건과정'이라고 불리는 작업을 추진했다. 해외에서는 '더러운 전쟁(Guerra sucia)'이라는 이름으로 더 잘 알려져 있다.

국가재건과정은 공포정치를 통해 테러리즘을 근절하려는 확고한 시도였다. 수만 명의 '용의자'가 체포, 고문, 살해당했다. 지방 정보부마다 명령받은 할당량을 채워야 한다는 이유만으로 사람들이 체포되었다. 사망자와 실종자는 최소로 줄여 추정해도 1만 5,000명을 넘는다. 그러한 무차별적인 숙청에는 진짜 테러리스트도 포함되어 있었다. 1978년에는 몬토네로스와 인민혁명군의 잘 알려진 지도세력이 사망, 망명, 투옥당하면서 이들의 체제교란능력이 현저히 줄어들었다.

대규모 차관과 통화의 과대평가로 급속한 소비 촉진이 일었고, 이에 중산층은 경제가 번창하고 있다는 착각을 하게 되었다. 1978년 8월 군과 군사평의회에서 물러난 비델라의 뒤를 이어 1981년 3월 새로운 경기불황이 시작될 무렵, 로베르토 비올라(Roberto Viola) 장군이 헌법을 형식적으로만 준수하는 방식으로 대통령직을 맡았다. 그러나 그해 11월 건강 악화와 다소 타협적인 정책에 대한 군부 보수파들의 반대에 부딪혀 대통령직에서 물러나야 했다. 12월 우파 민족주의 성향의 레오폴도 포르투나토 갈티에리(Leopoldo Fortunato Galtieri) 장군이 대통령직과 군사평의회 의장직을 맡았다.

포클랜드/말비나스 전쟁

1982년 초 일련의 노동 시위와 파업이 벌어졌고, 3월 30일에는 부에노스아이레스에서 시위대와 군대가 대치하는 상황으로 치달았다. 그러나 갈티에리는 권력을 잡을 때 이미 자신의 지위를 확고히 보장받을 만한 계획이 있었다. 4월 2일 아르헨티나는 영국이 통치하던 대서양 남단의 포클랜드 섬(말비나스 섬)을 점령했다. 1833년 영국이 섬을 점령한 이후 아르헨티나는 섬의 이름을 두고 문제를 제기해왔다. 87명의 영국 수비대는 1만 명의 아르헨티나 군인에게 제압당했고, 섬에 대한 아르헨티나의 주권이 선포되었다. 처음에는 아르헨티나 정부의 점령이 아주 성공적이었고, 페론주의자들도 이를 계속 지지했다. 그러나 6월 14일 아르헨티나 군은 결국 소규모의 영국 해군기동대에게 패했는데, 이는 재앙이자 국가적인 수치였다. 정치적으로도 경제적으로도 부적격자였던 갈티에리 군부정권은 아르헨티나가 우세하다고 주장하던 전쟁에서도 패했다. 그러자 서둘러 퇴역장군 레이날도 비뇨네(Reynaldo Bignone)에게 권력을 넘겼다. 비뇨네는 과도정부를 구성하기 위해 선출되었고, 그 과도정부 덕분에 군부는 자신의 과오에 대한 대가를 지불하지 않은 채 권력에서 물러날 수 있었다.

정당들과의 대화를 안정화시킨 비뇨네는 1983년 10월 30일 선거를 소집했다. 심각한 경제 위기와 국가적 혼란의 분위기가 지배하고 있던 시점이었다. 군부가 저지른 인권유린에 대한 시민세력의 조사 요구로 인해 분위기가 격화되고 있었다. 두 주요 정당인 라디칼당과 정의당(페론당)은 각각 라울 알폰신(Raúl Alfonsín)과 이탈로 루데르(Italo Luder)를 대통령 후보로 내정했다. 말비나스 전쟁을 용감하게 반대하고 인권보호운동의 경력도 있던 50세의 변호사 라울 알폰신은 카리스마도 부족하고 심각하게 분열되어 있던 페론당 소속의 루데르를 큰 표 차이로 이겼다.

불완전한 민주화

1983년 12월 대통령으로 취임한 알폰신은 많은 문제에 봉착했다. 군부는 400억 달러의 외채를 남겼는데, 그중 1/4은 다 써버렸고 또 1/4은 종적도 찾을 수 없었다. 알폰신의 승리로 살아난 희망은 초인플레이션과 경기 침체로 좌절되고 말았다. 15년을 연속하여 세 자리 숫자의 인플레이션을 겪었는데, 이는 세계적으로 유례없는 일이었다. 알폰신 정부는 집권 1년 동안 긴 협상을 통해 외채를 재조정하고 정치 안정을 유지하며 페론주의자들과 어느 정도의 화합을 이뤄냈다. 대외적으로는 티에라델푸에고(Tierra del Fuego)의 남단에 있는 비글 해협의 세 군도에 대한 영유권을 두고 칠레와 오랫동안 끌어오던 분쟁도 마무리했다. 두 나라는 이 문제로 1978년 전쟁 직전까지 갔었다.

알폰신 정부의 핵심 이슈는 군부와의 관계, 경제부흥 두 가지였다. 이론적으로는 아르헨티나 정치에서 군부를 척결하고 제대로 돌아가는 민주주의 시스템을 확립하겠다고 약속했지만, 자신이 내건 공약을 현실에 맞춰 조정할 수밖에 없었다. 대중은 군 세력을 법정에 세워 더러운 전쟁 기간 동안 저지른 심각한 인권유린의 대가를 치러야 한다고 주장했다. 이 문제에 대한 대중의 압박은 겉으로는 알폰신에게 유리한 것이었지만 실상은 양날의 검이었다. 알폰신은 군을 시민사회로부터 격리시키는 데 따른 위험에 민감했고, 그래서 국가적 차원의 단합을 유지하고자 했다. 재정비된 군 내부에서도 1985년 군법회의를 반대한 이는 별로 없었다. 이 군법회의는 1976년 쿠데타 이후 아르헨티나를 지배한 처음 세 차례 군사평의회의 유괴, 고문, 살인죄에 대한 것이었다. 그해 12월 기소된 사람 중 네 명은 무죄 선고되었으나 나머지 다섯 명에게는 형이 선고되었다. 그중 비델라 장군과 에두아르도 마세라(Eduardo Massera) 제독은 종신형을 선고받았다. 말비나스 전쟁 때 현직에 있던 고위 장교들을 기소하는 데 대해서도 큰 반발이 없었다.

그러나 군부가 저지른 만행의 증거가 늘어감에 따라 더러운 전쟁은 전쟁일 뿐이었고 그러니 광범위한 사면법이 제정되어야 한다는 군의 주장도 커져갔다. 1986년 12월 알폰신은 의회를 통해 이 갈등을 해결하고자 했다. 새로운 기소를 위한 데드라인이 60일밖에 없다는 내용의 '기소종결법(Punto final)'이 의회에서 통과되었다. 정부는 70건 정도의 기소가 제출될 것으로 예상했으나 데드라인 날짜까지 250건이 접수되었다. 게다가 퇴역장교뿐만 아니라 현직 장교들도 처음으로 기소자 명단에 올랐다.

1987년 4월 코르도바에서 처음으로, 그다음에는 캄포 데 마요에서 군의 반란이 터져 나왔다. 반란군 중에는 포클랜드 전쟁 당시 위장한 정복을 입고 얼굴에 색칠을 한 채 참전했던 군인들(카라핀타다스, carapintadas)[1]도 포함되어 있었다. 민주주의를 수호하라는 대중 시위가 이어졌음에도 불구하고 군인들은 지지를 받았고, 이에 첨예한 논쟁이 벌어졌다. 육군 참모총장이 새로 임명되었고, 알폰신은 '의무복종법(Obediencia debida)'이라고 알려진 법률안을 의회에 제출했고, 그 결과 대부분의 하급 장교들은 무죄 처리되었다. 인권유린으로 법정에 서게 된 370명가량의 군인 중 단 30~35명이 기소되었다. 이 숫자조차도 너무 많다고 여긴 세력이 있어서 1988년 1월과 12월 소규모 반란이 있었다. 1989년 1월 군은 부에노스아이레스 서쪽 25km 지점의 라타블라다 군사기지에 대한 좌파 활동가 40명의 공격을 성공적으로 물리쳤다. 게릴라 혐의를 받은 이 무장활동가 중 39명은 이미 죽어 있었다. 이들은 이전까지 알려지지 않은 조직인 '조국을 위한 만인(MTP: Movimiento Todos por la Patria)'의 멤버였다. 이 조직은 엔리케 고리아란 메를로(Enrique Gorriarán Merlo)와 소수의 인민혁명군(ERP) 전 멤버들이 이끌고 있었고, 실제로 게릴라 투쟁을 부활시키려는 시도를 할 예정이었다고 밝혀졌다.

경제 위기

알폰신을 좌절시킨 것은 아르헨티나의 경제 상황이었다. 1984~1985년에는 경제 재활성화를 위한 점진주의 정책을 추구하던 알폰신은 1985년 6월 '헤테로독스 쇼크'라는 최신유행 정책으로 전환했다. 아우스트랄 플랜을 실행했는데, 이는 당시 연간 1,129%에 달하던 인플레이션을 종식하기 위해 만든 새로운 화폐 아우스트랄에서 딴 이름이었다. 뒤이은 임금 동결은 노동자층의 불만을 가져왔고, 페론주의자가 지배하고 있던 수출노조는 24시간 한시파업을 주도했다. 초기의 전망과는 달리 아우스트랄 플랜은 중간선거가 치러지는 동안 폐기되었다. 정도를 벗어난 선거와 다시 치솟는 인플레이션 때문에 1987년 2월 2차 아우스트랄 플랜(아우스트랄리토)이 공표되었다. 화폐 평가절하, 물가상승에 연동된 임금인상, 낮은 이자율 등과 같은 케케묵은 조치들이 다시 시도되었지만 성공하지 못했다. 공공 부문의 적자는 심각해졌고, 인플레이션은 지속적으로 상승했다. 이런 문제들은 외국 채권자들과의 관계를 악화시켰고, 통화는 붕괴 직전까지 내몰렸다. 알폰신을 광범위하게 지지해오던 세계은행은 1989년 아르헨티나에 대한 모든 자금을 중단했다. 국제 채권자들과의 협상은 무한정 연기되었다. 재정부 장관을 둘이나 교체해가며 몇 달 동안 노력했지만 신뢰할 만한 경제정책은 나오지 않았고, 1989년 5월 선거 기간에 인플레이션은 통제 포기상태가 되었다.

새로운 종류의 페론주의

엉망이 된 경제정책으로 인해 집권 말기 알폰신에게 남은 목표는 민주적인 절차를 통해 당선된 사람에게 대통령직을 승계하는 일뿐이었다. 경제위기에도 불구하고 선거는 평화롭고 질서정연하게 치러졌다. 라디칼당 후보 에두아르도 세사르 앙헬로스(Eduardo César Angeloz)는 경제위기를 극복하기 위해 광범위한 민영화와 경제적 내핍을 제안했지만, 같은 당이었던 알폰신의 실패로 인한 부담을 안고 있었다. 승리는 라리오하 주지사였던 대담한 페론당 후보 카를로스 사울 메넴(Carlos Saúl Menem)에게 돌아갔다. 선거전 동안 메넴은 임금 인상과 실질적인 산업 지원을 통한 '생산 혁명'이라는 공약을 내걸어 대중적 지지를 얻었고, 상원에서도 페론당이 다수 의석을 차지했다. 메넴이 대통령에 취임하기 전부터 아르헨티나 여러 도시에서 식량 폭동, 약탈, 폭파 등이 일어나 알폰신은 계엄령을 선포했다. 그리고 공권력의 완전한 실패를 피하기 위해 원래 날짜보다 다섯 달이나 이른 7월 8일 메넴에게 대통령직을 이양했다.

메넴의 대통령직 승계는 1928년 이후 군부의 압력 없이 선출된 대통령이 권력을 이양받은 최초의 일이었다. 20세기 최대 경제위기를 겪고 있던 중이었지만 민주주의는 여전히 널리 확대되고 있었다. 아르헨티나를 자칭 '대중 시장민주주의 국가'로 만들겠다는 메넴의 경제 전략은 실상은 자신의 공약보다는 라디칼당의 경제정책에 더 가깝다는 사실이 곧 명확해졌다. 정책을 실행한 결과도 화폐의 몰락과 2차 하이퍼인플레이션이라는 마찬가지 상황을 낳았다. 대통령 권한의 느슨한 사용, 내각의 분열, 전통적 페론주의와 확연히 다른 정책들에 대한 거부감으로 국가 경비지출 삭감과 정부 소유 기업 매각은 더욱 어려워졌다. 대통령의 결혼 문제에 대중의 관심이 커지면서 정부의 고충은 더욱 심해졌다.

군부통치 기간 내내 가택연금을 겪었던 메넴은 지지자들의 강한 반발에도 불구하고 군에게 화해를 요청했다. 몇 주 동안 소문이 무성하다가 1989년 10월 총 277명에 대한 일련의 사면조치가 있었다. 사면 명단에는 게릴라들도 포함되어 있었지만 더 중요한 것은 포클랜드 전쟁 패배에 책임이 있는 군사평의회 장성들이 포함되어 있다는 사실이었다. 그러나 1990년 말 군의 불만이 다시 터져나왔다. 1988년 12월에도 반란을 주도한 적 있는 모하메드 알리 세네일딘(Mohammed Ali Seneildín) 대령의 지지자들이 12월 3일 다시 반란을 주도하여 군 사령부를 장악했다. 이 반란으로 최소 3명의 사망자가 발생하자 정부는 경악했다. 협상이 거부되자 사령부를 급습했고, 내란 혐의를 받은 주모자들은 무기징역을 선고받고 직위해제되었다. 그 대가로 메넴은 12월 29일 호르헤 비델라 장군을 비롯하여 더러운 전쟁 인권침해로 기소된 모든 이들을 사면한다는 돌이킬 수 없는 결정을 내렸다.

그러나 비교적 강력하던 군의 힘은 그때부터 기울기 시작했다. 1990년 2월 메넴은 영국과의 외교관계를 회복하기로 결정하고, 분쟁 중인 섬의 영유권 문제를 '보호주권' 상태로 두기로 했다. 1991년 6월 정부는 군을 7만 5,000명에서 5만 5,000명으로 축소할 것이며 징병기간도 1년에서 6개월로 줄일 것이라고 발표했다.

한편 1991년 1월 국가의 경제 전망에 변화를 주기 위해 일련의 장관 교체가 있었다.

새로운 경제장관 도밍고 카발로(Domingo Cavallo)는 태환정책을 시행하기 위한 작업에 착수했다. 이 정책은 세 개의 주요 골자를 담고 있었다. 첫째는 소위 경제의 달러화였다. 이를 통해 1만 아우스트랄(혹은 새 1페소)에 1달러라는 고정환율을 확립해 아르헨티나 경제를 미국 경제와 연동시키기로 한 것이다. 이 정책은 몇 주가 지나자 인플레이션을 한 자리 단위로 떨어뜨렸다. 두 번째는 40년간 이어져 온 페론주의 정책을 뒤집을 수도 있는 민영화 프로그램이었다. 이 프로그램을 통해 세 번째 계획을 실행할 시간을 벌고자 했다. 세 번째 계획이란 광범위하게 누락되던 탈세자금을 모아 정부 재정을 개선한다는 것이었다. 11월 때마침 미국을 방문하던 메넴은 라틴아메리카의 선도적인 자유 시장개혁 대통령이자 미국의 동맹이라는 찬사를 받았다. 그 덕에 1992년 메넴은 브래디 플랜(Brady Initiative)하의 외채삭감을 약속받았다. 아르헨티나의 누적 외채는 600억 달러에서 480억 달러로 줄어들었다.

집권 페론당에 대한 지지도 강화되었다. 지방 선거에서 페론당은 주요 21개 주지사직의 15개를 확보했다. 제일 중요한 부에노스아이레스 주도 포함되어 있었는데, 부통령 에두아르도 두알데(Eduardo Duhalde)가 총 지지율 47%로 당선되었다. 야권은 혼란 상태였지만 그렇다고 페론당도 문제가 없는 것이 아니었다. 페론당은 당을 향한 거센 부패혐의와 메넴 대통령의 승계자에 대한 합의를 끌어내지 못하고 있었다. 1993년 2월 페론당은 메넴의 재선을 허용하는 헌법 수정을 위한 캠페인을 시작했다.

1993년 열린 의회 선거에서 페론당은 총 투표의 42.3%를 얻었다. 254석 중 123석을 차지했는데, 이는 하원에서 헌법 개정을 통과시키는 데 필요한 정족수인 2/3에 미치지 못하는 숫자였다. 그런데 1993년 11월 라디칼당 당대표로 뽑힌 전 대통령 알폰신은 개헌을 놓고 국민투표를 치러 당이 또다시 치욕적인 패배를 할 상황을 피하기 위해 메넴 대통령과 협상에 들어갔다. 둘의 합의 조건은 12월 초 라디칼당의 전당대회에서 지지를 받았다. 합의에서 세세히 다뤄진 주요 사안은 대통령이 연임하는 것을 허용하고 총리 역할을 하는 장관직을 만든다, 상원의 의석을 늘이고 모든 상원의원의 재임기간을 줄인다, 그리고 사법부 임명 절차를 개혁한다는 내용이었다. 대법원은 페론당이 지배하고 있었기 때문에 사법부 임명 절차 개혁에 라디칼당의 지지를 확보하는 것이 중요했다. 그러나 알폰신을 실각시키는 데 일조했던 문제 – 연방정부가 갚아줘야 할 부채를 계속 늘려가는 지방정부의 능력 – 를 개선하기 위한 어떤 행동도 취해지지 않았다. 메넴 대통령은 곧 1995년 재선에 나서겠다는 뜻을 밝혔다.

헌법 개혁

1994년 4월 10일 305명의 헌법개정단 의원을 뽑는 선거가 있었다. 이는 발의된 헌법의 초안을 잡고 승인하기 위함이었다. 페론당은 37.7%의 득표를 얻었고, 라디칼당은 19.9%의 표를 얻었다. 라디칼당의 득표율은 1983년 민주주의 이행 이후 최악의 결과였다. 1993년 중반 제시된 개혁안에 반대하여 결성된 느슨한 좌파연합 프렌테 그란데(Frente Grande)는 예상 밖에 12.5%나 득표하며 제3당이 되었다. 그러나 8월 22일 의회는 새 헌법을 통과시켰고, 이튿날부터 발효되었다. 합의된 사항은 대통령 임기를 6년에서 4년으로 줄인다, 내각의 최고의장직을 만든다, 대통령과 부통령 선거 시 총 투표수의 45%를 획득하지 못하거나 2위자가 30% 미만을 득표하면 결선투표를 실시한다, 부에노스아이레스 시장을 직선제로 뽑아 자치정부를 구성한다, 의회 회기를 9개월로 연장한다, 각 주의 상원의원을 2명에서 3명으로 늘린다, 치안판사위원회를 만들고 몇 가지 사법개혁을 실시한다는 내용을 포함하고 있었다. 1995년 대통령 선거는 막상 때가 되자 멕시코 경제 위기의 경제적 여파(떼낄라 효과)에 가려졌다. 메넴 대통령은 49.8%의 다수득표로 1차 선거만 치르고 재선되었다. 메넴의 지지율은 모든 주를 휩쓸었고, 페론당도 257석의 하원에서 세 의석 차로 다수당이 되었다.

승리 이후 메넴 대통령은 카발로를 경제장관으로 재임명하려는 생각을 굳혔다. 그러나 그해 정부에 확고한 이해관계를 가진 사람들 사이에 자유시장 개혁에 대한 반발이 일자 이를 카발로가 공개적으로 비난하면서 두 사람의 관계가 경직되었다. 1996년 결국 카발로는 해임되었다. 그러나 그의 경제계획은 매우 성공적이었다. 그래서 1997

년 경제 후퇴가 찾아온 이후에도 정부는 페소화 절하를 고려할 생각은 없었다. 줄어드는 세수와 지방정부의 지출을 통제할 수 없게 되어 재정적자도 늘어났다. 이제는 차관을 늘리는 방법 외에는 적자를 메울 방법이 없었다. 한편 메넴은 두 번째 임기를 끝까지 채울 수 있었지만 두알데 주지사의 승계를 막으려는 노력을 기울이는 바람에 페론당의 분열이 일어났다. 카발로는 새로운 정당 '공화국을 위한 행동(Acción por la República)'을 창설해 일정 지지를 확보했다. 1999년 선거에서 라디칼당 출신의 보수주의자 페르난도 델라 루아(Fernando de la Rúa Bruno) 부에노스아이레스 시장은 라디칼당과 프레파소(Frepaso, 중도좌파 반메넴 페론주의자들) 연합을 이끌어, 압도적인 승리로 대통령에 당선되었다. 페론당은 하원에 대한 통제권을 상실했지만 상원에서는 다수당을 유지했다.

불행하게도 델라 루아가 대통령직을 맡았을 때 나라는 이미 심각한 불황을 겪고 있었다. 실업은 기록적인 수준에 달했다. 2001년 3월 델라 루아는 다시 카발로를 경제장관으로 기용했다. 카발로의 임명으로 상황이 한동안은 안정되었다. 그러나 정부 재정이 너무 쇠약하여 카발로는 2001년의 재정적자를 30억 달러로 줄이는 계획안을 발표했다. 이 안에서는 경비를 삭감하기보다는 세수를 늘려 목표를 달성하겠다고 했다. 경비를 삭감한다면 공공부문 노동자를 해고하고 노동자 임금을 삭감해야 하며 정부연금 혜택을 줄여야 할 터였다. 카발로가 끊임없이 새로운 조치를 발표하고 하루에 세 번 기자회견을 하는 등 과한 행동을 하자 신뢰가 더욱 약해졌다. 그해 7월 상원은 14명의 지방주지사들과 협상을 한 뒤 '제로 적자법'을 통과시킬 수밖에 없었다. 이런 조치를 고려한 국제금융기구는 8월에 약속하기를 9월에 12억 달러를 지출하고 추가로 80억 달러를 빌려 주겠다고 했다. 사실 통제불능 상황이라는 게 명백한 데다 아르헨티나를 다른 나라의 모델로 삼고자 한 부시 행정부의 강한 의구심이 있었음에도 그런 합의가 이루어졌다.

2001년의 위기와 그 여파

10월 14일의 중간선거에서 유권자들은 상하원 선거에서 페론주의 야당에게 다수의 석을 줌으로써 자신들의 분노를 표출했다. 그때부터 카발로는 채무불이행을 피하기 위한 혼신의 노력을 했다. 11월 30일 정부는 예금을 인출하기 위해 은행으로 달려가는 국민들에 맞서 현금인출 상한 설정(코랄리토, corralito) 및 자본이동 상한 설정을 발표했다. 자본이동 상한 설정은 태환정책의 실질적 종료를 의미했다. 불길에 기름을 퍼붓는 격으로 IMF는 12월로 약속되었던 13억 달러 차관을 유예시켰다. 주말이었던 12월 15일과 16일 절망에 찬 사람들이 슈퍼마켓을 약탈하기 시작하면서 공공질서가 무너지기 시작했다. 빈 냄비를 들고 나와 두들기는가 하면, 망치로 은행 문을 절망적으로 두드리기도 했다. 엄청난 군중이 오월광장에 모여 정권퇴진을 외쳤다. 무장 경찰이 개입하여 25명의 사망자와 수백 명의 부상자가 생기고 수천 명이 체포되었다. 경찰의 개입은 상황을 악화시키기만 했다. 12월 20일 델라 루아 대통령은 페론당에게 국가 연합정부에 합세할 것을 요청했으나 페론당은 신중하게 이를 거절했다. 이에 델라 루아는 사임을 하고 로사다 궁 지붕에서 헬리콥터를 타고 이륙했다. 한편 생명의 위협을 느낀 카발로는 파타고니아로 도망쳤다. 그 후 2주 동안 연속으로 다섯 사람이 임시 대통령이 되었다. 2002년 1월 1일 페론당이 다수인 의회에서 델라 루아의 남은 임기를 에두아르도 두알데가 채우기로 결정되었다. 그러나 나라는 이미 채무를 갚을 수 없는 상황이었다. 의회는 새 대통령에게 비상통치권을 부여했고, 1월 7일 페소 평가절하 조치가 있었다. 그러나 새로 부여된 페소 가치도 유지되지 못했다. 1월 17일 재개된 주식시장은 급속히 하락했고, 코랄리토로 인한 현금 부족에 반대하여 일어난 폭력 시위가 나라 전체를 휩쓸었다. 2월 9일 정부는 이미 줄어든 연방정부 예산을 3억 7천만 달러로 삭감한다는 긴축안을 발표했으나, 약 3,000명의 시위대가 오월광장에 모여 냄비시위(cacerolazo)를 벌였다. 이에 정부는 태환정책을 다시 되살렸고 사람들이 급여를 전부 현금화할 수 있도록 허용했다.

새로운 폭동이 뒤를 이었다. 4월 초 아르헨티나는 더 과감한 긴축을 하지 않는다면 더 이상의 원조가 불가능하다는 IMF의 단호한 메시지를 받았다. 4월 22일 월요일 은행은 정부 법령에 따라 다시 문을 닫았다. 다음날 동결된 은행 예금을 국채로 교환하는 긴급 처방이 의회의 지지를 얻는 데 실패하자 경제장관과 대부분의 내각은 함께 사임했다. 그 즈음 페소의 달러 환율은 3.5까지 떨어졌는데, 이는 그해 들어 69% 가치절하된 것이었다. 인플레이션은 20% 상승했고, 수백만의 국민이 예치금을 잃었다. 공공부문 노동자들은 폭동을 일으켰고, 인구의 절반은 국가가 정한 최저빈곤선보다 낮은 조건에서 살아가고 있었다. 그 결과 절도, 유괴와 그 외 범죄들이 급증했다. 임금을 받지 못한 경찰은 일을 할 수도 없었고, 하고자 하지도 않았다. 1월에서 9월 사이에 모두 3,000마일의 구리선이 도난당해 전화 서비스가 심각한 교란을 맞았고, 보수를 하려던 통신사 노동자들이 군중의 물리적인 공격을 받기도 했다.

믿음직스럽게도 두알데 대통령은 평정을 유지한 채 선동적인 언사를 피했고, 헌정절차들을 그대로 유지되었다. 2003년 3월 선거를 치르기로 예정되었고, 더없이 심하게 추락했던 경제는 서서히 회복하기 시작했다. 페론당은 두알데를 배제한 상태에서 남부 산타크루스 주의 카리스마 있는 53세의 주지사 네스토르 카를로스 키르치네르(Néstor Carlos Kirchner Ostoic)를 대통령 후보로 내정했다. 키르치네르는 1차 선거에서 22.4%를 득표해 24.45%를 득표한 메넴과 팽팽히 맞섰다. 메넴은 결선투표에서 자신이 이길 수 없다는 것을 깨닫고 무례한 태도로 사퇴했다.

결과적으로 키르치네르는 아르헨티나 역사상 가장 낮은 득표율로 대통령이 되었다. 키르치네르가 취임한 5월 25일은 나라가 경제위기에 빠져 있던 시점이었다. 그는 로베르토 라바나(Roberto Lavagna)를 경제장관으로 유임시켰다. IMF와의 힘겨운 협상을 통해 840억 달러의 외채를 재조정했고, 76%의 국가채무를 액면가의 약 1/3의 비율로 채권과 바꿨다. 2005년과 2006년에는 경제성장률이 7%로 증가했다. 키르치네르는 2005년 12월 15일 아르헨티나의 IMF 외채를 전부 상환했다. 또한 십수 명의 군 고위 장교와 여러 명의 고위 판사들을 퇴임시킨 후 악명 높은 '기소종결법'과 '의무복종법'을 뒤집었다.

페론당은 여전히 분열되어 있었지만 2005년 의회 선거에서 키르치네르의 '승리를 위한 연대(FPV: Frente para la Victoria)'는 40%가 넘는 득표를 했다. 나중에는 다른 페론주의 당파들의 지지도 얻었다. 2002년에는 물가통제 정책 도입으로 투자가 억제되었지만, 공기업들에 대한 압박을 줄이려는 움직임도 인기를 얻었다. 2004년 정부 소유의 새로운 에너지회사 에네르히아 아르헨티나(ENARSA)가 설립되었다. 민영화된 공기업들과 체결한 60여 개의 계약에 대해 재협상이 있었다. 프랑스 대기업인 수에즈(Suez)의 자회사 아구아스 아르헨티나(Aguas Argentina)가 부에노스아이레스에 수도를 공급하던 계약도 취소되었다. 그러나 키르치네르의 임기가 끝나기 전 새로운 부패 혐의들이 표면화되었고, 키르치네르와 라바냐의 사이가 벌어졌다. 새 경제장관 펠리사 미셀리(Felisa Miceli)도 집무실 화장실의 가방에서 6만 달러가 넘는 돈이 발견된 후 사임해야 했다.

2007년 7월 2일 키르치네르는 재선을 시도하지 않겠다고 공표했다. 키르치네르의 부인 크리스티나 페르난데스(Cristina Fernández de Kirchner)가 대선 1차 투표에서 45.3%를 득표해 대통령이 되었고, 2007년 12월 10일 취임했다. 그녀는 2005년 전직 대통령 부인 일다 곤살레스(Hilda González)를 누르고 부에노스아이레스 주 상원의원이 되었었다. 2008년 3월 크리스티나 정부는 농산물 수출에 세금을 더 부과하려다 격분한 농민들의 반응에 부딪혔다. 한편 오랜 가뭄과 기록적으로 낮은 국제 시세로 힘들었던 밀 경작 농민들은 수확이 전년도의 반으로 줄고 가격은 40% 떨어질 것이라는 전망에 직면했다. 국내 소비를 위해 곡물 수출이 금지되고 이로 인해 외화를 벌어들일 수 있는 능력이 급격히 감소하자 문제는 더 심각해졌다. 쇠고기 수출은 2008년 처음으로 우루과이에게 추월당했다. 결국 부통령 훌리오 코보스(Julio Cobos)가 반대표를 던짐으로써 농산물 수출세를 올리는 법안이 상원에서 좌절되었다. 경제는 다시 쇠퇴하고 있었고, 2009년 5월 실업률은 19.8%로 상승했다. 2008년 11월 의회는 개인연금펀드 약 3백억 달러를 국가사회보장시스템에 양도해 회계상의 균형을 모색하자는 안을 받아들였다.

경제가 지속적으로 악화되자 중간평가 선거가 2009년 6월 28일로 앞당겨졌다. 전 대통령 네스토르 키르치네르는 자신의 정당에 대한 지지를 결집하기 위해 부에노스아이레스 주에서 하원의원으로 출마함으로써 새로운 선례를 남기고자 했다. 그러나 도박은 실패했다. 키르치네르 파는 29.6%의 득표율을 얻어 의회 통제권과 주요 지방의석을 잃었다. 페론당에서도 패했고 심지어 FPV 분파가 탄생한 산타크루스 주에서도 패했다. 네스토르 키르치네르는 반(反)키르치네르 동맹의 프란시스코 나르바에스(Francisco de Narváez)에게 패함으로써 당 대표직에서 물러났다. 대표직은 부에노스아이레스 주지사 다니엘 시올리(Daniel O. Scioli)가 이어받았다.

외교관계

아르헨티나와 미국의 외교관계는 빌 클린턴 행정부 치하의 1990년대에 지속적으로 개선되었다. 1994년 8월 말의 새로운 헌법에서도 포클랜드 섬에 대한 영유권을 되풀이해서 주장하자 아르헨티나와 영국의 관계는 팽팽하게 긴장되었다. 그러나 아르헨티나군과 영국군은 유엔평화유지군을 통해 키프로스 공화국의 '그린라인'을 함께 순찰했다. 메넴 대통령은 틀라텔롤코 조약에 서명을 하고 1990년 페르시아 만에 해군을 파병하는가 하면, 보스니아-헤르체고비나와 아이티에서의 유엔군 활동을 지지하는 등의 모습을 통해 '새로운 세계질서'에서 새롭고 더 광범위한 역할을 하겠다는, 그리고 유엔평화유지군에 적극적으로 참여하겠다는 아르헨티나의 의지를 표현했다. 한편 경제적 제약으로 군비 감축을 단행했다. 병력은 15% 이상 줄어 1995년 2만 3,000명이 되었다. 그리고 징병제가 공식적으로 종료되었다. 여전히 '보호주권' 상태인 영유권 문제와 관련해서는 말비나스 제도 분지의 합동개발에 대한 협약으로 이어졌고, 그 조인은 1995년 9월 27일 뉴욕에서 있었다. 이 협약으로 정유회사들은 어떤 불이익도 받지 않고 이 분쟁지역의 개발권에 입찰할 수 있게 되었다. 많은 사람들이 믿을 정도로 이 지역의 석유매장량이 풍부했다면 세계 유가상승으로 인한 두둑한 수익도 올릴 수 있는 상황이었다. 그러나 2010년 아르헨티나 정부는 영국과의 협정을 번복하고 이 지역에 대한 영국의 접근을 봉쇄하려고 안간힘을 썼다. 메넴은 라디칼당의 제3세계 리더십 추구 정책을 단호히 거부하고 비동맹운동에서 빠져나왔다. 아르헨티나는 제1세계 후보국으로 부상하면서 모호한 고립주의라는 전통적인 태도를 거부하고, 강력한 미 우방이자 자유시장주의의 성공—일순간의 성공에 그치고 말았지만—의 모델로 나섰다.

2002년 벽두의 아르헨티나 경제몰락으로 신자유주의 정책에 대한 국민적 불신, 그리고 미국과 IMF를 포함한 공적·사적 신용대출기관의 지침과 지도에 얽매어 있는 정치 지도자들에 대한 국민적 불신이라는 잔해만 남았다. 국민의 좌절감과, 그 좌절감으로 생겨난 광범위한 기층 민중조직들은 정부의 주된 정책 전환에 기초를 제공했다. 2003년 네스토르 키르치네르의 대통령 취임과 함께 아르헨티나는 당시 노동당이 집권하고 있던 브라질과 제휴하여 메르코수르(남미공동시장)를 강화하고자 했다. 그리고 라틴아메리카 및 다른 제3세계 국가들과 연대하여 세계무역기구(WTO)와 미주자유무역협정(FTAA)이 제시하는 제1세계 청사진에 도전했다. 미국과 아르헨티나의 외교관계 악화는 미 검찰이 크리스티나 키르치네르 선거진영이 베네수엘라로부터 불법적인 선거자금을 지원받았다는 혐의를 제기하고 미 행정부가 혐의의 여지를 두면서 시작되었다.

추천도서

Alexander, Robert J., Juan Domingo Perón: A History, Boulder: Westview, 1979.

Argentina, Republic of., Comisión Nacional sobre la Desaparición de Personas, Nunca más: Informe de la Comisión Nacional sobre la Desaparición de Personas, Buenos Aires: Editorial Universitaria de Buenos Aires, 1986.

Calvert, Susan, and Peter Calvert, Argentina: Political Culture and Instability, London: Macmillan, 1988.

Crawley, Eduardo, A House Divided: Argentina, 1880−1980, London: Hurst, 1984.

Di Tella, Guido, Argentina Under Perón, 1973−76: The Nation's Experience with a Labour−based Government, London: Macmillan, 1983.

Falcoff, Mark, and Dolkart, Ronaldo H., eds., Prologue to Perón: Argentina in Depression and War, 1930−1943, Berkeley: University of California Press, 1975.

Fraser, Nicholas, and Marysa Navarro, Eva Perón, London: André Deutsch, 1980.

Graham—Yooll, Andrew, A State of Fear: Memories of Argentina's Nightmare, London: Eland, 1986.

Imaz, José Luis de, Los que mandan, Buenos Aires: Editorial Universitaria de Buenos Aires, 1964.

Kirkpatrick, Jeane, Leader and Vanguard in Mass Society: A Study of Peronist Argentina, Cambridge: Massachusetts Institute of Technology, 1971.

Mallon, Richard D., and Juan V. Sourrouille, Economic Policymaking in a Conflict Society: The Argentine Case, Cambridge: Harvard University Press, 1975.

Martínez Estrada, Ezequiel, X—ray of the Pampa, Trans. Alain Swietlicki, Austin: University of Texas Press, 1971.

Milenky, Edward S., Argentina's Foreign Policies, Boulder: Westview, 1978.

O'Donnell, Guillermo, Modernization and Bureaucratic—Authoritarianism: Studies in South American Politics, Berkeley: University of California Press, 1973.

Page, Joseph A., Perón: A Biography, New York: Random House, 1983.

Platt, D. C. M., and Guido di Tella, eds., Argentina, Australia, and Canada: Studies in Comparative Development, 1870—1965, London: Macmillan, 1985.

Potash, Robert A., The Army and Politics in Argentina, 1928—1945: Yrigoyen to Perón, Stanford, California: Stanford University Press, 1969.

_____, The Army and Politics in Argentina, 1945—1962: Perón to Frondizi, London: Athlone, 1980.

Rock, David, Argentina 1516—1982: From Spanish Colonization to the Falklands War, Berkeley: University of California Press, 1985.

Schoultz, Lars, The Populist Challenge: Argentine Electoral Behavior in the Postwar Era, Chapel Hill: University of North Carolina Press, 1983.

Scobie, James R., Argentina: A City and a Nation, New York: Oxford University Press, 1971.

_____, Buenos Aires: Plaza to Suburb, 1870—1910, New York: Oxford University Press, 1974.

Snow, Peter G., Political Forces in Argentina, Boston: Allyn & Bacon, 1971.

Tamarin, David, The Argentine Labor Movement, 1930—1945: A Study in the Origins of Peronism, Albuquerque: University of New Mexico Press, 1985.

Timmerman, Jacobo, Prisoner Without a Name, Cell Without a Number, Tran. Tony Talbot, Harmondsworth, UK: Penguin, 1982.

Turner, Frederick C., and José Enrique Miguens, eds., Juan Perón and the Reshaping of Argentina, Pittsburgh: University of Pittsburgh Press, 1983.

Wynia, Gary W., Argentina in the Postwar Era: Politics and Economic Policy Making in a Divided Society, Albuquerque: University of New Mexico Press, 1978.

미주

---

1) 1982년 포클랜드 상륙작전 부대의 하나로, 얼굴에 색칠을 하고 있어서 '카라핀타다스'라는 이름으로 불렸다. 이들은 군 내부 국가주의 행동파로, 이후 더러운 전쟁의 인권침해를 이유로 군 장교들이 기소되자 수차례 반란을 일으키기도 했다.

28. 우루과이와 파라과이: 힘겨운 전환

디에고 A. 브룬 & 마이클 다니엘슨(구경모 옮김)

남미의 가장 작은 두 나라인 우루과이와 파라과이는 이름이 비슷해 자주 혼돈하게 된다. 그러나 1536년 스페인 정복이 시작될 무렵으로 거슬러 올라가면, 두 국가의 차이가 라틴아메리카에서 가장 심했다는 것을 알 수 있다.

두 나라는 도시를 통해서 발전했는데, 파라과이는 아순시온이며, 우루과이는 몬떼비데오이다. 전자는 리오데라플라타에서 가장 오래된 도시로 1537년에 설립되었다. 그곳은 파라과이 지방이 행정적으로 분리되어 부에노스아이레스 항구도시에 의해 지배권을 잃기 전인 17세기 말까지 스페인이 통치하는 지역의 중심지였다. 지금의 우루과이 영토인 꼴로니아 델 산띠시모 사끄라멘또(Colonial del Santísimo Sacramento)에는 1680년 포르투갈인이 첫 번째 정착지를 설립할 때까지 아무것도 없었다. 45년 후에 스페인인은 포르투갈인을 쫓아내고 1726년에 몬떼비데오(Montevideo)를 세웠다.

아순시온은 스페인의 식민 지배를 위해 매우 적합한 중심지에 위치하였다. 아순시온은 람바레 언덕에서 만(灣)이(역주: 파라과이 강의 만이) 훤히 보이는 곳에 위치하고 있어 근처의 원주민들로 부터 방어하기에 쉬웠다. 게다가 스페인인은 특수한 지역의 원주민과 정치적인 동맹을 맺어 파라과이 국가만의 몇몇 독특한 특성을 형성하였다. 예를 들어 원주민(역주: 과라니족)은 그들의 여성을 스페인 정복자들에게 바쳤다. 결과적으로 오라버니(원주민)들은 그들의 꾸냐도(스페인 정복자)를 위해 일주일에 며칠씩 일을 의무적으로 했다. 이것은 인종통합의 과정 혹은 메스띠사헤 혼혈(mestizaje)를 앞당겼고, 파라과이는 라틴아메리카에서 가장 동질한 메스띠소로 형성된 국가 중 하나가 되었다. 이는 원주민의 언어인 과라니어가 보존되는 데 기여했다. 왜냐하면 메스띠소는 그들의 어머니로부터 원주민어를 배우고 아버지로부터 스페인어를 배웠기 때문이다. 비록 인종적 느낌은 있지만, 이중 언어는 현재에도 유지되고 있다.

몬떼비데오 주변 지역은 대조적으로 소수의 원주민만 있으며, 그들은 목장주였던 스페인 사람과 긴밀한 접촉을 하지 않았다. 그 결과 우루과이는 끄리오요(criollo)가 인구의 대다수를 차지하고, 메스띠소는 거의 존재하지 않게 되었다. 게다가 유럽인의 이주, 특히 19세기 중반과 20세기 초의 이탈리아와 스페인 이민자는 우루과이를 인종적으로 유럽인 국가로 만들었다.

식민시기 동안 파라과이는 고유의 문화적 · 언어적, 경제적 정체성을 가졌으며 1811년에 스페인으로부터 독립을 선언하였다. 동시에 파라과이는 아메리카에서 스페인 제국이 붕괴하기 전에 행정적으로 연결되었던 도시인, 부에노스아이레스의 지배를 거부하였다. 1814년 호세 가스파르 로드리게스 데 프란시아(José Gaspar Rodríguez de Francia)는 로마식의 독제체제를 구축하였다. 그가 죽은 1840년까지 파라과이는 친(親)부에노스아이레스 성향을 없애고 쇄국정책을 유지하였다. 그는 비정치적 행위에 관대하였고 억압적인 국가를 수립하였다. 이 시기에 우루과이는 1816년 포르투갈계 브라질 제국의 침입으로 합병되었으며, 1828년까지 시스쁠라띠네(Cisplatine) 지방으로 존재하였다. 우루과이는 영국 특사인 폰슨비 경(Lord Ponsonby)의 중재와 함께 브라질과 아르헨티나의 오랜 교섭 후에 탄생한 라틴아메리카의 첫 번째 완충국가로서 1830년에 공화국으로 독립하였다.

파라과이에서 프란시아의 정책은 까를로스 안또니오 로뻬스(Carlos Antonio López)에 의해 유지되었다. 그는 프란시아의 몇몇 정책을 계승하였으나 대규모로 상업을 개방하였고 제한했던 정치적 자유를 풀었다. 그럼에도 불구하고 그는 그의 가족과 스스로를 위해 모든 권력을 장악했으며, 특히 그의 아들 프란시스꼬 솔라노 로뻬스(Francisco Solano López)를 18살의 나이에 장군으로 임명하였다. 전제군주제와 유사하게, 솔라노 로뻬스는 그의 아버지를 계승하였으며, 1862년에 사망하였다. 솔라노 로뻬스는 1852년부터 1853년 동안 유럽에서 머물렀으며 유럽의 지정학적 독트린뿐만 아니라 프랑스의 나폴레옹 3세에 의해 영향을 받았다. 1864년에 리오데라플라타(Rio de la Plata) 지역 국가들의 균형을 위협한 브라질 군대의 우루과이 영토에 대한 부분적 침입으로 인해, 그는 브라질에 대항하여 전쟁을 선포하였다. 이후에 그가 파라과이 군이 브라질 군과의 교전을 위해 아르헨티나 영토를 지나가는 것을 거절당하자 아르헨티나를 상대로 전쟁을 선언했다. 결국 우루과이는 파라과이와의 전쟁을 선언하였다. 그러나 우루과이의 참여는 미미하였다. 5년 후 파라과이는 폐허가 되었고 로뻬스 장군은 굴복하지 않고 영웅적으로 죽음을 맞이하였다.

우루과이

민주: 공동참여의 전통과 실천

1973년까지 우루과이는 라틴아메리카에서 진보와 자유를 대표하는 가장 안정된 민주주의 국가 중의 하나로 여겨졌다. 비록 그런 주장은 과도한 것일지 모르지만, 1960년대 후반까지 우루과이는 상대적으로 안정된 정책을 지녔고 라틴아메리카에서 가장 민주적인 체제에 분류되었다. 이런 가운데 어떻게 이런 상황에 이르렀는지 검토할 것이다.[1]

19세기 초에, 우루과이 까우디요(caudillo, 후기 정치 엘리트)는 제도적인 타협의 필요성을 인식했다. 예컨대 1830년 이래로 우루과이의 역사는 ― 시간에 따라 깨지기도 하고 다른 절충에 의해 대체되었지만 ― 까우디오끼리의 타협에 의해 성격 지워졌다. 이 과정은 공동참여로 잘 알려진 것으로서 실제적인 제도화를 이끌어냈으며, 이는 우루과이 역사와 이데올로기, 실제적 틀이라는 측면에서 1960년 후반까지 서서히 발전했던 우루과이 정치에서 지속되었다. 그러므로 두 전통적인 정당인 블랑꼬스(Blacos, 흰색, 보수주의: 이하 백색당)와 꼴로라도스(Colorados, 붉은색, 자유주의: 이하 홍색당)는 상대방에 따라 공동참여의 여지가 항상 있었다.

20세기 초중반은 꼴로라도의 지도자인 호세 바뜰레(José Batlle)와 오르도녜스

(Ordóñez)가 장악하였다. 1903년에서 1907년과 1911년에서 1915년까지 대통령이었던 바뜰레는 홍색당에서 가장 진보적인 축으로 표상되었고, 우루과이 정치에 광범위한 영향을 미쳤다. 그의 지도력 아래 우루과이는 수출세입의 증가로 빠른 재정 근대화 과정을 겪었다. 바뜰레스의 영향은 사회개혁과 경제에서 가장 두드러졌다. 다른 측면에서, 그는 공익회사와 외국은행을 국유화하였으며 연금법을 제정하였고, 휴일 보장과 노동자의 산업재해 보상, 그리고 하루 8시간 노동을 의무화하였다. 또한 그의 정책은 몬떼비데오의 사회·정치권력에 새로운 바람을 불어넣기 위해 이민자와 그들의 후손이 정계에 진출할 수 있도록 문호를 개방하는 것이었다. 이런 노동자와 중산층으로 대변되는 새로운 시민은 개혁의 동력으로서 정당을 지지하였다. 수도인 몬떼비데오에 거주하는 사람들은 이미 전체 인구의 30%를 차지하였고, 그 중에서 47%는 이민자로 구성되었다. 이를 생각하면, 바뜰레의 정책은 국가의 지도를 바꾸어 놓았다. 그의 개혁은 선거기간에 전체 투표 인구를 1910년에 31,262명에서 1928년 299,017명으로 증가시켰다.[2]

바뜰레의 영향하에서, 우루과이의 상황은 1920년과 1930년 사이에 두 가지 중요한 방식으로 변화하였다. 첫 번째, 국가의 역할과 권력은 경제에 대한 국가의 간섭으로 크게 강화되었다. 공기업과 준공기업(entes autónomos)은 국가 자본주의 확장의 필요로 설립되었다. 1930년대 공기업의 예산은 전체 국가 지출의 62%를 나타냈으며, 전체 공공노동자의 수는 52,000명ー대략 국민의 5%ー에 이르렀다.[3] 두 번째, 바뜰레에 의해 공표된 개혁을 통해서 몬떼비데오의 중산층과 노동자 계층은 정치 시스템에 참여할 수 있는 권한을 얻었다. 이런 이득은 산업부문 확장에 의해 용이하게 이루어졌다. 예를 들어 설립된 산업체 수는 1910년부터 1930년 사이에 714개에서 7,403개로 증대되었다.[4]

이 새로운 상황은 옛 정치 전통인 공동참여가 대체하지 못하였다. 사실 새로운 꼴레히아도(colegiado) 체제는 집행권을 행사하기 위해 소개되었다. 바뜰레의 개인적 승리인 첫 번째 꼴레히아도 체제(1917~1933)는 이중적인 집행권으로 구성되었다. 대통령은 외교 업무와 국방, 정치 그리고 정책 문제를 담당하였고, 동시에 다수당의 6명과 소수당의 3명으로 구성된 국가정책위원회을 꾸려 기타 모든 행정문제를 맡겼다. 두 번째 꼴레히아도 체제(1952~1966)는 대통령을 없애고 이전처럼 위원회에 모든 권력을 이양하고, 의석의 3분의 1은 소수당을 위해 남겨두었다.[5]

두 요소는 지속적으로 성공한 공동참여에 대해 설명할 수 있는 중요한 특징이다. 그 하나는 20세기 전반 동안 이룬 꾸준한 국가 경제성장률 덕분이다. 그런 성장은 준복지 국가를 위한 대가 지불과 다른 사회 섹터에서 원한 정치적 시스템을 허용하였다. 1900년과 1930년 사이의 외향적 성장기간(crecimiento hacia fuera)은 고기와 양모, 가죽 수출로 특징지을 수 있다. 수출 전체 가치는 1900년에 2,940만 뻬소(peso)에서 1915년에 7,330만 뻬소, 1930년에 10,090만 뻬소로 증가하였다. 1930년에 접어들면서, 성장모델이 내향적 성장모델(crecimiento hacia dentro)로 대체되었지만, 수출 가운에 특히 양모는 재정 모델인 경화(hard currency)의 공급을 지속하였다. 그러나 성장의 내적 역동성은 수입 대체라는 산업 과정에 의해 비롯되었다. 산업체 설립 수는 1930년에 6,750개에서 1952년에 23,080개로 증가하였다. 그리고 같은 기간에 일자리 수는 54,000개에서 141,000개로 껑충 뛰어올랐다.[6] 국내 총생산(GDP)에서 산업생산의 비중은 1930년 12.5%에서 1950년 20.3%로 늘어났다.[7] 수출과 수입 대체를 통해 꾸준하게 성장한 사실은 사회와 경제, 정치적 요구에 부합하는 적절한 자원을 정부에 제공할 수 있었고 이로 인해 정치적 효력을 유지하였다.

1960년 후반까지 우루과이의 민주적 안정을 설명할 수 있는 두 번째 중요한 사실은 특수한 법제도 구조이다. 정계의 파편화와 기계적 정당 시스템이라는 정치적 현실을 받아들임으로써, 우루과이는 정치적 논쟁을 풀기 위한 상호 간의 방식을 받아들여 안정적인 제도화를 이루었다. 실제적이고 법제화된 공동참여 구조의 중요한 부분은 1910년 이후의 선거법이었다. 그로 인해 정당들은 선거의 장점을 잃어버리지 않고 분열을 견딜 수 있었다. 레이 데 레마스(ley de lemas)로서 알려진 법은 선거에서 투표자가 선호하는 당과 선호하는 후보자를 동시에 선택할 수 있는 시스템이다. 미국식으로 설명하자면, 상기의 선거 방식은 예비선거와 본 선거를 같은 날에 치르는 것으로 가장 인기 있는 정당의 가장 인기 있는 후보가 선출되는 방식이다.

민주주의의 붕괴와 군부독재의 출현

1950년대는 경제적 호황과 그것을 유지시킨 정치적 모델이 막바지에 이르렀다는 징조가 나타나기 시작했다. 특히 몇몇 상품의 과도한 수출 의존과 수출 부분의 침체로 인하여 외환과 극심한 보호무역에 기댄 산업화 과정은 점점 중대한 위기를 초래하였다. 전체 수출은 1950년 254.3백만 달러에서 1960년에는 129.4백만달러로 감소하였다. 국제수지 문제는 뻬소의 지속적인 하락을 가져왔다. 1950년에는 달러당 1.90뻬소, 1960년에는 달러당 11.30뻬소, 1971년에는 달러당 250뻬소까지 평가절하되었다.[8] 연평균 성장률은 1945년과 1955년 사이 4.8퍼센트에서 1955년과 1970년 사이에는 0.7퍼센트로 하락했으며, 이 기간의 후반부의 성장률은 0.3퍼센트에 불과하였다.

산업 부문은 초기의 역동성을 상실하였다. 산업계 종사자수는 1960년의 200,642명에서 1968년 197,400명으로 감소하였다. 산업부문의 연평균 성장률은 1945년과 1954년 사이에 매년 6퍼센트에서, 1960년과 1970년 사이에는 매년 1.6퍼센트로 감소하였다.[9] 인플레이션은 1955년 9.8퍼센트였으며, 그 이전까지 넘은 적이 없던 15퍼센트를 초과하여 1968년에는 125.4퍼센트에 이르렀다.[10] 실질 임금도 드라마틱하게 하락하였는데, 특히 1970년 이후에 더욱 심하였다. 실질 임금 통계는 1957년을 100퍼센트로 가정한다면 1967년에 76.5퍼센트로 떨어졌으며,[11] 1968년을 100퍼센트로 가정한다면 1979년에는 66.2퍼센트로 하락하였다.[12] 1979년의 노동자들은 1968년의 노동자들보다 소득이 33.8퍼센트나 줄어들었다.

고도의 인플레이션과 국제수지 적자로 인한 경제적 침체는 모든 경제 부문에 강한 반향을 불러일으켰는데. 특히 지주(地主)인 상위 계층에게 영향을 주었다. 1958년의 선거에서 지주 엘리트는 보수인 백색당을 지지하였다. 보수당은 20세기 들어 처음으로 선거에서 승리하였다. 지주 엘리트는 복수환율제도를 통해 수출로 번 것을 임의로 몰수할 것으로 여겼으나 1959년 백색당이 환율개혁법을 통과시켰다. 정부는 국제수지 적자 기조를 유지할 것을 IMF로부터 강요받았다. 그러나 위기는 심화되었다. 1952년 헌법에 의해 제정된 정부의 꼴레히아도 체제는 많은 어려움에 직면하여 비난을 받았으며, 1966년 선거와 동시에 대통령제를 부활하는 새로운 헌법이 승인되었다.

홍색당의 오스까 헤스띠도(Oscar Gestido) 퇴역 장군은 선거에서 승리하였으나 직무를 맡은 후 1년 후에 사망하였고 그 자리를 부통령인 호르혜 빠체꼬 아레꼬(Jorge Pacheco Areco)가 대신하였다. 이 시기는 도시 게릴라 집단인 뚜빠마로 민족해방 운동(Tupamaro National Liberation Movement)이 매우 활발할 때였다. 자본주의 체제 철폐가 목적인 뚜빠마로는 중산층 직장인과 젊은 지식인, 학생들로 주로 구성되었다. 그들은 매우 효율적인 조직을 세웠으며, 몇 번의 환상적인 기습을 감행하였다. 그 기습에는 영국대사와 브라질 영사, 미국 경찰 고문인 댄 미트리언(Dan Mitrione)을 유괴한 것을 포함한다. 뚜빠마로는 미트리언의 석방 조건을 정부에서 거절하자 죽여 버렸다. 빠체꼬는 공권력을 강화시키고 점차 억압의 수준을 높였다.

1971년 선거는 긴장감이 감돌았다. 광역 전선(Broad Front)으로 연합한 우루과이의 좌파는 기독민주(Christian Democarats)와 사회주의(Socialist), 공산주의(Communists), 독립좌파(Independent Leftists)로 구성되었다. 대통령 후보는 퇴역 장군인 리베르 세레그니(Liber Seregni)로서 명망 있고 존경받는 군인이었다. 예상한 대로 광역전선은 몬떼비데오에서 선전하면서 30퍼센트를 득표했지만, 지방에서는 형편없이 저조하였다. 홍색당 후보인 후안 보르다베리(Juan M. Bordaberry)는 같은 당의 보수 세력인 친(親) 빠체끼스타(pachequista)의 지원으로 새 대통령에 당선되었다. 빠체꼬는 몬떼비데오의 상류층 출신인 반면에, 보르다베리는 보수적인 지주 계급과 더 긴밀한 관계를 가지고 있었다.

예비선거와 본 선거기간에 광역전선을 도왔던 뚜빠마로는 휴전을 선언하였으나 얼마 가지 않아 파기되어 게릴라 활동이 증가하였고 탄압도 늘었다. 반게릴라 캠페인을 주도한 "1971년 9월" 군대는 대대적인 공격을 준비하였다. 프리깃 함장과 육군 대령(그레고리오 알바레스 장군의 동생)의 죽음은 군부를 격분하게 하였고 1972년 9월 뚜빠마로 운동을 거의 완벽하게 소탕하였다. 동시에 전체 우파를 소집하여 조직한 대게릴라 소탕 운동은―학살조직―보통의 반좌파세력들도 탄압하였다. 군부의 성공은 군사력의 우월함과 더불어 뚜빠마로와 연루된 모든 사람을 구분하지 않고 광범위하게 고문한 결과였다. 국가 정치에 있어 공공연히 군부가 개입을 하면서 민간 정치 지도자가 다시 나오는 것이 점차 힘들어지고 불가능해졌다. 그래서 1972년 후반에 반게릴라 운동은 거의 완벽하게 성공했지만, 군부들이 의사 결정에서 점차 중요한 역할을 하는 것이 당연시되었다. 뚜빠마로에게 강탈한 문서를 빌미로 군부는 "부패"에 대항하는 운동을 전개했으며, 국가조합주의와 다른 국가 조직에 대대적으로 개입하기를 원했다. 보르다베리 대통령은 사실상 군부의 모든 요구를 들어줬으며, 1973년 초에는 군부의 꼭두각시가 되었다.

재정의 위기의 첫 번째 단계는 1973년 2월에 시작되었다. 이 시기는 육군과 공군이 보르다베리가 새로운 국방장관으로 임명하는 것에 반대할 무렵이었다. 게다가 그들은 안보와 경제 문제를 다룰 수 있도록 관료와 시민으로 구성된 국가안보위원회(National Security Council)를 설립할 것을 요구하였다.

군부가 정권을 완전히 장악하는 것을 막으려는 시도로서 국회는 군수용소에서 자행되는 고문에 대해 조사를 실시하였다. 1973년 6월 2일 장군들은 보복으로 의회를 해산하고 군부가 직접 선출한 46인으로 구성된 국가위원회(Council of State)로 의회를 대체하였다. 우루과이 역사에서 가장 끔직한 정치적 박해로서 노동조직의 무효화와 국립대 폐쇄, 정당과 정당가의 활동이 금지되었다. 이 시기에서 단지 의미 있는 변화는 억압의 범위와 정도였다. 보르다베리는 1976년에 사임을 강요당했고, 군부가 뽑은 꼭두각시인 아빠리시오 멘데스(Aparicio Méndez)로 대체되었다.

1980년 초에 군부는 독재체제를 구축하였다. 체제 변화 없이 대통령을 교체하는 브라질 모델을 따라 국가안보위원회에서는 새로운 대통령으로 그레고리오 알바레스(Gregorio Alvarez) 장군을 1981년에 선출하였다. 권력을 이양받은 후 곧바로 알베리스는 군부의 지속적인 역할 증대와 정치 활동－특히 그중에서 비전통적인 정당들－을 제한하기 위한 헌법개헌을 위해 국민투표를 실시하였다. 국민투표에서는 54퍼센트를 얻은 군부가 참패하였다. 자유화에 대한 통제는 지속되었으나, 군부는 1984년 11월에 대통령과 의회 선거의 자유를 약속하였다. 1982년 후반에 홍색당과 백색당은 당내 경선을 조직하였으며, 반정부파가 70퍼센트를 득표하여 압도적으로 승리하였다. 1983년 중반, 반정부측은 선거 후에도 안보 통제를 시도하는 군부의 비타협적인 태도로 인하여 군부가 붕괴할 것이라고 언급했다. 이에 정부는 언론 검열과 정치 억압의 수위를 높였으나, 그 결과는 조속히 민주주의로 회귀하고 싶은 대중들의 궐기대회(이 해부터 몬떼비데오에서 첫 번째 군중집회)로 이어졌다.[13]

긴 협상 후에 결국 군부는 1984년에 물러나기로 하였고, 홍색당의 후보인 훌리오 마리아 산귀네띠(Julio María Sanguinetti)가 대통령에 당선되었다. 적어도 이번 선거는 두 명의 대중적인 반군부 지도자 후보들로 민족주의 정당인 백색당의 윌슨 페레이라 알두나떼(Wilson Ferreira Aldunate)와 광역전선(Frente Amplio)의 리베르 세레그니(Liber Seregni) 장군이 입후보를 금지당해 선거 정신이 훼손되었다.[14] 산귀네띠는 군부가 정치적 범죄와 인권 유린과 관련하여 법정에 서는 것을 단호히 거부하는 등의 어려움을 딛고 첫 번째로 포스트 군부정권을 이끌게 되었다. 그럼에도 산귀네띠는 민주주의 체제를 회복하고 공고히 하였다. 1989년 11월 선거에서는 백색당의 루이스 라깔레 에레라(Luis A. Lacalle Herrera)가 대통령에 당선되었다.

이런 가운데 경제 상황은 1970년 후반에 몇 가지 측면에서 향상되었다. 그러나 1980년대 초 우루과이는 1981년의 마이너스 1.8퍼센트 성장률과 1982년의 마이너스 10퍼센트 성장률, 1983년의 마이너스 8.5퍼센트 성장률을 기록하는 등 최악의 경기 후퇴(2002년의 경기 후퇴보다 심했음)를 보였다. 다른 한편으로 인플레이션은 1983년에 57.5퍼센트로 돌아선 후 60퍼센트에 머물렀다.

군부독재정권으로 가장 많은 이익을 본 부문은 은행가와 비전통적 상품의 수출과 관련된 것들이었다. 지주 계층은 이익을 확대하였는데, 그들은 비전통적 수출 산업을 위해 가죽제품 등의 원재료를 제공하였다. 가장 고통을 겪은 부문은 내수 생산업체들 -내수시장의 위축 때문임-과 샐러리맨과 노동자들-1972년과 1976년 사이에 실질임금이 35퍼센트 감소되었기 때문임-이었다. 노동조합들은 거의 붕괴되었으며, 노동자들은 독재 정권에 무방비상태였다.

미국의 역할

우루과이에 대한 미국의 개인 투자는 보잘것없었다. 1960년에는 총 4,700만 달러였다.[15) 1980년에 미국이 라틴아메리카에서 투자한 총 금액은 38억 달러보다 많았으나, 우루과이와 파라과이, 볼리비아의 총 투자 금액은 전체의 2퍼센트도 되지 않았다. 미국의 의미 있는 경제적 원조도 없었다. 미국의 차관과 지원금(군사 프로그램 제외)은 1972년 1,010만 달러에서 1975년 1,300만 달러로 증가했으나, 1977년과 1980년 사이에 미국과 우루과이의 관계가 악화되어 1978년 이후에는 20만 달러씩 줄어들었다. 두 국가의 관계 악화는 카터 행정부의 인권 정책과 시민의 자유와 인권 탄압을 멈추기 위한 긍정적 조치를 우루과이 독재정권이 이행하지 않은 데 있다.

그러나 미국의 군사 원조는 다른 문제였다. 1950년과 1966년 사이의 우루과이 전체 원조는 3,320만 달러였다. 1969년에는 160만 달러였고, 1971년에는 520만 달러로 증가하였다. 1973년까지는 줄어들었고, 1975년에는 820만 달러로 껑충 뛰었다.[16) 1977년 국무장관인 사이러스 밴스(Cyrus Vance)는 미국이 모든 군사원조를 그만둔 것이 우루과이 정부의 인권 탄압 때문이라고 밝혔다. 군사원조 정책은 1981년 레이건 대통령에 의해 다시 시행되었다.

미국은 돈의 액수에 개의치 않고 1970년과 1975년까지 억압이 절정인 기간에 개입하여 해마다 우루과이에 군사 원조를 했다. 예를 들어 미국의 경찰 고문인 댄 미트리언 (Dan Mitrione)이 우루과이 경찰관이 훈련한 고문방법으로 뚜빠마로에게 죽은 것은 결코 적절하게 설명하기 힘든 구석이 있다.

민주주의에서 독재로: 재평가(재검토)

우루과이 민주주의 흥망성쇠의 역사는 몇몇 흥미로운 결과를 보여 주고 있다. 1900년부터 1950년까지의 거침없던 경제적 성장은 지배계급의 압력으로부터 상대적으로 자율적인 정치적 프로세스가 가능하였다. 정상적으로 기능하며 만족스러운 이익을 가진 지배 계급들은 정치인을 억압하지 않고 정치적 영역에서 기꺼이 저자세를 유지하였다. 예를 들어 대토지 엘리트는 그들이 번 것이 법에 의해 몰수된다고 할지라도, 그들은 상품에 높은 가격을 부과하여 파는 것이 허용되었다. 사실 수출 위기 후 거의 10년까지 그들이 순수하게 정치적 문제에 직접적으로 관여하기 시작했던 것은 아니다.

지배계급에 의한 경제적 압력으로부터 정치 과정의 상대적인 자율은 복지국가 발전을 증진하기 위한 정치기구 시스템의 발달에 호의적이었다. 반면에 경제적 활동 인구는 전체 인구의 약 39%로 나타났으며, 정부에서 급여를 받는 패시브 그룹(퇴직자와 연금수령자 등)은 1969년에 전체 인구의 20%를 기록하였다.[17] 따라서 정부가 엄청난 후원의 근원이 되자, 정당들은 그것을 통제하기 위해 점점 더 큰 정치 기구로 발전되었다.

수출부문의 침체와 국내 산업 부분의 성장 둔화로 인해 1950년대 후반에 위기가 나타났다. 이로 인해 정부는 다양한 계급들과 경제적 부문들의 상반되는 요구를 들어주기 점점 어렵게 되었다. 체제에 도전하는 군부의 출현과 뚜빠마로는 상황을 점점 어렵게 하였다. 지배계급과 군부 모두는 그들의 이익이 위협받고 있다고 느꼈다.

우루과이 정치 과정에 지대한 영향을 준 외부적 요소는 내적 권력 투쟁에서 힘 있는 이웃 국가들을 포함한다. 이 지역의 가장 힘 있는 세 국가(브라질과 아르헨티나, 칠레)들은 동 시기에 우루과이와 마찬가지로 군부 독재(1973~1976년의 아르헨티나 페론집권 시기는 제외)를 겪었다. 특히 브라질의 영향은 꽤 강하게 나타났다. 게다가 자유화의 바람은 남미남부지역 국가들에게 불기 시작했다. 군부는 민주주의에 대한 내부의 요구를 계속 무시하기가 점점 어렵게 되었다.

1990년의 우루과이: 부활

1980년과 1990년 라틴아메리카 다른 곳에서는 군부의 철수가 완벽하게 이루어지지 않았다. 다시 부활한 선거에서는 유력한 계급 혹은 이익부문의 경쟁자가 즉각적으로 등장하지 않았다. 그렇다 하더라도 1990년의 민주주의 체제 재탄생의 지속력은 1970년의 고통스러웠던 탄압과 1990년의 억압에 비추어 인상적이었다. 1980년대 민간으로 이양되면서 모든 부분에서 실패했던 경제는 1990년에 몇 부분에서 회복하기 시작했다. 다른 것 중에서 해외비밀은행업과 해변 리조트가 1980년대 후반과 1990년대 초반에 주요 투자를 유치하였다. GDP의 성장은 1992년에 경이적으로 7.5퍼센트를 기록하였다. 1993년에는 1.7퍼센트 하락했으며, 1994년에는 약 4퍼센트로 안정화되었다. 1990년부터 1999년까지 GDP는 4,802불에서 6,173불로 매년 2.8퍼센트 증가하였다.[18] 이런 증가율은 같은 기간 전체 라틴아메리카의 1.4% 증가보다 두 배나 높았다.[19] GDP 대비 외채비율이 1990년 1/4분기에는 바닥이었으나, 1999년에는 다시 증가하여 GDP대비 39.5퍼센트로 증가하였다.[20] 비록 인플레이션과 빈곤률은 이 시기에 현저하게 떨어졌지만, 실업률은 GDP 증가에도 불구하고 1990년 8.8퍼센트에서 1999년 11.3퍼센트로 증가하였다. 1995년 초에 우루과이는 대부분의 교역재에 대외공통관세를 이행하기 위해 남미공동시장의 회원국이 되었다.

일부 골칫거리 군부가 1990년대 초까지 명맥을 이어왔으나, 대외 채권에 대한 주요 전통적 정당들의 국가적 합의라는 상황에서 나온 긴축정책에 대한 대중적 반대가 있었다. 이 협의는 홍색당의 산귀네띠에서 1989년에 선출된 백색당의 루이스 알베르또 라깔레까지 경제정책을 계승한 원동력이 되었으며, 산귀네띠는 그다음 정권인 1994년에 다시 대통령이 되었다.

실제 전통적인 당들은 우파로 기울었고 좌파의 정치적 구분도 거의 사라졌다. 20세기 중반 홍색당 계파의 정치적 스펙트럼은 몬떼비데오의 전(前) 시장인 따바레스 바스께스가 이끌었던 광역전선(이하 FA)이라 할 수 있다. 1994년의 선거에서 전통적인 당들과 FA의 유권자가 분리되었다. 비록 홍색당이 1994년 선거에 승리했지만, FA도 민주주의로 전환된 이래 1984년과 1989년의 21퍼센트, 1994년 31퍼센트의 지지를 얻어 선거 결과가 점점 향상되었다.[21)

좌파가 선거에서 점차 성공하자, 1996년에 백색당과 홍색당은 중대한 선거개혁을 통해 같이 압박하였다. 다른 변화 가운데 그들은 대통령 선출을 위한 레이 데 레마스(ley de lemas)를 없애고 예비 선거 시스템으로 대체하였다.[22) 대통령 선거를 확실하게 보장하고 더욱 안정적인 연대를 위해 레이 데 라마스를 철폐한다고 주장하였다.[23) 아마도 1996년 개혁에서 가장 중요한 측면은 첫 번째 라운드에서 과반수 이상으로 승리하지 못한 당이 2차 투표를 해야 한다는 것으로서, 백색당과 홍색당은 2차 투표에서 연대를 가능성이 있어 FA를 물리칠 수 있는 가능성이 있었다.[24)

1999년 선거에서는 이 개혁으로 전통적인 정당들이 덕을 봤는데, 홍색당의 당수(원로)인 호르헤 바뜰레가 대통령에 당선되었으나, 이 승리는 단지 FA의 후보자인 따바레 바스께스와 격돌한 2차 투표 결과였다.[25) 1차 투표에서 FA는 40.1퍼센트를 득표하여 승리했으나, 2차 투표에서 백색당의 공개적인 지원을 받은 바뜰레에게 근소하게 패배하였다.[26)

경제적 위기의 재현과 전통적 당들의 침체

의회의 소수세력과 함께, 바뜰레 대통령은 짧은 기간 동안 정부의 연대를 위해 백색당을 끌어들였다. 1999년은 브라질 환율의 평가절하와 2001년 아르헨티나의 경제 붕괴는 우루과이 경제에 엄청난 충격을 가져다줬고, 우루과이는 곧바로 긴급조치를 취하였다. 우루과이는 세금을 늘리고 일주일간 은행을 휴업하여 대량 예금 인출을 막았다. 집권 마지막 해에는 경제회복이 시작되었음에도 불구하고, 바뜰레 대통령은 한 자릿수의 지지율을 기록했다.[27)

1990년대의 우루과이 경제성과에 대한 논쟁일 수 있지만, 바뜰레 대통령 재임기간 동안 사회 및 경제 지표는 분명히 좋지 않았다. 1999년에 브라질 레알이 평가절하를 시작할 때 수출부분의 경쟁력에 타격을 입었으며, 2001년에 이웃인 아르헨티나의 경제 붕괴가 심해지면서 우루과이 경제는 위기의 늪에 빠져들었다. 바뜰레 대통령이 당선된 1999년부터 그의 마지막 집권 해인 2004년까지, 빈곤율은 9.4퍼센트에서 20.9퍼센트로 두 배 이상 증가하였다.[28] 바뜰레의 5년 재임이 끝날 무렵인 2003년, GDP 대비 부채율은 믿기 힘든 수치인 98.4퍼센트에 다다랐다. GDP는 1999년과 2003년 사이에 14퍼센트나 하락하였으며, 선거 해인 2004년에는 1999년 수준을 밑돌았다. 비록 몇몇 지표들은 2004년에 향상되기 시작했지만, 경제는 1999년보다 상당히 악화되었고 전통적인 정당들은 정치적 데미지를 입었는데, 특히 바뜰레 대통령과 그가 소속된 홍색당이 더 심했다.

2004년 선거가 다가오면서 전통적인 정당에 대한 대중적 환멸로 인해 따바레스 바스께스와 좌파 연합은 예전보다 더 강해졌다.

좌파의 결정적인 승리

우루과이 유권자는 전통적인 정당에 대한 강한 질책과 지난 10년간의 신자유주의 경제 정책 상황이 좌파의 승리를 이끌어냈다. 1971년에 창당한 FA는 선거에서 거침없이 성장하다가 2004년의 승리로 절정에 이르렀다. FA의 리더인 따바레스 바스께스는 1차 투표에서 51.7퍼센트의 유효표를 얻어 승리하여 대통령에 당선되었다.[29] 백색당은 31.5퍼센트를 득표하여 2위를 기록하였으며, 오랜 기간 집권한 홍색당은 10.6퍼센트를 얻어 크게 패배하였다. FA는 거의 40년 만에 제1여당을 구성하였는데, 30석의 상원의석 중 16석과 99석의 하원의석 중 52석을 차지하여 두 의회를 장악하였다.[30]

전략적으로 바스께스 대통령은 연합 계파의 리더에게 가장 중요한 장관직에 임명하였다. 다닐로 아스또리(Danilo Astori) 하원은 재정장관에 임명하였고 호세 "뻬뻬" 무히까(José "Pepe" Mújica)는 농업 장관에 임명하였다. FA 내에서 바스께스와 라이벌이며 우루과이 회의(Uruguay Assembly: AU)의 수장인 아스또리는 FA에서 중도좌파를 대표하였다. 게다가 바스께스가 국내 통치 전략으로 아스또리를 중요한 장관직에 명한 것은 국제 재정시장에 안전신호를 보낸 것으로 FA 정부가 이전 정부의 경제 이념에서 크게 벗어나지 않는 다는 것을 보여 준다. 이와 대조적으로 전직 뚜빠마로 게릴라이며 정치범인 무히까와 공산당과 사회주의 당과 함께한 그가 속한 대중참여운동(Movement for Popular Participation: MPP)은 연합에서 좌파를 대표하였다.[31] 14개의 장관직 중에, 6개 장관직은 FA의석의 88퍼센트를 확보하고 있으며 의회에서 당을 지키는 데 도움을 주는 계파 수장들 몫이다. 7개 장관직은 바스께스가 가장 신뢰하는 측근들의 자리이며, 나머지 한 자리의 장관직은 FA계파에서 가장 많은 표를 얻은 MPP가 가져갔다.[32]

바스께스는 68퍼센트의 지지율과 단지 7퍼센트의 반대로 정부에 입성했다.[33] 이 수준의 지지는 역사적으로 낮은 지지로 퇴임한 바뜰레 대통령과 대조했을 때 상당히 충격적이다. 비록 지지율이 오랫동안 하강국면에 접어들고 FA 연합 내에 긴장이-특히 미국과 무역협정에 관한 물음에서-나타났지만, 바스께스 정부는 초기에 성공한 몇 가지 정책 덕으로 강력한 권한으로 통치하였다. 인권은 군부독재에서 희생된 유해를 발굴함으로써 FA 정부 1년차에서 주목을 받았다. 2006년 후안 마리아 보르다베리 전 대통령과 그 당시의 외무장관은 반인륜적 범죄에 대해 유죄를 선고받았다.[34] 재판과 유죄 판결은 지난 군부 체제의 구성원에게 사면을 줬던 1986년의 법을 바스께스 정부가 재해석하면서 가능해졌다.[35]

이런 역사적 유죄판결 뒤에, FA 정부의 사회정책 성공은 가난한 가족에게 금전적 지원을 하고 그들의 아이들이 학교를 다니고 보건서비스를 받는 복지 프로그램인 PANES(사회적 약자에 대한 국가 지원 계획) 제정을 포함한다.[36] 노동법 개혁은 노동조합(1992년 라갈레 대통령 때와 2009년 백색당 대통령 후보 시절에 없어졌다)을 통한 집단 협상 권리를 부활하였다. 그리고 세제는 수입의 공정한 배분을 위해 개혁하였다.[37]

2009년 선거

진보적 대통령으로서 바스께스의 임기 동안에 두 명의 청렴한 지도가가 잠재적인 대통령으로 FA 연합 내에서 나타났다. 2006년 11월 FA의 당내 경선에서 호세 무히카의 MPP는 31퍼센트로 가장 많이 득표하였고 그 뒤로 경제장관이며 AU의 수장인 아스또리는 13퍼센트를 득표하였다.[38] 두 계파의 리더는 2009년 FA의 예비선거에서 대결하였다. 무히까는 이 선거에서 52.4퍼센트를 얻어 39.7퍼센트의 지지를 받은 아스또리에 승리를 했으나, 총선거(대선)는 아스또리가 무히까의 러닝메이트로 부통령에 출마하였다.[39] 백색당의 예비선거에서는 전임 대통령인 루이스 알베르또 라깔레가 57퍼센트를 득표하여 2위를 차지한 호르헤 라라냐가 러닝메이트인 부통령 후보로 합류하였다. 마지막으로 홍색당의 예비 선거에서는 뻬드로 보르다베리가 쉽게 승리하였다.

총선거는 10월 25일에 열렸다. 비록 투표율(의석)이 하락세에 접어들었지만, FA와 무히까−아스또리는 유력한 후보였다. 그럼에도 불구하고 FA는 단지 48.1퍼센트를 얻어 11월 9일 열린 결선 투표를 맞이하였다. 홍색당과 보르다베리는 예비선거에서 3등으로 마쳤지만, 총선거에서 득표율이 6퍼센트 상승했으며 3석이었던 상원과 10석이었던 하원이 각각 5석과 17석으로 늘어났다. 비록 FA는 절대 다수당이었지만, 백색당과 마찬가지로 상·하원에서 의석을 잃어버렸다.[40]

1999년대 초에 유사한 상황에 일어났는데, 백색당과 홍색당이 FA에 승리하기 위해 2차 투표에서 연합하였다. 두 상황이 유사하지만, 2009년 백색당의 라깔레는 도전을 하고 FA는 집권당이라는 사실에서 차이가 있다. 결국 1999년의 역사가 반복되지는 않았다. 뻬뻬 무히까와 다닐로 아스또리는 52.4퍼센트를 얻어 2차 투표에서 연합한 백색당−홍색당에 9퍼센트차로 승리함으로써, FA는 우루과이의 새로운 지배정당으로 확고히 자리매김하였다.[41] 무히까 정부는 성공적인 바스께스의 정책을 계승하고자 하였다. 변화의 영역에서는 아이러니하게도 정부와 반대편이 서로 관계를 하였다. 무히까는 1990년대 이후로 사라졌던 예전의 정당 간에 협력하는 전통으로 되돌아간다고 천명하였다.

파라과이

대립의 사회: 1870~1940

삼국동맹전쟁(1864~1870)은 경제 파탄과 국가기반시설의 파괴, 인구 감소 등을 초래하여 파라과이를 폐허로 만들었다. 국토는 6만 평방마일로 줄었다. 1870년 자유헌법이 제정되었으나 사문화되었다. 두 개의 전통적 정당으로서 보수주의이며 홍색으로 상징되는 꼴로라도당(이하 홍색당)과 자유주의이며 청색으로 대변되는 자유당(이하 홍색당)이 1887년에 창당되었다. 홍색당은 1904년까지 정권을 잡았으나, 그렇게 민주주의적이지는 못했고 정부의 부패가 심했다. 1883년과 1885년에 법률로 제정된 제르바(마떼 플랜테이션)와 공공토지 판매법은 대토지제(latifundio)의 시작뿐만 아니라 대대로 내려온 땅에 살았던 가난한 농부들을 쫓아내었다. 스페인계 아르헨티나 자본가들은 차꼬(Chaco) 지방에 1,400만 에이커(570만 헥타르)의 땅을 구입하였다. 7,410만 에이커의 공공토지 대부분이 개인에게 흡수되었다.[42]

19세기 말에 이런 상황은 더 악화되었다. 소수의 대농장지주(estanciero)는 거의 모든 땅을 소유하였다. 몇몇의 외국 기업들은 두 가지 주요 수출 상품인 제르바 마떼(yerba maté)와 탄닌(tannin)을 독점하였다. 빈곤과 경제적 후퇴가 확산되었다. 정치적 권리와 시민권은 일상적인 폭력에 노출되었으나, 정치엘리트들은 이를 묵과하였다. 공공의 분노는 자유당이 대중의 지지를 받아 성공적 반란을 조직하는 상황을 만들었다. 그러나 1904년의 혁명은 별로 성공하지 못했다. 새로이 발달한 냉동보관(frigorificos: 육류포장과 가공공장)을 포함한 주요한 부의 원천은 여전히 외국인 손에 있었다.[43]

1920년 차꼬 영토로 인한 볼리비아와의 긴장은 돌이킬 수 없이 고조되었고, 1932년에 전쟁이 발발하였다. 파라과이는 승리로 경제와 사회적 활동이 증대되었다. 1936년 2월 17일 차꼬 전쟁의 영웅인 라파엘 프랑꼬(Rafael Franco) 장군는 에우세비오 아얄라(Eusebio Ayala) 대통령을 밀어내고 권좌에 올랐다. 라파엘 프랑꼬가 수장이었던 페브레리스따(febrerista) 운동은 이질적이었지만, 그 운동은 나치와 파시스트, 사회민주주의,

마르크스주의에 영향을 받았으며 파라과이 역사에서 사회경제 개혁을 위한 몇몇 주요한 운동이었다.

1937년 8월 군부의 반란은 페브레리스따를 무너뜨렸다. 임시정부는 1939년 선거를 했으며, 다른 차꼬 전쟁의 영웅인 호세 에스띠가리비아(José Estigarribia) 자유당 후보가 경쟁자 없이 선거를 치렀다. 1940년 에스띠가리비아는 독재 권력을 세우고 1870년 헌법을 교체하였으나, 그는 곧바로 비행기 폭발로 사망하였다.

군국주의의 출현

1936년과 1939년 사이의 군부는 중재자 역할을 하면서 영구적으로 직접적인 통치하기 위해 천천히 움직였다. 에스띠가리비아가 죽은 1940년에, 그의 후계자인 이히니오 모리니고(Higínio Morínigo) 장군이 시민의 영향 없이 군부에 의해 선출되었다. 그는 독재 권력을 이양받았고 엄밀하게 말하면 파라과이 역사에서 첫 번째 군부 독재 정권이 되었다.

모리니고는 전선(戰線: Frente de Guerra)으로 알려진 파시스트 지부를 군부의 지원으로 설립하였고, 애매모호한 보수적인 기독 조합의주의자 이데올로기인 띠엠삐스따(tiempista: 나중에 엘 띠엠포 신문으로 바뀜)로 잘 알려진 시민 조직을 만들었다. 운 좋게도 2차 세계대전은 수출 증대와 외환 보유의 증가를 가져왔다. 비록 모리니고는 주축국에 대한 동정심을 숨길 수 없었겠지만, 그는 미국에 반구로열티(hemispheric loyalty)를 재빨리 팔아 경제 원조 300만 달러뿐만 아니라 군사 원조로 1,100만 달러를 받았다.[44]

모리니고의 경제 정책들은 공공조합의 창설과 같은 1930년대 초에 시작된 흐름인 정부의 개입 확대로 규정지을 수 있다. 공공조합들은 알코올을 제조하고 판매하는 COPAL(현재는 APAL)과 상업용 고기를 취급하는 COPARCAR, 상선을 관리하는 FLOMERES가 있었다. 삶의 비용은 1938년을 100으로 기준 잡았을 때, 1940년에 110에

서 1948년에 432로 드라마틱하게 한 해 평균 41.5퍼센트나 증가하였다.[45]

모리니고 체제는 이전보다 더 억압적이었다. 그의 조합주의와 독재주의 관점은 자신의 혁명 모토에서 잘 드러난다. 모리니고는 1942년에 자유당을 해산시켰다. 홍색당의 군부 연합과 함께 모리니고는 1947년 꼰셉시온(Concepción) 주둔군의 반란과 5개월 동안의 피의 내전을 계기로 강력한 억압정책으로 전환하였다. 다수의 군과 장교들이 독재에 반대를 하자, 홍색당은 미국에 도움을 청하였다. 그들은 "스탈린 제국주의로부터 반구의 안전을 보호하는 것"이라 주장했다. 그러나 미국 정부는 그들의 주장을 점검하기 위해 CIA 요원을 보낸 후에 그 폭동이 "공산주의와 관련이 없다"고 결론 내린 후 홍색당의 요청을 거부하였다.[46] 아르헨티나 대통령인 후안 페론은 아순시온 인근의 반란군을 물리치도록 파라과이 정부에 무기를 공급하였다. 모리니고는 승리하였지만 피로스[47] 왕의 꼴이 나버렸다. 홍색당이 점점 성장하면서 모리니고는 두려움에 대통령 후보 자리를 넘겨주지 않으려 했으나, 1948년 2월 나딸리시오 곤살레스가 그를 끌어내렸다.

스뜨로에스네르 시대

1947년 정부의 승리 이후에는 국가의 "홍색당화"가 확산되었다. 공무와 군대의 접근은 홍색당에 의해 좌우되었다. 한편 한국전쟁은 1949년부터 1953년까지 수출 증가세를 유지하는 데 도움이 되었다. 1946년 1,100만 불이었던 수출액이 1949년 310만 불로 감소하였으나 1953년에 1,770만 불로 늘어났다. 그럼에도 불구하고 국제 경제상황은 급속히 악화되었다. 인플레이션은 1947년과 1953년 사이에 매년 평균 67퍼센트 상승하였고 1952년에는 157퍼센트로 최고 상승률을 기록하였다. 과라니의 환율가치는 1946년과 1954년 사이에 700퍼센트 이상이나 떨어졌다.[48]

국제 경제상황의 악화로 인해 역사상 가장 불안전한 시기로 대통령 후보급 정치인들의 음모가 극에 달했다. 이는 콜로라도의 혹독한 계파투쟁에 의해 부패한 군부독재

정치로 전면 회귀하는 것이었다. 각각의 계파는 개별적 목표 달성을 위해 핵심 군장성에게 지지를 얻었다. 그 결과 1954년의 대중 분위기(1936년에 있었던 변화처럼)는 평화와 질서를 요구하였다. 1954년 5월 4일 42살의 알프레도 스뜨로에스네르(Alfredo Stroessner) 장군은 홍색당 출신 대통령인 페데리꼬 차베스(Federico Chaves)를 끌어내렸다. 3개월 후 임시 대통령에 오른 스뜨로에스네르는 단독후보로 대통령 선거에서 출마하여 권력을 잡았다. 비록 그가 과도기적 인물로 인식되었지만, 스뜨로에스네르는 군부와 민간 부문에 기술적으로 잘 대응하였다. 1959년 학생과 노동자의 불안이 증폭되자, 그는 홍색당을 폐쇄하고 구성원의 절반을 추방하여 그의 입지를 공고히 하였다. 1960년대가 시작되면서, 그는 의문의 여지가 없는 지도자가 되었다. 물론 몇몇 정치가와 군인들은 감히 그에게 도전을 하였다.

사회경제 구조

1954년과 1970년 사이에 파라과이 경제는 농촌 지역의 전자본주의적 생산양식 확산과 함께 전통적 사회구조 틀에서의 초저성장으로 규정지을 수 있다. 거대한 농민 부분은 실제적으로 통화경제에서 배제되었고 그들의 땅이 아닌 곳에서 생계 작물을 재배하였다. 예를 들어 1950년대 말에, 1,549명의 토지소유자들이 전체 토지의 약 85퍼센트를 차지하였고, 단지 전체 토지의 0.9퍼센트에 해당하는 땅에만 농업을 하였다.[49] 게다가 파라과이는 다른 라틴아메리카의 국가들과 달리 수입 대체상품이 없었다. 그리고 산업부문은 상당히 저발전상태에 있었다. 예컨대 1963년에는 190만 명의 인구 중에서 3만 5천 명만 산업부문에 종사하였다. 그중에 거의 절반인 17,482명은 10명 이하의 소규모 사업장에서 일했다. 단지 31개의 사업장에만 100명 이상의 노동자가 있었다.[50] 외국 투자의 대부분은 영국과 아르헨티나에 의해 이뤄졌으며, 고기포장과 가공, 제재, 은행, 목화씨유 등 그다지 역동적인 산업부문은 아니었다.

일반적인 경제상황은 준침체상태였다. 1954년과 1969년 사이의 GDP는 연평균 3.7퍼센트 증가였으나, 1인당 GDP는 단지 1.3퍼센트 증가에 그쳤다.[51] 그럼에도 불구하고 정부는 외국의 차관과 원조, 긴축재정정책으로 이전보다 인플레이션 억제와 인프라 확충이라는 두 가지 목표를 달성하였다. 또한 정부는 IMF와 미국의 경제적 원조로 국제 수지의 균형을 맞추었다. 특히 미국의 PL-480프로그램은 파라과이가 원하는 기간만큼 신용으로 밀을 수입할 수 있도록 하였다.

경제적 침체는 수입 분배의 극심한 불균형을 초래하였다. 비록 이 시기의 연구는 아니지만, 경제학자 헨리 세펀스(Henry D. Ceupens)는 5퍼센트의 인구가 50퍼센트의 GNP를 나누어 가졌다고 추측하였다. 15퍼센트의 인구가 20퍼센트의 GNP를 가졌으며, 80퍼센트의 인구가 나머지 30퍼센트의 GNP를 차지하였다.[52]

1970년대는 파라과이 역사에서 가장 빠른 근대화를 이룬 시기이다. 이 시기의 성격과 역동성은 두 개의 기본적인 요소로 설명할 수 있다. 첫 번째는 이따이뿌(Itaipú) 수력 발전댐인데 파라과이와 브라질의 공동 사업으로 15억 불(1980년대 파라과이 GNP의 5배) 규모의 프로젝트였다. 이 댐은 당시 세계에서 가장 큰 댐으로 한 시간에 1,260만 킬로와트의 전력을 생산하였다.

두 번째 요소는 농업의 상업적 수출과 관련한 농업(특히 콩) 붐이었다. 이따이뿌 댐 건설과 농업비즈니스의 붐은 막대한 외국 자본을 끌어들였다. 그 결과로 외환보유는 1970년에 1,800만 달러에서 1981년에 78,100만 달러로 기하급수적으로 증가하였다. 이 과정은 브라질과 미국, 유럽, 일본의 투자 관계로 인해 앵글로 아르헨티나의 투자 감소로 이어졌다. 한편 강력한 상업적 농업 부문은 다국적 기업에 의해 점령되어 농촌이 급격하게 변화하였다.

GNP의 성장률은 1970년과 1975년의 6.4퍼센트에서 1976년과 1978년의 10.2 퍼센트로 증가하였다. 1979년은 10.7퍼센트였고 1980년에는 11.4퍼센트에 달하였다. 1981년에는 8.5퍼센트로 떨어졌으며, 1982년과 1983년에는 심각한 경기침체와 마이너스 성장을 기록하였다.[53] 무역적자는 위험할 정도로 증가하였고 최고 54,500만 달러에 이르렀다. 게다가 1981년부터 침체되기 시작하여 이전의 5년간의 무역적자 증가에도 불구하고 이따이뿌 프로젝트와 관련한 외국자본의 유입으로 실질적인 국제수지는 흑자를 기록하였다. 외채는 1970년 9,800만 달러(GNP의 16.7퍼센트)에서 1988년에 22,000만 달러(GNP의 52퍼센트)로 증가하였다.[54]

근대화 과정은 다른 부정적인 결과를 초래하였다. 인플레이션은 1979년에 최고 28.1퍼센트에 달하였다. 1980년에는 22.4퍼센트에서 1981년 13퍼센트로 감소하였다. 그러나 실제 인플레이션은 공식적인 수치보다 더 높았다. 정부는 불경기로 몰아넣는 긴축재정을 추진하였다. 실질 최저임금은 1964년과 1980년 사이에 17퍼센트로 떨어졌다. 1980년 1인당 GNP는 1,131달러였으나, 도시 인구의 62퍼센트는 수입이 150달러와 440달러 사이였다.[55] 수도인 아순시온 인구의 13퍼센트에 해당하는 68,000명은 도시 주변의 빈민가(villa miseria)에 살았다.[56]

급속한 경제적 근대화 과정에서 가장 중요한 결과는 정치적 시스템에 관한 사회·경제적 요구가 증가한 것이다.

이따이뿌 프로젝트의 완료와 자본 유입의 중단은 정부를 긴장하게 하였다. 그 프로젝트에 의해 고용된 대략 12,000명의 파라과이 노동자들은 1990년대 초에 점점 해고되었고, 파라과이와 아르헨티나의 야시레따 수력발전 프로젝트가 지연됨에 따라 새로운 거대 프로젝트는 그들을 흡수하지 못하였다.

정치적 프로세스

1960년대 초 스뜨로에스네르는 세 축(본인과 군대, 홍색당)을 중심으로 권력 구조를 강화하였다. 그는 거세게 억누른 반대편과 나머지 흡수자들(특히 군 장교와 홍색당원)에게 그의 능력을 보여 주었다. 작은 파벌의 이익을 위한 밀수와 부패는 확산되었고 체제 유지를 위해 무기고 밀매도 이루어졌다. 공식적으로 그것은 평화의 대가(el precio de la paz)로 인식되었다.

지배적인 경제적 계급은 베링턴 무어(Barrinton Moore)의 구절을 빌리자면 기꺼이

"돈을 벌 수 있는 권리를 위해 통치할 권리를 바꾼다." 실제로 그들은 결코 통치를 하지 않으며, 거래만 할 뿐이었다. 압력단체의 만성적 약세는 몇몇 통치자가 통치 기간을 연장할 수 있는 "평화로움"을 제공하였다. 시민의 중요한 부문들은 높은 수준의 정치적 압력으로 묵살시켰고 또한 도전이 불가능하다는 것을 기정사실화하였다.

1954년과 1962년 사이에, 이 체제는 대중 억압과 탄압에 심하게 의존하였다. 점차 그 방식은 때때로 필요한 억압을 포기하지 않고 제한된 위원 선출을 강조하는 권위주의 모델로 흘러갔다. 그러나 파라과이에서의 위원은 관리(공무원)에 속하지 못했다. 왜냐하면 엄격한 권력 구조에서 그들이 정치적 영역에서 오래 머무는 만큼 정치적으로 개인적 억압과 박해의 동기가 결여되기 때문이다.

무방비 독재정권에서 권위주의 체제로 전환한 계기는 1962년의 자유진영 분열로 인한 법적 승인 때문이다. 대신에 그 그룹은 반대진영의 표식을 제공하는 1963년 대통령 "선거"에 참여했다. 반대 진영 내의 참여 그룹들은 반란 전략을 목적으로 하는 이들을 압도하였다. 1964년 페브레리스따 당은 법적으로 인정되었고 대부분의 망명한 자유당 지도자들은 다시 돌아왔다. 1965년의 시장 선거는 페브레리스따에 의해 개방명부제로 하였으나, 주류 자유당이 주도하였다. 선거는 만연된 관리들의 사기로 곤혹을 겪고 있었으나, 자유당의 다수 세력은 1962년에 승인된 자유당의 소수 그룹을 지원하지 않기로 결정하였다. 다수 세력의 지도자들은 급진자유당(Liberal Radical Party: 이하 PLRA)으로 법적 승인을 받는 데 도움을 줬다. 급진이라는 단어를 붙인 것은 1962년에 승인된 다른 그룹과 구별하기 위해서였다. 1964년의 페브레리스따의 승인뿐만 아니라 1962년과 1967년에 다시 자유화에 대한 미국의 압력은 중요한 역할을 하였다.

1967년에 4개의 야당이 참여한 국민회의(national convention)는 1940년의 헌법을 수정하기 위해 열렸다. 실제로 중요한 이슈는 스뜨로에스네르가 재선을 하기 위한 조항을 삽입하는 것이었다. 그는 1968년과 1973년에도 부정 선거로 쉽게 당선되었다.

그러나 이러한 참여는 정부에 이익을 주는 일방적인 행동이라는 것이 증명되었다. 야당들은 공개적으로 압력을 받지 않았지만, 그들의 정치적 활동은 극히 제한적이었다. 당내의 정부를 추종하는 엘리트들은 상·하원의 13개 의석의 봉급과 이익에 만족하였다. 정치인들은 이 체제가 그들에게 남긴 이권을 위해 맹렬히 싸우기 시작했다. 게다가 그런 당의 내분은 야당을 약화시켰고, 이미 대중은 당을 무능한 장식품으로 인식하였다.

이런 맥락(야당의 약화)에서 학생과 농민 운동은 1960년대 후반과 1970년대 중반 두드러졌다. 두 그룹은 상습적인 무능력 때문뿐만 아니라 우파 체제에서 진정한 이데올로기를 제공하는 데 실패한 야당의 환상에서 깨어났다. 몇 년 동안 그들은 최근의 파라과이 역사에서 몇몇 가장 거대한 대중운동 조직 중에서 성공하였다. 그 결과로서 농민과 학생들은 매섭게 탄압을 당했다. 1975년과 1980년 사이의 잔인한 탄압은 대중운동을 심하게 무너뜨렸다.

그 체제에서 다른 저항이 근원은 가톨릭교회와 그와 연대한 그룹이었다. 1960년대 이후로 가톨릭 성직자들은 확고하게 저항하였고 공공의 문제로서 체제의 폭력을 고발하였다. 그러나 교회는 저항세력으로서 스스로를 인식하지 못하여 명확한 정치적 전략을 가지지 못했다.

따라서 1970년대는 정부와 반정부 사이의 힘 싸움이 커가는 시기였다. 경제적 상황의 향상과 1970년대 말의 이따이뿌와 관련된 붐은 광범위한 대중 부문에서의 반정부 세력 지지가 줄어들었다. 게다가 1977년에 정부는 스뜨로에스네르가 종신 재선을 위해 1977년 헌법 수정을 거부하는 섹터를 고립시키기 위해 야당을 분리시켰다. 자유당의 분리된 그룹은 잠재적 야당으로서 당시에 다섯 개가 있었다. 이 가운데서 4개가 정부로부터 1978년 선거에 참여할 수 있도록 승인을 받았다. 그중에서 최종적으로 선택된 2개가 허울뿐인 민주주의 정부와 의회에 대항할 수 있는 확신을 가지고 있었다.

정치와 경제적 성공에 의해 강력해진 스뜨로에스네르 체제는 동조하지 않는 반대편을 집요하게 공격하였다. 1970년대 후반 이 섹터는 반대진영으로 민족합의(National Accord), 급진정통자유당, 페브레리스따, 기독민주당과 민중콜로라도운동, 1959년 스뜨로에스네르에 의해 쫓겨난 홍색당 그룹으로 분절되어 이어졌다. 민족합의는 인권 폭력을 자행하는 스뜨로에스네르 체제에 대항하기 위한 미국과 국제사회의 압력하에 창당되었다. 이 당은 카터 재임기간에 압력의 수위를 높이면서 더 성장하였다. 그러나 국제사회의 압력은 줄어들었다. 특히 1980년 11월 로날드 레이건이 당선되면서 민족합의(National Accord)의 중요성은 점차 사라졌다.

그럼에도 불구하고 정부에 의한 문제가 발생하였다. 인권유린에 대한 국제적 비판은 미국의 군사 원조 프로그램 중지와 경제적 원조 축소 등의 실제 재제조치로 이어졌다. 게다가 정부는 미국이 보증을 거부하여 원하는 기간 동안 국제기구로부터 차관을 얻을 수도 없었다. 내부적으로 정부는 1950년대 이후로 몇몇 가장 골치 아픈 국내 문제에 직면했다. 홍색당 내부는 당 조직을 컨트롤하기 위한 무수한 계파 간(지역당과 학생조직)의 경쟁으로 구성되어 있었다. 더구나 잠재적 역할이 있는 젊은이 사이에서의 불만은 원로그룹이 그들의 이권으로부터 떠나는 것을 거부하면서 미루는 것이었다. 게다가 학생과 노동자의 정치적 성장은 자유를 위한 압력이 커지는 결과를 가져왔다. 이웃인 아르헨티나와 브라질의 민주주의 이행은 스뜨로에스네르의 체체를 약화시켰다.[57)]

35년간 스뜨로에스네르의 독재의 마지막은 홍색당의 주요한 분열의 결과로서 나타났다. 1987년 8월, 늙은 스뜨로에스네르는 그의 리더십의 큰 부분인 당으로부터 쫓겨났다. 전통주의자로서 잘 알려진 그룹은 스뜨로에스네르가 대통령 후보로서 지지를 자연스레 끝낼 거라고 믿었다. 전통주의자들에 대한 공격은 극우 광신자와 군인으로 알려진 스뜨로에스네르의 지지자들이 의해 주도되었다.

당을 장악한 후에 군인들은 정부기구와 군대에서 그들의 지위를 공고히 하였다. 1988년 8월 스뜨로에스네르가 외과 수술을 한 후에 그의 건강은 점차 악화되자, 군인들은 막 공군 대령으로 승진하여 차기 군부를 계승할 스뜨로에스네르의 장남 편으로 빠르게 이동하였다. 그런 가운데 다수의 장군과 대령들은 1989년 1월 초에 은퇴하거나 사임하기 시작했다. 그러나 2월 2일 스뜨로에스네르가 그의 군부 라이벌이자 초대 사령관인 안드레스 은퇴를 종용하자, 로드리게스는 10시간에 걸친 유혈 전투 후에 1989년 2월 3일 스뜨로에스네르를 끌어내리기 위해 보복하였다.

로드리게스 장군은 임시 대통령이 되었고 민주주의로의 이행을 위한 첫 번째 단계로서 90일 내에 선거를 치른다고 공표하였다. 그는 홍색당의 후보로서 출마하였다. 강한 민주화의 메시지를 보낸 로드리게스는 5월 1일 선거에서 승리하였다. 그는 유력한 경쟁자로 20퍼센트를 득표한 PLRA의 리더 도밍고 라이노를 제치고 70퍼센트 이상을 득표하였다. 상대 당은 30년간의 억압 후에 짧은 기간 동안에 선거를 조직할 수 없었다고 불만을 표출하였다. 선거기간 동안 정당들의 정치적 자유를 허용하는 동안, 로드리게스 장군은 어떤 방식으로든 승리할 수 있는 아주 대중적인 후보였지만, 선거는 그의 부정행위에 의해 흠이 생겼다.[58]

대통령에 오른 로드리게스 장군은 법원과 몇몇 대사를 포함한 리더십을 가진 독립적인 리더들 혹은 반대편의 통합과 자유화를 위해 단호하게 움직였다. 그럼에도 불구하고 진정한 민주주의 시스템이 출현하기 전에 해야 할 많은 것들이 남아 있었다.

전환

1989년 파라과이가 라틴아메리카의 다른 국가들처럼 민주주의 시스템으로 이행을 경험할 것이라고 거의 믿지 않았다. 결정론과 역사적 도그마에 의해 다수는 반복되지 않는 과거로서 현재를 이해하였다. 이는 파라과이의 역사적 유산도 아니며 스뜨로에스네르의 체제의 특성이 민주주의의 이행을 위해 넘지 못할 장애물로 구성된 것도 아니었다. 1989년 2월 3일의 쿠데타는 위로부터의 이행 과정의 시작이었다.

프로세스의 초기 단계에서 로드리게스 장군은 위태로운 홍색당의 옛 정치권력 없이 국가의 민주화를 위해 자신의 위원회로서 인터내셔널 커뮤니티의 지지를 얻었다. 그것은 공군과 함께 관계한 밀접하고 특권적인 것으로 철저한 선거과정의 통제와 조작을 위해 국가로부터 무한하고 독점적인 지원을 받았다. 그래서 실제적인 민주화는 자유화를 의미한다. 이런 합법에 의해 선거는 5월 1일에 열렸으며 로드리게스는 대통령에 당선되었고 홍색당에 의해 통제된 의회가 설치되었다.

자유화의 과정은 상대방을 강화시키고 교섭력을 얻는 것이다. 동시에 그것은 당의 통제를 위해 경쟁하는 분파들에 의해 홍색당의 분열을 촉진시켰다. 결과적으로 정치적 권력은 더욱 분산되고 주요 정치적 결정은 연대적 성격의 주고받기를 요구하기 시작했다. 권력은 집중화가 덜 이뤄짐으로써 자유화의 과정의 기회와 민주화가 가속되었다.

이런 맥락에서 1992년에 새로운 헌법이 스뜨로에스네르에 의해 제정된 1967년의 것을 대체하였다. 새로운 문서는 정치적 현실을 그대로 반영하였다. 매우 강한 의회와 함께 대통령 시스템은 그런 틀로서 채택되었다. 토지 개혁과 사회정의, 노동자의 권리에 대한 많은 프로그램적인 언급과 분권화 같은 중요한 원칙이 수용되었다. 그러나 가장 광범위한 조항은 권력 이양에 관한 것이었다.

새로운 헌법은 로드리게스의 재선을 불가능하게 한 것을 포함하여 모든 형태의 재선이 금지되었다. 이것은 중요한 긴장의 원인이 되었다. 로드리게스는 새로운 헌법에 맹세하는 것을 거절하였으나, 그럼에도 불구하고 행사는 의회에 문서를 제출하는 1992년 6월 20일 전에 열렸다.

1993년 5월 9일 첫 번째로 비교적 후보가 많은 선거가 열렸다. 세 명의 후보인 홍색당의 후안 카를로스 와스모시와 PLRA의 도밍고 라이노, 신당인 엔꾸엔뜨로 나시오날 (Encuentro Nacional)이 경쟁하여 와스모시가 39퍼센트를 득표하여 당선되었다.

선거는 민주화의 성과가 무엇이며 해야 할 것이 무엇인지가 부각되었다. 다른 한편으로는 홍색당내 예비선거의 치열한 경쟁은 와스모시 후보의 적법성에 의심을 낳게 하였다. 와스모시는 당내에서 주목받던 루이스 마리아 아르가냐를 물리치고 검표과정의 조작으로 선거에 승리하였다. 다른 한편으로 두 후보의 연합 실패는 효과적인 협력체계 구축 메커니즘 발전에 있어서 정치 행위자들의 무능력함을 반영하였다. 그러나 아마도 더 중요한 것으로, 광범위한 정치 조작은 선거과정을 통해 발생하였다. 홍색당의 선거운영위원회는 선거과정을 통제하였고 선거 관리인의 임명과 투표장소의 선정, 등록명부의 감독에서 상대편을 배제하였다. 게다가 리노 오비에도 장군이 이끄는 군부파는 와스모시 후보의 지지에 훼방을 놓았다.

이런 이행과정의 문제에도 불구하고 의회에서 다수로 승리하였다. PLRA와 엔꾸엔뜨로 나시오날은 정식으로 와스모시 정부의 합법성을 인정하였다.

와스모시 집권기는 당의 지지를 얻는 데 무능했다고 할 수 있다. 야당들은 와스모시 임기 동안에 방해 없이 이행과정을 성공하리라는 믿음이 힘들어지자 집결하였다. 야당은 사법부 재조직과 9명 대법관의 과반수 이상 임명을 포함한 몇몇 중요한 이권에서 승리하였다. 중요한 것은 선거대법원의 3인을 임명할 수 있어 선거과정에서 진정한 개혁을 약속할 수 있다는 것이다.

군부 위기는 와스모시가 군사령관인 리노 오비에도 장군을 해임한 1996년 4월에 터졌다. 그는 해임을 거절하였다. 오비에도는 막후에서 권력을 행사하였는데, 와스모시는 그의 동의 없이 주요한 결정을 내릴 수 없었다. 의회와 청년, 정당들, 국제공동체와 군대의 제도주의자 부문에서 즉각적인 지지를 받은 와스모시는 확고하였고, 오비에도를 24시간 안에 해임하였다. 오비에도는 즉각 재판에 회부되었고 10년형을 선고받았다. 이 성과는 헌법과 문민통치를 위해 군부를 완벽히 종속하기 위해 마지막 장애물을 제거한 것이다.

1996년 군부 위기의 여파로 인한 와스모시의 실수는 오비에도가 1998년 대통령 선거를 위한 홍색당 예비선거에 출마하는 것을 허용한 것이다. 3명 가운데 오비에도는 근소하게 승리를 거두었다. 그러나 대법원은 오비에도의 10년 징역형을 이유로 예비선거 당선 자격을 박탈하였다. 그의 부통령 후보인 라울 꾸바스(Raúl Cuba)는 아르가냐를 부통령 후보로 하여 홍색당 소속으로 대통령 선거에 출마하였다.

대통령 후보로서 자유당PLRA 대표인 도밍고 라이노(Domingo Laíno)는 부통령 후보로 엔꾸엔뜨로 나시오날의 까를로스 필리소라(Carlos Filizzora)와 함께 출마하였다. 그 결과는 야권에게 참혹하였는데, 홍색당 후보는 54퍼센트를 득표하여 42퍼센트를 득표한 야권에 승리하였다.

그러나 곧바로 정치적 위기는 오비에도의 권력에 기댄 꾸바스로 인해 다시 나타났다. 이 위기는 꾸바스를 탄핵으로 몰고 갔다. 그 과정은 부통령인 아르가냐가 살해되면서 시작되었다. 꾸바스에 대항하는 대규모 시위가 폭력적으로 진압되었고 최소 8명의 학생이 의회 광장에서 죽었다. 꾸바스는 사임했고 브라질로 도피하였다. 오비에도는 아르헨티나로 도망갔다.

헌법적 절차에 따라, 국회의장인 루이스 곤살레스 마치(Luis Gonzáles Macchi)가 대통령직을 맡았다. 그는 연합 정부를 구성하기 위해 야당을 끌어들였으나, 리더십의 결여와 연합 내의 끊임없는 내분으로 인한 부패와 비효율성으로 정부가 약화되었다.

2003년 선거는 새로운 장을 열었다. 홍색당은 전 교육부 장관인 니까노르 두아르떼 프루또스(Nicanos Duarte Frutos) 대통령 후보로 공천하였다. 자유당(PLRA)은 곤살레스 마치가 대통령을 할 때 부통령에 선출되었던 홀리오 프랑꼬(Julio Franco)를 내세웠다. 새로운 정당은 빠뜨리아 께리다(Patria Querida)는 기업인인 뻬드로 파둘(Pedro Fadul)이 후보로 추대하였고 곤살레스 마치 정부에 참여하여 신뢰를 잃어버린 엔꾸엔뜨로 나시오날 당을 대체하였다. 오비에디스따(Oviedista, 역주: 리노 오비에도를 따르는 정치인)는 까우디요 정당인 우나세(UNACE, 역주: 우나세는 Unión Nacional de Ciudadanos Éticos의 줄임말이다. 우리말로 번역하면 시민윤리민족연합이다)를 창당하였다. 두아르떼 프루또스는 37퍼센트를 득표하여 승리하였고, 그다음은 프랑꼬가 23퍼센트, 파둘이 21퍼센트를 득표하였다. 우나세는 13퍼센트를 얻었고 엔꾸엔뜨로 나시오날은 2퍼센트를 얻어 유명무실해졌다.

두아르떼 프루또 정부는 운 좋게 임기를 채웠다. 그는 재정 장관에 존경받는 경제학자를 임명하여 몇몇 경제 위기를 거꾸로 바꾸어 놓았다. 경제는 다른 라틴아메리카의 국가들과 달리 상대적으로 잘 운영하였는데, 원자재 수출 호황으로 이익을 낳았다. 그러나 두아르떼 프루또스의 정치적 야망과 재선을 위한 헌법 수정 시도는 정부를 잘못된 길로 이끌었다. 그의 정책은 부패 확산과 정치 보복(같은 당의 다른 노선의 정치인과 반대편 정치인)으로서 국가 기구를 활용한 것 등의 오점을 남겼다. 그는 스뜨로에스네르 독재정권을 따르는 체제로 재편하려는 경향이 있는 것 같았다. 그러나 결국 그는 홍색당을 분열시켰고 그도 몰락하였다.

2008년 4월의 대통령 선거는 60년간의 홍색당의 지배 헤게모니를 종식시켰다. 전직 가톨릭 주교인 페르난도 루고(Feranado Lugo)는 PLRA와 중도좌파정당들, 최근에 창당된 좌파정당의 지지하에 41퍼센트를 득표하여 대통령에 당선되었다. 중대한 변화에도 불구하고 선거 결과는 바뀜보다는 재배열이었다. 사실 2008년의 야당연대는 43.3퍼센트를 득표한 반면에 홍색당과 우나세는 합하여 2003년 선거에서 득표한 비율과 거의 같은 52.2퍼센트를 얻었다. 무엇보다 2008년 변화는 첫 번째로 홍색당과 우나세 간의 득표 분포이며－2003년과 비교하여 홍색당은 7퍼센트를 잃었고 우나세는 8퍼센트를 더 얻음－, 두 번째는 루고를 앞세워 야당이 연대를 한 것이다.

임기 첫해에 루고는 부패와의 전쟁에서 꽤 중요한 성공을 거두었다. 특히 정책에서는 브라질과의 이따이뿌(Itaipú)[59] 협정을 재협상하여 경제개혁을 증진하고 야심찬 공공노동 프로그램과 빈곤퇴치 프로그램을 시작하였다. 다른 한편으로 루고는 의회의 단결된 지지를 만드는 것을 진지하게 시도하지 않았으며, PLRA조차 친정부적인 의원을 80퍼센트 이상을 만들지 못하여 정치적으로 흔들렸다. 그 결과로서 그는 정치적 어려움을 반복적으로 겪었다.

정치적 아웃사이더로 루고는 반세기 일당 통치보다 더 무거운 짐을 물려받았다. 게다가 기득권 정치권과 경제 세력의 반대가 강하게 자리 잡고 있었다. 불행히도 이런 어려움들은 빈번한 정치적 실수로 인해 악화되었다. 파라과이 사람들은 진정한 변화를 갈망하고 있다. 우리는 루고가 파라과이 사람들이 추구하는 것을 이행하고 도전에서 성공할지를 보는 것만 남아 있다.

추천도서

Uruguay

Benvenuto, Luis, et al. Uruguay Hoy. Buenos Aires: Siglo 21, 1971. Uruguay as seen by the Uruguayans; interesting perspectives.

Fynch, Martin H.J. A Political Economy of Uruguay Since 1970. New York: St. Martin's, 1981. An excellent analysis of the Uruguayan economic process until the late 1970s; a must −read.

Handelman, Howard. Military Authoritarianism and Political Change in Uruguay. AUFS Report. Hanover, N.H.: American Universities Field Staff, 1978. A good short analysis of contemporary trends and events.

_____. Economic Policy and Elite Pressures in Uruguay. AUFS Report. Hanover, N.H.: American Universities Field Staff, 1979. A good short study on recent changes in the decision−making process.

Kaufman, Edy. Uruguay in Transition. New Brunswick, N.J.: Transaction, 1979. An interesting, up−to−date work on Uruguayan politics.

Pivel Devoto, Juan E. "Uruguay independiente." In Antonio Ballesteros, ed., Historia de America y de los Pueblos Americanos, 21: 405−638. Barcelona: Salvat Editores, 1949. A good short introduction to the history of Uruguay.

Quijana, Jose M., and Guillermo Waksman. "Las Relaciones Uruguay−stados Unidos en 1977− 1979. Cuadernos semestrales 6 (1979): 310−343. A good study on recent trends in US −Uruguayan relations with a useful statistical appendix.

Verdisco, Aimee E. "Between Accountability and 'Reivindicacion': Development and Intranational Differentiation in Uruguay." Ph.D. diss., State University of New York, 1996.

Weinstein, Martin. Uruguay: The Politics of Failure. Westport, Conn.: Greenwood, 1975. A comprehensive analysis of Uruguayan politics; especially good for the years between 1900 and 1960.

Paraguay

Abente, Diego. Stronismo, Post−Stronismo, and the Prospects for Democratization in Paraguay. Working Paper 119. Kellogg Institute, University of Notre Dame, 1989.

Bouvier, Virginia M. Decline of the Dictator: Paraguay at a Crossroads.Washington, D.C.: WOLA, 1988.

Cardozo, Efraim. Breve historia del Paraguay. Buenos Aires: EUDEBA, 1965. A good short introduction to Paraguayan history.

Grow, Michael. The Good Neighbor Policy and Authoritarianism in Paraguay. Lawrence: Regents Press of Kansas, 1981. A well documented study of the 1939–1949 period.

Hicks, Frederick. "Interpersonal Relationships and Caudillismo in Paraguay." Journal of Inter — American Studies and World Affairs 13 (January 1971): 89–11. An interesting if dated study of Paraguayan politics.

Lewis, Paul H. The Politics of Exile: Paraguay's Febrerista Party. Chapel Hill: University of North Carolina Press, 1968. An in — depth study of the Febrerista Party.

_____. Paraguay Under Stroessner. Chapel Hill: University of North Carolina Press, 1980.

Pastore, Carlos. La lucha por la tierra en el Paraguay. Montevideo: Editorial Antequera, 1972. A very good social history of Paraguay with emphasis on the agrarian process.

Warren, Harris G. Paraguay and the Triple Alliance: The Post — War Decade 1869–1878. Austin: Institute of Latin American Studies, University of Texas Press, 1978. The best analysis of the first postwar decade.

미주

1) For an elaboration on the theme of coparticipation as a framework to study Uruguayan politics, see Martin Weinstein, *Uruguay: The Politics of Failure* (Westport, Conn.: Greenwood, 1975). 이 부분은 일반적으로 와인 스타인의 접근을 따르기로 한다.

2) Juan E. Pivel Devoto, "Uruguay independiente," in Antonio Ballesteros, ed., *Historia de America y de los pueblos Americanos* (Barcelona: Salvat Editores, 1949), 21: 628-632; and Martin H.J. Fynch, *A Political Economy of Uruguay Since 1970* (New York: St. Martin's, 1981), pp. 11-13.

3) Weinstein, *Uruguay*, p. 69.

4) Luis Macadar, Nicolas Reig, and Jose E. Santias, "Una economia Latinoamericana,"in Luis Benvenuto et al., *Uruguay hoy* (Buenos Aires: Siglo 21, 1971), pp. 50-52.

5) Victor Pastorino, *Itinerario del colegiado* (Montevideo: Agencia Periodistica Interamericana, 1956).

6) Walter Luisiardo, *Reflexiones sobre aspectos de la historia economica del Uruguay: Periodo 1900-979* (Montevideo: Comision Coordinadora para el Desarrollo Economico, 1979), pp. 12-24.

7) Fynch, *Political Economy of Uruguay*, p. 171.

8) Luisiardo, *Reflexiones*, pp. 44-48, 69.

9) Fynch, *Political Economy of Uruguay*, pp. 220-223; Luisiardo, *Reflexiones*, p. 68.

10) James W. Wilkie and Peter Reich, *Statistical Abstract of Latin America* (Los Angeles: University of California Press, 1979), p. 332.

11) Weinstein, *Uruguay*, p. 119.

12) Luisiardo, *Reflexiones*, p. 95.

13) For an excellent analysis of this complex process, see Charles G. Gillespie, "Uruguay: Transition from Collegial-Technocratic Rule," in *Transitions from Authoritarian Rule*, ed. Guillermo O'Donnell, Philippe Schmitter, and Laurence Whitehead (Baltimore: Johns Hopkins University Press, 1986), 2:173-195.

14) 비록 2005년 선거가 공식적으로 엔꾸엔뜨로 쁘로그레시스따(EP)와 프렌떼 암쁠리오(FA), 누에바 마요리아(NM) 의 연대로 잘 알려져 있지만, 필자는 프렌떼 암쁠리오와 같은 중도좌파와 좌파의 연합이라고 말하고 싶다.

15) Fynch, *Political Economy of Uruguay*, pp. 183-184, 264.

16) Wilkie and Reich, *Statistical Abstract*, pp. 144, 518.

17) Macadar, Reig, and Santias, "Una economia Latinoamericana," p. 102. 수치는 다음과 같다. 213,000명(공무원)+346,000명(연금자)=총 559,000명으로, 이들은 전체인구인 약 280만 명 중 19.96퍼센트 를 차지하고 있다.

18) Economic Commission for Latin America and the Caribbean, "Cuadro 1: Evolución de algunos indicadores economicos, 1990-2007," *Panorama Social de America Latina: Anexo 2008*, www.eclac.org/estadisticas/publicaciones (October 14, 2009).

19) Ibid.

20) Economic Commission for Latin America and the Caribbean, Table 2.2.4.6, "Latin America and the Caribbean: Total External Debt as Percentage of GDP," *Statistical Yearbook 2008*, http://websie.eclac.cl/anuario_estadistico/anuario_2008/eng/index.asp (November 8, 2009).

21) Elaboracion del Area Politica y de Relaciones Internacionales del Banco de Datos de la FCS en base a datos de la Corte Electoral.

22) David Altman, Rossana Castiglioni, and Juan Pablo Luna, "Uruguay: A Role Model for the Left?" in Jorge G. Castaneda and Marco A. Morales, eds., *Leftovers: Tales of the Latin American Left* (London: Routledge, 2008), p. 157.

23) Gerardo Caetano, "Del triunfo electoral a los desafios del gobierno del Frente Amplio(2004-006)," p. 1. 이 텍스트는 저자 소유임.

24) ibid. Mario Toer, *De Moctezuma a Chavez: Repensando la historia de America Latina* (Buenos Aires: Ediciones Cooperativas, 2007), p. 206.

25) Altman et al., "Uruguay," p. 157.

26) Elaboracion del Area Politica y de Relaciones Internacionales del Banco de Datos de la FCS en base a datos de la Corte Electoral.

27) Facultad de Ciencias Sociales, Universidad de la Republica-ruguay, Area Politica y Relaciones Internacionales, Banco de Datos, "Evaluacion de gestion," www.fcs.edu.uy/pri/opinion.html (November 13, 2009). 이 표는 에끼뽀스-모리(Equipos-Mori)가 실행한 언론여론조사에 기초한 것이다.

28) Economic Commission for Latin America and the Caribbean, "Cuadro 4: Magnitud de la pobreza y la indigencia, 1990-007," *Panorama Social de America Latina: Anexo 2008.*

29) Corte Electoral, Uruguay, www.corteelectoral.gub.uy/nacionales20041031.

30) Daniel Buquet and Daniel Chasquetti, "Elecciones Uruguay 2004: Descifrando el cambio," *Revista de Ciencia Politica* 25, no. 2 (2005): 143.

31) Daniel Chasquetti, "Uruguay 2006: Exitos y dilemas del gobierno de izquierda," *Revista de Ciencia Politica* 27 (2007): 249-263.

32) Buquet and Chasquetti, "Elecciones Uruguay 2004."

33) Facultad de Ciencias Sociales, Universidad de la Republica-ruguay, 2009.

34) Casquetti, "Uruguay 2006," p. 250; BBC News, "Time-Line Uruguay," http://news.bbc.co.uk/2/hi/americas/country_profiles/1229362.stm (November 14, 2009).

35) Casquetti, "Uruguay 2006," p. 250.

36) Altman et al., "Uruguay," p. 164.

37) Liliana DeRiz, "Uruguay: La politica del compromiso," in *Cultural Political y Alternancia en America Latina* (Editorial Pablo Iglesias, 2008). p. 226. Also see discussion in Altman et al., "Uruguay," pp. 164-165.

38) Chasquetti, "Uruguay 2006."

39) Corte Electoral, "Elecciones internas para los partidos politicos, 2009," www.corteelectoral.gub.uy (November 15, 2009).

40) Corte Electoral, "Elecciones nacionales Uruguay 2009," www.elecciones uruguay2009.com.

41) "Corte electoral uruguaya proclama triunfador al Frente Amplio," *La Prensa Latina: Agencia Informativa Latinoamericana,* www.prensa-latina.cu/index.php?option =com_content&task=view&id=143390& Itemid=1 (December 4, 2009).

42) Domingo Laino, *Paraguay: De la independencia a la dependencia* (Asuncion: Ediciones Cerro Cora, 1976), p. 171; Harris G. Warren, *Paraguay and the Triple Alliance: The Post-War Decade, 1869-1878* (Austin: Institute of Latin American Studies, University of Texas Press, 1978), p. 286.

43) US Department of Commerce, *Commerce Yearbook* (Washington, D.C.: Government Printing Office, 1928-1932); *Foreign Commerce Yearbook* (Washington, D.C.: Government Printing Office, 1932-1950).

44) Michael Grow, *The Good Neighbor Policy and Authoritarianism in Paraguay* (Lawrence: Regents Press of Kansas, 1981), p. 115.

45) US Department of Commerce, *Investment in Paraguay: Conditions and Outlook for United States Investors* (Washington, D.C.: Government Printing Office, 1954), pp. 15-17, 84.

46) Grow, *Good Neighbor Policy,* pp. 63, 118, 146-147 n. 27.

47) Pyrrhic: 역주 '이기고도 지는 전쟁(Pyrrhic Victory: 피릭 빅토리)'이라는 뜻으로 흔히 사용된다. 헬리니즘 시대의 에피루스(Epirus) 왕으로 마케도니아군과 로마군을 물리쳤지만 승리에 비해 너무 많은 것을 잃어버려 유

래된 용어이다.

48) US Department of Commerce, *Investment in Paraguay*, pp. 84–85.

49) Carlos Pastore, *La lucha por la tierra en el Paraguay* (Montevideo: Editorial Antequera, 1972), p. 422.

50) Censo Industrial 1963; cited in Henry D. Ceuppens, *Paraguay ano 2,000* (Asuncion: Editorial Grafica Zamphiropolos, 1971), p. 61.

51) Wilkie and Reich, *Statistical Abstract*, p. 262.

52) Ceuppens, *Paraguay ano 2,000*, pp. 37, 124–126.

53) Banco Interamericano de Desarrollo, *Progreso economico social en America Latina: Informe 1980–1981* (Washington, D.C., 1981), pp. 358–60; *ABC Color*, "Suplemento economico," July 25, 1982, pp. 4–5.

54) Ricardo Rodriguez Silvero, "Paraguay: El endeudamiento externo," *Revista Paraguaya de Sociologia* 17, no. 50 (January–May 1980): 81; *Ultima Hora*, February 26, 1989, p. 12.

55) Fernando L. Masi, "Paraguay: Analysis of the Socio–Economic Evolution" (manuscript at the American University, 1982), p. 21.

56) Study done by the Comite de Iglesias, cited in *ABC Color*, "Actualidad profesional," March 5, 1982, pp. 2–3.

57) An extended discussion of these issues can be found in Diego Abente, *Stronismo, Post–Stronismo, and the Prospects for Democratization in Paraguay*, Working Paper 119, Kellogg Institute, University of Notre Dame, 1989; and "Constraints and Opportunities: External Factors, Authoritarianism, and the Prospects for Democratization in Paraguay," *Journal of Interamerican Studies and World Affairs* 30, no. 1 (Spring 1988): 73–104.

58) For a discussion of the elections, see Latin American Studies Association International Commission to Observe the Paraguayan Elections, "The May 1, 1989, Elections in Paraguay: Toward a New Era of Democracy?" *LASA Forum* 20, no. 3 (Fall 1989): 39–48.

59) 세계에서 두 번째로 큰 댐으로 파라과이와 브라질 국경 사이로 흐르는 빠라나(parana) 강에 건설.

29. 결론: 새로운 형태의 연대감

젠 N. 니페스(김우성 옮김)

라틴아메리카는 지금처럼 야망을 가진 북쪽에 있는 이웃국가의 기분과 열정으로부터 이렇게 멀어져 본 적이 없었다. 참을성은 있으나 고분고분하지 않은 배우자처럼 라틴아메리카는 종종 지켜지지도 않은 약속으로 구애를 받아왔다. 그러나 미국이 자신감이 있을 때는 옆에 있는 것이 당연하게 여겨졌으며 미국이 불안을 느끼거나 세계 최강이라는 오만을 가졌을 때는 시달림을 당했다. 21세기도 10년이 지난 지금 미국이 자심감이 있는지 아니면 불안한지는 완전히 확실하지 않다. 그러나 현재로서는 세계 무적이라는 망상은 극복한 것처럼 보인다. 지금 이 시점에서 미국인과 라틴아메리카 사람들이 공유하는 무엇인가가 있다면 그것은 변화에 대한 갈망이다. 그리고 거리 수준에서 흔히 그렇듯이 그것이 같은 종류의 변화에 대한 갈망이라면 미국과 라틴아메리카 사이의 관계의 성격에 대한 변화일 가능성이 크다.

다른 곳에서와 마찬가지로 미주 대륙에서 사회변화의 속도와 방향을 나타나는 척도는 긍정적인 의미를 나타내는 단어나 구가 예전과는 정반대의 것을 의미하게 되는 데 얼마나 걸리는지를 보면 알 수 있다. 이 책이 25년 전인 1984년에 처음으로 나왔을 때, "개혁"이란 단어는 그때까지 보다 많은 평등을 지향하는 개혁, 즉 못 가진 자를 보호하는 개혁을 의미했다. 1980년대 말 전에는 이 단어가 가진 자, 특히 외국인 채권자와 투자자들을 보호하는 개혁을 의미하는 경우가 더 많았다. 그리고 구조개혁―높아진 수입과 기회의 평등성을 공고히 하기 위한 법적·제도적 개혁―에 대한 아래로부터의 요구는 하위계층에게 비용과 책임을 요구하고 이익을 짜내기 위한 구조조정을 하라는 위로부터의 요구에 자리를 내주었다. 아직까지 앵글로아메리카나 라틴아메리카 어디에도

836 라틴아메리카 문제와 전망

지대한 영향을 가져오는, 강력한 혹은 지속 가능한 것처럼 보이는 어떠한 반전이 이루어지지 않고 있다. 그러나 앞 장에서 보았던 것처럼 여러 면에서 있어서 조심스럽고 담대한 시작과 역류들이 계속해서 나타나고 있다.

지난 25년 동안 라틴아메리카에서는 좋든 나쁘든 지도층의 관심이 복잡한 냉전에서 보다 분명한 교역으로 이동한 것을 시작으로, 감시체계도 군사 및 정보 첩보에서 국제 금융기관으로 이동하는 극적인 변화를 보였다. 그러나 2001년 9·11 사태 이후 세계 금융을 움직인 자들의 보이지 않은 손은 저 멀리 숨어 버리고, 테러방지와 충족되지 않은 욕구와 대기업의 탐욕에 반대하는 민중운동이라는 다목적 이유가 음모론적인 관심을 보다 많이 유발하고 있다. 현대적인 편리함 및 불편함의 확산과 함께 이러한 사태의 진전이 북에서 남으로 느껴짐에 따라, 앵글로아메리카의 사람들의 이해와 관심이 합일되는 것을 보지 못하고 있지 않나 하는 의구심이 든다. 아직도 앵글로아메리카 사람들이 라틴아메리카에서 변화라고 보고자 하는 많은 부분이 실제로는 그들 자신의 사회에 대한 인식은 물론 라틴아메리카에 대한 그들의 인식의 변화를 나타낸다.

이웃국가들을 알게 되다

라틴아메리카는 지금 우리에게 보다 친숙해졌다. 이는 단지 학제 간 연구 분야의 탄생에 의해 촉발된 학문적 연구의 어마어마한 성과에 부분적으로 기인하기도 하고 또한 미국인의 여행과 투자의 증가 그리고 미국의 공적 및 민간 교류, 홍보, 전도, 구호 그리고 개발 프로그램의 확대 때문이기도 하다. 지난 수십 년 동안 우리의 이미지를 규정했던 글을 써왔던 외교관이나 다른 사람들의 관점들은 거의 전적으로 정치 및 경제 지도자들과의 접촉으로부터 나왔다. 그러나 1960년대 이후 파견된 평화봉사단원과 다른 미국인들은 농부와 노동자 그리고 소외된 미래의 노동자들을 현실적인 사람-친구들로서 알게 되었다.

라틴아메리카의 얼마 전까지만 해도 무식하고 수동적인 사람으로 정형화된 가난한 사람들이 최근에 와서야 비로소 보다 더 똑똑해지고, 활동적이며 근면해졌단 말인가? 아니면 우리가 공식적인 협박을 이겨내는 데 필요한 용기와 벼랑 끝에서 살아남는 데 필요한 재주에 대해 배우기 시작하고 있는 것일까? 전통적으로 놀기 좋아하고 게으른 라틴아메리카 중산층이 최근에서야 비로소 기업가 정신을 가지게 된 것일까? 아니면 사무실에 있는 것처럼 보이지 않았던 전문직 종사자들이 실제로는 관료적인 업무, 대학 강의 그리고 개인 사업이라는 세 가지 일을 곡예하듯이 한다는 것을 우리가 이제야 비로소 알게 된 것일까?

한 번은 내 학생이 "브라질 여자들은 가정부가 있어서 일을 하지 않는다"라고 말한 적이 있다. 아직도 라틴아메리카에는 세상 물정 모르고 호사를 누리는 여성들이 있는 것이 사실이다. 그러나 우리가 주부들은 물론 가정부들을 알기 때문에, "일을 하고 안 하는" 문제가 앵글로아메리카 여성들보다 대부분의 라틴아메리카 여성들에게 훨씬 더 가식처럼 들린다는 것을 알고 있다. 사실상 우리는 생존에 대한 정치적 혹은 경제적 위협이 크면 클수록, 그러한 위협에 대처하는 여성들의 역할이 더 크다는 것을 알고 있다. 여성들은 오랜 기간 가장 가난한 도시의 빈민촌의 경제적, 조직적 버팀목이었다. 좀 더 최근에는 위험천만한 인권네트워크와 혁명 운동에 대규모의 여성 참여가 특히 눈에 띈다. 라틴아메리카 사람들이 직장에서의 역할 혹은 성 역할, 지적능력 혹은 기질 등의 이유로 자신들이 원하는 방식으로 발전을 도모할 수 없다고 선언하는 것은 우리가 그들에 대해 무지하다는 것을 선언하는 것이다.

과거 반세기 동안 라틴아메리카에 미국식 구호, 제품 그리고 미국인 고문들이 넘쳐나는 동안 다른 방향에서의 운동 또한 있어 왔다. 라틴아메리카 학자들은 미국의 라틴아메리카 학계 전문가들의 연구에 대한 분위기를 잡아왔다. 미국의 일류 소설가 중 몇몇은 라틴아메리카 소설가들이 개척한 문체를 실험하기도 했다. 라틴아메리카의 그래픽 아트, 음악 그리고 영화는 미국 관객들로부터 인기를 얻었다. 미국 교회들은 라틴아메리카 종교 공동체에 폭풍처럼 퍼진 해방신학의 영향을 받았다. 라틴아메리카의 "가장 훌륭하고 똑똑한 사람들" 중의 일부는 미국 정부의 지원을 받는 독재정권에 의해 자신들의 국가에서 쫓겨나 미국에 정착하여 국내 및 외교 정책에 관한 우리의 논쟁을 심화시켰다.

물론 앵글로아메리카와 라틴아메리카는 과거와 현재의 아메리카 원주민과 아프리카에서 온 흑인들을 학대한 부끄러운 역사를 공유한다. 게다가 미국의 많은 지역은 라틴아메리카와 함께 스페인의 정복과 정착 그리고 300년간의 스페인 식민주의 유산을 공유한다. 미국 남서부에서 완전히 사라지지 않은 원주민과 스페인 문화는 일자리를 찾아 미국에 오는 수백만으로 추산되는 멕시코 및 중앙아메리카의 노동자들의 계속되는 유입으로 다시 살아나고 있다. 물론 마이애미는 쿠바의 전초기지이고 미국의 동북부 지역은 수많은 카리브의 이민자들을 흡수했다. 이러한 노동자, 난민 그리고 정식이든 불법이든 이민자들은 일거리를 찾아 주에서 주, 도시에서 도시를 누비고 다닌다. 미국의 어떤 주도 라틴화의 과정으로부터 자유로운 곳은 없다.

1996년 미국에는 약 3,000만 명의 히스패닉이 있었다. 이 숫자는 2010년에 가면, 미국 전체 인구의 약 14%에 해당하는 약 4,200만 명으로 증가하여 흑인의 인구수를 앞질러 미국에서 가장 수가 많은 소수민족이 되었다. 일부 사람들은 이러한 추세를 우려하지만 나는 이러한 추세의 원인을 우려할 뿐이다. 라틴아메리카 사람들이 과거의 이민자들처럼 우리의 문화와 삶을 풍부하게 한다는 것은 부인할 수 없는 사실이다.

마지막으로 내부 고발자를 협박하기 위한 경이로운 기술과 기상천외한 방법에도 불구하고 정부의 비밀은 점점 더 지키기 어려운 상황이 되고 있다. 언론들은 곧바로 위장한 우리 군인들을 따라 잡는다. 1980년대 중미에서 그들의 위업은, 폭탄과 실탄을 받는 쪽의 농부들과 유창한 영어로 무기를 달라고 하거나 이유를 말하는 지도자들의 모습과 함께 밤마다 우리의 가정에 생생하게 전달되었다. 수십 년 전에 코카 재배지는 물론 옥수수 밭에서 미국의 생화학 유해물질에 노출되었던 콜롬비아 농민들의 고통은 200~300만 명의 콜롬비아인들이 이주했음에도 미국의 언론에서는 거의 주목을 받지 못했다. 그러나 그러한 장기간 지속된 "저강도 갈등"과 미국의 개입의 확대에서 파생되는 세부적인 문제들은 라틴아메리카의 지도자들과 대중들의 관심에서 사라지지 않았다. 만일 그러한 갈등ㅡ그리고 그에 대한 미국의 개입ㅡ이 확대된다면, 그 사실은 미국의 대중들의 관심으로부터 더 이상 숨길 수 없거나 미국ㅡ라틴아메리카 관계의 일반적인 기조에 영향을 주지 않을 수 없을 것이다.

충격과 쟁점의 수렴

미국 대통령들은 항상 서반구 정상회의에 모인 귀빈들에게 아메리카는 하나다ㅡ하나의 사회이고 단일 시장이라는 말로 연설을 시작한다. 그리고 나서 개인주의, 민주주의, 신에 대한 공경, 사기업 그리고 안보 위협에 관련된 장광설이 뒤따른다. 그러나 아메리카의 단일성에 대한 점증하는, 의식하지 못하는 실체가 있다. 라틴아메리카는 점점 더 미국식의 근대화라는 축복뿐만 아니라 저주도 함께 공유한다. 그리고 오랜 기간 라틴아메리카를 괴롭힌 문제들 중 많은 것들이 미국 자체에서도 점점 더 분명해지고 고통을 주고 있다. 미주 대륙에서 가장 분명한 추세는 이해관계의 수렴은 아닐지라도 최소한 문제의 수렴을 향해 나가는 것이다.

오늘날 세계에서 가장 도시화가 진전된 지역인 라틴아메리카에는 세계에서 가장 큰 도시가 몇 개 있다. 미국에서처럼 라틴아메리카에서도 도시화는 좋은 점과 나쁜 점을 동시에 가져왔다. 도시화로 인해 새롭고 보다 효과적인 정치조직의 형태가 생겨났고, 전기, 상수도, 의료, 공립학교 등과 같은 서비스가 보다 많은 주민들에게 확대되었다. 커뮤니케이션 미디어가 도달하는 지역이 확대되어 정보, 오정보 그리고 거짓 정보 등을 전파하는 능력이 향상되었다. 미국에서처럼 라틴아메리카에서도 도시화는 대가족 제도에서 오는 제약들뿐만 아니라 사회화 과정과 안전을 약화시켰다. 미국에서보다 최근에는 라틴아메리카에서 도시화는 교통체증, 오염, 길거리의 묻지마 범죄를 의미하게 되었다.

라틴아메리카 경제는 오랜 기간 제한된 수의 광물과 농산물의 세계시장 가격의 등락과 이러한 1차 상품의 교역조건의 악화를 겪었다. 2차 세계대전 전에는 농업이 제조업보다 역내 총생산에 2배 이상 기여했다. 대부분의 라틴아메리카 국가들이 아직도 한두 개의 1차 상품 수출에 의존하고 있을지라도 역내 총생산에서 제조업이 차지하는 비중은 1960년대 말의 농업의 비중을 훨씬 상회했다. 1970년대에 브라질은 1차 상품의 수출보다는 제조업의 수출로 보다 많은 수입을 올리기 시작했다. 1990년대에 가면 라틴아메리카 수출의 반 이상이 최소한 가공처리한 것이었다. 그러나 동시에 자본재의 수입 그리고 대부분 국가의 경우 산업화 과정을 가동하기 위한 에너지의 수입은 부채를 치솟게 하고 다른 문제들을 야기했다.

라틴아메리카가 산업화를 진행하고 혹은 최소한 수출을 확대하는 동안 미국은 다른 방향으로 움직이고 있었다. 미국은 물론 외국 정부가 제공하는 인센티브와 저렴한 노동력을 따라 미국기업들은 자본-그리고 일자리-을 라틴아메리카를 포함한 제3세계로 이전했다. 이렇게 해서 수십 년 동안 실질적인 부동의 라틴아메리카의 공산품 공급처였던 미국은 스스로가 외국인 투자, 공산품의 수입 그리고 1차 상품, 특히 밀의 수출에 점점 더 의존하게 되었다. 미국에서처럼 대부분의 라틴아메리카 국가들에서 아래로부터의 경기를 활성화하고 내수시장을 확대하여 실제적인 대중의 요구를 충족시키고자 하는 생각은 수출 혹은 상대적으로 부유한 사람들을 위한 생산을 위해 폐기되었다. 미국에서처럼 라틴아메리카에서 근대화는 점점 더 자본집약적인-노동집약적인 것의 반대-산업을 의미하게 되어 결과적으로 만성적인 실업을 초래했다. 깜짝 놀랄 만한 혁신적인 정책의 부재로 미주 대륙에서의 실업문제는 점점 더 약화될 조짐을 보인다.

이베리아반도 국가들이 신대륙을 정복한 이래 토지 소유의 집중화는 라틴아메리카의 가장 골치 아픈 문제 중의 하나이다. 정복자들과 이베리아반도 왕실로부터 시혜를 받은 사람들은 자신들을 위해 노동력을 제공하는 원주민과 흑인노예들을 갖춘 토지를 거머쥐었다. 그러나 식민지 시대의 토지 획득은 19세기 중반 이후 1차 상품 수출시장의 증가로 인해 취득된 것에 비하면 아무것도 아니다. 20세기에도 효과적이고 지속적인 토지개혁은 드물었고, 일부 국가에서는 계속되는 농민토지의 몰수로 인해 점점 더 많은 수의 농민들이 대지주의 날품팔이 노동자로 전락하게 된다. 준봉건적인 토지가 기업농으로 바뀌고 기계가 노동력을 대체하면서 쫓겨난 농민들은 토지도 없고 임금도 받지 못하는 신세가 되었다. 쫓겨난 원주민들에게는 개인적인 그리고 집단적인 정체성의 문제가 남아 있을 뿐만 아니라 자신의 고향을 지키려고 한 이유로 "테러 행위"에 대한 혐의까지 쓰고 있다.

자유시장과 고비용의 정치

1970년대 많은 라틴아메리카 국가는 수입대체산업화 과정에서 농업부문이 소외되었다는 것을 인정하면서 농업생산의 현대화에 관심을 돌려 농산물 수출에 대해 새로운 인센티브를 제공했다. 그 결과의 하나로 국내 소비를 위해 주요 농산물을 생산하기 위해 사용되었던 토지가 수출 용도로 전환되었다. 수출을 통한 소득은, 비록 일반적으로 대중들에게 재분배되는 경우가 없었지만 증가했다. 반면 점점 더 기본적인 식료품은 수입해야 했기에 소비자 물가가 오르고 외채가 증가하는 결과를 가져왔다.

앵글로아메리카와 라틴아메리카의 비교에서 자주 언급되는 것처럼 앵글로아메리카에서는 초기부터 소작지 혹은 가족농업의 소유제가 정착되었다. 그러나 1960년대 미국 정부가 라틴아메리카의 농지개혁의 필요성을 얘기하는 동안에 기업농 회사에 유리한 토지 소유의 집중화는 미국에서 빠른 속도로 진행되었다. 20세기 말에는 가족농업이 분명히 사라질 위기에 처하는 신세가 되었다. 자원의 소유나 통제가 내국인에서 외국인 손으로 넘어가는 과정을 말하는 탈민족주의는 오랜 기간 동안 라틴아메리카의 주요 문제였다. 독립 후 1세기 동안은 주로 토지와 광물자원이 자국의 외교적─때때로 군사적─지원을 등에 업은 외국인 투자자들을 끌어들인 부문이었다. 교통, 공공시설 그리고 다른 하부구조 프로젝트도 외국인들에 의해 시공되고 관리되는 경우가 많았다. 20세기 중반쯤부터는 외국인 회사와 다국적 기업들이 내구성 소비재 시장을 점유하거나 재점유하고 국내기업들을 사들이거나 합병하기 시작했다. 보다 최근에는 외국회사들이 소매업과 서비스 시장에도 깊숙이 진출하고 있다. 물과 같은 허가해서는 안 될 것처럼 보이는 사업도 21세기에는 외국회사의 수중에 들어가고 있다. 메소아메리카에서는 20세기 대부분 기간 그리고 남아메리카에서는 몇십 년 동안 탈민족주의화의 주체는 주로 미국에 본사를 둔 기업들이었다. 그러나 1970년대 이후 서유럽과 동아시아에 본사를 둔 기업들이 라틴아메리카 시장과 라틴아메리카 토지와 노동력의 과실을 얻기 위한 경쟁에 발 빠르게 움직여 왔다. 바로 그 유럽과 아시아의 기업들이, 최근에는 중동 산유국의 기업들과 합세하여 미국의 농지와 도시부동산, 은행 그리고 산업의 소유지분뿐만 아니라 미국회사들을 밀어내고 미국 소비시장의 점유율을 늘려가고 있다.

미국에서 훨씬 더 심감한 문제이지만 관심을 덜 받고 있는 같은 종류의 더 방심하고 있는 문제는 "탈지역화"의 문제이다. 라틴아메리카 기업을 몰아내고 라틴아메리카 경제를 종속적으로 만든 바로 그 다국적 은행, 기업 그리고 체인들이 테네시, 미시간 그리고 뉴멕시코에서 지역 기업들을 사들이거나 합병해왔다. 워싱턴에서 로비하고 바하마에서 세금을 내는 이러한 기업들은 국가나 지역에 충성도가 전혀 없다. 그들은 상파울루나 상하이에서 큰 이익을 낼 수 있다고 판단되면 거리낌 없이 내슈빌이나 앨버커키를 실업상태로 만들어 버린다. 그들은 지역 공동체의 일원이 될 수 없다. 북미자유무역협정 초기에 멕시코로 이전했던 기업 중 많은 수가 보다 싼 노동력을 찾아 중국으로 이전했다. 지금 중국에서는 캄보디아나 미얀마로 재하청을 주기 시작하고 있다.

1960년대와 1970년대에 일부 라틴아메리카 국가들은 자신들의 자원과 경제의 통제권을 획득하는 데 많은 진전을 이루었다. 광물자원의 수용은 특히 흔히 일어났고, 대중의 지지가 높아서 가장 순종적인 우파의 군사정권도 감히 그것을 공개적이고 확실하게 되돌리려고 하지 못했다. 지하자원은 국가의 영역에 속한다는 정책은 대부분의 라틴아메리카 국가들이 스페인 왕실로부터 물려받은 것이다. 1917년 멕시코는 석유와 지하자원을 사회적 재산으로 선언하고 국민 전체에 의해 그리고 국민 전체를 위해 소유되고 개발되어야 한다고 천명했다. 이는 1938년 이러한 자원의 국유화로 경제적인 현실로 나타났다. 그 후 대부분의 다른 라틴아메리카 국가들은 국영기업을 세워 석유와 다른 에너지 제품들의 생산, 수입 혹은 유통을 관리하도록 했다. 반면에 미국에서 소비자들이 자주 가격이 폭등하는 에너지 위기를 겪은 결과, 에너지원의 안정적인 확보라는 명분으로 외국의 군사쿠데타를 용인하는 동안 아주 작은 수의 기업들만이 큰 이익을 내고 있다.

라틴아메리카 민족주의자들이 그들의 경제권을 다시 찾아오려는 시도는 값비싼 비용을 지불하는 경우가 많았다. 이러한 시도들은 일반적으로 도처에서 벌어지는 민중정부의 전복계획에 다국적기업과 미국정부의 중요성을 더해주는 효과를 갖는다. 그리고 1980년대와 1990년대에 외국인 채권단과 다자간 금융기관들은 민영화와 출자전환 압력을 통해 깊게 개입했다. 그럼에도 불구하고 국가 경제에 대한 통제권의 확대는 라틴아메리카의 민중정부들의 핵심 아젠다였다. 정치지도자들은 21세기 초에 차관제공의 조건에 대한 글로벌화된 통제로 인해 이 문제에 대해 다시 짚어 봐야만 했다. 그러나 이 문제는 특히 다국적 기업들이 물과 같은 필수재를 민영화하거나 오염시킴으로써 도를 넘은 결과, 성난 민중들이 이에 대항하여 봉기를 일으켰을 때 다시 검토되어지곤 했다. 자원에 대한 접근은 현재 글로벌기업의 침해 사례 중에서 국가는 물론 지방의 이해에 도전하는 것으로 비춰진다. 미국에서 국가 혹은 지방 자원에 대한 공적 통제 그리고 일반적으로 사익보다 공익을 우선한다는 개념은 이단의 범주에서 반체제의 범주로 아주 느린 속도로 이동하고 있다.

라틴아메리카에게 1980년대는 혼란의 시기였다. 아르헨티나에서는 군사정권이 포클랜드/말비나스의 영유권을 두고 전쟁을 일으켜 굴욕적인 패배를 당한 후에야 비로소 문민통치가 회복되었다. 칠레와 파라과이에서는 1980년대 말까지 군부통치가 계속되었다. 중미에서는 1979년 니카라과의 혁명이 성공함에 따라 1980년대 내내 엘살바도르와 과테말라에서 반군활동과 반군진압작전이 휘몰아쳤다. 이 지역에서 미국의 헤게모니를 다시 회복하려는 레이건 행정부의 노력은 온두라스, 코스타리카 그리고 파나마까지도 혼란의 소용돌이로 몰아넣었다. 이러한 갈등은 외채 문제와 다른 경제적인 재난을 악화시켜 라틴아메리카 전역에서 "잃어버린 10년"으로 알려진 고통을 야기시켰다. 1950년대 이후 연평균 4~6%의 성장을 이룩한 라틴아메리카 경제는 1980년대에

10,000%를 상회하는 인플레와 높은 수준의 실업 및 불완전 고용과 함께 마이너스 8% 의 저성장을 기록했다.[1] 1990년에는 인구의 3/4으로 추정되는 숫자가 어느 정도의 영양실조를 겪고 있었다.

1990년대에는 멕시코, 칠레, 아르헨티나 그리고 마지막으로 브라질에서 주로 공공자산과 서비스 분야의 민영화에 힘입어 경제성장이 재개되었다. 그러나 경제성장 뒤에 장기간의 침체가 뒤따르는 경우가 많았다. 아르헨티나의 경우 2001~2002년에 전면적인 경제위기가 왔다. 게다가 새로 창출된 부는 낙수효과가 없었다. 21세기 초의 전반적인 소득수준은 1980년 수준 아래에 머물렀다. 이미 불평등이 가장 심한 지역인 라틴아메리카의 부국과 빈국의 차이는 계속에서 벌어졌다. 1970년대 이후 미국에서와 비슷하게 그 간격은 벌어져 왔다. 이는 일반적으로 정책실패의 결과가 아니고 정책결정의 결과이다. 1983년과 1998년 사이에 미국민의 상위 1%의 가계 순자산이 42% 증가한 반면 최하위 42%의 순자산은 76% 하락했으며, 그 이후 이러한 추세는 지속되고 있다. 2007년에는 미국 가정의 상위 1%가 하위 90%보다 더 많은 부를 보유했다.[2]

한편, 라틴아메리카의 상당수 국가를 파산시키고 있는 부채함정은 미국 제조업자들의 시장을 파괴하고 미국 노동자의 일자리를 빼앗아가고 있다. 미국이 동아시아, 유럽연합 그리고 신흥국가들이 전통적인 시장을 잠식하는 것을 막으려 애를 쓰고 있을지라도 국제 채권단에 대한 어설픈 지지를 통해 한때 가장 많은 무역이익을 누렸던 지역의 경제를 계속해서 약화시키고, 이 국가들로 하여금 미국에서 공식적으로 가장 환영을 받지 못하는 마약과 사람을 제외하고는 이익을 낼 수 있는 수출품을 갖지 못하도록 하고 있다. 사실상 지난 10년 동안 라틴아메리카의 가장 큰 외화 수입원은 이민 노동자들이 보낸 송금이었다.

그 외 제3세계의 일반적인 외채와 같이 라틴아메리카 외채도 점점 더 민간 은행에 의존하고 있다. 많은 민간은행 그리고 특히 중국은행에 10조 달러에 달하는 미국의 국가채무의 많은 부분을 빚지고 있다. 1980년대 미국 채무는 3배 증가했고, 연례 적자가 1990년대 하락했음에도 불구하고 채무 그 자체와 그에 비례하는 예산상의 부담은 2000

년 이후 급속히 증가했다. 대부분의 라틴아메리카 국가들에 통용되는 수준보다 훨씬 더 높게 미국의 늘어나는 채무는 비생산적인 국방비 지출에 기인하는 바가 많다.

2006년과 2008년 사이에 대부분의 라틴아메리카에서 민중운동에 의해 추진된 정책결정의 결과로 빈곤수준이 줄어들기 시작했다. 그러나 미국에서는 같은 기간 동안에 변화에 대한 높아진 기대도 노동계급 그리고 미래의 노동자들의 생활수준의 급격한 하락을 막지 못했다. 의료, 교육, 서비스 그리고 하부구조의 지수를 보면 미국과 라틴아메리카의 생활의 질의 차이가 제2차 세계대전 이후 꾸준히 좁혀지고 있다. 통계와 지수 작성의 한계를 인정한다 해도 이는 라틴아메리카에 장기적인 발전 조짐이 있다는 것을 나타낸다. 그러나 보다 단계적인 면에서 보면―예를 들어 70년대 이후―이는 또한 미국의 지지부진한 발전 혹은 퇴보를 나타내는 것이다.

1980년대 이후 미국의 공공예산은―연방에서 지방까지―지속적으로 하락했고, 공적 책임영역은 꾸준히 민영화되어 우리가 완곡하게 말해 인력자원 개발이라고 부르는 것에 끔찍한 영향을 주었다. 급속히 늘어나는 민영화된 교도소의 공공지출은 액수로 볼 때 고등교육 공공예산 삭감에 통해 마련된다. 2009년 미국인들은 세계의 어느 다른 나라 사람들보다 1인당 의료비를 더 많이 지출했다. 그러나 아직 약 4,400만 명이 어떠한 의료보험도 갖지 못하고 있고, 완전한 의료보험을 가진 사람은 거의 없다. 산전관리와 함께 어린이 예방접종은 줄어들고 있으며 비히스패닉 백인들의 수명은 계속해서 늘어나고 있는 반면, 소수민족의 수명은 줄어들기 시작했다.

저소득층 가정의 미국인 아이들의 비율은 1980년대에 증가했으나 1990년대에는 감소했고 2000년부터 다시 늘어나고 있다. 컬럼비아 대학교의 빈곤아동센터가 행한 조사에 따르면, 2004년 미국 어린이의 1/3 이상이 저소득층 가구에 속했다. 2009년에는 모기지론을 받은 미국 가정의 14%는 압류를 당했고 미국민의 20%가 안심할 만한 휴대용 식수원을 갖지 못하고 있었다. 이러한 상황은 정책실패를 반영한다기보다는 비용과 이익의 할당에 대한 정책결정을 반영하는 것이었다. 의회 예산처에 따르면 1970년 말 이후 이루어진 세법 개정으로 인해 미국민의 상위 10%가 1/3까지 적게 세금을 내는 반면,

미국민의 90%가 더 많이 세금을 내게 되었다.

라틴아메리카와 미국의 격차가 계속해서 줄어진 반면에 미국과 보다 부유하고 평등적인 서유럽의 국가들과의 차이는 점점 늘어나고 있다. 라틴아메리카가 전체적으로 거의 선진국의 일원이 되어가듯이 미국은 보다 아메리카대륙의 일원이 되어 갔다. 라틴아메리카가 20세기 후반에 발전된 것으로 여기는지 아닌지는 어떤 나라, 어떤 해 그리고 어떤 지표가 강조되느냐에 따라 달라진다. 그러나 보다 명백한 사실은 미국이 저발전을 해왔다는 것이다.

라틴아메리카와 앵글로아메리카가 — 보다 강한 경제로부터의 경쟁, 일차 상품 수출에의 과도한 의존, 토지소유의 집중, 다국적 기업의 지방기업 잠식, 휘청거리는 채무, 만성적인 실업 그리고 점점 커지는 부자와 가난한 자의 격차와 같은 문제들과 함께 — 근대화의 축복과 저주를 공유한다 할지라도 이 두 아메리카는 정부와 정치에서 몇 세기의 차이가 있다는 것이 명백하지 않은가? 그러나 유사성과 합일점도 찾을 수 있을 것이다.

반공주의에서 테러 방지까지

1960년대와 1970년대에 라틴아메리카의 많은 곳에서 새롭고 아주 근대적인 형태의 — 제도적이고 전문 관료적이며 자신감 있고 냉혹한 — 군부독재의 출현을 경험했다. 민간 정치조직을 해체하고 새로운 질서를 부여하는 데 이들 군부세력은 감시, 고문 그리고 암살에 전문성이 있는 준군사, 정보 그리고 경찰네트워크의 조력을 받았다. 이러한 사태는 앞서 언급한 경제 문제와 무관하지 않다. 근대화에 의해 소외되고, 노동자나 소비자로서 필요성이 없는 그리고 경제계획 입안자들이 별 중요성이 없다고 포기한 사람들이라고 해서 단순히 무시할 수 있는 것은 아니다. 그들은 기존질서에 위협이 될 것으로 추정되는, 잘 먹지 못하고 잘 입지 못하며 제대로 된 집에서 살지 못하는 대중들이다. 그들의 숫자가 많으면 많을수록 그리고 정치적 조직을 위한 정교함과 잠재력이 크면 클수록 그들을 봉쇄하기 위해 필요한 억압장치들은 더욱더 정교해질 것이다.

그러나 무자비한 무력에 의한 효과적인 통치에도 한계가 있다. 경제력을 휘두르는 사람들은 - 내국인과 외국인을 포함하여 - 국민의 명령에 따라 통치하는 데 관심이 없거나 통치할 능력도 없고, 군부와 준군사적인 세력을 통제할 의지가 없거나 통제할 능력이 없는 문민정부가 억압적인 군사정권보다 더 훌륭한 사회변혁에 반대하는 방어막이 되는 경우가 많다는 사실을 재발견했다. 1980년대에 라틴아메리카의 대통령궁으로부터 장군들의 철수가 있었고 재민주화과정이 진행되었다. 그러나 그 철수는 처음에는 단지 부분적이었다. 민주주의가 만발할 만큼의 충분한 거리를 두지 못했다. 그리고 새로운 민주주의는 주로 실제보다는 형식적인 면이 강했다.

라틴아메리카에서 정치는 앵글로아메리카 사람들의 머릿속에서 폭력과 사소한 부정부패를 연상키는 경우가 많다. 그러나 정치적 암살은 미국에게도 낯설지 않다. 그리고 워터게이트, 이란 - 콘트라 사건 그리고 미국 정부의 심장부에서 일어난 수많은 다른 스캔들 - 보다 최근에는 사전에 잘못된 정보를 토대로 벌인 전쟁, 이라크, 아프가니스탄 그 밖의 지역에서 전쟁포로의 고문 폭로 - 의 여파로 앵글로아메리카 사람들은 최소한 겸손을 배워야 한다.

현재 가장 높은 수준의 정치발전을 자랑하는 라틴아메리카 국가들이 군부통치 기간 동안에 가장 고통스러운 운명을 겪었다는 사실을 미국은 간과해서는 안 된다. 1960년대 브라질과 1970년대 남미 남부 국가에서 반혁명 군사정권에 의해 시행된 바로 그 반평등적인 경제정책의 많은 것들이 민주주의 과정의 노골적인 단절이 없는 미국에서 채택되어 왔다. 아마도 미국인의 대다수는 - 계급 없는 사회라는 신화와 거의 절반에 가까운 유권자의 소외에 의해 - 경제적 박탈보다 더 나쁜 운명으로부터 구원되었다.

그러나 모든 미국민들이 라틴아메리카와 다른 지역에서 늘어나는 소외된 노동자 집단을 억압하기 위해서 흔히 사용된 것과 같은 종류의 공식적인 폭력을 피한 것은 아니다. 정치적으로 분권화된 미국에서의 이러한 봉쇄는 점점 더 많은 자치권을 갖는 지방경찰에 의해 이루어졌다. 특히 소수자에 대한 경찰의 무지막지한 대응은 전국에 걸쳐 흔한 현상이다. 국제사면위원회는 뉴욕시 경찰의 야만적 행위에 주의를 환기시켰고, 인권감시기구인 Human Rights Watch는 일부 주의 교정기관에서 여성 재소자의 학대 사례를 언급해왔다. 미국 연방교도소에 수감된 인구는 1980년대에 두 배 증가했으며 1990년대 다시 두 배 늘어났다. 2009년에는 약 230만 명으로 이는 전 세계 제소자의 1/4에 해당하는 것으로 세계에서 재소자 수가 가장 많다.

마틴 루터 킹 목사 암살사건에 이어 발생한 도시지역 폭동과 베트남 전쟁 반대 시위에 대응하여 발생한 간단한 소규모 충돌을 제외하고, 미국은 거리에 군이 나타나는 상황은 없었다. 그러나 군국주의로 향하는 일반적인 경향은 피하지 못했다. 냉전 이후 높아진 미군부의 힘은 주로 미국의 외교정책 수단의 점증하는 군국주의화와 군부의 평화시 예산 배당이 계속해서 증가하는 데서 나타났다.

아메리카 두 지역에서 군부의 역할은 같이 간다. 20세기 초 군사 개입과 일부 경우에는 직접적인 군사적 점령을 통해 중미와 카리브를 미국의 영향권 아래에로 편입시킨 것은 보다 현대적인 형태의 군국주의를 굳건히 뿌리내리게 했다. 1950년대와 1960년대에 미국 군부 는 항구적인 세계전쟁에 직면하여 세계적인 전략이 필요하다는 전제하에 남미 군부의 조직적·기술적 현대화를 단행했다. 미국식 교육을 통해 주입되고 강화된 냉전적 세계관의 한 단면은 정치의 장이 냉전의 전쟁터이고 이렇기 때문에 민간인들에게 맡기기에는 너무 중요하다는 생각이었다. 라틴아메리카에서 "반체제 선동자"들을 색출하기 위해 사용되었던 정보 기술자와 기술들이 미국 국민들에게도 사용되기에 이르렀다는 사실은 놀랄 만한 일이 아니다. 미국국민들은 그들이 정부에게 해외에서 씨를 뿌리도록 한 것을 국내에서 수확을 한 셈이다. 고인이 된 휴버트 험프리(Hubert H. Humphrey) 미국 상원위원은 1973년에 다음과 같은 말을 했다.

"워터게이트 사건으로 우리는 정부의 관리들이 외국 정부나 다른 사람들에게 행했던 관행이나 방법들과 매우 유사한 범죄행위를 저지르는 것을 보았다. 반스파이 활동, 은폐, 침투, 도청, 정치적 감시, 이 모든 것이 먼 나라에서 국가안보라는 이름으로 행해졌지만 이제 국내에 들어와 우리를 괴롭히고 있다. 국내정책의 정신과 목적은 우리의 외교정책을 좌우한다고 말한다. 그 반대 역시 마찬가지이다."3)

1980년대 말은 냉전이 끝난 시기이기도 하다. 소련의 지도자 미하일 고르바초프(Mikhail Gorbachev)는 단순히 손을 뗐다. 1989년 크리스마스 시즌에 있었던 미국의 파나마 침공은 냉전의 종식이 미국의 개입의 종식을 의미하지 않는다는 것을 명백하게 보여 준 사건이었다. 냉전은 이러한 개입의 이유가 아니었다. 그것은 단지 근거에 불과했다. 마약과의 전쟁과 테러리즘과의 전쟁을 포함한 새로운 근거들이 이미 고려 중이다. 이슬람 테러리스트들이 뉴욕과 워싱턴을 공격한 2001년 9·11 사태 후에 부시 행정부에 의해 골치 아픈 존재로 여겨진 대부분의 라틴아메리카 지도자들과 단체들은 전향한 테러리스트들이었고, 테러방지는 개입을 위한 다목적 근거가 되었다. 워터게이트처럼 1980년대의 가장 잘 은폐된 이란-콘트라 사건, 2000년대의 "테러와의 전쟁"의 초헌법적인 행태들은 민주주의는 그것이 가지고 있는 민주적인 성격의 본질적인 면을 해치지 않고서는 한 제국을 유지할 수 없다는 명백한 증거를 보여 준다.

제국 없이 살아가는 법 배우기

지금과도 그렇게 다르지 않았던 시절, 미국에서 급식소의 줄이 늘어나고 노숙자들이 증가일로에 있었던 시절, 그리고 미국이 무력외교와 같은 행태로 국외에서 불명예스러운 처지에 빠졌을 시절인 약 75년 전에 새로이 선출된 민주당 대통령인 프랭클린 델라노 루즈벨트(Franklin Delano Roosevelt)는 불간섭을 약속하고 라틴아메리카와 선린외교의 시대를 열었다. 냉전을 구실로 그리고 보다 최근에는 마약과의 전쟁 그리고 테러와의 전쟁을 구실로 후임 미국 대통령들은 그 약속을 지키지 못했다. 그러나 20세기 말과 21세기 초의 무력외교는 지난 세기와 마찬가지로 미국의 민주주의 정신을 전복하는 것이었다. 그리고 불간섭의 새로운 약속도 지켜지지 않고 있다.

이러한 약속은 지금은 용도가 다한 냉전에 의해 가려진, 분명하게 전략적이거나 정치적인 동기를 가지고 행한 간섭을 은폐하고 있다는 것을 이해해야 한다. 그것은 또한 정당화될 수 없는 목표의 지속적인 추구를 위한 모든 대체적인 근거를 포함한다. 라틴아메리카에서 시민의 권리와 인권에 대한 군사적 침해의 최근의 역사와 갓 태동된 민주주의를 지원하기 위한 우리의 명백한 의도를 고려한다면, 라틴아메리카 군부 및 준군사세력에게 어떤 형태로든 원조를 제공하거나 무기판매를―이로 인해 군비경쟁을―촉진할 하등의 이유가 없다.

교역의 단절, 채권동결 그리고 너무나 흔한 군사적 음모 혹은 그들이 자신들의 국가에 경제 민주주의 법안을 마련하려고 움직였다면 일어났을 군사적 개입에 위협을 느끼고 있는 라틴아메리카의 지도자들은 공동의 경제적 이익에 대한 공식적인 미국의 주장에 회의를 느껴왔다. 그러나 사실은 글로벌 게임에 투자를 하는 부자들과는 달리 미국과 라틴아메리카의 일반적인 국민들은 같은 땅을 점유하고 있다. 아시아와 유럽에서 경제 공동체가 폐쇄적으로 가는 상황에서 어느 때보다 지금 남과 북의 아메리카인들은 번영을 공유할 것이냐 아니면 빈곤을 공유할 것이냐 하는 운명에 처해 있다.

1980년대 아메리카 전역을 관통했던 경제적 고통은 최소한도 경제학자, 투자자 그리고 채권자에게 가장 중요한 수치와 목적 면에서는 전반적으로 완화되었다. 그러나 정책은 계속해서 공공부문보다는 민간부문, 노동보다는 자본, 국가 혹은 지역 기업보다는 글로벌 기업, 내수시장을 위한 생산과 소비보다는 금융기술(속임수), 보존과 재생보다는 개발과 파괴를 우선시한다. 라틴아메리카에서 내적으로 형성된 자본을 빼앗아 갔고, 사회보장을 없앴으며, 국내시장을 억제했고 노동력을 저렴하게 유지했던 바로 그 정책들이 미국의 자본과―그리고 일자리를―해외로 유출시키는 데 이용되고 있다.

"구조조정"으로 알려진 일련의 정책들에 대한 어설픈 지지를 통해 한때 미국이 전통적인 교역우위를 가졌던 유일한 지역의 빈곤화에 일조를 한 미국정부는 계속해서 이미 공정한 대우를 받지 못하는 미국의 노동자들을 보다 더 절망적인 라틴아메리카 노동자들과 일자리를 놓고 경쟁하는 처지로 내몰았다. 이 시스템이―모든 시스템은 누군가에게 작동하기 때문에-실패했다고는 말할 수는 없다. 그러나 아메리카 대륙의 사람들, 아메리카 대륙의 모든 사람들에게서는 실패를 했다. 그래서 우리 모두를 위해서 그것은 뒤엎어져야 한다.

냉전과 발전에 대한 착취적이고 벼락치기식 접근법은 21세기 도전을 극복하는 데 적절하지 못하다. 오바마 행정부와 의회의 다수당인 민주당이 미국의 경제 민주주의 추진을 진심으로 바란다면 라틴아메리카에서도 경제 민주주의를 추진함으로써 그 목표가 성공할 수 있을 것으로 보인다. 남미의 경제가 점점 더 다양화되고 있을지라도, 미국이 추진하는 통합계획은 살아남을 가능성이 높다. 그래서 앵글로아메리카와 이베로아메리카의 경제는 어느 정도 서로 밀접한 관련을 갖게 될 것이고 두 지역 사람들의 행복은 상호의존적인 될 것이다.

보다 현명한 정책을 폈더라면 지연시킬 수 있었을 런지 몰라도 팍스아메리카나의 퇴장은 선택의 문제가 아니었다. 조지 부시 행정부의 이너서클에서 만들어지고, 분명하게 세계적으로 아메리카의 세기가 될 것으로 기획된 "아메리카의 세기"는 위험한 환상이었다. 교역 주도의 새로운 세계질서에서 세계의 가장 강력한 군사적 수단은 평가절하된 통화-그저 남부연방에서 통용되던 화폐-였다. 거의 반세기 동안 냉전은 라틴아메리카에서 사적 이익과 관료적인 이익을 추구하고 국내 정치적 우위를 점하기 위해 가식과 무력시위에서 라틴아메리카를 이용하기 위한 엄폐물을 제공했다. 이러한 엄폐물을-이후의 이를 대체한 엄폐물을-제거함으로써 드디어 정책을 아메리카 사람들의 합법적인 이해와 서반구 사람들의 공통적인 이해관계에 대한 심층적인 이해에 바탕을 두는 것이 가능하고 필요하도록 만들었다.

라틴아메리카에 주목하기

21세기 첫 10년이 끝나갈 때 미국의 언론인과 전문가들이 가장 많이 던진 라틴아메리카에 관한 질문은 라틴아메리카는 어디로 향하고 있는가였다. 나한테는 이에 대한 대답이 "미국의 뒤뜰을 벗어나야만 하는" 것처럼 보였다. 현재 정권을 담당하는, 고문을 당한 세대는 비록 신중하지만 과거 수십 년의 정치적, 경제적 손상을 원상회복하기 위해 노력하고 있다. 물론 정권을 담당한다는 것이 권력을 장악했다는 것을 의미하는 것은 아니다. 그러나 이러한 지도자들은 새로운 강대국으로서의 중국의 부상이 새로운 거대 시장과 그들 사이의 협력을 통한 정치적 선택의 확대를 의미함에 따라 경제적 선택을 확보하기 시작했다. 부시 행정부의 정책과 가식에 대한 혐오증이 너무 커서 라틴아메리카 국가, 정당 그리고 계급 사이를 갈라놓은 커다란 간극을 메워줄 다리를 놓으면서 그들의 정치적 영향력이 지난 10년 동안 크게 높아졌다.

그 행정부는 유권자들로 하여금 미국기업들이 라틴아메리카 자원에 접근할 권리를 잃게 될지도 모른다는 전망은 물론 라틴아메리카에서 나오는 테러 위협에 대해 걱정했으면 바랐다. 보다 좋은 동기, 그럼에도 불구하고 제국주의적인 시고방식을 반영하는 동기는 라틴아메리카 사람들이 우리에게 그만 도와달라고 할지도 모른다는 예상이었다. 라틴아메리카가 현재 미국으로부터 가장 필요로 하는 것은 관심을 갖지 않는 것이고 미국이 라틴아메리카로부터 가장 필요로 하는 것은 충고일는지도 모른다.

2006년과 2008년 선거결과에서 나타났듯이, 미국의 유권자들이 지금 심각하게 "변화"를 생각한다면 라틴아메리카에서 배워야 하는 중요한 교훈들이 있다. 미국 국민의 합법적인 이익의 추구는 라틴아메리카 사람들이 그것을 통해 우리를 괴롭히고 있는 문제들의 많은 부분을 다뤄왔고–해결하기 시작한–전략과 수단에 유의하면서 이루어질 수 있을 것이다.

빈곤층으로부터 부의 이동

브라질은 미래의 국가이고 항상 그럴 것이라고 말하곤 했었다. 이제 더 이상 이런 말은 하지 않는다. 브라질은 이미 도달해서 그 미래를 잡은 것처럼 보인다. 미국이 자신들의 실패한 은행을 지원하기 위해 외국 정부나 은행으로부터 돈을 빌려 오는 동안에 브라질은 자신의 외채 총액을 초과하는 외환보유고를 유지하고 있다. 그리고 루이스 이나시오(룰라) 다 실바(Luis Inacio (Lula) da Silva)의 노동자당 정부 아래서 번창하는 경제의 혜택이 지도층을 훨씬 넘어서 도달했다. 예를 들면 그의 볼사 파밀리아(Bolsa Familia), 다시 말하면 가족지원 프로그램은 저소득층 가정에게 자녀들을 학교에 보내도록 물질적인 인센티브를 제공한다. 이 프로그램은 대통령의 인기뿐만 아니라 취학률을 획기적으로 높였다.

모든 경제문제에서 낙수효과 접근법에 익숙한 미국정부는 아래로부터의 발전을 통해 2001~2002년의 경제위기에서 탈출한 아르헨티나의 경험을 참고했더라면 2008~2009년 위기를 잘 헤쳐 나올 수 있을 것이다. 미국의 금융부문에 대한 신중한 구제계획은 곤경에서 벗어난 은행가들을 더욱더 살찌웠으나, 실업과 노숙자들은 계속해서 증가하고 있다. 아르헨티나에서는 현금을 사용하지 않는 공동체들이 일찍부터 물건과 서비스를 교환하기 시작했고 뒤이어 자신들만의 지역 화폐를 만들기 시작했다. 이러한 관행이 널리 퍼지면서 공동체들은 광범위한 운동으로 자신들 간의 거래를 성사시키면서 환율을 조정했다. 노동자들은 주인들이 버린 공장을 다시 열어서 지역 시장을 위해 물건을 생산하기 시작했다. 그리고 다른 사람들은 도시 텃밭에서 나온 식품과 길거리 탱고 수업을 포함한 자신들이 할 수 있는 것은 무엇이나 생산해서 내놓기 시작했다.

선택권의 부재로 인한 자립

선의를 가진 미국의 개발처는 자립 추진이라는 수사를 사용하나 세상물정 모르는 미국의 관리들이 자립에 대해서 실제로 얼마나 많이 알고 있을까? 우리는 그것이 유일한 방법이어서 자립에 눈을 돌린 사람들로부터 배워야만 하지 않을까? 아무것도 없는 상황에서 계속해서 다시 시작해야 했던 쿠바사람들은 그들의 시장 시스템이 아래에서부터 중단되면서 자립의 달인이 되었다. 대체 에너지와 교통수단에서부터 도시 텃밭 및 상업화가 가능한 대체 농약 그리고 지나치게 많은 잘 훈련된 의사와 유명한 예술가와 운동선수에 이르기까지 쿠바사람들은 계속해서 레몬을 레몬레이드로 만들고 있다.

미국 의회가 세계에서 가장 비싼 의약산업으로부터 적정한 공공의료권의 개념이라는 어렴풋한 불빛을 빼앗아 오려고 노력하는 반면 쿠바인들은 이용하기 쉽고 예방적이며 전인적이고 통합적이며 무상인 요람에서 무덤까지의 의료혜택을 누린다. 이러한 의료혜택의 결과는 국제단체, 특히 세계보건기구로부터 높은 평가를 받고 있다. 미국은 허리케인 카트리나가 발생한 후에 쿠바가 멕시코만 지역에 제공하고자 했던 지원을 받았더라면 많은 도움이 되었을 것이다. 쿠바는 정기적으로 강력한 허리케인을 맞고 있으나 사상자가 나는 경우는 드물다.

법치의 부활

라틴아메리카가 권위주의-일부 경우에는 국가주도의 무자비한 테러 시스템-로부터 이행하는 것은 쉬운 일이 아니었다. 유린된 헌법들은 대죄를 저지른 자들이 처벌받지 않고, 뉘우치지도 않으며 혹은 공식적으로 발표조차 되지 않고 국가의 기밀문서와 사면령 그리고 아직도 과도한 권력을 행사하고 있는 군과 정보기관에 의해 보호를 받는 한, 적절하게 원상회복될 수 없다. 권력 남용에 대한 사실이 알려진 경우에도 권력을 남용한 자들을 처벌하는 것이 어려운 경우가 많다. 광범위하게 경험된 진실이 "공식적인 진실"이 되고 그리고 나서 "공식적인 역사"가 될 때까지 그것이 공식적으로 역사라고, 다시 말하면 이러한 형태의 남용이 반복되어서는 안 된다는 것을 남용의 피해자들은 추정할 수 없고 남용의 가해자들은 추정할 필요가 없다. 선거와 문민정부로의 회귀는 법치의 부활을 위한 첫 번째 단계에 불과하다. 이러한 부활의 진정한 추구는 상당한 위험을 수반하는데, 잃어버릴 재산이나 지위 혹은 포럼이 있는 대부분의 사람들이 기꺼이 감수하고자 하는 것보다 더 큰 위험을 내포한다. 칠레의 독재자 아우구스토 피노체트(Augusto Pinochet)를 끈질기게 기소하고자 했던 후안 구스만 타피아(Juan Guzman Tapia) 판사는 단순히 자신의 직분을 다하고 있었던 것이라고 말한다. 그러나 책임 있는 지위에 있는 대다수는 이러한 일을 하는 것을 꺼려했다.

그럼에도 불구하고 라틴아메리카 전역에는 끈질기게 추적하는 개인들과 인권단체들이 있고 아직 보호받지 못하고, 그들의 권리를 완전하게 행사하지 못하는 몇몇 부류의 국민들ㅡ예를 들면 조직화되지 못한 도시 노동자들과 원주민 농부들ㅡ이 있는 반면에 대부분의 국가에서 결국 활발한 조사와 기소가 이루어졌다. 2009년까지 브라질과 남미 남부의 정부들은 독재에 반대해서 스스로가 억압을 당한 지도자들의 수중이 들어왔다. 22개의 서반구 국가들은 1969년의 인권에 관한 미주협약을 비준했으며 미주인권재판소의 권할권을 수용했다. 그리고 한 국가에서의 판결은 라틴아메리카 어느 다른 나라의 판결에도 인용되었다.

한편 미국은 계속해서 지난 10년간의 고문과 민권 및 인권침해의 공식적 가해자들과 국제법 위반자에 대한 조사를 회피하고 기소할 생각을 하지 않고 있다. 기껏 한 것이라곤 부통령 보좌관을 위증죄로 처벌한 것인데 그마저도 바로 퇴임하는 대통령에 의해 사면되었다. 압도적인 득표에 의한 정부 최고위직의 교체는 법치가 심각하게 훼손되었다는 것을 이해하는 대부분의 사람들의 걱정을 잠재우기에 충분했던 것처럼 보인다.

마치 결과가 중요한 것처럼 선거에 도전하기

압도적인 득표는 확실히 축하받아야 할 위업이다. 그러나 우리는 압도적인 득표가 아니라면 승리를 말할 수 없다는 생각을 버리는 법을 아직 배우지 못했다. "자유롭고 공정한" 그리고 훌륭한 선거와 관련된 많은 다른 면에서와 마찬가지로, 이와 관련해서도 우리는 라틴아메리카로부터 배울 게 너무 많다. 10년마다 그렇듯이 선거정치가 라틴아메리카의 많은 지역에서 매력을 상실하면, 미국 지도자들과 여론 주도자들은 라틴아메리카 사람들은 준비가 되어 있지 않다는 점과 그들이 무정부주의나 권위주의에 대해 선호한다는 점을 말하기 시작한다. 그러나 그러한 라틴아메리카 사람들은 엉터리 같은 말에 대해 참지 못하는 보다 낮은 허용 한계치를 가지고 있을는지도 모른다.

선거와 관련된 경험을 포함한 리오그란데 강 양쪽의 경험은 제국의 영향이 멕시코의 국경이 아니라 워싱턴 D.C.의 순환도로에서 시작된다는 것을 명확하게 보여 준다. 미국의 유권자들은 라틴아메리카 유권자들처럼 배타적이고 이익 때문에 그리고 보여주기 위해서 뒤집어질 수 있는 선거를 경험해왔다. 우리는 투표소로 몰고 가는 유세와 함께 아무렇게나 투표를 하게 하고, 투표를 못하게 하고, 투표를 중지하게 하고 그리고 엉뚱한 날 혹은 엉뚱한 장소에서 투표하게 하는 유세를 보았다.

우리는 유권자들이 인종, 종족 혹은 계층의 이유 때문에, 당파적 이해관계 혹은 다른 식으로는 정당화될 수 없는 이유로 배제되는 것을 보았다. 우리는 선거결과가 적시에 발발한 폭동, 전자투표와 개표기의 고장과 의심스러운 재검표, 주민소환, 탄핵 그리고 기소에 의해 뒤집어지는 것을 보았다. 우리는 후보자와 선출된 대표자가 기업들과 일반적으로 선거과정의 상업화에 의해 대량으로 매수되는 것을 보았다. 그리고 우리는 선거에 대한 정당의 감시가 최고 수준에 있다는 것을 분명히 보았으며, 이는 권력의 지렛대에 대한 통제가 실제적으로 위험에 처해지도록 만들어지지 않았다는 것을 나타낸다.

모든 광범위한 라틴아메리카 정당들 혹은 대중운동단체들은 어떤 시점에 부정선거 결과에 대해—더 큰 분열과 야당에 대한 강경진압의 위험을 무릅쓰고—무기한의 항의 운동을 전개해야 하느냐 아니면 양보하느냐의 딜레마에 빠졌다. 그러나 미숙한 양보는 위험을 가져온다. 이는 야당과 야당연합의 처신은 물론 선거과정이 부적절했다는 위험을 감수하는 것을 의미한다. 민주주의는 값비싼 대가를 치르고 라틴아메리카에 도달했고 비무장 세력과 부유하지 못한 사람들이 이를 지키는 방법을 배우고 있다.

부채와 공포로부터의 자유로서 안보

미국민들은 미국의 대외정책이 계속해서 세계를 보다 위험하게 만든다면 국내나 해외에서 안전을 찾지 못할 것이다. 우리는 항상 국가의 번영(조만간 위에서 아래로 흘러갈 것이 확실한)은 미국의 해외에서의 지배력에 달려 있다고 믿도록 교육 받았다. 올해 2010년은 대공황 이후 그런 신화를 타파하는 데 가장 적절한 시기일는지도 모른다. 그러나 국민을 대신하여 제국의 추구 혹은 수용을 회피하려고 한 어떤 정부도 길잡이가 필요할 수 있다. 그 길잡이는 미국의 제국 디자인의 문제에 있어서 학습곡선을 선도해 온 라틴아메리카에서 구하는 것이 자연스러운 일이다.

정책으로 통하는 견해는 항상 신의 계획과 국익, 자유 그리고 안보, 민주주의 그리고 발전, 교역과 원조 그리고 보다 최근에는 인권에 관한 것이었다. 주로 국내 소비용인 이러한 견해는 계속해서 세상사와 그 속에서의 미국의 역할에 대한 대중의 잘못된 인식을 강화했다. 제국의 유지를 위한 전략 혹은 책략은 비록 전리품의 성격, 게임의 참여자 그리고 순위 결정전의 강대국들이 바뀔 수는 있어도-항상 어느 정도 약탈과는 -전적으로 다른 어떤 것이다. 이런 해석과 전략의 짬뽕의 결과는 그래함 그린(Graham Green)의 유명한 소설인 『Our Man in Habana』의 한 인물에 의해 잘 표현되어 있다. 그는 "정보"와 음모의 이러한 세계가 환상의 세계이지만 거기에서 실제 사람들을 죽이는 실제적인 총알이 나온다는 것을 인정한다. 지난 세기 동안에 라틴아메리카 사람들은 자신들의 몫보다 더 많은 실제 총알을 받았다.

그러나 21세기는 서반구에서 중요한 하나의 변화를 보았다. 최악의 시대-남미의 1970년대와 중미의 1980년대-를 견뎌온 사람들이 정권을 잡았고, 협박이나 뇌물에 그들의 선임자들보다 덜 취약한 것으로 드러나고 있다. 게다가 그들은 대부분의 그들의 선임자들보다 더 자신에 찬 민족주의자인 것처럼 보이고 동시에 라틴아메리카 지도자들 사이의 협의와 공통적인 문제에 대한 집단적인 해결에 보다 개방적이다.

풍부한 천연자원과 2000년까지 경상수지 흑자가 해외에서의 전쟁, 국내 안보로 소모되고 대기업 CEO의 주머니로 흘러들어가 미국은 다른 나라, 특히 중국에 많은 부채를 지게 된 반면에, 라틴아메리카의 경제는 점점 더 다변화되어 가고 있고 따라서 어느 한 나라에 덜 의존하게 되었다. 만일 미국이 현재 라틴아메리카 국가들과 보다 정중하고 생산적인 관계를 시작하기를 원한다면, 미국은 라틴아메리카가 더 이상 자신의 종속적이고 순종적인 고객이 아니라는 것을 이해하고 인정해야 할 것이다.

어느 때보다도 강한 경제와 민주적인 정부와 미국의 개입 없이도 이 국가들로 하여금 협의하고 조정하고 협력할 수 있도록 해주는 기구와 제도(남미공동시장인 메르코수르와 남미국가연합인 우나수르와 같은)를 갖고 있는 라틴아메리카 지도자들과 국가들은 미국이 좋아하든 싫어하든 간에 계속해서 세계정치와 세계시장에서 보다 큰 역할을 할 것이다. 미국은 그들의 독립을 인정하고 그들에게 걸맞은 존경을 표하는 정책을 펼 때보다 더 큰 이익을 얻게 될 것이다.

미주

1) *The IDB*, September – October 1989, pp. 6 – 9.
2) Bill Moyers, "A New Story for America," *The Nation*, January 22, 2007.
3) Hubert H. Humphrey, "The Threat to the Presidency," *Washington Post*, May 6, 1973.

(ㅎ)

감사의 말

제5판을 준비하기 위해 필자는 조셉 & 세일라 마크 펀드(Joseph and Sheila Mark Fund)의 재정 지원을 받았다. 이 지원에 대해 감사드린다. 그리고 항상 그렇지만 남편 마틴 C. 니들러의 다방면의 지원에 대해서도 고마움을 전한다.

책 소개

이 책은 제5판을 통해 광범위한 수정과 업데이트 작업을 거쳤기 때문에 라틴아메리카의 가장 기본적이고 가장 흥미로운 부분들이 무엇인지 학생들에게 알려줄 것이다. 필진들은 학문 분야에서든 라틴아메리카 연구자로서든 널리 인정받고 있으며, 라틴아메리카의 항구적인 특성뿐 아니라 변화의 속도와 방향에 대해서도 분석하고 있다. 이 책은 라틴아메리카 문화와 사회의 공통적인 양상들뿐 아니라 주요 소지역들과 개별국가들의 특징도 다루고 있다.

이번 개정판의 가장 두드러진 점은 마약과 외채의 충격적인 결과와 이를 빌미로 삼은 라틴아메리카 전역에 걸친 내정간섭에 대해 다루고 있다는 사실이다. 필자들은 또한 세기 전환기의 동향들, 가령 수출부문의 역점화, 민영화의 압력, 사회복지프로그램의 예산 축소, 경제성장의 질주, 지속적인 소득격차 증가, 생태우수지역들에 대한 새로운 위협 등에 대해서도 고찰하고 있다. 경제위기와 극심한 박탈감에 부응하여 일어난 새로운 포퓰리즘 정당들과 사회운동세력의 급성장에 대해서도 다루고 있다.

편집자 소개

잰 니퍼스 블랙은 몬테레이 국제대학원의 국제정책학 교수로, 교수회 회장도 맡고 있다. 그 밖에 뉴멕시코 대학교, 워싱턴 아메리칸 대학교, 옥스퍼드의 세인트 안토니 칼리지, 피츠버그 대학교 해상학기에서 교육과 연구, 행정업무 등을 맡았었다. 칠레 파견 평화봉사단의 단원이기도 했고, 워싱턴 아메리칸 대학교에서 국제학 박사학위를 취득했다. 블랙은 20여 개의 출판사와 일하고 자문, 이사직을 맡았다. 그리고 175여 국을 방문해 강의나 연구를 수행했다. 또한 10여 권의 책을 단독으로 저술하거나 편찬했으며, 공동저서도 10여 권이 있다. 참고서나 작품선집, 저널, 매거진, 신문 등 여러 매체에도 200편 이상의 글을 실었다. 최근 저서로는 『발전의 이론과 실제: 그 패러다임과 패러독스』(Development in Theory and Practice: Paradigms and Paradoxes, 2nd ed., 1999), 『지구촌의 불평등: 재활용 레토릭과 일회용 인간』(Inequity in the Global Village: Recycled Rhetoric and Disposable People, 2002), 『인권보호 정책』(The Politics of Human Rights Protection, 2009)이 있다.

저자 소개

디에고 아벤테 브룬은 미국국립민주주의기부재단의 연구원으로 파라과이 법무·노동부 장관, 재정부 장관 수석고문, 미주기구 대사, 파라과이 상원 부의장, 그리고 자신이 창당한 엔꾸엔뜨로 나시오날 당의 대표를 역임했다. 그는 오하이오 마이애미 대학교에서 10년간 정치학 교수로 지냈고, 그 후 상원의원에 당선되었다. 파라과이, 우루과이, 베네수엘라의 정치에 대한 글들을 Comparative Politics, Latin American Research Review, Journal of Latin American Studies, Journal of Interamerican Studies, The Americas 등의 학술지에 실었다. 현재 파라과이 정치에 관한 책을 집필 중이다.

파블로 안드라데는 키토의 시몬볼리바르안디나 대학교 교수로, 라틴아메리카연구 석사프로그램의 학술주임이다. 그는 캐나다 요크 대학교 사회정치사상 과정에서 에콰도르의 민주화 과정에 대한 논문으로 박사학위를 받았다. UCLA에서 풀브라이트 교환교수를 지냈고, 옥스퍼드의 세인트안토니칼리지의 선임연구위원을 역임했다. 그의 연구와 출판은 라틴아메리카 정치사상, 에콰도르의 헌법 개혁, 에콰도르의 외교 정책, 에콰도르의 대미관계, 에콰도르와 안데스 국가들의 대외관계를 다룬다.

피터 베이크웰은 댈러스의 서든메소디스트 대학교의 역사학과 교수이자 학과장이다. 그는 캠브리지 대학교와 뉴멕시코 대학교(이 대학에서는 『Hispanic American Historical Review』의 부편집장이었다), 에머리 대학교에서 강의를 했다. 수많은 출판물 중 멕시코와 볼리비아의 식민지시대 은광에 대한 최종적인 연구물들이 있다. 그의 최근 저서로 『라틴아메리카의 역사: 제국, 그리고 뒷이야기, 1450-1930』(A History of Latin America: Empires and Sequels, 1450-1930, 1997; 2nd ed., 2003)이 있다.

잰 니퍼스 블랙은 미들베리칼리지의 자매학교인 몬테레이 국제대학원의 국제정책 및 국제경영 대학원과정 교수이다. 세인트안토니칼리지의 선임연구위원, 피츠버그 대학교의 해양학기 교수, 뉴멕시코 대학교의 공공행정 연구교수 등을 지냈다. 또 워싱턴 아메리칸 대학교 해외지역연구부의 라틴아메리카연구팀 선임연구원이자 팀장을 지냈다. 2010년 정치학의 주요 다섯 개 세부전공의 교과서를 다수 출판했다.

피터 칼버트는 영국 사우샘프턴 대학교의 비교정치·국제정치학 명예교수이다. 그는 벨파스트의 캠벨칼리지, 캠브리지퀸스칼리지, 그리고 미시간 대학교를 졸업하고, 캠브리지 대학교에서 박사학위를 받았다. 1964년 사우샘프턴 대학교의 정치학 강사로 임명되었고 1984년 동 대학의 교수로 임명되었다. 2002년 은퇴했지만 지속적으로 서구의 정치와 국제관계에 대한 저술활동을 하고 있으며, 저널 Democratiza tion의 공동편집자이다. 최근의 저서로 수잔 칼버트와 함께 쓴 『제3세계의 정치와 사회』(Politics and Society in the Third World, 2nd ed., 2001), 『비교정치학 입문』(Comparative Politics: an Introduction, 2002), 『라틴아메리카 정치경제 사전』(A Political and Economic Dictionary of Latin America, 2002) 등이 있다.

마이클 L. 코니프는 산호세 주립대학교의 글로벌연구프로그램의 소장이다. 그는 서든플로리다 대학교의 라틴아메리카 카리브센터 소장을 역임했고, 역사학 강의도 했다. 브라질에 관한 저서 『브라질의 도시 정치』(Urban Politics in Brazil, 1982)와 파나마에 관한 저서 『하얀 운하에 바친 검은 노동』(Black Labor on a White Canal, 1985) 및 『파나마와 미국』(Panama and the United States, 1992)을 출간했다. 또한 포퓰리즘에 대한 광범위한 연구를 통해 1999년 『라틴아메리카의 포퓰리즘』(Populism in Latin America)을 출간했다. 그 밖에 『현대 브라질』(Modern Brazil, 1991)과 『아메리카의 아프리카인』(Africans in the Americas, 2002)을 공동으로 엮었다. 2005년에는 설문조사 보고서 『현대 라틴아메리카 역사』(A History of Modern Latin America)를 래리 클레이턴(Larry Clayton)과 함께 펴냈다. 끝으로 평화봉사단원과 라틴아메리카역사학회의 사무총장도 역임했다.

마이클 다니엘슨은 아메리칸 대학교 정치학 박사과정에 있다. 몬테레이 국제대학원에서 국제정책학 석사를 받았고, 산타클라라 대학교의 스페인어 및 철학 학위가 있으며, 워싱턴 아동보호기금과 샌디에이고 정책이니셔티브센터에서 정책분석가로 일했다. 학위논문은 풀브라이트-가르시아 로블레스 & 힐 패밀리재단의 지원을 받아 수행하였으며, 미국의 멕시코 이민자들이 멕시코의 고향에 미치는 정치행위자로서의 역할을 고찰하고 있다. 다니엘슨이 쓴 논문 「함께 걷기, 그렇지만 어느 방향으로? 멕시코 오아하카의 성차별과 다문화적 실천」은 2009년 『정치와 성』(Politics and Gender)에 실렸고, 「모든 이민자 정치는 로컬적이다: 캘리포니아 비스타의 주간노동법」은 모니카 바르사니이(Monica Varsanyi)가 펴내는 『로컬의 장악: 미국 도시 및 주들의 이민자정책 활성화』(Taking Local Control: Immigration Policy Activism in U.S. Cities and States, 2010)에 실린다. 그는 아르헨티나 부에노스아이레스 대학교와 라틴아메리카 사회과학원(FLACSO)에서도 수학했다.

스티브 엘너는 뉴멕시코 대학교에서 라틴아메리카 역사학 박사학위를 받았고, 1977년 이후 베네수엘라의 오리엔테 대학교에서 강의를 하고 있다. 가장 최근 저서로는 『베네수엘라 정치를 다시 생각하다: 계급투쟁과 차베스 현상』(Rethinking Venezuelan

Politics: Class Conflict and the Chavez Phenomenon, 2008)이 있다. 또한『베네수엘라의 노동조직 1958-1991』(Organized Labor in Venezuela, 1958-1991, 1993), 『사회주의를 향한 베네수엘라의 운동: 게릴라운동 패배에서 혁신정치로』(Venezuela's Movimiento al Socialismo: From Guerrilla Defeat to Innovative Politics, 1988) 등을 썼으며, 『베네수엘라: 우고 차베스와 '예외적 민주주의'의 쇠퇴』(Venezuela: Hugo Chavez and the Decline of an 'Exceptional Democracy', 2007), 『차베스 시대의 베네수엘라 정치: 계급양극화와 갈등』(Venezuelan Politics in the Chavez Era: Class Polarization and Conflict, 2003), 『라틴아메리카 좌파: 아옌데 몰락에서 페레스트로이카까지』(The Latin American Left: From the Fall of Allende to Perestroika, 2003)를 공동으로 펴냈다. 그리고 In These Times, NACLA: Report on the Americas 등 다양한 저널에 글을 실었다.

데이비드 플레이처는 플로리다 대학교에서 정치학 박사학위를 받았으며, 1972년부터 브라질리아 대학교에서 가르치고 있다. 조지워싱턴 대학교, 미나스제라이스 연방대학교, 뉴욕 주립대학교(알바니), 플로리다 대학교의 교환교수를 지냈다. 평화봉사단의 단원이기도 했다(1962~1964). 『브라질의 부패』(Corruption in Brazil, 2002), 『브라질 선거 시스템의 정치적 결과』(Las Consecuencias políticas del sistema electoral brasileño, 1995), 공저인 『과도기 브라질』(Brazil in Transition, 1983), 『긴장완화에서 개방으로』(Da distensão à abertura, 1988)를 포함하여 10권의 저서가 있다. 또한 『브라질 개혁하기』(Reforming Brazil, 2004), 『브라질의 부패와 정치개혁』(Corruption and Political Reform in Brazil, 1999), 『브라질 국가연구』(Brazil: A Country Study, 1998)를 포함하여 48권의 책의 일부를 저술했다. 남미와 중미, 아프리카의 의회, 선거, 정당 시스템, 부패에 대한 연구를 수행해왔다.

호세 Z. 가르시아는 뉴멕시코 주립대학교의 교수로, 동 대학 라틴아메리카연구소 소장을 역임했다. 그는 에콰도르와 페루에서 살면서 페루의 군벌주의에 대한 광범위한 연구를 수행했다. 최근에는 중미의 군부에 대한 연구를 해왔고, 엘살바도르 군부에 대한 책을 준비 중이다. 그는 실제 정치 경험이 있기도 한데, 뉴멕시코 도냐아나 카운티의 민주당 위원장을 수년간 맡기도 했다. 현재 뉴멕시코 주의 뉴멕시코-멕시코 국경위원회에서 일하고 있다.

윌리엄 P. 글레이드는 텍사스 오스틴 대학교의 경제학과 교수이며, 동 대학 라틴아메리카연구소의 멕시코센터장이다. 그는 우드로윌슨국제센터와 스미소니언연구소에서도 일해 왔다. 최근의 저술에는 『라틴아메리카 공기업의 민영화』(The Privatization of Public Enterprises in Latin America, 1991)와 『더 큰 경제, 더 작은 정부: 라틴아메리카의 민영화』(Bigger Economics, Smaller Governments: Privatization in Latin America, 1996), 그리고 찰스 레일리(Charle Reilly)와 함께 쓴『풀뿌리 연구조사: 미주재단 펠로우십 연구보고서』(Inquiry at the Grassroots: An Inter-American Foundation Fellowship Reader, 1993)가 있다.

윌리엄 고드닉은 라틴아메리카·카리브 해 평화, 무장해제, 발전을 위한 UN지역센터의 프로그램코디네이터이다. 영국 브래드퍼드 대학교의 평화학과 박사과정에 있으며, 전공은 라틴아메리카의 인권과 사회자본이다. 몬테레이 국제대학원에서 국제정치로 석사학위를 받았다. 고드닉은 런던 소재 NGO인 인터내셔널 얼러트의 라틴아메리카 수석자문을 역임했다. 그리고 바하마, 볼리비아, 칠레, 콜롬비아, 엘살바도르, 온두라스, 페루 등에 살면서 광범위하게 일했다.

알폰소 곤살레스는 캘거리 대학교 지리학 명예교수이다. 텍사스 오스틴에서 박사학위를 받은 뒤 샌디에이고 주립칼리지, 노스이스트 루이지애나 주립칼리지, 서든일리노이 대학교, 사우스플로리다 대학교의 교수로 일했다. 사우스플로리다 대학교에서는 지리학과 학과장을 역임했다. 주요 연구주제는 제3세계와 라틴아메리카의 지리로, 인구·정주·사회경제적 발전에 초점을 두고 있다. 그는 스페인어권 중남미와 스페인에서 현지조사 및 아카이브 연구를 수행하여 여러 편의 보고서 및 단행본 챕터로 발간했다. 저서에는 짐 노와인(Jim Norwine)과 공동으로 엮은 『제3세계』(The Third World, 1988)와 『새로운 제3세계』(The New Third World, 1998)가 있다.

프레드 R. 해리스는 전 미국 상원의원(오클라호마, 1964~1972)으로, 뉴멕시코 대학교 정치학 교수이자 북미연구소 이사회 임원이다. 풀브라이트 장학생으로 멕시코 유학을 했고, 멕시코 국립대학교의 교환교수를 역임했으며, 최고권위 풀브라이트 교수로 우루과이에서 강의를 했다. 16권의 저서를 출간했는데, 9권은 단독저자이고 7권은 공저자 또는 공동편저자이다. 린 A. 쿠르티스(Lynn A. Curtis)와 펴낸 『구빈원의 감금: 미국의 도시, 인종, 가난』(Locked in the Poorhouse: Cities, Race, and Poverty in the United States, 1998)이 있고, 데이비드 쿠퍼(David Cooper)와 펴낸 『미국 및 미멕 양자관계 연구』(Estudios sobre los Estados Unidos y su relación bilateral con México, 1986)가 있다. 해리스는 세 편의 소설로 수상한 작가이기도 하다.

제인 S. 자케트는 옥시덴털 칼리지의 정치외교 및 국제문제 교수이다. 스와스모어 칼리지에서 학부를 마쳤고, 코넬 대학교에서 박사학위를 받았다. 여성의 정치 참여, 발전에 있어서의 여성 등에 대한 비교연구가 전공이며, 라틴아메리카학회와 발전과여성학학회의 회장을 역임했다. 라틴아메리카의 여성과 발전, 라틴아메리카 여성운동과 민주주의에 대한 책들을 썼으며, 가장 최근의 저술로는『발전이론과 실제에서 여성과 젠더 평등』(Women and Gender Equity in Development Theory and Practice, 2006),『라틴아메리카의 페미니즘 어젠다와 민주주의』(Feminist Agendas and Democracy in Latin America, 2009)가 있다. 그녀는 마키아벨리와 홉스의 글에 나타난 권력과 시민에 대한 책을 마무리하는 중이다.

세인 루이스는 텍사스 주립대학교에서 응용지리학으로 석사학위를 받았다. 1991년 텍사스 대학교에서 천문학 박사학위를 받았고, 동 대학에 남아 본부 연구부총장실의 인적대상 리서치 관리시스템을 개발했다. 1999년부터는 개발도상국의 광산이 환경과 인간에게 미치는 영향을 자료화하려는 비정부단체 국제네트워크를 위한 소프트웨어 개발자로 일하고 있다. 현재 진행하는 연구 프로젝트는 모든 지속가능한 발전 시도에 내포된 복잡한 생태적·경제적 협상에 대한 것이다. 이 프로젝트는 저명한 멕시코-노르테 리서치네트워크의 지원을 받아 이루어졌다.

앤서니 P. 마인고트는 마이애미의 플로리다 국제대학교에서 사회학 명예교수로 재직하고 있다. 예일 대학교와 트리니다드의 서인도제도 대학교에서 강의를 해왔으며, 플로리다 국제대학교에서는 학과장을 역임하기도 했다. 트리니다드에서 태어났고, 플로리다 대학교에서 박사학위를 받기 전에는 UCLA와 푸에르토리코 대학교에서 수학하였다. 1971년부터 1974년까지 트리니다드토바고 헌법개정위원회의 위원이었으며, 1982년부터 1983년까지 카리브학회 회장을 지냈다.

신시아 맥클린톡은 조지워싱턴 대학교의 정치·국제학과 교수로, 동 대학의 라틴아메리카연구프로그램의 원장을 역임했고 라틴아메리카학회 회장을 지내기도 했다. 하버드 대학교에서 학부를 거쳐 매사추세츠 공과대학교에서 박사학위를 받았다. 주요 저서로는『페루의 농민조합과 정치 변화』(Peasant Cooperatives and Political Change in Peru, 1981),『라틴아메리카 혁명운동: 엘살바도르의 파라분도마르티민족해방전선(FMLN)과 페루의 센데로 루미노소』(Revolutionary Movements in Latin America: El Salvador's FMLN and Peru's Shining Path, 1998)가 있고, 파비안 바야스(Fabian Vallas)와 함께『미국과 페루: 협력의 비용』(The United States and Peru: Cooperation—at a Cost, 2003)을 집필하는 등 주로 페루 국내정치 및 국제정치에 대한 저술 활동을 많이 하고 있다. 또한 아브라함 로웬탈(Abraham Lowenthal)과 공동저작으로『페루의 실험 재고』(The Peruvian Experiment Reconsidered, 1983)를 출간하였다. 그녀는 미국정치학학회의 자문위원회에서 활동해 왔으며, 현재는 동 기관의 비교민주주의 분과의 분과장을 맡고 있다.

마틴 C. 니들러는 퍼시픽 대학교에서 국제학부 학과장을 역임하였으며, 세인트안토
니칼리지의 이사를 지냈다. 다트머스칼리지, 미시간 대학교, 뉴멕시코 대학교에서 강의
경험이 있으며, 박사학위 취득 후 장학생으로 혹은 연구원 자격으로 UCLA, 하버드 대
학교, 사우샘프턴 대학교에 머물렀다. 13권의 저서를 출간했는데, 주로 라틴아메리카
정치학과 미국 외교정책을 다룬 것이다. 주요 저서로 『라틴아메리카의 정치발전』
(Political Development in Latin America, 1987), 『멕시코의 정치와 사회』(Politics and Society
in Mexico, 1971), 『라틴아메리카 민주주의의 문제점』(The Problem of Democracy in Latin
America, 1987), 그리고『멕시코 정치학: 갈등의 봉쇄』(Mexican Politics: The Containment of
Conflict, 3d ed., 1995) 등이 있다. 1996년에는 『정체성, 이해 그리고 이데올로기: 정치학
으로의 입문』(Identity, Interest, and Ideology: An Introduction to Politics)을 펴냈다. 하버드
대학교에서 정치학 박사 학위를 받았다.

조지 네프는 사우스플로리다 대학교에서 거버먼트 & 국제관계학 교수로 재직하고
있고, 동 대학 라틴아메리카·카리브 및 라티노 센터의 센터장으로 활동한 바 있으며,
겔프 대학교의 명예교수다. 칠레대학을 졸업하고, 밴더빌트 대학교 라틴아메리카사회
과학부와 캘리포니아 대학교에서 수학했다. 캐나다 라틴아메리카카리브연구학회
(CALACS)의 회장과 동 기관에서 발행되는 학술지의 편집장을 역임했고, 캐나다 국제개
발연구학회(CASID)의 회장직도 역임했다. 또한 요크 대학교 라틴아메리카카리브연구
센터(CERLAC)와 난민연구센터(CRS)의 연구원이기도 하다. 주요 저작으로는 『인간안보
와 상호취약성』(Human Security and Mutual Vulnerability, 1995), 『개발 경영』(Managing
Development, 2007),『자본, 권력 그리고 불평등』(Capital, Power and Inequality, 2008),『민주
주의 도전』(The Democratic Challenge, 2009) 등이 있다. 국내 및 국제기관에서 국제개발
자문위원으로 활동해왔으며, 1989년 제네바에서 열린 사우스커미션 전문가 그룹에 참
가했다. 1995년 캐나다 국무총리의 칠레 방문 당시 팀 캐나다의 참가자였으며, 미 상원
외교위원회 감정인으로 활동을 해왔다.

리이사 L. 노스는 요크 대학교의 정치학과 명예교수이자 동 대학 라틴아메리카카리
브연구센터(CERLAC)의 선임연구원이다. 동 기관에 근무하면서 라틴아메리카사회과학
원(FLACSO) 및 여러 안데스 NGO단체들과 함께 국제협력프로그램들을 주관한 바 있다.
주로 정당 정치와 민군 관계, 칠레, 페루, 에콰도르의 발전 과정, 엘살바도르와 과테말
라의 내전, UN 평화유지 미션, 인권 및 난민 위기, 캐나다-라틴아메리카의 관계, 농촌
개발 문제 등을 연구 주제로 다루고 있다. 저서로는 존 카메론(John D. Cameron)과 공동
작업을 한 『농촌 개발과 신자유주의: 비교 관점에서 본 에콰도르』(Desarrollo rural y
neoliberalismo: Ecuador desde una perspectiva comparativa, 2008)가 있다. 그의 연구물들은 주

로 Studies in Political Economy, Latin American Perspectives, Third World Quarterly, Ecuador Debate, World Development 등에 실리고 있다.

제임스 페트라스는 뉴욕 주립대학교의 사회학과 명예교수이다. 40편에 이르는 저작물들은 주로 미국과 영국에서 출간되었고, 28개 언어로 번역되었으며, 무려 400편이 넘는 논문이 전문학술지에 기고되었다. 그의 연구는 라틴아메리카 발전 및 세계 발전에 관한 광범위한 주제를 다루고 있다. 주요 저작에는 『포위당한 미국의 헤게모니: 라틴아메리카의 계급, 정치 그리고 발전』(US hegemony Under Siege: Class, Politics, and Development in Latin America, 1990), 『칠레의 민주주의와 빈곤』(Democracy and Poverty in Chile, 1994), 『역사의 연속』(La continuación de la historia, 1996)과, 헨리 벨트메이어(Henry Veltmeyer)와 함께 쓴 『가면을 벗은 세계화: 21세기 제국주의』(Globalization Unmasked: Imperialism in the 21st Century, 2001)가 있다. 현재 프리랜서 작가로 활동하고 있으며, 브라질 무토지노동운동의 자문위원을 맡고 있다.

제임스 리 레이는 밴더빌트 대학교의 정치학과 교수이다. 뉴욕의 프레도니아 대학교, 뉴멕시코 대학교, 플로리다 주립대학교에 재직한 바 있다. 『세계정치학』(Global Politics, 제8판, 2005)의 저자이며, British Journal of Political Science, International Interctions, International Organization, International Studies Quarterly, Journal of Theoretical Politics를 포함한 저명한 학술지에 수많은 학술논문을 기고해왔다. 최근에는 『국제관계이론의 진보』(Progress in International Relations Theory, 2003)와 『전쟁의 재앙』(The Scourge of War, 2004)을 저술했다. 현재 『미국의 외교정책과 정치적 야망』(American Foreign Policy and Political Ambition)이라는 제목으로 저술 작업을 하고 있다.

스티브 C. 롭은 와이오밍 대학교에서 정치학 교수로 재직하고 있다. 저서로는 『파나마의 정치학: 경호받는 국가에서 국가방위군까지』(Panamanian Politics: From Guarded Nation to National Guard, 1982), 제임스 모리스(James A. Morris)와 함께 저술한 『중미: 위기와 적응』(Central America: Crisis and Adaptation, 1984), 토마스 리스 및 카트린 시킹크(Thomas Risse and Kathryn Sikkink)와 공동작업한 『인권의 힘: 국제 규범과 국내 변화』(The Power of Human Rights: International Norms and Domestic Change, 1999)가 있다. 롭교수는 주로 라틴아메리카 정치학, 미국 외교정책, 라틴아메리카, 아시아 및 유럽의 국제관계 등을 가르쳐 왔다. 현재는 미국과 유럽의 포퓰리즘 연구 및 파나마를 형성하고 재구성하는 다양한 원동력에 관한 연구를 진행 중이다.

칼 H. 슈웨린은 뉴멕시코 대학교 인류학 교수이다. 커리어 전체를 통해 여러 라틴아메리카 국가의 현지조사를 수행했으며, 주로 경제 및 최저생활 양식, 적응 전략, 문화 변동과정 등에 연구 초점을 맞추어 왔다. 슈웨린 교수는 미국 민족지협회와 뉴멕시코 대학교 과학연구협회 시그마 크시(Scientific Research Society Sigma Xi)의 회장직을 역임하기도 했다. 1987년부터 1993년까지 뉴멕시코 대학교 인류학과 학과장을 지냈다. 4권의 저서와 수많은 논문을 저술했는데, 주로 라틴아메리카와 열대 사회에 관해서 다루었다. 현재는 뉴멕시코 대학교 설립 75주년을 기리기 위해 인류학과 역사를 집필 중에 있다. 그리고 베네수엘라 카립족의 전쟁을 다룬 실질적이고 이론적인 연구도 곧 발표될 예정이다. 또한 프랑스 탐험가였던 알시드 도비니(Alcide d'Orbigny)에 대한 민족지 연구를 장기적으로 수행하고 있다.

웬디 뮤즈 시네크는 캘리포니아 대학교에서 라틴아메리카 정치학을 전공하는 박사과정생이다. 몬테레이 국제연구소에서 국제정책연구로 석사학위를 받았으며, 주로 에콰도르, 니카라과, 도미니카 공화국에 거주하면서 연구하고 있다. 최근에는 경제 위기에 반응하여 일어나는 사회운동 역학에 관심을 가지고 쿠바와 브라질에서 현지조사를 수행해왔다.

웨인 S. 스미스는 존스홉킨스 대학교에서 라틴아메리카학과 부교수로 재직하며 워싱턴의 국제정책센터 선임연구원으로 활동하고 있다. 25년간 미 국방부 해외근무 공무원이었다. 1982년 레이건 행정부의 정책에 반발하여 사직했다. 당시 하바나 주재 미국 이익대표부 대사였고, 미 국부성의 저명한 쿠바 전문가로 인정받고 있었다. 스미스 교수는 3개의 석사학위가 있으며, 조지워싱턴 대학교에서 박사학위를 받았다. 대표 저작물에는 『가장 친밀한 적: 1957년 이후 미국과 쿠바 관계의 사적·외교적 해석』(The Closest of Enemies: A Personal and Diplomatic Account of US－Cuban Relations Since 1957, 1987)과 『쿠바의 초상』(Portrait of Cuba, 1991)이 있으며, 엮은 책으로는 『해결을 향하여: 포클랜드/말비나스 분쟁』(Toward Resolution: The Falklands/Malvinas Dispute, 1991)이 있다.

데이비드 스테아는 텍사스 주립대학교 산마르코스 캠퍼스 지리학과 교수이며, 동 대학의 텍사스－멕시코 응용연구센터의 소장을 역임했다. 근 20년간 UCLA와 위스콘신 대학교 건축설계학과 교수로 재직했다. 또한 경계연구학회(Association for Borderland Studies) 회장을 지냈고, 환경심리학 창시자의 한 사람으로 꼽히고 있다. 항공공학과 건축학을 공부했고, 스탠퍼드 대학교에서 심리학 박사학위를 받았다. 2006년 이후 멕시코에 정착했으며, 그 전에는 인도네시아와 뉴질랜드 등에서 많은 시간을 보내기도 했다. 또한 1987년 노벨상의 대안으로 여겨지는 바른생활상(Right Livelihood Prize) 후보로 거론된 바 있다. 2003년에는 스페인의 라코루냐 대학교에서 명예박사 학위를 받았으며, 2008년에는 베라크루스와 멕시코시티에서 귀빈으로 임명되었다. 저서로는 공동작업한 『이미지와 환경』(Image and Environment), 『생각의 지도』(Maps in Minds), 『중재』(Peacemaking) 등이 있으며 그 외에 라틴아메리카 관련 저작이 많다.

넬슨 P. 발데스는 뉴멕시코 대학교 사회학과 교수이자 듀크 대학교 우호증진재단(Fundación Amistad)의 이사장이자 동 대학 초빙교수로 활동하고 있다. 쿠바에서 태어난 그는 1961년 미국으로 건너왔고, 1977년 이후 자주 쿠바를 방문했다. 뉴멕시코 대학교에서 역사 전공으로 박사학위를 받았으며, 쿠바에 관한 수많은 논문들을 써 왔고, 5권의 책을 펴냈다. 1986년부터 1996년까지 라틴아메리카데이터베이스(Latin American Database)를 설립하고 센터장을 역임하면서 "중미 업데이트(Central America Update)"와 "라틴아메리카 채무 크로니클(Latin American Debt Chronicle)"이라는 전자 뉴스레터를 발간했다. 발데스 교수는 뉴욕 쿠바연구센터의 이사회와 마이애미 소재 쿠바연구소의 이사회 회원이며, 태평양뉴스서비스(Pacific News Services)의 라틴아메리카 애널리스트로 활동하고 있다. 현재 쿠바의 저명한 사회과학저널인 『Temas』의 편집위원회 위원으로 있다. 또한 쿠바에 관한 소식과 연구물 서비스로, 라틴아메리카데이터베이스 산하에 있는 Cuba-L 프로젝트의 책임자로 활동 중이다. 1998년에는 비영리단체인 쿠바연구분석그룹(Cuba Research and Analysis Group)을 설립했다.

아르투로 발렌수엘라는 2009년 미 대통령 버락 오바마에 의해 지명되고 미국 상원의 승인을 받은 서반구 담당 미 국무차관보이다. 오랫동안 조지타운 대학교 거버먼트학과 교수로 재직했으며, 라틴아메리카연구소 소장을 역임했다. 클린턴 집권 제1기에 미주지역 담당 국무차관보로 임명되었고, 클린턴의 두 번째 임기에는 국가안보위원회 수석국장으로 활동한 바 있다. 또한 외교문제위원회와 국가인종위원회의 임원으로 활동해왔으며, 드류 대학교 아메리카연구소, 아메리카와치(America's Watch)의 임원으로도 활동하고 있다. 또한 The Journal of Democracy, Third World Quarterly, Latin American Research Review, Foreign Policy Bulletin, Current History 등 저명한 저널의 편집위원을 맡아오고 있다. 한편 칠레 정치를 다룬 6권의 저서를 출간했는데, 대표적으로 후안 린스(Juan Linz)와 공동으로 펴낸 『대통령제 민주주의의 실패』(The Failure of Presidential Democracy, 1995)가 있다. 이전에 듀크 대학교에서 강의를 했으며, 옥스퍼드 대학교, 석세스 대학교, 플로렌스 대학교, 칠레 대학교, 칠레가톨릭 대학교에서 초빙연구원으로 활동하였다.

J. 새뮤얼 발렌수엘라는 노트르담 대학교의 사회학과 교수로, 동 학과 학과장을 역임했다. 그 전에는 예일 대학교와 하버드 대학교에 적을 두었고, 세인트안토니칼리지

의 수석연구원이기도 하다. 저서로는 『개혁을 통한 민주화: 칠레의 투표권 확대』(Democratización via reforma: La expansión del sufragio en Chile)와 『국가연구』(A Country Study)가 있고, 공동 저서로는 『칠레의 군부통치: 독재와 반대파』(Military Rule in Chile: Dictatorship and Oppositions), 『칠레 정치와 사회』(Chile: Politics and Society)가 있다. 그 밖에 노동과 정치의 교차, 민주화와 선거정치학 등을 주제로 한 연구를 진행하고 있다.

헨리 벨트마이어는 노바스코샤 핼리팩스 소재 세인트메리 대학교의 사회학과 및 국제발전학과 교수로 재직하고 있다. 또한 멕시코 사카테카스 자치대학교의 발전학 전공 박사과정 교수로도 임명되었다. 그는 라틴아메리카 발전에 관한 사회학 연구는 물론이고, 국제발전과 캐나다 정치경제 등 다양한 주제로 활발한 저술활동을 펼치고 있다. 저서로는 『다시 발전을 생각하다: 카리브의 관점』(Rethinking Development: Caribbean Perspectives)과 『캐나다 기업 권력』(Canadian Corporate Power)이 있으며, 제임스 페트라스와 함께 쓴 『라틴아메리카의 신자유주의와 계급투쟁』(Neoliberalism and Class Conflict in Latin America)이 있다. 가장 최근 저서로는 역시 제임스 페트라스와 함께 쓴 『위기에 빠진 체제』(System in Crisis, 2003)와 『라틴아메리카의 세계화』(Globalización en America Latina, 2004)가 있으며, 엮은 책으로는 세계화와 반세계화』(Globalization, Antiglobalization, 2004), 『NGO와 발전』(Nongovernmental Organizations and Development)이 있다.

크리스틴 J. 와드는 워싱턴 대학교 정치·국제연구학과 조교수이며, 보스턴 대학교에서 정치학 박사 학위를 받았다. 그는 존 부스(John Booth), 토마스 워커(Thomas Walker)와 함께 『중미의 이해』(Understanding Central America, 5th ed., 2009)를 펴냈으며, 토미 수 몽고메리(Tommie Sue Montgomery)와 『엘살바도르 혁명』(A revolução salvadorenha, 2006)을 출간했다. 현재 엘살바도르와 니카라과의 전후 정치와 평화구축에 관해 활발히 연구를 진행 중이다.

토마스 W. 워커는 오하이오 대학교 정치학과의 명예교수이자 라틴아메리카학과 명예학과장을 지내고 있다. 뉴멕시코 대학교에서 정치학 박사 학위를 받았다. 30년 이상 중미 연구에 전념해 오고 있으며, 1984년과 1986년, 1996년의 니카라과 선거 당시 국제선거감시단으로 활동했다. 단독 및 공동 저자, 편저자 등으로 많은 저술활동을 해왔는데, 『중미의 이해』(Understanding Central America) 외에도 『니카라과: 독수리 그늘 속에 살기』(Nicaragua: Living in the Shadow of the Eagle, 4th ed., 1991)와 『환상 없는 니카라과: 1990년대의 체제전환과 구조조정』(Nicaragua Without Illusions: Regime Transition and Structural Adjustment in the 1990s, 1997)을 들 수 있다.

인문한국(HK) 해외지역연구소 부산외국어대학교
중남미지역원 학술총서 시리즈

01. 쿠바, 영화 그리고 기억: Cuba, Cine y Memorias
   박종욱 지음

02. 라틴아메리카의 신영화
   송병선 지음

03. 스페인어-한국어 법률용어 사전
   박종탁 편저 | 하상욱 감수

04. Rostros de Latinoamérica: Perspectiva Multidisciplinaria
   Oswaldo Mendez-Ramirez 지음

05. 라틴아메리카의 어제와 오늘
    임상래 · 이종득 · 이상현 · 이순주 · 박윤주 지음

06. 프리다 칼로, 타자의 자화상
    우성주 지음

07. 정치체제로서의 포퓰리즘
    김영섭 지음

08. 라틴아메리카 종속의 MATRIX Ⅰ. 식민시기
    중남미지역원 엮음

09. 라틴아메리카 종속의 MATRIX II. 국가 형성과 근대
중남미지역원 엮음

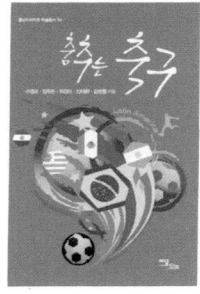

10. 춤추는 축구 Latin America
구경모 · 임두빈 · 차경미 · 안태환 · 김영철 지음

11. 영화로 보는 라틴아메리카
박종욱 지음

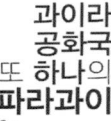

12. 과이라 공화국, 또 하나의 파라과이
구경모 지음

13. 브라질의 역사
    김영철 지음

14. 마야 원주민의 전쟁과 평화: 유까딴 1847-1902
    정혜주 지음

15. 브라질 사람과 소통하기
    Tracy Novinger 지음|임두빈 · 김우성 옮김

16. 차베스와 베네수엘라 혁명
    안태환 지음

<중남미지역원 번역팀 역자 소개>

김우성 ───────────────────────────────

한국외국어대학교 스페인어과 졸업
멕시코 국립대학교 석사(언어학)
동 대학교 박사(사회언어학)
현) 부산외국어대학교 중남미지역원장, 스페인어과 교수
최근 중남미 사회와 언어에 주목하고 있음.

『브라질 사람과 소통하기』(2011, 이담북스, 공역)
「원주민어와 중남미 국가들의 헌법」

구경모 ───────────────────────────────

영남대학교 문화인류학과 졸업
동 대학원 석·박사(사회인류학 및 민속학)
현) 부산외국어대학교 중남미지역원 HK연구교수
최근 중남미의 민족과 종족에 주목하고 있음.

『과이라 공화국, 또 하나의 파라과이: 유럽계 이민자와 과이레뇨의 종족성』(2011, 이담북스)
「파라과이 민족국가형성에 있어 과라니어의 역할」
「아르헨티나 거주 파라과이 이민자에 대한 차별과 통합의 한계」

김영철 ───────────────────────────────

부산외국어대학교 포르투갈어과 졸업
한국외국어대학교 중남미지역학과 석사(정치학)
동 대학교 국제관계학과 박사(국제관계학)
현) 부산외국어대학교 중남미지역원 HK교수
최근 중남미지역의 문화현상에 주목하고 있으며, 특히 브라질문화와 흑인에 많은 관심을 가지
고 있음.

『브라질의 역사』(2011, 이담북스)
『라틴아메리카 종속의 Matrix』(2011, 이담북스)
「질베르투 프레이리 다시 읽기」
「브라질의 이민정책과 아시아계 이민 특성 연구」

김유경

한국외국어대학교 스페인어학과 졸업
동 대학교 대학원 석사(정치학)
동 대학교 박사(정치학)
현) 한국외국어대학교 강사
최근 국제정치의 이슈에 주목하고 있음.

「페루 정당체제의 탈제도화와 민주주의의 지연」
「반부패 국제 규범의 발전과 지식 네트워크」

박종욱

한국외국어대학교 스페인어과 졸업
동 대학원 석사(스페인 문학)
스페인 마드리드 콤플루텐세 대학교(UCM) 박사(황금세기 문학사회학 및 문화)
현) 부산외국어대학교 중남미지역원 HK연구교수
제천국제음악영화제 집행위원
최근 멕시코·쿠바·코스타리카 등지를 중심으로 스페인어권 종교·사회·문화 및 예술 연구
에 주목하고 있음.

『쿠바, 영화 그리고 기억』(2010, 이담북스)
『영화로 보는 라틴아메리카: 사회상의 스펙트럼』(2011, 이담북스)
「과달루뻬 성모 신앙에 대한 인식 연구」
「쿠바 사회에서 마치스모의 사회적 의미 분석-구띠에레스 알레아의 '관객의 변증법' 논점으로
살펴본 <어느 정도까지는>을 중심으로-」

안태환

한국외국어대학교 스페인어과 졸업
동 대학원 석사(중남미문학)
콜롬비아 하베리아나 대학교 박사(중남미문학)
현) 부산외국어대학교 중남미지역원 HK연구교수
최근 라틴아메리카의 사회운동과 대안 신자유주의 세계화 담론 연구에 주목하고 있음.

『베네수엘라, 혁명의 역사를 다시 쓰다』(2007, 공저)
『차베스와 베네수엘라 혁명』(2012, 이담북스)
「베네수엘라 혁명: '대중의 요구'와 '사회적 소유'의 함의」
「인식론적 상상력의 전복을 통한 민주주의의 재구성-보아벤투라 데 소우사 산토스의 비판이론
을 중심으로-」

이상현 ────────────────────────────────

한국외국어대학교 스페인어과 졸업
동 대학교 중남미지역연구학과 석사
The University of Texas at Austin Latin American Studies 박사(중남미학)
현) 전북대학교 스페인중남미학과 조교수
한국라틴아메리카학회 학술이사
최근 라틴아메리카 자원산업의 정치경제적 의미에 주목하고 있음.

『볼리비아 자원민족주의와 천연가스산업 재편의 전개와 의미』(2007)
『라틴아메리카의 어제와 오늘』(2011, 이담북스, 공저)
「The Political Economy of Privatization of YPF in Argentina」
「사회운동과 정당정치: 볼리비아 MAS 사례를 중심으로」

임두빈 ────────────────────────────────

부산외국어대학교 포르투갈(브라질)어과 졸업
한국외국어대학교 석사(응용언어학)
상파울루 주립대학교(UNESP) 박사(브라질언어문화습득)
현) 부산외국어대학교 중남미지역원 HK연구교수
최근 브라질 및 중남미 일상문화에 주목함.

『브라질 사람과 소통하기』(2011, 공역)
『포르토벨로의 마녀』(2007, 역서)
「일상에서 교환되는 '브라질 제이칭뉴'의 사회·문화적 기능에 대한 고찰」
「브라질 외교정책의 변화와 이정표」

정혜주 ────────────────────────────────

멕시코 국립역사인류학대학 고고학과 졸업
멕시코 국립대학교 석사(고고학)
동 대학교 박사(마야문명)
현) 부산외국어대학교 중남미지역원 HK연구교수
최근 마야 문명에 주목하고 있음.

『멕시코시티: 아스떼까 문명을 찾아서』(2004)
『여정의 두루마리』(2008)
「태초에 빛이 있었다: 마야의 천지창조신화」
「고전기 마야문명 공놀이의 주인공들」

조영실 ————————————————————————————————————

서울대학교 서어서문학과 졸업
동 대학교 석·박사
현) 서울대학교 강사
최근 라틴아메리카 도시연구에 주목하고 있음.

『끝없는 사랑의 섬』(2010, 역서)
「독립 후 아르헨티나공화국의 수립과정 연구: 연방파와 통합파의 갈등을 중심으로」

차경미 ————————————————————————————————————

경희대학교 서반아어학과 졸업
콜롬비아 국립대학교(Universidad Nacional de Colombia) 석사(현대사)
한국외국어대학교 박사(국제관계학)
현) 부산외국어대학교 중남미지역원 HK연구교수
콜롬비아 사회의 역사적 쟁점에 주목하고 있음.

『글로벌 이슈와 해결방안Ⅱ』(2012)
『콜롬비아 그리고 한국전쟁』(2006)
「콜롬비아 국경지역 난민 증가 원인: 베네수엘라, 파나마 그리고 에콰도르 접경지역 강제실향민을 중심으로」
「콜롬비아의 우리베(Alvaro Uribe) 정권의 국가안보정책의 한계」

라틴아메리카
문제와 전망

초 판 인 쇄 | 2012년 8월 31일
초 판 발 행 | 2012년 8월 31일

옮 긴 이 | 중남미지역원 번역팀
펴 낸 이 | 채종준
펴 낸 곳 | 한국학술정보㈜
주　　　소 | 경기도 파주시 문발동 파주출판문화정보산업단지 513-5
전　　　화 | 031) 908-3181(대표)
팩　　　스 | 031) 908-3189
홈 페 이 지 | http://ebook.kstudy.com
E - m a i l | 출판사업부　publish@kstudy.com
등　　　록 | 제일산-115호(2000. 6. 19)

ISBN　　978-89-268-3813-6　93950 (Paper Book)
　　　　978-89-268-3814-3　95950 (e-Book)

『LATIN AMERICA-its problems and its promise』
(edited by Jan knippers Black, Publish by Westview Press, 2011)

본서는 Duran Kim Agency를 통해 원저작자인 Parseus Books Group의 허락을 받아, 한국학술정보(주)의 협의에 의해 번역되었음을 밝힙니다. 본서의 번역에 대한 저작권은 중남미지역원번역팀에게 있습니다.

이담 Books 는 한국학술정보(주)의 지식실용서 브랜드입니다.